GUIDE

MICHELIN

RESTAURANTS

FRANCE

SÉLECTION

2022

SOMMAIRE

La Sélection du guide MICHELIN 2022 par région

CHÈRE LECTRICE, CHER LECTEUR,

À l'heure où nous écrivons cet édito, heureux celui ou celle qui sera en mesure d'anticiper la situation dans laquelle ce Guide 2022 vous parviendra.

Si nous avons mis, comme à notre habitude, tout notre sérieux et toute notre passion à le réaliser pour partager avec vous les informations les plus fiables, nous tenons à nous excuser pour les éventuelles inexactitudes qu'il pourrait contenir.

2020, 2021, et maintenant ce début d'année 2022, auront été des périodes de défis pour chacune et chacun d'entre nous. La pandémie mondiale du COVID 19 aura considérablement bousculé nos vies, nos repères et nos habitudes.

Lieux de convivialité et de partage par excellence, les restaurants n'échappent pas à la règle et vivent eux aussi au rythme de l'évolution de la situation sanitaire.

Pourtant, malgré ce contexte particulièrement difficile, qui s'accompagne de tensions économiques et professionnelles préoccupantes, les restauratrices et restaurateurs de France

n'ont de cesse de nous impressionner. Pas seulement par leur remarquable capacité à s'adapter et à se réinventer mais aussi par leur détermination à continuer de faire vivre à leurs clients des expériences extraordinaires, grâce à des offres culinaires authentiques, sincères et singulières.

Stimulée sur tout le territoire par des chefs et des équipes talentueuses, souvent jeunes, émergentes ou confirmées, la scène gastronomique française n'aura jamais été aussi riche.

Riche grâce aux propositions audacieuses que nombre de nouvelles tables imaginent chaque jour. Riche des débats passionnants mais aussi graves qui la traversent et l'animent. Riche enfin par son ambition croissante à mettre en œuvre un modèle gastronomique durable, respectueux des écosystèmes humains, écologiques et économiques et que le Guide souhaite encourager avec son Etoile Verte MICHELIN.

Au fil des pages, nous vous invitons ainsi à découvrir une sélection de restaurants emplis de vie ; une sélection pour se faire plaisir mais également pour se laisser surprendre et transporter. Nos équipes d'inspectrices et d'inspecteurs ont méticuleusement sélectionné des maisons qui invitent à profiter d'un certain art de vivre et de moments gastronomiques de haut vol.

Amie lectrice, ami lecteur, nous avons pris un immense plaisir à confectionner ce Guide pour vous. Nous espérons qu'à votre tour vous serez heureux de le découvrir et qu'il vous donnera envie de prendre le chemin des restaurants qu'il référence. Afin d'améliorer encore davantage cette sélection, désormais constamment mise à jour en temps réel sur nos différentes plateformes numériques, n'hésitez pas à nous faire part de vos retours, de vos suggestions ou informations en nous contactant depuis notre site internet : guide.michelin.com

Prenez soin de vous, et longue vie aux restaurants, ainsi qu'à celles et ceux qui les animent au quotidien.

Les équipes du Guide MICHELIN

dima_sidelnikov/Getty Images Plus

© Tablet/Zannier Hotels Le Chalet (Megève)

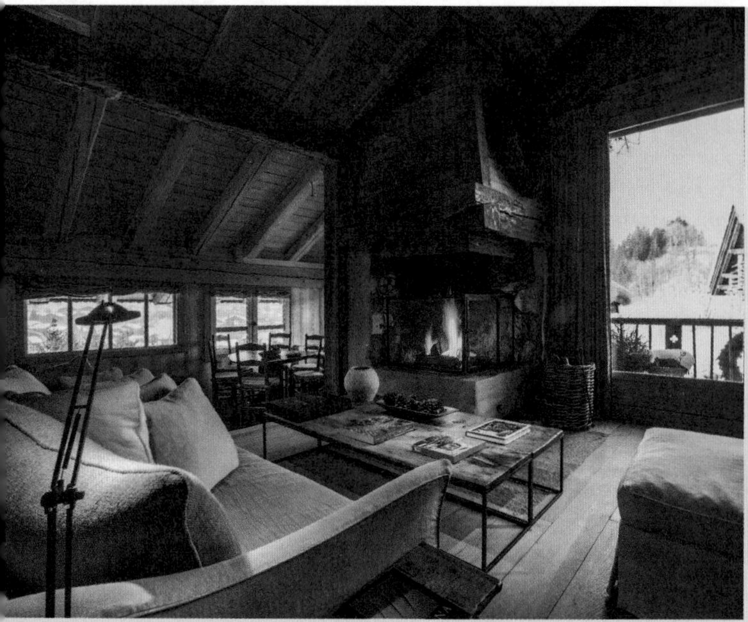

L'évasion à portée de clics avec une sélection hôtelière 100 % numérique

En référençant des hôtels ou boutiques hôtels, le Guide MICHELIN poursuit son engagement historique au service de la mobilité.

• Sensible aux nouvelles manières de voyager, le Guide adopte une approche inédite en matière de sélection hôtelière : celle-ci sera à découvrir exclusivement en ligne ! En passant au numérique, la sélection hôtelière du Guide MICHELIN permet aux voyageurs de bénéficier des meilleurs services développés par Tablet Hotels – les experts hôteliers du Guide MICHELIN depuis 2018.

• À travers le site internet et l'App du Guide MICHELIN, accessibles gratuitement, vous pourrez ainsi découvrir et réserver directement des hôtels d'exception, uniques en leur genre.

• Qu'il s'agisse de vérifier la disponibilité d'un établissement, ou de s'évader par procuration grâce à une expérience de réservation fluide et intuitive via une assistance dédiée, nous souhaitions vous offrir une nouvelle approche de l'art du voyage, si cher au Guide MICHELIN.

À vos envies, prêts, cliquez !

Une table sélectionnée, c'est un collectif récompensé !

Les métiers de la restauration ont montré à nouveau leur valeur et leur importance. Nous souhaitons une fois de plus célébrer ce professionnalisme, à travers plusieurs initiatives telles que les **Prix Spéciaux MICHELIN** et Passion Dessert.

• Les distinctions historiques du Guide MICHELIN ont toujours récompensé un restaurant et ses équipes. Nous avons souhaité apporter cette dimension collective essentielle à **Passion Dessert.** Cette récompense distingue dorénavant un établissement, car celui-ci demeure toujours l'écrin de confiance qui accompagne le pâtissier dans sa démarche gourmande et créative.

• Depuis 2016, nous avons décidé, en outre, de remettre des Prix Spéciaux aux professionnels qui contribuent à faire d'un repas un moment exceptionnel, parfois teinté de magie.

• À travers le **Prix du Service**, nous souhaitons évidemment distinguer toute l'équipe en salle, celle qui, orchestrée par un chef de rang, un maître d'hôtel, un responsable de salle s'anime en un gracieux ballet qui porte au sommet l'art de recevoir. La **sommellerie**, avec son prix dédié, est également reconnue. Ambassadeur des vignerons, défenseur de leurs terroirs et de leurs crus, le sommelier accorde les mets et les vins grâce à sa sensibilité et ses connaissances exceptionnelles – contribuant à donner au plat du chef une dimension supplémentaire.

alvarez/Getty Images Plus

COGNAC ACCUEILLE LA CÉRÉMONIE DES ÉTOILES !

Pour la première fois de sa longue histoire, la cérémonie des étoiles du Guide MICHELIN s'est déroulée hors de Paris, à Cognac, dans les Charentes : l'occasion pour le Guide MICHELIN de mettre en valeur un territoire, une ville, un terroir et ses produits, et bien sûr un spiritueux connu dans le monde entier...

Cognac : une eau-de-vie... et une ville !

Plus qu'un simple alcool, le cognac symbolise l'excellence à la française. Sa finesse, ses notes subtiles de fruits confits, de vanille ou de noisette caractérisent chaque maison. Elles sont le reflet du terroir, du soin du viticulteur, du temps, mais aussi du savoir-faire du maître de chais : cet art à nul autre pareil d'assembler les eaux-de-vie, de crus et d'âges différents, pour en faire un spiritueux à l'identité unique. Exporté au 18e s. en Angleterre et en Hollande, c'est aujourd'hui aux États-Unis, en Russie et en Asie que le cognac s'arrache.

• Nectar en son royaume, le cognac est si réputé qu'il fait de l'ombre à la capitale charentaise. La ville a pourtant donné un roi à la France, François Ier, et elle distille son charme tranquille à travers ses monuments et les belles demeures qui se sont bâties au fil du temps le long de la Charente. En poussant les portes des chais de ses plus prestigieuses maisons – Martell, Hennessy ou Rémy Martin –, Cognac vous invite aussi à un voyage de tous les sens. Maison de négoce, distillerie ou exploitation viticole : prenez le temps de découvrir (avec modération, mais en toute saison) les multiples facettes de son eau-de-vie de raisin...

Au fil du fleuve

Depuis Cognac, rien n'est plus plaisant que de s'évader à vélo le long des chemins de halage. Navigable d'Angoulême à Rochefort, la Charente égraine des sites,

J.-M. Barrere/hemis.fr

villes et villages typiques de la région. Elle dévoile aussi des trésors tels que l'abbaye romane de Châtres, à St-Brice, dans un décor de campagne verdoyante et lumineuse. À Jarnac, flânez sur le quai de l'Orangerie : les belles demeures rappellent là aussi le destin qui lie la ville à son eau-de-vie, à l'instar de la Maison Courvoisier. Et à St-Simon, village de gabariers, embarquez sur *La Renaissance*, reproduction minutieuse d'une gabare du 18e s.

• Puis il faut quitter les rives du fleuve pour pénétrer dans une superbe campagne aux vallons piquetés de charmants villages viticoles, tel Bouteville. À Segonzac, encore, la terre de Grande Champagne a produit les cognacs les plus fins, qui témoignent d'une nature généreuse.

• Saintes, Saint-Savinien et leurs belles maisons de pierres blondes... Enfin, tout à l'ouest, la Charente rejoint l'Atlantique, entre Port-des-Barques et Fouras, clôturant un parcours de 381 km entre plaine et ciel aux reflets mordorés. Celle que le roi Henri IV appelait « le plus beau ruisseau du royaume » n'a pas fini de vous surprendre et de vous enchanter.

La table charentaise

En Charentes, l'assiette emprunte autant à la terre qu'à la mer. Côté iodé, on se régale d'huîtres de Marennes-Oléron (IGP), des crustacés du littoral (homard, langoustine de la Cotinière, crabe, crevette, moule) et de nombreux poissons (bar, mulet, sole). Côté carné, les Charentes fournissent bœuf, mouton, porc, volaille (veau de Chalais, oie de Ruffec, poulet de Barbezieux), et même du gibier d'eau (canard sauvage, sarcelle, bécassine). Sans oublier de nombreux fromages, tels le chabichou ou la jonchée, et pourquoi pas, encore, des grenouilles, des escargots, du caviar et de la truffe !
Comme toute terre de Cocagne, la Charente a ses jolies appellations : beurre Charentes-Poitou, pomme de terre primeur de l'Île de Ré, vins et pineau des Charentes... Autant de produits et de saveurs qui devraient mettre tout le monde d'accord !

LA PÂTISSERIE D'AUJOURD'HUI :

ENTRE RELECTURE DE LA TRADITION... ET AUDACE !

Bonne nouvelle : la période est toujours aussi faste pour les becs sucrés ! La pâtisserie contemporaine et ses artisans continuent de faire preuve d'inventivité et d'expressivité, révélant un savoureux mariage d'influences. Chaque pâtissier possède son propre univers, marqué par son terroir ou sa formation, mais aussi par sa relation avec le chef. Un accord parfait entre savoir-faire et créativité qui se traduit, ici dans les multiples relectures de la tradition, aériennes et allégées, au Taillevent à Paris, là dans l'association audacieuse de la rhubarbe et de l'algue (La Rotonde, à l'Hôtel du Palais de Biarritz), ou encore dans la sublimation de la pêche de vigne (aux Belles Perdrix de Troplong-Mondot à Saint-Émilion)... Portraits :

Algue et rhubarbe, ou le mariage de la terre et de la mer

Quand la rhubarbe rencontre l'algue, pour un dessert terre/mer qui se révèle aussi original... que régressif ! A La Rotonde de l'Hôtel du Palais, à Biarritz, on découvre dans l'assiette une corolle de rhubarbe, un blanc-manger, et – surprise ! – un coulis rhubarbe et algue *dulse* qui vient subtilement renforcer, par une délicate pointe d'iode, l'étonnante fraîcheur de ce dessert. Une réussite

Passion dessert !

Le dessert occupe une place incontournable au sein du repas gastronomique à la française. Le Guide MICHELIN et Valrhona ont donc souhaité, pour la quatrième année consécutive, mettre à l'honneur la profession de pâtissier. Conduite par les inspecteurs du Guide MICHELIN, la promotion Passion Dessert 2022 met en lumière les restaurants qui font de la gourmandise et du dessert l'un des temps forts du repas. Retrouvez ces adresses sur le site du Guide MICHELIN (guide.michelin.com).

du pâtissier Aleksandre Oliver (l'arrière-petit-fils de Raymond et petit-fils de Michel), dont le style s'affirme d'année en année. Sa complicité avec le chef Aurélien Largeau est évidente : avec lui, il cultive le goût des produits locaux, travaillant l'acidité et les saveurs iodées en parfaite osmose avec la partie salée. À eux deux, ils insufflent un esprit nouveau à la table de ce palais vénérable construit en... 1854 et entièrement restauré.

Maxime Frédéric : la pâtisserie haute couture

Une assiette aussi belle qu'un tableau impressionniste, qu'une pivoine de Manet : une fleur... avec de fins pétales de rose en meringue légère et croustillante flottant sur un lit d'agrumes vivifiant. Cette fraîcheur se retrouve accentuée par le sorbet aux herbes, parsemé d'éclats d'agrumes confits. Cette composition satinée, très beau dessert de pâtissier au subtil équilibre entre douceur et acidité, est l'œuvre du pâtissier Maxime Frédéric. Il officie désormais aux côtés d'Arnaud Donckele à Plénitude - Cheval Blanc Paris, et signe ici une pâtisserie exclusive et digne de la haute couture, au sein d'une maison qui ne l'est pas moins.

fernon/Getty Images Plus

La tradition modernisée du Taillevent

Décidément, l'île flottante séduit la jeunesse : la pâtissière Émilie Couturier revisite ce dessert emblématique, avec légèreté et gourmandise. Des blancs en neige à la douce saveur de tabac, qui renferment en leur cœur évidé une délicieuse crème anglaise. La coque meringuée garnie d'un praliné noisette et la crème glacée au sirop d'érable ne font que renforcer le plaisir ! Un travail qui sied particulièrement bien à la philosophie du Taillevent, où, côté salé, les classiques sont réinterprétés avec sagesse et subtilité par le chef Giuliano Sperandio, venu du Clarence (tout comme Émilie).

Alexandre Couillon : l'ode au terroir vendéen

L'univers du chef Alexandre Couillon, installé sur l'île de Noirmoutier, est profondément attachant. Avec son jardin potager et aromatique, ses amis pêcheurs et autres producteurs, il a créé autour de lui un écosystème unique. Ce dessert réalisé à partir de produits emblématiques de son terroir en témoigne : sarrasin, algue, caramel… Une sphère de mousse au caramel d'une grande délicatesse qui cache un excellent sorbet aux algues et au citron, déposés sur des graines de sarrasin soufflées et saupoudrées de poudre d'algue : on retrouve ici le mariage idéal de l'iode avec l'acide et le sucré. Pour l'accompagner, la meringue ultra-légère, enrobée de laitue de mer, s'avère remarquable. Un dessert tout en contrastes de goûts et de textures signé Jérémy Garnier.

Adrien Salavert : le goût des bonnes choses

Le chef David Charrier et son pâtissier Adrien Salavert ont bien de la chance : ils travaillent au cœur du vignoble, au point culminant des vignes de Saint-Émilion, dans un domaine entièrement rénové. Comme le chef, le pâtissier voue un profond respect aux saisons et une prédilection particulière aux produits naturels, ceux des petits producteurs bien sûr, mais aussi et surtout ceux du domaine du Château Troplong-Mondot. Ainsi en est-il de cette pêche de vigne (qu'on imagine cueillie quelques minutes avant le service), déclinée en plusieurs façons (pochée, en purée, en sorbet) et accompagnée d'une espuma de miel. En parfait accord avec la partition salée, le pâtissier cherche ici l'expressivité, la fraîcheur et le goût naturel des bonnes choses…

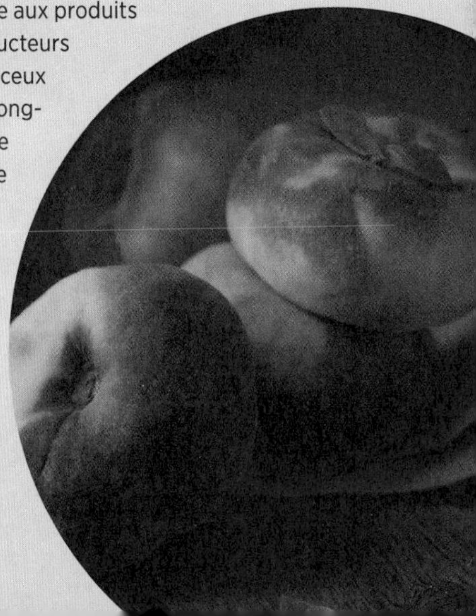

LE PALMARÈS 2022

LES 3 ÉTOILES...

N : une étoile de plus cette année !

Annecy (74)	**Le Clos des Sens**
Les Baux-de-Provence (13)	**L'Oustau de Baumanière**
Cassis (13)	**La Villa Madie N**
Le Castellet (83)	**Christophe Bacquié**
Chagny (71)	**Maison Lameloise**
Courchevel (73)	**Le 1947 - Cheval Blanc**
Eugénie-les-Bains (40)	**Les Prés d'Eugénie - Michel Guérard**
Fontjoncouse (11)	**Auberge du Vieux Puits**
Marseille (13)	**AM par Alexandre Mazzia**
Marseille (13)	**Le Petit Nice**
Megève (74)	**Flocons de Sel**
Menton (06)	**Mirazur**
Monaco	**Le Louis XV - Alain Ducasse à l'Hôtel de Paris**
Ouches (42)	**Troisgros - Le Bois sans Feuilles**
Paris 1er	**Kei**
Paris 1er	**Plénitude - Cheval Blanc Paris N**
Paris 4e	**L'Ambroisie**
Paris 6e	**Guy Savoy**
Paris 7e	**Arpège**
Paris 8e	**Alléno Paris au Pavillon Ledoyen**
Paris 8e	**Le Cinq**
Paris 8e	**Épicure**
Paris 8e	**Pierre Gagnaire**
Paris 16e	**Le Pré Catelan**
Reims (51)	**Assiette Champenoise**
La Rochelle (17)	**Christopher Coutanceau**
Saint-Bonnet-le-Froid (43)	**Régis et Jacques Marcon**
Saint-Martin-de-Belleville (73)	**René et Maxime Meilleur**
Saint-Tropez (83)	**La Vague d'Or - Cheval Blanc St-Tropez**
Valence (26)	**Pic**
Vonnas (01)	**Georges Blanc**

DEUX FOIS TROIS !

DE LA CAPITALE...

Arnaud Donckele

Plénitude – Cheval Blanc, Paris

Quelques mois après son arrivée à Paris, le chef Arnaud Donckele, déjà triplement étoilé à La Vague d'Or de St-Tropez, remporte le Graal au restaurant Plénitude - Cheval Blanc Paris. Dans cette Samaritaine ressuscitée au terme d'un chantier pharaonique, il dispose d'un écrin irrésistible : un superbe immeuble Art déco, admirablement restauré, situé au bord de la Seine – trait d'union avec sa Normandie natale. De Saint-Tropez à la capitale, ce technicien hors pair, toujours aussi attachant, n'a rien perdu de sa personnalité culinaire ni de sa sensibilité.

• À sa table parisienne, Arnaud Donckele s'appuie d'abord sur les produits exceptionnels de nos terroirs, ce qui n'a rien de surprenant pour ce petit-fils de paysans. Cette matière première est sublimée par un cortège de sauces, de bouillons, de jus et autres vinaigrettes, unique en son genre. Le chef parvient même à en associer deux sur chaque plat, une sauce et un jus émulsionné, toujours avec harmonie. Cette bibliothèque de sauces comprendrait une centaine de titres dont il conserve jalousement le secret.

• Ces élixirs, qui se suffiraient presque à eux-mêmes, sont généreusement laissés à disposition sur table ; un « guide » pédagogique remis à chaque convive permet d'en comprendre la composition. La réplique sucrée orchestrée par le pâtissier Maxime Frédéric atteint les mêmes sommets. Enfin, l'accueil cousu main de cette adresse d'exception procure au client un sentiment d'exclusivité rare.

Richard Haughton/Plénitude - Cheval Blanc Paris

...À LA GRANDE BLEUE

Dimitri Droisneau

Villa Madie, Cassis

Prise entre les falaises du cap Canaille et les calanques, la baie de Cassis forme un spectaculaire amphithéâtre rocheux où viennent se nicher la ville, le port et l'un des plus anciens vignobles de France. La lumière des lieux continue d'inspirer les artistes... ainsi que Dimitri et Marielle Droisneau, qui vivent et travaillent dans une maison au-dessus de la Méditerranée. Ce territoire est devenu le fil rouge exclusif de la cuisine du chef, pourtant né en... Normandie. Après un apprentissage à Alençon, le jeune homme va enchaîner les rencontres marquantes, notamment avec Claude Terrail à la Tour d'Argent, Alain Senderens au Lucas-Carton, ou encore Bernard Pacaud à l'Ambroisie, traçant discrètement son chemin avant d'entrer à son tour dans la cour des grands.

• Aujourd'hui, toute la magie du Sud, terre et mer confondues, est convoquée dans ses assiettes, qui témoignent d'une cuisine légère, subtile, savoureuse, fraîche et aromatique, percutante quand il le faut, surprenante et souvent renouvelée. L'utilisation remarquable des agrumes (la Méditerranée, toujours !), des herbes et des plantes, aromatiques et sauvages, terrestres et marines, apporte des notes de fraîcheur et d'acidité au fil d'un repas aérien, cohérent et équilibré, riche en émotions. Le chef voue évidemment un culte au poisson, et c'est comme si la mer venait lécher les assiettes, dans ce village de Cassis où il reste encore, bon an mal an, une petite dizaine de pêcheurs.

• Parmi plusieurs grands plats, citons la crevette carabineros sur tartelette de fruits rouges, véritable harmonie céleste d'iode et de fruits ; ou encore cette fricassée de lapin et de langoustines aux premiers abricots, éclats d'amandes, herbes et fleurs de courgette, magnifique voyage entre terre, mer et verger...

Les Tables étoilées 2022

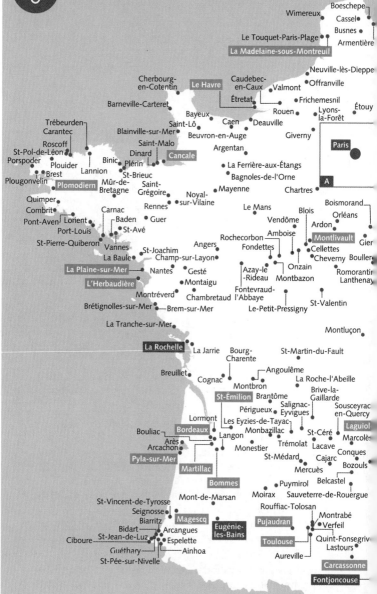

Boeschepe
Wimereux
Cassel
Busnes
Le Touquet-Paris-Plage
Armentière
La Madelaine-sous-Montreuil
Neuville-lès-Dieppe
Cherbourg-en-Cotentin
Le Havre
Caudebec-en-Caux
Offranville
Valmont
Étretat
Frichemesnil
Barneville-Carteret
Bayeux
Rouen
Lyons-la-Forêt
Étouy
Trébeurden
Carantec
Saint-Lô
Caen
Deauville
Blainville-sur-Mer
Beuvron-en-Auge
Giverny
Roscoff
Saint-Malo
Argentan
Paris
St-Pol-de-Léon
Dinard
Cancale
Porspoder
Binic
Plérin
Plouider
La Ferrière-aux-Étangs
Lannion
Brest
St-Brieuc
Bagnoles-de-l'Orne
Plougonvelin
Plomodiern
Mûr-de-Bretagne
Saint-Grégoire
A
Mayenne
Chartres
Noyal-sur-Vilaine
Quimper
Rennes
Boismorand
Combrit
Carnac
Le Mans
Blois
Orléans
Baden
Guer
Vendôme
Pont-Aven
Lorient
Ardon
Port-Louis
St-Avé
Amboise
Rochecorbon
Montlivault
St-Pierre-Quiberon
Vannes
Angers
Fondettes
Cellettes
Gier
St-Joachim
La Baule
Champ-sur-Layon
Cheverny
Bouller
Onzain
La Plaine-sur-Mer
Nantes
Gesté
Azay-le-Rideau
Montbazon
Romorantir
Lanthenay
L'Herbaudière
Montaigu
Fontevraud-l'Abbaye
Montréverd
Chambretaud
St-Valentin
Brétignolles-sur-Mer
Brem-sur-Mer
Le-Petit-Pressigny
La Tranche-sur-Mer
Montluçon
La Rochelle
La Jarrie
Bourg-Charente
St-Martin-du-Fault
Breuillet
Cognac
Angoulême
La Roche-l'Abeille
Montbron
Brive-la-Gaillarde
St-Émilion
Brantôme
Salignac-Eyvigues
Sousceyrac
en-Quercy
Périgueux
Lormont
Les Eyzies-de-Tayac
Laguiol
Bouliac
Bordeaux
Monbazillac
St-Céré
Langon
Marcolès
Arès
Trémolat
Lacave
Arcachon
Monestier
Conques
Pyla-sur-Mer
St-Médard
Cajarc
Martillac
Mercuès
Bozouls
Bommes
Puymirol
Belcastel
Moirax
Sauveterre-de-Rouergue
Mont-de-Marsan
St-Vincent-de-Tyrosse
Rouffiac-Tolosan
Seignosse
Montrabé
Magescq
Eugénie-les-Bains
Pujaudran
Verfeil
Biarritz
Bidart
Arcangues
Ciboure
St-Jean-de-Luz
Espelette
Toulouse
Quint-Fonsegriv
Lastours
Guéthary
Ainhoa
Aureville
St-Pée-sur-Nivelle
Carcassonne
Fontjoncouse

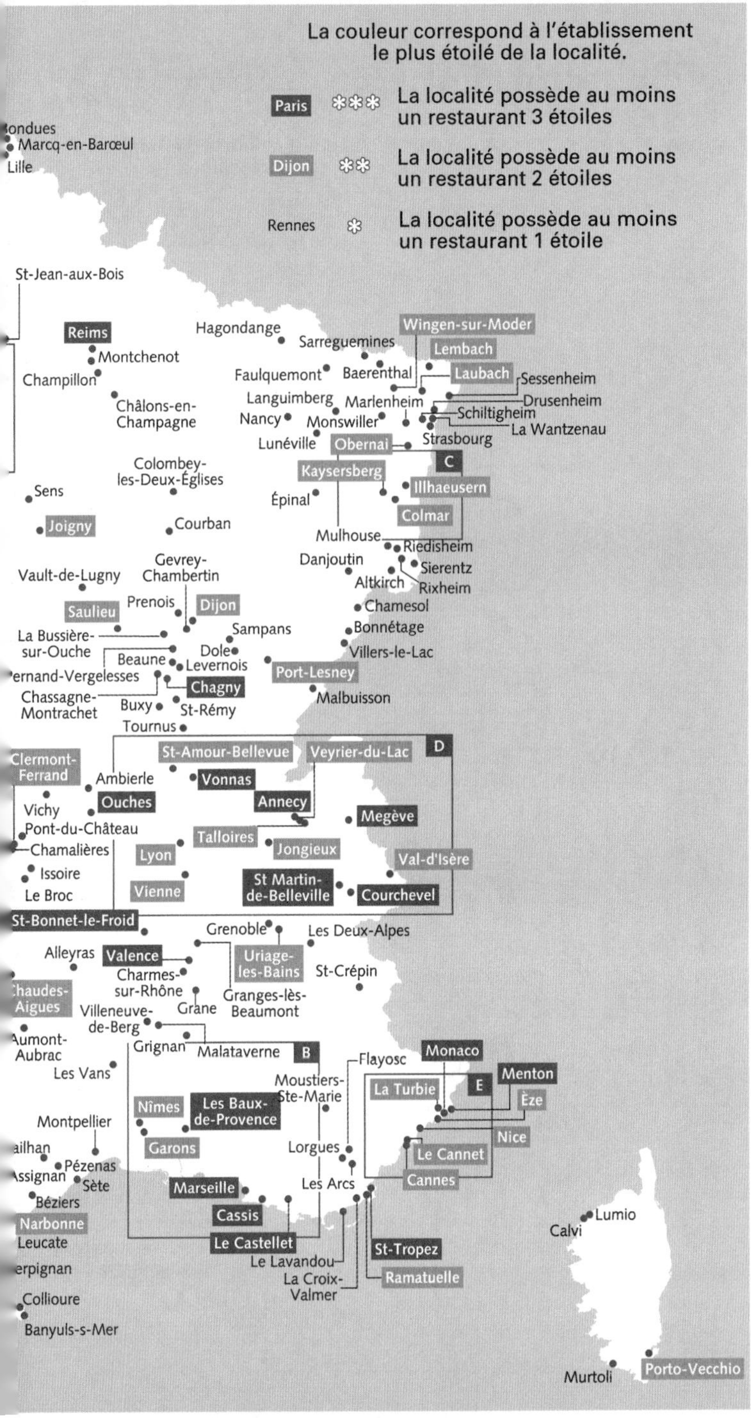

La couleur correspond à l'établissement le plus étoilé de la localité.

Paris ✻✻✻ La localité possède au moins un restaurant 3 étoiles

Dijon ✻✻ La localité possède au moins un restaurant 2 étoiles

Rennes ✻ La localité possède au moins un restaurant 1 étoile

ondues
Marcq-en-Barœul
Lille
St-Jean-aux-Bois
Reims
Montchenot
Champillon
Châlons-en-Champagne
Hagondange
Sarreguemines
Wingen-sur-Moder
Lembach
Laubach
Sessenheim
Drusenheim
Schiltigheim
La Wantzenau
Strasbourg
Faulquemont
Baerenthal
Languimberg
Marlenheim
Nancy
Monswiller
Lunéville
Obernai
C
Colombey-les-Deux-Églises
Kaysersberg
Illhaeusern
Colmar
Sens
Épinal
Joigny
Courban
Mulhouse
Riedisheim
Danjoutin
Sierentz
Altkirch
Rixheim
Gevrey-Chambertin
Vault-de-Lugny
Prenois
Dijon
Saulieu
Chamesol
Bonnétage
Villers-le-Lac
Sampans
La Bussière-sur-Ouche
Beaune
Dole
Levernois
ernand-Vergelesses
Port-Lesney
Chagny
Malbuisson
Chassagne-Montrachet
Buxy
St-Rémy
Tournus
D
Clermont-Ferrand
St-Amour-Bellevue
Veyrier-du-Lac
Ambierle
Vonnas
Ouches
Annecy
Vichy
Megève
Pont-du-Château
Talloires
Chamalières
Lyon
Jongieux
Val-d'Isère
Issoire
Vienne
St Martin-de-Belleville
Courchevel
Le Broc
St-Bonnet-le-Froid
Grenoble
Les Deux-Alpes
Alleyras
Valence
Uriage-les-Bains
St-Crépin
Charmes-sur-Rhône
hauds-Aigues
Grane
Granges-lès-Beaumont
Villeneuve-de-Berg
Aumont-Aubrac
Grignan
Malataverne
B
Monaco
Flayosc
Menton
Les Vans
Moustiers-Ste-Marie
La Turbie
E
Èze
Nîmes
Les Baux-de-Provence
Montpellier
Garons
Nice
Lorgues
ailhan
Le Cannet
Pézenas
ssignan
Sète
Les Arcs
Cannes
Marseille
Béziers
Cassis
Lumio
Calvi
Narbonne
Leucate
Le Castellet
St-Tropez
Le Lavandou
erpignan
La Croix-Valmer
Ramatuelle
Collioure
Banyuls-s-Mer
Murtoli
Porto-Vecchio

Les Tables étoilées 2022

La couleur correspond à l'établissement le plus étoilé de la localité.

Île-de-France

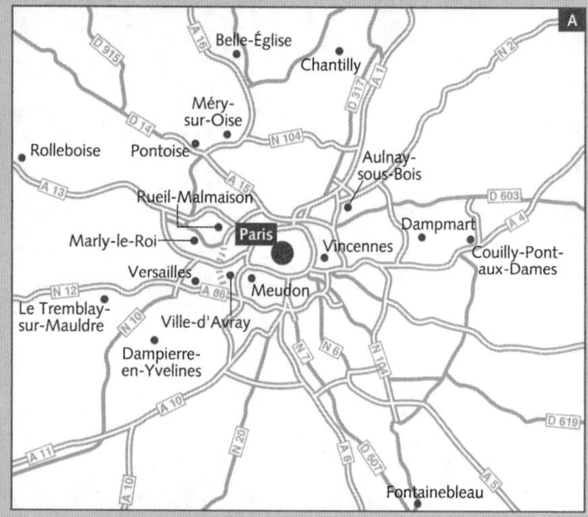

Provence

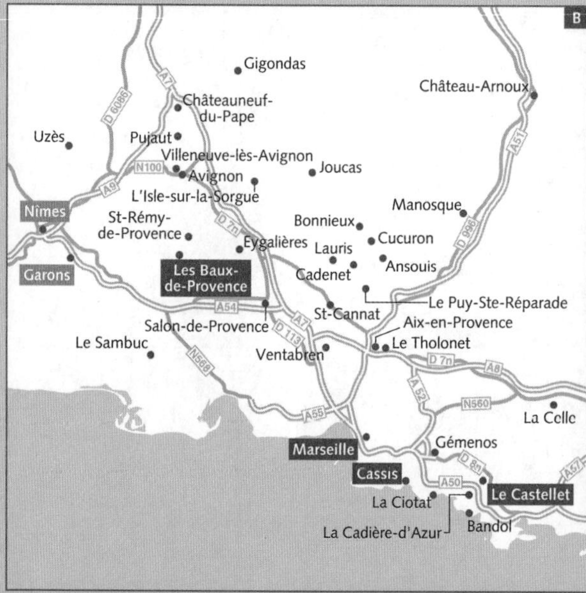

Alsace

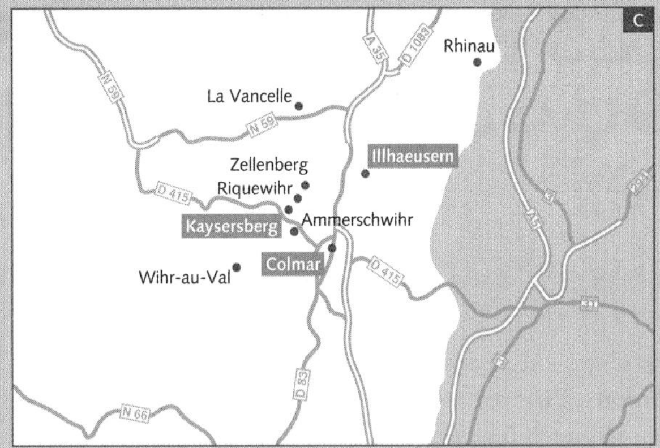

Rhône-Alpes

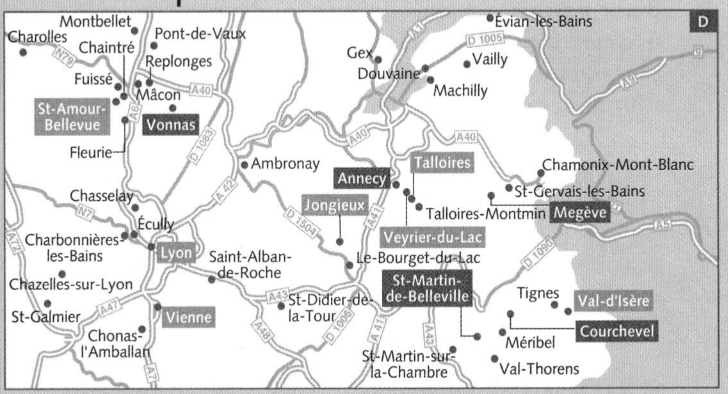

Côte-d'Azur

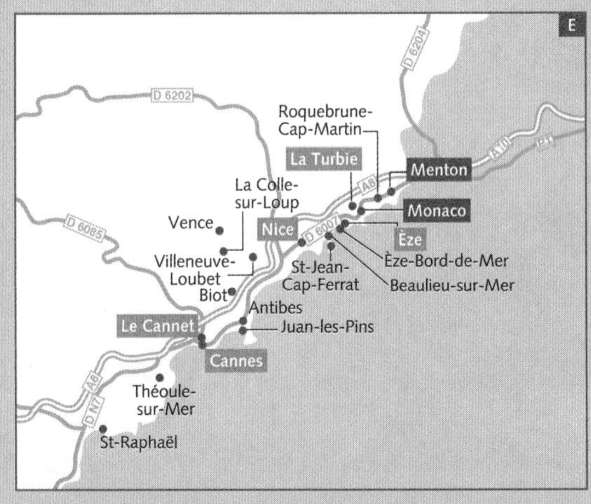

LES ENGAGEMENTS DU GUIDE MICHELIN

L'EXPÉRIENCE AU SERVICE DE LA QUALITÉ

Qu'il soit au Japon, aux Etats-Unis, en Chine ou en Europe, l'inspecteur du Guide MICHELIN respecte exactement les mêmes critères pour évaluer la qualité d'une table. Car si le guide peut se prévaloir d'une notoriété mondiale, c'est notamment grâce à la constance de son engagement vis-à-vis de ses lecteurs. Un engagement dont nous voulons réaffirmer ici les principes :

Atstock Productions/Getty Images Plus

Pour suivre l'actualité et profiter de mises à jour régulières, rendez-vous sur **www.guide.michelin.com**

La visite anonyme

Première règle d'or, les inspecteurs testent les tables de façon anonyme et régulière, afin d'apprécier pleinement le niveau des prestations offertes à tout client, et ils s'acquittent toujours de leurs additions. Les avis de nos lecteurs nous fournissent, par ailleurs, de précieux témoignages, autant d'informations qui sont prises en compte lors de l'élaboration de nos itinéraires gastronomiques.

L'indépendance

Pour garder un point de vue parfaitement objectif – dans le seul intérêt du lecteur –, la sélection des restaurants s'effectue en toute indépendance, et leur inscription dans le Guide est totalement gratuite. Les décisions sont discutées collégialement par les inspecteurs et le rédacteur en chef, et les plus hautes distinctions font l'objet d'un débat au niveau européen.

Le choix du meilleur

Loin de l'annuaire d'adresses, le Guide se concentre sur une sélection des meilleurs restaurants, dans toutes les catégories de standing et de prix. Un choix qui résulte de l'application rigoureuse d'une même méthode par tous les inspecteurs, quel que soit le pays où ils œuvrent.

Des distinctions annuelles, une mise à jour permanente

Si les distinctions sont revues chaque année par nos équipes, les informations pratiques sont quant à elles mises à jour en temps réel sur nos plateformes numériques afin d'offrir l'information la plus fiable à nos lecteurs.

L'homogénéité de la sélection

Les critères de classification sont identiques pour tous les pays couverts par le Guide MICHELIN. À chaque culture sa cuisine, mais la qualité se doit de rester un principe universel...

L'aide à la mobilité : telle est la mission de Michelin.

LA SÉLECTION
DU GUIDE MICHELIN

De Tokyo à San Francisco, de Paris à Copenhagen, la vocation du Guide MICHELIN est toujours la même : dénicher les meilleures tables du monde.

Diversité des cuisines et des savoir-faire, créativité débridée ou grande tradition, quel que soit le lieu ou le style, les inspectrices et inspecteurs du Guide n'ont qu'une quête : le gout et la qualité.

... Et l'émotion. Car un repas dans l'un de ces restaurants est d'abord un moment de plaisir : c'est l'art des plus grands chefs que de métamorphoser une bouchée éphémère en souvenir inoubliable.

Aussi, parmi toutes les tables sélectionnées dans le Guide, les plus remarquables se voient décerner une distinction : ce sont les Étoiles – jusqu'à trois pour les tables qui vous transportent au sommet de la gastronomie. C'est également le Bib Gourmand, qui conjugue astucieusement prix et qualité.

Enfin, une autre étoile, non pas rouge mais verte, met en lumière les établissements qui s'engagent pour une cuisine respectueuse de l'environnement.

Autant d'expériences gustatives à vivre et tenter : la sélection du Guide MICHELIN, c'est tout cela – et plus encore !

Les distinctions de qualité de cuisine

✿ Les étoiles MICHELIN

Les restaurants sont classés par qualité de cuisine. Nos étoiles – une ✿, deux ✿✿ ou trois ✿✿✿ – distinguent les cuisines les plus remarquables, quel que soit leur style. Le choix des produits, la maîtrise des techniques culinaires et des cuissons, l'harmonie et l'équilibre des saveurs, la personnalité de la cuisine et la constance de la prestation : voilà les critères qui, au-delà des genres et des types de cuisine, définissent les plus belles tables.

✿✿✿ **Trois Étoiles – Une cuisine unique. Vaut le voyage !**
La signature d'un très grand chef ! Produits d'exception, pureté et puissance des saveurs, équilibre des compositions : la cuisine est ici portée au rang d'art. Les assiettes, parfaitement abouties, se révèlent souvent mémorables.

✿✿ **Deux Étoiles – Une cuisine d'exception. Vaut le détour !**
Les meilleurs produits magnifiés par le savoir-faire et l'inspiration d'un chef de talent, qui signe, avec son équipe, des assiettes subtiles et percutantes.

✿ **Une Étoile – Une cuisine d'une grande finesse. Vaut l'étape !**
Des produits de première qualité, une finesse d'exécution évidente, des saveurs marquées, une constance dans la réalisation des plats.

Bib gourmand

Nos meilleurs rapports qualité-prix.
Un moment de gourmandise pour 35 € (39 € à Paris) maximum : de bons produits bien mis en valeur, une addition mesurée, une cuisine d'un excellent rapport qualité-prix.

L'Étoile Verte MICHELIN

Gastronomie et durabilité

Repérez l'étoile verte MICHELIN dans notre sélection de restaurants : elle identifie les établissements particulièrement engagés pour une gastronomie durable. Une citation du chef illustre la démarche de ces restaurants modèles.

LES SYMBOLES
DU GUIDE MICHELIN

- Ⓝ Nouvel établissement dans le guide
- N Etablissement recevant une nouvelle distinction cette année

Équipements & services

- Carte des vins particulièrement intéressante
- Belle vue
- Parc ou jardin
- Aménagements pour personnes handicapées
- Air conditionné
- Repas servi au jardin ou en terrasse
- Salons pour repas privés
- Service voiturier (pourboire d'usage)
- Parking
- Garage
- Cartes de paiement non acceptées
- Station de métro

Mots-clés

Deux mots-clés pour identifier en un coup d'œil le type de cuisine et le style de décor de l'établissement.

CUISINE CRÉATIVE · **DESIGN**

LÉGENDE DES PLANS

● Restaurants

Curiosités

Bâtiment intéressant

Édifice religieux intéressant

Voirie

Autoroute • Double chaussée de type autoroutier

Echangeurs numérotés: complet, partiels

Grande voie de circulation

Rue réglementée ou impraticable

Rue piétonne

Parking

Tunnel

Gare et voie ferrée

Funiculaire

Téléphérique

Signes divers

Office de tourisme

Édifice religieux

Tour • Ruines • Moulin à vent

Jardin, parc, bois • Cimetière

Stade • Golf • Hippodrome

Piscine de plein air, couverte

Vue • Panorama

Monument • Fontaine

Port de plaisance

Phare

Aéroport

Station de métro

Gare routière

Tramway

Transport par bateau :
passagers et voitures, passagers seulement

Bureau principal de poste restante

Hôtel de ville • Université, grande école

CONTENTS

Introduction

2022... New awards! 15

Le Guide MICHELIN

Index

End of guide:

The 2022 MICHELIN Guide's Selection by region

DEAR READER,

At the time of writing this editorial, it is impossible to predict how the situation will have evolved by the time a copy of the 2022 Guide is in your hands. 2020, 2021 and now the start of 2022 have been challenging times for us all. The COVID-19 pandemic has shaken up our lives, our points of reference and our habits in unforeseen ways. Restaurants – normally the ultimate venues for coming together in a shared moment – have been hard hit by this upheaval as they, too, are at the mercy of an unstable situation.

Yet despite this extremely demanding context, France's restaurant owners have constantly impressed us. They have demonstrated a remarkable ability to adapt and reinvent themselves, as well as a determination to continue providing their customers with authentic, sincere and unique dining experiences.

The restaurant scene in France has never been so vibrant, energised by chefs all over the country and their talented teams of newcomers, emerging talents or old-timers. It is buzzing with the bold ideas that many new restaurants come up with every day and revitalised by impassioned and serious debate about the industry's high-stakes issues, including its growing ambition to implement a sustainable model for restaurants – one that respects human, ecological and economic ecosystems. The Guide supports this with the MICHELIN Green Star.

Throughout these pages, we invite you to discover a selection of restaurants that are full of life, not only serving up good food, but also an element of surprise and escapism. Our teams of inspectors have painstakingly picked restaurants that embody a certain art of living and promise high-calibre dining.

We hope you will derive as much pleasure from using this guide as we have had in compiling it and that it will inspire you to try out the restaurants it features.

In order to further improve this selection, which is constantly updated in real time on our various digital platforms, please send us any feedback, suggestions or information by contacting us via our website: guide.michelin.com

Take care, and here's to restaurants and the people who bring them to life on a daily basis.

The MICHELIN Guide team

Travel is just a click away with a 100% digital hotel selection

By listing hotels and boutique hotels, the MICHELIN Guide is continuing its time-honoured commitment to travel.

To keep in step with new ways of travelling, the Guide is embarking on a brand new approach to its hotel selection, the result of which awaits you exclusively online! By going digital, the MICHELIN Guide's hotel selection will enable travellers to benefit from the best services developed by Tablet Hotels, the MICHELIN Guide's hotel experts since 2018.

Courtesy of the MICHELIN Guide website and app, which are accessible free of charge, you can peruse and directly book exceptional, one-of-a-kind hotels.

Whether you want to check availability at a hotel or get away from it all via a smooth and intuitive booking experience, complete with virtual assistance, we aim to introduce a new chapter in travel, continuing a tradition that is synonymous with the MICHELIN Guide.

Ready, set, click!

A selected restaurant – the recognition of a team effort

Restaurant industry professions have demonstrated their value and importance and, once again, we would like to acknowledge this professionalism, through several initiatives such as the MICHELIN Special Awards and Passion Dessert.

The MICHELIN Guide's historic awards have always applauded a restaurant and its team. We wanted to bring this essential collective dimension to Passion Dessert. This award now distinguishes the restaurant in which the pastry chef and her or his creativity is nurtured and showcased.

Since 2016, we have also awarded Special Prizes to professionals who contribute to turning a meal out into an exceptional experience, bringing that touch of magic.

The intention behind the Service Award is to single out whole front-of-house teams, whose work, under the guidance of a maître d' or general manager, elevates the art of hospitality to the next level. The wine service is also recognised with its own prize. As an ambassador for the winegrowers and their wines, sommeliers pair food and wine by drawing on their exceptional sensitivity and knowledge - helping to give the chef's dishes an extra dimension.

COGNAC HOSTS THE MICHELIN STARS AWARD CEREMONY

For the first time in its long history, the MICHELIN Guide's stars award ceremony was held outside Paris – in Cognac, in the Charente département of southwest France. This was an opportunity for the MICHELIN Guide to showcase a town, a region, with its land and local produce, and of course a world-famous drink.

Cognac: a brandy… but also a town

More than a mere drink, cognac symbolises French excellence. Its finesse, its subtle tasting notes - whether candied fruit, vanilla or hazelnut - are characteristic of each maison. They reflect the land, the winegrower's attention to detail, time, but also the cellar master's expertise: the unique art of blending eaux-de-vie from different vintages and ages to craft a spirit with a unique identity, weighing. Exported in the 18th century to England and Holland, Cognac is now being snapped up in the United States, Russia and Asia.

• Cognac is so famous that it overshadows its namesake, the capital of Charente, despite the town having produced a king of France, Francis I. The town exudes a quiet charm, with its monuments and the lovely houses that have been built along the Charente over the years. Inside the cellars of its most prestigious houses - Martell, Hennessy or Rémy Martin - Cognac also takes you on a journey of the senses. From trading house to distillery and vineyard: it's worth taking the time to sample (in moderation but in any season) the many facets of its grape brandy…

J.-M. Barrere/hemis.fr

Messing about on the river

Setting out from Cognac, what could be more pleasant than cycling along the towpaths? Navigable from Angoulême to Rochefort, the Charente River winds its way through the typical sites, towns and villages of the region. Its banks are also home to gems such as the Romanesque Châtre Abbey, located in St-Brice, against a backdrop of rich green countryside. In Jarnac, stroll along the Quai de l'Orangerie: the beautiful houses, such as the Maison Courvoisier, lining the quayside are a reminder of the intertwined destiny of the town and its eau-de-vie.

Table of Charentes

Charente dishes are just as likely to showcase produce from the land as from the sea. In terms of seafood, you can tuck into Marennes-Oléron oysters (PGI designated), shellfish from the Charente coast (lobster, langoustine from Cotinière, crab, shrimp, mussels) and various fish (sea bass, mullet, sole). As for meat, Charente rears its own beef, mutton, pork, poultry (veal from Chalais, goose from Ruffec, chicken from Barbezieux), as well as waterfowl (wild duck, teal, snipe). In addition, there are numerous cheeses (such as chabichou and jonchée), frogs, snails, caviar and truffles!

The region, like any land of plenty, also boasts a number of protected designations: Charentes-Poitou butter, early potatoes from the Île de Ré, wines and Pineau des Charentes... An array of products and flavours that offer across-the-board appeal.

• As you venture away from the river into the superb countryside, take in its valleys dotted with charming wine-producing villages, such as Bouteville. In Segonzac, too, the Grande Champagne soil has produced the finest cognacs.

• Saintes, Saint-Savinien and their fine stone-built houses... Finally, to the west, the Charente joins the Atlantic, between Port-des-Barques and Fouras, bringing to a close a 381km journey across the plains beneath a huge sky tinged with golden hues. The river that King Henry IV called "the most beautiful stream in the kingdom" will continue to surprise and delight you.

PATISSERIE TODAY, A CROSS BETWEEN REVISITED TRADITION AND INNOVATION

These are happy days for anyone with a sweet tooth. Contemporary pastry-making and its creators continue to demonstrate a flair for invention and self-expression.

Seaweed and rhubarb: a meeting of sea and land

• At La Rotonde de l'Hôtel du Palais in Biarritz, rhubarb is combined with seaweed in a dessert that is as original as it is nostalgic. The dish comprises a corolla of rhubarb, blancmange and – surprise – a rhubarb and dulse seaweed coulis, which, with its delicate suggestion of the sea, subtly underscores the astonishing freshness of this dessert... It is proving to be a winner for pastry chef Aleksandre Oliver (great-grandson of Raymond Oliver and grandson of Michel Oliver), whose style is becoming more and more pronounced with every passing year. His connection with chef Aurélien Largeau is plain to see, as he cultivates a taste for local produce and plays on acidity and the flavours of the sea, creating a perfect counterpoint to the savoury part of the meal. Between them, the pair are bringing a new energy to the restaurant of this distinguished luxury hotel, built in 1854 and entirely refurbished.

Passion dessert

Dessert is an indispensable part of any French gourmet meal. That's why, for the fourth year in a row, the MICHELIN Guide and Valrhona have decided to showcase this unique, sweet experience by bringing the pastry-making profession to the fore. Picked by MICHELIN Guide inspectors, the 2022 Passion Dessert line-up spotlights some of the best pastry chefs, from across the generations.
Find the prize-winners on the MICHELIN Guide website (guide.michelin.com).

Maxime Frédéric – haute couture patisserie

• A dish as beautiful as an Impressionist painting, as lovely as a peony by Manet: a flower... with fine rose petals made of crisp, light meringue floating on a bed of revitalising citrus fruits. Its freshness is accentuated by the herb sorbet sprinkled with candied citrus fruits. This satin-smooth composition, a beautiful dessert striking a subtle balance between sweetness and tartness, is the work of pastry chef Maxime Frédéric. Now working alongside Arnaud Donckele at Plénitude - Cheval Blanc Paris, he has created an exclusive pastry range, as seamless as a haute couture collection for this equally high-end establishment.

Le Taillevent (Paris): modernised tradition

• Pastry chef Émilie Couturier's "Île flottante", a light yet sumptuous reinterpretation of floating islands, the emblematic French dessert, has gained quite a following. Whipped egg whites infused with a sweet tobacco flavour enclose a delicious vanilla custard sauce in their hollowed-out centres;

Anastasia Korovina /Getty Images Plus

the meringue shell filled with a hazelnut praline and the maple syrup ice cream only compound the culinary pleasure. Couturier's work is particularly complementary to the philosophy of Le Taillevent, where chef Giuliano Sperandio revisits the savoury classics in a discerning and subtle way. Both the chef and pastry chef joined Le Taillevant from Le Clarence.

Alexandre Couillon, ode to the Vendée region

• On the island of Noirmoutier, the world of chef Alexandre Couillon carries a profound appeal. With his vegetable and herb garden and his coterie of fishermen and other producers, he has built a unique ecosystem around himself. One dessert in particular, made using produce that is representative of his region, is a testament to this: buckwheat, seaweed, caramel... A sphere of the most delicate caramel mousse cradles an excellent seaweed and lemon sorbet. Placed on puffed buckwheat seeds and sprinkled with seaweed powder, it presents an ideal marriage of salty, sweet and sour. To accompany it, the ultra-light meringue coated with sea lettuce is remarkable. Jérémy Garnier's dessert is full of contrasting flavours and textures.

Adrien Salavert, a taste for fine ingredients

● Chef David Charrier and his pastry chef Adrien Salavert are lucky enough to work in the very heart of the vineyards, in a completely renovated estate at the highest point of the Saint-Émilion vines. Like the chef, the pastry chef has a deep respect for the seasons and a particular predilection for natural produce, sourced from small-scale producers, of course, but also – and above all – from the Château Troplong-Mondot estate. A case in point is the peach (which you imagine to have been picked just before serving), presented in a variety of ways (poached, puréed, as a sorbet) and accompanied by a honey espuma. Keeping in perfect harmony with the savoury courses, the pastry chef is in pursuit of expressiveness, freshness and the natural taste of fine ingredients.

THE MICHELIN GUIDE'S COMMITMENTS

Whether they are in Japan, the USA, China or Europe, our inspectors apply the same criteria to judge the quality of each and every restaurant that they visit. The MICHELIN Guide commands a worldwide reputation thanks to the commitments we make to our readers – and we reiterate these below:

ShotShare/Getty Images Plus

Experienced in quality!

Anonymous inspections

Our inspectors visit restaurants regularly and anonymously in order to fully assess the level of service offered to any customer – and they always pay their own bills. Comments from our readers also provide us with valuable feedback and information, and these too are taken into consideration when making our recommendations.

Independence

To remain totally objective for our readers, the selection is made with complete independence. Entry into the guide is free. All decisions are discussed with the Editor and our highest awards are considered at a European level.

Selection and choice

The guide offers a selection of the best restaurants in every category of comfort and price. This is only possible because all the inspectors rigorously apply the same methods.

Annual distinctions, continuous updates

Although distinctions are reviewed annually by our teams, practical details are updated in real time on our digital platforms to provide the most reliable information to our users.

Consistency

The criteria for the classifications are the same in every country covered by the MICHELIN Guide.

The sole intention of Michelin is to make your travels safe and enjoyable.

For updated information visit
www.guide.michelin.com/en

THE MICHELIN GUIDE'S **SELECTION**

From Tokyo to San Francisco, Paris to Copenhagen, the mission of the MICHELIN Guide has always been the same: to uncover the best restaurants in the world.

Cuisine of every type; prepared using grand traditions or unbridled creativity; whatever the place, whatever the style... the MICHELIN Guide Inspectors have a quest to discover great quality, know-how and flavours.

And let's not forget emotion... because a meal in one of these restaurants is, first and foremost, a moment of pleasure: it is experiencing the artistry of great chefs, who can transform a fleeting bite into an unforgettable memory.

From all of the restaurants selected for the Guide, the most remarkable are awarded a distinction: first there are the Stars, with up to Three awarded for those which transport you to the top of the gastronomic world. Then there is the Bib Gourmand, which cleverly combines quality with price.

And finally, another Star, not red but green, which shines the spotlight on establishments that are committed to producing sustainable cuisine.

There are so many culinary experiences to enjoy: the MICHELIN Guide brings you all these and more!

The distinctions: the quality of the cuisine

❀ The Michelin Stars

Our famous one ❀, two ❀❀ and three ❀❀❀ stars identify establishments serving the highest quality cuisine – taking into account the quality of ingredients, the mastery of techniques and flavours, the levels of creativity and, of course, consistency.

❀❀❀ **Exceptional cuisine, worth a special journey!**
Our highest award is given for the superlative cooking of chefs at the peak of their profession. The ingredients are exemplary, the cooking is elevated to an art form and their dishes are often destined to become classics.

❀❀ **Excellent cooking, worth a detour!**
The personality and talent of the chef and their team is evident in the expertly crafted dishes, which are refined, inspired and sometimes original.

❀ **High quality cooking, worth a stop!**
Using top quality ingredients, dishes with distinct flavours are carefully prepared to a consistently high standard.

Bib gourmand

Good quality, good value cooking.
'Bibs' are awarded for simple yet skilful cooking for under €39.

The MICHELIN Green Star

Gastronomy and sustainability

Look out for the MICHELIN Green Star in our restaurants selection: the green star highlights role-model establishments actively committed to sustainable gastronomy. A quote outlines the vision of these trail-blazing establishments.

THE MICHELIN GUIDE'S SYMBOLS

- Ⓝ New establishment in the guide
- N Establishment getting a new distinction this year

Facilities & services

- Particularly interesting wine list
- Great view
- Garden or park
- Wheelchair access
- Air conditioning
- Outside dining available
- Private dining room
- Valet parking
- Car park
- Garage
- Credit cards not accepted
- Underground station

Key words

Each entry now comes with two keywords, making it quick and easy to identify the type of establishment and/or the food that it serves.

CUISINE CRÉATIVE · **DESIGN**

TOWN PLAN KEY

• Restaurants

Sights

Place of interest
Interesting place of worship

Road

Motorway, dual carriageway
Junction: complete, limited
Main traffic artery
Unsuitable for traffic; street subject to restrictions
Pedestrian street
Car park
Tunnel
Station and railway
Funicular
Cable car, cable way

Various signs

Tourist Information Centre
Place of worship
Tower or mast • Ruins • Windmill
Garden, park, wood • Cemetery
Stadium • Golf course • Racecourse
Outdoor or indoor swimming pool
View • Panorama
Monument • Fountain
Pleasure boat harbour
Lighthouse
Airport
Underground station
Coach station
Tramway
Ferry services:
passengers and cars, passengers only
Main post office with poste restante
Town Hall • University, College

La sélection du Guide MICHELIN par région

The MICHELIN Guide Selection by region

*Retrouvez toutes les localités et tous les restaurants **par ordre alphabétique** en fin de guide !*

LES CARTES RÉGIONALES de 1 à 25

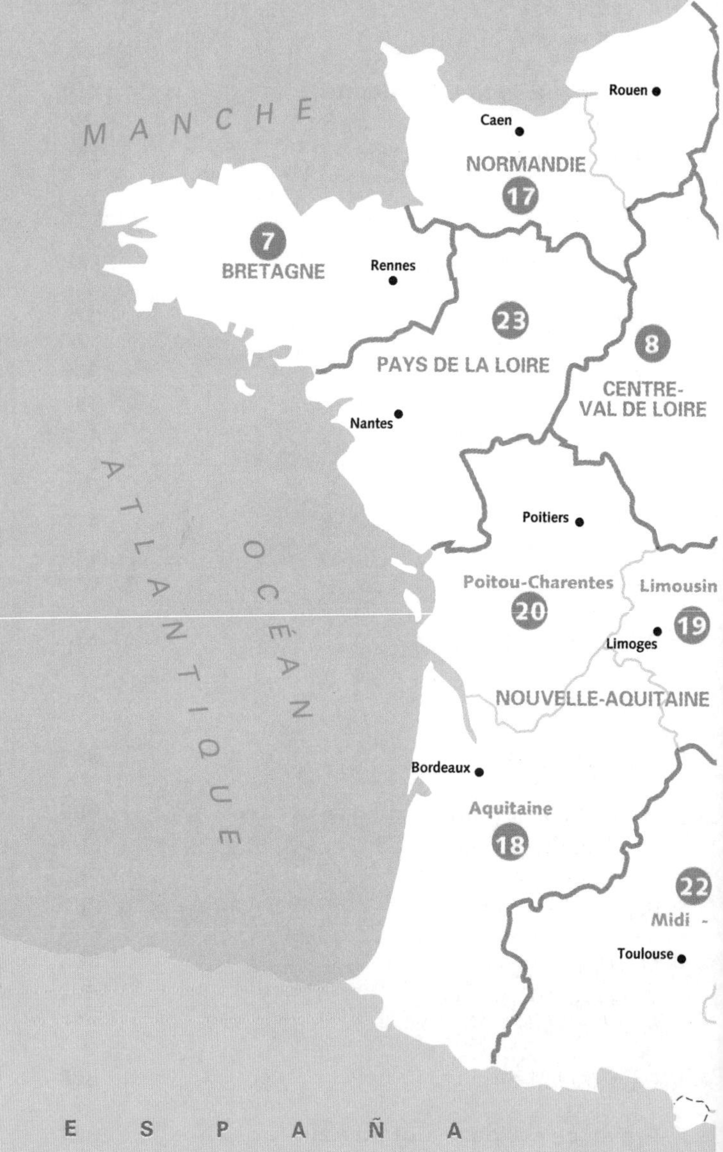

BELGIË
Bruxelles
Brussel
BUNDESREPUB LIK
13
Lille
Nord-Pas-de-Calais
BELGIQUE
LUXEMBOURG
Amiens
HAUTS-DE-FRANCE
DEUTSCHLAND
Luxembourg
14
Picardie
Châlons-
en-Champagne
Metz
PARIS
12
Île-de-France
11
Lorraine
Strasbourg
15
16
Champagne-
Ardenne
Alsace
GRAND EST
10
Orléans
6
Bourgogne
Franche-Comté
SCHWEIZ
5
Dijon
Besançon
Bern
BOURGOGNE-FRANCHE-COMTÉ
SUISSE
1
Auvergne
Rhône-Alpes
Clermont-
Ferrand
Lyon
2
3
4
AUVERGNE-RHÔNE-ALPES
ITALIA
OCCITANIE
PROVENCE-ALPES-
CÔTE-D'AZUR
Pyrénées
Montpellier
24
25
Languedoc-
Roussillon
Marseille
21
CORSE
MER
Ajaccio
9
MÉDITERRANÉE

INDEX DES CARTES RÉGIONALES

INDEX OF REGIONAL MAPS

Numéro de carte entre parenthèses (6)

Ch. Guy/hemis.fr

AUVERGNE-RHÔNE-ALPES

LA SELECTION DU GUIDE MICHELIN

LES TABLES ÉTOILÉES

Une cuisine unique. Vaut le voyage !

Une cuisine d'exception. Vaut le détour !

Une cuisine d'une grande finesse. Vaut l'étape !

N Nouvelle distinction cette année !
❀ Engagé pour une gastronomie durable

LES BIB GOURMAND

Nos meilleurs rapports qualité-prix

QUAND CÉSAR REND À LA NATURE...

Troisgros - Le Bois sans Feuilles, à Ouches

Dans sa vision de la gastronomie durable de demain, César Troisgros, comme le reste de sa famille, est sur tous les fronts. Il a engagé plusieurs chantiers depuis l'installation de la famille Troisgros à Ouches.

"Le cadre de vie et de travail à la campagne nous a poussé à revoir ou à repenser notre lien à la nature, notamment en lui rendant ce qu'elle nous a offert." La mise en place d'un compost s'est imposée très vite : *"À Roanne, nous étions moins regardants sur la gestion des déchets. Ici, tout a été mis en place pour récupérer les matières organiques."* Chaque semaine, ce sont entre 70 et 80 kilos de déchets qui passent au compost dans lequel sont ajoutés les feuilles des arbres, la tonte des pelouses et le fumier des chevaux. L'ensemble est redistribué aux jardiniers qui enrichissent le sol du jardin et des parterres.

Ce rapprochement est une fierté, grâce à une nouvelle génération de cuisiniers plus engagés : *"Bien sûr qu'il faut encore leur expliquer certaines choses mais c'est normal car selon les maisons dans lesquelles ils passent, les normes ne sont pas forcément les mêmes."* Avantage de la jeunesse, elle capte vite et adhère. *"Ils sont curieux, ouverts, passionnés et passionnants parce que leur soif d'apprendre est grande. C'est aussi un de nos chantiers, éveiller les consciences et transmettre des valeurs à l'instar de celles transmises par mon père ou mon grand-père."* Parmi elles, il y a la connaissance du terroir de plus en plus diversifié dans le pays roannais, notamment en bio, sur une belle pente ascendante. Mais attention, comme le souligne César Troisgros : *"Ce n'est pas parce que c'est local qu'il faut se sentir obligé de le référencer parce que parfois, ce n'est pas bon. À nous d'accompagner ces producteurs, à la hauteur de nos connaissances, pour les tirer vers le haut."*

Prônez vous la cuisine de territoire, comme certains chefs de votre génération ?

Oui et non. Oui parce qu'il faut défendre les productions locales, encourager les nouveaux arrivants en leur donnant des conseils, mais encore faut-il délimiter son territoire. En cela, je suis tenté de répondre non. À titre personnel, je ne sais pas le délimiter. Est-ce le Roannais, est-ce la Loire ? La cuisine de territoire crée des inégalités. Un chef installé face à la mer et

Le trio Troisgros (à gauche, César)

Des roses pour mise en bouche.

adossé à une montagne possède son territoire naturel mais nous n'avons pas tous les mêmes ressources. Je n'ai pas accès à la mer, je pourrais donc me tourner vers les poissons d'eau douce, mais je n'ai pas de pêcheur professionnel sur la Loire ou sur l'Allier donc mon territoire est tronqué.

Vous recentrez vos achats localement. Est-ce un consensus familial ou y a-t-il débat entre deux générations ?

Mon père, Michel, était déjà très engagé dans la défense des productions locales. Il ne communiquait pas forcément là-dessus comme ça se fait aujourd'hui. Cependant, le déménagement à Ouches a été l'occasion d'enfoncer le clou pour Léo, mon frère, et moi. Nous sommes passés de la ville à la campagne, l'aménagement d'un jardin potager et d'herbes aromatiques a été une première décision évidemment suivie par mes parents. Nous y allons à notre rythme tant les chantiers sont nombreux mais nous sommes dans une dynamique portée par toute la famille et les équipes.

Quels sont vos chantiers prioritaires ?

La guerre contre les plastiques et le polystyrène en est un. Nous listons tout ce qui nous paraît totalement ubuesque en ce moment. Quand je dis à mon poissonnier que je ne veux plus de caisses polystyrène, il n'y peut rien car au-dessus de lui, dans la chaîne du poisson, de la pêche à la livraison en passant par la criée, personne n'impose un nouveau système. Nous, en fin de chaîne, on veut s'en débarrasser mais ce n'est pas si simple.

DÉMARCHE RAISONNÉE POUR UNE CUISINE PASSIONNÉE

Yoann Conte, à Veyrier-du-Lac.

Sur le lac d'Annecy, le chef renouvelle de fond en comble son approche de la gastronomie, à la lumière de son expérience et de ses prises de conscience. Entretien serein.

Yoann Conte a décidé d'être heureux, de se réinventer pour continuer à *"faire du manger"*, comme il aime à le dire. L'état de la planète, la quête perpétuelle de l'excellence, le diktat des demandes particulières et parfois farfelues, l'excessivité n'ont plus de sens pour ce chef qui a pris conscience que tout allait trop vite et qu'il était au cœur d'un tourbillon dans lequel il avait pour habitude de tout accepter : *"Il faut revenir à une philosophie du manger plus douce, plus lente, plus en phase avec le jardin, la nature, les éleveurs, les producteurs."*
Yoann Conte veut désormais se faire plaisir, donner du plaisir *"pourquoi pas avec un simple plat de féra et de pommes de terre dans une réinterprétation du hareng pommes à l'huile."* Et s'il faut aller discuter en salle avec quelqu'un qui s'interrogerait sur ce plat dans une maison de ce standing, il ira, parce *"le bien manger passe par la pédagogie et par le civisme."* Il l'avoue, il s'est peut être égaré par le passé mais désormais, cette nouvelle construction culinaire lui a fait retrouver la joie, la vie, le plaisir du partage avec ses équipes, ses clients, ses fournisseurs.
Ce retour à un rythme plus lent lui laisse du temps pour étudier son jardin, admirer son champ d'oseille, ses menthes et ses kiwis. Il lit, étudie pour mieux comprendre l'emplacement de chaque variété, réaliser des composts d'herbes, faire la chasse aux pucerons. Pour autant, Yoann Conte ne renie pas ce qu'il a été : *"c'était une partie de ma vie, de ma construction personnelle. Aujourd'hui, j'aspire à toujours travailler dans l'excellence mais sans tomber dans l'excès, c'est ma thérapie."*

Vous dites que la restauration a été trop longtemps dans l'excès...

Attention, il n'y a pas que la restauration qui a été dans l'excès mais les chefs, et je m'inclus dedans, ont leur part de responsabilité sur l'état de la nature qui nous entoure. Nous avons participé au gâchis alimentaire. Nous avons fait travailler des producteurs à contre-courant de la nature ou des saisons. Tout le monde veut tout à n'importe quel moment. Ce n'est pas envisageable. Il faut apprendre aujourd'hui à ralentir. Il faut que la prise de conscience soit plus globale pour porter ses fruits. Je salue tous mes confrères qui se sont engagés dans cette voie. C'est vital pour nos enfants, nos petits-enfants.

Comment est-ce que cela se concrétise dans votre maison ?

Au restaurant gastronomique, je réduis le nombre de couverts à 25 et j'ai décidé de proposer à ma clientèle des plats en fonction de ce que j'ai à l'instant T. Je ne veux plus être tributaire d'une carte qui m'oblige à trouver impérativement le produit parce qu'il est dans l'intitulé. Je m'appuie sur une trentaine de créations épurées pour aller chercher la quintessence du goût de produits qui resteront d'excellence. Et puis au restaurant, Le Roc, ouvert 7 jours sur 7, je pourrai travailler les bas morceaux comme le jarret de veau, les joues de cochon ou une épaule d'agneau.

Cette offre complémentaire, c'est une façon de réduire le gâchis alimentaire ?

Totalement. Avant, auprès de mon fournisseur de viande, je ne réclamais que les carrés d'agneau par exemple. À lui de se débrouiller pour vendre le reste. Aujourd'hui, je travaille la bête entière, ce qui au passage me permet d'agrandir mon cercle de fournisseurs locaux. Quelques morceaux d'excellence pour la table gastronomique et les autres, qui n'en sont pas moins nobles, pour le restaurant. Cette façon de travailler me permet d'être en phase avec moi-même, de retrouver un équilibre, de retrouver mon rôle premier, celui d'aubergiste qui fait à manger pour le client de passage... avec ce qu'il a sous la main.

Bondelle fumée par nos soins, ache des montagnes

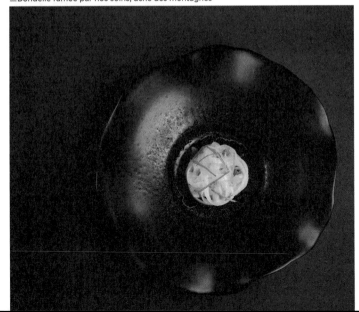

A LA RECHERCHE DES SENSATIONS PERDUES

Le Clos des Sens, à Annecy (74)

Quelques minutes avec Laurent Petit suffisent à comprendre que l'homme est heureux. La voix est enjouée, les sourires non feints et le discours naturel, comme sa cuisine. Après plusieurs mois de fermeture, il décrit avec gourmandise ses engagements sur la gastronomie durable.

"Je retrouve ma respiration, celle qui rythme un service, celle de la création." Mais aussi la respiration de cette nature qui l'entoure à travers son jardin en permaculture qui ne cesse de s'épanouir : *"Au fil des ans, nous avons replanté des vergers, des arbustes, récupéré des mètres carrés supplémentaires."* Pour autant, Le Clos des Sens n'est pas autosuffisant : *"Ce n'est pas ce que nous recherchons car nous devons conserver des liens avec nos producteurs, nos cueilleurs, nos ramasseurs."* Pour Laurent Petit, le jardin c'est d'abord la quintessence de la fraîcheur, du goût, du parfum, de la précision aromatique... mais aussi l'ouverture d'esprit de ses cuisiniers-jardiniers qui s'impliquent dans le jardin comme en cuisine. *"J'ai la chance de travailler avec une équipe que je qualifie de végétale. J'adore les emmener sur ce chemin et ils me le rendent bien, comme une de mes jeunes collaboratrices qui m'a présenté, récemment, un feuille à feuille d'ortie et pousses de résineux en pickles."* C'était bien exécuté et Laurent a décidé de le servir en salle.

Laurent Petit devant le fumoir à féra

À l'écouter, le végétal va prendre de plus en plus de place : *"Je suis comme un gosse car je me rends compte que pour chaque variété, on peut encore aller plus loin."* Pousser le légume, le fruit, l'herbe dans ses derniers retranchements, telle est désormais la recherche du chef en déclinant ou en interprétant de mille et une façons un produit à travers les vinaigres, les fermentations, les textures. Dans son viseur en ce moment, l'oignon, plus habitué des seconds rôles, mais aussi le cumin des prés, frais, conservé une année pour trouver sa place dans une gelée d'eau de fraises. *"Cette nature, cet environnement, ce jardin, c'est sans fin. Je réfléchis même à proposer aux clients de manger une salade avec les doigts. Cela permet d'être en communion avec cette terre nourricière."* Effectivement, qui ne l'a pas déjà fait discrètement ?

Quel bilan tirez-vous de votre virage lacustre et végétal six ans après l'avoir mis en place ?

La question ne se pose plus. Je suis un homme pleinement épanoui, en phase avec ma volonté de défendre notre environnement. Ce qui me séduit le plus aujourd'hui, c'est la nouvelle clientèle qui vient à nous, beaucoup de trentenaires, de quadras qui sont là pour le propos, pour cette cuisine locale, pour le jardin, pour la bienveillance, pour l'esprit qui se dégage de notre maison aujourd'hui. Cette nouvelle génération de gastronomes m'émeut parce qu'elle attend de la gastronomie qu'elle soit écologique, engagée et responsable.

Votre équipe est-elle en phase avec votre cuisine ?

Aujourd'hui oui, mais ça ne l'a pas toujours été. Quand j'ai pris ce virage, il y avait un décalage avec les personnes présentes à mes côtés qui ne comprenaient pas où je voulais aller et surtout le pourquoi de la démarche. Désormais 100% de mes employés me suivent et même me poussent à aller encore plus loin dans une gastronomie durable. C'est excitant d'être porté par une équipe en phase avec ce que j'avais d'enfoui au plus profond de moi. Nous sommes très soudés et en même temps, je leur laisse beaucoup plus de liberté. Pour preuve, l'ouverture du Cortil, un restaurant éphémère au milieu du jardin. C'est mon équipe qui va le gérer, presque sans moi, parce que nous sommes dans cet esprit de confiance, d'échange et de partage.

Est-ce que vous avez adapté vos principes écologiques à vos autres établissements ?

Dans un premier temps, seul Le Clos des Sens était le porte-drapeau de cette gastronomie durable, mais il fallait une logique d'établissements. À la Brasserie Brunet au centre d'Annecy, nous y sommes arrivés en travaillant avec le chef, Nicolas Guignard, sur un sourcing local. Comme ça reste une brasserie, je ne peux pas enlever du jour au lendemain les viandes mais on les a réduites et surtout, elles sont achetées entières et localement : Michel Laplace à Étercy ou Sylvie et Fred Bibollet à Marcellaz. La place du végétal est de plus en plus importante et globalement, les achats se font sur notre territoire savoyard. Nous sommes désormais tous en cohérence avec le propos de départ.

Envolée de champignons

LYON

69000 (Rhône) - Cartes régionales n° 2 et 3

Lyon est-elle, comme le claironna le grand Curnonsky en 1935, la « capitale mondiale de la gastronomie » ? Une chose est sûre : ici, l'art de bien manger est une affaire sérieuse. C'est une histoire multi-centenaire, celle des bouchons, avec leurs spécialités passées à la postérité – saucisson truffé ou pistaché, cervelle de canut, quenelles de brochet, bugnes et cardons à la moelle –, celle des « mères » lyonnaises, ces cuisinières d'exception qui ont enchanté les gones jusqu'à l'entre-deux-guerres. C'est aussi celle des vins de la région, beaujolais ou crozes-hermitage… ou ces coteaux-du-lyonnais, longtemps restés dans l'ombre, qui reprennent des couleurs dans une veine bio et nature.

De fait, Lyon ne se repose pas sur ses glorieux lauriers. À côté des grands noms comme Christophe Roure ou Mathieu Viannay, fleurissent sur la rive gauche les bistrots sans prise de tête (Agastache, Bistro B, Binôme), tandis que la naturalité poursuit sa percée (Rustique, Culina Hortus, Les Apothicaires). Tradition et créativité se partagent la vedette d'un quartier à l'autre ; les cuisines ethniques ne sont pas en reste, à l'image de l'étonnante partition latino-américaine du chef vénézuélien Andres Sandoval (Canaima) ou de l'inoubliable voyage péruvien promis par Carlos Camino (Miraflores).

G. George/Design Pics/Photononstop

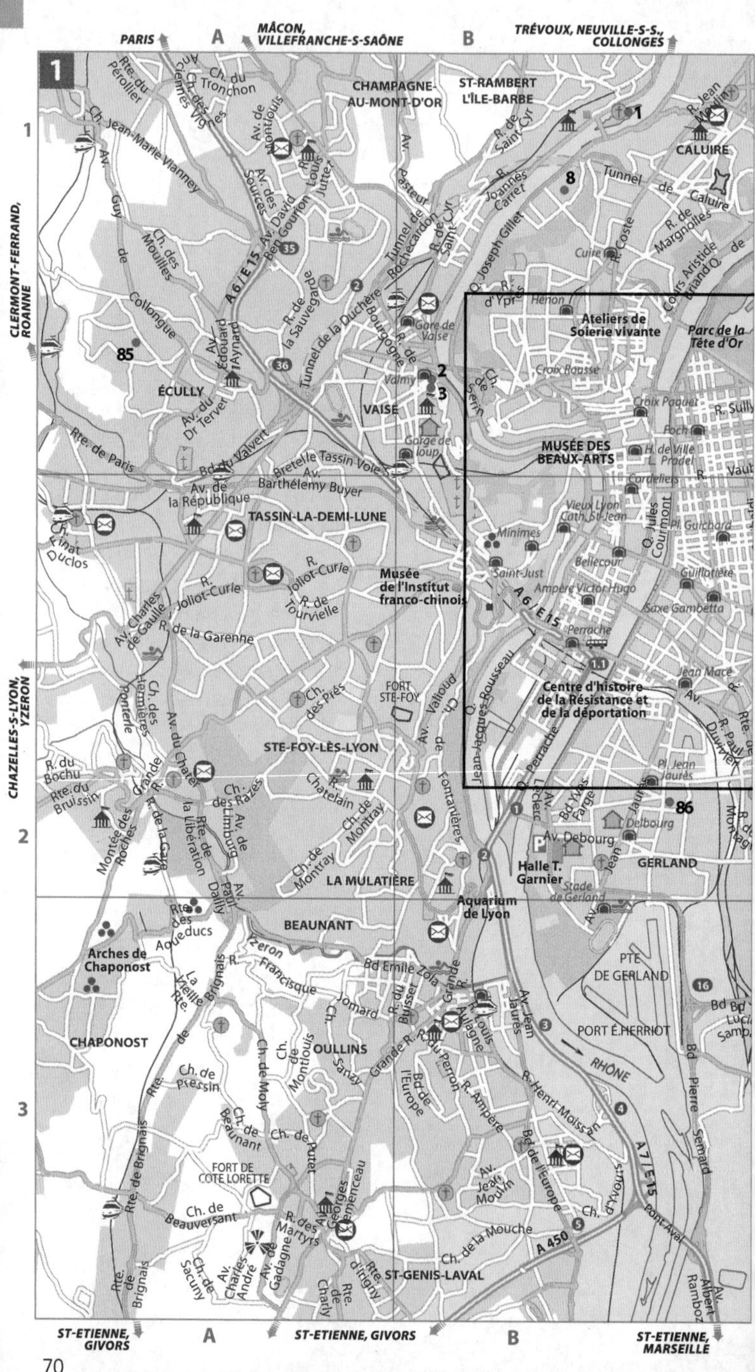

PARIS
A
MÂCON, VILLEFRANCHE-S-SAÔNE
B
TRÉVOUX, NEUVILLE-S-S., COLLONGES
1
CHAMPAGNE-AU-MONT-D'OR
ST-RAMBERT L'ÎLE-BARBE
CALUIRE
Tunnel de Caluire
CLERMONT-FERRAND, ROANNE
Ateliers de Soierie vivante
Parc de la Tête d'Or
ÉCULLY
VAISE
Croix Rousse
MUSÉE DES BEAUX-ARTS
TASSIN-LA-DEMI-LUNE
Musée de l'Institut franco-chinois
Vieux Lyon Cath. St-Jean
Minimes
Saint-Just
Bellecour
Ampère Victor Hugo
Perrache
Centre d'histoire de la Résistance et de la déportation
CHAZELLES-S-LYON, YZERON
FORT STE-FOY
STE-FOY-LÈS-LYON
LA MULATIÈRE
Aquarium de Lyon
Halle T. Garnier
GERLAND
Stade de Gerland
BEAUNANT
Arches de Chaponost
PTE DE GERLAND
PORT É.HERRIOT
CHAPONOST
OULLINS
RHÔNE
FORT DE COTE LORETTE
ST-GENIS-LAVAL
A 450
A7/E15
A6/E15
ST-ETIENNE, GIVORS
A
ST-ETIENNE, GIVORS
B
ST-ETIENNE, MARSEILLE

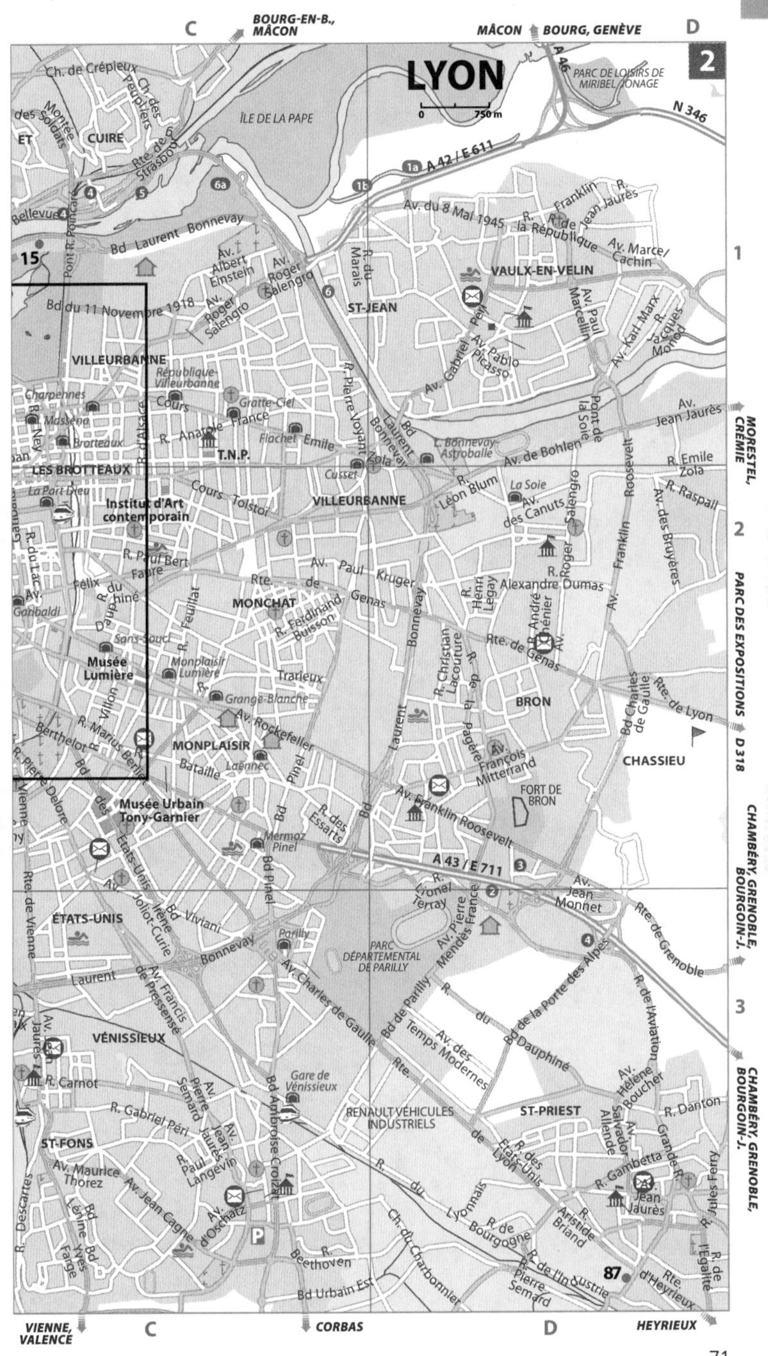
LYON
2
C
D
BOURG-EN-B., MÂCON
MÂCON
BOURG, GENÈVE
0
750 m
PARC DE LOISIRS DE MIRIBEL JONAGE
N 346
A 46
A 42 / E 611
ÎLE DE LA PAPE
CUIRE
Ch. de Crépieux
Ch. des Peupliers
Montée des Soldats
Rte. de Strasbourg
Bellevue
Pont R. Poincaré
Bd Laurent Bonnevay
Av. Albert Einstein
Av. Roger Salengro
Bd du 11 Novembre 1918
Av. du 8 Mai 1945
R. Franklin
R. Jean Jaurès
R. de la République
Av. Marcel Cachin
VAULX-EN-VELIN
ST-JEAN
R. du Marais
Av. Paul Marcellin
Av. Karl Marx
R. Jacques Monod
Av. Gabriel Péri
Av. Pablo Picasso
VILLEURBANNE
République-Villeurbanne
Charpennes
Massena
Brotteaux
LES BROTTEAUX
Gratte-Ciel
Cours Émile Zola
R. Anatole France
Flachet
T.N.P.
R. Pierre Voyant
Bd Laurent Bonnevay
L. Bonnevay Astroballe
Av. de Bohlen
Pont de la Soie
Av. Jean Jaurès
MORESTEL, CRÉMIEU
R. Emile Zola
R. Raspail
Av. des Bruyères
R. d'Alsace
La Part-Dieu
Institut d'Art contemporain
Cours Tolstoï
Cusset
VILLEURBANNE
R. Léon Blum
La Soie
Av. des Canuts
Av. Roger Salengro
Av. Franklin Roosevelt
R. Paul Bert
Av. Paul Kruger
Rte. de Genas
R. Henri Legay
R. Alexandre Dumas
R. du Lac
Av. Félix Faure
R. du Dauphiné
Garibaldi
MONCHAT
R. Ferdinand Buisson
R. André Chénier
PARC DES EXPOSITIONS
Sans-Souci
R. Feuillat
Musée Lumière
Monplaisir Lumière
R. Trarieux
Grange-Blanche
R. Christian Lacouture
R. de la Pagère
BRON
Rte. de Lyon
Bd Charles de Gaulle
D 318
R. Marius Berliet
R. Villon
Av. Berthelot
R. Pierre Delore
MONPLAISIR
Av. Rockefeller
R. Bataille
Laënnec
Bd Pinel
Bd Laurent Bonnevay
Av. François Mitterrand
CHASSIEU
FORT DE BRON
Av. Franklin Roosevelt
Musée Urbain Tony-Garnier
Bd des États-Unis
R. des Essarts
Mermoz Pinel
A 43 / E 711
CHAMBÉRY, GRENOBLE, BOURGOIN-J.
Rte. de Vienne
Av. Jean Monnet
R. Lionel Terray
Av. Pierre Mendès France
Rte. de Grenoble
ÉTATS-UNIS
Av. Joliot-Curie
Bd Irène
Bd Viviani
Parilly
PARC DÉPARTEMENTAL DE PARILLY
Laurent Bonnevay
Av. Francis de Pressensé
Av. Charles de Gaulle
Bd de Parilly
Av. des Temps Modernes
R. du Dauphiné
Bd de la Porte des Alpes
R. de l'Aviation
3
VÉNISSIEUX
Av. Jean Jaurès
R. Carnot
Gare de Vénissieux
Av. Pierre Semard
Av. Jean Jaurès
Bd Ambroise Croizat
Rte. de Lyon
R. des États-Unis
Av. Hélène Boucher
CHAMBÉRY, GRENOBLE, BOURGOIN-J.
R. Gabriel Péri
RENAULT VÉHICULES INDUSTRIELS
ST-PRIEST
R. Danton
Av. Salvador Allende
Grande R.
ST-FONS
Av. Maurice Thorez
R. Paul Langevin
R. du Lyonnais
R. Gambetta
Jean Jaurès
R. Jules Ferry
R. Descartes
Av. Jean Cagne
Av. d'Oschatz
Ch. du Charbonnier
R. de Bourgogne
R. Aristide Briand
Bd Lénine
Bd Yves Farge
R. Beethoven
R. Pierre Semard
R. de l'Industrie
R. de l'Égalité
87
Rte. d'Heyrieux
Bd Urbain Est
VIENNE, VALENCE
CORBAS
HEYRIEUX
1
2
15
1a
1b
6a
4
5
6

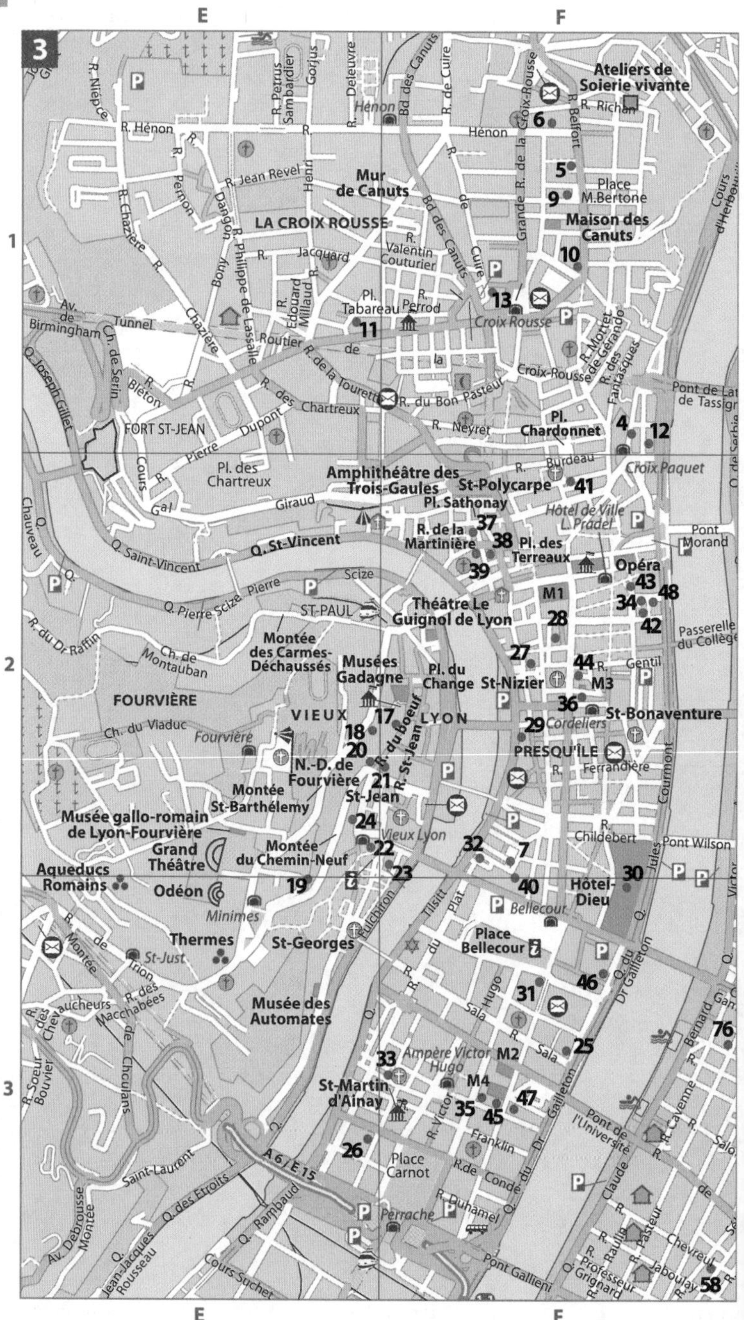

3
LA CROIX ROUSSE
Mur de Canuts
Ateliers de Soierie vivante
Maison des Canuts
Place M.Bertone
Pl. Tabareau
Croix Rousse
FORT ST-JEAN
Pl. des Chartreux
Pl. Chardonnet
Croix Paquet
Amphithéâtre des Trois-Gaules
St-Polycarpe
Pl. Sathonay
Hôtel de Ville L. Pradel
Pl. des Terreaux
Opéra
Q. St-Vincent
ST-PAUL
Théâtre Le Guignol de Lyon
Montée des Carmes-Déchaussés
Musées Gadagne
Pl. du Change
St-Nizier
FOURVIÈRE
VIEUX LYON
St-Bonaventure
Cordeliers
PRESQU'ÎLE
N.-D. de Fourvière
St-Jean
Montée St-Barthélemy
Musée gallo-romain de Lyon-Fourvière
Grand Théâtre
Montée du Chemin-Neuf
Aqueducs Romains
Odéon
Minimes
Thermes
St-Just
St-Georges
Place Bellecour
Bellecour
Hôtel-Dieu
Musée des Automates
Ampère Victor Hugo
St-Martin d'Ainay
Place Carnot
Perrache
Pont Gallieni
Pont de l'Université
Pont Wilson
Pont Morand
Passerelle du Collège
A 6 / E 15

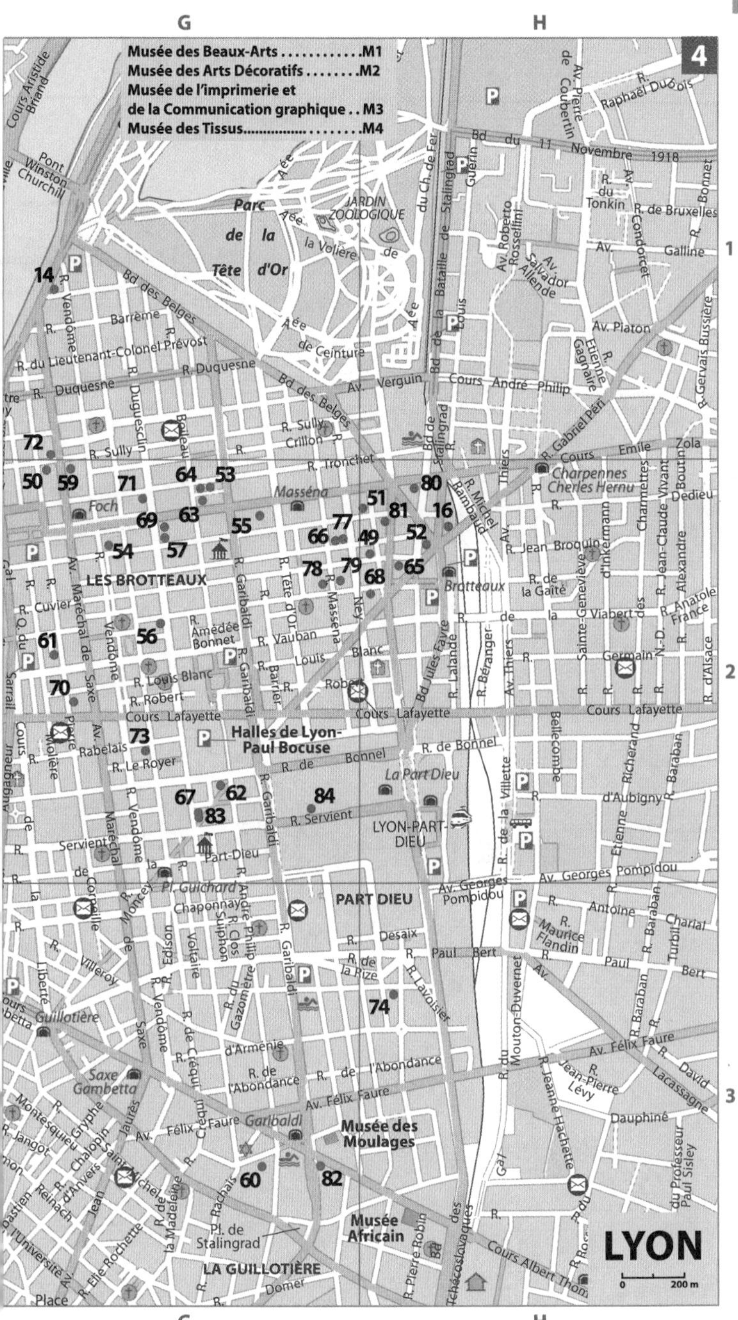
G
H
4
Musée des Beaux-Arts M1
Musée des Arts Décoratifs M2
Musée de l'imprimerie et
de la Communication graphique . . M3
Musée des Tissus................ . . . . .M4
Parc de la Tête d'Or
JARDIN ZOOLOGIQUE
Pont Winston Churchill
Cours Aristide Briand
Bd des Belges
R. Duquesne
R. du Lieutenant-Colonel Prévost
Av. Verguin
Cours André Philip
Bd du 11 Novembre 1918
R. Raphaël Dubois
Av. Pierre de Coubertin
Bd de la Bataille de Stalingrad
Av. Roberto Rossellini
Av. Salvador Allende
Av. Condorcet
Av. Piaton
Cours Emile Zola
Charpennes Charles Hernu
Masséna
Foch
LES BROTTEAUX
Brotteaux
R. Garibaldi
R. Tête d'Or
R. Vendôme
Av. Maréchal de Saxe
R. Vauban
R. Louis Blanc
R. Robert
Cours Lafayette
Halles de Lyon-Paul Bocuse
R. de Bonnel
La Part Dieu
LYON-PART-DIEU
R. Servient
Pl. Guichard
PART DIEU
Av. Georges Pompidou
R. Paul Bert
R. Lavoisier
Cours Gambetta
Guillotière
Saxe Gambetta
R. de l'Abondance
Av. Félix Faure
Garibaldi
Musée des Moulages
Musée Africain
Pl. de Stalingrad
LA GUILLOTIÈRE
Av. Berthelot
Cours Albert Thomas
R. Jeanne Hachette
R. Maurice Flandin
R. Villette
Av. Lacassagne
LYON
0 200 m
1
2
3
14 72 50 59 71 64 53 69 63 55 54 57 51 81 80 16 77 66 49 52 78 79 68 65 56 61 70 73 67 62 83 84 74 60 82

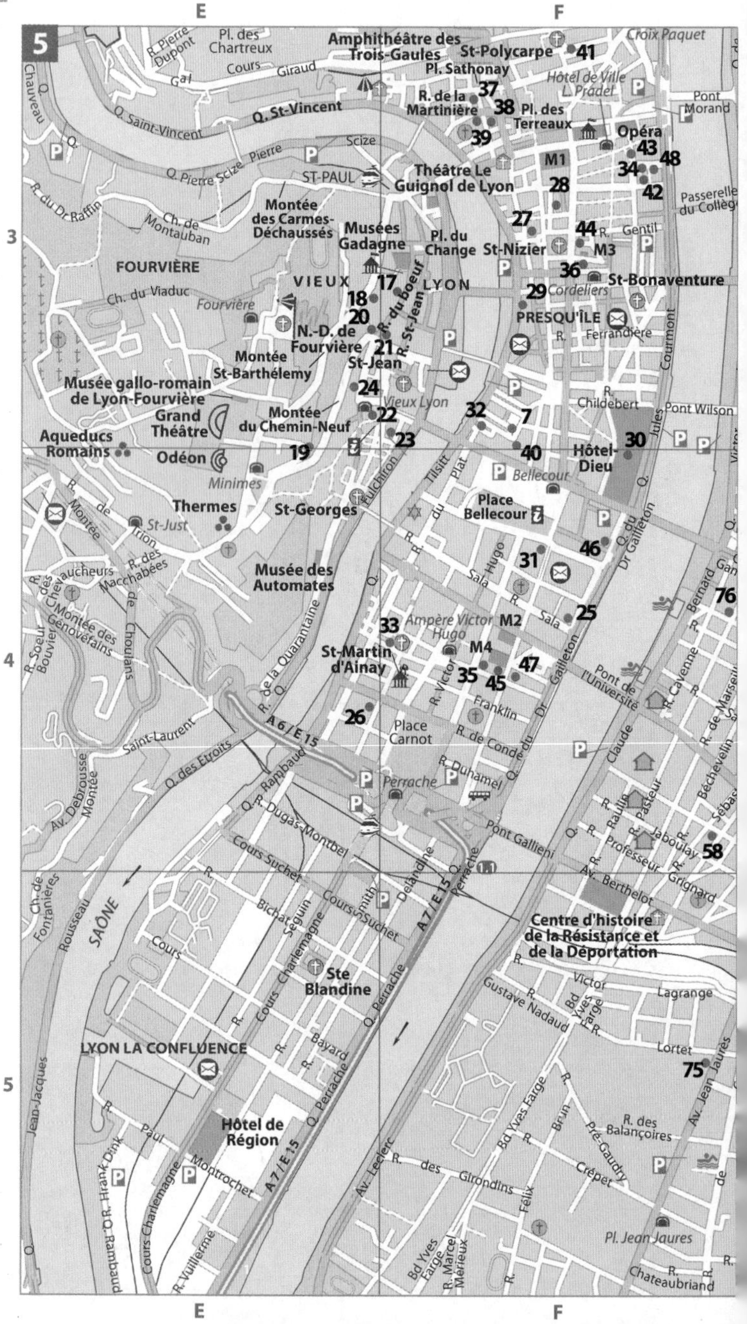

5
E
F
3
4
5
Amphithéâtre des Trois-Gaules
St-Polycarpe
Pl. Sathonay
R. de la Martinière
Pl. des Terreaux
Opéra
Théâtre Le Guignol de Lyon
Montée des Carmes-Déchaussés
Musées Gadagne
Pl. du Change
St-Nizier
FOURVIÈRE
VIEUX LYON
St-Bonaventure
PRESQU'ÎLE
N.-D. de Fourvière
St-Jean
Montée St-Barthélemy
Musée gallo-romain de Lyon-Fourvière
Grand Théâtre
Montée du Chemin-Neuf
Aqueducs Romains
Odéon
Hôtel-Dieu
Place Bellecour
Thermes
St-Georges
Musée des Automates
St-Martin d'Ainay
Place Carnot
Perrache
Centre d'histoire de la Résistance et de la Déportation
Ste Blandine
LYON LA CONFLUENCE
Hôtel de Région
SAÔNE
A 6 / E 15
A 7 / E 15
Pont Morand
Pont Wilson
Pont de l'Université
Pont Gallieni
Croix Paquet
Hôtel de Ville L. Pradel
Cordeliers
Vieux Lyon
Bellecour
Fourvière
Minimes
St-Just
Ampère Victor Hugo
Pl. Jean Jaures
M1
M2
M3
M4
41
37
38
39
43
48
34
42
28
27
44
36
17
18
20
29
21
24
22
23
19
32
7
40
30
46
31
25
76
33
35
45
47
26
58
75

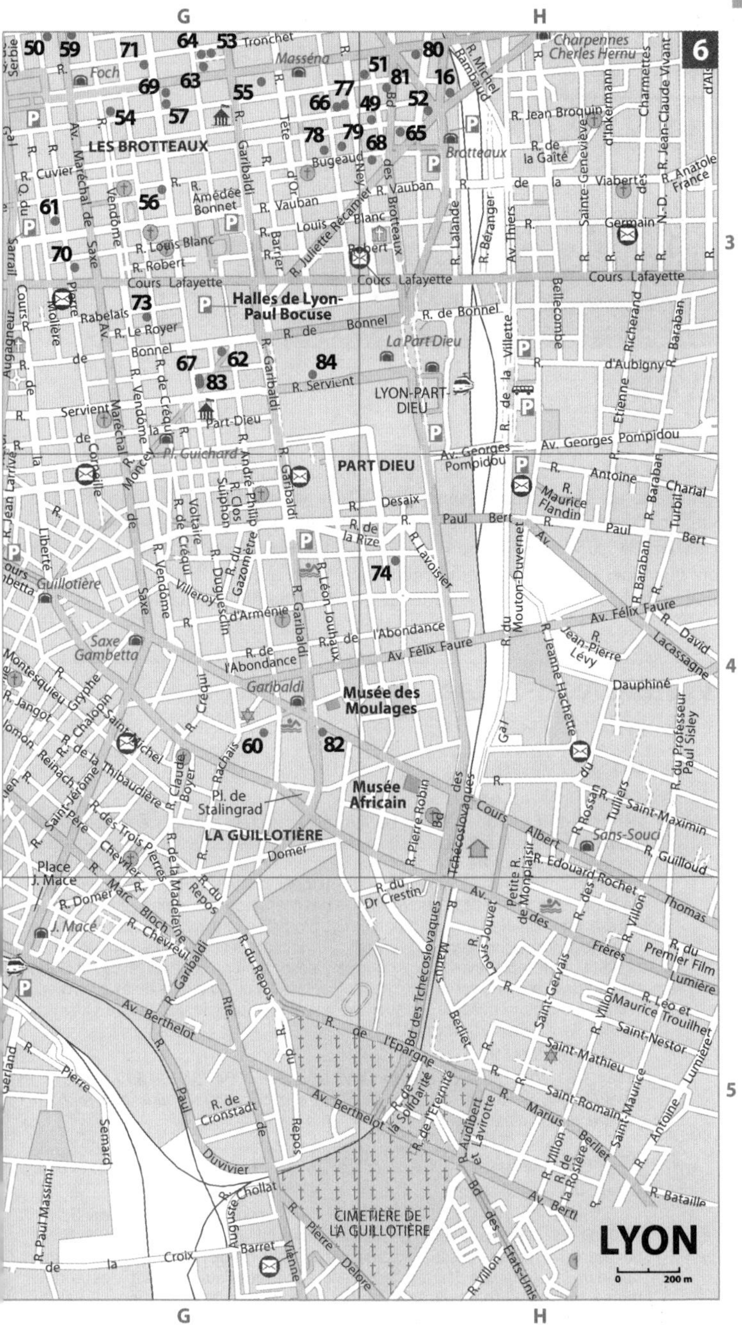

G
H
6
3
4
5
LYON
0
200 m
LES BROTTEAUX
Halles de Lyon-Paul Bocuse
PART DIEU
LYON-PART-DIEU
Musée des Moulages
Musée Africain
LA GUILLOTIÈRE
CIMETIÈRE DE LA GUILLOTIÈRE
Pl. de Stalingrad
Place J. Mace
Charpennes Charles Hernu
Masséna
Foch
Brotteaux
La Part Dieu
Pl. Guichard
Guillotière
Saxe Gambetta
Garibaldi
Sans-Souci
J. Macé
Cours Lafayette
Av. Georges Pompidou
Av. Félix Faure
Cours Albert Thomas
Av. Berthelot
Bd des Tchécoslovaques
Av. Maréchal de Saxe
R. Garibaldi
R. Servient
R. de Bonnel
R. Paul Bert
R. Vendôme
R. Tronchet
R. Vauban
R. Bugeaud
R. de l'Abondance
R. d'Arménie
R. Léon Jouhaux
R. Moncey
R. Duguesclin
R. de Créqui
R. Voltaire
R. de la Villette
R. Mouton-Duvernet
R. Jeanne Hachette
R. Saint-Maximin
R. Edouard Rochet
R. Marius Berliet
R. Saint-Mathieu
R. Saint-Romain
R. du Repos
R. de l'Epargne
R. Paul Duvivier
R. de Cronstadt
R. Chollat
R. Pierre Delore
R. de la Croix Barret
R. Paul Massimi
R. Domer
R. Marc Bloch
R. Chevreul
R. de la Madeleine
R. Claude Boyer
R. Rachais
R. Saint-Michel
R. de la Thibaudière
R. Saint-Jérôme
R. des Trois Pierres
R. Père Chevrier
R. Chalopin
R. Gryphe
R. Montesquieu
R. Jangot
R. Salomon Reinach
R. Jean Larrivé
R. de la Liberté
R. Villeroy
R. du Gazomètre
R. André Philip
R. Clos Suiphon
R. de la Rize
R. Lavoisier
R. Desaix
R. Pierre Robin
R. Maurice Flandin
R. Antoine Charial
R. Baraban
R. Turbil
R. David
R. Lacassagne
R. Jean-Pierre Lévy
R. Dauphiné
R. du Professeur Paul Sisley
R. Rossan
R. Tuiliers
R. Guilloud
R. Villon
R. du Premier Film
R. Léo et Maurice Trouilhet
R. Saint-Nestor
R. Saint-Gervais
R. Saint-Maurice
R. Antoine Lumière
R. Bataille
R. Audibert et Lavirotte
R. de la Solidarité
R. de l'Éternité
R. Louis Jouvet
R. Petite R. de Monplaisir
Av. des Frères Lumière
Bd des États-Unis
R. du Dr Crestin
R. Rabelais
R. Le Royer
R. Molière
R. Pierre Corneille
R. Cuvier
R. Amédée Bonnet
R. Louis Blanc
R. Robert
R. Juliette Récamier
R. Barrier
R. Tête d'Or
R. Ney
Bd des Brotteaux
R. Michel Rambaud
R. Jean Broquin
R. de la Gaîté
R. de la Viabert
R. d'Inkermann
R. Charmettes
R. Jean-Claude Vivant
R. Anatole France
R. N.-D.
R. Germain
R. Sainte-Geneviève
R. Lalande
R. Béranger
Av. Thiers
R. Bellecombe
R. Richerand
R. Étienne
R. d'Aubigny
R. Sarrail
R. Servient
R. Part-Dieu
R. de Sèze
Cours Gambetta
50
59
71
64
53
80
51
81
16
69
63
55
77
66
49
52
54
57
78
79
68
65
61
56
70
73
67
62
83
84
74
60
82

✉69005 - Rhône
Carte régionale n°**2**-B1

LYON

Lyon, ce sont d'abord les "bouchons", ces chaleureux estaminets des vieux quartiers, où l'on vient déguster les vins régionaux et la cuisine locale (tablier de sapeur, saucisson truffé ou pistaché, cervelle de canut, quenelles de brochet, bugnes, cardons à la moelle, volaille de Bresse...) dans une ambiance typiquement lyonnaise. C'est aussi, plus généralement, une offre pléthorique de bons restaurants, qui fait dire aux connaisseurs qu'il est presque impossible de mal manger dans la capitale des Gaules.

Vieux-Lyon-Vaise

5e - 9e ARRONDISSEMENTS

AU 14 FÉVRIER

Chef : Tsuyoshi Arai

CUISINE CRÉATIVE • DESIGN Le 14 février est installé rue du Bœuf, au cœur du vieux Lyon, parmi les hôtels particuliers Renaissance, les ruelles pavées et autres galeries à arcades... De quoi se mettre en appétit pour déguster le menu surprise du chef Tsuyoshi Arai dont le talent et l'imagination ne sont plus à prouver. Natif de Kyoto, il appartient à la grande famille des chefs japonais tombés amoureux du patrimoine culinaire gaulois. Il magnifie des produits d'une fraîcheur exceptionnelle (volaille de la maison Miéral, bœuf wagyu) en jouant sur les textures, l'amertume et l'acidité : petits pois, fèves et pois gourmands avec tamarin, tourteau et caviar ; tatin de betterave avec fraises et foie gras ; pigeonneau cuit au feu de bois de cerisier... À chaque repas, il enchante son auditoire avec sa symphonie saisonnière. Quant au service, il est d'une extrême gentillesse.

- Menu 98 €

Plan : 3-E2-20 - *36 rue du Bœuf - Ⓜ Vieux Lyon - ✆ 04 78 92 91 39 - www.ly-au14fevrier.com - Fermé : lundi, mardi midi, mercredi midi, jeudi midi, vendredi midi, dimanche*

JÉRÉMY GALVAN

Chef : Jérémy Galvan

CUISINE CRÉATIVE • CONTEMPORAIN Au cœur du Vieux-Lyon, Jérémy Galvan s'est fait une place dans l'une des rues les plus étoilées de France, la rue du Bœuf. Savoyard, il a roulé sa bosse jusqu'au Québec. Petit-fils de maraîchers, ce locavore prend très au sérieux la défense de la planète et de ceux qui en vivent - les producteurs - tout en piochant dans son propre potager. À cette inspiration naturaliste, sa cuisine créative (un menu surprise unique) se pare désormais d'une véritable expérience artistique qui fait appel aux 5 sens - y compris la musique - et aux quatre éléments : audacieux autant que décoiffant ! La décoration de sa salle est à l'unisson, évoquant le feu par la couleur bronze par exemple. Une expérience exige du temps à table !

AC - Menu 40 € (déjeuner), 109 €

Plan : 3-F2-21 - *29 rue du Bœuf - M Vieux-Lyon - ✆ 04 72 40 91 47 - www.jeremygalvanrestaurant.com - Fermé : lundi midi, mardi midi, mercredi midi, jeudi midi, samedi, dimanche*

✿ LES LOGES

CUISINE MODERNE • ROMANTIQUE Attirés par les foires commerciales, les Italiens vinrent nombreux s'installer à Lyon à la Renaissance. Ces banquiers, imprimeurs et autres marchands firent construire de somptueux édifices, comme en témoignent Les Loges. Sous une verrière moderne, vous serez attablés au cœur d'une cour florentine cernée par trois étages de galeries. On y dîne à la lueur des bougies et le temps semble s'arrêter ! Petit-fils de maraîchers des Monts du Lyonnais, Anthony Bonnet est un vrai passionné du produit - notamment du légume. Il s'appuie sur un réseau de producteurs dont il est très proche, et place la saison et le goût au cœur de sa créativité. Quant à ses plats, ils aspirent à émouvoir le gourmet grâce à de savants contrastes de saveurs. Voilà qui ne mérite que des éloges...

AC - Menu 135 € - Carte 94/115 €

Plan : 3-F2-17 - *Cour des Loges, 6 rue du Bœuf - M Vieux Lyon - ✆ 04 72 77 44 44 - www.courdesloges.com - Fermé : lundi, dimanche et le midi*

✿ LA SOMMELIÈRE

CUISINE MODERNE • INTIME Tous deux originaires du Japon, la propriétaire sommelière Shoko Hasegawa et le chef Takafumi Kikuchi ont fourbi leurs armes au fameux 14 Février de Saint-Valentin (Indre). Dans ce micro-restaurant d'une dizaine de couverts au cœur du vieux Lyon, la jeune femme assure un service plein d'attentions, tandis que le chef met son implacable rigueur au service d'une cuisine personnelle et bien de saison : consommé de crustacés, tomate et fromage ; foie gras de canard fumé et déclinaison de maïs ; maigre de ligne façon "acqua pazza"... Une expérience rehaussée par des accords mets-vins millimétrés et un bon rapport qualité-prix. Pensez absolument à réserver : les places sont chères !

AC - Menu 82 €

Plan : 3-E2-22 - *6 rue Mourguet - M Vieux Lyon - ✆ 04 78 79 86 45 - www.la-sommeliere.net - Fermé : lundi, mardi, mercredi midi, jeudi midi, vendredi midi, samedi midi*

✿ LES TERRASSES DE LYON

CUISINE MODERNE • ÉLÉGANT Juché sur la colline de Fourvière, ce couvent Renaissance abrite désormais un hôtel et un restaurant charmants, avec une verrière panoramique qui offre aux convives un panorama splendide sur les toits du vieux Lyon, en toute saison : on croirait presque toucher du doigt la cathédrale Saint-Jean. Il fallait ici un chef qui ne manque pas de vue, ni de perspectives ! C'est le cas de David Delsart, qui maîtrise tous les aspects de la cuisine française. Il donne souvent une tournure régionale à ses plats, fumant son pigeon (ou son homard) sur des sarments de vigne du Beaujolais, cuisinant la féra du Léman, la truite saumonée d'Isère et les escargots du Lyonnais. Desserts classiques de belle facture : charlotte, profiteroles, soufflé chaud...

AC P - Menu 49 € (déjeuner), 77/120 € - Carte 76/111 €

Plan : 3-E2-18 - *Villa Florentine, 25 montée Saint-Barthélémy - M Fourvière - ✆ 04 72 56 56 56 - www.villaflorentine.com - Fermé : dimanche*

✿ TÊTEDOIE

Chef : Christian Têtedoie

CUISINE CRÉATIVE • DESIGN À l'instar de son mentor Paul Bocuse, Christian Têtedoie a bâti un petit empire gourmand. Juché sur la colline de Fourvière, véritable balcon sur la ville, son restaurant Têtedoie en est la vitrine gastronomique.

Défenseur des traditions culinaires françaises, ce fan d'art contemporain ne cesse de les explorer avec talent, voire de les moderniser. Foie gras et coques ; Saint-Jacques, lentilles et lard paysan ; pigeon, choux et céréales : ces noms de plats ne ressemblent-ils pas à une exposition de peinture abstraite ? Enfin, impossible de ne pas mentionner son plat signature, ce homard en cocotte et cromesquis de tête de veau, désormais rebaptisé HTV. Générosité, sensibilité, jeux intelligents sur les textures et les saveurs : tout y est.

L'engagement du chef : *Nous privilégions des produits de saison, issus de nos deux potagers et de la collaboration avec des producteurs locaux. Les recettes utilisent en totalité le produit, dans le plat et à travers les trois cuisines de la maison. Nous retraitons les déchets organiques en compost en limitant la production de méthane et nous trions et recyclons les cartons, plastiques, papier, aluminium, verre. Les cagettes et canadiennes d'œufs sont consignées, les graisses usagées retraitées. Nos lumières sont LED.*

- Menu 48 € (déjeuner), 70/128 € - Carte 90/140 €

Plan : 3-E3-19 - *4 rue Professeur-Pierre-Marion - Ⓜ Minimes - ✆ 04 78 29 40 10 - www.tetedoie.com - Fermé : mardi*

RACINE

CUISINE MODERNE • CONVIVIAL Non pas une seule Racine, mais plusieurs. Celles, bourguignonnes, du chef, qui les revendique fièrement ; celles des produits qu'il utilise (dont 90% sont produits dans un rayon de 100 km). Quant à ses assiettes, savoureuses et équilibrées, elles font le reste ! Petit coin épicerie et bar à vins les jeudi et vendredi.

- Menu 24 € (déjeuner), 29/45 €

Plan : 1-B1-2 - *1 rue du Chapeau-Rouge - Ⓜ Valmy - ✆ 04 26 18 57 15 - www.racinerestaurant-lyon.com - Fermé : lundi soir, mardi soir, mercredi soir, samedi, dimanche*

LE TIROIR

CUISINE MODERNE • CONTEMPORAIN Qu'elle est sympathique, cette adresse du quartier populaire de Vaise ! Emmené par une jeune équipe, on slalome entre un velouté glacé de tomates et mousse au vinaigre balsamique blanc et des préparations plus classiques (tartare de bœuf, terrine de foie gras). Le rapport qualité-prix est au rendez-vous, y compris le soir.

- Menu 25 € (déjeuner), 35/49 € - Carte 32/45 €

Plan : 1-B1-3 - *20 Grande Rue de Vaise - Ⓜ Valmy - ✆ 04 78 64 75 96 - restaurant-letiroir.fr - Fermé : lundi soir, mardi soir, samedi, dimanche*

AUBERGE DE L'ÎLE BARBE

CUISINE CLASSIQUE • ÉLÉGANT Nous n'avons pas pu évaluer ce restaurant en raison de sa fermeture prolongée. Nos inspecteurs ont hâte de redécouvrir cette adresse pour partager leur expérience. Nous vous invitons à consulter le site MICHELIN.COM où les informations sont régulièrement mises à jour.

P

Plan : B1-1 - *Place Notre-Dame - ✆ 04 78 83 99 49 - www.aubergedelile.com - Fermé : lundi, mardi midi, dimanche soir*

DANIEL ET DENISE SAINT-JEAN

CUISINE LYONNAISE • BOUCHON LYONNAIS À deux pas de la cathédrale St-Jean, ce bouchon emblématique du Vieux Lyon est tenu par le chef Joseph Viola (Meilleur Ouvrier de France en 2004), déjà connu pour son Daniel et Denise du 3e arrondissement. Au menu de cet opus, une cuisine lyonnaise traditionnelle, qui ravira les amateurs.

- Menu 40 € - Carte 44/61 €

Plan : 3-E2-24 - *32 rue Tramassac - Ⓜ Vieux Lyon - ✆ 04 78 42 24 62 - www.daniel-et-denise.fr - Fermé : lundi, mardi midi, dimanche soir*

Presqu'Île-Croix-Rousse

1e - 2e - 4e ARRONDISSEMENTS

MÈRE BRAZIER

Chef : Mathieu Viannay

CUISINE CLASSIQUE • **ÉLÉGANT** Eugénie Brazier (1895-1977), cheffe d'exception et inspiratrice de tout un pan de la cuisine française, obtint trois étoiles dans deux établissements différents. C'est dans son adresse lyonnaise, rue Royale, que Mathieu Viannay donne sa propre lecture du "mythe" Brazier. Dans un magnifique décor hybride, où les vitraux et moulures 1930 rencontrent des fauteuils Tulipe Saarinen (il fallait oser !), le chef rend un vibrant hommage aux incontournables des lieux (volaille de Bresse demi-deuil aux truffes, pain de brochet croustillant, renversant soufflé au Grand Marnier) en y insufflant son talent et son inspiration. Ne manquez pas le menu déjeuner, sans doute le meilleur rapport qualité-prix de la maison. Au dessert, le pâtissier Rodolphe Tronc, passé notamment chez Pierre Gagnaire, séduit par sa technique remarquable et son sens du détail, notamment sur son omelette norvégienne, délicieusement rétro.

- Menu 80 € (déjeuner), 135/190 € - Carte 160/185 €

Plan : 3-F1-4 - *12 rue Royale - Ⓜ Hôtel de Ville - ✆ 04 78 23 17 20 - www.lamerebrazier.fr - Fermé : samedi, dimanche*

PRAIRIAL

Chef : Gaëtan Gentil

CUISINE MODERNE • **ÉPURÉ** Prairial : relatif aux prairies, selon le dictionnaire. Tout un programme, décoratif et culinaire, pour ce restaurant de la Presqu'île, entre la place Bellecour et les Terreaux. Le décor, tout d'abord : ambiance scandinave avec bois blond, pierres brutes, murs végétalisés... Gaëtan Gentil, ancien de l'Agapé Substance (Paris), célèbre toutes les dimensions de la prairie : fruits, herbes et légumes, bien sûr, mais aussi bétail et poissons issus des lacs et rivières de la région. En témoigne ce veau de lait fumé au genévrier et sa purée panais-citron... Une cuisine de l'instant, résolument créative, tout en légèreté et en saveurs.

L'engagement du chef : En plus des légumes que nous cultivons en permaculture, nous employons des produits locaux issus de petites exploitations responsables. Nous ne cuisinons plus que des poissons sauvages, pêchés durablement, et notre carte des vins est exclusivement composée de vins naturels. Enfin, nous limitons au maximum l'emploi de plastique.

- Menu 64 € (déjeuner), 83/98 €

Plan : 3-F2-27 - *11 rue Chavanne - Ⓜ Cordeliers - ✆ 04 78 27 86 93 - www.prairial-restaurant.com - Fermé : lundi, mardi midi, mercredi midi, jeudi midi, dimanche*

RUSTIQUE

Chef : Maxime Laurenson

CUISINE CRÉATIVE • **CONVIVIAL** Un vent d'audace souffle sur le restaurant de Maxime Laurenson. Les assiettes, précises et lisibles, donnent à voir les produits dans leur simplicité, avec toujours une importance accordée au végétal et une démarche locavore poussée. Dans l'assiette, le menu unique sans choix se décline en une dizaine de séquences, composé avec le meilleur de la grande région, de l'Auvergne aux Alpes. On déguste le tout dans un décor inspiré de la nature, et une ambiance conviviale. Une adresse "naturalité" qui fait fureur à Lyon.

♿ - Menu 80 €

Plan : 3-E3-26 - *14 rue d'Enghien - Ⓜ Ampère - ✆ 04 72 13 80 81 - www.rustiquelyon.fr - Fermé : samedi, dimanche et le midi*

LE CANUT ET LES GONES

CUISINE MODERNE • **BISTRO** Une ambiance unique, entre bistrot et brocante - bar en formica, parquet au sol, tapisserie vintage, collection d'horloges anciennes aux murs -, une cuisine moderne et bien rythmée par les saisons, une carte des vins garnie de plus de 300 références... Dans un coin peu fréquenté de la Croix-Rousse, une adresse à découvrir absolument.

- Menu 24 € (déjeuner), 35 €

Plan : 3-F1-5 – *29 rue Belfort – Croix-Rousse – 04 78 29 17 23 – www.lecanutetlesgones.com – Fermé : lundi, dimanche*

AROMATIC

CUISINE MODERNE • CONTEMPORAIN À la Croix-Rousse, les complices Frédéric Taghavi et Pierre Julien Gay proposent des recettes modernes et inventives, avec des influences du monde entier : sauce chimichurri avec du thon albacore ; gravlax de saumon ; risotto printanier aux asperges vertes et petits pois, ou encore bœuf Simmental mariné façon thaïe avec noix de cajou et coriandre...

- Menu 37/47 € - Carte 44/52 €

Plan : 3-F1-9 – *15 rue du Chariot-d'Or – Croix-Rousse – 04 78 23 73 61 – www.aromaticrestaurant.fr – Fermé : lundi, dimanche*

L'ARTICHAUT

CUISINE CLASSIQUE • ÉLÉGANT Nichée dans un ancien presbytère transformé en charmant hôtel, cette table au délicieux cadre cosy propose une goûteuse cuisine entre classicisme et modernité (foie gras poêlé, betteraves, clémentine, consommé de canard, ris de veau, champignons des bois, sauce savagnin, huile de livèche), réalisée avec justesse par le chef Clément Lopez.

- Menu 26 € (déjeuner), 49/74 € - Carte 51/70 €

Plan : 3-F3-33 – *L'Abbaye, 20 rue de l'Abbaye-d'Ainay – Ampère-Victor-Hugo – 04 78 05 60 40 – www.hotelabbayelyon.com/restaurant-cafe – Fermé : lundi, dimanche*

ARVINE

CUISINE MODERNE • TENDANCE Ça bouge à la Martinière ! Dans cette rue proche de la place Sathonay bien dotée en adresses tendance, le repaire bistronomique de Benjamin Capelier (ex-Curnonsky) est un clin d'œil au fameux cépage valaisan qu'il affectionne. Il réalise une cuisine de saison contemporaine et tonique, assortie d'une jolie carte de vins en bio et biodynamie.

- Menu 24 € (déjeuner), 38/48 €

Plan : 3-F2-37 – *6 rue Hippolyte-Flandrin – Hôtel de Ville – 04 78 28 32 26 – www.arvine-restaurant.fr – Fermé : lundi, mardi midi, dimanche*

L'ATELIER DES AUGUSTINS

CUISINE MODERNE • CONTEMPORAIN Passé par de belles maisons et ancien chef des ambassades de France à Londres et à Bamako, Nicolas Guilloton a quitté les ors protocolaires pour créer cet Atelier, aménagé façon mini-loft avec beau plafond à la française et pierres apparentes. Ici, la cuisine reste une affaire capitale : le chef signe de jolies recettes, colorées et pleines de parfum, d'une modernité assumée. Dorénavant, menu surprise unique midi et soir en plusieurs déclinaisons (de 3, 4 ou 6 assiettes).

- Menu 37 € (déjeuner), 51/74 €

Plan : 3-F2-38 – *11 rue des Augustins – Hôtel de Ville – 04 72 00 88 01 – www.latelierdesaugustins.com – Fermé : lundi, samedi midi, dimanche*

LA BIJOUTERIE

CUISINE CRÉATIVE • BRANCHÉ Véritable repaire de la branchitude lyonnaise, cette Bijouterie ne désemplit pas. C'est bien logique : regorgeant de bonne idées, le jeune chef se fend d'une cuisine inventive et métissée (Asie et Amérique du Sud, notamment) qu'il met en œuvre dans un audacieux menu unique. Ambiance conviviale et belle carte des vins : succès garanti.

- Menu 74 €

Plan : 3-F2-39 – *16 rue Hippolyte-Flandrin – Hôtel de Ville – 04 78 08 14 03 – www.labijouterierestaurant.fr – Fermé : lundi, dimanche et le midi*

LE BISTROT DES VORACES

CUISINE TRADITIONNELLE • **BISTRO** Êtes-vous simplement gourmand... ou franchement vorace ? Dans tous les cas, ce bistrot de quartier de la Croix-Rousse saura vous combler : son patron, Cédric Blin, s'est lancé ici en solo après avoir notamment fait ses classes aux Crayères, à Reims. Menu-carte à prix raisonnable.

- Menu 25 € - Carte 29/53 €

Plan : 3-F1-10 - *13 rue d'Austerlitz - Ⓜ Croix-Rousse - ✆ 04 72 07 71 86 - www.bistrotdesvoraces.fr - Fermé : samedi, dimanche*

LES BOULISTES

CUISINE TRADITIONNELLE • **BISTRO** Sur le plateau de la Croix-Rousse, ce restaurant situé sur une place (haut lieu de la pétanque... d'ù le nom !) propose une cuisine traditionnelle et authentique à prix doux, dont de nombreuses cocottes (cassolette d'escargots). A déguster dans un cadre bistrot, ou sur la terrasse, installée dès les beaux jours et prise d'assaut, l'été venu !

- Menu 29 € - Carte 32/43 €

Plan : 3-E1-11 - *9 place Tabareau - Ⓜ Croix-Rousse - ✆ 04 78 28 44 13 - www.lesboulistes.fr - Fermé : lundi, mercredi soir, dimanche*

BRASSERIE LE SUD

CUISINE MÉDITERRANÉENNE • **BRASSERIE** Il y a quelque chose de l'élégance grecque dans le décor blanc et bleu de cette brasserie Bocuse située à deux pas de la place Bellecour. Ce n'est pas un hasard : ici, c'est le Sud - pastilla de volaille cannelle et coriandre ; souris d'agneau en couscous ; morue fraîche en aïoli... Et ça l'est plus encore en été, en terrasse.

- Menu 28 € (déjeuner), 43 € - Carte 42/68 €

Plan : 3-F2-28 - *11 place Antonin-Poncet - Ⓜ Bellecour - ✆ 04 72 77 80 00 - www.brasseries-bocuse.com*

BURGUNDY BY MATTHIEU

CUISINE MODERNE • **CONTEMPORAIN** Les meilleurs crus bourguignons sont ici chez eux dans cette maison ancienne des quais de Saône au décor contemporain. Leur porte-parole s'appelle Matthieu Girardon, ancien second à la Bouitte. Il se fournit auprès des meilleurs producteurs et sert une jolie cuisine moderne à l'image de cet omble chevalier juste nacré, émulsion de fumet. Accords mets et vins.

- Menu 32 € (déjeuner), 55/95 € - Carte 79/93 €

Plan : 3-F2-29 - *24 quai Saint-Antoine - Ⓜ Cordeliers - ✆ 04 72 04 04 51 - www.burgundybym.fr - Fermé : mardi, mercredi*

CAFÉ TERROIR

CUISINE DU TERROIR • **CONVIVIAL** Dénicher les bons produits de la région et en faire des assiettes gourmandes : tel est le credo des deux patrons de ce Café Terroir, installé près du théâtre des Célestins. Les classiques maison : terrine de maman, saucisson pistaché rôti et sauce vin rouge, gâteau lyonnais. Belle sélection de vins, du Rhône mais pas que...

- Menu 23 € (déjeuner), 32 € - Carte 30/62 €

Plan : 3-F2-40 - *14 rue d'Amboise - Ⓜ Bellecour - ✆ 09 53 36 08 11 - www.cafeterroir.fr - Fermé : lundi, dimanche midi*

CANAIMA

CUISINE LATINO-AMÉRICAINE • **TENDANCE** Ce petit restaurant au cadre tendance, ouvert seulement le soir et tenu par un couple charmant, propose une cuisine latino-américaine tournée vers la mer et mâtinée d'influences françaises. Le chef vénézuélien, ancien de l'Institut Paul Bocuse, réalise des assiettes pétillantes, pleines de couleurs et de saveurs. Service tout sourire, vins chilien et argentin.

- Carte 35/43 €

Plan : 3-F2-41 - *24 rue René-Leynaud - Ⓜ Croix-Paquet - ✆ 09 87 05 87 25 - www.restaurantcanaima.fr - Fermé : lundi, mardi, dimanche et le midi*

CERCLE ROUGE

CUISINE FUSION • BISTRO Cette petite façade vitrée, sise dans une rue animée proche de l'Opéra, dissimule un jeune bistrot, proposant une cuisine fusion aux influences asiatiques, sud-américaines, britanniques... à la belle maîtrise technique. Atmosphère très conviviale.

Menu 22 € (déjeuner), 36/43 € - Carte 39/51 €

Plan : 3-F2-42 – *36 rue de l'Arbre-Sec – Ⓜ Hôtel de Ville – ✆ 04 78 28 41 98 – cercle-rouge.fr – Fermé : lundi, dimanche*

CINQ MAINS

CUISINE MODERNE • BISTRO Dans ce quartier très touristique en bord de Saône, cette maison en pierre apparente est désormais le fief de Grégory Cuilleron, entouré de son frère et d'un ami. La cuisine penche nettement du côté bistronomique et moderne, et s'accompagne d'une sélection de petits vins bien choisis – la passion des trois associés.

- Menu 22 € (déjeuner), 35/39 €

Plan : 3-F2-23 – *12 rue Monseigneur-Lavarenne – Ⓜ Vieux Lyon – ✆ 04 37 57 30 52 – www.cinqmains.fr – Fermé : lundi, dimanche*

LE COCHON QUI BOIT

CUISINE MODERNE • BISTRO Deux anciens collègues du restaurant étoilé Christian Têtedoie ont troqué l'ourson contre le cochon (bête qu'ils travaillent d'ailleurs avec gourmandise à l'image de ce pressé d'effiloché de porc fermier des monts Lagast, gnocchis à la sauge et blettes sautées). On l'aura compris, dans ce bistrot convivial, on fait la part belle aux produits locaux bien sourcés et cuisinés avec justesse, arrosé de crus locaux (mais pas seulement).

AC - Menu 25 € (déjeuner), 39 €

Plan : 3-F1-12 – *23 rue Royale – Ⓜ Opéra – ✆ 04 78 27 23 37 – www.lecochonquiboit.fr – Fermé : lundi, dimanche*

CULINA HORTUS

CUISINE VÉGÉTARIENNE • CONTEMPORAIN Ce restaurant végétarien propose une cuisine travaillée, volontiers créative, au gré d'un menu dégustation (sans choix) composé au fil des saisons. On accompagne le tout d'une courte carte de vins bio et biodynamiques, dont on profite dans un décor cosy et contemporain - bois, béton, pisé.

♿ AC - Menu 35 € (déjeuner), 70 €

Plan : 3-F2-34 – *38 rue de l'Arbre-Sec – Ⓜ Hôtel de Ville – ✆ 04 69 84 71 08 – www.culinahortus.com – Fermé : lundi, dimanche*

DANIEL ET DENISE CROIX-ROUSSE

CUISINE LYONNAISE • BOUCHON LYONNAIS Ce Daniel et Denise Croix-Rousse – le troisième du genre, après la rue de Créqui et le quartier St-Jean – rencontre le même succès que ses grands frères. Pour se rassasier d'une cuisine lyonnaise roborative, dans un décor de bouchon à l'ancienne.

♿ AC - Menu 31 € - Carte 43/58 €

Plan : 3-F1-13 – *8 rue de Cuire – Ⓜ Croix-Rousse – ✆ 04 78 28 27 44 – www.daniel-et-denise.fr – Fermé : lundi, dimanche*

EPONA

CUISINE MODERNE • CONTEMPORAIN Hôpital pendant huit siècles, l'ancien Hôtel-Dieu a conservé tout son caractère historique. Le restaurant Epona y propose des spécialités régionales piquées de modernité, à déguster dans un beau cadre, façon brasserie de luxe. Et aux beaux jours, l'équipe cuisine sur brasero dans la superbe cour-jardin...

♿ AC - Carte 52/95 €

Plan : 3-F3-30 – *Intercontinental Lyon-Hôtel Dieu, 20 quai Jules-Courmont – Ⓜ Bellecour – ✆ 04 26 99 24 24 – www.lyon.intercontinental.com – Fermé : lundi midi, mardi midi, mercredi midi, jeudi midi, vendredi midi*

L'ÉTABLI

CUISINE MODERNE • **CONTEMPORAIN** Un vrai coup de cœur que ce restaurant emmené par un ancien de chez Christian Têtedoie. Menu déjeuner au bon rapport qualité-prix, plats dans l'air du temps et de saison (merlu, asperge, fenouil, framboise fumée), on se régale d'un bout à l'autre du repas. Pour ne rien gâcher, le service est attentionné.

A/C - Menu 34 € (déjeuner), 64/84 € - Carte 34/55 €

Plan : 3-F3-35 - *22 rue des Remparts-d'Ainay - Ⓜ Ampère Victor Hugo - ✆ 04 78 37 49 83 - www.letabli-restaurant.fr - Fermé : samedi, dimanche*

LE GARET

CUISINE LYONNAISE • **BOUCHON LYONNAIS** Une véritable institution bien connue des amateurs de cuisine lyonnaise : tête de veau, tripes, quenelles ou andouillettes se dégustent en toute convivialité dans un cadre exemplaire du genre. Le tout est complété par une ardoise du jour avec des plats du marché, aux prix raisonnables.

A/C - Menu 23 € (déjeuner), 31 € - Carte 26/44 €

Plan : 3-F2-43 - *7 rue du Garet - Ⓜ Hôtel de Ville - ✆ 04 78 28 16 94 - Fermé : samedi, dimanche*

LE GRAND RÉFECTOIRE

CUISINE MODERNE • **BRASSERIE** Au sein de l'Hôtel-Dieu, sous les voûtes séculaires de l'ancien réfectoire des sœurs, cette immense brasserie propose une carte signée Marcel Ravin, le chef doublement étoilé du Blue Bay à Monaco. On déguste une cuisine actuelle aux touches exotiques, avec des influences antillaises. Délicieux bar feutré à l'étage (L'Officine) et plaisante terrasse dans la cour intérieure.

- Menu 25 € (déjeuner), 39 € - Carte 50/78 €

Plan : 3-F2-36 - *3 cour Saint-Henri, Grand Hôtel-Dieu - Ⓜ Bellecour - ✆ 04 72 41 84 96 - legrandrefectoire.com - Fermé : lundi, dimanche*

L'INSTITUT

CUISINE MODERNE • **CONTEMPORAIN** Place Bellecour, le restaurant d'application de l'Institut Paul-Bocuse n'a rien d'une école ! Dans un décor très contemporain signé Pierre-Yves Rochon, avec des cuisines ouvertes sur la salle, les élèves délivrent une prestation exigeante. Les assiettes, fort bien maîtrisées, méritent une bonne note. Pourquoi ne pas prolonger votre séjour lyonnais dans l'hôtel d'application lui-même, le Royal ?

A/C - Carte 55/70 €

Plan : 3-F3-31 - *Le Royal, 20 place Bellecour - Ⓜ Bellecour - ✆ 04 28 31 70 84 - www.linstitut-restaurant.fr - Fermé : samedi, dimanche*

LÉON DE LYON

CUISINE TRADITIONNELLE • **CHIC** Cette institution lyonnaise, fondée en 1904, est toujours menée tambour battant. Joli cadre restauré (papier peints, tableaux), cuisine classique revisitée autour de produits nobles (foie gras en royale, homard bleu en médaillon, volaille de Bresse aux morilles), carte des vins de 950 références.

A/C - Menu 45 € (déjeuner), 70/125 € - Carte 70/130 €

Plan : -F2-28 - *1 rue Pléney - Ⓜ Hôtel de Ville - ✆ 04 72 10 11 12 - www.leondelyon.com - Fermé : lundi, dimanche*

LA MÈRE LÉA

CUISINE LYONNAISE • **BOUCHON LYONNAIS** Nouveau départ pour la Mère Léa, véritable institution locale, qui s'est agrandie sur les quais et bénéficie désormais de plus d'espace et d'une jolie vue sur Fourvière et St-Jean. Les spécialités lyonnaises sont toujours en bonne place, avec deux menus au bon rapport qualité-prix et une carte bien ficelée.

A/C - Menu 24/39 €

Plan : 3-F2-32 - *11 place Antonin-Gourju - Ⓜ Bellecour - ✆ 04 78 42 01 33 - lamerelea.com - Fermé : lundi, dimanche*

MONSIEUR P

CUISINE MODERNE • COSY Monsieur P a eu l'audace de prendre ses quartiers de gourmandise dans un lieu mythique de la place des Célestins (jadis hôtel de passe, puis le célèbre Francotte). Installé sur deux étages, l'établissement vous accueille dans plusieurs petites salles à manger bourgeoises, cosy et confortables. Côté assiette, une cuisine de produits franche et goûteuse. Le service est impeccable. Coup de cœur assuré !

- Menu 34 € (déjeuner), 78/98 € - Carte 62/80 €

Plan : 3-F2-7 - *8 place des Célestins - Ⓜ Bellecour - ✆ 04 81 18 70 24 - www.monsieurp.fr - Fermé : samedi, dimanche*

LE MUSÉE

CUISINE LYONNAISE • BOUCHON LYONNAIS Un bouchon sincère et authentique ! Nappes à carreaux, tables au coude-à-coude, et une sacrée ambiance : le décor est planté. En cuisine, le jeune chef réalise les classiques avec un vrai savoir-faire : saucisson pistaché brioché fait maison, langue d'agneau sauce ravigote... Que du bon.

Menu 27 € (déjeuner), 31 €

Plan : 3-F2-44 - *2 rue des Forces - Ⓜ Cordeliers - ✆ 04 78 37 71 54 - Fermé : lundi, samedi soir, dimanche*

LE POÊLON D'OR

CUISINE LYONNAISE • BOUCHON LYONNAIS On ne sait si le chef utilise effectivement un poêlon d'or ; en tout cas, il doit avoir un secret pour si bien revisiter le terroir lyonnais, et proposer une cuisine aussi goûteuse et parfaitement ficelée. Du gâteau de foie de volaille et coulis de tomate, à la quenelle de brochet en gratin et sauce béchamel... À découvrir !

A/C - Menu 18 € (déjeuner), 28/36 € - Carte 30/51 €

Plan : 3-F3-45 - *29 rue des Remparts-d'Ainay - Ⓜ Ampère - ✆ 04 78 37 65 60 - www.lepoelondor-restaurant.fr - Fermé : lundi, dimanche*

SUBSTRAT

CUISINE MODERNE • BISTRO "Produits de la cueillette et vins à boire" : voici la promesse de cette table entre maison de campagne et atelier d'artisan... La promesse est tenue : ail des ours, airelles, cèpes, bolets et autres myrtilles accompagnent des assiettes savoureuses et débordantes de nature, accompagnées de beaux cépages. On se régale !

♿ A/C - Menu 27 € (déjeuner), 37/48 €

Plan : 3-F1-6 - *7 rue Pailleron - Ⓜ Hénon - ✆ 04 78 29 14 93 - www.substrat-restaurant.com - Fermé : mercredi, dimanche*

THOMAS

CUISINE TRADITIONNELLE • BISTRO Dans ce bistrot contemporain, le chef-patron Thomas Ponson (qui possède aussi le Bistrot et le Bouchon, situés en face) concocte de sympathiques menus midi, et une offre plus élaborée le soir, aux produits nobles (maquereau Breton, canard de Challans au sang etc.). Une adresse sérieuse.

A/C - Menu 22 € (déjeuner), 47 €

Plan : 3-F3-47 - *6 rue Laurencin - Ⓜ Bellecour - ✆ 04 72 56 04 76 - www.restaurant-thomas.com - Fermé : samedi, dimanche*

LES TROIS DÔMES

CUISINE MODERNE • CONTEMPORAIN Au dernier étage de l'hôtel Sofitel Lyon Bellecour, entre deux coups d'œil sur un panorama unique, on déguste dans un cadre épuré une cuisine qui fait la part belle aux classiques revisités : pain de carpe des Dombes et sandre brioché ; filet de bœuf de Salers, pommes paillasson et miroir de côtes du Rhône.

♿ A/C - Menu 83/125 € - Carte 100/170 €

Plan : 3-F3-25 - *Sofitel Lyon Bellecour, 20 quai du Docteur-Gailleton - Ⓜ Bellecour - ✆ 04 72 41 20 97 - Fermé : lundi, dimanche et le midi*

VICTOIRE & THOMAS

CUISINE MODERNE • CONTEMPORAIN Le concept imaginé par Victoire et Thomas : une "cuisine de partage" fusion et créative, sous forme de plats et de planches, accompagnée de vins prestigieux sélectionnés par leurs soins. Au déjeuner, on profite d'un menu à prix doux ; tout cela est servi dans le cadre étonnant d'un ancien atelier de soierie. Accueil charmant.

- Menu 22 € (déjeuner), 31 € - Carte 35/45 €

Plan : 3-F2-48 - *27 rue de l'Arbre-Sec - Ⓜ Hôtel de Ville - ✆ 04 81 11 86 19 - www.victoire-thomas.com - Fermé : lundi, dimanche*

Les Brotteaux-La Part-Dieu-La Guillotière-Gerland

3e - 6e - 7e - 8e ARRONDISSEMENTS

LE NEUVIÈME ART

Chef : Christophe Roure

CUISINE CRÉATIVE • DESIGN C'est notamment dans les cuisines de Paul Bocuse ou de Régis Marcon que Christophe Roure, titulaire de trois CAP (cuisine, charcuterie, pâtisserie, qui dit mieux !) a fait son apprentissage. Meilleur Ouvrier de France en 2007, installé à Lyon depuis 2014, il fait jour après jour l'étalage de ses qualités : une subtile inventivité, une précision dans les mariages de saveurs, sans oublier un choix de produits irréprochable. À titre d'exemple, son tortello d'herbes à l'œuf et escargots persillés est un vrai tour de force : splendide travail sur l'amertume et les textures, déambulation au cœur de la verdure, jardin ou sous-bois... Un plat cohérent et exigeant, adulte si l'on peut dire, où rien n'est placé de manière anodine : à savourer tous les sens en éveil, comme on écoute un opéra de Wagner...

- Menu 115/185 € - Carte 145/175 €

Plan : 4-H2-49 - *173 rue Cuvier - Ⓜ Brotteaux - ✆ 04 72 74 12 74 - www.leneuviemeart.com - Fermé : lundi, dimanche*

TAKAO TAKANO

Chef : Takao Takano

CUISINE CRÉATIVE • DESIGN Comment ne pas admirer le parcours de Takao Takano ? Originaire de la préfecture de Yamanashi, au Japon, il a rapidement abandonné des études de droit pour se consacrer à sa véritable passion : la cuisine. Depuis 2013, il est installé dans le 6e arrondissement de Lyon, dans un intérieur tout en élégance et en sobriété.Si le restaurant, depuis son ouverture, fait presque toujours salle comble, c'est grâce à ses assiettes tout en originalité et en finesse, qui régalent et surprennent dans le même mouvement. Et remplissent à merveille l'objectif que s'est fixé le chef : "Faire simple et bon."Attardons-nous un moment sur cette féra du lac Léman de grande fraîcheur, parfaitement cuite, portée par une légère sauce crémée au lait fumé et cardamome, accompagnée de quelques œufs de poisson et d'une mirepoix de côtes de blettes citronnée – une touche acidulée très agréable... Équilibre gustatif, intelligence de la composition : tout Takao Takano est là.

- Menu 50 € (déjeuner), 120/160 €

Plan : 4-G2-50 - *33 rue Malesherbes - Ⓜ Foch - ✆ 04 82 31 43 39 - www.takaotakano.com - Fermé : samedi, dimanche*

LES APOTHICAIRES

Chefs : Tabata et Ludovic Mey

CUISINE CRÉATIVE • INTIME Voici une table tendance et qui régale ! Tabata, jeune cheffe d'origine brésilienne, a rencontré Ludovic dans l'une des brasseries lyonnaises de Paul Bocuse : l'histoire commençait sous de bons auspices... Dans une ambiance joyeuse et confortable de bistrot (bibliothèque, banquettes), ces deux-là proposent une cuisine créative avec quelques touches de Scandinavie et d'Amérique du Sud. Petit plus notable : la possibilité de réserver, dès 11h du matin, l'une des deux places au passe pour le soir-même. Parfait si le restaurant affiche complet - ce qui, vu son succès, est plutôt fréquent...

♿ A/C - Menu 40 (déjeuner), 75/115€

Plan : 4-G2-54 - *23 rue de Sèze - Ⓜ Foch - ✆ 04 26 02 25 09 - www.lesapothicairesrestaurant.com - Fermé mardi midi, mercredi midi, jeudi midi, dimanche et lundi*

LE GOURMET DE SÈZE

Chef : Bernard Mariller

CUISINE CLASSIQUE • ÉLÉGANT Dans une salle contemporaine aux tons noir et blanc, venez profiter de l'inventivité et du sens du détail du chef Bernard Mariller : il rend un bel hommage à ses maîtres, parmi lesquels le regretté Joël Robuchon, mais aussi Jacques Lameloise ou Michel Troigros. Fils et petit-fils d'agriculteurs de Saône-et-Loire, cet ancien chef de l'Auberge des Templiers (Loiret) réalise une cuisine moderne et goûteuse. Sa rigueur et son sérieux - sans compter des produits de saison aux petits oignons - font mouche, tout comme ses redoutables talents de saucier sur une fricassée de homard ou un médaillon de chevreuil. Savoureux !

♿ A/C - Menu 40 € (déjeuner), 75/115 €

Plan : 4-H2-51 - *125 rue de Sèze - Ⓜ Masséna - ✆ 04 78 24 23 42 - www.legourmetdeseze.com - Fermé : lundi, mardi midi, mercredi midi, jeudi midi, vendredi midi, dimanche*

MIRAFLORES

Chef : Carlos Camino

CUISINE PÉRUVIENNE • ÉLÉGANT Le chef Carlos Camino, natif du Pérou, vous entraîne dans un réjouissant voyage culinaire franco-péruvien au cœur d'un bel espace contemporain, avec sa cuisine ouverte. Le lieu, chic et raffiné, accueille la cuisine sincère et personnelle d'un chef dont la maturité et l'engagement magnifient des produits de grande qualité. Saveurs percutantes et jeux sur les textures : une cuisine intelligente et poétique, à l'image de cette raspadilla d'Amazonie Cocona Acai, plage volcanique quinoa et noix de cajou, ou du Ponderacio aux fruits d'été et Vinicunca la montagne aux sept couleurs. Tous les produits péruviens sont bio. Une adresse savoureuse et voyageuse.

♿ A/C - Menu 150 €

Plan : 4-H2-52 - *112 boulevard des Belges - Ⓜ Brotteaux - ✆ 04 78 24 49 71 - www.restaurant-miraflores.com - Fermé : lundi, dimanche et le midi*

LE PASSE TEMPS

Chef : Younghoon Lee

CUISINE CRÉATIVE • ÉPURÉ La cuisine française ne séduit pas seulement les Japonais : le jeune chef coréen Younghoon Lee s'est pris de passion pour notre gastronomie dans un restaurant français de Séoul. Après avoir parfait son métier à l'Institut Paul Bocuse et chez Lasserre, il a ouvert son propre restaurant dans le quartier des Brotteaux avec son épouse. Épuré, l'espace est résolument contemporain avec son parquet en bois clair et sa cave à vin centrale vitrée. Doté un sens aigu de l'esthétisme et des saveurs, il réinterprète la cuisine française en l'habillant de subtiles touches coréennes... Son foie gras aux racines et légumes dans un bouillon de soja est devenu un classique. La cuisine de Lee : plus qu'un passe-temps, une passion.

♿ A/C - Menu 45 € (déjeuner), 89/109 €

Plan : 4-G2-53 - *52 rue Tronchet - Ⓜ Masséna - ✆ 04 72 82 90 14 - www.lepassetemps-restaurant.com - Fermé : lundi, jeudi midi, dimanche*

AGASTACHE

CUISINE CRÉATIVE • CONVIVIAL Voici un tout nouveau bistrot créé par deux jeunes associés talentueux au bon parcours lyonnais. Dans un décor simple mais actuel, on se régale d'une cuisine "d'instinct" contemporaine et fort travaillée. Produits, saisons, inspiration végétale : le résultat est bluffant d'élégance formelle et de cohérence gustative. Ajoutons à cela une générosité non feinte, une atmosphère conviviale et vous obtenez l'une des plus belles découvertes de la rive gauche.

♿ A/C - Menu 24 € (déjeuner), 35/42 €

Plan : 4-G2-56 - *134 rue Duguesclin - Ⓜ Foch - ✆ 04 78 52 30 31 - www.agastache-restaurant-lyon.fr - Fermé : mercredi soir, samedi, dimanche*

BERGAMOTE Ⓝ

CUISINE MODERNE • CONVIVIAL Dans un quartier en pleine évolution, soudain... une perle gastronomique ! Un jeune chef, nous régale dans un cadre simple et nature de savoureuses assiettes de saison, nettes et soignées - le tout pour un prix très abordable au déjeuner. Cuisine plus ambitieuse le soir.

A/C - Menu 24 € (déjeuner), 34/45 €

Plan : 1-B2-86 - *123 rue de Gerland - Ⓜ Place Jean-Jaurès - ✆ 04 78 72 64 32 - restaurant-bergamote.fr - Fermé : lundi soir, mardi soir, samedi, dimanche*

LE JEAN MOULIN

CUISINE MODERNE • CONTEMPORAIN Le menu change tous les jours ou presque, mais citons-en deux exemples pour se faire une idée : cassolette de homard, sauce homardine, légumes d'hiver ; filet de cabillaud, lentilles vertes du Berry à la noisette, palourdes, émulsion lait fumé... Une cuisine fraîche et bien réalisée, à déguster dans un intérieur design et "indus".

♿ A/C - Menu 25 € (déjeuner), 34/55 €

Plan : 4-G2-57 - *45 rue de Sèze - Ⓜ Masséna - ✆ 04 78 37 37 97 - www.lejeanmoulin-lyon.com - Fermé : lundi, dimanche*

LE KITCHEN

CUISINE MODERNE • BRANCHÉ Dans le quartier des facultés Louis Lumière et Jean Moulin, ce Kitchen-là est une affaire qui roule. Le cadre est minimaliste, avec huit petites tables carrées ; on savoure des assiettes faisant la part belle aux produits bio - notamment légumes - de la région... et de délicieux desserts !

- Menu 25/34 €

Plan : 3-F3-58 - *34 rue Chevreul - Ⓜ Jean Macé - ✆ 06 03 36 42 75 - www.lekitchencafe.com - Fermé : mardi, mercredi et le soir*

M RESTAURANT

CUISINE DU MARCHÉ • BRANCHÉ Voilà un lieu chic et sobre dans les tons bleutés qui met de bonne humeur : fauteuils design en feutre gris, banquettes en tissu, tables nappées, terrasse en rotin pour l'été, on s'y sent bien... En cuisine, la partition est dirigée par un ancien de Léon de Lyon, qui a su adapter son savoir-faire et son sérieux à l'air du temps, et proposer notamment un appétissant menu du marché : on M !

A/C - Menu 32 € (déjeuner), 35/44 €

Plan : 4-G2-59 - *47 avenue Foch - Ⓜ Foch - ✆ 04 78 89 55 19 - www.mrestaurant.fr - Fermé : samedi, dimanche*

PY

CUISINE MODERNE • CONTEMPORAIN Dans cette petite brasserie des quartiers chics, Pierre (en cuisine) et Yuko (en salle) font des merveilles. On s'attable dans un décor contemporain pour déguster des assiettes travaillées, généreuses et volontiers inventives, à l'instar de ces noix de Saint-Jacques en blanquette au jus d'huîtres. Le soir, les produits nobles sont plus nombreux.

A/C - Menu 25 € (déjeuner), 35 €

Plan : 4-G2-55 - *16 cours Vitton - Ⓜ Masséna - ✆ 04 78 52 71 30 - www.pyrestaurant.fr - Fermé : lundi, dimanche*

SAKU RESTAURANT

CUISINE MODERNE • SIMPLE Saku, c'est le surnom du chef de cette adresse abritée derrière une devanture discrète. Lui et son épouse, japonais tous deux, proposent une réjouissante cuisine française bien dans l'air du temps, parsemée de touches nipponnes. Les produits frais, toujours de saison, mais surtout le soin apporté aux assiettes : on passe un très bon moment.

A/C - Menu 22 € (déjeuner), 34/45 € - Carte 40/50 €

Plan : 4-G3-60 - *27 rue Rachais - Ⓜ Garibaldi - ☎ 04 78 69 45 31 - Fermé : mercredi midi, dimanche*

SAUF IMPRÉVU

CUISINE TRADITIONNELLE • SIMPLE Félix Gagnaire mène cet accueillant bistrot dont l'œil est rivé sur la tradition. Pâté en croûte ; suprême de volaille de la Dombes, caviar d'aubergine et pesto ; soupe de pêches blanches, tuile aux amandes, glace vanille : la clientèle se régale de ces plats gourmands et copieux. Tout est frais et fait maison, tout tombe juste... et les prix sont raisonnables !

- Menu 28 € (déjeuner), 32 €

Plan : 4-G2-61 - *40 rue Pierre-Corneille - Ⓜ Foch - ☎ 04 78 52 16 35 - Fermé : lundi soir, mardi soir, mercredi soir, vendredi soir, samedi, dimanche*

LA TABLE 101

CUISINE MODERNE • CONTEMPORAIN À côté des halles Paul-Bocuse, une table où les bons produits sont à la fête ! Dans l'assiette, une cuisine goûteuse, avec une touche créative maîtrisée. On se prend au jeu jusqu'au dernier coup de fourchette, et l'addition, légère, achève de nous convaincre. Belle carte des vins.

A/C - Menu 28 € (déjeuner), 34/50 €

Plan : 4-G2-62 - *101 rue Moncey - Ⓜ Place Guichard - ☎ 04 78 60 90 23 - www.latable101.fr - Fermé : samedi, dimanche*

33 CITÉ

CUISINE TRADITIONNELLE • BRASSERIE Trois chefs de talent - Mathieu Viannay (MOF en 2004), Christophe Marguin et Frédéric Berthod (passé par la "case" Bocuse) - se sont associés pour créer cette brasserie sympathique et gourmande, ouvrant sur le parc de la Tête-d'Or. Au menu : les belles spécialités du genre !

A/C - Menu 28 € (déjeuner) - Carte 31/66 €

Plan : -C1-15 - *33 quai Charles-de-Gaulle - ☎ 04 37 45 45 45 - www.33cite.com - Fermé : lundi, dimanche*

L'ALEXANDRIN

CUISINE MODERNE • CONTEMPORAIN Voilà plus d'un quart de siècle maintenant que le chef Laurent Rigal régale discrètement à l'abri du Palais de Justice. Insensible aux modes, il trace tranquillement son sillon entre produits nobles (homard breton, volaille de Bresse...) et touches actuelles. Mention spéciale pour le menu "tendance légumes", où végétal et créativité s'entendent à merveille.

A/C - Menu 40 € (déjeuner), 59/115 €

Plan : 4-G2-83 - *83 rue Moncey - Ⓜ Place Guichard - ☎ 04 72 61 15 69 - www.lalexandrin.fr - Fermé : lundi, dimanche*

L'ÂME SŒUR

CUISINE DU MARCHÉ • CONTEMPORAIN On aime l'animation de ce repaire "bistronomique", qui emprunte son nom à un vin de Côte-Rôtie, produit par un ami du chef. La cuisine, au goût du jour, justifie le succès de l'endroit ; des menus à thèmes sont proposés selon les saisons : truffe, gibier, asperges... C'est savoureux et servi avec le sourire !

- Menu 28/54 € - Carte 32/54 €

Plan : 4-G2-67 - *209 rue Duguesclin - Ⓜ Place Guichard - ☎ 04 78 42 47 78 - www.restaurantlamesoeur.fr - Fermé : lundi soir, samedi, dimanche*

L'ARGOT

SPÉCIALITÉS DE VIANDES • DE QUARTIER Belle idée que celle de Philippe et Audrey, les propriétaires des lieux : le client choisit sa pièce de viande dans l'armoire vitrée – bœuf limousin, de Galice, d'Aubrac, agneau de l'Aveyron, charcuteries basques... – et le chef l'accompagne de la garniture du jour. Simple et savoureux : une véritable boucherie !

A/C - Carte 39/65 €

Plan : 4-H2-68 - *132 rue Bugeaud - Ⓜ Brotteaux - ✆ 04 78 24 57 88 - Fermé : lundi, mercredi soir, samedi soir, dimanche*

BERNACHON PASSION

CUISINE TRADITIONNELLE • SIMPLE On ne présente plus la célèbre chocolaterie lyonnaise Bernachon, dont le fils du fondateur a épousé l'aînée de Paul Bocuse. Les petits-enfants du grand chef sont aux commandes ! Au menu, de bonnes recettes traditionnelles (telles les quenelles de brochet et le pâté en croûte) et des pâtisseries... Bernachon, évidemment.

A/C - Menu 30 € - Carte 40/54 €

Plan : 4-G2-69 - *42 cours Franklin-Roosevelt - Ⓜ Foch - ✆ 04 78 52 23 65 - www.bernachon.com - Fermé : lundi, dimanche et le soir*

BINÔME

CUISINE DU MARCHÉ • BISTRO Esprit contemporain mais parquet ancien, luminaires design, sièges modernes en cuir noir, caisses de vin en guise d'étagères, tables bistrot : c'est la bonne affaire, pour le palais et la bourse, d'un binôme de pros. Préparations au goût du jour pleines de fraîcheur, qui lorgnent de temps à autre vers les épices et les produits nobles.

Menu 20 € (déjeuner), 27 €

Plan : 4-G2-70 - *71 rue Pierre-Corneille - Ⓜ Foch - ✆ 09 83 85 45 21 - restaurant-binome.fr - Fermé : lundi, mardi soir, dimanche*

BISTRO B

CUISINE MODERNE • BISTRO Le petit monde des bistrots se porte bien dans le sixième arrondissement de Lyon ! Encore une jolie petite adresse bistronomique emmenée par un duo de passionnés. Ils proposent un menu de saison bien tourné qui change toutes les semaines, à un prix fort intéressant.

A/C - Menu 25 € (déjeuner), 33/44 €

Plan : 4-G2-71 - *90 rue Duguesclin - Ⓜ Masséna - ✆ 04 78 89 12 21 - www.bistrob-lyon.fr - Fermé : lundi, mardi soir, dimanche*

LE BOUCHON SULLY

CUISINE LYONNAISE • BISTRO Un petit bistrot ouvert par Julien Gautier (propriétaire du M Restaurant voisin) dans un esprit de bouchon modernisé : gâteau de foies de volaille, foie de veau en persillade et tête de veau sauce ravigote sont à l'ardoise, pour notre plus grand plaisir. C'est gourmand et bien exécuté : on en redemande.

A/C - Menu 22 € (déjeuner), 27 € - Carte 35/41 €

Plan : 4-G1-72 - *20 rue Sully - Ⓜ Foch - ✆ 04 78 89 07 09 - www.lebouchonsully.com - Fermé : samedi, dimanche*

CAZENOVE

CUISINE TRADITIONNELLE • COSY Un décor "so British", avec une ronde de sculptures en bronze et fauteuils Chesterfield... Dans cette atmosphère très chaleureuse, le jeune chef, d'origine chinoise, propose une cuisine de bistrot chic, classique et maîtrisée. L'adresse fait régulièrement salle comble !

A/C - Menu 38/48 € - Carte 52/120 €

Plan : 4-G2-64 - *75 rue Boileau - Ⓜ Masséna - ✆ 04 78 89 82 92 - www.le-cazenove.com - Fermé : samedi, dimanche*

CELEST (N)

CUISINE MODERNE • CONTEMPORAIN Au 32e étage de la Tour de la Part-Dieu (165m en tout), que les Lyonnais appellent "Le Crayon", on découvre à la fois la ville magnifique et une cuisine actuelle qui fait la part belle au produit. Déclinaison autour du champignon ; filet de saint-pierre avec panais, safran et cacao blanc ; pavlova poire-sauge ananas...

- Menu 69/89 € - Carte 75/120 €

Plan : 4-G2-84 - *Radisson Blu Lyon, 129 rue Servient - Ⓜ Part-Dieu - ✆ 04 78 63 55 46 - www.celest-bar-restaurant.com - Fermé : lundi, dimanche et le midi*

DANIEL ET DENISE CRÉQUI

CUISINE LYONNAISE • BOUCHON LYONNAIS Joseph Viola – Meilleur Ouvrier de France – règne sur ce petit bouchon pur jus, au décor patiné par le temps. Il propose des recettes traditionnelles parfaitement réalisées, à base de superbes produits, avec quelques suggestions de saison. Son plat fétiche ? Le pâté en croûte au ris de veau et foie gras...

- Menu 40 € - Carte 46/62 €

Plan : 4-G2-73 - *156 rue de Créqui - Ⓜ Place Guichard - ✆ 04 78 60 66 53 - www.daniel-et-denise.fr - Fermé : samedi, dimanche*

DANTON

CUISINE MODERNE • CONVIVIAL Dans ce néobistrot convivial, pas de tergiversations : les recettes vont à l'essentiel, dans une veine aussi canaille que gourmande (avec une carte des vins faisant honneur à la région, mais pas seulement). Le petit plus qui fait la différence ? Les cuissons à basse température. En cas d'affluence, allez sonner à l'annexe mitoyenne "L'Escapade Danton".

- Menu 28/59 €

Plan : 4-H3-74 - *8 rue Danton - Ⓜ Part Dieu - ✆ 04 37 48 00 10 - Fermé : samedi, dimanche*

L'ÉCUME

CUISINE MODERNE • CONVIVIAL Après avoir peaufiné leurs talents à la Maison Clovis, Laurent et Xavier ont ouvert cette Écume qui porte bien son nom. Bouillonnante, toujours en mouvement, elle fait œuvre de bistronomie avec un menu du marché renouvelé tous les jours. Jeux de textures et de saveurs dans l'assiette, carte des vins aux petits oignons : du travail bien fait.

- Menu 25 € (déjeuner), 39/43 €

Plan : 5-F5-75 - *119 avenue Jean-Jaurès - Ⓜ Jean Macé - ✆ 04 78 58 70 48 - www.lecume-lyon.com - Fermé : samedi, dimanche*

IMOUTO

CUISINE FUSION • DESIGN Imouto ("petite sœur", en japonais) a trouvé sa place non loin de la Guillotière. Originaire du Vietnam, Gaby Didonna imagine de savoureuses recettes fusion, entre tradition française et influences nippones. Goûteux et toujours bluffant !

- Menu 25 € (déjeuner), 45 € - Carte 51/81 €

Plan : 3-F3-76 - *21 rue Pasteur - Ⓜ Guillotière - ✆ 04 72 76 99 53 - www.imouto.fr - Fermé : lundi, dimanche soir*

L'INATTENDU

CUISINE MODERNE • TENDANCE Cet ancien infirmier, reconverti après avoir gagné l'émission Masterchef, concocte une cuisine moderne et généreuse, à l'image de cette entrée "inaTTendue" – devenue signature –, le tataki de bœuf et cervelle de canut. En salle, son épouse, ancienne aide soignante, s'occupe désormais de nos papilles. Une adresse décidément sympathique.

- Menu 26 € (déjeuner), 37/52 €

Plan : 4-G2-77 - *95 rue Bossuet - Ⓜ Masséna - ✆ 04 37 24 13 44 - www.linattendulyon.fr - Fermé : lundi soir, samedi, dimanche*

MAISON CLOVIS

CUISINE MODERNE • CONTEMPORAIN L'endroit est design et élégant, sans être guindé. Le chef Clovis Khoury signe des créations de saison originales, à base de beaux produits. A deux pas, le Clos Bis sert vin et tapas, dans une atmosphère conviviale.

AC - Menu 38/105 € - Carte 82/158 €

Plan : 4-H2-65 - *19 boulevard des Brotteaux - Ⓜ Brotteaux - ✆ 04 72 74 44 61 - www.maisonclovis.com - Fermé : lundi, dimanche*

LA MUTINERIE

CUISINE CRÉATIVE • TENDANCE Un jeune chef passé par de (très) belles maisons (Le Negresco, La Dame de Pic, Ledoyen et Têtedoie) propose un menu mystère au déjeuner (excellent rapport qualité/prix) comme au dîner. Une cuisine créative à déguster dans un décor vintage de briques, bois et béton ciré. La Mutinerie, ou la passion de la cuisine chevillée au corps.

♿ AC - Menu 30 € (déjeuner), 55/75 €

Plan : 4-G2-78 - *123 rue Bugeaud - Ⓜ Masséna - ✆ 04 72 74 91 51 - la-mutinerie.fr - Fermé : lundi, dimanche*

PIERRE ORSI

CUISINE CLASSIQUE • BOURGEOIS Venez profiter de l'élégance et du confort cossu d'une opulente maison bourgeoise. La tradition française est à l'honneur dans l'assiette. Le verre n'est pas en reste : la carte des vins affiche 1 000 références.

♿ AC - Menu 60 € (déjeuner), 150/160 € - Carte 91/173 €

Plan : 4-G2-63 - *3 place Kléber - Ⓜ Masséna - ✆ 04 78 89 57 68 - www.pierreorsi.com - Fermé : lundi, dimanche*

LE PRÉSIDENT

CUISINE MODERNE • CONTEMPORAIN Cette institution lyonnaise reprise par Christophe Marguin propose judicieusement une cuisine moderne, sans jamais oublier les grands classiques ; grenouilles à la crème, volaille de Bresse à la crème d'Etrez. Le "Président" Edouard Herriot, alors maire de Lyon, avait l'habitude de venir y prendre son café...

♿ AC - Menu 28 € (déjeuner) - Carte 56/71 €

Plan : 4-G1-14 - *11 avenue de Grande-Bretagne - ✆ 04 78 94 51 17 - www.restaurantlepresident.com - Fermé : samedi, dimanche*

SÉMANTÈME

CUISINE MODERNE • CONTEMPORAIN Sémantème : forme littéraire du mot racine. Ici, le chef aime travailler les racines, les herbes aromatiques, et s'approvisionne lui-même sur les marchés de Lyon (dont celui de la Tête d'or). Jolis dressages, cuissons justes et plats savoureux. Une très bonne adresse.

AC - Menu 27 € (déjeuner), 47/60 €

Plan : 4-G2-79 - *73 rue Masséna - Ⓜ Masséna - ✆ 06 46 58 36 90 - Fermé : lundi, dimanche*

LE SIMPLE GOÛT DES CHOSES

CUISINE MODERNE • CONTEMPORAIN Une petite adresse sympathique, où l'on propose toutes sortes de douceurs à prix très doux : c'est simple, bien fait et plein de saveurs. Idéal pour apprécier, en toute quiétude, le simple goût des choses...

AC - Menu 22 € (déjeuner), 28/34 €

Plan : 4-H2-80 - *84 cours Vitton - Ⓜ Masséna - ✆ 04 78 52 47 28 - www.lesimplegoutdeschoses.fr - Fermé : samedi, dimanche*

SINABRO

CUISINE CORÉENNE • SIMPLE Une envie de bibimbap et d'authentique cuisine coréenne ? Alors bienvenue dans ce bistrot ! On apprécie d'abord un cadre contemporain (tables et chaises en bois clair), puis une carte resserrée, ensuite un service pro et souriant et, enfin, une cuisine saine et savoureuse - jusqu'au dessert.

A/C - Menu 18 € (déjeuner) - Carte 27/38 €

Plan : 4-H2-81 - *126 rue de Sèze - Ⓜ Masséna - ✆ 04 78 52 74 34 - sinabro-lyon.eatbu.com - Fermé : lundi, dimanche*

LE SUPRÊME

CUISINE CLASSIQUE • TRADITIONNEL Cette adresse va enchanter les Lyonnais. Un couple franco-coréen ayant travaillé chez Daniel Boulud, à New York, se trouve aux commandes de ce bistrot éloigné des quartiers touristiques. On y sert une excellente cuisine bourgeoise, dont le gallinacé est l'invité d'honneur : gâteau de foie blond, suprême de volaille de Bresse..., et en saison, menu tout gibier !

♿ A/C 🏠 - Menu 30 € (déjeuner), 45/56 €

Plan : 4-G3-82 - *106 cours Gambetta - Ⓜ Garibaldi - ✆ 04 78 72 32 68 - www.lesupremelyon.fr - Fermé : lundi, samedi midi, dimanche*

YKA BAR & CEVICHE

CUISINE PÉRUVIENNE • CONTEMPORAIN C'est la partie informelle du restaurant franco-péruvien gastronomique Miraflores. Dans un décor chaleureux et contemporain (belle fresque murale colorée représentant des Péruviens de la région de Cusco), la carte des mets présente deux entrées, un choix de cinq ceviches, un plat traditionnel péruvien à base de poisson cru, et trois desserts. A l'été, on se détend en terrasse (sur rue).

A/C 🏠 - Carte 42/48 €

Plan : 4-H2-16 - *112 boulevard des Belges - Ⓜ Brotteaux - ✆ 04 78 24 49 71 - www.restaurant-miraflores.com/yka - Fermé : lundi soir, dimanche*

LE ZESTE GOURMAND

CUISINE MODERNE • ÉPURÉ Une déco épurée, bien dans l'air du temps (dalles anthracite, murs blancs et jaunes, tableaux abstraits grand format...) et une cuisine au diapason : maîtrisée et savoureuse, basée sur des produits de qualité.

♿ A/C - Menu 24 € (déjeuner), 35/50 €

Plan : 4-G2-66 - *93 rue Bossuet - Ⓜ Masséna - ✆ 04 78 26 07 97 - www.lezestegourmand.fr - Fermé : lundi, samedi midi, dimanche*

AUVERGNE

Carte régionale n° 1

Pays des fromages et des volcans, de la potée et de la truffade, de la truite et du lard fermier : l'Auvergne est un vrai pays de cocagne, dont le terroir reflète autant la diversité d'une flore et d'une faune exceptionnelles que le savoir-faire des producteurs et des chefs. La table auvergnate fait feu de tout bois, et de nombreux chefs, de Serge Vieira (Chaudes-Aigues) à Xavier Beaudiment (Le Pré, Clermont-Ferrand) en passant par Emmanuel Hébrard (l'Ostal, Clermont-Ferrand) et Jacques Decoret (Vichy) revendiquent avec fierté leur identité auvergnate et même une certaine rusticité. Grandes et petites tables multiplient les clins d'œil savoureux aux plats traditionnels – truffade, pounti, aligot... Grasses prairies nourries de sédiments volcaniques et torrents d'eau pure échappés des flancs du Plomb du Cantal (le plus grand volcan d'Europe) profitent aux élevages de bovins (salers, aubrac, ferrandaise) et aux poissons (truite, omble chevalier, goujon...).

Les forêts, quant à elles, et notamment celle du Tronçais, regorgent de champignons, que les chefs Régis et Jacques Marcon subliment à leur façon. L'Auvergne est peut-être aussi la plus belle région fromagère de France, avec pas moins de cinq AOP comme le fameux saint-nectaire et le salers. Comme dirait notre inspecteur : "Il y a une telle variété qu'on pourrait passer ses journées à manger du fromage !" Enfin, le vignoble auvergnat, planté par les Romains avant d'être longtemps négligé voire décrié, revit dans une optique délibérément bio et nature, autour de Saint-Pourçain et des côtes d'Auvergne.

J. Boulay/hemis.fr

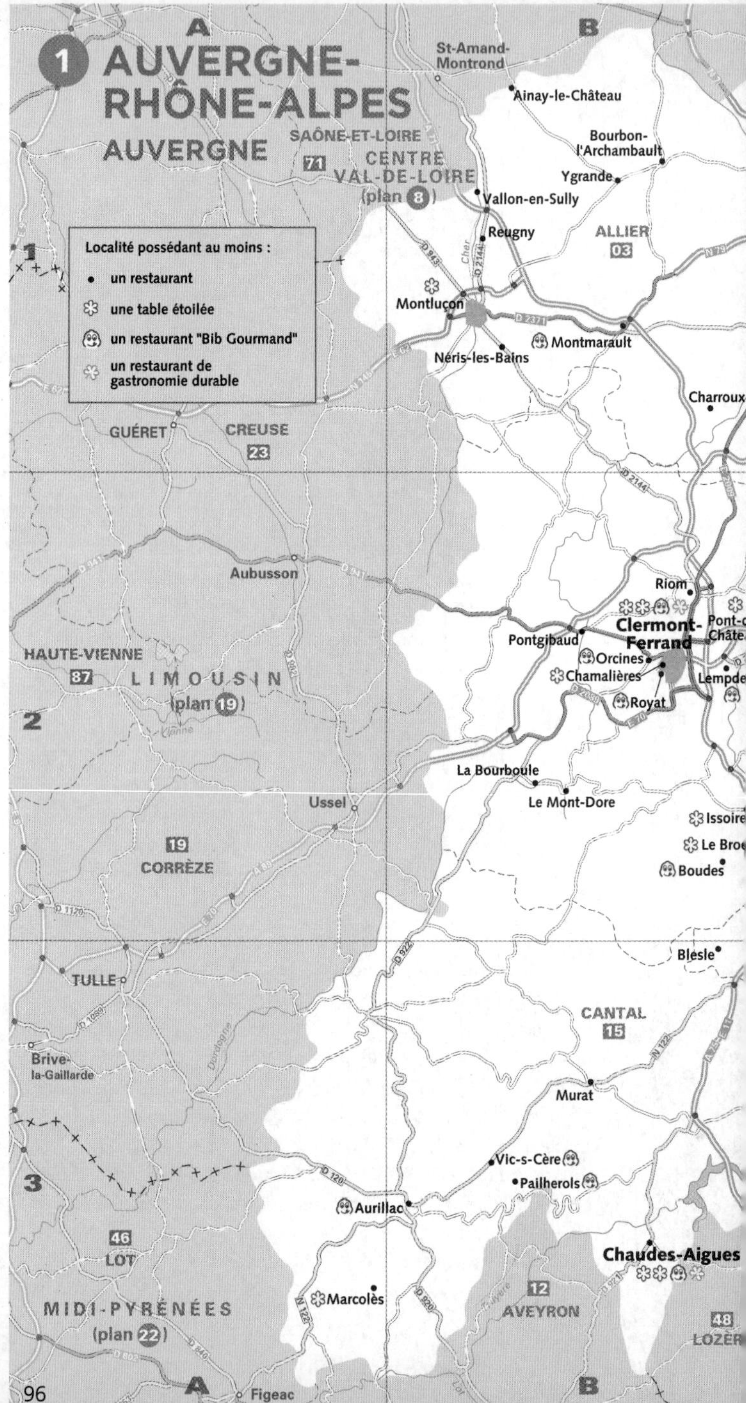

1 AUVERGNE-RHÔNE-ALPES
AUVERGNE
Localité possédant au moins :
un restaurant
une table étoilée
un restaurant "Bib Gourmand"
un restaurant de gastronomie durable
A
B
1
2
3
SAÔNE-ET-LOIRE 71
CENTRE VAL-DE-LOIRE (plan 8)
St-Amand-Montrond
Ainay-le-Château
Bourbon-l'Archambault
Ygrande
Vallon-en-Sully
Reugny
ALLIER 03
Montluçon
Montmarault
Néris-les-Bains
Charroux
GUÉRET
CREUSE 23
Aubusson
Riom
Clermont-Ferrand
Pont-du-Château
Pontgibaud
Orcines
Chamalières
Royat
Lempdes
HAUTE-VIENNE 87
LIMOUSIN (plan 19)
La Bourboule
Le Mont-Dore
Ussel
Issoire
Le Broc
Boudes
19 CORRÈZE
Blesle
TULLE
CANTAL 15
Brive-la-Gaillarde
Murat
Vic-s-Cère
Pailherols
Aurillac
46 LOT
Chaudes-Aigues
Marcolès
12 AVEYRON
48 LOZÈRE
MIDI-PYRÉNÉES (plan 22)
Figeac

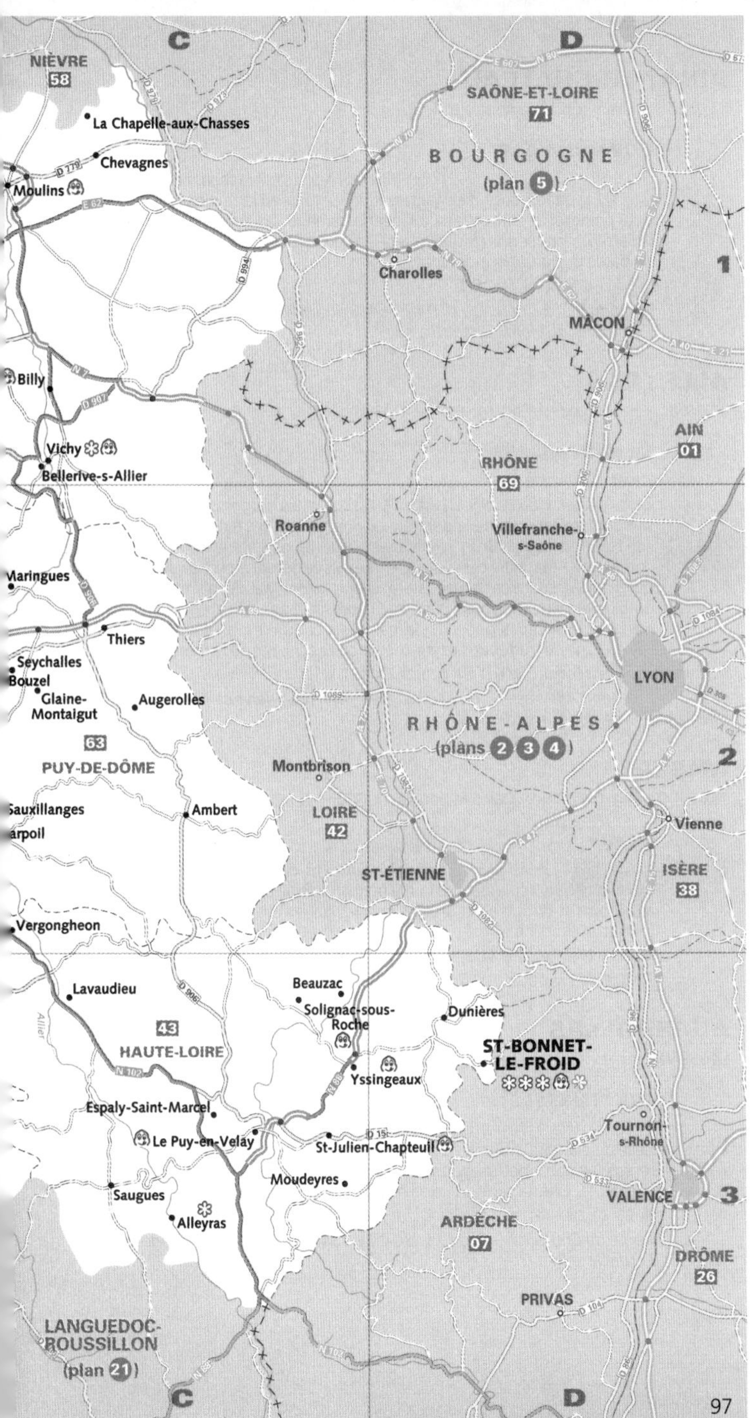
C
D
NIÈVRE
58
La Chapelle-aux-Chasses
Chevagnes
Moulins
SAÔNE-ET-LOIRE
71
BOURGOGNE
(plan 5)
Charolles
1
MÂCON
Billy
Vichy
Bellerive-s-Allier
AIN
01
RHÔNE
69
Roanne
Villefranche-s-Saône
Maringues
Thiers
Seychalles
Bouzel
Glaine-Montaigut
Augerolles
LYON
RHÔNE-ALPES
(plans 2 3 4)
2
63
PUY-DE-DÔME
Montbrison
Sauxillanges
Ambert
Vienne
LOIRE
42
ISÈRE
38
ST-ÉTIENNE
Vergongheon
Lavaudieu
Beauzac
Solignac-sous-Roche
Dunières
43
HAUTE-LOIRE
ST-BONNET-LE-FROID
Yssingeaux
Espaly-Saint-Marcel
Tournon-s-Rhône
Le Puy-en-Velay
St-Julien-Chapteuil
Moudeyres
Saugues
VALENCE
3
Alleyras
ARDÈCHE
07
DRÔME
26
PRIVAS
LANGUEDOC-ROUSSILLON
(plan 21)

AINAY-LE-CHÂTEAU

✉ 03360 - Allier - Carte régionale n° **1**-B1

DORANGEVILLE

CUISINE MODERNE • **CONTEMPORAIN** Au cœur d'un charmant village médiéval, une table au cadre cosy et élégant, avec une terrasse ouverte sur le jardin - appréciable pour prendre l'apéritif ou le café. Quentin Dorangeville, chef trentenaire originaire de la Sarthe, propose une cuisine rythmée par les saisons, aussi soignée qu'ambitieuse : on passe un agréable moment.

♿ - Menu 50/100 €

3 rue du Vieux-Château - ✆ 04 70 64 18 48 - www.dorangeville.fr - Fermé : lundi, mardi, dimanche soir

ALLEYRAS

✉ 43580 - Haute-Loire - Carte régionale n° **1**-C3

✿ LE HAUT-ALLIER

Chef : Philippe Brun

CUISINE MODERNE • **TENDANCE** Au cœur des gorges de l'Allier, cet hôtel-restaurant familial regarde le pont et la rivière depuis ses fenêtres. Bien ancrée dans son terroir, la famille Brun - Philippe et Odile, les parents, épaulés par leur fils et sa compagne - magnifie ces rudes contrées. Ils célèbrent ainsi les nombreux produits qu'ils trouvent dans ce coin de nature : champignons, viandes et fromages auvergnats, omble d'élevage, mais aussi plantes et fleurs sauvages. On se régale d'un pigeonneau au crumble de cèpes, gnocchis de maïs et sauce au foie gras et Xérès, ou encore d'un cappuccino de truffes de Lozère, œuf cocotte et nuage de pommes rattes truffées...

A/C - Menu 58/110 € - Carte 74/92 €

Le Pont d'Alleyras - ✆ 04 71 57 57 63 - www.hotel-lehautallier.com - Fermé : lundi, mardi

AMBERT

✉ 63600 - Puy-de-Dôme - Carte régionale n° **1**-C2

LE M

CUISINE MODERNE • **CONVIVIAL** On « M » ce bistrot contemporain branché, pour son accueil charmant, comme pour sa cuisine actuelle et goûteuse, proposée à l'ardoise et rythmée par les saisons. De plus les tarifs restent sages, plus encore le midi en semaine.

♿ A/C - Menu 28 € (déjeuner), 42 €

1 place du Livradois - ✆ 04 73 82 28 91 - Fermé : lundi, mardi, dimanche soir

AUGEROLLES

✉ 63930 - Puy-de-Dôme - Carte régionale n° **1**-C2

LES CHÊNES

CUISINE TRADITIONNELLE • **AUBERGE** Les Chênes, c'est l'histoire d'une famille. Celle du chef qui, comme ses parents et grands-parents, défend les produits de sa région (viande label Rouge, miel, myrtilles, etc.). Les années passent, la tradition se perpétue... avec la certitude qu'il ne pouvait en être autrement !

♿ P - Menu 41/50 €

Route de Courpière - ✆ 04 73 53 50 34 - www.restaurant-les-chenes.com - Fermé le soir

AURILLAC

✉ 15000 - Cantal - Carte régionale n° **1**-B3

LES QUATRE SAISONS

CUISINE MODERNE • **TRADITIONNEL** Sincère et bien tournée : telle est la cuisine de Didier Guibert, installé dans une petite rue calme du centre-ville, qui ne travaille qu'avec des produits frais - et notamment la viande de ses deux frères, bouchers de leur état. Une maison bien tenue.

- Menu 36/72 € - Carte 57/70 €

10 rue Jean-Baptiste-Champeil - 04 71 64 85 38 - www.quatresaisons.onlc.fr - Fermé : lundi, mardi, dimanche soir

LE CROMESQUIS

CUISINE MODERNE • **CONVIVIAL** Après un joli parcours dans des tables étoilées en Suisse, le chef est revenu aux sources : son épouse est originaire de la région. Dans ce lieu atypique - une ancienne forge réaménagée à grand renfort de bois, béton et baies vitrées -, il propose des recettes modernes et goûteuses... avec, bien entendu, un cromesquis proposé chaque jour parmi les entrées !

- Menu 20 € (déjeuner), 34/65 €

1 rue du Salut - 04 71 62 34 80 - www.restaurant-cromesquis.fr - Fermé : lundi, mardi soir, mercredi soir, jeudi soir, dimanche

BEAUZAC

✉ 43590 - Haute-Loire - Carte régionale n° **1**-C3

L'AIR DU TEMPS

CUISINE TRADITIONNELLE • **CONVIVIAL** Dans ce petit hameau de la vallée de la Loire, une accueillante maison de pays, très lumineuse. La cheffe y concocte une copieuse cuisine régionale ; une étape généreuse que l'on peut prolonger grâce aux chambres, coquettes et confortables.

- Menu 14 € (déjeuner), 31/65 €

Confolent - 04 71 61 49 05 - www.airdutemps-restaurant.fr - Fermé : lundi, dimanche soir

BELLERIVE-SUR-ALLIER

✉ 03700 - Allier - Carte régionale n° **1**-C1

CHÂTEAU DU BOST

CUISINE MODERNE • **CONTEMPORAIN** À quelques minutes de Vichy, dans un parc très paisible, ce château avec tours et douves en eau (15e-19e s.) décline un décor contemporain et cosy, complété d'une belle terrasse, et de quelques chambres confortables. Le restaurant au cadre épuré sert une goûteuse cuisine de saison allant à l'essentiel.

P - Menu 24 € (déjeuner), 37/90 €

27 rue de Beauséjour - 04 70 59 59 59 - www.chateau-du-bost.com - Fermé : lundi, dimanche soir

BILLY

✉ 03260 - Allier - Carte régionale n° **1**-C1

AUBERGE DU PONT

CUISINE MODERNE • **AUBERGE** Les fidèles de cette auberge se pressent toujours à ses portes, en quête d'une cuisine du marché goûteuse, réalisée par un chef plein d'entrain. Si le temps le permet, installez-vous sur la terrasse ombragée, qui surplombe l'Allier... Une certaine définition du bonheur.

P - Menu 22 € (déjeuner), 35/70 €

1 route de Marcenat - 04 70 43 50 09 - www.auberge-du-pont-billy.fr - Fermé : lundi, dimanche

BLESLE

⊠ 43450 - Haute-Loire - Carte régionale n° **1**-B3

LA BOUGNATE

CUISINE CLASSIQUE • AUBERGE Elle a du charme cette Bougnate, paisible petite auberge de village aux volets bleus. En terrasse au pied de sa façade parcourue de vigne vierge, ou dans le décor rustique de sa salle, on apprécie une jolie cuisine locavore, concoctée dans le souci de la qualité. Et pour la nuit, les chambres ont le charme de la simplicité...

- Menu 15 € (déjeuner), 33/38 €

Place du Vallat - ✆ 04 71 76 29 30 - www.labougnate.fr - Fermé : lundi, mardi

BOUDES

⊠ 63340 - Puy-de-Dôme - Carte régionale n° **1**-B2

LE BOUDES LA VIGNE

CUISINE MODERNE • AUBERGE Cette sympathique auberge, bâtie sur d'anciennes fortifications, se trouve au cœur de ce village de vignerons où l'on produit... le boudes, l'un des cinq crus des côtes d'Auvergne. Derrière les fourneaux, le chef réalise une cuisine généreuse et parfumée, bien en prise avec son époque.

- Menu 34/60 €

Place de la Mairie - ✆ 04 73 96 55 66 - www.leboudeslavigne.franceserv.com - Fermé : lundi, mardi, dimanche soir

BOURBON-L'ARCHAMBAULT

⊠ 03160 - Allier - Carte régionale n° **1**-B1

LE TALLEYRAND

CUISINE TRADITIONNELLE • HISTORIQUE À la table de la Montespan et de Talleyrand, le classicisme français et la tradition bourbonnaise sont à l'honneur, dans un cadre raffiné mêlant poutres et pierres. Et pour prolonger la parenthèse gastronomique, l'hôtel propose une halte confortable. Du caractère !

- Menu 22 € (déjeuner), 33/45 € - Carte 40/59 €

Place des Thermes - ✆ 04 70 67 00 24 - www.hotel-montespan-talleyrand.com

LA BOURBOULE

⊠ 63150 - Puy-de-Dôme - Carte régionale n° **1**-B2

L'AMUSE BOUCHE

CUISINE MODERNE • BISTRO Il est des couples qui se forment en cuisine... Elle a raccroché le tablier pour s'occuper de la salle, lui est resté derrière les fourneaux pour travailler des produits frais et servir bien plus qu'un amuse-bouche. Beaucoup de goût en cette adresse !

Menu 30/46 €

15 rue des Frères-Rozier - ✆ 04 73 21 68 85 - www.restaurant-lamusebouche.fr - Fermé : lundi, mardi, mercredi

BOUZEL

⊠ 63910 - Puy-de-Dôme - Carte régionale n° **1**-C2

L'AUBERGE DU VER LUISANT

CUISINE TRADITIONNELLE • AUBERGE Voilà un ver luisant qui brille derrière les fourneaux ! Dans cette jolie maison de pays, on savoure une goûteuse cuisine traditionnelle, où transparaît tout l'amour du chef pour la gastronomie. Service attentionné et petits prix à la clé.

- Menu 19/55 €

2 rue du Breuil - ✆ 04 73 62 93 83 - Fermé : lundi, mardi et le soir

LE BROC

✉ 63500 - Puy-de-Dôme - Carte régionale n° **1**-B2

ORIGINES

Chef : Adrien Descouls

CUISINE MODERNE • CONTEMPORAIN Est-ce l'Auvergne, sa région natale, qui inspire à Adrien Descouls cette cuisine pleine de fraîcheur ? Tout près d'Issoire, dans ce bâtiment moderne perché juste à côté du château du 14e s, il affirme ses qualités sans jamais en rajouter : choix du produit, capacité à mettre en valeur le terroir local, et cette jeunesse, qui permet parfois de déplacer des volcans. Pour l'étape, de belles chambres confortables avec jolie vue sur les environs.

- Menu 36 € (déjeuner), 70/130 €

Rue du Clos-de-la-Chaux - ✆ 04 73 71 71 71 - www.restaurant-origines.fr - Fermé : lundi, mardi, dimanche soir

CHAMALIÈRES

✉ 63400 - Puy-de-Dôme - Carte régionale n° **1**-B2

RADIO

CUISINE MODERNE • ÉLÉGANT Depuis les hauteurs de la ville, ce bel hôtel des années 1930 diffuse non-stop un hommage vibrant aux ondes hertziennes et à la lampe triode qui permit l'invention du cinéma parlant et de la TSF. Branché Art déco, son décor sonne comme au premier jour, avec ses mosaïques au sol, ses ferronneries d'art et son alliance du verre et du miroir. En studio, le chef Wilfrid Chaplain mixe les fréquences de sa région natale, la Normandie, et celles de son terroir d'adoption, l'Auvergne, dont il chante les douces harmonies méconnues. Technicien solide, il compose une cuisine ambitieuse, fine et délicate, qui charme le palais : bœuf charolais, raviole de joue confite, jus aromatique au vin rouge ; lotte et jus au cresson ; maquereau mariné au citron vert, céleri à la cendre. Quant au plateau de fromages d'Auvergne, il fait le buzz à lui tout seul.

- Menu 35 € (déjeuner), 75/110 € - Carte 95/110 €

Plan de Clermont-Ferrand : B2-1 - *43 avenue Pierre-et-Marie-Curie - ✆ 04 73 30 87 83 - www.hotel-radio.fr - Fermé : lundi, samedi midi, dimanche*

LA CHAPELLE-AUX-CHASSES

✉ 03230 - Allier - Carte régionale n° **1**-C1

AUBERGE DE LA CHAPELLE AUX CHASSES

CUISINE MODERNE • AUBERGE De cet ancien presbytère, les gourmands ont fait leur repaire ! Dans un cadre rustique, on déguste une appétissante cuisine du moment, qui évolue au gré des saisons : tarte de queues de langoustines et compotée de tomates, épaule de cochon fermier confite comme une brandade.... L'été, on profite de la terrasse ouverte sur le jardin.

- Menu 35 € (déjeuner), 46/86 €

Le Bourg - ✆ 04 70 43 44 71 - www.aubergedelachapelleauxchasses.com - Fermé : mardi, mercredi, dimanche soir

CHARROUX

✉ 03140 - Allier - Carte régionale n° **1**-B1

LA FERME SAINT-SÉBASTIEN

CUISINE MODERNE • AUBERGE Dans cette authentique ferme bourbonnaise du milieu du 19 e s. jouxtant la cité fortifiée de Charroux, il fait bon s'attabler autour des petits plats concoctés par la maîtresse des lieux, notamment aux beaux jours sur la terrasse... On y apprécie une cuisine d'aujourd'hui fleurant bon le terroir, à l'instar de ces beignets de courgette et sauce ciboulette. Une bonne adresse.

- Menu 28/69 €

Chemin de Bourion - 04 70 56 88 83 - www.fermesaintsebastien.fr - Fermé : lundi, mardi, dimanche soir

CHAUDES-AIGUES

15110 - Cantal - Carte régionale n° **1**-B3

SERGE VIEIRA

Chef : Serge Vieira

CUISINE CRÉATIVE • **DESIGN** Natif de Clermont-Ferrand, Serge Vieira se destinait à une carrière de dessinateur industriel, avant de se réorienter vers la cuisine. Bonne pioche : après avoir observé et appris dans des maisons de renom (Dominique Robert, Régis Marcon), il remporte le Bocuse d'Or en 2005. Dans son vaisseau contemporain – pierre, fer et verre – niché dans une forteresse médiévale, avec une vue à 360° sur les alentours, il joue dans la cour des grands. Ses assiettes, élaborées au quart de poil, sont savamment composées, et sa technique ne prend jamais le pas sur le goût. Ah, une dernière chose : les plus fatigués d'entre vous pourront même réserver une chambre, avec vue imprenable sur les monts du Cantal.

L'engagement du chef : *Les produits qui figurent sur notre carte sont pour l'extrême majorité le reflet de notre terroir auvergnat et issus de circuits courts, du maraîchage ainsi que de l'élevage biologique. Notre logique se poursuit au-delà de l'assiette puisque nous n'employons que des produits d'entretien écologiques et que nous sensibilisons nos équipes au tri et au compostage.*

- Menu 130/215 €

Le Couffour - 04 71 20 73 85 - www.sergevieira.com - Fermé : lundi, mardi, dimanche

SODADE

CUISINE MODERNE • **CONTEMPORAIN** Sodade, c'est une chanson de Cesária Évora, et un clin d'œil aux origines portugaises de Serge Vieira, propriétaire des lieux. Le chef, Aurélien Gransagne, signe une cuisine impeccable, simple et savoureuse, à déguster dans une grande salle à manger design ou sur la terrasse qui donne sur le ruisseau... Réjouissant.

- Menu 35/42 € - Carte 46/73 €

21 avenue du Président-Georges-Pompidou - 04 71 60 10 23 - www.sergevieira.com - Fermé : lundi, mardi

CHEVAGNES

03230 - Allier - Carte régionale n° **1**-C1

LE GOÛT DES CHOSES

CUISINE TRADITIONNELLE • **FAMILIAL** Bienvenue dans cette maison traditionnelle et familiale, située dans la traversée du bourg. Elle est tenue depuis plus de 20 ans désormais par le chef Francis Chevalliez et son épouse Caroline. Cuisine traditionnelle gourmande, sans esbroufe, réalisée à partir de produits locaux. On se régale ainsi d'un croquant de queue de bœuf sauce au vin rouge...

- Menu 35/65 €

12 route Nationale - 04 70 43 11 12 - www.legoutdeschoses-03.com - Fermé : lundi, mardi, dimanche soir

Nataly Hanin/Getty Images Plus

✉ 63000 – Puy-de-Dôme
Carte régionale n° **1** - B2

CLERMONT-FERRAND

Juchée sur les restes d'un ancien volcan, la capitale historique de l'Auvergne règne sur la plus grande prairie de France. Qui dit pâture dit élevage, viande et fromage ! Pas étonnant que cette ville soit l'un des ventres gourmands de la France – d'ailleurs, son sous-sol de tuf est un véritable gruyère où l'on fît longtemps mûrir vin et fromage. Arpentez les rues commerçantes de la vieille ville, comme la rue de la Boucherie, qui convergent vers la place Saint-Pierre et ses halles. Des artisans bouchers-charcutiers y vantent le porc fermier d'Auvergne, le bœuf du Mézenc, l'agneau du Puy-de-Dôme et le veau de Corrèze. Des sorciers de l'affinage subliment les cantals, les salers, les saint-nectaires et autres bleus d'Auvergne descendus des montagnes alentours. Les amateurs de poisson chercheront la truite et l'omble chevalier, qui se plaisent encore dans les rivières. D'ailleurs, à côté des crus auvergnats dont la cote ne cesse de grimper, les eaux de table auvergnates étincèlent de pureté...

✿✿ LE PRÉ - XAVIER BEAUDIMENT

Chef : Xavier Beaudiment

CUISINE CRÉATIVE • **ÉLÉGANT** "L'Auvergne que je veux vous présenter est celle que nous allons cueillir chaque matin sur nos montagnes, dans nos prés et nos forêts". Ce qui est plaisant chez Xavier Beaudiment, originaire de la région, c'est que ses professions de foi ne sont pas boniments. Le Pré, à Clermont-Ferrand, c'est la quintessence de la simplicité – on y dîne de cochon, d'œuf ou de petits pois. Pas forcément des produits qui en mettent plein la bouche ! Mais ils sont sculptés avec une technicité époustouflante : oubliez carte et saisons, et laissez-vous bercer par une cuisine de l'instinct, au gré de menus poétiques – "Parfums des prés", "Printemps dans nos montagnes". Sans oublier la complicité, mesdames et messieurs, des 200 plantes ou herbes sauvages qui grandissent à l'abri des volcans, et d'escargots des murailles, servis dans un jus au tilleul de cueillette. Xavier Beaudiment ? Une raison suffisante pour visiter Clermont-Ferrand.

- Menu 45 € (déjeuner), 110/180 €

Plan : A1-2 – *Route de la Baraque – ✆ 04 73 19 25 00 – www.restaurant-lepre.com – Fermé : lundi, mardi, mercredi, dimanche soir*

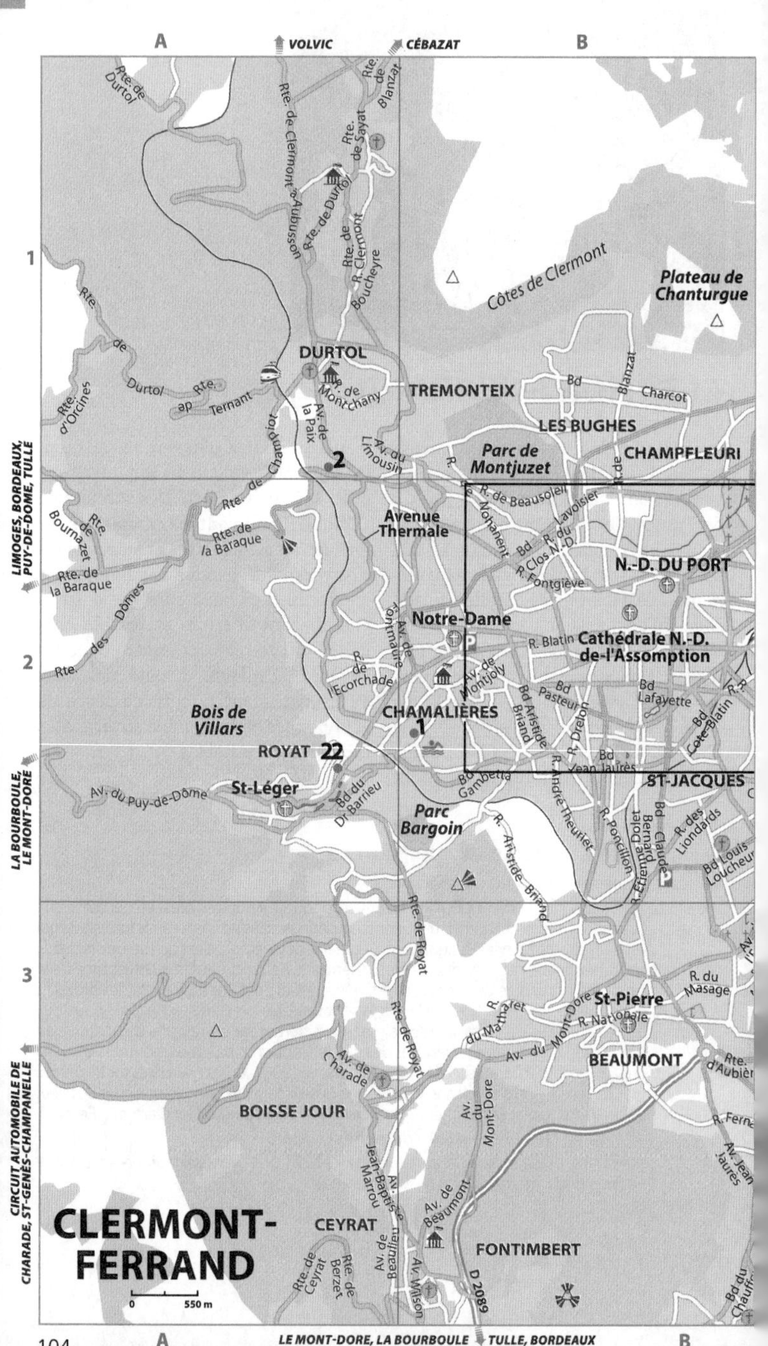
CLERMONT-FERRAND
VOLVIC
CÉBAZAT
LIMOGES, BORDEAUX, PUY-DE-DÔME, TULLE
LA BOURBOULE, LE MONT-DORE
CIRCUIT AUTOMOBILE DE CHARADE, ST-GENÈS-CHAMPANELLE
LE MONT-DORE, LA BOURBOULE
TULLE, BORDEAUX
Plateau de Chanturgue
Côtes de Clermont
DURTOL
TREMONTEIX
LES BUGHES
CHAMPFLEURI
Parc de Montjuzet
Avenue Thermale
N.-D. DU PORT
Notre-Dame
Cathédrale N.-D. de-l'Assomption
CHAMALIÈRES
Bois de Villars
ROYAT
St-Léger
Parc Bargoin
ST-JACQUES
St-Pierre
BEAUMONT
BOISSE JOUR
CEYRAT
FONTIMBERT
D 2089
0
550 m

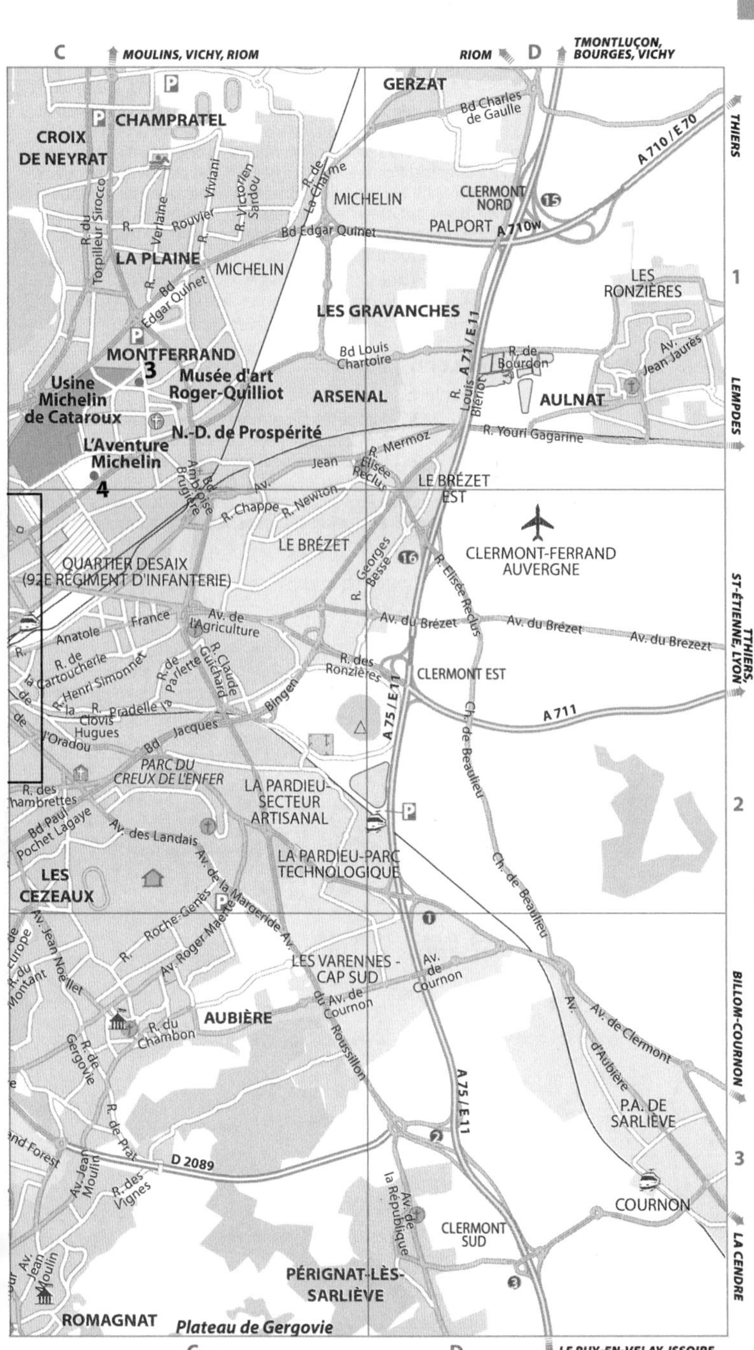
C
MOULINS, VICHY, RIOM
RIOM
D
TMONTLUÇON, BOURGES, VICHY
THIERS
LEMPDES
TTHIERS, ST-ÉTIENNE, LYON
BILLOM-COURNON
LA CENDRE
LE PUY-EN-VELAY, ISSOIRE, MONTPELLIER, AURILLAC
1
2
3
GERZAT
CHAMPRATEL
CROIX DE NEYRAT
MICHELIN
CLERMONT NORD
PALPORT
A 710 / E 70
A 710W
LA PLAINE
LES RONZIÈRES
LES GRAVANCHES
MONTFERRAND
Usine Michelin de Cataroux
Musée d'art Roger-Quilliot
ARSENAL
AULNAT
N.-D. de Prospérité
L'Aventure Michelin
LE BRÉZET EST
LE BRÉZET
QUARTIER DESAIX (92E RÉGIMENT D'INFANTERIE)
CLERMONT-FERRAND AUVERGNE
CLERMONT EST
A 711
A 75 / E 11
A 71 / E 11
PARC DU CREUX DE L'ENFER
LA PARDIEU-SECTEUR ARTISANAL
LA PARDIEU-PARC TECHNOLOGIQUE
LES CEZEAUX
LES VARENNES - CAP SUD
AUBIÈRE
P.A. DE SARLIÈVE
D 2089
COURNON
CLERMONT SUD
PÉRIGNAT-LÈS-SARLIÈVE
ROMAGNAT
Plateau de Gergovie
Bd Charles de Gaulle
Bd Edgar Quinet
R. de La Charme
R. Verlaine
R. Rouvier
R. Viviani
R. Victorien Sardou
R. du Torpilleur Sirocco
Bd Louis Chartoire
R. de Bourdon
Av. Jean Jaurès
R. Louis Blériot
R. Youri Gagarine
R. Mermoz
Av. Jean Elisée Reclus
Bd Ambroise Brugière
R. Chappe
R. Newton
R. Georges Besse
R. Elisée Reclus
Av. de l'Agriculture
Av. du Brézet
Av. du Brezezt
Anatole France
R. de la Cartoucherie
R. Henri Simonnet
R. de la Parlette
R. Claude Guichard
R. des Ronzières
Bingen
R. Clovis Hugues
Pradelle
Bd Jacques
de l'Oradou
Ch. de Beaulieu
R. des Chambrettes
Bd Paul Pochet Lagaye
Av. des Landais
Av. de la Margeride
R. Roche-Genès
Av. Roger Maerte
Av. Jean Noëllet
Av. de Cournon
Av. du Roussillon
Av. de Clermont
Av. d'Aubière
R. du Chambon
R. de Gergovie
R. de Prat
R. des Vignes
Av. Jean Moulin
Av. de la République
1
2
3
15
16

APICIUS

Chef : Arkadiusz Zuchmanski

CUISINE MODERNE • ÉPURÉ Au cœur de la ville, à l'étage du marché Saint-Pierre, ce restaurant chic a choisi de prendre de la hauteur. Le lieu offre une succession de salles à manger à la décoration contemporaine très réussie, et les arts de la table y sont bien mis en valeur. Le chef Arkadiusz Zuchmanski, d'origine polonaise, s'est rapproché de la France pour fortifier une vocation née dans les cuisines de ses aïeux. Il voue une passion gourmande aux produits nobles et à l'Auvergne, qui lui rappelle les paysages de sa ville natale de Drzewica. Dans l'assiette, les produits sont toujours rendus dans leur vérité, à l'image de ce velouté de cèpes parfumé à la truffe blanche, ou de ce ris de veau et oignon confit des Cévennes.

- Menu 39 € (déjeuner), 79/114 € - Carte 80/120 €

Plan : E1-5 – *Place du Marché-Saint-Pierre (à l'étage) – 04 73 91 13 61 – www.apicius-clermont.com – Fermé : lundi, mardi midi, dimanche*

JEAN-CLAUDE LECLERC

Chef : Jean-Claude Leclerc

CUISINE MODERNE • ÉLÉGANT Dans cet établissement proche du palais de justice, point de convocation à une audience, mais une invitation à l'épicurisme ! Voilà plus de vingt ans que Jean-Claude Leclerc tient cette table clermontoise appréciée. Le chef y pratique une cuisine classique revisitée et de saison, à partir des produits fermiers venus aussi bien d'Auvergne que de Provence, voire de Bretagne lorsqu'il s'agit du turbot et de la sole. Tout en équilibre et maîtrisées, les assiettes ne manquent pas de

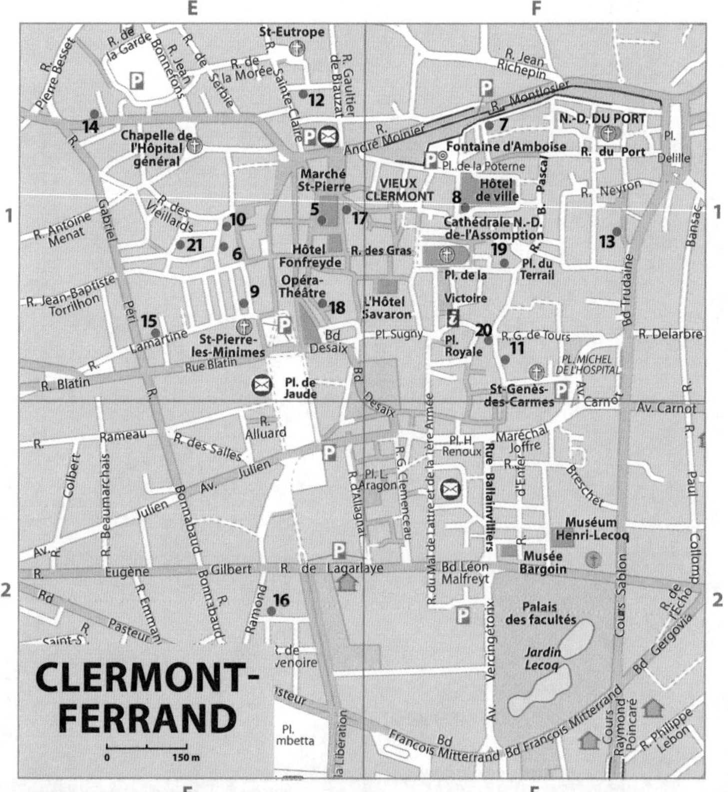

saveurs, comme ce risotto crémeux parfumé aux champignons, coquillages et crustacés, ce turbot sauvage rôti, pommes de terre aux truffes braisées au jus de viande et crème parfumée, ou salade en fricassée de ris de veau et champignons des bois.

- Menu 40 € (déjeuner), 70/115 € - Carte 95/120 €

Plan : E1-6 - *12 rue Saint-Adjutor - 04 73 36 46 30 - www.restaurant-jcl.com - Fermé : lundi, mercredi soir, dimanche*

L'OSTAL

Chef : Emmanuel Hébrard

CUISINE MODERNE • **ÉPURÉ** Chef ou volcanologue ? La question se pose au sujet du chef clermontois Emmanuel Hébrard qui a baptisé ses menus à coup de noms de volcans, comme "Le puy de Chanat" ou "le Pariou". Et ne disons rien de ces sièges orange qui évoquent la lave et de ces tables au cœur de pierre noire volcanique, sculptée par un artiste local. Parlons-en du local ! Ce chef, formé par des pointures (Anne-Sophie Pic à Valence et Stéphane Raimbault, à Mandelieu) ne jure que par son terroir natal (l'oustal signifie d'ailleurs « maison » en occitan auvergnat). Viandes du boucher du coin, légumes des maraîchers, fromages et œufs fermiers renaissent sous forme de recettes à l'identité forte. Une éruption gourmande, pleine de finesse et de saveurs... explosives !

L'engagement du chef : *Nous travaillons exclusivement avec des producteurs locaux, le plus souvent en bio - maraîchage, poissons de rivière, légumineuses d'Auvergne, viande de race et d'élevage local... Depuis l'ouverture, nous avons procédé à une réduction drastique de nos déchets plastiques. Les déchets organiques sont réintroduits dans le cycle naturel grâce à notre parcelle gérée en permaculture.*

- Menu 35 € (déjeuner), 98 €

Plan : F1-7 - *16 rue Claussmann - 04 73 27 77 86 - www.lostal-restaurant.fr - Fermé : lundi, samedi midi, dimanche*

LE 62

CUISINE MODERNE • **CONVIVIAL** Pour un coup d'essai, c'est un coup d'éclat ! Ce tout nouveau restaurant sait tenir nos papilles en alerte, grâce notamment à l'équilibre des assaisonnements et l'harmonie des saveurs, véritables points forts du jeune chef d'origine vietnamienne, qui propose une élégante cuisine bistronomique française. L'excellent rapport qualité/prix et la petite cour terrasse achèvent de rendre le lieu parfaitement irrésistible.

- Menu 35/45 €

Plan : E1-14 - *62 rue Fontgiève - 04 73 36 18 49 - www.restaurantle62.com - Fermé : lundi, mardi midi, dimanche*

LE BISTROT D'À CÔTÉ

CUISINE MODERNE • **CONVIVIAL** Le chef Ludovic Raymond propose une cuisine actuelle et savoureuse, faite de bons produits, aux saveurs harmonieuses et aux présentations soignées. On se régale par exemple d'une joue de bœuf, purée de pommes de terre fumée et sauce au vin rouge. Carte plus ambitieuse au dîner. Service convivial et belle carte de cocktails et d'alcools. Un coup de cœur.

- Menu 18 € (déjeuner), 28/35 € - Carte 34/55 €

Plan : E1-9 - *16 rue des Minimes - 04 73 29 16 16 - www.restaurant-bistrotdacote.fr - Fermé : dimanche*

LE CHARDONNAY

CUISINE MODERNE • **BISTRO** Hugues Maisonneuve - propriétaire de l'italien Il Visconti - est aux commandes de cet élégant bistrot. Derrière les fourneaux, un jeune chef propose une courte carte de saison et un menu du marché (petit menu au déjeuner), particulièrement alléchant. Tout ici est savoureux et plaisant visuellement. Cadre épuré, lumières tamisées.

- Menu 19 € (déjeuner), 34 € - Carte 44/52 €

Plan : F1-8 - *1 place Philippe-Marcombes - 04 73 26 79 95 - www.lechardonnay.fr - Fermé : lundi, mardi midi, dimanche*

L'ÉCUREUIL

CUISINE MODERNE • CONVIVIAL Le chef voulait renouer avec ses origines en s'installant en Auvergne. Il a donc imaginé cet Écureuil chaleureux et gourmand. Au menu : une bien jolie cuisine du marché ! Attention, formule simplifiée au déjeuner. A déguster dans une salle au décor campagne chic.

- Menu 18 € (déjeuner), 32 € - Carte 32/52 €

Plan : E1-10 *- 18 rue Saint-Adjutor - 04 73 37 83 86 - ecureuil-restaurant.com - Fermé : mercredi, dimanche*

LE SAINT-EUTROPE

CUISINE MODERNE • BISTRO On adore l'intérieur vintage de ce bistrot, où la cuisine du chef britannique Harry célèbre le marché avec des plats bien sentis (betteraves-anchois-orange, seiches à la vénitienne, canard-aubergines), et l'on accompagne ces créations de vins "nature" bien choisis. Réjouissant !

- Carte 30/50 €

Plan : E1-12 *- 4 rue Saint-Eutrope - 04 73 34 30 41 - www.sainteutrope.com - Fermé : lundi, mardi, mercredi, samedi soir, dimanche*

SMØRREBRØD

CUISINE MODERNE • ÉPURÉ Modernité, voici le maître mot, de la déco scandinave à l'assiette, qui met en avant de bons produits de saison et s'accompagne d'une belle sélection de vins. Jérôme Bru, le chef, secoue la vie gastronomique clermontoise et sa cuisine s'affine de jour en jour. Petite terrasse dans la rue.

- Menu 20 € (déjeuner), 32/58 € - Carte 50/65 €

Plan : F1-13 *- 10-12 rue des Archers - 04 73 90 44 02 - www.restaurant-smorrebrod.com - Fermé : lundi, dimanche*

UN GRAIN DE SAVEUR

CUISINE MODERNE • BISTRO Ce restaurant est agréablement situé, dans une ruelle du cœur de la vieille ville, non loin de la cathédrale. Damien Marie, chef normand au bon parcours (dont Guy Savoy et Jacques Chibois) propose une cuisine du marché bien travaillée, à l'instar du pigeon à la verveine ou du fondant au chocolat. Le menu déjeuner réjouira la clientèle pressée. Carte plus ambitieuse au dîner.

- Menu 34/95 €

Plan : F1-11 *- 8 rue de l'Abbé-Girard - 04 73 90 30 59 - www.ungraindesaveur.fr - Fermé : lundi, mardi, mercredi midi*

ALFRED

CUISINE MODERNE • BISTRO Un espace ouvert sur deux niveaux façon loft, un escalier de fer en colimaçon et de beaux parquets : l'endroit a du style. Dans l'assiette, dos de cabillaud confit à l'huile d'olive, tagliatelles de courgettes crues et cuites, concassé de noisettes et son huile vierge : une cuisine originale, fraîche et maison, à prix raisonnable. Alfred gagne à être connu.

- Menu 19 € (déjeuner), 28/37 €

Plan : E2-16 *- 5 rue du Puits-Artésien - 04 73 35 32 06 - restaurant-alfred.fr - Fermé : lundi, dimanche*

BATH'S

CUISINE MODERNE • BRASSERIE Dans une zone piétonne au pied du marché Saint-Pierre, il fait bon s'installer en terrasse... À l'intérieur, la cuisine au goût du jour est servie dans une ambiance de brasserie contemporaine. L'Espagne est à l'honneur avec un menu et des vins ibériques. Un lieu très vivant !

- Menu 32/45 € - Carte 30/70 €

Plan : E1-17 *- Place du Marché-Saint-Pierre - 04 73 31 23 22 - www.baths.fr - Fermé : lundi, dimanche*

LE DUGUESCLIN

CUISINE MODERNE • **INTIME** Face aux vestiges de la maison d'octroi, ce restaurant familial au cadre intime et coquet propose une bonne cuisine de saison, privilégiant au maximum les produits de la région. Menu le midi en semaine adapté à la clientèle d'affaire pressée, au dîner la carte se veut plus ambitieuse. Terrasse d'été sur l'arrière pour les beaux jours.

- Menu 25 € (déjeuner), 46/63 € - Carte 58/64 €

Plan : C1-3 - *3 place des Cordeliers - 04 73 25 76 69 - www.le-duguesclin.fr - Fermé : lundi, mardi, mercredi soir*

EN/VIE

CUISINE MODERNE • **CONVIVIAL** Le bistrot qu'on aimerait avoir en bas de chez soi. Tout est nature chez Audrey et Simon, les vins, les produits... et le sourire ! On sert des assiettes simples et justes, parfaitement calibrées et assaisonnées, avec l'accord vins naturels qui va avec, où votre goût personnel n'est pas négligé. C'est à la fois pointu, convivial et pas cher. L'adresse qui décoiffe à Clermont, et ça fait du bien !

- Menu 18 € (déjeuner) - Carte 30/40 €

Plan : E1-18 - *18 rue du Cheval-Blanc - 04 73 31 11 52 - Fermé : mardi soir, mercredi, dimanche*

L'EN-BUT

CUISINE MODERNE • **CONVIVIAL** Ce restaurant, situé dans l'enceinte du stade de rugby Marcel Michelin, décline bien naturellement les valeurs du rugby, au travers des menus "En Avant", "Grand Chelem" ou "Chistera", autour d'une cuisine actuelle, mettant en valeur les produits du Massif central. Imaginée dans l'esprit d'une brasserie contemporaine, la salle à manger offre une vue imprenable sur le stade et, depuis la terrasse, sur la chaine des Puys.

- Menu 22 € (déjeuner), 28/60 € - Carte 50/71 €

Plan : C1-4 - *107 avenue de la République - 04 73 90 68 15 - www.lenbut.com - Fermé : samedi, dimanche*

IL VISCONTI

CUISINE ITALIENNE • **CONVIVIAL** Situé dans la vieille ville, ce bistrot moderne et confortable, propose une carte italienne, courte et alléchante. Les produits sont frais, sélectionnés, et le service efficace. La terrasse fleurie, aux accents méditerranéens, ajoute un charme indéniable, dès les beaux jours. La dolce vita au cœur de l'Auvergne !

- Menu 18 € (déjeuner), 33 € - Carte 36/50 €

Plan : F1-19 - *9 rue du Terrail - 04 73 74 35 26 - www.ilvisconti.com - Fermé : lundi, mardi midi, dimanche*

L'INSTANTANÉ

CUISINE MODERNE • **BISTRO** Ce bistrot contemporain situé dans le quartier des galeristes propose quelques instantanés de pure gourmandise, imaginés par un chef au beau parcours (Ritz, Lasserre, Plaza). Filet de maquereau et vinaigrette à la moutarde de Charroux, fondant de bœuf cuit 12 heures, ballotine de cabillaud, poire croustillante choco-praliné... Un régal jusqu'au dessert !

Menu 17 € (déjeuner), 32 €

Plan : F1-20 - *2 rue de l'Abbé-Girard - 04 73 91 97 19 - linstantane-restaurant.fr - Fermé : samedi, dimanche*

PAVILLON LAMARTINE

CUISINE MODERNE • **CHIC** Près de la place de Jaude, poussez la grille de ce Pavillon et découvrez un restaurant à l'élégance toute contemporaine. La cuisine, savoureuse et gourmande, s'inscrit dans l'air du temps. Et qui sait ? Peut-être aurait-elle inspiré le poète Alphonse de Lamartine !

- Menu 29 € (déjeuner) - Carte 40/58 €

Plan : E1-15 - *17 rue Lamartine - 04 73 93 52 25 - www.pavillonlamartine.com - Fermé : lundi soir, samedi soir, dimanche*

POLYPODE

CUISINE MODERNE • CONTEMPORAIN Le bouche-à-oreille bat son plein à Clermont au sujet de ce Polypode, qui n'a rien de commun. Autour d'un menu-carte renouvelé tous les mois, le chef régale avec une cuisine fine et lisible, où le végétal fait de discrètes (et fructueuses !) apparitions. Accueil chaleureux.

- Menu 38/58 € - Carte 45/51 €

Plan : E1-21 - *6 place du Champgil - 04 73 19 37 82 - restaurantpolypode.fr - Fermé : lundi, mardi soir, mercredi soir, dimanche*

DUNIÈRES

43220 - Haute-Loire - Carte régionale n° **1**-D3

LA TOUR

CUISINE DU TERROIR • FAMILIAL Les produits locaux (lentilles vertes du Puy, escargots de Grazac, pintade fermière, etc.) se transforment en mets alléchants sous l'impulsion du chef. C'est bon, soigné, généreux, avec en prime, un beau chariot de fromages auvergnats. Tout est sympathique, y compris les chambres, bien pratiques.

- Menu 19 € (déjeuner), 34/50 € - Carte 34/55 €

7 ter route du Fraisse - 04 71 66 86 66 - www.hotelrestaurantlatour.com - Fermé : lundi, dimanche

ESPALY-ST-MARCEL

43000 - Haute-Loire - Carte régionale n° **1**-C3

L'ERMITAGE

CUISINE TRADITIONNELLE • ÉLÉGANT Cette ancienne grange a conservé son charme rustique et le côté naturel de ses origines. On y apprécie une cuisine de tradition fine et bien réalisée, avec notamment la découpe en salle de certains poissons et pièces de bœuf. N'oublions pas la cheminée, en hiver, et la sympathique terrasse aux beaux jours. Un vrai plaisir.

- Menu 21 € (déjeuner), 28/60 € - Carte 40/60 €

73 avenue de l'Ermitage - 04 71 04 08 99 - www.restaurantermitage.fr - Fermé : lundi, mercredi soir, dimanche soir

GLAINE-MONTAIGUT

63160 - Puy-de-Dôme - Carte régionale n° **1**-C2

AUBERGE DE LA FORGE

CUISINE MODERNE • AUBERGE Face à l'église romane, cette sympathique auberge est l'exacte reproduction de l'ancienne forge du village : murs en pisé, poutres apparentes, soufflet pour attiser le feu de la cheminée ! Le chef régale avec de belles assiettes entre tradition et modernité : tarte tatin au boudin noir ; caille en deux cuissons à l'ail noir de Billom ; parfait glacé à la verveine du Velay.

- Menu 18 € (déjeuner), 27/44 €

Place de l'Église - 04 73 73 41 80 - aubergedelaforgeglainecom-35.webself.net - Fermé : lundi soir, mardi soir, mercredi, jeudi soir, vendredi soir, dimanche soir

ISSOIRE

63500 - Puy-de-Dôme - Carte régionale n° **1**-B2

L'ATELIER YSSOIRIEN

Chef : Dorian Van Bronkhorst

CUISINE MODERNE • BRANCHÉ Un jeune chef propriétaire, né en Auvergne de parents hollandais, a transformé l'ancien garage en atelier gourmand moderne. Tout le monde en convient : on se sent bien dans cette maison ! Est-ce la déco "nature" composée de tables en bois brut, d'un sol en béton ciré et d'un zeste de lumière naturelle ? Est-ce la gentillesse de l'accueil et l'excellence du service ? Ou encore cette cuisine du marché, gentiment créative (un peu de kimchi par ici, un peu de soja par-là) et axée sur le produit ? Formé dans les maisons étoilées, le chef avoue un faible pour les légumes, évidemment, mais aussi les champignons (notamment la morille), sans oublier la viande de Salers, la pintade d'Auvergne ou le pigeon de l'Allier.

- Menu 50 € (déjeuner), 75/110 € - Carte 74/96 €

39 boulevard Triozon-Bayle - 04 73 89 44 47 - www.atelier-yssoirien.com - Fermé : lundi, dimanche

AGASTACHE

CUISINE MODERNE • TENDANCE Une adresse bistrotière, ouverte par le chef de l'Atelier Yssoirien. Le menu avec choix propose une cuisine actuelle et de saison, bien tournée et joliment présentée, dans une déco tendance à la mode scandinave.

- Menu 18 € (déjeuner), 33 € - Carte 40/56 €

95 rue de Brioude - 04 73 55 84 59 - www.agastache-restaurant.com - Fermé : lundi, dimanche

LE P'TIT ROSEAU

CUISINE MODERNE • CONVIVIAL L'emplacement face à la gare n'est pas le plus glamour qui soit... mais il est largement compensé par la cuisine enthousiasmante de Jérémy Bonhivers. Préparations fines et goûteuses, utilisation judicieuse de fleurs, herbes aromatiques et jeunes pousses : de quoi passer un moment de qualité. A déguster dans une salle flambant neuve ou, aux beaux jours, sur la terrasse et son extension, accolée au joli square René Cassin.

- Menu 20 € (déjeuner), 35/42 €

2 avenue de la Gare - 04 73 89 09 17 - www.lepetitroseau.fr - Fermé : lundi, mardi, dimanche soir

LAVAUDIEU

43100 - Haute-Loire - Carte régionale n° **1**-C3

COURT LA VIGNE

CUISINE TRADITIONNELLE • RUSTIQUE Cherchez le cloître médiéval, cette charmante bergerie du 15e s. est juste à deux pas. Tout y est plaisant, le bar, la cheminée, la cour... Des vins bio locaux accompagnent une cuisine du terroir tout en simplicité.

Menu 29 €

Le bourg - 04 71 76 45 79 - Fermé : mardi, mercredi

LEMPDES

63370 - Puy-de-Dôme - Carte régionale n° **1**-B2

B2K6

CUISINE MODERNE • CONVIVIAL Ce sympathique bistrot est né de la rencontre de deux jeunes passionnés : Jérôme Bru, ancien second d'Anne-Sophie Pic, et Romain Billard, sommelier, passé également par de fameuses maisons. Au menu : une belle cuisine, rythmée par les saisons et les produits locaux, accompagnée des vins adéquats. Une belle complicité !

- Menu 22 € (déjeuner), 36/58 €

6 rue du Caire - 04 73 61 74 71 - www.b2k6.fr - Fermé : lundi, dimanche

MARCOLÈS

15220 - Cantal - Carte régionale n° **1**-A3

AUBERGE DE LA TOUR

Chef : Renaud Darmanin

CUISINE MODERNE • CONTEMPORAIN Au cœur du village médiéval, cette bâtisse en pierre, avec sa tour d'angle et son escalier à vis, déborde de charme. Tous deux auvergnats, Lorraine et Renaud Darmanin ont modernisé et transformé cet ancien café en halte gastronomique. Après ses études à Chamalières, Renaud a fait ses classes dans de belles maisons, à Lyon chez Paul Bocuse, à Paris chez Frédéric Anton au Pré Catelan, à Genève au Parc des Eaux Vives. Le chef ne travaille que de très beaux produits frais et locaux (et notamment la châtaigne). Il réalise une cuisine fine et goûteuse, mariant avec talent le terroir à des épices d'ici et d'ailleurs.

- Menu 79/109 €

Place de la Fontaine - 04 71 46 99 15 - www.aubergedela-tour.com - Fermé : mardi, mercredi

MARINGUES

63350 - Puy-de-Dôme - Carte régionale n° **1**-C2

LE CARROUSEL

CUISINE MODERNE • BOURGEOIS Le chef-patron, originaire de Béziers, réalise une bonne cuisine moderne, avec de franches inspirations sudistes. Produits de qualité, service professionnel et terrasse sur l'arrière... les raisons ne manquent pas de grimper dans ce Carrousel.

- Menu 28 € (déjeuner), 35/83 €

14 rue du Pont-de-Morge - 04 73 68 70 24 - www.restaurant-lecarrousel.com - Fermé : lundi soir, mardi, mercredi, dimanche soir

LE MONT-DORE

63240 - Puy-de-Dôme - Carte régionale n° **1**-B2

LE 1050

CUISINE DU TERROIR • BISTRO La cuisine est à l'image du décor : chaleureuse, généreuse, montagnarde. Les spécialités régionales, parfois servies dans leur récipient de cuisson, sont à l'honneur : chou farci, potée auvergnate, viande de Salers...

Menu 24/35 € - Carte 27/44 €

Hôtel de Russie, 3 rue Favart - 04 73 65 05 97 - www.lerussie.com

LA GOLMOTTE

CUISINE TRADITIONNELLE • AUBERGE Authenticité garantie dans cette auberge postée sur la route de Clermont-Ferrand ! Et pour cause : la salle est une ancienne étable. Au menu : des produits frais, bien cuisinés, et des assiettes copieuses. Le tout à petits prix...

- Menu 26/45 € - Carte 36/51 €

Le Barbier - 04 73 65 05 77 - www.aubergelagolmotte.com - Fermé : lundi, mardi, dimanche soir

MONTLUÇON

03100 - Allier - Carte régionale n° **1**-B1

LA CHAPELLE - CHÂTEAU SAINT-JEAN

CUISINE MODERNE • ÉLÉGANT La table du Château Saint-Jean se distingue d'abord par son cadre exceptionnel, une ancienne chapelle dont la partie supérieure a été habillée d'une cage en cuivre ajouré, qui la recouvre comme un dôme. Un étonnant (et très heureux) mariage des styles et des époques ! Dans l'assiette, même engouement : le chef Olivier Valade montre que son beau parcours (Loiseau, Darroze) ne doit rien au hasard. Sa cuisine, exécutée avec une grande précision, met en valeur de beaux produits de saison, et se révèle pleine de personnalité. Pour le reste, service efficace, rapport qualité-prix réaliste : un sans-faute.

- Menu 155 € (déjeuner), 195 €

Avenue Henri-de-la-Tourfondue - 04 70 03 26 57 - www.chateau-saint-jean.com - Fermé : lundi, mardi, mercredi, jeudi midi, vendredi midi

BISTROT SAINT-JEAN

CUISINE MODERNE • BISTRO Cette table bistrotière, seconde adresse du Château Saint-Jean, ouvre sur une terrasse extérieure et un parc. C'est dans ce cadre plaisant que le chef Olivier Valade (qui gère en parallèle la table gastronomique) propose une cuisine goûteuse, pleine d'entrain, à l'image de cette épaule d'agneau confite 30 h, jus réduit, caviar d'aubergine et bohémienne de courgettes. Bingo !

- Menu 49 €

Avenue Henri-de-la-Tourfondue - 04 70 03 26 57 - www.chateau-saint-jean.com

GRENIER À SEL

CUISINE MODERNE • ÉLÉGANT Au cœur de Montluçon, voilà bien une charmante demeure : murs du 15es. recouverts de lierre, décor raffiné (parquet, moulures...). Les beaux produits sont travaillés avec soin. L'été, profitez de la terrasse, c'est un petit coin de paradis !

- Menu 39 € - Carte 55/91 €

10 rue Sainte-Anne - 04 70 05 53 79 - www.legrenierasel.com - Fermé : lundi, samedi midi, dimanche soir

MONTMARAULT

03390 - Allier - Carte régionale n° **1**-B1

RESTAURANT ANNE & MATTHIEU OMONT - HÔTEL DE FRANCE

CUISINE MODERNE • CONTEMPORAIN Cet établissement, situé sur la rue principale du village, invite à la pause gourmande. Le chef, Matthieu Omont, y compose une partition maîtrisée, volontiers créative, à déguster dans un décor moderne et soigné. Chambres confortables, idéales pour l'étape.

- Menu 35/85 € - Carte 38/75 €

1 rue Marx-Dormoy - 04 70 07 60 26 - www.hoteldefrance-montmarault.com - Fermé : lundi, mardi

MOUDEYRES

43150 - Haute-Loire - Carte régionale n° **1**-C3

HOSTELLERIE LE PRÉ BOSSU

CUISINE TRADITIONNELLE • AUBERGE Cette chaumière aux volets rouges, de pierre vêtue, et agrémentée d'un jardin, propose de déguster une cuisine traditionnelle à base de produits de la région, dans une salle à manger aux poutres apparentes. Quelques chambres spacieuses à l'étage.

- Menu 22 € (déjeuner), 30/35 €

Route des Chaumières - 04 71 05 10 70 - www.leprebossu.com - Fermé : lundi

MOULINS

03000 - Allier - Carte régionale n° **1**-C1

LE BISTROT DE GUILLAUME

CUISINE MODERNE • CONVIVIAL En plein cœur de Moulins, la petite salle claire et intimiste donne déjà le "la", et l'on s'y attable sans se faire prier. Mais le meilleur est encore à venir : dans sa petite cuisine, le chef-patron compose des préparations à la fois fines et bien pensées, qui sont un ravissement pour les papilles.

- Menu 23 € (déjeuner), 34 € - Carte 46/60 €

13 rue de Pont - 04 43 51 23 82 - Fermé : lundi, mardi soir, mercredi soir, dimanche soir

LA BULLE D'AIR

CUISINE CRÉATIVE • CONTEMPORAIN Depuis sa cuisine ouverte, sans jamais être prisonnier de sa bulle créative, le chef Vincent Hoareau propose une cuisine fraîche et savoureuse, à l'image de filet mignon label rouge, ravioles de Romans. Menu sans choix au déjeuner en semaine pour clientèle pressée. Le tout est à déguster dans un cadre contemporain, ou sur la charmante terrasse pavée en été.

- Menu 23 € (déjeuner), 36 €

22 place d'Allier - 04 70 34 24 61 - Fermé : lundi, dimanche

L'ORANGERIE - CHÂTEAU D'ORIGNY N

CUISINE MODERNE • COSY Ouverte sur un immense parc, la jolie véranda de ce château néo-gothique accueille ce restaurant où l'on retrouve le chef Hervé Chandioux, qui officia longtemps au Clos de Bourgogne. Ce saucier de formation réalise ici une cuisine du marché bien relevée, franche et goûteuse, entre tradition et bistronomie.

- Menu 28 € (déjeuner), 39 €

2 rue d'Origny, à Neuvy - 06 71 65 13 40 - www.chateauorigny.fr - Fermé : lundi, dimanche

MURAT

15300 - Cantal - Carte régionale n° **1**-B3

LE JARROUSSET

CUISINE MODERNE • CONVIVIAL Dans un environnement verdoyant, cette auberge traditionnelle cultive le goût des produits locaux : le chef s'approvisionne auprès d'un réseau de fermes sélectionnées avec soin. Quant à l'ambiance, chapeau : le décor est épuré et moderne, et le mobilier et la vaisselle ont été réalisés par des artisans locaux.

- Menu 15 € (déjeuner), 29/80 € - Carte 50/61 €

RN 122 - 04 71 20 10 69 - www.restaurant-le-jarrousset.com - Fermé : lundi, mardi, mercredi soir, dimanche midi

NÉRIS-LES-BAINS

03310 - Allier - Carte régionale n° **1**-B1

CÔTÉ TOQUÉS

CUISINE MODERNE • CONVIVIAL Marie et Julien Chabozy font bouger cette petite station thermale ! La cuisine du chef, goûteuse et parfumée, révèle les meilleurs produits locaux et ne manque pas de personnalité. Une maison attachante et conviviale qui est aussi une épicerie fine, sans oublier "La Cave des Toqués" toute proche pour les flacons. Un vrai coup de cœur.

- Menu 35 € (déjeuner), 50 €

21 rue Hoche - 04 70 03 06 97 - Fermé : lundi, mardi soir, mercredi soir, jeudi soir, dimanche

ORCINES

63870 - Puy-de-Dôme - Carte régionale n° **1**-B2

AUBERGE DE LA BARAQUE

CUISINE MODERNE • COSY Cette Baraque-là, tout comme les plats qu'on y prépare, n'est pas faite de bric et de broc ! Dans le cadre cosy et feutré à souhait (cheminée, moulures et lustres à pampilles) de ce relais de diligence (1800), on apprécie une cuisine actuelle de qualité, savoureuse et bien présentée. Service agréable, prix raisonnables et jolie carte des vins.

- Menu 27 € (déjeuner), 35/68 €

2 route de Bordeaux - 04 73 62 26 24 - www.laubrieres.com - Fermé : lundi, mardi, mercredi

AUBERGE DE LA FONTAINE DU BERGER

CUISINE TRADITIONNELLE • AUBERGE Cette maison de pays aux volets rouges regarde le puy de Dôme et le Pariou. On y apprécie une cuisine où les produits frais ont la part belle, avec par exemple ces poissons en arrivage direct de Bretagne. Ne manquez pas, en dessert, le délicieux paris-brest maison.

- Menu 39 € - Carte 36/51 €

167 route de Limoges - 04 73 62 10 52 - www.auberge.fr - Fermé : lundi, mardi, mercredi soir, dimanche soir

PAILHEROLS

15800 - Cantal - Carte régionale n° **1**-B3

L'AUBERGE DES MONTAGNES

CUISINE TRADITIONNELLE • AUBERGE Dans cette ferme située au cœur d'un joli village isolé (idéal pour des promenades dans la nature !), le chef propose une cuisine traditionnelle et soignée. Surtout, ne passez pas à côté du plateau de fromage, où trône le Salers produit à quelques mètres de là...

- Menu 30/44 € - Carte 33/57 €

Le Bourg - 04 71 47 57 01 - www.auberge-des-montagnes.com - Fermé : lundi, mardi

PONT-DU-CHÂTEAU

63430 - Puy-de-Dôme - Carte régionale n° **1**-B2

AUBERGE DU PONT

Chef : Rodolphe Regnauld

CUISINE MODERNE • COSY Fermeture provisoire pour cause d'incendie. Rodolphe Regnauld se bat et espère ouvrir à l'été 2022. Il possède la fougue du vent breton (il a grandi dans la péninsule) et la passion des produits de sa région d'adoption qu'il marie dans des assiettes terre-mer : langoustine du Guilvinec en deux façons, framboises, petits pois, caviar d'Aquitaine Sturia ; filet de bœuf de Salers et foie gras des plaines de Limagne façon Rossini, jus de viande corsé.

- Menu 33 € (déjeuner), 45/160 € - Carte 75/102 €

70 avenue du Docteur-Besserve - 04 73 83 00 36 - www.auberge-du-pont.com - Fermé : lundi, mercredi, dimanche soir

PONTGIBAUD

63230 - Puy-de-Dôme - Carte régionale n° **1**-B2

POSTE

CUISINE TRADITIONNELLE • FAMILIAL Les gourmands, au régime par exemple, pourront toujours cacher leur forfait en disant qu'ils vont à La Poste.... Dans cette maison de pays, au cœur d'un bourg tranquille, on se régale de recettes régionales à l'abri des regards. Chambres pour l'étape.

- Menu 20 € (déjeuner), 32/49 € - Carte 37/58 €

Place de la République - 04 73 88 70 02 - www.hoteldelaposte-pontgibaud.com - Fermé : lundi, mardi, dimanche soir

LE PUY-EN-VELAY

43000 - Haute-Loire - Carte régionale n° **1**-C3

L'ÉMOTION

CUISINE MODERNE • DESIGN Il y a effectivement de l'émotion à retrouver Mickaël Ruat dans sa nouvelle adresse dont la déco fait la part belle aux matériaux naturels dans un esprit design. Fidèle à lui-même et à son terroir de Haute-Loire (lentille verte, bœuf Fin Gras du Mézenc), il régale avec sa cuisine toute en fraîcheur à l'image de sa tartelette de truite fumée de Vourzac...

- Menu 17 € (déjeuner), 33/58 €

13 place Cadelade - 04 71 09 74 23 - www.restaurant-lemotion.fr - Fermé : lundi, dimanche

REGINA

CUISINE TRADITIONNELLE • FAMILIAL Dans cet hôtel agréable situé en plein centre-ville, le restaurant oeuvre dans la tradition de qualité. Les bons produits de saison sont au rendez-vous dans l'assiette, servie par une équipe efficace.

A/C - Menu 29/48 € - Carte 45/68 €

34 boulevard Maréchal-Fayolle - ✆ 04 71 09 14 71 - www.hotelrestregina.com

TOURNAYRE

CUISINE TRADITIONNELLE • RUSTIQUE Croisées d'ogives, boiseries, fresques... Le cadre rare et charmant d'une ancienne chapelle du 16e s. ! La cuisine y est gardienne d'une certaine tradition, pour le meilleur (lentilles, veau du Velay, jambon cru d'Auvergne, fromages, etc.).

A/C - Menu 32/70 €

12 rue Chenebouterie - ✆ 04 71 09 58 94 - www.restaurant-tournayre.com - Fermé : lundi, mardi, dimanche soir

REUGNY

✉ 03190 - Allier - Carte régionale n° **1**-B1

LA TABLE DE REUGNY

CUISINE MODERNE • COSY Sur la route de Montluçon, cette maison vient d'être reprise par un jeune chef, Arnaud Paulus, ancien ingénieur reconverti qui a fait ses classes dans la région. Il s'inscrit dans la lignée de son prédécesseur, tout en imprimant sa marque : carte courte et de saison, cuisine aux bases classiques parsemée de touches plus modernes.

A/C - Menu 35/57 €

25 route de Paris - ✆ 04 70 06 70 06 - www.latabledereugny.fr - Fermé : lundi, mardi, mercredi, dimanche soir

RIOM

✉ 63200 - Puy-de-Dôme - Carte régionale n° **1**-B2

LE MOULIN DE VILLEROZE

CUISINE MODERNE • ÉLÉGANT Dans la salle élégante de ce moulin bâti à la fin du 19e s, près de la cheminée ou sur la terrasse, les gourmands apprécient des recettes dans l'air du temps. La carte est saisonnière. Une maison sérieuse dont la régularité ne se dément pas.

P - Menu 42/74 € - Carte 60/80 €

144 route de Marsat - ✆ 04 73 38 62 23 - www.le-moulin-de-villeroze.fr - Fermé : lundi, mercredi soir, dimanche soir

ROYAT

✉ 63130 - Puy-de-Dôme - Carte régionale n° **1**-B2

LA FLÈCHE D'ARGENT

CUISINE MODERNE • COSY La Flèche d'argent, surnom des Mercedes-Benz en Formule 1, évoque le circuit automobile de Charade. C'est dans un décor moderne et épuré que le chef Clément Lorente signe une cuisine du marché, mâtinée de quelques touches méditerranéennes et créatives, à l'instar de cet omble chevalier, courgettes, citron jaune et noisettes, crème de curry "Kerala". Clément privilégie toujours la qualité des produits. On se régale.

A/C - Menu 25 € (déjeuner), 34/75 € - Carte 75/79 €

Plan de Clermont-Ferrand : A2-22 - *Hôtel Princesse Flore, 5 place Allard - ✆ 04 73 35 63 63 - www.princesse-flore-hotel.com - Fermé : dimanche soir*

ST-BONNET-LE-FROID

⊠ 43290 - Haute-Loire - Carte régionale n° **1**-D3

RÉGIS ET JACQUES MARCON

Chefs : Régis et Jacques Marcon

CUISINE CRÉATIVE • DESIGN Chez les Marcon, je demande le père, Régis, auvergnat-transalpin autoproclamé, cuisinier d'exception, entrepreneur et sommité gastronomique... et le fils, Jacques, qui assure la relève avec aplomb et occupe une place grandissante dans la conception des assiettes. Ici, les choses sont claires : c'est le marché et la cueillette qui dictent la carte. Il y en a pour tous les goûts : viandes du plateau, lentilles vertes du Puy, asperges, fèves, agrumes... et surtout champignons, la grande spécialité de la famille, qu'ils vont cueillir en automne dans l'intimité des sous-bois rougissants. Une cuisine enracinée, à l'image de la brochette de ris de veau et morilles dans la tradition Margaridou, ou de la pièce de bœuf Fin Gras du Mézenc cuit en deux façons. Sans oublier le beau plateau de fromages où salers, fourme et saint-nectaire nous font les yeux doux !

L'engagement du chef : *Entre Haute-Loire et Ardèche, notre cuisine reflète les liens forts que nous avons noués avec cette terre et cette culture. Mise en avant des meilleurs produits locaux, réécriture hebdomadaire de notre carte, réduction maximale des déchets, économies en électricité et en eau : le respect et la promotion de notre terroir passent par la mise en place de tout un système vertueux.*

- Menu 180/240 € - Carte 190/220 €

Larsiallas - ✆ 04 71 59 93 72 - www.lesmaisonsmarcon.fr - Fermé : mardi, mercredi

BISTROT LA COULEMELLE

CUISINE TRADITIONNELLE • RUSTIQUE Au cœur du village, voici la délicieuse "annexe bistrotière" du grand restaurant de Régis et Jacques Marcon. Terrine de volaille aux pépites de foie gras, filet de daurade royale au basilic, fromages d'Ardèche et d'Auvergne : rien à dire, tout est généreux et diablement bon. Et les cuisines ouvertes ajoutent un côté chaleureux à l'ensemble...

- Menu 34/55 €

2 rue du Fanget - ✆ 04 71 65 63 62 - www.lesmaisonsmarcon.fr - Fermé : mardi, mercredi

LE FORT DU PRÉ

CUISINE MODERNE • ÉLÉGANT St-Bonnet-le-Froid peut bien se targuer du titre de "village gourmand" si l'on en juge par l'existence de ce Fort du Pré ! On y propose une savoureuse cuisine d'aujourd'hui, mettant admirablement en valeur le travail des producteurs de la région. Le tout dans un environnement verdoyant... Une valeur sûre.

- Menu 23 € (déjeuner), 33/74 € - Carte 48/58 €

100 rue du Velay - ✆ 04 71 59 91 83 - www.le-fort-du-pre.fr - Fermé : lundi, dimanche soir

ST-JULIEN-CHAPTEUIL

⊠ 43260 - Haute-Loire - Carte régionale n° **1**-C3

VIDAL

CUISINE DU TERROIR • ÉLÉGANT Après un beau parcours (Guérard, Roth, Ducasse à Londres, Boulud à New York), le fils Vidal a rejoint son père aux fourneaux de la maison familiale. Le résultat est enthousiasmant : dressages soignés, recettes pleines de fraîcheur et de peps. L'accueil, assuré en famille lui aussi, se révèle charmant.

Menu 32/85 € - Carte 60/95 €

Place du Marché - ✆ 04 71 08 70 50 - www.restaurant-vidal.com - Fermé : lundi, mardi soir, dimanche soir

SARPOIL

✉ 63490 - Puy-de-Dôme - Carte régionale n° **1**-C2

LA BERGERIE DE SARPOIL

CUISINE MODERNE • **CLASSIQUE** À dix minutes d'Issoire, Marie et Marc-Antoine Ichambe proposent une cuisine moderne à base de beaux produits, le tout dans un cadre rénové et pimpant. Le chef réalise des assiettes soignées, où les herbes ont toute leur place ; mention spéciale au saumon Bömlo, fenouil, ail des ours et coquillages, superbement traité. Une adresse qui s'impose comme une référence de la région.

♿ 🏠 🅿 - Menu 40/80 €

✆ 04 73 71 02 54 - www.labergeriedesarpoil.com - Fermé : mardi, mercredi, dimanche soir

SAUGUES

✉ 43170 - Haute-Loire - Carte régionale n° **1**-C3

LA TERRASSE

CUISINE MODERNE • **CLASSIQUE** Le chef Benoît Fromager est bien installé aux fourneaux de cette Terrasse du centre du village, et ses intentions sont très claires : proposer une cuisine bien dans son temps, célébrant le terroir sans chercher à coller aux modes. Quant à l'intérieur, il est rustique et confortable...

AC - Menu 20 € (déjeuner), 28/36 €

11 cours du Docteur-Gervais - ✆ 04 71 77 83 10 - www.hotellaterrasse-saugues.com - Fermé : lundi, dimanche soir

SAUXILLANGES

✉ 63490 - Puy-de-Dôme - Carte régionale n° **1**-C2

LA TABLE ST-MARTIN

CUISINE MODERNE • **COSY** Cette Table Saint-Martin propose une goûteuse cuisine au goût du jour, rythmée par les saisons. Produits de qualité, préparations maîtrisées, et saveurs marquées : on passe ici un fort agréable moment. Espace terrasse dans la cour intérieure.

AC 🏠 ⚙ - Menu 24 € (déjeuner), 38/64 € - Carte 33/60 €

17 place Saint-Martin - ✆ 04 73 96 80 32 - www.latable-stmartin.com - Fermé : lundi soir, mardi soir, mercredi, dimanche soir

SEYCHALLES

✉ 63190 - Puy-de-Dôme - Carte régionale n° **1**-C2

CHANTE BISE

CUISINE TRADITIONNELLE • **RUSTIQUE** "La cigale, ayant chanté tout l'été, se trouva fort dépourvue quand la bise fut venue..." Contrairement à la fable de La Fontaine, ici, point de pénurie ! Toute l'année, les gourmands apprécient une agréable cuisine traditionnelle. Accueil chaleureux et menu déjeuner au tarif imbattable.

♿ 🏠 🅿 - Menu 14 € (déjeuner) - Carte 31/40 €

Lieu-dit Courcourt - ✆ 04 73 62 91 41 - www.restaurant-chantebise63.com - Fermé : lundi, mardi, mercredi soir, jeudi soir, dimanche soir

SOLIGNAC-SOUS-ROCHE

✉ 43130 - Haute-Loire - Carte régionale n° **1**-C3

LOU PINATOU

CUISINE MODERNE • **RUSTIQUE** Lui est né au Puy, elle est de Marseille. Il aime les beaux produits et les saveurs franches, elle a un penchant pour la pâtisserie. Ils tiennent ici un double repaire gourmand : dans les anciennes pierres de l'auberge, un bistrot attaché à la tradition ; dans une structure flambant neuve, un restaurant gastronomique avec vue sur la vallée.

- Menu 32/54 €

Le Bourg - 04 71 65 21 54 - www.auberge-loupinatou.fr - Fermé : lundi, mercredi soir, dimanche

THIERS

63300 - Puy-de-Dôme - Carte régionale n° **1**-C2

LA TABLE DU CLOS

CUISINE MODERNE • CONTEMPORAIN Jolie surprise que cette Table du Clos, qui propose une cuisine fine et soignée, réalisée à base de bons produits, toujours en phase avec les saisons : langoustines de nos côtes simplement poêlées, légumes crus et cuits. A déguster, aux beaux jours, sur l'agréable terrasse.

- Menu 27 € (déjeuner), 44/69 € - Carte 54/66 €

49 avenue du Général-de-Gaulle - 04 73 53 80 80 - www.clos-st-eloi.fr

VALLON-EN-SULLY

03190 - Allier - Carte régionale n° **1**-B1

AUBERGE DES RIS

CUISINE MODERNE • AUBERGE Ici, tonneaux et pressoir font partie du décor. Derrière les fourneaux, le chef concocte une bonne cuisine, mêlant tradition et recettes dans l'air du temps, à base de produits choisis.

- Menu 30/59 € - Carte 43/61 €

Lieu-dit Les Ris - 04 70 06 51 12 - www.aubergedesris.com - Fermé : lundi, mardi

VERGONGHEON

43360 - Haute-Loire - Carte régionale n° **1**-C2

LA PETITE ÉCOLE

CUISINE MODERNE • VINTAGE Ce restaurant a remplacé l'ancienne école du village voilà quelques années. La cuisine, fine et savoureuse, mérite un A sans hésitation. Copie parfaite pour ces créations précises et savoureuses, que l'on doit à un chef amoureux du bon produit. Une cantine de choix, sans fausse note, doublée d'un excellent rapport qualité-prix.

- Menu 39/50 €

Rilhac - 04 71 76 97 43 - www.restaurant-lapetiteecole.com - Fermé : lundi, mardi, mercredi midi, samedi midi, dimanche soir

VICHY

03200 - Allier - Carte régionale n° **1**-C1

MAISON DECORET

Chef : Jacques Decoret

CUISINE CRÉATIVE • ÉLÉGANT Une bâtisse du 19es., une grande véranda cubique jouant sur la transparence : tel est le décor voulu par Jacques Decoret. Recherche esthétique et finesse sont au rendez-vous dans l'assiette, autour de très beaux produits : le chef maîtrise son sujet, sans faire montre d'ostentation (ainsi le foie gras de canard des Landes, potimarron et orange). On apprécie aussi la personnalité qui se dégage des amuses bouches et de la sauce à la reine des près. Pour ceux qui souhaitent prolonger le séjour, quelques chambres style maison d'hôtes rappellent agréablement l'esprit contemporain du lieu.

- Menu 48 € (déjeuner), 80/140 €

15 rue du Parc - 04 70 97 65 06 - www.maisondecoret.com - Fermé : mardi, mercredi

LA TABLE D'ANTOINE

CUISINE MODERNE • CONTEMPORAIN Voyageur invétéré, le chef aime manier les épices et livre une cuisine gourmande et parfumée. On sent la générosité du passionné... Quant au décor, entre pierre de Volvic, verrière incrustée de motifs végétaux et cuir de Salers, il joue sur une évocation contemporaine de l'Auvergne. Original !

- Menu 35/79 € - Carte 60/75 €

8 rue Burnol - 04 70 98 99 71 - www.latabledantoine.com - Fermé : lundi, dimanche soir

LES CAUDALIES

CUISINE TRADITIONNELLE • CONTEMPORAIN Ces Caudalies vichyssoises ont tout pour plaire : une salle d'esprit Napoléon III rehaussée de notes plus contemporaines, une jolie carte des vins de près de 700 références sélectionnées par le chef Emmanuel Basset et son épouse Lucie... et dans l'assiette une cuisine goûteuse et généreuse, naviguant entre tradition et modernité.

- Menu 31 € (déjeuner), 37/55 €

7 rue Besse - 04 70 32 13 22 - www.les-caudalies-vichy.fr - Fermé : lundi, mercredi soir, dimanche soir

L'HIPPOCAMPE

POISSONS ET FRUITS DE MER • CONTEMPORAIN Près du parc des Sources, cet Hippocampe-là a été repris en 2020 par le Breton Gilles Ruyet, épaulé de sa fille Marianne en cuisine. Ce chef est un digne représentant de la mer : homard breton, sole meunière, lieu jaune de ligne doré aux cocos de Paimpol... Tout est frais et bien préparé. Joli décor contemporain avec vue directe sur les cuisines.

- Menu 23 € (déjeuner), 33/45 € - Carte 36/68 €

3 boulevard de Russie - 04 70 97 68 37 - www.hippocampe-vichy.fr - Fermé : lundi, mardi midi, dimanche soir

LA TABLE DE MARLÈNE

CUISINE MODERNE • CONTEMPORAIN Une soucoupe posée sur un lac, voilà qui n'est pas banal ! À fleur d'eau, dans un décor de verre et d'acier, les bons produits sont préparés avec justesse et les saveurs sont au rendez-vous. L'été, le bistrot permet même de profiter de la terrasse. La vérité n'est pas ailleurs : elle est dans l'assiette.

- Menu 39/70 €

Boulevard de Lattre-de-Tassigny - 04 70 97 85 42 - www.restaurantlarotonde-vichy.com - Fermé : lundi, mardi

VIC-SUR-CÈRE

15800 - Cantal - Carte régionale n° **1**-B3

HOSTELLERIE SAINT-CLÉMENT

CUISINE TRADITIONNELLE • CHAMPÊTRE Aucun bandit de grand chemin ne rôde autour de cet établissement posé sur le col de Curebourse. Pressé de porc et lentilles, marmite du pêcheur (rouget, lotte, daurade, crevettes) : père et fils concoctent une cuisine pleine de goût et de saveurs, précise et gourmande, où les cuissons sont toujours justes.

- Menu 33/92 € - Carte 45/80 €

Col de Curebourse - 04 71 47 51 71 - www.hotel-restaurant-cantal.fr - Fermé : lundi, dimanche soir

YGRANDE

03160 - Allier - Carte régionale n° **1**-B1

L & LUY - CHÂTEAU D'YGRANDE

CUISINE CRÉATIVE • ÉLÉGANT L'élégant château Directoire (1835) domine le bocage bourbonnais... et le chef, Cédric Denaux, domine son sujet ! Sa cuisine, éminemment végétale, se révèle créative et bien en phase avec les saisons ; il y met en valeur les herbes aromatiques, plantes et légumes du jardin du château.

- Menu 29 € (déjeuner), 39/70 € - Carte 45/82 €

Le Mont - ✆ 04 70 66 33 11 - www.chateauygrande.fr - Fermé : lundi, mardi

YSSINGEAUX

43200 - Haute-Loire - Carte régionale n° **1**-C3

LE BOURBON

CUISINE DU TERROIR • TRADITIONNEL Passé par de belles maisons - dont celle de Michel Chabran à Pont-de-l'Isère -, Rémy Michelas propose ici une carte alléchante, qui fait la part belle aux producteurs auvergnats et célèbre le gibier en saison. Deux univers au choix (gastronomique, ou bistrot le midi) et un seul mot d'ordre : le plaisir !

- Menu 19 € (déjeuner), 25/65 €

5 place de la Victoire - ✆ 04 71 59 06 54 - www.le-bourbon.com - Fermé : lundi midi, dimanche

RHÔNE-ALPES

Cartes régionales n° 2, 3 et 4

Le Rhône et les Alpes, le fleuve et la montagne, un yin-yang synonyme de paradis du gastronome ! Dans la vallée du Rhône, dont le vignoble est protégé du mildiou par l'air venu de la Méditerranée, on produit certains des vins les plus fameux de France, côte-rôtie, condrieu, saint-joseph... Plus bas, entre Vienne et Valence, se déploie une production fruitière abondante, abricots, pêches, brugnons, fruits rouges. Certaines spécialités de la région ont acquis une notoriété nationale, sinon mondiale : raviole du Dauphiné, pogne de Romans, gratin dauphinois, et bien évidemment la Chartreuse, cette liqueur iséroise "bénie des dieux" dont la recette reste à ce jour un secret bien gardé...

Dans le sillon alpin, l'attachement à la terre est viscéral, sincère, millénaire, et se retrouve à table. Pour trouver de bons produits, les chefs n'ont qu'à se baisser : bleu de Termignon, produit à 2300 m d'altitude, framboises de Machilly, noix de Grenoble, truites de rivière, escargots, mais aussi herbes (aspérule, ail des ours et tant d'autres) dont ils n'ont pas fini d'explorer les ressorts gustatifs.

Autour des grands lacs savoyards, des chefs qu'on ne présente plus (Michaël Arnoult, Yoann Conte, Laurent Petit, Jean Sulpice) et d'autres nouveaux venus (Frédéric Molina) font entendre une musique entêtante, locale et environnementale, allant dans le sens d'une philosophie de vie repensée. À Uriage-les-Bains, Christophe Aribert a fait de la durabilité l'alpha et l'oméga de sa table, tandis que Stéphane Froidevaux, à Grenoble, a la passion de la montagne chevillée au corps et utilise, été comme hiver, le fruit de sa cueillette dans ses recettes.

igorr1/Getty Images Plus

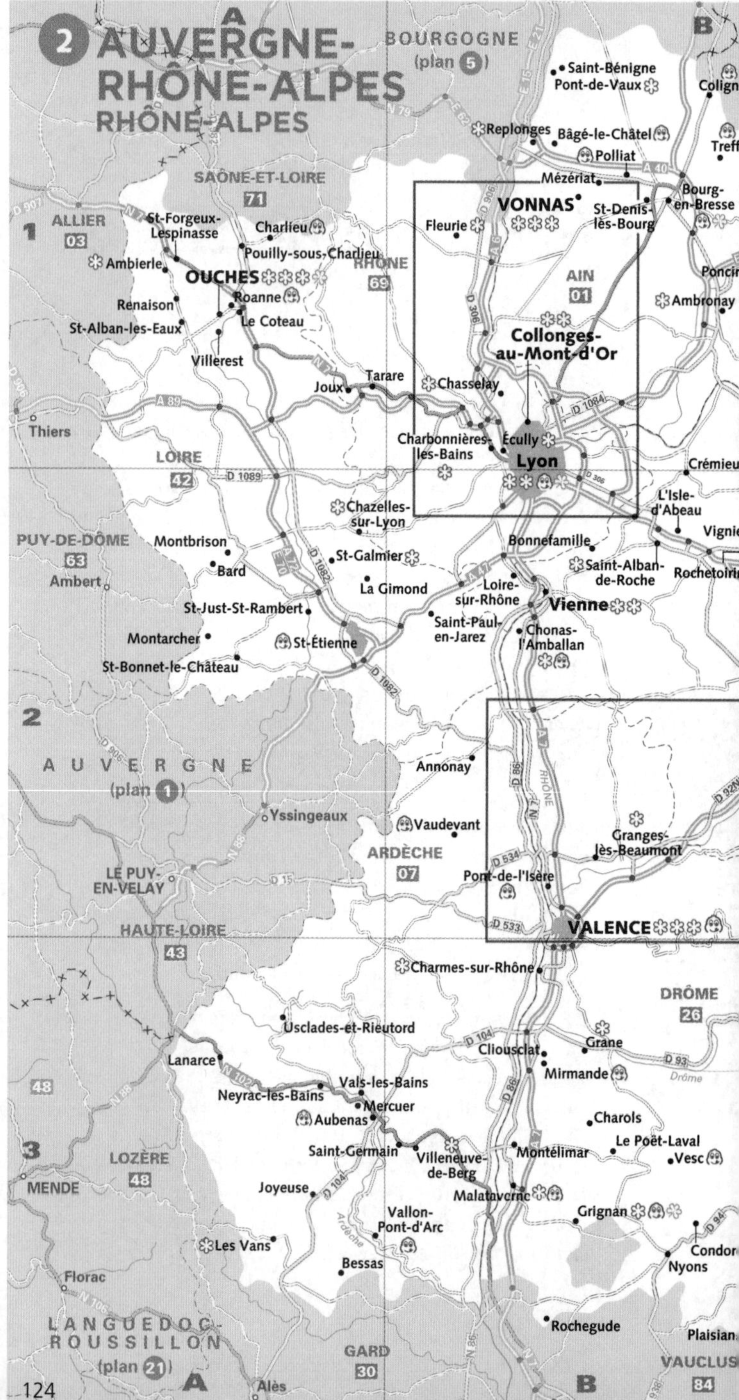
2 AUVERGNE-RHÔNE-ALPES
RHÔNE-ALPES
BOURGOGNE (plan 5)
SAÔNE-ET-LOIRE 71
ALLIER 03
RHÔNE 69
AIN 01
LOIRE 42
PUY-DE-DÔME 63
AUVERGNE (plan 1)
HAUTE-LOIRE 43
ARDÈCHE 07
DRÔME 26
LOZÈRE 48
LANGUEDOC-ROUSSILLON (plan 21)
GARD 30
VAUCLUSE 84
Saint-Bénigne
Pont-de-Vaux
Coligny
Replonges
Bâgé-le-Châtel
Polliat
Treffort
Mézériat
Bourg-en-Bresse
VONNAS
St-Denis-lès-Bourg
Fleurie
Poncin
Ambronay
Collonges-au-Mont-d'Or
Chasselay
Charbonnières-les-Bains
Écully
Lyon
Crémieu
L'Isle-d'Abeau
Vignieu
Bonnefamille
Saint-Alban-de-Roche
Rochetoirin
St-Forgeux-Lespinasse
Charlieu
Pouilly-sous-Charlieu
Ambierle
OUCHES
Roanne
Renaison
Le Coteau
St-Alban-les-Eaux
Villerest
Tarare
Joux
Thiers
Chazelles-sur-Lyon
Montbrison
Bard
St-Galmier
La Gimond
Ambert
Loire-sur-Rhône
Vienne
St-Just-St-Rambert
Saint-Paul-en-Jarez
Chonas-l'Amballan
Montarcher
St-Étienne
St-Bonnet-le-Château
Annonay
Yssingeaux
Vaudevant
Granges-lès-Beaumont
LE PUY-EN-VELAY
Pont-de-l'Isère
VALENCE
Charmes-sur-Rhône
Usclades-et-Rieutord
Grane
Cliousclat
Lanarce
Mirmande
Vals-les-Bains
Neyrac-les-Bains
Mercuer
Aubenas
Charols
Saint-Germain
Villeneuve-de-Berg
Montélimar
Le Poët-Laval
Vesc
MENDE
Joyeuse
Malataverne
Grignan
Vallon-Pont-d'Arc
Les Vans
Condorcet
Nyons
Bessas
Florac
Rochegude
Plaisians
Alès
A
B
1
2
3
A 40
A 6
A 89
A 47
A 72
A 7
N 7
N 88
N 102
D 1084
D 1089
D 1082
D 306
D 86
D 534
D 533
D 15
D 104
D 93
D 94
N 79
E 62
Rhône
Drôme
Ardèche

FRANCHE-COMTÉ
(plan 6)
JURA
39
Évian-les-Bains
Douvaine
Vailly
Machilly
GENÈVE
HAUTE-SAVOIE
74
SION
SUISSE
Montanges
Chamonix-Mont-Blanc
ANNECY
St-Gervais-les-Bains
Veyrier-du-Lac
Talloires
MEGÈVE
AOSTA/AOSTE
La Biolle
Belley
Jongieux
Hauteluce
Les Saisies
Le-Bourget-du-Lac
Aoste
Aime
St-Didier-de-la-Tour
73
SAVOIE
Tignes
Val-d'Isère
COURCHEVEL
Saint-Bon-Tarentaise
ST-MARTIN-DE-BELLEVILLE
Méribel
St-Martin-sur-la-Chambre
Voiron
Val-Thorens
La Tronche
Corenc
L'Albenc
Grenoble
Autrans
Uriage-les-Bains
Bresson
Eybens
Alpe-d'Huez
Villard-de-Lans
Corrençon-en-Vercors
Les Deux-Alpes
ITALIA
ISÈRE
38
Briançon
HAUTES-ALPES
05
PROVENCE-ALPES-CÔTE-D'AZUR
(plans 24 25)
GAP
ALPES-DE-HTE-PROVENCE
04
Localité possédant au moins :
un restaurant
une table étoilée
un restaurant "Bib Gourmand"
un restaurant de gastronomie durable

3 AUVERGNE-RHÔNE-ALPES
RHÔNE-ALPES

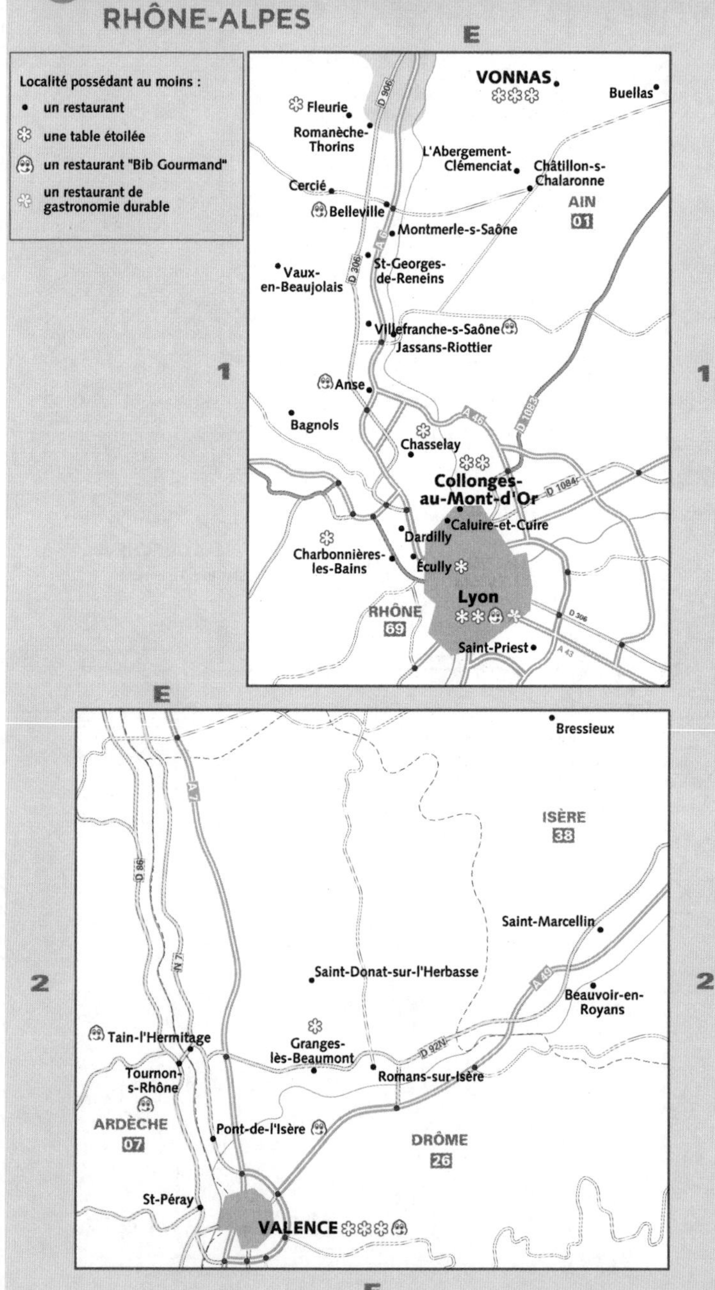

Localité possédant au moins :
un restaurant
une table étoilée
un restaurant "Bib Gourmand"
un restaurant de gastronomie durable
E
1
2
VONNAS
Buellas
Fleurie
Romanèche-Thorins
L'Abergement-Clémenciat
Châtillon-s-Chalaronne
AIN
01
Cercié
Belleville
Montmerle-s-Saône
St-Georges-de-Reneins
Vaux-en-Beaujolais
Villefranche-s-Saône
Jassans-Riottier
Anse
Bagnols
Chasselay
Collonges-au-Mont-d'Or
Caluire-et-Cuire
Dardilly
Charbonnières-les-Bains
Écully
Lyon
RHÔNE
69
Saint-Priest
D 906
D 306
A 6
A 46
D 1083
D 1084
A 43
Bressieux
ISÈRE
38
Saint-Marcellin
Saint-Donat-sur-l'Herbasse
Beauvoir-en-Royans
Tain-l'Hermitage
Granges-lès-Beaumont
Tournon-s-Rhône
Romans-sur-Isère
ARDÈCHE
07
Pont-de-l'Isère
DRÔME
26
St-Péray
VALENCE
A 7
D 86
N 7
A 49
D 92N

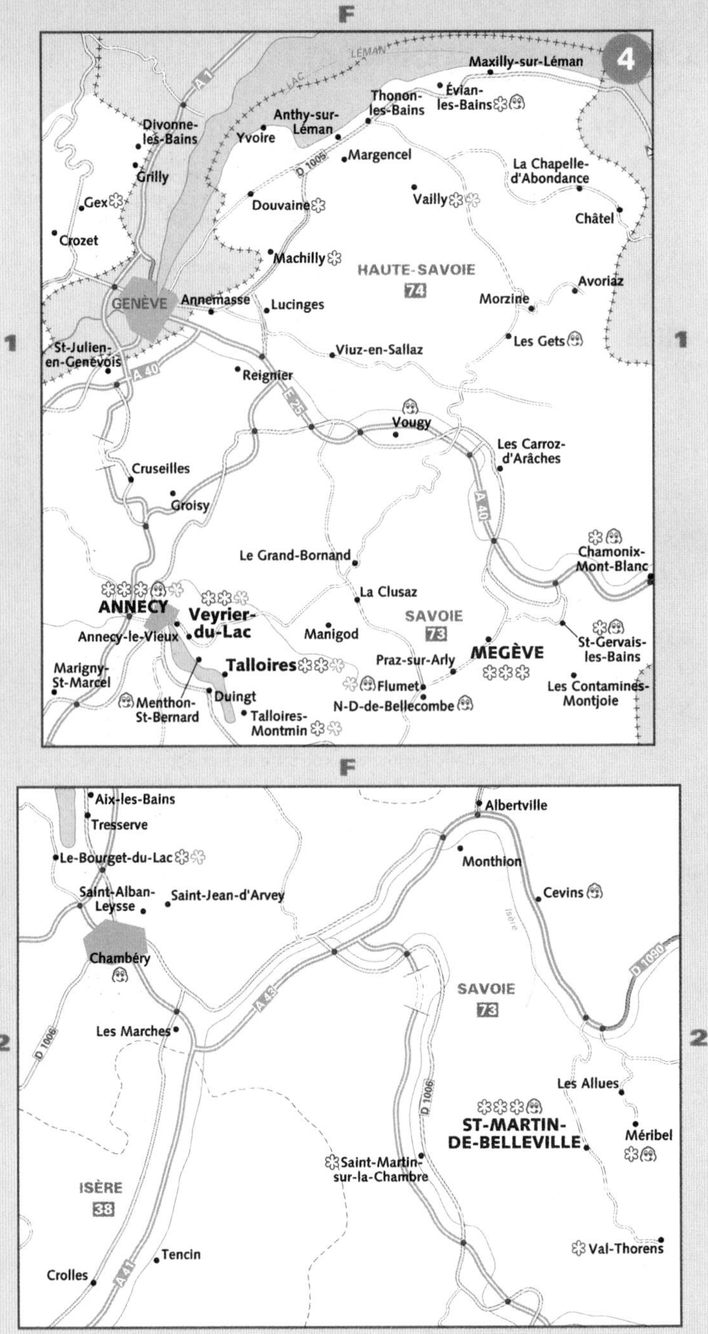

F
4
LÉMAN
LAC
Maxilly-sur-Léman
Évian-les-Bains
Thonon-les-Bains
Anthy-sur-Léman
Yvoire
Divonne-les-Bains
Grilly
Gex
Crozet
Margencel
D 1005
La Chapelle-d'Abondance
Vailly
Douvaine
Châtel
Machilly
HAUTE-SAVOIE
74
Avoriaz
GENÈVE
Annemasse
Lucinges
Morzine
1
St-Julien-en-Genevois
Viuz-en-Sallaz
Les Gets
A 40
Reignier
A 1
E 25
Vougy
Les Carroz-d'Arâches
Cruseilles
Groisy
A 40
Chamonix-Mont-Blanc
Le Grand-Bornand
La Clusaz
ANNECY
Veyrier-du-Lac
SAVOIE
73
Annecy-le-Vieux
Manigod
St-Gervais-les-Bains
MEGÈVE
Talloires
Praz-sur-Arly
Marigny-St-Marcel
Flumet
Les Contamines-Montjoie
Menthon-St-Bernard
Duingt
N-D-de-Bellecombe
Talloires-Montmin
F
Aix-les-Bains
Albertville
Tresserve
Le-Bourget-du-Lac
Monthion
Saint-Alban-Leysse
Saint-Jean-d'Arvey
Cevins
Isère
Chambéry
D 1090
A 43
SAVOIE
73
2
Les Marches
D 1006
Les Allues
D 1006
ST-MARTIN-DE-BELLEVILLE
Méribel
Saint-Martin-sur-la-Chambre
ISÈRE
38
Val-Thorens
Tencin
Crolles
A 41
F

L'ABERGEMENT-CLÉMENCIAT

✉ 01400 - Ain - Carte régionale n° **3**-E1

ST-LAZARE

CUISINE MODERNE • ÉLÉGANT Cette maison est dans la famille depuis 1899 ! Aujourd'hui, père et fils cuisinent à quatre mains : ils déclinent un menu "carte blanche" inventif, à base de bons produits frais, avec plusieurs sortes de pain maison pour accompagner chaque plat. À apprécier dans la lumineuse salle à manger.

- Menu 25 € (déjeuner), 41/89 €

19 route de la Fontaine - ✆ 04 74 24 00 23 - www.lesaintlazare.fr - Fermé : lundi, mardi, mercredi, jeudi, dimanche soir

AIME

✉ 73210 - Savoie - Carte régionale n° **2**-D2

UNION

CUISINE MODERNE • BISTRO Union, c'est celle du britannique Phil Howard (chef de The Square, puis Elystan Street, à Londres) avec Martin Cuchet, un ami français fondu de montagne. De décembre à avril, ils régalent dans une veine simple et généreuse, en plein dans les saisons : à titre d'exemple, brandade de cabillaud, œuf et truffe, ou encore fool à la rhubarbe, une spécialité anglaise... Réjouissant.

Carte 34/50 €

Vieux Village de Montalbert - ✆ 04 79 55 51 07 - www.unionmontalbert.com - Fermé : lundi, dimanche

AIX-LES-BAINS

✉ 73100 - Savoie - Carte régionale n° **4**-F2

LE 59 RESTAURANT

CUISINE MODERNE • TENDANCE Dans la famille Campanella, je demande... le frère ! Cédric a succédé à Boris aux fourneaux de cette ancienne épicerie transformée en restaurant. Dans l'assiette, on retrouve le goût de la précision, et une cuisine actuelle, volontiers inventive. Une adresse incontournable de la ville.

A/C - Menu 34 € (déjeuner), 54/64 € - Carte 79/98 €

59 rue du Casino - ✆ 04 56 57 11 96 - www.restaurant-le59.fr - Fermé : lundi, mardi, mercredi

L'ESTRADE

CUISINE MODERNE • CONVIVIAL Situé à deux pas du centre-ville, ce restaurant propose une cuisine oscillant avec gourmandise entre tradition et modernisme, sans s'interdire aucun détour créatif. Produits locaux et de saison à l'image de ce ceviche de lavaret, lait de coco et courgette violon. C'est très bon.

A/C - Menu 24 € (déjeuner), 44/51 € - Carte 51/61 €

1 avenue de Marlioz - ✆ 04 79 34 20 20 - www.restaurant-aix-les-bains.com - Fermé : lundi, jeudi soir, dimanche soir

L'ALBENC

✉ 38470 - Isère - Carte régionale n° **2**-C2

BISTROT LOUISE

CUISINE MODERNE • SIMPLE La petite terrasse face à l'église ressemble à un séchoir à noix traditionnel... Bienvenue dans ce village de nuciculteurs où Yann Tanneau (ex-MadaM à Grenoble, formé chez Ducasse) a planté ses couteaux. Fou de bons produits, il mitonne une cuisine savoureuse à travers des menus qui changent toutes les semaines. Bon plan assuré, excellent rapport qualité/prix au déjeuner et ambiance décontractée.

- Menu 35/69 € - Carte 50/65 €

80 place Jean-Vinay - 06 34 20 16 91 - Fermé : lundi, mardi, mercredi

ALBERTVILLE

73200 - Savoie - Carte régionale n° **4**-F2

MILLION

CUISINE CLASSIQUE • TRADITIONNEL Une hostellerie familiale qui cultive la tradition, aussi bien à sa table, autour de recettes classiques, que dans ses chambres au cadre gentiment suranné.

- Menu 35 € (déjeuner), 55/75 € - Carte 96/106 €

8 place de la Liberté - 04 79 32 25 15 - www.hotelmillion.fr - Fermé : lundi, mardi soir, mercredi soir, dimanche soir

ALPE-D'HUEZ

38750 - Isère - Carte régionale n° **2**-C2

L'AMÉTHYSTE

CUISINE CRÉATIVE • COSY Nouvelle proposition gastronomique à la table du Daria-I Nor, devenu le restaurant principal de cet hôtel cinq étoiles posé au bord des pistes. Les produits, bien sélectionnés, sont au service de l'univers du nouveau chef...

- Menu 58/90 € - Carte 59/71 €

Hôtel Daria-I Nor, 80 rue du 93ème-R.A.M., L'Écluse - 04 79 31 18 65 - www.hotel-dariainor.com - Fermé le midi

AU CHAMOIS D'OR

CUISINE CLASSIQUE • ÉLÉGANT Cette jolie table n'est pas le moindre atout de l'hôtel Chamois d'Or : dans le décor chaleureux et feutré d'une salle tout en bois, on apprécie une cuisine classique et généreuse. L'atmosphère de l'endroit se fait même romantique le soir venu...

- Menu 60 € - Carte 41/70 €

169 rue Fontbelle - 04 76 80 31 32 - www.chamoisdor-alpedhuez.com

L'ESPÉRANCE

CUISINE MODERNE • TENDANCE L'Espérance : le nom du restaurant évoque celui de l'établissement originel, qui appartenait à l'arrière-grand-père de l'actuelle propriétaire. La carte privilégie les circuits courts, et des plats gourmands travaillés dans une veine bistronomique. Les poissons arrivent directement de Concarneau, et les homards de leur vivier !

- Menu 50/70 €

Les Grandes Rousses, 425 route du Signal - 04 76 80 33 11 - www.hotelgrandesrousses.com

AMBIERLE

42820 - Loire - Carte régionale n° **2**-A1

LE PRIEURÉ

Chef : Thierry Fernandes

CUISINE MODERNE • CONTEMPORAIN Au centre de ce village de vignerons de la Côte roannaise, ce restaurant jouxte un magnifique prieuré bénédictin du 15e s. à la toiture de tuiles polychromes vernissées de style bourguignon. Une partie contemporaine en bois est venue moderniser la belle bâtisse traditionnelle en granit qui accueille le restaurant. Enfant du pays comme son épouse qui l'épaule en salle, le chef Thierry Fernandes surprend avec sa cuisine créative et inspirée. Technique et saveurs sont au rendez-vous dans chaque assiette.

♿ AC - Menu 49/99 € - Carte 75/95 €

11 rue de la Mairie - ✆ 04 77 65 63 24 - www.leprieureambierle.fr - Fermé : mardi, mercredi, dimanche soir

AMBRONAY

✉ 01500 - Ain - Carte régionale n° **2**-B1

AUBERGE DE L'ABBAYE

Chef : Ivan Lavaux

CUISINE MODERNE • TENDANCE Au pied de l'abbaye bénédictine d'Ambronay, cette auberge lumineuse se pare d'une agréable décoration, bien dans l'air du temps. Natif de Nantua, formé à l'école hôtelière de Thonon-les-Bains, le chef Yvan Lavaux a commencé par travailler en salle dans de belles maisons, à Paris comme sur la Côte d'Azur. Dans sa nouvelle peau de cuisinier, il se montre excellent artisan, appliqué à suivre, comme il l'explique, la "logique des produits". Ils sont ici sélectionnés avec minutie et sont souvent locaux - sans toutefois faire l'impasse sur de très beaux poissons, comme avec ce skrei au céleri rémoulade et pomme gingembre. Deux menus surprise sans choix, au déjeuner comme au dîner.

♿ - Menu 70 € (déjeuner), 105 €

Place des Anciens-Combattants - ✆ 04 74 46 42 54 - www.aubergedelabbaye-ambronay.com - Fermé : lundi, mardi, dimanche soir

philipimage/Getty Images Plus

✉ 74940 - Haute-Savoie
Carte régionale n° 4-F1

ANNECY

En quelques années, Annecy et son lac sont devenus un foyer gastronomique incontournable. Serti dans un grandiose décor de montagnes, le lac est un joyau naturel dont les eaux pures recèlent bien des délices, tandis que la vieille ville mérite bien son surnom de "Venise savoyarde". Tout ici met les sens en émoi, des produits traditionnels jusqu'aux délicats poissons du lac, tels la féra ou l'omble chevalier. Des pêcheurs artisanaux veillent sur cette manne et font la joie des grandes tables étoilées... Les boutiques et les marchés de la vieille ville regorgent de produits des alpages ô combien emblématiques, tels le beaufort, le reblochon, la tomme de Savoie ou la tome des Bauges. De nombreux petits producteurs et maraîchers proposent aussi leurs herbes, leurs morilles et autres charcuteries artisanales.

✿✿✿ LE CLOS DES SENS

Chef : Laurent Petit

CUISINE CRÉATIVE • DESIGN Fils de boucher-charcutier, Laurent Petit a été familiarisé avec les produits dans la boutique familiale, dès sa plus tendre enfance. Après être passé au Pied de Cochon, brasserie du cœur des Halles, il découvre chez Michel Guérard la gastronomie dans ce qu'elle a de plus noble. Pour lui, c'est un électrochoc : il sera chef ou rien. Au Clos des Sens, à Annecy-le-Vieux, il a peaufiné son art et franchi les échelons de la reconnaissance critique. Il s'épanouit aujourd'hui autour d'une "cuisine lacustre" de très haut niveau : exit les viandes ; place au bio, au poisson des lacs – notamment l'omble chevalier, la féra ou les écrevisses du lac Léman –, qu'il emmène dans les plus hautes sphères du goût. La patience et le travail quotidien ont fait leur œuvre : n'en déplaise à son patronyme, Laurent Petit est un grand chef.

✿ ***L'engagement du chef :*** *Notre cuisine lacustre et végétale met en saveurs les produits de nos 1500 m2 de jardins potagers, aromatiques et fruitiers tous gérés selon la philosophie de la permaculture ainsi que les richesses des producteurs de saveurs locaux et engagés avec lesquels nous travaillons. Qu'il s'agisse de la mise en place d'un recyclage intelligent des déchets ou de la collecte et réutilisation de l'eau de pluie, nous nous efforçons d'amener du bons sens dans toute la vie du restaurant.*

- Menu 148 € (déjeuner), 188/238 €

Hors plan - *13 rue Jean-Mermoz - à Annecy-le-Vieux - ✆ 04 50 23 07 90 - www.closdessens.com - Fermé : lundi, mardi midi, jeudi midi, dimanche*

L'ESQUISSE

Chef : Stéphane Dattrino

CUISINE MODERNE • INTIME Ancien second de Laurent Petit au Clos des Sens, à Annecy-le-Vieux, Stéphane Dattrino s'est dessiné pour lui tout seul une jolie pochade de restaurant. Derrière une façade discrète, les tables pour deux dominent et le service, volontairement décontracté, ne prend pas la pose. Le coup de crayon du chef se révèle très sûr. Riche en goûts et en couleurs, sa palette de saison marie des produits de belle qualité, comme les plantes et les aromates locaux (ail des ours, asperges sauvages). Crevettes rôties, avocat, mangue et citronnelle ; œuf poché basse température et polenta crémeuse ; truite du lac Léman, citron vert et amandes fraîches... Ses préparations pleines de goût et de finesse méritent les honneurs du Salon.

A/C - Menu 55 € (déjeuner), 75/90 €

Plan : A2-1 - *21 rue Royale - 04 50 44 80 59 - www.esquisse-annecy.fr - Fermé : lundi, dimanche*

LA ROTONDE DES TRÉSOMS

CUISINE MODERNE • CONTEMPORAIN La grande verrière de cette Rotonde est un véritable belvédère surplombant le lac d'Annecy : avant même le début du repas, nous voilà déjà en lévitation. Originaire d'Arcachon, le chef Eric Prowalski saupoudre de Sud-Ouest ses assiettes, qui mettent en avant des produits locaux issus de l'agriculture raisonnée. Excellent technicien, il déroule une partition légère et flatteuse, où la créativité n'empiète jamais sur le plaisir, savoureux "dialogue" entre sa terre d'adoption et sa région d'origine. Tout cela dans une salle rénovée, épurée au maximum, mariage subtil de matériaux chaleureux comme le cuir et le chêne.

P - Menu 49 € (déjeuner), 69/139 €

Hors plan - *Les Trésoms, 15 boulevard de la Corniche - 04 50 51 43 84 - www.lestresoms.com - Fermé : lundi, samedi midi, dimanche soir*

VINCENT FAVRE FÉLIX

Chef : Vincent Favre-Félix

CUISINE MODERNE • BRANCHÉ Après sept ans passés à L'Auberge du Lac (Veyrier-du-Lac), Vincent Favre-Félix s'est résolu à voler de ses propres ailes : il a réhabilité ce pavillon moderne, adossé à un bâtiment historique d'Annecy-le-Vieux. Le chef, carrure de rugbyman et beau CV régional (le Père Bise à Talloires, l'Auberge de l'Eridan époque Marc Veyrat), ne manque ni de finesse, ni de subtilité avec une appétence certaine pour l'amertume. Sa cuisine créative et affirmée s'exprime avec talent au gré d'une carte courte et appétissante - ainsi ce pigeon, citron vert et petit pois ou framboise, bière Veyrat et noisettes du Piémont. À l'été, on profite de la ravissante terrasse sur jardin fleuri : tout est réuni pour passer un moment savoureux.

A/C P - Menu 69/120 €

Hors plan - *15 chemin de l'Abbaye - à Annecy-le-Vieux - 04 50 01 08 88 - www.restaurant-vff.com - Fermé : lundi, mardi, dimanche*

COZNA

CUISINE MODERNE • CONTEMPORAIN Après un parcours dans plusieurs belles tables en France et aux États-Unis, Sandra et Léo ont posé leurs valises dans une rue piétonne du vieil Annecy. La tradition est leur credo ("cozna" signifie "cuisine" en patois savoyard) et on ne va pas s'en plaindre : dans l'assiette, c'est délicieux, et le service est tout sourire. Un super bon plan.

- Menu 25 € (déjeuner), 34/52 € - Carte 46/53 €

Plan : A2-2 - *22 faubourg Sainte-Claire - 04 50 65 00 25 - www.restaurantcozna.com - Fermé : lundi soir, samedi, dimanche*

LE DENTI

CUISINE MODERNE • TRADITIONNEL Ce restaurant, devenu la coqueluche des Annéciens, est tenu par un jeune couple d'amateurs de denti (poisson méditerranéen), deux fins cuisiniers tout-terrain ; ils proposent une savoureuse cuisine du marché, valorisant le poisson, suivant le rythme des saisons, loin de l'agitation touristique de la ville... Courez-y !

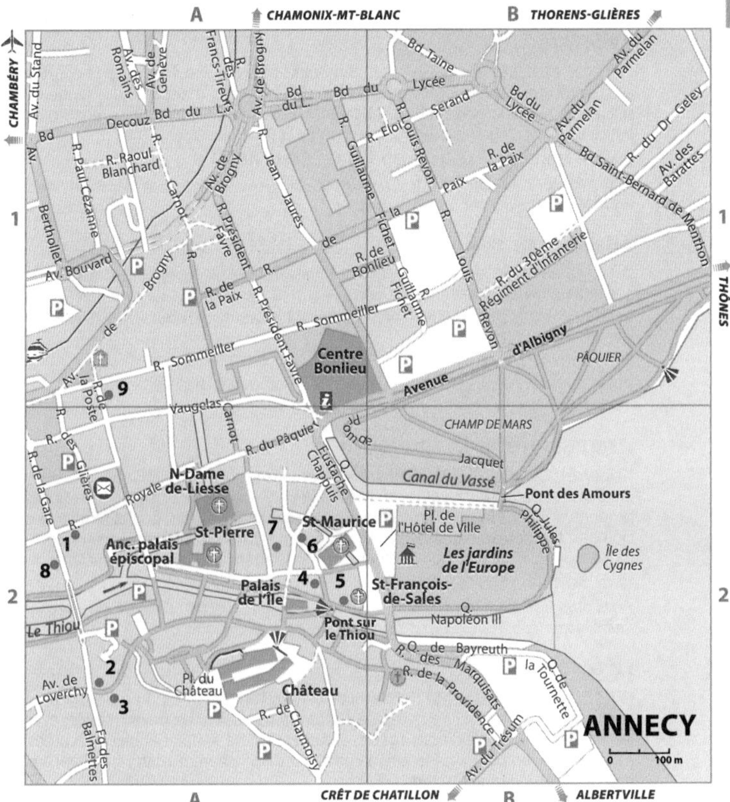

♿ AC P - Menu 25 € (déjeuner), 35/51 € - Carte 45/60 €

Hors plan - *25 bis avenue de Loverchy - ✆ 04 50 64 21 17 - Fermé : mardi, mercredi, dimanche soir*

MINAMI

CUISINE JAPONAISE • ÉPURÉ Ce petit restaurant japonais fait le bonheur des habitués ! Le cadre est tout en épure et la cuisine, japonaise, se permet quelques incursions françaises. Un exemple : ces croustillants de lotte panée aux biscuits japonais, agrémentés d'une délicieuse sauce pimentée... Quelques tables en terrasse aux beaux jours.

- Menu 22 € (déjeuner), 31/35 € - Carte 30/40 €

Plan : A2-3 - *19 faubourg Sainte-Claire - ✆ 04 50 45 75 42 - Fermé : lundi, dimanche*

1ER METS

CUISINE MODERNE • CONTEMPORAIN Tout près de l'hôtel de ville, ce restaurant de poche est le repaire d'un jeune couple plein d'allant. Le chef imagine des assiettes pile dans la saison, modernes, savoureuses, à l'image de cette féra crue et fumée façon maki, condiment jaune d'œuf, Savora et estragon... Une jolie surprise, d'autant que le service est tout sourire.

Menu 35/53 €

Plan : A2-4 - *Place Saint-Maurice - ✆ 04 57 09 10 54 - www.restaurant-1ermets.fr - Fermé : samedi, dimanche*

ARÔMATIK'

CUISINE MODERNE • CONVIVIAL Produits locaux en flux tendu, carte courte : ainsi se résume la philosophie du chef, installé dans cette maison du dix-septième siècle au cœur de la vieille ville et habilement restaurée. Ce jour-là, on se régale d'un délicieux carré d'agneau aux légumes confits et jus à l'estragon.

- Menu 24 € (déjeuner), 49 € - Carte 46/51 €

Plan : A2-6 – *5 rue du Collège-Chapuisien – ✆ 04 50 51 87 68 – www.restaurant-aromatik.com – Fermé : lundi, dimanche*

AUBERGE DE SAVOIE

CUISINE MODERNE • ÉLÉGANT Cadre chaleureux et élégant pour cette auberge aux murs blanc et bleu pâle, adossée à l'église Saint-François. La carte fait la part belle au poisson, parfois entier, préparé devant le client... A l'été, on s'installe sur la terrasse, devant le restaurant.

- Menu 27 € (déjeuner), 37/69 € - Carte 60/80 €

Plan : A2-5 – *1 place Saint-François-de-Sales – ✆ 04 50 45 03 05 – www.auberge-de-savoie.com – Fermé : mercredi, jeudi midi*

L'AUBERGE SUR-LES-BOIS

CUISINE MODERNE • CONTEMPORAIN Artisan passionné, Daniel Baratier accueille dans une auberge verdoyante, où il lâche la bride à son épicurisme à travers des produits et des plats aussi simples que bons : sardines fraîches, poulet fermier des Dombes, tartelette aux fraises... Belle carte des vins nature, défendue par un sommelier pointu. Excellent pain au levain maison, élaboré à partir de blés anciens.

- Carte 34/90 €

Hors plan – *79 route de Thônes - à Annecy-le-Vieux – ✆ 04 50 64 00 08 – www.laubergesurlesbois.fr – Fermé : lundi, mercredi soir, dimanche*

LE BINÔME

CUISINE MODERNE • BISTRO Mathilde et Rémi forment un binôme bien rôdé, en cuisine comme en salle : lui au salé, elle au sucré, tous les deux assurant le service avec le sourire. On se régale d'assiettes de retour du marché, simples et bien exécutées, avec même... un petit kouign amann en accompagnement du café, clin d'œil aux origines bretonnes de Mathilde.

- Menu 25 € (déjeuner), 34/44 € - Carte 44/52 €

Hors plan – *32 a avenue des Carrés - à Annecy-le-Vieux – ✆ 04 50 51 91 09 – le-binome-restaurant.fr – Fermé : mercredi, samedi midi, dimanche soir*

BLACK BASS

CUISINE MODERNE • TENDANCE Ambiance chic et branchée, décor minimaliste (béton ciré, murs bleu canard) les pieds dans l'eau du lac d'Annecy... et cuisine réjouissante supervisée par Stéphane Buron, chef du Chabichou à Courchevel : soupe de poissons du lac comme une bouillabaisse, bar rôti sur la peau, ou encore tarte au citron meringuée.

- Menu 35 € (déjeuner), 49 € - Carte 53/64 €

Hors plan – *Black Bass Hotel, 921 route d'Albertville, à Sevrier – ✆ 04 50 52 40 36 – www.blackbasshotel-annecy.com*

BON PAIN BON VIN

CUISINE TRADITIONNELLE • BAR À VIN Au cœur de la vieille ville, un bistrot conçu dans l'esprit des années 1950. Nappe à carreaux, cocottes en fonte... Au bar à vins, en bas, ou à l'étage, autour d'un poireau vinaigrette ou d'une blanquette, on refait le monde dans une ambiance de copains, sans prétention aucune : rien de tel ! Une vingtaine de vins au verre.

- Carte 19/45 €

Plan : A2-7 – *17 rue Filaterie – ✆ 04 50 45 25 62 – www.bonpainbonvin.fr – Fermé : lundi midi, mardi midi, mercredi midi, jeudi midi, vendredi midi*

LE BOUILLON

CUISINE TRADITIONNELLE • **BISTRO** Le bouillon n'est pas uniquement de poule, c'est aussi l'appellation des premiers restaurants créés au 18e s. à Paris, et désormais le petit nom de ce bistrot au cadre moderne, qui réalise une sympathique cuisine du marché, comme ce quasi de veau poêlé, jus au thym et tombée d'épinards... Carte courte et produits frais.

A/C - Menu 33/46 €

Plan : A2-8 - *9 rue de la Gare - ✆ 04 50 77 31 02 - Fermé : lundi, dimanche*

BRASSERIE BRUNET

CUISINE TRADITIONNELLE • **COSY** Pâté en croûte "Brunet", tête de cochon caramélisée, épaule d'agneau confite... Avalanche de bonnes recettes dans une ambiance décontractée, à deux pas de la gare SNCF. Points importants : l'ouverture tardive et l'agréable terrasse pour les beaux jours.

A/C - Menu 25 € (déjeuner), 38 € - Carte 38/52 €

Plan : A1-9 - *10 rue de la Poste - ✆ 04 50 51 22 10 - www.brasseriebrunet.com - Fermé : mardi soir, mercredi, dimanche soir*

BRASSERIE IRMA

CUISINE TRADITIONNELLE • **CONTEMPORAIN** Cette nouvelle brasserie du groupe Bocuse rend hommage à Irma Paule Camille Roulier Bocuse, la maman de Monsieur Paul. La carte décline des plats traditionnels de la cuisine française (filet de bœuf rôti et sauce ravigote ; volaille de Bresse cuite en cocotte au vinaigre ; baba au rhum) et quelques incontournables de brasserie (salade césar ; tartare de bœuf). La grande salle contemporaine ouvre sur de larges baies vitrées tournées vers la grande terrasse. Jolie vue sur le lac et les montagnes environnantes.

A/C - Menu 28 € (déjeuner) - Carte 45/90 €

Hors plan - *Avenue du Petit-Port - à Annecy-le-Vieux - ✆ 04 50 27 62 05 - www.brasseries-bocuse.com*

CAFÉ BRUNET

CUISINE TRADITIONNELLE • **BISTRO** Un vrai havre de paix que ce café de 1875 qui a su conserver son âme de bistrot authentique et convivial. Sur la terrasse ombragée, on laisse le temps filer en savourant une sympathique cuisine canaille et de bons petits plats mijotés servis en cocotte... Bonne sélection de vins au verre.

- Menu 38 €

Hors plan - *18 place Gabriel-Fauré - à Annecy-le-Vieux - ✆ 04 50 27 65 65 - cafebrunet.com - Fermé : lundi, dimanche*

LA VOILE

CUISINE MODERNE • **ÉLÉGANT** Un cadre feutré et cossu (18 tables dont une en salon privé) et une cuisine d'aujourd'hui, rythmée par les saisons et dressée avec soin - Adrien Tupin Bron, le chef, est pâtissier de formation, ceci expliquant sûrement cela. Le tout à déguster en profitant de la jolie vue sur le lac...

A/C P - Menu 45 € (déjeuner), 65/115 € - Carte 96/108 €

Hors plan - *Impérial Palace, Allée de l'Impérial - ✆ 04 50 09 36 54 - www.hotel-imperial-palace.com/fr/la-voile-149 - Fermé : lundi, mardi, dimanche soir*

ANNEMASSE

✉ 74100 - Haute-Savoie - Carte régionale n° **4**-F1

L'AMARYLLIS

CUISINE MODERNE • **TENDANCE** Un restaurant en plein centre-ville, c'est déjà un atout ; et si en prime, on y mange bien, que dire ? Derrière les fourneaux, le chef réalise une cuisine créative, bien dans son temps, et respectueuse des saisons. Menu surprise tous les soirs, formule plus rapide à midi.

AC - Menu 27 € (déjeuner), 53/64 € - Carte 75/83 €

5 rue Marc-Courriard - ✆ 04 50 87 17 27 - www.restaurant-lamaryllis.com - Fermé : lundi, samedi midi, dimanche

ANNONAY

✉ 07100 - Ardèche - Carte régionale n° **2**-B2

RADICELLES

CUISINE MODERNE • CONVIVIAL Au cœur de la ville, ce bistrot au goût du jour, avec sa cuisine ouverte, fait son maximum pour s'approvisionner auprès des producteurs et agriculteurs ardéchois, très souvent bio, toujours respectueux de l'environnement. Les deux menus proposés dépendent tout entier des arrivages et de la cueillette du moment. Une bonne pousse que ces radicelles !

♿ - Menu 24 € (déjeuner), 46/60 €

21 rue Montgolfier - ✆ 09 54 78 12 41 - www.radicelles.fr - Fermé : lundi, mardi soir, mercredi soir, dimanche

ANSE

✉ 69480 - Rhône - Carte régionale n° **3**-E1

AU COLOMBIER

CUISINE MODERNE • CONVIVIAL En bord de Saône, une belle bâtisse du 18e s., entre guinguette branchée et maison de pays. La cuisine est résolument dans l'air du temps mais n'oublie pas les grands classiques, telles ces belles cuisses de grenouille poêlées. Du goût et du caractère, à déguster sur une terrasse paisible et cosy...

♿ P - Menu 34/74 € - Carte 50/65 €

126 allée Colombier - ✆ 04 74 67 04 68 - www.aucolombier.com - Fermé : lundi, mardi, dimanche soir

ANTHY-SUR-LÉMAN

✉ 74200 - Haute-Savoie - Carte régionale n° **4**-F1

L'AUBERGE D'ANTHY

CUISINE TRADITIONNELLE • AUBERGE Ce petit hôtel-restaurant-café traditionnel mise tout sur des joies simples ! L'adresse est idéale pour apprécier le poisson du lac Léman (féra et omble), fourni par des pêcheurs locaux. Et le chef aime aussi mettre en valeur les charcuteries et fromages du terroir chablaisien.

♿ - Menu 20 € (déjeuner), 47 € - Carte 40/60 €

2 rue des Écoles - ✆ 04 50 70 35 00 - www.auberge-anthy.com - Fermé : lundi, dimanche soir

AOSTE

✉ 38490 - Isère - Carte régionale n° **2**-C2

AU COQ EN VELOURS

CUISINE TRADITIONNELLE • ÉLÉGANT Entre Bresse et Dauphiné, cette bonne auberge de village est tenue par la même famille depuis 1900. Ne passez pas à côté de la spécialité de la maison, le "coq en velours", un délicieux coq au vin servi dans une sauce crémeuse, au grain de... velours. Quelques chambres pour la nuit, bien au calme face au jardin.

P - Menu 35/75 €

1800 route de Saint-Genix - ✆ 04 76 31 60 04 - www.au-coq-en-velours.com - Fermé : lundi, jeudi soir, dimanche soir

AUBENAS

⊠ 07200 - Ardèche - Carte régionale n° **2**-A3

L'AUBÉPINE

CUISINE MODERNE • **TRADITIONNEL** L'Aubépine s'épanouit grâce à un jeune chercheur reconverti dans les saveurs... Pour Manuel, le chef, les choses sont claires : le circuit court est la règle, tout est fait maison, le jeu consistant à respecter à la fois les textures mais aussi les qualités nutritives des produits. Carte renouvelée toutes les semaines au gré du marché.

- Menu 24 € (déjeuner), 33/50 €

13 boulevard Jean-Mathon - 04 75 35 01 28 - www.restaurant-aubepine.fr - Fermé : lundi, mardi soir, mercredi soir, jeudi soir, dimanche

LES COLOQUINTES

CUISINE MODERNE • **CLASSIQUE** Ce restaurant, installé dans un ancien moulinage, et géré par un jeune couple - lui en cuisine, elle en salle - propose une cuisine respectueuse des saisons, des circuits courts et des produits locaux, truite, châtaignes, fruits, etc. À l'été, profitez des tables à l'ombre des tilleuls, pour un dîner empreint de sérénité.

- Menu 20 € (déjeuner), 31/44 € - Carte 37/50 €

Quai de l'Ardèche - 04 75 93 58 33 - www.les-coloquintes.com - Fermé : mardi soir, mercredi, samedi midi

NOTES DE SAVEURS

CUISINE MODERNE • **TRADITIONNEL** Assis dans la salle voûtée en pierre, face aux ruines de l'ancien couvent bénédictin, on savoure une cuisine où les produits de qualité ont la part belle : dans l'assiette, c'est généreux, gourmand, parfumé et original. Une adresse conviviale et agréable, qui mérite amplement son succès !

- Menu 33/50 €

16 rue Nationale - 04 75 93 94 46 - Fermé : lundi, mardi soir, mercredi soir, dimanche

LA VILLA TARTARY

CUISINE MODERNE • **BRANCHÉ** De belles voûtes en pierres de taille, un mobilier design, une terrasse délicieuse... Cet ancien moulin à eau - qui intervenait dans la fabrication de la soie - ne manque pas de charme ! Belles saveurs à la carte.

- Menu 25 € (déjeuner), 45/68 € - Carte 55/70 €

64 rue de Tartary - 04 75 35 23 11 - www.restaurant-ardeche.com - Fermé : lundi, dimanche

AUTRANS

⊠ 38880 - Isère - Carte régionale n° **2**-C2

LES TILLEULS

CUISINE MODERNE • **AUBERGE** La cinquième génération, incarnée par la fille des propriétaires et son mari, continue l'histoire. Le chef signe une cuisine traditionnelle en utilisant de bons produits du terroir - caillette, truite du Vercors, dessert à base de noix de Grenoble et Chartreuse verte. On apprécie ces plats dans une salle où l'esprit montagnard se fait contemporain et lumineux...

- Menu 32/40 €

111 rue de Puilboreau - 04 76 95 32 34 - www.hotel-tilleuls.com - Fermé : mercredi soir, jeudi

AVORIAZ

✉ 74110 - Haute-Savoie - Carte régionale n° **4**-F1

LES ENFANTS TERRIBLES

CUISINE CLASSIQUE • **COSY** Contre toute attente, ces Enfants Terribles se révèlent plutôt... chaleureux et intimistes ! Ceviche de daurade royale, citron vert et gingembre, ou encore pavé de bœuf Salers et sauce au poivre vert : on se régale de bons produits cuisinés avec précision dans un esprit bistronomique.

Carte 48/96 €

Les Dromonts, 40 place des Dromonts - ✆ 04 56 44 57 00 - www.hoteldesdromonts.com - Fermé le midi

LA RÉSERVE

CUISINE TRADITIONNELLE • **MONTAGNARD** A mi-chemin entre le cœur de la station et le quartier de la "falaise", cet établissement est devenu un incontournable. Un succès à mettre sur le compte d'une gastronomie appétissante à dominante savoyarde, et d'une belle terrasse tournée vers le domaine skiable.

- Carte 45/75 €

Immeuble Epicéa - ✆ 04 50 74 02 01 - www.la-reserve-avoriaz.com

BÂGÉ-LE-CHÂTEL

✉ 01380 - Ain - Carte régionale n° **2**-B1

LA TABLE BÂGÉSIENNE

CUISINE MODERNE • **COSY** La façade de cet ancien relais de poste est bien engageante ! Une fois passée la porte, on découvre une déco contemporaine refaite à neuf avec sa cave à vin vitrée (où le client peut venir choisir lui-même sa bouteille). On y déguste une généreuse cuisine bressane que le chef n'hésite pas à interpréter à sa façon.

- Menu 35/84 € - Carte 51/78 €

19 Grande-Rue - ✆ 03 85 30 54 22 - www.latablebagesienne.com - Fermé : lundi, mardi, mercredi

BAGNOLS

✉ 69620 - Rhône - Carte régionale n° **3**-E1

1217

CUISINE MODERNE • **CLASSIQUE** Un cadre d'exception que ce superbe château médiéval, qui semble cultiver des fastes immémoriaux... Sous le patronage d'une immense cheminée gothique délicatement sculptée, le repas se fait festin d'une belle finesse, et la tradition s'en trouve renouvelée.

- Menu 55 € - Carte 54/78 €

Le Bourg - ✆ 04 74 71 40 00 - www.chateaudebagnols.com - Fermé : lundi midi, mardi midi, mercredi midi, jeudi midi

BARD

✉ 42600 - Loire - Carte régionale n° **2**-A2

AUBERGE DE LA GRAND'FONT

CUISINE MODERNE • **AUBERGE** Jolie surprise que cette auberge rustique nichée à côté d'une belle église du 12e s. que l'on peut admirer depuis la véranda. Aux commandes, un chef passionné et exigeant - il a été finaliste au concours du Meilleur Ouvrier de France - signe une cuisine appétissante, à la fois simple et originale...

- Menu 25 € (déjeuner), 32/77 € - Carte 48/62 €

1 rue de la Grand'Font - ✆ 04 77 76 21 40 - www.auberge-lagrandfont.com - Fermé : lundi, mardi, dimanche soir

BEAUVOIR-EN-ROYANS

✉ 38160 - Isère - Carte régionale n° **3**-E2

AU ROMAN DU VERCORS Ⓝ

CUISINE MODERNE • **CONTEMPORAIN** C'est désormais à flanc de Vercors, sur le site médiéval classé de l'ancien couvent des Carmes (avec son musée, son jardin et son verger conservatoire de variétés fruitières du Sud Grésivaudan - à visiter après le repas) qu'on est reçu par le chef et son épouse : au programme, cuisine du marché qui met en valeur les produits de saison et régionaux, salle habillée de claies qui rappellent les séchoirs à noix ou agréable terrasse ombragée.

♿ 🏖 ⚙ 🅿 - Menu 28 € (déjeuner), 37/84 € - Carte 58/76 €

1 ancienne route de Presles - ✆ 04 76 64 75 95 - www.restaurant-roman-du-vercors.com - Fermé : lundi, mardi, dimanche soir

BELLEVILLE

✉ 69220 - Rhône - Carte régionale n° **3**-E1

LE BEAUJOLAIS

CUISINE TRADITIONNELLE • **VINTAGE** Ce Beaujolais se devait de faire honneur à cette région riche en saveurs et en bons vins ! Le sympathique couple à la tête de cette maison relève le défi avec une bonne cuisine traditionnelle. Un exemple ? L'andouillette beaujolaise pur porc cuite en cocotte, avec pommes de terre rissolées au thym.

A/C 🅿 - Menu 20 € (déjeuner), 30/41 €

40 rue du Maréchal-Foch - ✆ 04 74 66 05 31 - www.restaurant-le-beaujolais.com - Fermé : lundi, mardi soir, mercredi, dimanche soir

BELLEY

✉ 01300 - Ain - Carte régionale n° **2**-C1

LA FINE FOURCHETTE

CUISINE MODERNE • **ÉLÉGANT** Un jeune couple du métier a su apporter un souffle nouveau à cette adresse bugiste bien connue. Si la vue sur le canal du Rhône est toujours superbe, la salle a été revue dans un esprit contemporain et élégant et les assiettes font la part belle aux produits de l'Ain, servis avec générosité dans un style actuel bien maîtrisé par le chef Mickaël Brinioli. Le service n'est pas en reste grâce à Maëva. Longue vie !

< 🏞 🏖 🅿 - Menu 28/76 € - Carte 59/68 €

2500 avenue du Bugey, à Virignin - ✆ 04 79 81 59 33 - www.restaurantlafinefourchette.fr - Fermé : mardi, mercredi

BESSAS

✉ 07150 - Ardèche - Carte régionale n° **2**-A3

AUBERGE DES GRANGES

CUISINE MODERNE • **CONVIVIAL** Entre vallée de la Cèze et gorges de l'Ardèche, ce jeune chef régale ses clients avec une cuisine sincère appuyée sur le terroir. Il affectionne aussi les produits de la mer, qu'il sait travailler avec précision. Le charme de cette ancienne grange, tenue autrefois par son grand-père, se prolonge l'été grâce à la belle terrasse avec vue sur la campagne ardéchoise.

A/C 🏖 - Menu 45/100 €

213 avenue des Granges - ✆ 04 75 38 02 01 - www.aubergedesgranges.com - Fermé : lundi

LA BIOLLE

✉ 73410 - Savoie - Carte régionale n° **2**-C1

LA TABLE DES BAUGES (N)

CUISINE DU MARCHÉ • **CONTEMPORAIN** Le massif des Bauges a sa Table, grâce au chef Clément Girod (passé chez Emmanuel Renaut) qui s'épanouit sur ses terres natales. Et il a tout bon : produits locaux, pain et glaces maison, carte des vins bio - avec en point d'orgue une cuisine du marché soignée, à l'image de ce merlu vapeur, tomates, courgette, caviar d'aubergine, tagète et beurre au piment fumé.

- Menu 22 € (déjeuner), 60 € - Carte 49/60 €

1821 route d'Annecy - ✆ 04 79 34 65 93 - www.latabledesbauges.com - Fermé : lundi, mardi soir, mercredi soir, dimanche

BONNEFAMILLE

✉ 38090 - Isère - Carte régionale n° **2**-B2

L'ALOUETTE

CUISINE TRADITIONNELLE • **TENDANCE** Voilà un restaurant contemporain fort agréable avec son sol en béton ciré, ses œuvres d'art (à vendre !), son piano à queue et son joli jardin. Le chef concocte une cuisine de saison, pleine de gourmandise, à l'instar de ce cannelloni de joue de bœuf, panais, et jus de viande. Pour accompagner cela, la cave offre un choix de plus de 450 références. Belles chambres contemporaines pour l'étape.

- Menu 32 € (déjeuner), 44/61 €

475 route de Crémieu - ✆ 04 78 40 06 08 - www.restaurant-alouette.com - Fermé : lundi, samedi midi, dimanche soir

BOURG-EN-BRESSE

✉ 01000 - Ain - Carte régionale n° **2**-B1

METS ET VINS

CUISINE MODERNE • **CONTEMPORAIN** Ici œuvre Stéphane Prévalet, un chef adepte des produits du terroir local et du "fait maison", habile à s'extraire des sentiers battus de la tradition. On se régale ainsi d'une canette des Dombes en deux façons : le filet cuit rosé, servi avec sa cuisse en pastilla aux fruits secs... le tout dans une salle épurée, décorée de troncs de bouleaux. Une adresse comme on les aime.

- Menu 27/53 € - Carte 40/58 €

11 rue de la République - ✆ 04 74 45 20 78 - www.restaurant-metsetvins.com - Fermé : lundi, mardi, dimanche soir

L'AUBERGE BRESSANE

CUISINE CLASSIQUE • **TRADITIONNEL** Une table incontournable : la cuisine fait la part belle aux spécialités régionales (volaille de Bresse, cuisses de grenouille, écrevisses et des... quenelles de brochet incontournables) et les vieux millésimes abondent sur la carte des vins. Terrasse avec vue sur l'église du monastère royal de Brou.

- Menu 42/92 € - Carte 60/110 €

166 boulevard de Brou - ✆ 04 74 22 22 68 - www.aubergebressane.fr - Fermé : mardi

PLACE BERNARD

CUISINE TRADITIONNELLE • **BRASSERIE** Une maison 1900 placée sous la houlette du chef étoilé Georges Blanc. Cette jolie brasserie sous véranda, rehaussée d'une fresque à la gloire de la dynastie Blanc, donne sur le cours de Verdun. Dans l'assiette, le répertoire régional domine, dont la fameuse volaille de Bresse AOP à la crème selon la mère Blanc.

- Menu 22 € (déjeuner), 25/58 € - Carte 42/70 €

19 place Bernard - ✆ 04 74 45 29 11 - www.lespritblanc.com

SCRATCH RESTAURANT

Chef : Andréas Baehr

CUISINE MODERNE • CONVIVIAL Adhérents au mouvement Slowfood, Estelle et Andréas Baehr sont des passionnés qui mettent en avant de beaux produits frais, bio et locaux, à travers un menu déjeuner unique sans choix, rudement bien ficelé ! Même philosophie naturelle côté vins avec les choix experts de la patronne. Menus "découverte" plus ambitieux au dîner. Réservation indispensable.

L'engagement du chef : Nous avons une volonté de travailler dans une philosophie globale et durable et nous informons la clientèle de ces démarches. Nous proposons des menus uniques pour optimiser chaque produit en limitant les pertes. Nos produits locaux sont issus directement de petits producteurs dans leur quasi-totalité. Ces partenaires-artisans et nous-mêmes partageons un bon sens paysan, avec ou sans label. Les produits de la mer sont issus de la pêche durable française.

♿ A/C - Menu 23 € (déjeuner), 39/51 €

2 rue des Fontanettes - ✆ 04 27 53 49 86 - scratchrestaurant.fr - Fermé : lundi, mardi, mercredi soir, jeudi soir, dimanche soir

LE BOURGET-DU-LAC

✉ 73370 - Savoie - Carte régionale n° **4**-F2

ATMOSPHÈRES

Chef : Alain Perrillat-Mercerot

CUISINE CRÉATIVE • DESIGN De Lamartine à Stendhal en passant par Maupassant, les écrivains sont nombreux à avoir célébré l'atmosphère du lac du Bourget et la vue sur le massif des Bauges. Le chef Alain Perrillat-Mercerot en a fait, lui, un splendide écrin pour sa cuisine lacustre et créative. Ancien second de Laurent Petit, également marqué par Ferran Adrià, il défend avec ferveur le terroir savoyard. Fort de solides bases classiques, il travaille avec une précision redoutable les poissons d'eau douce, les fromages locaux ou les myrtilles sauvages. Son foie gras de canard, jus de citron vert et gentiane ou son aubergine confite, sorbet framboise et poivrons doux sont devenus des classiques. Belle carte des vins, célébrant (entre autres) la Savoie.

L'engagement du chef : Le chef a toujours travaillé les produits locaux de saison - coopérative de fruits et légumes à La Motte-Servolex, maraîchers à Aix-les-Bains et Vimines, volailles de Bresse... Un jardin de simples permet à la cuisine de prélever des pousses d'herbes fraîches. Nous limitons nos emballages et nos déchets sont valorisés via notre communauté de communes, qui recycle les biodéchets. Le linge est lavé sur place avec des lessives à faible impact environnemental.

♿ P - Menu 58 € (déjeuner), 90/150 €

618 route des Tournelles - ✆ 04 79 25 01 29 - www.atmospheres-hotel.com - Fermé : lundi, mardi, dimanche

LAMARTINE

Chef : Pierre Marin

CUISINE MODERNE • ROMANTIQUE Entre Aix-les-Bains et Chambéry, face au lac cher à Lamartine, cette table est une valeur sûre de la région. Et une institution qui ne désemplit pas : les parents du chef Pierre Marin ont écrit la première page de cette auberge en... 1964. Lui-même, formé notamment chez Pierre Orsi à Lyon, a rejoint son père en 1987. Membre de l'académie culinaire de France, défenseur d'une cuisine traditionnelle revisitée, toujours inspirée et savoureuse, il est épaulé désormais par son fils Valentin qui souffle une brise de modernité. Les poissons d'eau douce et de lac sont traités avec le respect qu'il convient à une table savoyarde. Un service très agréable dans un cadre romantique et élégant.

♿ A/C P - Menu 70 € (déjeuner), 90/115 € - Carte 89/112 €

Route du Tunnel du Chat - ✆ 04 79 25 01 03 - www.lamartine-marin.com - Fermé : lundi, mardi, dimanche soir

BRESSIEUX

✉ 38870 - Isère - Carte régionale n° **3**-E2

AUBERGE DU CHÂTEAU

CUISINE MODERNE • **CONVIVIAL** Christèle et Xavier Vanheule, passionnés de cuisine et de bons vins, donnent le meilleur d'eux-mêmes pour faire de leur auberge une belle maison. Les produits viennent des fermes environnantes et débordent de fraîcheur. Tout en contemplant les monts du Lyonnais, on se régale de plats savoureux aux parfums méridionaux...

- Menu 28 € (déjeuner), 56/76 €

67 montée du Château - ✆ 04 74 20 91 01 - www.aubergedebressieux.fr - Fermé : mardi, mercredi, dimanche soir

BRESSON

✉ 38320 - Isère - Carte régionale n° **2**-C2

CHAVANT

CUISINE CLASSIQUE • **ÉLÉGANT** Qu'il est doux de venir profiter des beaux jours, dans cette auberge tenue par la famille Chavant depuis 1852 ! La cuisine donne le sourire ; pour le reste, les atouts ne manquent pas - cave à vins, piscine, chambres spacieuses...

- Menu 47 € (déjeuner), 59/150 €

2 rue Émile-Chavant - ✆ 04 76 25 25 38 - www.chavanthotel.com - Fermé : lundi, samedi midi, dimanche soir

BUELLAS

✉ 01310 - Ain - Carte régionale n° **3**-E1

L'AUBERGE BRESSANE DE BUELLAS

CUISINE TRADITIONNELLE • **AUBERGE** Dans cette auberge (une ex-boulangerie), on se régale de belles recettes du terroir avec un zeste de saveurs du Sud et une dose d'inventivité. On peut opter pour le restaurant traditionnel, d'un côté, ou pour l'Intimiste, de l'autre, où la proposition est plus ambitieuse, et le décor élégant et cosy. Dans les deux cas, le service est attentionné et les prix raisonnables.

- Menu 35/40 €

10 route de Buesle - ✆ 04 74 24 20 20 - www.auberge-buellas.com - Fermé : lundi midi, mardi midi, mercredi, dimanche soir

L'INTIMISTE

CUISINE MODERNE • **INTIME** L'Intimiste est en quelque sorte la salle à manger "haut de gamme" de l'Auberge Bressane de Buellas. On y déguste une cuisine soignée et élaborée, avec un menu unique mettant en avant un produit différent selon la saison : homard, volaille de Bresse, céleri, etc. Une franche réussite.

- Menu 55/65 €

10 route de Buesle - ✆ 04 74 24 20 20 - www.auberge-buellas.com - Fermé : lundi, mardi, mercredi, jeudi midi, dimanche soir

CALUIRE-ET-CUIRE

✉ 69300 - Rhône - Carte régionale n° **3**-E1

RESTAURANT FOND ROSE

CUISINE TRADITIONNELLE • **BRASSERIE** Une maison bourgeoise des années 1920 transformée en brasserie chic par le groupe Bocuse, avec sa terrasse entourée d'arbres centenaires : une certaine idée de la quiétude. La cuisine se révèle généreuse et savoureuse, dans la tradition des bords de Saône : grenouilles, quenelles, etc.

- Menu 32/56 € - Carte 50/80 €
Plan : B1-8 - *23 chemin de Fond-Rose - 04 78 29 34 61 - www.brasseries-bocuse.fr*

LES CARROZ-D'ARÂCHES

74300 - Haute-Savoie - Carte régionale n° **4**-F1

LES SERVAGES

CUISINE MODERNE • ÉLÉGANT Une chose est sûre : le chef aime son métier, et cette passion est communicative. Il réalise une cuisine actuelle, soignée et généreuse, avec des produits de superbe qualité : poissons frais, crustacés, etc. Son pageot de ligne et calamars, comme son cabillaud côtier, en sont de délicieux exemples... parmi une carte qui évolue régulièrement.

- Menu 30/80 € - Carte 54/85 €

841 route des Servages - 04 50 90 01 62 - www.servages.com - Fermé : lundi

CERCIÉ

69220 - Rhône - Carte régionale n° **3**-E1

L'ÉCUME GOURMANDE

CUISINE MODERNE • CONTEMPORAIN Cette adresse est emmenée par un jeune chef passé par la maison de Paul Bocuse. Il mitonne une cuisine aux bases classiques, sagement inventive : de vraies sauces, des cuissons impeccables, un dessert très gourmand... et une belle cave vitrée, abritant près de 250 références à prix raisonnables.

- Menu 22 € (déjeuner), 34/58 €

35 Grande-Rue - 04 37 55 23 06 - www.ecume-gourmande.fr - Fermé : lundi, mardi, dimanche soir

CEVINS

73730 - Savoie - Carte régionale n° **4**-F2

LA FLEUR DE SEL

CUISINE MODERNE • CONVIVIAL Sur la route des stations, cette maison récente met en avant une appétissante cuisine de saison, servie par des produits de qualité, au gré de menus qui changent régulièrement. Côté décor, une salle moderne et cosy, centrée autour de la belle cheminée qui crépite au milieu de la pièce... Délicieux.

- Menu 35/79 € - Carte 60/82 €

15 route du Portelin - 04 79 37 49 98 - www.restaurant-fleurdesel.fr - Fermé : lundi, mardi soir, jeudi soir, dimanche soir

CHAMBÉRY

73000 - Savoie - Carte régionale n° **4**-F2

LE BISTROT

CUISINE DU MARCHÉ • ÉLÉGANT Au menu de ce bistrot rétro et chic tout proche du théâtre et de la cathédrale, on trouve une cuisine du marché canaille et gourmande, basée sur de jolis produits, rendus dans toute leur vérité par un chef savoyard ayant travaillé longtemps dans la galaxie Ducasse. Le tout, aux beaux jours, se déguste sur une terrasse ombragée. Un vrai plaisir.

- Menu 22 € (déjeuner), 35/48 € - Carte 38/55 €

6 rue du Théâtre - 09 82 32 10 78 - www.restaurant-lebistrot.com - Fermé : lundi, dimanche

LE CARRÉ DES SENS

CUISINE MODERNE • BISTRO Joliment située sur l'une des places centrales de la ville, cette maison est le fief d'un chef qui revisite les classiques de la tradition française avec passion et précision : raviole de lieu noir, crémeux champagne et corail de Saint-Jacques ; paleron de bœuf aux girolles ; crème brûlée à l'orange - de bons produits et des recettes soigneusement exécutées.

- Menu 21 € (déjeuner), 36/60 € - Carte 47/53 €

32 place Monge - 04 79 65 98 07 - www.carredessens-chambery.com - Fermé : lundi, dimanche

L'ORANGERIE DU CHÂTEAU DE CANDIE

CUISINE MODERNE • ÉLÉGANT Originaire de Bretagne, le chef David Loisel, fort d'une belle carrière et ancien second de Sylvestre Wahid, concocte une cuisine moderne en s'appuyant sur les richesses du terroir savoyard, qu'il mâtine de clins d'œil à sa Bretagne natale au travers d'un menu unique en 5 ou 7 services. La Cantine propose une agréable offre bistrotière (tartare de saumon, gigot d'agneau...). Savoureux.

P - Menu 82/97 €

533 rue du Bois-de-Candie, Chambéry-le-Vieux - 04 79 96 63 00 - www.chateaudecandie.com - Fermé : lundi, mardi, mercredi midi, jeudi midi, vendredi midi

PINSON

CUISINE MODERNE • COSY Cette jolie adresse de centre-ville bénéficie de l'enthousiasme communicatif de ses jeunes propriétaires, qui comme le pinson, aiment voyager... et nous convier avec eux. Lui en cuisine, passé par de belles maisons (Londres, Paris), propose une cuisine soignée aux influences métissées ; madame en salle apporte son savoir-faire du milieu du luxe. L'accueil est charmant, le cadre chaleureux.

- Carte 45/65 €

22 place Monge - 04 79 70 96 40 - www.restaurant-pinson.fr - Fermé : lundi, mardi soir, mercredi soir, dimanche

PASSION DESSERT, POUR FAIRE BRILLER LA GASTRONOMIE SUCRÉE

Partenaire des artisans du goût depuis 1922, pionnier et référent dans le monde du chocolat, chez Valrhona notre mission, « Ensemble, faisons du bien avec du bon », exprime la force de notre engagement. Avec les producteurs de cacao, les artisans et tous les passionnés de gastronomie, nous imaginons chaque jour le meilleur du chocolat pour créer une filière cacao juste et durable et inspirer une gastronomie créative et responsable. La construction de relations directes et de long terme avec les producteurs, la recherche de la prochaine innovation chocolat et le partage des savoir-faire sont les combats qui nous animent au quotidien. Aux côtés des chefs, Valrhona soutient l'artisanat et c'est en repoussant sans cesse les limites de la créativité qu'elle les accompagne dans leur quête de singularité.

En créant Passion Dessert avec le Guide MICHELIN et pour la quatrième année consécutive, nous sommes fiers de mettre à l'honneur la gastronomie sucrée et de faire briller le métier de chef pâtissier.

VALRHONA

Imaginons le meilleur du chocolat®

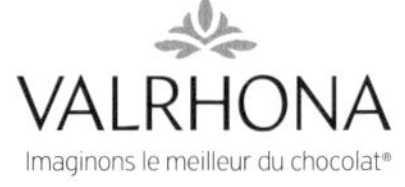

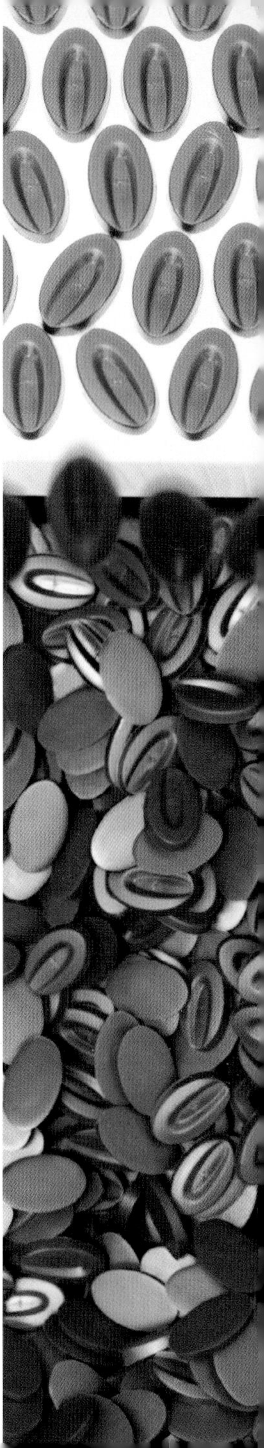

J.-L. Armand/Photononstop

✉ 74400 – Haute-Savoie
Carte régionale n° **4**-F1

CHAMONIX-MONT-BLANC

Située au pied du mythique massif du Mont-Blanc, Chamonix jouit d'un statut unique dans les Alpes du Nord. Si sa vocation touristique est née avec les débuts de l'alpinisme, elle a su préserver et cultiver un esprit de village et une gastronomie de terroir, sur laquelle le reblochon règne en maître (on en fait même des sucettes !) – mais pas seulement. Ce serait oublier le persillé des Aravis, la tome de Savoie, le beaufort et l'abondance, le chevrotin, la tome des Bauges... Et nous ne parlons ici que de fromages ! Citons, au hasard de nos souvenirs gourmands, la longeole, cette variété locale de saucisson à cuire avec de petits morceaux de couenne, du fenouil et du vin rouge et l'inévitable tartiflette (une création récente puisque le plat date des années 1980 seulement), fille naturelle de Sa Majesté le reblochon. Arrosez le tout de Roussette de Savoie, ou d'un verre de genépi, et les sommets sont à vous.

ALBERT 1ER

CUISINE CLASSIQUE • ÉLÉGANT Pierre, Marcel, Joseph, Clothilde... depuis sa fondation en 1903, quatre générations ont porté cette maison, désormais entre les mains de Perrine Carrier. La cuisine du chef Damien Leveau, aux influences savoyardes et piémontaises, enchante les produits de la région (omble chevalier et féra du Léman, escargots du pays du Mont-Blanc, cochons et agneaux des fermes alentour...), rehaussés par tout ce qui pousse dans le jardin aromatique : oxalis, ache des montagnes, thym citronné, sarriette, mélisse ou sauge. À arroser de l'une des... 19 000 bouteilles de la cave.

– Menu 85 € (déjeuner), 110/176 €

Plan : B1-1 – *Hameau Albert 1er, 38 route du Bouchet – ✆ 04 50 53 05 09 – www.hameaualbert.fr – Fermé : mercredi, jeudi*

AKASHON

CUISINE MODERNE • ÉPURÉ Au sein du complexe hôtelier L'Heliopic, on dîne d'une cuisine fine et savoureuse, oscillant entre clins d'œils à la gastronomie locale et partition plus actuelle, le tout dans un cadre épuré aux matériaux bruts- métal et granit.

– Menu 34/55 € - Carte 45/65 €

Plan : A2-5 – *L'Héliopic, 50 place de l'Aiguille-du-Midi – ✆ 04 50 54 55 56 – www.restaurant-akashon.com – Fermé le midi*

LA MAISON CARRIER

CUISINE RÉGIONALE • RUSTIQUE Une ferme typique et conviviale, au sein du luxueux Hameau Albert 1er. Goûtez aux petits plats mitonnés avec les jolis produits du terroir : quenelle de brochet, boudin noir "carti à la Chirve", pied de cochon grillé entier.... Généreux et savoureux, comme l'étaient les recettes de nos grands-mères !

- Menu 35/46 € - Carte 46/75 €

Plan : B1-2 - *44 route du Bouchet - ☎ 04 50 53 00 03 - www.hameaualbert.fr - Fermé : lundi, mardi*

ATMOSPHÈRE

CUISINE TRADITIONNELLE • TENDANCE Il faut emprunter un bel escalier en granit, abondamment fleuri, pour rejoindre la discrète entrée de ce restaurant "d'atmosphère". Le décor montagnard, épuré et cosy, mise sur la simplicité et la convivialité. Si l'opportunité se présente, demandez une table côté véranda : elle surplombe le cours de l'Arve et offre une échappée sur les aiguilles de Chamonix ! En cuisine, honneur à la tradition, aux spécialités régionales et au gibier en saison : un véritable festival de saveurs. Jolie carte des vins.

- Menu 30 € (déjeuner), 38/48 € - Carte 48/85 €

Plan : A1-3 - *123 place Balmat - ☎ 04 50 55 97 97 - www.restaurant-atmosphere.com - Fermé : lundi*

AUBERGE DU BOIS PRIN

CUISINE TRADITIONNELLE • COSY L'hôtel et le restaurant, situés sur les hauteurs de "Cham", ont été repris par Emmanuel Renaut à la grande satisfaction des habitués de la station alpine. Le chef privilégie les produits locaux de qualité au travers de recettes traditionnelles, mâtinées de modernité. Certaines pièces nobles (comme la délicieuse épaule d'agneau confite au serpolet) bénéficient d'un service au guéridon. Et tout au long du repas, le Mont-Blanc nous en met plein la vue. Chambres confortables dans un esprit montagnard.

- Menu 45 € (déjeuner), 80 € - Carte 80/90 €

Hors plan - *69 chemin de l'Hermine - ☎ 04 50 53 33 51 - www.boisprin.com - Fermé : lundi, mardi, mercredi midi*

LES CHALETS DE PHILIPPE

CUISINE MODERNE • ÉLÉGANT On découvre avec grand intérêt ces deux belles tables d'hôtes joliment décorées et fleuries. Le chef régale les convives avec des créations dans l'air du temps : le menu unique évolue quotidiennement. Un endroit atypique, lové dans un environnement splendide.

- Menu 60 € (déjeuner), 85/170 €

Hors plan - *700-718 route du Chapeau, Le Lavancher - ☎ 06 07 23 17 26 - www.chaletsphilippe.com*

LE COMPTOIR DES ALPES

CUISINE MODERNE • CONTEMPORAIN Niché dans un hôtel moderne, ce restaurant cultive l'esprit franco-italien du chef Daniele Raimondi qui mâtine ses assiettes d'influences savoyardes. Des saveurs franches pour une cuisine moderne qui refuse toute concession sur la qualité des ingrédients. Le menu «ascension » permet de choisir les plats de la carte. Une terrasse côté rue et une autre plus calme sur une placette. La bonne affaire de la station.

- Menu 34/46 €

Plan : A2-8 - *151 avenue de l'Aiguille du Midi - ☎ 04 50 53 57 64 - comptoir-des-alpes.com*

LE MATAFAN

CUISINE MODERNE • ÉLÉGANT Que ce soit dans la salle à manger chaleureuse (belle cheminée centrale) ou les pieds dans l'herbe, face à la grande piscine, on se régale ! La carte, assez courte, évolue au gré des saisons et profite de quelques influences italiennes ; le service est convivial.

- Menu 28 € (déjeuner) - Carte 54/71 €

Plan : A1-7 - *62 allée du Majestic - ☎ 04 50 53 35 46 - www.lematafan.com*

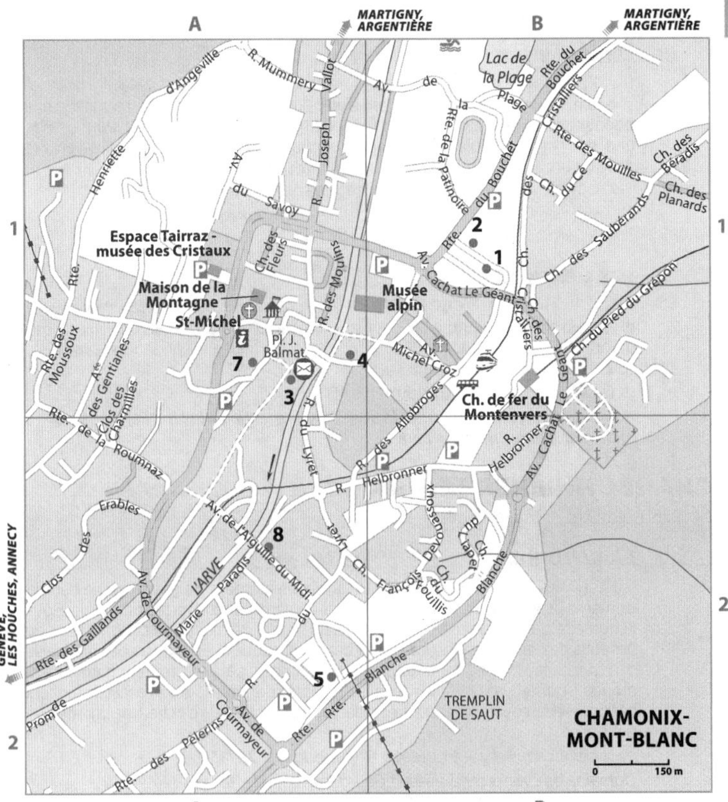

LA TÉLÉCABINE

CUISINE TRADITIONNELLE • **MONTAGNARD** Au-dessus de l'entrée, une télécabine (un "œuf", devrait-on plutôt dire) est suspendue : le décor est planté ! L'intérieur est résolument montagnard et la grande terrasse donne sur le massif du Mont-Blanc, en adéquation parfaite avec la cuisine proposée, goûteuse et généreuse.

- Menu 27/32 € - Carte 42/75 €

Plan : A1-4 - *27 rue de la Tour - ✆ 04 50 47 04 66 - www.restaurant-latelecabine.fr*

LA CHAPELLE-D'ABONDANCE

✉ 74360 - Haute-Savoie - Carte régionale n° **4**-F1

LES CORNETTES

CUISINE TRADITIONNELLE • **RÉGIONAL** Ce restaurant, cité au guide Michelin depuis 1933, est une véritable institution dans tout le Chablais. Au menu : tourte au gibier, filet de féra à l'ail des ours et morilles, pintade rôtie sur l'os. Les charcuteries sont affinées et fumées sur place dans une atmosphère typiquement montagnarde. C'est simple, bon, et rustique à souhait.

P - Menu 26/49 € - Carte 40/79 €

43 route des Frasses - ✆ 04 50 73 50 24 - www.lescornettes.com

L'ENSOLEILLÉ

CUISINE TRADITIONNELLE • MONTAGNARD Cet imposant chalet n'a pas volé son nom : il jouit de l'ensoleillement exceptionnel de la vallée. On y apprécie une bonne cuisine du terroir alpin, revisitée au fil des inspirations du chef. Pour se faire une idée : opéra de foie gras de canard et chutney de fruits d'automne, ou encore pavé de bœuf grillé aux girolles. Formule brasserie le midi.

- Menu 18 € (déjeuner), 36/45 € - Carte 30/55 €

109 route des Frasses - 04 50 73 50 42 - www.hotel-ensoleille.com - Fermé : mardi

LES GENTIANETTES

CUISINE MODERNE • CONVIVIAL La neige, la montagne, l'envie de paresser près de la cheminée autour de jolis plats... Ici, pas d'esbroufe, mais une cuisine traditionnelle pleine de finesse. Et côté carnotzet, honneur aux spécialités savoyardes (pierrade, raclette, fondue, etc.).

- Menu 29 € (déjeuner), 48/63 €

Route de Chevenne - 04 50 73 56 46 - www.gentianettes.fr - Fermé : lundi midi, mardi midi, mercredi midi

CHARBONNIÈRES-LES-BAINS

69260 - Rhône - Carte régionale n° **3**-E1

LA ROTONDE

CUISINE MODERNE • ÉLÉGANT Un agréable moment de gastronomie dans le domaine Le Lyon Vert, havre de calme et de verdure aux portes de la ville. Sous la houlette du chef, Jean-François Malle, on profite de menus de saison à base de produits de grande qualité (lotte petit bateau et coquillages, agneau des prés salés du Mont-Saint-Michel, homard bleu de Bretagne...), pâté en croûte "champion du monde" (qui fait son petit tour de salle), fricassée de coquillages à l'oseille, premiers haricots verts, couteaux, coques et salicorne et... service à la cloche. Une parenthèse délicieuse.

- Menu 49 € (déjeuner), 79/139 €

Domaine du Lyon-Vert, 3 avenue Georges-Bassinet - 04 78 87 79 70 - www.pavillon-rotonde.com - Fermé : lundi, dimanche

CHARLIEU

42190 - Loire - Carte régionale n° **2**-A1

RELAIS DE L'ABBAYE

CUISINE MODERNE • CONTEMPORAIN Ce Relais de facture moderne, ouvert sur les prés environnants, est bien ancré dans son terroir. Aux fourneaux, on trouve un chef passionné de beaux produits, qui célèbre la production régionale (andouille de Charlieu, viande charolaise, fromage, etc.) dans des assiettes généreuses et soignées.

- Menu 26 € (déjeuner), 32/70 € - Carte 45/85 €

415 route du Beaujolais - 04 77 60 00 88 - www.relais-abbaye.fr

L'ATELIER RONGEFER

CUISINE MODERNE • CONTEMPORAIN Carine et Fabien Gauthier ont su marier l'esprit industriel de cette ancienne usine textile - poutrelles métalliques, verrière zénithale - et le confort d'un intérieur très contemporain : une vraie réussite. On y apprécie toujours une cuisine gastronomique vive et colorée, réglée sur les saisons, avec deux menus par mois.

- Menu 22 € (déjeuner), 36/53 €

22 rue Jean-Jaurès - 04 77 60 01 57 - www.atelierrongefer.fr - Fermé : mardi, mercredi, dimanche soir

CHARMES-SUR-RHÔNE

07800 - Ardèche - Carte régionale n° **2**-B3

LE CARRÉ D'ALETHIUS

Chef : Olivier Samin

CUISINE MODERNE • **TENDANCE** Entre Drôme et Ardèche, il souffle comme un parfum de Provence dans cette "maison romaine" dédiée au sénateur Aléthius. La villa est organisée autour de sa cour carrée, délicieux patio verdoyant où l'on s'attable aux beaux jours. Jeune légionnaire chez Jean-Michel Lorain à la Côte Saint-Jacques, Olivier Samin est devenu centurion chez Anne-Sophie Pic, l'emblématique chef trois étoiles de Valence où il a longtemps exercé le poste de second. Il compose une cuisine fraîche et sensible, au gré du marché (fruits et légumes régionaux, escargots de l'Eyrieux, fromages locaux) et des saisons (un menu est dédié à la truffe l'hiver, un autre au homard l'été), avec un sacré sens de l'équilibre : cuissons précises, veloutés et crèmes d'une légèreté aérienne. Carrément délicieux.

- Menu 35 € (déjeuner), 55/110 €

4 rue Paul-Bertois - 04 75 78 30 52 - www.lecarredalethius.com - Fermé : lundi, mardi midi, mercredi midi, dimanche soir

CHAROLS

26450 - Drôme - Carte régionale n° **2**-B3

CHÂTEAU LES OLIVIERS DE SALETTES N

CUISINE MODERNE • **HISTORIQUE** Sur la terrasse en été face au parc du beau château ou bien au chaud dans la salle à manger voûtée en galets roulés avec son salon où l'âtre crépite, la cuisine créative du nouveau chef met en valeur avec un talent certain les produits de la Drôme... Menus uniques sans choix possible.

- Menu 30 € (déjeuner), 62/90 €

1205 route du Château - 04 75 00 19 30 - www.chateau-lesoliviers.com - Fermé : lundi, mardi, mercredi midi

CHASSELAY

69380 - Rhône - Carte régionale n° **3**-E1

GUY LASSAUSAIE

Chef : Guy Lassausaie

CUISINE MODERNE • **ÉLÉGANT** C'est en 1984 que Guy Lassausaie a pris place aux fourneaux de cette maison familiale, fondée quatre générations plus tôt - en 1906 - dans cette périphérie lyonnaise aujourd'hui constellée d'étoiles (le Pont de Collonges du regretté Paul Bocuse n'est qu'à une poignée de kilomètres). Là, le Meilleur Ouvrier de France trace un sillon rudement efficace : il célèbre la tradition locale (et, plus généralement, française) avec enthousiasme et de jolies inspirations. Citons par exemple ce filet de bar de ligne, galette de seigle, caviar et fine purée d'artichaut, ou encore ce carré de cochon de lait et mangue acidulée... Une cuisine étonnante et souvent attachante.

- Menu 78/125 € - Carte 82/95 €

35 rue de Belle-Sise - 04 78 47 62 59 - www.guy-lassausaie.com - Fermé : mardi, mercredi

CHÂTEL

74390 - Haute-Savoie - Carte régionale n° **4**-F1

FLEUR DE NEIGE

CUISINE TRADITIONNELLE • **MONTAGNARD** Pâté en croûte de canard au foie gras, tête de veau sauce ravigote, pavlova aux myrtilles : cette cuisine de tradition, bonne et généreuse, se déguste dans une ambiance familiale, et à l'été sur la belle terrasse panoramique, avec vue sur les massifs du Chablais.

< ♿ - Menu 35/55 € - Carte 40/45 €

564 route de Vonnes - ✆ 04 50 73 20 10 - www.hotel-fleurdeneige.fr - Fermé : mercredi

LA POYA

CUISINE TRADITIONNELLE • MONTAGNARD La Poya ? C'est le nom de ces peintures locales représentant la montée des troupeaux aux alpages. Situé au cœur de la station, ce restaurant propose de savoureuses recettes traditionnelles où les produits du terroir jouent les stars. Une bonne adresse pour reprendre des forces après quelques descentes !

- Menu 18 € (déjeuner), 36/58 € - Carte 48/75 €

196 route de Vonnes - ✆ 04 50 81 19 34 - www.lapoya.fr - Fermé : mercredi, jeudi midi

LE VIEUX FOUR

CUISINE TRADITIONNELLE • RUSTIQUE Rustique et chaleureuse, cette vieille ferme (1852) joue la carte de l'authenticité et ravit ses hôtes. On admire les figurines nichées dans les mangeoires de l'étable, tout en se régalant de petits plats savoyards ou d'une cuisine plus actuelle.

- Menu 17 € (déjeuner), 29/53 € - Carte 29/35 €

55 route du Boude - ✆ 04 50 73 30 56 - Fermé : lundi

CHÂTILLON-SUR-CHALARONNE

✉ 01400 - Ain - Carte régionale n° **3**-E1

LA TOUR

CUISINE TRADITIONNELLE • CONTEMPORAIN Derrière une belle façade à colombages, on s'installe dans un décor baroque, où les bibelots abondent. Dans l'assiette, inspirée ancré par la tradition dombiste, les plaisirs défilent : fondant crémeux de brochet et écrevisse, volaille de la Dombes à la crème...

♿ AC - Menu 27/52 € - Carte 39/79 €

Place de la République - ✆ 04 74 55 05 12 - www.hotel-latour.com - Fermé : lundi, mardi midi, dimanche soir

CHAZELLES-SUR-LYON

✉ 42140 - Loire - Carte régionale n° **2**-A2

CHÂTEAU BLANCHARD

Chef : Sylvain Roux

CUISINE MODERNE • ÉLÉGANT Séduisante au milieu de son parc, cette grande maison des années 1920 s'inspire de la Renaissance italienne : peintures mythologiques en façade, marbre, mosaïques... Puis, dans l'élégante salle à manger à colonnes, la décoration fleure bon le contemporain avec son éclairage encastré, ses fauteuils profonds et son art de la table raffiné. Deux frères veillent sur cette affaire de famille : le sommelier Frédéric Roux, aux choix judicieux, et le chef Sylvain Roux dont les réjouissantes assiettes mettent en valeur les produits du terroir. Moelleuse caille et foie gras, fondant suprême de volaille fermière à la châtaigne, délicat ananas confit : chapeau.

♿ AC P - Menu 69/130 €

36 route de St-Galmier - ✆ 04 77 54 28 88 - www.hotel-chateau-blanchard.com - Fermé : lundi, dimanche

CHONAS-L'AMBALLAN

38121 - Isère - Carte régionale n° **2**-B2

LA TABLE DE PHILIPPE GIRARDON

Chef : Philippe Girardon

CUISINE MODERNE • **ÉLÉGANT** Plus de 25 ans d'étoile pour cette maison, et pourtant nulle trace de routine ni d'ennui dans les assiettes. Le terroir gonfle le torse, les produits sont impeccables, les assiettes finement travaillées dans une veine classique. Il faut dire que cette élégante demeure du 18e s., nichée dans un parc de trois hectares, fut jadis une villégiature pour les évêques de Lyon. C'est dans ce cadre chaleureux que l'on déguste le foie gras de canard mi-cuit macéré au saké ou un filet de veau du Limousin et son jus à la sarriette... Une adresse agréable, un bon rapport qualité/prix.

- Menu 80/145 €

Domaine de Clairefontaine, Chemin des Fontanettes - 04 74 58 81 52 - www.domaine-de-clairefontaine.fr - Fermé : lundi, mardi

LE COTTAGE

CUISINE TRADITIONNELLE • **BRANCHÉ** Le restaurant du Cottage est emmené par Philippe Girardon, chef dont la passion et l'expérience sont incontestables ; il réalise ici une cuisine bistrotière à base de beaux produits frais, que l'on dévore dans la grande salle à manger ou en terrasse, à l'ombre des platanes...

- Menu 32 € - Carte 41/55 €

616 chemin du Marais - 04 74 58 83 28 - www.domaine-de-clairefontaine.fr - Fermé : mercredi, jeudi

CLIOUSCLAT

26270 - Drôme - Carte régionale n° **2**-B3

LA FONTAINE

CUISINE TRADITIONNELLE • **BISTRO** Un bistrot de village sympathique. On aperçoit depuis la salle le chef s'activer en cuisine autour de produits du cru... Ici, on concocte une bonne cuisine régionale. Jolie terrasse sur la rue.

- Menu 23 € (déjeuner), 32 € - Carte 38/50 €

Le village - 04 75 63 07 38 - www.lafontaine-cliousclat.fr - Fermé : mardi soir, mercredi, dimanche soir

LA TREILLE MUSCATE

CUISINE MODERNE • **COSY** La terrasse, au cœur du village, dégage le charme de l'authenticité ; la salle voûtée est très cosy... Produits frais, saveurs régionales revisitées par le chef : l'assiette est au diapason. Tout est fait maison et cela se sent !

- Menu 25 € (déjeuner), 33 €

Le village - 04 75 63 13 10 - www.latreillemuscate.com - Fermé : lundi midi

LA CLUSAZ

74220 - Haute-Savoie - Carte régionale n° **4**-F1

LE CINQ

CUISINE MODERNE • **CONTEMPORAIN** Cette table est emmenée par un duo de passionnés, l'un chef de cuisine et l'autre pâtissier. Leur menu dégustation témoigne d'une attention particulière à l'esthétique des plats et à l'originalité des associations ; tout cela se déguste dans une salle luxueuse, à l'atmosphère "alpin chic".

- Menu 85 €

Au Cœur du Village, 26 montée du Château - 04 50 01 50 01 - www.hotel-aucoeurduvillage.fr - Fermé : lundi, dimanche et le midi

COLIGNY

✉ 01270 - Ain - Carte régionale n° **2**-B1

AU PETIT RELAIS

CUISINE TRADITIONNELLE • CLASSIQUE Ce Petit Relais propose une cuisine particulièrement goûteuse, assez sophistiquée, où se côtoient homard, poissons nobles, spécialités de la Bresse et vins choisis. La salle à manger est chaleureuse.

- Menu 24 € (déjeuner), 35/115 € - Carte 52/115 €

Grande-Rue - ✆ 04 74 30 10 07 - www.aupetitrelais.fr - Fermé : mercredi soir, jeudi soir, dimanche soir

COLLONGES-AU-MONT-D'OR

✉ 69660 - Rhône - Carte régionale n° **3**-E1

PAUL BOCUSE

CUISINE CLASSIQUE • ÉLÉGANT Tous les surnoms – primat des gueules, pape de la gastronomie – ne suffisent pas à résumer Paul Bocuse, chef hors pair, aussi fort aux fourneaux qu'en affaires, dont le décès en 2018 a laissé le monde des toques sans voix. Il est celui par qui les brigades et leurs chefs sont passés de l'obscurité à la lumière : il est, en quelque sorte, le premier des modernes. Depuis sa disparition, la brigade d'élite de la maison (deux chefs MOF, un pâtissier champion du monde de desserts glacés) perpétue l'héritage du grand chef : gratin de queues d'écrevisses ; soupe VGE au poulet, bœuf et truffes ; fricassée de volaille de Bresse... avec un magnifique chariot de desserts. L'histoire continue à Collonges-au-Mont-d'Or.

- Menu 195/295 € - Carte 200/270 €

40 quai de la Plage - ✆ 04 72 42 90 90 - www.bocuse.fr - Fermé : lundi, mardi

CONDORCET

✉ 26110 - Drôme - Carte régionale n° **2**-B3

LA CHARRETTE BLEUE

CUISINE TRADITIONNELLE • RUSTIQUE Impossible de manquer ce relais de poste du 18e s. avec sa charrette bleue sur le toit ! Joli hommage à René Barjavel, dont l'œuvre du même nom racontait son enfance au pays. L'esprit de la région habite le décor (terrasse sous les canisses) comme cette cuisine généreuse à l'instar de cet effiloché de raie, chou frisé, beurre blanc au citron, gingembre.

- Menu 29 € (déjeuner), 35/52 € - Carte 37/62 €

5 chemin Barjavel - ✆ 04 75 27 72 33 - www.lacharrettebleue.net - Fermé : mardi, mercredi

LES CONTAMINES-MONTJOIE

✉ 74170 - Haute-Savoie - Carte régionale n° **4**-F1

L'Ô À LA BOUCHE

CUISINE MODERNE • CONTEMPORAIN Un lieu, deux atmosphères, mais toujours l'eau à la bouche... Au rez-de-chaussée, cadre contemporain autour d'une cuisine gastronomique fraîche et goûteuse, concoctée par un chef qui affectionne les produits frais et le poisson ; au sous-sol (et seulement l'hiver), raclettes, fondues, grillades. Ne manquez pas non plus l'excellente charcuterie maison. Suggestions orales suivant le retour du marché. Une convivialité toute montagnarde.

- Menu 35/50 €

510 route Notre-Dame-de-la-Gorge - ✆ 04 50 47 81 67 - www.lo-contamines.com - Fermé : lundi, samedi midi

CORENC

✉ 38700 - Isère - Carte régionale n° **2**-C2

LE PROVENCE

POISSONS ET FRUITS DE MER • CONVIVIAL Ici, le chef fait lui-même son marché, d'où les suggestions à l'ardoise ; on peut aussi le voir travailler en cuisine via un écran. Sa spécialité : de grosses pièces de poissons cuites entières (pageot, pagre, denti, bar...). Pensez aussi à commander sa bouillabaisse, 48 h à l'avance (pour deux personnes), son autre spécialité ! Et côté Comptoir 28, petits plats à partager et prix doux.

- Menu 29 € (déjeuner), 49/85 € - Carte 65/95 €

28 avenue du Grésivaudan - ✆ 04 76 90 03 38 - www.leprovence.fr - Fermé : lundi, mercredi soir, samedi midi, dimanche

CORRENÇON-EN-VERCORS

✉ 38250 - Isère - Carte régionale n° **2**-C2

PALÉGRIÉ

CUISINE MODERNE • MONTAGNARD Superbes produits régionaux, plantes, herbes et légumes des environs... C'est avec tout cela que le chef, Guillaume Monjuré, réalise des assiettes à la fois fines et goûteuses, s'autorisant des pointes de créativité bien maîtrisée. Le tout est accompagné des bons vins sélectionnés par Chrystel Barnier, son associée.

- Menu 45 €

Hôtel du Golf, Les Ritons - ✆ 04 76 95 84 84 - www.hotel-du-golf-vercors.fr - Fermé : lundi midi, mardi midi, mercredi midi, jeudi midi, vendredi midi

LE COTEAU

✉ 42120 - Loire - Carte régionale n° **2**-A1

L'ATELIER LOCAVORE

CUISINE MODERNE • CONTEMPORAIN L'ancienne Auberge Costelloise a été reprise par un jeune chef du coin, et c'est une bonne nouvelle. La table propose une cuisine du marché goûteuse, riche d'un menu déjeuner à petit prix (ce jour-là, soupe glacée de tomates, burger maison et ses frites fraîches, crumble aux fruits rouges) ainsi qu'un menu-carte plus élaboré, dont on profite dans une salle à la "décoration industrielle" (pierres apparentes, briques rouges, ampoules nues...). A noter : des produits "sourcés" pour la plupart dans un rayon de deux-cent kilomètres.

- Menu 18 € (déjeuner), 34/48 €

2 avenue de la Libération - ✆ 04 77 68 12 71 - www.atelier-locavore.fr - Fermé : lundi, dimanche

✉ 73120 - Savoie
Carte régionale n° 2-D2

COURCHEVEL

À proximité du Parc national de la Vanoise, Courchevel est l'une des stations de sports d'hiver les plus prestigieuses au monde. Sa vocation originelle, dédiée au tourisme social, a été oubliée, au profit de l'image jet-set véhiculée par Courchevel 1850, la plus huppée des quatre stations. Un conseil avant de vous lancer vers la vallée, où aiguilles et masses glacées du mont Blanc affichent leur splendeur : prenez des forces ! Fromages, fruits croquants, vin de Savoie, jus de fruits, charcuteries, miel, bières, crozets : Courchevel n'est pas qu'une station de villégiature huppée, c'est un lieu de gourmandise, ouvert à tous les appétits. Et si vous n'avez guère le goût pour un civet de marmotte (que l'on chasse d'octobre aux premières neiges), recette traditionnelle des Alpes, préférez la traditionnelle tartiflette, ce plat conçu comme un gratin et cuisiné avec des tranches de pommes de terre, des lardons fumés et du reblochon fermier, le tout copieusement arrosé d'un vin blanc de Savoie.

✿✿✿ LE 1947 - CHEVAL BLANC

CUISINE CRÉATIVE • CONTEMPORAIN Remarquable parcours que celui de Yannick Alléno ! Au fil de sa progression régulière au sein des plus grands restaurants, le chef francilien a toujours su mettre sa passion au service de son ambition. Au cœur de l'Hôtel Cheval Blanc, il délivre pour une poignée de chanceux (cinq tables à peine) une saisissante partition de cuisine contemporaine, où la créativité et l'audace sont tout entières guidées par la recherche des saveurs. La Savoie est magnifiée à travers des produits superbes : chacun de ces trésors est travaillé avec le plus grand soin. Véritable marotte du chef, les sauces sont inoubliables – résultat d'un travail de longue haleine sur l'extraction et la fermentation –, et la maîtrise technique est totale : une leçon de haute cuisine.

- Menu 395 € - Carte 270/420 €

Plan : B3-1 – *Le Jardin Alpin, Courchevel 1850 – ✆ 04 79 00 50 50 – www.chevalblanc.com/courchevel – Fermé : lundi et le midi*

✿✿ LE CHABICHOU BY STÉPHANE BURON

CUISINE CLASSIQUE • ÉLÉGANT Une page se tourne dans cette institution des hauteurs de Courchevel : Michel et Maryse Rochedy, fondateurs du Chabichou dans les années 1960, en ont laissé les rênes à Stéphane Buron. Ce chef solide, Meilleur ouvrier de France 2004, connaît la maison comme sa poche et en perpétue fidèlement l'héritage : produits nobles travaillés dans les règles de l'art, partition tout en finesse, classicisme parsemé de variations bienvenues... de la belle ouvrage ! Côté décor, on trouve un intérieur d'une élégance toute feutrée : moquette, plafond à caissons, chaises à médaillons, etc.

- Menu 175/285 € - Carte 255/320 €

Plan : A1-4 - *Rue des Chenus, Courchevel 1850 - 04 79 08 00 55 - www.chabichou-courchevel.com - Fermé : mardi et le midi*

LE KINTESSENCE

CUISINE MODERNE • INTIME Ah, Courchevel... À la fois jet-set et écolo, le plus grand domaine skiable au monde est aussi une petite capitale du goût. Dans ce domaine, le Kintessence tire son épingle du jeu. On doit la réussite de cette table à Jean-Rémi Caillon, son chef exécutif, formé dans de belles maisons étoilées (La Chèvre d'Or à Eze et l'Abeille au Shangri-La). Laissez vos idées préconçues à la porte : le lieu, chaleureux et intime, donne l'impression d'être à la maison. Grands fauteuils moelleux, cheminée de pierre et service détendu achèvent de rendre l'expérience presque naturelle. Là, tout n'est qu'ordre et beauté... Les créations du chef sont aussi abouties que séduisantes : il magnifie le produit (notamment savoyard) sans artifice, avec talent et précision. Et n'oublions pas les superbes desserts, réalisés par le chef-pâtissier du Sarkara.

- Menu 250/350 €

Plan : B2-3 - *Le K2 Palace, 238 rue des Clarines, Courchevel 1850 - 04 79 40 08 80 - www.lek2palace.com - Fermé : lundi et le midi*

LE MONTGOMERIE

CUISINE CRÉATIVE • INTIME Alors, ça se passe comment, un dîner au Montgomerie ? Le plus naturellement du monde. Un voiturier vient vous quérir à votre hôtel. Le personnel, très accueillant, s'occupe du vestiaire, tout en vous proposant un verre au bar, avant de vous accompagner dans la petite salle feutrée, sous charpente. Vous pouvez vous laisser porter par le travail de Pieter Riedijk, toque hollandaise de talent, et, côté dessert, par les géniales intuitions de Sébastien Vauxion, par ailleurs chef du Sarkara. Vous repartez avec un cadeau, au cas où vous auriez un petit creux sur le chemin du retour. Ces gens-là pensent décidément à tout.

- Menu 230/310 €

Hors plan - *Le K2 Altitude, 356 route de l'Altiport, Courchevel 1850 - 04 79 01 46 46 - www.lek2altitude.com - Fermé : samedi et le midi*

SARKARA

CUISINE CRÉATIVE • COSY À partir du début d'après-midi, une divine surprise vous attend dans la salle du Kintessence, au sein de l'hôtel K2... Sébastien Vauxion, chef-pâtissier de grand talent, vous emmène dans un périple sucré d'un nouveau genre. Du jamais vu, ou presque ! Ses créations autour des fruits et légumes (mais aussi du chocolat) sont tout bonnement renversantes ; citons par exemple le céleri-clémentine, le pamplemousse-betterave, le cerfeuil-tubéreux et la poire. Et si la tonalité d'ensemble est sucrée, qu'on se rassure : c'est toujours de façon inventive et délicate, avec de brillants jeux de textures et de saveurs, et même en prime des accords ultra-précis avec des thés et cafés de grande qualité. On sort de là ravi par autant d'audace, et l'on se prend même à rêver d'un tel niveau de dessert dans tous les grands restaurants de France.

- Menu 175/250 €

Plan : B2-3 - *Le K2 Palace, 238 rue des Clarines, Courchevel 1850 - 04 79 40 08 80 - www.lek2palace.com - Fermé : lundi, mardi et le soir*

AZIMUT

Chef : François Moureaux

CUISINE MODERNE • TRADITIONNEL Ce petit restaurant propose une cuisine plutôt traditionnelle, qui ne cherche pas à surfer sur la mode du jour. Les produits sont choisis avec soin et mis en valeur avec simplicité : sauces goûteuses, cuissons justes, gourmandise promise et assurée. Lors d'un de nos passages, escargots en persillade et crémeux de Reblochon, filet de pintade braisée et sauce à la reine-des-prés. On accompagne le tout de bons vins du Jura – région où l'établissement prend ses quartiers d'été à Bonlieu – mais aussi en vins de bourgogne, bien représentés. Les prix mesurés (pour Courchevel) et l'accueil aimable ajoutent au plaisir du moment.

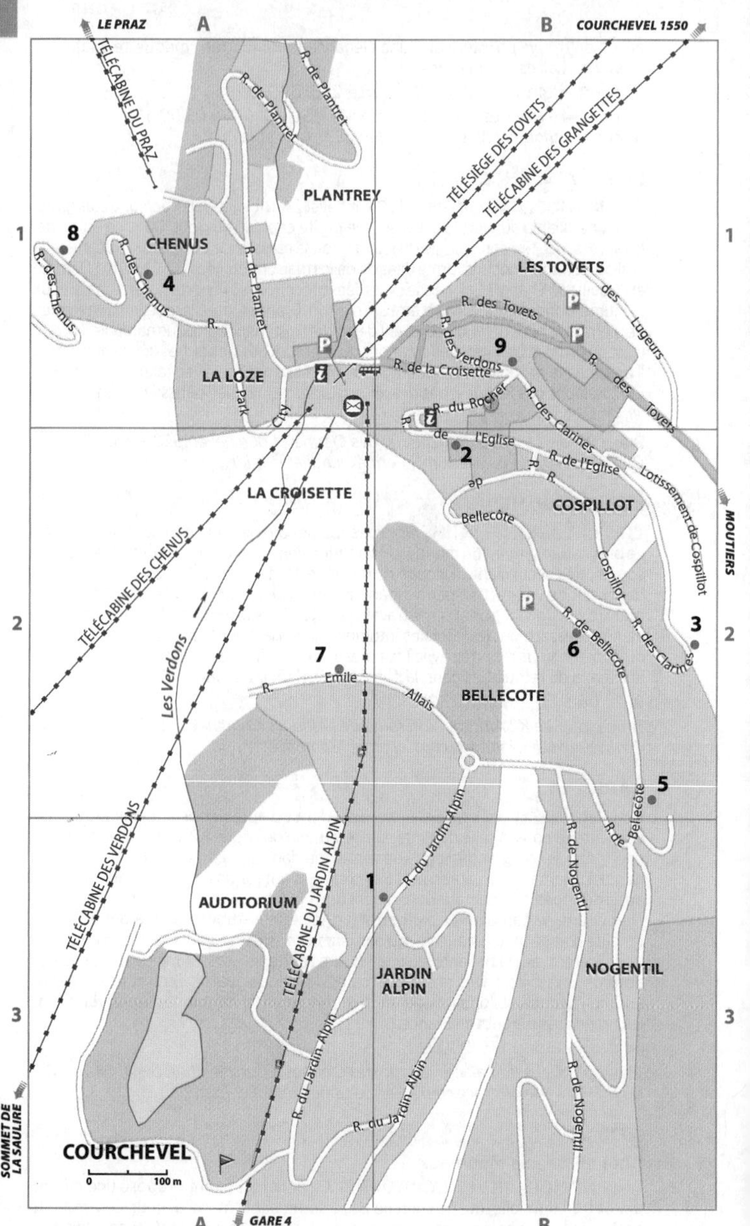
LE PRAZ
A
B
COURCHEVEL 1550
TÉLÉCABINE DU PRAZ
R. de Plantret
R. de Plantret
TÉLÉSIÈGE DES TOVETS
TÉLÉCABINE DES GRANGETTES
PLANTREY
1
8
CHENUS
4
R. des Chenus
R. des Chenus
R. de Plantret
LES TOVETS
R. des Tovets
R. des Verdons
R. des Lugeurs
R. des Tovets
9
LA LOZE
R. de la Croisette
R. du Rocher
R. des Clarines
Park City
R. de l'Eglise
2
R. de l'Eglise
R. de Bellecôte
LA CROISETTE
COSPILLOT
Lotissement de Cospillot
MOUTIERS
TÉLÉCABINE DES CHENUS
Cospillot
2
R. de Bellecôte
6
R. des Clarines
3
Les Verdons
7
R. Emile Allais
BELLECOTE
5
R. de Bellecôte
TÉLÉCABINE DES VERDONS
TÉLÉCABINE DU JARDIN ALPIN
R. du Jardin Alpin
R. de Nogentil
1
AUDITORIUM
JARDIN ALPIN
NOGENTIL
3
R. du Jardin Alpin
R. du Jardin Alpin
R. de Nogentil
SOMMET DE LA SAULIRE
COURCHEVEL
0
100 m
GARE 4

- Menu 40 € (déjeuner), 65/115 € - Carte 82/105 €

Hors plan - *273 rue de la Madelon, Immeuble l'Or Blanc, centre station 1300, Le Praz - 04 79 06 25 90 - www.restaurantazimut.com - Fermé : lundi, mercredi midi*

BAUMANIÈRE 1850

CUISINE MODERNE • ÉLÉGANT Nous voici à Courchevel, synonyme depuis 1947 de luxe alpin, station huppée où rien n'est trop beau ni trop bon… Dans ce cossu chalet façon pension de famille (très) chic, Jean-André Charial, chef et propriétaire du mythique Oustau de Baumanière, a promu aux fourneaux le jeune chef Thomas Prod'Homme. Formé dans la maison mère aux Baux-de-Provence, il a glissé ensuite tout schuss entre les tables de la Méditerranée, d'Antibes à Marseille, avant de faire l'ascension du K2 (ici même à Courchevel). Il slalome aujourd'hui avec précision et élégance entre produits locaux, influences hivernales et inspirations provençales : blette nacrée, truffe noire servie épaisse, crème double ; ris de veau glacé aux salsifis, yaourt de Savoie ; panais cuit en papillote, agrumes et safran des Bauges. Le plaisir est au rendez-vous.

- Menu 190/245 €

Plan : B2-5 - *Le Strato, Route de Bellecôte, Courchevel 1850 - 04 79 41 51 80 - www.hotelstrato.com - Fermé : lundi soir, dimanche soir*

LE FARÇON

Chef : Julien Machet

CUISINE MODERNE • COSY Nichée au cœur d'une forêt d'épicéas, la station de La Tania, toute proche de Courchevel, en est pourtant si différente ! Une superbe surprise vous y attend : le restaurant de Julien Machet régale ses convives de préparations minutieuses et soignées. Le chef compose une balade gustative qui plonge dans l'histoire du Duché de Savoie : les meilleurs produits de la Savoie, du Val d'Aoste, du Valais, du Piémont et jusqu'aux bords de la Méditerranée (sans oublier les légumes de saison, réminiscences du potager de sa grand-mère Mado) sont convoqués pour écrire une histoire délicieuse, juchée à 1400 mètres d'altitude. On se régale, la tête dans les nuages.

- Menu 48 € (déjeuner), 68/130 €

Hors plan - *Immeuble Kalinka, La Tania - 04 79 08 80 34 - www.lefarcon.fr - Fermé : dimanche*

SYLVESTRE WAHID - LES GRANDES ALPES (N)

CUISINE CRÉATIVE • ÉLÉGANT Sylvestre Wahid tient désormais table ouverte au cœur de la station. Épaulé par ses fidèles, le chef a choisi l'intimité pour cette nouvelle aventure alpestre : depuis sa cuisine ouverte, il régale seulement une quinzaine de convives dans un lieu exclusif. Cette expérience gastronomique sur mesure s'appuie volontiers sur les plats signatures du chef, revisités en altitude au gré de son inspiration, comme le tourteau de Roscoff ou le dessert citron et algues. Conclusion : le chef a parfaitement réussi son acclimatation à Courchevel. Produits magnifiques, ingrédients de luxe, sauces réconfortantes, assaisonnements pointus, technique irréprochable et surtout émotion illuminent un généreux menu dégustation.

Menu 190/390 €

Plan : B2-2 - *1 rue de l'Église - 04 79 00 00 00 - www.grandesalpes.com/fr - Fermé le midi*

BFIRE BY MAURO COLAGRECO

CUISINE MODERNE • TENDANCE Sur les hauteurs de la station, c'est ici le rendez-vous des saveurs italo-argentines et des belles viandes cuites au four à bois Josper, le tout supervisé par Mauro Colagreco (le Mirazur, à Menton)… Autant dire que vous êtes entre de bonnes mains ! C'est goûteux et généreux, et les saveurs sont au rendez-vous. Un mot enfin sur le service, élégant et efficace.

P - Carte 90/128 €

Plan : B2-6 - *Les Neiges, 422 rue de Bellecôte - 04 57 55 22 00 - www.hotelsbarriere.com - Fermé le midi*

LE BISTROT DU PRAZ

CUISINE MODERNE • MONTAGNARD Un ancien second du Cheval Blanc (à Courchevel) dirige cette maison sympathique, située légèrement en retrait de la route.

Dans l'assiette, on trouve une cuisine gourmande et soignée, qui oscille entre plats savoyards et créations plus exotiques ; le chef maîtrise bien son sujet et cela se sent !

- Carte 45/80 €

Hors plan - *Rue de la Chapelle, Le Praz - 04 79 08 41 33 - www.bistrotdupraz.fr*

KOORI

CUISINE JAPONAISE • **ÉLÉGANT** En complément de Comptoir de l'Apogée (fréquenté essentiellement par la clientèle de l'hôtel), le chef Jean-Luc Lefrançois partage ici sa passion du Japon et de sa culture - "koori", c'est la glace, en japonais. Les plats proposés, tout en épure et en délicatesse, doivent beaucoup à la tradition nippone, sans oublier les rolls et sashimis réalisés dans les règles de l'art. Les amateurs seront ravis, les autres aussi !

- Menu 175 € - Carte 79/200 €

Plan : A2-7 - *L'Apogée, 5 rue Émile-Allais, Courchevel 1850 - 04 79 04 01 04 - www.oetkercollection.com/fr/hotels/lapogee-courchevel - Fermé le midi*

1850

CUISINE TRADITIONNELLE • **ÉLÉGANT** En haut de la station, ce chalet de bois et de pierre a l'art de séduire en toute discrétion. Le chef Nicolas Vambre rend hommage à une cuisine française réconfortante. Produits de saison, frais et locaux, plats iconiques de notre patrimoine culinaire : voici ce qui attend les hôtes de La Sivolière.

- Menu 95/400 € - Carte 80/115 €

Plan : A1-8 - *La Sivolière, 444 rue des Chenus, Courchevel 1850 - 04 79 08 08 33 - www.hotel-la-sivoliere.com - Fermé le midi*

LE RESTAURANT DE CHEVAL BLANC N

CUISINE MODERNE • **ÉLÉGANT** Sous la houlette de Yannick Alléno, la brasserie alpine chic du luxueux hôtel Cheval Blanc réinvente avec brio la restauration d'altitude, avec une offre gastronomique contemporaine et décomplexée. Les papilles ne savent plus où donner de la tête ! Très belle carte des vins haut de gamme.

- Carte 100/250 €

Plan : B3-1 - *Cheval Blanc, Le Jardin Alpin, Courchevel 1850 - 04 79 00 50 50 - www.chevalblanc.com/courchevel*

LA SAULIRE

CUISINE TRADITIONNELLE • **MONTAGNARD** Un décor tout de bois blond, rehaussé de vieux objets montagnards... C'est dans ce cadre authentique et chaleureux que le chef Benoît Redondo propose une cuisine soignée, où la fameuse fondue savoyarde côtoie sans rougir la truffe du Périgord. A noter - délicate attention - que l'on ferme le midi par beau temps, pour laisser les skieurs profiter des pistes enneigées de la station.

- Carte 80/150 €

Plan : B1-9 - *16 place du Rocher, Courchevel 1850 - 04 79 08 07 52 - www.lasaulire.com*

CRÉMIEU

38460 - Isère - Carte régionale n° **2**-B2

AU PRÉ D'CHEZ VOUS

CUISINE MODERNE • **CONVIVIAL** Désormais installé à quelques encablures de son ancienne adresse, François-Xavier Bouvet réalise une cuisine franche et précise qui doit sans doute beaucoup à un parcours scintillant : il fut notamment chef-pâtissier de la Pyramide, à Vienne. Les assiettes sont bien construites, lisibles et soignées, avec (logique !) des desserts à tomber.

- Menu 48 € (déjeuner), 55/69 €

21 rue Porcherie - 09 83 99 23 28 - Fermé : lundi, mardi, mercredi, dimanche soir

CROLLES

✉ 38920 - Isère - Carte régionale n° **4**-F2

LA MAISON HAUTE

CUISINE MODERNE • **CONVIVIAL** Thomas Chegaray (en basque, "maison haute" se dit "etchegaray"), chef au beau parcours, concocte une cuisine actuelle à base de produits de saison, au gré d'une carte courte. Les plats, frais et colorés, jouent sur les textures et les goûts, ainsi cette grosse côte de cochon fermière, cuisson sur l'os, juteuse à souhait. Terrasse aux beaux jours et service très sympathique. Miam !

- Menu 23 € (déjeuner), 35/47 € - Carte 35/50 €

Place de l'Église - ✆ 04 76 08 07 68 - www.la-maison-haute.eatbu.com - Fermé : lundi, dimanche

CROZET

✉ 01170 - Ain - Carte régionale n° **4**-F1

JIVA

CUISINE MODERNE • **BRANCHÉ** En sanskrit, "jiva" signifie la vie : un nom engageant, voire même apaisant, pour ce resort au luxe discret. Au restaurant, on sert une cuisine française bien calibrée, fraîche et bonne, qui suit les saisons ; la clientèle profite dès que possible de la terrasse panoramique avec sa vue imprenable sur le mont Blanc.

- Menu 42 € (déjeuner) - Carte 68/94 €

Jiva Hill Resort, Route d'Harée - ✆ 04 50 28 48 14 - www.jivahill.com - Fermé : lundi, dimanche soir

CRUSEILLES

✉ 74350 - Haute-Savoie - Carte régionale n° **4**-F1

LE M DES AVENIÈRES

CUISINE TRADITIONNELLE • **CONTEMPORAIN** Très joli cadre que celui de ce restaurant d'esprit 1920, avec boiseries, lampes d'époque et banquettes en velours... On s'y régale au fil d'une carte courte et de saison, qui utilise au mieux les produits locaux (dont la production du château). Même philosophie avec la carte des vins, volontiers nature ou bio.

- Menu 49/63 € - Carte 59 €

Les Avenières, lieu-dit Chenaz - ✆ 04 50 44 02 23 - www.chateau-des-avenieres.com - Fermé : lundi, mardi, mercredi midi, jeudi midi

DARDILLY

✉ 69570 - Rhône - Carte régionale n° **3**-E1

BOL D'AIR

CUISINE TRADITIONNELLE • **CONVIVIAL** Dans cette maison de tradition, le chef travaille de beaux produits frais en fonction du marché, déclinant sans complexe une cuisine goûteuse et généreuse. Et l'hiver, c'est le cassoulet de Castelnaudary qui est à la carte – le patron est un Chaurien ! N'oublions pas enfin la "carte du boire" composée avec soin...

- Menu 28 € (déjeuner) - Carte 29/45 €

77 avenue de Verdun - ✆ 04 78 66 14 55 - www.restoboldair.com - Fermé : lundi soir, samedi, dimanche

LES DEUX-ALPES

✉ 38860 - Isère - Carte régionale n° **2**-C2

LE P'TIT POLYTE

CUISINE MODERNE • RUSTIQUE Le Chalet Mounier, c'est une histoire de famille : celle de Marie et Hippolyte Mounier, qui ouvrent cet hôtel, le premier de la station, en 1933. Vient ensuite le fils Robert, dès 1971, puis aujourd'hui Alban et sa compagne Angélique, qui perpétuent l'héritage. La salle, petite et cosy, est propice aux confidences. Le chef Tanguy Rattier propose trois menus dégustation, dont l'un 100% végétal. L'équipe en cuisine réalise un beau travail sur la présentation des plats et le choix des produits : on se régale de préparations aussi légères que pétillantes... Idem du côté de la belle carte des vins, avec des suggestions pertinentes. Décidément, ce P'tit Polyte a tout d'un grand.

- Menu 79/115 €

2 rue de la Chapelle - ✆ 04 76 80 56 90 - www.chalet-mounier.com - Fermé : lundi, dimanche et le midi

LE DIABLE AU CŒUR

CUISINE TRADITIONNELLE • CONVIVIAL Direction les cimes ! Empruntez le télésiège pour aller déjeuner dans ce diable de restaurant, perché à 2 400 m d'altitude. Dans le cadre agréable d'un chalet en bois clair, face à la Muzelle, on profite d'une cuisine fine et soignée, y compris dans la présentation des plats.

- Menu 42 € - Carte 40/75 €

✆ 04 76 79 99 50 - www.lediableaucoeur.com - Fermé le soir

DIVONNE-LES-BAINS

✉ 01220 - Ain - Carte régionale n° **4**-F1

LE RECTILIGNE

CUISINE MODERNE • CONTEMPORAIN Au bord du lac, cette bâtisse blanche abrite un restaurant résolument contemporain. Côté déco, mur d'eau, cave vitrée et, dans l'assiette, le même esprit moderne : cuissons à basse température et touches "d'ailleurs". Jolie sélection de vins au verre.

- Menu 40 € (déjeuner), 70/115 € - Carte 63/100 €

2981 route du Lac - ✆ 04 50 20 06 13 - www.lerectiligne.fr - Fermé : lundi, dimanche

DOUVAINE

✉ 74140 - Haute-Savoie - Carte régionale n° **4**-F1

Ô FLAVEURS

Chef : Jérôme Mamet

CUISINE MODERNE • ROMANTIQUE Ô saisons, ô châteaux, ô saveurs... comme dit le gourmet ! Avec ses pierres apparentes, ses poutres, son plancher et sa cheminée pour les rudes soirées d'hiver, cet authentique petit château du 15e s. ravira les âmes romantiques. Sur la terrasse, une clientèle majoritairement suisse se délecte de la cuisine pleine de saveurs et de fraîcheur de Jérôme Mamet, très soucieux de l'esthétisme de ses assiettes. Ce chef inventif et talentueux ne travaille que des produits de qualité, souvent bio, sélectionnés avec soin : féra, brochet, perche et écrevisse du lac Léman, poissons de mer sauvages pêchés à la ligne...

- Menu 53 € (déjeuner), 110/145 €

Château de Chilly - ✆ 04 50 35 46 55 - www.oflaveurs.com - Fermé : mardi, mercredi, dimanche soir

DUINGT

✉ 74410 - Haute-Savoie - Carte régionale n° **4**-F1

COMPTOIR DU LAC

CUISINE MODERNE • **DESIGN** Un restaurant aux airs de grande verrière indus' et contemporaine, cerné par la verdure, la montagne et le lac... Un endroit vraiment sympathique, pour une cuisine actuelle qui l'est elle aussi !

- Menu 27 € (déjeuner), 34/50 € - Carte 46/56 €

410 allée de la Plage - 04 50 68 14 10 - www.closmarcel.fr - Fermé : mardi, mercredi

ÉCULLY

✉ 69130 - Rhône - Carte régionale n° **3**-E1

SAISONS

CUISINE MODERNE • **BOURGEOIS** Ce château du 19e s., qui abrite l'école hôtelière internationale (autrefois placée sous l'égide de Paul Bocuse), propose une partition culinaire de haute volée. Elle est signée Florian Pansin, entouré d'une belle équipe tant en cuisine qu'en salle. On apprécie la finesse, la sensibilité, les dressages millimétrées, les assiettes colorées : belles langoustines rôties en croûte de gingembre et ail ; râble de lapin "entrelacé" avec de l'anguille fumée ; dessert autour de la rhubarbe et la menthe, tout en fraîcheur... Les cuissons sont justes, il y a ce qu'il faut de créativité dans l'assiette. En somme : une vraie et goûteuse cuisine de saison !

- Menu 60/89 € - Carte 80/140 €

Plan de Lyon : A1-85 - *1 A chemin de Calabert - 04 26 20 97 57 - www.saisons-restaurant.fr - Fermé : samedi, dimanche*

ÉVIAN-LES-BAINS

✉ 74500 - Haute-Savoie - Carte régionale n° **4**-F1

LES FRESQUES - HÔTEL ROYAL

CUISINE MODERNE • **LUXE** Installez-vous dans la majestueuse salle à manger de ce luxueux palace pour profiter des fresques Art Nouveau de Gustave Jaulmes. Le spectacle se déroule aussi dans l'assiette. Ici se déguste le meilleur du terroir Rhône-alpin, travaillé avec finesse et précision : poularde de Bresse au vin jaune, pêche du Léman selon arrivage (omble chevalier, perche etc.), filet de bœuf d'abondance fumé au foin d'alpage... Humble et passionné, le chef Patrice Vander ne propose que des produits nobles. L'atmosphère, exclusive et raffinée, comme le service, très attentif, contribue à ancrer cette expérience dans les mémoires.

- Menu 80/145 € - Carte 90/135 €

13 avenue des Mateirons - 04 50 26 85 00 - www.hotel-royal-evian.com - Fermé : lundi, dimanche et le midi

LE MURATORE

CUISINE TRADITIONNELLE • **HISTORIQUE** M. Muratore, liquoriste et confiseur, a donné son nom à cette maison lors de sa fondation en 1870. Dans un décor Belle Époque, on trouve aujourd'hui le sympathique Marc Serres, qui propose une cuisine réjouissante avec une bonne place faite aux poissons du lac (féra et perche, entre autres). Enfin, n'oublions pas la ravissante terrasse sous un vieux tilleul...

- Menu 29 € (déjeuner), 34 € - Carte 43/57 €

8 place du Docteur-Jean-Bernex - 04 50 92 82 49 - www.muratore-restaurant-evian.com - Fermé : lundi, dimanche soir

AU JARDIN D'EDEN

CUISINE TRADITIONNELLE • **BISTRO** À l'entrée de la ville, cette table réunit bien des qualités : un chef-patron au beau parcours - dont 15 ans passés au Grand Véfour -, un retour aux sources à Évian (sans jeu de mots), une cuisine généreuse et attentive aux saisons. Fricassée de ris de veau aux champignons, onglet de veau poêlé aux aromates et citron confit...

- Menu 28 € (déjeuner), 44/59 € - Carte 55/75 €

1 avenue Général-Dupas - 04 50 38 62 26 - www.jardin-eden-evian.com - Fermé : lundi, mardi midi, dimanche soir

LA VERNIAZ

CUISINE TRADITIONNELLE • CLASSIQUE Située sur les hauts d'Evian, cette hostellerie centenaire à l'atmosphère authentique a bénéficié de l'enthousiasme du chef Stéphane Coffy, qui propose une cuisine classique à l'esthétisme raffiné, rehaussé d'une touche créative. Ainsi la poularde de Bresse contisée à la truffe, sauce albufera et crozets ou le ris de veau coloré et croustillant, éclaté de polenta et onctueux de céleri. Savoureux.

P - Menu 48/80 € - Carte 78/99 €

1417 avenue du Léman, à Neuvecelle - 04 50 75 04 90 - www.verniaz.com - Fermé : lundi, mardi soir, dimanche soir

EYBENS

38320 - Isère - Carte régionale n° **2**-C2

LA TABLE DU 20

CUISINE TRADITIONNELLE • CONVIVIAL Situé au rez-de-chaussée d'un hôtel des années 1980, ce bistrot convivial fait le plein sans difficulté. Deux compères sont à l'origine de ce succès : Franck, au piano, propose une belle cuisine canaille, pleine de peps et de saveurs, tandis que Luc, sommelier, a toujours le vin qu'il vous faut... Plaisir garanti !

P - Menu 26 € (déjeuner), 48 € - Carte 38/54 €

20 avenue Jean-Jaurès - 04 76 24 76 93 - www.latabledu20.fr - Fermé : samedi, dimanche

FLEURIE

69820 - Rhône - Carte régionale n° **3**-E1

AUBERGE DU CEP

Chef : Aurélien Merot

CUISINE MODERNE • COSY Inutile de présenter cette maison emblématique du Beaujolais, devenue fameuse grâce au talent de la cheffe Chantal Chagny - 44 ans aux fourneaux, tout de même ! Son successeur, Aurélien Merot, s'inscrit dans une veine similaire, alliance de finesse et de générosité. Il fait chanter le terroir régional (poulet fermier de l'Ain cuisiné au vin de Fleurie, suprême farci au foie gras, la cuisse comme un coq au vin en pâte) avec un travail particulier sur les jus et les sauces. Le rapport qualité-prix se révèle excellent (le menu de midi est une affaire !) et l'on arrose le repas d'une belle sélection de vins de la région.

- Menu 26 € (déjeuner), 45/60 € - Carte 78/84 €

Place de l'Église - 04 74 04 10 77 - www.aubergeducep.com - Fermé : lundi, dimanche

FLUMET

73590 - Haute-Savoie - Carte régionale n° **4**-F1

LE TOI DU MONDE

Chef : Thomas Tricault

CUISINE MODERNE • MONTAGNARD Située sur les hauteurs de Flumet, cette grange rénovée propose une cuisine moderne et savoureuse, aux visuels léchés. Les produits, dont certains issus de l'immense potager maison (un demi-hectare !) sont de saison et de qualité. Ce jour-là, délicieux tartare de saumon fumé maison et cabillaud rôti au beurre d'ail. Chambres confortables et concerts le samedi soir, tous les quinze jours. C'est très bon, convivial et dépaysant.

L'engagement du chef : Nous sommes pleinement engagés dans une démarche durable. Notre potager nous permet de produire pommes de terre, légumes d'été et d'automne ; viandes et fromages viennent d'agriculteurs voisins. Le site est autonome en énergie thermique, neutre en carbone et équipé de bornes de recharge.

- Menu 34 € - Carte 41/54 €

Chemin des Zorgières - 04 79 10 63 53 - www.letoidumonde.com - Fermé : lundi, mardi, mercredi midi, jeudi midi, vendredi midi, dimanche soir

LES GETS

74260 - Haute-Savoie - Carte régionale n° **4**-F1

L'AS DES NEIGES

CUISINE MODERNE • **CONVIVIAL** As de cœur pour cet As des Neiges ! Un couple à la formation solide, apprise dans des maisons étoilées, propose une cuisine précise et goûteuse, inspirée du marché et des saisons (omble chevalier, fromages de petits producteurs locaux etc.), à déguster dans un décor de chalet contemporain, de pierre et bois. Une très plaisante surprise.

- Menu 34/50 € - Carte 38/55 €

624 rue du Centre - 04 50 80 62 53 - www.asdesneiges-lesgets.com - Fermé : mardi, mercredi

LES SOUPERS DU CRYCHAR

CUISINE TRADITIONNELLE • **CONVIVIAL** Installez-vous dans l'une des deux salles en bois blond pour déguster une poularde au vin jaune et morilles, un foie gras poêlé ou un baba au vieux rhum, à accompagner d'un verre de vin (plus de 250 références). Magnifique buffet de fromages, vue imprenable sur la montagne et les pistes.

- Menu 49 €

Crychar, 136 impasse de la Grange-Neuve - 04 50 75 80 50 - www.crychar.com - Fermé le midi

GEX

01170 - Ain - Carte régionale n° **4**-F1

LA TABLE DE LA MAINAZ

CUISINE MODERNE • **CONTEMPORAIN** Au col de la Faucille, sur les hauteurs de Genève dans le Haut-Jura, cet hôtel de luxe offre une bien jolie vue sur le Mont-Blanc et le lac Léman depuis sa salle à manger contemporaine. Aux fourneaux, on reconnaît la patte talentueuse du chef Julien Thomasson (ancien propriétaire étoilé des Ambassadeurs à Saint-Chamond dans la Loire). Il signe une agréable cuisine dans l'air du temps et maîtrise les jus et les sauces comme sur cet agneau de Mijoux, le rognon rosé, le filet rôti et l'épaule confite, gnocchis, artichaut et purée de pois chiche ou sur le rouget barbet, fondant de pommes de terre et jus végétal...

- Menu 99/139 €

Route du Col de la Faucille, lieu-dit La Mainaz - 04 50 41 31 10 - www.la-mainaz.com - Fermé : lundi, mardi

LA GIMOND

42140 - Loire - Carte régionale n° **2**-A2

LE VALLON DU MOULIN

CUISINE TRADITIONNELLE • **FAMILIAL** Au cœur du village, ce sympathique restaurant contemporain propose une cuisine goûteuse - saumon fumé au bois de hêtre ; rôti de pintade aux champignons - qui suit le rythme des saisons. Preuve d'authenticité : le pain est fait maison avec la farine du moulin voisin !

- Menu 38/58 €

Le Bourg - 04 77 30 97 06 - www.le-vallon-du-moulin.com - Fermé : lundi, mardi soir, mercredi, jeudi soir, dimanche soir

LE GRAND-BORNAND

✉ 74450 - Haute-Savoie - Carte régionale n° **4**-F1

CONFINS DES SENS

CUISINE MODERNE • INTIME La spécialité de la maison ? La délicieuse soupe de foie gras au muscat, avec une compotée d'oignons rouges et ses cromesquis. Un bel hommage au terroir, avec la touche de créativité qui fait la différence ; le tout est mis en scène par deux chefs en cuisine. Terrasse orientée plein Sud.

- Menu 29 € (déjeuner), 49/66 € - Carte 64/74 €

Le Villavit - ✆ 04 50 69 94 25 - www.confins-des-sens.com - Fermé : mercredi, dimanche soir

L'HÉLIANTIS

CUISINE MODERNE • CONTEMPORAIN Prenez un jeune couple, monsieur aux pianos, madame aux desserts, ajoutez une cuisine moderne, matinée de touches japonaises, saupoudrez de sourire et de motivation, et vous obtiendrez cette charmante adresse, où l'on ne s'ennuie jamais. Terrasse en été, et carte de saison.

- Menu 45/65 € - Carte 59/70 €

431 route de la Vallée-du-Bouchet - ✆ 04 50 02 29 87 - www.restaurant-heliantis.fr - Fermé : lundi, mardi midi, dimanche soir

GRANE

✉ 26400 - Drôme - Carte régionale n° **2**-B3

LE KLÉBER - LA MAISON BONNET

Chef : Sébastien Bonnet

CUISINE MODERNE • CONTEMPORAIN Julie et Sébastien Bonnet sont désormais installés dans un charmant village à quelques kilomètres de Crest, où se trouvait leur précédente adresse. Dans cet écrin cher à son cœur (il s'agit de l'ancienne Demeure de Grane, une institution locale où il a fait son apprentissage), Sébastien montre qu'il n'a rien perdu de sa verve et de son talent : sa cuisine de saison, axée autant sur la mer que la terre, est toujours aussi séduisante. Les assiettes sont précises, raffinées, voire même ludiques par instants. On se régale aussi des pains et brioches qui sortent du four de leur boulangerie. Et, pour ne rien gâcher, jolie carte des vins - notamment de la vallée du Rhône.

- Menu 67/117 € - Carte 88/128 €

2 place du Champ-de-Mars - ✆ 04 75 62 60 64 - www.lamaisonbonnet.fr - Fermé : lundi, mardi, mercredi midi, jeudi midi, dimanche soir

LEN'K - LA MAISON BONNET

CUISINE ACTUELLE • BISTRO Len'K, c'est la partie bistronomique de la nouvelle maison du couple Bonnet. Installé sur la terrasse à l'ombre des platanes, on passe un super moment en compagnie d'un pâté en croûte volaille et foie gras, ou d'un effeuillé de cabillaud à la purée de pois chiche et citron confit… Service décontracté.

- Menu 35/55 €

2 place du Champ-de-Mars - ✆ 04 75 62 60 64 - www.lamaisonbonnet.fr - Fermé : lundi, mardi, dimanche soir

GRANGES-LES-BEAUMONT

✉ 26600 - Drôme - Carte régionale n° **3**-E2

LES CÈDRES

Chef : Jacques Bertrand

CUISINE CLASSIQUE • ÉLÉGANT Il est des tables discrètes, qui vivent à l'abri du tumulte médiatique : les Cèdres font partie de cette catégorie-là. Entre Romans et Tain-l'Hermitage, dans la Drôme, on pénètre dans cette maison toute de vert vêtue, installée à l'ombre des… cèdres, donc, pour y découvrir le travail des frères Bertrand :

Jacques en cuisine et Jean-Paul en salle. Depuis 1988, ils ont développé leur restaurant à force de travail, d'humilité et de talent. Le résultat ? Une cuisine volontiers classique qui cultive le goût plutôt que la technique. Cerise sur le gâteau, l'accueil n'est pas en reste, chaleureux et efficace d'un bout à l'autre du repas.

- Menu 115/180 €

25 rue Henri-Machon - 04 75 71 50 67 - www.restaurantlescedres.fr - Fermé : lundi, mardi, mercredi, dimanche soir

GRENOBLE

38000 - Isère - Carte régionale n° **2**-C2

LE FANTIN LATOUR - STÉPHANE FROIDEVAUX

Chef : Stéphane Froidevaux

CUISINE CRÉATIVE • TENDANCE D'année en année, Stéphane Froidevaux étoffe sa palette de chef et affine son style, armé d'une sincérité à tout épreuve. Avec le temps il a trouvé un bel équilibre, et ses assiettes en témoignent ! Tomates colorées dans une nage de thé blanc glacé parfumé, citronnelle et bergamote ; fleur de courgette farcie, jus crémé à la verveine, chou-rave et petits pois... Un travail soigné, goûteux, créatif sans être débridé, et qui porte toujours la marque de la proximité avec la nature - à l'image de ces herbes et fleurs qu'il ramène lui-même de la cueillette. La Brasserie du Fantin sert au déjeuner un menu d'un bon rapport qualité-prix, très prisé des habitués qui occupe très vite la terrasse aux beaux jours !

- Menu 83/120 €

Plan : B2-1 - *1 rue Général-de-Beylie - 04 76 24 38 18 - www.fantin-latour.fr - Fermé : lundi, dimanche et le midi*

JEANETTE N

CUISINE MODERNE • DE QUARTIER Vins de terroir vinifiés naturellement, fruits et légumes bio issus des vallées autour de Grenoble, huiles aromatisées maison, tri des déchets et autres gestes respectueux de l'environnement : nos deux Jeannette(s) signent dans leur sympathique bistrot une cuisine originale et authentique (d'un très bon rapport qualité-prix, surtout au déjeuner).

Menu 24 € (déjeuner) - Carte 31/40 €

Plan : A2-6 - *3 rue Génissieu - 09 54 61 61 54 - www.jeanette-restaurant.fr - Fermé : lundi midi, mardi, mercredi soir, jeudi soir, dimanche midi*

LE ROUSSEAU

CUISINE CRÉATIVE • TENDANCE Le Rousseau, c'est un jeune chef, Élie Michel-Villaz, qui a fait de la simplicité son mantra et sa principale qualité. La partition est fraîche, travaillée avec beaucoup de soin, mariée à des flacons choisis avec amour (300 références, beaucoup de nature et biodynamie)... et servie en toute convivialité. Une affaire (locavore) qui roule.

- Menu 26 € (déjeuner), 35/52 €

Plan : A2-2 - *3 rue Jean-Jacques-Rousseau - 04 76 14 86 75 - www.lerousseaugrenoble.fr - Fermé : samedi, dimanche*

L'AMÉLYSS

CUISINE MODERNE • ÉPURÉ Un jeune couple a fait de cette adresse un restaurant attachant, qui bouleverse un peu les codes. Les plats modernes de la cheffe Éloise Pelletier sont pleins de fraîcheur et d'envie, les produits ultra-frais, les assaisonnements sont millimétrés et les associations de saveurs subtiles. Belle carte des vins bien ficelée par monsieur qui assure le service. Au top !

- Menu 25 € (déjeuner), 42 €

Plan : A2-4 - *3 boulevard Gambetta - 04 76 42 35 84 - Fermé : lundi soir, samedi, dimanche*

BRASSERIE CHAVANT

CUISINE TRADITIONNELLE • BRASSERIE En plein centre-ville, cette adresse en impose avec son décor chic et baroque ! L'été, on profite de la terrasse face au lycée Champollion pour déguster les incontournables de la maison : ravioles de

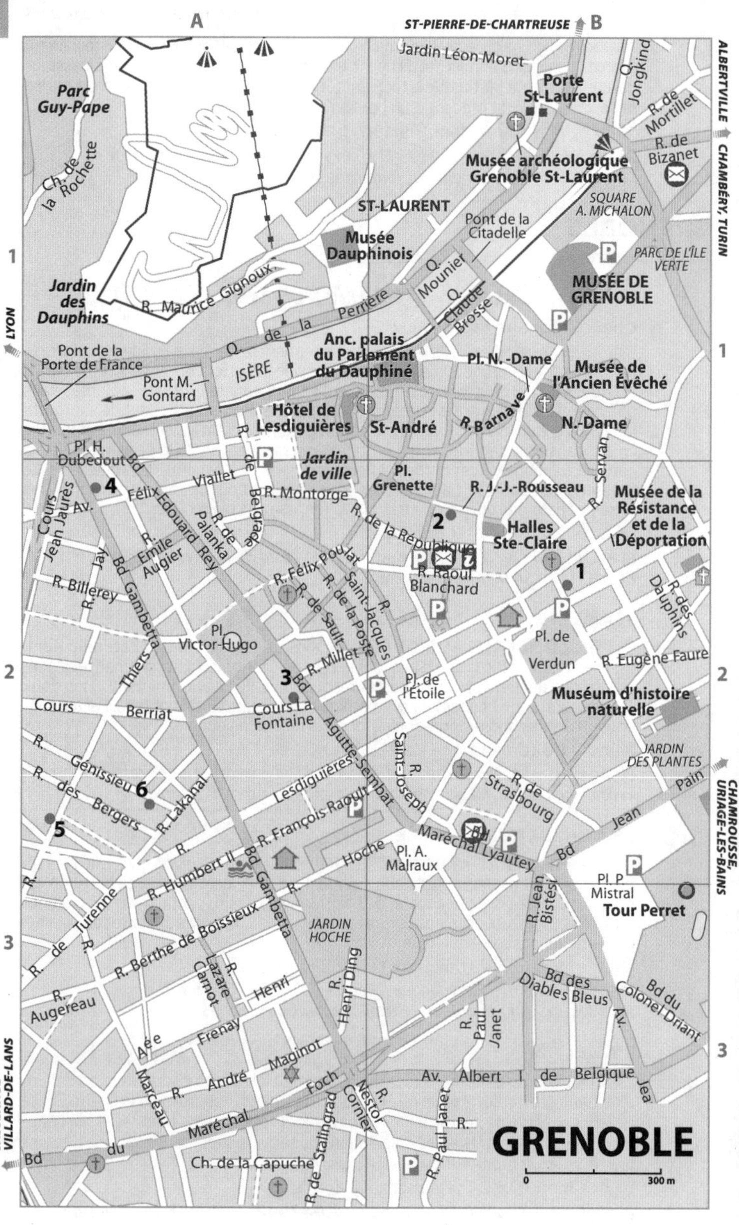
A
ST-PIERRE-DE-CHARTREUSE
B
ALBERTVILLE
CHAMBÉRY, TURIN
LYON
CHAMROUSSE, URIAGE-LES-BAINS
SASSENAGE VILLARD-DE-LANS
1
2
3
Parc Guy-Pape
Ch. de la Rochette
Jardin Léon Moret
Porte St-Laurent
Q. Jongkind
R. de Mortillet
R. de Bizanet
Musée archéologique Grenoble St-Laurent
ST-LAURENT
SQUARE A. MICHALON
Pont de la Citadelle
Musée Dauphinois
PARC DE L'ÎLE VERTE
MUSÉE DE GRENOBLE
Jardin des Dauphins
R. Maurice Gignoux
Q. Mounier
Q. Claude Brosse
Q. de la Perrière
Pont de la Porte de France
ISÈRE
Pont M. Gontard
Anc. palais du Parlement du Dauphiné
Pl. N.-Dame
Musée de l'Ancien Évêché
Hôtel de Lesdiguières
St-André
R. Barnave
N.-Dame
Pl. H. Dubedout
R. de Belgrade
Jardin de ville
Pl. Grenette
R. J.-J.-Rousseau
R. Servan
Musée de la Résistance et de la Déportation
Cours Jean Jaurès
Av. Félix Viallet
R. Montorge
4
Bd Édouard Rey
R. de Palanka
R. Émile Augier
R. Jay
R. de la République
2
Halles Ste-Claire
R. Raoul Blanchard
1
R. des Dauphins
R. Billerey
R. Félix Poulat
R. de Sault
R. de la Poste
R. Saint-Jacques
Pl. Victor-Hugo
R. Millet
Bd Gambetta
Thiers
Pl. de Verdun
R. Eugène Faure
3
Bd Agutte-Sembat
Pl. de l'Étoile
Muséum d'histoire naturelle
Cours Berriat
Cours La Fontaine
R. Saint-Joseph
JARDIN DES PLANTES
R. Génissieu
6
R. des Bergers
5
R. Lakanal
R. Lesdiguières
R. François Raoult
R. de Strasbourg
Bd Maréchal Lyautey
Bd Jean Pain
R. Humbert II
Hoche
Pl. A. Malraux
Pl. P. Mistral
Tour Perret
R. Jean Bistési
R. de Turenne
R. Berthe de Boissieux
JARDIN HOCHE
R. Lazare Carnot
R. Henri Ding
R. Henri
Bd des Diables Bleus
Bd du Colonel Driant
R. Augereau
Allée Frenay
R. Paul Janet
R. Marceau
R. André Maginot
Av. Albert I de Belgique
Bd du Maréchal Foch
R. Nestor Cornier
R. de Stalingrad
Ch. de la Capuche
R. Paul Janet
GRENOBLE
0
300 m

langoustines, truffes et foie gras ; poêlée de calamars au piment d'Espelette, sauce basquaise. Pour l'anecdote : Chavant était le nom des ancêtres du maître des lieux, restaurateurs depuis 1852.

- Carte 37/56 €

Plan : A2-3 - *2 cours Lafontaine - 04 76 87 61 83 - www.brasserie-chavant.fr*

MADAM

CUISINE MODERNE • **VINTAGE** Nouvelle équipe sous la houlette d'Alexandre Zdankevitch (ex-Zdank) qui a fréquenté de belles maisons (comme le Bristol ou Agapé). Fort de sa belle maîtrise technique, il assure une partition moderne à la gloire des produits régionaux - de l'escargot du Vercors à la Noix de Grenoble ! Le tout à déguster dans un cadre rétro des années 1930, qui ne gâche rien... Menu du marché le midi en semaine et plus élaboré le soir et le samedi.

- Menu 29 € (déjeuner), 55 €

Plan : A2-5 - *34 rue Thiers - 04 76 50 12 50 - www.restaurant-madam.fr - Fermé : lundi, dimanche*

GRESSE-EN-VERCORS

38650 - Isère - Carte régionale n° **2**-C2

LE CHALET

CUISINE TRADITIONNELLE • **RUSTIQUE** Maison forte durant le Moyen Âge, couvent jusqu'en 1905, ce "chalet" est devenu un hôtel-restaurant sous l'impulsion de la famille Prayer, autour de deux valeurs primordiales : tradition et générosité. En témoignent les assiettes goûteuses, tels ce saumon fumé maison ou le gigot d'agneau cuit sept heures, et son gratin du Vercors...

- Menu 16 € (déjeuner), 21/48 € - Carte 48/61 €

Le village - 04 76 34 32 08 - www.hotellechalet.fr - Fermé : mercredi

GRIGNAN

26230 - Drôme - Carte régionale n° **2**-B3

LE CLAIR DE LA PLUME

Chef : Julien Allano

CUISINE MODERNE • **ÉLÉGANT** Niché au pied du château de Madame de Sévigné, le Clair de la Plume incarne à merveille l'hospitalité et la gourmandise provençales. Authentique gourmand aux yeux rieurs, le chef avignonnais Julien Allano ne connaît pas l'angoisse de la page blanche. Tout commence chez lui par une correspondance assidue avec un producteur : huile d'olive de Nyons, pintades et petits légumes de la Drôme, poissons de la criée du Grau du Roi, asperges et fraises de l'Isère, etc. Il connaît le registre des beaux produits méditerranéens sur le bout des doigts... y compris la truffe, dit-il, qu'il a "réussi à apprivoiser". Son couscous d'agneau de Provence rôti, pané, confit et accompagné d'une purée d'abricots et d'une semoule de brocoli, ne laisse pas indifférent. En parfait binôme avec le chef, Cédric Perret compose une partition sucrée en osmose avec la saison, et apporte souvent une touche légumière à ses desserts.

L'engagement du chef : 95 % des produits que nous cuisinons sont issus d'exploitations situées à moins de 70 km. Les poissons sont pêchés durablement en Méditerranée, l'agneau et les volailles proviennent de fermes de proximité situées dans un rayon de 50 km et les fruits et légumes bio sont cultivés dans la Drôme.

- Menu 115/135 €

2 place du Mail - 04 75 91 81 30 - www.clairplume.com - Fermé : lundi, mardi, mercredi midi, jeudi midi, vendredi midi

LE BISTRO CHAPOUTON

CUISINE TRADITIONNELLE • **BISTRO** Le "côté bistro", à 400 m du Clair de la Plume. On se régale ici d'une cuisine franche et bien pensée. Pour le confort, neuf chambres à la décoration contemporaine, et une agréable piscine.

- Menu 34 € - Carte 41/70 €

200 route de Montélimar - 04 75 00 01 01 - www.chapouton.com

LE POÈME DE GRIGNAN

CUISINE MODERNE • INTIME Tout un poème, cette maison de village avec ses porcelaines anciennes et ses fleurs ! Ici, tout est soigné, goûteux, fait sur place... et sent bon la Provence. Une invitation aux plaisirs de la région.

- Menu 36 € (déjeuner), 42/62 €

Rue Saint-Louis - 04 75 91 10 90 - Fermé : mardi, mercredi

LA TABLE DES DÉLICES

CUISINE PROVENÇALE • ÉLÉGANT La maison, des années 1980, est sur la route de la grotte où Mme de Sévigné aimait se retirer. Le chef concocte une goûteuse cuisine régionale, dans un esprit gastronomique. Belle carte des vins.

- Menu 30 € (déjeuner), 50 € - Carte 52/62 €

Chemin de Bessas - 04 75 46 57 22 - www.latabledesdelices.com - Fermé : lundi, mardi soir, mercredi soir, jeudi soir, dimanche soir

GRILLY

01220 - Ain - Carte régionale n° **4**-F1

AUBERGE DE GRILLY

CUISINE MODERNE • AUBERGE À trois kilomètres de Divonne-les-Bains, dans un charmant village, l'auberge est installée tout près de l'église : ô saints de la gourmandise, priez pour nous ! Si le décor est plutôt rustique, la cuisine, elle, fait dans le moderne et le beau produit. Attention : la réservation est impérative, le week-end surtout.

- Menu 29/54 €

34 ruelle de l'Église - 04 50 20 25 14 - www.aubergedegrilly.com - Fermé : lundi soir, mardi, mercredi, dimanche soir

GROISY

74570 - Haute-Savoie - Carte régionale n° **4**-F1

AUBERGE DE GROISY

CUISINE CLASSIQUE • COSY Une jolie ferme du 19e s. revue à la mode d'aujourd'hui : pierres apparentes et poutres pour le cachet. Un endroit charmant pour déguster une cuisine bien dans son temps, gourmande à souhait, qui valorise les produits de la région. Enfin, un vrai artisan cuisinier ! Coup de cœur assuré.

- Menu 25 € (déjeuner), 35/81 € - Carte 51/75 €

34 route du Chef-Lieu - 04 50 68 09 54 - www.auberge-groisy.com - Fermé : lundi, mardi, dimanche soir

HAUTELUCE

73620 - Savoie - Carte régionale n° **2**-D1

LA FERME DU CHOZAL

CUISINE MODERNE • CONVIVIAL Ce restaurant cultive un style montagnard typique ; la cuisine n'en n'est pas moins actuelle et appétissante, réalisée avec de beaux produits du terroir, et de jolies associations terre-mer : en témoigne ce croustillant d'omble, crozets, saucisse fumée et glace au reblochon... Sans oublier une remarquable carte de vins alpins.

- Menu 38/95 € - Carte 66/78 €

361 route des Combes - 04 79 38 18 18 - www.lafermeduchozal.com - Fermé : lundi

MONT BLANC RESTAURANT & GOÛTER

CUISINE MODERNE • MONTAGNARD Cette hostellerie centenaire, située à l'entrée du village et joliment rénovée, accueille l'enthousiasme d'un jeune chef, ancien pâtissier d'une maison étoilée. Aux jours d'été, on s'installe sur la terrasse ensoleillée, face aux massifs du Beaufortain. L'après-midi, les goûters sucrés du chef sont fort recommandables. Le menu change chaque semaine. Réservation très conseillée.

- Menu 55/75 €

16 rue de la Voûte - 04 79 37 01 61 - www.montblanc-restaurant.com - Fermé : lundi, mardi, mercredi midi, jeudi midi, vendredi midi, samedi midi

L'ISLE-D'ABEAU

38080 - Isère - Carte régionale n° **2**-B2

LE RELAIS DU ÇATEY

CUISINE CLASSIQUE • TENDANCE Décor et éclairage contemporains soulignent le cachet préservé de cette maison dauphinoise de 1774. Rognon de veau juste poêlé et beurre mousseux au poivre de Sarawak ; mirabelles en tarte fine... Plats classiques et pointes d'inventivité.

- Menu 32 € (déjeuner), 47/72 €

10 rue du Didier - 04 74 18 26 50 - www.le-relais-du-catey.com - Fermé : lundi, dimanche

JASSANS-RIOTTIER

01480 - Ain - Carte régionale n° **3**-E1

L'EMBARCADÈRE

CUISINE TRADITIONNELLE • BRASSERIE "Cuisine de campagne au bord de l'eau" : voilà le credo de cette adresse griffée Georges Blanc, au bord de la Saône, entre guinguette chic et brasserie contemporaine. Quand la tradition se fait tendance... Embarquement immédiat !

- Menu 22 € (déjeuner), 25/58 € - Carte 37/70 €

15 avenue de la Plage - 04 74 07 07 07 - www.lespritblanc.com

JONGIEUX

73170 - Savoie - Carte régionale n° **2**-C1

LES MORAINIÈRES

Chef : Michaël Arnoult

CUISINE CRÉATIVE • CONTEMPORAIN Michaël Arnoult, formé chez Emmanuel Renaut, a transformé l'auberge des Morainières en un véritable petit paradis, dominant le coteau planté de vignes et la vallée du Rhône. Son credo : la fraîcheur du produit et le respect de celui ou celle qui l'a fait grandir. Choisir les producteurs locaux, les connaître, travailler de concert avec eux : une priorité. Gibiers, asperges vertes, agneau de lait, truite ou féra... cette exigence se lit dans l'assiette. Un plat représentatif de son art ? Prenons alors ce tartare d'écrevisse du Rhône de superbe fraîcheur, magnifié par son subtil jus de carcasse, ses fleurs de coriandre et de tagète anisata : l'excellence même ! On s'attable dans une salle épurée à l'image de la cuisine du chef, et ouvrant sur la vallée. Pour l'étape, six chambres confortables à quelques kilomètres du restaurant. Plus que jamais, les Morainières valent le détour.

- Menu 148/220 €

Route de Marétel - 04 79 44 09 39 - www.les-morainieres.com - Fermé : lundi, mardi

JOUX

69170 - Rhône - Carte régionale n° **2**-A1

LE TILIA

CUISINE MODERNE • AUBERGE Tilia ? C'est le nom latin du tilleul, dont un spécimen quadri-centenaire trône en face du restaurant. Le chef, qui a notamment travaillé aux Etats-Unis et en Australie, mitonne une cuisine traditionnelle qui s'offre parfois des escapades plus modernes. Et pour le repos du gourmet, cinq jolies chambres contemporaines rendent hommage aux chefs illustres pour lesquels le patron a travaillé (Bocuse, Haeberlin, Lorrain...).

- Menu 35/85 €

Place du Plaisir - 04 74 05 19 46 - www.letilia.com - Fermé : lundi, mardi, dimanche soir

JOYEUSE

07260 - Ardèche - Carte régionale n° **2**-A3

LA MAISON DE NANY

CUISINE MODERNE • **COSY** On franchit une volée de marches pavées, dans ce petit centre-ville joliment préservé, pour rejoindre le repaire de Nany : une trentaine de places assises, quelques objets chinés... et bien sûr la cuisine de la cheffe, simple et maîtrisée, renouvelée chaque semaine. On aurait tort de se priver.

Carte 46/60 €

6 rue de la Recluse - 06 26 59 53 37 - Fermé : lundi, mardi

LANARCE

07660 - Ardèche - Carte régionale n° **2**-A3

LE PROVENCE

CUISINE TRADITIONNELLE • **FAMILIAL** À mi-chemin entre Aubenas et Le Puy-en-Velay, faites étape dans ce sympathique restaurant ! On y apprécie une cuisine gourmande et généreuse axée sur les produits du terroir : agneau provenant de l'élevage familial, charcuteries, cèpes, myrtilles, etc. Une bonne adresse.

- Menu 24/32 €

N 102 - 04 66 69 46 06 - www.hotel-le-provence.com - Fermé : lundi, dimanche soir

LANS-EN-VERCORS

38250 - Isère - Carte régionale n° **2**-C2

LE BOIS DES MÛRES

CUISINE TRADITIONNELLE • **CONTEMPORAIN** Lovée au cœur de la verdure, cette adresse séduit grâce à sa cuisine familiale copieuse, à l'instar de ce rôti d'épaule d'agneau, purée de patate douce. Agréable terrasse pour l'été et menu déjeuner à prix imbattable !

- Menu 18 € (déjeuner), 32 € - Carte 45/55 €

815 avenue Léopold-Fabre - 04 76 95 48 99 - Fermé : lundi, mardi

LOIRE-SUR-RHÔNE

69700 - Rhône - Carte régionale n° **2**-B2

MOUTON-BENOIT

CUISINE MODERNE • **CONTEMPORAIN** Au bord de la route, cet établissement fondé en 1822 abritait autrefois les fourneaux des "mères" Dumas. En hiver, on y déguste la spécialité du chef : le lièvre à la royale selon la recette immortalisée par le sénateur Couteaux... il y a plus d'un siècle ! Enfin, de délicieux desserts viennent conclure ce repas.

- Menu 35 € (déjeuner), 49/68 €

417 rue Étienne-Flachy - 06 98 94 12 12 - www.restaurant-moutonbenoit.co - Fermé : lundi, mardi, samedi midi, dimanche soir

LUCINGES

✉ 74380 - Haute-Savoie - Carte régionale n° **4**-F1

LE BONHEUR DANS LE PRÉ

CUISINE MODERNE • BISTRO Dans cette vieille ferme en pleine nature, on joue à fond la carte de l'authenticité ! En cuisine, le chef compose un menu unique à partir de beaux produits locaux. Le tout bien accompagné d'un vin du coin. Dès lors, comment ne pas être convaincu que... le Bonheur est dans Le Pré ! Belle carte des vins.

- Menu 35/40 €

2011 route de Bellevue - ✆ 04 50 43 37 77 - www.lebonheurdanslepre.com - Fermé : lundi, mardi midi, mercredi midi, jeudi midi, vendredi midi, samedi midi, dimanche soir

MACHILLY

✉ 74140 - Haute-Savoie - Carte régionale n° **4**-F1

LE REFUGE DES GOURMETS

Chef : Hubert Chanove

CUISINE MODERNE • ÉLÉGANT Dans ce petit village de Haute-Savoie qui fut longtemps un haut-lieu de la culture de la framboise, le gourmet trouvera refuge dans cette auberge discrète. Ce restaurant cossu, d'inspiration Belle Époque, a été entièrement rénové dans un esprit contemporain. À la suite de son père, le chef Hubert Chanove compose une cuisine moderne aux touches créatives, inspirée des produits locaux et de la cueillette des fleurs et des herbes sauvages. Ses préparations s'articulent en général autour d'une saison ou d'un produit (écrevisses et poissons du Léman, chasse, morilles, truffe noire...). Le Côté Bistro est ouvert au déjeuner (du mer. au sam. et sur réservation uniquement).

- Menu 69/105 €

90 route des Framboises - ✆ 04 50 43 53 87 - www.refugedesgourmets.com - Fermé : lundi, mardi, dimanche soir

MALATAVERNE

✉ 26780 - Drôme - Carte régionale n° **2**-B3

DOMAINE DU COLOMBIER

CUISINE CRÉATIVE • ÉLÉGANT Sur les ruines d'un ermitage monastique, en pleine Drôme provençale, ce restaurant séduit d'abord l'œil avec sa pierre apparente, ses plafonds voûtés, son mobilier vintage et son apaisante terrasse. Aux fourneaux, on trouve le chef Jean-Michel Bardet, ancien second d'Emmanuel Renaut à Londres puis à Megève, et ancien chef du Moulin de L'Abbaye à Brantôme. Comme on l'imaginait, il maîtrise très bien son sujet, et peut compter sur le soutien d'une équipe solide. Les assiettes, légères et bien présentées, célèbrent la région avec à-propos : gambero de Méditerranée "plancha", condiment de fenouil sauvage et pâte de cacahuètes ; pigeon fermier de la Drôme cuit sur carcasse, onctueux petit épeautre aux amandes...

- Menu 65 € (déjeuner), 135 €

270 chemin de Malombre - ✆ 04 75 90 86 86 - www.domaine-colombier.com - Fermé : mardi, mercredi

LE BISTROT 270

CUISINE TRADITIONNELLE • BISTRO Le second restaurant du Domaine du Colombier propose une cuisine de bistrot bien ficelée, inspirée par des produits d'une qualité irréprochable. Les recettes simples et goûteuses, aux saveurs franches, font honneur aux classiques - foie gras de canard mi-cuit ; quasi de veau ; parmentier.

Aux beaux jours, on profite de la terrasse, située à proximité de la piscine et du bar du pool house, avec vue sur les champs et la bastide.

- Menu 32/45 €

270 chemin de Malombre - 04 75 90 86 86 - www.domaine-colombier.com - Fermé : samedi, dimanche

MANIGOD

74230 - Haute-Savoie - Carte régionale n° **3**-F1

LA MAISON DES BOIS - MARC VEYRAT

CUISINE CRÉATIVE • MONTAGNARD Nous n'avons pas pu évaluer ce restaurant en raison de sa fermeture prolongée. Nos inspecteurs ont hâte de redécouvrir cette adresse pour partager leur expérience. Nous vous invitons à consulter le site MICHELIN.COM où les informations sont régulièrement mises à jour.

Au Col de la Croix-Fry - 04 50 60 00 00 - www.marc-veyrat.fr - Fermé : lundi, mardi, mercredi, jeudi midi

LA TABLE DE MARIE-ANGE

CUISINE TRADITIONNELLE • INTIME La terrasse face aux Aravis est tout simplement magique, et il est difficile de quitter la Table de Marie-Ange... On se régale d'une jolie cuisine pétrie d'authenticité, comme avec cette rissole aux cèpes ou cette tourte au reblochon. Joli décor mêlant vieux bois et outils de paysans, accueil souriant.

- Menu 75/95 € - Carte 90/105 €

Route du Col - 04 50 44 90 16 - www.hotelchaletcroixfry.com - Fermé : lundi, mardi midi, mercredi midi, jeudi midi

LES MARCHES

73800 - Savoie - Carte régionale n° **4**-F2

LE K'OZZIE

CUISINE MODERNE • COSY Ce restaurant accueillant - et cosy ! - est le repaire de Maude et Sébastien, qui se sont rencontrés en Australie, pays des "Aussies" ou... "Ozzies". Vous n'aurez d'autre choix que de vous laisser guider par l'inspiration du chef ; seule vous sera présentée une liste (non exhaustive) de produits du moment. Enigmatique et savoureux.

- Menu 27 € (déjeuner), 55/70 €

20 route de Francin, Porte-de-Savoie - 04 79 36 91 76 - www.lekozzie.com - Fermé : lundi, mardi midi, dimanche

MARGENCEL

74200 - Haute-Savoie - Carte régionale n° **4**-F1

LE CLOS DU LAC

CUISINE MODERNE • TRADITIONNEL Dans cette vieille ferme restaurée, on a certes conservé les mangeoires en pierre, mais tout est feutré et élégant. Le chef réalise une cuisine soignée et bien sentie, mettant en avant ses trouvailles du marché et les beaux produits régionaux. Quant aux chambres, colorées et contemporaines, elles sont bien agréables.

- Menu 38/54 €

2 route des Meules, port de Séchex - 04 50 72 48 81 - www.restaurant-leclosdulac.com - Fermé : lundi, mardi

MARIGNY-ST-MARCEL

✉ 74150 - Haute-Savoie - Carte régionale n° **4**-F1

BLANC

CUISINE TRADITIONNELLE • **CONTEMPORAIN** Cette auberge familiale propose deux options alléchantes : un restaurant contemporain et élégant, bénéficiant d'une carte travaillée, avec de beaux produits, ou la brasserie boisée au décor de chalet, où priment les spécialités fromagères savoyardes (tout comme les grenouilles et la perche). Chambres confortables, pour ceux qui souhaitent profiter de la région.

- Menu 36/120 € - Carte 45/74 €

90 avenue Sindeldorf - ✆ 04 50 01 09 50 - www.blanc-hotel-restaurant.fr - Fermé : samedi, dimanche soir

MAXILLY-SUR-LÉMAN

✉ 74500 - Haute-Savoie - Carte régionale n° **4**-F1

CHEZ MATHILDE

CUISINE MODERNE • **CONVIVIAL** Mathilde est la fille du célèbre pêcheur du Léman, Eric Jacquier. La voilà installée dans ce lumineux petit restaurant de centre du village avec comptoir en béton, luminaires décalés et mobilier bistrot en bois clair. Elle propose une petite ardoise à son image : spontanée, ludique et intuitive. Fort sympathique.

- Carte 45/55 €

97 route de Lugrin - ✆ 04 50 74 36 31 - www.restaurant-chez-mathilde.com - Fermé : lundi, mardi

✉ 74120 – Haute-Savoie
Carte régionale n° **4**-F1

MEGÈVE

Megève l'élégante, ses chalets rustiques chics, ses hôtels de luxe, ses routes chauffées, ses boutiques de créateurs... et sa tartiflette. Il suffit de se promener dans la région au printemps, quand les praires sont redevenues verdoyantes et que les belles tarines aux longs cils vous adressent de tendres clins d'œil pour prendre conscience de l'insolente richesse de son terroir. Agneau, poulardes, légumes, fruits, fleurs, et herbes ! Le plus beau, c'est que tout cela se mange. Serpolet, genévrier commun, crocus printanier, ail des ours, reine-des-prés... Grimpez au Mont-d'Arbois, fermez les yeux, le vent caresse votre visage. Cet air pur, vivifiant, qui pique vos paupières, n'est-ce pas le parfum du bonheur ? Et cette délicieuse odeur qui titille votre estomac crapahuteur, n'est-ce pas le fumet d'un chausson savoyard, cette spécialité préparée à base de pâte feuilletée, composée d'une farce aux lardons, de crème fraîche et de pommes de terre ? Décidément, aux pays des alpages, la gastronomie française est chez elle.

✿✿✿ FLOCONS DE SEL

Chef : Emmanuel Renaut

CUISINE CRÉATIVE • ÉLÉGANT Meilleur Ouvrier de France, Emmanuel Renaut a entamé sa carrière aux Ambassadeurs (Hôtel de Crillon), époque bénie où Constant, Camdeborde, Frechon et Rouquette s'agitaient ensemble aux fourneaux. Il rejoint ensuite Marc Veyrat à l'Auberge de l'Éridan, qu'il seconde en cuisine durant un septennat. Bien que très attaché aux produits savoyards (ses ombles et féras proviennent du lac Léman), il ne s'interdit rien : son plaisir suprême consiste à prendre le contre-pied d'une cuisine de région parfois attendue – comme avec ces langoustines taillées au couteau, marinées au cédrat et caviar, vivifié de pamplemousse et racines de gentiane. Une cuisine d'altitude pour un chef au sommet.

P – Menu 210/280 €

Hors plan – *1775 route du Leutaz, Le Leutaz – ✆ 04 50 21 49 99 – www.floconsdesel.com – Fermé : lundi midi, mardi, mercredi, jeudi midi*

✿✿ LA TABLE DE L'ALPAGA

CUISINE MODERNE • ÉLÉGANT Qu'il est doux de s'attabler dans ce nid douillet et chic où les matériaux bruts et nobles (marbre, chêne) composent un décor intemporel. Chef intense et passionné, ancien second aux Sources de Caudalie, passé également chez Christopher Coutanceau, le Bordelais Anthony Bisquerra raconte ici une histoire de la cuisine savoyarde (avec quelques clins d'œil à son Sud-Ouest natal : pêche de St-Jean-de-Luz, foie gras du Périgord, artichaut de Macau...). Avec beaucoup d'intensité aromatique, il conte avec brio les saveurs oubliées et subjugue les produits régionaux. Son traitement des légumes, notamment, révèle une finesse certaine. Bistrot ouvert 7/7, midi et soir ; chambres aménagées dans de jolis chalets.

- Menu 130/190 €

Hors plan - *Alpaga, 66 allée des Marmoussets, route du Prariand - ✆ 04 50 91 48 70 - www.alpaga.com - Fermé : lundi, mardi et le midi*

LA DAME DE PIC - LE 1920

CUISINE CRÉATIVE • ÉLÉGANT Une nouvelle page gastronomique s'ouvre au sein du Four Seasons Hotel Megève avec l'arrivée d'Anne-Sophie Pic. Elle revisite ses classiques façon savoyarde, comme son berlingot, fourré désormais d'une délicieuse préparation coulante à base de beaufort, abondance et absinthe, ou encore son millefeuille blanc, proposé ici dans une version au miel de Leatherwood, eucalyptus en fine gelée et myrtille légèrement vinaigrée - tout en faisant la part belle au végétal à l'image de cette tomate émondée, doucement confite, et farcie d'une burrata crémeuse. Une partition subtile et complexe, tant dans les puissantes associations de saveurs que dans les textures.

- Menu 85 € (déjeuner), 240 € - Carte 131/240 €

Hors plan - *Four Seasons Megève, 373 chemin des Follières - ✆ 04 50 78 62 65 - www.fourseasons.com/fr/megeve/dining/restaurants/le-1920 - Fermé : lundi midi, mardi midi, mercredi midi, jeudi midi*

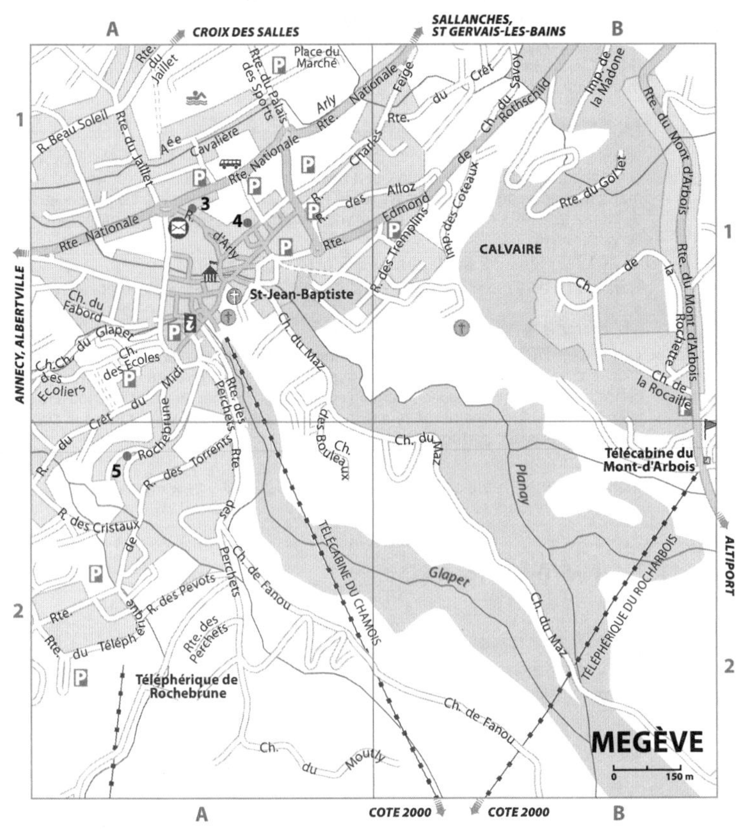

BEEF LODGE

SPÉCIALITÉS DE VIANDES • ÉLÉGANT Un vrai repaire de carnivores, au décor très "animal" : trophées, peaux de bête, cuir... Dans la lignée des steakhouses américains, on y propose des viandes de grande qualité, sélectionnées – et maturées – avec soin : bœuf Black Angus ou Simmental, premium du Texas...

♿ P - Menu 43/53 € - Carte 50/110 €

Plan : A1-3 - *Lodge Park, 100 rue d'Arly - ✆ 04 50 93 05 03 - www.lodgepark.com - Fermé : lundi midi, mardi midi, mercredi midi, jeudi midi, vendredi midi*

FLOCONS VILLAGE

CUISINE TRADITIONNELLE • AUBERGE La deuxième adresse d'Emmanuel Renaut, le chef bien connu des Flocons de Sel. Ces Flocons-ci jouent la carte de la simplicité et de la franchise, avec une cuisine actuelle soignée et des bons plats du terroir.

- Menu 44 €

Plan : A1-4 - *75 rue Saint-François - ✆ 04 50 78 35 01 - www.floconsdesel.com - Fermé : lundi*

KAITO

CUISINE JAPONAISE • ÉPURÉ Quand Megève rencontre le Japon au sein de l'hôtel Four Season, ça fait des étincelles ! Sashimis, tataki et sushis de belle fraîcheur côtoient, à la carte, des produits montagnards délicatement travaillés. Une cuisine fusion, dont on peut profiter sur la terrasse avec une jolie vue sur les pistes.

♿ P - Menu 72 € (déjeuner), 135 €

Hors plan - *Four Seasons Megève, 373 chemin des Follières - ✆ 04 50 78 62 64 - www.fourseasons.com/megeve - Fermé : lundi midi, mardi midi, mercredi midi, jeudi midi*

LE REFUGE

CUISINE TRADITIONNELLE • AUBERGE Un charmant Refuge, typique et convivial, sur les hauteurs de la station. On y sert une vraie cuisine de chef, fine et goûteuse, mais aussi les incontournables savoyards. Parmi les spécialités : volaille rôtie au jus de truffe, tartelette de légumes bio... Avec, en prime, une sélection de grands crus servis au verre.

P - Menu 32 € (déjeuner) - Carte 55/75 €

Hors plan - *2615 route du Leutaz - ✆ 04 50 21 23 04 - www.refuge-megeve.com*

LE ST-NICOLAS - AU COIN DU FEU

CUISINE MODERNE • RUSTIQUE Raviole d'escargots de Magland, pintade de l'Ain, chariot de fromages (100% savoyard), baba au foin : le jeune chef Marvin Lance, ancien second de Julien Gatillon au 1920, fait souffler un vent de renouveau sur ce sympathique chalet mégevan, où il apporte ses qualités techniques et son ambition. L'adresse qui monte à Megève !

- Menu 49/65 € - Carte 54/63 €

Plan : A2-5 - *252 route de Rochebrune - ✆ 04 50 21 04 94 - www.coindufeu.com - Fermé : lundi et le midi*

MENTHON-ST-BERNARD

✉ 74290 - Haute-Savoie - Carte régionale n° **4**-F1

LE CONFIDENTIEL

CUISINE MODERNE • COSY Parmi tous les restaurants (dont de grosses cylindrées !) qui entourent le lac, cette maison fait office de petit poucet... au grand talent. Dans une mini-salle se succèdent des plats d'une efficacité incontestable, où la franchise des saveurs va de pair avec une ambiance conviviale et détendue. Maintenant que vous êtes dans la confidence, courez-y. Un coup de cœur.

Menu 35/45 €

24 route des Moulins - ✆ 04 50 44 00 68 - www.restaurant-leconfidentiel.fr - Fermé : lundi, dimanche

LE PALACE DE MENTHON

CUISINE MODERNE • TENDANCE De la couleur, une vue imprenable sur le lac... Un restaurant trendy et cosy, au service d'une cuisine bistronomique bien tournée : opéra de foie gras et magret de canard, filet de Saint-Pierre rôti au beurre d'algues, sablé breton et marmelade exotique.

- Carte 67/78 €

665 route des Bains - ✆ 04 50 64 83 01 - www.palacedementhon.com - Fermé le midi

MERCUER

✉ 07200 - Ardèche - Carte régionale n° **2**-A3

AUX VIEUX ARCEAUX

CUISINE TRADITIONNELLE • CONVIVIAL Benoit Court a grandi dans cette auberge, créée par ses parents. Aujourd'hui, cet ardent défenseur de la gastronomie régionale porte le terroir avec passion, et puise dans le vaste potager de la maison. Au menu, cuisses de grenouilles en persillade, soufflé de truite aux amandes, filet de bœuf aux pommes dauphine... Un régal. Chambres avec terrasse pour l'étape.

- Menu 30/60 €

9 route des Arceaux, quartier Farges - ✆ 04 75 93 70 21 - www.auxvieuxarceaux.com - Fermé : dimanche soir

MÉRIBEL

✉ 73550 - Savoie - Carte régionale n° **4**-F2

L'EKRIN BY LAURENT AZOULAY

CUISINE MODERNE • LUXE Dans ce chalet feutré où le luxe le dispute à l'élégance, cet Ekrin trouve parfaitement sa place : on y prend l'apéritif au coin du feu, avec en fond de jolies notes échappées du piano. Aux fourneaux, on trouve le chef Laurent Azoulay, fils de restaurateurs passé à l'Oustau de Baumanière et chez Pierre Gagnaire. Jouant habilement avec les terroirs et les climats, le chef propose une promenade entre la Provence (sa terre natale) et la Savoie (sa terre d'adoption) : on trouve aussi bien à sa carte les plus beaux poissons de la Méditerranée que du miel de bourgeon de sapin, du safran ou des escargots savoyards, sans oublier les légumes d'Éric Roy à Tours. Une cuisine créative et colorée, fine et délicate, qui ose des associations audacieuses.

- Menu 115/215 € - Carte 135/165 €

Le Kaïla, 124 rue des Jeux-Olympiques - ✆ 04 79 41 69 35 - www.lekaila.com - Fermé le midi

LE CÈPE

CUISINE TRADITIONNELLE • COSY Tout commence par de beaux produits du terroir, cèpes de la montagne ou poissons des lacs voisins, que le chef vient présenter fièrement à ses clients... Il en tire ensuite des recettes réjouissantes, fraîches et d'autant plus savoureuses que les tarifs sont imbattables. Une adresse bien dans sa peau, tout simplement !

- Menu 35 € - Carte 45/90 €

Immeuble Les Merisiers - ✆ 04 79 22 46 08

LA COURSIVE DES ALPES

CUISINE MODERNE • CONTEMPORAIN Cet établissement vous accueille dans l'ancien cinéma de la station - au rez-de-chaussée, le lounge bar pour un apéritif dînatoire et en mezzanine, le restaurant lui-même, disposé en coursives. Le chef propose une cuisine moderne, bien ficelée et goûteuse, à l'instar de l'effiloché de queue de bœuf, pomme rattes et truffes ou, en saison, des Saint-Jacques poêlées et risotto d'épeautre au Beaufort. Accueil des plus charmants.

AC - Menu 35 € - Carte 50/90 €

Galerie des Cîmes - ✆ 04 79 06 44 97 - www.meribel-restaurants.com/index.php/la-coursive-des-alpes.html

LE 80

CUISINE TRADITIONNELLE • COSY Au 80, attablé sous quelques montgolfières, on cultive fièrement un esprit classique et traditionnel, autour d'une cuisine gourmande et bien tournée, à l'instar de ce ceviche de thon rouge, citron vert, yuzu ponzu et huile de sésame ou de la côte de cochon fermier fumée au foin. Le soir, au second service, ambiance plus festive. Partez donc sur les traces de Jules Verne !

Carte 45/90 €

La Chaudanne, rue des Jeux Olympiques - ✆ 04 79 41 69 79 - www.chaudanne.com/fr/restaurant-bar-meribel-le-80

MÉZÉRIAT

✉ 01660 - Ain - Carte régionale n° **2**-B1

LE PETIT MÉZÉRIAT

CUISINE MODERNE • CONTEMPORAIN Dans un petit village, proche de Vonnas, un jeune couple proposent un menu du marché en semaine le midi et, le soir, un menu surprise (en 3/4/5 plats) qui privilégient les bons produits issus des circuits courts. Le tout est servi avec le sourire par Amandine, la femme du chef. Attention, déménagement prévu à 50 m en 2022, se renseigner.

Menu 17 € (déjeuner), 33/55 €

204 Grande Rue - ✆ 04 74 25 26 08 - Fermé : lundi, mardi soir, mercredi soir, jeudi soir, dimanche soir

MIRMANDE

✉ 26270 - Drôme - Carte régionale n° **2**-B3

LA CAPITELLE

CUISINE MODERNE • AUBERGE Cette Capitelle ne manque pas d'atouts : une courte ardoise changée tous les deux ou trois jours, garnie de produits de qualité (locaux, autant que possible) ; des recettes traditionnelles remises au goût du jour ; des cuissons maîtrisées ; une jolie salle à manger voûtée, où trône une imposante cheminée...

- Menu 20/32 € - Carte 37/44 €

1 rue du Boulanger - ✆ 04 75 63 02 72 - www.lacapitelle.com - Fermé : lundi, dimanche soir

MONTANGES

✉ 01200 - Ain - Carte régionale n° **2**-C1

L'AUBERGE DU PONT DES PIERRES

CUISINE MODERNE • CONVIVIAL Cette auberge, créée par un enfant du pays, ne désemplit pas ! Le jeune chef ne manque pas de talent pour cuisiner les produits de saison, souvent locaux, selon ses envies. Tout est fait maison (pain et glace compris) et l'on se régale... à petits prix. Jolie carte de vignerons indépendants.

P - Menu 35/60 €

754 rue Paul-de-Vanssay - ✆ 04 50 56 36 35 - www.pontdespierres.fr - Fermé : mardi, mercredi, jeudi midi

MONTARCHER

✉ 42380 - Loire - Carte régionale n° **2**-A2

LE CLOS PERCHÉ

CUISINE CRÉATIVE • **AUBERGE** Il était une fois une auberge qui jouait à chat perché sur les hauts plateaux du Forez, à 1150 mètres d'altitude. C'est ici, à l'entrée de ce minuscule village, que Julien Magne a posé ses valises. Derrière les fourneaux, ce jeune chef réalise une cuisine colorée, inventive et ludique, pour laquelle on se fait volontiers souris !

♿ - Menu 38/51 €

Le bourg - ✆ 04 77 50 00 08 - www.leclosperche.fr - Fermé : lundi soir, mardi, mercredi

MONTBRISON

✉ 42600 - Loire - Carte régionale n° **2**-A2

APICIUS

CUISINE MODERNE • **CONTEMPORAIN** Cadre contemporain et épuré pour cette petite adresse du centre-ville tenue par un couple au joli parcours. Cuisine du marché le midi à prix imbattable, menu plus élaboré le vendredi soir. Le chef privilégie les produits du terroir ainsi que les fleurs et plantes sauvages. En un mot : généreux !

♿ - Menu 22 € (déjeuner), 40/57 €

29 rue Martin-Bernard - ✆ 09 82 38 34 65 - www.apicius-restaurant-montbrison.eatbu.com - Fermé : lundi soir, mardi soir, mercredi soir, jeudi soir, samedi, dimanche

MONTÉLIMAR

✉ 26200 - Drôme - Carte régionale n° **2**-B3

CAFÉ DE L'ARDÈCHE Ⓝ

CUISINE MODERNE • **CONTEMPORAIN** Cadre contemporain (banquettes en cuir gris, mobilier contemporain), tableaux Pop art et jolie collection de peintures de l'artiste Ricardo Santamaria. Dans l'assiette, une cuisine de saison bien tournée à base de produits locaux, comme cette pintade fermière et son jus corsé aux girolles.

♿ A/C - Menu 28 € (déjeuner), 30/32 €

19 avenue Charles-de-Gaulle - ✆ 04 75 52 51 39 - www.cafedelardeche.fr - Fermé : lundi, dimanche soir

LE MODERNE

CUISINE MODERNE • **BISTRO** Ce sympathique jeune couple, coincé entre un restaurant marocain et un japonais, ne démérite pas pour proposer une cuisine au goût du jour : en témoignent la côte de cochon, généreuse et servie rosée, mais aussi la tatin d'abricot, à déguster en terrasse dès les beaux jours.

A/C - Menu 24 € (déjeuner), 35/45 € - Carte 30/55 €

25 boulevard Aristide-Briand - ✆ 04 75 01 31 90 - www.restaurant-lemoderne.fr - Fermé : lundi, mardi, mercredi soir, jeudi soir, dimanche soir

LA PETITE FRANCE

CUISINE TRADITIONNELLE • **CLASSIQUE** À moins d'être initié, ce restaurant ne se trouve pas facilement : il faut aller le dénicher dans une impasse de la vieille ville. Dans la salle voûtée et chaleureuse, on déguste une cuisine traditionnelle... made in Petite France. Ambiance familiale.

A/C - Menu 29/42 € - Carte 38/55 €

34 impasse Raymond-Daujat - ✆ 04 75 46 07 94 - Fermé : lundi, dimanche

MONTHION

✉ 73200 - Savoie - Carte régionale n° **4**-F2

LES 16 CLOCHERS Ⓝ

CUISINE MODERNE • **RUSTIQUE** Depuis la terrasse de ce restaurant, on jouit d'un panorama imprenable sur les seize clochers de la vallée. La nouvelle équipe, jeune et dynamique, ne jure que par les producteurs locaux et bio (champignons, œufs, légumes notamment...) au service d'une cuisine du marché rudement bien ficelée. Menu changé très régulièrement, terrasse prisée en été.

- Menu 39/55 €

91 chemin des 16 Clochers - ✆ 04 79 31 30 39 - www.16clochers.com - Fermé : lundi, mardi, dimanche soir

MONTMERLE-SUR-SAÔNE

✉ 01090 - Ain - Carte régionale n° **3**-E1

ÉMILE JOB

CUISINE CLASSIQUE • **TRADITIONNEL** Il y a fort à parier que vous apprécierez les grands classiques qui valorisent le terroir : grenouilles, poissons de lac, poulette de Bresse, etc. Le tout à savourer dans un agréable cadre bourgeois. Aux beaux jours, on s'installe sur la terrasse qui donne sur la Saône.

- Menu 41/57 € - Carte 37/72 €

12 rue du Pont - ✆ 04 74 69 33 92 - www.restaurantemilejob.com - Fermé : lundi, mardi midi, dimanche soir

MORZINE

✉ 74110 - Haute-Savoie - Carte régionale n° **4**-F1

L'ATELIER

CUISINE MODERNE • **TRADITIONNEL** Au sein de l'hôtel Samoyède, un cadre montagnard chic, pour une cuisine inspirée directement par les produits du marché, rehaussée de jolies influences exotiques et déclinée à travers une courte carte et un menu dégustation.

- Menu 42/73 €

9 place de l'Office-du-Tourisme - ✆ 04 50 79 00 79 - www.hotel-lesamoyede.com - Fermé : mardi et le midi

LA FERME DE LA FRUITIÈRE

SPÉCIALITÉS DE FROMAGES"," FONDUES ET RACLETTES • **CONVIVIAL** Dans cette salle boisée, une belle cheminée crépite sous vos yeux ; vous attendez l'arrivée de votre Berthoud, entre autres spécialités fromagères. Tournez la tête : à travers la vitre, la cave d'affinage de la fruitière voisine affiche ses meules d'Abondance, tommes et reblochons... Au cœur de la tradition !

- Carte 48/70 €

337 route de La Plagne - ✆ 04 50 79 77 70 - www.alpage-morzine.com - Fermé : mardi midi, mercredi midi

NANTUA

✉ 01130 - Ain - Carte régionale n° **2**-C1

L'EMBARCADÈRE

CUISINE CLASSIQUE • **CONTEMPORAIN** Les atouts de cet Embarcadère gourmand ? Sa situation près du lac bien entendu, sans oublier sa vue panoramique, mais surtout sa cuisine ! Entre spécialités du terroir bressan et quenelles de brochet de Nantua, on apprécie le travail propre et méticuleux du chef, ainsi que la fraîcheur des produits utilisés.

- Menu 28/80 € - Carte 48/81 €

13 avenue du Lac - 04 74 75 22 88 - www.hotelembarcadere.com

NEYRAC-LES-BAINS

07380 - Ardèche - Carte régionale n° **2**-A3

BRIOUDE

CUISINE MODERNE • **TRADITIONNEL** Près des thermes, cette auberge familiale vous régale depuis 1887 d'une cuisine soignée et locavore : les deux frères, Claude en cuisine et Alain en salle, mettent à l'honneur les producteurs des alentours. À midi, la partie bistrot permet de se régaler à prix plus doux – ne manquez pas la tarte à la myrtille de Papy Jeannot ! Terrasse sous les platanes.

- Menu 50/65 €

7 rue Mazade - 04 75 36 41 07 - www.claudebrioude.fr - Fermé : lundi, mardi soir, dimanche soir

NOTRE-DAME-DE-BELLECOMBE

73590 - Savoie - Carte régionale n° **4**-F1

LA FERME DE VICTORINE

CUISINE TRADITIONNELLE • **CONVIVIAL** Une ferme plus vraie que nature ; l'hiver, depuis la jolie salle rustique, on aperçoit même les vaches dans l'étable... Le chef est un passionné du terroir savoyard, toujours à la recherche des meilleurs fromages et charcuteries. Une table éminemment sympathique et très gourmande !

- Menu 34/65 € - Carte 45/69 €

Le Planay - 04 79 31 63 46 - www.la-ferme-de-victorine.com - Fermé : mercredi, jeudi

NYONS

26110 - Drôme - Carte régionale n° **2**-B3

LE VERRE À SOIE

CUISINE FUSION • **CONVIVIAL** Après une carrière chez Christian Têtedoie (Lyon), Fei-Hsiu et Jérome Lamy ont décidé de reprendre ce Verre à Soie. Lui œuvre toujours comme sommelier, proposant de séduisants accords mets et vins, mettant en valeur la jolie cuisine de son épouse, inspirée par ses origines taïwanaises. Un beau mariage franco-asiatique.

- Menu 26 € (déjeuner) - Carte 30/45 €

12 place des Arcades - 04 75 26 15 18 - Fermé : mardi, mercredi, jeudi

OUCHES

42155 - Loire - Carte régionale n° **2**-A1

TROISGROS - LE BOIS SANS FEUILLES

Chefs : Michel et César Troisgros

CUISINE CRÉATIVE • **ÉLÉGANT** Au sein d'un décor naturaliste, imaginé par l'architecte Patrick Bouchain, les salles à manger vitrées s'articulent autour d'un grand chêne centenaire : c'est dans ce cadre que Michel et César perpétuent l'héritage familial de superbe manière, avec une cuisine qui porte plus que jamais la "patte" Troisgros - Saint-Pierre à la truffe noire ; consommé double à la moelle, anguille et écrevisse. Les assiettes, originales, s'autorisent de pertinentes audaces végétales, assorties de subtiles pointes d'acidité et d'amertume. Produits sublimés, préparations fines et aventureuses, potager en permaculture et étang : plus que jamais, un restaurant d'exception, dans un cadre à couper le souffle.

L'engagement du chef : *Attachés à notre terre et aux hommes qui la cultivent, notre devoir est de la promouvoir et de la mettre en avant. Nous cuisinons avec joie les légumes de notre jardin. Inspirée par la permaculture, la biodiversité est* *merveilleuse : nous n'utilisons aucun intrant, la tonte des espaces verts est réduite au minimum, ruches, nichoirs à oiseaux, prairies, chevaux et animaux sauvages y cohabitent paisiblement.*

- Menu 130 € (déjeuner), 280/330 €

728 route de Villerest - 04 77 71 66 97 - www.troisgros.com - Fermé : lundi, mardi

PLAISIANS

26170 - Drôme - Carte régionale n° **2**-B3

AUBERGE DE LA CLUE

CUISINE TRADITIONNELLE • **AUBERGE** En montant vers ce village montagnard, arrêtez-vous devant la jolie Clue, goulet d'étranglement où les cours d'eau s'emballent. On vient de loin pour savourer cette cuisine du terroir face au mont Ventoux : caillette aux herbes, pieds et paquets, terrine de fromage de tête... Attention : de novembre à mars, l'auberge n'ouvre que les weekends.

- Menu 31/38 € - Carte 38/60 €

Place de l'Église - 04 75 28 01 17 - Fermé : lundi, dimanche soir

LE POËT-LAVAL

26160 - Drôme - Carte régionale n° **2**-B3

LES HOSPITALIERS

CUISINE MODERNE • **CLASSIQUE** Envie de déguster des ravioles du Dauphiné au beurre blanc ou un carré d'agneau laqué à la confiture d'olives de Nyons, le tout au pied de la Commanderie de l'ordre de Malte ? Direction les Hospitaliers ! L'immense terrasse, sur les toits, offre une vue à 360 degrés. L'assiette a du goût et de l'allure : une adresse charmante.

- Menu 28 € (déjeuner), 43/69 € - Carte 53/72 €

Vieux village - 04 75 46 22 32 - www.hotel-les-hospitaliers.com - Fermé : lundi, mardi

POLLIAT

01310 - Ain - Carte régionale n° **2**-B1

TÉJÉRINA - HÔTEL DE LA PLACE

CUISINE TRADITIONNELLE • **CONTEMPORAIN** L'auberge familiale par excellence, où l'on vous sert avec le sourire une goûteuse et généreuse cuisine du terroir dans une salle à manger rénovée de frais. Tête de veau, poulet à la crème, soufflé aux foies de volaille et grenouilles sont à l'honneur ! Chambres bien tenues pour prolonger l'étape.

- Menu 25/58 € - Carte 32/56 €

51 place de la Mairie - 04 74 30 40 19 - www.restaurant-tejerina-logis.fr - Fermé : lundi, dimanche soir

PONCIN

01450 - Ain - Carte régionale n° **2**-B1

AINTIMISTE N

CUISINE MODERNE • **CONTEMPORAIN** On l'a repéré ce restaurant de poche, caché dans un joli petit village médiéval ! Un chef pro se dépense ici sans compter (en cuisine et en salle, heureusement aidé par sa compagne !) pour envoyer un menu surprise déclinable en plusieurs formules, avec fromages et vins. Il a même eu l'énergie de sourcer les produits locaux.

- Menu 35 € (déjeuner), 45/110 €

4 rue de la Pompe - 04 74 38 06 66 - www.aintimiste.fr - Fermé : lundi, dimanche

PONT-DE-L'ISÈRE

✉ 26600 - Drôme - Carte régionale n° **3**-E2

MAISON CHABRAN - LE 45ÈME

CUISINE MODERNE • **CONVIVIAL** Un "espace gourmand" au sein de la maison Chabran, véritable institution de la gastronomie régionale. Une sympathique alternative à la table gastronomique, autour de formules volontairement festives et décontractées, à l'image des petites portions à partager...

- Menu 35/69 €

26 avenue du 45ème-Parallèle - ✆ 04 75 84 60 09 - www.maisonchabran.com - Fermé : lundi, mardi midi

MAISON CHABRAN - LA GRANDE TABLE

CUISINE CLASSIQUE • **ÉLÉGANT** Installée au bord de la mythique N7, cette maison familiale en a fait du chemin ! Le petit bistrot des années 1930 est devenu une étape entre Dauphiné et Provence, défendant une certaine idée de la tradition. Le classicisme y règne donc en maître, ponctué de quelques préparations aux notes plus actuelles.

- Menu 119/139 €

26 avenue du 45ème-Parallèle - ✆ 04 75 84 60 09 - www.maisonchabran.com - Fermé : lundi, mardi, mercredi, jeudi midi, dimanche soir

PONT-DE-VAUX

✉ 01190 - Ain - Carte régionale n° **2**-B1

LE RAISIN

Chef : Frédéric Michel

CUISINE MODERNE • **CLASSIQUE** Dans cette maison cossue et élégante, en plein cœur de Pont-de-Vaux, la tradition est entre de bonnes mains. Noix de Saint-Jacques au chou-fleur ; cuisses de grenouilles en persillade ; poulet de Bresse en deux façons... Les classiques sont revisités subtilement par un chef au métier solide, qui cultive autant la finesse que l'originalité, et qui renouvelle chaque mois son menu au fil de son inspiration et du marché. À noter que la carte des vins aussi vaut le coup d'œil, avec notamment un bon choix de bourgognes. Service attentif et souriant.

- Menu 36/95 € - Carte 57/82 €

2 place Michel-Poisat - ✆ 03 85 30 30 97 - www.leraisin.com - Fermé : lundi, mardi midi, dimanche

POUILLY-SOUS-CHARLIEU

✉ 42720 - Loire - Carte régionale n° **2**-A1

RESTAURANT DE LA LOIRE N

CUISINE MODERNE • **CONTEMPORAIN** Dans cette auberge des bords de Loire, entièrement rénovée dans un goût contemporain, on retrouve avec plaisir Fabien Raux (ancien chef du 1741 à Strasbourg) et sa compagne alsacienne Marie Chabrier. Le chef propose une cuisine au goût du jour autour d'un menu fixe sans choix (en 3, 5 ou 7 temps) qui fait la part belle aux produits locaux de saison. L'été, très jolie terrasse sous les tilleuls côté jardin.

- Menu 32 € (déjeuner), 65/78 €

30 rue de la Berge - ✆ 04 77 60 81 36 - www.restaurantdelaloire.fr - Fermé : mardi, mercredi midi

PRAZ-SUR-ARLY

✉ 74120 - Haute-Savoie - Carte régionale n° **4**-F1

LES RONINS N

CUISINE MODERNE • **MONTAGNARD** Les ronins, dans la culture japonaise, sont des "samouraïs sans maître" - façon de dire pour Anthony et Émilie à la fois leur liberté et, bien évidemment, leur cuisine franco-japonaise joliment troussée à l'image de ce tataki de bœuf aux épices douces thaï, julienne de légumes, une entrée aussi fraîche qu'agréable. Déco montagnarde à la page et bonne ambiance !

- Menu 24 € (déjeuner) - Carte 46/57 €

9 route de Megève - 04 50 21 90 31 - Fermé : lundi, mardi

PRINGY

74370 - Haute-Savoie - Carte régionale n° **15**-C2

LE CLOS DU CHÂTEAU

CUISINE MODERNE • **TENDANCE** Comme son nom l'indique, le Clos du Château jouxte le château local, au cœur du village de Pringy. Côté papilles, une carte courte et alléchante, concoctée par un chef doué, un menu du marché à prix très doux... A déguster sur l'agréable terrasse, à l'ombre des platanes.

- Menu 28 € (déjeuner), 40/65 € - Carte 48/67 €

70 route de Cuvat - 04 50 66 82 23 - www.le-clos-du-chateau.com - Fermé : lundi, dimanche

REIGNIER

74930 - Haute-Savoie - Carte régionale n° **4**-F1

LA TABLE D'ANGÈLE

CUISINE TRADITIONNELLE • **BISTRO** Ce restaurant avec véranda propose une appétissante cuisine de bistrot dans un cadre contemporain. Au hasard de la carte : grosse raviole de chèvre frais, miel et bouillon d'oignons ; filet de lotte, mousse de chorizo et risotto... Agréable terrasse couverte.

- Menu 18 € (déjeuner) - Carte 29/35 €

273 Grande-Rue - 04 50 31 16 16 - www.tabledangele.com - Fermé : lundi, dimanche

RENAISON

42370 - Loire - Carte régionale n° **2**-A1

JACQUES CŒUR

CUISINE TRADITIONNELLE • **COLORÉ** "À cœur vaillant, rien d'impossible !" La devise de Jacques Cœur accompagne le chef, qui ne manque pas d'allant lorsqu'il s'agit de mitonner de bons petits plats de tradition : tête de veau sauce gribiche, terrine de langoustines, etc.

- Menu 27/61 € - Carte 46/51 €

15 rue Robert Barathon - 04 77 64 25 34 - www.restaurant-jacques-coeur.fr - Fermé : lundi, mardi, dimanche soir

REPLONGES

01750 - Ain - Carte régionale n° **2**-B1

LA HUCHETTE

Chef : Didier Goiffon

CUISINE MODERNE • **CONTEMPORAIN** Après 19 ans passés à La Marelle, dans les environs de Bourg-en-Bresse, Sandra et Didier Goiffon ont pris leurs quartiers aux portes de Mâcon. L'auberge, datant des années 1950, a été joliment restaurée tout en conservant son cachet historique, et notamment ces fresques de chasse de la maison alsacienne Zuber. Là, le chef propose la cuisine qui lui ressemble : récréative et spontanée, basée sur des produits de choix (maraîchers du val de Saône, par exemple), avec juste ce qu'il faut de créativité. Bref, c'est un plaisir, que l'on peut même prolonger en réservant l'une des confortables chambres.

- Menu 68/110 €

1089 route de Bourg - 03 85 31 03 55 - www.la-huchette.fr - Fermé : lundi, mardi, mercredi midi, jeudi midi, vendredi midi, dimanche soir

ROANNE

42300 - Loire - Carte régionale n° **2**-A1

LE CENTRAL

CUISINE MODERNE • BRASSERIE L'adresse bis gourmande de la famille Troisgros. Michel et Marie-Pierre ont imaginé ce "bistrot-épicerie" dans un hôtel des années 1920. Original et chaleureux : tel est son décor, inspiré d'une échoppe d'autrefois. On se délecte d'un court menu assorti de quelques suggestions à la carte, aux influences qui varient selon les jours (traditionnelles, indiennes, asiatiques etc). L'affaire ne désemplit pas : un succès amplement mérité

- Menu 35 € - Carte 49/65 €

20 cours de la République - 04 77 67 72 72 - www.troisgros.com - Fermé : lundi, dimanche

ROCHEGUDE

26790 - Drôme - Carte régionale n° **2**-B3

CHÂTEAU DE ROCHEGUDE

CUISINE CLASSIQUE • ÉLÉGANT Châtelain, classique, élégant... Un cadre plaisant, au service d'une cuisine gastronomique de bon aloi, tenante d'un certain classicisme : tourte de gibier, vinaigrette au jus de viande ; filet de rouget doré sur la peau, purée de pois chiche, sauce au citron confit et curcuma...

- Menu 35 € (déjeuner), 55/105 € - Carte 81/105 €

Place du Colombier - 04 75 97 21 10 - www.chateauderochegude.com - Fermé : lundi, dimanche soir

ROCHETOIRIN

38110 - Isère - Carte régionale n° **2**-B2

LE ROCHETOIRIN

CUISINE CRÉATIVE • TENDANCE Dans une grande salle avec pergola, on se laisse séduire gentiment par un menu carte roboratif de style brasserie où le choix est roi : cuisses de grenouilles, caille de Bresse, tartare de bœuf, burger, fondant au chocolat, etc...

- Menu 29/36 € - Carte 29/50 €

Route du Village - 04 74 97 60 38 - www.lerochetoirin.fr - Fermé : lundi, mercredi soir, samedi midi, dimanche soir

ROMANS-SUR-ISÈRE

26100 - Drôme - Carte régionale n° **3**-E2

L'INSTANT

CUISINE MODERNE • ÉLÉGANT Excentrée dans un quartier résidentiel proche de la gare, cette belle maison bourgeoise - datant des années 1930 - vous accueille dans un joli décor contemporain ; on vous sert une délicieuse cuisine du marché, réalisée à partir de bons produits frais. Des assiettes qui s'avalent... en un Instant !

- Menu 30 € (déjeuner), 40/55 €

10 rue de Delay - 04 75 45 40 72 - www.restaurant-instant.com - Fermé : lundi, mardi, mercredi soir, dimanche

NATURE GOURMANDE

CUISINE MODERNE • **INTIME** Entrez donc dans ce restaurant de poche et faites preuve d'une Nature Gourmande ! Madame reçoit avant de rejoindre monsieur, en cuisine, pour préparer les pâtisseries. Dans l'assiette, les bons produits du marché sont à l'honneur. Un régal...

AC - Menu 37/63 €

37 place Jacquemart - ✆ 04 75 05 30 46 - www.restaurant-naturegourmande.com - Fermé : lundi, mardi midi, mercredi midi, jeudi midi, vendredi midi, dimanche

ST-ALBAN-DE-ROCHE

✉ 38080 - Isère - Carte régionale n° **2**-B2

L'ÉMULSION

Chef : Romain Hubert

CUISINE MODERNE • **ÉLÉGANT** Installé depuis 2011, le jeune chef produit des assiettes de grande qualité : fondamentaux solides, dressages soignés, jeux étonnants (et pertinents) sur les textures... Une cuisine qui doit également beaucoup à des produits triés sur le volet, à 99% locaux et en direct, d'ailleurs la carte ne manque pas de citer les producteurs et éleveurs partenaires du restaurant. Une attention louable ! Quant au cadre, moderne et plutôt chic, il sied à merveille à cette partition, sans parler de la petite terrasse-patio à l'arrière, idéale pour les beaux jours. Une émulsion comme aimerait en goûter plus souvent.

- Menu 65/90 €

57 route de Lyon, lieu-dit La Grive - ✆ 04 74 28 19 12 - www.lemulsion-restaurant.com - Fermé : lundi, mercredi midi, dimanche

ST-ALBAN-LES-EAUX

✉ 42370 - Loire - Carte régionale n° **2**-A1

LE PETIT PRINCE

CUISINE MODERNE • **COSY** Ce charmant restaurant n'est pas tombé d'un astéroïde : il a été fondé en 1805 par les arrière-grand-tantes de l'actuel patron ! Sa cuisine, fraîche, colorée et inventive, combine légèreté et gourmandise. Ce Petit Prince saura vous apprivoiser... Belle cave à visiter.

AC - Menu 29 € (déjeuner), 55/95 €

Le Bourg - ✆ 04 77 65 87 13 - www.restaurant-lepetitprince.fr - Fermé : lundi, mardi, dimanche soir

ST-ALBAN-LEYSSE

✉ 73230 - Savoie - Carte régionale n° **4**-F2

L'ESCOUBILLE N

CUISINE MODERNE • **CONTEMPORAIN** Quelque part dans une zone d'activité en périphérie de Chambéry. Un restaurant dont le nom rend hommage à un ragoût traditionnel, spécialité de Gignac dans l'Hérault, que l'on concoctait dans la famille du chef. Ce dernier, qui a travaillé dans les belles maisons, concocte une bonne petite cuisine de saison à prix canon - pour notre plus grand plaisir.

AC - Menu 20 € (déjeuner), 34 € - Carte 42/50 €

56 rue des Barillettes - ✆ 04 79 75 74 37 - www.escoubille.fr - Fermé : lundi, samedi midi, dimanche

ST-BÉNIGNE

⊠ 01190 - Ain - Carte régionale n° **2**-B1

ST-BÉNIGNE

CUISINE TRADITIONNELLE • **RUSTIQUE** Un vrai restaurant de campagne ! On vient ici pour les grenouilles au beurre et à la persillade, la spécialité de la maison, mais pas seulement : le chef, en bon artisan, travaille les produits locaux et maîtrise de nombreuses recettes de la région...

- Menu 15 € (déjeuner), 25/46 €

995 route de Saint-Trivier - ✆ 03 85 30 96 48 - www.restaurant-le-saint-benigne.fr - Fermé : lundi, mardi, mercredi soir, jeudi soir, vendredi soir, dimanche soir

ST-BONNET-LE-CHÂTEAU

⊠ 42380 - Loire - Carte régionale n° **2**-A2

LA CALÈCHE

CUISINE MODERNE • **HISTORIQUE** Cet hôtel particulier du 17e s., au décor coloré, abrite une table généreuse et habile à secouer les saveurs (truite fumée et andouille, carré de veau du Haut Forez et gnocchis aux écrevisses), avec juste ce qu'il faut de sophistication et d'audace. Cette Calèche augure d'une jolie promenade en gourmandise !

- Menu 23 € (déjeuner), 35/70 € - Carte 45/58 €

2 place du Commandant-Marey - ✆ 04 77 50 15 58 - www.restaurantlacaleche.fr - Fermé : lundi, mardi, mercredi soir, jeudi soir, vendredi soir, dimanche soir

ST-DENIS-LÈS-BOURG

⊠ 01000 - Ain - Carte régionale n° **2**-B1

RACINES

CUISINE MODERNE • **VINTAGE** La maison familiale a gardé tout son charme (belles tables fabriquées par le grand-père, poêle à bois, caisse enregistreuse), mais le temps de la modernité est venu ! Rentré au bercail, le chef a relancé l'affaire avec une cuisine goûteuse et lisible, au plus près des producteurs locaux. Un coup de cœur.

- Menu 25 € (déjeuner), 35/69 €

1981 avenue de Trévoux - ✆ 04 74 52 40 63 - domainedulac-racines.fr - Fermé : lundi soir, mardi, mercredi, jeudi, dimanche soir

ST-DIDIER-DE-LA-TOUR

⊠ 38110 - Isère - Carte régionale n° **2**-C2

AMBROISIE

Chef : André Taormina

CUISINE MODERNE • **CONTEMPORAIN** D'abord, il y a ce lac, juste devant nous, qui nous saute aux yeux avec ses rives arborées : rien que l'emplacement vaut déjà le coup d'œil. Mais il y a surtout le remarquable travail du chef, puisqu'on est tout de même venu pour ça... Et il excelle à transformer les beaux produits (noix de Saint-Jacques façon petit pâté chaud ; homard breton avec framboises, caviar séché et mizuna ; poitrine de pigeon rôtie et fumée sur le barbecue). Ses desserts en trompe l'œil amusent et régalent (abricot, citron, marron selon la saison). À noter, pour les amateurs, que le chef propose un menu truffe toute l'année : on aurait tort de se priver.

- Menu 78/140 € - Carte 100/130 €

64 route du Lac - ✆ 04 74 97 25 53 - www.restaurant-ambroisie.fr - Fermé : lundi, mardi, dimanche soir

ST-DONAT-SUR-L'HERBASSE

✉ 26260 - Drôme - Carte régionale n° **3**-E2

CHARTRON

CUISINE MODERNE • ÉLÉGANT Une institution locale au sein de ce village célèbre pour son festival Jean-Sébastien-Bach (en juillet). Les préparations, basées sur de bons produits, révèlent un savoir-faire certain ; on profite notamment de préparations de truffes en saison.

- Menu 40/98 € - Carte 60/80 €

1 avenue Gambetta - ✆ 04 75 45 11 82 - www.restaurant-chartron.com - Fermé : mardi, mercredi

ST-ÉTIENNE

✉ 42000 - Loire - Carte régionale n° **2**-A2

INSENS

CUISINE MODERNE • CONTEMPORAIN Un joli restaurant, simple et convivial, dont le nom évoque à la fois les cinq sens et le goût de l'insensé. Consommé de bœuf et raviole sur l'idée d'une soupe à l'oignon ; tarte fine d'escargots persillés etc. : son chef signe une cuisine pétillante, colorée et ludique, fondée sur un vrai tour de main. Sans doute le meilleur rapport plaisir-prix de Saint-Étienne. Ne vous en privez pas !

Menu 22 € (déjeuner), 35/68 €

10 rue de Lodi - ✆ 04 77 32 34 34 - www.insens-restaurant.fr - Fermé : lundi, dimanche

À LA TABLE DES LYS

CUISINE MODERNE • ÉLÉGANT Dans une bâtisse ultra contemporaine et lumineuse avec vue sur le green, le chef Marc Lecroisey garde son attachement à une cuisine éprise de fraîcheur, de légèreté et de finesse, attentive aux saisons et au choix des producteurs. Des Lys en délices.

- Menu 35 € (déjeuner), 51/105 € - Carte 44/113 €

58 rue Saint-Simon - ✆ 04 77 25 48 55 - www.latabledeslys.fr - Fermé : samedi, dimanche

ST-FORGEUX-LESPINASSE

✉ 42640 - Loire - Carte régionale n° **2**-A1

L'ASSIETTE ROANNAISE

CUISINE MODERNE • CONTEMPORAIN Voilà une table qui joue la carte de l'originalité ! À l'unisson de la déco, contemporaine, le chef est à l'affût des nouvelles tendances et techniques : ses assiettes se révèlent très esthétiques, privilégiant créativité et fraîcheur.

- Menu 34/62 €

Place de Verdun - ✆ 04 77 65 65 99 - www.restaurant-assiette-roannaise.fr - Fermé : mardi, mercredi

ST-GALMIER

✉ 42330 - Loire - Carte régionale n° **2**-A2

LA SOURCE

CUISINE MODERNE • CONTEMPORAIN Originaire de Cuzieu, à... deux kilomètres de là, Antoine Bergeron est la définition même d'un enfant du pays. Ambitieux et passionné par son métier, il compose une partition fine et délicate, généreuse et créative. Bien installé dans une salle lumineuse et contemporaine, on profite de cette balade dans le terroir et les marchés locaux. Ce jour-là, caille et carabineros ; dos de biche, sauce grand-veneur et crosnes ; poire conférence et amande. Une Source de plaisir, rien de moins, avec une mention spéciale aux jus, harmonies et précision des cuissons. De la belle ouvrage.

- Menu 59/90 €

8 allée de La Charpinière - 04 77 52 75 00 - www.lacharpiniere.com - Fermé : lundi, mardi, dimanche soir

ST-GEORGES-DE-RENEINS

69830 - Rhône - Carte régionale n° **3**-E1

HOSTELLERIE DE SAINT-GEORGES

CUISINE MODERNE • RUSTIQUE Entre cuisine du marché et plats du terroir, cette maison trace son sillon sous la houlette d'un chef d'expérience. Toutes les recettes s'appuient sur de bons produits frais, et même les glaces sont faites maison ! Gibier en saison. Terrasse appréciée aux beaux jours.

- Menu 19 € (déjeuner), 30/45 € - Carte 40/50 €

27 Avenue Charles-de-Gaulle - 04 74 67 62 78 - www.hostelleriesaintgeorges.com - Fermé : lundi soir, mardi soir, mercredi, jeudi soir, dimanche soir

ST-GERVAIS-LES-BAINS

74170 - Haute-Savoie - Carte régionale n° **4**-F1

LE SÉRAC

CUISINE MODERNE • CONTEMPORAIN L'entrée, discrète, s'ouvre sur une grande salle lumineuse et épurée. La cuisine du chef revendique une inspiration saisonnière. Le menu partage permet de déguster de belles pièces de viande, ou de poisson. En somme, une partition fraîche et colorée, des dressages soignés, à l'instar de tête de veau et foie gras poêlé ou de la tartelette aux légumes de saison, crus et cuits, avec en dessert un délicieux soufflé chaud aux fruits de la passion. On en profite dans une agréable salle-à-manger moderne avec vue sur la montagne. Service soigné. Une sympathique adresse.

- Menu 55/68 € - Carte 52/65 €

22 rue de la Comtesse - 04 50 93 80 50 - www.3serac.fr - Fermé : lundi, dimanche

LA FERME DE CUPELIN

CUISINE RÉGIONALE • AUBERGE Non content d'arborer un CV en or massif (Senderens, Flocons de Sel, Murtoli), Romain Desgranges, le chef, est surtout un enfant du pays de Saint-Gervais : ça fait toute la différence. Il célèbre les produits de sa région dans des assiettes nettes et soignées, avec gibier en saison (cerf, faisan), terrines à l'ancienne et bon pain maison... Un bonheur.

- Menu 35/65 €

198 route du Château - 04 50 93 47 30 - www.lafermedecupelin.com - Fermé : mardi, mercredi

ROND DE CAROTTE

CUISINE MODERNE • ÉPURÉ Elle, sommelière, vient de Nantes, tandis que lui, cuisinier, est originaire des Alpes. Ils emmènent en duo ce restaurant à la façade façon chalet, et à l'intérieur chaleureux. Carte courte réglée sur les saisons, assiettes savoureuses, fines et bien maîtrisées : une table qui ne manque pas d'atouts.

- Menu 35/54 €

50 rue de la Vignette - 04 50 47 76 39 - www.ronddecarotte.fr - Fermé : mardi soir, mercredi, jeudi

SOURCE N

CUISINE MODERNE • COSY Féra du Léman "fumée par nos soins" ; filet de bœuf sauce Larmes du Tigre, chou pak-choï : voilà un bistrot comme on les aime, qui cuisine bon et simple. Derrière ce bon plan du cœur de la station, on trouve deux pros venus d'Annecy, qui n'oublient pas de rendre hommage aux produits locaux.

♿ A/C - Menu 35/59 €

43 avenue du Mont-d'Arbois - ✆ 04 57 44 41 35 - www.source-restaurant-saint-gervais.com - Fermé : lundi, dimanche soir

LA TABLE D'ARMANTE

CUISINE MODERNE • **CHIC** Au sein d'un hôtel au luxe discret, ce bistrot de montagne chic et contemporain (bois, pierre, velours, cuisines ouvertes) propose une carte actuelle, très axée terroir (mais pas seulement), dont le fameux pâté en croûte de veau, volaille et foie gras. Plat du jour à prix doux, à déguster sur la jolie terrasse avec vue sur les Dômes de Miage.

♿ - Menu 52/85 € - Carte 65/91 €

L'Armancette, 4088 route de Saint-Nicolas - ✆ 04 50 78 66 00 - www.armancette.com - Fermé : lundi, mardi midi, mercredi midi, dimanche soir

ST-JEAN-D'ARVEY

✉ 73230 - Savoie - Carte régionale n° **4**-F2

LE SAINT JEAN Ⓝ

CUISINE MODERNE • **MONTAGNARD** Comment ne pas autant se délecter ici du paysage comme de l'assiette ? Sur une route sinueuse du massif des Bauges, une ancienne auberge de village regarde en contrebas le bassin chambérien. Lui connaît bien la musique, apprise dans les belles maisons, elle, aime le vin et trouve les bons mots pour aiguiser l'appétit. Dans l'assiette, un véritable catalogue de produits locaux (poissons de lac, agneau du coin...) dont le chef révèle le goût et le caractère à travers une belle cuisine moderne de saison. Menus surprises qui invitent à "lâcher prise"...

P - Menu 39/61 €

2496 route des Bauges - ✆ 04 79 75 04 41 - www.lesaintjeanrestaurant.fr - Fermé : lundi, mardi midi, mercredi midi, dimanche

ST-JULIEN-EN-GENEVOIS

✉ 74160 - Haute-Savoie - Carte régionale n° **4**-F1

LES COCOTTES PORTE DE GENÈVE

CUISINE TRADITIONNELLE • **BISTRO** Ce restaurant (situé dans un casino) propose une cuisine traditionnelle gourmande, servie dans une décoration de style bistrot, sur le modèle des autres "Cocottes" (œuf mimosa de "Mamie Constant", tarte au chocolat etc.).

♿ A/C - Menu 25/34 € - Carte 34/59 €

Route d'Annecy - ✆ 04 50 49 61 07 - www.maisonconstant.com

ST-JULIEN-EN-VERCORS

✉ 26420 - Drôme - Carte régionale n° **2**-C2

CAFÉ BROCHIER

CUISINE MODERNE • **VINTAGE** Une institution dans ce village du Vercors que cette belle bâtisse de 1867 (reprise récemment par un jeune couple enthousiaste), qui abrite un café historique, orné de fresques de 1912. On y propose un menu de produits essentiellement sourcés sur le plateau du Vercors, qui change régulièrement. Le respect des saisons va de pair avec celui des produits, des cuissons et des goûts, bref, c'est du tout bon, y compris les 3 chambres simples à l'étage.

- Menu 31 €

4 place de la Fontaine - ✆ 04 75 48 20 84 - www.cafebrochier.com - Fermé : mardi, mercredi

ST-JUST-ST-RAMBERT

✉ 42170 - Loire - Carte régionale n° **2**-A2

GARE & GAMEL

CUISINE TRADITIONNELLE • **BISTRO** Ce bistrot contemporain et convivial décline une carte courte et une cuisine traditionnelle, à l'instar de la tête de veau sauce gribiche, ou l'île flottante aux pralines. Les produits locaux ont aussi la part belle : en saison, on se régale d'un faux-filet de bœuf fin-gras du Mézenc.

- Menu 20 € (déjeuner), 35 €

Place du 19-mars-1962 - ✆ 04 77 06 51 05 - www.gare-gamel.fr - Fermé : lundi, mardi soir, dimanche

ST-MARCELLIN

✉ 38160 - Isère - Carte régionale n° **3**-E2

LA TIVOLLIÈRE

CUISINE MODERNE • **COSY** Aménagé dans un château du 15e s. dominant la ville, ce restaurant dispose d'une belle terrasse donnant sur le Vercors. Au menu, une sympathique cuisine au goût du jour : foie gras de canard cuit au torchon, pain d'épices maison ; suprême de volaille rôti, crémeux de Saint Marcellin... C'est fin, goûteux et servi avec attention !

- Menu 38/47 € - Carte 45/58 €

Château du Mollard - ✆ 04 76 38 21 17 - www.lativolliere.com - Fermé : lundi, mardi soir, mercredi soir, jeudi soir, dimanche soir

ST-MARTIN-DE-BELLEVILLE

✉ 73440 - Savoie - Carte régionale n° **4**-F2

✿✿✿ RENÉ ET MAXIME MEILLEUR

Chefs : René et Maxime Meilleur

CUISINE CRÉATIVE • **RÉGIONAL** René, le père, et Maxime, le fils. Meilleurs en duo, Meilleur tout court. Une combinaison d'exception, un yin et yang montagnard qui exprime l'âme d'un terroir et la quintessence d'une passion. Côté yin, une attention scrupuleuse au produit, comme les herbes et baies que René va cueillir au quotidien. Côté yang, la fougue et les inspirations de Maxime. Le résultat, une cuisine "intelligente mais compréhensible". Cuisinier d'origine lui-même, Nicolas Laurand cisèle une pâtisserie éprise de naturalité, à l'unisson des créations du duo des Meilleur. Ici, tout est imaginé en famille, puisque mère, fille, belle-fille et gendre travaillent ensemble en salle et à l'intendance. Sachez enfin que l'on vous accueille aussi pour la nuit : dans un chalet mitoyen, six chambres et suites du dernier chic montagnard vous tendent les bras.

- Menu 239/389 € - Carte 260/340 €

Hameau de Saint-Marcel - ✆ 04 79 08 96 77 - www.la-bouitte.com - Fermé : lundi midi, dimanche

SIMPLE ET MEILLEUR

CUISINE SAVOYARDE • **RÉGIONAL** Truite au four, fondue de reblochon, charcuteries et fromages de la région, tarte aux myrtilles... les produits savoyards sont à l'honneur dans cette chaleureuse adresse, imaginée par René et Maxime Meilleur, triplement étoilés à la Bouitte. La carte est une ode au terroir, à déguster dans une jolie salle habillée de bois clair, dont les grandes baies vitrées ouvrent sur les massifs. L'hiver, on y accède ski aux pieds... Tapas au rez de chaussée.

- Menu 35/65 € - Carte 58/71 €

Place Notre-Dame, quartier de Caseblanche - ✆ 04 86 80 02 91 - www.simple-meilleur.com - Fermé : dimanche

ST-MARTIN-SUR-LA-CHAMBRE

✉ 73130 - Savoie - Carte régionale n° **4**-F2

LE CLOCHER DES PÈRES

Chef : Pierre Troccaz

CUISINE CRÉATIVE • CONVIVIAL Perchée à 600 m d'altitude, cette maison logée dans une ancienne tour de guet toise la chaîne de Belledonne, dont le Clocher des Pères. Au cœur du village, c'est un lieu plein de cachet pour une cuisine séduisante, œuvre d'un couple discret et passionné, Éloïse et Pierre Troccaz. Ce chef, qui s'est construit patiemment à l'écart des voies toutes tracées, signe une cuisine fine et créative, ennemie de la routine et en partie improvisée grâce au retour du marché. Il multiplie aussi les clins d'œil à la tradition et aux produits savoyards - millefeuille de truite, homard et diot (saucisse), omble et crème de beaufort, biscuit de Savoie et myrtilles. Accueil charmant proche du client, jolies chambres pour la nuit.

- Menu 75/90 €

Le Mollard, 80 impasse du Four - ✆ 04 79 59 98 06 - www.leclocherdesperes.com - Fermé : lundi, mardi, mercredi, dimanche

ST-PAUL-EN-JAREZ

✉ 42740 - Loire - Carte régionale n° **2**-B2

ÉCLOSION

CUISINE CRÉATIVE • CONTEMPORAIN Ayant fait son nid dans ce beau château 1905, le jeune chef Pierre Carducci propose une cuisine, aussi créative qu'audacieuse, où les produits bio, notamment les légumes de son père maraîcher, rayonnent particulièrement. On apprécie également cette carte des vins éclectique, à dominante bio. Chambres épurées portant des noms de plantes poussant dans le parc.

- Menu 32 € (déjeuner), 67/87 €

40 avenue du Château - ✆ 04 77 61 99 09 - www.restauranteclosion.fr - Fermé : lundi, mardi, dimanche soir

ST-PÉRAY

✉ 07130 - Ardèche - Carte régionale n° **3**-E2

AUBERGE DE CRUSSOL

SPÉCIALITÉS DE GRILLADES • AUBERGE Située sur les hauteurs de Saint-Péray, à deux minutes des ruines du château de Crussol, cette ancienne bergerie propose désormais une cuisine de terroir ardéchoise. Viandes, poissons et légumes sont cuits au feu de bois, ou dans une grande rôtissoire. Amateurs de burgers, réjouissez-vous : l'un des employés a été élu champion de France du burger en 2019. Une adresse chaleureuse.

- Menu 19 € (déjeuner), 28/90 €

Chemin de Beauregard - ✆ 04 75 40 47 65 - www.aubergedecrussol.com

LA RUCHE

CUISINE MODERNE • TENDANCE Au pays de la Marsanne et de la Roussanne (les deux cépages du Saint-Péray blanc), un bistrot contemporain comme on les aime ! Au menu, on découvre une cuisine bistronomique goûteuse et soignée, rythmée par les saisons, avec une belle carte des vins de côtes-du-Rhône septentrionaux. Réservation indispensable.

- Menu 26 € (déjeuner), 37 €

13 quai du Docteur-Jules-Bouvat - ✆ 09 82 40 44 38 - www.laruche-saintperay.com - Fermé : lundi, dimanche

ST-PRIEST

✉ 69800 - Rhône - Carte régionale n° **3**-E1

LE RESTAURANT

CUISINE TRADITIONNELLE • **CONTEMPORAIN** Ce restaurant-bistrot au cadre simple et contemporain est situé à deux minutes chrono de la rocade Est de l'agglomération lyonnaise. Habitués et voyageurs de passage y dégustent une cuisine traditionnelle bien ficelée, assortie de clins d'œil exotiques, à l'instar de cette tartine de guacamole et tartare de saumon, crevettes roses ou des Saint-Jacques fraîches d'Irlande juste snackées, à la thaï.

A/C - Menu 32/35 €

Plan de Lyon : D3-87 *- 9bis avenue de la Gare - ✆ 04 78 21 14 43 - www.le-restaurant69.fr - Fermé : lundi soir, mardi soir, mercredi soir, samedi, dimanche*

ST-SAVIN

✉ 38300 - Isère - Carte régionale n° **22**-A3

LES 3 FAISANS

CUISINE MODERNE • **CONVIVIAL** Madame en cuisine, Monsieur en pâtisserie : après un passage dans de belles maisons, ce couple passionné a posé ses valises dans ce restaurant, situé aux pieds des vignes. On sert ici une belle cuisine de saison, savoureuse et mijotée - selle d'agneau cuite à basse température, déclinaison de choux et jus court ; choux gourmands, banane compotée et crémeux chocolat 64 %, glace à la banane rôtie. A déguster à l'été dans l'une des deux salles agréables ou sur la terrasse ombragée. Après le repas, une promenade digestive sur les coteaux aura fière allure, en chantonnant peut-être une chanson de Brel, "et quand vers minuit passaient les notaires,qui sortaient de l'hôtel des Trois Faisans..."

A/C P - Menu 19 € (déjeuner), 34/68 € - Carte 45/68 €

100 rue des Auberges - ✆ 04 74 28 92 57 - www.les3faisans.fr - Fermé : mardi, mercredi, dimanche soir

LES SAISIES

✉ 73620 - Savoie - Carte régionale n° **2**-D1

LA TABLE DES ARMAILLIS

CUISINE MODERNE • **CONTEMPORAIN** Excellent rapport qualité/prix dans ce restaurant qui propose de savoureux plats, inspirés du terroir savoyard (omble chevalier au sel, gaufre et crème à l'ail des ours; suprême de volaille fermière, pommes de terre, pruneaux ; pomme façon tatin, biscuit noix, sorbet faisselle-miel). On se régale dans un cadre contemporain, parsemé de touches montagnardes. Indéniablement la bonne adresse des environs.

♿ - Menu 34/57 € - Carte 49/69 €

97 rue des Prés - ✆ 04 79 89 26 15 - www.latabledesarmaillis.fr - Fermé : lundi, mardi midi, mercredi midi, jeudi midi, dimanche soir

TAIN-L'HERMITAGE

✉ 26600 - Drôme - Carte régionale n° **3**-E2

MAISON GAMBERT

CUISINE MODERNE • **CONVIVIAL** Cette ancienne ferme rénovée, prolongée d'une jolie terrasse ombragée et entourée de vignes, a été reprise par Mathieu Chartron, chef au joli parcours. Résultat : des préparations goûteuses et soignées, des cuissons justes - au four à bois pour les viandes et certains poissons... On passe un bon moment.

♿ A/C P - Menu 33/68 € - Carte 40/60 €

2 rue de la Petite-Pirelle - ✆ 04 75 09 19 85 - www.maisongambert.com - Fermé : lundi, mardi

LE QUAI

CUISINE TRADITIONNELLE • **BRASSERIE** On pourrait rester à quai pendant des heures, à admirer le Rhône et les vignobles... En terrasse ou dans la salle, très lumineuse, on se croirait presque sur un paquebot ! Et dans ce bistrot des temps modernes, les assiettes sont généreuses. Une bonne adresse.

- Menu 24 € (déjeuner), 35 € - Carte 45/60 €

17 rue Joseph-Peala - 04 75 07 05 90 - www.maisonchabran.com

LE MANGEVINS

CUISINE MODERNE • **BISTRO** Ici, la déco mêle habilement esprit de bistrot et modernité. Quant à la cuisine, réalisée par un jeune couple d'autodidactes, elle célèbre le marché et se révèle soignée. On nous explique les plats dans une ambiance conviviale ; comme il se doit dans un tel lieu, la carte s'accompagne d'une belle sélection de crus de la région. Une adresse coup de cœur.

- Menu 35 € (déjeuner), 40 €

7 rue des Herbes - 04 75 08 00 76 - www.lemangevins.fr - Fermé : samedi, dimanche

VINEUM

CUISINE TRADITIONNELLE • **BAR À VIN** La cave à vins du Domaine Paul Jaboulet Aîné abrite ce restaurant/bar à vins au cadre traditionnel fort cosy, où le joli plafond boisé évoque la chaleur d'antan, quand les hommes, au coin du feu, racontaient des fables de vie. En soirée, vous grignoterez charcuterie et fromages. Sachez que le vin servi au restaurant est vendu au prix de la cave, avis aux amateurs !

- Menu 27 € (déjeuner), 34 €

25 place du Taurobole - 04 75 09 26 20 - www.vineum.blogspot.com - Fermé : lundi, mardi

TALLOIRES-MONTMIN

74290 - Haute-Savoie - Carte régionale n° **4**-F1

JEAN SULPICE

Chef : Jean Sulpice

CUISINE CRÉATIVE • **CONTEMPORAIN** Quelle belle renaissance que celle de L'Auberge du Père Bise, sous l'impulsion de Jean Sulpice et de son épouse Magali, désormais en salle ! En sportif affûté, le chef propose une cuisine fine, saine et légère. Les herbes, fleurs et plantes sauvages apportent contraste et couleurs à des assiettes subtiles, qui dessinent une promenade pleine de gourmandise autour des poissons du lac. Ainsi la féra cuite dans son eau de cresson, ou l'écrevisse et ortie, toutes en fraîcheur et en précision. Cette mise en scène, sobre et poétique, se déguste dans une salle lumineuse, ouverte sur la terrasse et les rives argentées du lac d'Annecy, le plus pur d'Europe. Un écrin de choix pour une gastronomie épurée et audacieuse. Pour l'étape, chambres au luxe sobre, équipées pour la plupart de terrasses et balcons.

L'engagement du chef : *Faire déguster la Savoie, celle des lacs et de la montagne, est au cœur de notre ambition culinaire. Nous mettons ainsi en saveurs les produits issus de la pêche sur le lac d'Annecy, de la cueillette sauvage ou du maraîchage et de l'élevage local. C'est ce lien intime à la nature savoyarde qui nous entoure que nous souhaitons exprimer.*

- Menu 235/275 €

303 route du Port - 04 50 60 72 01 - www.perebise.com - Fermé : mardi, mercredi

L'AUBERGE DE MONTMIN

Chef : Florian Favario

CUISINE TRADITIONNELLE • **CHAMPÊTRE** Le col de la Forclaz (1147 m) était déjà connu pour sa magnifique vue en belvédère sur le lac d'Annecy, et pour être le paradis des parapentistes. Il le sera désormais aussi pour cette belle table, ouverte en 2019 par Sandrine Deley et son compagnon Florian Favario. Dans ce chalet à l'intérieur bardé de bois clair, le chef a installé des cuisines toute neuves ; il travaille dans un style simple et gourmand, avec le meilleur des produits locaux (agneaux et porcelets, légumes potagers, fruits de saison), et un coup de main sans faille. Un vrai régal, à plus forte raison sur la terrasse avec vue sur les alpages...

L'engagement du chef : *Tous nos produits sont achetés chez nos producteurs locaux et sur les marchés des villages environnants, à moins de 30 km, ou encore issus de notre propre cueillette. Nous n'avons aucune livraison, nous nous déplaçons - zéro emballage. Nous faisons une cuisine « zéro déchets » : tout est produit en fonction du nombre de réservations et surtout en fonction des produits disponibles avec nos producteurs. C'est pourquoi nous proposons un menu unique. Nos déchets sont triés, réutilisés ou compostés.*

- Menu 110 €

1199 route du Col-de-la-Forclaz - 04 50 63 85 40 - Fermé : lundi midi, mardi, mercredi, jeudi midi, vendredi midi

L'ABBAYE DE TALLOIRES

CUISINE MODERNE • **ROMANTIQUE** Le lieu, splendide, ravira les âmes romantiques. On découvre ici des recettes dans l'air du temps avec quelques clins d'œil à la région. L'été, il fait bon savourer ces douceurs en terrasse, face au lac, en les arrosant d'un bon vin (800 références).

- Menu 39 € (déjeuner), 59/149 € - Carte 67/106 €

Chemin des Moines - 04 50 60 77 33 - www.abbaye-talloires.com - Fermé : lundi soir, mardi soir

LE COTTAGE

CUISINE CLASSIQUE • **ÉLÉGANT** Un restaurant cossu et bourgeois, une terrasse avec le lac pour horizon et de belles saveurs classiques, avec des touches actuelles : par exemple, gambas au cresson, mangue, fleurs et bulbes... On passe ici un moment gastronomique bien sympathique.

- Menu 39 € (déjeuner), 62/90 € - Carte 65/90 €

390 route du Port - 04 50 60 71 10 - www.cottagebise.com

1903

CUISINE TRADITIONNELLE • **CONVIVIAL** Un environnement privilégié, au pied du lac, et c'est peu dire. Le bistrot 1903, dont le nom rend hommage à l'année de création de la maison, propose une carte bistrotière revisitée, signée Jean Sulpice : pâté en croute de veau à l'estragon ; belle côte de veau aux girolles et cèpes et ses pommes dauphine ; gratin de queue d'écrevisses "autrement" ; tarte verveine framboise... Une halte pleine de gourmandise.

- Menu 59 €

Auberge du Père Bise, 303 route du Port - 04 50 60 72 01 - www.perebise.com

TARARE

69170 - Rhône - Carte régionale n° **2**-A1

JEAN BROUILLY

CUISINE CLASSIQUE • **ÉLÉGANT** Dans un grand parc arboré bordant la route de Roanne, une belle maison bourgeoise datant de 1906 : un décor tout indiqué pour honorer la tradition. Le classicisme culinaire est ici de mise, comme la générosité et la gentillesse. Une valeur sûre.

- Menu 30/85 € - Carte 54/110 €

3ter rue de Paris - 04 74 63 24 56 - www.restaurant-brouilly.com - Fermé : lundi, mardi, dimanche soir

TENCIN

✉ 38570 - Isère - Carte régionale n° **4**-F2

LA TOUR DES SENS

CUISINE CRÉATIVE • CONTEMPORAIN Sur les hauteurs de Tencin, cette Tour saura combler vos cinq sens ! Jérémie Izarn (vainqueur Top Chef 2017) se fend d'une cuisine créative et inspirée, proche de la nature, qui s'épanouit sous forme de menus (Inspiration, Tour d'Horizon, Diapason, Sensation). Et s'il fait beau, direction la terrasse avec sa vue superbe sur le massif de la Chartreuse...

- Menu 54/94 € - Carte 51/70 €

Route de Theys - ✆ 04 76 04 79 67 - www.latourdessens.fr - Fermé : lundi, mardi, mercredi, jeudi midi, dimanche soir

THONON-LES-BAINS

✉ 74200 - Haute-Savoie - Carte régionale n° **4**-F1

SAVOIE LÉMAN

CUISINE CLASSIQUE • ÉLÉGANT Une agréable cuisine traditionnelle à déguster dans un cadre cossu (et centenaire !), celui de l'École hôtelière de Thonon. Avec même quelques confortables chambres - à préférer côté lac Léman.

- Menu 24 € (déjeuner), 28/38 €

40 boulevard Carnot - ✆ 04 50 81 13 50 - www.ecole-hoteliere-thonon.com/hotel-restaurants - Fermé : lundi, samedi, dimanche

TIGNES

✉ 73320 - Savoie - Carte régionale n° **2**-D2

LE PANORAMIC

Chef : Clément Bouvier

CUISINE TRADITIONNELLE • COSY Une étoile brille au fronton de ce restaurant alpin d'altitude qui tutoie le ciel (3032 m !) et auquel on accède en funiculaire pour un bol d'air et de gourmandise. Dans un intérieur douillet, tout de bois vêtu, émaillé de peaux de moutons sur les chaises et de têtes de cervidés empaillés aux murs, une équipe en costume traditionnel sert une authentique cuisine au feu de bois, typique du terroir savoyard. Les cuissons sont réglées aux petits oignons, qu'il s'agisse de cette côte de bœuf Noire de la Baltique fumée au bois de hêtre ou de ce pigeon royal en crapaudine ; les garnitures sont loin d'être en reste, à l'image de cette mousseline de pommes de terre des plus onctueuses servie dans sa petite casserole en fonte. Dépaysement et cocooning garantis : difficile de quitter les lieux...

- Carte 56/115 €

Glacier de la Grande-Motte - ✆ 04 79 06 47 21 - www.les-suites-du-nevada.com/le-panoramic-restaurant-tignes - Fermé le soir

URSUS

Chef : Clément Bouvier

CUISINE CRÉATIVE • CHIC Niché dans un bel hôtel de la station, ce restaurant aime la nature ! Déjà, son nom rend hommage à la dernière race d'ours de Savoie. Ensuite, la salle s'est muée en forêt avec ses troncs d'arbres séparant chaque table dans un bosquet, son plafond tendu d'une toile qui simule des feuillages, ses magnifiques tables en noyer... Enfin, son chef adore herboriser sur les chemins de montagne. Cet ancien second de Jean-François Piège signe ici une belle cuisine alpestre dans l'air du temps, à la fois généreuse, goûteuse et techniquement maîtrisée. Le tout dans le respect scrupuleux des saisons et la recherche permanente des meilleurs produits du terroir. Chariot de fromages tout Savoie, assorti d'une belle carte des vins.

L'engagement du chef : *Se connecter complètement avec la riche nature de la Haute-Tarentaise, c'est l'ambition que nous nous fixons. Cela passe par le choix des produits que nous cuisinons dont 80% proviennent de notre département, par le respect de la saisonnalité mais aussi par l'architecture de notre restaurant qui* *reproduit, grâce à 380 arbres, les sensations d'une promenade forestière.*

- Menu 98/148 €

Maison Bouvier, rue du Val-Claret, au Val-Claret - ✆ 04 79 01 11 43 - www.les-suites-du-nevada.com - Fermé : dimanche et le midi

LA TABLE DE JEANNE

CUISINE SAVOYARDE • **MONTAGNARD** Cette agréable table montagnarde imaginée par la famille Bouvier (Les Suites, Ursus, Panoramic) propose une cuisine généreuse, mettant en valeur les produits du terroir, le tout dans une ambiance chaleureuse. Jolis vins et prix raisonnables.

Menu 35 € - Carte 38/59 €

14 avenue de la Grande-Motte, au Val-Claret - ✆ 04 79 06 99 90 - www.les-suites-du-nevada.com/table-de-jeanne - Fermé le midi

TOURNON-SUR-RHÔNE

✉ 07300 - Ardèche - Carte régionale n° **3**-E2

LE CERISIER

CUISINE MODERNE • **CONVIVIAL** À l'intérieur de ce petit restaurant, un cadre élégant et chaleureux où le rouge domine. Une cuisine à quatre mains, elle signe les entrées et les desserts, lui, le chaud. Résultat : la carte est aussi alléchante que les plats sont réussis, à l'image de la spécialité maison, le pâté en croûte. Belle carte des vins de la vallée du Rhône et de Bourgogne.

- Menu 33/70 € - Carte 39/65 €

1 rue Saint-Joseph - ✆ 04 75 08 91 02 - www.lecerisier-restaurant.fr - Fermé : lundi, mercredi, dimanche soir

TREFFORT

✉ 01370 - Ain - Carte régionale n° **2**-B1

VOYAGES DES SENS

CUISINE MODERNE • **AUBERGE** Après avoir côtoyé plusieurs grands chefs (dont Michel Guérard), Nicolas Morelle s'est installé dans ce village charmant pour faire la cuisine qu'il aime. On se régale par exemple d'escargots de Bresse, mousse et chips de topinambour, dans une ambiance familiale, animée et chaleureuse : bons vivants, soyez les bienvenus.

- Menu 22 € (déjeuner), 34/70 € - Carte 54/65 €

33 rue Principale - ✆ 04 74 51 39 94 - www.voyagesdessens.com - Fermé : lundi, mardi, mercredi midi, dimanche soir

TRESSERVE

✉ 73100 - Savoie - Carte régionale n° **4**-F2

L'INCOMPARABLE

CUISINE MODERNE • **CONTEMPORAIN** L'emplacement, face au lac du Bourget, est idéal, et l'assiette est à la hauteur du cadre. Le chef travaille produits locaux, herbes, fleurs et plantes du parc au gré d'un menu mystère (une promenade, une randonnée ou une ascension en 5 services). La cuisine, moderne, se pique parfois d'originalité à l'image de ce bœuf fumé travaillé façon gravelax.

A/C P - Menu 89/119 €

68 chemin de Belledonne - ✆ 04 58 01 74 23 - www.hotel-lincomparable.com - Fermé : lundi, mardi

LA TRONCHE

✉ 38700 - Isère - Carte régionale n° **2**-C2

LA MAISON BADINE

CUISINE CRÉATIVE • **CONTEMPORAIN** Dans cette table moderne et accueillante, on n'a rien à cacher, et surtout pas cette ambiance décontractée et sympathique. La cuisine est ouverte, tous les plats - qui mettent en valeur les produits de saison - sont dressés sur un petit îlot à la vue de tous. Aux fourneaux, le jeune chef Florian Poyet compose une cuisine actuelle et lisible, aux visuels alléchants et aux tarifs mesurés : une belle petite adresse. Quelques pépites dans la carte des vins.

- Menu 25 € (déjeuner), 43/68 € - Carte 58/90 €

2 rue du Pont-Prouiller - ✆ 04 76 01 03 33 - www.maison-badine.com - Fermé : lundi, samedi midi, dimanche

URIAGE-LES-BAINS

✉ 38410 - Isère - Carte régionale n° **2**-C2

MAISON ARIBERT

Chef : Christophe Aribert

CUISINE CRÉATIVE • **DESIGN** Christophe Aribert s'épanouit dans une belle maison du 19e s. adossée à la colline, au cœur du parc d'Uriage. Cet amoureux de la nature a fait de l'éco-responsabilité l'alpha et l'omega de son établissement : traitement des déchets, chauffage à granulés, tissus en coton bio... Tout ici est pensé en fonction du respect de l'environnement. Le chef affirme plus que jamais son attachement aux herbes et racines des montagnes environnantes, qui accompagnent dans l'assiette les fruits, légumes et fleurs du potager maison. Sa cuisine compose également une véritable ode aux poissons de rivière. Enfin, n'oublions pas les confortables chambres, idéales pour prolonger le séjour.

L'engagement du chef : *La Maison Aribert s'inscrit dans une volonté de soutenir un territoire en tissant des liens forts avec ses artisans, ses ressources et ses acteurs locaux. Nous voulons être une vitrine des savoir-faire isérois qui répondent à des engagements responsables. Notre cuisine est le reflet de la richesse de la nature qui nous entoure et fait notamment la part belle au végétal et herbes de montagne.*

P - Menu 115 € (déjeuner), 175/195 €

280 allée du Jeune-Bayard - ✆ 04 58 17 48 30 - www.maisonaribert.com - Fermé : lundi, mardi, mercredi midi, jeudi midi, dimanche soir

CAFÉ A

CUISINE MODERNE • **BISTRO** Le café A, véritable lieu de vie de la maison Aribert, demeure fidèle à sa thématique "café de village", qui revisite les recettes inspirées des mères et grand-mères, autour d'une belle cuisine bistronomique à prix doux, simple et réalisée à partir de produits sélectionnés avec soin. Excellent rapport qualité/gourmandise : une valeur sûre. Brunch le dimanche.

P - Menu 35/49 €

280 allée du Jeune-Bayard - ✆ 04 58 17 48 30 - www.maisonaribert.com

USCLADES-ET-RIEUTORD

✉ 07510 - Ardèche - Carte régionale n° **2**-A3

FERME DE LA BESSE

CUISINE TRADITIONNELLE • **RUSTIQUE** Les volailles, veaux et brebis de la ferme familiale sont la matière première d'un jeune chef sympathique et bosseur, qui ne ménage pas ses efforts. Des recettes pleines de fraîcheur et de peps, une ambiance naturelle et conviviale : un vrai plaisir.

P - Menu 38/40 €

La Besse - ✆ 04 75 38 80 64 - www.aubergedelabesse.com - Fermé : lundi, dimanche midi

VAILLY

74470 - Haute-Savoie - Carte régionale n° **4**-F1

FRÉDÉRIC MOLINA AU MOULIN DE LÉRÉ

Chef : Frédéric Molina

CUISINE MODERNE • RUSTIQUE Au cœur de la vallée du Brevon, cet ancien moulin du 17e s. tourne grâce à deux passionnés : le chef Frédéric Molina, fils de viticulteur ayant promené ses couteaux dans toute l'Europe, et sa compagne Irene Gordejuela, originaire d'un petit village entre Pays basque et Rioja. Cette dernière accueille avec un délicieux accent et veille sur la carte des vins qui met en valeur les crus locaux et... espagnols. Leur philosophie commune, c'est l'éco-responsabilité : ils mettent en avant l'agriculture raisonnée locale, avec des producteurs triés sur le volet, et vont jusqu'à utiliser des contenants biodégradables. Le menu surprise en 4 ou 8 plats est un vrai régal ; on profite aussi d'un excellent pain local, au levain naturel bio.

L'engagement du chef : *Soucieux de l'impact environnemental de notre cuisine, 90% des produits que nous utilisons sont issus d'exploitations artisanales et biologiques qui se situent dans un rayon de 30 km. En cuisine, nous nous efforçons également de réduire au maximum le gaspillage alimentaire en utilisant les produits dans leur intégralité.*

P - Menu 68/98 €

270 route de Léré, Sous la Côte - 04 50 73 61 83 - www.moulindelere.com - Fermé : lundi, mardi, mercredi midi, jeudi midi, dimanche soir

VAL-D'ISÈRE

73150 - Savoie - Carte régionale n° **2**-D2

L'ATELIER D'EDMOND

Chef : Benoit Vidal

CUISINE CRÉATIVE • MONTAGNARD La vue des lieux laisse rêveur : un beau chalet au toit en lauze, tout droit sorti d'une gravure. Le restaurant dévoile un cadre rustique, boisé, organisé autour de la majestueuse cheminée centrale. Pas de doute, nous sommes à la montagne ! Le chef Benoît Vidal, natif de Perpignan, formé auprès de Michel Guérard (Eugénie-les-Bains) et Michel Trama (Puymirol), concocte une cuisine savoureuse pleinement ancrée dans le présent : par exemple, ces rissoles d'escargots et cochon fermier, crémeux de racine de persil relevé au raifort... suivies d'un digestif en mezzanine, dans le petit salon cosy. Délicieux.

- Menu 58 € (déjeuner), 165/210 € - Carte 115/140 €

Le Fornet - 04 79 00 00 82 - www.atelier-edmond.com - Fermé : lundi, mardi midi

LA TABLE DE L'OURS

CUISINE MODERNE • ÉLÉGANT Sur les hauteurs de Val-d'Isère, un luxueux hôtel aux airs de chalet cossu héberge cette table gastronomique, désormais parée d'un nouvel écrin, entre bois, pierres et miroirs. Antoine Gras, jeune Auvergnat qui a exercé chez Arnaud Donckele et chez René et Maxime Meilleur à Saint-Martin-de-Belleville, est un fidèle de cette maison où il a fait ses preuves à différents postes. Passionné et consciencieux, il travaille dans le strict respect du produit, mis en avant dans des recettes savoureuses et sans chichis. Les accords de saveurs tombent juste, à l'image de cette féra, orange sanguine, noix et sauce maltaise. En salle, une jeune équipe déploie un enthousiasme contagieux et notamment la sommelière, porte-parole des vins de Savoie.

- Menu 95/160 € - Carte 125/145 €

Les Barmes de l'Ours, 100 montée de Bellevarde - 04 79 41 37 00 - www.hotellesbarmes.com - Fermé : lundi, dimanche et le midi

L'ALTIPLANO 2.0 N

CUISINE PÉRUVIENNE • ÉLÉGANT La montagne ne se résume pas aux... Alpes ! À cette adresse, le chef Riccardo Berto célèbre les Andes et propose des plats inspirés par l'histoire et la cuisine péruvienne. Cuisine de braise, cuisine de condiments, cuisine à partager... un véritable voyage immobile à déguster dans un cadre chic, intimiste et convivial.

- Menu 90/110 €

Le K2 Chogori, 143 avenue du Prariond – ✆ 04 79 04 20 20 – lek2chogori.com/fr – Fermé : mardi et le midi

BISTROT GOURMAND

CUISINE TRADITIONNELLE • MONTAGNARD Le bistrot est situé au rez-de-chaussée du restaurant gastronomique, mais notre gourmandise, elle, atteint des sommets ! Le jeune chef, originaire de Perpignan, mijote une cuisine de grand-mère savoureuse à l'image de cet effiloché de canard aux noisettes grillées et champignons de Savoie. Et pour en profiter, une terrasse plein sud.

- Menu 46 €

Le Fornet – ✆ 04 79 00 21 42 – www.atelier-edmond.com – Fermé : lundi

andresr/Getty Images Plus

✉ 26000 – Drôme
Carte régionale n° 3-E2

VALENCE

Le jeudi et le samedi matin, les terrasses de la place des Clercs se replient pour permettre au marché de prendre ses aises. Les producteurs de la région viennent vendre le meilleur de leur ouvrage dans une ambiance conviviale. Les becs sucrés se régaleront de nougat de Montélimar, de pogne (une brioche aromatisée à la fleur d'oranger) et, en saison, de noix de Grenoble, de myrtilles et de marrons d'Ardèche. Côté salé, faites le plein de ravioles, ces petites pâtes fraîches farcies de comté, de fromage blanc frais et de persil. Ajoutez une caillette, un petit pâté de porc aromatisé aux herbes et quelques fromages de chèvre comme le picodon et le saint-félicien. En saison, la truffe noire, dont la Drôme est le premier producteur, s'accorde à merveille avec les crus de la vallée du Rhône, saint-joseph ou crozes-hermitage...

✿✿✿ PIC

Cheffe : Anne-Sophie Pic

CUISINE CRÉATIVE • LUXE La Maison Pic, dans la Drôme, c'est d'abord une atmosphère particulière. Salle tamisée, où la lumière n'éclaire que l'assiette ; créations florales ; moquette épaisse qui suspend le pas de la brigade, mixte, en tenue classique. Ici, on sert à l'ancienne, à l'assiette clochée en porcelaine... On retrouve dans l'assiette les sublimes obsessions – culte du Japon, souci de l'assemblage inédit – de celle que l'on a surnommé "la funambule des saveurs". Anne-Sophie Pic propose désormais une invitation au voyage autour d'un menu unique en 10 haltes. Membre du club très fermé des femmes trois étoiles, très engagée, la célèbre cheffe dirige aujourd'hui la fondation "Donnons du goût à l'enfance". Au-delà de son talent débordant, un indispensable symbole.

– Menu 350 €

285 avenue Victor-Hugo – ✆ 04 75 44 15 32 – www.anne-sophie-pic.com – Fermé : lundi, mardi midi, dimanche soir

✿ LA CACHETTE

Chef : Masashi Ijichi

CUISINE CRÉATIVE • CONTEMPORAIN Dans la partie basse de Valence, cette Cachette très discrète est désormais encore mieux cachée depuis son déménagement dans l'impasse située derrière l'adresse d'origine. Le restaurant gagne toujours à être découvert ! Vous y ferez la connaissance d'un chef précis et inspiré, Masashi Ijichi, d'origine japonaise. Ses préparations fines et délicates organisent la rencontre irrésistible entre le terroir drômois et les fulgurances asiatiques dans un cadre moderne flambant neuf. Rouget, courgettes, curry et poivre blanc ; pigeon aux trompettes de la mort ; bœuf japonais Wagyu, moutarde et haricots verts. On passe un excellent moment, notamment grâce à un service efficace et une belle carte des vins (superbe sélection de côtes-du-rhône septentrionaux).

- Menu 65 € (déjeuner), 85/130 €

20 rue Notre-Dame de Soyons - 04 75 55 24 13 - www.lacachette-valence.fr - Fermé : lundi, mardi midi, mercredi midi, dimanche

FLAVEURS

Chef : Baptiste Poinot

CUISINE MODERNE • **INTIME** C'est au cœur de la vieille ville de Valence qu'on découvre cette belle table gastronomique lovée dans un décor coloré, avec sa moquette et ses tables en châtaignier... Un grand-père traiteur a peut-être décidé de la carrière du jeune chef Baptiste Poinot, qui a étudié à l'école hôtelière de Vienne, a reçu les leçons de Michel Chabran à Pont-de-l'Isère, d'Anne-Sophie Pic, ou encore de Joël Robuchon. Ce cuisinier sensible, qui cherche avant tout à transmettre une émotion, délivre des assiettes qui attestent une réflexion mûrie, avec des produits excellents et une technique soignée. Ces flaveurs - sensation provoquée conjointement par le goût et l'odeur d'un aliment - sont flatteuses.

- Menu 38 € (déjeuner), 58/98 €

32 Grande-Rue - 04 75 56 08 40 - www.flaveurs-restaurant.com - Fermé : lundi midi, samedi, dimanche

LE BAC À TRAILLE

CUISINE MODERNE • **DÉCONTRACTÉ** Le chef japonais étoilé de la Cachette a réalisé son rêve : ouvrir un bistrot (le nom rend hommage à l'ancien bac qui franchissait le Rhône sur la "traille" juste à côté). Cette cuisine du marché, fraîche et très soignée, ne manque jamais de punch et de relief. Menu tapas au comptoir à côté de la cuisine, sélection de vins régionaux. Excellent rapport qualité/prix.

- Menu 35/50 €

16 rue des Cévennes - 04 75 55 24 13 - www.lacachette-valence.fr/bistrot-bac-a-traille - Fermé : lundi, mardi midi, dimanche

ANDRÉ

CUISINE TRADITIONNELLE • **CONVIVIAL** Ce bistrot chargé d'histoire célèbre dans l'assiette les recettes-phares de chaque génération de la famille Pic. Du gratin de queues d'écrevisses d'André, le grand-père, jusqu'au pigeon de la Drôme en croûte de noix, l'un des (déjà !) classiques d'Anne-Sophie... Un savoureux voyage autour de la planète Pic.

P - Menu 43/75 €

Pic, 285 avenue Victor-Hugo - 04 75 44 15 32 - www.anne-sophie-pic.com

VALLON-PONT-D'ARC

07150 - Ardèche - Carte régionale n° **2**-A3

ARKADIA

CUISINE CRÉATIVE • **CONTEMPORAIN** Le long des gorges de l'Ardèche, divine surprise : Marvin, chef d'origine bretonne, régale sans complexe avec les produits glanés dans les parages (légumes et fromages, notamment). Les assiettes sont limpides, ultra-gourmandes, le menu est renouvelé tous les quinze jours ; on profite aussi de la joie de vivre de Philippine, qui assure le service en salle. Irrésistible.

- Menu 21 € (déjeuner), 35/47 €

9 rue du Barry - 06 20 77 01 59 - arkadia-restaurant.business.site - Fermé : lundi midi, mardi midi, mercredi

RESTAURANT DE CHAMES

CUISINE CRÉATIVE • **MAISON DE CAMPAGNE** Au cœur des gorges de l'Ardèche, cette table met en avant le terroir et les produits de saison issus du jardin. Présentations soignées, couleurs et parfums : le plaisir est au rendez-vous dans l'assiette. Et n'oublions pas la terrasse, qui offre une vue de carte postale sur les falaises...

- Menu 36 € (déjeuner), 44/92 €

Route des Gorges - 06 07 66 17 09 - www.restaurantdechames.com - Fermé : lundi, mardi midi, mercredi midi, jeudi midi, vendredi midi

VALS-LES-BAINS

07600 - Ardèche - Carte régionale n° **2**-A3

LE VIVARAIS

CUISINE MODERNE • **ÉLÉGANT** La table du chef Stéphane Polly, artisan solide, scrupuleux dans le choix de ses produits et entier dans son envie de satisfaire les clients. Tartare de tourteau et langoustine au caviar, crémeux combava, pickles de concombre et condiment passion ; filet de saint-pierre juste poêlé, déclinaison de fenouil et gelée d'agrumes...

- Menu 36 € (déjeuner), 54/109 € - Carte 65/141 €

Helvie, 5 avenue Claude-Expilly - 04 75 94 65 85 - www.le-vivarais.com/fr - Fermé : lundi, mardi, dimanche soir

VAL-THORENS

73440 - Savoie - Carte régionale n° **4**-F2

LES EXPLORATEURS - HÔTEL PASHMINA

CUISINE MODERNE • **COSY** Au cœur d'un sublime hôtel posé à 2 345 m d'altitude, cette table de haute volée vaut l'ascension. Le jurassien Josselin Jeanblanc a troqué ses montagnes natales pour jouer ici le sherpa inspiré. Il sait faire monter un repas crescendo au fil de créations simples et inspirées, basées évidemment sur des produits de haute qualité "sourcés" dans toute la France. Dès leur arrivée en salle, les dressages soignés annoncent la couleur (et le goût !). Le pâté en croûte, le ris de veau et gratin dauphinois, la pièce d'agneau en cocotte de foin ou la volaille et morilles montrent une évidente maîtrise technique et la volonté forte de n'être pas qu'un "énième" restaurant d'hôtel de luxe... Pari réussi, notamment grâce à un service attentionné et souriant.

- Menu 95/165 € - Carte 120/130 €

Place du Slalom - 04 79 00 09 99 - www.hotelpashmina.com - Fermé : lundi et le midi

LE DIAMANT NOIR

CUISINE MODERNE • **ÉLÉGANT** Dans ce récent hôtel perché au sommet de la station (2 400m), un Bistrot baigné de lumière, avec sa charpente en bois et ses hauts plafonds. Une carte actuelle, pas forcément régionale. Le diamant noir rend hommage à la truffe noire proposée sur de nombreux plats, à la carte toute la saison.

Menu 59/110 €

Koh-I-Nor, rue Gébroulaz - 04 79 31 00 00 - www.hotel-kohinor.com - Fermé : mardi, mercredi et le midi

FITZ ROY

CUISINE MODERNE • **CONTEMPORAIN** Des produits sélectionnés et bien travaillés, avec une inclination pour le terroir savoyard et les petits producteurs locaux : voilà, en quelques traits, le travail du chef dans cet hôtel de Val-Thorens. Les plats sont frais, inventifs, et à midi, on cuisine au feu de bois. Service décontracté.

- Menu 35 € (déjeuner), 55 €

Place de l'Église - 04 79 00 04 78 - www.hotelfitzroy.com

LES VANS

⊠ 07140 - Ardèche - Carte régionale n° **2**-A3

LIKOKÉ

CUISINE CRÉATIVE • CONVIVIAL Piet Huysentruyt, le fondateur de Likoké, a passé le flambeau à son fils Cyriel (salle et sommellerie) et à son ancien second, le chef colombien Guido Niño Torres. L'ADN de la maison demeure : des assiettes ludiques et colorées, comme des invitations au voyage, basées sur les trésors du coin - légumes de producteurs locaux, truite bio du mont Lozère, bœuf du Mézenc, etc.

- Menu 54 € (déjeuner), 105/155 €

7 route de Païolive - ✆ 04 75 88 09 74 - www.likoke.com - Fermé : lundi, mardi midi, dimanche

VAUDEVANT

⊠ 07410 - Ardèche - Carte régionale n° **2**-B2

LA RÉCRÉ

CUISINE MODERNE • CONVIVIAL Installé dans l'ancienne école de garçons du village, dont il a conservé les vestiges - tableau noir, cartes de géographie -, ce restaurant ne pouvait mieux porter son nom. On y découvre des créations pétillantes, qui piochent allègrement dans les produits du terroir ; et c'est encore meilleur lorsqu'on est attablé dans la cour ombragée...

- Menu 29/47 €

70 route de Satillieu - ✆ 04 75 06 08 99 - www.restaurant-la-recre.com - Fermé : lundi, mardi, dimanche soir

VAUX-EN-BEAUJOLAIS

⊠ 69460 - Rhône - Carte régionale n° **3**-E1

AUBERGE DE CLOCHEMERLE

CUISINE MODERNE • CONTEMPORAIN On se sent bien, dans la salle à manger tout en sobriété de l'auberge de Clochemerle. Le menu surprise fait la part belle aux produits de saison, avec des assiettes élaborées avec soin. De quoi régaler les (nombreux) habitués, mais aussi les clients de passage. Quelques chambres confortables pour l'étape.

- Menu 48/84 €

173 rue Gabriel-Chevallier - ✆ 04 74 03 20 16 - www.aubergedeclochemerle.fr - Fermé : lundi midi, mardi, mercredi, jeudi midi

VESC

⊠ 26220 - Drôme - Carte régionale n° **2**-B3

CHEZ MON JULES

CUISINE DU TERROIR • BISTRO Dans une salle où objets chinés, tables et chaises en bois font bon ménage, on se régale d'une savoureuse cuisine du terroir, tels la caillette maison au foie gras, ou cette poitrine de cochon de Dieulefit, laquée, légumes du coin. Aux beaux jours, profitez de la terrasse à l'ombre des canisses : le panorama vaut le coup d'œil...

- Menu 34/59 €

5 rue Étienne-de-Vesc - ✆ 04 75 04 20 74 - www.chezmonjules.fr - Fermé : lundi, mardi, mercredi, dimanche soir

VEYRIER-DU-LAC

✉ 74290 - Haute-Savoie - Carte régionale n° **4**-F1

YOANN CONTE

Chef : Yoann Conte

CUISINE CRÉATIVE • ÉLÉGANT C'est en mer que le Breton Yoann Conte a découvert le sens de la fraternité et l'importance du "manger". Il porte comme un étendard la volonté de mettre la gastronomie au service de recettes "brutes" et sincères. Adepte de randonnées extrêmes, il cultive son jardin au bord du lac en herboriste avisé. Sa cuisine lui ressemble : physique, terrienne, avec un soupçon d'aventure et un sourire en coin. Entouré de disciples passionnés et désormais très présent en salle, il réalise un menu "Conte Vents et Marées" où la montagne charme l'océan, à l'image de "l'omble pur et délicieux" ou de ce Saint-Pierre breton au whisky breton... Sans oublier les desserts du talentueux pâtissier, Max Martin. Pour prolonger l'expérience, 11 belles chambres tournées vers le lac, et le bistrot Le Roc où l'on déguste en toute convivialité suggestions du marché, cochon à la broche et autres classiques savoyards.

L'engagement du chef : Bon sens paysan, curiosité et simplicité sont les maîtres mots de ma cuisine : à la montagne, assis sur un rocher, face à la nature, c'est cette simplicité que j'essaie d'insuffler à mes compositions, imaginées en fonction de ce que m'offre la nature au jour le jour et que je transmets ensuite à mon équipage.

- Menu 180 € (déjeuner), 290/330 €

13 Vieille-Route-des-Pensières - ✆ 04 50 09 97 49 - www.yoann-conte.com - Fermé : lundi, mardi, mercredi

VIENNE

✉ 38200 - Isère - Carte régionale n° **2**-B2

LA PYRAMIDE - PATRICK HENRIROUX

Chef : Patrick Henriroux

CUISINE MODERNE • ÉLÉGANT L'institution viennoise a été rendue célèbre par le mythique Fernand Point, formateur d'une foule de toques d'élite : Bocuse, frères Troisgros et frères Haeberlin, Chapel... C'est en 1989 que la famille Henriroux a repris la maison. Entre autres qualités, la cuisine de Patrick Henriroux se distingue par sa précision et sa sobriété. Homard en trois façons (pinces en salpicon, bisque en raviole, queue rôtie aux douces épices et cassis), soufflé à la vieille chartreuse réalisé dans les règles de l'art : les preuves d'un savoir-faire aussi discret qu'imparable. Le tout dans un décor très design rénové de frais, d'une élégance extrême : on ne peut qu'applaudir et se régaler de la bonne affaire du menu déjeuner, véritable aubaine.

- Menu 79 € (déjeuner), 159/189 € - Carte 157/204 €

14 boulevard Fernand-Point - ✆ 04 74 53 01 96 - www.lapyramide.com - Fermé : mardi, mercredi

L'ESPACE PH3

CUISINE MODERNE • COSY Au sein de la Pyramide, voici la seconde table de la famille Henriroux. Décor sobre et chic, dans un esprit végétal, cuisine santé et bien-être... On l'aura compris, le lieu fait peau neuve. Et tout est mené tambour battant par une équipe dont la motivation est communicative. Que d'énergie, que de saveurs !

- Carte 48/60 €

14 boulevard Fernand-Point - ✆ 04 74 53 01 96 - www.lapyramide.com

L'ESTANCOT

CUISINE TRADITIONNELLE • BISTRO Une valeur sûre en ville que ce bistrot contemporain sympathique et généreux ! Les habitués apprécient les criques - des galettes de pommes de terre -, spécialités de la maison, garnies par exemple de foie gras poêlé ou de noix de Saint-Jacques et gambas.

♿ - Menu 27/53 €

4 rue de la Table-Ronde - ✆ 04 74 85 12 09 - Fermé : lundi, mardi midi, dimanche

LES SAVEURS DU MARCHÉ

CUISINE TRADITIONNELLE • **BISTRO** Un bistrot joliment moderne et très vivant... tout au service des saveurs du marché, bien entendu ! On aurait tort de se priver de cette cuisine très fraîche, soignée et savoureuse, rehaussée par une belle carte de vins de la vallée du Rhône. Et le couple de propriétaires est charmant...

- Menu 17 € (déjeuner), 29/48 € - Carte 50/73 €

34 cours de Verdun - ✆ 04 74 31 65 65 - www.lessaveursdumarche.fr - Fermé : samedi, dimanche

VIGNIEU

✉ 38890 - Isère - Carte régionale n° **2**-B2

LE CAPELLA

CUISINE MODERNE • **CLASSIQUE** Présentations soignées, jeux sur les textures, utilisation de bons produits : voici les savoureux arguments de ce Capella. Le cadre n'est pas en reste : deux salles voûtées en pierre, et une terrasse face à la piscine et au jardin. Carte des vins pointue, avec 450 références (surtout de la vallée du Rhône). Le château de Chapeau Cornu et ses dépendances offrent également des chambres délicieusement romantiques.

P - Menu 59/89 €

312 rue de la Garenne - ✆ 04 74 27 79 00 - www.lecapella.com - Fermé : lundi midi, mardi midi, mercredi, dimanche soir

VILLARD-DE-LANS

✉ 38250 - Isère - Carte régionale n° **2**-C2

LA FERME DU BOIS BARBU

CUISINE TRADITIONNELLE • **FAMILIAL** Non loin des pistes de ski de fond et des chemins de randonnée, dans un environnement préservé - que la région est pittoresque ! -, une adresse sympathique, montagnarde mais nullement rude : au cœur de l'hiver, par exemple, le bon feu de cheminée va si bien à la cuisine du terroir, tout comme la terrasse ombragée, très recherchée en été.

P - Menu 16/30 €

À Bois-Barbu - ✆ 04 76 95 13 09 - www.fermeboisbarbu.com - Fermé : mardi midi, mercredi, dimanche soir

LES TRENTE PAS

CUISINE MODERNE • **COLORÉ** À une trentaine de pas de l'église de Villard, un restaurant de poche au décor soigné. Dans une jolie salle à manger, l'œil s'attarde sur les tableaux d'un artiste local... Derrière ses fourneaux, le chef honore les produits (notamment du Vercors) au gré du marché et de son inspiration. Un travail soigné.

Menu 22 € (déjeuner), 32/55 € - Carte 36/52 €

16 avenue des Francs-Tireurs - ✆ 04 76 94 06 75 - www.lestrentepas.com - Fermé : lundi, mardi soir, mercredi soir

VILLEFRANCHE-SUR-SAÔNE

✉ 69400 - Rhône - Carte régionale n° **3**-E1

LA FERME DU POULET

CUISINE TRADITIONNELLE • **CONVIVIAL** Joli endroit que cet ancien monastère, avec sa jolie terrasse sous la glycine. L'établissement est le repaire d'un couple de bons professionnels (le chef est champion du monde 2016 de pâté en croûte !), qui servent une cuisine réjouissante, axée sur les produits de la région.

- Menu 22 € (déjeuner), 33/68 € - Carte 53/99 €

180 rue Georges-Mangin - 04 74 62 19 07 - www.lafermedupoulet.com - Fermé : lundi, dimanche

VILLENEUVE-DE-BERG

07170 - Ardèche - Carte régionale n° **2**-B3

AUBERGE DE MONTFLEURY

Chef : Richard Rocle

CUISINE MODERNE • ÉLÉGANT Arrêtez-vous dans cette discrète auberge, presque anonyme, située en bord de route et face à la gare. C'est la maison d'un couple de professionnels passionnés, Angèle Faure et Richard Rocle. Elle assure un service à la fois efficace et chaleureux dans l'élégant cadre contemporain de la salle ; lui, aux fourneaux, mitonne une cuisine actuelle entre terroir et modernité, qui fait la part belle aux petits producteurs. Porcs fermiers élevés en plein air, escargots, safran, fromages de chèvre, herbes sauvages ramassées par un cueilleur : tout est produit aux alentours.

- Menu 30 € (déjeuner), 57/98 € - Carte 62/92 €

200 route des Cépages - 04 75 94 74 13 - www.auberge-de-montfleury.fr - Fermé : mardi, mercredi, dimanche soir

LA TABLE DE LÉA

CUISINE MODERNE • CLASSIQUE Dans cette ancienne grange, la chef élabore une cuisine du marché assez personnelle. Pendant ce temps-là, on profite de la belle terrasse sous les marronniers...

- Menu 30/69 € - Carte 58/62 €

823 Plaine de Tournon - 04 75 94 70 36 - www.restaurant-table-lea.com - Fermé : lundi midi, mardi midi, mercredi, jeudi midi

VILLEREST

42300 - Loire - Carte régionale n° **2**-A1

CHÂTEAU DE CHAMPLONG

CUISINE MODERNE • ÉLÉGANT Moments aussi gourmands que charmants dans cette demeure du 18es. nichée dans la verdure ; on dîne d'une cuisine actuelle dans la "salle des peintures", sous les tableaux d'époque. Appétissante formule déjeuner et belle carte des vins.

- Menu 48/100 €

100 chemin de la Chapelle - 04 77 69 69 69 - www.chateau-de-champlong.com - Fermé : lundi, mardi, mercredi midi, dimanche soir

VIUZ-EN-SALLAZ

74250 - Haute-Savoie - Carte régionale n° **4**-F1

LA TABLE D'EMILIE

CUISINE CRÉATIVE • SIMPLE À la barre de ce sympathique restaurant, on trouve un jeune couple bien décidé à mettre en valeur de beaux produits. À déguster dans la nouvelle salle, et par beau temps, sur l'agréable jardin-terrasse, également rénovée ! Belle sélection de vins.

- Menu 28 € (déjeuner), 44/70 €

1069 avenue de Savoie - 04 50 36 67 84 - www.latabledemilie.fr - Fermé : lundi soir, mardi, mercredi, dimanche soir

VOIRON

🖂 38500 - Isère - Carte régionale n° **2**-C2

BRASSERIE CHAVANT

CUISINE TRADITIONNELLE • HISTORIQUE Sise dans une belle maison de maître, non loin des caves de Chartreuse, cette brasserie redécorée avec goût autour d'un bel escalier en bois (qui conduit aux chambres situées à l'étage) propose une bonne cuisine traditionnelle où les spécialités font honneur aux produits du Voironnais - ainsi le foie gras mi-cuit « maison » à la Chartreuse ou le parfait glacé à l'Antésite. Accueil et service très sympathiques.

- Menu 29 € - Carte 35/55 €

72 avenue Léon-et-Joanny-Tardy - ✆ 04 76 93 19 11 - www.hotel-millepas.fr

VONNAS

🖂 01540 - Ain - Carte régionale n° **3**-E1

GEORGES BLANC

Chef : Georges Blanc

CUISINE CLASSIQUE • ÉLÉGANT Quel destin pour l'enfant de Bourg-en-Bresse, dont les ancêtres étaient limonadiers et marchands de charbon ! Il est vrai que sa propre grand-mère avait été sacrée meilleure cuisinière du monde par Curnonsky. Georges Blanc est aujourd'hui à la tête d'un petit empire à Vonnas. D'une demeure de 100 mètres carrés, il a bâti un domaine de plusieurs hectares : la mise en scène lumineuse des jardins et maisons du village le soir est magique. Mais le spectacle se trouve aussi dans l'assiette : on y retrouve la Bresse et son emblématique poularde AOP, les sauces aux goûts profonds et les cuissons savantes. La maison Georges Blanc est l'établissement le plus anciennement étoilé au monde, avec la première étoile acquise en 1929. Elle ravira aussi les amateurs de jolis crus, avec une carte des vins à damner Dionysos.

- Menu 250/320 € - Carte 230/290 €

Place du Marché - ✆ 04 74 50 90 90 - www.georgesblanc.com - Fermé : lundi, mardi, mercredi midi, jeudi midi

L'ANCIENNE AUBERGE

CUISINE TRADITIONNELLE • AUBERGE Un décor rétro à la mémoire de l'auberge - ex-fabrique de limonade - ouverte par la famille Blanc à la fin du 19e s. Photos d'époque, affiches anciennes, etc. Ici, on cultive une certaine nostalgie... qui sied à merveille aux spécialités bressannes proposées par le chef.

- Menu 39/66 € - Carte 45/70 €

Place du Marché - ✆ 04 74 50 90 50 - www.georgesblanc.com

VOUGY

🖂 74130 - Haute-Savoie - Carte régionale n° **4**-F1

LE CAPUCIN GOURMAND

CUISINE CLASSIQUE • CONVIVIAL Ici, deux salles pour deux atmosphères différentes, mais complémentaires : conviviale et vintage pour le bistrot (décor rétro, grands miroirs, banquettes en cuir), feutrée et élégante pour le restaurant. La cuisine, de son côté, poursuit la même ambition de qualité et de tradition : tête de veau, cassolette d'escargots de Magland, carré d'agneau rôti...

- Menu 35/65 € - Carte 45/70 €

1520 route de Genève - ✆ 04 50 34 03 50 - www.lecapucingourmand.com - Fermé : lundi, samedi midi, dimanche

YVOIRE

✉ 74140 - Haute-Savoie - Carte régionale n° **4**-F1

LES JARDINS DU LÉMAN

CUISINE MODERNE • **ÉLÉGANT** Au cœur de la cité médiévale, cette vénérable auberge propose des plats gourmands, joliment travaillés, et un sympathique menu gibier à l'automne. Le plus ? Une somptueuse terrasse panoramique sur le lac Léman, où vous vous attablerez les soirs d'été.

- Menu 39/65 € - Carte 55/100 €

Grande-Rue - ✆ 04 50 72 80 32 - www.lesjardinsduleman.com - Fermé : mercredi

LE PRÉ DE LA CURE

CUISINE TRADITIONNELLE • **CONVIVIAL** Une plongée dans le Léman ! Évidemment, il y a la vue, superbe, mais pas seulement... Le chef réalise une cuisine axée sur les produits de la pêche : selon l'arrivage, brochets, truites ou encore perches peuvent être de la fête. Pour l'étape, chambres spacieuses et grande piscine couverte.

- Menu 30/45 € - Carte 45/65 €

1 place de la Mairie - ✆ 04 50 72 83 58 - www.hotel-restaurant-piscine-haute-savoie.com

VIEILLE PORTE

CUISINE TRADITIONNELLE • **RUSTIQUE** Maison du 14e s. appartenant à la même famille depuis 1587. Tomettes, poutres et pierres, terrasse à l'ombre des remparts : rien ne manque, et tout cela accompagne à merveille la sympathique cuisine traditionnelle et régionale du chef. Belle sélection de bordeaux à prix raisonnable.

- Menu 30/45 € - Carte 45/65 €

2 place de la Mairie - ✆ 04 50 72 80 14 - www.la-vieille-porte.com - Fermé : mercrediAnnemasse

jerome Genee/Getty Images Plus

BOURGOGNE FRANCHE-COMTÉ

LA SELECTION DU GUIDE MICHELIN

LES TABLES ÉTOILÉES

Une cuisine unique. Vaut le voyage !

Une cuisine d'exception. Vaut le détour !

Une cuisine d'une grande finesse. Vaut l'étape !

N Nouvelle distinction cette année !
✿ Engagé pour une gastronomie durable

LES BIB GOURMAND

Nos meilleurs rapports qualité-prix

LE MAG' DE LA RÉGION

LE DURABLE AU LONG COURS

La table d'Hôtes et Bistrot Lucien, à Gevrey-Chambertain

Thomas Collomb n'est pas homme à mettre en avant les actions qu'il mène au quotidien pour l'écologie et le bien manger. Ses engagements ne datent pas d'hier. Voilà plus de dix ans, par conviction personnelle, qu'il défend le bio et les circuits courts.

Thomas Collomb, auréolé par sa cuisine

"J'ai mis en place un réseau qui me permet localement d'acheter du beurre, du lait, de la farine ou de la viande." Des viandes qu'il achète en bête entière et qu'il découpe avec ses équipes à l'instar d'un boucher : *"Mon métier, ce n'est pas seulement de cuisiner, c'est être impliqué dans une chaîne vertueuse composée de producteurs, de paysans, d'éleveurs. Je suis cuisinier mais aussi boucher, charcutier, boulanger."* Valoriser ce qui est produit localement est son credo, que ce soit à la Table d'Hôtes ou au Bistrot Lucien. Il reste cependant conscient qu'il a encore des efforts à faire pour aller au bout de sa logique : *"Sur la pêche, je n'achète que du poisson de ligne et j'écarte les espèces menacées ou dont les prix ont flambé mais en parallèle, je continue à chercher du poisson issu de la pêche durable ou bio parce qu'il faut être cohérent."*

Cette cohérence passe notamment par enlever des cuisines tous les produits exotiques et recentrer sa carte des vins sur le bio, le naturel ou la biodynamie issus très majoritairement de la région. Il a aussi créé un petit jardin d'herbes aromatiques au restaurant et développé le potager de sa maison : *"L'objectif n'est pas d'être autonome mais ce contact avec la nature, la terre, est inspirant."* Demain, il aura peut être du bétail. Il en parle parce que ce n'est pas illogique dans l'écosystème qu'il a mis en place. Thomas Collomb fourmille d'idées parce qu'il est intimement convaincu que le chef de cuisine a un rôle de sensibilisation, de pédagogie à faire passer auprès de ses équipes mais aussi auprès de sa clientèle et parce que, conclue-t-il : *"Il faut laisser une terre propre à nos enfants et à nos petits-enfants."*

Vous avez récemment entamé des démarches pour adhérer au label Green Food. En quoi cela consiste-t-il ?

Nous n'en sommes pour le moment qu'aux premières démarches mais c'est effectivement un label qui colle parfaitement à ma vision d'une cuisine durable. Avant de l'obtenir, un audit est mené au sein de l'établissement pour s'assurer que nous répondons aux critères. Il faut par exemple que nos plats soient majoritairement composés de produits locaux ou bio, que nous soyons dans une démarche de réduction et de valorisation de nos déchets, que nous utilisions des produits écologiques pour l'entretien et que nous menions des actions sur la réduction des dépenses d'énergie.

Est-ce que vous pensez répondre aux critères ?

Globalement oui, même si on a tous des lacunes ! Mes matières premières sont achetées en circuit court dans 95% des cas et de préférence en bio. Le tri en cuisine est l'affaire de tous même si parfois, il faut encore et encore recadrer les jeunes qui n'ont pas forcément les bons reflexes. Pour les cuissons, j'ai passé l'ensemble de ma cuisine en induction car on a, de cette façon, moins de perte de chaleur. Quant aux produits d'entretien, on les a changés au profit de produits bio et végétaux. On cherche chaque jour à s'améliorer. En ce moment, on fait des essais de lessive maison avec les cendres de la cheminée. Ce n'est pas encore probant mais il nous faut trouver la bonne recette.

Sentez-vous votre clientèle ouverte à vos démarches ?

Je ne fais pas tout cela par opportunisme mais par conviction. C'est ancré en moi depuis de nombreuses années. Notre clientèle ne vient pas chez nous parce que nous faisons des efforts pour rendre la planète plus propre mais sur place, ils peuvent, par des discussions, découvrir nos engagements. Demain, il y aura sans doute une clientèle plus pointilleuse sur les engagements des restaurants. Le label Green Food, de même que l'Étoile Verte, nous permettront de la capter.

DANS L'ASSIETTE ET AU DEHORS, LE CHOIX DE LA NATURE INTACTE

La Côte Saint-Jacques, à Joigny

Rattrapé par les gênes familiaux de la cuisine, Jean-Michel Lorain est revenu aux fourneaux avec la curiosité du scientifique, les papilles du voyageur et une solide conscience environnementale.

L'arbre estival

N'en déplaise à son patronyme, Jean-Michel Lorain est un enfant de Bourgogne, né tout près de Joigny. Profil singulier que le sien puisqu'il obtient un BAC scientifique avant d'entrer en apprentissage chez Pierre et Jean Troisgros, à Roanne, en 1977, avant de rejoindre le Taillevent en 1979. Chez les Lorain, la cuisine finit toujours par vous rattraper par le col. Jean-Michel est fils et petit-fils de restaurateurs : sa mère Jacqueline est sommelière, son père Michel obtient la première étoile en 1971, la seconde en 1976, mais c'est sa grand-mère Marie qui fonde la Côte Saint-Jacques à Joigny en 1945 ! Difficile dès lors d'échapper à son destin. Après un passage au restaurant de l'Hôtel de Ville à Crissier, en Suisse, auprès du chef Frédy Girardet, Jean-Michel Lorain rejoint définitivement Joigny et son père en 1983. Trois ans plus tard, la troisième étoile illumine les rives de l'Yonne, faisant de lui, à 27 ans, le plus jeune chef a obtenir la distinction suprême. En 1993, Jean-Michel succède à Michel. Humble et travailleur, il n'a jamais cessé, selon ses mots de "concilier proximité et qualité".

Le potager et les ruches

Notre jardin potager de 2000 m^2 existe depuis quatre ans. Il se trouve en face du restaurant, de l'autre côté de l'Yonne. J'en reviens à l'instant, j'ai récolté des fraises et des pois gourmands. Tout le monde est associé à la récole, cuisine et salle. Nous avions trois ruches jusqu'à l'an dernier, nous en possédons désormais dix à proximité du potager. Nous produisons notre miel pour le petit déjeuner et la boutique.

Les petits producteurs

On a souvent dit de moi que j'étais un cuisinier globe-trotteur parce que j'aimais les voyages et que j'étais curieux des saveurs d'ailleurs. Mais depuis quelques années maintenant, j'ai décidé de me reconcentrer sur les cuisines régionales et les producteurs locaux, chez qui j'achète courgettes, herbes, artichauts, salades mais aussi de sublimes ombles de fontaine ou mes escargots, Bourgogne oblige ! Nous avons recentré le "sourcing", en favorisant toujours la qualité. Il n'est pas question que la proximité justifie une qualité moindre !

Dans l'assiette

Nous nous amusons à évoquer la nature par le truchement de la gourmandise, comme avec l'arbre estival. Nous déclinons ce thème sur une année : un arbre par saison avec un champignon différent à chaque fois. Ainsi qu'un arbre marin. A noter aussi que nos déchets alimentaires sont recyclés à plus de 80%.

Dessine-nous un Avenir

Nous avons créé une association de défense de la biodiversité, une démarche complémentaire au travail écoresponsable du restaurant. Elle poursuit deux buts essentiels : sensibiliser et informer (des livrets sont offerts aux enfants afin de leur apprendre les bons gestes au quotidien) et récolter des fonds : la Côte Saint-Jacques reverse à l'association la moitié du prix des prestations offertes aux enfants, soit environ 15 000 euros par an. Actuellement, nous collectons des fonds pour racheter des terres en Indonésie, y éviter la déforestation et la plantation des palmiers à huile, responsables de la disparition des orangs-outans. Sur place, la disparition de nombreuses espèces est inquiétante. Il est indispensable que l'humanité prenne conscience de cette urgence !

Pour en savoir plus : www.dessinenousunavenir.org

Vue de l'Yonne depuis le restaurant

BOURGOGNE

Carte régionale n° 5

Ici, tout commence et finit avec la vigne. Deux cépages se disputent la quasi-totalité de la production dans l'Yonne, la Saône-et-Loire et la Côte d'Or : chardonnay pour les blancs et pinot noir pour les rouges. Chablis, meursault, montrachet, corton-charlemagne, chambertin... Ces climats mythiques, inscrits au patrimoine mondial de l'UNESCO, couvés par des vignerons qui travaillent encore souvent en famille, ont fait la renommée de la Bourgogne et continuent d'attirer les amateurs du monde entier. Assez logiquement, le caractère de ces vins a imprimé sa marque dans la gastronomie locale : jambon persillé, gougères ou escargots en persillade ne s'envisagent qu'avec un bon blanc, tout comme la pôchouse, qui met en valeur les poissons de la Saône et du Doubs. D'autres recettes mythiques, comme le bœuf bourguignon – de race charolaise –, le coq au vin ou les œufs en meurette, font du vin rouge un ingrédient à part entière.

Dans les tables renommées de la région (Maison Lameloise à Chagny, La Côte d'Or à Saulieu, William Frachot à Dijon...), la grande créativité n'oublie jamais l'histoire ; un message reçu aussi cinq sur cinq par tous les jeunes talents, japonais en particulier, qui viennent déployer leur art dans les parages : Château de Courban, Les Trois Bourgeons, So, Masami, Origine...

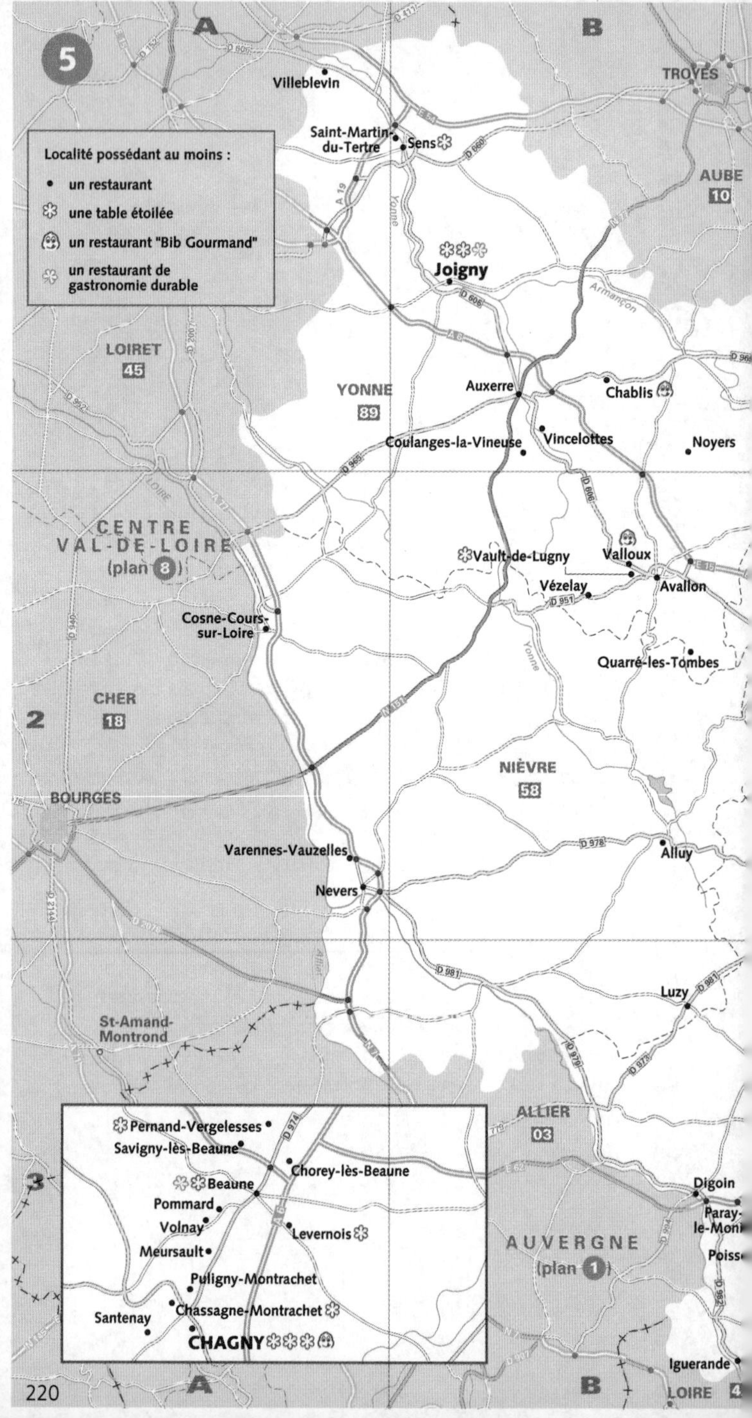
5
A
B
Localité possédant au moins :
un restaurant
une table étoilée
un restaurant "Bib Gourmand"
un restaurant de gastronomie durable
Villeblevin
Saint-Martin-du-Tertre
Sens
TROYES
AUBE 10
Joigny
LOIRET 45
YONNE 89
Auxerre
Chablis
Vincelottes
Coulanges-la-Vineuse
Noyers
CENTRE VAL-DE-LOIRE (plan 8)
Vault-de-Lugny
Valloux
Vézelay
Avallon
Cosne-Cours-sur-Loire
Quarré-les-Tombes
CHER 18
2
NIÈVRE 58
BOURGES
Varennes-Vauzelles
Nevers
Alluy
Luzy
St-Amand-Montrond
ALLIER 03
Pernand-Vergelesses
Savigny-lès-Beaune
Chorey-lès-Beaune
Beaune
Pommard
Volnay
Levernois
Meursault
Puligny-Montrachet
Chassagne-Montrachet
Santenay
CHAGNY
3
Digoin
Paray-le-Moni
AUVERGNE (plan 1)
Poiss
Iguerande
LOIRE 4

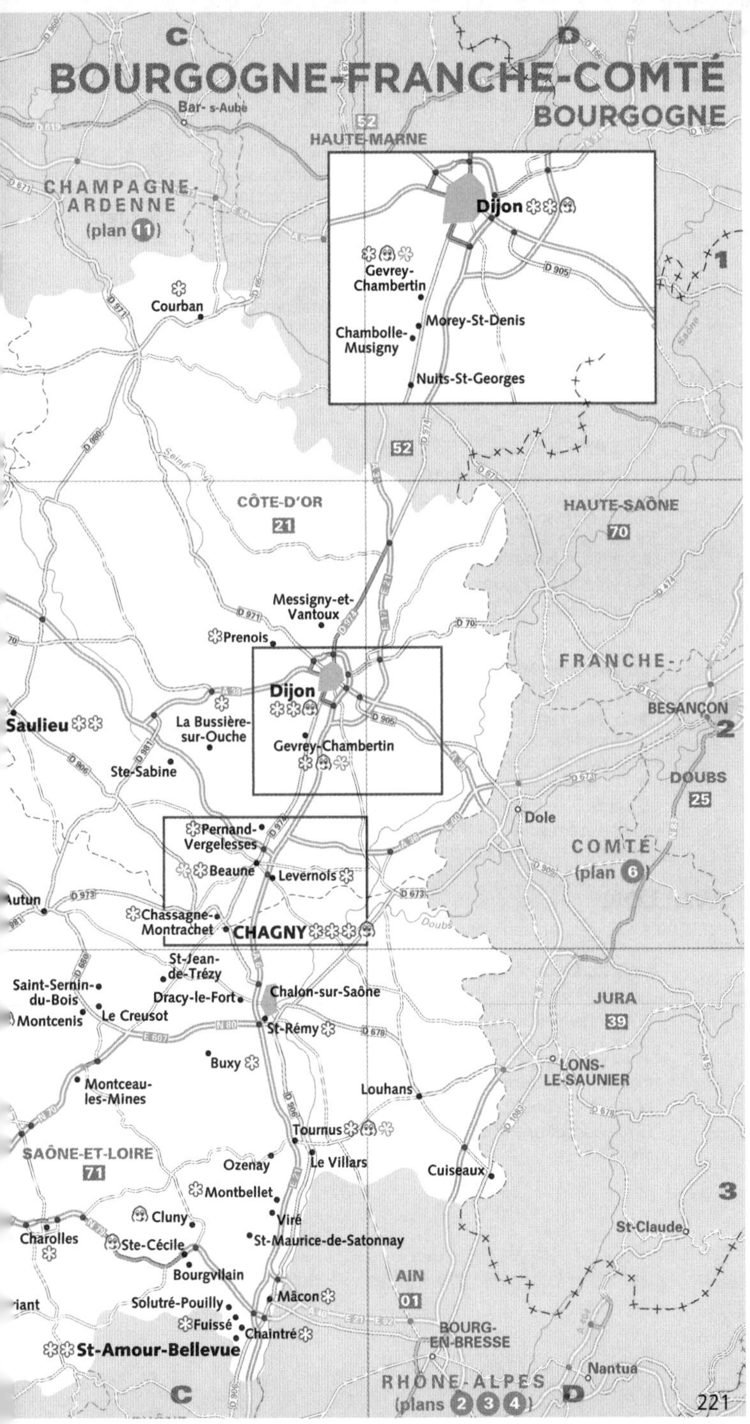
C
D
BOURGOGNE-FRANCHE-COMTÉ
BOURGOGNE
Bar-s-Aube
52
HAUTE-MARNE
CHAMPAGNE-ARDENNE
(plan 11)
Dijon
Gevrey-Chambertin
Morey-St-Denis
Chambolle-Musigny
Nuits-St-Georges
D 905
1
Courban
52
CÔTE-D'OR
21
HAUTE-SAÔNE
70
Messigny-et-Vantoux
Prenois
FRANCHE-
Dijon
BESANÇON
2
Saulieu
La Bussière-sur-Ouche
Gevrey-Chambertin
Ste-Sabine
DOUBS
25
Dole
Pernand-Vergelesses
Beaune
Levernois
COMTÉ
(plan 6)
Autun
Chassagne-Montrachet
CHAGNY
St-Jean-de-Trézy
Saint-Sernin-du-Bois
Dracy-le-Fort
Chalon-sur-Saône
JURA
39
Montcenis
Le Creusot
St-Rémy
Buxy
LONS-LE-SAUNIER
Montceau-les-Mines
Louhans
Tournus
SAÔNE-ET-LOIRE
71
Ozenay
Le Villars
Cuiseaux
Montbellet
3
Cluny
Viré
St-Claude
Charolles
Ste-Cécile
St-Maurice-de-Satonnay
Bourgvilain
AIN
01
Solutré-Pouilly
Mâcon
Fuissé
Chaintré
BOURG-EN-BRESSE
St-Amour-Bellevue
Nantua
RHÔNE-ALPES
(plans 2 3 4)
C
D

ALLUY

✉ 58110 - Nièvre - Carte régionale n° **5**-B2

LA GRANGÉE

CUISINE MODERNE • AUBERGE Originaire (et amoureux !) de la région, le chef Jean-Baptiste Girard a transformé cette auberge communale à sa main, épaulé par son épouse japonaise Maiko. Il y met en avant la production locale (Charolais du Bourbonnais, légumes bio de Rouy, pintades de Vandenesse) et la cueillette, qu'il pratique lui-même le weekend : baies sauvages, herbes... Une réussite.

- Menu 48/54 €

Le bourg - ✆ 03 86 76 11 56 - www.restaurantlagrangee.com - Fermé : lundi, mardi, mercredi, jeudi midi, vendredi midi, dimanche soir

AUXERRE

✉ 89000 - Yonne - Carte régionale n° **5**-B1

L'ASPÉRULE

CUISINE DU MARCHÉ • ÉPURÉ Dans une vieille maison de ville, voici une salle à la déco épurée, avec son sol en béton ciré et ses murs beige. Le chef japonais signe une cuisine qui associe les produits d'ici et la précision technique de là-bas, comme dans ce filet de canette servi parfaitement rosé, duxelle de champignons shiitaké, sauce balsamique. Menu du marché à prix doux le midi, menu dégustation (4 plats) le soir.

A/C - Menu 27 € (déjeuner), 38 €

34 rue du Pont - ✆ 03 86 33 24 32 - www.restaurant-asperule.fr - Fermé : lundi, dimanche

LE JARDIN GOURMAND

CUISINE MODERNE • ÉLÉGANT Cette ancienne maison de vigneron ressemble désormais à une élégante maison bourgeoise. La salle à manger cossue distille un charme intime... On y savoure une cuisine créative, inspirée par les produits du jardin, les voyages du chef, les saisons. Voyageuse aussi la belle carte des vins qui cultive les cépages locaux mais aussi ceux du bassin méditerranéen.

- Menu 75/100 € - Carte 110/130 €

56 boulevard Vauban - ✆ 03 86 51 53 52 - www.lejardingourmand.com - Fermé : lundi, mardi, dimanche soir

AVALLON

✉ 89200 - Yonne - Carte régionale n° **5**-B2

LES CORDOIS AUTREMENT

CUISINE TRADITIONNELLE • CONTEMPORAIN Tenue par la même famille depuis 1910, cette maison est désormais adossée à une église du 12e s. ; on s'installe au choix à l'intérieur, lumineux et coloré, ou sur la terrasse ombragée, pour se régaler d'une cuisine régionale remise au goût du jour : escargots de Bourgogne, œufs en meurette, rognon de veau à la graine de moutarde...

A/C - Menu 22 € (déjeuner) - Carte 29/52 €

15 rue Bocquillot - ✆ 03 86 33 11 79 - www.lescordois.fr - Fermé : mardi, mercredi

A. Pistolesi/hemis.fr

✉ 21200 - Côte-d'Or
Carte régionale n° 5-A3

BEAUNE

Difficile de trouver une ville dont le destin dépende à ce point du vin. Et quelle beauté ! Au cœur du vignoble bourguignon, Beaune est à la fois la capitale viticole de la Bourgogne et une incomparable ville d'art. L'Hôtel-Dieu, la basilique-collégiale Notre-Dame, les remparts, dont les bastions abritent des caves fameuses, constituent l'un des plus beaux ensembles de la région. Les Hospices de Beaune possèdent notamment un extraordinaire vignoble situé sur la côte de Nuits et la côte de Beaune. Chaque année, sous la halle médiévale, a lieu une célébrissime vente aux enchères de ces vins. Dans les ruelles, restées très pittoresques, on trouve bars à vin, restos tendance et boutiques de bouche où les produits du terroir – pain d'épice ou moutarde – et les recettes emblématiques – escargots de Bourgogne ou jambon persillé – figurent en bonne place.

✿ LE BÉNATON

Chef : Keishi Sugimura

CUISINE CRÉATIVE • CONTEMPORAIN Au cœur de la Bourgogne, Beaune est fameuse pour ses ventes aux enchères annuelles de vins, qui se tiennent entre les murs de ses Hospices aux toits de tuiles vernissées. C'est dire si le chef japonais Keishi Sugimura, passionné par la gastronomie et le vin français, est à sa place dans cette ville gourmande. Formé au Japon, le cuisinier voue une passion au pâté en croûte, qui lui valut le titre de vice-champion du monde en 2013. Il régale de beaux produits de saison avec une pointe de créativité, à travers des recettes classiques aux saveurs harmonieuses et aux cuissons millimétrées : œuf parfait, bouillon dashi, wagyu japonais ; pigeon de Corton en deux services. Cuisinière elle-même, l'épouse du chef assure le service, qui se déroule l'été sur une terrasse face à un petit jardin.

- Menu 35 € (déjeuner), 71/95 € - Carte 103/141 €

Plan : A2-1 - *25 rue du Faubourg-Bretonnière - ✆ 03 80 22 00 26 - www.lebenaton.com - Fermé : mardi midi, mercredi, jeudi midi, samedi midi*

✿ LE CARMIN

Chef : Christophe Quéant

CUISINE MODERNE • CONTEMPORAIN Sur la place Carnot, tout proche de l'Hôtel-Dieu, ce restaurant à la façade moderne occupe le rez-de-chaussée d'une vieille maison charmante. Passé dans les établissements de Robuchon et Ducasse, le chef Christophe Quéant y propose une cuisine au goût du jour et de saison, s'appuyant sur de solides bases traditionnelles. Ses produits au top sont servis par des cuissons au cordeau et des préparations lisibles et sans chichis ! Attablé dans une salle contemporaine refaite à neuf dans les tons beiges, avec pierres apparentes, on se régale alors d'escargots de Bourgogne au beurre d'herbes, d'un suprême et cuisses de caille caramélisées, mousseline de pommes de terre à la truffe d'été...

- Menu 38 € (déjeuner), 78/128 €

Plan : A2-2 – *4B place Carnot – 03 80 24 22 42 – www.restaurant-lecarmin.com – Fermé : lundi, dimanche*

RESTAURANT HOSTELLERIE CÈDRE & SPA

CUISINE MODERNE • ÉLÉGANT Une élégante maison de maître vigneron, cossue et pleine de cachet, dans un jardin verdoyant où l'on installe quelques tables l'été venu... Un cadre parfait pour déguster la cuisine du jeune chef Jordan Billan, qui reprend avec brio le flambeau de son prédécesseur. Il fait preuve d'une finesse certaine grâce à une cuisine à la fois bien dans l'air du temps et solidement ancrée dans la tradition française (et les bons produits) : langoustines croustillantes, sauce gribiche, câpres ; volaille, crémeux de brocoli, quinoa et radis, jus à la moutarde et au miel... Dans cet établissement rénové de frais, on apprécie aussi le charme intemporel des chambres classiques et élégantes.

- Menu 55/95 €

Plan : A1-3 – *12 boulevard du Maréchal-Foch – 03 80 24 01 01 – www.cedrebeaune.com – Fermé : lundi, mardi, mercredi midi, jeudi midi, vendredi midi*

BISTRO DE L'HÔTEL

CUISINE TRADITIONNELLE • CHIC Une élégante salle de style bistrot chic, au service d'une cuisine qui honore la tradition et les très beaux produits. La spécialité de la maison ? La volaille de Bresse rôtie ! Quant à la carte des vins, elle est tout simplement impressionnante...

- Menu 120 € - Carte 65/120 €

Plan : B2-6 – *5 rue Samuel-Legay – 03 80 25 94 10 – www.lhoteldebeaune.com – Fermé : dimanche et le midi*

CAVES MADELEINE

Chef : Martial Blanchon

CUISINE MODERNE • BISTRO À deux pas du centre-ville, cette cave à manger est un petit bijou. Martial, le chef, s'est acoquiné avec les meilleurs producteurs du coin – y compris les meilleurs vignerons ! – et compose une cuisine saine, savoureuse et pleine de peps. Service décontracté et sans chichi : la vérité est dans le verre et dans l'assiette.

L'engagement du chef : *La proximité est le mot d'ordre de notre établissement. La cuisine que nous proposons se veut proche des producteurs responsables et locaux avec lesquels nous travaillons, proche des produits biologiques que nous sublimons, proche des artisans bourguignons engagés avec lesquels nous coopérons.*

- Menu 25 € (déjeuner), 55 € - Carte 45/51 €

Plan : B2-8 – *8 rue du Faubourg-Madeleine – 03 80 22 93 30 – cavesmadeleine.com – Fermé : mercredi, dimanche*

L'ÉCUSSON

CUISINE MODERNE • CONTEMPORAIN Un Écusson aux couleurs de la gourmandise ! Le chef, passé par des maisons de renom, concocte une cuisine du marché fraîche, goûteuse et inspirée, à l'image des asperges vertes de Provence et tourteau ou du filet d'omble chevalier, pousses de brocoli et ail des ours... à apprécier dans une salle lumineuse et contemporaine.

- Menu 32 € (déjeuner), 49/105 € - Carte 69/102 €

Plan : B2-5 – *2 rue du Lieutenant-Dupuis – 03 80 24 03 82 – www.ecusson.fr – Fermé : lundi, dimanche*

L'EXPRESSION

CUISINE MODERNE • CONTEMPORAIN Cette adresse du centre-ville au cadre contemporain (cuisines ouvertes, cave vitrée) propose de jolis produits de saison

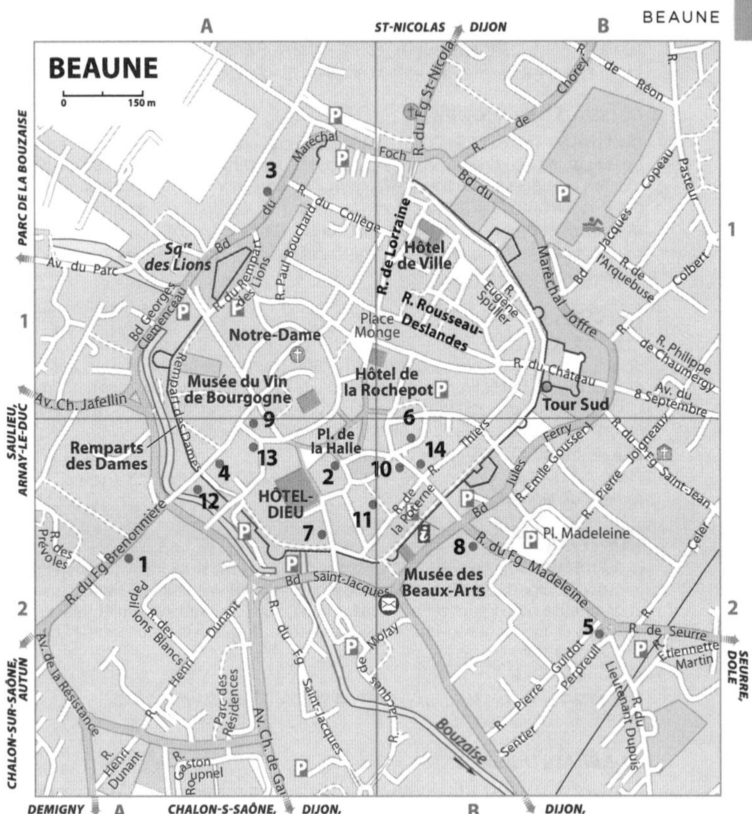

et de belles pièces à partager (poisson du marché entier, côte de bœuf de Galice). Ici, les cuissons se font à haute température dans un four à charbon du bois et dans une ambiance conviviale. Vins triés sur le volet.

- Carte 64/97 €

Plan : A2-9 - *11 rue Maufoux - 03 80 80 05 89 - Fermé : mardi, mercredi, jeudi midi*

GARUM

CUISINE MODERNE • CHIC Christophe Bocquillon a transformé son Jardin des Remparts en « table vivante », un bistrot chic et tendance où l'on déguste de bons produits à partager entre amis à l'apéritif (huîtres Gillardeau, charcuteries maison…). Menu-carte de saison gourmand et bien tourné. Quant au garum, c'est une sauce fermentée très prisée des Romains, que le chef affectionne et interprète notamment dans ses tartares.

- Menu 45/49 €

Plan : A2-7 - *10 rue de l'Hôtel-Dieu - 03 80 24 79 41 - www.garum-beaune.fr - Fermé : lundi, dimanche*

8 CLOS

CUISINE TRADITIONNELLE • BISTRO Dans une salle tout en longueur, associant banquettes en skaï noir et pierres apparentes, le chef Stéphane Léger, ancien étoilé, nous fait plaisir avec sa cuisine bourguignonne et ses plats traditionnels à l'accent méditerranéen. Au menu : œuf en meurette, joue de bœuf braisée, jambon persillé, escargots mais aussi une presa de porc ibérique, sauce barbecue.

- Menu 23 € (déjeuner), 35 € - Carte 53/60 €

Plan : B2-10 - *8 rue d'Alsace - 03 80 21 04 19 - Fermé : mardi, mercredi*

LOISEAU DES VIGNES

CUISINE MODERNE • ÉLÉGANT Situé au centre-ville de Beaune, dans un cadre classique, cette cuisine griffée Loiseau propose une carte actuelle, agrémentée de touches exotiques et de clins d'œil au terroir bourguignon. A noter, une belle carte des vins, avec un choix rare de 70 vins au verre.

- Menu 38 (déjeuner) / 59 € - Carte 64/78 €

Plan : A2-4 - *31 rue Maufoux - 03 80 24 12 06 - www.bernard-loiseau.com - Fermé : lundi, dimanche*

MA CUISINE

CUISINE TRADITIONNELLE • BISTRO Un bistrot convivial, où tout tourne autour du vin, avec un choix hors pair de quelque 800 crus (le patron est fin connaisseur de breuvages). Le chef régale sa clientèle d'une cuisine traditionnelle sans fioriture, qui va droit au but - escargots, foie gras, côte de veau, crème caramel - dans une ambiance qui est l'antithèse du bling-bling. Revigorant.

- Menu 28 € - Carte 36/80 €

Plan : A2-11 - *Passage Sainte-Hélène - 03 80 22 30 22 - Fermé : mercredi, samedi, dimanche*

LE MAUFOUX

CUISINE DU MARCHÉ • BISTRO Ce sympathique bistrot au cadre contemporain, tenu par l'équipe du Soufflot à Meursault, propose une cuisine simple mais goûteuse et généreuse : escargots en persillade, saumon fumé maison, cassoulet "allégé" (les plats chauds sont souvent servis en cocotte), cheesecake... Belle sélection de vins à prix d'ami.

- Menu 32 €

Plan : A2-12 - *45 rue Maufoux - 03 80 80 02 40 - www.lemaufoux.fr - Fermé : dimanche*

LE RELAIS DE SAULX

CUISINE MODERNE • CONVIVIAL Cette maison de caractère (1673) du centre de Beaune, non loin des Hospices, a été reprise par le chef Charles Danet qui tenait le Timbre à Paris. Le moins qu'on puisse dire, c'est qu'il a réussi rapidement son acclimatation à la Bourgogne ! Le tour de main est indéniable dans cette cuisine du marché saine et goûteuse, qui se définit comme "de saison et artisanale".

- Menu 29 € (déjeuner), 39 €

Plan : A2-13 - *6 rue Louis-Véry - 03 80 22 01 35 - Fermé : lundi midi, samedi, dimanche*

LA SUPERB

CUISINE MODERNE • CONVIVIAL Sis dans une petite rue commerçante proche de la place Carnot, au cœur de la vieille ville, ce "bar à manger" contemporain propose une cuisine du marché, rythmée par les saisons, habile à valoriser de beaux produits. Sans oublier le sympathique menu déjeuner ! Goûteux et sans superflu.

- Menu 28 € (déjeuner), 35 € - Carte 40/75 €

Plan : B2-14 - *15 rue d'Alsace - 03 80 22 68 53 - Fermé : lundi, dimanche*

BOURGVILAIN

71520 - Saône-et-Loire - Carte régionale n° **5**-C3

AUBERGE LAROCHETTE

CUISINE MODERNE • AUBERGE Cette sympathique auberge, située au cœur d'un village à quelques kilomètres de Cluny, dévoile une cuisine fraîche et maîtrisée. La cheminée crépite en hiver, la terrasse ombragée permet de profiter de l'été. Accueil attentionné.

- Menu 18 € (déjeuner), 29/39 € - Carte 29/48 €

Le Bourg - 03 85 50 81 73 - www.aubergelarochette.com - Fermé : lundi, mardi midi, dimanche soir

BRIANT

71110 - Saône-et-Loire - Carte régionale n° **5**-C3

AUBERGE DE BRIANT

CUISINE TRADITIONNELLE • **AUBERGE** La salle à manger, contemporaine et lumineuse, surplombe la campagne environnante. On profite des bons plats du chef, Filipe, mettant notamment en avant le bœuf de race charolaise... et des bons desserts d'Angélique, son épouse, qui assure aussi un accueil charmant !

- Menu 29/62 € - Carte 56/67 €

Au Bourg - 03 85 25 98 69 - www.aubergedebriant.com - Fermé : mardi, mercredi, dimanche soir

LA BUSSIÈRE-SUR-OUCHE

21360 - Côte-d'Or - Carte régionale n° **5**-C2

1131 - ABBAYE DE LA BUSSIÈRE

CUISINE MODERNE • **HISTORIQUE** Pouvait-on rêver lieu plus inspirant qu'une abbaye cistercienne du 12e pour élaborer une cuisine toute empreinte de finesse ? Sous ces impressionnantes voûtes en croisées d'ogives, le terroir bourguignon est mis à l'honneur de belle manière (escargots, grenouilles, poissons de lac et de rivière, cassis et miel des fleurs du parc...), sans oublier la carte des vins qui recèle bien des trésors. Prolongez votre méditation dans le parc de 7 hectares ou dans l'une des luxueuses chambres.

- Menu 98/135 €

Route Départementale 33 - 03 80 49 02 29 - www.abbayedelabussiere.fr - Fermé : lundi, mardi, mercredi midi, jeudi midi, vendredi midi, samedi midi

LE BISTROT DES MOINES - ABBAYE DE LA BUSSIÈRE

CUISINE TRADITIONNELLE • **HISTORIQUE** Le rayonnement de la région doit beaucoup aux moines cisterciens qui l'ont habitée pendant des siècles. C'est ce que nous rappelle ce bistrot sympathique, tout en contrastes : l'architecture gothique appelle au recueillement... mais l'ambiance est loin d'être monacale ! On se régale de cette cuisine de terroir pleine de saveurs, généreuse à souhait ; à plus forte raison lorsqu'il fait beau et que l'on est installé en terrasse, face au parc...

- Menu 39/45 €

Route Départementale 33 - 03 80 49 02 29 - www.abbayedelabussiere.fr - Fermé : dimanche

BUXY

71390 - Saône-et-Loire - Carte régionale n° **5**-C3

L'EMPREINTE

Chef : Maxime Kowalczyk

CUISINE MODERNE • **ÉLÉGANT** Ce jeune couple sympathique, passé par de belles maisons de la région, propose des assiettes qui fleurent bon l'air du temps, avec comme fil conducteur l'alliance de l'Auvergne et de la Bourgogne (régions respectives d'origine de Tiffany et Maxime). Les menus offrent un bon rapport qualité-prix et le chariot de fromages est riche d'une cinquantaine de variétés. Une agréable expérience.

A/C - Menu 35 € (déjeuner), 55/95 € - Carte 89/99 €

2 Grande-Rue - 03 85 92 15 76 - www.lempreinte-restaurant.fr - Fermé : lundi, mardi midi, dimanche soir

CHABLIS

✉ 89800 - Yonne - Carte régionale n° **5**-B1

LES TROIS BOURGEONS

CUISINE MODERNE • **SIMPLE** Ce bistrot contemporain, au décor tout simple, a fleuri entre les murs d'une ancienne cave du Domaine Laroche, fameux producteur de chablis. Un chef japonais, formé à Tokyo et dans de belles maisons françaises, y soigne ses clients avec une fine cuisine, inspirée du répertoire régional, et revisitée avec goût et imagination. Très bon rapport qualité/prix.

- Menu 24 € (déjeuner), 32 €

10 rue Auxerroise - 03 86 46 63 23 - restaurant-chablis.fr - Fermé : lundi, dimanche

AU FIL DU ZINC

CUISINE MODERNE • **CONTEMPORAIN** Le chef Mathieu Sagardoytho, signe un menu-carte créatif, à la gloire de produits bien choisis (maquereau de la Trinité-sur-Mer mariné au mirin, agneau de la ferme de Clavisy, mirabelles de l'Yonne...), en harmonie avec une belle sélection de chablis et autres crus bourguignons.

- Menu 38 € (déjeuner), 42/70 €

18 rue des Moulins - 03 86 33 96 39 - www.aufilduzinc.fr - Fermé : mardi, mercredi

CHAGNY

✉ 71150 - Saône-et-Loire - Carte régionale n° **5**-A3

MAISON LAMELOISE

Chef : Eric Pras

CUISINE MODERNE • **ÉLÉGANT** Ah, Lameloise ! Le simple énoncé de ce nom fait déjà frémir d'aise les fins palais de Bourgogne et d'ailleurs. Impossible de résumer en quelques lignes l'histoire de cette institution qui entama son parcours étoilé, tenez-vous bien, en... 1926. Mais qu'on se rassure : en dépit de son grand âge, Lameloise n'a pas l'âme nostalgique. Eric Pras, devenu chef de la maison en 2009, le résume en une phrase, presque un mantra : "La tradition, c'est l'avenir." Autant dire qu'il n'a pas l'intention de se reposer sur ses lauriers. Fidèle à l'esprit des lieux, aussi inspiré que pointilleux, il assène avec sérénité de véritables coups de massue gustatifs, rendant hommage au terroir (escargots, volaille de Bresse, bœuf charolais, cazette du Morvan) tout en restant en phase avec l'époque. Très belle sélection de vins, au verre notamment. Du grand art.

- Menu 85 € (déjeuner), 180/260 €

36 place d'Armes - 03 85 87 65 65 - www.lameloise.fr - Fermé : mardi, mercredi

PIERRE & JEAN

CUISINE MODERNE • **CONVIVIAL** Il ne s'agit pas du roman de Maupassant, mais de "la maison d'en face" du prestigieux Lameloise, du nom de ses fondateurs. Une "annexe" un rien canaille qui explore avec finesse la cuisine du moment et revisite les recettes des ancêtres. Les classiques de la maison : pâté en croûte tradition, paleron de bœuf charolais braisé au vin rouge...

- Menu 35/40 € - Carte 46/52 €

2 rue de la Poste - 03 85 87 08 67 - www.pierrejean-restaurant.fr - Fermé : lundi, mardi

CHAINTRÉ

✉ 71570 - Saône-et-Loire - Carte régionale n° **5**-C3

LA TABLE DE CHAINTRÉ

Chef : Sébastien Grospellier

CUISINE MODERNE • INTIME La maison régionale dans toute sa splendeur ! Dans ce village typique niché au milieu du vignoble de Pouilly-Fuissé, on trouve un jeune couple sympathique et travailleur. Lui, en cuisine, pioche de beaux produits au marché et les magnifie avec des assiettes bien troussées. À titre d'exemple, citons ces asperges vertes et sardines bretonnes, ce homard normand au beurre mousseux, ou encore cette tranche de veau fermier avec radis multicolores et brocolis violets... Le tout accompagné de beaux nectars de Bourgogne et du Beaujolais. Envie d'y retourner ? Aucun souci, le menu unique est renouvelé chaque semaine. On aurait tort de se priver.

- Menu 42 € (déjeuner), 69 €

72 place du Luminaire - ✆ 03 85 32 90 95 - www.latabledechaintre.com - Fermé : lundi, mardi, dimanche soir

CHALON-SUR-SAÔNE

✉ 71100 - Saône-et-Loire - Carte régionale n° **5**-C3

AROMATIQUE

CUISINE CRÉATIVE • ÉPURÉ Ici, c'est en couple que l'on Aromatise ! Fabien, en cuisine, compose une cuisine créative et inspirée avec de bons produits frais... et une petite touche d'épices ; Émilie, en salle, accueille chaleureusement la clientèle. Aucun risque de déjà-vu : le menu est renouvelé chaque mois. Probablement la meilleure table du centre-ville.

- Menu 26 € (déjeuner), 39/55 €

14 rue de Strasbourg - ✆ 03 58 09 62 25 - www.aromatique-restaurant.com - Fermé : lundi, jeudi soir, dimanche

LE BISTROT

CUISINE MODERNE • BISTRO Sur l'île St-Laurent, une adresse conviviale où le chef propose un menu à prix tendre le midi (jambon persillé, raviole de paleron de bœuf) et une partition plus élaborée le soir (pressé de homard aux céréales et tomates, menu truffe). À noter que légumes et fruits proviennent en partie du potager ; fraîcheur garantie.

- Menu 27 € (déjeuner), 40/50 €

31 rue de Strasbourg - ✆ 03 85 93 22 01 - www.restaurant-le-bistrot.fr - Fermé : lundi, mercredi soir, dimanche

LES GOURMANDS DISENT

CUISINE MODERNE • INTIME Dans la "rue des restaurants" de l'île St-Laurent, un duo de passionnés - lui est du Nord, elle de Saône-et-Loire - fait battre le cœur de cette petite adresse sympathique. Ils nous gratifient de préparations goûteuses, sans esbroufe, renouvelées régulièrement. Attention, amis gourmands : il y a peu de couverts, mieux vaut donc réserver... Qu'on se le dise !

- Menu 39 €

59 rue de Strasbourg - ✆ 03 85 48 75 21 - Fermé : lundi, mardi, dimanche soir

PARCOURS

CUISINE MODERNE • CONVIVIAL Dans une rue piétonne, tout près des quais de Saône, une agréable adresse. Le chef, sérieux et appliqué, maîtrise bien son sujet ; ses assiettes, bien dans l'air du temps, mettent en valeur de beaux produits de saison.

Menu 22 € (déjeuner), 33/49 €

32 rue de Strasbourg - ✆ 03 85 93 91 38 - www.restaurantparcours.com - Fermé : mercredi, dimanche

CHAMBOLLE-MUSIGNY

✉ 21220 - Côte-d'Or - Carte régionale n° **5**-D1

LE MILLÉSIME

CUISINE MODERNE • CONTEMPORAIN Un restaurant contemporain dans ce village de vignerons. Cuisine actuelle (ventrèche de thon rouge et fraise de veau croustillante ; pluma de cochon cul noir et consommé d'agrumes) tout comme le cadre, cave vitrée qui met en valeur la magnifique sélection de bourgognes, et boutique de vins où patientent quelques étiquettes prestigieuses...

- Menu 23 € (déjeuner), 33/75 € - Carte 53/83 €

1 rue Traversière - ✆ 03 80 62 80 37 - www.restaurant-le-millesime.com - Fermé : lundi, dimanche

CHAROLLES

✉ 71120 - Saône-et-Loire - Carte régionale n° **5**-C3

FRÉDÉRIC DOUCET

Chef : Frédéric Doucet

CUISINE MODERNE • ÉLÉGANT La table de Frédéric Doucet, c'est une certaine idée du terroir et de la tradition, réinventés avec passion et créativité. Fils de bistrotiers, cet enfant de la balle a roulé sa bosse chez les plus grands, de Pierre Orsi à Paul Bocuse en passant par l'illustre maison Troisgros. Blotti au cœur d'un village aux tours pointues et aux toits patinés, le chef administre une solide leçon de choses : rien que de beaux produits de Saône-et-Loire, bœuf, fromage de chèvre ou escargots, servis par une technique classique rigoureuse qui n'exclut jamais l'inspiration. Cuisses de grenouilles laquées à l'ail des ours aux couleurs des prairies charolaises ; pièce d'exception de charolaise maturée et imprégnée de whisky de Bourgogne : difficile de résister aux douceurs de Frédéric Doucet, qui sait aussi retenir avec son spa et des chambres fort agréables.

- Menu 98/130 € - Carte 95/125 €

2 avenue de la Libération - ✆ 03 85 24 11 32 - www.maison-doucet.com - Fermé : lundi, mardi midi, dimanche soir

LE BISTROT DU QUAI

CUISINE BOURGUIGNONNE • BISTRO Dans la deuxième adresse de la maison Doucet, le chef propose une cuisine traditionnelle et des viandes cuites à la broche. Menu du jour rythmé par les saisons, et menu charolais, mettant en avant les produits du terroir bourguignon. Terrasse surplombant le cours d'eau.

- Menu 31/49 € - Carte 30/56 €

1 avenue de la Libération - ✆ 03 85 25 51 75 - www.maison-doucet.com

CHASSAGNE-MONTRACHET

✉ 21190 - Côte-d'Or - Carte régionale n° **5**-A3

ED.EM

Chef : Édouard Mignot

CUISINE MODERNE • CLASSIQUE Ed.Em ? La contraction d'Édouard et Émilie, qui se sont rencontrés chez Régis Marcon : un jeune chef au solide parcours, commencé au Quai d'Orsay, poursuivi chez Philippe Rochat et Lameloise, et une pâtissière talentueuse qui garantit des fins de repas délicieuses. Avant, on aura goûté aux plats du chef, qui réalise une cuisine à la fois personnelle et subtile à base de bons produits. Qu'on en juge : brochet aux chanterelles, caille farcie au foie gras... Une belle étape sur la route des vins.

- Menu 40/90 €

4 impasse Chenevottes - ✆ 03 80 21 94 94 - www.restaurant-edem.com - Fermé : mardi, mercredi

CHOREY-LÈS-BEAUNE

✉ 21200 - Côte-d'Or - Carte régionale n° **5**-A3

ERMITAGE DE CORTON

CUISINE MODERNE • CHIC Actuelle et soignée : telle est la cuisine de ce doux Ermitage, qui n'oublie pas de célébrer aussi les indémodables de la Bourgogne - œufs en meurette, escargots... Décor élégant, terrasse devant les vignes, chambres spacieuses pour l'étape.

- Menu 30 € (déjeuner), 53/79 € - Carte 56/82 €

D 974 - 03 80 22 05 28 - www.ermitagecorton.com - Fermé : mercredi

CLUNY

✉ 71250 - Saône-et-Loire - Carte régionale n° **5**-C3

HOSTELLERIE D'HÉLOÏSE

CUISINE TRADITIONNELLE • COSY Les savoureuses recettes de la région - escargots de Bourgogne, bœuf charolais et réduction au vin rouge du Mâconnais... - font la réputation de cette hostellerie, qui propose aussi quelques plats plus actuels et une jolie sélection de vins au verre. Tout simplement !

- Menu 35/55 €

7 route de Mâcon - 03 85 59 05 65 - www.hostelleriedheloise.com - Fermé : mercredi, jeudi midi, dimanche soir

COSNE-COURS-SUR-LOIRE

✉ 58200 - Nièvre - Carte régionale n° **5**-A2

LE CHAT

CUISINE MODERNE • BISTRO Comment un ancien bar de village - baptisé Le Chat depuis 1856, tout de même - se mue-t-il en bonne table ? Demandez donc au chef, aussi sympathique que travailleur, qui sait faire rimer créativité et convivialité. On en ronronne de plaisir.

- Menu 26 € (déjeuner), 29/47 €

42 rue des Guérins, à Villechaud - 03 86 28 49 03 - www.restaurant-lechat.fr - Fermé : lundi, mardi, dimanche soir

COULANGES-LA-VINEUSE

✉ 89580 - Yonne - Carte régionale n° **5**-B1

J'MCA

CUISINE MODERNE • ÉLÉGANT Une cuisine du marché, actuelle et soignée, goûteuse et bien ficelée, qui laisse s'épanouir de bons produits et un accueil souriant : voilà ce qui vous attend dans cette maison en pierre, installée à deux pas de l'église et de la place du village. Quant au décor, avec tableaux contemporains et plantes vertes, il ne manque pas non plus de charme et de confort.

- Menu 28/44 € - Carte 33/49 €

12 rue André-Vildieu - 03 86 34 33 41 - www.jmca-restaurant.fr - Fermé : lundi soir, mardi soir, mercredi, jeudi soir, dimanche soir

COURBAN

✉ 21520 - Côte-d'Or - Carte régionale n° **5**-C1

CHÂTEAU DE COURBAN

CUISINE MODERNE • ÉLÉGANT De Tokyo au pays châtillonnais, au nord de la Bourgogne : voici le beau parcours du chef japonais Takashi Kinoshita. Aux fourneaux du château de Courban, il se révèle un véritable amoureux de la gastronomie française et du patrimoine culinaire bourguignon en particulier, qu'il travaille avec tout le raffinement propre aux cuisiniers nippons. Dans le potager attenant, il acclimate à la Bourgogne les herbes japonaises qu'il intègre dans sa cuisine... française. Un répertoire qu'il maîtrise sur le bout des baguettes. On en veut pour preuve ce magnifique filet de bœuf charolais parfaitement fondant et sa délicieuse "sanchollandaise" (sauce hollandaise au sansho). De la poésie.

- Menu 69/129 €

7 rue du Lavoir - 03 80 93 78 69 - www.chateaudecourban.com - Fermé : lundi midi, mardi midi, mercredi midi, jeudi midi, vendredi midi, samedi midi

LE CREUSOT

71200 - Saône-et-Loire - Carte régionale n° **5**-C3

AU COCHON VENTRU

CUISINE TRADITIONNELLE • BISTRO Cet ancien café de quartier, transformé en bistrot convivial (le décor s'inspire du patrimoine industriel de la ville), propose une carte au goût du jour : préparations traditionnelles et priorité au marché et aux saisons. Canaille à souhait.

- Menu 26 € (déjeuner) - Carte 44/53 €

2 rue du Maréchal-Foch - 03 85 78 17 66 - www.aucochonventru.fr - Fermé : lundi, dimanche

CUISEAUX

71480 - Saône-et-Loire - Carte régionale n° **5**-D3

LE BISTROT GOURMAND

CUISINE RÉGIONALE • BISTRO "Plaisir et tradition", telle est la devise de cette ancienne boucherie, reconvertie en "Bistrot Gourmand". Dans cette affaire familiale, père et fille se partagent la cuisine, tandis que la maman s'occupe du service en salle. Dans l'assiette, produits des terroirs bressan et jurassien, mais aussi terrines, glaces - ne manquez pas la corniotte, délicieuse pâtisserie de Louhans ! Jolie petite carte de vins. Une bonne table.

- Menu 20 € (déjeuner), 34/58 € - Carte 48/65 €

8 place Puvis-de-Chavannes - 03 85 72 71 57 - www.lebistrotgourmand-cuiseaux.fr - Fermé : lundi, mardi soir, mercredi soir, dimanche soir

DIGOIN

71160 - Saône-et-Loire - Carte régionale n° **5**-B3

AUBERGE DE VIGNY

CUISINE MODERNE • CHAMPÊTRE Dans cette ancienne salle de classe décorée avec soin, on sert une cuisine qui joue habilement de la tradition et du passage des saisons. La carte est changée régulièrement ; la jolie terrasse donne sur le jardin et le potager... pour une douce étape champêtre.

- Menu 29/48 € - Carte 39/54 €

Lieu-dit Vigny - 03 85 81 10 13 - www.aubergedevigny.fr - Fermé : lundi, mardi, dimanche soir

NatashaBreen/Getty Images Plus

✉ 21200 – Côte-d'Or
Carte régionale n° **5**-D1

DIJON

La capitale de la Bourgogne réussit le tour de force d'être une grande cité culturelle doublée d'une destination culinaire et viticole légendaire – n'eut-elle pas pour maire le chanoine Kir, ambassadeur d'un apéritif fameux ? Son centre-ville élégant et son musée des Beaux-Arts côtoient restaurants, bistrots, cavistes, vendeurs de moutarde et de pains d'épice. Au bout de la rue de la Musette, vous trouverez des halles métalliques (1875) qui abritent un marché animé. C'est une parfaite introduction aux produits de la gastronomie dijonnaise et bourguignonne. Les spécialités sont toutes un régal, notamment le jambon persillé (les morceaux maigres sont pris dans une gelée très persillée) ou, côté fromage, le soumaintrain et l'époisses. En ville, faites le plein de pain d'épice chez Mulot et Petitjean et de chocolats chez Fabrice Gillotte.

✿✿ WILLIAM FRACHOT

Chef : William Frachot

CUISINE CRÉATIVE • CONTEMPORAIN Ce natif de Bourgogne et baroudeur émérite (Angleterre, Québec), primo étoilé à l'Hostellerie du Chapeau Rouge en 2003, concocte des assiettes à son image : sérieuses et appliquées, jonglant entre les saveurs d'ailleurs et le terroir bourguignon, avec ce qu'il faut d'inventivité et d'énergie. Le tout à déguster dans un décor de caractère aux boiseries claires, motifs de vignes - et chaises "shark" pivotantes jaune moutarde - autant de clins d'œil au patrimoine régional. Une cuisine inspirée, voyageuse et aboutie, à l'instar de sa tête de veau et langoustines ou du gigot d'agneau de l'Aveyron rôti, plats emblématiques de la maison.

– Menu 62 € (déjeuner), 105/172 €

Plan : A1-1 – *Hostellerie du Chapeau Rouge, 5 rue Michelet – ✆ 03 80 50 88 88 – www.chapeau-rouge.fr – Fermé : lundi, mardi, dimanche*

✿ L'ASPÉRULE

Chef : Keigo Kimura

CUISINE MODERNE • CONTEMPORAIN Installé depuis une vingtaine d'années en France, à Auxerre notamment, Keigo Kimura a ouvert cette Aspérule à Dijon, capitale historique du duché de Bourgogne et cité gastronomique s'il en est. Non loin de la place de la République, il propose cette cuisine française mâtinée de Japon dont il a le secret. Comme tout bon chef japonais qui se respecte, il se montre inattaquable sur la précision et l'équilibre (dressage, cuissons, saveurs). Il parsème même ses assiettes de clins d'œil appréciables à la région, comme l'utilisation du vin jaune ou de pousses de moutarde. Dernier atout : sous le restaurant, la cave à vins renferme près de 600 références...

- Menu 38 € (déjeuner), 80/120 €

Plan : B1-3 - *43 rue Jean-Jacques-Rousseau - 03 80 19 12 84 - www.restaurant-asperule.fr - Fermé : lundi, dimanche*

CIBO

Chef : Angelo Ferrigno

CUISINE MODERNE • CONTEMPORAIN Angelo Ferrigno, ancien chef de la Maison des Cariatides, a le bon goût de s'approvisionner exclusivement dans un rayon de 200 kilomètres - pas de turbot ici, priorité à la truite ou au silure ! Il compose une cuisine tendance aux influences brute, naturelle et nordique, sous forme de menu unique, où l'acidité, l'amertume et l'umami sont plus importantes que la prouesse technique et les montages, sans oublier de belles assiettes légumières. Bons conseils du sommelier. Une réussite pour une adresse prise d'assaut.

- Menu 34 € (déjeuner), 90/100 €

Plan : B1-4 - *24 rue Jeannin - 03 80 28 80 76 - www.cibo.restaurant - Fermé : lundi midi, samedi, dimanche*

LOISEAU DES DUCS

CUISINE MODERNE • CHIC Près du palais ducal, l'hôtel de Talmay - un bâtiment datant du 16e s. - accueille un chef formé au sein du vaisseau amiral Bernard Loiseau, aux côtés du chef Patrick Bertron. Originaire des Antilles, Louis-Philippe Vigilant associe racines bourguignonnes, classiques de Bernard Loiseau (comme les œufs en meurette revisités sauce vin rouge et compotée d'oignons), le tout dans une veine moderne, à l'image de ce sandre rôti sur la peau, trompettes de la mort, jus des arêtes et jambon du Morvan. Quant à la pâtissière Lucile Darosey, elle régale avec ses compositions sucrées. Le tout s'accompagne évidemment d'une très belle sélection de grands crus servis au verre.

- Menu 55 (déjeuner) /120 € - Carte 100/128 €

Plan : B2-2 - *3 rue Vauban - 03 80 30 28 09 - www.bernard-loiseau.com - Fermé : lundi, dimanche*

ORIGINE

Chef : Tomofumi Uchimura

CUISINE MODERNE • CONTEMPORAIN Ancien second de la Maison Lameloise à Chagny, le chef japonais Tomofumi Uchimura, comme beaucoup de ses compatriotes installés dans l'hexagone, impressionne par sa maîtrise de la cuisine française. Cet amoureux de la Bourgogne magnifie avec élégance les produits du terroir - escargots de Vernot (accompagnés d'une émulsion de vieux comté et vin jaune, aérienne et délicieuse), omble de Veuxhaulles-sur-Aube (et son excellente sauce pôchouse), bœuf charolais (et son élégante déclinaison de carottes). Il ne s'interdit rien pourvu que la qualité soit au rendez-vous. En salle, c'est son épouse Seiko qui accueille avec élégance et professionnalisme dans un décor contemporain et élégant. Les conseils du sommelier sont les bienvenus.

- Menu 35 € (déjeuner), 48/120 €

Plan : B2-9 - *10 place du Président-Wilson - 03 80 67 74 64 - www.restaurantorigine.fr - Fermé : lundi, dimanche*

DZ'ENVIES

CUISINE MODERNE • BRANCHÉ Des envies ? Faites confiance à David Zuddas et à ses initiales ! Dans son restaurant aux airs de cantine branchée, le chef laisse s'exprimer son amour du métier et des beaux produits. Le convive doit choisir entre un menu en trois, quatre ou cinq plats ou piocher dans une carte qui égrène les plats traditionnels et bourguignons. On se régale.

- Menu 23 € (déjeuner), 34/42 € - Carte 35/54 €

Plan : A1-5 - *12 rue Odebert - 03 80 50 09 26 - www.dzenvies.com - Fermé : dimanche*

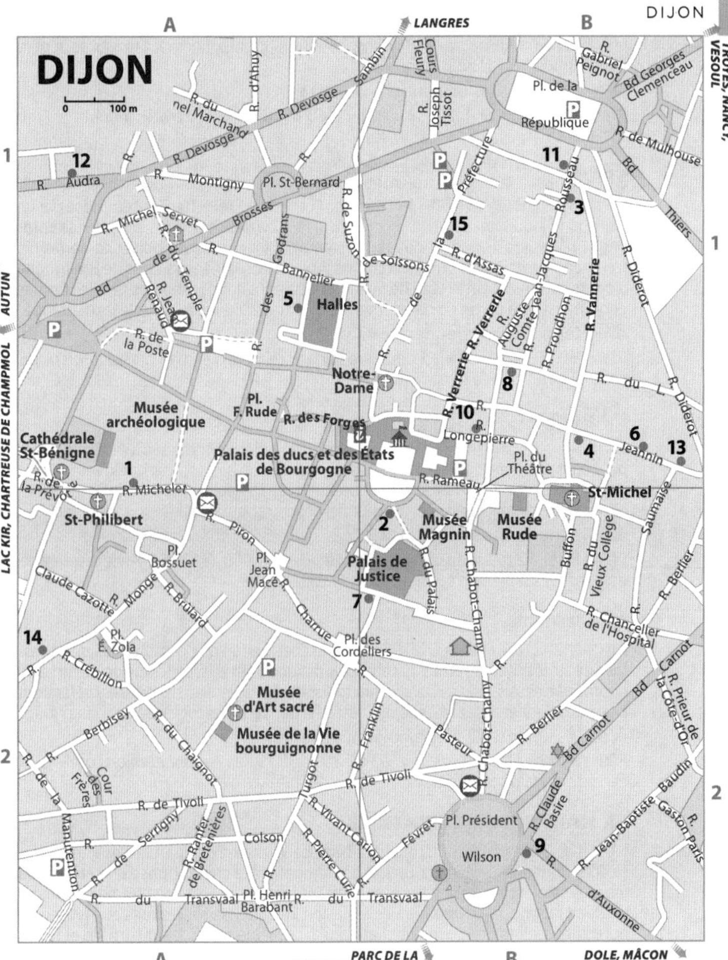

L'ÉVIDENCE

CUISINE MODERNE • CONTEMPORAIN Le restaurant de Julien Burdin (passé notamment par la Pyramide, à Vienne) connaît un succès mérité : menu-carte à prix alléchant, dressages soignés, produits de belle qualité, saveurs franches. En dehors du menu, on trouve une jolie sélection de produits nobles, comme par exemple ce homard bleu, poêlée de girolles et sauce américaine. Accueil prévenant.

AC – Menu 27 € (déjeuner), 34/49 €

Plan : B1-6 – *53 rue Jeannin – ✆ 03 80 67 69 37 – www.restaurant-levidence-dijon.com – Fermé : samedi, dimanche*

SO

CUISINE MODERNE • CONVIVIAL Épaulé en salle par Rié, sa compagne, le chef japonais, So Takahashi, seul aux fourneaux après avoir œuvré dans de belles maisons, travaille les produits qu'il achète directement au marché voisin. Le résultat :

une cuisine française traversée d'inspirations nippones, finement exécutée, légère et parfumée... So good !

- Menu 20 € (déjeuner), 30/40 €

Plan : B2-7 - *15 rue Amiral-Roussin - 03 80 30 03 85 - Fermé : lundi, dimanche*

SPICA

CUISINE MODERNE • BISTRO L'ancien "Café de la Préfecture" est emmené par un jeune chef japonais passé notamment à la Maison des Cariatides, aidé par sa compagne pâtissière. Façade repeinte, nouveau mobilier de récup', boiseries, comptoir, fond sonore jazzy, sans oublier la cuisine du marché soignée avec vins de Bourgogne à petits prix. Avec cette côte de veau parfaitement cuite rosée, ses girolles fermes et goûteuses, sa purée de panais relevée d'un trait d'huile de truffe, le tour est joué !

- Menu 22 € (déjeuner), 34/38 €

Plan : B1-15 - *48 rue de la Préfecture - 06 26 85 87 17 - www.restaurantspica.com - Fermé : lundi, dimanche*

L'ARÔME

CUISINE MODERNE • SIMPLE L'équipe de L'Aspérule cornaque avec bonheur ce petit havre de gourmandise. Assiettes soignées et travaillées, avec quelques touches japonisantes (beurre au shiso, poulet frit karaage...), sélection pointue de bourgognes et côtes-du-rhône, service professionnel et bon rapport qualité-prix : on aime.

- Menu 21 € (déjeuner), 39 €

Plan : B1-11 - *2 rue Jean-Jacques Rousseau - 03 80 31 12 46 - www.restaurant-aromedijon.com - Fermé : lundi, dimanche*

L'ESSENTIEL

CUISINE MODERNE • COLORÉ Le jeune chef-patron aux commandes de ce restaurant situé en léger retrait du centre touristique de la ville, concocte un menu carte rythmé par les saisons, aux saveurs marquées et harmonieuses. Les pressés préféreront le menu déjeuner attractif. Le tout, à déguster dans le patio, fort prisé aux beaux jours.

- Menu 32 € (déjeuner), 45/85 €

Plan : A1-12 - *12 rue Audra - 03 80 30 14 52 - www.lessentiel-dijon.com - Fermé : lundi, dimanche*

LA MAISON DES CARIATIDES

CUISINE DU MARCHÉ • CHIC Dans cette belle maison du quartier des antiquaires (1603), dont la salle évoque un loft contemporain, le chef propose une cuisine du marché saine et souvent à base de produits locaux : poulet de la ferme de Clavisy en deux façons, topinambours et émulsion au café ; Saint-Jacques et poitrine de porc, mousseline de courge et châtaigne... Agréable terrasse sur l'arrière et menu déjeuner à prix doux.

- Menu 26 € (déjeuner), 52 € - Carte 49/53 €

Plan : B1-8 - *28 rue Chaudronnerie - 03 80 45 59 25 - Fermé : lundi, dimanche*

MASAMI

CUISINE JAPONAISE • INTIME Un petit restaurant japonais au cadre épuré, où l'on savoure une cuisine authentique. Filet de bœuf charolais et foie gras, karaage de crabe mou... Voici les belles spécialités mises en avant par le chef ! Et pour ne rien gâcher, l'accueil est très sympathique et les tarifs mesurés.

Menu 19 € (déjeuner), 22/48 € - Carte 30/56 €

Plan : B1-13 - *79 rue Jeannin - 03 80 65 21 80 - www.restaurantmasami.com - Fermé : dimanche*

PARAPLUIE

CUISINE MODERNE • SIMPLE Ce restaurant de poche propose une cuisine actuelle et voyageuse, à base de produits de saison, locaux pour la plupart. On la décline sous forme d'un menu à trois services au déjeuner (avec choix), et d'un menu unique à cinq services le soir. Prix doux et jolie petite sélection de vins, bières et autres alcools (whiskys, eaux-de-vie, etc).

Menu 25 € (déjeuner), 43 €

Plan : A2-14 - *74 rue Monge - ✆ 03 80 28 79 94 - www.parapluie-dijon.com - Fermé : samedi, dimanche*

L'UN DES SENS

CUISINE MODERNE • ÉPURÉ Proche du quartier des Antiquaires, ce restaurant propose une goûteuse cuisine, aux dressages soignés et aux saveurs marquées - ainsi ce carré de veau du Ségala, ravioles de petits pois au pecorino, cébette. Légumes et fruits proviennent souvent du potager du chef. Menu plus simple au déjeuner et agréable terrasse.

♿ A/C - Menu 28 € (déjeuner), 55/74 €

Plan : B1-10 - *3 rue Jeannin - ✆ 03 80 65 75 58 - www. lundessens-dijon.fr - Fermé : lundi, mercredi soir, dimanche*

DRACY-LE-FORT

✉ 71640 - Saône-et-Loire - Carte régionale n° **5**-C3

LA GARENNE

CUISINE MODERNE • CONTEMPORAIN Une bien jolie Garenne (à l'image de cette terrasse sur le parc), où l'on se régale par exemple d'un tartare de thon rouge, crème légère iodée, d'une bourride de lotte, coquillages, aïoli, et d'une sphère à la mousse légère d'abricot, parfumée à la verveine. Pour ne rien gâcher, le décor est sobre et élégant, avec quelques jolies reproductions des œuvres d'Alain Thomas. Côté hôtel, chambres plaisantes, piscine et spa.

♿ A/C P - Menu 26 € (déjeuner), 41/48 €

Le Dracy, 4 rue du Pressoir - ✆ 03 85 87 81 81 - www.ledracy.com - Fermé : dimanche

FUISSÉ

✉ 71960 - Saône-et-Loire - Carte régionale n° **5**-C3

✿ L'O DES VIGNES

Chef : Sébastien Chambru

CUISINE MODERNE • CONTEMPORAIN Cette bâtisse en pierre du Mâconnais embrasse un paysage de vignes, qui court jusqu'à la Roche de Solutré. Elle accueille un Bourguignon du cru, Sébastien Chambru, qui a fait un passage remarqué au Moulin de Mougins, avant de s'envoler pour le Japon : à Tokyo, il est subjugué par le respect que les chefs nippons témoignent au produit. Auteur de plusieurs livres de cuisine, il cisèle aujourd'hui à Fuissé une cuisine légèrement créative, tout en finesse et en précision et dont l'inspiration change en fonction de l'arrivage. Dans le petit bar à vins adjacent, plats canailles et crus canons sont à l'ardoise. Aux beaux jours, service sur l'agréable terrasse-patio.

♿ - Menu 34 € (déjeuner), 55/100 €

Rue du Bourg - ✆ 03 85 38 33 40 - www.lodesvignes.fr - Fermé : mardi, mercredi

GEVREY-CHAMBERTIN

✉ 21220 - Côte-d'Or - Carte régionale n° **5**-D1

✿ LA TABLE D'HÔTES - LA RÔTISSERIE DU CHAMBERTIN

Chef : Thomas Collomb

CUISINE MODERNE • RUSTIQUE À Gevrey-Chambertin, Thomas Collomb tient une remarquable Table d'Hôtes ! Il faut dire qu'il met toutes les chances de son côté : produits irréprochables, bio pour la plupart et issus de fournisseurs triés sur le volet, assiettes lisibles et soignées déclinées au fil d'un menu dégustation plein de surprises, cadre rustique-chic du plus bel effet... Mais ce n'est pas tout : la carte des vins vaut aussi son pesant de raisin (la région s'y prête, il faut dire !) et le service se révèle pro et prévenant, sans être envahissant. Une réussite sur toute la ligne.

L'engagement du chef : *Notre cuisine est dictée par les saisons et la localité des produits que nous utilisons. Nous mettons ainsi un point d'honneur à privilégier les circuits courts et à sublimer des produits à première vue modestes. Nous luttons contre le gaspillage en achetant des bêtes entières, détaillées avec soin par la suite sur place.*

- Menu 55 € (déjeuner), 85 €

6 rue du Chambertin - 03 80 34 33 20 - www.thomascollomb.fr - Fermé : lundi, mardi, mercredi, dimanche

BISTROT LUCIEN

CUISINE TRADITIONNELLE • BISTRO Avec ses pierres apparentes, ses banquettes et son superbe bar en bois, ce bistrot est le complément idéal de l'hôtel qui l'accueille. Au programme, une belle cuisine bourguignonne : jambon persillé maison, escargots en cassolette, tartes aux fruits maison... Superbe carte des vins.

- Menu 28/38 € - Carte 38/73 €

La Rôtisserie du Chambertin, 6 rue du Chambertin - 03 80 34 33 20 - www.thomascollomb.fr - Fermé : lundi, dimanche

CHEZ GUY

CUISINE TRADITIONNELLE • CONTEMPORAIN Le village viticole de Gevrey-Chambertin jouit d'une réputation mondiale. Et ce restaurant possède d'ailleurs une remarquable cave à vin attenante où faire ses emplettes... Côté cuisine, On défend une certaine idée du terroir : œufs parfaits façon meurette, joue de bœuf au vin rouge. La carte offre également un menu de saison.

- Menu 32/35 €

3 place de la Mairie - 03 80 58 51 51 - www.chez-guy.fr - Fermé : lundi, dimanche

IGUERANDE

71340 - Saône-et-Loire - Carte régionale n° **5**-B3

LA COLLINE DU COLOMBIER

CUISINE MODERNE • CHAMPÊTRE En pleine campagne, dominant la Loire, une ferme restaurée dans un style certes champêtre... mais chic et épuré ! Un lieu nature et design, pour déguster une cuisine du terroir raffinée. Et pour prolonger l'étape, on s'installe dans les fameuses "cadoles" sur pilotis !

- Menu 48 € - Carte 64/88 €

Lieu-dit le Colombier - 03 85 84 07 24 - www.troisgros.com - Fermé : lundi, mardi, mercredi

JOIGNY

89300 - Yonne - Carte régionale n° **5**-B1

LA CÔTE SAINT-JACQUES

Chef : Jean-Michel Lorain

CUISINE CLASSIQUE • ÉLÉGANT Qu'elle est belle, cette bâtisse postée sur les bords de l'Yonne ! Fondé par Marie Lorain en 1945, l'hôtel-restaurant a gagné ses lettres de noblesse sous l'impulsion de son fils, Michel, puis de son petit-fils, Jean-Michel. C'est à ce chef humble et travailleur qu'on doit l'équilibre parfait qui règne ici : tradition d'un côté (boudin noir aux pommes et sa purée mousseline, côte de bœuf et macaronis farcis de foie gras et truffe), beaux éclairs d'inspiration de l'autre. Harmonie des saveurs, cuissons, assaisonnements : une belle partition gourmande rythmée par un service de qualité, efficace et proche du client.

L'engagement du chef : *Nous avons créé un jardin potager, nous privilégions les producteurs locaux et nous mettons en avant les vins nature et bio. Les déchets* *alimentaires sont recyclés à plus de 80% et nous limitons l'usage du plastique dans l'établissement.*

- Menu 85 € (déjeuner), 175/238 € - Carte 135/220 €

14 faubourg de Paris - 03 86 62 09 70 - www.cotesaintjacques.com - Fermé : lundi, mardi midi

LEVERNOIS

21200 - Côte-d'Or - Carte régionale n° **5**-A3

HOSTELLERIE DE LEVERNOIS

CUISINE MODERNE • **ÉLÉGANT** La tradition de l'hospitalité se perpétue dans cette maison élégante, située au cœur d'un grand parc traversé par une rivière. Le chef Philippe Augé y cisèle une cuisine de saison bien exécutée, réalisée sur de belles bases classiques - risotto Acquerello au vert, cuisses de grenouilles et escargots de Bourgogne ; homard bleu, moussaka d'aubergines, jus de crustacés coriandre et citronnelle. Gardez une petite place en fin de repas pour le plateau de fromages qui compte plus d'une quarantaine de variétés ! Boutique et cave de dégustation.

- Menu 80/135 € - Carte 119/140 €

Rue du Golf - 03 80 24 73 58 - www.levernois.com - Fermé : lundi, mardi midi, mercredi midi, jeudi midi, vendredi midi, dimanche

LE BISTROT DU BORD DE L'EAU

CUISINE TRADITIONNELLE • **CONVIVIAL** Une belle âme rustique - des pierres, des poutres, une cheminée - pour une cuisine traditionnelle et des plats du terroir. Œufs façon meurette, poitrine de cochon, blanquette de veau, à déguster au coin du feu ou sur la terrasse, au bord de la rivière... Gourmand et appétissant !

- Menu 30 € (déjeuner), 42/47 € - Carte 51 €

Hostellerie de Levernois, rue du Golf - 03 80 24 89 58 - www.levernois.com

LOUHANS

71500 - Saône-et-Loire - Carte régionale n° **5**-D3

AUBERGE DE L'EUROPE

CUISINE BOURGUIGNONNE • **CONVIVIAL** Une institution gourmande dans une ville qui abrite chaque lundi l'un des plus beaux marchés de France ! Dans un cadre rustico-chic plaisant, on sert ici des plats traditionnels locaux comme le jambon persillé, la tête de veau de Louhans, la volaille de Bresse à la crème et aux morilles, le bœuf bourguignon, mais aussi des poissons de rivière. Une cuisine simple et gourmande, bien ficelée et canaille. On signe !

- Menu 23/35 € - Carte 32/50 €

2 Grande Rue - 03 85 75 21 31 - www.aubergedeleurope.fr - Fermé : lundi soir, mardi soir, mercredi soir, jeudi soir, dimanche

LUZY

58170 - Nièvre - Carte régionale n° **5**-B3

LA TABLE DE JÉRÔME

CUISINE MODERNE • **CONTEMPORAIN** Dans les murs de l'ancien Hôtel du Centre, le chef Jérôme Raymond propose une cuisine moderne et inventive qui fait la part belle au terroir du Morvan. Le bœuf charolais y est roi ! Belle carte des vins de 500 références, bien sûr majoritairement bourguignonnes, et confortables chambres pour prolonger l'étape.

- Menu 36/70 €

Hôtel du Morvan, 26 rue de la République - 03 86 30 00 66 - www.hotelrestaurantdumorvan.fr - Fermé : lundi, mardi midi, dimanche soir

MÂCON

✉ 71000 - Saône-et-Loire - Carte régionale n° **5**-C3

PIERRE

Chef : Christian Gaulin

CUISINE CLASSIQUE • ÉLÉGANT Dans la plus méridionale des villes de Bourgogne, cette maison discrète d'une rue piétonne héberge une valeur sûre de la gastronomie locale. L'architecture traditionnelle – poutres apparentes, vieilles pierres chaleureuses, cheminée – s'y marie avec des touches contemporaines. Depuis 1991, Christian Gaulin y célèbre les noces classiques du terroir et de la modernité. Dès qu'il le peut, ce solide technicien rend un hommage subtil à la Bresse et à la Bourgogne. Dans l'assiette, le gourmet en goguette retrouve avec bonheur une savoureuse volaille de Bresse, un moelleux foie gras, des quenelles de brochet exemplaires, un tournedos charolais tendre à souhait et un soufflé au Grand Marnier réalisé dans les règles. Adepte des bons produits, le chef cuisine ce qu'il aime... et nous le fait aimer aussi.

- Menu 36 € (déjeuner), 62/108 € - Carte 95/102 €

7 rue Dufour - ✆ 03 85 38 14 23 - www.restaurant-pierre.com - Fermé : lundi, mardi, dimanche soir

CASSIS

CUISINE MODERNE • CONTEMPORAIN Ce restaurant tenu par un jeune couple propose une cuisine soignée, goûteuse, sans chichis, dont un mémorable pâté en croûte, qui a obtenu la troisième place au Championnat du Monde, en 2016. Le chef, qui est passé chez Mathieu Viannay à La Mère Brazier, ne propose que des produits de bonne qualité (viande de Haute Loire, légumes d'un maraîcher de la région etc.), à savourer dans un cadre contemporain, avec table d'hôte et cave vitrée.

- Menu 22 € (déjeuner), 42/59 €

74 rue Joseph-Dufour - ✆ 03 85 38 24 53 - www.cassisrestaurant-macon.fr - Fermé : mercredi soir, samedi, dimanche

MA TABLE EN VILLE

CUISINE DU MARCHÉ • COLORÉ Voilà peut-être l'archétype du bistrot du XXIe s. Un intérieur contemporain et coloré, avec son éclairage composé d'ampoules suspendues à une ancienne tuyauterie... Le chef, épaulé par son épouse, a le souci du bon produit et réalise une cuisine saine et lisible, renouvelée chaque semaine. Bon choix de vins de la région et accueil tout sourire.

- Menu 26 € (déjeuner), 42/59 €

50 rue de Strasbourg - ✆ 03 85 30 99 91 - www.matableenville.fr - Fermé : mercredi soir, jeudi soir, vendredi soir, samedi, dimanche

MESSIGNY-ET-VANTOUX

✉ 21380 - Côte-d'Or - Carte régionale n° **5**-C2

AUBERGE DES TILLEULS

CUISINE TRADITIONNELLE • BISTRO Au programme de cette auberge, bonne cuisine traditionnelle et prix serrés. Le chef remet au goût du jour les bons plats bistrotiers qui ont fait l'histoire de la maison, mais signe aussi des plats plus actuels : terrine de foie de volaille, travers de porc braisés au miel, romarin et citronnelle, pavlova aux fruits rouges... Attention, c'est souvent complet.

- Menu 26 € (déjeuner), 34 €

8 place de l'Église - ✆ 03 80 35 45 22 - www.restaurant-tilleuls.fr - Fermé : lundi, mardi soir, mercredi soir, jeudi soir, dimanche

MEURSAULT

✉ 21190 - Côte-d'Or - Carte régionale n° **5**-A3

AU FIL DU CLOS (N)

CUISINE MODERNE • **CONTEMPORAIN** Un ancien clos au cœur des vignes de Meursault, avec son jardin, sa terrasse et sa pergola : voilà la nouvelle adresse, pleine de charme, du chef Jean-Christophe Moutet (que l'on a connu à Pommard). Ravioles d'escargots sauvages, émietté de tourteau, côte de veau poêlée, quelques classiques bourguignons : tout le savoureux savoir-faire du chef est intact.

- Menu 38 € (déjeuner), 45/98 € - Carte 73/81 €

1 rue de Mazeray - ✆ 03 80 20 40 82 - www.aufilduclos.com - Fermé : lundi, dimanche

LE CHEVREUIL

CUISINE MODERNE • **TRADITIONNEL** Au centre du village, en face de l'église, cette maison historique est tenue par un jeune couple, lui en cuisine et elle en salle. On se régale avec la fameuse "terrine chaude de la mère Daugier", spécialité du lieu depuis 1870, mais aussi avec des plats au goût du jour. Côté décor, pierre de Bourgogne et touches contemporaines.

- Menu 34/65 € - Carte 53/68 €

Place de l'Hôtel-de-Ville - ✆ 03 80 21 23 25 - www.lechevreuil.fr - Fermé : mercredi, dimanche midi

LE SOUFFLOT

CUISINE MODERNE • **CONTEMPORAIN** Le jeune chef Jérémy Pèze réalise une cuisine gourmande, fine et délicate dans ce restaurant situé à l'intérieur d'une ancienne maison de vigneron. Sans oublier la remarquable carte de vins.

- Menu 40 € (déjeuner), 55/80 €

8 route Nationale 74 - ✆ 03 80 22 83 65 - www.restaurant-meursault.fr - Fermé : samedi, dimanche

MONTBELLET

✉ 71260 - Saône-et-Loire - Carte régionale n° **5**-C3

LA MARANDE

Chef : Philippe Michel

CUISINE MODERNE • **ÉLÉGANT** "Marander" en patois local signifie... aller manger. Sur la route de Tournus, cette belle maison bourgeoise en pierre de Bourgogne, entourée d'un beau jardin paysager, mérite assurément une halte gourmande avant un sommeil paisible. Dans ce cadre familial à l'élégance toute contemporaine, on sent la volonté des propriétaires, Élisabeth et Philippe Michel, de transmettre les gestes de l'hospitalité et la culture des produits d'exception à leur équipe. Derrière ses fourneaux, le chef fait montre de maîtrise et de délicatesse à travers des assiettes particulièrement graphiques et généreuses. Cerise(s) sur le gâteau : le beau choix de bourgognes et la superbe terrasse.

- Menu 35 € (déjeuner), 48/105 €

Route de Lugny, hameau de Mirande - ✆ 03 85 33 10 24 - www.hotel-restaurant-la-marande.com - Fermé : lundi, mardi

MONTCEAU-LES-MINES

✉ 71300 - Saône-et-Loire - Carte régionale n° **5**-C3

JÉRÔME BROCHOT

CUISINE MODERNE • **ÉLÉGANT** Le chef Jérôme Brochot concocte une cuisine du marché, où l'ancrage régional est à l'honneur, à choisir entre le menu bistrot ou signature, plus ambitieux.

- Menu 30 € (déjeuner), 48/85 €

7 place Beaubernard - 03 85 67 95 30 - www.jeromebrochot.com - Fermé : lundi, mardi, dimanche

MONTCENIS

71710 - Saône-et-Loire - Carte régionale n° **5**-C3

LE MONTCENIS

CUISINE MODERNE • COSY Du cachet dans le décor (cave voûtée, pierres et poutres) comme dans l'assiette. Le chef, Laurent Dufour, propose une cuisine généreuse et sincère, réalisée avec de beaux produits ; il change sa carte cinq fois par an, histoire de titiller les gourmands. Et l'hiver, il rend hommage à la truffe, sa passion !

- Menu 26 € (déjeuner), 35/65 €

2 place du Champ-de-Foire - 03 85 55 44 36 - Fermé : lundi, mardi, dimanche soir

MOREY-ST-DENIS

21220 - Côte-d'Or - Carte régionale n° **5**-D1

CASTEL DE TRÈS GIRARD

CUISINE MODERNE • CONTEMPORAIN Dans cet ancien pressoir, où règne une douce atmosphère contemporaine, le chef réalise une cuisine franche, de produit, et n'hésite pas à proposer de grosses pièces (pintade de la ferme de la Ruchotte rôtie, côte de bœuf de Galice, maturée 50 jours) qu'on accompagne d'un cru de la remarquable carte des vins. Belle terrasse.

- Menu 30/38 € - Carte 45/58 €

7 rue de Très-Girard - 03 80 34 33 09 - www.castel-tres-girard.com

NEVERS

58000 - Nièvre - Carte régionale n° **5**-A2

LE BENGY

CUISINE MODERNE • CONVIVIAL Au nord de Nevers, cet ancien relais routier a su évoluer avec son temps ! On s'y rend toujours avec plaisir : le chef et son équipe concoctent une cuisine plaisante, avec des produits de qualité, et font évoluer la carte chaque mois. Aux beaux jours, optez pour la terrasse (récemment refaite) au calme, à l'arrière. Une bonne adresse.

- Menu 25/33 € - Carte 31/48 €

25 route de Paris, à Varennes-Vauzelles - 03 86 38 02 84 - www.le-bengy-restaurant.com - Fermé : lundi, dimanche

JEAN-MICHEL COURON

CUISINE MODERNE • COSY Une valeur sûre de la gastronomie nivernaise, menée depuis de longues années par le chef Jean-Michel Couron, dont la cuisine associe bons produits, jolis visuels et notes d'invention. L'intérieur a été entièrement repensé dans une veine contemporaine, et l'on peut dîner sous les voûtes du 14e s. d'un ancien cloître !

- Menu 30/60 €

21 rue Saint-Étienne - 03 86 61 19 28 - www.jm-couron.com - Fermé : lundi, mardi, dimanche soir

NOYERS

✉ 89310 - Yonne - Carte régionale n° **5**-B1

LES MILLÉSIMES

CUISINE TRADITIONNELLE • **RUSTIQUE** Ce restaurant champêtre et élégant se tient derrière la boucherie-charcuterie familiale. Le terroir et les vins bourguignons sont à l'honneur, ainsi que les produits maison ! Jambon persillé, tourte à l'époisses et pommes de terre, filet de canard et sa sauce au vin rouge...

- Menu 38 €

14 place de l'Hôtel-de-Ville - 03 86 82 82 16 - www.maison-paillot.com - Fermé : lundi, mardi, mercredi soir, jeudi soir, vendredi soir, dimanche soir

NUITS-ST-GEORGES

✉ 21700 - Côte-d'Or - Carte régionale n° **5**-D1

LA CABOTTE

CUISINE MODERNE • **CONVIVIAL** Au centre de Nuits-Saint-Georges, on déguste une cuisine basée sur de bons produits (asperges de Cabannes, cochon de la ferme de Clavisy), dans un cadre rustique avec pierres apparentes et plafond à la française. Sans oublier une carte de vins étoffée et judicieuse : cette Cabotte en a dans la caboche !

- Menu 40/45 € - Carte 43/93 €

24 Grande-Rue - 03 80 61 20 77 - www.lacabotte.fr - Fermé : lundi, dimanche

OZENAY

✉ 71700 - Saône-et-Loire - Carte régionale n° **5**-C3

LE RELAIS D'OZENAY

CUISINE MODERNE • **CONTEMPORAIN** Dans un village pittoresque, ne manquez pas ce restaurant au décor moderne et élégant. Le chef, passé par de belles maisons dont celle de Bernard Loiseau, travaille des produits de qualité, souvent bio et locaux. Le tout s'accompagne de bons vins du Mâconnais.

- Menu 26 € (déjeuner), 42/75 € - Carte 66/87 €

Le Bourg - 03 85 32 17 93 - www.le-relais-dozenay.com - Fermé : mardi, mercredi

PARAY-LE-MONIAL

✉ 71600 - Saône-et-Loire - Carte régionale n° **5**-B3

L'APOSTROPHE

CUISINE MODERNE • **CONTEMPORAIN** Le couple Garrivier décline une cuisine moderne et enlevée, en phase avec les saisons (dont la mise en avant des légumes, souvent bio ou issus de l'exploitation familiale). Qu'on se rassure, le chef a toujours une belle pièce de bœuf charolais en réserve, à savourer sur la terrasse côté jardin aux beaux jours... Quelques chambres pour l'étape.

- Menu 28 € (déjeuner), 46/85 € - Carte 53/74 €

27 avenue de la Gare - 03 85 25 45 07 - www.hotel-restaurant-lapostrophe.com

PERNAND-VERGELESSES

✉ 21420 - Côte-d'Or - Carte régionale n° **5**-A3

LE CHARLEMAGNE

Chef : Laurent Peugeot

CUISINE CRÉATIVE • **CONTEMPORAIN** Au cœur de ce vignoble dédié au corton-charlemagne, Laurent Peugeot régale ses convives dans un intérieur zen et contemporain, propice à la gourmandise. La cuisine, entre France et Japon (jusqu'à la carte, présentée sous forme de manga !), est parcourue d'associations surprenantes mais qui fonctionnent toujours. Des créations atypiques, éminemment personnelles, basées sur des produits issus des circuits courts et sélectionnés avec soin. Le tout s'accompagne d'une carte des vins magnifique - ce n'est pas un hasard, notre hôte est lui-même un connaisseur... et un producteur de vin.

- Menu 70/100 €

1 route des Vergelesses - 03 80 21 51 45 - www.lecharlemagne.fr - Fermé : lundi midi, mardi, mercredi, jeudi midi, vendredi midi

POISSON

71600 - Saône-et-Loire - Carte régionale n° **5**-B3

LA POSTE ET HÔTEL LA RECONCE

CUISINE MODERNE • CONTEMPORAIN Le Restaurant de la Poste est emmené par un jeune chef originaire du village, avec l'aide de sa compagne. Son ambition est claire : régaler ses convives avec une cuisine dans l'air du temps, et célébrer les bons produits locaux - cette entrecôte charolaise, avec ses légumes de saison, en témoigne ! Chambres coquettes et bien tenues pour l'étape.

- Menu 16 € (déjeuner), 36 € - Carte 46/52 €

Le Bourg - 03 85 81 10 72 - www.hotelreconce.com - Fermé : lundi, mardi, dimanche soir

POMMARD

21630 - Côte-d'Or - Carte régionale n° **5**-A3

AUPRÈS DU CLOCHER

CUISINE MODERNE • CONTEMPORAIN Au cœur du village, ce restaurant contemporain donne sur... l'église ; c'est charmant, bien sûr, mais on vient et revient surtout pour la cuisine locavore (légumes bio, notamment) et la carte des vins de la région - le patron est sommelier de formation. Simple et agréable !

- Menu 36/44 €

1 rue de Nackenheim - 03 80 22 21 79 - www.aupresduclocher.com - Fermé : mardi, mercredi

PRENOIS

21370 - Côte-d'Or - Carte régionale n° **5**-C2

AUBERGE DE LA CHARME

Chefs : Nicolas Isnard et David Lecomte

CUISINE CRÉATIVE • AUBERGE Dans un petit village bourguignon, proche du circuit automobile, une auberge à la fois rustique et épurée : murs aux pierres apparentes, plafond à la française, sol en dalles de pierre et vieux four à pain inséré dans un mur. Elle est emmenée par deux cuisiniers complices, Nicolas Isnard et David Le Comte, qui se sont rencontrés dans le restaurant de Gilles Goujon, à Fontjoncouse. Ils partagent la même passion pour la gastronomie et l'Asie, qu'ils sillonnent régulièrement. Ils proposent un concept de menu à l'aveugle susceptible de déconcerter, mais qui fonctionne à merveille : on se laisse emporter par une cuisine créative, généreuse et aux influences multiples, nourrie par les voyages de ces deux globe-trotteurs.

- Menu 50 € (déjeuner), 76/96 €

12 rue de la Charme - 03 80 35 32 84 - www.aubergedelacharme.com - Fermé : lundi, mardi, mercredi, dimanche soir

PULIGNY-MONTRACHET

✉ 21190 - Côte-d'Or - Carte régionale n° **5**-A3

LE MONTRACHET

CUISINE MODERNE • ÉLÉGANT Classique et élégant : voilà qui qualifie à merveille ce restaurant - tout en poutres et pierres apparentes - et la cuisine de saison que l'on y sert... À noter également, la très belle cave de 1000 références dont plus de 200 grands crus.

- Menu 34 € (déjeuner), 69/110 € - Carte 74/96 €

10 place du Pasquier-de-la-Fontaine - ✆ 03 80 21 30 06 - www.le-montrachet.com

OLIVIER LEFLAIVE Ⓝ

CUISINE MODERNE • CHIC Une maison cossue au centre du village, une cave vitrée, un bar aux allures Art Déco, une salle chic et chaleureuse : bienvenue chez Olivier Leflaive ! Le célèbre vigneron de la Côte de Beaune a créé deux espaces de restauration. Le Bistrot d'Olivier qui offre un menu de saison inspiré du terroir et Klima aux ambitions plus gastronomiques. Turbot rôti à l'ail noir, filet de bœuf Angus aux girolles : le jeune chef délivre une partition fine et précise. Belle carte des vins évidemment, grâce aux 80 appellations du domaine.

- Menu 33/65 €

10 place du Monument - ✆ 03 80 21 95 27 - www.olivier-leflaive.com - Fermé : lundi, dimanche

QUARRÉ-LES-TOMBES

✉ 89630 - Yonne - Carte régionale n° **5**-B2

AUBERGE DE L'ÂTRE

CUISINE CLASSIQUE • TRADITIONNEL Cette auberge de campagne installée dans un joli cadre arboré distille un charme rustique. Pour ne rien gâter, la carte célèbre les bons vins et le terroir (spécialité de champignons), et les desserts sont particulièrement soignés. Chambres très bien tenues, agréables pour un séjour.

- Menu 30 € (déjeuner), 35/70 € - Carte 30/63 €

Les Lavaults - ✆ 03 86 32 20 79 - www.auberge-de-latre.com - Fermé : lundi, mardi

LE MORVAN

CUISINE MODERNE • FAMILIAL Une vraie ambiance de dimanche à la campagne... et une cuisine traditionnelle soignée, au plus près des saisons. L'été, attablez-vous dans le jardin fleuri et musardez au soleil ! Une bonne étape à l'entrée du Parc naturel régional du Morvan.

- Menu 20 € (déjeuner), 29/60 €

6 rue des Écoles - ✆ 03 86 32 29 29 - www.le-morvan.fr - Fermé : lundi, mardi, mercredi midi

ROMANÈCHE-THORINS

✉ 71570 - Saône-et-Loire - Carte régionale n° **3**-E1

ROUGE & BLANC

CUISINE TRADITIONNELLE • CONTEMPORAIN Rouge et (Georges) Blanc : le célèbre chef bressan est propriétaire de cet établissement où la tradition régionale est évidemment reine, de même que les vins locaux et le célèbre cru du village, le moulin-à-vent. Ne manquez pas la volaille à la crème de la Mère Blanc, spécialité de la maison. Au cœur de la bonne chère bourguignonne !

- Menu 24 € (déjeuner), 26/58 € - Carte 40/80 €

Les Maritonnes Parc & Vignoble, 513 route de Fleurie - ✆ 03 85 35 51 70 - www.lesmaritonnes.com

ST-AMOUR-BELLEVUE

✉ 71570 - Saône-et-Loire - Carte régionale n° **5**-C3

AU 14 FÉVRIER

Chef : Masafumi Hamano

CUISINE CRÉATIVE • CONTEMPORAIN Il est évidemment question d'amour au 14 Février : l'amour du produit, l'amour du geste, l'amour de la chose bien faite. Le chef japonais Masafumi Hamano cisèle des assiettes comme de véritables œuvres d'art : il trouve toujours l'ingrédient supplémentaire qui booste l'ensemble et fait la différence. Le voici maître de cérémonie d'un mariage en grande pompe entre la France et le Japon (encore une histoire d'amour !), mariage auquel nous assistons avec une gourmandise non dissimulée. Darne de saumon mariné relevé d'une crème d'ail aux anchois et purée de céleri-rave ; foie de canard poêlé avec quartiers de mangue et feuilles d'endives croquantes ; ou encore cette lotte en piccata servie sur une carbonara de citron et pois chiche... Vous laisserez-vous séduire ?

- Menu 87/125 €

Le Plâtre-Durand - ✆ 03 85 37 11 45 - www.sa-au14fevrier.com - Fermé : mardi, mercredi, jeudi, dimanche soir

AUBERGE DU PARADIS

CUISINE DU MARCHÉ • AUBERGE Deux restaurants en un ! Plateaux à partager et petite carte de suggestions chez Lucienne fait des siennes (crevettes cuites sur galet, tataki de bœuf au tandoori, tempura de mini carottes...) ; bar à vin avec entrées traditionnelles et plat du jour chez Joséphine à Table (jambon persillé, pâté croûte, brochette de poulet, riz au lait). Brunch le samedi. Dans les deux cas, terrasse plaisante, convivialité assurée et jolis flacons du mâconnais et du beaujolais.

- Carte 28/40 €

Le Plâtre-Durand - ✆ 03 85 37 10 26 - www.aubergeduparadis.fr - Fermé : lundi, dimanche

ST-JEAN-DE-TRÉZY

✉ 71490 - Saône-et-Loire - Carte régionale n° **5**-C3

DOMAINE DE RYMSKA

CUISINE MODERNE • COSY Le concept mêlant agriculture et hôtellerie fonctionne ici du tonnerre : à table, on se régale d'un menu unique ultra-local, où les produits de l'exploitation sont bien mis en valeur. Une cuisine de qualité, maîtrisée, sincère : on se régale en toute simplicité.

- Menu 32 € (déjeuner), 55/96 €

1 rue du Château-de-la-Fosse - ✆ 03 85 90 01 01 - www.domaine-rymska.com - Fermé : lundi, dimanche

ST-MARTIN-DU-TERTRE

✉ 89100 - Yonne - Carte régionale n° **5**-B1

LE MARTIN BEL AIR

CUISINE MODERNE • COLORÉ Pour la petite (et la grande) histoire, Martin-Bel-Air est le nom donné à la commune de Saint-Martin-du-Tertre pendant la Révolution française. Ce bistrot de campagne est la première affaire d'un jeune chef passé par de bonnes maisons de la région : il compose une cuisine du marché moderne et enlevée, au bon rapport qualité-prix.

- Menu 19 € (déjeuner), 31/52 €

3 place du 19-Mars-1962 - ✆ 03 86 66 47 95 - www.lemartinbelair.com - Fermé : lundi, mardi, dimanche soir

ST-MAURICE-DE-SATONNAY

71260 - Saône-et-Loire - Carte régionale n° **5**-C3

AUBERGE DES GRENOUILLATS

CUISINE TRADITIONNELLE • BISTRO Face à l'église, une jolie bâtisse en pierre apparente, avec sa terrasse à l'ombre des platanes... voici comment se présente ce bistrot centenaire, tenu aujourd'hui par un couple sympathique et travailleur. Au menu : une cuisine généreuse et sans fioritures.

- Menu 28 €

Le Bourg - 03 85 33 40 50 - Fermé : mardi, mercredi

ST-RÉMY

71100 - Saône-et-Loire - Carte régionale n° **5**-C3

L'AMARYLLIS

Chef : Cédric Burtin

CUISINE CRÉATIVE • ÉLÉGANT Bienvenue dans ce paisible moulin du 19e s., une ancienne minoterie, baigné par son bief. Un potager créé de toutes pièces est venu alimenter les cuisines du restaurant. Né dans les pâturages du Charolais, le chef Cédric Burtin a peaufiné sa formation auprès de restaurants lyonnais comme ceux de Paul Bocuse et de Pierre Orsi. Aujourd'hui, cette table bien connue dans la région rallie les suffrages de nombreux locaux et autant de fidèles. Il faut dire que ce cuisinier délicat n'a pas son pareil pour laisser s'épanouir une cuisine empreinte d'inventivité, de fraîcheur, toujours maîtrisée et magnifiée par un dressage très travaillé.

A/C P - Menu 40 € (déjeuner), 75/130 €

Chemin de Martorez - 03 85 48 12 98 - www.lamaryllis.com - Fermé : lundi, mardi, dimanche soir

ST-SERNIN-DU-BOIS

71200 - Saône-et-Loire - Carte régionale n° **5**-C3

LE RESTAURANT DU CHÂTEAU

CUISINE MODERNE • TRADITIONNEL Au pied du château (11e s.) et face au lac, ce restaurant accueille dans un intérieur joliment réinventé, avec deux ambiances : voûtes historiques d'un côté ; style industriel et vue sur le plan d'eau de l'autre. Même contraste dans l'assiette, qui oscille entre tradition et modernité. Un vrai plaisir.

A/C - Menu 20 € (déjeuner), 32/40 €

2120 route de Saint-Sernin - 03 85 78 28 42 - www.lerestaurantduchateau71.com - Fermé : mardi, mercredi

STE-CÉCILE

71250 - Saône-et-Loire - Carte régionale n° **5**-C3

L'EMBELLIE

CUISINE MODERNE • AUBERGE Un jeune couple motivé est aux commandes de ce restaurant installé dans une ancienne étable au cachet rustique - poutres, meubles en frêne, cheminée. La cuisine, actuelle, revisite certains plats du terroir : ravioles ouvertes d'escargots à l'ail des ours ; ris de veau au jus, pleurotes et émulsion au vin jaune... Glaces et pain maison. Agréable terrasse d'été.

P - Menu 35/52 €

Le Bourg - 03 85 50 81 81 - www.restaurant-lembellie.net - Fermé : mardi, mercredi, dimanche soir

STE-SABINE

✉ 21320 - Côte-d'Or - Carte régionale n° **5**-C2

LE LASSEY - CHÂTEAU SAINTE-SABINE

CUISINE MODERNE • ÉLÉGANT Dans le cadre historique du château Sainte-Sabine, né à la Renaissance, cette table élégante se distingue par le raffinement de sa cuisine. Omble chevalier des Cévennes cuit au sel et mariné à la betterave ; volaille de Bresse aux morilles, sauce vin jaune : voici quelques-unes des belles spécialités du chef Benjamin Linard, passé par des tables renommées. Formule plus simple au déjeuner. Les chambres invitent à un repos bucolique face au parc, ses biches et son plan d'eau...

- Menu 28 € (déjeuner), 49/90 €

8 route de Semur - ✆ 03 80 49 22 01 - www.saintesabine.com - Fermé : mercredi midi

SANTENAY

✉ 21590 - Côte-d'Or - Carte régionale n° **5**-A3

L'OUILLETTE

CUISINE MODERNE • COSY Un jeune couple motivé est aux commandes de cette auberge familiale, installée sur la place centrale du village. En cuisine, Simon navigue entre bonne tradition (œufs en meurette, jambon persillé, coq au vin) et recettes plus actuelles ; Maude, en salle, assure un service attentif et efficace. On passe un excellent moment : longue vie à cette Ouillette !

- Menu 24 € (déjeuner), 33/49 € - Carte 47/62 €

Place du Jet-d'Eau - ✆ 03 80 20 62 34 - www.ouillette.fr - Fermé : mardi, mercredi

LE TERROIR

CUISINE TRADITIONNELLE • INTIME Au cœur du village, une maison pimpante et chaleureuse au service d'une cuisine régionale appétissante : escargots de Bourgogne, beurre, ail, persil et amandes ; coq au vin rouge ; ou encore crème brûlée au pain d'épices... Joli choix de vins au verre.

- Menu 29/60 € - Carte 45/65 €

19 place du Jet-d'Eau - ✆ 03 80 20 63 47 - www.restaurantleterroir.com - Fermé : mercredi soir, jeudi, dimanche soir

SAULIEU

✉ 21210 - Côte-d'Or - Carte régionale n° **5**-C2

✿✿ LA CÔTE D'OR

CUISINE MODERNE • ÉLÉGANT Cela fera bientôt 40 ans que Patrick Bertron aura posé ses valises au Relais Bernard Loiseau. C'est lui, en 2003, qui a repris les rênes en cuisine après la brutale disparition du maître. Il aura su rester fidèle à la philosophie de cette institution, tout en enrichissant la carte des plats de son invention. Il trouve son inspiration dans sa Bretagne natale, avec ses merveilleux produits de la mer (homard, langoustine, turbot), mais aussi en Bourgogne, dont il a appris à apprivoiser les trésors. Les nostalgiques iront se régaler de quelques grands "classiques" de l'époque de Bernard Loiseau...

- Menu 165 (déjeuner), 195/255 € - Carte 160/225 €

Le Relais Bernard Loiseau, 2 avenue Bernard-Loiseau - ✆ 03 80 90 53 53 - www.bernard-loiseau.com - Fermé : mardi, mercredi, jeudi midi

BISTROT LOISEAU DES SENS

CUISINE MODERNE • COSY Dans un cadre zen et épuré, on déguste une "cuisine santé" fine et goûteuse, avec de nombreuses préparations bio ou sans gluten. Les cuissons sont maîtrisées, l'ensemble ne manque pas de subtilité ; on passe un bon moment.

- Menu 38 € (déjeuner), 48 €

4 avenue de la Gare - 03 80 90 53 53 - www.bernard-loiseau.com - Fermé : lundi, mardi, mercredi midi

SAVIGNY-LÈS-BEAUNE

21420 - Côte-d'Or - Carte régionale n° **5**-A3

LE 428

CUISINE MODERNE • CONTEMPORAIN L'Ouvrée est la surface de vigne - 428 m² - qui pouvait être bêchée par un vigneron en une journée. Aux fourneaux, le chef Christophe Ledru accueille dans une salle contemporaine et épurée. Il propose une cuisine actuelle et soignée (uniquement des menus "surprise"), accompagnée d'une jolie sélection de vins du village (entre autres).

- Menu 27 € (déjeuner), 38/85 €

54 rue de Bourgogne - 03 80 21 51 52 - www.louvree.fr - Fermé : mardi, mercredi

SENS

89100 - Yonne - Carte régionale n° **5**-B1

LA MADELEINE

Chef : Patrick Gauthier

CUISINE MODERNE • CONTEMPORAIN Patrick Gauthier, l'enfant du pays, a posé son restaurant dans une ancienne école de voile, au bord de la rivière. Le design intérieur s'inspire de ses innombrables voyages en Scandinavie et en Asie. "Cuisinier avant tout", comme il se définit, ce chef passionné continue de présenter lui-même son menu du jour. Amoureux des marchés locaux, il signe une cuisine authentique, à base de beaux produits (les légumes paradent en vedette), très enlevée et pleine de saveurs : craquantes asperges vertes de Provence, œuf vapeur, comté et truffe ; filet de féra du Léman à la cuisson millimétrée ; agneau de lait des Pyrénées, jus corsé et gousses d'ail confites. Et il y a non pas un mais bien quatre chariots de fromages, ainsi qu'une belle cave pour sublimer ce bon moment.

- Menu 50 € (déjeuner), 70/136 €

35 quai Boffrand - 03 86 65 09 31 - www.restaurant-lamadeleine.fr - Fermé : lundi, mardi, dimanche

SOLUTRÉ-POUILLY

71960 - Saône-et-Loire - Carte régionale n° **5**-C3

LA COURTILLE DE SOLUTRÉ

CUISINE MODERNE • BISTRO Une jolie maison de pays, sa charmante terrasse à l'ombre d'un vieux marronnier... et ce jeune chef basque dynamique, qui travaille avec passion de fort bons produits, à accompagner d'une belle sélection de pouilly-fuissé ! Quelques chambres pour l'étape.

- Menu 25 € (déjeuner), 40/44 €

Route de la Roche - 03 85 35 80 73 - www.lacourtilledesolutre.fr - Fermé : lundi, mardi, dimanche soir

TOURNUS

71700 - Saône-et-Loire - Carte régionale n° **5**-C3

AUX TERRASSES

Chef : Jean-Michel Carrette

CUISINE MODERNE • CONTEMPORAIN Après la visite de l'abbaye Saint-Philibert, une étape s'impose sur ces terrasses de charme ! De grandes baies vitrées inondent de lumière ce décor de matériaux bruts (pierre et bois), ces grandes tables en chêne massif sans nappage. Sans oublier le jardin paisible et l'accueil attentionné de l'épouse du chef... Son mari, Jean-Michel, est un passionné capable de changer ses propositions gourmandes d'une table à l'autre au cours d'une même soirée. Seul lui importe le moment présent et l'émotion. Et d'émotion, sa cuisine n'en manque pas, entretenant une délicieuse complicité avec le terroir, notamment végétal, ne cédant rien sur la qualité des produits et la précision des cuissons.

***L'engagement du chef :** La majorité des produits biologiques ou issus de l'agriculture raisonnée que nous employons proviennent d'exploitations situées dans un rayon de 50 km autour de Tournus. Les vins que nous mettons à l'honneur sur notre carte sont en majorité confectionnés selon les règles de la biodynamie.*

- Menu 35 € (déjeuner), 70/110 €

18 avenue du 23 Janvier - 03 85 51 01 74 - www.aux-terrasses.com - Fermé : lundi, dimanche

L'ÉCRIN DE YOHANN CHAPUIS

Chef : Yohann Chapuis

CUISINE CRÉATIVE • CONTEMPORAIN Sis entre les murs de cet ancien orphelinat rendu fameux par Jean Ducloux, ce restaurant offre un écrin de choix pour la cuisine de Yohann Chapuis, chef formé notamment chez Lameloise. Fini les "plats cultes" d'autrefois (mais qui retrouvent leur place au Bouchon Bourguignon, à côté), place à une cuisine "de goûts et d'émotions", avec une vraie identité et pas mal de personnalité. Le tout réalisé à partir de beaux produits de saison : écrevisses de Saône, turbot de petite pêche, bœuf charolais, servis par des dressages de haute volée. Très belle carte des vins et sommelier de bon conseil.

- Menu 75/160 € - Carte 140/175 €

1 rue Albert-Thibaudet - 03 85 51 13 52 - www.restaurant-greuze.fr - Fermé : mardi, mercredi

LE BOUCHON BOURGUIGNON

CUISINE RÉGIONALE • CONTEMPORAIN L'annexe du restaurant gastronomique de Yohann Chapuis (situé juste à côté) propose une cuisine régionale, généreuse et soignée, avec chariot d'entrées (pâté en croûte, jambon persillé, ballottine de volaille), plats emblématiques (volaille de Bresse aux morilles et vin jaune, grenouilles, escargots, viande charolaise) et un chariot de douceurs (tarte aux pralines, île flottante), à savourer dans un cadre contemporain, pour des prix raisonnables.

- Menu 28/39 € - Carte 50/67 €

1 rue Albert-Thibaudet - 03 85 51 13 52 - www.restaurant-greuze.fr - Fermé : lundi, dimanche

LE TERMINUS

CUISINE MODERNE • CONTEMPORAIN À la carte de cet ancien buffet de gare 1900, une cuisine au goût du jour qui place la fraîcheur au-dessus de toutes les vertus ! On déjeune ou on dîne côté brasserie, dans une salle intime et cosy, pour se régaler de classiques régionaux qui font le succès de la maison (pâté en croûte, quenelle de brochet, grenouilles...). À l'étage, quelques chambres.

- Menu 24 € (déjeuner), 34 € - Carte 44/76 €

21 avenue Gambetta - 03 85 51 05 54 - www.hotel-terminus-tournus.com - Fermé : mercredi, dimanche

VALLOUX

89200 - Yonne - Carte régionale n° **5**-B2

AUBERGE DES CHENETS

CUISINE TRADITIONNELLE • AUBERGE On oublie vite la route toute proche, lorsque l'on s'attable près de la cheminée de cette agréable auberge ! Au menu : de bons petits plats d'inspiration bourguignonne, joliment tournés et parfumés. La belle carte des vins fait honneur à la région.

- Menu 33/70 €

10 route Nationale 6 - 03 86 34 23 34 - Fermé : lundi, mardi, dimanche soir

VAULT-DE-LUGNY

✉ 89200 - Yonne - Carte régionale n° **5**-B2

✿ CHÂTEAU DE VAULT DE LUGNY

CUISINE MODERNE • **HISTORIQUE** Dans l'un de ses romans, Michel Houellebecq met en scène la terrasse de ce château qui s'ouvre face à un vaste parc et un platane du 17e s. Le chef mauricien Franco Bowanee a créé à cette occasion un pressé de homard dédié à l'écrivain. Pour le reste, ce cuisinier cisèle une fine cuisine actuelle qu'il émaille de petites touches d'exotisme. Ses assiettes franches et pleines de saveur mettent en valeur non seulement les produits nobles, mais aussi les légumes du magnifique potager du domaine. On s'attable dans un cadre majestueux - dont une salle dans les anciennes cuisines du château - et l'on se plonge dans la lecture de l'imposante carte de bourgognes.

- Menu 69 € (déjeuner), 99/149 € - Carte 117/142 €

11 rue du Château - ✆ 03 86 34 07 86 - www.lugny.fr - Fermé : lundi midi, mardi midi, mercredi midi

VÉZELAY

✉ 89450 - Yonne - Carte régionale n° **5**-B2

L'ÉTERNEL

CUISINE MODERNE • **CLASSIQUE** Au pied de la colline qui mène à la basilique de Vézelay, haut lieu de pèlerinage spirituel, on sait aussi cultiver des nourritures bien terrestres. La modernité est de mise dans l'assiette (foie gras de canard à la fève tonka, gelée de fraise), le cadre est lumineux : parfait prélude avant de visiter, dans la foulée, l'étonnant musée Zervos.

A/C - Menu 48/62 €

Hôtel de la Poste et du Lion d'Or, place du Champ-de-Foire - ✆ 03 73 53 03 20 - www.hplv-vezelay.com - Fermé : lundi, mardi, mercredi midi, jeudi midi, vendredi midi

LE VILLARS

✉ 71700 - Saône-et-Loire - Carte régionale n° **5**-C3

L'AUBERGE DES GOURMETS Ⓝ

CUISINE MODERNE • **AUBERGE** Pari réussi pour l'enfant du pays, le chef Guillaume Laublanc, qui a repris avec un enthousiasme contagieux l'auberge de ce charmant village sur les hauteurs de la Saône. Asperges, œuf mollet, suprême de pintade, pigeon, escargots : une bistronomie tout sourire d'inspiration bourguignonne qui fait plaisir.

A/C - Menu 26 € (déjeuner), 39/46 €

9 place de l'Église - ✆ 03 85 32 58 80 - www.laubergedesgourmets.com - Fermé : mardi, mercredi, dimanche soir

VILLEBLEVIN

✉ 89340 - Yonne - Carte régionale n° **5**-A1

AUBERGE L'ESCALE 87

CUISINE TRADITIONNELLE • **COSY** Une bien chaleureuse auberge au bord de l'ancienne N6, dont l'intérieur coquet se pare de divers objets agrestes et de mobilier rustique. La tradition est de mise dans les assiettes, goûteuses, colorées, et servies avec le sourire par-dessus le marché : on passe un moment très agréable. Plaisante terrasse sur l'arrière.

A/C - Menu 23 € (déjeuner), 33/55 € - Carte 39/64 €

Lieu-dit Le Petit-Villeblevin - ✆ 03 86 66 42 56 - www.lescale87.fr - Fermé : lundi soir, mardi, mercredi, jeudi soir, dimanche soir

VINCELOTTES

✉ 89290 - Yonne - Carte régionale n° **5**-B1

AUBERGE LES TILLEULS

CUISINE TRADITIONNELLE • **AUBERGE** Pause bucolique au bord de l'Yonne. Ici, le chef mise sur les bons produits et concocte une savoureuse cuisine traditionnelle ou des recettes plus actuelles. Terrasse à fleur d'eau et bon choix de bourgognes. Chambres pour l'étape.

- Menu 22 € (déjeuner), 38/75 € - Carte 58/100 €

12 quai de l'Yonne - ✆ 03 86 42 22 13 - www.auberge-les-tilleuls.com - Fermé : mardi, mercredi

VIRÉ

✉ 71260 - Saône-et-Loire - Carte régionale n° **5**-C3

FRÉDÉRIC CARRION CUISINE HÔTEL

CUISINE MODERNE • **COSY** L'élégante salle à manger associe le cachet de cet ancien relais de poste (parquet, cheminée) à des notes plus cosy et feutrées. Le chef travaille les beaux produits régionaux dans des préparations volontiers créatives. On accompagne le tout d'une jolie sélection de vins, en particulier de viré-clessés. Jolies chambres et espace bien-être pour agrémenter un séjour d'oenotourisme.

- Menu 84/109 € - Carte 105/122 €

Place André-Lagrange - ✆ 03 85 33 10 72 - www.hotel-restaurant-carrion.fr - Fermé : lundi, mardi, mercredi midi, jeudi midi, vendredi midi, samedi midi

VOLNAY

✉ 21190 - Côte-d'Or - Carte régionale n° **5**-A3

L'AGASTACHE

CUISINE MODERNE • **COLORÉ** Le bouche-à-oreille a imposé progressivement cette table dans la région, et c'est mérité : le chef est très attentif à la qualité de ses produits (veau de l'Aveyron, pigeonneau de Pornic, produits des fermes aux alentours) et sa cuisine se révèle aussi gourmande que bien équilibrée.

- Menu 28 € (déjeuner), 44/48 €

1 rue de la Cave - ✆ 03 80 21 12 30 - www.lagastache-restaurant.com - Fermé : lundi, mercredi soir, dimanche

FRANCHE-COMTÉ

Carte régionale n° 6

Des fromages longuement mûris en fruitières, des viandes fumées, des salaisons fameuses comme la saucisse de Morteau, des champignons en abondance à l'image de la célèbre morille, des poissons et des écrevisses : destination nature et gourmande, la Franche-Comté est un terroir généreux. Nature, cette région située entre les Vosges et les Alpes, couverte de montagnes et de forêts de résineux, de rivières et de lacs, l'est assurément ; gourmande, elle l'est aussi grâce à une cuisine rustique. Basée sur des produits d'excellence, elle tient chaud au corps au cœur de l'hiver : velouté d'oignon au comté fruité, terrine de campagne, lapin à la moutarde, poulet au vin du Jura, truite au bleu, morilles à la crème...

Pays d'élevage riche en pâturages à la flore unique, la Franche-Comté est un grand pays de fromages : morbier, mont-d'or, bleu de Gex, ramequin, cancoillote et bien évidemment le divin comté ! Ce dernier, fleuron de la gastronomie franc-comtoise, est fabriqué uniquement avec le lait de vaches de race montbéliarde ou simmental. Laissez-vous enfin surprendre par les vins du Jura, dont le plus fascinant demeure le vin jaune, aux arômes complexes et uniques, à la capacité de vieillissement centenaire...

6 BOURGOGNE-FRANCHE-COMTÉ
FRANCHE-COMTÉ
Localité possédant au moins :
un restaurant
une table étoilée
un restaurant "Bib Gourmand"
un restaurant de gastronomie durable
HAUTE-MARNE 52
CHAMPAGNE-ARDENNE (plan 11)
HAUTE-SAÔNE 70
CÔTE-D'OR 21
DIJON
BOURGOGNE (plan 5)
Combeaufontaine
Besançon
Ornans
Sampans
Dole
Parcey
Port-Lesney
Arbois
Pupillin
Beaune
Chalon-s-Saône
SAÔNE-ET-LOIRE 71
Louhans
St-Germain-lès-Arlay
Courlans
Bonlieu
JURA 39
Balanod
Pratz
Les Molunes
Gex
RHÔNE-ALPES (plans 2 3 4)
MÂCON
AIN 01

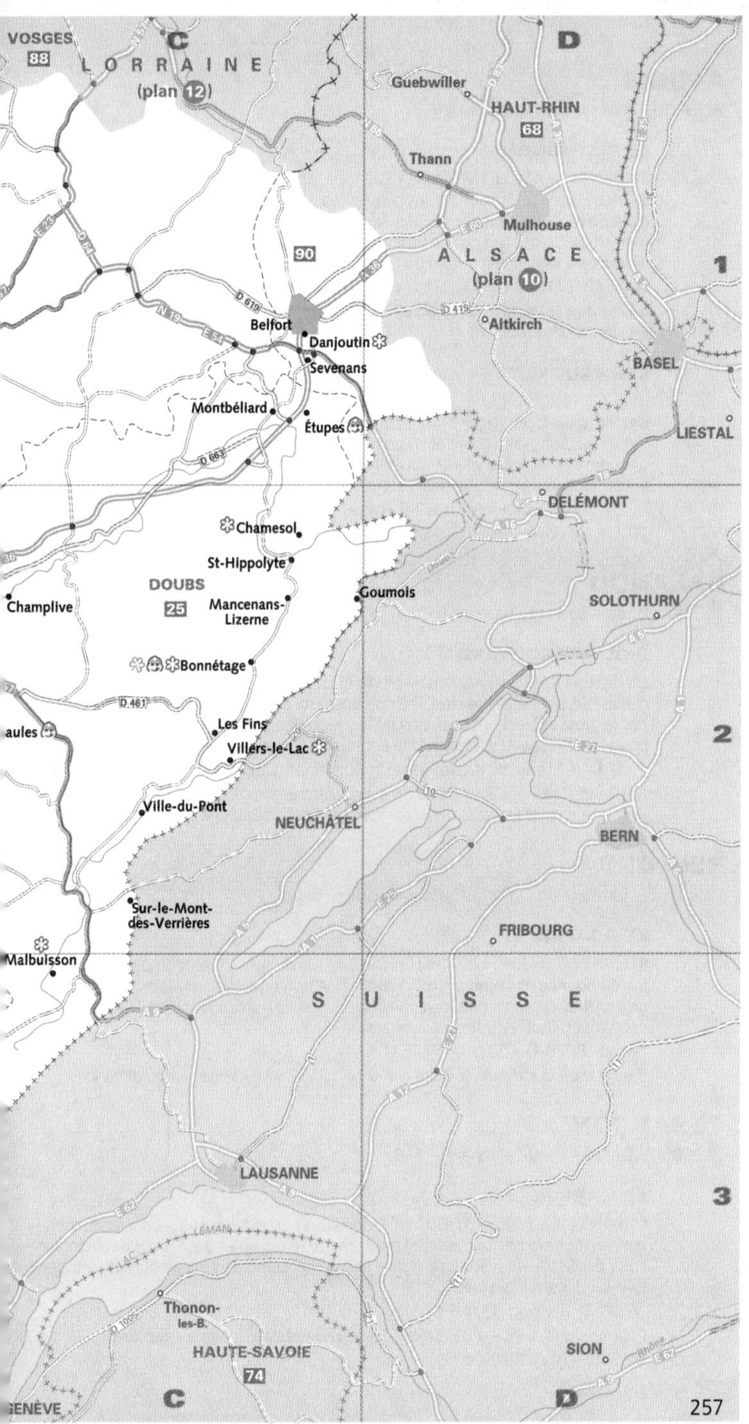

VOSGES
88
C
D
LORRAINE
(plan 12)
Guebwiller
HAUT-RHIN
68
Thann
Mulhouse
ALSACE
(plan 10)
1
90
Belfort
Danjoutin
Sevenans
Altkirch
BASEL
Montbéliard
Étupes
LIESTAL
DELÉMONT
Chamesol
St-Hippolyte
DOUBS
25
Champlive
Mancenans-Lizerne
Goumois
SOLOTHURN
Bonnétage
Les Fins
aules
2
Villers-le-Lac
Ville-du-Pont
NEUCHÂTEL
BERN
Sur-le-Mont-des-Verrières
FRIBOURG
Malbuisson
SUISSE
LAUSANNE
3
LÉMAN
LAC
Thonon-les-B.
HAUTE-SAVOIE
74
SION
GENÈVE
C
D

ARBOIS

✉ 39600 – Jura – Carte régionale n° **6**-B2

LE BISTRONÔME

CUISINE TRADITIONNELLE • BISTRO Après cinq ans passés à la Maison Jeunet, Lisa et Jérôme ont repris cette sympathique adresse. Au programme : salle d'été en terrasse donnant sur la rivière, intérieur de bistrot chaleureux, et surtout menu très attractif ! Plat phare de la maison, la ballottine de truites farcie aux morilles et sauce au vin jaune n'attend que vous...

♿ - Menu 21 € (déjeuner), 29 € - Carte 58/63 €

62 rue de Faramand – ✆ 03 84 53 08 51 – www.le-bistronome-arbois.com – Fermé : lundi, dimanche

LES CAUDALIES

CUISINE MODERNE • ÉLÉGANT A la tête de cette maison bourgeoise sise au cœur des vignobles, œuvre un savant sommelier, Meilleur Ouvrier de France : Philippe Troussard. Son grand talent et la richesse de sa carte (800 références) lui permettent d'accompagner à merveille les assiettes, soignées et généreuses : l'accord mets et vin porté au rang d'art. Ambiance feutrée.

♿ A/C P - Menu 20 € (déjeuner), 45/68 € - Carte 60/82 €

20 avenue Pasteur – ✆ 03 84 73 06 54 – www.lescaudalies.fr – Fermé : lundi

BALANOD

✉ 39160 – Jura – Carte régionale n° **6**-A3

PHILIPPE BOUVARD

CUISINE TRADITIONNELLE • RUSTIQUE Une petite auberge chaleureuse et conviviale, portée par le chef Philippe Bouvard, passionné et généreux... et qui n'a pas la grosse tête. Parmi ses spécialités, le soufflé au comté, la côte de veau ou le poulet de Bresse au vin jaune. Une adresse où l'on se sent bien.

♿ P - Menu 15 € (déjeuner), 30/78 € - Carte 42/75 €

111 Grand-Rue – ✆ 03 84 48 73 65 – www.restaurantphilippebouvard.eatbu.com – Fermé : lundi, mardi soir, mercredi soir, jeudi soir, dimanche soir

BELFORT

✉ 90000 – Territoire de Belfort – Carte régionale n° **6**-C1

LE DIX'VINS

CUISINE MODERNE • BISTRO Cuisine dans l'air du temps, bien tournée, aux cuissons justes, pour ce nouveau bistrot de Belfort. A noter quelques audaces sur les choix de produits ; poulpe, omble, médaillon de pied de porc et jus corsé. L'atmosphère est sympathique et le service avenant.

Menu 18/28 € - Carte 45/55 €

3 bis rue du Comte-de-la-Suze – ✆ 09 67 58 39 50 – Fermé : lundi, dimanche

BESANÇON

✉ 25000 – Doubs – Carte régionale n° **6**-B2

LE MANÈGE

CUISINE MODERNE • TENDANCE Une vraie bonne table que cet ancien manège militaire (au pied de la citadelle) entièrement redécoré en 2013 ; on y déguste une cuisine délicate et savoureuse, signée par un chef autodidacte et amoureux du travail bien fait. Une valeur sûre.

A/C - Menu 33/45 €

2 faubourg Rivotte – ✆ 03 81 48 01 48 – www.restaurantlemanege.com – Fermé : lundi, dimanche

LE PARC (N)

CUISINE MODERNE • **CONTEMPORAIN** Ce restaurant situé dans l'ancien office du tourisme de la ville à l'entrée du parc Micaud, appartient aux propriétaires du Château de Germigney : le bâtiment contemporain tout en baies vitrées propose une cuisine moderne assortie d'une pointe de créativité. Souvenirs nostalgiques des abricots rôtis au miel du château de Germigney accompagnés de leur île flottante caramel aux fruits de la passion. A déguster les yeux dans le Doubs.

♿ AC - Carte 54/68 €

Place de la 1ère-Armée-Française - ✆ 03 70 88 60 60 - www.leparcbesancon.com - Fermé : lundi, mardi

LE POKER D'AS

CUISINE TRADITIONNELLE • **RUSTIQUE** Dans cette sympathique maison familiale, le respect de la tradition n'empêche pas l'évolution : si les tables sculptées sont toujours de mise, le décor se fait désormais plus moderne. Et dans l'assiette, on trouve toujours de bons produits du terroir régional, travaillés avec soin…

AC - Menu 27/50 € - Carte 39/73 €

7 Square Saint-Amour - ✆ 03 81 81 42 49 - Fermé : lundi, dimanche

LE SAINT CERF

Chef : Xavier Choulet

CUISINE MODERNE • **CONTEMPORAIN** Ce bistrot contemporain au cadre agréable propose une cuisine mâtinée d'influences diverses, dont des touches asiatiques, maîtrisée de bout en bout, sans ostentation, et goûteuse. Ajoutez à cela une tendance affichée au "nature" (saisonnalité, produits), saupoudrez de plats végétariens et vous obtenez une valeur sûre du renouveau bisontin.

L'engagement du chef : *Nous travaillons uniquement des produits de saison issus de partenaires régionaux. Légumes bio et herbes sauvages, pêche française, viandes de qualité - bœuf Black Angus et Hereford principalement. Notre compost est récupéré chaque semaine par un jeune créateur d'entreprise de maraîchage bio. Nous servons une eau micro-filtrée à chaque table.*

AC - Menu 26 € (déjeuner), 45 €

1 rue Megevand - ✆ 03 81 50 10 20 - Fermé : lundi soir, samedi, dimanche

LE ST-PIERRE

CUISINE TRADITIONNELLE • **ÉLÉGANT** Une cuisine gastronomique mettant le poisson et les bons produits à l'honneur ; beaucoup de finesse relevée d'une pointe d'originalité ; un cadre élégant et cosy (pierres apparentes) : ce Saint-Pierre est un petit paradis des saveurs !

AC - Menu 45/82 € - Carte 80/97 €

104 rue Battant - ✆ 03 81 81 20 99 - www.restaurant-saintpierre.com - Fermé : samedi midi, dimanche

BONLIEU

✉ 39130 - Jura - Carte régionale n° **6**-B3

LA POUTRE

CUISINE MODERNE • **RUSTIQUE** Au cœur du bourg, cette auberge familiale de 1740 cultive son charme rustique. Pour la petite histoire, sachez que la poutre qui soutient le plafond mesure 17 m et provient d'une grume de sapin de 3 m3 ! Quant au chef, il vous régale d'une jolie cuisine d'aujourd'hui, savoureuse et raffinée.

♿ P - Menu 35/98 € - Carte 74/111 €

25 Grande-Rue - ✆ 03 84 25 57 77 - www.aubergedelapoutre.com - Fermé : mardi, mercredi

BONNÉTAGE

✉ 25210 - Doubs - Carte régionale n° **6**-C2

L'ÉTANG DU MOULIN

Chef : Jacques Barnachon

CUISINE MODERNE • FAMILIAL En été, on atterrit ici après une longue marche par les belles forêts jurassiennes, l'appétit en bandoulière. Et en hiver, c'est raquettes au pied qu'on s'installe dans ce décor de conte de Noël, avec l'envie de se réchauffer avec un crémeux de potiron... Ce chalet contemporain, situé au pied des montagnes et au bord d'un étang, tient toutes ses promesses. Dans un registre plutôt traditionnel, la cuisine de Jacques Barnachon fait la part belle au terroir, de l'entrée (où le foie gras est souvent à l'honneur) jusqu'au dessert, en passant par les gibiers d'automne. La maison célèbre les morilles printanières au vin jaune avec une gourmandise incomparable. On se laisse séduire par des produits de qualité et des combinaisons de saveurs harmonieuses... et par une carte des vins pleine de bonnes surprises.

L'engagement du chef : *Notre carte témoigne de notre engagement à proposer des produits durables et saisonniers, dont les ressources ne sont pas menacées. Nous nous attelons également à gérer nos déchets de la manière la plus réfléchie possible.*

- Menu 65/150 € - Carte 86/105 €

5 chemin de l'Étang-du-Moulin - 03 81 68 92 78 - www.etang-du-moulin.com - Fermé : lundi, mardi, mercredi midi, jeudi midi, dimanche soir

LE BISTROT

CUISINE TRADITIONNELLE • BISTRO Croûte forestière, entrecôte de veau, filet de truite, saucisse de Morteau : les produits et recettes de tradition sont au menu de cet agréable Bistrot, qui complète idéalement l'offre de restauration de l'Étang du Moulin. Une cuisine simple et bien réalisée : on en redemande !

- Menu 24/38 € - Carte 33/54 €

5 chemin de l'Étang-du-Moulin - 03 81 68 92 78 - www.etang-du-moulin.com - Fermé : lundi, mardi midi, dimanche soir

CHAMESOL

✉ 25190 - Doubs - Carte régionale n° **6**-C2

MON PLAISIR

Chef : Christian Pilloud

CUISINE MODERNE • COSY Sur le plateau de Lomont qui domine la vallée du Doubs, cette accueillante maison de pays fait de l'œil dès l'entrée du village. L'ambiance cosy, avec son salon confortable et sa salle à manger bourgeoise élégante, est tout entière dédiée aux plaisirs généreux de la table. Admirateur de Paul Bocuse et du grand chef suisse Freddy Girardet, le chef Christian Pilloud est un classique ouvert à la modernité. Professionnel rigoureux, il magnifie les beaux produits du terroir, escargots, volailles fermières, fromages de Bourgogne et de Franche-Comté. Au rythme des saisons, on se régale de pressé de foie gras avec ses ris de veau à la truffe, de tourteau au combawa, de boudin blanc d'escargots ou d'un carré de cochon en croûte de pomme de terre.

- Menu 49/99 €

22 lieu-dit Journal - 03 81 92 56 17 - www.restaurant-mon-plaisir.com - Fermé : lundi, mardi, dimanche soir

CHAMPLIVE

✉ 25360 - Doubs - Carte régionale n° **6**-C2

AUBERGE DU CHÂTEAU DE VAITE

CUISINE RÉGIONALE • CONTEMPORAIN Désormais géré par la jeune génération de la famille, ce restaurant moderne décline une cuisine traditionnelle bien tournée (truites, grenouilles, etc.). Thèmes décalés dans les chambres (blanc, nature) et, toujours, ce mur végétal qui fait de l'établissement une curiosité dans la région.

 - Menu 29/45 € - Carte 28/64 €

17 Grande Rue - ✆ 03 81 55 20 66 - www.auberge-chateau-vaite.com - Fermé : lundi, mardi soir, mercredi soir, dimanche soir

COMBEAUFONTAINE

✉ 70120 - Haute-Saône - Carte régionale n° **6**-B1

LE BALCON

CUISINE TRADITIONNELLE • AUBERGE Digne héritier de son père, le chef, Jean-Philippe Gauthier, perpétue la tradition de cette belle maison, avec ses incontournables – terrine de caille aux pruneaux et à l'armagnac et splendide chariot de fromages affinés –, que l'on savoure dans une salle alliant caractère et authenticité. Délicieux.

♿ - Menu 33/70 € - Carte 45/75 €

2 Grande-Rue - ✆ 03 84 92 11 13 - le-balcon-70.fr - Fermé : lundi, mardi midi, dimanche soir

COURLANS

✉ 39570 - Jura - Carte régionale n° **6**-B3

MICHEL BÉJEANNIN - AUBERGE DE CHAVANNES

CUISINE MODERNE • ÉLÉGANT Une auberge contemporaine et chaleureuse ! L'assiette est joliment créative ; le chef se révèle aussi à l'aise avec la bouillabaisse (il a vécu à Marseille pendant 25 ans) qu'avec un poulet au vin jaune et morilles, clin d'œil à ses origines jurassiennes. Chambres spacieuses pour l'étape.

♿ AC P - Menu 56/78 € - Carte 60/76 €

1890 avenue de Châlon - ✆ 03 84 43 24 34 - www.michel-bejeannin-restaurant-lons-le-saunier-jura.com - Fermé : lundi, mardi midi, mercredi midi, jeudi midi, vendredi midi, samedi midi, dimanche soir

DANJOUTIN

✉ 90400 - Territoire de Belfort - Carte régionale n° **6**-C1

LE POT D'ÉTAIN

Chef : Philippe Zeiger

CUISINE MODERNE • CONTEMPORAIN À quelques minutes du Lion de Belfort, ce Pot d'Étain brille de gourmandise grâce à un argentier de talent, le chef Philippe Zeiger. Il a relooké cette adresse incontournable qui se décline en trois salles, dont une table d'hôtes et un salon privatif. Il propose une cuisine précise et équilibrée, sans fausse note, appuyée sur des produits d'une fraîcheur irréprochable et, de temps à autre, des mariages de saveurs inédits. Voyez ces pétales de noix de Saint-Jacques marinées minute, caviar, gel de pomme verte et céleri-rave ou encore cette fregola sarda comme un risotto. Une gourmandise qui file droit à l'essentiel ! À noter aussi, le service du vin au verre au magnum (aussi rare que bon) et le rapport qualité-prix bluffant.

♿ AC P - Menu 42 € (déjeuner), 65/105 € - Carte 110/126 €

4 avenue de la République - ✆ 03 84 28 31 95 - www.restaurant-potdetain.fr - Fermé : lundi, samedi midi, dimanche soir

DOLE

✉ 39100 - Jura - Carte régionale n° **6**-B2

LA CHAUMIÈRE

Chef : Joël Cesari

CUISINE CRÉATIVE • ÉLÉGANT Cachet des pierres apparentes et style contemporain pour cette élégante auberge du 21e s. située aux portes de Dole. Le jeune

Joël Césari a forgé sa vocation comme apprenti auprès d'André Jeunet, mentor de la cuisine jurassienne, avant de poursuivre sa route à Paris (Pavillon Ledoyen) ou encore à Chagny (Maison Lameloise). Amoureux de la nature, il trouve son inspiration dans les produits locaux, légumes, fruits, herbes, champignons et de nombreux poissons de rivière. Sa cuisine inventive se renouvelle au gré du marché et de la pêche : sandre, céleri, morilles ; filets de perches, coco de Paimpol, hareng fumé, citron ; ou encore brochet, risotto d'épeautre et oseille. Ces mets s'accompagnent de beaux crus du Jura ou de vins naturels, choisis par un sommelier ravi de prodiguer ses conseils avisés. Le restaurant gastronomique n'est désormais ouvert que du vendredi soir au samedi soir. En semaine, le restaurant La Bagatelle prend le relais avec une offre bistronomique axée sur une cuisine moderne.

- Menu 80/120 €

346 avenue du Maréchal-Juin – 03 84 70 72 40 – www.lachaumiere-dole.fr – Fermé : lundi, mardi, mercredi, jeudi, vendredi midi, dimanche

GRAIN DE SEL

CUISINE MODERNE • SIMPLE Un cadre plaisant, une terrasse ombragée et des recettes originales, soignées et savoureuses : le jeune chef fait des merveilles, et l'on a beau être au Grain de Sel, la note n'est pas salée ! Carte renouvelée régulièrement.

- Menu 22 € (déjeuner), 32/58 €

67 rue Pasteur – 03 84 71 97 36 – www.restaurant-graindesel.fr – Fermé : mardi, mercredi

IIDA-YA

CUISINE JAPONAISE • CONTEMPORAIN Confit de poitrine de porc sauce gingembre, sushis, makis ou tempura... Dans son restaurant zen et chic – et sous vos yeux –, le chef nippon concocte des mets raffinés, autour desquels se rencontrent (et s'apprécient) les cuisines française et japonaise. Belle carte de sakés. Adulé à Dole !

- Menu 23 € (déjeuner), 32/95 € - Carte 30/60 €

18 rue Arney – 03 84 70 98 73 – www.iida-ya.fr – Fermé : lundi, dimanche

LA ROMANÉE

POISSONS ET FRUITS DE MER • INTIME À la recherche d'un restaurant de poisson à Dole ? Cette ancienne boucherie pleine de charme – deux salles voûtées avec pierre apparente – est l'adresse qu'il vous faut. Le chef, originaire de Guérande, fait la part belle au... poisson, sans pour autant laisser les fous de viande au port. Service cordial.

- Menu 20 € (déjeuner), 30/36 € - Carte 30/45 €

13 rue des Vieilles-Boucheries – 03 84 79 19 05 – www.restaurant-laromanee.fr – Fermé : mardi soir, mercredi, dimanche soir

ÉTUPES

25460 – Doubs – Carte régionale n° **6**-C1

AU FIL DES SAISONS

CUISINE MODERNE • DESIGN Dans la jolie maison de Stéphane et Fabienne Robinne, le fil des saisons est bien sûr un leitmotiv, mais pas seulement : les beaux produits sont à l'honneur, mis en valeur à travers de judicieuses harmonies de saveurs et une certaine recherche esthétique. Respect de la tradition et sensibilité d'aujourd'hui !

- Menu 32/44 € - Carte 58/69 €

3 rue de la Libération – 03 81 94 17 12 – www.aufildessaisons.eu – Fermé : lundi, samedi midi, dimanche

LES FINS

25500 – Doubs – Carte régionale n° **6**-C2

CROQUE SAISON

CUISINE DU MARCHÉ • CONTEMPORAIN Originaire du Mans, le chef a créé de toutes pièces cette maison en bois et verre, dont la terrasse offre une vue imprenable sur le val de Morteau. Les assiettes sont soignées, mettant en valeur des produits de superbe qualité (poissons, notamment), et le service est efficace. Venez croquer les saisons, vous ne le regretterez pas.

- Menu 45/65 € - Carte 30/45 €

Sous Les Sangles - 03 81 64 32 20 - croquesaison.fr - Fermé : mardi soir, mercredi, dimanche soir

GOUMOIS

25470 - Doubs - Carte régionale n° **6**-C2

HÔTEL-RESTAURANT TAILLARD

CUISINE CLASSIQUE • VINTAGE La vue sur la vallée est très agréable et la cuisine du terroir concoctée par le chef - savoureuse et très raffinée - n'a rien à lui envier ! Une maison familiale et de tradition.

- Menu 33/89 € - Carte 57/89 €

3 route de la Corniche - 03 81 44 20 75 - www.hotel-taillard.fr - Fermé : lundi midi, mercredi midi

MALBUISSON

25160 - Doubs - Carte régionale n° **6**-C3

LE BON ACCUEIL

Chef : Marc Faivre

CUISINE MODERNE • COSY Une solide adresse qui ne fait pas mentir son nom : depuis quatre générations, ce chalet régional, chaleureux et confortable, pratique l'art jurassien de l'hospitalité au cœur du Haut-Doubs. Il y a le lac de Saint-Point juste de l'autre côté de la route, le Suchet et la Suisse, juste derrière. Ici, on met du cœur pour assurer un bon accueil... et une bonne chère ! Le chef Marc Faivre a travaillé chez Georges Blanc, Pierre Gagnaire et à la Maison Lameloise avant de revenir sur ses terres pour y faire chanter le terroir franc-comtois. Sa cuisine fine et savoureuse nous transporte : la truite au bleu ou à l'absinthe, le poulet fermier, morilles et sauce au vin jaune du Jura (évidemment !) ou encore le pigeon rôti, foie gras de canard et artichaut...

- Menu 52/95 € - Carte 85/100 €

1 chemin de la Grande-Source - 03 81 69 30 58 - www.le-bon-accueil.fr - Fermé : lundi, mardi, dimanche soir

MANCENANS-LIZERNE

25120 - Doubs - Carte régionale n° **6**-C2

AU COIN DU BOIS

CUISINE TRADITIONNELLE • ÉLÉGANT Une maison à la fois simple et soignée, entourée de sapins et avec une agréable terrasse. Le chef signe une cuisine soignée, réalisée avec de bons produits frais.

- Menu 18 € (déjeuner), 33/58 € - Carte 25/64 €

Rue Sous-le-Rang - 03 81 64 00 55 - www.restaurant-aucoindubois.com - Fermé : lundi soir, mardi soir, mercredi, dimanche soir

LES MOLUNES

39310 - Jura - Carte régionale n° **6**-B3

LE PRÉ FILLET

CUISINE TRADITIONNELLE • VINTAGE Au beau milieu des champs et des bois, un restaurant simple et authentique. Derrière les fourneaux, le chef concocte de bonnes recettes copieuses, dans lesquelles le terroir se taille la part du lion ; on les déguste dans une salle ouverte sur la nature. Et l'accueil est aux petits oignons !

- Menu 14 € (déjeuner), 26/50 €
Route des Moussières - 03 84 41 62 89 - www.hotel-leprefillet.com - Fermé : lundi, dimanche soir

MONTBÉLIARD

25200 - Doubs - Carte régionale n° **6**-C1

LE ST-MARTIN

CUISINE MODERNE • **INTIME** Olivier Prévôt-Carme signe une cuisine riche de parfums, où le produit est roi. Pas de superflu, mais une justesse des recettes, cuissons et assaisonnements qui rehausse la saveur de chaque ingrédient. Rien de prétentieux, rien de compliqué... que du plaisir !

- Menu 29 € (déjeuner), 85 € - Carte 73/94 €
1 rue du Général-Leclerc - 03 81 91 18 37 - www.le-saint-martin.fr - Fermé : lundi, samedi midi, dimanche

ORNANS

25290 - Doubs - Carte régionale n° **6**-B2

LA TABLE DE GUSTAVE

CUISINE RÉGIONALE • **BRASSERIE** Une carte courte avec de grands classiques de la région (salade comtoise, croûte aux morilles, fondue au comté, ou encore cette truite "belle lodoise" farcie aux morilles), le tout dans un décor contemporain agréable : une bonne adresse.

- Menu 29/39 €
11 rue Jacques-Gervais - 03 81 62 16 79 - www.latabledegustave.fr

PARCEY

39100 - Jura - Carte régionale n° **6**-B2

LES JARDINS FLEURIS

CUISINE TRADITIONNELLE • **CLASSIQUE** Bar à la plancha ; caille désossée, galette de pommes de terre et morteau, soufflé glacé au Marc d'Arbois : ici les sens sont à la fête, les compliments fleurissent, et l'accueil est charmant. Terrasse sur l'arrière. Familial.

- Menu 20/52 € - Carte 41/62 €
35 route Nationale 5 - 03 84 71 04 84 - www.restaurant-jardins-fleuris.com - Fermé : lundi, mardi, dimanche soir

PORT-LESNEY

39330 - Jura - Carte régionale n° **6**-B2

MAISON JEUNET

CUISINE MODERNE • **ÉLÉGANT** Depuis l'hiver 2021, la Maison Jeunet, table emblématique d'Arbois, a pris ses nouveaux quartiers dans cet élégant château, cossu et chic. Steven Naessens, originaire de Bruges, propose une cuisine actuelle qui fait la part belle aux produits de la région (volaille de Bresse, escargots, morilles) mais pas que (associations terre-mer notamment, avec rouget et choux de Bruxelles, ou huîtres, coquillages, poireaux et pomme de terre). En saison de gibier, le lièvre à la royale est l'une de ses spécialités. Très belle carte des vins, qui ménage une place de choix à la Bourgogne et au Jura.

- Menu 65 € (déjeuner), 135 € - Carte 125/152 €
Château de Germigney, rue Edgar-Faure - 03 84 73 85 85 - maison-jeunet.com - Fermé : lundi, mardi, mercredi

LE BISTROT PONTARLIER

CUISINE TRADITIONNELLE • BISTRO Au bord de la Loue, un grand bistrot foisonnant de bibelots chinés, une terrasse digne d'une guinguette et... une ode au terroir : comté, truite de rivière, etc. Évidemment, c'est sur une nappe à carreaux que l'on savoure le repas, généreux et canaille à souhait !

- Menu 35 € - Carte 39/50 €

Place du 8-Mai-1945 - 03 84 37 83 27 - www.bistrotdeportlesney.com

PUPILLIN

39600 - Jura - Carte régionale n° **6**-B2

LE GRAPIOT

CUISINE MODERNE • DESIGN Installé dans un village de vignerons renommé, ce restaurant chaleureux est le fief d'un passionné de saveurs et de beaux produits. Sa cuisine se prête idéalement aux accords avec les vins locaux – ça tombe bien, sa carte des vins du Jura est l'une des plus imposante du département. Bon rapport qualité-prix.

- Menu 35/60 € - Carte 38/62 €

3 rue Bagier - 03 84 37 49 44 - www.legrapiot.com - Fermé : samedi, dimanche

ROYE

70200 - Haute-Saône - Carte régionale n° **14**-B2

LE SAISONNIER

CUISINE MODERNE • MAISON DE CAMPAGNE Dans la traversée du village, cette ancienne ferme n'attire pas particulièrement l'attention, et pourtant. Désormais menée par un jeune chef au beau parcours, elle propose une réjouissante cuisine du marché ; on prend son repas dans une salle moderne, ou sur l'agréable terrasse à l'arrière... Sympathique.

- Menu 20 € (déjeuner), 34/78 € - Carte 44/74 €

56 rue de la Verrerie - 03 84 30 46 00 - www.restaurant-lesaisonnier.fr - Fermé : lundi, mardi

ST-GERMAIN-LÈS-ARLAY

39210 - Jura - Carte régionale n° **6**-B3

HOSTELLERIE ST-GERMAIN

CUISINE TRADITIONNELLE • ÉLÉGANT Face à l'église, ce sympathique relais de poste du 17e s. a été entièrement rénové avec élégance dans un style sobre et lumineux. Le chef travaille des produits du terroir – souvent bio – et concocte une cuisine gourmande, accompagnée de bons vins du Jura. Pour l'étape, des chambres confortables, plus calmes côté terrasse.

- Menu 32 € (déjeuner), 43/80 € - Carte 60/85 €

635 Grande-Rue - 03 84 44 60 91 - www.hostelleriesaintgermain.com - Fermé : lundi, mardi midi, dimanche soir

ST-HIPPOLYTE

⊠ 25190 – Doubs – Carte régionale n° **6**-C2

LE BELLEVUE

CUISINE TRADITIONNELLE • VINTAGE Truite blanche, pieds de porc... Une agréable cuisine traditionnelle concoctée à quatre mains par un père et son fils. On la déguste dans un cadre rustique et cossu, ou sur la terrasse ombragée aux beaux jours.

- Menu 29/44 € - Carte 35/60 €

28 Grande-Rue – 03 81 96 51 53 – www.le-bellevue-hotel.com – Fermé : lundi midi, dimanche soir

SAMPANS

⊠ 39100 – Jura – Carte régionale n° **6**-B2

CHÂTEAU DU MONT JOLY

Chef : Romuald Fassenet

CUISINE MODERNE • ÉLÉGANT Qu'elle est bien nommée, cette maison de maître du 18e s. qui domine la vallée de la Saône, avec sa façade rose et ses colonnes à l'italienne ! Avec son épouse, sommelière et fille de vignerons, Romuald Fassenet a transformé cette bâtisse classique en écrin design et épuré où quelques chambres permettent de faire une étape de charme à proximité de Dole. Sa cuisine, franche et gourmande, révèle une passion authentique pour le terroir jurassien (il fut d'ailleurs le second du chef Jean-Paul Jeunet), et repose sur une grande maîtrise technique. Il réalise de superbes sauces au vin jaune du Jura ; le suprême de volaille de Bresse au vin jaune en vessie aux morilles, et la tourte de canard "MOF", font partie de ses classiques.

- Menu 49 € (déjeuner), 78/115 € - Carte 95/115 €

6 rue du Mont-Joly – 03 84 82 43 43 – www.chateaumontjoly.com – Fermé : lundi, mardi, mercredi midi, jeudi midi

SAULES

⊠ 25580 – Doubs – Carte régionale n° **6**-C2

LA GRIOTTE

CUISINE TRADITIONNELLE • AUBERGE Un clocher et des champs alentour, une véranda plongeant sur un jardin verdoyant... cette ferme revêt de forts jolis atours ! Tradition, saveurs de saison et spécialités régionales : voilà bien une belle Griotte, tendre et goûteuse. Cerise sur le gâteau : l'accueil souriant et l'addition sans acidité.

- Menu 29/43 € - Carte 34/50 €

3 rue des Cerisiers – 03 81 57 17 71 – www.lagriotte.fr – Fermé : lundi, mardi, mercredi soir, dimanche soir

SEVENANS

⊠ 90400 – Territoire de Belfort – Carte régionale n° **6**-C1

LA TOUR PENCHÉE

CUISINE MODERNE • ÉLÉGANT Des produits frais de qualité, des préparations et dressages soignés : on sent dans cette maison la patte d'un cuisinier solide, qui a fréquenté plusieurs tables étoilées. Salade de tourteau des côtes bretonnes ou filet de turbot rôti aux herbes s'accompagnent d'une carte des vins bien fournie.

- Menu 59 € (déjeuner), 89 € - Carte 67/86 €

2 rue de Delle – 03 84 56 06 52 – www.latourpenchee.com – Fermé : lundi, mardi, dimanche soir

SUR-LE-MONT-DES-VERRIÈRES

✉ 25300 - Doubs - Carte régionale n° **6**-C2

LA TABLE DU TILLAU

CUISINE MODERNE • **MONTAGNARD** Quel grand calme ici ! Posée à quelques mètres de la frontière suisse, cette ferme franc-comtoise cossue, qui marie pierre de bourgogne et bois ancien, respire la sérénité. Le chef Sébastien Madina concocte une cuisine du marché moderne, composée de bons produits frais. Une dizaine de chambres élégantes décorées à la manière d'un chalet de montagne.

- Menu 47/67 €

03 81 69 46 72 - www.letillau.com - Fermé : lundi, mardi midi, mercredi midi, jeudi midi, vendredi midi, dimanche soir

VILLE-DU-PONT

✉ 25650 - Doubs - Carte régionale n° **6**-C2

L'ENTRE-ROCHES

CUISINE MODERNE • **ÉLÉGANT** Au cœur du Saugeais (cette amusante "République" autoproclamée à la frontière suisse), une maison que ses propriétaires soignent autant côté décor - contemporain et soigné - qu'en cuisine, où le chef s'autorise de beaux détours créatifs. Agréable terrasse sur l'arrière.

- Menu 28 € (déjeuner), 49/85 € - Carte 45/90 €

1 rue Principale - 03 81 38 10 92 - www.restaurant-entre-roches.fr - Fermé : lundi, mardi, mercredi, dimanche soir

VILLERS-LE-LAC

✉ 25130 - Doubs - Carte régionale n° **6**-C2

LE FRANCE

Chef : Hugues Droz

CUISINE MODERNE • **ÉLÉGANT** Entre Morteau et la Chaux-de-Fonds, à quelques encablures de la frontière franco-suisse, ce restaurant accueille les voyageurs au cœur des montagnes du Haut-Doubs. Le chef Hugues Droz y pratique l'hospitalité franc-comtoise héritée de son père, qui lui-même la tenait de ses parents. Adepte des saisons, il célèbre les épousailles du terroir et de l'invention. Il aime aussi les repas thématiques, à l'image de ce menu dédié à la morille : ce champignon accompagne le mangeur jusqu'au dessert, avec une banane morille et glace spéculoos. On y goûte aussi de savantes variations autour du homard, de la saucisse de Morteau, de la volaille de Bresse, de l'omble chevalier et du foie gras. Le proverbe allemand ne dit-il pas "heureux comme Dieu en France" ?

- Menu 26 € (déjeuner), 48/92 € - Carte 52/108 €

*8 place Maxime-Cupillard - 03 81 68 00 06 - www.hotel-restaurant-lefrance.com - Fermé : lundi, mardi midi, dimanche soir*ST-GERMAIN-LÈS-ARLAY

R. Mattes/hemis.fr

BRETAGNE

BRETAGNE

Carte régionale n° 7

La Bretagne, ce sont d'abord des paysages côtiers sortis tout droit d'un rêve : grandes marées escaladant les citadelles, éperons rocheux balisant les estuaires, ports scintillant dans le soleil couchant... Dans cette nature splendide, la gastronomie bat au rythme d'une myriade de produits marins (langoustines du Guilvinec, huîtres de la Trinité ou de Cancale, Saint-Jacques de Saint-Brieuc...) et terriens. On y redécouvre chaque jour l'intérêt du beurre : ce produit iconique et historique, si banal en apparence, est sans cesse réinventé par des producteurs passionnés. On pense par exemple à Linda Seyve et Jean-Marie Bourgès, de la ferme de Kerbastard, qui produisent de superbes beurres artisanaux avec leur propre cheptel de vaches de races bretonnes. À utiliser en cuisine ou à déguster tel quel, avec un bout de pain en début de repas – une certaine idée de la félicité...

Qui dit Bretagne dit aussi crêpes : elles ont toujours leurs temples dédiés (Breizh Café à Cancale, Grain Noir à St-Malo, L'Hermine à Morlaix). Enfin, pour la grande rasade de bonheur, on ira se régaler au Coquillage d'Hugo Roellinger, à Cancale : une partition limpide, entre terroir breton et épices maison, et un ravissement pour les yeux, qui vont se perdre dans le scintillement de la baie du Mont-St-Michel...

LA SELECTION DU GUIDE MICHELIN

LES TABLES ÉTOILÉES

Une cuisine d'exception. Vaut le détour !

Une cuisine d'une grande finesse. Vaut l'étape !

N Nouvelle distinction cette année !
Engagé pour une gastronomie durable

LES BIB GOURMAND

Nos meilleurs rapports qualité-prix

TUGDUAL DEBÉTHUNE, UNE LEÇON DE GASTRONOMIE ÉCOLOGIQUE

Holen, à Rennes

Local, naturel, bien élevé et plein de caractère, le produit idéal de Tugdual Debéthune lui ressemble. D'où le respect et la conscience environnementale profondément ancrée avec lesquels il cuisine, récompensés par une Étoile Verte.

La prise de conscience écologique

Elle est surtout liée à mon métier, à mes rencontres avec les grands chefs (Marc Haeberlin et Michel Bras, notamment) : j'ai pris conscience avec eux que le métier de cuisinier consiste à prendre soin du paysage, notamment un paysage de produits. Tout ça est lié à ma vie, à mes lectures, mais aussi à l'éducation de ma fille et à son métier d'anthropologue qui a passé plusieurs années au sein d'une tribu nomade au Tibet. Je me sens toujours

"Vert" de plaisir :

"J'ai ressenti une immense fierté à l'annonce de cette Étoile Verte. Toute ma vie, j'ai toujours été très proche de la nature, c'est une récompense qui encourage la restauration à aller dans le bon sens. J'étais aussi fier que pour l'étoile Michelin."

plus proche de l'environnement à mesure que la planète se trouve souillée par les humains. J'essaye de projeter tout ça sur le restaurant Holen.

L'arboretum

À l'intérieur de mon terrain (mon "arboretum", qui comporte de nombreux chênes, l'arbre breton emblématique, celui des druides), je ne fais pas pousser de légumes mais de nombreuses herbacées qu'on ne trouve pas forcément ailleurs sur les marchés. Elles vont apporter à ma cuisine des arômes différents : tanaisie, menthe balsamique, giroflée sauvage, lierre terrestre... J'aime le contact avec la terre. Et c'est un lieu où le vivant se plaît, comme l'attestent les crapauds, couleuvres et hérissons que j'y croise.

Les producteurs

J'utilise les légumes de Gildas Macon qui cultive en bio à Dol-de-Bretagne. Il met un point d'honneur à ne jamais faire transiter ses légumes par un frigo ! Je travaille également avec Annie Bertin, mais aussi avec Pierre-Jean et Éric Bocels à Parcé, à côté de Rennes. Agneau et veau viennent de Belle-Île ; mes volailles, canettes et canards sont issus de l'élevage de Paul Renault. Je ne travaille pas trop le bœuf. Quant à mes poissons, ils viennent exclusivement de la pêche de ligne chez Patrice (Finistère Marée) au marché de Sainte-Thérèse ; jamais je n'achèterai du poisson pêché au gros chalut ! En cuisine, ce parti-pris implique une gymnastique : je n'ai pas toujours ce que je souhaite. Je ne cuisine que des coquilles Saint-Jacques de plongée. Enfin, je ne me fais pas livrer : je vais chercher moi-même toute la matière dans des boîtes ou des caissons isothermes (pour le poisson) afin d'éviter les emballages inutiles et les déchets plastiques.

L'entreprise Holen

J'essaye – j'essaye ! – de faire en sorte que chacun dans le restaurant s'approprie l'entreprise Holen. Que mes collaborateurs se sentent concernés par l'entreprise, elle ne se réduit pas à ma seule personne. Je veux que ces derniers se sentent bien, et que les clients ressentent le travail de l'équipe.

Le hygge

Ma femme et moi sommes très attirés par l'Europe du nord, sa lumière. C'est aussi une littérature que j'apprécie beaucoup. Je me sens très proche de chefs scandinaves, comme René Redzepi (Noma) notamment, qui sont de véritables précurseurs. J'ai donc décidé d'intégrer le hygge, cette "philosophie" danoise du bien-être, à la fois dans mon travail et dans ma vie privée. Le hygge, c'est du bouddhisme à la nordique : un mélange de compassion et de bienveillance, éviter d'être dans le stress mais plutôt dans le partage.

■ Tugdual Debéthune

BAPTISTE DENIEUL : L'ABOUTISSEMENT DE PLUSIEURS ANNÉES D'ENGAGEMENT

Maison Tiegezh, à Guer.

Titulaire de l'Étoile Verte, la Maison Famille (tiegezh en breton) s'est vue récompensée pour des années d'efforts et d'engagement. Une implication "naturelle", que Baptiste Denieul souhaite voir devenir la norme chez les jeunes professionnels.

Il a fallu à Baptiste Denieul et son épouse Marion, lauréate 2021 de l'Award Accueil et Service, d'importants travaux d'embellissement de leur établissement en 2018 pour prendre le virage d'une gastronomie durable. *"Nous étions prêts depuis quelques temps mais en créant un potager, un local destiné au tri sélectif, en concentrant l'approvisionnement sur la base d'un seul menu, cela nous a donné un coup de fouet pour être en phase avec notre ressenti."* Le menu unique est une vraie prise de conscience pour ce trentenaire qui concentre alors ses créations autour des produits locaux, et souligne que s'approvisionner autour de Guer, en Brocéliande, c'est soutenir une économie locale : *"Notre clientèle le comprend. En venant chez nous, elle sait maintenant qu'elle participe au maintien d'un artisanat, d'une économie, d'une agriculture, d'emplois."*

Ainsi, le chef a fait une croix sur des produits qui ne sont pas de son territoire ou qui viennent de trop loin (certains fruits d'été comme l'abricot ou la pêche). *"Ce que nous faisons aujourd'hui n'est sans doute pas visible, c'est peut être une goutte d'eau dans un océan mais en poursuivant nos efforts, ce que nous faisons doit faire des émules et bientôt, nous serons plus nombreux à avoir cette vision. Ceux qui s'installeront auront à cœur de faire comme leurs aînés parce qu'ils n'auront pas d'autres choix."* D'ailleurs, le chef en prend conscience tous les jours en écoutant ses équipes qu'il estime très en avance sur leurs engagements écologiques : *"À leur âge, je n'avais pas cette vision d'une cuisine durable. Aujourd'hui, je suis ravi de constater que nous regardons dans la même direction..."*

■ Baptiste Denieul au potager

Vos travaux ont permis de donner naissance à un potager en 2018. Quelles variétés y poussent ?

Il fait environ 800 m² et me permet de répondre à 50% de mes besoins en légumes et herbes. Nous nous

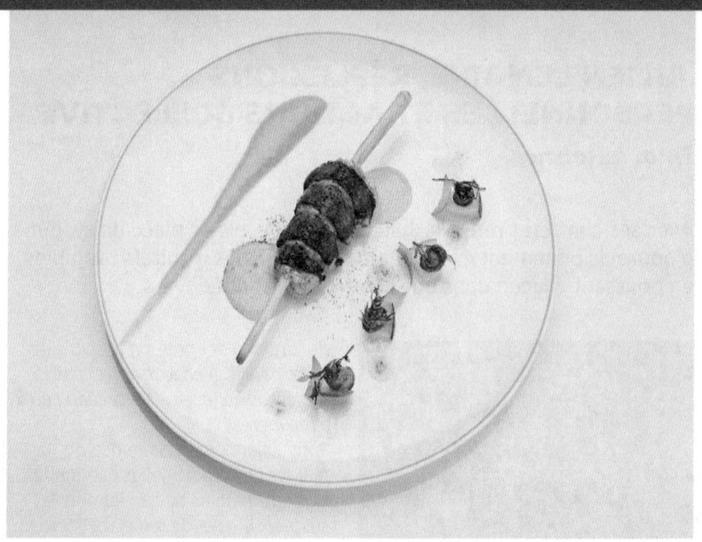

Homard fumé à la citronnelle et premières girolles

appuyons sur un couple de professionnels, Hélène et son époux, qui assurent les semis et nous faisons le reste avec l'équipe de cuisine. Une partie des variétés permet à Marion de composer des cocktails proposés à l'apéritif mais aussi des infusions pour la fin du repas. Cuisiner ses propres légumes change notre vision du produit car c'est le nôtre. On ne regarde plus une carotte de la même façon, selon qu'elle provient du jardin ou d'un maraîcher dont nous ne connaissons pas le nom.

Ce recentrage sur le local a-t-il amélioré votre contact avec les producteurs ?

Aujourd'hui, j'ai plus de temps à leur consacrer. Je fais beaucoup moins de distance avec ma camionnette mais les kilomètres parcourus me permettent d'approfondir la relation. Je cours moins, je suis plus dans l'écoute de leur métier, de leurs conseils. Je ressentais ce besoin d'être au plus près mais je ne me donnais pas les moyens de le faire. Aujourd'hui, le temps passé avec eux n'est jamais du temps perdu. C'est très instructif.

Se concentrer sur un menu unique, est-ce que c'est une source d'économies ?

Ce n'est pas forcément de cette façon que l'on réfléchit. Disons que sur le plan comptable, on réduit le nombre de factures mais je voulais avant tout me remettre en question, repenser ma cuisine. À titre d'exemple, aujourd'hui, j'achète un agneau entier quand avant, je n'achetais que les morceaux que je voulais proposer à la carte. En travaillant sur une bête entière, vous soulagez le producteur et en cuisine, vous devez réfléchir à la façon dont vous allez travailler tous les morceaux sans rien jeter. Et sur le plan écologique, c'est moins de plastique car avant, on recevait les morceaux commandés sous poche. Même chose avec les légumes du jardin qui arrivent dans des caisses en bois. Cette démarche est totalement vertueuse, même s'il y a forcément encore beaucoup de choses à améliorer.

JULIEN LEMARIÉ, RÉFLEXIONS PERSONNELLES ET ACTIONS COLLECTIVES

Ima, à Rennes.

Avec ses confrères rennais, Julien Lemarié a mis en place un système d'approvisionnement en commun qui donne des résultats tangibles, en poussant chacun dans une créativité raisonnée.

■ Julien Lemarié : le local, "maintenant".

Et si la solution pour générer moins de transports, moins de contenants et réduire son empreinte carbone était l'achat groupé ? Le chef Julien Lemarié est un fervent défenseur de cette idée, depuis l'ouverture de son restaurant Ima ("maintenant" en japonais) en 2017 . Tout a commencé avec les agrumes de chez Bachès dans les Pyrénées-Orientales. Chacun dans son coin passait commande via un grossiste. Ils ont pris contact avec le producteur en direct pour mutualiser les frais de transport. Parmi ces chefs, Sylvain Guillemot de l'Auberge du Pont d'Acigné à Noyal-sur-Vilaine ou Virginie Giboire du restaurant Racines à Rennes. *"Récemment, nous avons acheté une vache de race Pie Noir chez Nicolas Supiot. L'abattage et la découpe sont assurés par un abattoir de la région et après, on tire au sort notre panier. À chacun en cuisine de se débrouiller avec les morceaux qu'il a récupérés."*

Pour Julien, c'est l'assurance de réaliser de substantielles économies, de mettre moins de camionnettes sur les routes et de remettre l'humain au centre de la cuisine : *"On parle davantage avec les producteurs et entre chefs, c'est l'occasion de se voir et de se partager les dernières bonnes adresses d'artisans ou de producteurs."* Et des bonnes adresses, Julien en a pléthore autour de Rennes : *"Je ne m'interdis pas de travailler des agrumes ou des ananas quand c'est la saison mais pour le reste, les produits sont issus d'un périmètre d'à peine 100km autour de mon restaurant."* Il reconnaît avoir beaucoup de chance avec le marché de la place des Lices, à Rennes, considéré comme l'un des plus beaux de France. *"Il y a tout sur ce marché. Tous les producteurs régionaux sont là. On achète, on prend sur place et on revient au restaurant à pied."* Une empreinte carbone bien maîtrisée...

Avez-vous toujours été sensible à l'écologie et à une cuisine responsable ?

Je vous mentirais si je vous disais oui. J'ai toujours été réceptif aux gestes que chacun de nous fait, le tri des journaux, des cartons, du verre, mais mon passé de cuisinier dans différents palaces ne parle pas pour moi. En Angleterre, au Japon ou à Singapour, je dois avouer que j'étais quelque peu déconnecté de la saisonnalité. En rentrant en France, j'ai vraiment pris conscience de l'urgence à agir. La façon dont je source, dont je cuisine, dont je recycle s'est imposée à moi assez rapidement.

Quels sont les postes à privilégier pour aller vers une gastronomie durable ?

Privilégier les approvisionnements locaux, respecter les saisons, trier ses déchets sont des actions qui se mettent en place, qui sont visibles et dont l'impact est mesurable. Mais il y a des postes que l'on ne voit pas comme la gestion de l'eau et de l'électricité. Il faut constamment avec les équipes faire des piqûres de rappel sur la consommation. Tout le monde a le sentiment que c'est "offert", or par des petits gestes du quotidien, on peut apprendre à mieux gérer sa consommation. Il existe, notamment pour l'électricité, des solutions dans des établissements comme le nôtre avec des détecteurs de présence. Ça évite à chacun de laisser les lumières allumées et donc de réduire sa facture.

On vous sait impliqué dans l'association R'Durable, suivez-vous d'autres mouvements ?

Sur ce sujet de la gastronomie durable, on fait avec nos connaissances et une certaine logique mais il reste beaucoup à faire ou à découvrir. Je lis, je regarde ce que proposent des labels comme Ecotable ou Green Food, qui ont des solutions que nous n'avions pas envisagé parce que nous avons la tête dans le guidon. Je sais qu'ils sont très compétents sur les réduction des dépenses d'énergies ou sur les produits d'entretien même si on travaille déjà avec un détergent et désinfectant 100% naturel par hydrolyse. Ce sont des innovations capitales pour la santé de nos collaborateurs et ces labels sont importants pour nous ouvrir les yeux ou éveiller les consciences.

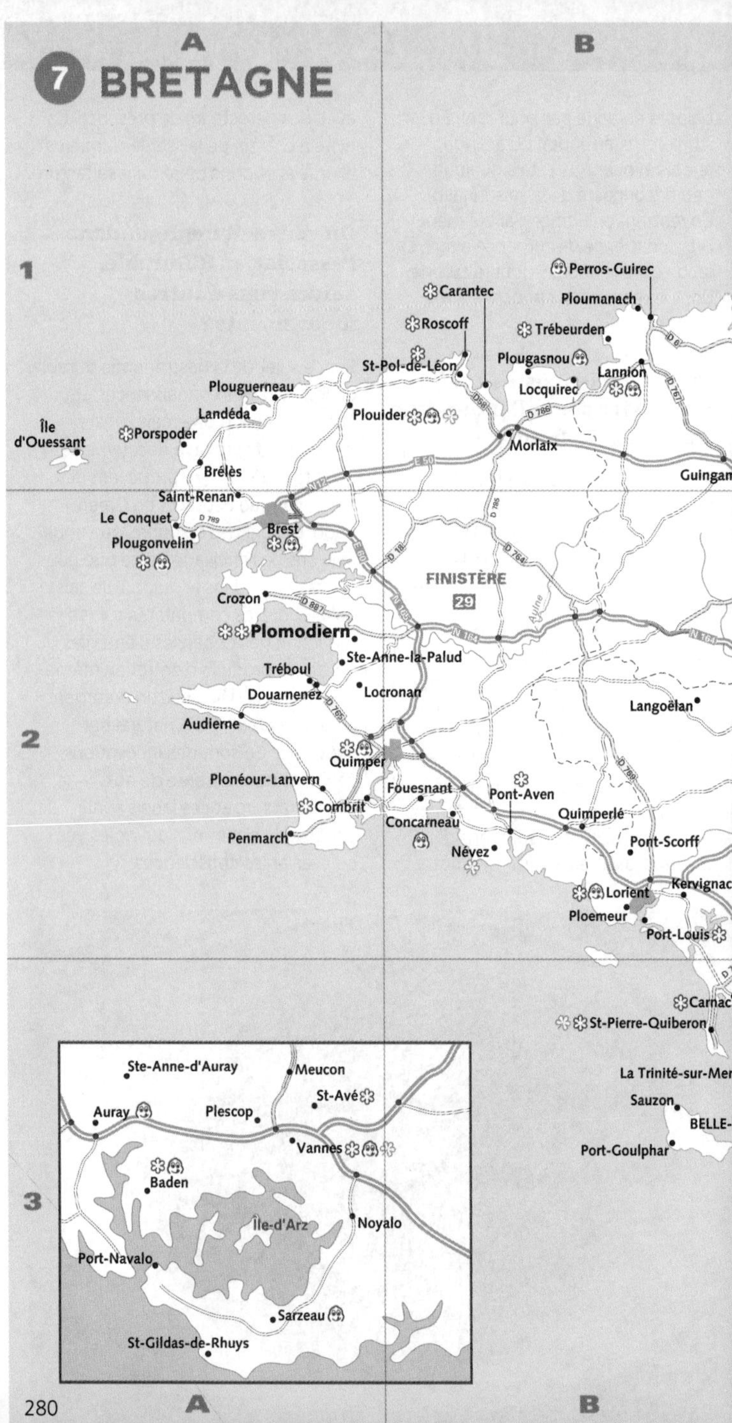
7 BRETAGNE
A
B
1
2
3
Perros-Guirec
Carantec
Ploumanach
Roscoff
Trébeurden
St-Pol-de-Léon
Plougasnou
Lannion
Locquirec
Plouguerneau
Plouider
Landéda
Île d'Ouessant
Porspoder
Morlaix
Brélès
Guingamp
Saint-Renan
Le Conquet
Brest
Plougonvelin
FINISTÈRE
29
Crozon
Plomodiern
Ste-Anne-la-Palud
Tréboul
Douarnenez
Locronan
Langoëlan
Audierne
Quimper
Plonéour-Lanvern
Fouesnant
Pont-Aven
Combrit
Concarneau
Quimperlé
Penmarch
Pont-Scorff
Névez
Kervignac
Lorient
Ploemeur
Port-Louis
Carnac
St-Pierre-Quiberon
La Trinité-sur-Mer
Sauzon
BELLE-Î
Port-Goulphar
Ste-Anne-d'Auray
Meucon
St-Avé
Auray
Plescop
Vannes
Baden
Île-d'Arz
Noyalo
Port-Navalo
Sarzeau
St-Gildas-de-Rhuys
E 50
N 12
D 789
E 60
D 18
D 785
D 764
D 887
N 165
N 164
D 765
D 769
D 786
D 58
D 6
D 767
Aulne

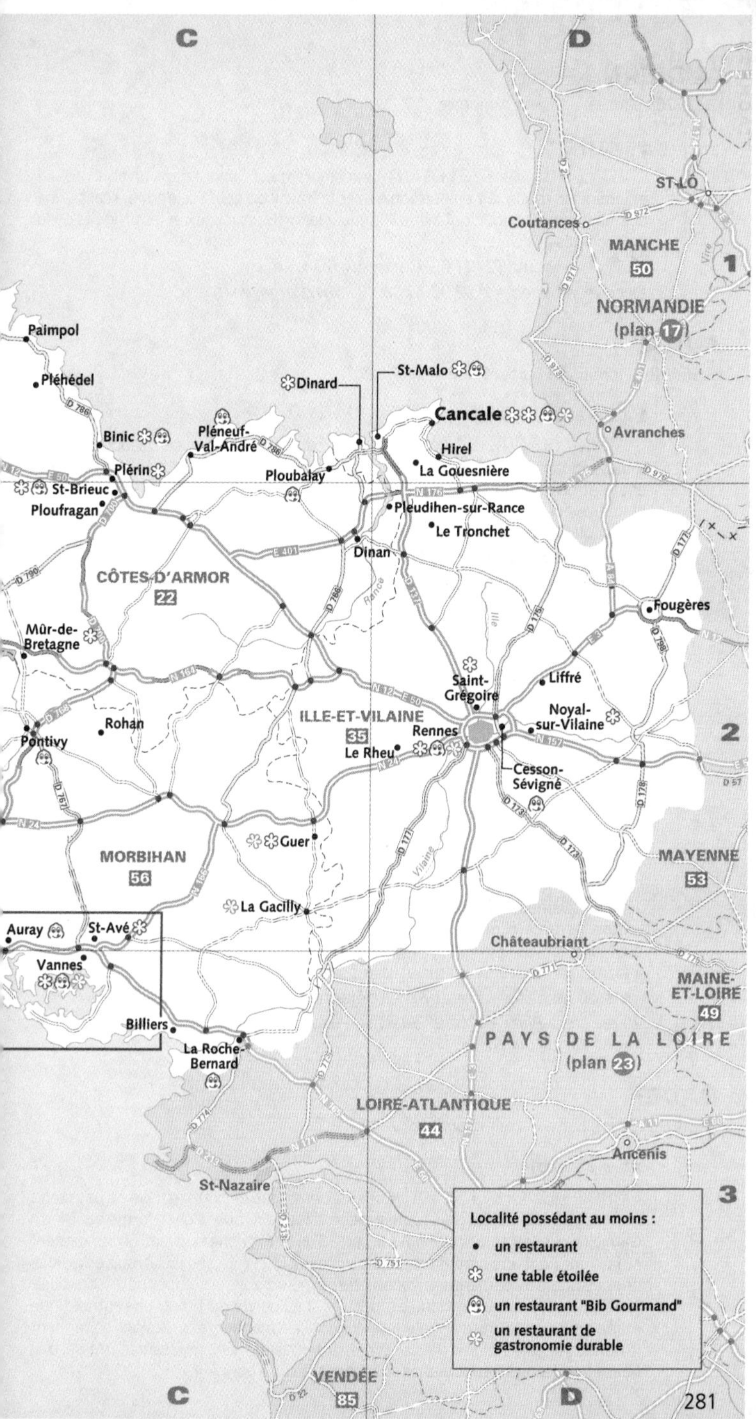

C
D
ST-LÔ
Coutances
MANCHE
50
1
NORMANDIE
(plan 17)
Paimpol
Pléhédel
Dinard
St-Malo
Cancale
Avranches
Binic
Pléneuf-Val-André
Hirel
La Gouesnière
Plérin
Ploubalay
St-Brieuc
Ploufragan
Pleudihen-sur-Rance
Le Tronchet
Dinan
CÔTES-D'ARMOR
22
Fougères
Mûr-de-Bretagne
Liffré
Saint-Grégoire
Noyal-sur-Vilaine
Rohan
ILLE-ET-VILAINE
35
Rennes
2
Pontivy
Le Rheu
Cesson-Sévigné
Guer
MORBIHAN
56
MAYENNE
53
La Gacilly
Auray
St-Avé
Châteaubriant
Vannes
MAINE-ET-LOIRE
49
Billiers
PAYS DE LA LOIRE
(plan 23)
La Roche-Bernard
LOIRE-ATLANTIQUE
44
Ancenis
St-Nazaire
3
Localité possédant au moins :
un restaurant
une table étoilée
un restaurant "Bib Gourmand"
un restaurant de gastronomie durable
VENDÉE
85

AUDIERNE

✉ 29770 – Finistère – Carte régionale n° **7**-A2

LE GOYEN

CUISINE MODERNE • **ÉLÉGANT** Le restaurant est décoré dans un style actuel et lumineux, tout à fait en harmonie avec le travail du chef : ce dernier réalise une cuisine au goût du jour, qui met à l'honneur les artisans locaux et les produits de la mer achetés à la criée.

– Menu 32/81 € - Carte 45/60 €

Place Jean-Simon – ✆ 02 98 70 08 88 – www.le-goyen.fr

AURAY

✉ 56400 – Morbihan – Carte régionale n° **7**-A3

LA CHEBAUDIÈRE

CUISINE MODERNE • **COSY** Un écrin cosy - parquet brut, murs vert céladon ou blanc, tables modernes au style néo-indus, chaises design - pour déployer les talents du chef-patron qui jongle avec des ingrédients de fraîcheur irréprochable, des cuissons et des saveurs précises ! Mention spéciale pour les desserts (le chef a travaillé chez le chocolatier lyonnais Bernachon).

– Menu 33/59 €

6 rue Abbé-Joseph-Martin – ✆ 02 97 24 09 84 – www.restaurant-la-chebaudiere.com – Fermé : lundi, dimanche

LE P'TIT GOUSTAN

CUISINE MODERNE • **COSY** Aux fourneaux de ce P'tit Goustan, le chef aime cuisiner local, depuis les poissons de la pêche jusqu'aux viandes. Le meilleur de la Bretagne lui inspire des recettes originales et maîtrisées, à déguster dans l'une des deux salles contemporaines et cosy. Une adresse charmante, avec terrasse et vue sur le petit port.

– Menu 25 € (déjeuner), 35/72 € - Carte 60/63 €

9 place Saint-Sauveur – ✆ 02 97 56 37 30 – www.restaurantleptitgoustan.com – Fermé : lundi, mercredi soir, dimanche soir

TERRE-MER AU DOMAINE DE KERDRAIN

CUISINE MODERNE • **CHIC** Nouvelle maison et nouveau décor pour Anthony Jehanno. Demeurent le nom, l'alliance des terroirs et la lisibilité culinaire des racines bretonnes de ce jeune chef voyageur. Légumes anciens des maraîchers, coquillages des mareyeurs de la Trinité-sur-Mer, poissons des petits bateaux de pêche... À chaque instant, la terre épouse la mer, et ils ne sont pas prêts de divorcer.

– Menu 37 € (déjeuner), 60/95 € - Carte 70/85 €

20 rue Louis-Billet – ✆ 02 97 56 63 60 – www.restaurant-terre-mer.fr – Fermé : lundi, dimanche

BADEN

✉ 56870 – Morbihan – Carte régionale n° **7**-A3

LE GAVRINIS

CUISINE MODERNE • **TRADITIONNEL** L'enseigne de cette maison de pays rend hommage à l'île de Gavrinis toute proche. Il faut dire que le chef, formé par Pierre Gagnaire, cultive l'âme bretonne et la fierté d'un terroir riche et vivant. En témoignent ce florilège de champignons produits localement (pleurote, shitaké...) rôtis, en raviole, en consommé ou ce merlu vapeur au beurre, mémorable, accompagné de son excellente sauce crème au vin blanc, aux algues et au poivre de Timut. Une authentique étape gourmande, mise en valeur par une salle à manger "éco-design" où règnent le bois flotté et les teintes douces (écru, gris et beige). Une ravissante terrasse, très fleurie en été, met des points de suspension à votre bonheur.

- Menu 25 € (déjeuner), 35/57 € - Carte 41/60 €
1 rue de l'Île-Gavrinis - 02 97 57 00 82 - www.gavrinis.fr - Fermé : lundi, mardi

LA CHAUMIÈRE DE POMPER

CUISINE BRETONNE • **CONTEMPORAIN** Réputée dans la région, cette crêperie propose des galettes avec une farine de blé noir bio mélangée avec 10% de farine de froment, ainsi qu'une finesse de pâte et une cuisson les rendant davantage croustillantes que la moyenne... en breton, cela se nomme kraz ! Un conseil : optez pour les classiques, ce sont les meilleures... Belle carte de cidres.

- Carte 16/29 €
14 lieu-dit Kerhervé - 02 97 58 59 66 - www.lachaumieredepomper.fr - Fermé : lundi, dimanche

BELLE-ÎLE

56190 - Morbihan - Carte régionale n° **7**-C3

Port-Goulphar

LE 180°

CUISINE CRÉATIVE • **ÉLÉGANT** À la barre de ce bateau, avec vue imprenable sur l'anse de Goulphar, le chef concocte des recettes créatives, avec les meilleurs produits de l'île, comme ce beau menu homard. Une traversée vivifiante, pleine d'embruns, de talent et de fraîcheur.

- Menu 95 € - Carte 77/87 €
02 97 31 84 21 - www.castel-clara.com - Fermé le midi

Sauzon

CAFÉ DE LA CALE

POISSONS ET FRUITS DE MER • **BISTRO** Face au port, ce bistrot marin, précédé d'une terrasse, propose de déguster poissons frétillants et coquillages, issus pour partie de la pêche locale. Une seule viande à la carte, en général de l'agneau de Belle-Île-en-Mer. Une adresse conviviale et chaleureuse, où domine l'âme bretonne.

- Menu 26 € (déjeuner) - Carte 34/60 €
Quai Guerveur - 02 97 31 65 74 - cafedelacale-sauzon.jimdofree.com

HÔTEL DU PHARE N

POISSONS ET FRUITS DE MER • **DESIGN** Symbole de Belle-Île-en-Mer, l'Hôtel du Phare (1880) et sa table ont été revus et embellis par un célèbre architecte. Le décor original joue avec les couleurs vives et le noir et blanc du drapeau breton. Le chef a composé une carte d'esprit brasserie marine : soupe de poisson, couteaux à la plancha, plateaux de fruits de mer. Très belle terrasse surplombant le port.

- Carte 35/65 €
Quai Guerveur - 02 97 31 60 36 - www.hotelduphare-belle-ile.fr

BILLIERS

56190 - Morbihan - Carte régionale n° **7**-C3

DOMAINE DE ROCHEVILAINE

CUISINE MODERNE • **ÉLÉGANT** Envie de saveurs iodées, de fruits de mer savoureux, de poisson encore nimbé de l'écume de la marée ? Cette table est tout indiquée, qui fait un sacerdoce de respecter le produit, au-dessus de tout. Et n'oublions pas la cave extraordinaire, aux 650 références et 25 000 bouteilles...Vue sur les flots.

- Menu 47 € (déjeuner), 84/120 € - Carte 85/130 €
à la Pointe de Pen-Lan - 02 97 41 61 61 - www.domainerochevilaine.com

BINIC

✉ 22520 - Côtes-d'Armor - Carte régionale n° **7**-C1

LA TABLE D'ASTEN

Chef : Samuel Selosse

CUISINE MODERNE • **CONTEMPORAIN** Il s'en passe de bien bonnes choses au premier étage de cette maison qui domine le port ! Après un parcours remarquable (le Coquillage à Cancale, la Pyramide - Patrick Henriroux à Vienne ou encore le K2 à Courchevel), le chef Samuel Selosse a lâché la bride à son inspiration. Enracinée dans l'air du temps, l'assiette, toujours superbement présentée, ne travaille que le meilleur (aussi bien les poissons que les légumes) et accouche de délices comme ce velouté de Saint-Jacques, ce merlan de petit bateau, et même cette simple ganache au chocolat noir. En salle, son épouse sommelière fait preuve de la même ambition.

- Menu 55/78 € - Carte 78/90 €

8 boulevard Clemenceau - ✆ 02 56 44 28 42 - asten.restaurant - Fermé : lundi, mardi midi, mercredi midi, jeudi midi, vendredi midi, dimanche soir

BRASSERIE D'ASTEN

CUISINE ACTUELLE • **CONTEMPORAIN** Sur le port de Binic, cette brasserie contemporaine regarde le large à travers ses grandes baies vitrées. Samuel Selosse, le chef au brillant parcours, se fait plaisir en signant une cuisine bistronomique alléchante, autour de menus d'un très bon rapport qualité-prix.

- Menu 27/37 €

8 boulevard Clemenceau - ✆ 02 56 44 28 42 - asten.restaurant - Fermé : lundi, mercredi midi, dimanche soir

BRÉLÈS

✉ 29810 - Finistère - Carte régionale n° **7**-A1

AUBERGE DE BEL AIR

CUISINE TRADITIONNELLE • **AUBERGE** Une charmante ferme en granit, posée au bord de l'aber Ildut, avec un grand jardin et un étang. Dans l'assiette, une cuisine de la mer typique de la Bretagne, à l'image de ce filet de lieu jaune à la crème de homard. Quant au cadre, rustique, il prête à la tranquillité...

P - Menu 30/45 €

1 Moulin-de-Bel-Air - ✆ 02 98 04 36 01 - www.restaubergedebelair.com - Fermé : lundi, mardi, dimanche soir

BREST

✉ 29200 - Finistère - Carte régionale n° **7**-A2

L'EMBRUN

Chef : Guillaume Pape

CUISINE MODERNE • **CONTEMPORAIN** Les embruns médiatiques passés, retour aux racines ! Guillaume Pape (Top Chef), s'est installé sur ses terres natales après avoir travaillé notamment chez le chef Olivier Bellin (Auberge des Glazicks). Il s'est installé dans un lieu moderne, avec cuisine ouverte, pour proposer une cuisine de saison et de terroir, bien réalisée, soucieuse de la qualité de ses produits, à l'instar de son bar, brunoise de betteraves, ravioles de chèvre frais, jus de betterave au lait ribot ou encore le dessert emblématique du chef, la douceur de lait (mousse de riz au lait, confiture de lait, crème glacée à la vanille et opaline au lait). Son sens du visuel (renforcé par son passage à la télé ?) fait le reste...

♿ - Menu 30 € (déjeuner), 45/85 € - Carte 76/87 €

Plan : A1-1 - *48 rue de Lyon - ✆ 02 98 43 08 52 - www.lembrunrestaurant.fr - Fermé : lundi, dimanche*

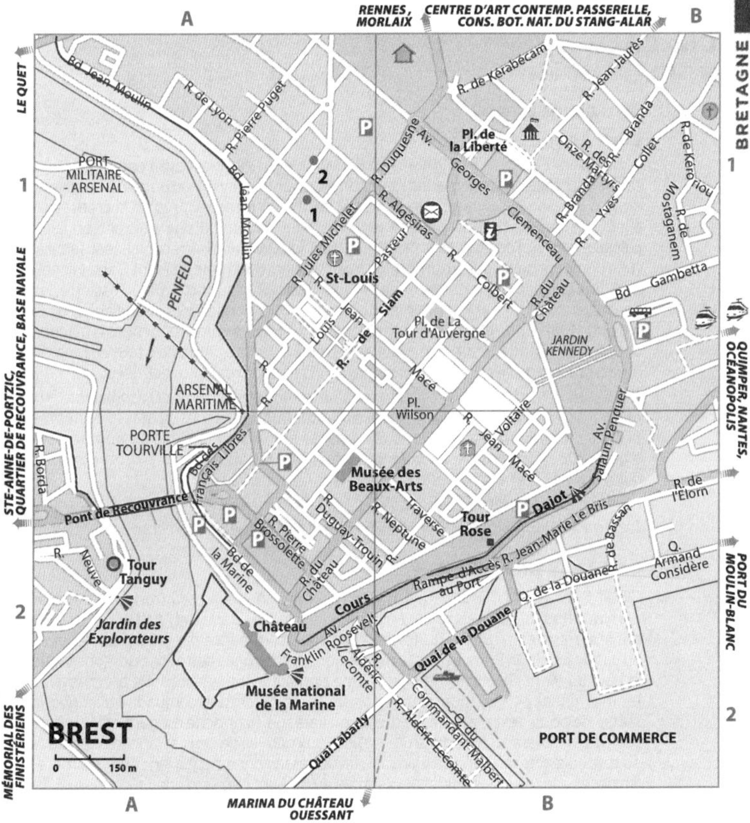

PECK & CO

CUISINE DU MARCHÉ • **CONTEMPORAIN** Le chef et sa compagne ont transformé leur ancienne table étoilée en un lieu plus convivial et davantage dans l'air du temps, avec décor contemporain et cuisine ouverte. Romain, le chef, n'a rien perdu de son talent. Il compose un menu au gré du marché avec de savoureuses recettes bien parfumées et soignées, comme cette joue de bœuf confite et polenta.

Menu 30 € (déjeuner)

Plan : A1-2 – *23 rue Fautras – ✆ 02 98 43 30 13 – peckandco.fr – Fermé : lundi, dimanche et le soir*

LE M

CUISINE MODERNE • **CONTEMPORAIN** Conception des plats et associations de saveurs sont originales dans cette maison bourgeoise typiquement bretonne, au décor actuel. On y déguste une cuisine d'aujourd'hui, qui met à contribution les producteurs locaux (poisson, volaille, légumes...). L'été, on met le cap sur l'agréable terrasse.

- Menu 52 € (déjeuner), 65/120 €

Hors plan – *22 rue du Commandant-Drogou – ✆ 02 98 47 90 00 – www.le-m.fr – Fermé : lundi, dimanche*

CANCALE

⊠ 35350 - Ille-et-Vilaine - Carte régionale n° **7**-D1

LE COQUILLAGE

Chef : Hugo Roellinger

POISSONS ET FRUITS DE MER • ÉLÉGANT Hugo Roellinger avait commencé une carrière d'officier dans la marine marchande... avant de revenir au pays et à la cuisine, dont la passion le poursuit depuis l'enfance. Il s'est formé auprès de la crème des chefs, et a peaufiné son art patiemment, affirmant aujourd'hui une vraie personnalité culinaire comme l'attestent ses recettes. Il tient aujourd'hui la barre du vaisseau familial (une demeure bourgeoise qui domine magnifiquement la baie du Mont Saint-Michel) avec une conviction épatante, et une humilité chevillée au corps. Dans l'assiette, les herbes aromatiques et les légumes de la maison, les poissons (et coquillages) de la baie du Mont-Saint-Michel rencontrent de nombreuses épices ramenées d'ailleurs, dans la plus grande tradition malouine. L'émotion monte crescendo tout au long du repas, grâce à des jeux de saveurs envoûtants et une créativité maîtrisée...

L'engagement du chef : *Notre cuisine est une ode durable et responsable aux ressources marines : nous ne préparons que des poissons et des crustacés de petites pêches dont les stocks ne sont pas menacés et nous employons de nombreuses algues que nous ramassons nous-mêmes. Nous fabriquons notre propre pain et cultivons nos herbes aromatiques.*

- Menu 95/165 €

Lieu-dit Le Buot, - 02 99 89 64 76 - www.roellinger-bricourt.com

LA TABLE BREIZH CAFÉ

CUISINE MODERNE • ÉPURÉ Au premier étage d'une crêperie, un restaurant gastronomique franco-japonais : bienvenue dans l'univers de Bertrand Larcher ! Passionné par le sarrasin et la culture bretonne, l'homme a commencé par créer des crêperies au Japon... puis en France avec le même bonheur. Ici, dans cette salle qui contemple la baie du Mont-St-Michel, le chef Fumio Kudaka marie les produits bretons avec les techniques et les condiments japonais. Le homard est accompagné d'algues, la cuisse de poulet est marinée et frite façon karaage, la brioche est garnie à la crème de yuzu-miso et accompagnée d'une glace aux pétales de cerisier japonais. Produits au top, cuissons millimétrées, précisions des assaisonnements, légèreté des mets : les noces sont réussies. Menu plus simple au déjeuner en semaine.

- Menu 55 € (déjeuner), 95 €

7 quai Thomas - 02 99 89 56 46 - www.breizhcafe.com - Fermé : mardi, mercredi

CÔTÉ MER

CUISINE TRADITIONNELLE • CHIC Un charmant petit port, des maisons de pêcheurs, l'air iodé du large... À Cancale, impossible de ne pas regarder Côté Mer ! Dans ce restaurant, face à la baie, les poissons, coquillages et crustacés ont le vent en poupe à travers une cuisine goûteuse et soignée. Un bon rapport qualité-prix.

- Menu 34/78 € - Carte 60/80 €

4 rue Ernest-Lamort - 02 99 89 66 08 - www.restaurant-cotemer.fr - Fermé : lundi, mardi, dimanche soir

L'ORMEAU

POISSONS ET FRUITS DE MER • TRADITIONNEL Ce restaurant au cadre élégant (une salle récemment rénovée, avec vue sur la flottille de pêche) comblera les amateurs de poisson et de fruits de mer. En effet, comment refuser un plateau d'huîtres de Cancale, un filet de saint-pierre ou... des ormeaux ?

- Menu 32/65 € - Carte 45/88 €

4 quai Thomas - 02 99 89 60 16 - www.hotel-cancale.com - Fermé : mardi, mercredi

LE BOUT DU QUAI

POISSONS ET FRUITS DE MER • CONTEMPORAIN Au bout du quai (en effet !), la belle façade vitrée de ce restaurant ouvre sur le large et ses embruns... Tandis que la chef, en bonne professionnelle, élabore une cuisine de la mer appliquée et gourmande.

- Menu 32/42 € - Carte 40/60 €

Route de la Corniche - ✆ 02 23 15 13 62 - www.leboutduquai.fr - Fermé : lundi, dimanche soir

BREIZH CAFÉ

CUISINE BRETONNE • CONVIVIAL Sur le port de Cancale, ce Breizh Café n'a qu'une devise : "La crêpe autrement." Et pour cause : il est né... au Japon ! Son patron, Bertrand Larcher, a le premier exporté la galette bretonne à Tokyo, et après plusieurs enseignes nippones, a récidivé au sein de la mère patrie. La qualité est au rendez-vous.

- Carte 25/42 €

7 quai Thomas - ✆ 02 99 89 61 76 - www.breizhcafe.com

CARANTEC

✉ 29660 - Finistère - Carte régionale n° **7**-B1

NICOLAS CARRO - HÔTEL DE CARANTEC

Chef : Nicolas Carro

CUISINE MODERNE • CONTEMPORAIN Après une expérience réussie à La Table d'Olivier Nasti, à Kaysersberg, Nicolas Carro s'est installé dans sa région natale – il est originaire de Loudéac. Le voilà aux fourneaux de cette maison iconique du Finistère, rendue fameuse par le chef Patrick Jeffroy, et qui offre une vue magnifique sur la baie de Morlaix. Comme son prédécesseur, il célèbre les produits locaux, marins (crustacés et poissons de petite pêche) ou terrestres (légumes et viandes comme la pintade et l'agneau des Monts d'Arrée). Finesse et délicatesse, jeux de textures agréables, cuissons et assaisonnements rigoureux... Sa cuisine emporte la mise sans difficulté. À Carantec, l'histoire continue ! Chambres agréables pour l'étape.

- Menu 33 € (déjeuner), 67/109 € - Carte 95/120 €

20 rue du Kelenn - ✆ 02 98 67 00 47 - www.hotel-carantec.fr - Fermé : lundi, mardi

CARNAC

✉ 56340 - Morbihan - Carte régionale n° **7**-B3

CÔTÉ CUISINE

Chefs : Laetitia et Stéphane Cosnier

CUISINE MODERNE • CONTEMPORAIN Entre bourg et plage, cet hôtel restaurant est emmené avec un panache gastronomique certain par des professionnels passionnés. Côté déco, la grande salle contemporaine joue l'épure avec son sol en béton ciré, ses cuisines à moitié ouvertes et ses étagères remplies de livres de cuisine. Formés notamment au Bristol et chez Taillevent, nos deux complices réalisent une partition subtile et savoureuse, qui met en valeur des produits régionaux impeccables de la plus belle des manières - à un tarif très attractif. On s'en régale au coin de la cheminée, en hiver, ou sur l'agréable terrasse aux beaux jours.

- Menu 28 € (déjeuner), 35/70 €

36 avenue Zacharie-Le-Rouzic - ✆ 02 97 57 50 35 - www.lannroz.fr - Fermé : mardi, mercredi

LE CAIRN - HÔTEL LE CELTIQUE N

CUISINE ACTUELLE • ÉLÉGANT Au cœur de Carnac-Plage et à quelques encablures du sable fin et de la mer trône l'Hôtel Le Celtique magnifié par une rénovation très réussie dans un esprit Art déco. La carte marie avec bonheur tendances actuelles, inspirations régionales et bases traditionnelles. Un exemple ? Les calamars, poitrine de cochon, sarrasin et petits légumes. Pour le dessert, mention spéciale pour l'arlette de kouign amann, crème vanille et caramel au beurre salé, qui est carrément addictive.

♿ AC 🌳 ⚙ - Menu 39/79 € - Carte 49/89 €

82 avenue des Druides - ✆ 02 97 52 14 15 - www.hotel-celtique.com - Fermé : lundi, dimanche et le midi

LA CALYPSO

POISSONS ET FRUITS DE MER • CONVIVIAL Les habitués ne s'y trompent pas : dans ce charmant bistrot marin, poissons, coquillages et crustacés sont d'une grande fraîcheur. Dans l'une des salles, dont le décor est à l'unisson, on fait même griller les mets dans la cheminée. Face au parc à huîtres, une adresse authentique à souhait !

Carte 85/200 €

158 rue du Pô - ✆ 02 97 52 06 14 - www.calypso-carnac.com - Fermé : lundi, dimanche soir

CESSON-SÉVIGNÉ

✉ 35510 - Ille-et-Vilaine - Carte régionale n° **7**-D2

ZEST

CUISINE MODERNE • CONVIVIAL La terrasse arborée, au bord de la Vilaine, est souvent prise d'assaut... et pour cause, on s'y sent bien ! Mais le succès de ce Zest tient surtout au travail d'un chef appliqué, qui régale les papilles à grands coups de recettes pétillantes et savoureuses. Service souriant et prévenant.

🌳 - Menu 22 € (déjeuner), 34/54 €

32 cours de la Vilaine - ✆ 02 99 83 82 06 - www.restaurant-zest.fr - Fermé : lundi, mardi soir, mercredi soir, jeudi soir, dimanche

COMBRIT

✉ 29120 - Finistère - Carte régionale n° **7**-A2

LES TROIS ROCHERS

CUISINE MODERNE • ÉLÉGANT Dans l'estuaire de l'Odet, face au port de Bénodet, on a les flots d'un côté et un parc de pins et de chênes de l'autre... Vous avouerez qu'il y a pire ! Le chef, diplômé à Quimper, a roulé sa bosse en Bretagne et en Suisse, et c'est avant tout les artisans et producteurs bretons (bio, pour la plupart) qu'il met en avant dans sa cuisine. Il marie les trésors de la région avec des épices venues d'ailleurs et des herbes fraîches, dans l'objectif d'en sublimer le goût. À titre d'exemple, ses ravioles de langoustines et bouillon de crustacés sont un vrai délice...

⋞ 🚗 ♿ 🌳 ⇕ - Menu 55/115 €

16 rue du Phare, à Ste-Marine - ✆ 02 98 51 94 94 - www.trimen.fr - Fermé : lundi, mardi midi, mercredi midi, jeudi midi, vendredi midi, dimanche

BISTROT DU BAC (N)

POISSONS ET FRUITS DE MER • BISTRO Une maison bretonne, petite sœur de la Villa Tri Men et de sa table étoilée située juste au-dessus, posée sur les quais du petit port de Ste-Marine, face à Bénodet - auquel il est relié par un bac en saison. La terrasse avec sa vue pittoresque sur l'estuaire de l'Odet, la salle en bleu et blanc (comme les chambres) et surtout une cuisine iodée qui honore la mer avec fraîcheur et simplicité (mention spéciale pour le cabillaud) : l'escale est fort sympathique !

⋞ 🌳 - Menu 32 € - Carte 41/70 €

19 rue du Bac, à Ste-Marine - ✆ 02 98 56 34 79 - www.hoteldubac.fr

CONCARNEAU

✉ 29900 - Finistère - Carte régionale n° **7**-B2

LE FLAVEUR

CUISINE MODERNE • CONTEMPORAIN Ce restaurant se niche dans une petite rue en retrait du port de plaisance et de la ville close. En cuisine, un couple complice réalise à quatre mains de véritables bouquets de fraîcheur. Ils se régalent, ils nous

régalent...en jouant avec les produits du terroir : sarrasin, pêche quotidienne issue de petits bateaux, cochon breton, volailles de la Bruyère Blanche, œufs fermiers - et mention spéciale pour l'excellent pain maison.

♿ - Menu 24 € (déjeuner), 33/78 € - Carte 48/60 €

4 rue Duquesne - ✆ 02 98 60 43 47 - Fermé : lundi, dimanche soir

LE CONQUET

✉ 29217 - Finistère - Carte régionale n° **7**-A2

LA CORNICHE - SAINTE-BARBE

CUISINE MODERNE • CONTEMPORAIN Choisissez votre vue : côté mer, côté port du Conquet... ou encore côté salle dans un décor de bistrot contemporain. Cuisine bien tournée, mariant produits d'ici, esprit bistronomie et touches contemporaines - citons deux spécialités : le saint-pierre en croûte de sarrasin et noisette ; un dessert, le Paris - Le Conquet (choux, praliné noisette, crème caramel au beurre salé).

< ♿ AC P - Menu 26 € (déjeuner), 36/52 € - Carte 53/100 €

Pointe Sainte-Barbe - ✆ 02 98 48 46 13 - www.hotelsaintebarbe.com

CROZON

✉ 29160 - Finistère - Carte régionale n° **7**-A2

HOSTELLERIE DE LA MER

CUISINE MODERNE • TENDANCE Le chef propose une cuisine bien en phase avec l'époque, mariant à merveille le poisson de la pêche locale et le terroir breton, à l'image de cette royale de fenouil du Léon aux langoustines... Les cuissons sont précises et magnifient des produits bien choisis !

< ♿ - Menu 30/80 € - Carte 35/80 €

11 quai du Fret - ✆ 02 98 27 61 90 - www.hostelleriedelamer.com - Fermé : lundi, samedi midi, dimanche soir

LE MUTIN GOURMAND

CUISINE MODERNE • AUBERGE Pas de mutinerie en vue parmi la clientèle de ce restaurant, qui occupe les locaux de l'ancienne poste de Crozon. On cuisine de bons produits frais de saison, avec quelques touches exotiques : tartare de thon rouge, citron confit et coriandre ; porc fermier de Landévennec... Avec un beau choix de vins !

♿ AC - Menu 24 € (déjeuner), 38/75 €

1 rue Graveran - ✆ 02 98 27 06 51 - www.lemutingourmand.fr - Fermé : lundi, dimanche

DINAN

✉ 22100 - Côtes-d'Armor - Carte régionale n° **7**-C2

COLIBRI (N)

CUISINE MODERNE • TENDANCE Dans le vieux Dinan, un bistrot contemporain : bois blond, parquet en chêne, cheminée et cuisine ouverte sur la petite salle. Dans l'assiette, le cuistot originaire de Bali, qui connaît toute la planète ou presque, a gardé le goût du...voyage : chorba, pois chiche, raviole d'agneau... Ses recettes s'inspirent du monde entier ou presque : mangez déconfinés !

- Menu 20 € (déjeuner) - Carte 31/57 €

14 rue de la Mittrie - ✆ 02 96 83 97 89 - colibri-dinan.com - Fermé : lundi, samedi midi, dimanche

LA FLEUR DE SEL

CUISINE MODERNE • COSY Dans une des vieilles rues du centre historique, une Fleur comme on les aime. On y goûte une cuisine goûteuse et créative juste ce qu'il faut : savoureux tzukune de crabe, aile de raie pochée accompagnée d'un beurre citronné, salade composée... le tout servi avec le sourire dans un décor contemporain et coloré.

Menu 36/46 € - Carte 41/54 €

7 rue Sainte-Claire - ✆ 02 96 85 15 14 - www.restaurantlafleurdesel.com - Fermé : lundi, mardi

DINARD

✉ 35800 - Ille-et-Vilaine - Carte régionale n° **7**-C1

LE POURQUOI PAS

CUISINE MODERNE • **ÉLÉGANT** Le restaurant de l'hôtel Castelbrac porte le nom du bateau du commandant Charcot, célèbre explorateur des zones polaires. Né à Dinan, le chef Julien Hennote a lui aussi exploré d'autres horizons (culinaires), comme ceux de la Côte d'Azur et même de la Polynésie. En cuisine, il privilégie les produits du terroir local et de la pêche côtière (coquilles Saint-Jacques et ormeaux de plongée, homard, algues). Respectueux de la ressource, il privilégie aussi la pêche durable. Il agrémente ces ingrédients de manière ambitieuse dans des assiettes nettes, savoureuses et soignées. La salle s'ouvre désormais sur une terrasse panoramique avec, en ligne de mire, la cité corsaire.

- Menu 45 € (déjeuner), 70/110 € - Carte 79/95 €

17 avenue George-V - ✆ 02 99 80 30 00 - www.castelbrac.com - Fermé : lundi, mardi

LE CAFÉ ROUGE

POISSONS ET FRUITS DE MER • **BRASSERIE** Toute la famille Leroux – père et mère, fils et belle-fille – s'active avec professionnalisme pour le plaisir des clients. L'esprit de la carte est clair comme de l'eau de roche : cap sur des fruits de mer et poissons d'une belle fraîcheur ! La qualité est au rendez-vous, on passe un agréable moment.

- Menu 29 € (déjeuner), 58/100 €

3 boulevard Féart - ✆ 02 99 46 70 52 - Fermé : lundi

DIDIER MÉRIL

CUISINE MODERNE • **CONTEMPORAIN** Si vous aimez les beaux paysages, installez-vous dans la salle panoramique de ce restaurant : la vue sur la baie du Prieuré y est superbe ! Les yeux rivés sur le large, les gourmands apprécient la cuisine plutôt créative du chef, à l'écoute des saisons. Chambres cosy à l'étage.

- Menu 39 € (déjeuner), 57/100 €

1 place du Général-de-Gaulle - ✆ 02 99 46 95 74 - www.restaurant-didier-meril.com

LA VALLÉE

CUISINE MODERNE • **CONTEMPORAIN** Si la salle est agréable avec ses grandes baies vitrées, on ne résiste pas à la terrasse, orientée plein sud juste au-dessus de la pittoresque cale du Bec de la Vallée. Idéal pour déguster de beaux produits de la mer, cuisinés avec tout le respect qui leur est dû.

- Carte 45/60 €

6 avenue George V - ✆ 02 99 46 94 00 - www.hoteldelavallee.com - Fermé : lundi, dimanche soir

DOUARNENEZ

✉ 29100 - Finistère - Carte régionale n° **7**-A2

L'INSOLITE

CUISINE MODERNE • **TENDANCE** Cette maison est dirigée par un chef au beau parcours, Gaël Ruscart, dont la cuisine inventive fait une belle place aux produits marins. Ravioles de dorade, langoustine et mangue aux herbes fraîches ; homard bleu de nos côtes à la nage crémeuse de corail et épices douces... Une valeur sûre de la ville.

- Menu 26 € (déjeuner), 43/73 € - Carte 58/109 €

4 rue Jean-Jaurès - ✆ 02 98 92 00 02 - www.lafrance-dz.com - Fermé : lundi, dimanche

FOUESNANT

✉ 29170 – Finistère – Carte régionale n° **7**-B2

LA POINTE DU CAP COZ

CUISINE MODERNE • **CONTEMPORAIN** Une petite maison blanche qui semble posée sur l'océan... C'est là, presque au bout du monde, qu'on apprécie la cuisine de ce chef. Elle valorise les produits de la pêche et du terroir, avec des présentations soignées, à l'image de lapin fermier farci, brick de pommes de terre, carottes à l'orange.

– Menu 34/78 €

153 avenue de la Pointe, au Cap Coz – ✆ 02 98 56 01 63 – www.hotel-capcoz.com – Fermé : lundi, mardi midi, dimanche soir

FOUGÈRES

✉ 35300 – Ille-et-Vilaine – Carte régionale n° **7**-D2

GALON AR BREIZH

CUISINE CLASSIQUE • **ÉLÉGANT** Classique et généreuse, la cuisine du chef, mais pas seulement : elle est surtout très bien réalisée ! Produits frais locaux bien mis en valeur, gourmandise partout dans les assiettes... on passe un super moment.

– Menu 34/63 €

10 place Gambetta – ✆ 02 99 99 14 17 – www.restaurant-fougeres.fr – Fermé : lundi midi, mardi midi, mercredi midi, jeudi midi, vendredi, samedi midi

LA GACILLY

✉ 56200 – Morbihan – Carte régionale n° **7**-C2

LES JARDINS SAUVAGES - LA GRÉE DES LANDES

Chef : Fabien Manzoni

CUISINE MODERNE • **CONTEMPORAIN** La Grée des Landes, hôtel écolo made by Yves Rocher, se devait d'avoir un restaurant en accord avec ses principes. Ces Jardins Sauvages, nés en 2009, proposent une cuisine fraîche où traçabilité et produits locavores (potager bio) dominent.

L'engagement du chef : *Entièrement éco-conçu avec des matériaux naturels, notre restaurant est certifié bio à 100% depuis 9 ans. Notre politique d'achats est locavore (dans un rayon de 70 km autour du restaurant) et nous gérons un potager bio. L'ensemble de nos déchets est traité et recyclé et nous avons un système de chauffage biomasse.*

P – Menu 31/68 €

Cournon – ✆ 02 99 08 50 50 – www.lagreedeslandes.com

LA GOUESNIÈRE

✉ 35350 – Ille-et-Vilaine – Carte régionale n° **7**-D1

LA GOUESNIÈRE - MAISON TIREL-GUÉRIN

CUISINE MODERNE • **ÉLÉGANT** Dans cette institution régionale, on sert des classiques – coquillages, crustacés, poissons meunière –, mais aussi des recettes plus fines et créatives, concoctées avec un soin particulier. Une cuisine généreuse, qui flatte aussi bien l'œil que le palais. Cuisine plus simple (et attachante) au Bistrot 1936.

A/C P – Menu 45 € (déjeuner), 65/115 € - Carte 75/125 €

Lieu-dit Le Limonay – ✆ 02 99 89 10 46 – www.tirel-guerin.com – Fermé : lundi, mardi

GUER

56380 - Morbihan - Carte régionale n° **7**-C2

MAISON TIEGEZH

Chef : Baptiste Denieul

CUISINE MODERNE • ÉLÉGANT Tiegezh, c'est "famille" en breton, tout est dit ! Ses grands-parents ont fondé la première fabrique de galettes fraîches de Bretagne : Baptiste Denieul, jeune chef talentueux (passé notamment par le Bristol d'Eric Frechon) vous accueille dans un intérieur élégant et raffiné, en totale adéquation avec sa cuisine. Il travaille poissons, légumes du potager et produits fermiers avec maîtrise et délicatesse. En salle, son épouse Marion s'occupe de mettre en musique la symphonie. La Maison Tiegezh intègre le restaurant gastronomique, le bistrot-crêperie et désormais un bel hôtel avec six chambres contemporaines et cosy qui permettent de prolonger l'expérience en douceur. Une halte bénéfique en terre de Brocéliande...

L'engagement du chef : *Nous avons mis en place un potager en permaculture qui approvisionne à 60% nos deux restaurants, le gastronomique et la crêperie, en fruits et légumes. Pour le reste, le chef a recentré sa collaboration avec ses producteurs, tous situés à 100 km autour du restaurant, exception faite des vins et des épices.*

- Menu 39 € (déjeuner), 63/93 €

7 place de la Gare - 02 97 22 00 26 - maisontiegezh.fr - Fermé : lundi, mardi

GUINGAMP

22200 - Côtes-d'Armor - Carte régionale n° **7**-B1

LE CLOS DE LA FONTAINE

CUISINE TRADITIONNELLE • RUSTIQUE Le patron est passionné par le poisson : dans votre assiette, toute la fraîcheur de la pêche côtière, cuisinée sans chichis. Au déjeuner, on ne sert que le menu du jour annoncé à l'ardoise, tandis que le soir, l'offre est plus étoffée. Quelques plats rendent aussi hommage au terroir breton, comme le kouign patatez, le traou mad, etc.

- Menu 22 € (déjeuner), 34/46 € - Carte 40/50 €

9 rue du Général-de-Gaulle - 02 96 21 33 63 - Fermé : lundi, mardi soir, dimanche soir

HIREL

35120 - Ille-et-Vilaine - Carte régionale n° **7**-D1

ISTRENN (N)

CUISINE MODERNE • BISTRO À la tête d'Istrenn (huître en breton), un jeune couple qui a pas mal bourlingué (Jean Sulpice, Régis Marcon, Michel Kayser) avant de poser ses valises dans cette cabane qui regarde la baie du Mont Saint-Michel. Le chef aime l'iode et le végétal : maquereau grillé et fumé au thym, salade de pommes de terre primeur ; seiche grillée, gnocchi, légumes de la baie, sauce crustacé. Il privilégie toujours les petits producteurs (farine de blé noir, herbes aromatiques, champignons, huîtres, etc.).

- Carte 27/48 €

75 Grande-Rue - 09 81 03 06 03 - www.restaurant-istrenn.com - Fermé : lundi, mardi

ÎLE D'OUESSANT

29242 - Finistère - Carte régionale n° **7**-A1

TY KORN

POISSONS ET FRUITS DE MER • BISTRO À Ouessant, tout le monde connaît cette adresse voisine de l'église de Lampaul. Des fruits de mer, des poissons fraîchement pêchés ; c'est convivial et généreux. Un restaurant devenu un rendez-vous incontournable sur l'île pour les amateurs de qualité !

Carte 33/80 €

Au bourg de Lampaul - ✆ 02 98 48 87 33 - Fermé : lundi, dimanche

KERVIGNAC

✉ 56700 - Morbihan - Carte régionale n° **7**-B2

CHAI L'AMÈRE KOLETTE

CUISINE MODERNE • **CONTEMPORAIN** Entre Hennebont et Port-Louis, dans une petite zone commerciale, cette maison mérite que l'on s'y attarde. Dans sa cuisine visible depuis la salle claire et bien agencée, le chef propose des recettes élaborées au gré du marché, avec quelques touches personnelles.

- Menu 20 € (déjeuner), 36/45 € - Carte 50/65 €

Parc d'activités de Kernours - ✆ 02 97 36 28 74 - www.chai-lamere-kolette.fr - Fermé : mercredi, dimanche

LANDÉDA

✉ 29870 - Finistère - Carte régionale n° **7**-A1

LE VIOBEN

POISSONS ET FRUITS DE MER • **CONTEMPORAIN** Poissons de la pêche artisanale, homards et autres fruits de mer, et plus généralement cuisine gourmande basée sur les bons produits de la région... Cette adresse a la cote localement, notamment grâce à ce chaleureux décor contemporain, ces éclairages tendance et à l'atmosphère conviviale qui y règne...

- Menu 25 € (déjeuner), 32/86 € - Carte 50/70 €

30 Ar Palud - ✆ 02 98 04 96 77 - www.vioben.com

LANGOËLAN

✉ 56160 - Morbihan - Carte régionale n° **7**-B2

L'ATELIER BISTROT

CUISINE MODERNE • **CONVIVIAL** A 5 mn de Guémené, dans un paisible village breton, cette jolie maison en pierre abrite un charmant bistrot-auberge. Aux commandes, un jeune couple bourlingueur et passionné, de retour au pays. Les spécialités ne trompent pas : ballottine de foie gras à l'andouille de Guémené, salade d'oreilles de cochon et œuf poché, etc. On se régale !

- Menu 15 € (déjeuner) - Carte 33/45 €

24 rue Duchelas - ✆ 02 97 51 37 81 - Fermé : lundi, mardi, mercredi

LANNION

✉ 22300 - Côtes-d'Armor - Carte régionale n° **7**-B1

L'ANTHOCYANE

Chef : Marc Briand

CUISINE MODERNE • **COSY** Chez le chef Marc Briand, c'est l'expérience qui prime. Au cœur de Lannion, il régale ses convives avec une cuisine contemporaine française ponctuée d'influences nippones qui assume tranquillement sa passion pour le pays du Soleil Levant. Certaines de ses recettes millimétrées, basées sur des produits bretons ultra-frais (langoustine, homard, saint-pierre), sont régulièrement ponctuées d'ingrédients japonais comme le yuzu, les shiitake, le miso...L'imagination, l'esthétisme, une élégance certaine et la précision technique font le reste ! Sans oublier un décor aussi cosy que coloré.

♿ - Menu 30 € (déjeuner), 59/85 €

25 avenue Ernest-Renan - ✆ 02 96 38 30 49 - www.lanthocyane.com - Fermé : lundi, mardi, dimanche soir

LE BRÉLÉVENEZ

CUISINE MODERNE • CONTEMPORAIN Jolie maison en pierre de Brélévenez (un quartier de Lannion) tenue par Priscilla et Christophe Le Marrec. Les affaires marchent très fort, il est donc prudent de réserver. Ce succès ne doit rien au hasard : le chef, autrefois au restaurant La Ville Blanche (Rospez), mitonne une cuisine tendance, bien pensée et savoureuse. Décor moderne et épurée.

♿ AC P - Menu 30/50 €

1 rue Stang-Ar-Béo - ✆ 02 56 14 07 91 - www.restaurant-lebrelevenez.fr - Fermé : mardi, mercredi, samedi midi

LA VILLE BLANCHE

CUISINE MODERNE • ÉLÉGANT Un jeune couple a investi cette jolie longère, pour y proposer une cuisine moderne qui a su fidéliser sa clientèle. Le chef porte une attention certaine aux saisons, grâce au réseau de producteurs qu'il a rassemblé autour de lui. Il valorise habilement cette goûteuse matière première, jouant souvent avec des notes fumées, avec une juste dose d'amertume et d'acidité.

♿ AC P - Menu 55/91 € - Carte 91/98 €

Lieu-dit Ville-Blanche - ✆ 02 96 37 04 28 - www.la-ville-blanche.com - Fermé : lundi, mardi, dimanche soir

LIFFRÉ

✉ 35340 - Ille-et-Vilaine - Carte régionale n° **7**-D2

L'ESCU DE RUNFAO

CUISINE MODERNE • ÉLÉGANT Turbot aux cocos de Paimpol ; soufflé au Grand Marnier... On vient ici pour déguster une bonne cuisine de saison, ponctuée de touches créatives et fondée sur des produits de qualité. Belle salle à manger moderne, tournée vers la terrasse et le parc.

P - Menu 28 € (déjeuner), 36/65 € - Carte 68/104 €

La Quinte - ✆ 02 99 68 31 51 - www.hotel-la-reposee.com - Fermé : samedi midi, dimanche soir

LOCQUIREC

✉ 29241 - Finistère - Carte régionale n° **7**-B1

RESTAURANT DU PORT Ⓝ

CUISINE TRADITIONNELLE • BISTRO Après une balade sur la pointe où l'on ne compte plus les jolies plages, cap sur le petit port de Locquirec ! On y prend connaissance de la pêche du jour, dos de turbot, huîtres de Sterec ou bien cette belle sole meunière que le chef, un pro passé notamment chez Michel Trama et Stéphane Carrade, a agrémenté d'un bol de pommes grenailles, de fines asperges vertes, de pois gourmands et de poivrons rouges confits. Sympathique atmosphère informelle.

♿ - Menu 25/38 € - Carte 40/52 €

5 place du Port - ✆ 02 98 15 32 98 - www.restaurantduport-locquirec.fr - Fermé : lundi, mardi, dimanche soir

LOCRONAN

✉ 29180 - Finistère - Carte régionale n° **7**-A2

AR MAEN HIR

CUISINE TRADITIONNELLE • CONVIVIAL Pour installer sa première affaire, le jeune chef Thibaud Érard a choisi le joli village médiéval de Locronan, près de

Quimper. Il semble s'épanouir en ces lieux, où il propose une cuisine traditionnelle sans sophistication inutile. Service sympathique.

♿ 🏠 ⚙ - Menu 19 € (déjeuner), 33/49 € - Carte 38/45 €

15 bis rue du Prieuré - ✆ 02 56 10 18 37 - ar-maen-hir.business.site - Fermé : lundi, samedi midi, dimanche soir

LORIENT

✉ 56100 - Morbihan - Carte régionale n° **7**-B2

SOURCES

Chef : Nicolas Le Tirrand

CUISINE MODERNE • CONTEMPORAIN Deux frères originaires de Larmor-Plage, deux pros de la restauration, Nicolas et Mathieu, tiennent la barre de ce restaurant bien situé sur le Quai des Indes et dont les baies vitrées regardent le bassin à flot et les voiliers. La salle aux tons gris rehaussés par du parquet clair vibre à l'unisson de la cuisine ouverte. Dans l'assiette, une excellente cuisine au style épuré et efficace, jouant la sobriété pour mieux valoriser la qualité des ingrédients, souvent iodés - maquereau, langoustine, rouget. Farandole de saveurs, cuissons impeccables et une vraie identité bretonne. Une cuisine qui coule de source.

♿ 🏠 - Menu 27 € (déjeuner), 39/86 €

Plan : B2-3 - *1 cours de la Bôve - ✆ 02 97 78 76 25 - www.restaurant-sources.com - Fermé : lundi, samedi midi, dimanche*

GARE AUX GOÛTS (N)

CUISINE ACTUELLE • CONTEMPORAIN Ticket gagnant pour le contrôleur en chef Vincent Seviller. Dans son adresse proche de la gare, il propose un voyage appétissant en terre bistronomique dans une salle sobre et moderne. L'homme connaît bien son métier et chaque assiette - soignée, goûteuse, équilibrée - fait mouche. Ardoise du jour au déjeuner, montée en gamme au dîner.

Menu 22 € (déjeuner), 35/48 €

Plan : B1-6 - *28 rue Blanqui - ✆ 02 97 21 19 79 - restaurant-gare-aux-gouts.business.site - Fermé : samedi, dimanche*

LE TIRE BOUCHON

CUISINE TRADITIONNELLE • ÉPURÉ Dans ce Tire Bouchon, proche de l'arsenal, on ne fait pas que déboucher des bouteilles ! Les gourmands viennent surtout ici pour se régaler d'une goûteuse cuisine de saison. Un bon moment à savourer dans une salle coquette à souhait : grande cheminée, poutres... Accueil souriant.

Menu 21 € (déjeuner), 33/69 € - Carte 42/72 €

Plan : B2-1 - *45 rue Jules-le-Grand - ✆ 02 97 84 71 92 - www.restaurantalorient.com - Fermé : lundi, mardi, samedi midi*

L'AMPHITRYON

CUISINE CRÉATIVE • ÉPURÉ Dans un décor design et épuré, contemporain et graphique, blanc et gris, du sol aux murs en passant par les tables, la cuisine du chef se fonde à la fois sur une technicité certaine et sur le respect des saisons. Menus surprises sans choix, composés au gré du marché et des arrivages de la marée.

❀ A/C ⚙ - Menu 35 € (déjeuner), 69/180 €

Hors plan - *127 rue du Colonel-Müller - ✆ 02 97 83 34 04 - www.amphitryon-lorient.com - Fermé : lundi, mardi midi, dimanche*

LOUISE

CUISINE MODERNE • BRANCHÉ Louise, c'était l'arrière-grand-mère du chef Julien Corderoch, qui lui a donné le goût de la cuisine : la naissance d'une vocation ! Dans un cadre contemporain, avec ses luminaires design et ses murs bleus tendance, on déguste un menu surprise (3 plats le midi, 5 ou 8 le soir) où surnage ce beau lieu jaune, légumes verts et marinière de coquillages...

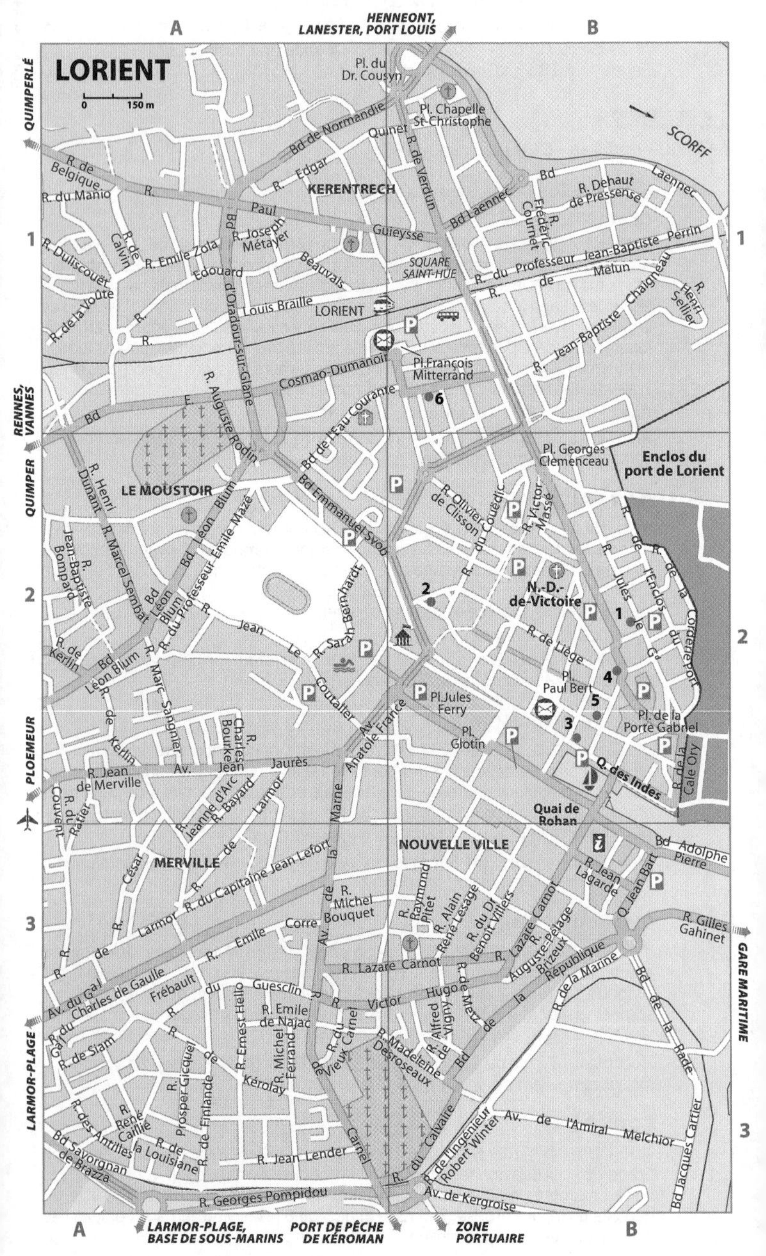
LORIENT
HENNEONT, LANESTER, PORT LOUIS
QUIMPERLÉ
RENNES, VANNES
QUIMPER
PLOEMEUR
LARMOR-PLAGE
GARE MARITIME
LARMOR-PLAGE, BASE DE SOUS-MARINS
PORT DE PÊCHE DE KÉROMAN
ZONE PORTUAIRE
SCORFF
KERENTRECH
LE MOUSTOIR
MERVILLE
NOUVELLE VILLE
N.-D.-de-Victoire
Enclos du port de Lorient
Quai de Rohan
Q. des Indes
Pl. du Dr. Cousyn
Pl. Chapelle St-Christophe
SQUARE SAINT-HUE
Pl. François Mitterrand
Pl. Georges Clemenceau
Pl. Paul Bert
Pl. Jules Ferry
Pl. Glotin
Pl. de la Porte Gabriel
Bd de Normandie
Bd Laennec
Bd Cosmao-Dumanoir
Bd d'Oradour-sur-Glane
Bd de l'Eau Courante
Bd Emmanuel Svob
Bd Léon Blum
Av. Anatole France
Av. de la Marne
Av. Jean Jaurès
Av. du Gal Charles de Gaulle
Bd de la République
Bd Adolphe Pierre
Bd de la Rade
Bd Jacques Cartier
Av. de l'Amiral Melchior
Av. de Kergroise
R. Georges Pompidou
Bd Savorgnan de Brazza
Q. Jean Bart
R. Gilles Gahinet
R. Lazare Carnot
R. Victor Hugo
R. du Calvaire
R. de Verdun
R. de Liège
1
2
3
4
5
6
A
B

Menu 29 € (déjeuner), 55/85 €

Plan : B2-2 - *4 rue Léo-le-Bourgo - ✆ 02 97 84 72 12 - www.restaurantlouise.fr - Fermé : lundi, mardi, dimanche*

LE 26-28

CUISINE MODERNE • CONTEMPORAIN Un cadre contemporain, des cuisines ouvertes, un chef - Arthur Friess (au beau parcours étoilé) - et en salle, Charlotte, sa compagne : voilà les ingrédients de la réussite de cette table qui propose une belle cuisine actuelle, réalisée à partir de produits irréprochables - tel ce pigeon, épeautre gratiné et racines. La carte est renouvelée tous les mois.

♿ AC ⇔ - Menu 22 € (déjeuner), 43/68 € - Carte 58/63 €

Plan : B2-4 - *26-28 rue Poissonnière - ✆ 02 97 50 29 13 - www.le2628.com - Fermé : lundi, mardi midi, dimanche*

LE YACHTMAN

POISSONS ET FRUITS DE MER • CONTEMPORAIN Sans surprise, les produits de la mer - poissons de la criée, notamment - ont la part belle dans cette jolie adresse située non loin du port de plaisance. Simplicité et justesse sont de mise dans l'assiette ; quant à la salle, elle joue la carte de l'épure et de l'intime.

♿ ⇔ - Menu 23 € (déjeuner), 34/46 €

Plan : B2-5 - *14 rue Poissonnière - ✆ 02 97 21 31 91 - www.leyachtmanlorient.fr - Fermé : lundi, dimanche*

MEUCON

✉ 56890 - Morbihan - Carte régionale n° **7**-A3

AUBERGE DU ROHAN (N)

CUISINE TRADITIONNELLE • RUSTIQUE Dans cette ancienne ferme traditionnelle bretonne posée au bord de la route, à l'entrée du parc naturel du Golfe du Morbihan, un chef autodidacte accueille ses fidèles avec des recettes traditionnelles, soignées et généreuses : saumon fumé maison, foie gras aux épices douces, homard aux girolles, poisson du jour sauce crustacés, pigeonneau en deux façons.

P - Menu 19 € (déjeuner), 33/58 €

20 route de Vannes - ✆ 02 97 44 50 50 - www.aubergedurohan.com - Fermé : lundi, mardi, dimanche soir

MORLAIX

✉ 29600 - Finistère - Carte régionale n° **7**-B1

LE 21ÈME COMMIS (N)

CUISINE DU MARCHÉ • CONTEMPORAIN Au centre de Morlaix, entourée par de belles bâtisses à colombages, cette table récente est emmenée par un chef au solide parcours qui y propose une cuisine originale, mariant ingrédients bretons et influences plus exotiques (notamment asiatiques). Choix entre deux petits salles au décor actuel, tables hautes et comptoir bar, ou pièce aveugle et tables normales.

Menu 30 € (déjeuner), 45 €

23 rue du Mur - ✆ 02 98 63 50 27 - Fermé : lundi, mardi soir, mercredi soir, jeudi soir, dimanche soir

L'HERMINE

CUISINE BRETONNE • RUSTIQUE Poutres, tables en bois ciré, objets rustiques : une crêperie bien sympathique dans un pittoresque quartier piétonnier, avec une petite terrasse... On peut choisir parmi une cinquantaine de crêpes au sarrasin et au froment, avec une spécialité : la Godaille, une galette au thon, au beurre d'ail et aux algues.

- Carte 15/25 €

35 rue Ange-de-Guernisac - ✆ 02 98 88 10 91 - Fermé : dimanche

MÛR-DE-BRETAGNE

✉ 22530 - Côtes-d'Armor - Carte régionale n° **7**-C2

AUBERGE GRAND'MAISON

Chef : Christophe Le Fur

CUISINE TRADITIONNELLE • CONTEMPORAIN Ici prime la tradition, à la fois classique, gourmande et toujours soignée. Christophe Le Fur, originaire du Cap Fréhel, ancien chef du recteur de l'académie de Paris, a cuisiné aussi bien pour le Dalaï-Lama que pour Hillary Clinton, avant de revenir sur ses terres natales pour réaliser une partition généreuse : crousti-fondant de volaille d'Ancenis, bouillon au foie gras ; biscuit de brochet, crackers blé noir et ricotta, sauce matelote.

- Menu 61/77 €

Rue Léon-le-Cerf - ✆ 02 96 28 51 10 - www.auberge-grand-maison.com - Fermé : lundi, mardi, dimanche soir

NÉVEZ

✉ 29920 - Finistère - Carte régionale n° **7**-B2

AR MEN DU

Chef : Philippe Emanuelli

CUISINE MODERNE • COSY À vos pieds, la lande sauvage est battue par l'océan, et à quelques encablures, les rochers de l'îlot de Raguenès brillent au soleil... La maison a fait de la gastronomie durable une priorité : cette cuisine atypique est rigoureusement de saison, et s'appuie largement sur le potager et le jardin d'herbes aromatiques, mais aussi sur les produits de la mer issus de la pêche locale, les viandes de petits producteurs.

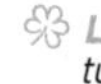

L'engagement du chef : *Nos fournisseurs locaux sont tous issus de l'agriculture ou l'élevage biologique. Les poissons que nous cuisinons sont issus de la pêche de petits bateaux et nous avons mis en place un verger et un jardin aromatique, tous deux gérés en permaculture.*

- Menu 59/97 €

47 rue des Îles, à Raguenès-Plage - ✆ 02 98 06 84 22 - www.men-du.com - Fermé : mardi midi, mercredi midi

NOYALO

✉ 56450 - Morbihan - Carte régionale n° **7**-A3

L'HORTENSIA

CUISINE TRADITIONNELLE • MAISON DE CAMPAGNE Cette ancienne ferme en pierre a, comme sa voisine l'église du village, un certain cachet. La cuisine, qui fait la part belle aux produits de la mer et au terroir breton, se révèle savoureuse et bien maîtrisée. Pour l'étape, on trouve des chambres coquettes décorées sur le thème de l'hortensia.

- Menu 44/72 €

18 rue Sainte-Brigitte - ✆ 02 97 43 02 00 - www.restaurantlhortensia.com - Fermé : lundi, mardi, dimanche soir

NOYAL-SUR-VILAINE

✉ 35530 - Ille-et-Vilaine - Carte régionale n° **7**-D2

AUBERGE DU PONT D'ACIGNÉ

Chef : Sylvain Guillemot

CUISINE MODERNE • ÉLÉGANT Aux portes de Rennes, le long de la Vilaine, cette maison en granit mérite toute notre attention. Les propriétaires, Sylvain Guillemot et son épouse Marie-Pierre, se sont rencontrés chez Alain Passard. Sylvain revendique une "cuisine d'instant et d'instinct", travaille le terroir avec inventivité et une maîtrise de tous les instants. Il bichonne particulièrement ses relations avec ses amis producteurs – d'algues, de piment, de gingembre, de volaille et, bien sûr, de beurre. Le cadre, élégant et lumineux, la terrasse en bord de la Vilaine, comme le service, très agréable, ajoutent au plaisir de cette parenthèse gastronomique. Très beau choix de vins.

- Menu 40 € (déjeuner), 85/115 €

Lieu-dit Pont-d'Acigné – 02 99 62 52 55 – www.auberge-du-pont-dacigne.com – Fermé : lundi, mardi, dimanche soir

LES FORGES

CUISINE TRADITIONNELLE • FAMILIAL Cette auberge, située au bord de la route, est installée dans les anciennes forges de la ville. On se restaure dans des salles sobres et blanches. Côté cuisine, on est en plein dans la tradition : tout est fait maison et le chef travaille comme un véritable artisan.

- Menu 17 € (déjeuner) - Carte 32/39 €

22 avenue du Général-de-Gaulle – 02 99 00 51 08 – www.restaurant-lesforges.fr – Fermé : vendredi soir, samedi, dimanche soir

PAIMPOL

22500 – Côtes-d'Armor – Carte régionale n° **7**-C1

LA MARNE

CUISINE MODERNE • CONTEMPORAIN En bordure du centre touristique de Paimpol, on trouve cette auberge en pierre datant du 19e s., dont le chef élabore des recettes inventives et pleines d'allant, où la recherche visuelle occupe une place importante.

- Menu 29/80 € - Carte 50/90 €

30 rue de la Marne – 02 96 16 33 41 – www.hoteldelamarne-paimpol.fr – Fermé : lundi, samedi midi, dimanche soir

LA SERRE

CUISINE MODERNE • COSY Revenu d'Asie, où il a passé plusieurs années, le chef a créé avec deux autres associés ce restaurant chic et cosy, installé dans une rue tranquille de Paimpol. Sa cuisine moderne met en avant les produits de la région, avec de légers clins d'œil à l'Asie, et des dressages soignés.

- Menu 58/85 €

4 rue de Poulgoic – 09 52 49 36 17 – www.laserrepaimpol.fr – Fermé : lundi, mardi midi, samedi midi

PENMARCH

29760 – Finistère – Carte régionale n° **7**-A2

STERENN

POISSONS ET FRUITS DE MER • TRADITIONNEL Dans ce sympathique restaurant de la pointe de Penmarch, les poissons issus de la pêche côtière locale (port de Saint-Guénolé, pour être précis) sont préparés avec attention et joliment présentés dans l'assiette. Excellent rapport qualité-prix. Pour l'étape, quelques chambres avec vue sur la mer.

- Menu 32/53 € - Carte 40/90 €

422 rue de la Joie – 02 98 58 60 36 – www.hotel-sterenn.com – Fermé : lundi, samedi midi, dimanche soir

PERROS-GUIREC

22700 – Côtes-d'Armor – Carte régionale n° **7**-B1

LA MAISON DE MARIE

CUISINE DU MARCHÉ • ÉPURÉ Cette élégante maison en granit rose semble vibrer à l'unisson de la côte... Le chef a pour boussole les beaux produits de la région (Saint-Jacques des Côtes-d'Armor, huîtres de Lanmodez, etc.), qu'il agrémente dans le respect de la tradition et du marché - pour un menu qui ne cesse de changer en fonction de l'arrivage, au grand plaisir des nombreux habitués.

- Menu 35/48 €

24 rue Gabriel-Vicaire - 02 96 49 05 96 - www.lamaisondemarie-laclarte.bzh - Fermé : lundi, mardi soir, mercredi soir, jeudi soir, vendredi soir, dimanche

LE BÉLOUGA

CUISINE MODERNE • **CONTEMPORAIN** Cette table offre un panorama saisissant sur la côte et les sept îles. La cuisine est subtile et soignée, construite autour de produits de qualité ; les recettes se teintent parfois d'une pointe d'exotisme – le chef est originaire de la Réunion –, comme sur ce lieu jaune de petit bateau cuit juste nacré, patate douce texturée et émulsion aux saveurs de mon dernier voyage.

- Menu 34 € (déjeuner), 58/90 € - Carte 78/100 €

12 rue des Bons Enfants - 02 96 49 01 10 - www.lagapa.com - Fermé : lundi, mardi

LE MANOIR DU SPHINX

CUISINE TRADITIONNELLE • **TRADITIONNEL** De la salle à manger de cette maison, élégante et feutrée, on surplombe le jardin et la côte rocheuse. Depuis les deux vérandas, on jouit d'une vue panoramique, notamment sur l'archipel des Sept-Îles. Des plats privilégiant les produits locaux et une cuisine terre/mer traditionnelle.

- Menu 26 € (déjeuner), 34/41 €

67 chemin de la Messe - 02 96 23 25 42 - www.lemanoirdusphinx.bzh - Fermé : lundi, vendredi midi

PLÉHÉDEL

22290 - Côtes-d'Armor - Carte régionale n° **7**-C1

MATHIEU KERGOURLAY - CHÂTEAU DE BOISGELIN

CUISINE MODERNE • **ÉLÉGANT** Après cinq années passées au Manoir de Lan Kerellec, le chef Mathieu Kergourlay a investi – et modernisé – ce petit château non loin de la mer. Dans l'assiette, produits de qualité, dressages soignés, et jolies surprises, comme ces filets de caille laqués d'une délicieuse réduction de canard aux épices.

- Menu 26 € (déjeuner), 38/78 € - Carte 60/96 €

Domaine de Boisgelin - 02 96 22 37 67 - www.mathieu-kergourlay.com - Fermé : mardi, mercredi

PLÉNEUF-VAL-ANDRÉ

22370 - Côtes-d'Armor - Carte régionale n° **7**-C1

LE BINIOU N

CUISINE TRADITIONNELLE • **CONTEMPORAIN** Le chef puise son inspiration dans la Bretagne à l'image de son velouté aux cocos de Paimpol et aux champignons. Mais il n'est pas fermé à d'autres influences, comme en témoigne son foie gras poêlé, bouillon de betterave et anguille fumée. Une cuisine soignée, un service souriant, une addition digeste et une adresse située à quelques encâblures de la plage. Chantez biniou !

Menu 32/45 € - Carte 44/51 €

121 rue Clemenceau - 02 96 72 24 35 - www.restaurant-lebiniou.fr - Fermé : mardi, mercredi

PLÉRIN

22190 - Côtes-d'Armor - Carte régionale n° **7**-C1

LA VIEILLE TOUR

Chef : Nicolas Adam

CUISINE MODERNE • **CONTEMPORAIN** Le cadre contemporain, jouant sur la lumière et les matières (verre, wengé...), est en adéquation avec les saveurs fines et iodées de cette maison de pays, située face au chenal. Le cadre intime se prête à la dégustation de produits de qualité, aux cuissons justes. Le chef Nicolas Adam ne se contente pas de titiller les saveurs : il est aussi le créateur épanoui d'une boulangerie, et du festival Rock'n Toques, qui propose, une fois l'an et en musique, de la street food de qualité. Jolie cave vitrée, riche de 350 références.

- Menu 34 € (déjeuner), 52/85 € - Carte 75/90 €

75 rue de la Tour - 02 96 33 10 30 - www.la-vieille-tour.com - Fermé : lundi, samedi midi, dimanche

PLESCOP

56890 - Morbihan - Carte régionale n° **7**-A3

LÀ DN

CUISINE DU MARCHÉ • **COLORÉ** Que cette zone commerciale ne vous empêche pas de réserver chez ce couple au patrimoine génétique professionnel irréprochable ! Vous goûterez un joli brin de menu dans l'esprit cuisine du marché plutôt bien tournée (y compris un pain au levain maison très bon). L'offre change toutes les semaines. Décor rustico-chic.

- Menu 29 € (déjeuner)

11 rue Blaise-Pascal - 02 97 13 74 73 - www.restaurant-ladn.bzh - Fermé : samedi, dimanche et le soir

PLEUDIHEN-SUR-RANCE

22690 - Côtes-d'Armor - Carte régionale n° **7**-D2

L'OSMOSE

CUISINE MODERNE • **CONVIVIAL** Quand les huîtres rencontrent le yuzu, les oignons roses le macis, le chou-fleur le curcuma, le ris de veau les ormeaux, le magret de canard le miel et le soja... l'assiette célèbre alors l'osmose de la Bretagne et des saveurs venues d'ailleurs - à déguster dans une petite salle chaleureuse habillée de lattes de bois brut, de pierres du pays et d'une cheminée qui abrite désormais les armoires à vins.

Menu 28 € - Carte 48/68 €

7 place de l'Église - 02 96 83 38 75 - www.restaurant-losmose.com - Fermé : mercredi, jeudi

PLOEMEUR

56270 - Morbihan - Carte régionale n° **7**-B2

LE VIVIER

POISSONS ET FRUITS DE MER • **ÉPURÉ** Dans cet établissement posé face au large, la cuisine est évidemment vouée à Neptune : les pieds presque dans l'eau, avec en toile de fond l'île de Groix, on fait le plein d'iode avec de beaux produits de la mer, servis par une cuisine ponctuée de quelques touches de modernité.

- Menu 34/78 € - Carte 58/90 €

9 rue de Beg-Er-Vir, Lomener - 02 97 82 99 60 - www.levivier-lomener.com - Fermé : dimanche soir

PLOMODIERN

29550 - Finistère - Carte régionale n° **7**-A2

L'AUBERGE DES GLAZICKS

Chef : Olivier Bellin

CUISINE CRÉATIVE • **ÉLÉGANT** Cette ancienne maréchalerie, transformée en ferme-auberge par la grand-mère du chef, attirait autrefois ouvriers et habitants du coin, autour de menus simples et revigorants - soupe, bouchée à reine, gigot d'agneau... C'est sous l'impulsion d'Olivier Bellin, de retour au pays en 1998, que l'Auberge familiale accomplit sa mue : inventif et touche-à-tout, le chef y devenu lui-même, affirmant une personnalité culinaire de plus en plus forte. Il travaille avec un extraordinaire réseau de petits producteurs du Finistère, sélectionnés avec soin - sur chaque table, une carte recense l'origine de tous les ingrédients et l'identité de chaque producteur. Dans l'assiette, il marie la mer et la terre avec un naturel confondant : pomme de terre soufflée farcie au jus d'huître ; langoustine et pied de cochon ; tortellini de fromage et œufs de truite.

- Menu 75 € (déjeuner), 110/190 €

7 rue de la Plage - 02 98 81 52 32 - www.aubergedesglazick.com - Fermé : lundi, mardi, mercredi midi, dimanche soir

PLONÉOUR-LANVERN

29720 - Finistère - Carte régionale n° **7**-A2

MANOIR DE KERHUEL

CUISINE MODERNE • SIMPLE Dans ce cadre charmant, une table qui ne l'est pas moins ! On y déguste une jolie cuisine actuelle, réalisée à base de bons produits régionaux, et servie dans une salle avec vue sur la terrasse et le jardin.

P - Menu 35/79 €

Route de Quimper - 02 98 82 60 57 - www.manoirdekerhuel.fr - Fermé : samedi, dimanche et le midi

PLOUBALAY

22650 - Côtes-d'Armor - Carte régionale n° **7**-C1

LA GARE

CUISINE TRADITIONNELLE • TRADITIONNEL Si vous parcourez les stations de la Côte d'Émeraude, faites donc un arrêt dans cette Gare gourmande ! À travers une cuisine personnelle et savoureuse, Thomas Mureau joue sans excès avec la tradition régionale, la mer et la terre bretonnes. Évidemment, les menus s'adaptent aux opportunités du marché... qualité oblige.

- Menu 22 € (déjeuner), 33/65 € - Carte 40/70 €

4 rue des Ormelets, à Beaussais-sur-Mer - 02 96 27 25 16 - www.restaurant-la-gare-ploubalay.com - Fermé : lundi soir, mardi soir, mercredi, dimanche soir

PLOUFRAGAN

22440 - Côtes-d'Armor - Carte régionale n° **7**-C2

LE BRÉZOUNE

CUISINE MODERNE • CONTEMPORAIN Un jeune couple formé à bonne école a repris cette adresse où l'on cuisine de manière plutôt traditionnelle : si les pierres et poutres demeurent, la déco a pris un virage contemporain. Au déjeuner, la clientèle d'affaire se jette sur le menu du jour sans choix. Le week-end, l'offre du dîner s'étoffe.

P - Menu 20 € (déjeuner), 40/65 €

15 rue de la Poste - 02 96 01 59 37 - www.lebrezoune.fr - Fermé : lundi, mardi soir, mercredi soir, jeudi soir, samedi midi, dimanche soir

PLOUGASNOU

29630 - Finistère - Carte régionale n° **7**-B1

LA MAISON DE KERDIÈS

CUISINE TRADITIONNELLE • ÉPURÉ Cette maison de la pointe du Trégor fut à l'origine un sémaphore, avant d'être transformée en colonie de vacances, puis en restaurant. De la salle, on profite d'une vue panoramique sur la baie de Morlaix... Mais on se recentre vite sur l'assiette qui balance entre plats régionaux (pêche du jour accompagnée de far noir) et cuisine plus traditionnelle (ballotine de volaille aux champignons).

- Menu 25/35 € - Carte 40/50 €

5 route de Perherel - à Saint-Samson - 02 98 72 40 66 - www.maisonkerdies.com - Fermé : lundi, dimanche soir

PLOUGONVELIN

29217 - Finistère - Carte régionale n° **7**-A2

HOSTELLERIE DE LA POINTE ST-MATHIEU

Cheffe : Nolwenn Corre

CUISINE MODERNE • ÉLÉGANT Attention, belle surprise à l'Ouest ! À Plougonvelin, Nolwenn Corre a repris les fourneaux de cette Hostellerie ouverte en 1954 par ses grands-parents, et reprise en 1988 par ses parents. Une affaire de famille, donc, qui a évolué tout en gardant son esprit originel : vieilles pierres, cheminée monumentale d'une part, mobilier franchement contemporain de l'autre. La jeune cheffe se montre tout à fait à son aise en cuisine, et surtout très déterminée. Ses assiettes doivent autant à son tour de main qu'aux bons produits 100% locaux qu'elle utilise : langoustines du Guilvinec, Saint-Jacques de la rade de Brest, poissons du Conquet, légumes d'un agriculteur voisin...

- Menu 49/89 € - Carte 75/105 €

7 place Saint-Tanguy - 02 98 89 00 19 - www.pointe-saint-mathieu.com - Fermé : lundi, mardi

BISTROT 1954 N

CUISINE MODERNE • CONTEMPORAIN Face au décor grandiose de la Pointe Saint-Mathieu, ce bistrot met l'eau à la bouche : terrasse au grand air marin, décor contemporain qui marie le bois brut et le mobilier en rotin, et assiettes de la cheffe qui mitonne essentiellement la Bretagne des produits frais avec un vrai soin : coquillages, poissons, farz noir, algues...

- Menu 33/43 €

7 place Saint-Tanguy - 02 29 00 03 28 - www.pointe-saint-mathieu.com

PLOUGUERNEAU

29880 - Finistère - Carte régionale n° **7**-A1

À LA MAISON

CUISINE MODERNE • SIMPLE Ici, on réalise une cuisine bistrotière de bel aloi, mettant en avant les produits de la région. Le chef affectionne travailler les plats en déclinaison, comme le cochon ou l'agneau. Parmi les spécialités maison : le boudin noir, l'œuf parfait, et l'andouille de Guéméné. Le petit restaurant ne paie pas de mine mais dispose d'une agréable terrasse sur l'arrière. Une adresse attachante.

- Menu 32 € (déjeuner) - Carte 52/82 €

21 place de l'Europe - 02 98 01 76 21 - Fermé : lundi, mardi, mercredi, dimanche soir

PLOUIDER

29260 - Finistère - Carte régionale n° **7**-A1

LA TABLE DE LA BUTTE

Chef : Nicolas Conraux

CUISINE MODERNE • ÉLÉGANT Nicolas et Solenne Conraux sont la troisième génération de cet hôtel-restaurant. En cuisine, Nicolas garde un œil sur la mer et la baie de Goulven, qu'on aperçoit en contrebas, et l'autre sur la campagne bretonne. Huîtres, homard, cochon, ormeaux mais aussi algues, légumes et même le patrimoine fromager armoricain dessinent la carte de son Finistère gourmand. Chaque plat, ou presque, navigue entre mer et campagne à l'image de de ce pigeon des Monts d'Arrée, échalotes blondies, sauge et jus de volaille. Le pain (fabriqué dans la propre boulangerie du chef) est un délice, comme les différents beurres made in Bretagne (aux algues, cristaux de sel...). La Butte, un sommet de gourmandise !

L'engagement du chef : Travailler avec la conscience de la nature, c'est être en vérité avec moi-même. A la Butte, nous avons un potager en permaculture, une serre bioclimatique et des ruches. Nous mettons en valeur nos producteurs (pêcheurs, maraîchers, éleveurs) et nos artisans locaux (assiettes en bois de récupération, verres fabriqués à base de coquilles d'ormeaux, uniformes en lin et coton bio) et nous sensibilisons nos équipes à l'éco-responsabilité.

- Menu 79/165 €

12 rue de la Mer - 02 98 25 40 54 - www.labutte.fr - Fermé : lundi, mardi, mercredi midi, jeudi midi, vendredi midi

LE COMPTOIR DE LA BUTTE

CUISINE TRADITIONNELLE • CONTEMPORAIN L'annexe de la table gastronomique vaut aussi son pesant de gourmandise. Le cadre moderne, avec cuisine ouverte et boutique, met en appétit ; confirmation ensuite dans l'assiette avec une cuisine de tradition généreuse bien ancrée dans le Finistère, déclinée dans une formule efficace.

- Menu 33 € - Carte 44/58 €

12 rue de la Mer - 02 98 25 40 54 - www.labutte.fr

PLOUMANACH

22700 - Côtes-d'Armor - Carte régionale n° **7**-B1

LA TABLE DE MON PÈRE - CASTEL BEAU SITE

CUISINE MODERNE • CONTEMPORAIN Profiter, sur la plage de St-Guirec, des dernières lueurs du couchant, bien au chaud dans une salle design, en dégustant un menu dédié à un produit de saison (Saint-Jacques, homard, etc.)... Une cuisine au goût du jour, présentée avec soin, où l'on sent du sérieux et de l'application.

- Menu 59/99 € - Carte 59/80 €

Plage de Saint-Guirec - 02 96 91 40 87 - www.castelbeausite.com - Fermé le midi

PONT-AVEN

29930 - Finistère - Carte régionale n° **7**-B2

MOULIN DE ROSMADEC

CUISINE MODERNE • ÉLÉGANT Premier restaurant à décrocher une étoile dans le Finistère (en... 1933 !), étape emblématique de la gastronomie bretonne, le Moulin de Rosmadec jouit d'un cadre enchanteur, avec sa terrasse fleurie au bord de l'Aven. Supervisée par le chef Christian Le Squer, la cuisine est tout à la gloire du terroir breton (sarrasin, lait ribot, fraises de Plougastel) et de la pêche locale (araignée de mer, langoustines, homard)... Assiettes fines et soignées, avec de jolies sauces et réductions, saveurs délicates : une partition de haute volée. Belle carte des vins, pour couronner le tout.

- Menu 47 € (déjeuner), 72/117 € - Carte 79/112 €

Venelle de Rosmadec - 02 98 06 00 22 - www.rosmadec.com - Fermé : lundi, mardi

SUR LE PONT

CUISINE TRADITIONNELLE • CONTEMPORAIN Cette maison ancienne s'appuie en partie sur le vieux pont qui enjambe l'Aven : sans surprise, les tables installées au-dessus de la rivière sont les plus prisées. Une cuisine plutôt traditionnelle qui ne se consacre pas uniquement au poisson : les viandes sont bien présentes sur le menu et la carte. Décor contemporain.

- Menu 38/65 € - Carte 50/77 €

11 place Paul-Gauguin - 02 98 06 16 16 - www.surlepont-pontaven.fr - Fermé : lundi, mardi

PONTIVY

✉ 56300 - Morbihan - Carte régionale n° **7**-C2

HYACINTHE & ROBERT

CUISINE MODERNE • **CONTEMPORAIN** Damien Le Quillec, le chef, a baptisé sa table en hommage à ses deux grands-pères, Hyacinthe et Robert. Cadre atypique (un ancien garage réinventé en loft contemporain, une réussite), assiettes terre-mer assez ambitieuses et bien dans l'air du temps... Il vient également d'ouvrir un petit "bistrot de copains" dans la même maison (un ancien garage à pneus !) et baptisé Numéro 100, ouvert uniquement le soir.

♿ - Menu 20 € (déjeuner), 33/78 €

100 rue Nationale - ✆ 06 43 68 26 45 - hyacinthe-et-robert.fr - Fermé : lundi, mardi midi, dimanche soir

PONT-SCORFF

✉ 56620 - Morbihan - Carte régionale n° **7**-B2

L'ART GOURMAND

CUISINE TRADITIONNELLE • **SIMPLE** Derrière l'église, sur une charmante place, le couple de propriétaires célèbre les plaisirs de la gastronomie traditionnelle. En cuisine, le chef s'exprime à travers les bons produits, en particulier le poisson du jour à l'ardoise. Beaucoup de simplicité, presque de la modestie, mais également un certain sens du détail (pain et glaces maison).

♿ AC - Menu 34 € - Carte 45/50 €

14 place de la Maison-des-Princes - ✆ 02 97 32 65 08 - www.lartgourmand.com - Fermé : mercredi, jeudi

PORSPODER

✉ 29840 - Finistère - Carte régionale n° **7**-A1

LA DUNE DU CHÂTEAU DE SABLE

CUISINE MODERNE • **ÉLÉGANT** Après une expérience au service de la superstar Gordon Ramsay, et une autre, bistronomique, à Lausanne, le chef Anthony Hardy s'est vu confier les clés de ce Château de Sable. Avec une brigade acquise à sa cause, il a confirmé le virage du locavorisme et régale sans couper les cheveux en quatre : couteaux de plongée, crémeux à l'ail, salicorne et caviar Sturia ; homard de nos côtes bretonnes, navet glacé, blette, chorizo et sauce homard... Les produits sont de premier belle qualité et la qualité se maintient d'un bout à l'autre du repas dans cette nouvelle salle à manger installée à l'étage sous une belle charpente...avec vue sur la côte.

♿ P - Menu 45 € (déjeuner), 99/169 € - Carte 90/157 €

38 rue de l'Europe - ✆ 02 29 00 31 32 - www.lechateaudesablehotel.fr - Fermé : lundi, mardi, mercredi midi, jeudi midi, dimanche soir

LE RIVAGE DU CHÂTEAU DE SABLE N

CUISINE MODERNE • **ÉPURÉ** Oui, le rivage n'est pas loin dans cette longue salle bordée de larges baies vitrées tournées vers la côte, et notamment la petite presqu'île Saint-Laurent ! Le chef Julien Robert a concocté des plats dans l'air du temps au gré d'une carte bien ancrée dans la Bretagne : lieu jaune, sarrasin, pêche du jour, volaille...

♿ P - Menu 25 € (déjeuner), 37 € - Carte 35/40 €

38 rue de l'Europe - ✆ 02 29 00 31 32 - www.lechateaudesablehotel.fr

PORT-GOULPHAR - Morbihan(56) • Voir Belle-Île

PORT-LOUIS

⊠ 56290 - Morbihan - Carte régionale n° **7**-B2

AVEL VOR

Chef : Patrice Gahinet

CUISINE MODERNE • CONTEMPORAIN Un Avel Vor ("vent de mer" en breton) souffle sur cette maison familiale de qualité avec vue sur la Petite Mer de Gâvres et qui fait honneur à la gastronomie bretonne. Le chef Patrice Gahinet, expérimenté, passionné et généreux (des amuse-bouche au dessert !), reçoit ses poissons directement sur le seuil de sa porte, livrés par les pêcheurs. Cet air iodé sied visiblement à cette cuisine pleine de finesse et sublimant, entre autres, les poissons, tels En salle, Catherine, la sœur du chef, souffle une douce brise sur un cadre contemporain et raffiné. Le menu déjeuner servi en semaine offre un excellent rapport qualité-prix. Belle carte des vins. Trois agréables chambres pour l'étape.

- Menu 38 € (déjeuner), 69/118 €

25 rue de Locmalo - ✆ 02 97 82 47 59 - www.restaurant-avel-vor.com - Fermé : lundi, mardi, dimanche soir

PORT-NAVALO

⊠ 56640 - Morbihan - Carte régionale n° **7**-A3

GRAND LARGUE

POISSONS ET FRUITS DE MER • CLASSIQUE À l'étage de cette villa, on savoure aussi bien la vue panoramique sur le golfe du Morbihan qu'une cuisine basée sur les beaux produits de la mer (homard, bar de ligne, coquillages). Au rez-de-chaussée, un vent marin souffle sur le bistrot Le P'tit Zeph.

- Menu 39 € (déjeuner), 65/75 € - Carte 69/88 €

1 rue du Phare - ✆ 02 97 53 71 58 - www.grandlargue.fr - Fermé : lundi soir, mardi, dimanche soir

QUIMPER

⊠ 29000 - Finistère - Carte régionale n° **7**-B2

ALLIUM

Chef : Lionel Hénaff

CUISINE CRÉATIVE • CONTEMPORAIN Avec l'aide des internautes (sous la forme d'un financement participatif), Frédérique et Lionel Hénaff ont créé ici le restaurant de leurs rêves. La cuisine inventive du chef, joue une partition privilégiant les produits de première fraîcheur, multiplie à l'envi les ingrédients (herbes, fleurs) et avoue un faible pour les sauces au siphon. On s'attable dans une atmosphère sobre et élégante, ou même au comptoir avec quelques places face à la cuisine ouverte.

- Menu 34 € (déjeuner), 85/118 €

88 boulevard de Créac'h Gwen - ✆ 02 98 10 11 48 - www.restaurant-allium.fr - Fermé : lundi, dimanche

TI-COZ

CUISINE TRADITIONNELLE • COSY Une charmante auberge en pierre, à la fois rustique, élégante et moderne avec cet intérieur digne d'un club anglais. Le chef y prépare une savoureuse cuisine plutôt traditionnelle, qui fait la part belle aux meilleurs produits du terroir breton. Ancien sommelier il accompagne ses recettes d'une belle carte des vins (500 références).

- Menu 35/65 €

4 Hent-Koz - ✆ 02 98 94 50 02 - www.restaurantticoz.com - Fermé : lundi, mardi, dimanche soir

LA FERME DE L'ODET

CUISINE MODERNE • COSY Situation privilégiée pour cette ferme bordant l'Odet ; la terrasse, en particulier, ouvre sur les berges et les bois voisins. Un cadre champêtre qui se prête à la dégustation d'une cuisine bien tournée, allant à l'essentiel avec des produits de qualité. Intéressante formule au déjeuner et recettes plus pointues le soir.

- Menu 30 € (déjeuner) - Carte 39/64 €

74 chemin de la Baie-de-Kerogan – 02 98 95 63 13 – www.lafermedelodet.fr – Fermé : lundi soir, mardi soir, mercredi, dimanche soir

QUIMPERLÉ

29300 – Finistère – Carte régionale n° **7**–B2

LA CIGALE ÉGARÉE

CUISINE DU MARCHÉ • RUSTIQUE Une cigale en Bretagne plutôt cachée qu'égarée, dans son décor atypique d'esprit brocante et doté une jolie terrasse verdoyante. Séduisant menu du jour composé au gré du marché, de la pêche du jour et du potager, cultivé par un chef inspiré. Savoureuses recettes sans fard ni tralala (merlu rôti, petits légumes, jus de cuisson), mais rudement bien mitonnées.

- Menu 30 € (déjeuner), 50 €

8 rue d'Athenry - ZA Villeneuve-Braouic – 02 98 39 15 53 – www.cigaleegaree.com – Fermé : lundi, dimanche

✉ 35000 - Ille-et-Vilaine
Carte régionale n° **7**-D2

RENNES

La capitale de la région Bretagne n'a pas encore l'image gastronomique d'une ville comme Bordeaux ou Toulouse. Pourtant, entre mer et campagne, la ville des Transmusicales est en train de devenir un rendez-vous de "foodies" ! Elle le doit beaucoup à l'emblématique marché des Lices dont les premières traces remontent à 1622. Chaque samedi, quelque 300 producteurs et marchands accueillent 10 000 visiteurs dans deux halles historiques.

La proximité de la mer est une bénédiction pour les amateurs d'huîtres, qui trouveront de nombreux ostréiculteurs de Cancale et du Morbihan, ainsi que des coquilles Saint-Jacques en direct de la baie de St-Brieuc. Volailles, légumes, fruits ou encore cidres méritent aussi le détour. Évidemment, on ne quitte pas le marché sans avoir croqué dans une galette-saucisse, une tradition du pays.

HOLEN

Chef : Tugdual Debéthune

CUISINE DU MARCHÉ • TENDANCE "La saisonnalité dans l'assiette" : tel est le credo de ce chef talentueux, au parcours étincelant (Auberge de l'Ill, Michel Bras, Emile Jung). Ses recettes, aux influences bretonnes, confirment son attachement aux meilleurs produits : légumes de petits producteurs locaux élevés en permaculture, poissons issus de petits chaluts côtiers et non de pêche intensive (ce qui lui vaut d'être labélisé Greenfood). Holen possède également son potager et compost. Dans l'assiette, une cuisine éthique et goûteuse, finement réalisée d'un très bon rapport qualité prix, comme ces coquillages, mayonnaise au gingembre et navets croquants. À déguster dans un bistrot relooké et décontracté aux matières naturelles. Un petit bonheur.

L'engagement du chef : *Notre cuisine créative est inspirée par les produits de saison. Nous n'avons pas de stock pour éviter la péremption des denrées, nous faisons le marché trois fois par semaine. Maraîcher bio, pêche de petits bateaux, herbes aromatiques de mon jardin, compostage des déchets.*

- Menu 58/98 €

Plan : B3-2 - *2 rue des Carmes - ✆ 02 99 79 28 95 - restaurant-holen.fr - Fermé : lundi, dimanche*

IMA

Chef : Julien Lemarié

CUISINE CRÉATIVE • CONTEMPORAIN "La cuisine a toujours été pour moi un moyen de voyager", explique le chef Julien Lemarié, qui a promené ses couteaux de

Londres à Tokyo en passant par Singapour. Le nom de son restaurant, IMA, signifie "maintenant" en Japonais. Le menu dégustation navigue entre terroir rennais et influences subtilement asiatiques. Technicien sorcier, le chef transcende chacun des plats à coup de bouillons, d'infusions, d'épices aromatiques et d'algues. Plat signature évolutif, son œuf à la cuisson parfaite, jaune coulant et blanc crémeux, entouré d'une émulsion au foin. Ceux qui veulent vivre l'expérience à la japonaise s'installeront au comptoir.

L'engagement du chef : *Nos produits - œufs, beurre, crème, poissons, viande, légumes, herbes sauvages, algues pêchées à pied, tofu, miso - sont issus des circuits courts. Nous faisons également des commandes groupées avec plusieurs restaurants rennais, notamment pour les agrumes, certains poissons et bêtes sur pied. Nous réduisons le volume des déchets d'origine animale et végétale avec un déshydrateur-compacteur. Le substrat qui en est issu est donné à un producteur de légumes.*

Menu 55 € (déjeuner), 100/155 €

Plan : A3-3 - *20 boulevard de la Tour-d'Auvergne - ✆ 02 23 47 82 74 - www.ima.restaurant - Fermé : lundi, mardi, dimanche*

RACINES

Cheffe : Virginie Giboire

CUISINE MODERNE • ÉLÉGANT Quand une jeune cheffe rennaise pleine de talent, Virginie Giboire, flatte ses "Racines", cela donne une plaisante cuisine dans l'air du temps aux assiettes élégantes. Forte d'un CV en or massif (dont on retiendra seulement ses postes aux côtés de Guy Martin et de Thierry Marx qui, dit-elle "lui a tout appris"), elle compose une cuisine intelligente et limpide, qui tombe toujours juste, organisée autour d'une carte courte. Jeux de textures intéressants, subtilité des associations de saveurs, et toujours ces beaux produits, venus des nombreux petits producteurs bretons. Le tout dans un joli cadre moderne et lumineux.

♿ A/C - Menu 35 € (déjeuner), 60/75 €

Plan : A3-1 - *4 passage Antoinette Caillot - ✆ 02 99 65 64 21 - www.racines-restaurant.fr - Fermé : lundi, samedi midi, dimanche*

ESSENTIEL

CUISINE MODERNE • CONTEMPORAIN Sur le pittoresque canal d'Ille-et-Rance, un bâtiment original, tout de verre vêtu, prolongé d'une agréable terrasse face au canal. Bois, briques, structure métallique : le lieu évoque un loft urbain. Bien installée aux commandes, la cheffe Blandine Lucas y propose d'alléchantes assiettes bien dans l'air du temps.

♿ P - Menu 23 € (déjeuner), 34/55 €

Plan : A1-4 - *11 rue Armand-Rébillon - ✆ 02 99 14 25 14 - www.restaurantessentiel.com - Fermé : lundi, mardi soir, dimanche*

LE PARIS-BREST

CUISINE MODERNE • CONTEMPORAIN La désormais ultra-moderne gare de Rennes s'est choisie un cuisinier breton emblématique pour réinventer son "buffet de gare" : Christian le Squer, chef du restaurant 3 étoiles du George V à Paris. Il revisite avec gourmandise la cuisine traditionnelle de ses origines - ainsi le kouign amann salé en soupe de lait ribot, la poitrine de cochon confite et caramélisée, ou le Paris-Brest. Alliance de la technologie (TGV Paris-Rennes en 1h25), du design (Jouin-Manku) et de la gastronomie (avec une carte des vins élaborée par Eric Beaumard) : une réussite. On se régale.

♿ A/C - Menu 35 € - Carte 31/72 €

Plan : B3-5 - *Gare de Rennes - ✆ 02 99 53 59 89 - www.parisbrest.bzh*

LA PETITE OURSE

CUISINE DU MARCHÉ • SIMPLE De retour sur les lieux de leur rencontre, Charlotte et Germain ont ouvert ce restaurant à leur image : convivial et respirant la joie de vivre ! Le succès fut immédiat, et pour cause : produits choisis avec soin (maraîcher et volailles bio du coin, idem pour le pain paysan), assiettes pleines de goût et de bonnes idées, cuisine simple et efficace à des tarifs plus que raisonnables...

Menu 19/24 €

Plan : A3-6 – *48 boulevard de la Liberté – ✆ 09 52 84 33 61 – www.restaurantlapetiteourse.com – Fermé : samedi, dimanche et le soir*

BERCAIL

CUISINE DU MARCHÉ • CONVIVIAL Dans un coin animé du vieux centre, deux jeunes pleins de talent, Sibylle et Grégoire, composent à quatre mains un menu surprise de premier ordre, à la gloire des petits producteurs et de la cueillette. Les assiettes pétillent de saveurs, on les accompagne d'un excellent pain au levain maison et de vins judicieusement choisis. Une adresse attachante.

Menu 60 €

Plan : B2-8 – *33 rue Saint-Melaine – ✆ 02 99 87 50 25 – www.bercail-penates.com – Fermé : lundi, dimanche et le midi*

LA FONTAINE AUX PERLES

CUISINE MODERNE • ÉLÉGANT Ce petit manoir du 19e s., assoupi à l'ombre d'un jardin arboré, propose une cuisine d'inspiration régionale, au plus près des saisons, avec une prédilection pour les produits de la mer. On s'installe dans les salons contemporains et design, riches en œuvres d'art, ou sur la jolie terrasse, en été.

– Menu 34 € (déjeuner), 51/95 € - Carte 50/95 €

Hors plan – *96 rue de la Poterie – ✆ 02 99 53 90 90 – www.lafontaineauxperles.com – Fermé : lundi, dimanche*

LES FRANGINS Ⓝ

CUISINE ACTUELLE • CONTEMPORAIN Place de Bretagne, à deux pas du canal d'Ille et Rance, les deux frangins accueillent dans cette adresse moderne où le bleu domine. Gnocchettis, comté, huile de truffe, paleron de veau confit à la carotte : on vient ici pour déguster de bons petits plats mitonnés façon bistronomie, repérés sur une ardoise constamment renouvelée au gré du temps qu'il fait. Déjeuner à prix canon ; propositions plus ambitieuses le soir.

– Menu 18 € (déjeuner), 35/40 €

Plan : A2-10 – *4 place de Bretagne – ✆ 02 99 30 42 01 – www.lesfranginsrennes.com – Fermé : samedi midi, dimanche*

IMAYOKO Ⓝ

CUISINE JAPONAISE • BISTRO Voici l'annexe de la table étoilée et japonisante du chef Julien Lemarié (IMA). Ce dernier propose au déjeuner un concept de donburi, ce plat nippon à base de riz agrémenté de différents ingrédients, au gré de la saison ou de l'inspiration. Le soir, la formule passe en version izakaya (l'équivalent de notre petit bistrot) avec des assiettes à partager. Petite salle contemporaine vert kaki, tables normales ou hautes, comptoir avec quelques tabourets.

Menu 22/30 € - Carte 30/35 €

Plan : A3-11 – *20 boulevard de la Tour-d'Auvergne – ✆ 02 99 52 03 46 – imayoko.restaurant – Fermé : lundi, samedi midi, dimanche*

PIERRE - RESTAURANT DE COPAINS

CUISINE MODERNE • CONTEMPORAIN Pierre Eon, jeune chef médiatisé lors de Top Chef 2016, a ouvert cette table dans sa ville natale. Dans un cadre actuel, il propose une goûteuse cuisine du marché aux influences bistrotières agréablement dépoussiérées - maquereau au vin blanc, sauté de veau, mais aussi, au dîner, une "bouillabreizh" (saint-pierre, langoustines, dorade). C'est soigné, franc, et parfumé. Bien joué.

– Menu 19 € (déjeuner) - Carte 42/52 €

Plan : A2-9 – *33 rue Nantaise – ✆ 02 99 65 51 30 – pierrerestaurantdecopains.com – Fermé : samedi, dimanche*

LA TABLE DU BALTHAZAR

CUISINE MODERNE • CONTEMPORAIN Au sein du meilleur hôtel de la ville, un restaurant au cadre chic et contemporain. La cuisine, bien dans son époque, est

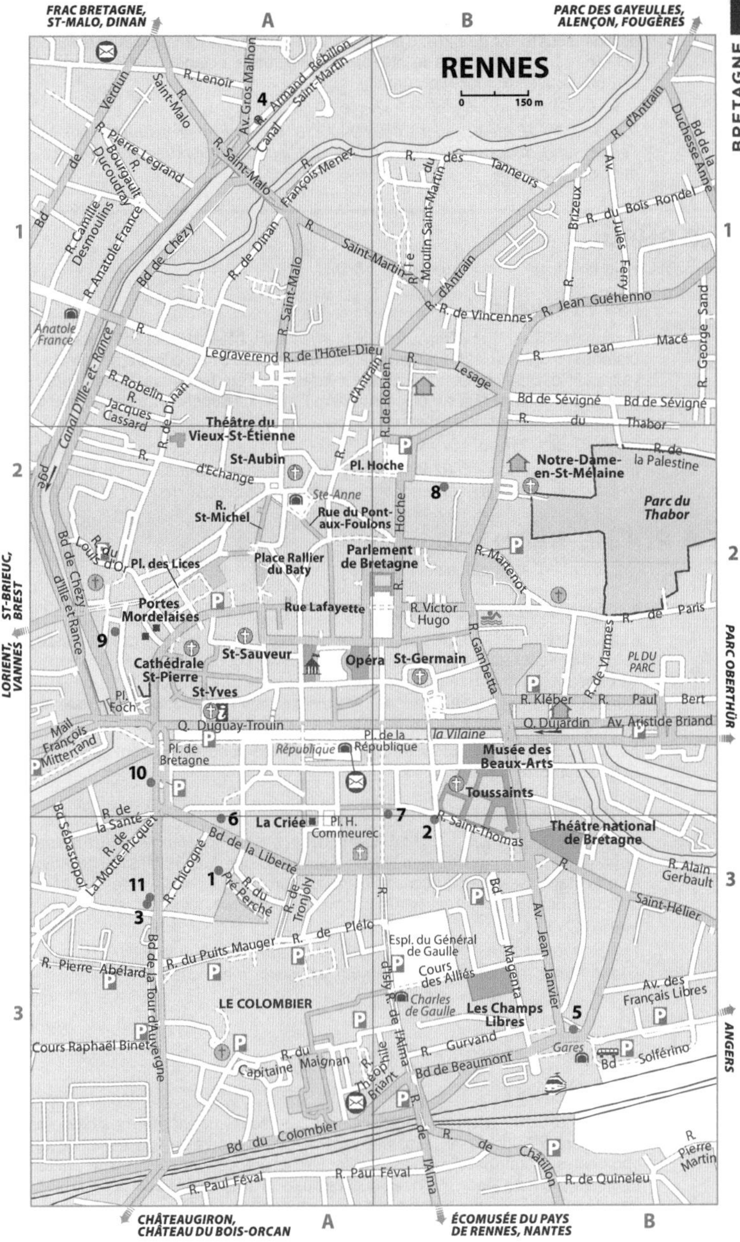

RENNES

0 150 m

A B

FRAC BRETAGNE, ST-MALO, DINAN

PARC DES GAYEULLES, ALENÇON, FOUGÈRES

ST-BRIEUC, BREST

LORIENT, VANNES

PARC OBERTHÜR

ANGERS

CHÂTEAUGIRON, CHÂTEAU DU BOIS-ORCAN

ÉCOMUSÉE DU PAYS DE RENNES, NANTES

1 2 3

R. Lenoir
Av. Gros Malhon
R. Armand Rébillon
Canal Saint-Martin
Bd de Verdun
R. Saint-Malo
R. Pierre Legrand
R. Bourgault
R. Ducoudray
R. Saint-Malo
R. François Menez
R. du Moulin Saint-Martin
R. des Tanneurs
R. d'Antrain
Bd de la Duchesse Anne
Av. Brizeux
R. du Bois Rondel
Av. Jules Ferry
R. Camille Desmoulins
R. Anatole France
Bd de Chézy
R. de Dinan
R. Saint-Malo
R. Saint-Martin
R. le
R. d'Antrain
R. de Vincennes
R. Jean Guéhenno
R. George Sand
Anatole France
R. Legraverend
R. de l'Hôtel-Dieu
R. Jean Macé
R. Lesage
R. Robelin
R. Jacques Cassard
Canal d'Ille-et-Rance
R. d'Antrain
R. de Robien
Bd de Sévigné
Bd de Sévigné
R. du Thabor
Théâtre du Vieux-St-Étienne
R. de Dinan
St-Aubin
R. d'Echange
Pl. Hoche
R. Hoche
Notre-Dame-en-St-Melaine
R. de la Palestine
Ste-Anne
8
Parc du Thabor
R. St-Michel
Rue du Pont-aux-Foulons
R. du Louis d'Or
Pl. des Lices
Place Rallier du Baty
Parlement de Bretagne
R. Martenot
Bd de Chézy
Bd d'Ille et Rance
Portes Mordelaises
Rue Lafayette
R. Victor Hugo
R. de Paris
9
R. Gambetta
Cathédrale St-Pierre
St-Sauveur
Opéra
St-Germain
R. de Viarmes
PL DU PARC
St-Yves
Pl. Foch
R. Kléber
R. Paul Bert
Q. Duguay-Trouin
Q. Dujardin
Av. Aristide Briand
Mail François Mitterrand
Pl. de la République
la Vilaine
République
Pl. de Bretagne
Musée des Beaux-Arts
10
Toussaints
Bd Sébastopol
R. de la Santé
6
La Criée
Pl. H. Commeurec
7
2
R. Saint-Thomas
Théâtre national de Bretagne
R. de la Motte-Picquet
Bd de la Liberté
R. Alain Gerbault
R. Chicogné
1
R. du Pré Perché
R. de Tronjoly
R. Saint-Hélier
11
3
Bd Magenta
Av. Jean Janvier
R. de Plélo
Bd de la Tour d'Auvergne
R. du Puits Mauger
Espl. du Général de Gaulle
R. Pierre Abélard
Cours des Alliés
Av. des Français Libres
LE COLOMBIER
Charles de Gaulle
Les Champs Libres
5
Cours Raphaël Binet
R. du Capitaine Maignan
R. Théophile Briant
R. d'Isly
R. de l'Alma
R. Gurvand
Gares
Bd Solférino
Bd de Beaumont
Bd du Colombier
R. de Châtillon
R. Pierre Martin
R. Paul Féval
R. Paul Féval
R. de Quineleu
R. de l'Alma

déclinée sous forme de carte au fil des saisons. Fraîcheur de tomates cerise et melon, gelée de citron ; médaillons de lotte basse température, écume curry, courgettes et oignons nouveaux... Jolie cour-jardin.

- Menu 39/69 € - Carte 52/122 €

Plan : B2-7 - *28 rue Vasselot - 02 99 32 76 14 - www.hotel-balthazar.com - Fermé : lundi midi, mardi midi, mercredi midi, jeudi midi, vendredi midi, samedi midi, dimanche soir*

LE RHEU

35650 - Ille-et-Vilaine - Carte régionale n° **7**-D2

LES TOURELLES

CUISINE MODERNE • ROMANTIQUE Bienvenue au château ! Installez-vous sous les plafonds en ogive et les boiseries pour découvrir une cuisine d'aujourd'hui, créative, valorisant les produits locaux. À déguster en terrasse, l'été, face au vaste parc. Offrez-vous le plaisir d'une nuit sur place, soit dans l'ancienne dépendance (8 chambres), soit dans le château lui-même...

- Menu 40/73 €

Route de Chavagne - 02 99 14 80 66 - www.chateau-apigne.fr - Fermé : lundi, mardi midi, mercredi midi, jeudi midi, vendredi midi, samedi midi, dimanche soir

LA ROCHE-BERNARD

56130 - Morbihan - Carte régionale n° **7**-C3

AUBERGE DES DEUX MAGOTS

CUISINE MODERNE • CONTEMPORAIN Deux anciens du domaine de la Bretesche (à Missillac) ont repris cette ancienne auberge. Ils y proposent une cuisine soignée, parfumée et sagement créative, à des prix défiant toute concurrence. Et, par-dessus le marché, le chef fait le pain lui-même... Fraîcheur, saveurs : une adresse appétissante !

- Menu 25 € (déjeuner), 32/55 €

1 place du Bouffay - 02 99 90 60 75 - www.aubergedesdeuxmagots.fr - Fermé : lundi, dimanche soir

L'AUBERGE BRETONNE

CUISINE MODERNE • CLASSIQUE Ne vous fiez pas aux apparences... Cette maison de granit n'a pas un cœur de pierre ! À l'image de la cuisine du chef, dans l'air du temps et respectant les saisons, qui console bien des gourmands. À cela s'ajoute le joli décor de la salle, donnant sur un petit jardin où poussent des herbes aromatiques. Attrayant !

Menu 42/71 €

1 place Duguesclin - 02 99 90 60 28 - www.auberge-bretonne.com - Fermé : lundi, mardi midi, mercredi midi, jeudi midi, dimanche

ROHAN

56580 - Morbihan - Carte régionale n° **7**-C2

L'EAU D'OUST

CUISINE TRADITIONNELLE • RÉGIONAL Dans cette ancienne ferme située près de la rivière de l'Oust, la salle à manger sagement contemporaine, égayée de poutres apparentes, est une belle invite à s'attabler. Le chef propose une cuisine d'inspiration traditionnelle, mâtinée de quelques touches plus actuelles, réalisée à partir de produits frais de saison. Plaisante terrasse et service souriant.

- Menu 19 € (déjeuner), 32/92 € - Carte 40/109 €

6 rue du Lac - 02 97 38 91 86 - www.leaudoust.fr - Fermé : mardi soir, mercredi, dimanche soir

ROSCOFF

✉ 29680 - Finistère - Carte régionale n° **7**-B1

LE BRITTANY

CUISINE MODERNE • RUSTIQUE Ce Brittany est bien élégant avec sa grande cheminée en pierre et ses fenêtres voûtées s'ouvrant sur le spectacle splendide de la baie. Au menu : une belle gastronomie marine, portée par l'extrême qualité et la fraîcheur océane des produits de la région. Les assiettes de Loïc Le Bail louchent aussi vers le pays de Mishima et Miyazaki, et ça ne doit rien au hasard : sa femme et son sous-chef sont Japonais tous les deux. Le cadre magnifique, en bord de mer, invite à la méditation.

- Menu 85/125 € - Carte 100/160 €

22 boulevard Sainte-Barbe - ✆ 02 98 69 70 78 - www.hotel-brittany.com - Fermé : lundi et le midi

ST-AVÉ

✉ 56890 - Morbihan - Carte régionale n° **7**-A3

LE PRESSOIR

Chef : Vincent David

CUISINE CRÉATIVE • ÉPURÉ Le chef Vincent David, natif de Saint-Brieuc, a fréquenté cette institution vannetaise en culotte courte avec ses grands-parents. C'est d'ailleurs là qu'il a pris goût à la cuisine des restaurants étoilés. Quelques décennies plus tard, après avoir convaincu de son talent des chefs comme Dominique Bouchet ou Marc Meneau, il a repris cette maison emblématique au décor désormais épuré. Passionné par les mariages terre-mer, il signe une cuisine d'auteur soignée, où des produits de belle qualité sont conjugués avec équilibre.

- Menu 36 € (déjeuner), 55/110 €

7 rue de l'Hôpital - ✆ 02 97 60 87 63 - www.le-pressoir.fr - Fermé : lundi, mardi, dimanche soir

ST-BRIEUC

✉ 22000 - Côtes-d'Armor - Carte régionale n° **7**-C2

AUX PESKED

Chef : Mathieu Aumont

POISSONS ET FRUITS DE MER • DESIGN En ville... et déjà à la campagne : décorée dans un style résolument contemporain, cette maison offre une vue plongeante sur les rives verdoyantes du Gouët. Logiquement, les pesked ("poissons" en breton) sont à l'honneur, très frais et cuisinés avec soin et tendresse par le chef Mathieu Aumont : ainsi les ormeaux sauvages sont-ils massés trois jours durant pour les rendre onctueux et d'une texture irréprochable. On profite aussi des conseils judicieux de madame pour les accords mets et vins. Une cuisine iodée, d'une justesse parfaite.

- Menu 58/105 €

59 rue du Légué - ✆ 02 96 33 34 65 - www.auxpesked.com - Fermé : lundi, samedi midi, dimanche

Ô SAVEURS

CUISINE MODERNE • CONTEMPORAIN Ce n'est probablement pas le charme du quartier, à proximité de la gare, qui vous attirera ici ; mais cela n'a pas d'importance, car cette adresse se suffit à elle-même. Qu'on en juge : tartare d'huître et saumon, courgettes croquantes, gelée au citron, écume crémeuse à l'aneth ; cabillaud en croûte, bisque de langoustine et cocos de Paimpol ; millefeuille, crème légère au poivre de Timut et ananas rôti...

- Menu 34/59 € - Carte 47/54 €

10 rue Jules-Ferry - ✆ 02 96 94 05 34 - www.osaveurs-restaurant.com - Fermé : lundi, mardi soir, mercredi soir, dimanche

L'AIR DU TEMPS

CUISINE MODERNE • DESIGN Une jolie maison ancienne à la façade en granit gris au cœur de la ville, le mariage réussi du décor d'origine et d'éléments modernes, une terrasse patio pour manger au calme : l'adresse a réussi son déménagement ! Côté fourneaux, la cheffe mitonne toujours des recettes traditionnelles proposées à des prix plutôt doux.

- Menu 20 € - Carte 32/55 €

6 Rue Sainte-Barbe - 02 96 68 58 40 - www.airdutemps.fr - Fermé : lundi, dimanche

LA CROIX BLANCHE

CUISINE MODERNE • ÉLÉGANT Deux frères : l'un en cuisine, l'autre en salle... On travaille en famille dans ce plaisant restaurant ouvert sur un joli jardin. La cuisine est gourmande et raffinée, à l'image de cette excellente pannacotta Dubarry à l'émietté de tourteau et émulsion de crustacés. Un rapport plaisir-prix à marquer d'une croix blanche.

- Menu 24 € (déjeuner), 36/82 € - Carte 65/105 €

61 rue de Genève, Cesson - 02 96 33 16 97 - www.restaurant-lacroixblanche.fr - Fermé : lundi, dimanche soir

ST-GILDAS-DE-RHUYS

56730 - Morbihan - Carte régionale n° **7**-A3

LE VERT D'O

CUISINE MODERNE • CONVIVIAL Installez-vous sur la belle terrasse avec vue sur la mer de cette coquette maison, ou bien encore dans une petite salle au look de bistrot contemporain avec mobilier en bois et baies vitrées. On profite alors des jolies assiettes de la cheffe, mettant en valeur les produits locaux.

- Menu 32/55 €

94 rue de Guernevé - 02 97 45 25 25 - www.levertdo.fr - Fermé : lundi, mardi midi

ST-GRÉGOIRE

35760 - Ille-et-Vilaine - Carte régionale n° **7**-D2

RONAN KERVARREC - LE SAISON N

Chef : Ronan Kervarrec

CUISINE MODERNE • ÉLÉGANT Un hommage vivant et gourmand à la Bretagne ! Le chef breton, évidemment, Ronan Kervarrec (Hostellerie Plaisance à Saint-Émilion et La Chèvre d'Or à Eze), est revenu dans sa région pour raconter en cuisine son histoire, personnelle et professionnelle. Et elle vaut la peine d'être écoutée, pardon goûtée, cette histoire gourmande, ponctuée de sarrasin, lait ribot, poissons, coquillages, crustacés, beurre, algues, gavotte, chouchen et autre sablé breton... Le décor a été entièrement rénové dans un goût contemporain. De larges baies vitrées donnent côté terrasse, face au charmant jardin. Chambres pour l'étape.

AC P - Menu 58 € (déjeuner), 90/175 €

1 impasse du Vieux-Bourg - 02 99 68 79 35 - www.le-saison.com - Fermé : lundi, dimanche

aetb/Getty Images Plus

✉ 35400 - Ille-et-Vilaine
Carte régionale n° **7**-D1

ST-MALO

Ses toits d'ardoises jaillissent par-delà les remparts granitiques sur lesquels trône son chemin de ronde. Ouvrez grand vos sens : dans la Cité corsaire, tout se hume, se vit et se goûte. Visitez le comptoir des épices Roellinger, reflet de l'esprit voyageur du cuisinier cancalais. Goûtez les beurres d'un artisan réputé, Jean-Yves Bordier, familier de bien des tables étoilées. Un peu plus loin, découvrez le sarrasin, une petite graine bretonne qui a la cote, dans une boutique imaginée par le créateur des Breizh Café, Bertrand Larcher. Miels, biscuits, tuiles, bonbons... la diversité des produits est surprenante. Enfin, pour déguster les délices de la mer, poissons et surtout crustacés et coquillages (huîtres, coquilles Saint-Jacques, araignée de mer, prairies, tourteaux et homards), rendez-vous sur les nombreux marchés !

LE ST-PLACIDE

Chef : Luc Mobihan

CUISINE CRÉATIVE • CONTEMPORAIN En retrait de l'agitation touristique, dans ce quartier apprécié des Malouins, un bel écrin contemporain (courbes organiques, un peu de Fornasetti, suspensions Tom Dixon...). Il abrite le chef Luc Mobihan, grand spécialiste des produits iodés et des légumes du terroir, passé au Château de la Chenevière à Port-en-Bessin et à l'Amphitryon de Lorient, où il fut le second de Jean-Paul Abadie. Il concocte une jolie cuisine en prise avec son époque, à l'image de ce petit rouget avec chair d'araignée, choux de Bruxelles et safran de Bretagne. Quant à son épouse, Isabelle, elle donne libre cours à son goût pour les arts – ceux de la table – et à sa passion pour les bons vins (Champagne, Loire, Bourgogne...). Accueil prévenant.

♿ AC - Menu 52/120 €

Plan : B3-1 - *6 place du Poncel, St-Servan-sur-Mer - ✆ 02 99 81 70 73 - www.st-placide.com - Fermé : lundi, mardi, dimanche soir*

LE COMPTOIR BREIZH CAFÉ

CUISINE BRETONNE • CONVIVIAL Le Breizh Café est né d'une intuition géniale : celle de mixer la tradition bretonne avec une mise en scène japonaise. Produits locaux (blé noir, huîtres, beurre, cidre), quelques touches exotiques (des galettes en "rolls" façon maki pour l'apéritif, des pickles de légumes, un choix de sakés..) et des tabourets au comptoir face à l'action... À vous de jouer.

Carte 19/40 €

Plan : D3-6 - *6 rue de l'Orme - ✆ 02 99 56 96 08 - www.breizhcafe.com - Fermé : lundi, mardi*

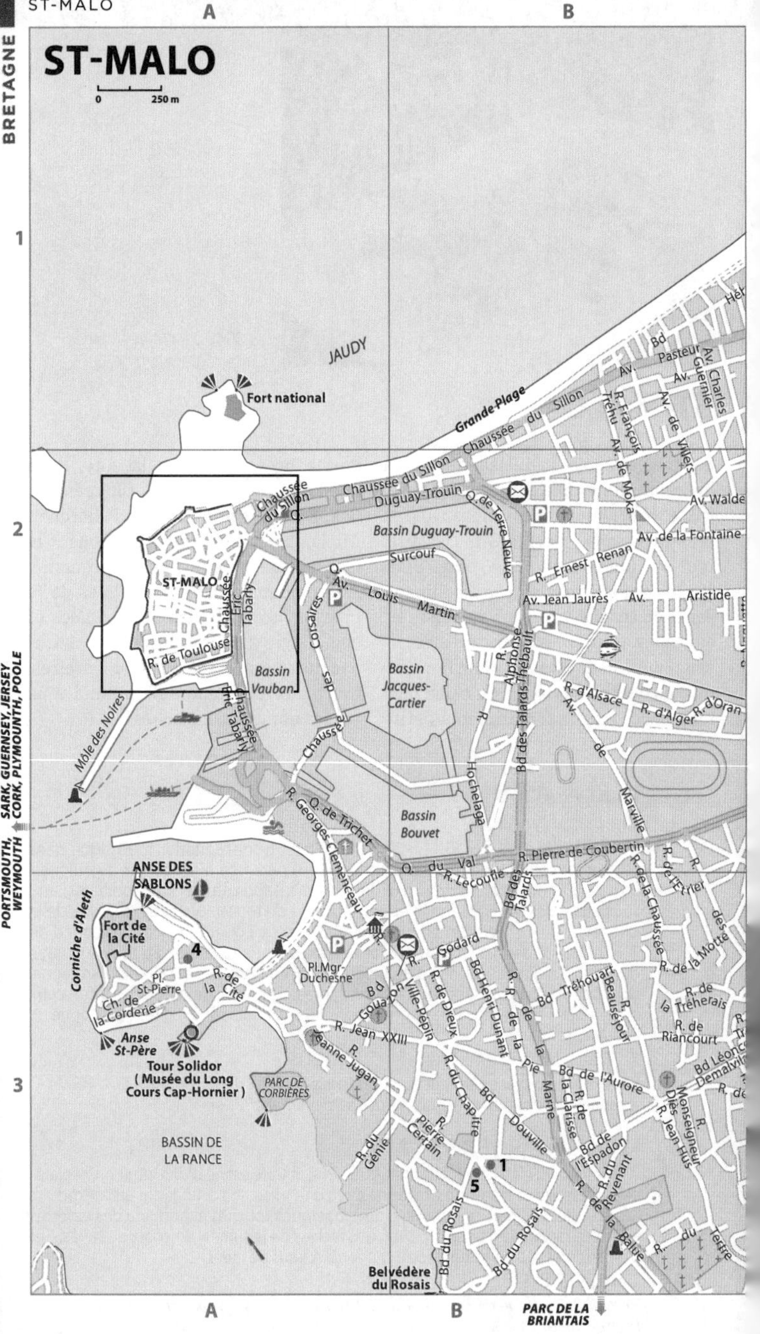

ST-MALO

0 250 m

A
B
1
2
3

JAUDY
Fort national
Grande Plage
Chaussée du Sillon
Bassin Duguay-Trouin
Q. Duguay-Trouin
Q. de Terre Neuve
Surcouf
Q. des Corsaires
Av. Louis Martin
ST-MALO
Chaussée Eric Tabarly
R. de Toulouse
Bassin Vauban
Bassin Jacques-Cartier
Bassin Bouvet
Môle des Noires
PORTSMOUTH, WEYMOUTH
SARK, GUERNSEY, JERSEY CORK, PLYMOUTH, POOLE
Q. de Trichet
R. Georges Clemenceau
Q. du Val
R. Lecourle
R. Pierre de Coubertin
R. Hochelaga
Bd des Talards
R. Alphonse Thébault
Av. Jean Jaurès
Av. Aristide
R. Ernest Renan
Av. de la Fontaine
Av. Walde
Av. de Moka
Av. de Villers
R. François Tréhu
Av. Guernier
Av. Charles
Bd Pasteur
R. d'Alsace
R. d'Alger
R. d'Oran
Av. de Marville
R. de la Chaussée
R. de l'Etrier
R. des
R. de la Motte
ANSE DES SABLONS
Corniche d'Aleth
Fort de la Cité
Pl. St-Pierre
Ch. de la Corderie
R. de la Cité
Anse St-Père
Tour Solidor (Musée du Long Cours Cap-Hornier)
PARC DE CORBIÈRES
BASSIN DE LA RANCE
Pl. Mgr-Duchesne
Bd Gouazon
R. Ville-Pépin
R. Godard
R. de Dreux
Bd Henri Dunant
Bd Tréhouart
R. Beausejour
R. de la Tréherais
R. de Riancourt
Bd Léonce Demalvilain
R. Jean XXIII
R. Jeanne Jugan
R. du Chapitre
R. de la Pie
R. de la Marne
Bd de l'Aurore
R. de la Clarisse
R. Dies
Monseigneur
R. Jean Hus
Bd Douville
Bd de l'Espadon
R. du Revenant
R. de la Balue
R. Pierre Certain
R. du Génie
Bd du Rosais
R. du Tertre
Belvédère du Rosais
PARC DE LA BRIANTAIS
1
4
5

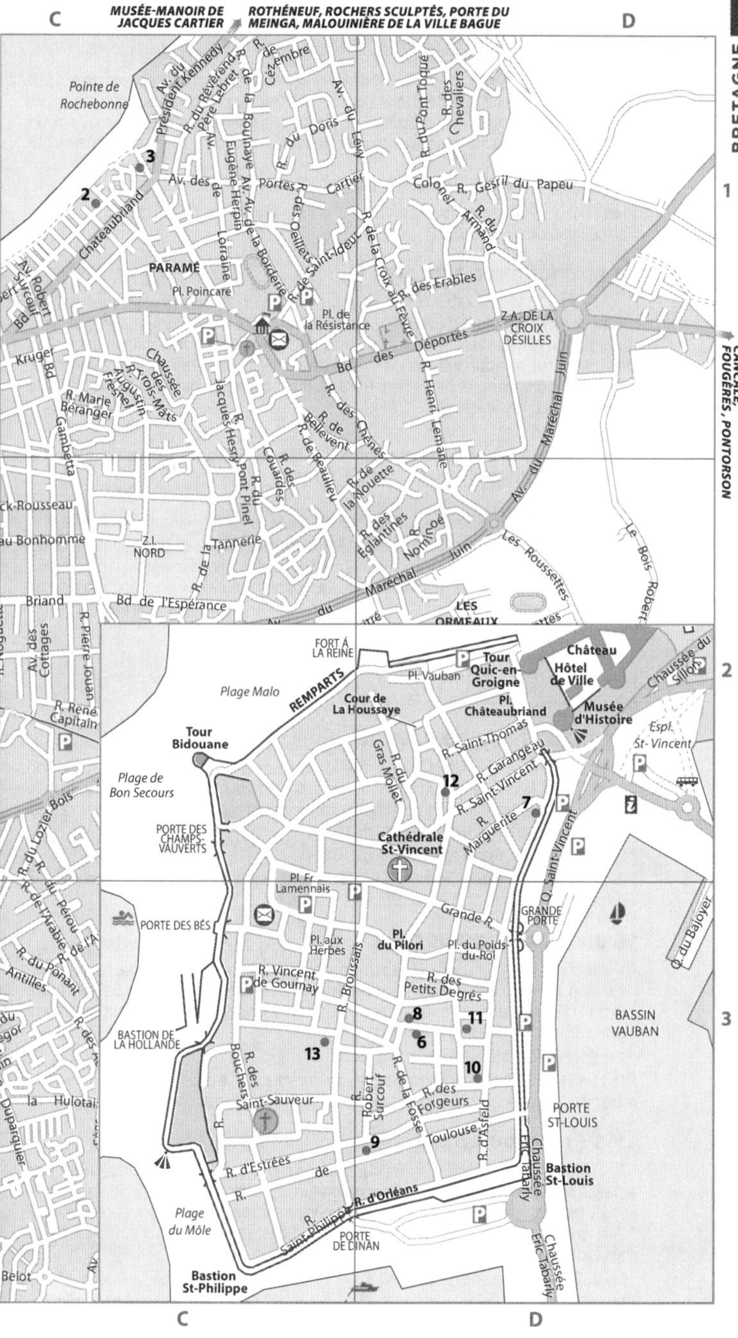
C
MUSÉE-MANOIR DE JACQUES CARTIER
ROTHÉNEUF, ROCHERS SCULPTÉS, PORTE DU MEINGA, MALOUINIÈRE DE LA VILLE BAGUE
D
1
2
3
CANCALE, FOUGÈRES, PONTORSON
Pointe de Rochebonne
PARAMÉ
Pl. Poincaré
Pl. de la Résistance
Z.A. DE LA CROIX DÉSILLES
Z.I. NORD
LES ORMEAUX
Av. du Président Kennedy
R. du Révérend Père Lebret
R. de la Boulnaye
R. de Cézembre
R. du Doris
Av. du Lévy
R. du Pont Toqué
R. des Chevaliers
Av. des Portes Cartier
R. Gesril du Papeu
Colonel Armand
Chateaubriand
Av. de Lorraine
Av. Eugène Herpin
Av. de la Borderie
R. des Oeillets
R. de Saint-Ideuc
R. de la Croix au Fèvre
R. des Erables
Bd des Déportés
R. Henri Lemaire
Av. du Maréchal Juin
Av. Robert Surcouf
Bd Kruger
Chaussée des Trois-Mâts
R. Augustin Fresnel
R. Marie Béranger
Bd Gambetta
R. Jacques Hesry
R. Pont Pinel
R. des Chênes
R. de Bellevent
R. de Beaulieu
R. des Couardes
R. de la Nouette
R. des Eglantines
R. Nominoë
R. du Tannerie
Bd de l'Espérance
Briand
Les Roussettes
Le Bois Robert
Av. des Cottages
R. Pierre Jouan
R. René Capitain
R. du Lozier
R. du Pérou
R. de l'Arabie
R. du Ponant
Antilles
la Hulotais
R. Duparquier
Belot
Plage Malo
Plage de Bon Secours
Plage du Môle
REMPARTS
FORT À LA REINE
Tour Bidouane
PORTE DES CHAMPS-VAUVERTS
PORTE DES BÉS
BASTION DE LA HOLLANDE
Bastion St-Philippe
PORTE DE DINAN
Pl. Vauban
Tour Quic-en-Groigne
Château
Hôtel de Ville
Musée d'Histoire
Pl. Châteaubriand
Cour de La Houssaye
R. du Gras Mollet
R. Saint-Thomas
R. Garangeau
R. Saint-Vincent
R. Marguerite
Cathédrale St-Vincent
Pl. Fr. Lamennais
Grande R.
GRANDE PORTE
Pl. du Pilori
Pl. aux Herbes
Pl. du Poids-du-Roi
R. Vincent de Gournay
R. Broussais
R. des Petits Degrés
R. des Bouchers
R. Saint-Sauveur
R. Robert Surcouf
R. de la Fosse
R. des Forgeurs
R. de Toulouse
R. d'Asfeld
R. d'Estrées
R. d'Orléans
R. Saint-Philippe
Chaussée Eric Tabarly
Bastion St-Louis
PORTE ST-LOUIS
Q. Saint-Vincent
Chaussée du Sillon
Espl. St-Vincent
BASSIN VAUBAN
Q. du Bajoyer
2
3
6
7
8
9
10
11
12
13

FIDELIS Ⓝ

CUISINE MODERNE • CONTEMPORAIN Face aux remparts, un couple de pro fait un carton plein avec une délicieuse cuisine de tradition exécutée avec élégance : soupe de petits pois frais, onctueuse et pleine de saveurs ; excellente volaille rôtie à la peau, croustillante et fondante, délicieuse purée de carottes avec une petite pointe de gingembre...

- Menu 30 € - Carte 40/70 €

Plan : D2-7 – *10 rue Jacques-Cartier – ✆ 02 99 40 97 27 – fidelis.metro.rest – Fermé : mardi, mercredi*

LA FOURCHETTE À DROITE Ⓝ

CUISINE ACTUELLE • COSY Ces deux pros ont peut-être placé votre fourchette à droite, mais ils sont loin d'avoir deux mains gauches. En témoignent l'accueil sympathique de la maîtresse maison (qui est gauchère) et la cuisine de son mari chef. Dans l'assiette, on apprécie une jolie leçon de choses qui met la Bretagne à l'honneur avec de beaux produits de saison. Réservation conseillée dans cette toute petite salle à manger chaleureuse.

Menu 34/43 €

Plan : C3-13 – *2 rue de la Pie-qui-Boit – ✆ 02 99 40 97 25 – www.restaurant-lafourchetteadroite.fr – Fermé : mercredi, jeudi*

AR INIZ

CUISINE MODERNE • CONTEMPORAIN Attention terrasse en vue ! Dans cette adresse un brin modeuse et décontractée, on ne voit qu'elle, face à la superbe grande plage de Saint-Malo et la mer turquoise. Les jours de pluie (il y en a !), on se réfugie dans une salle moderne pour choisir un plat dans une carte qui godille entre recettes traditionnelles, ingrédients bretons et touches actuelles.

- Menu 34 € - Carte 40/65 €

Plan : C1-2 – *8 boulevard Hébert – ✆ 02 99 56 01 19 – www.ariniz.com – Fermé : lundi, mardi, dimanche soir*

BISTRO AUTOUR DU BEURRE

CUISINE MODERNE • CONTEMPORAIN Le restaurant attenant à la célèbre maison Bordier, dont le beurre se retrouve sur les plus grandes tables. A la carte, on trouve une cuisine de saison faisant la part belle aux produits régionaux et aux divers beurres aromatisés : sarrasin, framboise, yuzu, algues...

Menu 23 € (déjeuner) - Carte 52/68 €

Plan : D3-8 – *7 rue de l'Orme – ✆ 02 23 18 25 81 – www.lebeurrebordier.com – Fermé : lundi, mardi soir, mercredi soir, dimanche*

LE BISTROT DE SOLIDOR

CUISINE DU MARCHÉ • BISTRO Une ardoise alléchante qui privilégie les produits de saison, une jolie véranda permettant de profiter d'une vue sur la tour Solidor toute proche, une ambiance conviviale assurée par le truculent patron, le tout tenu avec soin... Cette table présente de solides atouts.

- Menu 22/32 € - Carte 45/52 €

Plan : A3-4 – *1 place St-Pierre, St-Servan-sur-Mer – ✆ 02 99 21 04 87 – www.lebistrotdesolidor.com – Fermé : lundi, samedi midi, dimanche*

LE BISTROT DU ROCHER

CUISINE DU MARCHÉ • BISTRO Un peu en retrait de l'animation malouine, une adresse simple et conviviale, emmenée par un jeune chef passionné. Sa cuisine fait la part belle au marché (rillettes de sardines ; daurade sauvage, poireaux et chou-fleur) avec pain maison et vins nature. Menu imbattable à midi en semaine, ardoise plus étoffée le soir et le week-end.

Menu 25 € (déjeuner), 30/50 €

Plan : D3-9 – *19 rue de Toulouse – ✆ 02 99 40 82 05 – Fermé : lundi soir, mardi soir, mercredi*

BISTROT LE PONCEL

CUISINE TRADITIONNELLE • **CONVIVIAL** Ce restaurant bien connu des Malouins affiche souvent complet ! Que ce soit à midi (menu unique) ou le soir, fraîcheur des produits, simplicité et saveurs sont au rendez-vous. Le tout à savourer dans un décor résolument bistrot. Un bon moment en perspective...

- Menu 30 € (déjeuner), 40/50 € - Carte 52/61 €

Plan : B3-5 - *3 place du Poncel, St-Servan-sur-Mer - 02 99 19 57 26 - www.restaurant-bistrot-le-poncel.fr - Fermé : lundi, mardi soir, dimanche*

LE CAMBUSIER

CUISINE MODERNE • **CONTEMPORAIN** Au cœur de la cité historique, bienvenue dans ce bar à vins lumineux. La patronne, sommelière, se dit "Bretonne 100% pur beurre", mais déniche de bons petits vins des quatre coins de la France ! En cuisine, son mari célèbre les produits de la côte : maquereaux marinés aux poireaux et gingembre, dos de cabillaud et jus d'huîtres...

Menu 34/43 €

Plan : D3-10 - *6 rue des Cordiers - 02 99 20 18 42 - www.cambusier.fr - Fermé : mardi, mercredi*

LE COUDE À COUDE

CUISINE DU MARCHÉ • **CONTEMPORAIN** Autodidacte mais issu d'une famille de restaurateurs du Mont-Saint-Michel, le chef tient ici une table chaleureuse, pleine de charme avec sa grande salle lumineuse. Sa cuisine n'est pas en reste, aussi raffinée qu'inventive, à découvrir au gré d'une formule au bon rapport qualité-prix à midi, et d'une carte plus étoffée le soir.

- Menu 30/45 € - Carte 53/60 €

Plan : C1-3 - *79 boulevard de Rochebonne - 02 99 20 85 52 - www.coudeacoude.fr - Fermé : lundi, mardi*

CRÊPERIE GRAIN NOIR

CUISINE BRETONNE • **BISTRO** Après une première expérience à Paris, Marie et Romain se sont lancés dans cette aventure en Bretagne Nord. La façade annonce clairement la couleur ("farine bio bretonne, charcuterie fermière bio, légumes du marché, cidres et vins nature") et les crêpes, gourmandes à souhait, tiennent toutes leurs promesses. Un super plan.

Carte 15/25 €

Plan : D3-11 - *16 rue de la Herse - 02 23 17 56 79 - Fermé : lundi, dimanche*

MÉSON CHALUT N

POISSONS ET FRUITS DE MER • **ÉLÉGANT** Dans sa "méson" (qui signifie bien "maison" en langue gallo de Haute-Bretagne), le chef propriétaire joue la carte bretonne en valorisant produits de la mer et autres ingrédients régionaux (sarrasin, lait ribot, coco de Paimpol, beurre salé...) avec fraîcheur, goût et respect de la nature, tout en s'approvisionnant localement.

AC - Menu 31 € (déjeuner), 59/89 € - Carte 75/85 €

Plan : D2-12 - *8 rue de la Corne-de-Cerf - 02 99 56 71 58 - www.meson-chalut.bzh - Fermé : lundi, mardi*

ST-PIERRE-QUIBERON

56510 - Morbihan - Carte régionale n° -

LE PETIT HÔTEL DU GRAND LARGE

Chef : Hervé Bourdon

POISSONS ET FRUITS DE MER • **BISTRO** Décidément, la publicité mène à tout... à condition d'en sortir ! Hervé Bourdon, ancien directeur artistique parisien, et son épouse Catherine, ont tout plaqué pour reprendre et transformé ce petit hôtel-restaurant. À moins de vingt mètres de la mer, sur le pittoresque port de Portivy, l'emplacement est idyllique : air iodé, embruns et soleils rougeoyants... Autour d'un menu unique sans choix, on découvre des assiettes résolument locavores, avec poissons et coquillages, mais aussi herbes, fleurs et légumes de l'un des potagers bio du restaurant. Le chef travaille le poisson comme personne, grillé au teppanyaki, et, selon les arrivages, on savoure parfois des produits d'exception comme les pouces-pieds à décortiquer avec les doigts... une bouffée d'iode ! Et on ne raconte pas ça pour lui faire de la pub.

L'engagement du chef : *Notre carte fait la part belle aux produits de saison, issus de nos potagers ou de producteurs locaux. Les poissons dont l'espèce est menacée ou en voie de disparition sont retirés de nos menus et pour ceux que nous cuisinons, soucieux du respect animal, nous favorisons l'abattage selon la méthode ikejime.*

- Menu 60 € (déjeuner), 100 €

11 quai Saint-Ivy, à Portivy - 02 97 30 91 61 - www.lepetithoteldugrandlarge.fr - Fermé : mardi, mercredi, dimanche soir

ST-POL-DE-LÉON

29250 - Finistère - Carte régionale n° **7**-B1

LA POMME D'API

Chef : Jéremie Le Calvez

CUISINE CRÉATIVE • RUSTIQUE Le restaurant de Jérémie Le Calvez a pris ses quartiers d'excellence au Clos Saint Yves, jolie maison en pierre datant du 17e s. qui abritait un important atelier d'ébénisterie religieuse jusqu'à la fin du 19e s. La cuisine du chef joue résolument la carte des recettes d'aujourd'hui et de la fraîcheur. Les assiettes, fines et inventives, mettent en valeur les meilleurs produits du terroir breton, le tout au rythme des saisons. La belle salle à manger aux pierres apparentes donne sur un petit jardin. En salle, Jessica donne le tempo. Les charmantes chambres d'hôtes invitent à prolonger le séjour et partir à la découverte de la région. Un jeune couple enthousiaste, pour une partition de haute volée.

- Menu 29 € (déjeuner), 59/119 € - Carte 105/123 €

5 rue Saint-Yves - 02 98 69 04 36 - www.lapommedapi.com - Fermé : lundi, dimanche soir

ST-RENAN

29290 - Finistère - Carte régionale n° **7**-A2

PARTAGE N

CUISINE MODERNE • CONTEMPORAIN C'est autour de la belle idée de plats à « partager » (de 2 à 4 pers.) que Julien Marseault a construit sa cuisine rudement bien ficelée ! Ce Breton au solide CV se révèle à l'aise dans tous les registres, du traditionnel (frites de pieds de cochon ou épaule de veau confite) au contemporain (tartare de bœuf et huître). Une régalade conviviale !

- Menu 95 € - Carte 38/68 €

16 rue Saint-Yves - 02 98 84 21 14 - www.restaurantpartage.com - Fermé : lundi, samedi midi, dimanche

STE-ANNE-D'AURAY

56400 - Morbihan - Carte régionale n° **7**-A3

L'AUBERGE - MAISONS GLENN ANNA

CUISINE MODERNE • TRADITIONNEL Ste-Anne-d'Auray est une ville pieuse et Jean-Paul II se serait arrêté au restaurant de l'Auberge en 1996. On aurait tort de croire la maison tournée vers le passé : la jeune génération propose des assiettes savoureuses, avec une priorité aux produits de la mer de qualité, comme ce saint-pierre, pesto pistache et pamplemousse.

- Menu 32/99 €

56 rue de Vannes - 02 97 57 61 55 - www.auberge-sainte-anne.com - Fermé : lundi, mardi midi, mercredi midi

STE-ANNE-LA-PALUD

29550 - Finistère - Carte régionale n° **7**-A2

LA PLAGE

POISSONS ET FRUITS DE MER • ÉLÉGANT Depuis 1924, cette table domine la plage et le va-et-vient des marées. Le cadre est idyllique et la cuisine met à l'honneur de beaux produits, en particulier de la mer : exemple, ce tronçon de barbue, déclinaison de carottes d'antan, menthe, cromesquis de couteaux et beurre d'agrumes...

- Menu 49/139 € - Carte 62/162 €

02 98 92 50 12 - www.plage.com - Fermé : lundi midi, mardi midi, mercredi midi, vendredi midi

SARZEAU

56370 - Morbihan - Carte régionale n° **7**-A3

LE MANOIR DE KERBOT

CUISINE TRADITIONNELLE • CONTEMPORAIN Ce manoir du 16e s. (et ancien orphelinat) s'est réinventé en repaire de gastronomes : on y déguste une cuisine plutôt traditionnelle – huîtres chaudes, foie gras mi-cuit, pêche du jour, pintade fermière farcie à l'andouille de Guémené, jus corsé, légumes bio : autant de recettes goûteuses et bien envoyées ! Le service est fort attentionné, et la terrasse donnant sur un étang très agréable, tout comme les belles chambres.

- Menu 29 € (déjeuner), 35/65 €

Lieu-dit Kerbot - 02 97 26 40 38 - www.kerbot.com - Fermé : lundi, mardi midi, mercredi midi

LE KERSTÉPHANIE

CUISINE MODERNE • MAISON DE CAMPAGNE Cette ancienne ferme en pierre, recouverte de vigne vierge et entourée d'un parc arboré, propose une cuisine actuelle, joliment inventive. Turbot cuit à la vapeur, gomashio, pâtisson et pak choi ; agneau de Belle-Île-en-Mer, cocos de Paimpol façon curry à la bretonne... que l'on déguste, aux beaux jours, sur la terrasse ombragée.

- Menu 25 € (déjeuner), 42/75 €

Route de Roaliguen - 02 97 41 72 41 - www.lekerstephanie.fr - Fermé : mardi, mercredi

SAUZON - Morbihan(56) • Voir Belle-Île

TRÉBEURDEN

22560 - Côtes-d'Armor - Carte régionale n° **7**-B1

MANOIR DE LAN-KERELLEC

POISSONS ET FRUITS DE MER • ÉLÉGANT Un cadre magique : la salle est couverte d'une splendide charpente en forme de carène de bateau renversée, et la vue porte sur la Manche et les îles. C'est désormais le jeune chef d'origine normande Anthony Avoine, ex-second ici même, qui est à la barre de la table gastronomique de ce beau manoir. Les produits bretons sont joliment mis en valeur au sein d'une partition volontiers créative, jouant des associations terre et mer, à l'image du saint-pierre, galette au sarrasin et pied de porc, ou encore de cette barbue côtière, tortellini aux câpres, jeunes pousses d'épinards, coriandre et sauce charcutière. Produits locaux, fraîcheur garantie.

- Menu 34 € (déjeuner), 65/115 € - Carte 85/120 €
11 allée centrale de Lan-Kerellec - 02 96 15 00 00 - www.lankerellec.com - Fermé : lundi, mardi, mercredi midi

TRÉBOUL

29100 - Finistère - Carte régionale n° **7**-A2

TY MAD

POISSONS ET FRUITS DE MER • **CONVIVIAL** Sur les hauteurs de Tréboul, au calme dans un quartier paisible de villas, on se délecte d'une cuisine fraîche, où la loi du marché n'est pas un vain mot, ni l'amour du bio ! Et pour la sieste, profitez de la petite plage, en léger contrebas, accessible par le chemin côtier. Menu végan.
- Menu 28 € (déjeuner), 42 € - Carte 48/67 €
3 rue Saint-Jean - 02 98 74 00 53 - www.hoteltymad.com - Fermé : mardi

TRÉGUIER

22220 - Côtes-d'Armor - Carte régionale n° -

AIGUE MARINE

CUISINE CRÉATIVE • **CONTEMPORAIN** Laissez-vous surprendre par la cuisine créative de Stanislas Laisney, jeune chef originaire de la Manche : sa signature culinaire s'exprime d'emblée au gré d'assiettes colorées et herbacées. Ses associations terre/mer, accompagnées d'audaces (comme ses desserts à base de légumes) témoignent d'une créativité certaine.
- Menu 28 € (déjeuner), 53/120 € - Carte 85/95 €
5 rue Marcelin-Berthelot - 02 96 92 97 00 - www.aiguemarine-hotel.com - Fermé : lundi, dimanche

LA TABLE DU MARCHÉ (N)

CUISINE TRADITIONNELLE • **BISTRO** Entre la rivière le Jaudy et la cathédrale Saint-Tugdual, une façade à la devanture bleue pétrole fait de l'œil au passant. À l'intérieur, une petite salle rustique avec poutres, vieilles pierres, murs crépis blanc et chaises de couleur bleue, et surtout une appétissante ardoise... du marché. Entre tradition et bistronomie, le chef au beau parcours mitonne des recettes inspirées par les produits régionaux.
- Menu 17 € (déjeuner), 25/35 €
30 rue Saint-André - 02 96 92 93 22 - www.latabledumarche.fr - Fermé : lundi soir, mardi soir, mercredi soir, jeudi soir, dimanche

LA TRINITÉ-SUR-MER

56470 - Morbihan - Carte régionale n° **7**-B3

L'AZIMUT

CUISINE MODERNE • **COSY** Ambiance maritime tous azimuts dans la salle à manger et agréable terrasse offrant une échappée sur le port... À la carte, poissons de petit bateau et fruits de mer, mais aussi viandes cuites à la braise. Joli choix de vins. Une valeur sûre.
- Menu 39/49 € - Carte 53/70 €
1 rue du Men-Du - 02 97 55 71 88 - www.lazimut-latrinite.com - Fermé : mardi, mercredi

LE TRONCHET

✉ 35540 – Ille-et-Vilaine – Carte régionale n° **7**–D2

LE JARDIN DE L'ABBAYE

CUISINE MODERNE • ÉPURÉ Perdue dans la campagne de l'arrière-pays malouin, cette ancienne abbaye du 12e s., transformée en hôtel et restaurant depuis plusieurs décennies, abrite aussi une table intéressante, avec sa cuisine du marché dans l'air du temps. À déguster dans une salle à manger sobre ouverte sur la campagne et un étang, avant de retrouver une belle chambre confortable - silence garanti !

A/C P - Menu 45/85 €

L'Abbatiale - ✆ 02 99 16 94 41 - www.hotel-de-labbaye.fr/le-restaurant - Fermé : lundi, mardi et le midi

✉ 56000 - Morbihan
Carte régionale n° **7**-A3

VANNES

Vannes est la quintessence de la ville bretonne où il fait bon vivre, ou tout simplement flâner pour nous autres gourmets de passage. Des ruelles médiévales bordées de superbes maisons à colombages, jusqu'aux remparts fleuris en passant par la place des Lices et la cathédrale Saint-Pierre, l'appétit s'aiguise au fil de la promenade. Située en plein cœur de la ville, la halle aux poissons, datant de 1880, est un must dont l'animation culmine les mercredis, vendredis et samedis. Les femmes des pêcheurs viennent y vendre le meilleur de la marée : étrilles, crevettes, maquereaux, merlans, seiches, rougets resplendissants. Complément indispensable, la halle des Lices accueille une trentaine de commerçants ainsi qu'une quinzaine de producteurs. Enfin, deux fois par semaine (mercredi et samedi), les places des Lices et du Poids-Public accueillent l'un des plus beaux marchés de France.

✿ LA GOURMANDIÈRE - LA TABLE D'OLIVIER

Chef : Olivier Samson

CUISINE MODERNE • CONTEMPORAIN Comme tout Breton qui se respecte, Olivier Samson fut un grand voyageur, de La Réserve Beaulieu au Parc des Eaux Vives à Genève, en passant par Anne-Sophie Pic... Mais il arrive un jour où le marin et son épouse rentrent au port, en l'occurrence un corps de ferme du 19e s. tout en pierre, à une vague de Vannes. Et le retour à la mer, Olivier, ça lui réussit, comme ses assiettes iodées en attestent (langoustines, pak choï, haricots verts, bouillon au kari gosse ou encore homard bleu, fleur de courgettes, cassis, jus des têtes). Il montre un talent certain à valoriser les beaux produits, de la sardine au pigeon, en passant par les légumes et fruits de saison...

A/C P - Menu 62/95 €

Hors plan - *Rue de Poignant - ✆ 02 97 47 16 13 - www.la-gourmandiere.fr - Fermé : lundi midi, mardi, mercredi, jeudi midi, vendredi midi, dimanche soir*

✿ LA TÊTE EN L'AIR

Chef : Clément Raby

CUISINE CRÉATIVE • DESIGN Un jeune couple dynamique et accueillant, qui a bel et bien la tête... sur les épaules. Dans une ambiance décontractée, Clément Raby le parisien et Estelle Mercier la gardoise pratiquent, comme ils l'indiquent sur leur carte de visite, "une cuisine libre". C'est-à-dire une cuisine créative maîtrisée et originale, avec des associations pertinentes, des recettes qui tombent juste ! Dans leurs menus à l'aveugle, les plats ne sont annoncés qu'après leur dégustation - pour mieux mettre en éveil les sens des convives...

A/C - Menu 32 € (déjeuner), 55/75 €

Plan : B1-3 - *43 rue de la Fontaine - ✆ 02 97 67 31 13 - www.lateteenlair-vannes.com - Fermé : lundi, mardi, mercredi*

LE SOUS-SOL N

CUISINE MODERNE • CONTEMPORAIN Une bien jolie mélodie (gourmande) en sous-sol, jouée par le jeune chef Thibaud Schouten ! Tataki de thon, toum, huile de coriandre et menthe ou encore merlu, risotto de blé vert fumé, petits légumes, sauce crevette : une super cuisine du marché, avec des ingrédients tip-top (et plutôt régionaux), servis à travers des recettes dans l'air du temps.

Menu 24 € (déjeuner), 34/44 € - Carte 40/50 €

Plan : A2-5 - *15 place Maurice-Marchais - ✆ 02 97 47 69 82 - www.restaurantlesous-sol.com - Fermé : lundi, samedi midi, dimanche*

L'ANNEXE

CUISINE MODERNE • CONTEMPORAIN Élise et David, deux jeunes professionnels pleins d'allant, tiennent les rênes de cette maison conviviale. La cuisine met l'accent sur la fraîcheur des produits, majoritairement issus de producteurs locaux, dont le nom est même affiché fièrement à la carte. Beaux accords mets et vins.

- Menu 30 € (déjeuner), 45/75 € - Carte 41/61 €

Plan : A2-6 - *18 rue Émile-Burgault - ✆ 02 97 42 58 85 - restaurantlannexe.eatbu.com - Fermé : lundi, dimanche*

EMPREINTE

Chef : Baptiste Fournier

CUISINE DU MARCHÉ • COSY Arrêtez-vous dans cette maison d'une petite place du centre-ville. À l'intérieur, une déco chaleureuse avec son parquet brut, ses tissus, sa porcelaine vintage... Baptiste et Marine Fournier travaillent avec le cœur pour servir une cuisine particulièrement léchée, réalisée grâce aux poissons des halles et aux légumes de producteurs. Menu-carte au déjeuner, menus surprise le soir. Vins naturels.

L'engagement du chef : *Nous mettons en œuvre tout ce qui est utile, raisonnable et responsable pour valoriser notre territoire, ses producteurs et notre travail. Approvisionnements hyper locaux auprès de maraîchers engagés, avec une saisonnalité absolue sur les légumes et les fruits, majoritairement bio ; cueillette sauvage ; petite pêche côtière et responsable en direct ; tri sélectif ; valorisation des déchets organiques en compost ; épicerie achetée en vrac, sans emballage ; eau micro-filtrée.*

Menu 30 € (déjeuner), 42/52 €

Plan : A2-4 - *15 place Valencia - ✆ 02 97 46 06 42 - www.empreinte-restaurant.fr - Fermé : lundi, mardi soir, mercredi soir, jeudi soir, samedi midi, dimanche*

LA GOURMANDIÈRE - LE BISTR'AURÉLIA

CUISINE MODERNE • CONVIVIAL Bienvenue dans la partie bistrot de la Gourmandière. Ouverte uniquement le midi, elle permet de profiter du savoir-faire d'Olivier Samson dans des menus simples et gourmands, dont un "retour du marché" qui porte bien son nom... le tout à prix raisonnables.

A/C P - Menu 27/43 € - Carte 43/84 €

Hors plan - *Rue de Poignant - ✆ 02 97 47 16 13 - www.la-gourmandiere.fr - Fermé : mercredi, samedi, dimanche et le soir*

HOYA N

CUISINE MODERNE • TENDANCE Hoya (carnosa) ou fleur (asiatique) de porcelaine : clin d'œil musical aux nombreux séjours japonais (mais pas seulement) du chef Nicolas Hameury qui a posé ses valises et ses couteaux dans le Golfe du Morbihan. Dans un cadre contemporain boisé (lattes murales, tables), ce chef expérimenté croise les produits de la région et des influences voyageuses comme sur ces langoustines, eau de navet, caviar...

♿ - Carte 48/58 €

Plan : B2-7 - *23 place du Général-de-Gaulle - ✆ 02 97 53 52 48 - hameurynicolas.wixsite.com/hoya-restaurant - Fermé : lundi, mardi*

IODÉ

CUISINE CRÉATIVE • CONTEMPORAIN Sophie Reigner, cheffe bretonne autodidacte, a retrouvé sa région d'origine après un passage remarqué par les cuisines d'Alan Geaam, à Paris. Elle séduit avec des assiettes d'une grande finesse, dressées avec soin : foie gras, anguille fumée, blé noir et saké ; pigeon en deux façons et artichauts poivrade... Service attentionné.

♿ - Menu 29 € (déjeuner), 44/82 €

Plan : B2-2 - *9 rue Aristide Briand - ✆ 02 97 47 76 14 - www.restaurant-iode-vannes.com - Fermé : lundi, mardi*

ROSCANVEC

CUISINE MODERNE • CONTEMPORAIN Nouvel écrin historique (et entièrement rénové) pour ce restaurant. Il s'agit d'un hôtel particulier édifié au 17e par le seigneur de Roscanvec, conseiller du roi. À l'intérieur, un cadre épuré pour un mobilier contemporain. La même équipe répond présent autour d'un chef cultivant une cuisine dans le goût de notre époque.

♿ ⛶ ⊟ - Menu 38 € (déjeuner), 60/110 € - Carte 98/110 €

Plan : A2-1 - *19 rue des Halles - ✆ 02 97 47 15 96 - www.roscanvec.com - Fermé : lundi, dimanche*

Bulgac/Getty Images Plus

CENTRE-VAL DE LOIRE

CENTRE VAL DE LOIRE

Carte régionale n° 8

Ici règne la Loire, dernier grand fleuve sauvage d'Europe. Sandre, brochet mais aussi anguille, alose, silure : ses poissons font le bonheur des chefs de la région. On pense par exemple à Christophe Hay, dont la carpe à la Chambord – recette historique – met tout le monde d'accord, mais aussi à Fumiko et Anthony Maubert (Assa) qui servent du barbeau fumé en amuse-bouche. La Sologne, avec ses chevreuils, sangliers, cerfs, lièvres et autres faisans, est quant à elle le royaume historique du gibier. De nombreux cuisiniers le célèbrent en saison, comme au Grand Hôtel du Lion-d'Or (Romorantin) ou au Rendez-vous des Gourmets (Bracieux). Pour ce qui est de la volaille, découvrez les races locales comme la géline de Touraine ou la poulette de Racan. Côté fromages et vins, la région se révèle d'une grande richesse : comment résister à ces délicieux fromages de chèvre que sont le valençay ou le sainte-maure-de-touraine ? Diversité des terroirs et des cépages font du vignoble du Centre Val-de-Loire l'un des plus divers, comme en témoignent les bourgueil, vouvray et autre sancerre, vins tranquilles et pétillants, rouges et blancs, capables d'accompagner aussi bien un lièvre à la royale qu'un sandre au beurre blanc.

LA SELECTION DU GUIDE MICHELIN

LES TABLES ÉTOILÉES

Une cuisine d'exception. Vaut le détour !

Une cuisine d'une grande finesse. Vaut l'étape !

N Nouvelle distinction cette année !
Engagé pour une gastronomie durable

LES BIB GOURMAND

Nos meilleurs rapports qualité-prix

CUISINE À QUATRE MAINS ET RESPECT DU PRODUIT, UN DUO GAGNANT

Assa, à Blois

Depuis leur rencontre chez Lasserre, Fumiko et Anthony Maubert n'ont cessé de travailler en symbiose avec leur environnement proche et leurs producteurs attitrés. Une démarche couronnée de succès... et d'une Étoile verte en 2021.

La poubelle d'Anthony Maubert est de la même taille que celle d'un particulier : *"Tout ce qui peut être recyclé en amont, c'est autant de déchets en moins dans la poubelle."* Ses équipes sourient quand il rappelle l'importance des seaux en cuisine, un pour le verre, un autre pour les épluchures, un autre pour les matières plastiques et un dernier pour la nourriture des poules de la maison : *"L'avantage avec cette nouvelle génération, c'est qu'elle prend le pli très rapidement"*, précise le chef arrivé à Blois avec son épouse Fumiko en 2014. Ce qui lui fait le plus plaisir, c'est de constater que ses anciens salariés mettent en place ailleurs ce qu'ils ont appris chez Assa : *"Je suis ravi d'être un passeur de bonnes pratiques même si je pense qu'il devrait y avoir plus de formation en amont dans les lycées hôteliers sur l'importance du recyclage et de la cuisine durable."*

S'il n'a pas toujours fait ainsi dans les établissements dans lesquels il a été formé, Anthony n'a pas oublié sa vie à la campagne et le zéro déchet. Son grand-père, en Mayenne, était boucher-charcutier-traiteur et une très grande partie de ses produits provenait de la ferme de son épouse. Anthony a été élevé ainsi en apprenant à recycler : *"Quand on est issu du monde agricole, on est habitué à vivre en autarcie, à ne rien jeter. Chaque production, qu'elle soit végétale ou animale, c'est du travail, de la sueur, on ne peut pas l'oublier et ne pas être respectueux en ne gardant que le meilleur d'un produit ou d'un animal."* Cette philosophie plaît au réseau de producteurs qu'il a mis en place autour de son restaurant. Il ne travaille que ce qu'il y a à un temps T. Même les desserts de Fumiko sont parfois travaillés avec des légumes notamment l'hiver quand les fruits se font rares. Seules exceptions à la règle, quelques poissons achetés en direct à un pêcheur en mer - le reste est pêché dans la Loire en bas du restaurant -, et quelques agrumes, dont le yuzu qui arrive du Japon, pays d'origine de Fumiko.

Fumiko et Anthony Maubert

Naganegi cuit au feu de bois, brochet de Loire et safran de Sologne

Vous avez la particularité de changer votre carte presque tous les jours. Pourquoi ?

J'ai connu par le passé des chefs qui ne changeaient les cartes qu'à chaque saison ou au mieux, une fois par mois, obligeant les fournisseurs à s'adapter pour livrer les produits en temps et en heure. Je pense que cette période est révolue. C'est à nous de cuisinier ce que l'on nous propose. On ne peut pas imposer les choses aux producteurs et aller contre la nature. La carte est virtuelle, elle se construit chaque jour en fonction des arrivages et au cours d'un service, deux tables peuvent ne pas se voir proposer la même chose.

Est-ce que cela nécessite d'avoir un panel de producteurs plus large ?

Absolument pas. Si mon maraîcher n'a pas de carottes, je ne vais pas courir chez un autre pour en réclamer. Je vais lui demander ce qu'il a et je vais adapter mes assiettes. Si ce sont des pommes de terre et des poireaux, je ferai avec. C'est à moi d'être inventif ou organisé dans mes commandes. Par exemple, en viande, je ne prends que des bêtes entières. Quand je suis à court d'une pièce en particulier, j'en travaille d'autres. Les clients adhèrent et je suis heureux quand on me remercie et qu'on me félicite pour un plat à base de joues de bœuf ou de paleron.

Vous qui n'êtes pas de Blois, comment avez-vous développé votre réseau local de fournisseurs ?

Il nous a fallu 4 ans pour trouver, à moins de 30 minutes du restaurant, un réseau complet de producteurs. Il y a le bouche à oreille, les producteurs qui viennent manger et se présentent à la fin du repas, ceux qui donnent le nom d'un confrère, sans oublier les bonnes adresses des clients qui eux aussi ont. Ce que nous voulions, c'était des producteurs et des éleveurs engagés dans une agriculture saine et durable, de préférence bio, avec ou sans label.

UN CHEF ET SON MARAÎCHER : JULIEN MÉDARD ET BENJAMIN HENNE

L'Ardoise du Marché, à Boulleret, et La Ferme du Boisseau, à Vinon.

Le chef Julien Médard trie ses producteurs sur le volet : pêche durable, élevage local et légumes bio produits sur mesure par un jeune maraîcher, Benjamin Henne. Une vraie symbiose entre cuisine et jardin.

D'un légume, il ne jette rien : ni la peau, ni l'écorce, ni les racines, ni les feuilles, rien. Dans le végétal, comme dans le cochon pour d'autres, tout est bon aux yeux de Julien Médard dont le restaurant l'Ardoise du marché a gagné une étoile en 2021. Avec les peaux de l'asperge, il réalise une panacotta, ou une gelée transparente. Julien prévient : *"il ne faut surtout pas les faire bouillir, sinon on fait ressortir l'amertume"*. Avec les feuilles de panais et de nombreux autres légumes, il réalise *"des condiments, de la poudre, des pestos, des gels..."*. Il fume ses carottes avec leurs propres fanes. De l'ail et de l'oignon, il ne jette quasiment rien non plus...

Encore lui fallait-il un jeune maraîcher qui lui livre des légumes intacts, feuilles et peaux comprises, un jardinier dans l'air du temps, ouvert d'esprit, curieux et enthousiaste : *"quelqu'un de mon âge avec qui je puisse échanger"* explique le chef. Il l'a trouvé en la personne de Benjamin Henne. Après une quinzaine d'années passées dans les vignes du Sancerrois, ce dernier s'est lancé dans le maraîchage en 2019, en bio évidemment, avec l'ambition d'être productif toute l'année dans sa ferme du Boisseau. Benjamin met en culture les semences bio que lui apporte le chef, toujours avide de nouveautés : *"christophine, racines*

Le résultat d'une collaboration, de la semence à l'assiette

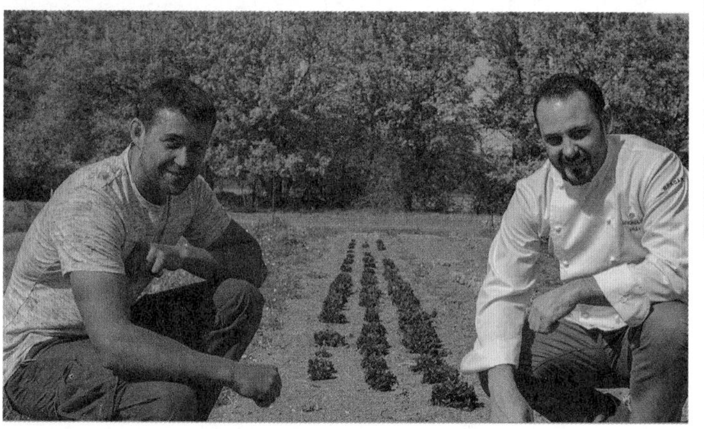

Le maraîcher Benjamin Henne et le chef Julien Médard scrutent leurs semis

de capucine, hélianthis, oca du Pérou, patates douces, des variétés atypiques dans le coin", la crème des légumes oubliés, remis sur le devant de la scène par Xavier Mathias, notamment, le maraîcher et auteur bien connu. Le chef possède le monopole sur ces légumes rares que Benjamin ne propose qu'à ses clients particuliers, et non aux autres chefs. Devant le regard perplexe d'un acheteur face à un cerfeuil tubéreux, Benjamin peut toujours dégainer l'une des recettes que le chef met à sa disposition.

"Finalement, il y a tout dans un légume"

Ce chef locavore, petit-fils modeste d'agriculteur qui a appris depuis toujours à ne jamais rien jeter, propose désormais un menu entièrement végétal, qui rencontre un vif succès. Le légume y est cuisiné sous toutes les coutures, cru, cuit, en coulis, infusé, déshydraté pour faire des pains et des beurres aromatisés. Les eaux de cuisson servent à mouiller les fonds, ou déglacer une petite sauce : *"Finalement, il y a tout dans un légume"* conclut-il, philosophe...

Petit lexique des légumes oubliés de Benjamin :

Capucine : plante vivace des Andes. Cultivée pour son tubercule, mais sa fleur est aussi comestible.

Christophine : cucurbitacée plus connue sous le nom de chayotte, cultivée en zones tropicales .

Hélianthe : plante vivace dont les rhizomes, cuisinés en gratin ou sautés, ont un goût voisin du topinambour ou des salsifis.

Oca du Pérou : plante herbacée originaire des Andes où elle est cultivée pour son tubercule comestible. Acclimatée en France depuis 1850, elle s'utilise comme la pomme de terre, avec une saveur d'oseille.

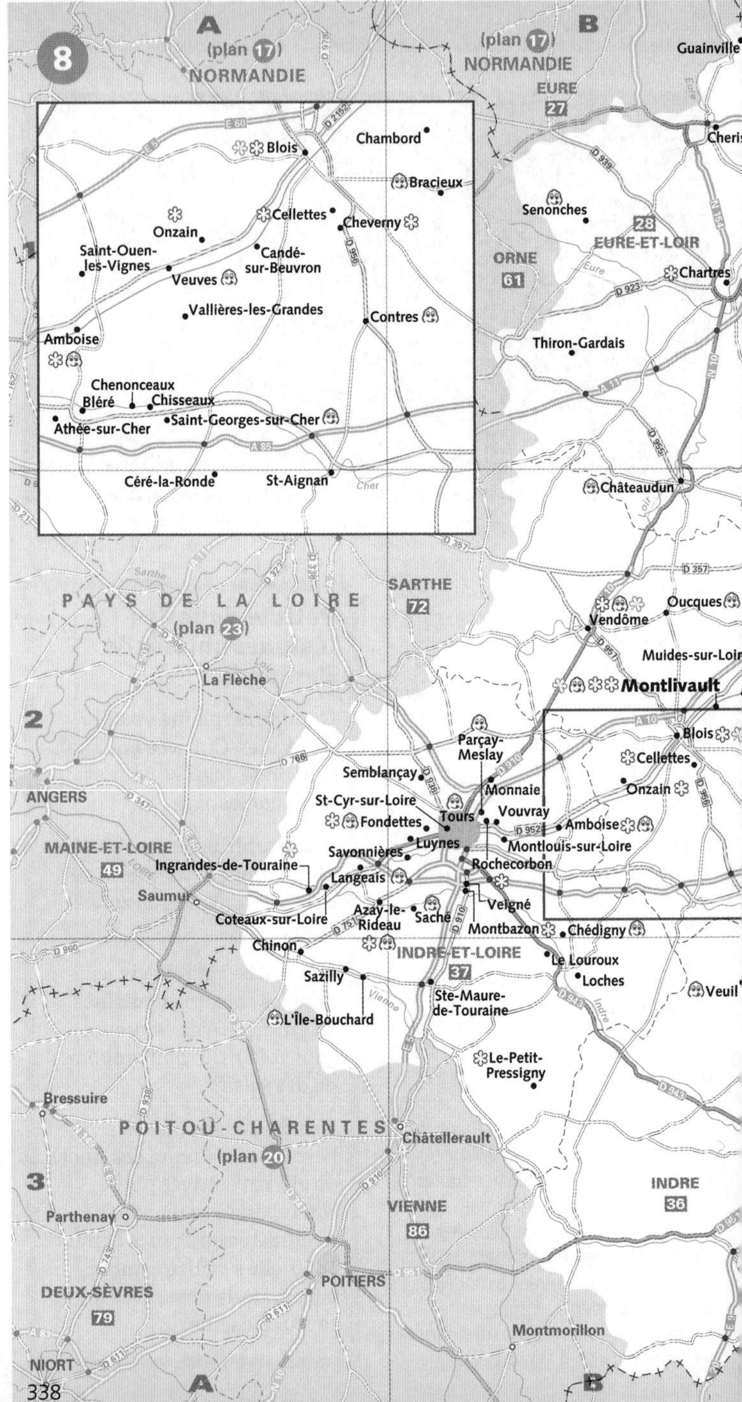
8
A
(plan 17)
NORMANDIE
B
(plan 17)
NORMANDIE
Guainville
EURE
27
Cheris
Blois
Chambord
Bracieux
Cellettes
Cheverny
Onzain
Saint-Ouen-les-Vignes
Candé-sur-Beuvron
Veuves
Vallières-les-Grandes
Contres
Amboise
Chenonceaux
Bléré
Chisseaux
Athée-sur-Cher
Saint-Georges-sur-Cher
Céré-la-Ronde
St-Aignan
Senonches
28
EURE-ET-LOIR
ORNE
61
Chartres
Thiron-Gardais
Châteaudun
1
SARTHE
72
PAYS DE LA LOIRE
(plan 23)
La Flèche
Vendôme
Oucques
Muides-sur-Loir
Montlivault
2
Parçay-Meslay
Semblançay
Blois
Cellettes
Onzain
Monnaie
St-Cyr-sur-Loire
Tours
Vouvray
Amboise
Fondettes
Luynes
Montlouis-sur-Loire
ANGERS
MAINE-ET-LOIRE
49
Savonnières
Rochecorbon
Ingrandes-de-Touraine
Langeais
Saumur
Veigné
Azay-le-Rideau
Saché
Coteaux-sur-Loire
Montbazon
Chédigny
Chinon
INDRE-ET-LOIRE
37
Le Louroux
Sazilly
Loches
Veuil
Ste-Maure-de-Touraine
L'Île-Bouchard
Le-Petit-Pressigny
Bressuire
POITOU-CHARENTES
(plan 20)
Châtellerault
3
INDRE
36
VIENNE
86
Parthenay
POITIERS
DEUX-SÈVRES
79
Montmorillon
NIORT
A
B

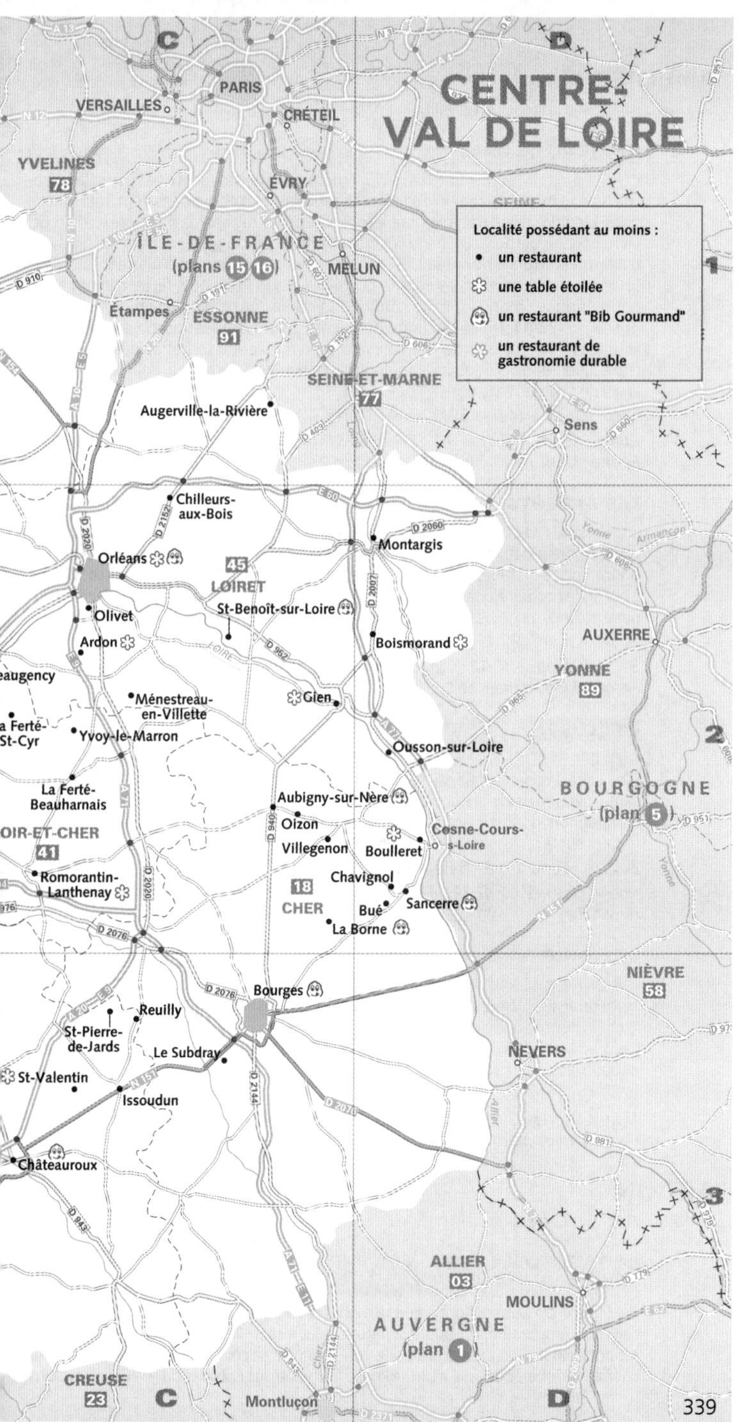
CENTRE-VAL DE LOIRE
Localité possédant au moins :
un restaurant
une table étoilée
un restaurant "Bib Gourmand"
un restaurant de gastronomie durable
PARIS
VERSAILLES
CRÉTEIL
ÉVRY
MELUN
YVELINES 78
ÎLE-DE-FRANCE (plans 15 16)
Étampes
ESSONNE 91
SEINE-ET-MARNE 77
Augerville-la-Rivière
Sens
Chilleurs-aux-Bois
Montargis
Orléans
45 LOIRET
St-Benoît-sur-Loire
Olivet
Ardon
Boismorand
AUXERRE
YONNE 89
Beaugency
Ménestreau-en-Villette
Gien
La Ferté-St-Cyr
Yvoy-le-Marron
Ousson-sur-Loire
La Ferté-Beauharnais
Aubigny-sur-Nère
BOURGOGNE (plan 5)
LOIR-ET-CHER 41
Oizon
Villegenon
Boulleret
Cosne-Cours-s-Loire
Romorantin-Lanthenay
Chavignol
18 CHER
Bué
Sancerre
La Borne
NIÈVRE 58
Bourges
Reuilly
St-Pierre-de-Jards
Le Subdray
NEVERS
St-Valentin
Issoudun
Châteauroux
ALLIER 03
MOULINS
AUVERGNE (plan 1)
CREUSE 23
Montluçon
C
D
1
2
3

AMBOISE

⊠ 37400 - Indre-et-Loire - Carte régionale n° **8**-A1

CHÂTEAU DE PRAY

CUISINE MODERNE • ÉLÉGANT En amont d'Amboise, sur la rive sud de la Loire, ce château médiéval remanié à la Renaissance attire l'œil avec ses deux tours massives. L'édifice trône paisiblement au milieu d'un vaste parc à la française, où l'art de vivre ligérien perdure. On aime l'élégance de cette orangerie en partie troglodyte, taillée dans la roche du coteau, et l'on apprécie aux beaux jours la plaisante terrasse tournée vers les jardins. La cuisine du chef, Arnaud Philippon, flirte joliment avec notre époque : merlu de ligne confit au saindoux, baies de genévrier et saucisse grillée ; cochon fermier rôti lentement, charcutière d'ail des ours, sans oublier le soufflé chaud au cassis de Touraine accompagné de son sorbet au cassis. Finesse d'exécution, équilibre des saveurs, approvisionnement auprès de producteurs locaux : la vie de château a du bon.

- Menu 59/120 € - Carte 90/110 €

Rue du Cèdre, à Chargé - ✆ 02 47 57 23 67 - www.chateaudepray.fr - Fermé : lundi, mardi midi, dimanche soir

LES ARPENTS

CUISINE MODERNE • CONTEMPORAIN Dans le cadre chaleureux d'un bistrot contemporain, deux anciens copains de l'école hôtelière de Tours signent une partition gourmande sans faute, au rapport qualité/prix impeccable. Les plats sont concoctés à partir de produits locaux comme les asperges et les fraises en saison. On se régale, par exemple, d'une belle pièce de cochon et de son choux braisé.

- Menu 22 € (déjeuner), 35/49 € - Carte 47/52 €

5 rue d'Orange - ✆ 02 36 20 92 44 - www.restaurant-lesarpents.fr - Fermé : lundi, dimanche

L'ÉCLUSE

CUISINE MODERNE • CONVIVIAL Tout près du château royal d'Amboise et du Clos Lucé, la cheffe Mélanie Popineau propose une cuisine bistronomique réjouissante, pleine de saveurs, sous la forme de courts menus de saisons. De son côté, son compagnon assure un accueil simple mais charmant. Aux beaux jours, courez vous régaler sur la terrasse, à l'ombre des saules...

- Menu 20 € (déjeuner), 34/55 €

Rue Racine - ✆ 02 47 79 94 91 - www.ecluse-amboise.fr - Fermé : lundi, dimanche

LE LION D'OR

CUISINE MODERNE • TRADITIONNEL Au pied du célébrissime château d'Amboise, cette table est nichée dans une grande maison datant de 1880. Stéphane Delétang, le chef, propose une partition moderne, basée sur de sérieuses bases traditionnelles. Deux ambiances au choix : partie brasserie contemporaine d'un côté, plus classique et bourgeoise de l'autre.

- Menu 23 € (déjeuner), 34/55 €

17 quai Charles-Guinot - ✆ 02 47 57 00 23 - www.leliondor-amboise.com - Fermé : lundi, mardi

ARDON

⊠ 45160 - Loiret - Carte régionale n° **8**-C2

LA TABLE D'À CÔTÉ

CUISINE MODERNE • CONTEMPORAIN Face au golf de Limère, Christophe Hay (La Maison d'à Côté, à Montlivault) a monté cette adresse aux petits oignons, avec sa salle contemporaine, évoquant la nature et les forêts - les sources majeures d'inspiration du chef avec... les légumes de son jardin. Il en a confié les fourneaux à la jeune cheffe Marie Gricourt, qui a notamment fréquenté les cuisines du Pré Catelan. Dans les assiettes, on trouve une cuisine fine, travaillée, bien de saison, qui privilégie les circuits courts et le gibier en saison. Le sandre en vapeur de sous-bois est un must !

- Menu 35 € (déjeuner), 74/104 €

200 allée des Quatre-Vents - 02 38 61 48 07 - www.latabledacote.fr - Fermé : lundi, dimanche

ATHÉE-SUR-CHER

37270 - Indre-et-Loire - Carte régionale n° **8**-A1

LA BOULAYE

CUISINE MODERNE • **CHAMPÊTRE** Il faut se perdre un peu dans la campagne pour trouver cette grange du 17e s., qui se révèle romantique et chaleureuse... C'est la maîtresse des lieux qui cuisine et ses plats sont très personnels ; on la sent inspirée par le terroir. Ses créations sont généreuses, aromatiques et colorées.

- Menu 25/40 € - Carte 37/43 €

Lieu-dit La Boulaye - 02 47 50 29 21 - www.laboulaye.fr - Fermé : lundi, mardi

AUBIGNY-SUR-NÈRE

18700 - Cher - Carte régionale n° **8**-C2

LA CHAUMIÈRE

CUISINE TRADITIONNELLE • **FAMILIAL** Ancien relais de poste du 19ème, cette auberge familiale est tenue depuis 1992 par Philippe Arnault, épaulé par son épouse, sa fille et son gendre Sébastien Provendier. On se délecte d'une truite gravlax à la betterave ou d'une poule faisane aux châtaignes dans une agréable salle à manger solognote ouverte sur la cour intérieure. Aux beaux jours, terrasse ombragée.

- Menu 24 € (déjeuner), 35/72 € - Carte 50/75 €

2 rue Paul-Lasnier - 02 48 58 04 01 - www.hotel-restaurant-la-chaumiere.com - Fermé : lundi, dimanche soir

AUGERVILLE-LA-RIVIÈRE

45330 - Loiret - Carte régionale n° **8**-C1

JACQUES CŒUR

CUISINE MODERNE • **ÉLÉGANT** Si le château a déjà très fière allure, son restaurant n'est pas en reste : marqueteries aux murs, plafonds à la française, cheminée d'époque... Superbe ! Un écrin idéal pour la cuisine du chef : formé dans de belles maisons étoilées, il maîtrise parfaitement les fondamentaux et nous gratifie d'une cuisine fine et savoureuse.

- Menu 89 €

Place du Château - 02 38 32 12 07 - www.chateau-augerville.com - Fermé : lundi, mardi, mercredi, dimanche et le midi

AZAY-LE-RIDEAU

37190 - Indre-et-Loire - Carte régionale n° **8**-A2

AUBERGE POM'POIRE

Chef : Bastien Gillet

CUISINE MODERNE • **COSY** Au beau milieu des poiriers et des pommiers se cache parfois une bonne adresse... Tel est le cas de cette Auberge Pom'Poire, fondée par un couple d'anciens arboriculteurs et tenue aujourd'hui par leur fils chef et sa compagne. Un joli fruit coloré et acidulé : voilà exactement ce qui pourrait symboliser la cuisine de Bastien Gillet. Du peps, de la justesse, de la subtilité (sur les arômes comme sur les textures) : ses assiettes, composées avec de beaux produits fermiers de la région, débordent de saveurs ! Bref, c'est malin autant que gourmand : nul doute, Pom'Poire est une adresse à croquer.

- Menu 42 € (déjeuner), 59/98 €

21 route de Vallères - 02 47 45 83 00 - www.aubergepompoire.fr - Fermé : lundi, mardi midi, jeudi midi, dimanche soir

L'AIGLE D'OR

CUISINE MODERNE • TRADITIONNEL À quelques centaines de mètres du château, voilà une adresse en or ! Dans cette maison de pays, on s'installe au coin de la cheminée ou sur la terrasse ombragée pour déguster une belle cuisine qui revisite la tradition. Au piano, le chef joue une savoureuse mélodie ! Le tout à petits prix.

- Menu 34/64 €

10 avenue Adélaïde-Riche - 02 47 45 24 58 - www.laigle-dor.com - Fermé : lundi, mardi

BEAUGENCY

45190 - Loiret - Carte régionale n° **8**-C2

LE P'TIT BATEAU

CUISINE MODERNE • INTIME C'est au cœur de la cité médiévale que ce P'tit Bateau a mis le cap sur la gourmandise, et les produits frais, avec du poisson en arrivage direct des criées de Bretagne, mais aussi du gibier de Sologne en saison. Tout est généreux, précis, présenté avec soin et savoureux. À noter : le sympathique patio pour un repas à l'air libre. Une maison qui respire l'envie de bien faire !

- Menu 48/78 €

54 rue du Pont - 02 38 44 56 38 - www.restaurant-lepetitbateau.fr - Fermé : lundi, mardi

BLÉRÉ

37150 - Indre-et-Loire - Carte régionale n° **8**-A1

LE CHEVAL BLANC

CUISINE MODERNE • COSY Au sein de cette auberge historique au cœur du Bléré, le chef réalise une cuisine actuelle et ambitieuse. Le cadre est cosy et confortable, et on profite d'un délicieux patio-terrasse aux beaux jours. Quelques jolies chambres pour l'étape.

- Menu 33/38 €

5 place Charles-Bidault - 02 47 30 30 14 - www.lechevalblancblere.fr - Fermé : lundi midi, mardi midi, mercredi midi, jeudi midi

BLOIS

41000 - Loir-et-Cher - Carte régionale n° **8**-A1

ASSA

Chefs : Fumiko et Anthony Maubert

CUISINE CRÉATIVE • ÉPURÉ À la sortie de Blois, cette bâtisse des années 1930 domine la Loire, qui projette ses reflets jusque dans la salle. Anthony et Fumiko Maubert, lui Français, elle Japonaise, ont choisi ce décor pour exercer leur métier. Anthony a longtemps travaillé aux côtés d'Arnaud Donckele (La Vague d'Or), tandis que Fumiko cumule les talents de nutritionniste et de pâtissière - de fait, ses créations frappent par leur légèreté et leur faible teneur en sucre ajouté. Chaque matin (traduction du japonais "asa"), ils réécrivent à quatre mains le menu du jour en s'appuyant sur des produits impeccables et sur de nombreux condiments et ingrédients japonais. Baies de Sanshō, yuzu sauvage, bouillon aux algues nori, thé matcha et pâte de haricot rouge azuki se marient harmonieusement au travail des petits producteurs ligériens.

L'engagement du chef : *Nos producteurs, tous situés dans un rayon de 20 mn autour du restaurant, partagent le même respect de leur terre et de leurs animaux. Nous mettons en valeur tous les morceaux de nos bêtes, achetées entières, et nous faisons comprendre à nos clients que nous ne sacrifions pas un animal seulement* *pour les meilleurs morceaux. Chaque cagette est redonnée à nos producteurs : nous ne jetons aucun emballage. Les rares déchets alimentaires du restaurant sont consommés par nos poules.*

- Menu 64/116 € - Carte 90/120 €

189 quai Ulysse-Besnard - ✆ 02 54 78 09 01 - www.assarestaurant.com - Fermé : lundi, jeudi, dimanche

AU RENDEZ-VOUS DES PÊCHEURS

CUISINE MODERNE • COSY Dans une petite ruelle proche des quais de Loire, un ancien repaire de pêcheurs cultive un bel esprit bistrotier chic et cosy. Poissons de Loire (comme le sandre), légumes bio de maraîchers de la région, fromages de chèvre et de vache locaux : les assiettes soignées de Christophe Cosme mettent à l'honneur de bons produits du terroir ligérien.

- Menu 29 € (déjeuner), 42/62 €

27 rue du Foix - ✆ 02 54 74 67 48 - www.rendezvousdespecheurs.com - Fermé : lundi, dimanche

LE BISTROT DU CUISINIER

CUISINE MODERNE • BISTRO Après avoir peaufiné son art à Paris, le chef Thibaud Renard est de retour sur ses terres d'origine : il tient ce bistrot sympathique, installé sur la rive gauche de la Loire, face à la ville de Blois. Cuisine de pleine saison, soignée et goûteuse, préparations sans superflu et bien maîtrisées... on est conquis.

- Menu 24 € (déjeuner) - Carte 41/45 €

20 quai Villebois-Mareuil - ✆ 02 54 78 06 70 - www.lebistrotducuisinier.fr

LE MÉDICIS

CUISINE MODERNE • CLASSIQUE Dans un cadre élégant, le chef Damien Garanger montre chaque jour son attachement au terroir et aux saisons, sans oublier quelques notes asiatiques et exotiques en souvenir de ses voyages. Parmi les classiques de sa carte : le foie gras mariné au vouvray ou le ris de veau rôti, jus forestier. Service chaleureux.

- Menu 34 € (déjeuner), 58/75 €

2 allée François-1er - ✆ 02 54 43 94 04 - www.le-medicis.com - Fermé : lundi, dimanche soir

L'ORANGERIE DU CHÂTEAU

CUISINE MODERNE • ÉLÉGANT Cette jolie demeure du quinzième siècle située face à l'aile François 1er du château royal de Blois offre une vue superbe, particulièrement quand l'été darde ses rayons charmants. Cadre classique élégant et bourgeois, mais cuisine bien dans l'air du temps, actuelle, fine et gourmande, rythmée par les saisons. Une excellente adresse.

P - Menu 41/85 € - Carte 80/98 €

1 avenue du Docteur Jean-Laigret - ✆ 02 54 78 05 36 - www.orangerie-du-chateau.fr - Fermé : lundi, dimanche

BOISMORAND

✉ 45290 - Loiret - Carte régionale n° **8**-D2

AUBERGE DES TEMPLIERS

CUISINE MODERNE • ÉLÉGANT Certaines beautés ne se démodent jamais... Les plus vieilles pierres de cet ancien relais de poste remontent au 17e s. C'est la demeure solognote dans toute sa splendeur, avec sa façade à colombages et ses briques roses. Dans ce décor immuable, de poutres et de cristal, la salle ouvre sur un magnifique parc aux essences centenaires. Martin Simonart, un jeune chef d'origine belge, qui a fait ses classes auprès de Jean-Pierre Jacob à Courchevel puis au Bourget-du-Lac, régale ses convives avec une cuisine moderne et épurée, aux jeux de textures maîtrisés : la truite de Dany Ollivier grillée, courgette, beurre monté, café, safran du Gâtinais ou le pigeon de la maison Miéral, rôti, cuisses confites et jus réduit sont immanquables.

- Menu 59 € (déjeuner), 115/149 € - Carte 95/160 €

20 route Départementale 2007 - ✆ 02 38 31 80 01 - www.lestempliers.com - Fermé : lundi, mardi

LA BORNE

✉ 18250 - Cher - Carte régionale n° **8**-C2

L'ÉPICERIE

CUISINE MODERNE • **COSY** Un restaurant qui fait épicerie ? Une épicerie qui fait restaurant ? Peu importe, on passe ici un super moment, et c'est tout ce qui compte. Cuisine de saison déclinée par Mathieu (salé) et Clémentine (desserts), produits locaux de rigueur : cette petite adresse a la cote localement, et on comprend pourquoi... Attention, vingt couverts seulement : réservez.

- Menu 30/42 €

Chemin des Usages - ✆ 02 48 59 57 50 - Fermé : lundi, mardi, mercredi soir, dimanche soir

BOULLERET

✉ 18240 - Cher - Carte régionale n° **8**-D2

L'ARDOISE DU MARCHÉ

Chef : Julien Médard

CUISINE MODERNE • **COSY** Une ardoise à graver dans le marbre ! Saveurs franches, jus, émulsions et sauces qui fusent en bouche à l'image de ce silure en quenelle, asperge blanche et crème de langoustine ou de ce filet mignon de porc et artichaut, jus de veau corsé. La version revisitée du crottin de Chavignol, travaillée sous forme de mousse siphonnée onctueuse et légère, et entourée d'une eau de tomate acidulée, emporte également l'adhésion. Une réussite que cette cuisine actuelle, astucieuse, fine et délicate, qui s'empare des produits locaux pour offrir des assiettes subtiles et colorées ! Le chef Julien Médard et son épouse Delphine (en salle) accueillent les chanceux - pardon, les clients - dans une salle cosy et feutrée qui unit avec goût rustique et contemporain.

- Menu 28 € (déjeuner), 48/75 €

19 place des Tilleuls - ✆ 02 48 72 39 62 - www.ardoise-du-marche.com - Fermé : lundi, mardi, dimanche soir

BOURGES

✉ 18000 - Cher - Carte régionale n° **8**-C3

LE BEAUVOIR

CUISINE MODERNE • **CONTEMPORAIN** Une table élégante et accueillante, avec une terrasse sur la cour à l'arrière. À la suite de son beau-père, le chef concocte une appétissante cuisine actuelle, où les produits frais ont la part belle. Une valeur sûre.

- Menu 20/60 €

1 avenue Marx-Dormoy - ✆ 02 48 65 42 44 - www.restaurant-lebeauvoir.com - Fermé : mardi soir, mercredi, dimanche soir

LE BOURBONNOUX

CUISINE TRADITIONNELLE • **CLASSIQUE** Dans ce restaurant du quartier historique, les gourmands se régalent depuis plus de 30 ans de l'appétissante cuisine traditionnelle mijotée par le chef Jean-Marie Huard : foie gras de canard au torchon et confiture d'oignons, pièce de bœuf charolais à la plancha et pommes dauphine, gâteau au chocolat guanaja et crème à la vanille Bourbon, sans oublier le gibier en saison. À savourer au beau milieu d'une collection de canards en porcelaine... pour un repas sans couacs.

A/C - Menu 20 € (déjeuner), 30/40 € - Carte 37/48 €
44 rue Bourbonnoux - ✆ 02 48 24 14 76 - www.bourbonnoux.com - Fermé : vendredi, samedi midi, dimanche soir

LA SUITE

CUISINE MODERNE • TENDANCE Ce bistrot contemporain a du style, avec son intérieur moderne et convivial, mais ce n'est pas son seul atout. La carte renouvelée régulièrement au fils des saisons met l'eau à la bouche… d'autant que les saveurs sont au rendez-vous ! N'oublions pas la jolie terrasse sur le patio, et la carte des vins qui ne doit rien au hasard - et pour cause, le patron est sommelier de formation pendant que son frère est aux fourneaux.

A/C - Menu 27 € (déjeuner) - Carte 46/55 €
50 rue Bourbonnoux - ✆ 02 48 65 96 26 - www.lasuite-bourges.com - Fermé : lundi, dimanche

BRACIEUX

✉ 41250 - Loir-et-Cher - Carte régionale n° **8**-B1

LE RENDEZ-VOUS DES GOURMETS

CUISINE TRADITIONNELLE • AUBERGE Cette auberge familiale est le repaire du chef Didier Doreau, qui travaille de beaux produits en respectant la tradition (terrine de brochet à la Chambord, petit pâté de gibier servi chaud et jus réduit, tête de veau à l'ancienne, gratin d'agrumes parfumé au Grand-Marnier, etc.), et s'est taillé une solide réputation régionale pour ses préparations autour du gibier - sanglier, chevreuil, lièvre, entre autres… Avis aux amateurs !

P - Menu 33/75 € - Carte 43/75 €
20 rue Roger-Brun - ✆ 02 54 46 03 87 - Fermé : mercredi, samedi midi, dimanche soir

BUÉ

✉ 18300 - Cher - Carte régionale n° **8**-D2

MOMENTO

CUISINE MODERNE • CONTEMPORAIN La garantie d'un "momento" délicieux, avec vue sur les vignes… À la manœuvre, on trouve un couple de trentenaires très pro : Thomas Jacquet, un enfant du pays (service, sommellerie), et son épouse Mariana Mateos, cheffe mexicaine, qui assure aux fourneaux une partition saisonnière tout en finesse et en générosité. Un vrai régal.

- Menu 25 € (déjeuner) - Carte 45/65 €
5 rue de la Cure - ✆ 02 48 78 07 99 - www.momentosancerre.com - Fermé : lundi, mardi, mercredi, jeudi midi

CANDÉ-SUR-BEUVRON

✉ 41120 - Loir-et-Cher - Carte régionale n° **8**-A1

AUBERGE DE LA CAILLÈRE

CUISINE MODERNE • COSY Aux environs de Blois, cette ancienne ferme (1788) accueille aujourd'hui un restaurant tout à fait remarquable ! On y fait la part belle à une cuisine actuelle fine et soignée, qui privilégie le terroir régional (asperges, pigeon de Racan, porc Roi Rose de Touraine…). On arrose le tout avec de bons crus du Val de Loire. Chambres calmes et coquettes pour prolonger l'étape.

P - Menu 28 € (déjeuner), 49/90 €
36 route des Montils - ✆ 02 54 44 03 08 - www.auberge-de-la-caillere.com - Fermé : mercredi, jeudi midi

CELLETTES

⊠ 41120 - Loir-et-Cher - Carte régionale n° **8**-A1

LA VIEILLE TOUR

Chef : Alexis Letellier

CUISINE MODERNE • INTIME La vieille tour de cette maison du quinzième siècle, visible de loin, vous guidera vers cette halte gourmande. Ici, on ne triche pas. Le jeune chef Alexis Letellier régale ses convives d'une cuisine actuelle bien troussée, réalisée avec de bons produits, teintée de notes asiatiques, et régulièrement réinventée au fil des saisons. Ce jour-là, une savoureuse "Criée", coquillages, haricots verts et émulsion iodée au lard, ou ce foie gras tourteau et sorbet coriandre, tout en fraîcheur. Accueil dynamique et tout sourire de la compagne du chef Alice, de bon conseil pour le choix du vin. Finesse gustative, personnalité, dressages soignés : une adresse comme on les aime.

Menu 40/60 €

7 rue Nationale - ✆ 02 54 74 67 15 - www.restaurant-la-vieille-tour-blois.com - Fermé : lundi, mercredi, dimanche soir

CÉRÉ-LA-RONDE

⊠ 37460 - Indre-et-Loire - Carte régionale n° **8**-A2

AUBERGE DE MONTPOUPON

CUISINE MODERNE • AUBERGE Une bien sympathique auberge, installée au pied du château de Montpoupon. L'intérieur marie joliment le rustique (pierre apparente, poutres) et le plus contemporain, tandis que la cuisine nous emmène faire un tour du Val de Loire, dans un genre gourmand et goûteux. Prix sages, terrasse avec vue sur le château.

♿ 🅿 - Menu 23 €

Le Moulin Bailly - ✆ 09 70 37 22 55 - www.auberge-montpoupon.fr - Fermé : lundi, mardi, mercredi soir, jeudi soir, dimanche soir

CHAMBORD

⊠ 41250 - Loir-et-Cher - Carte régionale n° **8**-B1

LE GRAND SAINT-MICHEL

CUISINE MODERNE • ÉLÉGANT Réhabilitée en même temps que l'hôtel qui l'abrite, la table gastronomique au cadre chic et élégant offre un environnement idéal pour déguster les assiettes soignées du chef (gibier en saison, bien entendu), un véritable passionné. Et n'oublions pas, bien sûr, la vue sur le mythique château de François 1er, depuis la terrasse : inoubliable !

♿ AC 🅿 - Menu 87/105 € - Carte 64/124 €

Place Saint-Louis - ✆ 02 54 81 01 01 - www.relaisdechambord.com - Fermé : lundi, mardi et le midi

CHARTRES

⊠ 28000 - Eure-et-Loir - Carte régionale n° **8**-B1

LE GEORGES

CUISINE MODERNE • COSY Le Grand Monarque, qui abrite le Georges, traverse les siècles avec constance - l'hôtel était déjà cité dans le Guide Michelin 1900. Cette maison au décor élégant occupe une place idéale entre Paris et la Loire, au carrefour des régions de l'Ouest. Formé à Narbonne mais aussi chez Joël Robuchon et Éric Frechon, le jeune chef Thomas Parnaud insuffle un nouvel élan à cette table vénérable. Grand lecteur d'Escoffier, il s'emploie notamment à revisiter les préparations "à la Chartres" où l'estragon est roi, comme dans sa recette d'œuf fermier cuit mollet et glacé d'un jus de veau. On ne manquera pas non plus son soufflé au Grand Marnier, classique d'entre les classiques parfaitement exécuté : de l'entrée au dessert, il fait toujours bon relâcher sa monture chez Georges... Cuisine plus simple et de saison servie dans l'agréable patio. Chambres charmantes.

- Menu 59 € (déjeuner), 82/124 €

22 place des Épars - 07 65 26 73 37 - www.monarque.fr - Fermé : lundi, mardi midi, dimanche

LE MOULIN DE PONCEAU

CUISINE MODERNE • CONTEMPORAIN Belle surprise avec ce restaurant bien connu des Chartrains et Chartraines repris par des professionnels de l'hôtellerie. Dans une jolie maison du XVIème siècle, située dans le cœur historique de la ville et au bord de l'Eure, le chef réalise une cuisine de saison, maîtrisée, colorée dans une démarche responsable. Service attentionné, terrasse au cadre bucolique.

- Menu 33 € (déjeuner) - Carte 50/65 €

21 rue de la Tannerie - 02 37 26 28 00 - www.restaurant-moulin-ponceau.fr - Fermé : mardi, mercredi

TERRA

CUISINE ITALIENNE • CONVIVIAL À deux pas du centre-ville, dans les faubourgs de Chartres, une cuisine comme une invitation au voyage : le chef est Italien et son épouse Sud-Africaine ! La cuisine se révèle excellente, tout droit venue d'Italie, et se déguste dans une ambiance conviviale, façon bistrot. On se régale.

P - Carte 45/70 €

65 avenue du Maréchal-Maunoury - 02 37 84 81 47 - www.terrachartres.com - Fermé : lundi, dimanche soir

CHÂTEAUDUN

28200 - Eure-et-Loir - Carte régionale n° **8**-B2

AUX TROIS PASTOUREAUX

CUISINE TRADITIONNELLE • CLASSIQUE Si Jean-François Lucchese est un ancien pâtissier, il se définit surtout comme un "artisan du goût", soucieux des associations d'ingrédients, des cuissons et des assaisonnements. Ses recettes pétillent de saveurs ! Le "menu médiéval" plonge droit dans la tradition...

- Menu 34/62 € - Carte 48/65 €

31 rue André-Gillet - 02 37 45 74 40 - www.aux-trois-pastoureaux.fr - Fermé : lundi, mardi midi, dimanche

CHÂTEAUROUX

36000 - Indre - Carte régionale n° **8**-C3

JEUX 2 GOÛTS

CUISINE MODERNE • ÉLÉGANT Bien implanté dans sa région natale après plusieurs années passées dans de belles maisons parisiennes, Christophe Marchais agite les papilles de Châteauroux. Il prépare des assiettes goûteuses et créatives, stimulé par un lieu chargé d'histoire. La meilleure table de la ville.

- Menu 21 € (déjeuner), 31 €

40 rue Grande - 02 54 27 66 28 - www.jeux2gouts.fr - Fermé : lundi, dimanche

CHAVIGNOL

18300 - Cher - Carte régionale n° **8**-D2

LA CÔTE DES MONTS DAMNÉS

CUISINE TRADITIONNELLE • FAMILIAL Toujours en synergie avec les vins du domaine, l'offre bistronomique du chef Jean-Marc Bourgeois se complète des grands classiques de la maison : tagliatelles au crottin de Chavignol, soufflé chaud... Gourmand à se damner. Chambres confortables pour prolonger l'étape.

- Menu 39 €

Place de l'Orme - 02 48 54 01 72 - www.montsdamnes.com - Fermé : lundi, dimanche soir

CHÉDIGNY

37310 - Indre-et-Loire - Carte régionale n° **8**-B2

LE CLOS AUX ROSES

CUISINE MODERNE • AUBERGE Il y a quelque chose d'apaisant à passer quelques heures dans cette jolie maison en pierre. La raison à cela ? La cuisine de la cheffe, Armelle Krause, basée sur de bons produits - laitages et volailles de producteurs locaux, par exemple - mais aussi l'emplacement du restaurant : en plein cœur d'un village fleuri qui n'a rien à envier à Giverny...

- Menu 20 € (déjeuner), 32/50 € - Carte 50/60 €

2 rue du Lavoir - 02 47 92 20 29 - www.leclosauxroses.com - Fermé : lundi soir, mardi, mercredi, dimanche soir

CHENONCEAUX

37150 - Indre-et-Loire - Carte régionale n° **8**-A1

AUBERGE DU BON LABOUREUR

CUISINE MODERNE • ÉLÉGANT Cette table creuse un sillon fertile : celui du produit et des saisons. Le chef Antoine Jeudi connaît ses gammes sur le bout des doigts, et ses savoureuses créations s'accompagnent d'un joli choix de vins. Un repas agréable, dans un cadre qui l'est tout autant.

- Menu 32 € (déjeuner), 60/115 € - Carte 68/145 €

6 rue du Docteur-Bretonneau - 02 47 23 90 02 - www.bonlaboureur.com - Fermé : mardi midi, mercredi midi

CHERISY

28500 - Eure-et-Loir - Carte régionale n° **8**-B1

LE VALLON DE CHÉRISY

CUISINE TRADITIONNELLE • AUBERGE L'enseigne ? Un clin d'œil à une ode de Victor Hugo composée dans cette même auberge en 1821. Ici, la cuisine, copieuse et volontiers rustique, s'inspire des saisons et met en avant les produits locaux, en particulier les légumes et les herbes aromatiques... Gourmand et bon !

- Menu 34/49 € - Carte 36/55 €

12 route de Paris - 02 37 43 70 08 - www.le-vallon-de-cherisy.fr - Fermé : mardi, mercredi, dimanche soir

CHEVERNY

41700 - Loir-et-Cher - Carte régionale n° **8**-A1

LE FAVORI - LES SOURCES DE CHEVERNY N

CUISINE MODERNE • CONTEMPORAIN Ce nouveau lieu élégant et raffiné offre une profonde harmonie avec la cuisine du chef (ancien de la Réserve à Paris), qui propose un menu dégustation sans choix en 4 ou 6 plats à base de superbes produits de saison. Dressages au cordeau, recettes millimétrées, beau visuel et excellentes sauces révèlent l'essence du produit principal, comme avec ce radis blanc étuvé dans son eau de végétation, langoustine juste saisie, nectar d'agrumes et curcuma frais. Garnitures et satellites, réfléchis avec minutie, procurent de belles émotions gustatives, que prolonge la salle du restaurant entièrement ouverte sur la nature. Précis, explosif, envoûtant.

- Menu 120/180 €

23 route de Fougères - 02 54 44 20 20 - www.sources-cheverny.com - Fermé : lundi, mardi, mercredi midi, jeudi midi, vendredi midi

L'AUBERGE - LES SOURCES DE CHEVERNY

CUISINE TRADITIONNELLE • BISTRO Le bistrot chic de l'hôtel Les Sources de Cheverny, au cœur d'un vaste domaine boisé au grand calme. Ce qui vous y attend, c'est une cuisine de saison fine et soignée, véritable tour d'horizon du Val de Loire, en même temps qu'ode aux circuits courts : légumes d'un maraîcher de Mont-Près-Chambord, porc roi rose de Touraine, fraises de Sologne... La technique est au rendez-vous, les saveurs sont harmonieuses, comme dans cette galantine de volaille au foie gras, cœur de romaine et pickles, ou dans ces graines et légumineuses travaillées comme un risotto. Les saisons sont à la fête, et nos papilles aussi.

- Menu 42 €

23 route de Fougère - 02 54 44 20 20

CHILLEURS-AUX-BOIS

45170 - Loiret - Carte régionale n° **8**-C2

LE LANCELOT

CUISINE MODERNE • COSY Au centre du village, cette accueillante maison fleurie avec jardin et terrasse est un véritable havre de tranquillité ! Cadre cosy et cuisine naviguant entre tradition et modernité (notamment le Pithiviers fondant, crème à la gousse de vanille), sans oublier le gibier de Sologne en saison.

- Menu 25 € (déjeuner), 34/78 € - Carte 40/70 €

12 rue des Déportés - 02 38 32 91 15 - www.restaurantlelancelot.com - Fermé : lundi, mardi, mercredi soir, dimanche soir

CHINON

37500 - Indre-et-Loire - Carte régionale n° **8**-A3

LES ANNÉES 30

CUISINE MODERNE • ROMANTIQUE Ne vous fiez pas au nom de cet établissement ! Ici, point d'esprit années 1930 mais un décor chaleureux : tuffeau, poutres et même une cheminée... Les gourmands y apprécient une appétissante cuisine centrée sur les produits frais. Terrasse pour les beaux jours.

- Menu 31/45 €

78 rue Haute-St-Maurice - 02 47 93 37 18 - www.lesannees30.com - Fermé : mardi, mercredi

AU CHAPEAU ROUGE

CUISINE TRADITIONNELLE • CLASSIQUE Chapeau Rouge, comme celui que portaient les cochers des messageries royales. Le château de Chinon est, en effet, tout proche de ce restaurant devant lequel murmure une fontaine. On y déguste une belle cuisine fidèle aux saisons, avec des produits du terroir triés sur le volet. Menu truffe en hiver.

- Menu 30/47 €

49 place du Général-de-Gaulle - 02 47 98 08 08 - www.auchapeaurouge.fr - Fermé : lundi, mardi midi, dimanche soir

L'OCÉANIC

POISSONS ET FRUITS DE MER • CONTEMPORAIN Le vent de l'Océan souffle jusqu'à Chinon ! Comme l'enseigne l'indique, les produits de la mer sont ici à l'honneur. En cuisine, le chef prépare des poissons très frais, y ajoutant un zeste d'originalité. En saison, les menus homard, et Saint-Jacques, sont les spécialités maison.

- Menu 33/50 € - Carte 40/68 €

13 rue Rabelais - 02 47 93 44 55 - www.loceanic-chinon.com - Fermé : lundi, dimanche

CHISSEAUX

⊠ 37150 - Indre-et-Loire - Carte régionale n° **8**-A1

AUBERGE DU CHEVAL ROUGE

CUISINE TRADITIONNELLE • CLASSIQUE Noble nom que celui de cette auberge située sur la route des châteaux de la Loire. La cuisine est occupée par un chef au beau parcours, qui signe des recettes appétissantes : terrine de pied de porc au foie gras, bouillon crémeux de homard et langoustines... sans oublier des desserts très soignés - cela n'a rien d'un hasard, il est pâtissier de formation !

- Menu 40/54 € - Carte 47/63 €

30 rue Nationale - ✆ 02 47 23 86 67 - www.auberge-duchevalrouge.com - Fermé : lundi, mardi, mercredi, jeudi midi

CONTRES

⊠ 41700 - Loir-et-Cher - Carte régionale n° **8**-A1

LA BOTTE D'ASPERGES

CUISINE MODERNE • CONTEMPORAIN Avec son joli nom à vous donner des envies de printemps, ce restaurant joue la carte d'une cuisine savoureuse. Derrière cette bonne nouvelle pour nos papilles, un couple du métier et un chef au parcours solide. Côté cadre, c'est confortable, dans un esprit bistrot contemporain. Une adresse agréable.

AC - Menu 35/88 € - Carte 50/78 €

52 rue Pierre-Henri-Mauger - ✆ 02 54 79 50 49 - www.labottedasperges.com - Fermé : lundi, mardi

LA FERTÉ-BEAUHARNAIS

⊠ 41210 - Loir-et-Cher - Carte régionale n° **8**-C2

AUBERGE LE BEAUHARNAIS

CUISINE TRADITIONNELLE • AUBERGE Dans un petit bourg de Sologne, cette auberge est tenue en famille : père et fils composent une cuisine fidèle à ses racines, mais tournée vers la modernité. Côté produits, ils privilégient les livraisons de petits fournisseurs (légumes, poissons de la Loire) et le gibier en saison (faisan, colvert, lièvre) : avis aux amateurs !

♿ AC - Menu 30 € (déjeuner), 42/62 €

18 rue Napoléon-III - ✆ 02 54 83 64 36 - www.aubergelebeauharnais-restaurant-41.fr - Fermé : lundi soir, mardi, mercredi

LA FERTÉ-ST-CYR

⊠ 41220 - Loir-et-Cher - Carte régionale n° **8**-C2

LA DILIGENCE

CUISINE MODERNE • AUBERGE Cet ancien relais de poste joliment restauré propose de goûteuses préparations, mettant en valeur le terroir local, et dispose de chambres confortables et d'une piscine d'été appréciée. L'accueil est particulièrement charmant. Une adresse aussi sympathique que coquette.

♿ - Menu 48/58 €

13 rue du Bourg - ✆ 02 54 87 90 14 - www.hotel-la-diligence.com - Fermé : lundi, mercredi midi, dimanche soir

FONDETTES

⊠ 37230 - Indre-et-Loire - Carte régionale n° **8**-B2

L'OPIDOM

Chef : Jérôme Roy

CUISINE CRÉATIVE • CONTEMPORAIN De l'ambition, le chef Jérôme Roy n'en a jamais manqué comme l'atteste son beau parcours (Gagnaire et Troisgros notamment et une étoile gagnée au Couvent des Minimes à Mane-en-Provence par le passé). Né à Loches, il est de retour sur ses terres d'origine, épaulé en salle par son épouse. Dans un cadre contemporain, on découvre avec plaisir sa cuisine actuelle et créative, rythmée par les saisons, et qui s'appuie sur une sélection rigoureuse de très beaux produits : lamelles de foie gras, silure fumé et dentelles de pain mendiant ; longe de veau, jus de rôti et condiment marin ; biscuit léger au chocolat, crème glacée à la menthe et nage de cerises au thé earl grey.

- Menu 36/75 €

4 quai de la Guignière - 02 47 35 81 63 - www.lopidom.fr - Fermé : lundi, dimanche

AUBERGE DE PORT VALLIÈRES

CUISINE TRADITIONNELLE • **CONTEMPORAIN** À la sortie de Tours, voici une halte toute trouvée ! Une savoureuse cuisine d'inspiration tourangelle vous attend dans ce restaurant élégant et chaleureux, dont le chef affectionne les beaux produits : civet de homard, ris de veau braisé, tarte fine aux pommes… Service attentionné et belle carte des vins.

- Menu 24 € (déjeuner), 35/73 € - Carte 40/75 €

195 quai des Bateliers - 02 47 42 24 04 - www.auberge-de-port-vallieres.fr - Fermé : lundi, dimanche soir

GIEN

45500 - Loiret - Carte régionale n° **8**-C2

CÔTÉ JARDIN

Chef : Arnaud Billard

CUISINE CRÉATIVE • **CONTEMPORAIN** Sur la rive gauche de la Loire et sur la route de Bourges, la brise vient autant du grand fleuve que des bons produits sélectionnés avec soin ! La carte est orientée poisson – le chef Arnaud Billard s'approvisionne deux fois par semaine chez un mareyeur de Normandie : saint-pierre, merlu, crevettes sauvages, et tant d'autres. Côté… jardin, le fournisseur est un maraîcher local qui cultive plus de 300 variétés. Aux fourneaux, ce natif de Maubeuge signe une savoureuse cuisine du marché, tout en subtiles associations d'ingrédients, à l'image de ce turbot sauvage aux épinards, petit épeautre et jus herbacé. Une partition d'une grande finesse, tant d'un point de vue visuel que gustatif.

- Menu 55/90 €

14 route de Bourges - 02 38 38 24 67 - www.cotejardin45.fr - Fermé : lundi, mardi, dimanche

LE P'TIT BOUCHON

CUISINE TRADITIONNELLE • **CONVIVIAL** Un vrai repaire bistronomique que cette petite adresse située entre le cœur de ville et la faïencerie de Gien ! La tradition est quelque peu revisitée autour d'un court menu rythmé par les saisons, mais le croustillant de canard confit avec sa sauce au coteaux-du-layon et le moelleux au chocolat font partie des incontournables. On ne boude pas son plaisir.

Menu 28/33 €

66 rue Bernard-Palissy - 02 38 67 84 40 - www.ptitbouchon.fr - Fermé : lundi, dimanche

GUAINVILLE

28260 - Eure-et-Loir - Carte régionale n° **8**-B1

ÉGLANTINE - DOMAINE DE PRIMARD

CUISINE MODERNE • **CONTEMPORAIN** Au cœur de la vallée de l'Eure, dans la Maison du Verger (l'ancienne demeure de Catherine Deneuve), le restaurant Églantine offre une carte ambitieuse qui met à l'honneur les terroirs francilien et normand. Les produits de qualité sont mis en scène par Yann Meinsel, jeune chef passé par le Plaza, le Crillon ou Thoumieux. Une cuisine contemporaine dans un lieu champêtre au romantisme affirmé.

- Menu 68 € (déjeuner), 135/188 € - Carte 120/170 €

D16 - 02 36 58 10 07 - www.domainedeprimard.com - Fermé : lundi, mardi, mercredi midi, dimanche soir

OCTAVE - DOMAINE DE PRIMARD

CUISINE TRADITIONNELLE • CHAMPÊTRE La partie bistrot de ce superbe hôtel propose une cuisine de tradition aux allures bourgeoises, savoureuse, fraîche et bien maîtrisée. Des plats à la cheminée ou à la broche mettent en valeur des viandes maturées et de belles volailles fermières. Pour les beaux jours, paisible terrasse sur l'herbe, entre les arbres du verger du château.

- Carte 40/65 €

D16 - 02 36 58 10 07 - www.domainedeprimard.com

L'ÎLE-BOUCHARD

37220 - Indre-et-Loire - Carte régionale n° **8**-A3

AUBERGE DE L'ÎLE

CUISINE MODERNE • COSY Dans ce restaurant cossu, le chef Pierre Koniecko signe une cuisine soignée, juste et précise. Les produits de qualité, joliment mis en valeur, se dégustent dans un cadre contemporain, ou à l'été, sur la terrasse en teck.

- Menu 35/58 €

3 place Bouchard - 02 47 58 51 07 - www.aubergedelile.fr - Fermé : mardi, mercredi

INGRANDES-DE-TOURAINE

37140 - Indre-et-Loire - Carte régionale n° **8**-A2

VINCENT CUISINIER DE CAMPAGNE

Chef : Vincent Simon

CUISINE TRADITIONNELLE • MAISON DE CAMPAGNE Cette jolie maison de vigneron est rythmée par un attachant couple belge : Vincent, le chef, et son épouse Olivia, qui assure un accueil charmant. La cuisine est simple et sincère, 100% locavore (volailles et canards élevés par Gabriel, le fils, légumes du potager maison, fruits de maraîchers locaux, miel d'apiculteurs du coin...). Il n'y a que 16 places : pensez à réserver.

L'engagement du chef : *« Menu zéro kilomètres » : nous sommes producteurs de volailles et maraîchers, et les vignerons du village nous fournissent le vin. Les animaux élevés chez nous sont valorisés au maximum et nous limitons nos déchets au strict minimum. Nous avons à cœur de mettre en avant l'agriculture locale.*

- Menu 30/48 €

19 rue de la Galottière - 02 47 96 17 21 - www.vincentcuisinierdecampagne.blogspot.com - Fermé : dimanche soir

ISSOUDUN

36100 - Indre - Carte régionale n° **8**-C3

LA COGNETTE

CUISINE CLASSIQUE • BOURGEOIS Dans cette maison familiale à la gloire de Balzac (l'auteur l'évoque avec enthousiasme dans le roman La Rabouilleuse), la carte oscille entre tradition et modernité, avec aussi un menu régional. Quelques chambres confortables pour l'étape.

- Menu 25 € (déjeuner), 39/75 €

Boulevard Stalingrad - 02 54 03 59 59 - www.la-cognette.com - Fermé : lundi, mardi midi, dimanche soir

LANGEAIS

✉ 37130 - Indre-et-Loire - Carte régionale n° **8**-A2

AU COIN DES HALLES

CUISINE MODERNE • COSY Dans la rue qui mène au château de Langeais, arrêtez-vous dans cette jolie maison en tuffeau. Le décor est agréable et la cuisine, inventive et boostée par les produits du terroir, fait mouche ! Aux beaux jours, on profite de l'agréable terrasse. Accueil charmant en prime.

- Menu 35/55 € - Carte 55/72 €

9 rue Gambetta - 02 47 96 37 25 - www.aucoindeshalles.com - Fermé : mercredi, jeudi, dimanche soir

LOCHES

✉ 37600 - Indre-et-Loire - Carte régionale n° **8**-B3

ARBORE & SENS

CUISINE MODERNE • COSY Cette auberge a été reprise par un jeune chef originaire de la région, Clément Dumont. Il signe une cuisine réjouissante autour du terroir local (une partie des légumes sont produits sur le potager de son grand-père, tout comme le miel), tandis qu'Océane, sa compagne, assure un accueil charmant. Agréable terrasse à l'ombre de la glycine.

- Menu 25 € (déjeuner), 45/72 € - Carte 54/60 €

22 rue Balzac - 09 67 15 00 50 - www.restaurant-arbore-et-sens.fr - Fermé : lundi, mardi midi, dimanche soir

LE LOUROUX

✉ 37240 - Indre-et-Loire - Carte régionale n° **8**-B3

LA TABLE DU PRIEURÉ

CUISINE MODERNE • CONVIVIAL Un jeune chef sarthois, Pierre Drouineau, a repris cette table installée à l'entrée d'un beau prieuré fortifié. Le cadre est charmant et la cuisine aussi, des plats de saison à tarifs sages, plus ambitieux le soir et le week-end, privilégiant les produits du terroir : lentilles de Touraine, épeautre de Manthelan, fraises de Chouzé-sur-Loire...

- Menu 17 € (déjeuner), 27/47 €

2 rue du Château - 02 47 19 26 75 - www.latableduprieure.fr - Fermé : lundi, mardi soir, mercredi soir, dimanche soir

LUYNES

✉ 37230 - Indre-et-Loire - Carte régionale n° **8**-B2

LE LOUIS 13

CUISINE MODERNE • CLASSIQUE Que ce soit dans la salle élégante et raffinée (plafonds hauts, marbre blanc au sol, cheminée d'époque), ou sur la terrasse surplombant le parc, on se régale des créations goûteuses du chef. Avis aux amateurs : dégustations œnologiques dans la cave creusée dans le tuffeau, superbement rénovée.

- Menu 42/79 €

Route de Beauvois - 02 47 55 50 11 - www.beauvois.com - Fermé : lundi, mardi

LE XII DE LUYNES

CUISINE MODERNE • CONTEMPORAIN Outre sa terrasse à flanc de coteau, cet ancien relais de poste mêle le cachet rustique des lieux à une décoration plus contemporaine, sans parler de la petite salle troglodytique. Quant à la cuisine, elle se révèle originale et joliment ficelée. Quelques chambres coquettes pour prolonger l'étape.

- Menu 29/49 €

12 rue de la République - 02 47 26 07 41 - www.le-douze.com - Fermé : lundi, mardi midi, dimanche soir

MÉNESTREAU-EN-VILLETTE

45240 - Loiret - Carte régionale n° **8**-C2

LE RELAIS DE SOLOGNE

CUISINE MODERNE • CONTEMPORAIN Au cœur d'un charmant petit village solognot, cette auberge du 19e s. mélange avec bonheur des notes contemporaines à une âme rustique d'antan. La cuisine du Chef Didier Hurtebize navigue elle aussi entre des recettes traditionnelles et des préparations plus actuelles, sans oublier le gibier pendant la saison de chasse - Sologne oblige !

- Menu 41 €

63 place du 8-Mai-1945 - 02 38 76 97 40 - www.le-relais-de-sologne.com - Fermé : lundi, mardi, mercredi, jeudi, dimanche soir

MONNAIE

37380 - Indre-et-Loire - Carte régionale n° **8**-B2

L'ÉPICURIEN

CUISINE MODERNE • CONVIVIAL Ce restaurant a la cote dans la région, et c'est amplement justifié : accès pratique, bon rapport qualité-prix, mais surtout cuisine solide, élaborée par un chef aussi sympathique qu'expérimenté.

- Menu 21 € (déjeuner), 30/45 € - Carte 44/57 €

53 rue Nationale - 02 47 56 10 34 - www.restaurant-lepicurien.com - Fermé : lundi, jeudi soir, dimanche soir

MONTARGIS

45200 - Loiret - Carte régionale n° **8**-D2

LA GLOIRE

CUISINE MODERNE • ÉLÉGANT Une vénérable institution de Montargis, postée au bord de la N7. Depuis plusieurs générations, on revisite la tradition gastronomique avec une générosité certaine ; ne manquez pas l'imposant chariot de desserts. Quelques chambres pour l'étape.

- Menu 38 € (déjeuner), 49/78 € - Carte 61/105 €

74 avenue du Général-de-Gaulle - 02 38 85 04 69 - www.lagloire-montargis.com - Fermé : mardi, mercredi

MONTBAZON

37250 - Indre-et-Loire - Carte régionale n° **8**-B2

L'ÉVIDENCE

Chef : Gaëtan Evrard

CUISINE CRÉATIVE • CONTEMPORAIN Quitter la ville de Tours pour s'installer à la "campagne" dans cette maison ancienne en bordure d'une petite place ? Une "évidence" pour Gaétan Évrard, tellement attaché à son terroir tourangeau. Légumes et viandes de la région, poissons en direct de Bretagne : le produit est ici à la fête, sublimé par la cuisine du marché d'un chef qui ne manque pas d'audace – à l'image de ce beau pavé de cabillaud du Guilvinec nappé d'une succulente sauce au safran de Sainte-Maure-de-Touraine, ou de ce nougat de Tours réinterprété avec brio. En accompagnement, on pioche dans une belle carte de vins de la Loire, et le tout se déguste dans un décor épuré, en parfaite harmonie avec les créations du chef.

- Menu 39 € (déjeuner), 65/108 €

1 place des Marronniers - 02 47 38 67 36 - www.restaurant-levidence.com - Fermé : lundi, mercredi, dimanche

DOMAINE DE LA TORTINIÈRE

CUISINE MODERNE • **ÉLÉGANT** Dans l'ancienne orangerie du château, dont la terrasse donne sur la vallée de l'Indre et le parc aux arbres centenaires, on profite d'une cuisine actuelle et soignée rythmée par les saisons. De la justesse dans l'assiette, un cadre enchanteur : que demander de mieux ?

- Menu 40/72 €

10 route de Ballan - 02 47 34 35 00 - www.tortiniere.com

MONTLIVAULT

41350 - Loir-et-Cher - Carte régionale n° **8**-B2

LA MAISON D'À CÔTÉ

Chef : Christophe Hay

CUISINE MODERNE • **CONTEMPORAIN** Dans la vallée de la Loire, entre Blois et Chambord, cette Maison d'à Côté ne manque ni de charme, ni de goût. Le chef Christophe Hay a créé les conditions d'une expérience unique. Tout y séduit : l'accueil chaleureux – l'équipe de cuisine n'hésite pas à venir en salle présenter les plats –, mais aussi et surtout ces assiettes nettes et précises, au plus près du terroir : produits du potager du chef, poissons de la Loire, cerfs et sangliers du domaine de Chambord... On y déguste du bœuf wagyu (élevage du chef en Loire-Atlantique), du caviar de Sologne et de la truffe noire de Mont-près-Chambord... Produits dans l'excellence de leur maturité, jusqu'à la touche sucrée, qui ne vient pas rompre l'équilibre harmonieux du repas ; ainsi ce soufflé à la liqueur de Chambord, framboise et poivre Timut. Une indéniable réussite.

L'engagement du chef : *Le respect de l'environnement, mais aussi celui de nos convives et de nos équipes est au cœur de notre approche. Qu'il s'agisse d'une pêche dans le plus grand respect des espèces sur la Loire, de la culture de nos propres légumes en permaculture ou encore de la gestion des déchets et de l'énergie du restaurant, c'est un travail à 360° qui s'inscrit dans le développement d'une économie locale que nous nous attachons à mener quotidiennement.*

- Menu 57 € (déjeuner), 98/218 €

17 rue de Chambord (Transfert prévu quai Villebois Mareuil à Blois au début de l'été) - 02 54 20 62 30 - www.lamaisondacote.fr - Fermé : mardi, mercredi

CÔTÉ BISTRO

CUISINE TRADITIONNELLE • **BISTRO** La carte de ce bistrot, composée par Christophe Hay – dont la table gastronomique se situe quelques numéros plus loin – est mise en application par son ancien second. Cette complicité se ressent dans la cuisine, qui met en valeur les bons producteurs du terroir ligérien et fait la part belle à la tradition, réinterprétée sans chichis ni superflu.

- Menu 34/44 €

25 rue de Chambord (Transfert prévu quai Villebois Mareuil à Blois au début de l'été) - 02 54 33 53 06 - www.lamaisondacote.fr/cote-bistro - Fermé : lundi, mardi midi, dimanche soir

MONTLOUIS-SUR-LOIRE

37270 - Indre-et-Loire - Carte régionale n° **8**-B2

LE BERLOT

CUISINE MODERNE • **BISTRO** Quel plaisir de retrouver ce couple d'épicuriens ! Hervé et Patricia Chardonneau ont quitté leur Casse-Cailloux de Tours pour s'installer sur les hauteurs de ce village vigneron. Hervé propose une cuisine bistronomique qui puise son inspiration dans les saisons et les arrivages. Jolie carte des vins orientée bio et nature. Bar à vins indépendant.

- Menu 32 €

2 place François Mitterrand - 02 47 56 30 21 - Fermé : lundi, mardi

LA CAVE

CUISINE MODERNE • RUSTIQUE À la recherche d'un lieu atypique ? Ce restaurant troglodytique, sur les rives de la Loire, est tout indiqué ! En cuisine, le chef signe une cuisine dans l'air du temps qui valorise joliment le terroir. Ses plats sont généreux et goûteux à souhait. Vins du domaine ; ambiance chaleureuse.

- Carte 56/61 €

69 quai Albert-Baillet - 02 47 45 05 05 - www.restaurant-la-cave.com - Fermé : mardi soir, mercredi, dimanche soir

MORNAY-SUR-ALLIER

18600 - Cher - Carte régionale n° **8**-D3

LE CLOS D'ÉMILE

CUISINE MODERNE • MAISON DE CAMPAGNE Ce corps de ferme abrite une table attachante, où madame officie aux fourneaux tandis que monsieur distille en salle un service attentionné et de qualité. Dans l'assiette, une cuisine sincère, saine, faisant la part belle aux produits issus de fermes situées à moins de 30 km - mais aussi du bœuf et du cochon élevés sur place. Une adresse accueillante.

- Menu 29 € (déjeuner), 50 €

1 Bel-Air - 02 48 74 58 03 - www.closdemile.fr - Fermé : lundi, mardi, mercredi, jeudi soir, dimanche soir

MUIDES-SUR-LOIRE

41500 - Loir-et-Cher - Carte régionale n° **8**-B2

AUBERGE DU BON TERROIR

CUISINE TRADITIONNELLE • RUSTIQUE Dans cette auberge de village, la patronne - une véritable passionnée de gastronomie ! - concocte une agréable cuisine traditionnelle, où les herbes du potager tiennent une bonne place. Son mari, maître-sommelier de son état, vous accueille tout sourire. Charmante terrasse à l'ombre des tilleuls.

- Menu 37/51 €

20 rue du 8-Mai-1945 - 02 54 87 59 24 - www.auberge-bon-terroir.fr - Fermé : lundi, mardi, mercredi midi, dimanche soir

OIZON

18700 - Cher - Carte régionale n° **8**-C2

LES RIVES DE L'OIZENOTTE

CUISINE TRADITIONNELLE • CONVIVIAL Sur la terrasse avec vue sur l'étang, ou dans la salle joliment décorée sur le thème de la pêche, on déguste une bonne cuisine traditionnelle, qui met en valeur les produits de la région. De quoi laisser sa gourmandise partir à la dérive...

- Menu 34/47 €

Étang de Nohant - 02 48 58 06 20 - www.lesrivesdeloizenotte.fr - Fermé : lundi, mardi, mercredi, jeudi, dimanche soir

OLIVET

45160 - Loiret - Carte régionale n° **8**-C2

LE PAVILLON BLEU

CUISINE MODERNE • ROMANTIQUE Esprit guinguette pour cette bâtisse de 1903 des bords du Loiret, où il fait bon s'installer sur la terrasse aux beaux jours, à l'ombre de vieux platanes, quasiment "les pieds dans l'eau". Pour l'anecdote, la salle est aménagée dans un ancien hangar à bateaux. Côté assiettes, les techniques sont maîtrisées, les assaisonnements équilibrés : c'est savoureux. Chambres confortables pour l'étape.

- Menu 29 € (déjeuner), 46 € - Carte 80/120 €
315 rue de la Reine-Blanche - 02 38 66 14 30 - www.pavillonbleu-restaurant.com - Fermé : lundi, dimanche soir

ONZAIN

41150 - Loir-et-Cher - Carte régionale n° **8**-A1

LES HAUTS DE LOIRE

CUISINE CLASSIQUE • ÉLÉGANT Dominique Pépin, second de Rémy Giraud pendant plus de trente ans et fidèle parmi les fidèles, est désormais le chef de ce pavillon de chasse du 19e s., installé entre Amboise et Blois. Le cadre est tout simplement magnifique, notamment la salle à manger classique et la ravissante terrasse au calme... Le chef s'appuie sur des produits de grande qualité - truffe de Touraine, caviar de Sologne, poissons de Loire - qu'il travaille avec application. Dans la droite ligne de son prédécesseur, il cuisine volontiers le gibier régional et les fruits et légumes du potager maison...

- Menu 89/169 € - Carte 125/175 €
79 rue Gilbert-Navard - 02 54 20 72 57 - www.hautsdeloire.com - Fermé : lundi, mardi, mercredi, jeudi midi

BISTROT DES HAUTS DE LOIRE

CUISINE TRADITIONNELLE • BISTRO Dans les dépendances du domaine, une jolie bâtisse solognote avec sa charpente apparente et son parquet de chêne... Le décor est planté ! Sur la terrasse face au jardin potager, on se régale de petits plats bistrotiers (viande maturée, cuissons à la broche) et de créations plus imaginatives. Un régal.

- Menu 39 € (déjeuner) - Carte 49/59 €
79 rue Gilbert Navard - 02 54 20 72 57 - www.hautsdeloire.com - Fermé : jeudi soir

ORLÉANS

45000 - Loiret - Carte régionale n° **8**-C2

LE LIÈVRE GOURMAND

Chef : Tristan Robreau

CUISINE FUSION • ÉLÉGANT Le chef de cette maison des bords de Loire s'est formé chez les Meilleur à la Bouitte et Au Rendez-vous des pêcheurs à Blois. Tristan Robreau choisit ses fournisseurs avec soin, et délivre une cuisine fusion inspirée notamment de ses voyages en Asie, faisant montre d'une réelle identité culinaire. On retrouve, par exemple, truite séchée Soba, ail thaï ; turbot cardamome, endive rouge. Les produits sont de très belle qualité, la technique est assurée et les saveurs sont marquées. Une cuisine d'équilibriste qui maintient sa promesse : le Lièvre gourmand demeure la meilleure table de la ville.

- Menu 47 € (déjeuner), 59/88 €
Plan : B3-1 - *28 quai du Châtelet - 02 38 53 66 14 - www.lelievregourmand.com - Fermé : lundi, mardi, mercredi midi*

LA DARIOLE

CUISINE MODERNE • TRADITIONNEL Une véritable bonbonnière que cette maison à colombages (15e s.) près de la cathédrale : tissus, fleurs, poutres, pierres apparentes... Le décor se prête à un bon repas et, de fait, le chef fait mouche à chaque plat : soin, tradition, pointe d'originalité. Une bonne adresse.

- Menu 31/36 €
Plan : B2-2 - *25 rue Étienne-Dolet - 02 38 77 26 67 - Fermé : lundi soir, mercredi soir, jeudi soir, samedi, dimanche*

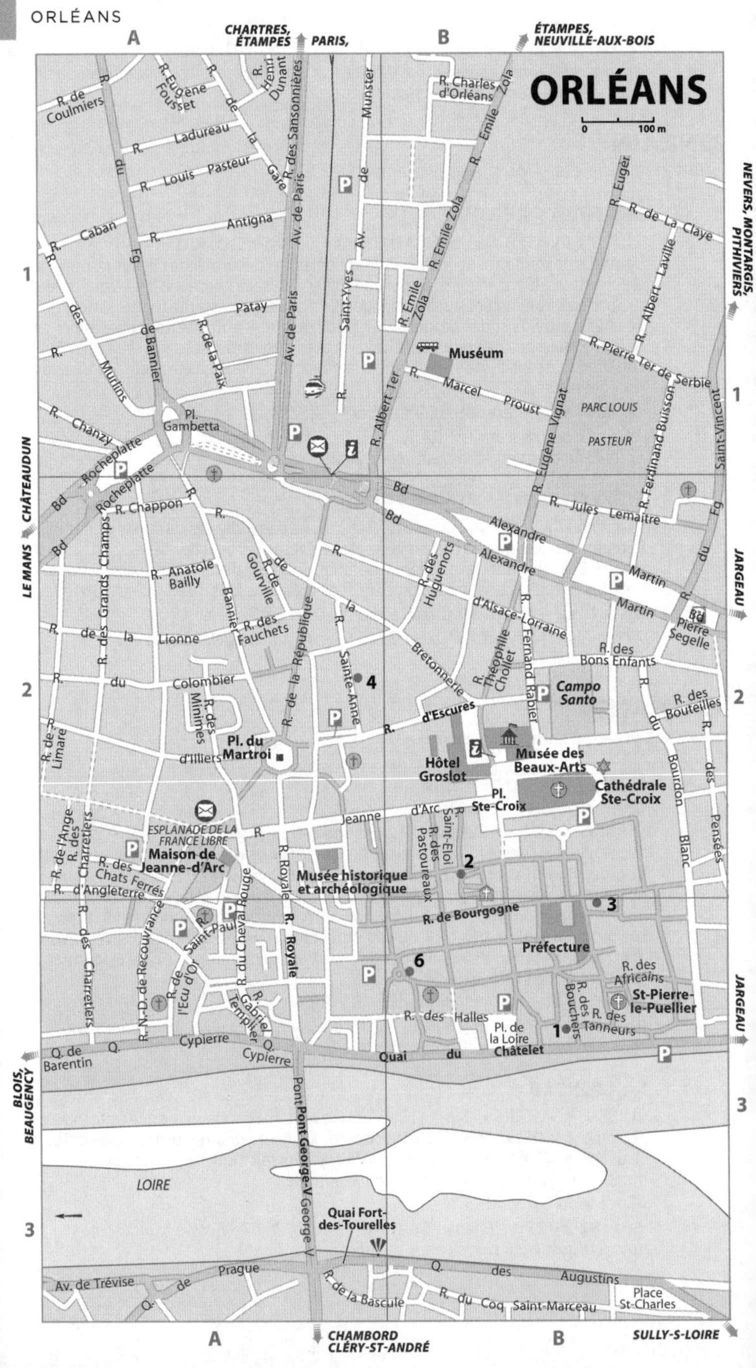
ORLÉANS
0
100 m
A
B
1
2
3
CHARTRES, ÉTAMPES
PARIS,
ÉTAMPES, NEUVILLE-AUX-BOIS
NEVERS, MONTARGIS, PITHIVIERS
LE MANS CHÂTEAUDUN
JARGEAU
BLOIS, BEAUGENCY
CHAMBORD CLÉRY-ST-ANDRÉ
SULLY-S-LOIRE
R. de Coulmiers
R. Eugène Fousset
R. Henri Dunant
R. de la Gare
R. des Sansonnières
R. Ladureau
R. Louis Pasteur
R. Caban
R. Antigna
R. Patay
R. des Murlins
R. Fg de Bannier
R. de la Paix
Av. de Paris
Av. de Munster
R. Saint-Yves
R. Charles d'Orléans
R. Emile Zola
R. Eugène Vignat
R. de La Claye
R. Albert Laville
R. Pierre Ier de Serbie
R. Marcel Proust
R. Albert Ier
Muséum
PARC LOUIS PASTEUR
R. Ferdinand Buisson
R. du Fg Saint-Vincent
R. Chanzy
Pl. Gambetta
Bd Rocheplatte
R. Chappon
Bd Alexandre Martin
R. Jules Lemaître
R. des Huguenots
R. d'Alsace-Lorraine
R. Anatole Bailly
R. des Grands Champs
R. de Gourville
R. de la Bretonnerie
R. Bannier
R. des Fauchets
R. de la Lionne
R. de la République
R. Sainte-Anne
R. Théophile Chollet
R. Fernand Rabier
R. des Bons Enfants
Bd Pierre Segelle
R. du Colombier
R. des Minimes
Campo Santo
R. des Bouteilles
R. d'Escures
R. de Limare
Pl. du Martroi
R. d'Illiers
Hôtel Groslot
Musée des Beaux-Arts
Cathédrale Ste-Croix
Pl. Ste-Croix
R. du Bourdon Blanc
R. des Pensées
R. Jeanne d'Arc
R. Saint-Eloi
R. des Pastoureaux
ESPLANADE DE LA FRANCE LIBRE
R. de l'Ange
R. des Charretiers
Maison de Jeanne-d'Arc
R. des Chats Ferrés
R. d'Angleterre
R. Royale
Musée historique et archéologique
R. de Bourgogne
Préfecture
R. N.-D.-de Recouvrance
R. Saint-Paul
R. de l'Ecu d'Or
R. du Cheval Rouge
R. Gabriel Templier
R. des Africains
St-Pierre-le-Puellier
R. des Halles
Pl. de la Loire
R. des Bouchers
R. des Tanneurs
Q. de Barentin
Q. Cypierre
Quai du Châtelet
Pont George-V
LOIRE
Quai Fort-des-Tourelles
Av. de Trévise
Q. de Prague
R. de la Bascule
Q. des Augustins
R. du Coq Saint-Marceau
Place St-Charles
1
2
3
4
6

L'HIBISCUS

CUISINE MODERNE • **CONTEMPORAIN** La rue est piétonne et animée, la façade discrète. Poussez la porte : produits frais, recettes originales, cuisine moderne, le tout emmené par Céline Lefebvre, riche d'un parcours solide. Pas de Carte, mais un court menu changeant régulièrement selon les saisons et les arrivages. Prix raisonnables.

- Menu 35/42 €

Plan : B3-3 - *175 rue de Bourgogne - 02 38 72 74 11 - www.hibiscus-restaurant.com - Fermé : lundi, dimanche*

EUGÈNE

CUISINE MODERNE • **COSY** De passage dans le Loiret, il est recommandé de pousser la porte de cette maison au cadre cosy pour découvrir la subtile cuisine de saison du chef, Alain Gérard : des plats soignés, goûteux et fins, et d'alléchants menus qu'il compose au gré de son inspiration.

- Menu 32/59 €

Plan : A2-4 - *24 rue Sainte-Anne - 02 38 53 82 64 - www.restauranteugene.fr - Fermé : samedi, dimanche*

LA PARENTHÈSE

CUISINE MODERNE • **CONVIVIAL** Porté par l'enthousiasme d'une équipe dynamique et accueillante, David Sterne, le chef, fait dans le classique et le fait bien : tartelette d'escargots et œuf parfait, émulsion à l'ail des ours ; filet de canard rôti et sa sauce aigre-douce à l'orange ; tatin de pêches caramélisées et sa glace maison au yaourt citronné. C'est copieux et ça se déguste dans un décor joliment rénové.

- Menu 20 € (déjeuner), 33 €

Plan : B3-6 - *26 place du Châtelet - 02 38 62 07 50 - www.restaurant-la-parenthese.com - Fermé : samedi, dimanche*

OUCQUES

41290 - Loir-et-Cher - Carte régionale n° **8**-B2

Ô EN COULEUR

CUISINE MODERNE • **CONTEMPORAIN** Elles enchantent, ces couleurs ! Le chef concocte des recettes bien ficelées avec de beaux produits, pour un résultat flatteur au palais et doux pour le porte-monnaie... Jolie salle au décor contemporain. Chambres confortables et colorées pour prolonger l'étape.

- Menu 30/74 € - Carte 67/78 €

9 rue de Beaugency - 02 54 23 20 41 - www.o-en-couleur-oucques.com - Fermé : lundi, mardi midi, dimanche soir

OUSSON-SUR-LOIRE

45250 - Loiret - Carte régionale n° **8**-D2

LE CLOS DU VIGNERON

CUISINE TRADITIONNELLE • **CLASSIQUE** Les vignes des coteaux du Giennois jouxtent le Clos du vigneron. On apprécie ici une cuisine sincère, de saison et de fraîcheur, faisant la part belle au poisson : le chef travaille comme un véritable artisan, amoureux de son métier. Chambres pratiques pour l'étape.

- Menu 23 € (déjeuner), 37/45 € - Carte 42/55 €

18 route Nationale 7 - 02 38 31 43 11 - www.hotel-clos-du-vigneron.com - Fermé : lundi, mardi, dimanche soir

PARÇAY-MESLAY

37210 - Indre-et-Loire - Carte régionale n° **8**-B2

L'ARCHE DE MESLAY

CUISINE MODERNE • **CONTEMPORAIN** On oublie très vite le quartier (une zone d'activités) pour se concentrer sur la cuisine fine et fraîche, véritablement pleine de saveurs... À l'image de la spécialité du chef breton : la bouillabaisse à la tourangelle - rouget, rascasse, rillons et andouillette !

- Menu 25 € (déjeuner), 35/65 € - Carte 50/70 €

14 rue des Ailes - 02 47 29 00 07 - www.larchedemeslay.fr - Fermé : lundi, dimanche

LE PETIT-PRESSIGNY

37350 - Indre-et-Loire - Carte régionale n° **8**-B3

LA PROMENADE

Chefs : Jacky Dallais

CUISINE MODERNE • ÉLÉGANT C'est une "promenade", certes, mais aussi une véritable aubaine que cette auberge de famille en pleine campagne ! Derrière les fourneaux, Jacky le père et Fabrice le fils jouent, à quatre mains, une partition aux notes actuelles, à la fois savoureuse et festive, fortement enracinée dans le terroir local. Poulette et pigeon de Racan, géline de Touraine, gibier en saison, légumes de maraichers bio, brochet et produits nobles de l'Océan : que du bon, y compris les nombreux abats qu'on n'hésite pas ici à mettre régulièrement à la carte ! À déguster dans un cadre contemporain de belle facture. Une des meilleures tables de la région et l'une des meilleures cartes de vins en France, tant dans son choix que dans la douceur des tarifs.

- Menu 55/125 €

11 rue du Savoureulx - 02 47 94 93 52 - www.restaurantdallaislapromenade.com - Fermé : lundi, mardi, dimanche soir

REUILLY

36260 - Indre - Carte régionale n° **8**-C3

LES 3 CÉPAGES

CUISINE MODERNE • CONTEMPORAIN En plein cœur du Berry, au centre du célèbre village viticole de Reuilly, cet ancien hôtel à la façade blanche a trouvé un second souffle sous la houlette d'un couple japonais passionné de cuisine française. On réalise ici une cuisine fine, savoureuse et bien maîtrisée, à partir de produits de belle qualité.

- Menu 36/50 €

17 rue de la Gare - 02 54 03 23 13 - www.les-3-cepages.com - Fermé : lundi, mardi, dimanche soir

ROCHECORBON

37210 - Indre-et-Loire - Carte régionale n° **8**-B2

LES HAUTES ROCHES

CUISINE CLASSIQUE • ÉLÉGANT Dominant la Loire, ce beau manoir du 18e s. fait corps avec la falaise de tuffeau, creusée de belles chambres troglodytiques. On y trouve le chef Didier Edon, Breton d'origine et Tourangeau de cœur. Un métier solide, de l'expérience : voilà les armes de notre maître-queux pour signer une belle cuisine de tradition. La carte, dominée par les produits de la mer, comporte des incontournables comme le turbot sauce béarnaise, les langoustines rôties, asperges blanches et morilles, ou encore le soufflé à la liqueur d'orange de Grand Marnier. Autre incontournable, la terrasse au-dessus du fleuve...

- Menu 76/135 € - Carte 85/100 €

86 quai de la Loire - 02 47 52 88 88 - www.leshautesroches.com - Fermé : lundi, dimanche

ROMORANTIN-LANTHENAY

41200 - Loir-et-Cher - Carte régionale n° **8**-C2

GRAND HÔTEL DU LION D'OR

Chef : Didier Clément

CUISINE MODERNE • ÉLÉGANT Maison emblématique de la gastronomie en Sologne, le Grand Hôtel du Lion d'Or doit sa réputation à un couple de professionnels

origine
#Locale
METRO S'ENGAGE
À VALORISER DES PRODUITS FRANÇAIS
COMME LE MIEL DE FLORENT VACHER,
APICULTEUR À LA-FERTÉ-SAINT-AUBIN
(LOIRET)
METRO-local.fr
METRO

passionnés, Marie-Christine et Didier Clément. Véritable théoricien de son terroir, le chef a passé sa carrière à en révéler les épices et herbes oubliées : graine de paradis, rocambole, angélique et thym de bergère, mais aussi légumes comme le panais ou la pomme de terre vitelotte. Chez lui, expérience et curiosité vont de pair ; il régale dans une veine classique, sans afféterie, avec en particulier de succulents jus et sauces. Un régal, d'un bout à l'autre du repas.

- Menu 64 € (déjeuner), 115/150 € - Carte 130/170 €

69 rue Clemenceau - 02 54 94 15 15 - www.hotel-liondor.fr - Fermé : mardi, mercredi

SACHÉ

37190 - Indre-et-Loire - Carte régionale n° **8**-B2

AUBERGE DU XIIÈME SIÈCLE

CUISINE MODERNE • **AUBERGE** Dans ce village où aimait venir Balzac, cette Auberge fait figure d'incontournable. C'est Kévin Gardien, chef trentenaire, qui en tient les rênes, épaulé par sa compagne Stéphanie Marques en salle. Les produits du terroir ligérien sont à l'honneur, travaillés dans des assiettes modernes et gourmandes, à des tarifs raisonnables : on aurait tort de se priver.

- Menu 34/70 € - Carte 49/78 €

1 rue du Château - 02 47 26 88 77 - www.auberge12emesiecle.fr - Fermé : lundi, mardi, dimanche soir

ST-AIGNAN

41110 - Loir-et-Cher - Carte régionale n° **8**-A2

LE MANGE-GRENOUILLE

CUISINE TRADITIONNELLE • **AUBERGE** Un ancien relais de poste installé dans une ruelle à quelques encablures des rives du Cher, une agréable petite terrasse dans la cour, des salles à manger délicieusement rustiques – pierres apparentes, tomettes... mais surtout une cuisine ambitieuse appuyée sur de solides bases traditionnelles. Ne manquez pas les cuisses de grenouilles sautées en persillade !

- Menu 19 € (déjeuner), 38/44 €

10 rue Paul-Boncour - 02 54 71 74 91 - www.lemangegrenouille.fr - Fermé : lundi, dimanche

ST-BENOÎT-SUR-LOIRE

45730 - Loiret - Carte régionale n° **8**-C2

LE GRAND SAINT-BENOÎT

CUISINE MODERNE • **CLASSIQUE** Une maison chaleureuse, avec une jolie terrasse, au cœur de ce village où repose le poète Max Jacob. Au menu, de délicieux petits plats joliment cuisinés, avec de subtils mariages de saveurs. De quoi trouver l'inspiration !

- Menu 35 € - Carte 48/52 €

7 place Saint-André - 02 38 35 11 92 - www.restaurant-grand-saint-benoit.com - Fermé : lundi, dimanche soir

ST-CYR-SUR-LOIRE

37540 - Indre-et-Loire - Carte régionale n° **8**-B2

L'ATELIER D'OLIVIER ARLOT

CUISINE MODERNE • **CONVIVIAL** Installé par Olivier Arlot sur les quais de la Loire, ce bistrot joue la modernité sur les deux tableaux : dans le décor et dans l'assiette. L'exemple même d'une bistronomie futée, vivante, avec un renouvellement très régulier de la carte.

- Menu 36/42 €

55 quai des Maisons-Blanches - 02 47 73 18 63 - Fermé : lundi, dimanche

ST-GEORGES-SUR-CHER

✉ 41400 - Loir-et-Cher - Carte régionale n° **8**-A1

FLEUR DE SEL

CUISINE MODERNE • **CONVIVIAL** Au cœur d'un joli village de la vallée du Cher, tout près du château de Chenonceau, un bistrot contemporain et convivial régale ses convives. Dans l'assiette ? Une cuisine de saison et de fraîcheur, ciselée par un chef de talent, Mickaël Renard, formé dans les belles maisons. 2 menus-carte qui changent tous les 2 mois, et un menu du jour le midi en semaine.

- Menu 17 € (déjeuner), 24/34 €

15 place Pierre-Fidèle-Bretonneau - 02 54 93 32 26 - www.fleurdesel41.com - Fermé : lundi, mardi midi, dimanche soir

ST-OUEN-LES-VIGNES

✉ 37530 - Indre-et-Loire - Carte régionale n° **8**-A1

L'AUBINIÈRE

CUISINE MODERNE • **CONTEMPORAIN** Une jolie salle à manger contemporaine et lumineuse s'ouvrant sur le parc arboré, une cuisine de saison qui ne triche pas sur la qualité des produits et une cave riche en vins régionaux : le restaurant de L'Aubinière a tout pour plaire. Et pour profiter pleinement des lieux, quelques chambres élégantes complétées d'un espace bien-être.

A/C P - Menu 29 € (déjeuner), 39/65 € - Carte 45/70 €

29 rue Jules-Gautier - 02 47 30 15 29 - www.aubiniere.com - Fermé : lundi, mardi midi, mercredi midi, dimanche soir

ST-PATRICE

✉ 37130 - Indre-et-Loire - Carte régionale n° -

CHÂTEAU DE ROCHECOTTE

CUISINE MODERNE • **HISTORIQUE** Dans cet élégant château datant des Lumières, proche des vignobles de Bourgueil, la cuisine se décline dans un esprit gastronomique. De l'enfilade des magnifiques salons aux chambres intimes et raffinées, en passant par le superbe parc, le plaisir est total...

P - Menu 33 € (déjeuner), 52 € - Carte 65/80 €

43 rue Dorothée-de-Dino, Saint-Patrice - 02 47 96 16 16 - www.chateau-de-rochecotte.com

ST-PIERRE-DE-JARDS

✉ 36260 - Indre - Carte régionale n° **8**-C3

LES SAISONS GOURMANDES

CUISINE TRADITIONNELLE • **RUSTIQUE** Avec ses poutres peintes en "bleu berrichon", l'endroit est éminemment sympathique et la gourmandise y est au rendez-vous, sous l'égide du chef qui puise son inspiration dans la tradition et les beaux produits... ainsi ce foie gras poché au Reuilly ou ce pigeon cuit au foin. Aux beaux jours, réservez une table en terrasse.

A/C - Menu 26/54 € - Carte 35/57 €

Place des Tilleuls - 02 54 49 37 67 - www.lessaisonsgourmandes.fr - Fermé : lundi, mardi soir, mercredi soir, dimanche soir

ST-VALENTIN

⊠ 36100 - Indre - Carte régionale n° **8**-C3

AU 14 FÉVRIER

CUISINE MODERNE • **ÉLÉGANT** Au Japon, deux musées célèbrent le talent de l'illustrateur Raymond Peynet, le créateur du fameux couple d'amoureux, immortalisé par un timbre. Certains de ses admirateurs japonais ont donc choisi le petit village de Saint-Valentin pour célébrer en cuisine la fête des amoureux. On s'attable dans un décor contemporain et raffiné, soit face au bar, soit le long de la véranda entre des murs blancs, parfois capitonnés de cuir rouge. Quelques affiches et lithographies de Peynet, ici et là... Une brigade 100% japonaise livre une réinterprétation tout en finesse de la cuisine française contemporaine, en l'agrémentant de subtiles touches nippones. Quant au sommelier, il joue son rôle à merveille.

A/C - Menu 75/98 €

2 rue du Portail - ✆ 02 54 03 04 96 - www.sv-au14fevrier.com - Fermé : lundi, mardi, mercredi, jeudi midi, dimanche soir

STE-MAURE-DE-TOURAINE

⊠ 37800 - Indre-et-Loire - Carte régionale n° **8**-B3

LA CIBOULETTE

CUISINE TRADITIONNELLE • **CONTEMPORAIN** À proximité de l'autoroute, de bonnes recettes sont servies dans un intérieur élégant ou sur la terrasse bordée d'un jardinet où vous trouverez peut-être... de la ciboulette. Les gourmands de passage ont aussi un faible pour l'île flottante de la maison.

♿ P - Menu 34/80 € - Carte 37/75 €

78 route de Chinon - ✆ 02 47 65 84 64 - www.laciboulette.fr - Fermé : lundi soir, mardi, mercredi

SANCERRE

⊠ 18300 - Cher - Carte régionale n° **8**-D2

LA POMME D'OR

CUISINE TRADITIONNELLE • **AUBERGE** N'hésitez pas à croquer dans cette pomme ! Ici, le chef joue la carte de la tradition pour le plus grand bonheur des gourmands. Dans l'assiette, c'est parfumé et coloré. Le tout accompagné, cela va de soi, d'un verre de sancerre blanc, rosé ou rouge... selon votre envie.

♿ - Menu 25 € (déjeuner), 35/55 €

1 rue de la Panneterie - ✆ 02 48 54 13 30 - www.lapommedor-sancerre.fr - Fermé : lundi, mardi, dimanche soir

LA TOUR

CUISINE MODERNE • **COSY** Dans cette maison nichée au pied d'une tour du 14e s., au cœur du Sancerrois historique, le chef concocte une cuisine de caractère, basée sur de bons produits. Le tout se déguste dans une salle élégante et contemporaine, avec quelques touches d'époque : poutres, plafond, moulures...

A/C - Menu 58/74 € - Carte 50/60 €

31 Nouvelle-Place - ✆ 02 48 54 00 81 - www.latoursancerre.fr - Fermé : lundi, dimanche

SAVONNIÈRES

⊠ 37510 - Indre-et-Loire - Carte régionale n° **8**-B2

LA MAISON TOURANGELLE

CUISINE MODERNE • **CONTEMPORAIN** Le rustique marié au moderne, une délicieuse terrasse sur le Cher et une belle cuisine de produits, gourmande et précise :

voilà les atouts – et non des moindres – qui font de cette maison tourangelle l'une des tables les plus courues du département.

- Menu 48/113 €

9 route des Grottes-Pétrifiantes – 02 47 50 30 05 – www.lamaisontourangelle.com – Fermé : lundi, mardi, dimanche soir

SAZILLY

37220 – Indre-et-Loire – Carte régionale n° **8**–A3

AUBERGE DU VAL DE VIENNE

CUISINE MODERNE • COSY Sur la route de Chinon, faites une halte gourmande dans cet ancien relais de poste (1870) au cœur du vignoble ! On y apprécie une cuisine mêlant judicieusement recettes traditionnelles (croustillant de rillons de Touraine, navarin d'agneau...) et préparations plus actuelles (queues de langoustines et bavaroise au lait d'amande ; rôti de lotte à la coppa et jus de bouillabaisse). Belle carte des vins.

- Menu 33/50 € - Carte 45/65 €

30 route de Chinon – 02 47 95 26 49 – www.aubergeduvaldevienne.com – Fermé : lundi, mardi, jeudi soir, dimanche soir

SEMBLANÇAY

37360 – Indre-et-Loire – Carte régionale n° **8**–B2

LA MÈRE HAMARD

CUISINE MODERNE • COSY Une véritable institution que cette belle bâtisse en pierre née en 1903 ! Chaleureuse, elle se pare d'une coquette salle à manger, et d'une charmante terrasse sous les glycines. On y déguste des plats gourmands et délicats, teintés par endroits de notes exotiques. Accueil attentionné, quelques chambres pour prolonger l'expérience.

- Menu 55/79 € - Carte 64/84 €

2 rue du Petit-Bercy – 02 47 56 62 04 – www.lamerehamard.com – Fermé : lundi midi, mardi midi, mercredi midi, jeudi midi

SENONCHES

28250 – Eure-et-Loir – Carte régionale n° **8**–B1

LA FORÊT

CUISINE MODERNE • COSY Inspirée : voilà l'adjectif qui caractérise le mieux la cuisine de Nicolas Lahouati. Le jeune chef entremêle à merveille son itinéraire professionnel (Thaïlande, Mexique) et des produits locaux de qualité – viandes de la Charentonne, tome et féta du Perche... Ses assiettes sont aussi savoureuses que soignées : on se régale.

- Menu 19 € (déjeuner), 35/59 € - Carte 46/70 €

22 rue de Verdun – 02 37 37 78 50 – www.hoteldelaforet-senonches.com – Fermé : lundi, dimanche

LE SUBDRAY

18570 – Cher – Carte régionale n° **8**–C3

LA FORGE

CUISINE MODERNE • CONVIVIAL Dans ce petit village à une quinzaine de kilomètres de Bourges, un jeune couple tient cette table très recommandable : tout est fait maison, la plupart des légumes proviennent du potager familial, la fraîcheur est au rendez-vous dans l'assiette. Menu simple à midi en semaine, propositions plus élaborées le soir et le week-end.

- Menu 18 € (déjeuner), 39/70 €

1 rue de la Brosse - 02 48 59 64 31 - laforge.business.site - Fermé : lundi, mardi, mercredi soir, samedi midi, dimanche soir

THIRON-GARDAIS

28480 - Eure-et-Loir - Carte régionale n° **8**-B1

AUBERGE DE L'ABBAYE

CUISINE MODERNE • **AUBERGE** Un doux moment à la campagne... Deux frères sont installés dans cette jolie maison en pierre, qui jouxte l'abbaye et le collège royal de Thiron-Gardais. Dans l'assiette, plats de saison et recettes revisitées sans esbroufe, avec une bonne maîtrise des cuissons. Sympathiques chambres pour une étape.

- Menu 34 €

15 rue du Commerce - 02 37 37 04 04 - www.aubergedelabbaye.fr - Fermé : dimanche soir

✉ 37000 - Indre-et-Loire
Carte régionale n° **8**-B2

TOURS

La rue du Grand-Marché, avec ses nombreuses façades à colombages garnies de brique ou d'ardoise, est l'une des plus intéressantes du vieux Tours. Elle mène aux halles qui s'animent les mercredis, samedis et dimanches matin. Dans la capitale tourangelle, patrimoine et gastronomie sont étroitement liés ! La patrie de Rabelais est d'ailleurs à l'origine de l'inscription, par l'Unesco, du repas gastronomique à la française. Les halles, superbes, en témoignent à leur manière : on y trouve le meilleur de tout. Des préparations charcutières comme les rillettes de porc ou d'oie (Vouvray et Tours s'en disputent la paternité), les rillons (des cubes de viande entrelardés) ou l'andouille de Jargeau. La Touraine est aussi une terre de fromages de chèvre dont le crottin de Chavignol et le sainte-maure-de-touraine, cette bûche cendrée traversée par une paille. Enfin, la ville de Balzac est entourée de très beaux vignobles dont vous trouverez les crus chez les cavistes de la ville.

LE SAINT-HONORÉ

CUISINE TRADITIONNELLE • RUSTIQUE Installé dans une ancienne boulangerie de 1625 qui a conservé son four et, au sous-sol, une belle cave voûtée, ce restaurant a tout pour plaire aux amateurs d'authenticité. Le chef fait pousser ses légumes dans son potager et signe une cuisine délicate, gourmande, pleine de saveurs... servie avec le sourire. Pensez à réserver : l'adresse a du succès !

- Menu 34/56 €

Hors plan - *7 place des Petites-Boucheries - ✆ 02 47 61 93 82 - www.lesainthonoretours.fr - Fermé : samedi, dimanche*

LES BARTAVELLES

CUISINE MODERNE • COSY Les Bartavelles : un hommage rendu à Marcel Pagnol par une fratrie de jeunes passionnés - Ghislain en cuisine, Véronique en salle. Dans l'assiette, on trouve une cuisine fraîche et colorée, des produits locaux à foison, de belles inspirations, le tout servi avec le sourire... que demander de plus ?

AC - Menu 44/74 €

Plan : B2-5 - *33 rue Colbert - ✆ 02 47 61 14 07 - www.bartavelles.fr - Fermé : lundi, mercredi soir, dimanche*

CASSE-CAILLOUX

CUISINE MODERNE • BISTRO Bistrot gourmand prisé (et souvent pris d'assaut ; réservation fortement conseillée !) dans ce quartier résidentiel proche du jardin des Prébendes, complété d'une petite terrasse d'été. Cuisine de saison sincère et gourmande proposée à l'ardoise, que l'on accompagne d'un joli vin de Loire.

- Menu 34/40 €

Plan : A3-6 - *26 rue Jehan-Fouquet - 02 47 61 60 64 - Fermé : mercredi midi, samedi, dimanche*

CHARLES BARRIER

CUISINE MODERNE • ÉLÉGANT Cette institution, dont Charles Barrier a fait le renom dans les années 1970, demeure l'illustration du grand restaurant avec ses lustres en cristal, ses boiseries et sa belle terrasse... Côté cuisine, si la carte reste ancrée dans la tradition, l'équipe n'hésite pas à en bousculer les codes.

- Menu 37 € (déjeuner), 55/75 €

Hors plan - *101 avenue de la Tranchée - 02 47 54 20 39 - www.charles-barrier.fr - Fermé : lundi, dimanche*

LA DEUVALIÈRE

CUISINE MODERNE • CONVIVIAL Julien et Alexandra mettent toute l'énergie de leur jeunesse pour séduire les gourmands de passage... et ils y parviennent sans problème ! Leur cuisine, réglée sur les saisons, réserve de jolies surprises. Le cadre, qui mêle le cachet rustique d'une maison ancienne (poutres, tomettes et cheminée) à des notes plus actuelles, ne fait qu'ajouter à notre plaisir.

- Menu 22 € (déjeuner), 36 €

Plan : A2-7 - *18 rue de la Monnaie - 02 47 64 01 57 - www.restaurant-ladeuvaliere.com - Fermé : samedi, dimanche*

MAISON COLBERT

CUISINE MODERNE • BISTRO Bienvenue dans ce bistrot convivial en plein cœur de ville, où l'on se régale d'une cuisine du marché goûteuse et parfumée : lors de notre passage, merlu de ligne cuit à la perfection, bouillon aux saveurs asiatiques débordant de parfums... la patte d'un chef qui connaît ses gammes.

- Menu 17 € (déjeuner), 34 €

Plan : B2-8 - *26 rue Colbert - 02 47 05 99 81 - www.maisoncolbert.fr - Fermé : lundi, dimanche*

NOBUKI

CUISINE JAPONAISE • ÉPURÉ Un cadre zen et épuré, tout de bois clair, et une cuisine japonaise traditionnelle de saison, qui marque par sa fraîcheur et son originalité : assortiment d'entrées froides et de tempuras du moment, chirashi (plat traditionnel de poissons crus), plat chaud du jour et soupe miso. Réservation impérative.

- Menu 19 € (déjeuner), 39/54 €

Plan : B2-9 - *3 rue Buffon - 02 47 05 79 79 - www.nobuki.fr - Fermé : lundi soir, mardi soir, mercredi soir, jeudi soir, samedi, dimanche*

O&A

CUISINE MODERNE • BISTRO Sympathique bistrot gourmand du vingt-et-unième siècle face aux Halles, où Olivier Arlot et ses équipes vous régalent dans une atmosphère conviviale d'une belle partition bistronomique, avec un menu-carte renouvelé au fil des saisons.

- Menu 41 €

Plan : A3-10 - *29 place Gaston-Paillhou - 02 47 55 87 73 - Fermé : samedi, dimanche*

LA RISSOLE

CUISINE MODERNE • CONTEMPORAIN Le nom de ce bistrot rend hommage à un grand cuisinier du siècle passé et célèbre les joies de la cuisson. La courte carte met en valeur les produits de la région et la saisonnalité. La cuisine est simple et goûteuse, à l'image de cette volaille au vin jaune avec girolles et carottes, accompagnée de pommes dauphine. Allons rissoler sans tarder !

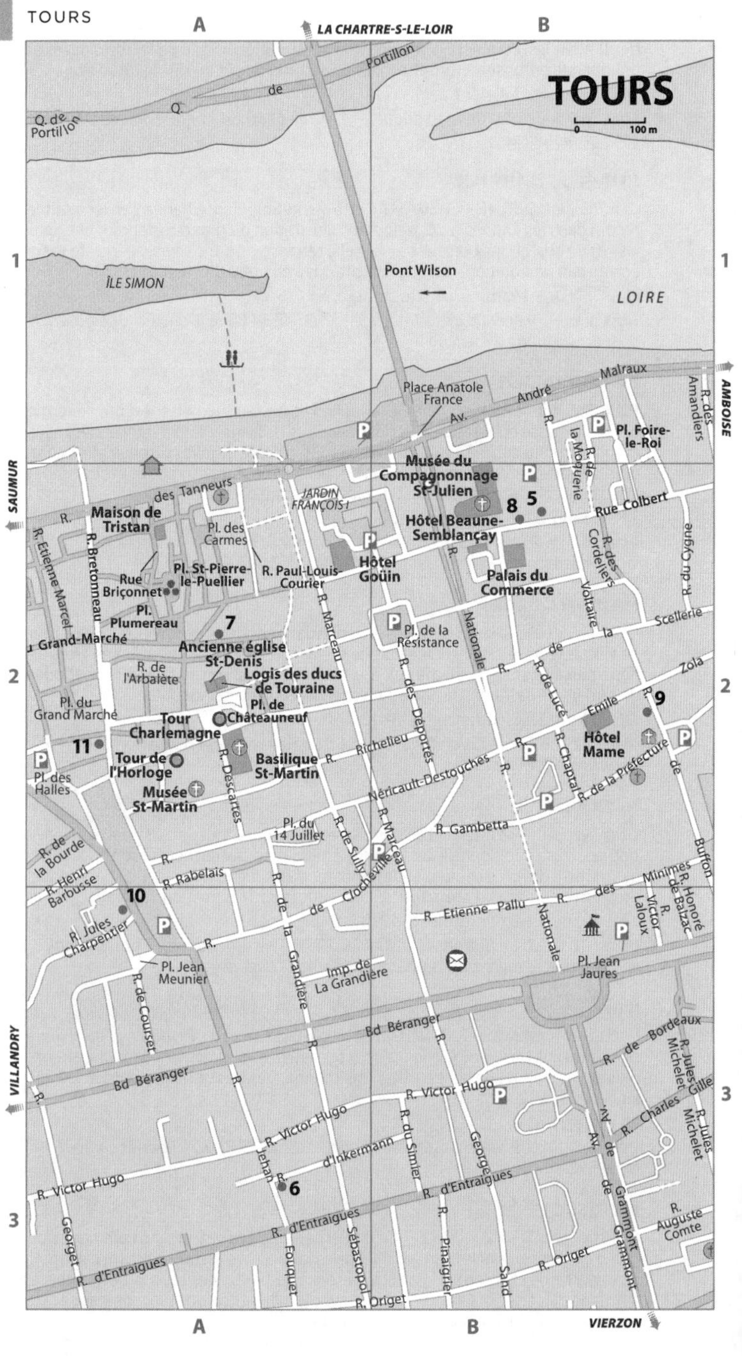
TOURS
0 100 m
LA CHARTRE-S-LE-LOIR
SAUMUR
AMBOISE
VILLANDRY
VIERZON
LOIRE
ÎLE SIMON
Pont Wilson
Place Anatole France
Av. André Malraux
Musée du Compagnonnage St-Julien
Hôtel Beaune-Semblançay
Hôtel Goüin
Palais du Commerce
Maison de Tristan
Pl. St-Pierre-le-Puellier
Rue Briçonnet
Pl. Plumereau
Ancienne église St-Denis
Logis des ducs de Touraine
Pl. de Châteauneuf
Tour Charlemagne
Tour de l'Horloge
Basilique St-Martin
Musée St-Martin
Hôtel Mame
Pl. Foire-le-Roi
Pl. des Carmes
Pl. de la Résistance
Pl. du Grand Marché
Pl. des Halles
Pl. du 14 Juillet
Pl. Jean Meunier
Pl. Jean Jaurès
Jardin François I
R. des Tanneurs
R. Paul-Louis-Courier
R. Colbert
R. de la Scellerie
R. Émile Zola
R. Nationale
Bd Béranger
R. Victor Hugo
R. d'Entraigues
R. Origet
Av. de Grammont
R. Marceau
R. de la Grandière
R. Bretonneau
R. Étienne Marcel
R. Descartes
R. Richelieu
R. Néricault-Destouches
R. Gambetta
R. Rabelais
R. de Clocheville
R. Étienne Pallu
R. des Minimes
R. de Buffon
R. de la Préfecture
R. Chaptal
R. de Lucé
R. des Déportés
R. de Sully
R. de la Bourde
R. Henri Barbusse
R. Jules Charpentier
R. de Courset
Imp. de La Grandière
R. Jehan Fouquet
R. Sébastopol
R. du Simier
R. d'Inkermann
R. George Sand
R. Pinaigrier
R. Georget
R. de Bordeaux
R. Jules Michelet
R. Charles Gille
R. Auguste Comte
R. Victor Laloux
R. Honoré de Balzac
R. de la Moquerie
R. des Cordeliers
R. Voltaire
R. du Cygne
R. des Amandiers
R. de l'Arbalète
R. du Grand-Marché
Q. de Portillon
1
2
3
A
B
5
6
7
8
9
10
11

♿ AC - Menu 19 € (déjeuner), 35/41 €

Plan : A2-11 - *51 place du Grand-Marché - ✆ 02 47 49 20 04 - www.larissole.fr - Fermé : lundi, dimanche*

LA ROCHE LE ROY

CUISINE MODERNE • **ÉLÉGANT** Un joli petit manoir à la sortie de la ville, au cadre élégant et raffiné, complété d'une plaisante terrasse aux beaux jours. Maximilien Bridier, le jeune chef, travaille le produit avec passion et se fend de belles assiettes, précises et sans superflu.

P - Menu 60/85 € - Carte 73/93 €

Hors plan - *55 route de Saint-Avertin - ✆ 02 47 27 22 00 - www.larocheleroy.com - Fermé : lundi, dimanche*

VALLIÈRES-LES-GRANDES

✉ 41400 - Loir-et-Cher - Carte régionale n° **8**-A1

LES CLOSEAUX

CUISINE MODERNE • **TRADITIONNEL** Sous l'Ancien Régime, ces Closeaux - avec leur domaine de 10 hectares - faisaient office de relais de chasse pour les rois de France. Aujourd'hui, le chef des lieux privilégie les producteurs locaux et les circuits courts, et réalise une goûteuse cuisine du marché.

♿ P - Menu 26/35 €

Lieu-dit les Closeaux - ✆ 02 47 57 32 73 - www.lescloseaux.com - Fermé : mardi, mercredi

VENDÔME

✉ 41100 - Loir-et-Cher - Carte régionale n° **8**-B2

PERTICA

Chef : Guillaume Foucault

CUISINE CRÉATIVE • **ÉPURÉ** Pertica, c'est le Perche en latin. Le chef, Guillaume Foucault, est à ce point attaché à sa région natale qu'il en a fait l'alpha et l'oméga de son restaurant. Mission accomplie : ici, le Perche est partout. Dans l'enduit ocre des murs, dans le grès des assiettes et le bois des couteaux (poirier, épine noire), mais aussi et surtout dans l'assiette : Guillaume Foucault a réuni autour de lui une pléiade de petits producteurs qui partagent sa vision. Jamais passéiste, le chef travaille par exemple le lapin fermier à la manière d'un lièvre à la royale, cuit pendant 36 heures. Accompagné d'une farce vanillée et d'une sauce au vinaigre de poire maison, ce plat tout en arômes suaves fond littéralement dans la bouche - comme une douceur venue de l'enfance.

L'engagement du chef : Nous réalisons un travail de sensibilisation du monde agricole à grande échelle, afin de conjuguer culture locale et impératifs environnementaux : qu'il s'agisse d'un travail de fond avec des éleveurs pour relancer la vache percheronne ou avec des vignerons pour valoriser le poiré, notre but est d'utiliser la richesse et l'histoire de nos terroirs pour fédérer tous les acteurs locaux autour de projets communs.

AC - Menu 64/110 €

15 place de la République - ✆ 02 54 23 72 02 - www.restaurantpertica.com - Fermé : lundi, mercredi, dimanche

LE MALU

CUISINE MODERNE • **CONTEMPORAIN** Cette ancienne caserne militaire sous Napoléon III a été reconvertie en lieu de bouche, et désormais, c'est le jeune chef Ludovic Brethenoux qui fait parler la poudre. Ce jeune trentenaire originaire du Périgord, formé notamment à La Villa Madie, à Cassis, se plaît dans le Vendômois et sa cuisine actuelle, précise et soignée, en témoigne. Une excellente alternative à la table étoilée Pertica, située au centre-ville. On se régale.

- Menu 22 € (déjeuner), 33/45 €

Route de Tours - 02 54 80 40 12 - www.lemalu2.wixsite.com/restaurantlemalu - Fermé : lundi, mardi, dimanche soir

MORIS

CUISINE MODERNE • CONTEMPORAIN Au bord du Loir, ce bistrot jouxte le pont qui mène à la vieille ville. Le chef ne jure que par les circuits courts et met les saisons à l'honneur dans sa cuisine, qu'on accompagnera de vins nature judicieusement choisis. À déguster, aux beaux jours, sur deux terrasses, dont une au premier étage, en surplomb de la rivière... Délicieux.

- Menu 18 € (déjeuner), 33 €

77 rue du Change - 09 83 48 30 13 - lemorisrestaurant.com - Fermé : lundi, mardi soir, dimanche

VEUIL

36600 - Indre - Carte régionale n° **8**-B3

AUBERGE ST-FIACRE

CUISINE MODERNE • RUSTIQUE Le couple à la tête de cette auberge d'un petit village proche de Valençay réalise un travail admirable : en vrai "artisan" passionné, le chef privilégie les produits régionaux pour concocter des préparations fines et goûteuses, que l'on déguste dans un cadre rustique charmant ou sur la délicieuse terrasse fleurie, aux beaux jours. En raison du succès (et de l'excellent rapport qualité/prix), les réservations sont indispensables.

- Menu 26 € (déjeuner), 35/58 € - Carte 43/51 €

5 rue de la Fontaine - 02 54 40 32 78 - www.aubergesaintfiacre.com - Fermé : lundi, mardi, dimanche soir

VEUVES

41150 - Loir-et-Cher - Carte régionale n° **8**-A1

LA CROIX BLANCHE

CUISINE MODERNE • AUBERGE On ne porte pas sa croix dans cet ancien relais de poste ! On y profite de la cuisine actuelle du chef Jean-François Beauduin, formé dans les tables étoilées. La saison et les produits locaux sont de rigueur. À noter, quelques préparations plus traditionnelles comme la beuchelle tourangelle. Service charmant assuré par l'épouse du chef dans un cadre rustique et coquet. Terrasse agréable à l'ombre des mûriers.

- Menu 33/44 € - Carte 40/55 €

2 avenue de la Loire - 02 54 70 23 80 - www.lacroixblanche41.com - Fermé : lundi, mercredi midi, dimanche soir

VILLEGENON

18260 - Cher - Carte régionale n° **8**-C2

LA RÉCRÉATION GOURMANDE

CUISINE TRADITIONNELLE • CONVIVIAL Dans cette ancienne école du début du 20 e s., où trône un vieux poêle surmonté d'un bonnet d'âne, les mauvais élèves ne sont pas mis au pain sec et à l'eau ! Quel que soit le niveau de la classe, tout le monde se régale d'une cuisine de produits généreuse et goûteuse. Une agréable Récréation Gourmande...

- Menu 16 € (déjeuner), 27/31 €

3 rue de l'Ancienne-École - 02 48 73 45 36 - www.la-recreation-gourmande.com - Fermé : lundi soir, mardi soir, mercredi, jeudi soir, dimanche soir

VOUVRAY

✉ 37210 - Indre-et-Loire - Carte régionale n° **8**-B2

LES GUEULES NOIRES

CUISINE TRADITIONNELLE • RUSTIQUE La salle à manger troglodytique, la cheminée crépitante en hiver, la terrasse sous la glycine aux beaux jours : on succombe tout de suite au charme discret de cette adresse. Au menu : une cuisine franche et goûteuse, basée sur les produits du terroir tourangeau et accompagnée de bons vins de Loire. Réservation conseillée.

- Menu 40 € (déjeuner) - Carte 48/60 €

66 rue de la Vallée-Coquette - ✆ 02 47 52 62 18 - www.gueulenoirevouvray.wixsite.com/les-gueules-noires- - Fermé : lundi, mardi, dimanche soir

YVOY-LE-MARRON

✉ 41600 - Loir-et-Cher - Carte régionale n° **8**-C2

AUBERGE DU CHEVAL BLANC

CUISINE TRADITIONNELLE • AUBERGE Après une balade en forêt, installez-vous à la table de cette coquette auberge solognote. Professionnel passionné, Joël Danthu livre une belle partition culinaire qui ne saurait renier de solides bases classiques. Sauces réduites et parfumées, gibiers en saison, caviar de Sologne... la tradition a du bon ! Quelques chambres sonnent comme une invitation à prolonger le séjour.

A/C - Menu 34/55 € - Carte 45/95 €

1 place du Cheval-Blanc - ✆ 02 54 94 00 00 - www.aubergeduchevalblanc.com - Fermé : lundi, mardi midi, mercredi midi

G. Lansard/hemis.fr

CORSE

CORSE

Carte régionale n° 9

Parcs naturels, parcours de randonnées mythiques, villes côtières chics, forêts chevelues et montagnes escarpées, telle demeure la Corse éternelle, cette île de beauté jamais mieux chantée qu'à la tombée du jour par les cigales elles-mêmes. Au-delà de ces images iconiques sur fond bleu translucide, pénétrons l'intimité de la terre natale de Napoléon et de Colomba, l'héroïne tragique de Prosper Mérimée.

Et quel meilleur guide que le petit cochon noir semi-sauvage, rôti, grillé, fumé, salé, consommé à toutes les sauces, celui-là même qu'Obélix confondait avec un chef de clan corse. "Quand tu croques dans un morceau de jambon, tu sais que tu es en Corse", témoigne un inspecteur. Et particulièrement chez A Pignata, à Levie, au-dessus de Porto-Vecchio, parenthèse enchantée loin du tumulte des bords de mer. Ou à U Licettu, à Cuttoli, où l'on goûte une viande affinée 24 mois, qui tient la corde avec un Noir de Bigorre. Ces deux adresses proposent une ode au repas corse traditionnel, familial, généreux. Les propriétaires sont éleveurs de cochons, les cuissons douces, au feu de bois, impériales. Alors un conseil : éloignez-vous des villes et des restaurants attrape-touristes et plongez à l'intérieur des terres, où l'on trouve encore des tables sincères au menu gargantuesque... où la vieille patronne veille à ce que les assiettes soient finies. En d'autres mots : prenez le maquis !

LA SELECTION DU GUIDE MICHELIN

LES TABLES ÉTOILÉES

✿✿

Une cuisine d'exception. Vaut le détour !

✿

Une cuisine d'une grande finesse. Vaut l'étape !

LES BIB GOURMAND
Nos meilleurs rapports qualité-prix

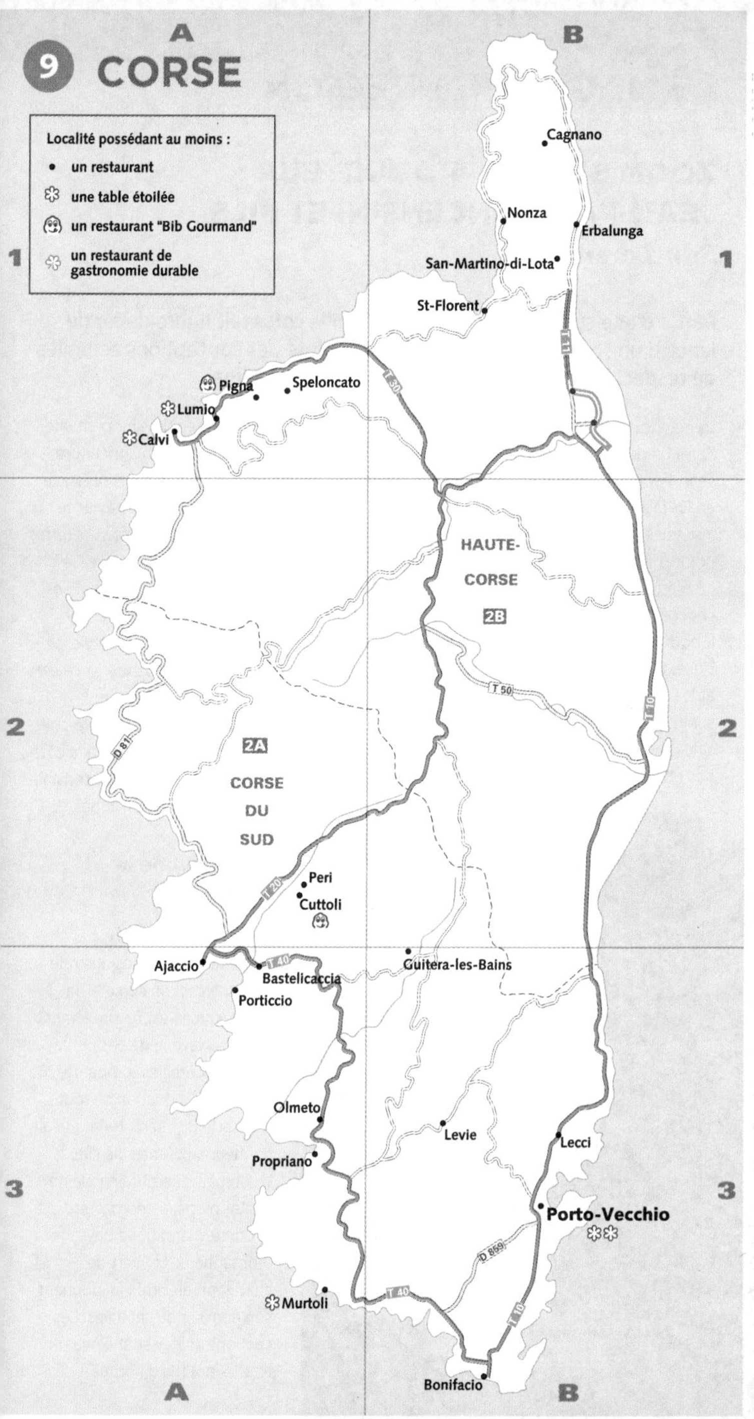
A
B
9 CORSE
Localité possédant au moins :
un restaurant
une table étoilée
un restaurant "Bib Gourmand"
un restaurant de gastronomie durable
1
2
3
Cagnano
Nonza
Erbalunga
San-Martino-di-Lota
St-Florent
Pigna
Speloncato
Lumio
Calvi
T 30
T 11
HAUTE-
CORSE
2B
T 50
T 10
D 81
2A
CORSE
DU
SUD
T 20
Peri
Cuttoli
Ajaccio
Bastelicaccia
T 40
Guitera-les-Bains
Porticcio
Olmeto
Levie
Lecci
Propriano
Porto-Vecchio
D 859
Murtoli
Bonifacio

ZOOM SUR UN PRODUCTEUR : JEAN-PAUL VINCENSINI ET FILS

San-Lorenzo

Partie d'une culture ancestrale, une famille corse fait figure de fer de lance d'une agriculture de qualité, à la pointe des conceptions actuelles de respect de l'environnement et du bien-être animal.

Demandez San-Lorenzo, on vous indiquera San-Lurenzu, mais c'est bien là ! Là que Jean-Paul Vincensini est revenu de Paris en 1971, avec Denise, son épouse. Un retour à sa terre, mais pas aux brebis de son grand-père. Ils optent pour la châtaigne, emblême de cette partie de la Corse, un choix qui les mènera très loin !

Cinquante ans plus tard, la famille Vincensini exploite 500 hectares de châtaigniers, et les fils, Laurent, Philippe et Xavier ne sont pas de trop pour faire face à la diversification de l'entreprise. Tous trois, après des études supérieures, marchent dans les pas de leurs parents, en développant une large gamme de produits en agriculture biologique. *« Pour nous, le bio représente l'agriculture du futur,* explique Xavier, le cadet. *Aujourd'hui, nous cultivons les terres comme le faisaient nos anciens, avec le même respect des traditions. Nous avons fait le choix du qualitatif. Concurrencer les chinois ne sert à rien ! En revanche, se positionner sur un produit d'excellence est bien plus valorisant. »*

Un parti-pris qui a séduit d'autres agriculteurs, venus proposer leurs produits à côté de ceux de la famille Vincensini, sur place comme en ligne.

Tout part de la châtaigne

Puisque la chataigne est l'aliment de base des nustrale - "le vrai cochon corse" -, le patriarche en est naturellement venu à l'élevage de ces petits porcs aux oreilles tombantes. Et donc à la production de toute la palette de charcuterie qui fait honneur aux tables de l'île.

Le domaine se situe en pleine Castagniccia, au nord-ouest la Corse, magnifique paysage montagneux, couvert de châtaigneraies (qui lui donnent son nom) et de chênaies. Les cochons noirs y sont élevés en liberté, nourris d'herbes,

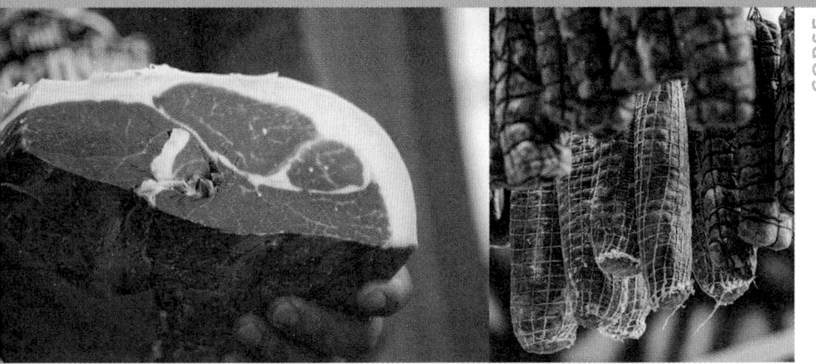

Prisuttu, saucisson et rosette

Abrégé charcutier corse :

Prisuttu : jambon de porc nustrale salé, séché et affiné entre un et deux ans. Forme caractéristique, allongée et profilée, et bouquet aromatique riche au goût de noisette.

Coppa : échine de porc nustrale salée, séchée et affinée. Bouquet aromatique complexe, texture souple.

Lonzu : longe de porc nustrale salée, séchée et affinée. Des arômes légers et frais, une note de noisette, une texture plutôt ferme. À déguster dès le printemps.

Saucisson sec, rosette : issus du maigre de l'épaule et du gras de couverture. Saveur douce, avec un goût de noisette, texture ferme et onctueuse. C'est l'affinage en cave qui donne sa flore au boyau naturel.

Figatellu : saucisse de foie fumée de 12 à 18 heures puis séchée 3 jours en séchoirs à châtaigne. À consommer fraîche, cuite à cœur.

Bulagna : gorge de porc nustrale, non fumée, salée, poivrée et séchée à l'air libre 60 jours minimum.

Panzetta : poitrine de porc nustrale, non fumée, salée, poivrée et séchée à l'air libre 60 jours minimum.

de racines, de châtaignes et de glands, au gré des saisons. Afin de rendre l'élevage autonome, les compléments en céréales sont cultivés dans la plaine orientale toute proche, en coopération avec le projet *BioPruvenda*.
L'atelier de transformation est toujours ici, et les caves d'affinages troglodytiques maintiennent depuis 500 ans une hygrométrie et une température idéales, de façon strictement naturelle.
A chaque étape, le pari de l'excellence a été relevé, la totalité de la ferme est en agriculture biologique, la charcuterie issue de l'élevage bénéficie d'une Appellation d'Origine Contrôlée et l'atelier de transformation répond aux normes sanitaires européennes depuis 2015.
Et c'est avec une légitime fierté que la troisième génération promet d'écrire le prochain épisode de la saga familiale.

Quatre bêtes à l'hectare, pas plus !

AJACCIO

20000 - Corse-du-Sud - Carte régionale n° **9**-A3

A NEPITA

CUISINE DU MARCHÉ • CONVIVIAL Dans ce petit établissement où il est désormais chez lui à deux pas du palais de justice, Simon Andrews, un chef anglais d'expérience (ancien étoilé) concocte chaque jour au gré du marché et de ses envies une excellente cuisine toute de fraîcheur et de saveur.

- Carte 38/53 €

4 rue San-Lazaro - 04 95 26 75 68 - www.anepita.fr - Fermé : lundi, mardi soir, samedi midi, dimanche

A TERRAZZA

CUISINE MODERNE • MÉDITERRANÉEN Lovée sous un grand pin parasol et des palmiers, cette charmante terrasse face à la mer, décorée d'un joli mobilier blanc, offre une vue somptueuse sur le golfe d'Ajaccio. Dans l'assiette, la cuisine dans l'air du temps s'inspire de la Méditerranée. Carte légère le midi, plus travaillée le soir.

- Carte 80/120 €

9 cours Lucien-Bonaparte - 04 95 50 40 30 - www.hotellesmouettes.fr/aterrazza - Fermé : lundi, dimanche et le midi

L'ÉCRIN

CUISINE MODERNE • CONVIVIAL Ce sympathique petit restaurant, auparavant installé dans la vieille ville, propose une cuisine de saison, fraîche et bien troussée, à l'image de l'espadon de ligne, préparé en tataki et assaisonné de gingembre. A l'été, on s'installe sur la petite terrasse. Accueil charmant.

- Menu 36 € (déjeuner), 59/85 €

16 cours du Général-Leclerc - 06 10 95 94 61 - Fermé : lundi, dimanche

BASTELICACCIA

20129 - Corse-du-Sud - Carte régionale n° **9**-A3

AUBERGE DU PRUNELLI

CUISINE DU TERROIR • AUBERGE Ambiance conviviale et authentique dans cette auberge née en 1870, perdue dans les environs d'Ajaccio. Charcuterie, fromages et miel de la vallée, légumes du potager, petits plats mijotés des heures sur le coin du fourneau, tartes concoctées avec les fruits du verger, belle sélection de vins corses... Intemporel !

- Menu 34 € - Carte 30/40 €

Pont de Pisciatello - 04 95 20 02 75 - www.auberge-du-prunelli.fr - Fermé : mardi

BONIFACIO

20169 - Corse-du-Sud - Carte régionale n° **9**-B3

L'A CHEDA

CUISINE MODERNE • MÉDITERRANÉEN Dans un décor romantique à souhait, on s'installe sur la charmante terrasse face à la piscine. Le chef privilégie les circuits courts et choisit ses fournisseurs avec grand soin : on se régale de poissons sauvages, viande bio corse, légumes frais du potager en permaculture... Service prévenant et carte des vins riches en jolies surprises.

- Menu 59/139 € - Carte 54/70 €

Route de Cavallo-Morto - 04 95 73 03 82 - www.restaurant-bonifacio.com

L'AN FAIM

CUISINE MODERNE • CONVIVIAL Installé au bout de la marina, au pied des escaliers grimpant à la citadelle, ce petit restaurant prolongé d'une terrasse est un repaire d'habitués : au programme, une cuisine du marché haute en couleurs et en saveurs, qui pétille au gré d'assiettes épurées. Autant d'hommages à la production locale, comme ce succulent dos de pagre.

- Menu 32 € (déjeuner) - Carte 52/57 €

7 montée Rastello - 04 95 73 09 10 - Fermé : jeudi

DA PASSANO

CUISINE CORSE • DESIGN Face au port, ce restaurant et bar à vins revisite la tradition corse et ses produits (veau, noisettes de Cervione) dans un cadre moderne et design. On se régale au chant des guitares les soirs d'été, sur la terrasse ombragée... Les plats en petites portions invitent naturellement au partage.

- Menu 30 € (déjeuner) - Carte 40/60 €

53 quai Comparetti - 04 95 28 10 90 - www.da-passano.com - Fermé : lundi

LE VOILIER

POISSONS ET FRUITS DE MER • ÉLÉGANT Voguez sans crainte (mais avec un portefeuille dodu) vers cette étape gourmande ! Décor élégant et terrasse sur la marina, cuisine iodée d'une grande fraîcheur, embellie de légumes et d'herbes aromatiques.

- Carte 45/100 €

81 quai Comparetti - 04 95 73 07 06 - www.levoilier-bonifacio.com - Fermé : dimanche midi

CAGNANO

20228 - Haute-Corse - Carte régionale n° **9**-B1

TRA DI NOÏ

CUISINE MODERNE • ÉLÉGANT Le chef de Tra Di Noï ("entre nous", en corse) met à l'honneur les produits de l'île de façon originale, dans un esprit bistronomique revendiqué (épaule d'agneau confite, falafel de fèves, aubergine et sauce yaourt). Tout a du goût (de nombreux produits viennent du potager en permaculture), la technique et la créativité sont au rendez-vous, y compris au dessert : on passe un bon moment dans ce restaurant logé dans un hôtel discret du Cap Corse.

- Menu 45 € (déjeuner) - Carte 48/70 €

lieu-dit Misincu - 04 95 35 21 21 - www.hotel-misincu.fr

CALVI

20260 - Haute-Corse - Carte régionale n° **9**-A1

LA SIGNORIA

CUISINE MODERNE • MÉDITERRANÉEN À quelques minutes de Calvi se niche cet ancien domaine seigneurial génois, entouré de pinèdes et de vignobles, tandis que se découpent au loin les cimes enneigées... On dîne sur la terrasse donnant sur le jardin méridional planté d'essences qui fleurent bon, du rosier à l'eucalyptus. Voilà un cadre approprié à cette cuisine qui met en valeur les produits corses, à travers de jolies assiettes : langoustine pochée, taboulé d'herbes, bouillon glacé à la pêche Corse ; "poisson de nos côtes" confit, chou cœur de bœuf, girolles et pâtissons... Pour prolonger l'expérience, de jolies villas et suites avec Spa vous attendent, ainsi que des menus de saison le midi, au Bistrot dans l'herbe.

- Menu 145/195 € - Carte 102/122 €

Route de la Forêt-de-Bonifato - 04 95 65 93 00 - www.hotel-la-signoria.com - Fermé le midi

LA TABLE BY LA VILLA (N)

CUISINE MODERNE • ÉLÉGANT Au sein de la Villa, dont le luxueux décor s'efface devant la majesté du panorama - la baie, la citadelle, les montagnes... -, cette Table met en avant les produits régionaux de qualité, à déguster sur la superbe terrasse panoramique. Cuisine plus simple (mais gourmande) le midi.

- Carte 50/80 €

Chemin Notre-Dame-de-la-Serra - 04 95 65 10 10 - www.hotel-lavilla.com

CUTTOLI

✉ 20167 - Corse-du-Sud - Carte régionale n° **9**-A2

U LICETTU

CUISINE TRADITIONNELLE • RUSTIQUE Une villa dominant le golfe et noyée sous les fleurs, quelques chambres face au jardin, un accueil charmant, une authentique cuisine corse copieuse et savoureuse (charcuteries maison, viandes rôties dans la cheminée, brocciu frais du matin même...) : autant de bonnes raisons de ne pas prendre le maquis ! Boisson comprise dans le menu.

- Menu 44 €

Plaine de Cuttoli - ✆ 04 95 25 61 57 - www.u-licettu.com - Fermé : lundi, dimanche soir

ERBALUNGA

✉ 20222 - Haute-Corse - Carte régionale n° **9**-B1

LE PIRATE

POISSONS ET FRUITS DE MER • MÉDITERRANÉEN Ce restaurant est sans conteste l'une des meilleures adresses des environs. Travail dans l'assiette, originalité des associations de saveurs : le chef signe une partition solide, en se fournissant au maximum chez des producteurs locaux. Et n'oublions pas le cadre enchanteur, sur le petit port pittoresque d'Erbalunga...

- Menu 55/195 € - Carte 80/95 €

Au port - ✆ 04 95 33 24 20 - www.restaurantlepirate.com - Fermé : lundi, mardi

GUITERA-LES-BAINS

✉ 20153 - Corse-du-Sud - Carte régionale n° **9**-B3

ZELLA

CUISINE CORSE • MAISON DE CAMPAGNE Une piste chaotique mène à cette auberge de montage, cernée par un environnement sauvage et naturel. C'est là que Jean-Marie Casamarta prépare des plats de terroir, issus des petites productions agricoles alentour (et notamment de celles de son frère). A titre d'exemple : une excellente charcuterie, des lasagnes au brocciu, ou le fondant à la châtaigne. C'est savoureux et rassasiant. Quatre jolies chambres d'hôtes permettent de prolonger l'étape.

P - Menu 27/33 €

D 28 - ✆ 06 80 92 84 46

LECCI

✉ 20137 - Corse-du-Sud - Carte régionale n° **9**-B3

EMPORIUM

CUISINE MODERNE • TENDANCE On doit cette belle surprise à un chef originaire de Grenoble, né de parents italiens, et passé par des tables de renom : Guy Savoy, George V... En lien direct avec le terroir (pêche locale, maraîcher de Bonifacio, veau corse), il compose une cuisine contemporaine de très bonne facture, à prix sages.

- Carte 54/62 €

32 boulevard Napoléon, à San-Ciprianu - ✆ 04 95 73 55 86 - Fermé : lundi, mardi midi

LA PLAGE CASADELMAR

POISSONS ET FRUITS DE MER • DESIGN La salle et la terrasse sont posées juste au-dessus d'une plage discrète du golfe de Porto-Vecchio. Comment se lasser de la vue sur la côte et la mer ? Au sein de ce bel hôtel contemporain, la cuisine, confiée à un chef italien, se veut résolument transalpine. Une réussite.

- Carte 70/95 €

Presqu'île du Benedettu - ✆ 04 95 71 02 30 - www.laplagecasadelmar.fr

LEVIE

✉ 20170 - Corse-du-Sud - Carte régionale n° **9**-B3

A PIGNATA

CUISINE CORSE • RUSTIQUE Dans cette ferme-auberge au charme bucolique, la cuisine familiale a le bon goût de la tradition... et de la simplicité, avec ce menu unique renouvelé tous les jours. Les produits sont d'une qualité exceptionnelle ; d'ailleurs, la charcuterie remarquable (coppa, lonzu et autres) est fabriquée à partir des cochons de l'exploitation familiale !

- Menu 53 €

Route de Pianu - ✆ 04 95 78 41 90 - www.apignata.com

LUMIO

✉ 20260 - Haute-Corse - Carte régionale n° **9**-A1

A CASA DI MA

CUISINE CRÉATIVE • CONTEMPORAIN Lumio, village de Haute-Corse baigné de lumière et de saveurs... Le chef réalise ici une partition fine et gourmande, relevée d'une petite note créative, et toujours respectueuse du beau produit - dont l'île n'est pas avare. On se délecte par exemple du petit jardin potager "Di Mà" ou d'un loup de mer confit aux baies de Sancho. Le tout dans une salle au décor contemporain, ouverte sur une jolie terrasse : cadre idéal pour découvrir cette cuisine épurée, qui respire la Méditerranée et le terroir corse. Service affable et attentif. Un bel endroit, dont la magie se prolonge pour ceux qui passent la nuit à l'hôtel, face à la baie de Calvi.

- Menu 145/175 € - Carte 90/130 €

Route de Calvi - ✆ 04 95 60 61 71 - www.acasadima.com - Fermé : lundi, mardi midi

MURTOLI

✉ 20100 - Corse-du-Sud - Carte régionale n° **9**-A3

LA TABLE DE LA FERME

CUISINE MODERNE • CHAMPÊTRE Murtoli échappe à toutes les définitions habituelles du tourisme. Un domaine gigantesque entre mer et colline, où l'on dort dans des bergeries ou villas avec piscine privative : le luxe campagnard dans tout sa splendeur (les nouvelles chambres associent modernité et charme de l'ancien dans un esprit d'architecture traditionnelle corse). Supervisée par Mathieu Pacaud, la table gastronomique de Murtoli met en valeur les meilleurs produits corses comme ceux du domaine, qui propose potagers, fromagerie, miellerie, mais aussi veau, agneau et huile d'olive... On se régale sur la terrasse, à l'abri de la tonnelle et des oliviers.

- Carte 190/305 €

Vallée de l'Ortolo, domaine de Murtoli - ✆ 04 95 71 69 24 - www.murtoli.com - Fermé : lundi, mardi et le midi

LA GROTTE

CUISINE CORSE • CHAMPÊTRE Au-dessus du golf du domaine de Murtoli, en plein maquis, ce restaurant offre un cadre unique que son nom laisse présager. On dîne d'un menu corse en 5 plats, à la bougie, sur des bancs de bois, installés au cœur de la roche, ou sur l'une des superbes petites terrasses à la vue splendide. Difficile de rêver plus romantique. Réservation indispensable.

- Menu 60/100 €

Vallée de l'Ortolo - ✆ 04 95 71 69 24 - www.murtoli.com - Fermé : lundi, mardi, dimanche et le midi

LA TABLE DE LA PLAGE

CUISINE MÉDITERRANÉENNE • ROMANTIQUE Au bord de la plus jolie plage du domaine de Murtoli, ce restaurant au cadre exceptionnel se mérite. Poissons de pêche locale, langouste grillée, veau, bœuf ou agneau élevés sur le domaine : on se régale. Réservation indispensable pour pouvoir accéder à cette propriété très exclusive. Les prix ne sont pas tendres, mais le charme laisse sans voix.

- Carte 90/180 €

Vallée de l'Ortolo - 04 95 71 69 24 - www.murtoli.com - Fermé : jeudi soir

NONZA

20217 - Haute-Corse - Carte régionale n° **9**-B1

BOCCAFINE

CUISINE MODERNE • **CONVIVIAL** Maquereau et boutargue ; maigre, purée de carotte et petits pois : le chef (au très beau CV) propose des produits locaux et de saison dans une ambiance décontractée et chaleureuse à l'ombre d'une vigne vierge, au cœur du village. Une table dont on ressort avec le sourire et l'envie de revenir. Excellent rapport qualité/prix. Un coup de cœur.

- Menu 34 € (déjeuner) - Carte 55/65 €

Au village - 06 80 95 85 07 - www.boccafine.fr - Fermé : lundi soir, mardi soir, dimanche soir

LA SASSA

CUISINE MÉDITERRANÉENNE • **TENDANCE** Ce restaurant atypique, sans salle intérieure, se niche au pied de la tour paoline (18e s.), véritable nid d'aigle, perché à 160 m de hauteur, offrant une vue exceptionnelle sur la côte du Cap Corse et le golfe de Saint-Florent. Cuisine basée sur les bons produits du potager maison (2000 m^2 !) et agréables terrasses aux multiples recoins... Réservation fortement recommandée.

- Carte 45/80 €

À la tour de Nonza - 04 95 38 55 26 - www.lasassa.com

OLMETO

20113 - Corse-du-Sud - Carte régionale n° **9**-A3

LA VERRIÈRE

CUISINE MODERNE • **ÉLÉGANT** Il y a des trésors que l'on aimerait garder pour soi ; cette Verrière en fait partie ! Derrière les fourneaux, le chef s'inspire de sa Bretagne natale pour travailler de jolis produits de la mer, comme cet encornet, caviar d'aubergine, chutney de tomates et artichaut. Cadre élégant et jolie vue en terrasse.

- Menu 80/170 €

Lieu-dit Vitricella - 04 95 70 09 00 - www.hotel-marinca.com - Fermé : lundi et le midi

PERI

20167 - Corse-du-Sud - Carte régionale n° **9**-A2

CHEZ SÉRAPHIN

CUISINE TRADITIONNELLE • **FAMILIAL** Une maison corse typique dans un charmant village à flanc de montagne. La patronne y travaille de bons produits du terroir avec simplicité ; elle les agrémente des fruits, légumes et herbes du jardin. Inusable Séraphin !

- Menu 58 €

Au village - 04 95 25 68 94 - Fermé : lundi, mardi midi, mercredi midi, jeudi midi

PIGNA

20220 - Haute-Corse - Carte régionale n° **9**-A1

A MANDRIA DI PIGNA

CUISINE CORSE • **AUBERGE** Cette bergerie contemporaine est à l'image du village qui l'accueille : attachante ! Courgettes, tomates et herbes aromatiques du potager, agneau et cochon de lait, en grillades ou à la broche (uniquement le soir)... le terroir corse est à l'honneur. Et la générosité, de mise !

- Menu 35 € - Carte 32/55 €

Village - 04 95 32 71 24 - www.amandria.com - Fermé : lundi

PORTICCIO

20166 - Corse-du-Sud - Carte régionale n° **9**-A3

L'ARBOUSIER

CUISINE CLASSIQUE • CHIC Savourer des langoustines, du homard et des poissons de petits pêcheurs locaux en regardant la mer... quel délice ! Une institution locale.

- Menu 85 € - Carte 50/105 €

D55 - Boulevard Marie-Jeanne Bozzi - 04 95 25 05 55 - www.lemaquis.com

PORTO-VECCHIO

20137 - Corse-du-Sud - Carte régionale n° **9**-B3

CASADELMAR

CUISINE MODERNE • LUXE Ici, la mer est au centre de toutes choses. Bienvenue à Porto-Vecchio ! L'ancienne cité génoise a résisté à toutes les invasions barbares. Détruite, reconstruite, la citadelle de la ville porte haut la fierté corse. Autre motif de fierté, le restaurant Casadelmar : une table au (grand) cœur iodé. Ne vous laissez pas distraire par la vue ensorcelante sur la baie, ni le cadre de ce superbe hôtel, le plus étonnant se passe dans l'assiette ! Le chef Fabio Bragagnolo navigue entre Corse et Italie. Parmi ses plats fétiches, les "cannelloni de denti au tourteau, caviar, fraîcheur de légumes et cédrats de San Giuliano". Le poisson cru, découpé en fines lamelles, est fourré d'une chair de tourteau émietté, et surmonté d'une petite ligne de caviar iodé. Le tout offre une fraîcheur insensée aux papilles en apnée. Un travail d'orfèvre, qui se poursuit jusqu'aux desserts, légers en sucre et d'une grande finesse.

- Menu 190/270 € - Carte 175/220 €

7 km par route de la plage de Palombaggia - 04 95 72 34 34 - www.casadelmar.fr - Fermé : lundi, dimanche et le midi

LE BELVÉDÈRE

CUISINE MODERNE • ROMANTIQUE La mer vient flirter avec les tables, les monts se découpent sur le ciel lointain... la terrasse est idyllique ! Au cœur du golfe de Porto-Vecchio, cette enclave discrète joue la carte des beaux produits et de la gastronomie d'aujourd'hui.

- Menu 39 € (déjeuner), 75/240 €

Route de Palombaggia - 04 95 70 54 13 - www.hbcorsica.com

DON CESAR

CUISINE MODERNE • ÉLÉGANT Avec son décor luxueux et raffiné, et ses larges baies vitrées ouvertes sur la terrasse, le restaurant de l'hôtel Don Cesar ne manque pas de charme ! On y sert une cuisine entre France et Italie, soignée et pleine de saveurs, qui fait la part belle aux produits de la mer (déclinaison de calamars, bouillabaisse...).

- Carte 52/78 €

Rue du Commandant-Quilici - 04 95 76 09 09 - www.hoteldoncesar.com

LES HAUTS DE SANTA GIULIA

CUISINE FUSION • DESIGN La chef réalise ici une bonne cuisine à base de produits sélectionnés avec soin, et parsème ses assiettes d'influences diverses (Asie et Méditerranée, principalement), toujours équilibrées. Le menu carte blanche est renouvelé tous les jours et le chariot de desserts, ici parfaitement réalisé, mérite des éloges ; le mobilier vintage et la jolie terrasse ajoutent au charme des lieux.

- Menu 77 €

Résidence les Hauts de Santa Giulia, route de Bonifacio - 04 95 70 40 84 - Fermé le midi

LA PINÈDE

CUISINE MODERNE • MÉDITERRANÉEN Ah, dîner sous la tonnelle, dans un cadre intimiste et romantique... La cuisine fait la fête aux produits locaux (notamment herbes et légumes du potager) servis avec décontraction. Cave d'affinage pour les fromages et belle carte de vins.

- Carte 65/90 €

A' Cala-Rossa - 04 95 71 61 51 - www.hotel-calarossa.com

LA TABLE DE MINA

CUISINE MODERNE • MÉDITERRANÉEN Installé confortablement au bord de la piscine, sous un toit de tuiles, on profite de la jolie vue sur la mer... et on se délecte des préparations à base de produits corses, avec quelques touches exotiques, d'un chef qui a fait une bonne partie de sa carrière à la Réunion.

- Carte 50/65 €

Route de Palombaggia - 04 95 70 03 23 - www.hotel-palombaggia.com - Fermé : lundi soir

U SANTA MARINA

CUISINE MODERNE • ROMANTIQUE La vue sur le golfe de Santa Giulia y est superbe, et le soir venu, on pourrait croquer le soleil couchant... Dans l'assiette, une cuisine goûteuse, personnelle, inspirée. Un moment romantique.

- Menu 78/165 € - Carte 85/120 €

Marina di Santa-Giulia - 04 95 70 45 00 - www.usantamarina.com - Fermé le midi

PROPRIANO

20110 - Corse-du-Sud - Carte régionale n° **9**-A3

CHEZ PARENTI

POISSONS ET FRUITS DE MER • CLASSIQUE Envie de poisson frais ou de homard ? Ce restaurant, tenu depuis 1935 par la famille Parenti, est exactement ce qu'il vous faut. Raviole d'araignée de mer, langouste grillée aux épices des îles, quelques viandes aussi, souvent corses (veau tigre...) : de bons produits pleins de fraîcheur, à déguster confortablement installé sur la terrasse, face au port de plaisance.

- Menu 23 € (déjeuner), 32/55 €

10 avenue Napoléon-III - 04 95 76 12 14 - www.chezparenti.fr - Fermé : lundi midi

TEMPI FÀ

CUISINE DU TERROIR • BISTRO Tempi fà ou « au temps d'avant » en corse... C'est exactement là où ramène cette épicerie-bistrot ! On entre par la boutique, dont le décor original reproduit une place de village, avec un vrai marché local (charcuteries, fromages, vin de myrte, etc.). Et tous ces beaux produits sont proposés à la dégustation... sans oublier la belle carte de vins de l'île.

- Menu 24 € - Carte 25/50 €

7 avenue Napoléon-III - 04 95 76 06 52 - www.tempi-fa.com

TERRA COTTA

POISSONS ET FRUITS DE MER • COSY Ce charmant petit restaurant offre aussi une magnifique terrasse qui prend ses aises le long des quais du port. Le chef Thomas Duval travaille chaque jour les poissons de son frère pêcheur, qu'il associe avec brio aux nourritures terrestres à travers une belle cuisine aux saveurs contrastées.

- Menu 40 € (déjeuner), 68 € - Carte 65/86 €

29 avenue Napoléon-III - 04 95 74 23 80 - Fermé : dimanche

ST-FLORENT

✉ 20217 - Haute-Corse - Carte régionale n° **9**-B1

L'AUBERGE DU PÊCHEUR

POISSONS ET FRUITS DE MER • **MÉDITERRANÉEN** Damien Muller, marin pêcheur et propriétaire de la poissonnerie Saint-Christophe, tient dans la cour jardin de la maison de son enfance un restaurant... en plein air. Dans l'assiette, une cuisine de la mer (langouste en saison) avec un travail des poissons selon la méthode ikéjime.

- Carte 54/69 €

Route de Bastia - 06 24 36 30 42 - www.aubergedupecheur.net - Fermé le midi

LA GAFFE

CUISINE MODERNE • **CONTEMPORAIN** Le chef Yann Le Scavarec, natif du Morbihan, est aux commandes de ce restaurant idéalement situé sur les quais de Saint-Florent. Sa cuisine, actuelle et soignée, met en valeur la production des environs : agneau et veau d'Oletta, poissons en direct d'un pêcheur local, langouste au barbecue... Le cadre, moderne, prolonge la philosophie de l'assiette.

- Menu 55/80 € - Carte 60/82 €

Promenade des Quais - 04 95 37 00 12 - www.restaurant-lagaffe.com - Fermé : mercredi

MATHY'S

CUISINE MODERNE • **BISTRO** Façade rouge pour ce restaurant de Saint-Florent, devancé par une jolie terrasse ombragée par un mûrier-platane. Dans un esprit « restaurant de village», on sert ici une cuisine bourgeoise, méditerranéenne et corse, plus travaillée le soir. Convivialité, service souriant et jolie carte des vins complètent l'agréable tableau.

- Menu 20 € (déjeuner) - Carte 39/56 €

Place Furnellu - 04 95 37 20 73 - Fermé : lundi, mardi soir, dimanche

SAN-MARTINO-DI-LOTA

✉ 20200 - Haute-Corse - Carte régionale n° **9**-B1

LA CORNICHE

CUISINE CORSE • **AUBERGE** Une maison chaleureuse accrochée à la montagne et donnant sur la mer, une belle terrasse sous les platanes... et une cuisine follement corse à l'instar des ravioli au brocciu et jus de daube. Le tout accompagné de vieux millésimes de l'île. Chambres avenantes.

P - Menu 35/70 € - Carte 40/80 €

Hameau de Castagneto - 04 95 31 40 98 - www.hotel-lacorniche.com - Fermé : lundi, mardi midi

SPELONCATO

✉ 20226 - Haute-Corse - Carte régionale n° **9**-A1

I SALTI

CUISINE MODERNE • **COSY** Dans la vallée du Reginu, à côté du golf, un ancien moulin converti en jolie petite maison, avec son cadre bucolique et son jardin d'esprit guinguette. Les beaux produits de Balagne (pêche locale, légumes bio) composent une carte savoureuse. Accueil chaleureux et lieu plein de charme, loin de l'agitation. Un coup de cœur.

- Carte 55/60 €

Au golf du Reginu - Moulin de Salti - 04 95 34 35 59 - Fermé : lundi, mardi midi, mercredi midi, jeudi midi, vendredi midio

Britus/Getty Images Plus

GRAND-EST

LA SELECTION DU GUIDE MICHELIN

LES TABLES ÉTOILÉES

Une cuisine unique. Vaut le voyage !

Assiette Champenoise (Reims) 451

Une cuisine d'exception. Vaut le détour !

Auberge de l'Ill (Illhaeusern) 410
Auberge du Cheval Blanc (Lembach) 413
La Fourchette des Ducs (Obernai) 418
JY'S (Colmar) 403
La Merise (Laubach) 413
Le Parc Les Crayères (Reims) 451
Racine (Reims) 452
La Table d'Olivier Nasti (Kaysersberg) 411
Villa René Lalique (Wingen-sur-Moder) 438

Une cuisine d'une grande finesse. Vaut l'étape !

Le 7ème Continent (Rixheim) 424
Alchémille (Kaysersberg) 411
L'Arnsbourg (Baerenthal) 460
L'Atelier du Peintre (Colmar) 403
Auberge au Bœuf (Sessenheim) 427
Auberge Frankenbourg (La Vancelle) 435
Auberge St-Laurent (Sierentz) 427
Auberge St-Walfrid (Sarreguemines) 474
Au Crocodile (Strasbourg) 428
Au Gourmet (Drusenheim) 406
Au Vieux Couvent (Rhinau) 421
Buerehiesel (Strasbourg) 428
Le Cerf (Marlenheim) 414
Château d'Adoménil (Lunéville) 465
Chez Michèle (Languimberg) 465
Les Ducs de Lorraine (Épinal) 463
Le Foch (Reims) 453
Les Funambules (Strasbourg) 429
Girardin - Gastronomique (Colmar) 404
Le Grand Cerf (Montchenot) 449
Hostellerie la Montagne (Colombey-les-Deux-Églises) 447

N Nouvelle distinction cette année !
✿ Engagé pour une gastronomie durable

LES BIB GOURMAND

Nos meilleurs rapports qualité-prix

ALEXIS ALBRECHT, UNE CUISINE FAITE POUR DURER

Le Vieux Couvent, à Rhinau

Distingué en 2021 par une étoile verte signalant les vertus environnementale de son établissement, le chef du Vieux Couvent détaille les motivations et les valeurs qui guident sa cuisine. Rencontre avec l'héritier d'une lignée d'amoureux du végétal.

L'étoile verte

Cette étoile verte, c'est notre ADN, notre conscience naturelle, on ne l'a jamais cherchée. C'était une évidence depuis que ma grand-mère a ouvert ce qui n'était alors qu'un bistrot à côté de la ferme. Mon grand-père ramène les légumes du jardin, les lapins et poulets de la ferme. Histoire de filiation et de passion, puisque mon père Jean reprend le flambeau en 1975, et qu'il propose déjà des assiettes centrées autour des légumes, ce qui était très moderne à cette époque, surtout en Alsace, une région réputée pour son foie gras ou ses gibiers !

Les producteurs locaux

Je vais vous raconter une anecdote. Il y a une quinzaine d'années, un groupe d'apprentis fêtaient leur examen dans la ferme de l'une des serveuses. La petite était gênée d'être fille de paysan : elle ne reprendrait jamais la ferme, disait-elle. Mon père Jean était triste à l'idée de voir disparaître ce patrimoine agricole. Plus tard, deux des apprentis se sont mariés. Ils ont passé tous les examens en cuisine et ont prolongé par une formation en agriculture bio. Aujourd'hui, ils font de la vache laitière, du cochon, du veau, du beurre... et sont devenus nos producteurs ! Pour les volailles, on travaille avec la ferme du Riedwasen à Sélestat, pour les escargots, Michaël Meyer à Ebersheim. Des voisins, en quelque sorte !

Le jardin potager

Nous travaillons 80 ares de jardin : nos légumes nous suffisent toute l'année, été comme hiver. Je n'achète jamais d'herbe. Quand il n'y a pas

Le potager d'd'Alexis Albrecht : "C'est un jardin extraordinaire..."

Alexis Albrecht et sa récolte matinale en cuisine

de fleurs, je n'achète pas de fleurs. Pour avoir des couleurs sur mes plats, j'utilise des racines. Evidemment, le compost retourne à la terre, la méthanisation (processus biologique de dégradation des matières organiques) permet de valoriser les carcasses... Toute action est pensée dans une logique de développement durable.

Les plantes et les fleurs

Nous sommes un peu des fleuristes au Vieux Couvent ! Il y a 25 ans, mon père Jean a effectué un stage avec Daniel Zenner, notre 'maître en plantes sauvages'. Il s'est rendu compte qu'il connaissait déjà nombre de ces plantes oubliées aux vertus thérapeutiques (la berce qu'il donnait aux lapins, l'aspérule ou l'ail des ours) mais dans sa langue maternelle, l'alsacien. Personnellement, j'ai une affection particulière pour les fleurs. On propose aux clients en amuse-bouche le 'lys d'un jour', une grosse fleur qu'on peut manger en entier. J'aime aussi cuisiner les roses de Rescht (petite rose aux couleurs fuchsia, de la famille des roses de Damas), par exemple farcies à la patate douce. Même les herbes indésirables sont intéressantes, comme le pourpier ou l'amarante...

Le plat : Anguille, Melfor et quinoa vert

Je travaille avec les pêcheurs professionnels du Rhin, qui nous fournissent brochet, sandre, tanche, parfois de grosses perches, lors de pêches miraculeuses... mais surtout des anguilles, un produit autour duquel j'ai imaginé l'un de mes plats fétiches : l'anguille, quinoa vert, bouquet d'herbes et Melfor. Les filets sont cuits, roulés puis découpés en fine rouelles. Je les agrémente de Melfor (condiment alsacien vinaigré), comme le faisait ma grand-mère, et de quinoa vert (quinoa et persil plat). Un plat très traditionnel et toujours original.

PAROLE D'INSPECTEUR : LA WINSTUB, UNE NOSTALGIE

Alsace

Entre deux repas, les inspecteurs du Guide MICHELIN prennent la parole sur un sujet de leur choix. Ici, l'un d'entre eux raconte ce que représente pour lui la winstub alsacienne : une histoire qui remonte à l'enfance…

Winstub ! Un sésame, un passeport pour l'Alsace. Un vocable qu'enfant je trouvais attirant et mystérieux, réservé aux grands car ceux-ci le prononçaient en éludant savamment le début ('Stub). C'était comme une promesse de fête. La première fois que j'y ai mis les pieds, je n'ai rien compris des conversations en alsacien, et je me suis fait rabrouer pour ne pas avoir terminé mon assiette.

L'histoire de la winstub est contenue dans son étymologie : win = vin, stub = salle. Historiquement, c'est là que les vignerons venaient servir leurs cuvées en pichets, accompagnés de quelques plats roboratifs. Les plus anciennes remonteraient au Moyen Âge. Aujourd'hui, le bon vin est toujours une composante essentielle de la winstub, et les excellentes cuvées bio ou nature de la région trouvent leur place sur les cartes des vins.

"Une auberge ou un bistrot ne sont pas des winstubs. Une winstub est une winstub !"

Mais alors, à quoi ressemble une winstub (ou parfois wistub) ? Une salle rustique en bois, chargée,

La Wistub Brenner, à Colmar

La Stub de l'Hôtel du Parc, à Obernai

chaude, bruyante, sombre à cause des fameux "culs de bouteille" qui font office de carreaux. On s'y rassemble autour du Stammtisch, une grande et lourde table en bois – qui a d'ailleurs donné le nom "estaminet". Attention, une auberge ou un bistrot ne sont pas des winstubs. Une winstub est une winstub, on le sait aussi certainement qu'une choucroute est une choucroute.

Hors de question d'inventer ou de modifier des mets dans une winstub : gare au sacrilège ! Vous n'échapperez pas aux immuables presskopf, fleischnakas, bibalaskaes, baeckeofe, lewerknepfle, kougelhopf, berawecka. On vient ici pour la reine choucroute, et l'empereur foie gras d'oie. Ces plats familiers doivent être généreux et préparés avec une attention chaque jour renouvelée. Ils ont été peaufinés au fil des générations. Et même si le concept de winstub est parfois galvaudé, transformé, dilué dans des concepts plus flous, restent de très jolies tables dont l'âme est intacte.

Un choix de winstubs sélectionnées par le Guide MICHELIN :

La plus belle carte des vins : **Au Pont du Corbeau** à Strasbourg (67)

La plus authentique : **Wistub Zum Pfifferhüs** à Ribeauvillé (68)

La plus moderne : **Zuem Buerestuebel** à Niederbronn-les-Bains (67)

La plus chic : **La Stub de l'Hôtel du Parc** à Obernai (67)

La plus généreuse : **Winstub du Chambard** à Kaysersberg (68)

La plus conviviale : **Wistub Brenner** à Colmar (68)

ALSACE

Carte régionale n° 10

L'Alsace, on ne vous l'apprend pas, est dotée d'une forte identité. Conjuguant la tradition paysanne, les influences germaniques et juives, sa gastronomie demeure riche et généreuse, et elle est loin de se résumer à la flammekueche, au baeckeofe et à la choucroute.

La charcuterie – de la saucisse de Strasbourg au presskopf, un fromage de tête de porc – et le foie gras d'oie sont l'objet d'un véritable culte, tout comme les poissons de rivière (de la truite à la carpe) et le gibier – qui a d'ailleurs trouvé un ambassadeur remarquable en la personne du chef Olivier Nasti. Les desserts jouissent en Alsace d'un savoir-faire incomparable. La tradition du chariot de desserts, souvent en perte de vitesse ailleurs, a conservé ici ses lettres de noblesse, comme en témoigne celui de la Fourchette des Ducs d'Obernai.

Enfin, que serait l'Alsace sans sa route des vins ? Les contreforts des Vosges en font une magnifique région viticole, aujourd'hui pionnière dans les vins naturels et la biodynamie. Parmi ses cépages, le riesling compte comme l'un des plus fameux raisins blancs du monde.

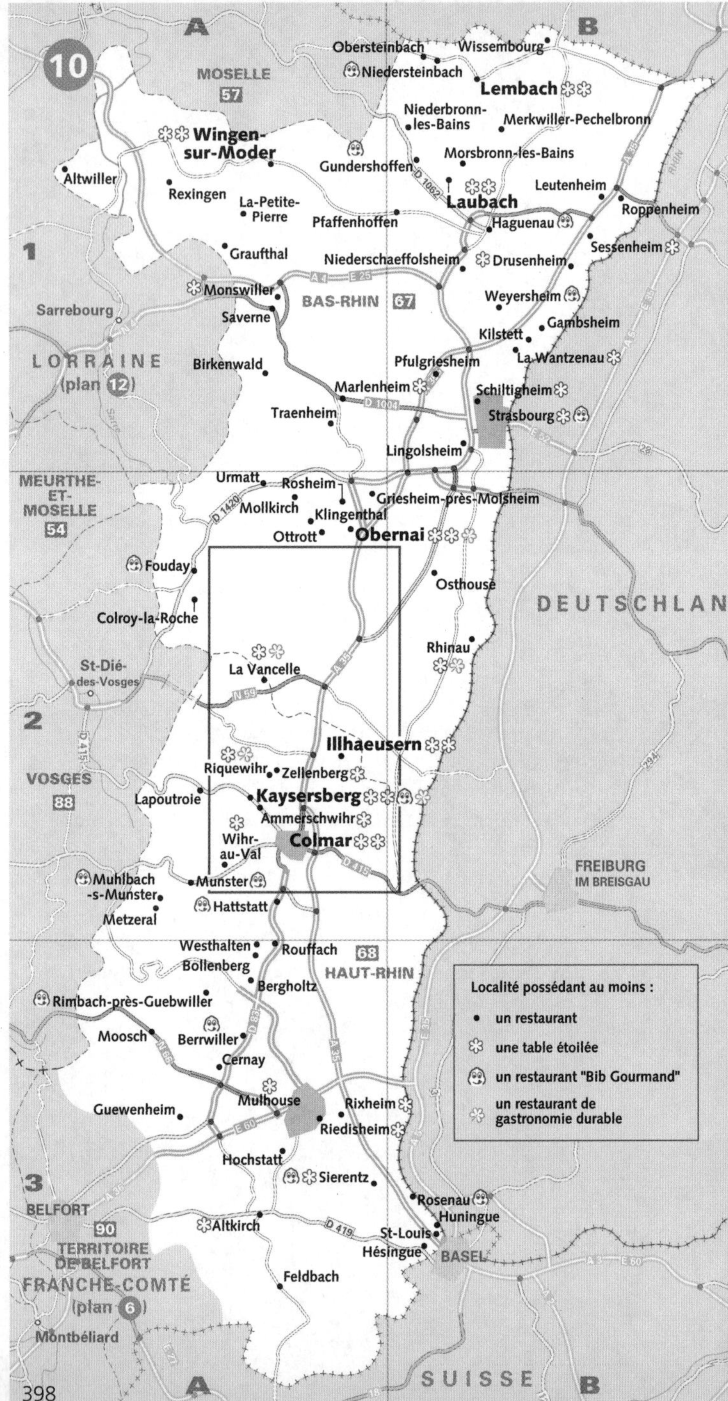

10
A
B
MOSELLE
57
Obersteinbach
Wissembourg
Niedersteinbach
Lembach
Niederbronn-les-Bains
Merkwiller-Pechelbronn
Wingen-sur-Moder
Gundershoffen
Morsbronn-les-Bains
Altwiller
Rexingen
La-Petite-Pierre
Laubach
Leutenheim
Roppenheim
Pfaffenhoffen
Haguenau
1
Graufthal
Niederschaeffolsheim
Sessenheim
Drusenheim
Monswiller
BAS-RHIN
67
Weyersheim
Sarrebourg
Saverne
Gambsheim
Kilstett
La Wantzenau
LORRAINE
(plan 12)
Birkenwald
Pfulgriesheim
Marlenheim
Schiltigheim
Strasbourg
Traenheim
Lingolsheim
MEURTHE-ET-MOSELLE
54
Urmatt
Rosheim
Griesheim-près-Molsheim
Mollkirch
Klingenthal
Ottrott
Obernai
Fouday
Osthouse
DEUTSCHLAN
Colroy-la-Roche
Rhinau
St-Dié-des-Vosges
La Vancelle
2
Illhaeusern
Riquewihr
Zellenberg
VOSGES
88
Lapoutroie
Kaysersberg
Ammerschwihr
Wihr-au-Val
Colmar
FREIBURG
IM BREISGAU
Muhlbach-s-Munster
Munster
Hattstatt
Metzeral
Westhalten
Rouffach
68
Bollenberg
HAUT-RHIN
Bergholtz
Rimbach-près-Guebwiller
Moosch
Berrwiller
Cernay
Mulhouse
Rixheim
Guewenheim
Riedisheim
Hochstatt
Sierentz
3
Rosenau
BELFORT
Huningue
90
Altkirch
St-Louis
TERRITOIRE DE BELFORT
Hésingue
BASEL
FRANCHE-COMTÉ
(plan 6)
Feldbach
Montbéliard
SUISSE
Localité possédant au moins :
un restaurant
une table étoilée
un restaurant "Bib Gourmand"
un restaurant de gastronomie durable

GRAND EST
ALSACE

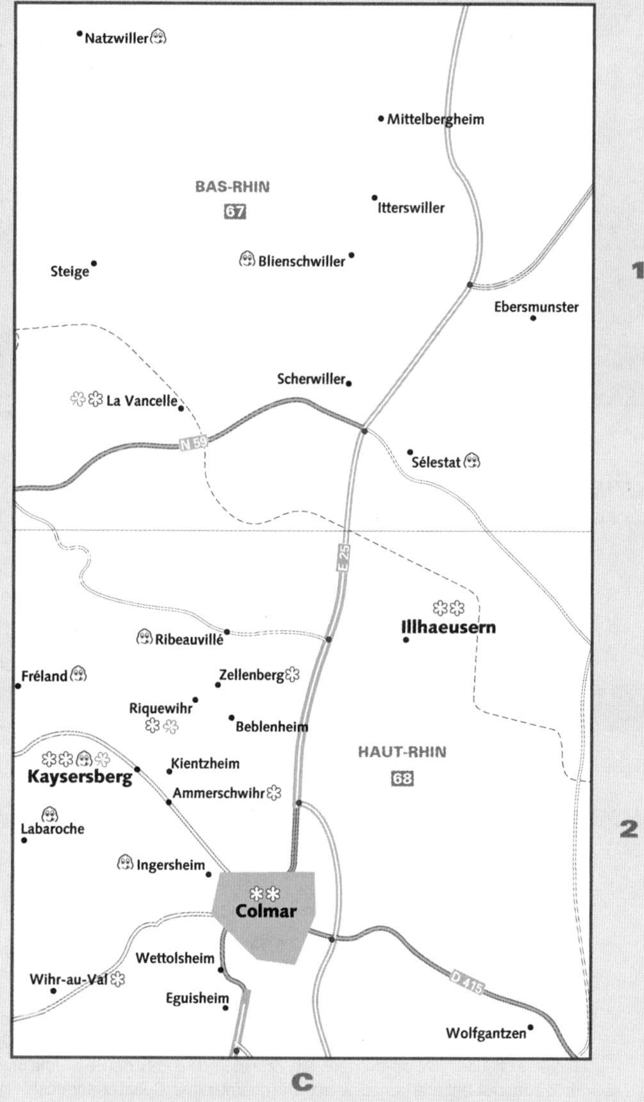

ALTKIRCH

68130 – Haut-Rhin – Carte régionale n° **10**–A3

L'ORCHIDÉE

Chef : Chatchai Klanklong

CUISINE THAÏLANDAISE • CONTEMPORAIN Cette orchidée nous invite à un très agréable voyage gastronomique. Dans l'assiette, une cuisine thaïlandaise moderne et soignée, élégante et parfumée, à l'instar de ce tom yam de homard bleu, lait de coco, galanga ou du pigeonneau des Vosges, maïs, girolles, polenta, curry rouge. On se régale du début à la fin. Une réussite étincelante.

– Menu 55 € (déjeuner), 75/95 € - Carte 72/90 €

33 rue Gilardoni – 03 89 88 50 39 – www.orchidee-altkirch.com – Fermé : lundi, dimanche

AUBERGE SUNDGOVIENNE

CUISINE MODERNE • ÉLÉGANT Ce restaurant d'hôtel est très sympathique : tout y est avenant, contemporain et cosy, et l'on y apprécie une bonne cuisine d'aujourd'hui, concoctée par un chef soucieux de bien faire (salade au saumon fumé, foie gras de canard et magret fumé, filet de bœuf Angus, sauce aux morilles). Chambres bien tenues pour l'étape.

– Menu 19/54 € - Carte 36/70 €

1 route de Belfort, à Carspach – 03 89 40 97 18 – www.auberge-sundgovienne.fr – Fermé : lundi, mardi midi, dimanche soir

ALTWILLER

67260 – Bas-Rhin – Carte régionale n° **10**–A1

L'ÉCLUSE 16

CUISINE MODERNE • CONTEMPORAIN Cet ancien relais de chevaux de halage, bordant le canal des houillères de la Sarre, est installé à quelques pas... d'une écluse. Le chef, originaire du Morbihan, régale sa clientèle avec une jolie cuisine de saison, et utilise à l'occasion les produits du terroir local, qu'il agrémente de condiments, ou d'huiles aromatisées maison.

– Menu 23 € (déjeuner), 38/55 € - Carte 40/55 €

Route de Bonnefontaine – 03 88 00 90 42 – www.ecluse16.com – Fermé : lundi soir, mardi, mercredi

AMMERSCHWIHR

68770 – Haut-Rhin – Carte régionale n° **10**–C2

JULIEN BINZ

Chef : Julien Binz

CUISINE MODERNE • ÉLÉGANT Sur la route des vins, au sud de Colmar, le charmant village viticole d'Ammerschwihr est niché dans la vallée du Kaysersberg, surnommée la vallée aux étoiles... Michelin, bien sûr ! Rompu aux ficelles du métier, ancien de la brigade de l'Auberge de l'Ill, Julien Binz maîtrise toutes les cordes de l'arc culinaire. Il compose une cuisine classique et saisonnière : langoustines en tartare, rôties et en crème chaude ; filet de chevreuil rôti, canneloni de patate douce au foie gras et truffe administrent une tranquille leçon de gourmandise. Quant au sommelier de la maison, François Lhermitte, il fait assaut de bons conseils.

– Menu 72/98 € - Carte 84/105 €

7 rue des Cigognes – 03 89 22 98 23 – www.restaurantjulienbinz.com – Fermé : lundi, mardi, mercredi soir

BEBLENHEIM

✉ 68980 - Haut-Rhin - Carte régionale n° **10**-C2

AUBERGE LE BOUC BLEU

CUISINE MODERNE • FAMILIAL Le bouc a fait peau neuve ! Deux amis passés par de grandes tables en France et à l'étranger, le cuisinier Romain Hertrich et le sommelier Romain Lambert, œuvrent désormais dans cette auberge entièrement rénovée. Au programme : produits frais de saison et accords mets et vins.

- Menu 37/57 € - Carte 49/59 €

2 rue du 5-Décembre - ✆ 03 89 47 88 21 - www.aubergeleboucbleu.com - Fermé : mercredi, jeudi, vendredi midi

BERGHOLTZ

✉ 68500 - Haut-Rhin - Carte régionale n° **10**-A3

LA PETITE AUBERGE

CUISINE MODERNE • AUBERGE Des préparations goûteuses, 100 % maison, réalisées à base de bons produits : voilà ce que le chef vous réserve ! Il s'en tient à une philosophie toute simple : "Faire ce qu'on m'a appris depuis que j'ai commencé ce métier." Pari tenu et franc succès.

- Menu 24 € (déjeuner), 58 €

4 rue de l'Église - ✆ 03 89 28 52 90 - www.restaurant-lapetiteauberge.fr - Fermé : mardi, mercredi

BERRWILLER

✉ 68500 - Haut-Rhin - Carte régionale n° **10**-A3

L'ARBRE VERT

CUISINE MODERNE • ÉLÉGANT Cinquième génération et toujours très Vert ! Cet Arbre pourrait bien être généalogique, tant son histoire se confond avec celle de la famille Koenig... Au menu : toute la fraîcheur du terroir alsacien, avec de beaux vins du cru.

- Menu 28/60 € - Carte 62/88 €

96 rue Principale - ✆ 03 89 76 73 19 - www.restaurant-koenig.com - Fermé : lundi, mardi, dimanche soir

BIRKENWALD

✉ 67440 - Bas-Rhin - Carte régionale n° **10**-A1

AU CHASSEUR

CUISINE TRADITIONNELLE • COSY Installez-vous dans d'élégantes salles à manger boisées, ou dans la winstub relookée dans un style plus contemporain. Ici, on se délecte d'une bonne cuisine traditionnelle, teintée de touches actuelles. Gibier en saison.

- Menu 33/39 € - Carte 37/61 €

7 rue de l'Église - ✆ 03 88 70 61 32 - www.chasseurbirkenwald.com - Fermé : lundi, dimanche et le midi

BLIENSCHWILLER

✉ 67650 - Bas-Rhin - Carte régionale n° **10**-C1

LE PRESSOIR DE BACCHUS

CUISINE MODERNE • COSY On se presse dans cette jolie maison de la route des vins : telle est la renommée de la cuisine des Grucker, mère et fils, qui accommodent la tradition régionale avec originalité et goût : presskopf maison ; ravioles de carpe, sauce fumée et crémée ; vacherin glacé. La carte des vins met à l'honneur les nombreux vignerons de la commune...

- Menu 34/58 € - Carte 49/70 €

50 route des Vins - ✆ 03 88 92 43 01 - Fermé : lundi soir, mardi, mercredi midi

CERNAY

✉ 68700 - Haut-Rhin - Carte régionale n° **10**-A3

HOSTELLERIE D'ALSACE

CUISINE TRADITIONNELLE • CONVIVIAL Dans cette grande maison à colombages, le chef interprète avec savoir-faire les classiques de la maison : foie gras de canard, carré d'agneau rôti en croûte d'herbes, filet de bœuf aux morilles.

- Menu 25/72 € - Carte 44/97 €

61 rue Poincaré - ✆ 03 89 75 59 81 - www.hostellerie-alsace.fr - Fermé : samedi, dimanche

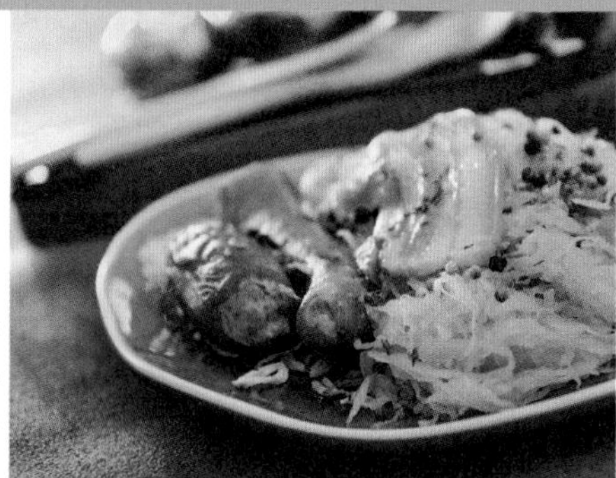
littleclie/Getty Images Plus

✉ 68000 – Haut-Rhin
Carte régionale n° **10**–C2

COLMAR

Tout ici dit l'appartenance à l'Alsace : les canaux de la "petite Venise", les fontaines, les maisons à colombages, les géraniums aux balcons, mais aussi la gastronomie ! Les spécialités alsaciennes brillent à chaque coin de rue : choucroute, baeckeoffe, presskopf et autres spaetzle. On retrouve ces produits au marché couvert, une ancienne halle marchande rénovée qui abrite une vingtaine de commerçants et quelques tables où l'on s'arrête volontiers prendre un kougelhopf ou un jus bio. Côté douceur, la Maison alsacienne de biscuiterie propose 40 variétés de bredele, le berawecka à base de fruits, les bretzels et autres pains d'épices. Colmar est aussi l'une des rares villes à posséder des vignobles intramuros, comme le domaine Karcher, qui occupe une ancienne ferme (1602).

JY'S

Chef : Jean-Yves Schillinger

CUISINE CRÉATIVE • CONTEMPORAIN Schillinger : en Alsace, ce nom résonne avec une force particulière. On connaissait bien Jean, le père, on connaît aussi Jean-Yves, son fils qui, après s'être exilé du côté de New York (Destinée, Olica), est revenu en 2002 dans sa ville natale. On le retrouve en lisière du parc du Champ-de-mars, bouillonnant d'idées. Bondissant d'une tradition à l'autre, sa cuisine salue tour à tour l'Alsace, les États-Unis, la Bretagne et le Japon avec une facilité déconcertante. Confiant en ses forces, il régale tous azimuts. En témoignent ce homard breton cuit dans une cafetière Cona sur des pâtes au basilic et nem de homard, ou encore ce soufflé au citron avec sa glace à l'estragon et huile d'olive... sans oublier le très beau chariot de mignardises. Une expérience unique et des goûts d'exception.

- Menu 69 € (déjeuner), 129/194 € - Carte 111/149 €

Plan : A2-1 – *3 allée du Champ-de-Mars – ✆ 03 89 21 53 60 – www.jean-yves-schillinger.com – Fermé : lundi, mardi midi, dimanche*

L'ATELIER DU PEINTRE

Chef : Loïc Lefebvre

CUISINE CRÉATIVE • COSY Martin Schongauer, l'un des plus grands graveurs et peintres rhénans de la fin du 15e s., est né juste en face de cet "Atelier" dont les murs eux-mêmes datent de la Renaissance. À l'intérieur, quelle rupture de ton ! Chic et cosy, le cadre est délibérément contemporain. Dans l'assiette, Loïc Lefebvre fait preuve d'une évidente personnalité culinaire. Ce Lorrain, formé au plus près des étoiles, signe une cuisine créative et haute en couleurs, qui évolue évidemment au gré des saisons. Fraîcheur et subtilité, précision et finesse marquent son omble chevalier rôti, carpaccio de betterave et vinaigrette rhubarbe ou bien ce canon de lotte, poutargue et citron confit.

- Menu 39 € (déjeuner), 58/100 € - Carte 83/92 €

Plan : A2-3 – *1 rue Schongauer – 03 89 29 51 57 – www.atelier-peintre.fr – Fermé : lundi, mardi midi, dimanche*

GIRARDIN - GASTRONOMIQUE

Chef : Eric Girardin

CUISINE MODERNE • ÉPURÉ La maison des Têtes, demeure Renaissance en pierre, richement décorée de visages grimaçants, est à l'image de Colmar : superbe. Classée, elle abrite un restaurant. Aidé par deux architectes, Éric Girardin et son épouse ont joué à fond la carte du minimalisme, du blanc et de l'épure... jusque dans les deux menus dégustation proposés, dont l'un tout végétal. Dans l'assiette, rien que du beau, du bon et des parfums d'une belle finesse : on se laisse séduire par la fine et délicate duxelles de champignons de Colmar et son jaune d'œuf fermier, ou la délicieuse déclinaison d'agneau de Sisteron et artichaut. Le lieu abrite également une brasserie et des chambres à l'élégance intemporelle.

- Menu 120/155 €

Plan : A1-2 – *19 rue des Têtes – 03 89 24 43 43 – www.maisondestetes.com – Fermé : lundi, dimanche et le midi*

AUX TROIS POISSONS

POISSONS ET FRUITS DE MER • CLASSIQUE Cette belle maison à colombages (16e s.) de la "Petite Venise" est toujours fidèle au poste : une bonne nouvelle, car l'on ne voudrait pas se priver de son ambiance chaleureuse. Le chef propose une cuisine de la mer souvent associée à des produits régionaux (sandre sur lit de choucroute, petits lardons) ou bien encore des recettes plus actuelles (tartare de thon, Chantilly au wasabi et billes de Yuzu).

- Menu 30 € (déjeuner), 44/64 € - Carte 45/72 €

Plan : B2-4 – *15 quai de la Poissonnerie – 03 89 41 25 21 – www.restaurant-aux-trois-poissons.fr – Fermé : lundi, dimanche*

BORD'EAU

CUISINE MODERNE • CONTEMPORAIN La seconde adresse du double étoilé Jean-Yves Schillinger est située le long de la Lauch au cœur de la Petite Venise. Le menu-carte laisse exprimer la créativité du chef entre recettes qui louchent vers l'Asie et terroir alsacien. Joli souvenir de gambas cuite minute et leur bouillon de crustacés, à déguster dans un cadre contemporain.

- Menu 41/51 €

Plan : B2-5 – *17 rue de la Poissonnerie – 03 89 21 53 65 – www.jean-yves-schillinger.com – Fermé : lundi, mardi midi, dimanche*

L'ÉPICURIEN

CUISINE MODERNE • CONVIVIAL Ce bistrot à vin convivial – on mange au coude à coude – est tout proche de la Petite Venise. Un cadre aussi sympathique que la cuisine du chef et ses produits de qualité. La sélection de vins impressionne, avec près de 400 références. Une adresse idéale pour changer un peu des winstubs !

- Menu 19/40 € - Carte 52/75 €

Plan : B2-8 – *11 rue Wickram – 03 89 41 14 50 – www.epicurien-colmar.com – Fermé : lundi, dimanche*

LA MAISON ROUGE

CUISINE MODERNE • TRADITIONNEL Retour en Alsace gagnant pour le jeune chef Jean Kuentz (dit Petit Jean), formé dans de belles adresses parisiennes, et qui a repris cette maison historique du vieux Colmar, à quelques encablures de la Petite Venise et du marché couvert. Dans un cadre inchangé, il propose une cuisine gourmande fine et soignée, naviguant entre préparations régionales et assiettes plus actuelles.

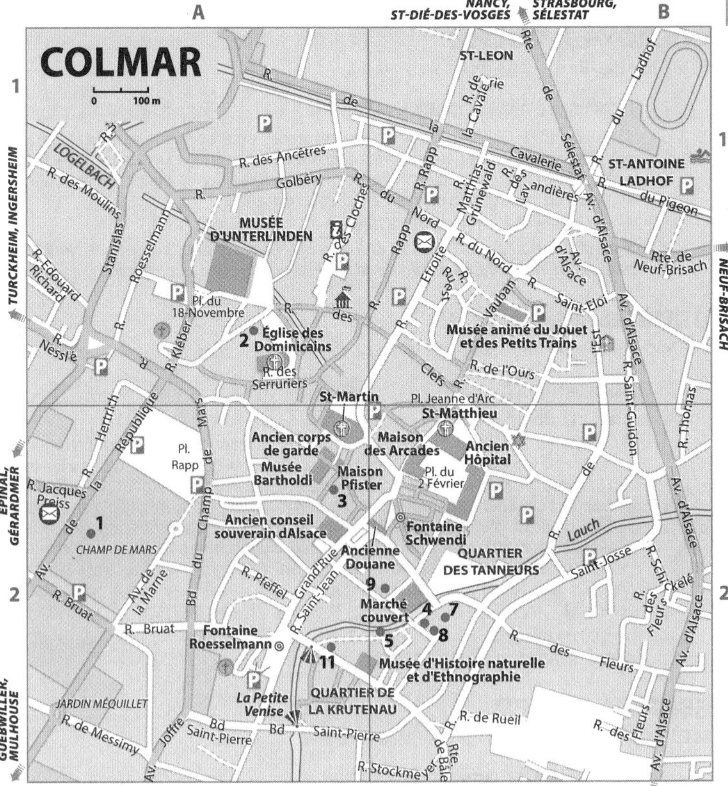

 - Menu 19/39 € - Carte 41/79 €

Plan : B2-9 - *9 rue des Écoles* - *✆ 03 89 23 53 22* - *www.restaurant-maisonrouge.com* - *Fermé : lundi, mardi, dimanche*

LE QUAI 21

CUISINE MODERNE • CONTEMPORAIN Embarquez sur les quais de la petite Venise pour une balade ponctuée de gourmandise, grâce à cette cuisine soignée, fleurant l'air de l'époque - on se délecte ainsi d'un filet de bœuf allemand "sashi", accompagné de girolles, oignons, tomates cerises et parmesan. Chaleureuse salle à l'étage, complétée d'un agréable patio terrasse. Esprit bistrot chic au rez-de-chaussée.

 - Menu 21 € (déjeuner), 48 € - Carte 53/62 €

Plan : B2-7 - *21 quai de la Poissonnerie* - *✆ 03 89 58 58 58* - *www.restaurant-quai21.fr* - *Fermé : lundi, dimanche*

WISTUB BRENNER

CUISINE ALSACIENNE • CONVIVIAL Au cœur de la Petite Venise, dans cette authentique winstub, la cuisine est forcément régionale : salade au comté et cervelas, tarte à l'oignon de Papi Lucien, choucroute et jarret de porc braisé, sauce au Pinot Noir. Production locale, ambiance conviviale et sympathique terrasse.

 - Menu 36 €

Plan : A2-11 - *1 rue de Turenne* - *✆ 03 89 41 42 33* - *www.wistub-brenner.fr*

COLROY-LA-ROCHE

⌧ 67420 - Bas-Rhin - Carte régionale n° **10**-A2

HOSTELLERIE LA CHENEAUDIÈRE

CUISINE MODERNE • ÉLÉGANT Dans cet établissement élégant, les salles à manger affichent un esprit nature, et montagnard chic. La carte, courte et raffinée, fait d'alléchantes propositions : variations autour du foie gras, omble chevalier confit, jus de citron brûlé et duo de veau, artichaut cru et cuit...

- Menu 75/105 €

3 rue Vieux-Moulin - ✆ 03 88 97 61 64 - www.cheneaudiere.com - Fermé : lundi midi, mardi midi, mercredi midi, jeudi midi, vendredi midi, samedi midi

DRUSENHEIM

⌧ 67410 - Bas-Rhin - Carte régionale n° **10**-B1

AU GOURMET

Chef : Ludovic Kientz

CUISINE MODERNE • CONTEMPORAIN Ludovic Kientz est le nouveau chef/patron de cette adresse savoureuse. On l'a connu au Crocodile, à Strasbourg, sous le règne d'Émile Jung. Avec sa compagne Sandy Ling, sommelière (formée notamment chez Michel Bras), ils insufflent une énergie nouvelle à cette auberge de campagne, entourée d'un grand jardin. Il prend un plaisir évident à travailler les produits de la mer et les sauces, sans oublier les légumes de son propre potager, autour d'une cuisine bourgeoise, empreinte de modernité. Ce jour-là : golden foie gras de canard, chutney de mirabelle ; filet de truite des sources du Heimbach, sauce curry-coco ; vacherin glacé. Réservé aux gourmets.

- Menu 29 € (déjeuner), 55/79 € - Carte 75/150 €

4 route de Herrlisheim - ✆ 03 88 53 30 60 - www.au-gourmet.fr - Fermé : lundi, mardi, mercredi midi, dimanche soir

EBERSMUNSTER

⌧ 67600 - Bas-Rhin - Carte régionale n° **10**-C1

RESTAURANT DES DEUX CLEFS

CUISINE TRADITIONNELLE • AUBERGE Ici, les poissons d'eau douce sont à l'honneur ; la grande spécialité de la maison est la matelote, que l'on déguste dans un restaurant au sobre décor alsacien, agrémenté d'une salle winstub. Versant sucré, ne manquez pas le Mont aux Amandes, cette fine pâte sablée recouverte d'une meringue aux amandes.

- Menu 41 € - Carte 38/55 €

23 rue du Général-Leclerc - ✆ 03 88 85 71 55 - www.restaurantauxdeuxclefs.fr - Fermé : lundi, mercredi

EGUISHEIM

⌧ 68420 - Haut-Rhin - Carte régionale n° **10**-C2

AU VIEUX PORCHE

CUISINE TRADITIONNELLE • AUBERGE Cette demeure typique (1707) est installée sur le domaine viticole de la famille de la gérante. Son mari concocte de bons plats classiques et régionaux, mais il est également vigneron... Autant dire qu'on se délecte de bons vins locaux.

- Menu 32/60 € - Carte 35/75 €

16 rue des Trois-Châteaux - ✆ 03 89 24 01 90 - www.auvieuxporche.fr - Fermé : mardi, mercredi

LE PAVILLON GOURMAND

CUISINE MODERNE • CONTEMPORAIN Cette maison de village (1683) offre un cadre lumineux mariant avec goût le cachet historique de la bâtisse à des notes plus contemporaines. On se régale d'une cuisine voguant entre recettes alsaciennes (tarte à l'oignon, choucroute, sandre soufflé au Riesling) et préparations plus actuelles. Les vins blancs du vignoble d'Eguisheim sont bien représentés, et la petite terrasse, fort appréciée l'été.

- Menu 28 € (déjeuner), 38/50 € - Carte 42/65 €

101 rue du Rempart-Sud - 03 89 24 36 88 - www.pavillon-gourmand.fr - Fermé : mardi, mercredi

FELDBACH

68640 - Haut-Rhin - Carte régionale n° **10**-A3

CHEVAL BLANC

CUISINE TRADITIONNELLE • **ÉLÉGANT** Dans cette maison typique du Sundgau, la cuisine est une passion qui se transmet de génération en génération. À la suite de son père, le jeune chef est désormais seul aux fourneaux. Il y réalise de belles recettes traditionnelles teintées de modernité, avec un penchant particulier pour le gibier... Très beau choix de vins.

- Menu 32/49 € - Carte 26/57 €

1 rue de Bisel - 03 89 25 81 86 - www.cheval-blanc-feldbach.fr - Fermé : lundi soir, mardi, mercredi

FOUDAY

67130 - Bas-Rhin - Carte régionale n° **10**-A2

JULIEN

CUISINE TRADITIONNELLE • **ÉLÉGANT** Personnel en costume traditionnel, décor typique des Vosges (tout en bois) : on célèbre ici le folklore local dans ce qu'il a de meilleur. Dans une ambiance animée mais raffinée, on dévore de goûteuses – et copieuses – préparations régionales : choucroute, rognons et ris de veau, bouchées à la reine... Réjouissant, tout comme les chambres, le parc et le beau spa de l'hôtel.

- Menu 34/62 € - Carte 48/68 €

Route de Strasbourg - 03 88 97 30 09 - www.hoteljulien.com - Fermé : lundi midi, mardi, mercredi

FRÉLAND

68240 - Haut-Rhin - Carte régionale n° **10**-C2

RESTAURANT DU MUSÉE

CUISINE MODERNE • **RUSTIQUE** Dans cet ancien moulin posé au bord de l'Ure, la cuisine d'Alain Schmitt incarne à merveille l'âme alsacienne sur son versant savoureux... Ses recettes, au goût du jour, mettent en avant le terroir et revisitent habilement la tradition. C'est simple et gourmand, et c'est surtout maîtrisé de bout en bout.

- Menu 22 € (déjeuner), 32/46 € - Carte 53/71 €

2 rue de la Rochette - 03 89 47 24 18 - www.restaurantmusee.fr - Fermé : lundi, mercredi soir, dimanche soir

LE FRENZ

68820 - Haut-Rhin - Carte régionale n° **12**-C3

LES QUATRE SAISONS

CUISINE MODERNE • **COSY** Christelle aux fourneaux ; Frédéric choisissant avec soin de jolis crus... Ce couple à la ville forme ici un duo gourmand et gagnant. Dans ce chalet douillet, on se régale d'une délicieuse cuisine de saison, sans fausse note !

- Menu 32 €

3 route du Frenz - 03 89 82 28 61 - www.hotel4saisons.com - Fermé : lundi midi, mardi, mercredi

GAMBSHEIM

✉ 67760 - Bas-Rhin - Carte régionale n° **10**-B1

FLEUR DE SUREAU

CUISINE MODERNE • CONTEMPORAIN Cette Fleur de Sureau a poussé face à la gare ! À ceci près que son jardinier est un chef qui a fait ses classes auprès de Jean-Georges Klein, à l'Arnsbourg, et qu'il y réalise une cuisine actuelle à base de beaux produits de saison. Le soir, carte plus sophistiquée.

- Menu 25 € (déjeuner), 55/65 € - Carte 51/70 €

22 rue du Chemin-de-Fer - 03 88 21 85 22 - www.fleurdesureau.fr - Fermé : mardi, mercredi, samedi midi

GRAUFTHAL

✉ 67320 - Bas-Rhin - Carte régionale n° **10**-A1

AU CHEVAL BLANC

CUISINE TRADITIONNELLE • AUBERGE Une sympathique auberge, chaleureuse, à l'ambiance familiale, nichée au cœur du tranquille village troglodytique de Graufthal. Derrière les fourneaux, le chef, Gilles Stutzmann, concocte à sa façon une cuisine traditionnelle, soignée et savoureuse. En prime : un décor rustique à souhait.

P - Menu 18 € (déjeuner), 31/38 € - Carte 35/55 €

19 rue Principale - 03 88 70 17 11 - www.auchevalblanc.net - Fermé : lundi, mardi, mercredi, jeudi soir, dimanche soir

AU VIEUX MOULIN

CUISINE MODERNE • ÉLÉGANT Installez-vous dans cette maison familiale, nichée au fond de la vallée de Graufthal, pour déguster la cuisine pleine de peps de Guillaume Kassel. Œuf de poule de la ferme du Moulin et escargots du Steiberg, poitrine de canette, girolles sautées et cerises, etc. Et une carte des vins de plus de 450 références. Chambres avec vue sur l'étang.

P - Menu 33/72 € - Carte 57/74 €

7 rue du Vieux-Moulin - 03 88 70 17 28 - www.auvieuxmoulin.eu - Fermé : lundi, mardi, dimanche soir

GRIESHEIM-PRÈS-MOLSHEIM

✉ 67870 - Bas-Rhin - Carte régionale n° **10**-A2

AUBERGE DE LA CHÈVRERIE

CUISINE MODERNE • ÉLÉGANT Tout est fait maison (jusqu'à l'excellent pain, aux glaces et aux sorbets) par un chef appliqué, qui s'approvisionne en fromage auprès de la chèvrerie voisine tenue par son frère... Une auberge bien sympathique, perchée dans un village en pleine nature.

AC P - Menu 24 € (déjeuner), 48/69 € - Carte 57/79 €

1 rue des Puits - 03 88 38 83 59 - www.chevrerie.com - Fermé : lundi, mardi, dimanche soir

GUEWENHEIM

✉ 68116 - Haut-Rhin - Carte régionale n° **10**-A3

LA GARE

CUISINE TRADITIONNELLE • CONVIVIAL Une très contemporaine institution locale (depuis 1874) ! Ou comment mixer élégance, peps et convivialité ; mêler brasserie sur le pouce et joli repas traditionnel sur la belle terrasse verdoyante... Ce jour-là, œuf parfait, girolles, émulsion noisette et Saint-Pierre, risotto de pommes de terre, émulsion truffe. Ou comment présenter l'une des plus belles cartes des vins de France - rien que ça - tout en restant simple.

- Menu 35/50 € - Carte 45/60 €

2 rue Soppe - ✆ 03 89 82 51 29 - www.restaurantdelagare-guewenheim.fr - Fermé : mardi, mercredi

GUNDERSHOFFEN

✉ 67110 - Bas-Rhin - Carte régionale n° **10**-B1

LE CYGNE

CUISINE MODERNE • CONVIVIAL Cette noble demeure alsacienne a su évoluer avec son temps : on y découvre aujourd'hui une carte de bistrot modernisée, privilégiant la cuisine de saison, réalisée par un chef expérimenté. Bon rapport qualité-prix.

- Menu 34/58 €

35 Grande-Rue - ✆ 03 88 72 96 43 - www.aucygne.fr - Fermé : lundi, jeudi, dimanche soir

LES JARDINS DU MOULIN

CUISINE MODERNE • COSY Ce restaurant s'intègre idéalement dans l'environnement du Moulin : à travers les baies vitrées de l'élégante salle à manger, on admire le jardin et la magnifique terrasse... On se régale de créations actuelles, bien tournées et rythmées par les saisons.

- Menu 35 € (déjeuner), 59/78 €

7 rue du Moulin - ✆ 03 88 07 52 70 - www.jardinsdumoulin.fr - Fermé : mardi soir, mercredi

HAGUENAU

✉ 67500 - Bas-Rhin - Carte régionale n° **10**-B1

LE JARDIN

CUISINE MODERNE • ÉLÉGANT À l'unisson, père et fils ont composé une carte sagement actuelle, sans jamais oublier les classiques de la maison : soupe de poisson, carpaccio de thon, chateaubriand avec sauce béarnaise... Quant au décor, totalement modernisé, il se pare toujours d'un superbe plafond Renaissance.

- Menu 22 € (déjeuner), 35/66 € - Carte 50/66 €

16 rue de la Redoute - ✆ 03 88 93 29 39 - www.lejardinhaguenau.fr - Fermé : mardi, mercredi

GRAINS DE SEL

CUISINE MODERNE • COSY Bien installé dans son restaurant près de la halle aux Houblons, Gilles Schnoering régale ses convives avec une courte carte de saison ; ses créations, fraîches et bien réalisées, doivent beaucoup à la qualité des produits utilisés. Judicieux accords mets et vins.

- Menu 31 € (déjeuner), 50 € - Carte 31/58 €

113 Grand-Rue - ✆ 03 88 90 83 82 - www.restaurant-grainsdesel.fr - Fermé : lundi, dimanche

HATTSTATT

✉ 68420 - Haut-Rhin - Carte régionale n° **10**-A2

L'ALTÉVIC

CUISINE MODERNE • CONTEMPORAIN Avec tout le talent et toute l'expérience qu'on lui connaît, Jean-Christophe Perrin propose une cuisine dans l'air du temps, inspirée par le marché, dans laquelle un beau produit de saison suffit souvent à faire recette, avec menu vegan pour les amateurs... Réjouissant.

- Menu 24 € (déjeuner), 33/72 € - Carte 70/95 €

4 rue du Wiggensbach - ✆ 03 89 78 83 56 - www.restaurant-laltevic.fr - Fermé : lundi, mardi, dimanche soir

HÉSINGUE

✉ 68220 - Haut-Rhin - Carte régionale n° **10**-B3

AU BŒUF NOIR

CUISINE CLASSIQUE • **CONVIVIAL** Les produits frais de qualité rythment la vie de cette maison, de même que la fraîcheur et le goût dans les assiettes : risotto de homard façon paëlla, lièvre à la royale pendant la saison de la chasse... Jolie petite terrasse sur l'arrière, idéale aux beaux jours.

- Menu 58/70 € - Carte 64/77 €

2 rue Folgensbourg - ✆ 03 89 69 76 40 - www.auboeufnoir.fr - Fermé : lundi, samedi midi, dimanche soir

HOCHSTATT

✉ 68720 - Haut-Rhin - Carte régionale n° **10**-A3

AU CHEVAL BLANC

CUISINE MODERNE • **FAMILIAL** Dans ce petit village aux portes du Sundgau, on se délecte de plats soignés et gourmands, réalisés par le chef au fil de son inspiration et du marché- terrine de sanglier à l'Armagnac, filet de bœuf Salers, girolles, etc. Une adresse pour le moins appétissante.

- Menu 65 € - Carte 59/68 €

55 Grande-Rue - ✆ 03 89 06 27 77 - www.au-cheval-blanc-hochstatt.com - Fermé : lundi soir, mardi soir, mercredi, dimanche soir

HUNINGUE

✉ 68330 - Haut-Rhin - Carte régionale n° **10**-B3

AUTOUR DE LA TABLE

CUISINE CLASSIQUE • **TRADITIONNEL** L'adresse revendique un côté "école hôtelière" avec sa carte classique (paupiette de sole, filet de bœuf, crêpe soufflée à l'eau-de-vie de quetsche), son service sérieux et appliqué - on y pratique encore l'art oublié de découpe et la préparation en salle. Quand la tradition et le classicisme ont du bon, autour et surtout sur la table...

- Menu 56/84 € - Carte 52/71 €

17A rue de Village-Neuf - ✆ 09 81 11 40 17 - www.restaurant-autourdelatable.fr - Fermé : lundi, mardi, mercredi midi, jeudi midi, vendredi midi, samedi midi, dimanche soir

ILLHAEUSERN

✉ 68970 - Haut-Rhin - Carte régionale n° **10**-C2

✿✿ AUBERGE DE L'ILL

Chef : Marc Haeberlin

CUISINE CLASSIQUE • **LUXE** L'Auberge de l'Ill est bien davantage qu'un simple restaurant : c'est l'auberge alsacienne dans toute sa splendeur. Un lieu convivial et chaleureux, hors du temps, où chaque client est accueilli comme un membre de la famille. Un symbole dans la région, mais aussi en France et dans le monde ! Dès sa création en 1882, entre Sélestat et Riquewihr, l'adresse se fait un nom avec sa matelote au riesling et ses préparations de gibiers alsaciens. Marc Haeberlin, petit-fils des fondateurs, fait aujourd'hui l'alliance entre ces créations historiques (timbale de homard, mousseline de grenouille, foie gras aux épices) et des plats plus personnels, plus modernes. Le mythe est toujours vivace.

- Menu 120 € (déjeuner), 149/205 € - Carte 128/247 €

2 rue de Collonges-au-Mont-d'Or - ✆ 03 89 71 89 00 - www.auberge-de-l-ill.com - Fermé : lundi, mardi

INGERSHEIM

✉ 68040 - Haut-Rhin - Carte régionale n° **10**-C2

LA TAVERNE ALSACIENNE

CUISINE TRADITIONNELLE • **AUBERGE** Dirigée par la famille Guggenbuhl depuis 1964, cette taverne à la façade saumon mérite amplement sa réputation. Même ceux qui ne connaissent rien à la cuisine alsacienne seront conquis, le tout accompagné de beaux vins d'Alsace ! Beau souvenir d'un œuf cuit à basse température, purée de petit pois et espuma de lard.

- Menu 20 € (déjeuner), 31/42 € - Carte 46/64 €

99 rue de la République - ✆ 03 89 27 08 41 - www.tavernealsacienne-familleguggenbuhl.com - Fermé : lundi, jeudi, dimanche soir

ITTERSWILLER

✉ 67140 - Bas-Rhin - Carte régionale n° **10**-C1

WINSTUB ARNOLD

CUISINE ALSACIENNE • **WINSTUB** Cette winstub met à l'honneur les "elsässische spezialitäten" : kougelhopf, choucroute et tant de plats régionaux ! Soulevez donc le couvercle en fonte qui protège le baeckeofe servi en cocotte...

- Menu 25 € (déjeuner), 32 € - Carte 26/66 €

98 route des Vins - ✆ 03 88 85 50 58 - www.hotel-arnold.com - Fermé : lundi, mardi midi, dimanche soir

KAYSERSBERG

✉ 68240 - Haut-Rhin - Carte régionale n° **10**-C2

LA TABLE D'OLIVIER NASTI

Chef : Olivier Nasti

CUISINE CRÉATIVE • **ÉLÉGANT** Ah, Kaysersberg ! Sur la route des vins d'Alsace, le petit village se dévoile entre deux vallons... Impossible de rater la façade rouge du mythique hôtel Chambard, qui accueille la Table d'Olivier Nasti, Meilleur Ouvrier de France 2007. Magnifier le terroir, réinjecter la tradition dans des assiettes créatives, visuelles, voire ludiques : tel est l'objectif poursuivi par le chef. Pour cela, tous les ingrédients sont bons ! Gibier, morilles des Vosges, foie gras, anguille du Rhin, truffe ou encore omble chevalier des montagnes... Il signe une carte personnelle, soucieuse des saisons, en portant une attention toute particulière aux sauces et décoctions. Enfin, côté vins, on profite de la présence de Jean-Baptiste Klein, sommelier aussi talentueux que passionné. Décor épuré et chic dans les chambres du Chambard, sans oublier l'agréable spa.

- Menu 165/240 € - Carte 179/205 €

9-13 rue du Général-de-Gaulle - ✆ 03 89 47 10 17 - www.lechambard.fr - Fermé : lundi, mardi, mercredi midi, jeudi midi

ALCHÉMILLE

Chef : Jérôme Jaegle

CUISINE MODERNE • **CONTEMPORAIN** C'est l'histoire d'un enfant du village, véritable bête à concours gastronomiques, qui a transformé ce bar PMU en "lieu de vie". Fils et petit-fils de boucher-charcutier, Jérôme Jaegle est tout autant maraîcher et fou de permaculture que chef - formé par des pointures comme Jean-Yves Schillinger et Christian Têtedoie. Quasi scandinave dans l'allure, son restaurant, tout de bois clair et de matières naturelles, porte le nom de la plante favorite des alchimistes. Sa cuisine, créative et personnelle, est évidemment axée sur les herbes et les légumes de son potager, ainsi que sur les produits locaux. Menus sans choix décliné en plusieurs services, avec l'iode et le végétal en majesté.

L'engagement du chef : *A L' Alchémille, nos cuisiniers sont également jardiniers. Ainsi, chaque journée commence par la cueillette des fruits, légumes et herbes aromatiques dans nos jardins maraîchers. Reconnecter la nature à l'assiette,* *travailler avec les meilleurs artisans locaux, tout cela nous permet de servir à nos clients l'expression la plus juste et la plus responsable de notre terroir.*

- Menu 70 € (déjeuner), 90/110 €

53 route de Lapoutroie - 03 89 27 66 41 - www.alchemille.alsace - Fermé : lundi, mardi midi, mercredi midi, jeudi midi, dimanche

LA VIEILLE FORGE

CUISINE MODERNE • CONTEMPORAIN La façade rustique de cette charmante maison du 16e s. dissimule de bien jolies surprises : les assiettes de la chef Laurine Gutleben font la part belle aux produits frais et à la créativité, à l'instar du paleron de bœuf confit, jus de viande et pomme de terre dauphine. Belle Carte des vins en Alsace, mais pas seulement.

- Menu 33/84 € - Carte 58/77 €

1 rue des Écoles - 03 89 47 17 51 - www.vieilleforge-kb.com - Fermé : lundi, mardi

WINSTUB DU CHAMBARD

CUISINE ALSACIENNE • WINSTUB La seconde table du Chambard, version winstub. Ici, Olivier Nasti revisite tout ce que le terroir alsacien peut offrir : baeckeoffe et choucroute, tarte à l'oignon, presskopf... Sans oublier cette délicieuse tête de veau et ses pommes de terre écrasées à la muscade : goûteux et généreux, une ode à la gourmandise ! Avec gibier, été comme hiver.

- Menu 34 € - Carte 46/88 €

9-13 rue du Général-de-Gaulle - 03 89 47 10 17 - www.lechambard.fr

KIENTZHEIM

68240 - Haut-Rhin - Carte régionale n° **10**-C2

CÔTÉ VIGNE

CUISINE MODERNE • COSY Maison à colombage du 16e s., située face à une belle fontaine, mobilier contemporain, vins bio du domaine familial et cuisine alsacienne du marché, le tout tenu par un jeune couple charmant. Et même une petite terrasse pour les beaux jours.

- Menu 20 € (déjeuner), 35/46 € - Carte 43/54 €

30 Grand-Rue - 03 89 22 14 13 - www.cote-vigne.fr - Fermé : lundi, samedi midi, dimanche soir

KILSTETT

67840 - Bas-Rhin - Carte régionale n° **10**-B1

AU CHEVAL NOIR

CUISINE TRADITIONNELLE • AUBERGE C'est au galop qu'on se rend au Cheval Noir ! Derrière la façade de cette maison à colombages (18e s.), deux frères travaillent les beaux produits en tandem. Une cuisine traditionnelle à déguster dans de jolies salles... si tant est qu'on descende de sa monture.

- Menu 18 € (déjeuner), 32/52 € - Carte 47/53 €

1 rue du Sous-Lieutenant-Maussire - 03 88 96 22 01 - www.restaurant-cheval-noir.fr - Fermé : lundi, mardi, dimanche soir

KLINGENTHAL

67530 - Bas-Rhin - Carte régionale n° **10**-A2

À L'ÉTOILE

CUISINE TRADITIONNELLE • CONVIVIAL Nichée dans un petit village alsacien, sur la route du Mont Sainte-Odile, cette auberge traditionnelle datant de 1920 est aujourd'hui tenue par la 4ème génération. On y déguste une cuisine traditionnelle du marché, proposée à l'ardoise. Quatre chambres douillettes pour l'étape, et terrasse en été.

- Menu 20/48 € - Carte 40/67 €

7 place de l'Étoile - 03 88 95 82 90 - www.restaurantaletoile.fr - Fermé : mercredi, jeudi, dimanche soir

LABAROCHE

68910 - Haut-Rhin - Carte régionale n° **10**-C2

LA ROCHETTE

CUISINE MODERNE • COSY Une belle découverte que ce restaurant contemporain ! Ici, on régale en famille : aux fourneaux, père et fils réalisent des plats savoureux et fins, telle une réconfortante matelote au riesling... et un deuxième fils œuvre en salle en tant que sommelier. Une histoire de famille.

- Menu 19 € (déjeuner), 35/47 € - Carte 45/70 €

500 lieu-dit La Rochette - 03 89 49 80 40 - www.larochette-hotel.fr - Fermé : lundi, mardi

LAPOUTROIE

68650 - Haut-Rhin - Carte régionale n° **10**-A2

LES ALISIERS

CUISINE MODERNE • COSY Une cuisine à quatre mains à base de produits de belle qualité et bio (les viandes exceptées) provenant du potager de la maison ou de petits producteurs locaux. Une adresse familiale attachante qui perdure depuis 1975.

- Menu 42 € - Carte 38/57 €

Lieu-dit Faudé - 03 89 47 52 82 - www.alisiers.com - Fermé : lundi, mardi

LAUBACH

67580 - Bas-Rhin - Carte régionale n° **10**-B1

LA MERISE

Chef : Cédric Deckert

CUISINE MODERNE • ÉLÉGANT Au nord d'Haguenau, cette maison alsacienne, étonnante construction neuve réalisée à partir de matériaux anciens, épouse à merveille son cadre champêtre avec vue sur la campagne, entre collines et vergers. En cuisine, le chef Cédric Deckert et en salle Christelle, sa femme : on sent chez ces deux-là une réjouissante envie d'aller de l'avant. À partir de produits de belle qualité, il concocte des recettes d'un beau classicisme, jamais ennuyeuses, rehaussées par un art subtil des jus et des sauces - ô ce jus champêtre infusé au foin sur la canette, un régal ! En salle, une brigade féminine joue un ballet très professionnel, tandis que le remarquable sommelier Joël Brendel, qui a entièrement rénové la carte des vins, prodigue d'excellents conseils.

- Menu 79 € (déjeuner), 103/157 € - Carte 99/150 €

7 rue d'Eschbach - 03 88 90 02 61 - www.lamerise.alsace - Fermé : lundi, mardi, mercredi

LEMBACH

67510 - Bas-Rhin - Carte régionale n° **10**-B1

AUBERGE DU CHEVAL BLANC

Chef : Pascal Bastian

CUISINE CRÉATIVE • ÉLÉGANT Sa mère était couturière, son père quincaillier : aucun restaurateur à l'horizon. Et voilà pourtant le tout jeune Pascal Bastian devenu commis à l'Auberge du Cheval Blanc, du chef Fernand Mischler. Puis, passage obligé par des tables prestigieuses (dont les Crayères, à Reims, avec Gérard Boyer), avant un retour au Cheval Blanc. Aujourd'hui, c'est le couple, Carole et Pascal, qui veille à l'avenir de ce noble relais de poste (18e s.), alliance du charme alsacien et du raffinement contemporain. Les tables sont espacées pour garantir l'intimité des conversations… et de l'expérience gastronomique. On se régale d'un épais dos de sandre rôti, de belle fraîcheur, accompagné de pointes d'anguille fumée et de têtes d'asperges vertes croquantes… Et pour les amoureux de la région, sachez que des chambres vous attendent.

- Menu 82/145 € - Carte 110/129 €

4 rue de Wissembourg - 03 88 94 41 86 - www.au-cheval-blanc.fr - Fermé : lundi, mardi, mercredi midi

LEUTENHEIM

67480 - Bas-Rhin - Carte régionale n° **10**-B1

AUBERGE AU VIEUX COUVENT

CUISINE TRADITIONNELLE • **AUBERGE** Au fin fond de la forêt, une maison à colombages (fin du 17e s.) simple et rustique… Le chef, Damien Hirschel, y relève le pari d'une cuisine traditionnelle pleine d'à-propos, dans laquelle les spécialités régionales et les produits du potager sont mis à l'honneur. On fait volontiers halte dans cette auberge !

- Menu 39 €

7 rue du Vieux-Moulin, Lieu-dit Koenigsbruck - 03 88 86 39 86 - www.auberge-au-vieux-couvent.fr - Fermé : lundi, mardi, mercredi, jeudi, dimanche soir

LINGOLSHEIM

67380 - Bas-Rhin - Carte régionale n° **10**-B1

L'ID

CUISINE MODERNE • **CONTEMPORAIN** Une belle maison de maître, décorée avec goût - tons gris et noisette, magnifique escalier en bois datant du 18e s. À l'ardoise, une bonne cuisine du marché rythmée par les saisons, avec une place importante accordée au poisson… À déguster sur l'agréable terrasse aux beaux jours.

- Menu 33 € (déjeuner) - Carte 40/60 €

Plan de Strasbourg : A2-1 - *11 rue du Château - 03 88 78 40 48 - www.restaurant-id.fr - Fermé : lundi, dimanche*

MARLENHEIM

67520 - Bas-Rhin - Carte régionale n° **10**-A1

LE CERF

Chef : Joël Philipps

CUISINE MODERNE • **COSY** Faon ou daguet, allons bramer de plaisir et frotter nos cornes aux portes de cet ancien relais de poste, devenu une hostellerie gourmande ! Cet ensemble de jolies bâtisses, accessible par une cour intérieure pavée et un pimpant jardinet, nous donne des fourmis dans les sabots… pardon, les pinces ! Cette institution a longtemps brillé grâce au talent du chef Michel Husser qui a passé les rênes à Joël Philipps. Fort d'une belle maîtrise, le chef fait preuve de finesse et d'éclectisme gourmand à travers une carte courte et deux menus : tartare de langoustines ; poulpe grillé et chorizo ibérique ; opéra aux myrtilles sauvages et lavande…

- Menu 51 € (déjeuner), 94/119 € - Carte 85/105 €

30 rue du Général-de-Gaulle - 03 88 87 73 73 - www.lecerf.com - Fermé : mardi, mercredi

MERKWILLER-PECHELBRONN

67250 - Bas-Rhin - Carte régionale n° **10**-B1

AUBERGE BAECHEL-BRUNN

CUISINE MODERNE • **COSY** Thomas aux fourneaux, Esther en salle : chez les Limmacher, la cuisine est une histoire familiale ! Côté assiette, la finesse est au rendez-vous, entre grands classiques et recettes nouvelles. Côté cadre, la grange d'antan a laissé place à l'épure contemporaine. Et une carte qui change souvent, pour satisfaire les (nombreux) clients habitués.

A/C - Menu 49/79 € - Carte 64/72 €

3 route de Soultz - ✆ 03 88 80 78 61 - www.baechel-brunn.com - Fermé : lundi, mardi, mercredi, jeudi

METZERAL

✉ 68380 - Haut-Rhin - Carte régionale n° **10**-A2

LES CLARINES D'ARGENT

CUISINE TRADITIONNELLE • **AUBERGE** Dans ce restaurant installé près d'un étang, le chef concocte une bonne cuisine traditionnelle - avec un penchant particulier pour la truite -, à apprécier dans un cadre agréable. Accueil aimable, et chambres pour l'étape.

♿ P - Menu 15 € (déjeuner), 35/62 € - Carte 36/76 €

12 rue Altenhof - ✆ 03 89 77 61 48 - www.aux-deux-clefs.com - Fermé : lundi, dimanche soir

MITTELBERGHEIM

✉ 67140 - Bas-Rhin - Carte régionale n° **10**-C1

AM LINDEPLATZEL

CUISINE TRADITIONNELLE • **CONVIVIAL** Au cœur d'un charmant village alsacien, cette ancienne maison de vigneron propose une goûteuse cuisine traditionnelle, relevée d'une pointe d'exotisme par instants. Les produits du terroir alsacien et les vins sont à la fête… Si les 19 vignerons du village sont représentés, la carte met aussi à l'honneur les autres régions viticoles, avec une prédilection pour les vins nature. Terrasse intime avec vue dégagée. Une bien jolie adresse.

♿ A/C - Menu 16 € (déjeuner), 36/56 €

71 rue Principale - ✆ 03 88 08 10 69 - www.am-lindeplatzel.fr - Fermé : mercredi, jeudi

MOLLKIRCH

✉ 67190 - Bas-Rhin - Carte régionale n° **10**-A2

FISCHHUTTE

CUISINE RÉGIONALE • **AUBERGE** Une auberge au cadre chaleureux, une cuisine traditionnelle bien réalisée et goûteuse, une équipe dynamique : un vent nouveau souffle sur cette sympathique adresse, appréciée des habitués.

P - Menu 36/58 € - Carte 40/54 €

30 route de la Fischhutte - ✆ 03 88 97 42 03 - www.fischhutte.com - Fermé : lundi, mardi, dimanche soir

MONSWILLER

✉ 67700 - Bas-Rhin - Carte régionale n° **10**-A1

KASBÜR

Chef : Yves Kieffer

CUISINE MODERNE • **ÉLÉGANT** Né en 1932, le Kasbür est lié à la famille Kieffer depuis trois générations. Cette adresse des abords de Saverne doit son nom à l'arrière-grand père, un paysan qui faisait ici-même ses fromages. Son arrière-petit-fils, Yves Kieffer, a fait entrer cette belle bâtisse dans la modernité avec sa salle à manger semi-circulaire ouvrant sur l'opulente campagne alsacienne. Après avoir connu les cuisines de la Tour d'Argent et celles de Marc Meneau à Vézelay, le chef est revenu, animé par la force de l'héritage et… une exigence jamais démentie. Il propose des produits de qualité qu'il aime travailler à parfaite maturité, de la morille à la canette des Dombes en passant par les asperges du Kochersberg.

- Menu 35 € (déjeuner), 60/110 € - Carte 68/95 €

8 route de Dettwiller - 03 88 02 14 20 - www.restaurant-kasbur.fr - Fermé : lundi, mardi, dimanche soir

MOOSCH

68690 - Haut-Rhin - Carte régionale n° **10**-A3

AUX TROIS ROIS

CUISINE TRADITIONNELLE • CLASSIQUE Pâté en croûte, tête de veau... Ici, les éternels bistrotiers sont rois, mais ils partagent volontiers leur couronne avec les produits de la mer. À l'ardoise, des propositions sans cesse renouvelées et des vins qui sont de vraies petites trouvailles : un royaume du goût, de la qualité et de la convivialité !

- Menu 17 € (déjeuner), 39 €

35 rue du Général-de-Gaulle - 03 89 82 34 66 - www.aux-trois-rois.com - Fermé : lundi, mardi, dimanche soir

MORSBRONN-LES-BAINS

67360 - Bas-Rhin - Carte régionale n° **10**-B1

LA SOURCE DES SENS

CUISINE MODERNE • CONTEMPORAIN Le cadre est résolument contemporain - mobilier design et vue sur les fourneaux via un écran plasma - et la cuisine se fait volontiers créative, grâce à l'implication du chef Pierre Weller, inventif et attentif. Des recettes qui ont du sens !

- Menu 32 € (déjeuner), 65/88 € - Carte 49/68 €

19 route d'Haguenau - 03 88 09 30 53 - www.lasourcedessens.fr - Fermé : lundi, mardi midi, dimanche soir

MUHLBACH-SUR-MUNSTER

68380 - Haut-Rhin - Carte régionale n° **10**-A2

PERLE DES VOSGES

CUISINE MODERNE • TRADITIONNEL On aborde le repas avec un pâté en croûte forestière, airelles et pickles de concombre, une franche réussite, avant d'enchaîner avec les noisettes de sanglier, airelles et spaëtzle ou trois savoureuses quenelles de brochet. Puis, après avoir profité du munster, on conclut avec une forêt-noire revisitée et hyper-gourmande. Tout est dit !

- Menu 21 € (déjeuner), 28/69 € - Carte 42/54 €

22 route Gaschney - 03 89 77 61 34 - www.perledesvosges.net - Fermé : lundi midi

MULHOUSE

68100 - Haut-Rhin - Carte régionale n° **10**-A3

IL CORTILE

Chef : Jean-Michel Feger

CUISINE MÉDITERRANÉENNE • ÉLÉGANT Dans une rue piétonne du vieux Mulhouse, bienvenue dans cette maison du 16e s. bien connue des alsaciens. Présent ici depuis 2001, le chef Jean-Michel Feger compose une cuisine inspirée par la Méditerranée. Préparations modernes, techniquement abouties et une gourmandise qui donnerait l'accent italien ; ainsi le vitello tonnato, pesto de tomates séchées, beignets de mozzarella de bufflonne. Aux beaux jours, le temps d'un repas, on vit la dolce vita sur la terrasse installée dans la petite cour intérieure. Service agréable et détendu.

- Menu 36 € (déjeuner), 65/115 € - Carte 70/82 €

11 rue des Franciscains - 03 89 66 39 79 - www.ilcortile-mulhouse.fr - Fermé : lundi, dimanche

L'ESTÉREL

CUISINE MODERNE • CONVIVIAL Et oui, Mulhouse aussi possède son Estérel... Dans ce restaurant posté sur la route qui monte au zoo, on savoure une agréable cuisine du sud 100 % maison, 100% saisons. L'été, on profite de la terrasse ombragée. Le reste de l'année, l'agréable véranda en rotonde offre une alternative lumineuse.

- Menu 63 € - Carte 63/78 €

83 avenue de la 1ère-Division-Blindée - 03 89 44 23 24 - www.esterel-weber.fr - Fermé : lundi, mardi, dimanche soir

LE 4

CUISINE MODERNE • CONVIVIAL Le jeune couple à la tête de ce petit restaurant du cœur de Mulhouse propose une ardoise courte aux libellés gourmands. Leurs plats sont colorés et inventifs, et font de réguliers clins d'œil aux produits et épices découverts lors de leurs nombreux voyages à l'autre bout du monde - ainsi le savoureux vitello tonnato ou les gambas de Madagascar, risotto de petits pois, émulsion homardine. Jolie carte des vins.

- Menu 25 € (déjeuner) - Carte 53/56 €

5 rue Bonbonnière - 03 89 44 94 11 - www.restaurantle4.com - Fermé : lundi, dimanche

LA TABLE DE MICHÈLE

CUISINE MODERNE • COSY Michèle Brouet est une figure de la gastronomie locale. Sa table est à son image, généreuse et enjouée, tout comme l'atmosphère de la maison, très chaleureuse avec son décor d'objets hétéroclites et de bouquets de fleurs. Gourmandise et plaisir sont au rendez-vous !

A/C - Menu 21/27 € - Carte 35/50 €

16 rue de Metz - 03 89 45 37 82 - www.latabledemichele.fr - Fermé : lundi, samedi midi, dimanche

MUNSTER

68140 - Haut-Rhin - Carte régionale n° **10**-A2

LES GRANDS ARBRES - VERTE VALLÉE

CUISINE MODERNE • ÉLÉGANT Dans un décor réinventé, sobre et chic, on se régale grâce au chef Thony Billon, qui revisite avec élégance la production régionale. Il compose une partition moderne et soignée, accompagnée d'une jolie carte de vins d'Alsace : réjouissant, tout simplement.

A/C P - Menu 22 € (déjeuner), 32/58 €

10 rue Alfred-Hartmann - 03 89 77 15 15 - www.vertevallee.com

L'OLIVIER N

CUISINE MODERNE • COSY Première affaire pour le chef Olivier Lamard, ancien second de l'étoilé Julien Binz, qui propose ici une cuisine moderne agrémentée d'une touche de terroir alsacien ; jolis souvenirs du gravelax de saumon, radis, bonbons de chèvre frais de la ferme du Wiedenthal et, en dessert, des abricots au miel, fromage blanc et pistache. Des plats bien ficelés à base de jolis produits dont une partie des légumes provient du potager du grand-père du chef. Une adresse sympathique.

A/C - Menu 22 € (déjeuner), 32 € - Carte 51/59 €

2 rue Saint-Grégoire - 03 89 77 34 08 - www.lolivier-munster.com - Fermé : mardi, mercredi

NATZWILLER

⊠ 67130 - Bas-Rhin - Carte régionale n° **10**-C1

AUBERGE METZGER

CUISINE TRADITIONNELLE • ÉLÉGANT Cuissons précises, produits de qualité, accompagnements soignés : Yves Metzger mitonne une cuisine régionale tout simplement délicieuse... et bon marché ! Une raison de plus pour faire étape dans cette auberge accueillante de la vallée de la Bruche. Chambres spacieuses et confortables.

- Menu 28/70 € - Carte 38/70 €

55 rue Principale - 03 88 97 02 42 - www.hotel-aubergemetzger.com - Fermé : lundi, mardi, dimanche soir

NIEDERBRONN-LES-BAINS

⊠ 67110 - Bas-Rhin - Carte régionale n° **10**-B1

ZUEM BUERESTUEBEL

CUISINE ALSACIENNE • WINSTUB Le couple Meder a réalisé un vieux rêve en s'installant ici : leur joie est manifeste, et communicative ! Au menu, on trouve une bonne cuisine alsacienne réalisée avec des produits tout à fait honnêtes, et quelques propositions qui sortent un peu du cadre (lotte, lieu jaune...). À tous les niveaux, simplicité et sérieux : une adresse attachante.

Carte 25/40 €

9 rue de la République - 03 88 80 84 26 - www.winstub-zuem-buerestuebel.com - Fermé : lundi, mardi, mercredi soir

NIEDERSCHAEFFOLSHEIM

⊠ 67500 - Bas-Rhin - Carte régionale n° **10**-B1

AU BŒUF ROUGE

CUISINE MODERNE • ÉLÉGANT Aucun doute que ce restaurant, géré par la même famille depuis 1880, est une institution locale. On y déguste une cuisine au goût du jour et rythmée par les saisons, à l'image de cette selle de veau de lait et ris de veau croustillant, girolles et cosses truffées... Accueil chaleureux.

- Menu 52/95 € - Carte 56/80 €

39 rue du Général de Gaulle - 03 88 73 81 00 - www.boeufrouge.com - Fermé : lundi, mardi midi, dimanche soir

NIEDERSTEINBACH

⊠ 67510 - Bas-Rhin - Carte régionale n° **10**-B1

AU CHEVAL BLANC

CUISINE TRADITIONNELLE • RUSTIQUE L'âme d'une winstub... et le goût du pays porté avec amour : truite au bleu, pavé de biche sauce grand-veneur... mousse au kirsch, etc. Même esprit côté décor, tout en boiseries et composé de deux "stuben", ces salles rustiques typiquement régionales. Enfin, mention spéciale pour l'accueil, tout à fait exemplaire !

- Menu 37/66 € - Carte 31/67 €

11 rue Principale - 03 88 09 55 31 - www.hotel-cheval-blanc.fr - Fermé : mercredi, jeudi

OBERNAI

⊠ 67210 - Bas-Rhin - Carte régionale n° **10**-A2

LA FOURCHETTE DES DUCS

Chef : Nicolas Stamm-Corby

CUISINE CRÉATIVE • ÉLÉGANT D'année en année, le chef Nicolas Stamm-Corby a trouvé aux fourneaux l'équilibre parfait entre la célébration des classiques et la pointe d'inventivité qui fait mouche. En toutes saisons, il nous gratifie d'assiettes de belle tenue, dans lesquelles les bons produits sont à la fête. En hiver, les suprêmes de pigeonneau, bien rosés comme promis, s'accompagnent d'un petit jardin d'herbes et de légumes hivernaux glacés : fenouil, céleri-rave, carotte, betterave... tandis que toute l'année, la tarte au chocolat décline une affriolante palette cacaotée : le jeune pâtissier Jessy Rhinn-Auvray montre que la valeur n'attend pas le nombre des années. Cerise sur le gâteau, l'état d'esprit général de l'équipe est excellent, du service aux cuisines : un bien-être communicatif.

- Menu 155/195 € - Carte 145/225 €

6 rue de la Gare - 03 88 48 33 38 - www.lafourchettedesducs.com - Fermé : lundi, mardi midi, mercredi midi, jeudi midi, vendredi midi, samedi midi, dimanche soir

THIERRY SCHWARTZ - LE RESTAURANT

Chef : Thierry Schwartz

CUISINE CRÉATIVE • RUSTIQUE Pour Thierry Schwartz, "Alsacien de cœur et d'origine", la nature ne s'envisage qu'en plein cœur de l'assiette : son engagement en faveur des producteurs locaux en est la preuve, et lui a valu les insignes de chevalier du Mérite agricole. Posons le décor : naturel et boisé, avec exposition de légumes du moment, tables en bois et cheminée qui crépite... Là-dedans, l'ancien collaborateur de Joël Robuchon concocte deux menus remarquables, en 5 ou 9 plats, où le produit (alsacien et en permaculture) se suffit à lui-même : pur épeautre, omble chevalier, oseille sauvage, œufs bio fermiers... tout cela s'arrose d'un bon cru, nature de préférence : vous aurez le choix, il y a près de 1200 références de la carte.

L'engagement du chef : *Depuis l'ouverture du restaurant il y a 20 ans, les circuits courts sont notre priorité. 95% de nos produits viennent de moins de 50 km. Nous contactons nos maraîchers et éleveurs tous les jours et nous prenons leurs produits à maturité. Notre carte change deux fois par semaine. Une grande majorité de nos producteurs travaillent en biodynamie et nous encourageons la réintroduction de variétés anciennes de fruits et de légumes. Nous transformons les déchets dans un objectif « zéro déchet ».*

- Menu 59 € (déjeuner), 118/155 €

35 rue de Sélestat - 03 88 49 90 41 - www.thierry-schwartz.fr - Fermé : lundi, dimanche

À L'AGNEAU D'OR

CUISINE ALSACIENNE • WINSTUB Presskopf sauce vinaigrette, filet de sandre sur choucroute sauce riesling, tarte maison qui change tous les jours... Voici les douceurs que vous réserve cette maison typiquement alsacienne, tant d'apparence que de philosophie. Le décor est éminemment chaleureux et l'assiette cultive le goût des bonnes recettes régionales.

- Menu 30/42 € - Carte 30/50 €

99 rue Général-Gouraud - 03 88 95 28 22 - alagneaudor.e-monsite.com - Fermé : lundi, samedi midi, dimanche soir

LE PARC

CUISINE MODERNE • ÉLÉGANT Voilà, dans les faubourgs de la ville, une imposante maison alsacienne où les générations se succèdent depuis la création de l'établissement en 1954. Dans l'élégante salle à manger – boiseries couleur miel, plafond à caissons, lustre en cristal –, on se régale d'une bonne cuisine actuelle, fine et bien réalisée.

P - Menu 80 € - Carte 68/74 €

169 route d'Ottrott - 03 88 95 50 08 - www.hotel-du-parc.com - Fermé le midi

LA STUB

CUISINE ALSACIENNE • WINSTUB Le bois qui décore les murs de cette Stub a été récupéré dans d'anciennes fermes ; un cadre chaleureux avec ses alcôves et son poêle en faïence, pour déguster tartare de hareng "grand-mère", pied de porc farci, quenelles de brochet...

- Carte 45/53 €

169 route d'Ottrott - ✆ 03 88 95 50 08 - www.hotel-du-parc.com - Fermé : lundi, dimanche et le soir

OBERSTEINBACH

✉ 67510 - Bas-Rhin - Carte régionale n° **10**-B1

ANTHON

CUISINE MODERNE • COSY Georges Flaig représente la quatrième génération aux fourneaux de cette ravissante maison à colombages, datant de 1860. Nulle nostalgie chez lui : sa cuisine est moderne et savoureuse, et met volontiers en avant les producteurs des environs : bœuf de Highland du Windstein, truite de Wingen...

- Menu 26/56 € - Carte 41/62 €

40 rue Principale - ✆ 03 88 09 55 01 - www.restaurant-anthon.fr - Fermé : lundi, mardi, mercredi midi

OSTHOUSE

✉ 67150 - Bas-Rhin - Carte régionale n° **10**-B2

À L'AIGLE D'OR

CUISINE CLASSIQUE • AUBERGE Accroché à un coin de cette jolie maison de village, l'aigle en fer forgé semble annoncer : "Vous êtes arrivé !" À l'intérieur, on se régale de grands classiques alsaciens (foie gras d'oie maison et gelée au porto, saumon soufflé à la façon de Paul Haeberlin) dans un cadre traditionnel et chaleureux. Ambiance plus familiale côté winstub.

- Menu 36/92 €

Hameau de Gerstheim - ✆ 03 88 98 06 82 - www.hotelalaferme.com - Fermé : lundi, mardi

OTTROTT

✉ 67530 - Bas-Rhin - Carte régionale n° **10**-A2

À L'AMI FRITZ

CUISINE ALSACIENNE • TRADITIONNEL M. Fritz, c'est le chef-patron, mais l'enseigne fait aussi référence au roman d'Erckmann et Chatrian (1854), dont le héros sacrifie tout à la bonne chère. Un sacré patronage pour une cuisine alsacienne bien exécutée, dans un décor qui porte également haut le charme de la région.

- Menu 36 € (déjeuner), 38/75 € - Carte 45/75 €

8 rue des Châteaux - ✆ 03 88 95 80 81 - www.amifritz.com - Fermé : mercredi

LE GARDEN

CUISINE MODERNE • CONTEMPORAIN Un restaurant qui ouvre sur les bois... En terrasse ou dans la jolie salle contemporaine, on savoure une cuisine non dénuée de créativité, et réglée sur les saisons. Idéal pour se restaurer au vert !

- Menu 32 € (déjeuner), 62/95 €

17 route de Klingenthal - ✆ 03 88 95 81 00 - www.leclosdesdelices.com

HOSTELLERIE DES CHÂTEAUX

CUISINE CLASSIQUE • ÉLÉGANT Un cadre feutré et intime, pour une cuisine classique avec quelques touches plus actuelles : foie gras d'oie maison et confit de renouée du Japon, canette rôtie aux épices douces, orecchiette à l'ail des ours... Chambres confortables qui marient le contemporain au style alsacien.

- Menu 69/95 € - Carte 60/99 €

11 rue des Châteaux - ✆ 03 88 48 14 14 - www.hostellerie-chateaux.fr - Fermé : lundi midi, mardi midi, mercredi midi, jeudi midi, vendredi midi, samedi midi

LA PETITE-PIERRE

⊠ 67290 - Bas-Rhin - Carte régionale n° **10**-A1

AU GRÈS DU MARCHÉ

CUISINE TRADITIONNELLE • **AUBERGE** L'excellent accueil est la première bonne impression, confirmée par le fumet venu des cuisines... Viandes de bœuf, de veau et de cochon sont d'une fraîcheur remarquable, accompagnées de gratin de pomme de terre et autre spaetzle. Formule réduite au déjeuner. La simplicité même !

- Menu 31/45 €

19 rue du Château - 03 88 70 78 95 - www.augresdumarche.fr - Fermé : lundi, mardi, mercredi, jeudi midi, vendredi midi

PFAFFENHOFFEN

⊠ 67350 - Bas-Rhin - Carte régionale n° **10**-B1

À L'AGNEAU

CUISINE TRADITIONNELLE • **AUBERGE** Dans cette auberge alsacienne (1769), la restauration est une affaire de famille. Deux sœurs (7e génération!) sont à la tête de l'établissement, où l'on sert une cuisine traditionnelle parsemée de touches de modernité, attentive aux saisons, dans une salle rajeunie.

- Menu 29 € (déjeuner), 45/69 € - Carte 45/75 €

3 rue de Saverne - 03 88 07 72 38 - www.hotel-restaurant-delagneau.com - Fermé : lundi, mardi, mercredi soir, samedi midi, dimanche soir

PFULGRIESHEIM

⊠ 67370 - Bas-Rhin - Carte régionale n° **10**-B1

BÜRESTUBEL

CUISINE ALSACIENNE • **AUBERGE** Cette ferme à colombages respire l'Alsace ! Joli décor régional et spécialités (très) locales : flammekueche, lewerknepfle, sirops et sorbets réalisés avec les fruits du verger... Ici, on aime la simplicité et le travail bien fait. Une adresse sûre.

- Menu 20 € (déjeuner), 35/45 € - Carte 28/45 €

Plan de Strasbourg : F2-40 - *8 rue de Lampertheim - 03 88 20 01 92 - www.burestubel.fr - Fermé : lundi, dimanche*

REXINGEN

⊠ 67320 - Bas-Rhin - Carte régionale n° **10**-A1

LA CHARRUE

CUISINE TRADITIONNELLE • **AUBERGE** Cet établissement familial (père et fille en cuisine, la mère en salle) propose une cuisine traditionnelle inspirée de jolis produits (foie gras de canard "origine Alsace" au Gewurztraminer, abricot et jus de clair de fraise ; homard de petite pêche aux girolles fraîches, mousseline de pomme de terre). Menu unique et plus simple le midi. Réservation fortement conseillée.

Menu 17 € (déjeuner), 42/54 € - Carte 32/54 €

13 rue Principale - 03 88 01 77 36 - Fermé : lundi, mardi, dimanche soir

RHINAU

⊠ 67860 - Bas-Rhin - Carte régionale n° **10**-B2

AU VIEUX COUVENT

Chef : Alexis Albrecht

CUISINE CRÉATIVE • **CONTEMPORAIN** On repère de loin cette engageante maison couleur terre, ornée de quelques colombages emblématiques du Bas-Rhin, et située près des berges fleuries du Brunnwasser : une ancienne dépendance de l'abbaye cistercienne de Koenigsbruck. Dans l'assiette, on profite du travail d'Alexis Albrecht, passé par de grandes tables (au Crocodile, chez les frères Pourcel et chez Jacques Maximin). Sa cuisine généreuse et respectueuse des saisons ne badine pas avec le terroir et les produits locaux. Ainsi, les poissons du Rhin et le gibier du Ried sont ici chez eux... sans oublier les nombreux légumes et autres herbes aromatiques du potager familial qu'il cultive avec son père.

L'engagement du chef : *Nous avons 60 ares de potager depuis la création du restaurant. Notre production nous rend autonome à 80%. Nous travaillons avec des pêcheurs professionnels sur le Rhin, des chasseurs locaux pour le gibier et des fermes locales pour le veau, les volailles, le cochon, les escargots, le lait...*

- Menu 39/115 € - Carte 95/144 €

6 rue des Chanoines - 03 88 74 61 15 - www.vieuxcouvent.fr - Fermé : lundi soir, mardi, mercredi

RIBEAUVILLÉ

68150 - Haut-Rhin - Carte régionale n° **10**-C2

AU RELAIS DES MÉNÉTRIERS

CUISINE MODERNE • **COSY** Le temps est loin où les ménétriers, ces violonistes itinérants, allaient d'auberge en auberge... mais l'hospitalité est toujours la règle en ce relais, comme les bons plats ! Le chef concocte une bonne cuisine dans l'air du temps, qui met en valeur le terroir alsacien. Le résultat est là : générosité et goût.

Menu 18 € (déjeuner), 35/48 € - Carte 50/65 €

10 avenue du Général-de-Gaulle - 03 89 73 64 52 - www.restaurant-menetriers.com - Fermé : lundi, jeudi, dimanche soir

AUBERGE DU PARC CAROLA

CUISINE MODERNE • **CONTEMPORAIN** La jeune chef allemande, Michaela Peters, continue de régaler les gourmands à quelques pas de la source Carola. Avec son compagnon pâtissier, elle signe une cuisine sincère et inspirée, à l'instar de son œuf bio d'Alsace à 64° aux truffes d'été, mousseline de pomme de terre nouvelle.... Jolie terrasse sous les arbres.

- Menu 28 € (déjeuner), 38/70 € - Carte 58/70 €

48 route de Bergheim - 03 89 86 05 75 - www.auberge-parc-carola.com - Fermé : lundi soir, mardi, mercredi

WISTUB ZUM PFIFFERHÜS

CUISINE ALSACIENNE • **RUSTIQUE** Cette charmante winstub est un modèle du genre (boiseries, vieilles poutres, fresques) ; la convivialité règne, surtout lors du Pfifferdaj (fête des ménétriers). Le chef tient à ce que tout soit fait maison et défend avec amour la cuisine du terroir.

Menu 26 €

14 Grand'Rue - 03 89 73 62 28 - Fermé : mercredi, jeudi

RIEDISHEIM

68400 - Haut-Rhin - Carte régionale n° **10**-A3

MAISON KIENY

CUISINE MODERNE • **ÉLÉGANT** Non loin de Mulhouse, ce chaleureux relais de poste (1850) occupe une imposante maison alsacienne au cœur du village. Les secrets de la bonne cuisine alsacienne se transmettent ici depuis six générations ! Mariella Kieny écrit l'histoire de la maison au présent, aidée par une équipe soudée. On aime toujours autant cette grande salle cossue émaillée de plusieurs éléments d'époque, pierres et poutres apparentes, boiseries et porte en vitrail. On s'attable toujours avec plaisir pour déguster une cuisine contemporaine qui revisite l'Alsace et les classiques avec finesse.

- Menu 65/125 € - Carte 86/99 €

7 rue du Général-de-Gaulle - 03 89 44 07 71 - www.restaurant-kieny.com - Fermé : lundi, mardi, dimanche soir

RIMBACH-PRÈS-GUEBWILLER

68500 - Haut-Rhin - Carte régionale n° **10**-A3

L'AO - L'AIGLE D'OR

CUISINE MODERNE • RUSTIQUE Cette maison célèbre toujours le terroir et la tradition, mais la jeune génération entend la faire entrer dans la modernité : quelques plats et dressages plus contemporains sont désormais à la carte. Chambres sobres pour prolonger l'étape.

- Menu 24/48 € - Carte 28/50 €

5 rue Principale - 03 89 76 89 90 - www.hotelaigledor.com - Fermé : lundi

RIQUEWIHR

68340 - Haut-Rhin - Carte régionale n° **10**-C2

LA TABLE DU GOURMET

Chef : Jean-Luc Brendel

CUISINE CRÉATIVE • CONTEMPORAIN À Riquewihr, Jean-Luc Brendel a construit tout un écosystème : en plus de son restaurant gastronomique, il possède une winstub moderne, ainsi que des chambres d'hôtes haut de gamme pour faire étape. À la Table du Gourmet, en plein cœur de la cité, le chef cuisine de supers produits de saison, avec du soin et ce qu'il faut de créativité pour sortir des sentiers battus. Son menu "Du jardin à l'assiette" met en valeur les produits de son potager bio, comme ce délicieux chou kale venu accompagner du gibier... alsacien, forcément. L'Alsace domine aussi la carte des vins, avec toutefois quelques touches de Bourgogne, et le tout se déguste dans un décor entre cachet ancien (la maison date du 16e s.) et notes plus contemporaines au niveau du mobilier et de l'éclairage. Une valeur sûre.

L'engagement du chef : A 500 m du restaurant, nous avons créé un jardin en permaculture avec plus de 350 variétés d'herbes, plantes, légumes et fruits, dont de véritables raretés. Une serre garantit une production de mi-février à fin décembre. Compostage et tri sélectif font partie de notre quotidien, un poulailler assure une partie de nos œufs et nos ruches produisent notre miel.

- Menu 55 € (déjeuner), 98/162 €

5 rue de la 1ère-Armée - 03 89 49 09 09 - www.jlbrendel.com - Fermé : mardi, mercredi, jeudi midi

AOR LA TABLE, LE GOÛT ET NOUS

CUISINE MODERNE • DÉCONTRACTÉ Un ovni dans le monde de la gastronomie alsacienne... Cuisinier voyageur, Serge Burckel est aussi un chef poète et rocker - il y a des vinyles en guise de sous-assiette ! Il travaille en famille dans un cadre bohème et une ambiance cool.

- Menu 45 € (déjeuner), 56/85 € - Carte 58/73 €

2 rue de la Piscine - 03 69 34 14 59 - www.table-aor.fr - Fermé : lundi, mardi midi, mercredi midi, jeudi midi, vendredi midi, samedi midi, dimanche soir

AU TROTTHUS

CUISINE JAPONAISE • CONVIVIAL Le cadre de ce restaurant, installé dans une maison vigneronne du début du XVIème siècle au décor typiquement alsacien, contraste avec la cuisine japonisante de Philippe Aubron qui a vécu plus de 20 ans entre le Japon et l'Australie. Désormais, sont proposés deux menus dont un, axé sur le bœuf wagyu. Uniquement sur réservation.

- Menu 65/130 €

9 rue des Juifs - 03 89 47 96 47 - www.trotthus.com - Fermé : lundi, dimanche et le midi

D'BRENDELSTUB

CUISINE ALSACIENNE • **CONTEMPORAIN** Dans la rue principale de cette jolie cité, on reconnaît cette maison vigneronne (14e s.) à sa façade lie-de-vin. Cette winstub moderne, au décor tendance, propose cuisine alsacienne et spécialités cuites au feu de bois ou à la rôtissoire.

A/C - Menu 25/50 € - Carte 33/67 €

48 rue du Général-de-Gaulle - ✆ 03 89 86 54 54 - www.jlbrendel.com - Fermé : mardi, mercredi

LA GRAPPE D'OR

CUISINE TRADITIONNELLE • **RUSTIQUE** Cette maison de 1554, joliment fleurie, vous invite à pousser sa porte. À l'intérieur, la décoration typique a tout le charme d'autrefois. Viennent ensuite les délices du terroir : choucroute, baeckeofe, jambonneau, paupiettes de truite... auxquelles viennent s'ajouter quelques préparations plus actuelles.

A/C - Menu 26/40 € - Carte 35/60 €

1 rue des Écuries-Seigneuriales - ✆ 03 89 47 89 52 - www.restaurant-grappedor.com - Fermé : mercredi, jeudi, vendredi midi

RIXHEIM

✉ 68170 - Haut-Rhin - Carte régionale n° **10**-A3

✿ LE 7ÈME CONTINENT

Chef : Laurent Haller

CUISINE MODERNE • **ÉLÉGANT** Un véritable continent gastronomique, à l'image de la décoration du restaurant (extérieure et intérieure) signée du peintre et décorateur François Zenner, naturaliste amateur passionné par le végétal. Autre passionné, marqué par son passage chez Bernard Loiseau, le chef Laurent Haller ne manque jamais d'idées pour partager son amour de la bonne chère. Il dispense notamment des cours de cuisine et multiplie les menus à thème. Il aime revisiter les grands classiques de la cuisine française et pratique les mariages terre-mer... Sa carte, une véritable ode au marché et aux produits, est renouvelée tous les mois.

♿ A/C P - Menu 38 € (déjeuner), 85/115 € - Carte 83/87 €

35 avenue du Général-de-Gaulle - ✆ 03 89 64 24 85 - www.le7emecontinent.com - Fermé : lundi, dimanche

ROPPENHEIM

✉ 67480 - Bas-Rhin - Carte régionale n° **10**-B1

AUBERGE À L'AGNEAU

CUISINE TRADITIONNELLE • **TAVERNE** Généreuse table que celle de cette maison alsacienne du 18e s. En cuisine, les petits plats mijotent sous l'œil attentif du chef, amoureux de sa région. Dans l'assiette, on apprécie les spécialités du pays et de viandes. Simple et authentique !

♿ A/C P - Carte 24/71 €

11 rue Principale - ✆ 03 88 86 40 08 - www.auberge-agneau.com - Fermé : lundi, dimanche et le midi

ROSENAU

✉ 68128 - Haut-Rhin - Carte régionale n° **10**-B3

AU LION D'OR - CHEZ THÉO

CUISINE MODERNE • **ÉLÉGANT** Une auberge sympathique et élégante, tenue par la même famille depuis 1928, et c'est la cinquième génération qui prend la main ! Un monument historique ? Nullement, car le chef mêle avec brio saveurs d'aujourd'hui et richesses du terroir. La jolie salle, sobre et cosy, a tout pour séduire ; toutefois, aux beaux jours, on lui préfère la terrasse qui donne sur le jardin fleuri..

- Menu 35/66 € - Carte 48/60 €

5 rue Village-Neuf - 03 89 68 21 97 - www.auliondor-rosenau.com - Fermé : lundi, mardi

ROSHEIM

67560 - Bas-Rhin - Carte régionale n° **10**-A2

HOSTELLERIE DU ROSENMEER

CUISINE MODERNE • **CONTEMPORAIN** La cuisine d'Hubert Maetz ? Une valeur sûre de la région. La carte fait la part belle aux produits de la terre d'Alsace, et aux poissons de Loctudy.

- Menu 54/134 € - Carte 71/85 €

45 avenue de la Gare - 03 88 50 43 29 - www.le-rosenmeer.com - Fermé : lundi, mardi, dimanche soir

ROUFFACH

68250 - Haut-Rhin - Carte régionale n° **10**-A3

RESTAURANT BOHRER

CUISINE MODERNE • **ÉLÉGANT** Une belle demeure régionale à l'élégance bourgeoise et champêtre, pour une cuisine gastronomique associée à un judicieux choix de vins, notamment régionaux. Le chef prend plaisir (et nous avec lui!) à faire des appels de toque du côté du sud de la France et de l'Afrique du Nord : on pense à la salade niçoise ou au quasi de veau et condiment méchouia. Ambiance conviviale à la Brasserie Chez Julien, aménagée dans un ancien cinéma.

- Menu 23/106 € - Carte 60/99 €

Rue Raymond-Poincaré - 03 89 49 62 49 - www.domainederouffach.com - Fermé : lundi midi, dimanche

ST-LOUIS

68300 - Haut-Rhin - Carte régionale n° **10**-B3

YAM N

CUISINE THAÏLANDAISE • **CONVIVIAL** Le chef Chatchai Klanklong (chef patron de L'Orchidée, 1 étoile à Altkirch) et son frère Kriankai proposent ici une cuisine thaï pleine de saveurs à l'image de cette soupe de gambas au lait de coco (Tom Yam Kung) ou ce filet de bœuf et son jus corsé aux épices. On utilise de beaux produits, les saveurs sont franches et équilibrées, les cuissons maitrisées et les dressages soignés.

- Menu 20 € (déjeuner) - Carte 52/69 €

4 rue d'Altkirch - 03 89 91 27 28 - www.restaurant-yam.com - Fermé : lundi, dimanche

SAVERNE

67700 - Bas-Rhin - Carte régionale n° **10**-A1

STAEFFELE

CUISINE MODERNE • **CONTEMPORAIN** Une cuisine dans l'air du temps, attentive aux saisons et aux inspirations du chef, est proposée dans un cadre contemporain. Louis XV, Louis XVI ou encore Goethe – hôtes du château tout proche – auraient sans doute apprécié !

- Menu 28 € (déjeuner), 50/64 €

1 rue Poincaré - 03 88 91 63 94 - www.staeffele.com - Fermé : lundi, mardi, dimanche soir

SCHERWILLER

67750 - Bas-Rhin - Carte régionale n° **10**-C1

AUBERGE RAMSTEIN

CUISINE TRADITIONNELLE • AUBERGE Priorité à la tradition dans cette maison où l'on travaille en famille ! Les clients se régalent au gré de trois menus composés selon la saison, et le week-end, de menus thématiques (accords mets-vins ; truffe etc.), avec toujours l'ambition de réinterpréter le terroir alsacien.

- Menu 52/54 €

1 rue du Riesling - 03 88 82 17 00 - www.hotelramstein.fr - Fermé : lundi, dimanche et le midi

SCHILTIGHEIM

67300 - Bas-Rhin - Carte régionale n° **10**-B1

LES PLAISIRS GOURMANDS

Chef : Guillaume Scheer

CUISINE MODERNE • CONTEMPORAIN Faites comme les locaux qui lui font fête, poussez la porte de ce restaurant discret, un peu perdu dans ce quartier résidentiel, au cadre simple mais fraîchement rénové. Vous ferez connaissance avec un couple remarquable, Guillaume Scheer et sa compagne Charlotte Gate, lui en cuisine, elle en salle, l'efficacité souriante en personne. Ce cuisinier, qui a travaillé au Pavillon Ledoyen à Paris et au 1741 à Strasbourg, s'y connaît effectivement en plaisir de bouche. Sauces et jus, maîtrise de la cuisson des poissons, fraîcheur des produits : tout est réuni ! Tourteau, gel de yuzu, jus de crustacé ; turbot, tian de légumes d'été, jus au piquillos...

- Menu 34 € (déjeuner), 69/75 € - Carte 70/75 €

Plan de Strasbourg : B2-7 - *35 route du Général-de-Gaulle - 03 88 83 55 55 - www.les-plaisirs-gourmands.com - Fermé : lundi, mardi, dimanche*

CÔTÉ LAC

CUISINE MODERNE • CONTEMPORAIN Dans une zone d'activité du nord de la ville, on est surpris de découvrir ce parallélépipède de béton brut et de verre, posé au bord d'un petit lac. L'intérieur a tout du loft moderne, avec ses éclairages modernes et ses tableaux contemporains ; on y déguste une cuisine actuelle, soignée, qui évolue régulièrement.

- Menu 32/78 € - Carte 57/67 €

Plan de Strasbourg : A2-3 - *2 place de Paris - 03 88 83 82 81 - www.cote-lac.com - Fermé : lundi soir, samedi midi, dimanche soir*

SÉLESTAT

67600 - Bas-Rhin - Carte régionale n° **10**-C1

AU BON PICHET

CUISINE TRADITIONNELLE • CONVIVIAL Il fait bon se restaurer dans cette maison tenue par la même famille depuis quatre générations ! Comme hier, le chef concocte de bonnes recettes traditionnelles : jarret de porc fumé en choucroute de pommes de terre, quenelles de sandre et sauce matelote... L'accueil convivial et le décor de winstub confirment que les règles du bien vivre sont indémodables !

- Menu 25 € (déjeuner), 34 € - Carte 42/60 €

10 place du Marché-aux-Choux - 03 88 82 96 65 - www.aubonpichet.fr - Fermé : lundi, dimanche

SESSENHEIM

✉ 67770 - Bas-Rhin - Carte régionale n° **10**-B1

AUBERGE AU BŒUF

CUISINE MODERNE • **COSY** On est forcément séduit par cette auberge alsacienne, avec ses bancs d'église, ses murs revêtus de boiseries, son mobilier régional et son petit musée dédié à Goethe... Ce village offrit l'hospitalité aux amours de l'écrivain et de la fille du pasteur local. Quant au chef, incarnant la quatrième génération de la famille, il propose une délicate cuisine de saison, tout en finesse et en maîtrise, en se basant sur des produits choisis avec soin. Il a notamment mis sur pied une petite filière en direct qui lui permet d'avoir de magnifiques poissons de Plouguerneau, à l'image de cette barbue top fraîcheur accompagnée d'une variation sur l'asperge blanche. Cette année, ouverture d'une Stammtisch, table d'hôtes où l'on sert des plats du terroir, et de 4 chambres-suites haut de gamme.

- Menu 38 € (déjeuner), 78/99 € - Carte 88/102 €

1 rue de l'Église - ✆ 03 88 86 97 14 - www.auberge-au-boeuf.fr - Fermé : lundi, mardi, mercredi midi

SIERENTZ

✉ 68510 - Haut-Rhin - Carte régionale n° **10**-A3

AUBERGE ST-LAURENT

Chef : Laurent Arbeit

CUISINE MODERNE • **AUBERGE** Ce relais de poste du 18e s., à la longue façade fleurie et avenante, est une institution familiale locale, authentique et élégante, plébiscitée aussi bien par les fidèles que par les nombreux voyageurs étrangers qui traversent l'Europe. Tous célèbrent à l'envi le sens de l'accueil et du service, les chambres mignonnes et douillettes, et bien sûr la bonne chère qu'on y sert. Aux fourneaux, on trouve le chef Laurent Arbeit, qui a étrenné ses couteaux chez Haeberlin et Ducasse. En véritable aubergiste des temps modernes, il compose une cuisine harmonieuse et fine, aux saveurs bien équilibrées. Une franche réussite.

- Menu 35 € (déjeuner), 52/95 € - Carte 74/95 €

1 rue de la Fontaine - ✆ 03 89 81 52 81 - www.auberge-saintlaurent.fr - Fermé : lundi, mardi

WINSTUB À CÔTÉ

CUISINE RÉGIONALE • **CONVIVIAL** Dans le prolongement de l'Auberge St-Laurent, cette winstub joue la carte alsacienne - tarte flambée au saumon d'Écosse mariné, spaetzle maison façon "grand-mère" - dans un décor franchement contemporain (mobilier et luminaires design, comptoir en cuivre). Attention : c'est souvent complet.

- Menu 30 € - Carte 35/48 €

2 rue Rogg-Haas - ✆ 09 83 37 16 80 - www.auberge-saintlaurent.fr - Fermé : mardi, mercredi

STEIGE

✉ 67220 - Bas-Rhin - Carte régionale n° **10**-C1

AUBERGE CHEZ GUTH

CUISINE CRÉATIVE • **COSY** Dans la vallée de Villé, sur les hauteurs du village de Steige, cette ancienne ferme auberge est la toile sur laquelle le jeune chef Yannick Guth déroule ses créations gastronomiques - ainsi l'œuf de poule crousti-coulant et son velouté fumé, ou la volaille marbrée noire et émulsion coco. Parfois surprenant, toujours audacieux.

- Menu 42/72 €

5A rue des Bas-des-Monts - ✆ 03 88 58 12 05 - www.auberge-chez-guth.fr - Fermé : lundi, mardi, dimanche soir

✉ 67000 - Bas-Rhin
Carte régionale n° **10**-B1

STRASBOURG

Du salé au sucré, en passant par les grands vins, l'Alsace sait tout faire, et Strasbourg en est la preuve. Partez à la découverte de ses incontournables charcuteries comme la saucisse de Strasbourg, les jambons et bien sûr le délicieux presskopf, un fromage de tête de porc. La variété des plats donne le vertige : coq au riesling, truite des Vosges au bleu, carpe frite du Sundgau, matelote d'anguille, civet de marcassin ou de cerf à la confiture d'airelles – et, bien sûr, le foie gras, grand seigneur de la gastronomie alsacienne. Mais n'oublions pas non plus la choucroute, le baeckeofe et la tarte flambée ! Côté sucré, les becs fins ne seront pas déçus : le fameux kougelhopf (une brioche aux raisins secs et aux amandes) côtoie les pains d'épices et autres douceurs. Enfin, les vins d'Alsace comptent de nombreux grands crus répartis sur des terroirs d'exception.

✿ AU CROCODILE

CUISINE CLASSIQUE • ÉLÉGANT Trônant dans une vitrine, le Crocodile, rapporté par un grognard de retour d'Égypte, rappelle la dimension historique de cette fameuse maison strasbourgeoise, que le chef Émile Jung avait jadis couronnée de trois étoiles. Il brille aujourd'hui de mille feux, au terme d'une modernisation complète qui a su préserver l'état d'esprit des lieux. En cuisine, le chef Romain Brillat, ancien second de Gilles Goujon et lointain cousin du gastronome Brillat-Savarin, a d'ores et déjà pris ses marques : sa cuisine tient le juste milieu entre classicisme et sophistication, et s'appuie sur des produits de grande qualité.

- Menu 98/138 € - Carte 90/100 €

Plan : D2-12 - *10 rue de l'Outre - ✆ 03 88 32 13 02 - www.au-crocodile.com - Fermé : lundi, mardi midi, dimanche*

✿ BUEREHIESEL

Chef : Eric Westermann

CUISINE MODERNE • ÉLÉGANT Cette belle ferme à colombages du 17e s. a été remontée pierre à pierre dans le parc de l'Orangerie, à côté du Conseil de l'Europe. La salle en verrière et la terrasse offrent une vue toute bucolique sur ce havre de verdure. Éric, fils d'Antoine Westermann, poursuit avec vaillance l'œuvre paternelle. Les fidèles lui savent gré d'avoir gardé quelques classiques de la maison, comme les cuisses de grenouille poêlées au cerfeuil, accompagnées de leurs "schniederspaetle" (des ravioles inventées ici-même), ou encore la fameuse brioche, glace à la bière et poire rôtie, un dessert gourmand que l'on mange sans retenue.

Le chef cultive sa propre patte à travers une cuisine actuelle qui caresse la tradition locale – mais sans s'y attarder.

- Menu 48 € (déjeuner), 94/128 € - Carte 80/115 €

Plan : F1-8 – *4 parc de l'Orangerie – 03 88 45 56 65 – www.buerehiesel.fr – Fermé : lundi, dimanche*

LES FUNAMBULES

Chef : Guillaume Besson

CUISINE MODERNE • CONTEMPORAIN Le chef Guillaume Besson n'a pas son pareil pour jongler avec les assiettes ! En guise de piste aux étoiles, une salle sobre de style contemporain aux murs blancs décorés de tableaux et de photos, parquet au sol et objets en bois dont un magnifique pied de table en teck noueux. Le "menu sur le fil" est une démonstration de dressages simples et nets, appuyé sur des produits impeccablement cuits. Un numéro bien dans l'air du temps, qui vaut pour sa limpidité et ses quelques audaces. Ces Funambules ont le sens de l'équilibre...

- Menu 31 € (déjeuner), 58/68 €

Plan : F2-9 – *17 rue Geiler – 03 88 61 65 41 – www.restaurantlesfunambules.com – Fermé : mercredi soir, samedi, dimanche*

1741

CUISINE MODERNE • COSY Face au palais Rohan, chef-d'œuvre du classicisme achevé en 1741, cette table cultive un esprit boudoir aussi intime qu'élégant, à travers une décoration façon baroque chic, à l'éclairage tamisé. Aux fourneaux, Jérémy Page, fort d'une expérience de quinze ans dans le groupe de Joël Robuchon, entre Paris et Londres. Il signe une cuisine fine et précise, riche de clins d'œil à l'Alsace. Son inspiration trouve pleinement sa mesure dans les sauces et jus, à l'image de cette bisque de roche avec ses rougets juste raidis ou encore ce suprême de pigeonneau avec son jus corsé déglacé au Nusswasser. Le tout accompagné d'une belle sélection de vins d'Alsace (grands crus, bio, etc.).

- Menu 45 € (déjeuner), 105/155 €

Plan : D3-11 – *22 quai des Bateliers – 03 88 35 50 50 – www.1741.fr – Fermé : lundi, mardi midi, dimanche*

UMAMI

Chef : René Fieger

CUISINE CRÉATIVE • COSY Au cœur de la Petite France avec ses belles maisons à pans de bois, voici une adresse qui mêle l'ici et l'ailleurs comme son nom le suggère : l'umami est la cinquième saveur dans la gastronomie japonaise, aux côtés du sucré, du salé, de l'acide et de l'amer. Le chef René Fieger a beaucoup bourlingué avant de signer cette cuisine sous influences, solidement adossée à des bases classiques. Cette expérience gustative est d'autant plus remarquable que le chef est seul en cuisine pour régaler ses 16 convives. Un exemple ? Ses tranches de bœuf Black Angus, accompagnées d'une galette de pommes de terre, d'un shiitaké relevé d'ail, de magnifiques carottes des sables glacées et d'une sauce miso, onctueuse et puissante, dont l'arôme évoque presque le café. Unanime pour l'Umami !

- Menu 65/75 €

Plan : C2-13 – *8 rue des Dentelles – 03 88 32 80 53 – www.restaurant-umami.com – Fermé : samedi, dimanche et le midi*

AU PONT DU CORBEAU

CUISINE ALSACIENNE • WINSTUB À côté du Musée alsacien dédié à l'art populaire, une savoureuse manière de passer à la pratique ! Tout séduit dans cette authentique winstub tenue en famille : le décor traditionnel (éléments Renaissance, affiches), le choix de vins et, bien sûr, la cuisine alsacienne, appuyée sur un réseau de producteurs locaux... Coup de cœur !

- Menu 34 € - Carte 35/55 €

Plan : D3-14 – *21 quai Saint-Nicolas – 03 88 35 60 68 – www.aupontcorbeau.fr – Fermé : samedi, dimanche midi*

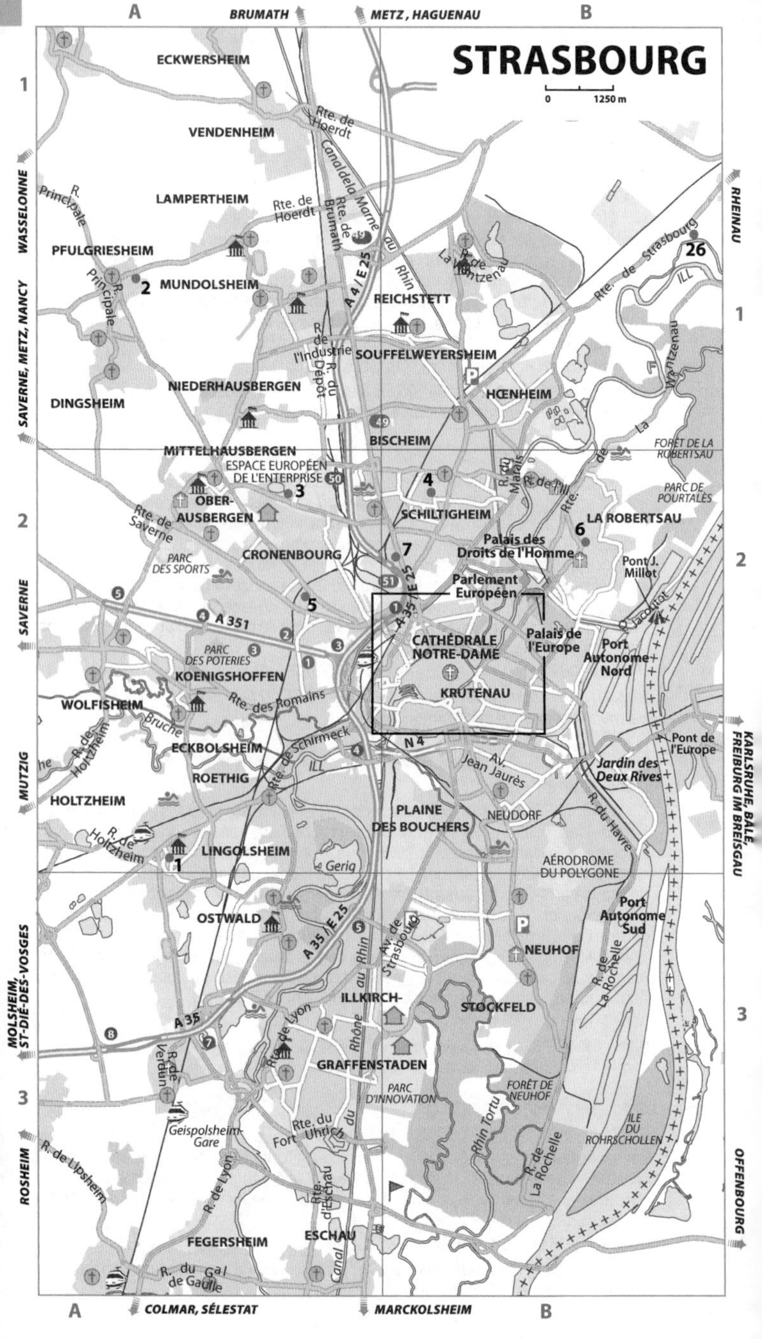

STRASBOURG
0
1250 m
A
B
BRUMATH
METZ, HAGUENAU
COLMAR, SÉLESTAT
MARCKOLSHEIM
WASSELONNE
SAVERNE, METZ, NANCY
SAVERNE
MUTZIG
MOLSHEIM, ST-DIÉ-DES-VOSGES
ROSHEIM
RHEINAU
KARLSRUHE, BÂLE, FREIBURG IM BREISGAU
OFFENBOURG
ECKWERSHEIM
VENDENHEIM
LAMPERTHEIM
PFULGRIESHEIM
MUNDOLSHEIM
REICHSTETT
SOUFFELWEYERSHEIM
HŒNHEIM
NIEDERHAUSBERGEN
DINGSHEIM
BISCHEIM
MITTELHAUSBERGEN
ESPACE EUROPÉEN DE L'ENTERPRISE
OBER-AUSBERGEN
SCHILTIGHEIM
LA ROBERTSAU
CRONENBOURG
PARC DES SPORTS
Palais des Droits de l'Homme
Parlement Européen
Palais de l'Europe
Pont J. Millot
CATHÉDRALE NOTRE-DAME
KRUTENAU
Port Autonome Nord
PARC DES POTERIES
KOENIGSHOFFEN
WOLFISHEIM
ECKBOLSHEIM
ROETHIG
HOLTZHEIM
LINGOLSHEIM
PLAINE DES BOUCHERS
NEUDORF
Jardin des Deux Rives
Pont de l'Europe
AÉRODROME DU POLYGONE
Port Autonome Sud
OSTWALD
NEUHOF
ILLKIRCH-GRAFFENSTADEN
STOCKFELD
PARC D'INNOVATION
FORÊT DE NEUHOF
ILE DU ROHRSCHOLLEN
FORÊT DE LA ROBERTSAU
PARC DE POURTALÈS
Geispolsheim-Gare
FEGERSHEIM
ESCHAU
A 4 / E 25
A 35 / E 25
A 351
A 35
N 4
Rte. de Hoerdt
Canal de la Marne au Rhin
Rte. de Brumath
R. Principale
R. de l'Industrie
R. du Dépôt
Rte. de Saverne
Rte. des Romains
Rte. de Schirmeck
R. de Holtzheim
R. de Verdun
R. de Lipsheim
R. de Lyon
Rte. de Lyon
R. du Gal de Gaulle
Rte. du Fort Uhrich
Rte. d'Eschau
Canal du Rhône au Rhin
Av. de Strasbourg
Av. Jean Jaurès
R. du Havre
R. de La Rochelle
Rhin Tortu
Rte. de Strasbourg
R. de la Wantzenau
R. du Marais
R. de l'Ill
Q. Jacoutot
Gerig
ILL
Bruche
1
2
3
4
5
6
7
26

LE BISTROT D'ANTOINE

CUISINE TRADITIONNELLE • BISTRO Près de la place Saint-Étienne et de la rue des Frères, un super bistrot qui réunit tous les ingrédients de la réussite : goûteux produits de saison et locaux de préférence, assiettes généreuses puisées dans la cuisine traditionnelle (kâseknepfle, schniederspaetle...), ambiance conviviale, carte de vins nature et en biodynamie... sans oublier le bon rapport qualité-prix.

Menu 35 €

Plan : D2-15 - *3 rue de la Courtine - ✆ 03 90 24 93 25 - www.lebistrotdantoine.com - Fermé : lundi, mardi midi, dimanche*

LE BANQUET DES SOPHISTES

CUISINE MODERNE • TENDANCE Difficile d'obtenir une table dans cette adresse qui ne désemplit pas, située dans le nouveau quartier "qui bouge" de la Krutenau. Succès mérité pour ce bistrot de bel aloi, qui propose un menu imbattable au déjeuner et une carte plus élaborée le soir. Préparations travaillées, fraîches et parfumées, dans un esprit éclectique discrètement inventif, aux frontières de la cuisine fusion. Stimulant pour les papilles, et convivial. Qui dit mieux ?

- Menu 20 € (déjeuner), 58 € - Carte 50/60 €

Plan : D3-21 - *5 rue d'Austerlitz - ✆ 03 88 68 59 67 - www.le-banquet.com - Fermé : lundi, dimanche*

LA BRASSERIE DES HARAS

CUISINE MODERNE • DESIGN Sous la tutelle du grand chef Marc Haeberlin, une table élégante et raffinée, au sein des anciens haras nationaux construits sous Louis XV. On y apprécie de belles recettes traditionnelles, sans oublier quelques plats du terroir local. Et le superbe décor contemporain, avec cuisines ouvertes, vaut le coup d'œil !

- Menu 33 € (déjeuner), 38 € - Carte 40/70 €

Plan : C3-19 - *23 rue des Glacières - ✆ 03 88 24 00 00 - www.les-haras-brasserie.com*

LA CASSEROLE

CUISINE MODERNE • COSY Le jeune propriétaire, ancien responsable de salle au Crocodile, semble savourer chaque instant passé dans sa "propre" maison... qu'il se rassure : sa clientèle en profite autant que lui ! Le cadre, cosy et sobrement contemporain, met en valeur une cuisine dans l'air du temps, fraîche et bien réalisée.

- Menu 39 € (déjeuner), 55/112 € - Carte 79/100 €

Plan : D2-17 - *24 rue des Juifs - ✆ 03 88 36 49 68 - www.restaurantlacasserole.fr - Fermé : lundi, dimanche*

COLBERT

CUISINE MODERNE • COSY Dans un décor de bistrot moderne, le jeune chef-patron concocte une cuisine bien dans l'air du temps, soignée et parfumée, avec des présentations originales et élégantes : citons ce pâté de chevreuil et foie gras en croûte, ce ris de veau sauce meunière ou encore ce savarin, crème montée, sirop aux agrumes... C'est tout simplement bon : rien d'étonnant à ce que le restaurant affiche souvent complet !

- Menu 27 € (déjeuner), 45/58 € - Carte 55/69 €

Plan : A2-5 - *127 route de Mittelhausbergen - ✆ 03 88 22 52 16 - www.restaurant-colbert.com - Fermé : lundi, dimanche*

GAVROCHE

CUISINE MODERNE • INTIME Dans cette maison du centre historique de Strasbourg, on sent le souci de satisfaire les clients, en salle comme en cuisine. Les assiettes sont honnêtes, précises techniquement, et basées sur de bons produits. Accueil aimable.

- Menu 35 € (déjeuner), 65/85 € - Carte 71/105 €

Plan : D3-18 - *4 rue Klein - ✆ 03 88 36 82 89 - www.restaurantgavroche.com - Fermé : samedi, dimanche*

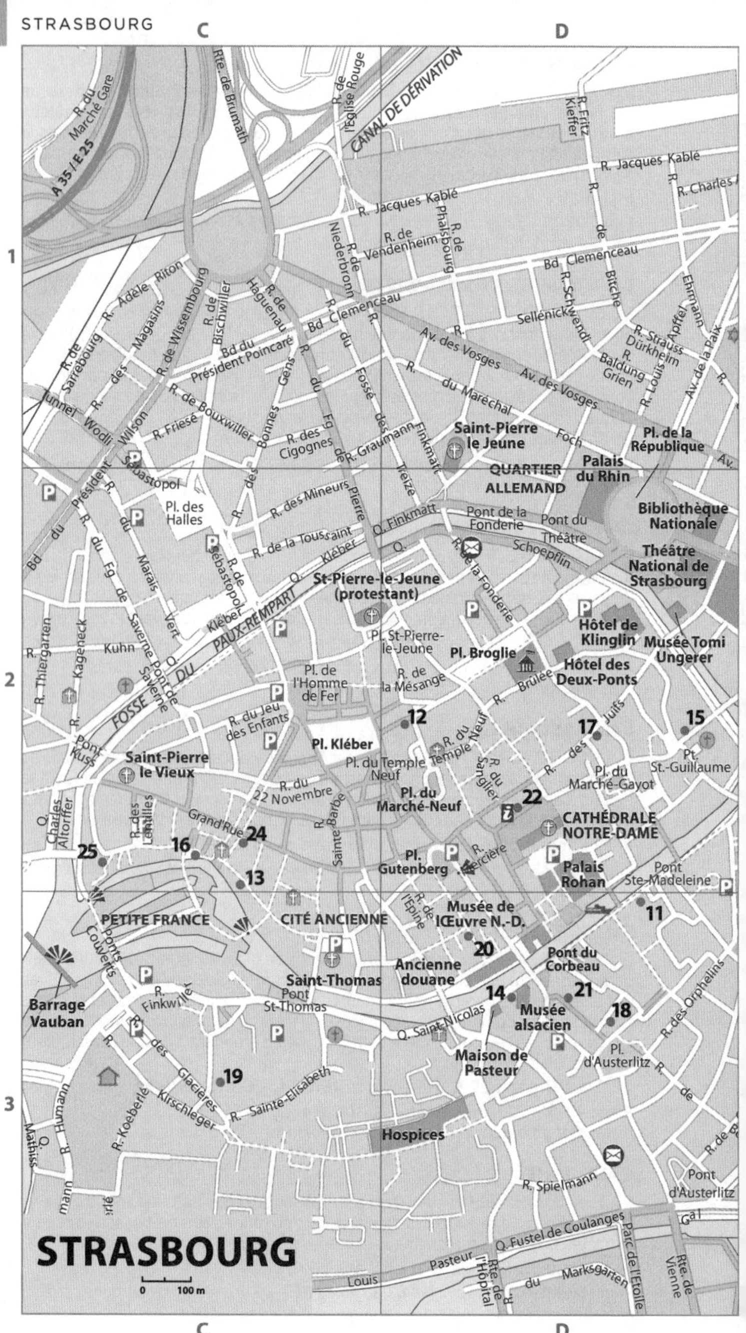

C
D
1
2
3
STRASBOURG
0
100 m
A 35 / E 25
R. du Marché Gare
Rte. de Brumath
R. de l'Église Rouge
CANAL DE DÉRIVATION
R. Fritz Kieffer
R. Jacques Kablé
R. Charles
R. de Bitche
R. de Vendenheim
R. de Phalsbourg
R. de Niederbronn
Bd Clemenceau
R. Schwendi
R. Sellénick
R. de Haguenau
R. de Bischwiller
R. de Wissembourg
R. Adèle Riton
R. des Magasins
R. de Sarrebourg
Bd du Président Poincaré
R. du Fossé des Treize
Av. des Vosges
R. du Maréchal Foch
R. Strauss Dürkheim
R. Baldung Grien
R. Louis Apffel
R. Ehrmann
Av. de la Paix
Tunnel Wodli
Bd du Président Wilson
R. de Bouxwiller
R. Friesé
R. des Bonnes Gens
R. des Cigognes
R. du Fg de Pierre
R. Graumann
R. Finkmatt
Saint-Pierre le Jeune
QUARTIER ALLEMAND
Palais du Rhin
Pl. de la République
Bibliothèque Nationale
R. de Sébastopol
Pl. des Halles
R. des Mineurs
R. de la Toussaint
Q. Finkmatt
Pont de la Fonderie
Pont du Théâtre
Q. Schoepflin
R. de la Fonderie
Théâtre National de Strasbourg
Q. Kléber
St-Pierre-le-Jeune (protestant)
Hôtel de Klinglin
Musée Tomi Ungerer
R. du Marais Vert
R. du Fg de Saverne
R. Kageneck
R. Thiergarten
R. Kuhn
FOSSÉ DU PAUX-REMPART
Pl. St-Pierre-le-Jeune
Pl. Broglie
Hôtel des Deux-Ponts
R. Brûlée
Pont de Saverne
Pl. de l'Homme de Fer
R. de la Mésange
R. du Jeu des Enfants
12
17
15
R. des Juifs
Pl. Kléber
R. du Temple Neuf
Pl. du Temple Neuf
R. du Sanglier
Pt. St.-Guillaume
Pont Kuss
Saint-Pierre le Vieux
R. du 22 Novembre
Pl. du Marché-Neuf
Pl. du Marché-Gayot
22
CATHÉDRALE NOTRE-DAME
Q. Charles Altorffer
R. des Lentilles
Grand'Rue
24
16
25
R. Sainte-Barbe
Pl. Gutenberg
R. Mercière
Palais Rohan
Pont Ste-Madeleine
13
PETITE FRANCE
CITÉ ANCIENNE
R. de l'Épine
Musée de l'Œuvre N.-D.
11
20
Ponts Couverts
Saint-Thomas
Ancienne douane
Pont du Corbeau
Barrage Vauban
R. Finkwiller
Pont St-Thomas
14
21
18
Musée alsacien
R. des Orphelins
Q. Saint-Nicolas
Maison de Pasteur
Pl. d'Austerlitz
R. de
R. des Glacières
19
R. Sainte-Elisabeth
R. Kirschleger
R. Koeberlé
R. Humann
Q. Mathiss
Hospices
R. Spielmann
Pont d'Austerlitz
Q. Fustel de Coulanges
Parc de l'Etoile
Rte. de Vienne
Louis Pasteur
Rte. de l'Hôpital
R. du Marksgarten

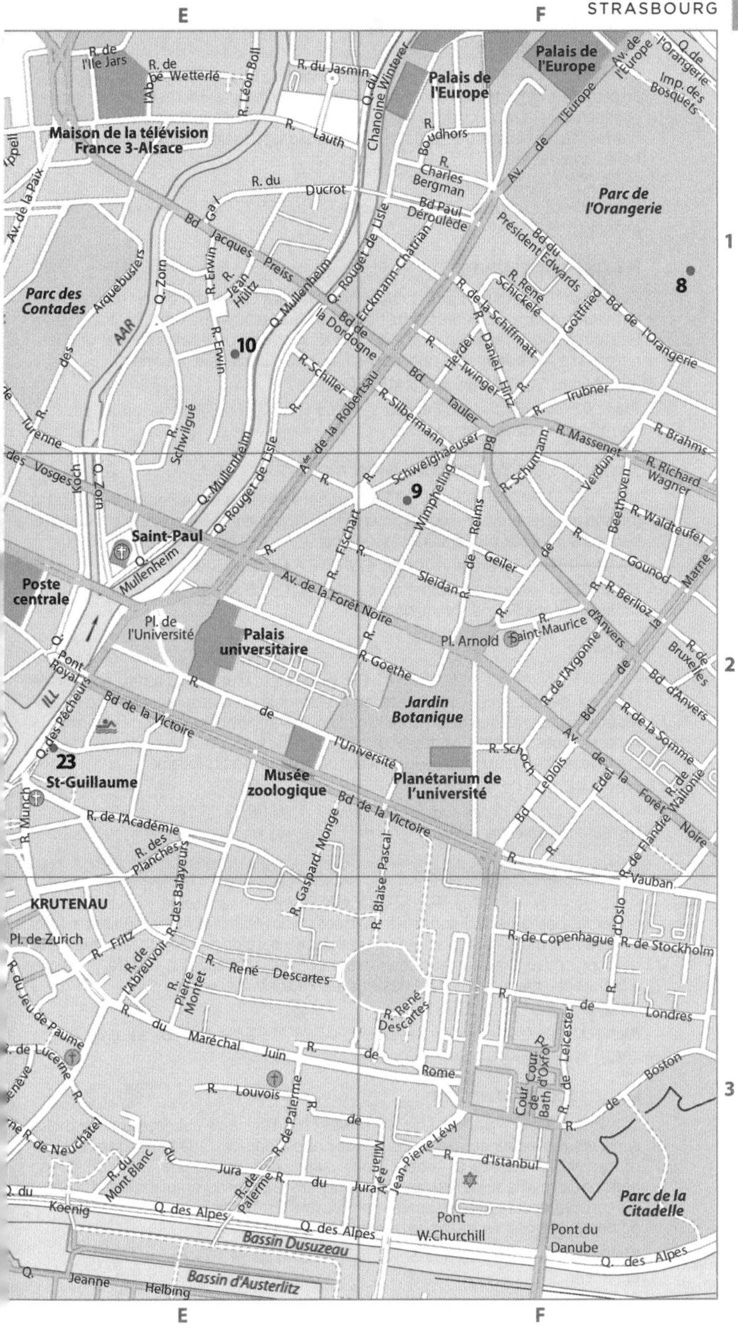
E
F
Palais de l'Europe
Palais de l'Europe
Maison de la télévision France 3-Alsace
Parc de l'Orangerie
Parc des Contades
AAR
Saint-Paul
Poste centrale
Pl. de l'Université
Palais universitaire
Pl. Arnold
Jardin Botanique
Musée zoologique
Planétarium de l'université
St-Guillaume
KRUTENAU
Pl. de Zurich
ILL
Parc de la Citadelle
Bassin Dusuzeau
Bassin d'Austerlitz
Pont W.Churchill
Pont du Danube
Bd Jacques Preiss
Av. de la Forêt Noire
Bd de la Victoire
R. de l'Université
Bd de l'Orangerie
Av. de l'Europe
R. du Maréchal Juin
Q. des Alpes
1
2
3
8
9
10
23

IN VINO VERITAS

CUISINE ITALIENNE • **BISTRO** Situation superbe pour ce restaurant italien, situé au pied de la majestueuse cathédrale. Carte courte pour préparations gourmandes et généreuses, au service de sa majesté le produit : vitello tonnato, antipasti, gnocchi, tiramisu se bousculent sur l'ardoise... La terrasse est très prisée aux beaux jours. Très belle carte des vins.

- Carte 48/75 €

Plan : D2-22 – *25 place de la Cathédrale – 03 88 32 75 85 – www.restaurant-invinoveritas.fr – Fermé : dimanche*

MADEMOISELLE 10

CUISINE MODERNE • **CONVIVIAL** Père et fille travaillent de concert dans ce sympathique bistrot, qui célèbre la tradition et régale ses convives à prix très raisonnables (surtout à midi). Terrine de volaille ; filet de merlu rôti, riz noir, cèpes et girolles ; millefeuille aux pommes et noix de pécan... aussi simple que gourmand.

- Menu 22 € (déjeuner), 45/60 €

Plan : E2-23 – *10 quai des Pêcheurs – 03 88 35 10 60 – www.mlle10.fr – Fermé : lundi, dimanche*

MAISON DES TANNEURS DITE GERWERSTUB

CUISINE ALSACIENNE • **ÉLÉGANT** Au bord de l'Ill, dans la Petite France, cette maison alsacienne pleine de caractère (1572) est une institution de la choucroute, parmi d'autres célèbres spécialités régionales. Accueil et service charmants.

- Menu 21 € (déjeuner), 42/75 € - Carte 45/80 €

Plan : C2-16 – *42 rue du Bain-aux-Plantes – 03 88 32 79 70 – maison-des-tanneurs.com – Fermé : lundi, dimanche*

UTOPIE

CUISINE CRÉATIVE • **CONVIVIAL** Nichée au cœur d'une rue discrète, non loin de la Maison des Tanneurs, cette petite table ressemble à une utopie bien concrète : elle associe les talents du chef Tristan Weinling, moitié alsacien, moitié réunionnais, à l'accueil tout sourire de la franco-suisse Camille Besson. Dans l'assiette, une cuisine créative et voyageuse qui tire le meilleur parti des produits locaux.

Menu 46 €

Plan : C2-24 – *10 petite rue des Dentelles – 03 88 52 02 91 – restaurantutopiestrasbourg.fr – Fermé : lundi, mardi, mercredi midi, jeudi midi*

LA VIEILLE ENSEIGNE

CUISINE ALSACIENNE • **WINSTUB** Vieille Enseigne mais... toute nouvelle winstub ! Superbes boiseries traditionnelles réalisées par un ébéniste, lithographies de Tomi Ungerer aux murs, cuisine soignée et copieuse à base de produits locaux, plats traditionnels du terroir (presskopf, choucroute, gibier...) : l'Alsace est à la fête, y compris à travers une magnifique carte des vins essentiellement bio.

- Carte 32/57 €

Plan : D3-20 – *9 rue des Tonneliers – 03 88 75 95 11 – www.lavieilleenseigne.com – Fermé : lundi, mardi*

LA VIEILLE TOUR

CUISINE TRADITIONNELLE • **DE QUARTIER** Une vraie auberge comme on les aime, tenue avec sérieux par un couple de professionnels. Cette table souvent généreuse, toute proche de la Petite France, cultive le goût de la tradition (délicieuse poitrine de volaille au jus), au gré du marché (ardoise). Décor simple, relevé d'affiches humoristiques sur l'Alsace signées par l'illustre Tomi Ungerer.

- Menu 29 € (déjeuner), 40 € - Carte 45/65 €

Plan : C2-25 – *1 rue Adolphe-Seyboth – 03 88 32 54 30 – Fermé : lundi, dimanche*

LE VIOLON D'INGRES

CUISINE CLASSIQUE • INTIME Cette maison alsacienne est l'une des plus anciennes du quartier de la Robertsau, par-delà le Parlement européen. À la carte, une cuisine classique teintée de modernité, avec homard, foie gras, poisson, gibier en saison, etc. À déguster dans l'élégante salle à manger ou en terrasse, à l'ombre d'un imposant marronnier...

- Menu 25 € (déjeuner), 58/64 € - Carte 60/70 €

Plan : B2-6 – *1 rue du Chevalier-Robert – 03 88 31 39 50 – www.le-violon-dingres.com – Fermé : lundi, mardi midi, samedi midi, dimanche soir*

ZUEM YSEHUET

CUISINE MODERNE • CONTEMPORAIN Dans un quartier au bord de l'Ill, cette auberge recouverte de vigne vierge jouit également d'une terrasse au calme. L'intérieur est résolument contemporain ; quant aux recettes, goûteuses à souhait, elles font la part belle aux produits de saison (légumes du potager cultivé par le père du chef). Belle carte des vins et notamment de vins au verre.

- Menu 32 € (déjeuner), 44/59 €

Plan : E1-10 – *21 quai Mullenheim – 03 88 35 68 62 – www.zuem-ysehuet.com – Fermé : lundi midi, samedi midi, dimanche*

TRAENHEIM

67310 – Bas-Rhin – Carte régionale n° **10**–A1

ZUM LOEJELGUCKER

CUISINE TRADITIONNELLE • RUSTIQUE Dans un village viticole au pied des Vosges, cette ferme alsacienne du 18e s. ne manque pas de charme : bons plats régionaux avec quelques suggestions plus actuelles, boiseries sombres, fresques et cour fleurie l'été. Une maison sérieuse.

- Menu 14 € (déjeuner), 30/45 € - Carte 30/50 €

17 rue Principale – 03 88 50 38 19 – aubergedetraenheim.com – Fermé : lundi soir, mardi soir, mercredi soir

URMATT

67280 – Bas-Rhin – Carte régionale n° **10**–A2

LA POSTE

CUISINE TRADITIONNELLE • AUBERGE Les amateurs de tradition seront heureux de découvrir cette auberge familiale installée en face de l'ancienne mairie. Gibier en saison, truite au bleu, tournedos de bœuf Rossini, foie gras d'oie et autres terrines de campagne... La cuisine est généreuse et l'ambiance sympathique.

- Carte 33/54 €

74 rue du Général-de-Gaulle – 03 88 97 40 55 – www.hotel-rest-laposte.fr – Fermé : lundi, dimanche soir

LA VANCELLE

67730 – Bas-Rhin – Carte régionale n° **10**–C1

AUBERGE FRANKENBOURG

Chef : Sébastien Buecher

CUISINE MODERNE • AUBERGE Dans ce petit village perché sur les contreforts des Vosges, cet hôtel-restaurant retient les voyageurs depuis le début du siècle dernier. Les frères Buecher, qui ont repris les rênes de cette maison familiale des mains de leurs parents, y officient avec un allant réjouissant. La cuisine de produits goûteuse et élégante de l'aîné, Sébastien, parvient à exprimer le meilleur de son terroir à travers une carte toujours en mouvement, et à dépasser la tradition grâce à créativité, à l'instar du dos de cerf rôti et sa déclinaison de maïs ou des langoustines saisies à la flamme et leur parmentier de pommes de terre et poireau... La plupart des fruits et légumes sont issus du jardin. En salle, le cadet, Guillaume, mène le jeu dans un décor mêlant boiseries et esprit zen. Quelques chambres pour prolonger l'étape.

L'engagement du chef : *Cela fait maintenant plus de 20 ans que nous avons une démarche éco-responsable. Mais, auparavant, il n'y avait pas de nom pour la nommer ! Nous travaillons avec des producteurs locaux ou du moins français, en fonction du produit. Si l'agneau vient du Quercy, le cochon vient de la vallée voisine, les cailles des Vosges, les pigeons d'Alsace, tout comme nos fruits et légumes qui sont exclusivement alsaciens, provenant soit de notre jardin, soit de notre maraîcher.*

- Menu 45 € (déjeuner), 72/100 € - Carte 78/87 €

13 rue du Général-de-Gaulle - 03 88 57 93 90 - www.frankenbourg.com - Fermé : mercredi, jeudi

LA WANTZENAU

67610 - Bas-Rhin - Carte régionale n° **10**-B1

LE JARDIN SECRET

Chef : Gilles Leininger

CUISINE MODERNE • COSY Face à la petite gare, un secret à partager ! Dans cet accueillant restaurant où s'active une jeune équipe, le chef Gilles Leininger, finaliste des sélections au Bocuse d'or, témoigne de beaucoup d'ambition, d'expérience et de savoir-faire, à travers une cuisine du marché bien d'aujourd'hui : belle tranche de pâté en croûte et pickles de légumes ; quasi de veau rosé et bien doré, polenta crémeuse aux olives de Kalamata ; suave tartelette aux myrtilles sauvages des Vosges. L'autre secret de cette maison au cadre contemporain ? Son jardin-terrasse sur l'arrière de la maison !

- Menu 36 € (déjeuner), 55/75 € - Carte 56/68 €

32 rue de la Gare - 03 88 96 63 44 - www.restaurant-jardinsecret.fr - Fermé : lundi, mardi, samedi midi, dimanche soir

AU MOULIN

CUISINE CLASSIQUE • COSY Un cadre élégant et lumineux, dans les dépendances d'un ancien moulin posté au bord de l'Ill. La terrasse profite du calme de la campagne environnante. Cuisine classique.

- Menu 24/78 € - Carte 45/97 €

Plan de Strasbourg : B1-26 - *2 impasse du Moulin - 03 88 96 20 01 - www.restaurant-moulin-wantzenau.fr - Fermé : lundi, mardi, dimanche soir*

AU PONT DE L'ILL

POISSONS ET FRUITS DE MER • BRASSERIE Fruits de mer et poissons jouent les vedettes sur la carte de cette brasserie très fréquentée, abritant pas moins de cinq salles (au choix : style marin, Art nouveau, etc.). À deux pas de Strasbourg, vous voilà au bord de la mer !

- Menu 26 € (déjeuner), 40/48 € - Carte 49/81 €

2 rue du Général-Leclerc - 03 88 96 29 44 - www.aupontdelill.com - Fermé : samedi midi

RELAIS DE LA POSTE

CUISINE MODERNE • ÉLÉGANT Cette vénérable institution (depuis 1789) propose une partition classique aux légères touches alsaciennes. Le décor, avec boiseries et véranda face à la terrasse, se révèle plutôt agréable, et l'accueil est de qualité.

- Menu 35 € (déjeuner), 64/92 €

21 rue du Général-de-Gaulle - 03 88 59 24 80 - www.relais-poste.com - Fermé : lundi, mardi midi, samedi midi, dimanche soir

LES SEMAILLES

CUISINE MODERNE • COSY Jolie petite graine que cette maison alsacienne chatoyante, dressée dans une petite rue calme. Au menu : des produits de qualité, de justes cuissons, et une association pertinente de saveurs. L'été venu, profitez de la terrasse ombragée sous une glycine centenaire...

- Menu 36 € (déjeuner), 40/110 €

10 rue du Petit-Magmod - 03 88 96 38 38 - www.semailles.fr - Fermé : mardi, mercredi, dimanche soir

ZIMMER

CUISINE TRADITIONNELLE • **CLASSIQUE** Indifférente aux modes, cette maison au glorieux passé continue de décliner une belle cuisine de tradition, teintée de notes plus actuelles : blanquette de poussin aux petits oignons et champignons, gratin de macaronis au parmesan ; matelote de poissons au riesling, fricassée de pâtes... Terrasse aux beaux jours.

- Menu 35/45 €

23 rue des Héros - 03 88 96 62 08 - www.restaurant-zimmer.fr - Fermé : lundi, jeudi soir, dimanche soir

WESTHALTEN

68111 - Haut-Rhin - Carte régionale n° **10**-A3

AUBERGE AU VIEUX PRESSOIR

CUISINE TRADITIONNELLE • **RUSTIQUE** Au cœur du vignoble, cette maison de vigneron a bénéficié d'une modernisation bienvenue ; sa salle à manger garde toutefois son atmosphère d'autrefois, attachante et pleine de cachet. Cuisine du terroir et dégustations de vins de la propriété.

- Menu 27 € (déjeuner), 40/89 € - Carte 43/108 €

Domaine de Bollenberg - 03 89 49 60 04 - www.bollenberg.com - Fermé : mardi, mercredi

AUBERGE DU CHEVAL BLANC

CUISINE MODERNE • **ÉLÉGANT** Une maison cossue, tenue par la même famille depuis 1785. Dans la jolie salle contemporaine, le repas s'accompagne de charmants vins d'Alsace, dont une intéressante sélection au verre. Le style culinaire s'affine, les produits sont beaux, les dressages élégants. La volonté de bien faire est communicative : on en sort ragaillardis. Chambres pour l'étape.

- Menu 29 € (déjeuner), 47/73 € - Carte 55/86 €

20 rue de Rouffach - 03 89 47 01 16 - www.restaurant-koehler.com - Fermé : lundi, mardi

WETTOLSHEIM

68920 - Haut-Rhin - Carte régionale n° **10**-C2

LA PALETTE

CUISINE MODERNE • **CONTEMPORAIN** Le chef a beau être savoyard, on déguste ici une belle cuisine traditionnelle alsacienne qui ne dédaigne pas les clins d'œil à la modernité. La carte des vins est très complète et met à l'honneur les vignerons du village. Chambres claires et fraîches pour l'étape. Une bonne adresse.

- Menu 29 € (déjeuner), 45/79 € - Carte 55/75 €

9 rue Herzog - 03 89 80 79 14 - www.lapalette.fr - Fermé : lundi, mardi midi, dimanche soir

WEYERSHEIM

67720 - Bas-Rhin - Carte régionale n° **10**-B1

AUBERGE DU PONT DE LA ZORN

CUISINE ALSACIENNE • **AUBERGE** Marqueteries d'art de l'Atelier Spindler, objets anciens, poutres éclaircies et tables en bois brut : la salle s'éclaire de couleurs alsaciennes ! Dans l'assiette, de savoureuses spécialités régionales (à l'image de ce bœuf gros sel) et tartes flambées servies le soir. Bucolique terrasse en bord de Zorn. Une adresse au succès mérité.

- Menu 32 € - Carte 33/50 €

2 rue de la République - 03 88 51 36 87 - www.pontdelazorn.fr - Fermé : lundi, mardi, mercredi midi, jeudi midi, vendredi midi, samedi midi

WIHR-AU-VAL

68230 - Haut-Rhin - Carte régionale n° **10**-C2

LA NOUVELLE AUBERGE

Chef : Bernard Leray

CUISINE MODERNE • AUBERGE À l'entrée de la vallée de Munster, cette "nouvelle auberge" est un ancien relais de poste retapé à neuf. Au rez-de-chaussée, un bistrot alsacien régale le midi en semaine. À l'étage, on trouve un restaurant gastronomique dans une belle salle à manger coiffée de poutres. Un Breton de Rennes, Bernard Leray, y officie avec brio. Son exil en Alsace ressemble à une idylle. Formé tout jeune chez Bernard Loiseau, le chef revisite avec finesse le terroir local. Chacune de ses assiettes montre beaucoup de travail et de technique, comme cette soupe d'escargots dans son coulis de persil et d'ail, accompagnée de sa tartine et d'un excellent consommé de bœuf servi bien chaud.

- Menu 45/95 € - Carte 65/110 €

9 route Nationale - 03 89 71 07 70 - www.nauberge.com - Fermé : lundi, mardi, mercredi soir, dimanche soir

WINGEN-SUR-MODER

67290 - Bas-Rhin - Carte régionale n° **10**-A1

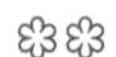

VILLA RENÉ LALIQUE

CUISINE CRÉATIVE • LUXE Peu connu du grand public, René Lalique fut le joaillier le plus en vue du tournant du siècle et du mouvement Art nouveau. Son héritage perdure à Wingen-sur-Moder avec un musée, un hôtel de grand standing... et cette Villa, qui a fêté en 2020 ses cent ans, une table emmenée par Paul Stradner, influencé par ses passages en Autriche et en Allemagne ; émulsion de pommes de terre et lamelles de truffes (un grand classique de la maison) ; homard bleu, pêche, verveine ; agneau, aubergine, burger etc. Finesse, intelligence, créativité... jusqu'aux desserts signés Nicolas Multon : ce pâtissier, qui voulait faire les beaux-arts, réalise aujourd'hui de petits chefs-d'œuvre sucrés ! Ne passez pas à côté de la somptueuse cave à vin vitrée.

- Menu 90 € (déjeuner), 130/230 €

18 rue Bellevue - 03 88 71 98 98 - www.villarenelalique.com - Fermé : mardi, mercredi, samedi midi

CHÂTEAU HOCHBERG

CUISINE MODERNE • CHIC On profite ici de produits frais travaillés au fil des saisons, dans le respect des saveurs. Arnaud Barberis interprète une goûteuse cuisine de saison, sans négliger ses classiques : saumon d'Isigny fumé maison, rognon de veau poêlé, oignons doux des Cévennes et jus au Madère, bouchée à la Reine royale. Simple et sans chichis. Jolie terrasse pour les soirées estivales.

- Menu 22 € (déjeuner), 40 €

2 rue de Château-Teutsch - 03 88 00 67 67 - www.chateauhochberg.com - Fermé : lundi, mardi

WISSEMBOURG

67160 - Bas-Rhin - Carte régionale n° **10**-B1

AU PONT M

CUISINE MODERNE • CONTEMPORAIN Au cœur du quartier de la "Petite Venise", l'ancienne boucherie du coin est devenue un point de rendez-vous pour profiter des trouvailles du chef, un véritable amoureux du produit. Le nec plus ultra ? Prendre son repas sur la terrasse au bord de la Lauter, ou dans la salle avec vue sur l'église St-Pierre-et-St-Paul...

- Menu 35 € - Carte 47/57 €

3 rue de la République - 03 88 63 56 68 - www.aupontm.com - Fermé : lundi, mardi, dimanche soir

HOSTELLERIE DU CYGNE

CUISINE TRADITIONNELLE • **CLASSIQUE** Une salle classique largement boisée d'un côté, une salle de style alsacien Renaissance de l'autre, et dans les deux cas, une savoureuse cuisine traditionnelle. Une chose est sûre, le chant du cygne n'est pas près de se faire entendre... et ce ne sont pas les gourmands qui s'en plaindront ! Quelques chambres confortables pour l'étape.

- Menu 35/75 € - Carte 40/100 €

3 rue du Sel - 03 88 94 00 16 - www.hostellerie-cygne.com - Fermé : mardi soir, mercredi, dimanche soir

RÔTISSERIE BELLE VUE

CUISINE TRADITIONNELLE • **CLASSIQUE** Dans cette grande maison familiale, on est reçu chaleureusement et on savoure une cuisine traditionnelle dans une atmosphère cossue.

- Menu 35/52 € - Carte 50/80 €

1 rue Principale, Altenstadt - 03 88 94 02 30 - www.bellevue-wiss.fr - Fermé : lundi, mardi, dimanche soir

WOLFGANTZEN

68600 - Haut-Rhin - Carte régionale n° **10**-C2

KASTENWALD

CUISINE TRADITIONNELLE • **CONTEMPORAIN** Une cuisine classique sans fioritures, réalisée dans les règles de l'art, où les produits du marché sont bien mis en valeur : voilà ce qui vous attend dans cet ancien relais de poste installé en face de l'église. Les habitués s'y pressent... et on les comprend.

- Menu 22 € (déjeuner) - Carte 29/65 €

39 rue Principale - 03 89 27 39 99 - www.restaurant-kastenwald.com - Fermé : lundi, mardi, samedi midi

ZELLENBERG

68340 - Haut-Rhin - Carte régionale n° **10**-C2

MAXIMILIEN

Chef : Jean-Michel Eblin

CUISINE MODERNE • **ÉLÉGANT** Jean-Michel Eblin, le chef-patron de cet établissement du joli village de Zellenberg, est clair là-dessus : jamais il ne vendra ! On comprend son attachement quasi viscéral à cette maison, qui est construite sur une parcelle de vignoble (du pinot noir) ayant appartenu à sa famille. Avec la régularité d'un métronome, il réalise une cuisine aux solides bases classiques, avec quelques notes plus modernes. Dans l'assiette, turbot, asperges vertes et morilles, ou encore effiloché de noix de Saint-Jacques, truffe et sucrine... Les produits sont frais et d'excellente qualité, l'ensemble est rehaussé d'une belle carte des vins : tous les ingrédients sont réunis pour passer un bon moment.

- Menu 38 € (déjeuner), 59/108 € - Carte 93/120 €

19A route d'Ostheim - 03 89 47 99 69 - www.le-maximilien.com - Fermé : lundi, mardi, dimanche soir

AUBERGE DU FROEHN

CUISINE TRADITIONNELLE • **AUBERGE** Orgueil de Zellenberg, le Froehn est l'un des grands crus alsaciens dont la complexité sied à merveille aux plus jolis plats, cuits à l'étouffée ou confits. Ancien de la Vieille Forge, à Kaysersberg, le jeune chef revisite ici la tradition à sa sauce (filet de bœuf Rossini, gratin dauphinois), en toute simplicité. L'accueil charmant : on passe un bon moment dans cette ancienne demeure viticole au cadre rustique.

A/C - Menu 33 € - Carte 42/62 €

5 route d'Ostheim - ✆ 03 89 47 81 57 - www.auberge-du-froehn-zellenberg.com - Fermé : lundi, mardi, dimanche soir

ZIMMERBACH

✉ 68230 - Haut-Rhin - Carte régionale n° -

AU RAISIN D'OR

CUISINE TRADITIONNELLE • **CONVIVIAL** Cette auberge à la bonne franquette est décidément une adresse attachante, où l'on déguste une savoureuse cuisine alsacienne à base de produits locaux. Les habitués sont toujours là et se régalent des propositions du jour et des classiques du chef (tête de veau, quenelles de foie, bœuf gros sel, etc.). Service aimable et prévenant.

♿ P - Menu 17 € (déjeuner), 31/45 € - Carte 32/53 €

1 rue de l'Église - ✆ 03 89 71 05 69 - www.raisindor.fr - Fermé : mardi, mercredi

CHAMPAGNE-ARDENNE

Carte régionale n° 11

Forte en goût, du sanglier mariné au fameux maroilles, la cuisine ardennaise reste simple, robuste et plutôt hivernale : recettes à base de pommes de terre, de lard, d'ail et d'oignons comme la cacasse et la bayenne, qui accompagnent volontiers les ragoûts de sanglier et de biche. Le jambon des Ardennes, le boudin blanc de Rethel et la dinde rouge, une race qui a failli disparaître, complètent ce tableau.

Le champagne – ce vin effervescent, d'une pureté et d'un éclat parfait, aux arômes subtils et équilibrés – symbolise la réussite des riches terroirs viticoles de la région. Ce vin des papes et des rois, des stars et des amoureux, séduit les grands chefs depuis toujours. Arnaud Lallement (Assiette champenoise) et Philippe Mille (Les Crayères) l'intègrent dans leurs sauces profondes pendant que de suaves magnums mûrissent dans leurs caves.

Autre carte des vins digne d'éloges, celle du restaurant Les Avisés, vitrine gastronomique du domaine Selosse. Les champagnes les plus vineux sont capables d'accompagner tout un repas. Comment choisir ? Demandez au sommelier ! Goûtant tout, il est le seul à savoir ce qu'il faut boire et, parfois, il s'agit d'un "petit" champagne de vigneron indépendant, plutôt que celui d'une maison de prestige...

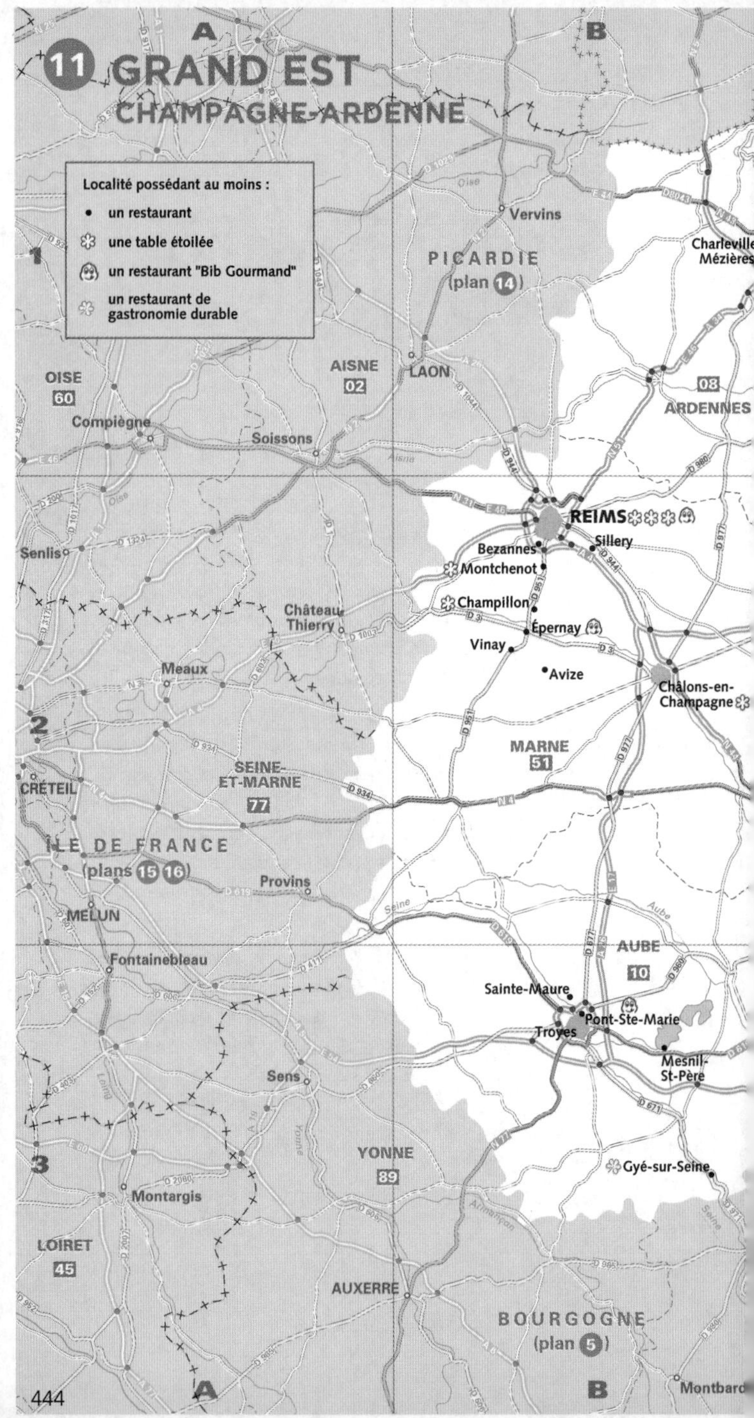
11 GRAND EST
CHAMPAGNE-ARDENNE
Localité possédant au moins :
• un restaurant
une table étoilée
un restaurant "Bib Gourmand"
un restaurant de gastronomie durable
A
B
1
2
3
Vervins
PICARDIE
(plan 14)
Charleville-Mézières
OISE
60
AISNE
02
LAON
08
ARDENNES
Compiègne
Soissons
REIMS
Bezannes
Sillery
Montchenot
Champillon
Senlis
Château Thierry
Épernay
Vinay
Meaux
Avize
Châlons-en-Champagne
MARNE
51
SEINE-ET-MARNE
77
CRÉTEIL
ÎLE DE FRANCE
(plans 15 16)
Provins
MELUN
Fontainebleau
AUBE
10
Sainte-Maure
Pont-Ste-Marie
Troyes
Mesnil-St-Père
Sens
YONNE
89
Gyé-sur-Seine
Montargis
LOIRET
45
AUXERRE
BOURGOGNE
(plan 5)
Montbard

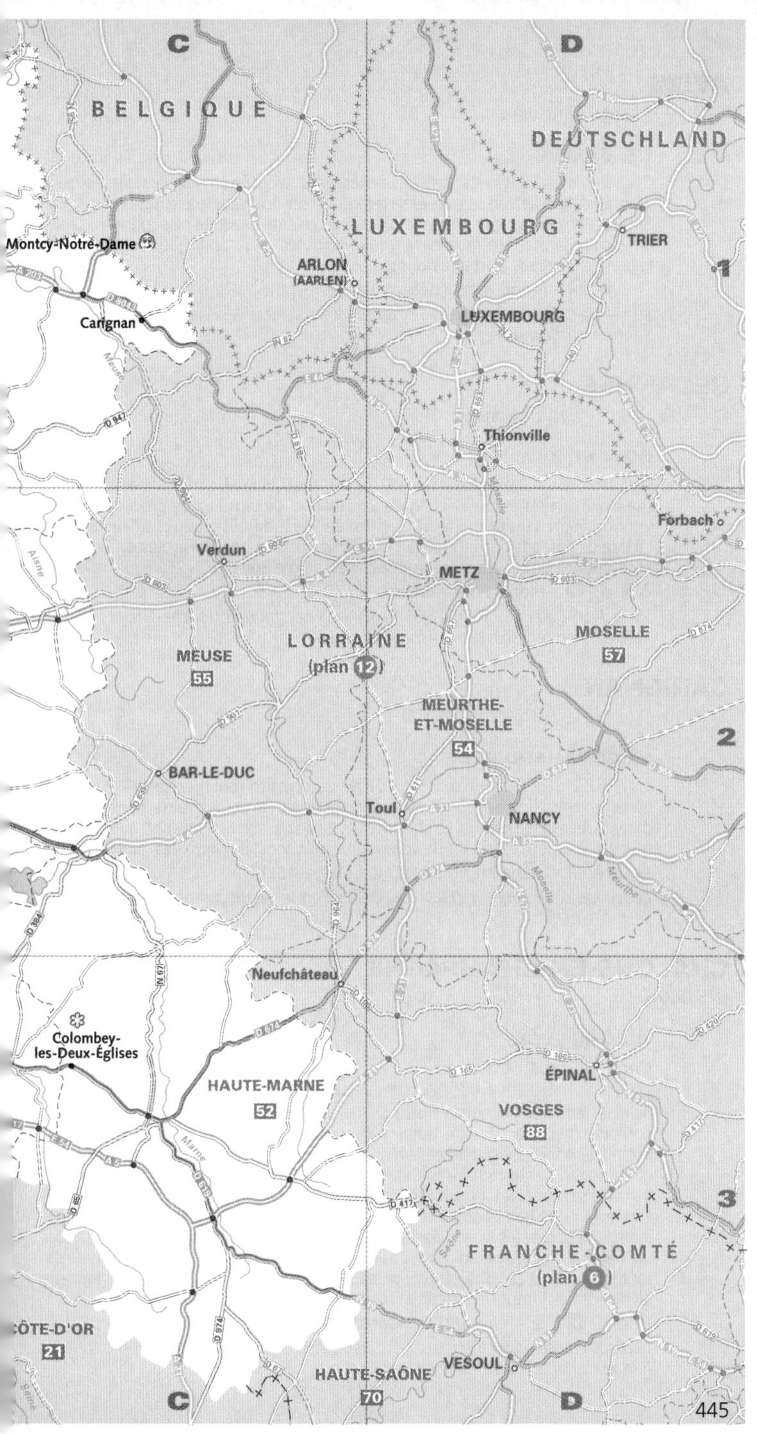

C
D
BELGIQUE
DEUTSCHLAND
LUXEMBOURG
TRIER
Montcy-Notre-Dame
ARLON
(AARLEN)
LUXEMBOURG
Carignan
Thionville
Forbach
Verdun
METZ
LORRAINE
(plan 12)
MEUSE
55
MOSELLE
57
MEURTHE-
ET-MOSELLE
54
BAR-LE-DUC
Toul
NANCY
Neufchâteau
Colombey-
les-Deux-Églises
HAUTE-MARNE
52
ÉPINAL
VOSGES
88
FRANCHE-COMTÉ
(plan 6)
CÔTE-D'OR
21
VESOUL
HAUTE-SAÔNE
70
1
2
3

AVIZE

✉ 51190 - Marne - Carte régionale n° **11**-B2

LES AVISÉS

CUISINE MODERNE • INTIME Les avisés marqueront un arrêt au domaine Selosse. Stéphane Rossillon en cuisine, et sa femme au service, deux anciens de chez Anne-Sophie Pic, composent un menu unique, à base de produits sélectionnés, servis dans une charmante atmosphère "maison d'hôtes". Aux beaux jours, on profite de la grande terrasse... Carte des vins superbe.

- Menu 43 € (déjeuner), 68 €

59 rue de Cramant - ✆ 03 26 57 70 06 - www.selosse-lesavises.com - Fermé : mardi, mercredi

BEZANNES

✉ 51430 - Marne - Carte régionale n° **11**-B2

BOUCHE B Ⓝ

CUISINE MODERNE • CONTEMPORAIN On retrouve ici le chef Thibault Laplaige (ex-étoilé à Reims), situé sur la "Place Gourmande" de cette localité proche de Reims. Il concocte une cuisine moderne bien ficelée à base de jolis produits, à l'image de ce tartare de daurade parfumé au lait de coco ou du filet de bar à la cuisson flatteuse, accompagné de sa sauce vierge. Bouche B comme Bon !

- Menu 24 € - Carte 40/70 €

9 rue Jean-Dausset - ✆ 03 26 35 19 37 - www.restaurant-bouche-b.fr - Fermé : mercredi soir, samedi midi, dimanche

CARIGNAN

✉ 08110 - Ardennes - Carte régionale n° **11**-C1

LA GOURMANDIÈRE

CUISINE TRADITIONNELLE • ÉLÉGANT Cette maison bourgeoise de 1890 récemment rénovée choie ses convives : cuisine gourmande et généreuse, superbe carte des vins, et espace lounge. La cheffe est épaulée par son fils Maxence, qui réalise de savoureuses pâtisseries. Ris de veau et foie gras sont les spécialités maison.

- Menu 38/85 € - Carte 45/110 €

19 avenue de Blagny - ✆ 03 24 22 20 99 - Fermé : lundi, mardi midi, dimanche soir

CHÂLONS-EN-CHAMPAGNE

✉ 51000 - Marne - Carte régionale n° **11**-B2

✿ JÉRÔME FECK

Chef : Jérôme Feck

CUISINE MODERNE • ÉLÉGANT On vient dans cette ville pour sa cathédrale Saint-Étienne, sa collégiale Notre-Dame-en-Vaux, son charme indéniable et ses nombreux lieux de mémoire, témoins d'un riche passé. Dans son hôtel d'Angleterre, le chef Jérôme Feck œuvre en faveur de la tradition gastronomique champenoise et perpétue l'héritage de cette table emblématique de la ville. Également pâtissier, il a roulé sa bosse de Langres à Reims en passant par Épernay : c'est dire s'il connaît son terroir de Champagne. Ses points forts ? Les sauces et les jus qui se révèlent intenses, concentrés et équilibrés - mention spéciale à la sauce aux épices douces qui flatte le suprême de pigeon. Les produits sont rehaussés de saveurs étudiées, tantôt jouant sur l'acidité, tantôt sur le fumé... Délicieux. Cuisine plus traditionnelle au bistrot Les Temps Changent, mitoyen de la table gastronomique.

- Menu 69 € - Carte 84/132 €

19 place Monseigneur-Tissier - ✆ 03 26 68 21 51 - www.hotel-dangleterre.fr - Fermé : lundi, samedi midi, dimanche

AU CARILLON GOURMAND

CUISINE MODERNE • ÉLÉGANT Dans cette adresse chic et élégante, volontiers design, le carillon sonne l'heure d'une cuisine moderne (carpaccio de daurade royale et déclinaison de carottes) que l'on découvre au travers d'un menu-carte... Accueil agréable, service efficace et vaisselle de belle facture.

- Menu 40/70 €

15 bis place Monseigneur-Tissier - 03 26 64 45 07 - www.carillongourmand.com - Fermé : lundi, mercredi soir, dimanche soir

CHAMPILLON

51160 - Marne - Carte régionale n° **11**-B2

LE ROYAL

CUISINE MODERNE • CONTEMPORAIN Le chef et Meilleur Ouvrier de France Jean-Denis Rieubland, aux commandes de cette belle table en plein cœur du vignoble champenois, élabore des préparations délicates aux dressages soignés. On retrouve son attachement à la mer dans quelques-uns de ses plats fétiches comme les langoustines rôties au piment d'Espelette et cromesquis de tête de veau, ou encore le tourteau parfumé de kombawa, caviar, mangue et agrumes. À déguster dans une salle à manger contemporaine dédiée au champagne (plafond patiné doré, lustre monumental composé de 36 bulles ambrées en verre soufflé) mais aussi aux femmes ayant joué un rôle dans la vie de Napoléon, qui fit halte dans cet ancien relais de poste. Superbes chambres contemporaines et spa de 1500m²... sans oublier la brasserie le Bellevue pour une cuisine plus simple.

- Menu 140/280 € - Carte 140/160 €

Hameau de Bellevue, 9 rue de la République - 03 26 52 87 11 - www.royalchampagne.com - Fermé : lundi, dimanche et le midi

CHARLEVILLE-MÉZIÈRES

08000 - Ardennes - Carte régionale n° **11**-B1

AMORINI

CUISINE ITALIENNE • SIMPLE Un petit restaurant italien, sur la place Ducale, avec un menu au diapason : antipasti, charcuterie, bonnes pâtes et vins transalpins. Il y a même une petite épicerie ouverte pendant le service ! Une reproduction des fresques de la Villa des Mystères à Pompéi orne les quatre murs de la salle-à-manger.

Carte 24/33 €

46 place Ducale - 03 24 37 48 80 - Fermé : lundi, mardi soir, mercredi soir, jeudi soir, vendredi soir, dimanche

LA TABLE D'ARTHUR R

CUISINE MODERNE • CONVIVIAL Deux formules sont proposées à cette table. Recettes traditionnelles (à l'image de cet onglet de veau, cannelloni de jarret aux abricot secs) et beaux flacons dans la cave voûtée ; au rez-de-chaussée, bistrot contemporain et grands classiques (tête de veau, steak tartare, etc.). Soirées dégustations mets et vins (500 références). Décontracté et original !

- Menu 33 € - Carte 37/49 €

9 rue Pierre-Bérégovoy - 03 24 57 05 64 - www.latabledarthur.fr - Fermé : lundi, mercredi soir, dimanche

COLOMBEY-LES-DEUX-ÉGLISES

52330 - Haute-Marne - Carte régionale n° **11**-C3

HOSTELLERIE LA MONTAGNE

Chef : Jean-Baptiste Natali

CUISINE MODERNE • ÉLÉGANT Dans ce paisible village de Haute-Marne cher au général de Gaulle, cette belle demeure en pierres du 17e s. est tout entière ceinte par un beau parc qui se prolonge vers la campagne. Mais à l'intérieur, point de nostalgie ! Ni dans le décor contemporain, ni dans l'assiette – ni même dans ce menu intitulé... "Je vous ai compris !". Le chef Jean-Baptiste Natali a beaucoup voyagé, de Marrakech à Londres en passant par New York. Il signe une gastronomie française à l'heure contemporaine (non sans clins d'œil à ses nombreux voyages) en travaillant de beaux produits comme la langoustine, le rouget, le homard, le bœuf Angus, le ris de veau. Ses tomates, caviar et huîtres, ses langoustines royales rôties et jus de groseilles glacé, son filet de rouget snacké et sa mousseline au citron vert attestent d'un métier solide. Chambres cosy et confortables pour l'étape.

- Menu 28 € (déjeuner), 75/105 € - Carte 90/110 €

10 rue Pisseloup – 03 25 01 51 69 – www.hostellerielamontagne.com – Fermé : lundi, mardi

À LA TABLE DU GÉNÉRAL

CUISINE TRADITIONNELLE • BISTRO Envie de déguster les plats préférés du général de Gaulle ? Poussez donc la porte de ce petit bistrot qui fait de la résistance pour proposer, intactes, les bonnes recettes de la tradition (blanquette de veau et daube de bœuf étaient les chouchous du grand homme). Un endroit sympathique où les prix le sont tout autant.

- Menu 23/35 €

54 rue du Général-de-Gaulle – 03 25 01 51 69 – www.latabledugeneral.fr – Fermé : lundi, mardi, mercredi soir, jeudi soir

ÉPERNAY

51200 – Marne – Carte régionale n° **11**-B2

COOK'IN

INFLUENCES ASIATIQUES • CONVIVIAL Ce restaurant est le lieu de rencontre entre les univers français (lui, en cuisine) et thaïlandais (elle, en salle). Le résultat est une élégante cuisine fusion, réalisée avec de beaux produits – légumes de producteurs, poissons sauvages, viandes de la région –, à des tarifs plutôt imbattables. Goûtez au tournedos de bœuf mariné à la coriandre.

- Menu 24 € (déjeuner), 34/40 € - Carte 38/48 €

18 rue Porte-Lucas – 03 26 54 89 80 – Fermé : lundi, samedi midi, dimanche

LA GRILLADE GOURMANDE

SPÉCIALITÉS DE GRILLADES • COSY Les spécialités de ce restaurant ? Pigeonneau désossé au foie gras en feuilleté, ris de veau à la bourgeoise, le tout préparé par un sympathique chef, Lyonnais d'origine. Côté décor : la sobriété et l'élégance priment. Aux beaux jours, on profite du jardin d'été.

- Menu 35/61 € - Carte 48/70 €

16 rue de Reims – 03 26 55 44 22 – www.lagrilladegourmande.com – Fermé : lundi, dimanche

LES BERCEAUX

CUISINE CLASSIQUE • ÉLÉGANT Nous n'avons pas pu évaluer ce restaurant en raison de sa fermeture prolongée. Nos inspecteurs ont hâte de redécouvrir cette adresse pour partager leur expérience. Nous vous invitons à consulter le site MICHELIN.COM où les informations sont régulièrement mises à jour.

13 rue des Berceaux – 03 26 55 28 84 – www.lesberceaux.com – Fermé : lundi, mardi

SYMBIOSE

CUISINE MODERNE • CONTEMPORAIN Une cuisine moderne aux équilibres maîtrisés, avec des touches créatives et un goût pour les épices, sans oublier des présentations soignées : voici ce que vous réserve Symbiose ! Le couple aux commandes sait où il va, et le plaisir est là.

- Menu 27 € (déjeuner), 48/64 €

5 rue de Reims - 03 26 54 75 20 - www.symbiose-restaurant.com - Fermé : mardi, mercredi

LE THÉÂTRE

CUISINE TRADITIONNELLE • **BRASSERIE** Près du théâtre, le rideau s'ouvre sur l'une des plus anciennes brasseries d'Épernay - début du 20e s. -, tout en moulures et hauts plafonds. Derrière les fourneaux, le chef fait rimer tradition et produits de saisons, comme avec ce rognon de veau à la moutarde de Meaux, classique de la maison. Idéal pour se restaurer en évoquant la dernière pièce !

- Menu 28 € (déjeuner), 34/54 €

8 place Mendès-France - 03 26 58 88 19 - www.epernay-rest-letheatre.com - Fermé : mardi soir, mercredi, dimanche soir

GYÉ-SUR-SEINE

10250 - Aube - Carte régionale n° **11**-B3

LE GARDE CHAMPÊTRE

Chef : Gil Nogueira

CUISINE MODERNE • **TENDANCE** Cet ancien entrepôt ferroviaire transformé en restaurant-ferme durable avec serres et potager bio par un collectif de quatre associés judicieusement acoquiné à deux vignerons du cru propose une cuisine fraîche et tonique, imaginée autour des produits locaux et du jardin. Une démarche locavore et écologique très plaisante, une adresse sympathique.

L'engagement du chef : Transformation des produits bruts de notre potager biologique, fabrication de notre pain, techniques de fermentation, de fumage et cuisine autour du feu, nous mettons tout en oeuvre pour tendre vers le plus d'autosuffisance possible. Notre restaurant est un lieu de vie et de rencontre pour les habitants et notre cuisine est directement inspirée de la nature que nous nous efforçons de protéger au quotidien.

- Menu 23 € (déjeuner), 42 € - Carte 32/48 €

50 route des Riceys - 03 52 96 00 06 - www.legardechampetre.fr - Fermé : lundi, mardi, mercredi soir, samedi midi, dimanche soir

MESNIL-ST-PÈRE

10140 - Aube - Carte régionale n° **11**-B3

AU VIEUX PRESSOIR

CUISINE TRADITIONNELLE • **ÉLÉGANT** Sur la route du lac d'Orient, cette maison à colombages, typique de la Champagne humide, propose des spécialités maison, qui jonglent avec la tradition : salade de gambas au fenouil et pousses d'épinards, barbue et beurre blanc au champagne, sphère chocolat fruits rouges... On profite aussi de chambres confortables, d'un agréable espace bien-être et d'un bistrot dans une maison annexe. La "Maison Gublin" se porte bien.

- Menu 56/100 € - Carte 73/126 €

5 rue du 28 août 1944 - 03 25 41 27 16 - www.auberge-du-lac.fr - Fermé : lundi midi, mardi midi, mercredi midi, jeudi midi, vendredi midi

MONTCHENOT

51500 - Marne - Carte régionale n° **11**-B2

LE GRAND CERF

Chefs : Dominique Giraudeau et Pascal Champion

CUISINE CLASSIQUE • **ÉLÉGANT** Au pied de la montagne de Reims et sur la route d'Épernay, cette auberge imposante affiche sans ambages son style cossu... Dans l'élégante salle à manger de bois clair, l'ambiance se fait romantique le soir venu : écrin parfait pour une belle cuisine classique. Elle est signée du chef Dominique

Giraudeau, qui a longtemps brillé dans les cuisines de Gérard Boyer aux Crayères. Il y a contracté le goût des produits nobles, du saint-pierre sauvage au veau de lait fermier, en passant par le gibier, le homard et la truffe, à laquelle un menu est dédié en saison. Superbe carte de vins de Champagne.

- Menu 39 € (déjeuner), 130/160 €

50 route Nationale - 03 26 97 60 07 - www.le-grand-cerf.fr - Fermé : mardi, mercredi, dimanche soir

MONTCY-NOTRE-DAME

08090 - Ardennes - Carte régionale n° **11**-C1

L'AUBERGE DU LAMINAK

CUISINE MODERNE • AUBERGE Dans cette charmante auberge en lisière de forêt, le Pays basque – origine du chef – rencontre les beaux produits des Ardennes. Résultat, des recettes savoureuses, maîtrisées, tel cet œuf parfait, piperade et jambon basque.

- Menu 20 € (déjeuner), 24/50 €

Route de Nouzonville - 03 24 33 37 55 - www.auberge-ardennes.com - Fermé : lundi soir, mardi soir, mercredi soir, dimanche

PONT-STE-MARIE

10150 - Aube - Carte régionale n° **11**-B3

BISTROT DUPONT

CUISINE TRADITIONNELLE • BISTRO Au bord de la Seine, ce sympathique bistrot traditionnel joue la carte des bonnes recettes à l'ancienne : blanquette, coq au vin, suprême de volaille, que l'on dévore dans une ambiance animée… Et ne ratez pas la spécialité de la maison : l'andouillette.

- Menu 19 € (déjeuner), 28/40 € - Carte 33/67 €

5 place Charles-de-Gaulle - 03 25 80 90 99 - www.bistrotdupont.com - Fermé : lundi, jeudi soir, dimanche soir

FoodCollection/Photononstop

✉ 51430 - Marne
Carte régionale n° **11**-B2

REIMS

Des pierres et des bulles ! Parmi les trésors de Reims, il y a cette cathédrale, l'une des plus vastes de France, un joyau à contempler en fin d'après-midi, quand le soleil effleure sa grande rosace et ses milliers de sculptures... Il y a aussi les somptueuses caves des maisons de champagne, qui conservent jalousement leurs flacons au cœur des crayères de la colline Saint-Nicaise. Profondes et labyrinthiques, les caves de Reims jouissent d'une réputation mondiale. Mumm, Taittinger, Veuve Clicquot-Ponsardin, Ruinart : la visite de l'une d'entre elles, au moins, s'impose. Autre visite incontournable : les halles du Boulingrin et leur voûte en béton armé des années 1920 – véritable prouesse architecturale. Au sol des étals fixes en faïence se couvrent de produits frais trois jours par semaine. À vous jambon de Reims, charcuteries des Ardennes et fromages comme le chaource ou le langres !

✿✿✿ ASSIETTE CHAMPENOISE

Chef : Arnaud Lallement

CUISINE CRÉATIVE • LUXE Arnaud Lallement a pour ainsi dire grandi à L'Assiette Champenoise, créée à l'origine par ses parents. Aujourd'hui aux manettes, il montre qu'il a été à bonne école (Vergé, Guérard, Chapel) et mitonne une cuisine de haute volée, classique et généreuse, surtout très gourmande, où pointent aussi ses origines bretonnes (du côté de sa mère). Omniprésent en salle, pédagogue et truculent, l'"aubergiste" Lallement régale en toute simplicité. Assiettes lisibles et rehaussées de sauces mémorables, beaux produits traités avec amour comme ce homard bleu "hommage à mon papa" ou ce pigeonneau fermier d'Onjon. Une partition synonyme de plaisir.

- Menu 145 € (déjeuner), 225/335 € - Carte 165/255 €

Hors plan – *40 avenue Paul-Vaillant-Couturier, à Tinqueux – ✆ 03 26 84 64 64 – www.assiettechampenoise.com – Fermé : mardi, mercredi*

✿✿ LE PARC LES CRAYÈRES

CUISINE MODERNE • LUXE Qu'attendre d'autre, dans cette magnifique demeure nichée au cœur d'un parc, qu'un repas mémorable ? Bingo : le chef manceau Philippe Mille, à l'impressionnant CV (Ritz, Lasserre, Pré Catelan, Drouant), montre qu'il est un admirable artisan... et qu'il continue de progresser. Son style de prédilection : le classique revisité avec élégance. Les produits nobles sont en bonne place sur la carte (homard, langoustine, foie gras, turbot), travaillés tout en délicatesse, avec une intégration astucieuse de la matière viticole champenoise : argile, sarments, feuilles de vigne... Enfin, comme prévu, la carte de champagnes à tomber de sa chaise : près de 900 références sélectionnées avec soin, dans une recherche permanente de cohérence avec la cuisine. Au dessert, c'est le champion de France 2019 Yoann Normand qui signe une série de créations sucrées aussi belles que bonnes.

– Menu 75 € (déjeuner), 155/295 € - Carte 190/260 €

Hors plan – *64 boulevard Henry-Vasnier – 03 26 24 90 00 – www.lescrayeres.com – Fermé : lundi, mardi, mercredi midi*

RACINE

Chef : Kazuyuki Tanaka

CUISINE MODERNE • ÉPURÉ Au cœur de Reims, il se passe assurément quelque chose dans ce petit restaurant (20 couverts au maximum) dont la façade largement vitrée permet d'observer la cuisine et les cuisiniers à l'œuvre. Sobre et épurée, la salle à manger invite à se concentrer sur l'assiette, et uniquement elle. Le chef japonais Kazuyuki Tanaka cisèle une cuisine complexe, aux saveurs et influences multiples : anguille et navet ; maigre et chou-rave ; rhubarbe, yuzu et sel. On apprécie sa capacité à multiplier les surprises tout au long du repas, son usage malicieux des herbes aromatiques et des plantes, du végétal en général – pas étonnant de la part de l'ancien second de Régis Marcon.

– Menu 80 € (déjeuner), 115/205 €

Plan : B2-3 – *6 place Godinot – 03 26 35 16 95 – www.racine.re – Fermé : mardi, mercredi, jeudi midi*

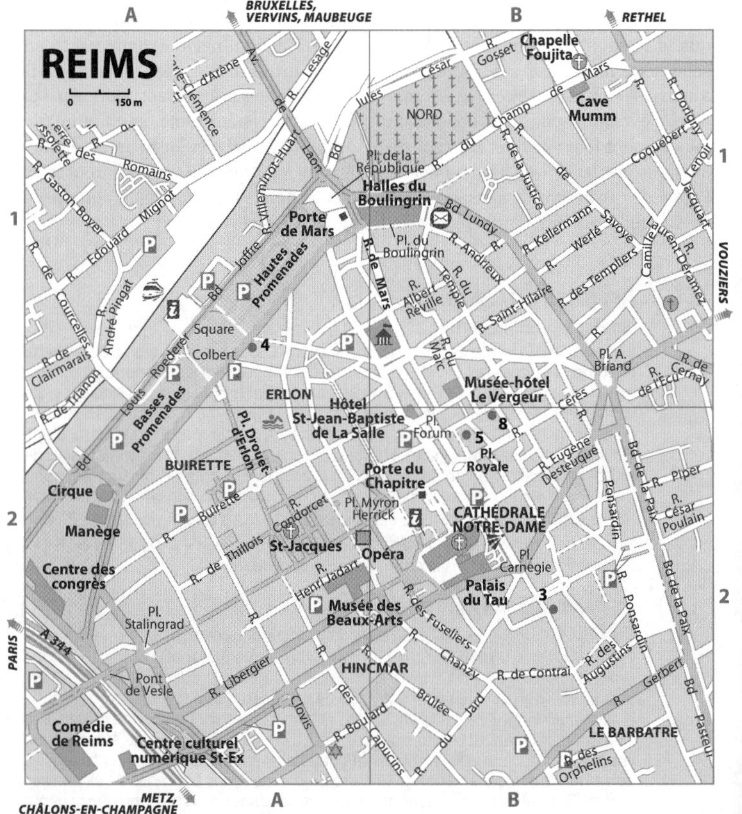

LE FOCH

Chef : Jacky Louazé

CUISINE MODERNE • CONTEMPORAIN Dans cette maison sérieuse, installée au bord des fameuses Promenades (des cours ombragés), le chef Jacky Louazé attire à lui une clientèle fidèle, pour ne pas dire dévouée. Qu'est-ce qui lui vaut un tel succès ? Sans doute cette manière créative qui n'appartient qu'à lui, mais aussi plus généralement cette carte où les produits de qualité sont rois et notamment les poissons et crustacés : homard bleu, céréales aux épices, agrumes ; déclinaison autour de la mer ; bar entier cuit en croûte d'argile de Vallauris ; turbot au beurre demi-sel, pommes de terre de Noirmoutier...

AC - Menu 37 € (déjeuner), 57/110 € - Carte 80/125 €

Plan : A1-4 - *37 boulevard Foch - 03 26 47 48 22 - www.lefoch.com - Fermé : lundi, dimanche*

LE JARDIN LES CRAYÈRES

CUISINE TRADITIONNELLE • TENDANCE La "petite adresse" du Domaine Les Crayères est située dans une dépendance du parc : une brasserie chic, très contemporaine, avec sa jolie véranda et sa terrasse. On y apprécie une savoureuse cuisine de saison réalisée avec de beaux produits.

AC P - Menu 33/55 € - Carte 43/87 €

Hors plan - *7 avenue du Général-Giraud - 03 26 24 90 90 - www.lescrayeres.com*

LE CRYPTO

CUISINE MODERNE • BISTRO En face du célèbre cryptoportique de Reims (une galerie souterraine datant de l'époque romaine), ce bistrot est tenu par Frédéric Dupont, cuisinier au parcours éloquent. Bons risottos, solide carte des vins, service attentionné : une belle adresse.

AC - Menu 25 € (déjeuner) - Carte 40/69 €

Plan : B2-8 - *14 place du Forum - 03 26 25 27 81 - Fermé : lundi, dimanche*

LE MILLÉNAIRE

CUISINE MODERNE • ÉLÉGANT Non loin de la place Royale, le Millénaire est emmené par le chef Hervé Raphanel, qui préserve les fondamentaux de la maison : technique solide, portions généreuses, produits de qualité, saveurs bien présentes.

AC - Menu 45 € (déjeuner), 65/124 € - Carte 110/160 €

Plan : B2-5 - *4 rue Bertin - 03 26 08 26 62 - www.lemillenaire.com - Fermé : lundi, dimanche*

STE-MAURE

10150 - Aube - Carte régionale n° **11**-B3

AUBERGE DE STE-MAURE

CUISINE MODERNE • ÉLÉGANT Le jeune patron Victor Martin et son chef Julien Drapier forment un duo désormais bien rodé. Les assiettes tendent à une finesse indéniable, à l'image de cette langoustine rôtie, fenouil confit et jus de carapaces. Ajoutons-y le service souriant, le bon rapport qualité-prix, et l'agréable terrasse au bord de l'eau...

P - Menu 30 € (déjeuner), 53/63 € - Carte 60/79 €

99 route de Méry - 03 25 76 90 41 - www.auberge-saintemaure.fr - Fermé : lundi, dimanche soir

SILLERY

✉ 51500 - Marne - Carte régionale n° **11**-B2

LE RELAIS DE SILLERY

CUISINE TRADITIONNELLE • TENDANCE Une auberge élégante dont la terrasse domine la Vesle. Le cadre est bucolique, la gastronomie classique : fricassée de rognon et ris de veau aux champignons, soufflé au Grand Marnier... La cave - aux prix étudiés - impressionne !

- Menu 30/62 €

3 rue de la Gare - ✆ 03 26 49 10 11 - www.relaisdesillery.fr - Fermé : lundi, mardi, dimanche soir

TROYES

✉ 10000 - Aube - Carte régionale n° **11**-B3

AUX CRIEURS DE VIN

CUISINE MODERNE • BAR À VIN Briques nues, mobilier bistrot, concept branché : on choisit sa bouteille dans la cave, avant de l'accompagner d'un bon petit plat centré sur le produit (charcuterie artisanale, viande fermière, fromages de chez Bordier, etc.). Le patron s'adresse à chacun de ses clients, avec la jubilation non feinte du passionné de vins ! Un plaisir.

- Carte 30/36 €

4 place Jean-Jaurès - ✆ 03 25 40 01 01 - www.auxcrieursdevin.fr - Fermé : lundi, dimanche

CAFFÈ COSI LA TRATTORIA DE BRUNO CAIRONI

CUISINE ITALIENNE • FAMILIAL Cette trattoria à l'italienne a pris ses quartiers dans une ancienne galerie d'art, ouverte sur une cour pavée. Produits d'épicerie à emporter et terrasse appréciable aux beaux jours.

- Menu 26 € (déjeuner), 52/58 € - Carte 44/75 €

5 rue Marie-Pascale-Ragueneau - ✆ 03 25 76 61 34 - www.caffecosi-caironi.com - Fermé : lundi, mardi soir, mercredi soir, dimanche

CLAIRE ET HUGO

CUISINE DU MARCHÉ • TENDANCE Un jeune couple autodidacte et passionné, auparavant à la tête d'un food-truck remarqué, s'est lancé avec succès dans l'aventure d'un vrai restaurant. Doté d'un décor sobre en matériaux bruts, le lieu est également une boulangerie-épicerie ouverte sur une plaisante terrasse et un jardin intérieur (dont une serre à agrumes). Les produits, à 95% bios, inspirent des préparations saines, savoureuses et équilibrées. A partir du jeudi soir, menu-carte où l'on peut piocher, selon ses envies. Une adresse bienvenue dans l'agglomération troyenne.

- Carte 45/60 €

77 avenue du Général-Galliéni, à Sainte-Savine - ✆ 09 73 14 18 69 - www.claireethugo.fr - Fermé : lundi, mardi, mercredi, jeudi soir, dimanche soir

LE QUAI DE CHAMPAGNE N

CUISINE MODERNE • ÉLÉGANT Au bord du canal de la Seine, une maison bourgeoise dix-neuvième rénovée avec goût dans un esprit contemporain et entourée d'un charmant jardin arboré : le chef Jean-Paul Braga y cisèle une jolie cuisine actuelle et de saison, non sans oublier quelques classiques (ris de veau braisé aux morilles, tournedos Rossini). L'adresse chic qui manquait à Troyes !

A/C - Menu 39 € (déjeuner), 49/79 €

1 bis quai des Comtes-de-Champagne - ✆ 03 25 42 08 98 - www.le-quai-de-champagne.fr - Fermé : lundi, dimanche soir

VINAY

✉ 51530 – Marne – Carte régionale n° **11**-B2

HOSTELLERIE LA BRIQUETERIE

CUISINE MODERNE • CLASSIQUE À la sortie d'Épernay, sur la route de Sézanne, arrêtez-vous dans ce restaurant au cœur des vignes. En cuisine comme à la ville, un jeune couple, le chef Benjamin Andreux (ancien de Stéphanie Le Quellec) et pour la pâtisserie Claire Santos Lopez, proposent une cuisine généreuse et sagement créative, à base de superbes produits à l'image de ce maquereau, vinaigrette yuzu et son pigeon cuit au barbecue japonais. Aux beaux jours, profitez de l'exquise terrasse. Chambres cossues pour l'étape dans ce havre de paix.

- Menu 75/130 € - Carte 92/109 €

4 route de Sézanne - ✆ 03 26 59 99 99 - www.labriqueterie.fr

LORRAINE

Carte régionale n° 12

Avec ses forêts, ses pâturages, ses vallées encaissées et ses plateaux, la Lorraine est un carrefour ouvert à tous les vents gourmands – surtout quand ils viennent de l'Est. En effet, l'influence germanique domine généreusement cette table charnelle, comme en attestent les fêtes de Noël et de l'Avent.

De même, comme en Alsace, le terroir lorrain fait la part belle à la cuisine paysanne et aux préparations charcutières : plats traditionnels comme les quiche, potée, soupe au jambon fumé, boudin de Nancy, andouillette d'Épinal, sans oublier le fameux pâté lorrain. Quant aux terrines de foie gras, elles n'ont rien à envier à leurs voisines alsaciennes. La ville de Munster a donné son nom au fromage au lait cru que la douce montagne vosgienne produit depuis plusieurs siècles.

Depuis le règne de Stanislas Leszcynski à Nancy, la pâtisserie et le dessert lorrains se portent bien : tarte à la mirabelle, madeleines de Commercy, nonette de Remiremont, sans oublier la confiture de groseilles épépinées à la plume d'oie de Bar-le-Duc – un véritable caviar. Enfin, s'appuyant sur une tradition horticole toujours vivace, les eaux-de-vie font feu de tout bois, de l'incontournable mirabelle à la quetsche en passant par la framboise.

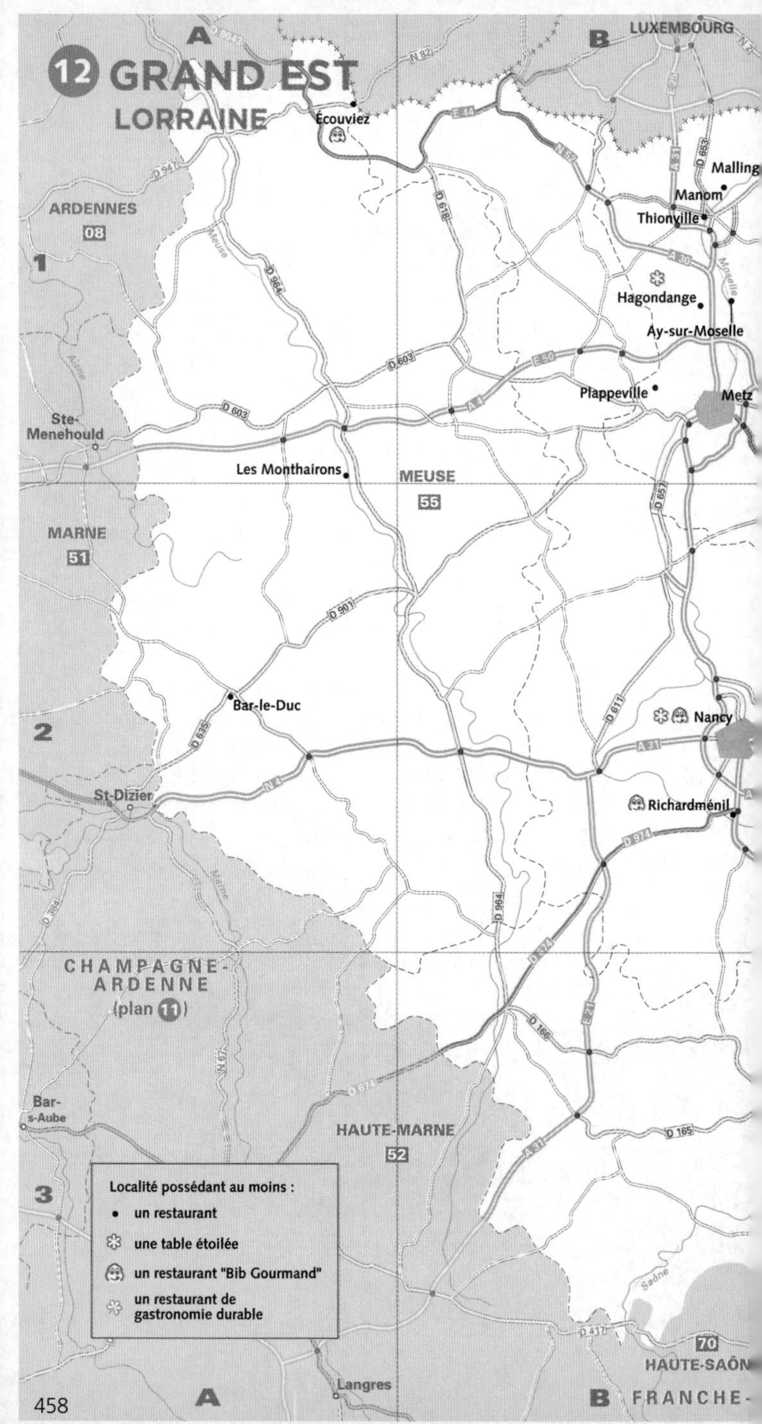
12 GRAND EST
LORRAINE
A
B
LUXEMBOURG
Écouviez
Malling
Manom
Thionville
Hagondange
Ay-sur-Moselle
Plappeville
Metz
ARDENNES
08
1
Ste-Menehould
Les Monthairons
MEUSE
55
MARNE
51
Bar-le-Duc
Nancy
2
St-Dizier
Richardménil
CHAMPAGNE-ARDENNE
(plan 11)
Bar-s-Aube
HAUTE-MARNE
52
3
Localité possédant au moins :
un restaurant
une table étoilée
un restaurant "Bib Gourmand"
un restaurant de gastronomie durable
70
HAUTE-SAÔN
Langres
FRANCHE-
D 8043
N 82
E 44
N 52
E 25
A 31
D 653
A 30
Moselle
D 947
Meuse
D 964
D 618
D 603
E 50
A 4
Aisne
D 657
D 901
D 611
A 31
D 635
N 4
D 974
Marne
D 384
D 964
D 374
D 166
E 21
N 67
D 674
D 165
A 31
Saône
D 417

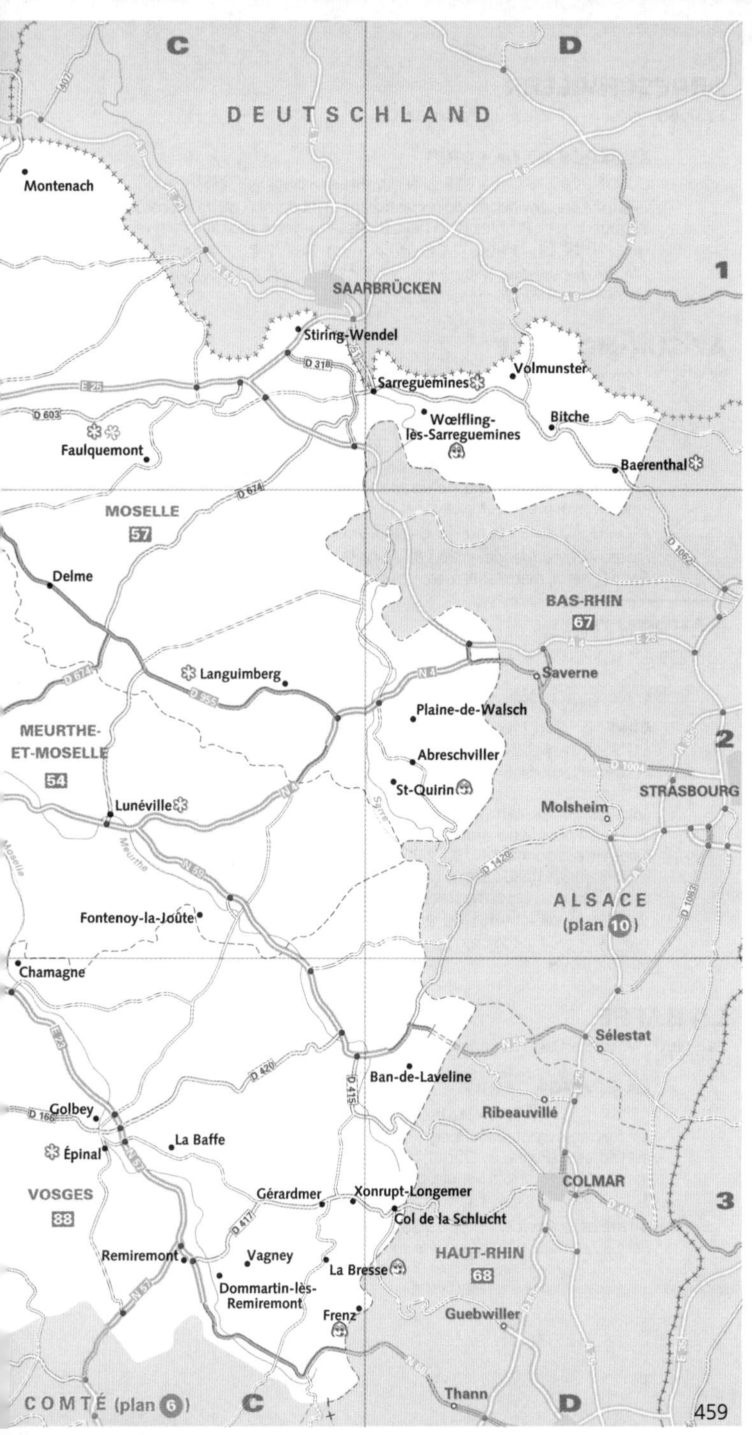
C
D
DEUTSCHLAND
Montenach
SAARBRÜCKEN
1
Stiring-Wendel
Volmunster
Sarreguemines
Wœlfling-lès-Sarreguemines
Bitche
Faulquemont
Baerenthal
MOSELLE
57
Delme
BAS-RHIN
67
Saverne
Languimberg
Plaine-de-Walsch
MEURTHE-ET-MOSELLE
54
Abreschviller
St-Quirin
STRASBOURG
2
Lunéville
Molsheim
Fontenoy-la-Joûte
ALSACE
(plan 10)
Chamagne
Sélestat
Ban-de-Laveline
Golbey
Ribeauvillé
Épinal
La Baffe
VOSGES
88
Gérardmer
Xonrupt-Longemer
Col de la Schlucht
COLMAR
3
HAUT-RHIN
68
Remiremont
Vagney
La Bresse
Dommartin-lès-Remiremont
Frenz
Guebwiller
Thann
COMTÉ (plan 6)
C
D

ABRESCHVILLER

⊠ 57560 - Moselle - Carte régionale n° **12**-D2

AUBERGE DE LA FORÊT

CUISINE MODERNE • ÉLÉGANT Cette imposante auberge, nichée au cœur de la vallée d'Abreschviller, propose classicisme et modernité, du décor, cossu, à l'assiette, au goût du jour. Profitez de la belle terrasse couverte, face au jardin verdoyant.

- Menu 23 € (déjeuner), 38/77 € - Carte 50/67 €

276 rue des Verriers, à Lettenbach - 03 87 03 71 78 - www.aubergedelaforet57.com - Fermé : lundi, mardi soir, jeudi soir

AY-SUR-MOSELLE

⊠ 57300 - Moselle - Carte régionale n° **12**-B1

LE MARTIN PÊCHEUR

CUISINE CLASSIQUE • MAISON DE CAMPAGNE Entre le canal Camifémo et la Moselle, une ancienne maison de pêcheurs (1928), où règne un bel esprit d'auberge de campagne, agrémentée d'un adorable jardin estival. Ici, la tradition se mêle aux tendances actuelles, et la cave est bien fournie !

- Menu 48 € (déjeuner), 70 € - Carte 65/85 €

1 route d'Hagondange - 03 87 71 42 31 - www.restaurant-martin-pecheur.fr - Fermé : lundi, mardi soir, mercredi soir, jeudi soir, samedi midi, dimanche soir

BAERENTHAL

⊠ 57230 - Moselle - Carte régionale n° **12**-D1

L'ARNSBOURG

Chef : Fabien Mengus

CUISINE MODERNE • ÉLÉGANT Un jeune couple, Laure et Fabien Mengus, préside désormais aux destinées de cette maison emblématique. Auparavant, Fabien avait fait connaître son talent au Cygne, une table voisine. Il se montre parfaitement à l'aise entre les murs de cette institution, multipliant les ponts entre tradition et modernité, aussi bien pour la décoration que pour l'assiette. Que ce soit côté salon ou près des baies vitrées donnant sur la forêt, on déguste une cuisine tout en variations, qui met à l'honneur de beaux produits ; ainsi la sériole confite au beurre noisette, crème de caviar Daurenki et son beurre blanc. Un moment à part.

- Menu 49 € (déjeuner), 79/139 €

Untermuhlthal - 03 87 06 50 85 - www.arnsbourg.com - Fermé : lundi, mardi, mercredi midi

LA BAFFE

⊠ 88460 - Vosges - Carte régionale n° **12**-C3

LA GRANGE OBRIOT

CUISINE DE SAISON • MAISON DE CAMPAGNE Cette maison de campagne, tout à la fois table d'hôtes et auberge campagnarde, avec son décor de pierres et de bois, est l'adresse de Claudy Obriot, chef bien connu des Vosgiens. Au menu : cuisine de grand-mère et terroir. Simple, goûteux et sans chichis.

- Menu 39 €

64 rue de la Passée - 03 29 30 84 46 - www.lagrangeobriot.com - Fermé : samedi, dimanche et le soir

BAN-DE-LAVELINE

✉ 88520 - Vosges - Carte régionale n° **12**-D3

MAISON DE LAVELINE

CUISINE TRADITIONNELLE • **AUBERGE** Cette auberge du pays vosgien, tenue par un jeune couple, propose une cuisine traditionnelle en prise sur les saisons (escargots au beurre persillé, cuisses de grenouilles rôties à l'ail et au persil, choucroute garnie, ou encore tête de veau et sa langue aux deux sauces). Chambres pour l'étape.

- Menu 25 € (déjeuner), 39/60 € - Carte 38/59 €

5 rue du 8 Mai - 03 29 51 78 17 - www.maison-de-laveline.fr - Fermé : lundi, mercredi soir, dimanche soir

BAR-LE-DUC

✉ 55000 - Meuse - Carte régionale n° **12**-A2

BISTRO ST-JEAN

CUISINE MODERNE • **BISTRO** Cette ancienne épicerie est devenue un bistrot contemporain plein de saveurs et de couleurs, pile dans la tendance. Le patron, fils de pâtissier, réalise une cuisine du marché soignée, et dans l'air du temps, renouvelée au quotidien, comme avec ce magret de canard grillé et coquillettes façon risotto. Et toujours : le respect des produits. Service efficace et discret.

- Menu 40 €

132 boulevard de la Rochelle - 03 29 45 40 40 - Fermé : lundi, jeudi soir, samedi midi, dimanche soir

BITCHE

✉ 57230 - Moselle - Carte régionale n° **12**-D1

LE STRASBOURG

CUISINE MODERNE • **ÉLÉGANT** L'appétissante cuisine de Lutz Janisch s'inscrit dans le terroir local, dont on savoure gibier (en saison), agneau, légumes et fromages. Une cuisine moderne solidement arc-boutée sur ses bases classiques. Chambres sobres et fonctionnelles, certaines rénovées.

- Menu 42/88 € - Carte 62/74 €

24 rue du Colonel-Teyssier - 03 87 96 00 44 - www.le-strasbourg.fr - Fermé : lundi, mardi midi, dimanche soir

LA BRESSE

✉ 88250 - Vosges - Carte régionale n° **12**-C3

LA TABLE D'ANGÈLE

CUISINE MODERNE • **CONTEMPORAIN** Au cœur des Vosges, un couple sympathique explore le terroir avec subtilité : assiettes soignées et savoureuses, produits de grande qualité, utilisation de fumaisons, épices et herbes... On en redemande ! Sans oublier l'accueil toujours impeccable d'Angèle, la patronne.

- Menu 24 € (déjeuner), 30/66 €

30 Grande-Rue - 03 29 25 41 97 - www.la-table-dangele.com - Fermé : lundi, mardi, dimanche soir

CHAMAGNE

✉ 88130 - Vosges - Carte régionale n° **12**-C3

LE CHAMAGNON

CUISINE MODERNE • **CONTEMPORAIN** Dans le village de Claude Gellée dit Le Lorrain, ce bistrot chaleureux propose une cuisine privilégiant le terroir – fricassée de rognons de veau, tournedos de magret, menu truffe ou cèpes, etc. – comme la modernité – sashimis de thon, par exemple. Le point commun de tout cela ? La qualité des produits et de jolis vins !

- Menu 39/49 €

236 rue Claude-Gellée – 03 29 38 14 74 – www.restaurantlechamagnon.fr – Fermé : lundi, mardi, mercredi soir, dimanche soir

COL DE LA SCHLUCHT

88400 – Vosges – Carte régionale n° **12**–D3

LE COLLET

CUISINE MODERNE • **MONTAGNARD** Une cuisine du terroir, concoctée par un chef d'expérience, qui a formé de nombreux cuisiniers de la région, le tout servi dans un joli décor montagnard. Les produits des environs sont joliment mis en valeur.

- Menu 38 €

9937 route de Colmar – 03 29 60 09 57 – www.chalethotel-lecollet.com – Fermé : lundi midi, mardi midi, mercredi midi, jeudi midi, vendredi midi

DELME

57590 – Moselle – Carte régionale n° **12**–C2

À LA 12

CUISINE CRÉATIVE • **CONTEMPORAIN** Voici le petit royaume de la famille François, qui en tient les rênes depuis 1954. Avec Thomas et Laura, la troisième génération, la maison est entre de bonnes mains. La cuisine de Thomas n'est simple qu'en apparence et se révèle vite subtile et délicate, avec un joli penchant pour les herbes et les épices : réjouissant.

- Menu 14 € (déjeuner), 40/69 € - Carte 60/72 €

6 place de la République – 03 87 01 30 18 – www.ala12.fr – Fermé : lundi, mardi, dimanche soir

DOMMARTIN-LÈS-REMIREMONT

88200 – Vosges – Carte régionale n° **12**–C3

LE KARELIAN

CUISINE MODERNE • **CONTEMPORAIN** Une salle feutrée, épurée, écrin idéal d'une cuisine moderne et créative. Aux fourneaux, le chef n'a de cesse d'affiner son style culinaire. En salle, son épouse évolue avec prestance et professionnalisme. Le séduisant chariot de desserts ravira les amateurs de douceurs.

- Menu 22/70 € - Carte 32/70 €

36 rue du Cuchot – 03 29 62 44 05 – www.lekarelian.com – Fermé : lundi, mardi, dimanche soir

ÉCOUVIEZ

55600 – Meuse – Carte régionale n° **12**–A1

LES ÉPICES CURIENS

CUISINE MODERNE • **SIMPLE** En se baladant dans les parages, on passe facilement en Belgique sans s'en rendre compte... mais l'ancienne gare de ce village frontalier, transformée en un sympathique restaurant, saura vous retenir en France. On y déguste une cuisine inspirée et bien tournée, accompagnée de bons petits vins. Beaucoup de goût !

- Menu 34/56 €

3b place de la Gare – 03 29 86 84 58 – www.lesepicescuriens.com – Fermé : lundi soir, mardi, mercredi, dimanche soir

ÉPINAL

⊠ 88000 - Vosges - Carte régionale n° **12**-C3

LES DUCS DE LORRAINE

Chefs : Stéphane Ringer et Rémi Gornet

CUISINE MODERNE • **ÉLÉGANT** Au cœur de la capitale des Vosges, Stéphane Ringer et Rémi Gornet en cuisine, Karine Ringer et Antoine Lecomte en salle règnent dans ce beau manoir de style Tudor où hauts plafonds, vitraux, bois nobles et stucs chatoient de concert pour offrir un moment d'exception. Quatre mains exécutent une cuisine fine et créative basée sur de très beaux produits - homard, langoustines, coquilles Saint-Jacques, caviar, ris de veau - et des cuissons impeccables. Final en beauté avec un délicieux chariot de desserts (dont un superbe gâteau au chocolat noir intense et biscuit légèrement imbibé au whisky). Rien de figé en cette table renommée, mais un travail de qualité, repas après repas.

- Menu 50/130 € - Carte 110/155 €

5 avenue de Provence - 03 29 29 56 00 - www.restaurant-ducsdelorraine.com - Fermé : lundi, dimanche

FAULQUEMONT

⊠ 57380 - Moselle - Carte régionale n° **12**-C1

TOYA

Chef : Loïc Villemin

CUISINE CRÉATIVE • **ÉPURÉ** Tōya ? Un célèbre lac volcanique au nord du Japon, au cœur du parc national de Shikotsu-Tōya. Aux yeux du jeune chef globe-trotter Loïc Villemin, cette région est en quelque sorte l'Éden de la gastronomie. Poissons, plantes et herbes sauvages y abondent, tandis qu'on y pratique l'élevage extensif et un maraîchage de qualité. De quoi inspirer cette table zen (ouverte sur la verdure d'un golf) et branchée "nature" ! Notre aspirant moine bouddhiste a fait retraite dans les meilleurs monastères gourmands, ceux de Jean-Georges Klein, Nicolas Le Bec, Bernard Loiseau et Arnaud Lallement. Il aime travailler les beaux produits au travers d'un menu mystère parfois végétarien. Technique pointue et créativité s'expriment avec force et saveur dans ce mille-feuille d'omble chevalier-céleri et ses œufs de brochet. Immanquable.

L'engagement du chef : *Depuis mon enfance j'ai été sensibilisé à l'écologie. Au Toya, je travaille pour que mon établissement réduise son impact sur tous les plans. Nous pratiquons une démarche zéro déchet, zéro plastique et sans poissons de mer, victimes de surpêche. Pour la viande, nous valorisons des pièces entières. Nos légumes sont cultivés en collaboration avec un maraîcher dans un jardin dédié au restaurant.*

- Menu 52 € (déjeuner), 90/120 €

Avenue Jean-Monnet - 03 87 89 34 22 - www.toya-restaurant.fr - Fermé : lundi, mardi, dimanche

FONTENOY-LA-JOÛTE

⊠ 54122 - Meurthe-et-Moselle - Carte régionale n° **12**-C2

L'IMPRIMERIE

CUISINE MODERNE • **CONVIVIAL** Il était une fois un petit village connu pour sa passion du livre... Quoi de plus naturel que l'ancienne imprimerie se transforme en haut lieu de culture des sens ? Ici, on propose une cuisine moderne sous forme de menus surprises ; le chef aime à rôtir dans sa cheminée les pièces entières fournies par les éleveurs voisins...

- Menu 48/57 €

39 rue de la Division-Leclerc - 03 83 89 57 15 - www.restaurantlimprimerie.com - Fermé : lundi soir, mardi, mercredi

GÉRARDMER

✉ 88400 - Vosges - Carte régionale n° **12**-C3

LES BAS-RUPTS

CUISINE CLASSIQUE • **ÉLÉGANT** La table des Bas-Rupts est le lieu idéal pour apprécier une cuisine classique revisitée. Superbe carte des vins.

- Menu 42 € (déjeuner), 58/105 € - Carte 60/116 €

181 route de la Bresse, les Bas-Rupts - 03 29 63 09 25 - www.bas-rupts.com - Fermé : mardi midi, mercredi midi

LE PAVILLON PÉTRUS

CUISINE MODERNE • **ÉLÉGANT** À l'unisson de l'ambiance feutrée des parties communes (bar, billard, fumoir), la salle de ce Pavillon n'est pas sans élégance, avec son lustre Murano imposant sous son plafond drapé, ses tables rondes et ses fauteuils en velours. Belle carte des vins, entre classiques français et solide sélection alsacienne.

- Menu 55/92 € - Carte 64/97 €

Place du Tilleul - 03 29 63 06 31 - www.grandhotel-gerardmer.com - Fermé : mardi, mercredi, jeudi midi

LA P'TITE SOPHIE

CUISINE MODERNE • **COSY** L'annexe des Jardins de Sophie, avec son cadre boisé et contemporain, met en valeur une bonne cuisine du marché, saisonnière et généreuse - foie gras mi-cuit, chutney de fraises au poivre Timut ; filet de bar, risotto d'épeautre, réduction d'une bouillabaisse ; financier pistache, griottes en espuma. L'accueil y est particulièrement sympathique.

- Menu 31/55 € - Carte 39/51 €

40 rue Charles-de-Gaulle - 03 29 41 76 96 - www.compagnie-des-hotels-des-lacs.fr - Fermé : lundi, jeudi soir, dimanche soir

LA TABLE DU ROUAN

CUISINE MODERNE • **BRASSERIE** Julien Jeanselme, chef concerné et accueillant, réalise une cuisine franche et fraîche, dont l'ancrage régional n'interdit pas les clins d'œil, notamment à la Provence (il affectionne la soupe de poissons), ou les hommages - ici à l'arrière-grand-père, étoilé... en 1936! - avec la terrine de montagne "Ernest Jeanselme". Une valeur sûre.

- Menu 20 € (déjeuner), 26/55 € - Carte 54/62 €

2 boulevard de la Jamagne - 03 29 63 36 86 - www.jamagne.com

GOLBEY

✉ 88190 - Vosges - Carte régionale n° **12**-C3

LA CANAILLE

CUISINE MODERNE • **CONVIVIAL** Le chef Jimmy Zingraff aime prendre son temps pour faire découvrir son menu dégustation et mystère, où de belles pépites de saison défilent à l'image de ces Saint-Jacques, mousseline de chou-fleur ou encore de ce colvert et de sa variation de betteraves. On goûte aussi cette atmosphère intimiste entre poutres, pierres apparentes et cuisine ouverte.

- Menu 60 €

65 rue du Général-Leclerc - 03 29 65 32 29 - la-canaille.fr - Fermé : lundi, dimanche et le midi

HAGONDANGE

✉ 57300 - Moselle - Carte régionale n° **12**-B1

QUAI DES SAVEURS

Chef : Frédéric Sandrini

CUISINE MODERNE • **TENDANCE** Ceux qui l'aiment prendront le train ! Le chef Frédéric Sandrini a posé armes et bagages face à la gare d'Hagondange, toute vêtue de blanc et de grès des Vosges. Vos papilles ne resteront pas insensibles à son travail : épris de patrimoine et de transmission, il prend aussi un malin plaisir à bousculer la tradition gastronomique locale. Sa cuisine imaginative et moderne, en mouvement constant, s'appuie sur des produits de très haut niveau, notamment ses ormeaux de plongée de la baie de Saint-Brieuc, ses poissons du Guilvinec, ses volailles de Bresse ou son plateau de fromages signé Hervé Mons. Le tout dans un joli cadre contemporain plutôt sobre. Deux menus surprise à découvrir.

- Menu 75/125 €

69 rue de la Gare - 03 87 71 24 98 - www.quaidessaveurs.com - Fermé : lundi, mardi, dimanche soir

LANGUIMBERG

57810 - Moselle - Carte régionale n° **12**-C2

CHEZ MICHÈLE

Chef : Bruno Poiré

CUISINE MODERNE • ÉLÉGANT Ancien café de village, puis auberge familiale (entièrement rénovée)... et enfin table gastronomique reconnue au cœur de la région des étangs de Moselle. Voilà une jolie trajectoire pour ce restaurant dorénavant tenu par Bruno Poiré, le fils de Michèle. S'il a fait ses premières gammes dans le restaurant familial dès l'adolescence, ce chef a beaucoup appris sur la route, et notamment chez Georges Blanc à Vonnas et au Buerehiesel d'Antoine Westermann. Il signe une cuisine d'aujourd'hui généreuse et précise, qui n'hésite pas à lorgner du côté du Sud : on se régale dans un cadre vraiment plaisant, en profitant du service sérieux et attentif.

- Menu 27 € (déjeuner), 85/150 € - Carte 70/90 €

57 rue Principale - 03 87 03 92 25 - www.chezmichele.fr - Fermé : mardi, mercredi

LUNÉVILLE

54300 - Meurthe-et-Moselle - Carte régionale n° **12**-C2

CHÂTEAU D'ADOMÉNIL

Chef : Cyril Leclerc

CUISINE TRADITIONNELLE • LUXE Au cœur de la campagne de Lunéville, ce charmant petit château classique se prélasse au cœur de son parc boisé. On traverse une enfilade solennelle de salles au cachet historique intact, avec boiseries anciennes, parquets et cheminées... La salle à manger s'ouvre, elle, sur le parc. Quelques subtiles touches baroques et contemporaines viennent égayer ce décor de rêve qui est à l'unisson de la cuisine du chef, une cuisine traditionnelle, rehaussée de touches actuelles. Ancien pâtissier, Cyril Leclerc, lorrain talentueux et discret, aime les beaux produits. Il les traite avec respect comme en témoignent la justesse de ses cuissons et de ses saveurs. Célébrée par son épouse experte qui veille en salle, la carte des vins n'est pas en reste...

- Menu 75/160 €

7 route Mathieu-de-la-Haye - Adoménil-Rehainviller - 03 83 74 04 81 - www.adomenil.com - Fermé : lundi, mardi, mercredi midi, jeudi midi, vendredi midi, dimanche soir

MALLING

57480 - Moselle - Carte régionale n° **12**-B1

OLMI

CUISINE CLASSIQUE • CONTEMPORAIN Prenez un chef aux origines italiennes, le retour de la fille prodigue en pâtisserie et du fils en sommellerie, et vous obtiendrez la renaissance de cette auberge, sise dans les murs d'un ancien relais routier. Cuisine classique, pasta et terrasse sous les arbres : une affaire familiale comme on les aime !

- Menu 27 € (déjeuner), 45/65 € - Carte 58/75 €
11 route Nationale, Petite-Hettange - 03 82 50 10 65 - www.olmi-restaurant.fr - Fermé : lundi, mardi, jeudi soir, dimanche soir

MANOM

57100 - Moselle - Carte régionale n° **12**-B1

LES ÉTANGS

CUISINE MODERNE • **TENDANCE** À la sortie de Manom, prenez donc la route de Garche, vous tomberez sur cette bâtisse moderne, et sa terrasse au bord de l'eau. La cuisine, soignée et précise, se déguste dans une salle à dîner chic et tendance. De belles viandes maturées font de l'œil aux carnivores, depuis une cave de maturation...

- Menu 45/55 € - Carte 55/69 €
Route de Garche - 03 82 53 26 92 - www.restaurantlesetangs.com - Fermé : lundi, mardi, dimanche soir

METZ

57000 - Moselle - Carte régionale n° **12**-B1

À TABLE

CUISINE MODERNE • **BISTRO** Dans ce quartier d'Outre-Seille plein de vie et d'authenticité (le plus ancien quartier de Metz), véritable village au cœur du centre-ville, un sympathique duo -Paul Fabuel et sa compagne - ont imaginé un repaire cosy, où produits frais et recettes maîtrisées offrent une jolie palette de saveurs. Une adresse comme on les aime.

Menu 33 € (déjeuner), 46 € - Carte 43/55 €
Plan : D2-4 - *20 rue Vigne-Saint-Avold - 03 87 66 73 53 - www.atablemetz.eatbu.com - Fermé : lundi, mardi midi, mercredi midi, dimanche soir*

CHEZ MOI

CUISINE TRADITIONNELLE • **BISTRO** Ce bistrot de quartier a été repris par un jeune chef sympathique au bon parcours, qui a travaillé en France et à l'étranger. Ce double apprentissage se lit dans une cuisine qui évolue entre plats canailles (pâté en croûte) et spécialités du monde, à l'instar du bibimbap très parfumé. Sans oublier la soupe de fraise, savoureux hommage à sa grand-mère.

- Menu 33 €
Plan : D2-5 - *22 place des Charrons - 03 87 74 39 79 - www.chez-moi.fr - Fermé : lundi, dimanche*

DERRIÈRE

CUISINE MODERNE • **COSY** Quelle belle surprise ! Le chef réalise une cuisine soignée et lisible, sans jamais céder aux effets de mode, avec un respect profond pour le produit, comme avec ce thon rouge de méditerranée, avocat et yuzu. La petite salle de derrière (d'où le nom du restaurant) a été joliment aménagée ; le service est pro et détendu. Un bonheur.

- Menu 55/70 € - Carte 57/64 €
Plan : D1-1 - *17 rue de la Chèvre - 03 87 66 23 63 - www.restaurant-derriere.com - Fermé : lundi midi, dimanche*

83 RESTAURANT

CUISINE ITALIENNE • **CONVIVIAL** À 10mn à pied du Centre Pompidou-Metz, ce restaurant sympathique met à l'honneur la gastronomie italienne, à travers des produits triés sur le volet (charcuteries, burrata, pâtes, poissons sauvages, viandes de race). Et pour accompagner tout cela, une belle sélection de vins transalpins !

- Carte 47/62 €
Plan : D2-6 - *83 rue Mazelle - 03 87 75 20 20 - www.83restaurant.com - Fermé : lundi soir, samedi midi, dimanche*

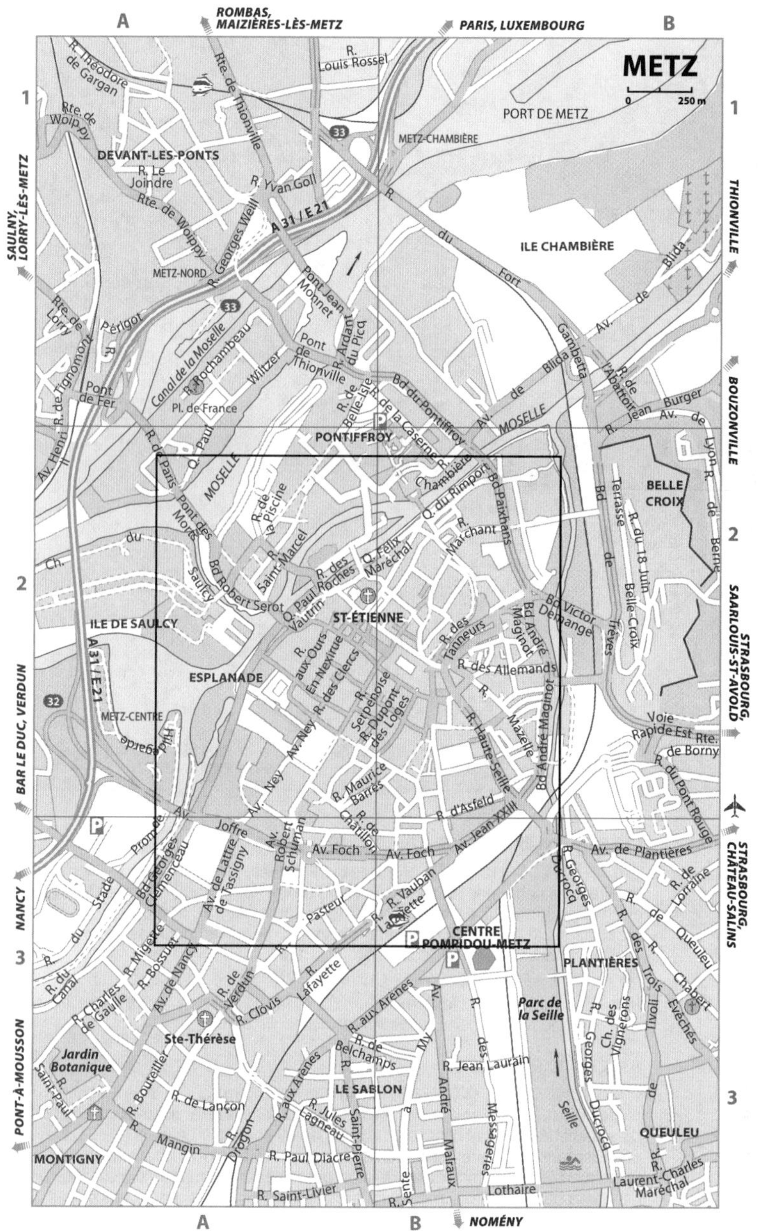
METZ
0 250 m
ROMBAS, MAIZIÈRES-LÈS-METZ
PARIS, LUXEMBOURG
THIONVILLE
BOUZONVILLE
STRASBOURG, SAARLOUIS-ST-AVOLD
STRASBOURG, CHÂTEAU-SALINS
NOMÉNY
PONT-À-MOUSSON
NANCY
BAR LE DUC, VERDUN
SAULNY, LORRY-LÈS-METZ
PORT DE METZ
METZ-CHAMBIÈRE
DEVANT-LES-PONTS
ILE CHAMBIÈRE
METZ-NORD
PONTIFFROY
BELLE CROIX
ILE DE SAULCY
ST-ÉTIENNE
ESPLANADE
METZ-CENTRE
CENTRE POMPIDOU-METZ
PLANTIÈRES
Parc de la Seille
Ste-Thérèse
Jardin Botanique
LE SABLON
QUEULEU
MONTIGNY
MOSELLE
Canal de la Moselle
A 31 / E 21
Pl. de France
Av. Foch
Av. de Plantières
Seille

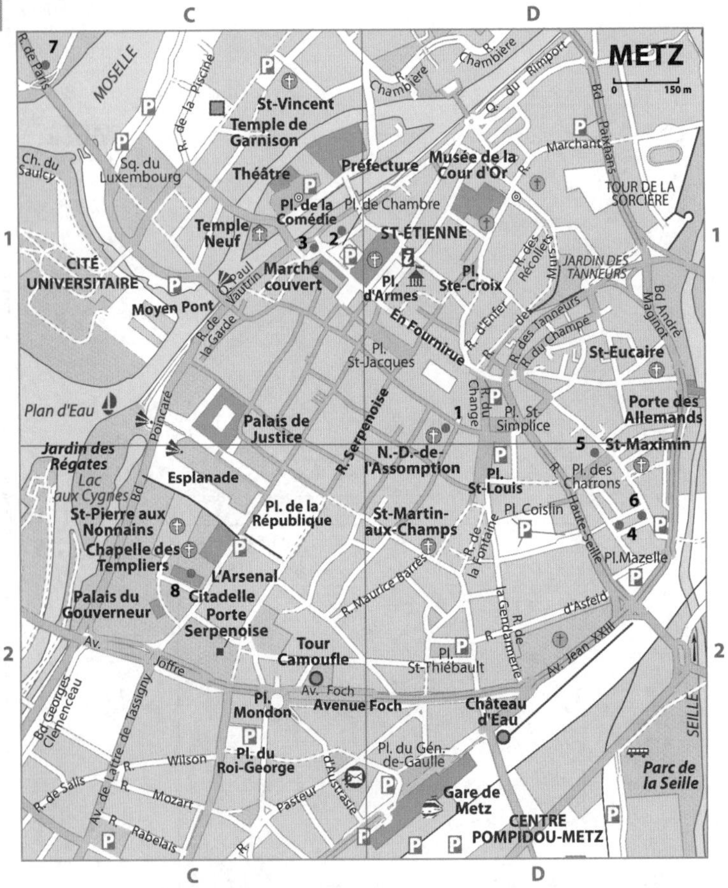

LE JARDIN DE BELLEVUE

CUISINE MODERNE • **ÉLÉGANT** Une belle clientèle plébiscite cette maison centenaire de la périphérie messine (à 2 km du centre Pompidou), tenue par Nathalie et Philippe Jung. Lui, en cuisine, travaille des produits frais et propose des plats attractifs, au goût du jour. Elle, comme la jeune équipe qui l'entoure, assure un accueil charmant dans une salle à la sobriété toute actuelle.

- Menu 53/80 € - Carte 71/82 €

Hors plan – *58 rue Claude-Bernard – ✆ 03 87 37 10 27 – www.lejardindebellevue.com – Fermé : lundi, mardi, samedi midi, dimanche soir*

LA LANTERNE (N)

CUISINE MODERNE • **CONTEMPORAIN** Cette "Lanterne" s'inspire de "La Lanterne du Bon Dieu", surnom de la cathédrale de Metz qui domine le restaurant. Outre "le bon Dieu", cet établissement bénéficie de toutes les attentions d'un jeune couple, la cheffe Célia Bertrand, originaire de Metz, et son compagnon Romain Bouchesèche, jurassien, présent en salle et sommellerie. Célia propose une cuisine moderne (lieu jaune de ligne, morilles, vin jaune), assortie de clins d'œil au Jura où ils se sont rencontrés.

- Menu 48/72 € - Carte 68/80 €

Plan : C1-2 – *17 place de la Chambre – ✆ 03 87 79 42 08 – www.lalanternemetz.fr – Fermé : lundi midi, mardi midi, mercredi*

LE PAMPRE

CUISINE MODERNE • **ÉLÉGANT** Une cuisine moderne et inventive, réalisée par un chef adepte des nouvelles techniques de cuisine, et servie dans un cadre contemporain par Madame et sa fille, qui propose un choix de vins astucieux. Le chef propose 4 menus mystère dont un végétarien et travaille en circuits courts avec de nombreux producteurs locaux.

- Menu 49/90 €

Plan : C1-3 - *31 place de Chambre - 03 87 50 16 20 - www.lepampre.fr - Fermé : lundi midi, mardi midi, mercredi midi, jeudi midi*

QUINTESSENCE

CUISINE MODERNE • **CONTEMPORAIN** Sur cette petite île du cœur de Metz, Quintessence est la première adresse d'un jeune chef mosellan au beau parcours (Flocons de Sel, notamment). En lien direct avec les producteurs de la région, il signe une bonne cuisine entre tradition et créativité.

- Menu 49/59 € - Carte 50/57 €

Plan : C1-7 - *1 rue de Paris - 03 87 31 46 88 - www.quintessence-restaurant.com - Fermé : mardi, mercredi, dimanche soir*

LA RÉSERVE

CUISINE MODERNE • **CONTEMPORAIN** Au sein de l'hôtel La Citadelle, ancien magasin aux vivres dont les origines remontent au 16ème s., la cuisine bistrotière d'Aurélien Person s'avère tout à la fois gourmande et généreuse : tartare de gambas "Black Tiger" et coulis de tomates Green Zebra, filet de bœuf au lard lorrain et oignons doux... Une Réserve à apprécier sans réserve.

- Menu 40/65 € - Carte 45/62 €

Plan : C2-8 - *5 avenue Ney - 03 87 17 17 17 - www.citadelle-metz.com*

MONTENACH

57480 - Moselle - Carte régionale n° **12**-C1

LE K

CUISINE MODERNE • **CONVIVIAL** Une belle propriété située à quelques kilomètres seulement de la frontière commune entre l'Allemagne, le Luxembourg et la France. Piliers et voûtes en pierre... On se croirait dans de l'ancien, mais c'est tout neuf ! La cuisine, dans l'air du temps, met en valeur les produits de saison. Le lieu déborde de charme.

- Menu 59/105 €

2 impasse du Klaussberg - 03 82 83 19 75 - www.domainedelaklauss.com - Fermé : dimanche et le midi

LES MONTHAIRONS

55320 - Meuse - Carte régionale n° **12**-A1

HOSTELLERIE DU CHÂTEAU DES MONTHAIRONS

CUISINE MODERNE • **BOURGEOIS** Lobe de foie gras de canard poêlé et son chutney de pomme Granny Smith, pavé de filet de bœuf, pommes grenailles, gibier en saison : cette table châtelaine et familiale permet d'apprécier une cuisine mêlant joliment bases classiques et touches plus actuelles. Et, comme on l'imagine, le cadre de ce château, situé dans la vallée de la Meuse, est superbe : moulures, vieux parquet, tentures épaisses...

- Menu 50/84 € - Carte 65/81 €

26 route de Verdun - 03 29 87 78 55 - www.chateaudesmonthairons.fr - Fermé : lundi, mardi midi

✉ 54000 -
Meurthe-et-Moselle
Carte régionale n° **12**-B2

NANCY

Qu'évoque Nancy pour vous ? La place Stanislas, toute de dorures sur fond de ciel bleu ? Les bergamotes sagement rangées dans leurs belles boîtes de fer ? Les macarons ? La capitale des ducs de Lorraine ? L'Art nouveau, présent dans les rues et dans les musées ? Nancy, c'est tout cela à la fois, comme on le découvre dans son marché couvert central et dans ses belles boutiques de bouche. On admire les douceurs lorraines de la Maison des Sœurs Macarons et celles de Jean-François Adam – Pâtisserie St-Epvre (fondée en 1882). Quant à la confiserie Lefèvre-Lemoine, une institution depuis 1840, c'est aussi un véritable musée de l'art lorrain, avec ses vaisseliers garnis de pièces anciennes fabriquées à la manufacture de faïences de Lunéville. Évidemment, on ne quitte pas Nancy sans un pot de confiture de groseilles de Bar-le-Duc, un munster (qui voyage bien mieux sous vide) ou une bouteille d'eau-de-vie de quetsche, mirabelle, cerise, framboise ou bien gentiane...

LA MAISON DANS LE PARC

Chefs : Charles Coulombeau

CUISINE MODERNE • DESIGN Un vent nouveau souffle sur cette maison emblématique de Nancy, une demeure bourgeoise accolée à l'opéra et située juste derrière l'une des plus belles places de France. Un jeune couple, Charles Coulombeau aux fourneaux et son épouse Roxane en salle, passés notamment par les Prés d'Eugénie, Lameloise et la Table des Frères Ibarboure, proposent une cuisine moderne, aux cuissons maîtrisées, agrémentée d'une pointe de créativité et de clins d'œil au Japon (où le chef a travaillé quelques mois) : les agrumes (comme la main de Bouddha ou le calamondin) et saveurs asiatiques côtoient de superbes produits tels que la langoustine ou la poularde de Bresse au nori. Un coup de cœur (sans oublier la fameuse terrasse face au... parc).

- Menu 42 € (déjeuner), 72/105 €

Plan : B1-6 - *3 rue Sainte-Catherine - ✆ 03 83 19 03 57 - www.lamaisondansleparc.com - Fermé : lundi, mardi, dimanche soir*

MADAME

CUISINE MODERNE • CONVIVIAL Voici un bistrot plutôt inclassable, légèrement excentré (à l'échelle de Nancy), où une chef passionnée cuisine du frais selon le marché et ses envies du moment. L'ambiance est sympathique, c'est bon, et on ne s'ennuie jamais. Sans oublier une jolie sélection de vins nature, avec les conseils qui vont avec. Merci Madame !

A/C - Menu 24 € (déjeuner) - Carte 30/55 €

Plan : A1-3 - *52 rue Henri-Deglin - ✆ 03 83 22 37 18 - www.madamerestaurant.fr - Fermé : lundi soir, mardi soir, mercredi soir, jeudi soir, samedi, dimanche*

CABOSSE 

CUISINE MODERNE • CONTEMPORAIN La cabosse, c'est le fruit du cacaoyer mais aussi le restaurant du Petit Atelier, qui associe une boulangerie-pâtisserie et un laboratoire chocolatier. Qu'on se rassure : dans cette petite salle à manger contemporaine, on ne mange pas que du chocolat, mais une cuisine de saison 100% végétarienne - et la touche chocolatée (sauce, poudre, sel..) demeure subtile.

A/C – Menu 28 € (déjeuner), 58/90 €

Plan : G2-84 – *52 rue Stanislas – ✆ 03 58 28 78 00 – www.lepetitatelieranancy.com/restaurant – Fermé : lundi, mardi*

LE CAP MARINE

POISSONS ET FRUITS DE MER • ÉLÉGANT Cette institution familiale nancéienne, née il y a 70 ans, poursuit sa route sans accrocs, de la salle aux fourneaux. On découvre un décor chic et contemporain, tout en tons chocolat et bois blond, et une belle cuisine de la mer, ainsi la sole de ligne dorée au beurre et les grenouilles sautées aux herbes fraîches... Un régal.

A/C – Menu 30/72 € - Carte 54/94 €

Plan : A1-4 – *60 rue Stanislas – ✆ 03 83 37 05 03 – www.restaurant-capmarine.fr – Fermé : mercredi midi, samedi midi, dimanche*

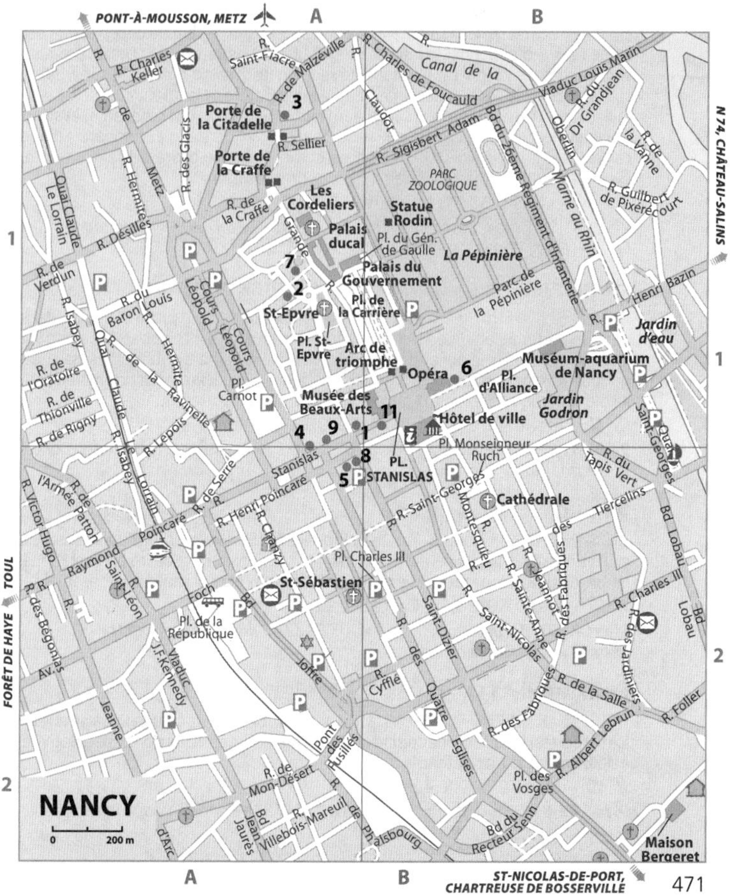

LE CAPU

CUISINE CLASSIQUE • TENDANCE Une table en vue dans la ville : ici, on apprécie le décor élégant, au chic contemporain affirmé, rehaussé de notes baroques (couleur et velours) comme la cuisine, généreuse - ainsi le foie gras de canard confit, au macaron de Nancy.

♿ AC ⚙ - Menu 23 € (déjeuner), 48 € - Carte 48/72 €

Plan : A2-5 - *31 rue Gambetta - ✆ 03 83 35 26 98 - www.lecapu.com - Fermé : lundi, dimanche*

RACINE N

CUISINE MODERNE • TENDANCE Situé à deux pas de la place Stanislas, le restaurant du jeune chef Martin Debuiche (ex-second de Vigato, chez Apicius) et son associé le boucher et restaurateur Alexandre Polmard propose une cuisine du marché au travers de menus à l'aveugle en 3, 5 ou 8 séquences. Les produits sont de belle qualité, les recettes bien ficelées. Suggestions à la carte au fil des saisons (turbot, tourtes, lièvre à la royale).

⛱ ⚙ - Menu 39 € (déjeuner), 59/89 €

Plan : B1-11 - *9 rue Stanislas - ✆ 09 86 33 24 20 - www.racine-nancy.com - Fermé : lundi, dimanche*

LA TOQ'

CUISINE MODERNE • ÉLÉGANT Avec ou sans toque, le chef de ce restaurant est un sérieux professionnel, qui signe de savoureuses assiettes ! Les beaux produits sont sa matière première : escalope de saumon juste saisie présentée sur ardoise, suprême de volaille fermière cuite à basse température... Mais il est aussi à l'aise en milieu marin (ravioles de langoustines, minestrone de légumes croquants) et sucré (millefeuille, crème légère à la vanille de Madagascar). Le tout s'accompagne d'une carte des vins de plus de 300 références, et toc ! Quant au cadre, élégant et feutré, avec ses voûtes en pierre séculaire, il fait forte impression.

🍇 AC ⛱ - Menu 33/78 € - Carte 55/75 €

Plan : A1-2 - *1 rue Monseigneur-Trouillet - ✆ 03 83 30 17 20 - www.latoq.fr - Fermé : lundi, dimanche soir*

TRANSPARENCE - LA TABLE DE PATRICK FRÉCHIN

CUISINE MODERNE • CONTEMPORAIN À deux pas de la place Stanislas, dans une rue piétonne animée, le chef Patrick Fréchin a souhaité apparaître en toute Transparence : on peut donc le voir travailler derrière sa verrière d'atelier ! Ses assiettes, qui jouent volontiers la sobriété visuelle, mettent en valeur la production maraîchère locale, comme sur ce dessert qui associe la carotte au butternut.

⛱ ⚙ - Menu 40 € (déjeuner), 50/90 €

Plan : A1-1 - *28 rue Stanislas - ✆ 03 83 32 20 22 - www.restaurant-transparence.fr - Fermé : lundi, dimanche*

V FOUR

CUISINE MODERNE • INTIME Disciple de Gérard Veissière, Bruno Faonio crée une cuisine créative et soignée, associant fraîcheur des produits et belles présentations. Inutile de dire qu'on joue souvent à guichets fermés et qu'il vaut mieux réserver.

AC ⛱ - Menu 30/36 € - Carte 54/92 €

Plan : A1-7 - *10 rue Saint-Michel - ✆ 03 83 32 49 48 - www.levfour.fr - Fermé : lundi, dimanche soir*

LE 27 GAMBETTA

CUISINE MODERNE • CONVIVIAL Ris de veau, foie gras : le chef ne travaille que de jolis produits de saison. Une cuisine de bistrot agrémentée d'une pointe de créativité, à deux pas de la place Stanislas.

⛱ ⚙ - Menu 21 € (déjeuner), 30 €

Plan : A2-8 - *27 rue Gambetta - ✆ 03 83 35 81 33 - Fermé : lundi, dimanche soir*

PLAINE-DE-WALSCH

57870 - Moselle - Carte régionale n° **12**-D2

ÉTABLE GOURMANDE

CUISINE MODERNE • **AUBERGE** Élégant et rustique, le cadre surprend d'abord. Puis vient la belle charcuterie de cochon fermier, le gibier en saison, une cuisine aussi généreuse que bien exécutée. Une étable – ou étape – effectivement gourmande ! Chambres agréables, dans un esprit chalet.

- Menu 54/60 €

3 route du Stossberg - 03 87 25 66 34 - letablegourmande.com - Fermé : lundi midi, mardi midi, mercredi midi, jeudi midi, samedi midi, dimanche

PLAPPEVILLE

57050 - Moselle - Carte régionale n° **12**-B1

EMOTIONS

CUISINE MODERNE • **CONTEMPORAIN** Au cœur du village, cette ancienne maison de vigneron a été transformée en un restaurant (ex la Vigne d'Adam) à la déco épurée qui marie bois, tissus et matériaux naturels. La cuisine épouse les saisons pour des noces gastronomiques aux invités prestigieux : lièvre à la royale à l'automne, menu truffe en hiver, asperges au printemps et homard en été ! Plus de 400 références de vins.

- Menu 35 € (déjeuner), 42/80 € - Carte 42/72 €

50 rue du Général-de-Gaulle - 03 87 30 36 68 - www.restaurant-emotions.fr - Fermé : lundi, dimanche

REMIREMONT

88200 - Vosges - Carte régionale n° **12**-C3

LE CLOS HEURTEBISE

CUISINE MODERNE • **ÉLÉGANT** À l'écart de l'agitation, cette maison bourgeoise, tenue par un couple sympathique, propose une cuisine dans l'air du temps – ainsi ce dos de cabillaud mariné ou ce saumon à l'unilatérale. La terrasse d'été offre une jolie vue sur les ballons des Vosges.

- Menu 34/50 €

13 chemin des Capucins - 03 29 62 08 04 - www.leclosheurtebise.com - Fermé : lundi, mercredi, dimanche soir

POULE OU COQ

CUISINE MODERNE • **CONVIVIAL** Poule ou Coq ? Un jeu pratiqué par les enfants dans les villages vosgiens... et ce restaurant emmené par un jeune chef, pâtissier de formation. Il propose une cuisine du terroir gourmande et bien ficelée, réalisée à partir de produits de bonne qualité, à déguster dans un intérieur moderne mêlant bois, acier et béton.

- Menu 29/35 €

56 rue Charles-de-Gaulle - 03 29 26 54 76 - www.restaurant-pouleoucoq.com - Fermé : lundi

RICHARDMÉNIL

54630 - Meurthe-et-Moselle - Carte régionale n° **12**-B2

LE BON ACCUEIL

CUISINE MODERNE • **FAMILIAL** Il y a d'abord le charme suranné de cette maison typique des années 1960... il y a ensuite l'association d'un frère (aux fourneaux) et d'une sœur (en salle), qui l'un et l'autre ne cessent de gagner en assurance. Cuisine dans l'air du temps, jolie cave à vins, agréable terrasse pour les beaux jours : bingo.

- Menu 35/48 €

1 rue de Laval - 03 83 25 62 10 - www.aubonaccueil-restaurant.com - Fermé : lundi, mercredi soir, dimanche soir

ST-QUIRIN

57560 - Moselle - Carte régionale n° **12**-D2

HOSTELLERIE DU PRIEURÉ

CUISINE TRADITIONNELLE • **FAMILIAL** Dans cet ancien couvent du 18e s., le chef s'en donne à cœur joie avec les produits du terroir (mirabelles, perche de Vasperviller, etc.) ; les portions sont généreuses, et les desserts de Maeva, la fille des patrons, savoureux. Spécialité de la maison : le ballotin de pied de porc, farci au foie gras. Quelques chambres bien pratiques.

- Menu 16 € (déjeuner), 34/89 € - Carte 44/65 €

163 rue du Général-de-Gaulle - 03 87 08 66 52 - www.prieuresaintquirin.com - Fermé : mardi soir, mercredi, samedi midi

SARREGUEMINES

57200 - Moselle - Carte régionale n° **12**-D1

AUBERGE ST-WALFRID

Chef : Stephan Schneider

CUISINE TRADITIONNELLE • **ÉLÉGANT** Sur la route qui mène de Metz à Strasbourg, il était une fois une bien jolie auberge, ancienne dépendance agricole rattachée à l'église de Welferding. Stephan Schneider incarne aujourd'hui la cinquième génération d'une famille qui exerce ici depuis la fin du 19e s. Il a repris les rênes de cette maison que son père avait inscrite sur la carte régionale de la gastronomie. On s'attable dans une grande salle bourgeoise et chaleureuse au parquet ancien, parmi les vitrines où brille la faïence de Sarreguemines. Le chef est un défenseur de la belle tradition ! Il aime travailler avec les maraîchers de la région (il possède lui-même un potager), acheter des bêtes entières, pour les préparer lui-même - y compris les charcuteries. À la force du goût. Chambres spacieuses pour l'étape.

- Menu 88/136 € - Carte 75/125 €

58 rue de Grosbliederstroff - 03 87 98 43 75 - www.stwalfrid.com - Fermé : lundi, mardi midi, samedi midi, dimanche soir

STIRING-WENDEL

57350 - Moselle - Carte régionale n° **12**-C1

LA BONNE AUBERGE

CUISINE CRÉATIVE • **ÉLÉGANT** À la sortie de Forbach, aux confins de la Lorraine, de l'Allemagne et du Luxembourg, une adresse incontournable du bassin houiller. C'est l'antre des sœurs Egloff : Lydia œuvre en cuisine tandis qu'Isabelle supervise le service - bref, une adresse profondément féminine qui cultive une proximité attachante avec le client. Sans oublier une serre en guise de jardin d'hiver, une salle lumineuse et originale, ainsi qu'une belle carte des vins.

- Menu 65 € (déjeuner), 95/140 € - Carte 95/115 €

15 rue Nationale - 03 87 87 52 78 - Fermé : lundi, mardi, samedi midi, dimanche soir

THIONVILLE

57100 - Moselle - Carte régionale n° **12**-B1

AUX POULBOTS GOURMETS

CUISINE CLASSIQUE • **ÉLÉGANT** On connaissait les poulbots de Montmartre, il faut désormais compter avec ceux de Thionville ! De grandes baies vitrées, des chaises Lloyd Loom et des lustres modernes participent au charme contemporain du lieu, où l'on dîne d'une salade de homard et légumes de saison, ou d'une poêlée de grenouilles...

- Menu 55/68 € - Carte 60/78 €

9 place aux Fleurs - 03 82 88 10 91 - www.poulbotsgourmets.com - Fermé : lundi, mardi, samedi midi, dimanche soir

VAGNEY

88120 - Vosges - Carte régionale n° **12**-C3

LES LILAS

CUISINE MODERNE • **COSY** Dans cette localité au pied des Vosges, impossible de manquer la grande bâtisse rose saumon sur le bord de la route ! Vous serez chaleureusement accueillis par Armelle, dans la salle aux belles verrières Art déco tandis que Lionel, en cuisine, réalise de bons plats actuels, augmentés parfois de quelques touches créatives. Agréable terrasse.

- Menu 21 € (déjeuner), 35/57 € - Carte 39/52 €

12 rue du Général-de-Gaulle - 03 29 23 69 47 - www.restaurantleslilas.fr - Fermé : lundi soir, mardi, mercredi

VOLMUNSTER

57720 - Moselle - Carte régionale n° **12**-D1

L'ARGOUSIER

CUISINE MODERNE • **CONTEMPORAIN** Dans ce restaurant à la jolie décoration contemporaine, la cuisine du jeune chef valorise les produits de saison. Les cuissons et assaisonnements sont justes, les présentations soignées, la cuisine en mouvement : on ne s'ennuie jamais. Quant au service, il est aux petits oignons ! Très beau choix de vieux rhums.

- Menu 60/80 €

1 rue de Sarreguemines - 03 87 96 28 99 - www.largousier.fr - Fermé : lundi soir, mardi, mercredi

WŒLFLING-LÈS-SARREGUEMINES

57200 - Moselle - Carte régionale n° **12**-D1

RESTAURANT DIMOFSKI

CUISINE ACTUELLE • **VINTAGE** Julien Dimofski est un chef motivé, et son enthousiasme se découvre au gré d'assiettes soignées et savoureuses, humant l'air du temps. Décor rustique et lumineux, à une dizaine de kilomètres de Sarreguemines.

- Menu 33/90 € - Carte 60/95 €

2 quartier de la Gare - 03 87 02 38 21 - Fermé : lundi, mardi, samedi midi, dimanche soir

XONRUPT-LONGEMER

88400 - Vosges - Carte régionale n° **12**-C3

LES JARDINS DE SOPHIE

CUISINE MODERNE • **ÉLÉGANT** À l'occasion d'une escapade dans la forêt vosgienne depuis Gérardmer, vous ne serez pas dépourvu quand l'heure du repas sera venue : on trouve ici une cuisine au goût du jour basée sur de bons produits, que l'on déguste en profitant de la jolie vue sur la montagne et l'étendue des sapins.

- Menu 59/98 € - Carte 70/80 €

Domaine de la Moineaudière, route du Valtin, col du Surceneux - 03 29 63 37 11 - www.hotel-lesjardinsdesophie.com - Fermé : mardi, mercredi

DEBOVE SOPHIE/Getty Images Plus

HAUTS-DE-FRANCE

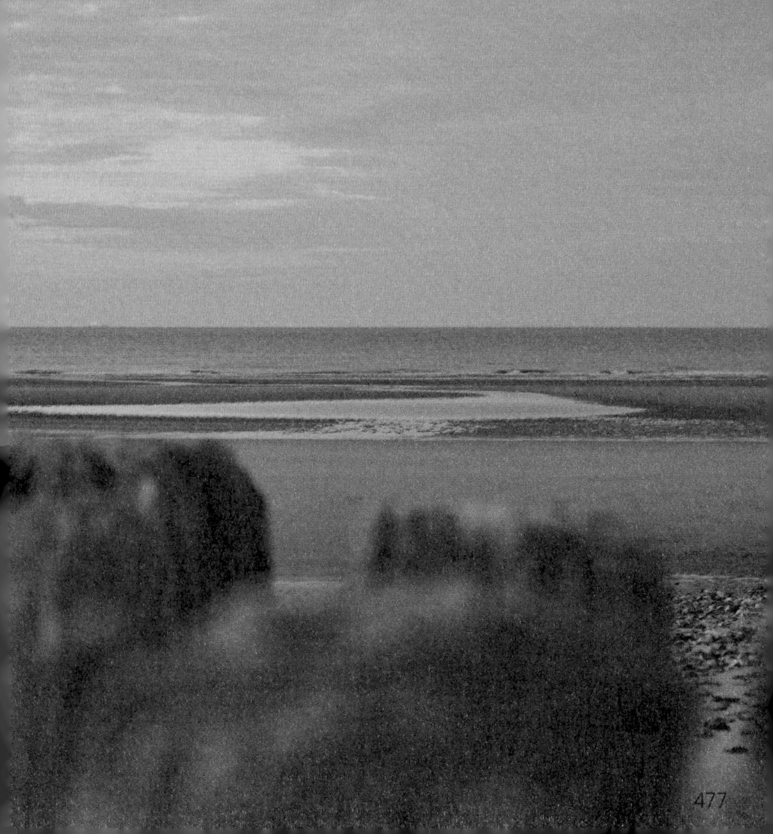

LA SELECTION DU GUIDE MICHELIN

LES TABLES ÉTOILÉES

Une cuisine d'exception. Vaut le détour !

Une cuisine d'une grande finesse. Vaut l'étape !

N Nouvelle distinction cette année !
⚘ Engagé pour une gastronomie durable

LES BIB GOURMAND

Nos meilleurs rapports qualité-prix

ALEXANDRE GAUTHIER, MILITANT HUMBLE D'UNE CAUSE SUPÉRIEURE

La Grenouillère, à La Madelaine-sous-Montreuil

Alexandre Gauthier raconte le virage "durable" pris à La Grenouillère dès 2010, et les chantiers en cours.

Alexandre Gauthier, du haut de sa quarantaine, ne se prend pas pour un écologiste pur et dur. Même s'il est parfois montré en exemple dans le domaine, il estime qu'il a encore beaucoup à faire : *"Tout ce que nous faisons au sein de La Grenouillère, est un acte politique. Ne pas le faire ou baisser les bras, c'est une erreur. On ne reviendra pas en arrière. Ce que l'on fait, on le fait pour la génération suivante que je trouve très informée (son fils de 9 ans lui donne parfois des leçons environnementales) et elle estimera que notre façon de faire aujourd'hui aura été la norme de notre époque. À eux de poursuivre et d'améliorer."* Alexandre croit qu'il faut être exemplaire, pas seulement dans son établissement mais sur toute la chaîne, du producteur au client. *"Si vous vous battez pour éradiquer le plastique dans votre établissement mais que les producteurs ou les livreurs ne jouent pas le jeu en amont, ça ne sert à rien. Si vous vous battez pour faire le tri des poubelles entre le verre, le plastique, les cartons, le papier, les huiles et que vous découvrez que tout ou partie est mélangé par la suite, c'est déprimant."*

Le chef de La Grenouillère ne se veut surtout pas apparaître comme donneur de leçons. Il est conscient que d'autres confrères font mieux que lui mais son leitmotiv, c'est d'accompagner, d'expliquer, d'être pédagogue avec les équipes, les clients et avec des producteurs, des agriculteurs. *"Certains fournissent La Grenouillère depuis des décennies. Leur virage écologique n'est pas toujours abouti mais je ne vais pas les écarter. En revanche, en distillant des conseils ou de l'information, on peut finir de les convaincre de faire comme ci ou comme ça."* Cela nécessite de l'énergie, du temps, mais pour le chef de Montreuil-sur-Mer,

■ Anémone végétale et verveine

c'est trop facile de les désigner comme coupables : *"Ils n'ont connu qu'un modèle. Celui qui s'ouvre à eux leur paraît parfois inaccessible mais en les accompagnant, les choses changent, les lignes bougent."* Et de conclure qu'après un modèle autrefois unique, aujourd'hui toute une nouvelle génération voit les choses différemment pour une vie plus écologique et une cuisine plus responsable. Cette génération, qu'il incarne, a prouvé que rien n'était insurmontable.

Avez-vous noté une différence de comportement écologique entre votre père, à la tête de La Grenouillère de 1979 à 2003, et vous ?

On ne peut pas jeter la pierre à la génération précédente. Comme pour d'autres métiers, les agriculteurs, les artisans des métiers de bouche, ils faisaient en fonction des connaissances et des préoccupations de leur époque. On a un peu plus de recul aujourd'hui et l'on se rend compte qu'ils ont fait des erreurs mais on ne peut pas, a posteriori, les blâmer. En revanche, je retiens de mon père qu'il était sans doute locavore avant l'heure et qu'il se concentrait sur la richesse de notre patrimoine local.

Avez-vous pris le virage durable dès votre arrivée ?

Non, parce qu'il faut un élément déclencheur. Vous ne pouvez pas changer du jour au lendemain vos manières de faire, celles de vos équipes ou de votre clientèle. Ce déclic, il correspond aux travaux de rénovation, d'agrandissement et de construction de La Grenouillère en 2010. À ce moment là, j'étais aussi plus mûr, plus informé sur l'état de notre planète. J'ai saisi l'occasion de ce nouveau départ pour imposer ma vision d'une cuisine responsable et durable.

Est-ce que vous êtes satisfait de votre positionnement écologique aujourd'hui ?

Oui et non, parce que l'on peut faire toujours plus, toujours mieux. On fait la chasse aux plastiques, au gâchis, à la consommation énergétique même si parfois la gestion des déchets en aval est décourageante. Entre les discours des politiques et les actes, il y a de quoi s'énerver quand on pense être un bon élève. Mais il faut aller de l'avant et réfléchir sur plein de postes, du papier de l'imprimante au forage de l'eau ou l'acquisition d'un déshydrateur pour le compost. Ce sont des chantiers en cours. On les mène à notre rythme et en fonction de nos moyens.

MÉCONNUE ET SOUS-ESTIMÉE, LA CUISINE DU NORD MÉRITE UNE EXPLORATION

Nord - Pas-de-Calais

Riche d'influences inattendues, la gastronomie du Nord n'est plus à vanter... sauf en dehors des limites de ce territoire gourmand. Plongée dans une cuisine généreuse, sous son apparente simplicité

Marquée par l'histoire et la géographie, la cuisine du Nord-Pas-de-Calais est une cuisine régionale de caractère, très influencée par le comté de Flandre. Cette partie du territoire nordiste a été traversée par les conflits, les axes commerciaux et les flux de population. Ses spécialités culinaires portent donc la trace de ces mouvements, mêlant des origines britanniques sur son littoral, des recettes apportées par les mineurs polonais et des ascendances flamandes, prédominantes.

Un terroir agricole

Entre la production laitière et des denrées agricoles très spécifiques, associées aux poissons de Boulogne, le plus grand port de pêche français, le Nord et le Pas-de-Calais ont naturellement donné naissance à une cuisine variée, créative et goûteuse. Longtemps basée sur des produits considérés comme rustiques, comme le hareng, le lapin, la pomme de terre, elle se distingue par le goût des saveurs douces amères, celles du chicon (improprement appelé endive, ailleurs), de la cuisine à la bière ou de la chicorée à café. Mais aussi des saveurs affirmées, comme le plus connu des fromages locaux, parfois utilisé dans des flamiches : le maroilles. Il fait partie d'une mosaïque de productions locales, le vieux-lille, le rouchi à l'échalote, l'écume de Wimereux, le bergues, pour n'en citer que quelques-uns...

■ Potjevleesch ? Vous avez dit... comment ?

Rouzes/Getty Images Plus

Le welsh, gallois d'origine, nordiste de tradition

Des influences croisées

Conquises, reprises, cédées ou échangées, ces terres sont passées au fil des siècles du royaume de France aux Pays-Bas bourguignons, avec des intermèdes anglais ou espagnols. Si les seigneurs de toutes origines font bombance, le peuple se contente de plats simples, parmi lesquels de nombreuses déclinaisons de tartes, dont les flamiches ou la goyère, initialement faite avec du fromage blanc sucré.
Les bêtes "nobles" étant réservées aux plus riches, les modestes se tournent vers ce que la basse-cour et le braconnage peuvent apporter : lapins et lièvres, volailles domestiques ou sauvages, parfois du porc. D'où la popularité d'une terrine mêlant ces viandes, le fameux *potjevleesch* franco-belge, ou encore le *welsh*, gallois comme son nom l'indique, qui s'accommode d'humbles morceaux. Comme dans toute l'Europe, les produits du Nouveau Monde (pomme de terre, tomate, dinde...) ne firent leur apparition sur les tables qu'après une longue méfiance, et souvent au gré de pénuries frappant les produits habituels.

Une révolution culinaire autant qu'industrielle

En revanche, le succès du café fut rapide, dès son introduction au XVIIe siècle. Chaud et stimulant, il devint essentiel pour accompagner les longues journées de travail de la révolution industrielle. Au point de faire partie, plus tard, des négociations lors des grandes grèves de mineurs, à l'instar du pain.
Au début du XIXe siècle, le blocus continental interdisant l'importation de sucre de canne, la culture de betterave sucrière fut encouragée et continue de façonner le paysage nordiste. Pour les mêmes raisons, on inventa la torréfaction de la chicorée pour remplacer le café. Enfin, l'histoire du roi incontesté de la cuisine du Nord débuta en 1850 quand les premières hybridations de la barbe de capucin furent entreprises. Après de nombreuses étapes, elles donnèrent naissance au chicon, dont la saveur plus ou moins amère réveille les papilles et se marie si bien aux bières locales, par exemple dans le faisan à la brabançonne ou le gratin de chicons.

NORD PAS-DE-CALAIS

Carte régionale n° 13

On associe plus volontiers le Nord-Pas-de-Calais à sa géographie – la lumière si caractéristique des plages du Nord, les beffrois, la brique rouge – et à ses terrils, vestiges d'un passé industriel encore vivace, qu'à sa gastronomie. Il y a pourtant beaucoup à en dire. Climat oblige, c'est ici le royaume de la pomme de terre, du chou, de la betterave et du chicon. Côté flamand, on se régale de carbonade (un ragoût de bœuf à la bière), de moules frites, de potjevlesch et du welsh "rabbit", une préparation à base de cheddar. Sur la côte d'Opale, le port de Boulogne-sur-Mer est le lieu de prédilection pour acheter des poissons emblématiques (hareng, haddock ,sole) et autres crabes et tourteaux, déclinés sous toutes leurs formes dans les restaurants du Pas-de-Calais.

On produit dans ces terres des fromages de caractère, comme le maroilles, la boulette d'Avesnes ou encore le vieux Boulogne, désigné en 2004... "fromage le plus odoriférant du monde" par une équipe de chercheurs britanniques.

C'est enfin toute une jeune garde de chefs qui s'attelle, par sa créativité et son attachement à la nature, à casser les codes de la gastronomie avec talent (Florent Ladeyn, Steven Ramon, Camille Delcroix, Ismaël Guerre-Genton...).

nito100/Getty Images Plus

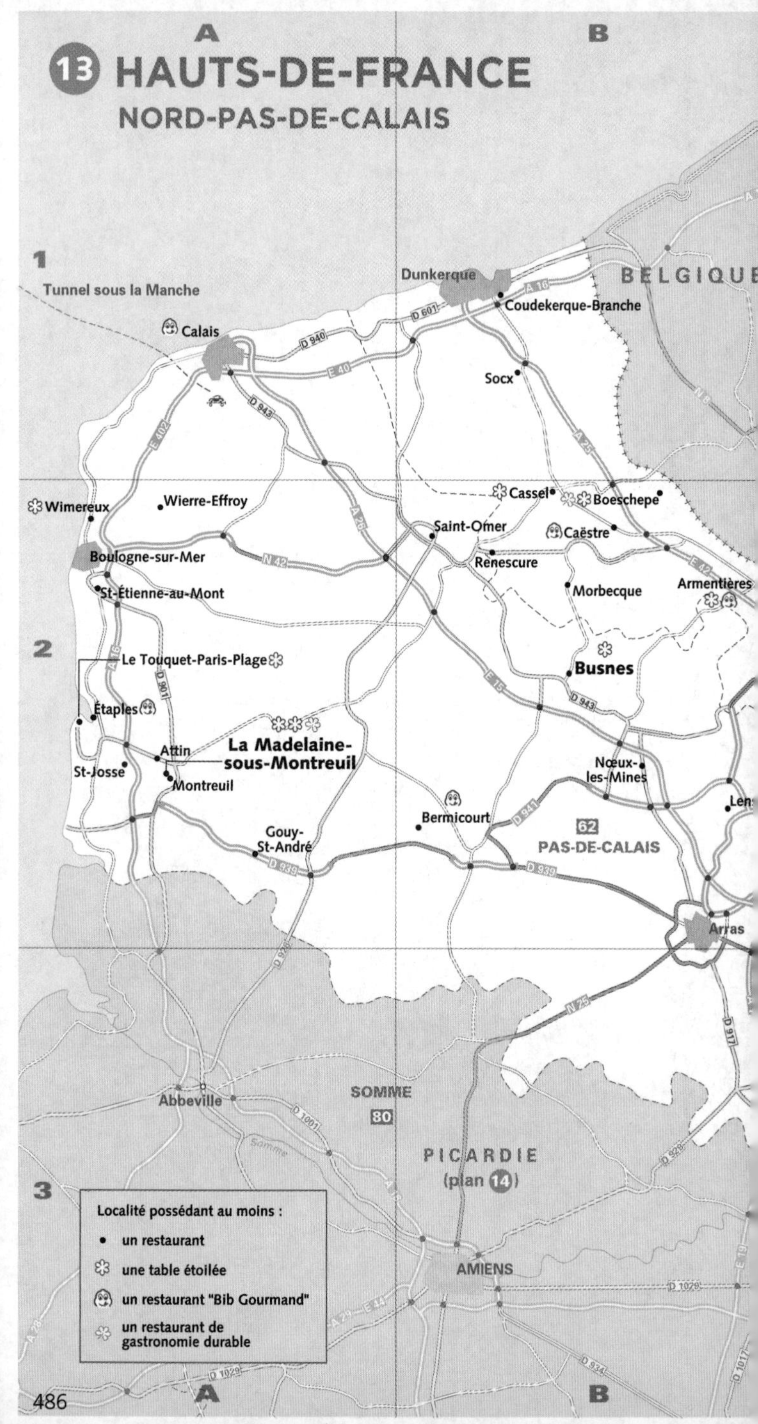

13 HAUTS-DE-FRANCE
NORD-PAS-DE-CALAIS
A
B
1
2
3
Tunnel sous la Manche
Calais
Dunkerque
Coudekerque-Branche
BELGIQUE
Socx
Cassel
Boeschepe
Caëstre
Wimereux
Wierre-Effroy
Saint-Omer
Renescure
Boulogne-sur-Mer
St-Étienne-au-Mont
Morbecque
Armentières
Le Touquet-Paris-Plage
Busnes
Étaples
La Madelaine-sous-Montreuil
Attin
St-Josse
Montreuil
Nœux-les-Mines
Lens
Bermicourt
Gouy-St-André
62
PAS-DE-CALAIS
Arras
Abbeville
SOMME
80
PICARDIE
(plan 14)
AMIENS
Somme
D 601
D 940
E 40
D 943
E 402
A 16
A 25
A 26
N 42
N 8
E 42
E 15
D 901
D 941
D 939
D 928
N 25
D 917
D 1001
D 929
D 1029
D 934
D 1017
A 29
E 44
A 28
Localité possédant au moins :
un restaurant
une table étoilée
un restaurant "Bib Gourmand"
un restaurant de gastronomie durable

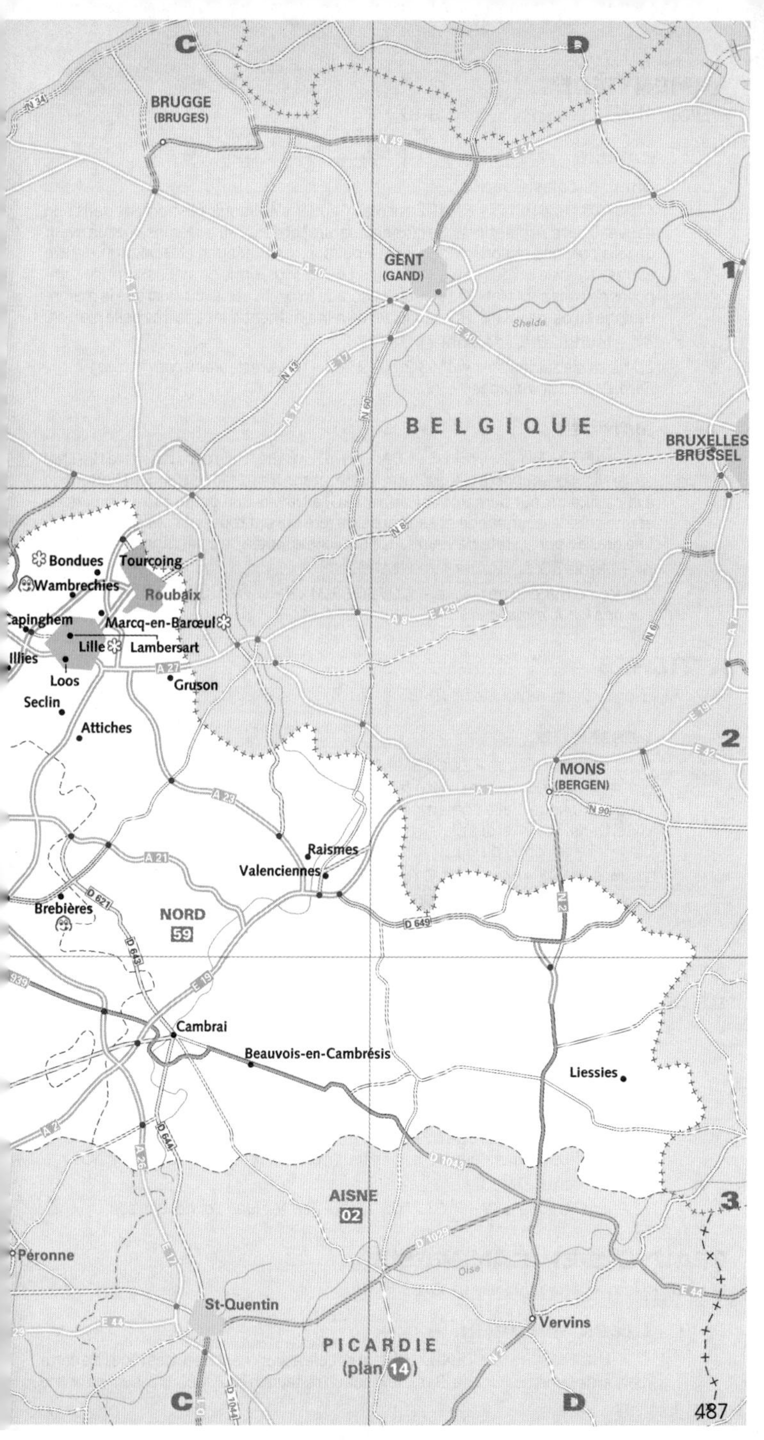

C
D
BRUGGE
(BRUGES)
GENT
(GAND)
Shelda
BELGIQUE
BRUXELLES
BRUSSEL
1
2
3
Bondues
Tourcoing
Wambrechies
Roubaix
Capinghem
Marcq-en-Barœul
Lille
Lambersart
Illies
Loos
Gruson
Seclin
Attiches
MONS
(BERGEN)
Raismes
Valenciennes
Brebières
NORD
59
Cambrai
Beauvois-en-Cambrésis
Liessies
AISNE
02
Péronne
Oise
St-Quentin
Vervins
PICARDIE
(plan 14)
C
D

ARMENTIÈRES

59280 - Nord - Carte régionale n° **13**-B2

NATURE

Chef : Nicolas Gautier

CUISINE MODERNE • ÉPURÉ Nicolas Gautier s'épanouit pleinement dans son nouveau fief d'Armentières. Sa cuisine, "nature" et dans l'air du temps, met en avant de jolis produits régionaux de saison - poissons de Boulogne et Dunkerque, entre autres - avec de solides bases classiques. Le tout sous forme de menus surprise composés de trois à six plats. On a adoré la dorade à l'oxalis et ail noir ainsi que le maigre de ligne au beurre blanc. Harmonie des saveurs, authenticité : une très belle maison.

- Menu 28 € (déjeuner), 38/72 €

20 place de Saint-Vaast - 03 20 87 93 05 - www.restaurant-nature.com - Fermé : lundi, dimanche

BISTROT RG

CUISINE TRADITIONNELLE • CONVIVIAL La piété filiale dans l'assiette ! Le chef étoilé Nicolas Gautier (à Nature, juste à côté) et son frère Mathieu rendent hommage à la cuisine de leur père Roger Gautier (RG) à travers une petite carte à prix doux et une cuisine gourmande et sans prise de tête qui ont tout pour plaire : terrine de foie gras au porto ; tête de veau sauce gribiche et poêlé de champignons à l'ail...

- Menu 30 €

3 place du Général de Gaulle - 03 20 68 24 48 - www.bistrot-rg.com - Fermé : lundi, dimanche

ATTICHES

59551 - Nord - Carte régionale n° **13**-C2

L'ESSENTIEL

CUISINE MODERNE • CONTEMPORAIN Une belle bâtisse en brique rouge au croisement de deux rues, dans le hameau du Petit Attiches, tenue par un jeune couple impliqué. Salle contemporaine, terrasse, joli jardin à l'arrière : il y fait bon vivre. Dans l'assiette, des plats actuels réalisés avec soin par le chef, à accompagner d'une jolie sélection de vins.

- Menu 34 € (déjeuner), 59/89 € - Carte 62/80 €

19 rue de Neuville - 03 20 90 06 97 - www.essentiel-restaurant.fr - Fermé : lundi, dimanche

ATTIN

62170 - Pas-de-Calais - Carte régionale n° **13**-A2

AU BON ACCUEIL

CUISINE TRADITIONNELLE • BISTRO Entre Montreuil et le Touquet, cette chaleureuse adresse décorée façon bistrot contemporain propose une bonne cuisine faite maison, qui célèbre les produits du marché, mais pas seulement. Ce jour-là, maquereau farci à l'olivade et tartare de courgettes ; filet de bar, hollandaise au beurre noisette, semoule de chou-fleur aux herbes. Le tout à prix doux : que demander de plus ?

- Menu 27/41 €

52 Route Nationale 39 - 03 21 06 93 55 - Fermé : lundi, dimanche soir

BEAUVOIS-EN-CAMBRÉSIS

59157 - Nord - Carte régionale n° **13**-C3

LE CONTEMPORAIN

CUISINE MODERNE • TENDANCE Un couple expérimenté tient les rênes de cette maison de famille datant du 19e s., devenue un restaurant en 2008. Lui assure le service et l'accueil, en plus de l'entretien du potager ; elle, aux fourneaux, met en valeur cette production maison dans des assiettes savoureuses. Véranda moderne et lumineuse.

- Menu 35 € (déjeuner), 58 €

4 rue Jean-Jaurès - 03 27 76 03 17 - www.restaurant-lecontemporain.fr - Fermé : lundi, mardi midi, mercredi midi, samedi midi, dimanche soir

BERMICOURT

62130 - Pas-de-Calais - Carte régionale n° **13**-B2

LA COUR DE RÉMI

CUISINE TRADITIONNELLE • **CONVIVIAL** Après une première vie professionnelle menée tambour battant à l'étranger, le chef est revenu aux sources pour se consacrer à la cuisine, sa première passion. Cuissons millimétrées, assaisonnements au poil, bon rapport qualité-prix et vins naturels : il nous régale avec un enthousiasme communicatif !

- Menu 33/36 €

1 rue Baillet - 03 21 03 33 33 - www.lacourderemi.com - Fermé : lundi, samedi midi, dimanche soir

BOESCHEPE

59299 - Nord - Carte régionale n° **13**-B2

AUBERGE DU VERT MONT

Chef : Florent Ladeyn

CUISINE CRÉATIVE • **CONTEMPORAIN** Dans l'auberge champêtre de Florent Ladeyn, installée en pleine nature, la décontraction est de rigueur : aussi bien dans le service que dans le décor avec son parquet, ses murs de briques et ses tables en bois brut... Écolo-responsable depuis toujours, ce chef bien connu fait figure de véritable porte-étendard d'une cuisine ch'ti engagée, à la fois créative et instinctive, gourmande et attachante. Résolument locavore, il émaille ses plats des fleurs et des plantes de sa région adorée. Tout le monde, ou presque, a entendu parler de son cornet de frites au Maroilles, recouvert d'une fine couche d'oignon caramélisé. Mais son menu unique à l'aveugle, servi à l'ensemble des convives, réserve bien d'autres surprises !

L'engagement du chef : *La localité est le cœur de notre cuisine, qui est le reflet du terroir des Flandres. Nous ne travaillons qu'avec des produits de saison issus de producteurs locaux dans un cercle économique de proximité et vertueux. Une approche 100% locale dictée par la nature.*

- Menu 50/78 €

1318 rue du Mont-Noir - 03 28 49 41 26 - www.vertmont.fr - Fermé : lundi, dimanche

BONDUES

59910 - Nord - Carte régionale n° **13**-C2

VAL D'AUGE

Chef : Christophe Hagnerelle

CUISINE MODERNE • **ÉLÉGANT** Cette maison est typique du Nord ! Briques rouges avec auvents gris, fenêtres à petits carreaux et encadrements de briques blanches... mais elle cache une ambiance contemporaine et feutrée. Tout jeune, le chef Christophe Hagnerelle a été profondément marqué par son passage aux côtés de Joël Robuchon du temps du Jamin, avant de s'exiler à Beyrouth et dans le Connecticut. Aujourd'hui, ce véritable artisan réalise une cuisine de saison précise, sans esbroufe, avec une pointe d'inventivité. On retrouve à la carte de beaux poissons et coquillages de la mer du Nord, turbot, bar ou saint-pierre en fonction de la pêche et coquilles Saint-Jacques, mais aussi de la grouse et du lièvre royal en saison, des ris de veau et un pigeon... des Flandres, évidemment. Bon rapport qualité-prix au déjeuner.

- Menu 45 € (déjeuner), 68/114 €
805 avenue du Général-de-Gaulle - 03 20 46 26 87 - www.valdauge.com - Fermé : lundi, samedi midi, dimanche

BOULOGNE-SUR-MER

62200 - Pas-de-Calais - Carte régionale n° **13**-A2

L'ÎLOT VERT

CUISINE MODERNE • **CONTEMPORAIN** Une excellente surprise que ce restaurant aux airs de bistrot chic, où œuvre Tony Regnier, formé dans de belles maisons : il signe une cuisine bien d'aujourd'hui - avec une pointe de créativité -, joliment tournée et savoureuse, aux prix mesurés, à déguster dans une salle moderne, décorée avec un goût certain, ou sur la jolie terrasse fleurie côté cour. Souvenir ravi d'un mignon de cochon, ail noir et carotte. Service attentionné... un coup de cœur !

- Menu 38 €
36 rue de Lille - 03 21 92 01 62 - www.lilotvert.fr - Fermé : lundi, dimanche

LA MATELOTE

CUISINE MODERNE • **CONTEMPORAIN** Du nom du fameux plat de poisson cuisiné au vin, cette table est tout entière dédiée aux produits de la mer, travaillés dans les règles de l'art et de la tradition par le père et le fils, dont la complicité se donne à voir dans l'assiette : au menu, de belles saveurs iodées (ainsi le maigre saisi à l'huile d'olive courgette, aubergine, fenouil, basilic et citron). L'été, profitez de la terrasse.

- Menu 30 € (déjeuner), 41/68 €
80 boulevard Sainte-Beuve - 03 21 30 17 97 - www.la-matelote.com - Fermé : jeudi midi

RESTAURANT DE LA PLAGE

POISSONS ET FRUITS DE MER • **CONVIVIAL** Après une petite baignade, rien de mieux qu'un bon repas pour reprendre des forces ! Face à la plage, cette adresse fait honneur aux produits de la mer : dos de cabillaud, riz rouge et coulis de poivron, noix de Saint-Jacques en saison... Avec, au dessert, des crêpes Suzette flambées en salle devant le client. Délicieux !

- Menu 32/52 € - Carte 43/65 €
124 boulevard Sainte-Beuve - 03 21 99 90 90 - www.restaurantdelaplage.fr - Fermé : lundi, mercredi, dimanche soir

BREBIÈRES

62117 - Pas-de-Calais - Carte régionale n° **13**-C2

AIR ACCUEIL

CUISINE MODERNE • **CONVIVIAL** Près de l'aérodrome de Vitry-en-Artois, cette vaste auberge est tout sauf une simple cantine ! C'est le monde de Franck Gilabert, grand passionné de jazz (la décoration et le fond sonore en attestent), qui régale sa clientèle d'une délicieuse cuisine où transparaît toute son expérience. Les saveurs décollent !

- Menu 35/65 € - Carte 50/65 €
50 rue Nationale - 03 21 50 01 02 - www.air-accueil-restaurant.com - Fermé : lundi, mercredi soir, dimanche soir

BUSNES

62350 - Pas-de-Calais - Carte régionale n° **13**-B2

CHÂTEAU DE BEAULIEU - CHRISTOPHE DUFOSSÉ

Chef : Christophe Dufossé

CUISINE MODERNE • **ÉLÉGANT** Une nouvelle ère commence à Busnes. Marc Meurin a cédé sa belle maison à un autre enfant du pays, de retour aux sources, le chef Christophe Dufossé, auparavant étoilé à Metz. Il va écrire une nouvelle page de l'histoire du château de Beaulieu, avec le talent et l'envie qu'on lui connaît. Christophe Dufossé se veut le champion d'une cuisine organique, autonome et durable axée sur le végétal, sans oublier bien sûr les beaux poissons de la mer du Nord. De jolies surprises vous y attendent.

- Menu 90 € (déjeuner), 120/220 €

1098 route de Lillers - 03 21 68 88 88 - www.lechateaudebeaulieu.fr - Fermé : lundi, mardi, dimanche soir

CÔTÉ JARDIN

CUISINE MODERNE • **TENDANCE** Le restaurant bistronomique du château de Beaulieu propose une cuisine dans l'air du temps, imaginée par le chef Christophe Dufossé. Le lieu est superbe et les assiettes sont de belle qualité - quasi de veau cuit 36 heures, jus corsé, céleri-rave rôti, salade pousses d'épinards. Barbecue en été, plats mijotés en hiver.

- Menu 33/44 €

1098 route de Lillers - 03 21 68 88 88 - www.lechateaudebeaulieu.fr

CAËSTRE

59190 - Nord - Carte régionale n° **13**-B2

L'AUBERGE

CUISINE MODERNE • **CONVIVIAL** Non loin d'Hazebrouck, un lieu qui fut autrefois une tannerie, puis un estaminet dans la plus pure tradition chti, jusqu'à devenir ce restaurant à l'ambiance conviviale, où l'on met en valeur les produits de saison régionaux : barbue, haricots beurres, cerises acidulées, girolles et jus de veau. Bons classiques du terroir et chef au plus près de ses clients.

- Menu 20 € (déjeuner), 34/49 €

2590 route de Bailleul - 03 28 40 25 25 - www.laubergecaestre.com - Fermé : lundi, mardi, dimanche soir

CALAIS

62100 - Pas-de-Calais - Carte régionale n° **13**-A1

HISTOIRE ANCIENNE

CUISINE TRADITIONNELLE • **BISTRO** Au cœur du centre-ville, ce bistrot rétro n'est pas de l'histoire ancienne ! La cuisine traditionnelle et les plats canailles y conservent toute leur fraîcheur : dos de skrei, waterzoï de légumes, cassoulet, etc. C'est goûteux (viandes et poissons sont cuits sur la braise), généreux et pas onéreux.

- Menu 25/35 € - Carte 36/50 €

20 rue Royale - 03 21 34 11 20 - www.histoire-ancienne.com - Fermé : lundi, dimanche

AQUAR'AILE

POISSONS ET FRUITS DE MER • **TRADITIONNEL** L'atout de cet agréable restaurant, situé au 4e étage d'un immeuble ? Son panorama unique sur la Manche et les côtes anglaises ! La cuisine met en valeur la pêche locale : cocotte de homard, bar en croûte de sel, sole meunière... À déguster avec un bon vin issu de la carte, composée avec soin par le propriétaire des lieux.

- Menu 26 € (déjeuner), 35/50 € - Carte 42/80 €

255 rue Jean-Moulin - 03 21 34 00 00 - www.aquaraile.fr - Fermé : mercredi soir, jeudi soir, dimanche soir

AU CÔTE D'ARGENT

POISSONS ET FRUITS DE MER • **ÉLÉGANT** Embarquement immédiat pour un voyage gourmand, riche en saveurs iodées ! Dans un cadre inspiré par la mer, avec une vue imprenable sur le ballet des ferrys, les amateurs de poisson se régalent de la pêche locale : un exemple, la cotriade de filets de sole et coquillages. Belle sélection de bordeaux.

- Menu 24/48 € - Carte 37/64 €

1 digue Gaston-Berthe - 03 21 34 68 07 - www.cotedargent.com - Fermé : lundi, mardi, dimanche soir

LE CHANNEL

POISSONS ET FRUITS DE MER • CONTEMPORAIN À Calais, ce restaurant est une institution. Décor élégant, cuisine classique empreinte de modernité, produits de la mer issus de la pêche locale, et très belle carte des vins (cave ouverte sur la salle)... Voilà une plaisante escale avant la traversée du "channel" !

- Menu 25/47 € - Carte 40/52 €

3 boulevard de la Résistance - 03 21 34 42 30 - www.restaurant-lechannel.com - Fermé : mardi, dimanche soir

LE GRAND BLEU

CUISINE MODERNE • CONTEMPORAIN Le chef, Matthieu Colin, met à profit son expérience acquise dans des maisons étoilées. Dans un joli intérieur contemporain, il continue de rendre un joli hommage à la pêche locale, mais aussi aux produits du terroir, à travers des recettes créatives qui aiment cultiver la différence : bar en viennoise de chorizo, risotto paëlla, coulis de cresson. Service aimable et efficace.

- Menu 22/50 € - Carte 44/58 €

8 rue Jean-Pierre-Avron - 03 21 97 97 98 - www.legrandbleu-calais.com - Fermé : mardi soir, mercredi, dimanche soir

CAMBRAI

59400 - Nord - Carte régionale n° **13**-C3

MAISON DEMARCQ

CUISINE MODERNE • ÉLÉGANT Cette demeure bourgeoise a été marquée par l'histoire de la ville : Napoléon y a séjourné - tout près de l'endroit où aurait été signée la fameuse Paix des Dames (1529). Le décor cultive un élégant classicisme, et la cuisine se révèle actuelle et soignée. Une belle adresse dans la capitale des "bêtises".

- Menu 37/71 € - Carte 50/71 €

2 rue Saint-Pol - 03 27 37 77 78 - www.maisondemarcq.com - Fermé : lundi, mercredi soir, samedi midi, dimanche soir

CAPINGHEM

59160 - Nord - Carte régionale n° **13**-C2

LA MARMITE DE PIERROT

CUISINE TRADITIONNELLE • BISTRO Les amateurs de produits tripiers et de cochonnailles se sentiront chez eux dans ce bistrot à l'ancienne (bar en bois, tables au coude-à-coude, banquettes en velours). Et si le truculent Pierrot a passé la main, il continue d'honorer chaque jour les lieux de sa présence... Une maison pittoresque et attachante.

- Menu 37 €

93 rue Poincaré - 03 20 92 12 41 - www.marmite-de-pierrot.com - Fermé : lundi, mardi soir, mercredi soir, jeudi soir, dimanche soir

CASSEL

59670 - Nord - Carte régionale n° **13**-B2

HAUT BONHEUR DE LA TABLE

Chef : Eugène Hobraiche

CUISINE MODERNE • FAMILIAL En plein cœur des Flandres, entre Steenvoorde et Saint-Omer, Cassel est un pimpant petit village de briques juché sur le mont du même nom. À petit village, petit restaurant : le Haut Bonheur de la Table offre une vingtaine de couverts à peine dans une belle demeure du 18e s. Mais ses propriétaires n'en affichent pas moins une grande passion pour la belle gastronomie. Artisan soigneux, Eugène Hobraiche concocte une cuisine bien dans l'air du temps, en osmose avec les saisons et nourrie des fruits et des légumes locaux ainsi que des poissons de la criée de Dunkerque : turbot sauvage grillé, artichaut salicorne, jus de coriandre ; thon grillé, eau de tomate, sorbet tomate verte...

- Menu 48/60 €

18 Grand' Place - 03 28 40 51 03 - www.hautbonheurdelatable.com - Fermé : lundi soir, mardi, mercredi, dimanche soir

FENÊTRE SUR COUR

CUISINE MODERNE • **COSY** Ris de veau, girolles ; turbot, artichaut vinaigrette, basilic ; pigeonneau de Steenvoorde en deux façons ; lotte, bouillon, jeunes légumes et crevettes grises... Le chef propose une cuisine au goût du jour, au gré des saisons, autour de deux menus. La salle en mezzanine sur l'arrière (et sa fenêtre sur cour) sert de terrasse aux beaux jours.

- Menu 28 € (déjeuner), 53 €

5 rue du Maréchal-Foch - 03 28 42 03 19 - www.restaurant-fenetresurcour.com - Fermé : lundi soir, mardi soir, mercredi, jeudi soir, dimanche soir

COUDEKERQUE-BRANCHE

59210 - Nord - Carte régionale n° **13**-B1

LE SOUBISE

CUISINE CLASSIQUE • **AUBERGE** Une table élégante, où l'on se régale d'une cuisine pleine d'authenticité et de générosité... à l'image du maître des lieux, Michel Hazebroucq, véritable figure de Dunkerque, qui a passé plus de soixante ans derrière les fourneaux. Quelle longévité !

P - Menu 28/55 €

49 route de Bergues - 03 28 64 66 00 - www.restaurant-soubise.com - Fermé : samedi, dimanche

ÉTAPLES

62630 - Pas-de-Calais - Carte régionale n° **13**-A2

RACINES

CUISINE MODERNE • **CONVIVIAL** Implanté à proximité immédiate du port d'Etaples, à seulement cinq kilomètres du Touquet, cette nouvelle table propose une cuisine gourmande, pleine de saveurs, mitonnée à base de produits locaux. Les recettes du chef Pierre Chavatte font mouche et la gourmandise ne se dément pas. On se régale dans un cadre contemporain avec cuisines semi ouvertes, éclairages en suspensions entourées de racines. Indéniablement, la bonne affaire du coin !

A/C - Menu 25 € (déjeuner), 28/42 €

46 boulevard de l'Impératrice - 03 21 94 07 26 - www.restaurant-racines.fr - Fermé : mardi, mercredi

GOUY-ST-ANDRÉ

62870 - Pas-de-Calais - Carte régionale n° **13**-A2

LE CLOS DE LA PRAIRIE

CUISINE MODERNE • **COSY** En pleine campagne, ce charmant restaurant dégage une douceur bucolique. Derrière les fourneaux, le chef concocte, avec maîtrise, des plats au goût du jour qui suivent le rythme des saisons. L'été, profitez de la terrasse qui donne sur... la prairie, au calme. Accessible uniquement sur réservation.

- Menu 50 €

17 rue de Saint-Rémy - 03 21 90 39 58 - www.leclosdelaprairie.com - Fermé : lundi midi, mardi midi, mercredi, jeudi midi, vendredi midi, samedi midi

GRUSON

59152 - Nord - Carte régionale n° **13**-C2

L'ARBRE

CUISINE MODERNE • AUBERGE Cette maison, tout de rouge vêtue, est installée sur un passage mythique de la course Paris-Roubaix. Mais bien loin de "l'Enfer du Nord", on profite ici d'une cuisine goûteuse et dans l'air du temps, réalisée par un jeune chef impliqué.

- Menu 35 € (déjeuner), 49/79 €

1 pavé Jean-Marie-Leblanc - 03 20 79 55 33 - www.larbre.com - Fermé : lundi, mardi

ILLIES

59480 - Nord - Carte régionale n° **13**-C2

L'ÉPICURIEUX

CUISINE MODERNE • CONVIVIAL L'ex-Top Chef Christophe Pirotais et sa compagne Julie Dieudonné ont racheté un ancien café à la pimpante façade blanche, face à l'église du village, pour en faire un bistrot, cosy et moderne. Évidemment curieux, le chef travaille des produits locaux, non sans gourmandise : escargots en persillade ; mignon de porc et mousseline de panais...

- Menu 24 € (déjeuner), 29/44 € - Carte 33/48 €

5 rue Mermoz - 03 20 35 36 01 - www.restaurantlepicurieux.com - Fermé : lundi, mercredi, dimanche

LENS

62300 - Pas-de-Calais - Carte régionale n° **13**-B2

L'ATELIER DE MARC MEURIN

CUISINE MODERNE • TENDANCE Étonnant, le bâtiment dessine un cercle tout en verre : son architecture se marie parfaitement au Louvre-Lens voisin ! Loin d'être un simple restaurant de musée, cet Atelier met à l'honneur les produits de la région. Tout indiqué en cas de visite...

- Menu 35/43 € - Carte 44/52 €

97 rue Paul-Bert - 03 21 18 24 90 - www.atelierdemarcmeurin.fr - Fermé : mardi, dimanche soir

LIESSIES

59740 - Nord - Carte régionale n° **13**-D3

LE CARILLON

CUISINE TRADITIONNELLE • RUSTIQUE Une terrasse avec tilleuls, des poutres apparentes, une cave à vin (où l'on peut faire ses emplettes) : cette auberge cosy, tenue depuis plus de 30 ans au cœur de ce petit village de l'Avesnois, propose une bonne cuisine traditionnelle et régionale. Visez un peu ce millefeuille de maroilles au beurre de fines herbes, spécialité de la maison...

- Menu 37 €

1 rue Roger-Salengro - 03 27 61 80 21 - www.le-carillon.com - Fermé : lundi soir, mardi, mercredi, jeudi soir, dimanche soir

bririemoments/Getty Images Plus

✉ 59000 - Nord
Carte régionale n° **13**-C2

LILLE

Qu'il s'agisse du patrimoine ou de l'offre artistique et gastronomique, Lille n'a rien à envier aux grandes villes européennes. Tous les ingrédients sont réunis pour faire de la capitale des Flandres une destination incontournable. Cafés, boutiques et restaurants vous tendent les bras. Le sens de la fête et l'hospitalité des Lillois ne sont plus à prouver. Le terroir, les produits et la cuisine du Nord sont d'une grande diversité, trop méconnue. Préparations légumières à base de chou rouge, d'endive (le fameux chicon) ou de pomme de terre ; fromages puissants comme le maroilles ou la boulette d'Avesnes ; plats typiques comme la carbonade (un ragoût de bœuf à la bière) ou le potjevleesch, déclinaison infinie du hareng sur tous les modes. Enfin, il y a les bières qu'on ira choisir parmi les quelques 300 proposées par À les choppes, une institution du quartier de Wazemmes.

LE RESTAURANT DU CERISIER

CUISINE MODERNE • CHIC Au premier étage d'un bâtiment ultracontemporain au cœur de Lille, l'ancien chef du Meurin, Mathieu Boutroy, s'active au sein d'une cuisine ouverte superbe. Son menu unique fait la part belle aux arrivages triés sur le volet. Qu'on en juge : cèpes de belle tenue, homard au top de sa fraîcheur, agneau servi rosé en croûte de ras-el-hanout. Le chef délivre des plats parfaitement exécutés, et notamment des sauces et des jus finement travaillés. De la couleur, de la vie et du parfum : les fruits appétissants de ce cerisier méritent une cueillette...

♿ A/C – Menu 55 € (déjeuner), 90/110 €

Plan : C1-7 – *14 avenue du Peuple-Belge – ✆ 03 74 49 49 49 – www.lecerisier.com – Fermé : lundi, mardi, dimanche soir*

LA TABLE - HÔTEL CLARANCE

CUISINE MODERNE • DESIGN Au cœur du vieux Lille, cette demeure particulière du 18e s. abrite le talent d'un jeune chef, Thibaut Gamba. De ses Vosges natales à Paris, en passant par le restaurant Per Se (New-York) et la Norvège, on peut dire qu'il a roulé sa bosse... Faisant la part belle aux produits du terroir local mais aussi au jardin d'herbes aromatiques de l'hôtel, le chef marie les traditions avec dextérité, et un talent particulier pour travailler le poisson : dorade, rouget barbet, seiche... mais pas uniquement, à l'image de cette délicieuse volaille de Noyelle, cuisse confite, courgettes et olives. Il aime surprendre et ça marche avec ce dessert concombre, pomme verte et reine des prés. Des saveurs et une personnalité certaine.

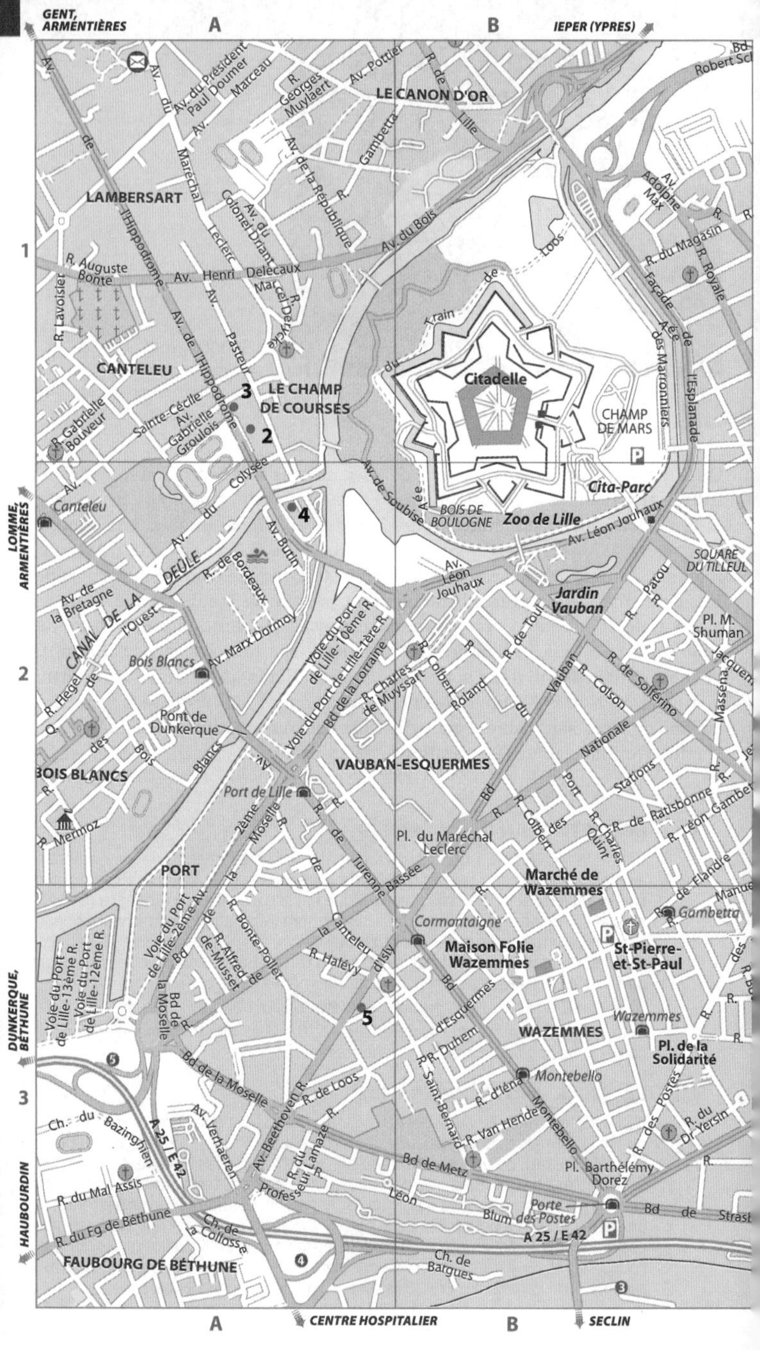
GENT, ARMENTIÈRES
A
B
IEPER (YPRES)
LE CANON D'OR
LAMBERSART
CANTELEU
LE CHAMP DE COURSES
Citadelle
CHAMP DE MARS
Cita-Parc
BOIS DE BOULOGNE
Zoo de Lille
SQUARE DU TILLEUL
Jardin Vauban
LOMME, ARMENTIÈRES
CANAL DE LA DEÛLE
Bois Blancs
Pont de Dunkerque
BOIS BLANCS
VAUBAN-ESQUERMES
Port de Lille
PORT
Pl. du Maréchal Leclerc
Marché de Wazemmes
Cormontaigne
Maison Folie Wazemmes
St-Pierre-et-St-Paul
Gambetta
Wazemmes
WAZEMMES
Pl. de la Solidarité
Montebello
DUNKERQUE, BÉTHUNE
HAUBOURDIN
A 25 / E 42
Pl. Barthélémy Dorez
Porte des Postes
FAUBOURG DE BÉTHUNE
CENTRE HOSPITALIER
SECLIN
1
2
3

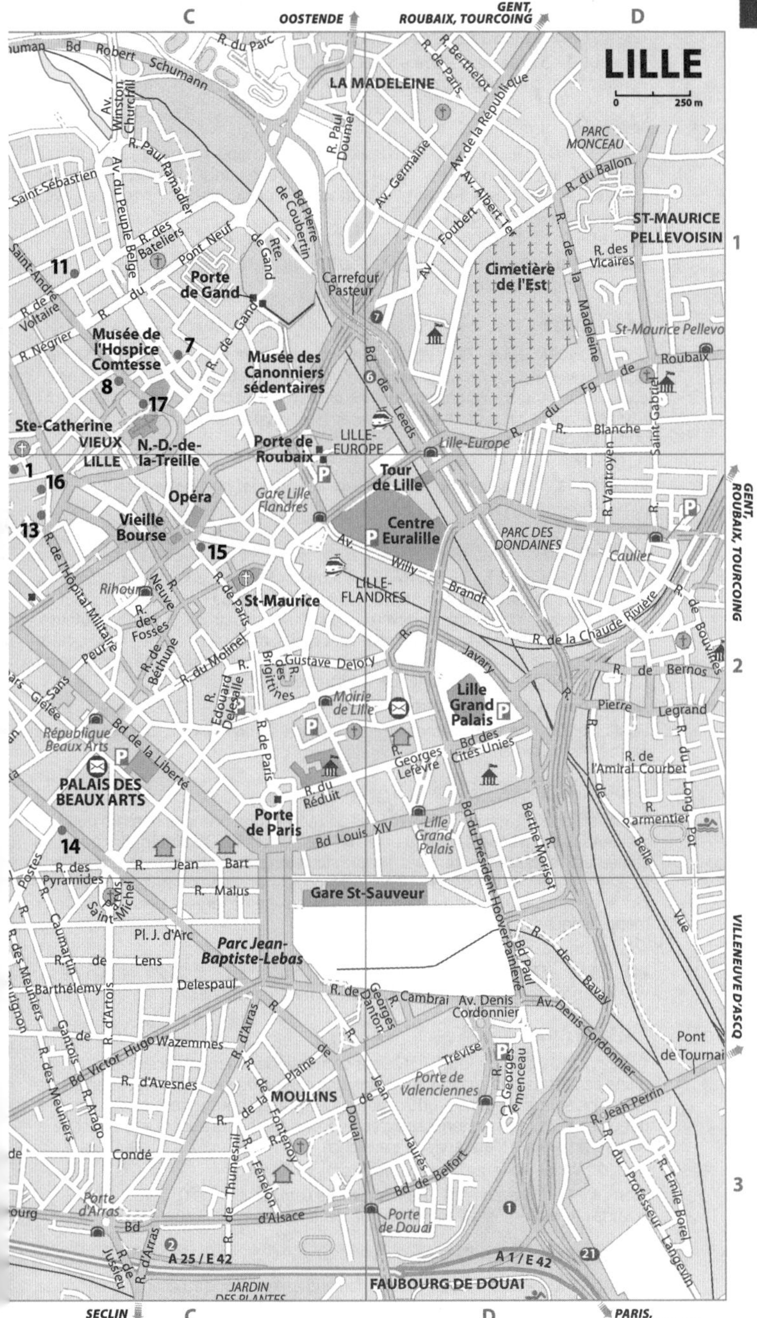
LILLE
0
250 m
C
D
OOSTENDE
GENT, ROUBAIX, TOURCOING
LA MADELEINE
ST-MAURICE PELLEVOISIN
Cimetière de l'Est
Porte de Gand
Musée de l'Hospice Comtesse
Musée des Canonniers sédentaires
Ste-Catherine
VIEUX LILLE
N.-D.-de-la-Treille
Porte de Roubaix
LILLE-EUROPE
Tour de Lille
Centre Euralille
Opéra
Vieille Bourse
St-Maurice
LILLE-FLANDRES
Lille Grand Palais
PALAIS DES BEAUX ARTS
Porte de Paris
Gare St-Sauveur
Parc Jean-Baptiste-Lebas
MOULINS
FAUBOURG DE DOUAI
PARC MONCEAU
PARC DES DONDAINES
JARDIN DES PLANTES
A 25 / E 42
A 1 / E 42
SECLIN
PARIS, VALENCIENNES
VILLENEUVE D'ASCQ
1
2
3

- Menu 55 € (déjeuner), 89/115 €

Plan : C2-1 – *32 rue de la Barre – 03 59 36 35 59 – www.clarancehotel.com – Fermé : lundi, samedi midi, dimanche*

L'ARC

CUISINE MODERNE • COSY Dans le vieux Lille, cette table sympathique est portée par Sami Sfaxi, ancien de chez Marc Meurin. Éclairage tamisé, joli décor mêlant les époques, accueil très prévenant... et, surtout, cuisine de saison bien tournée, avec de solides bases classiques.

- Menu 34 € (déjeuner), 45 € - Carte 50/70 €

Plan : C2-16 – *10 rue des Bouchers – 03 20 49 73 34 – www.l-arc.fr – Fermé : lundi, dimanche*

BLOEMPOT

CUISINE MODERNE • CONVIVIAL Florent Ladeyn, grand défenseur de son terroir régional, anime cette "cantine flamande" revendiquée. Décor atypique (un ancien atelier de menuiserie), bons produits nature et recettes originales : rafraîchissant ! Attention, il n'y a pas de téléphone ici, les réservations se font par le site internet ou sur place.

- Menu 60 €

Plan : C2-13 – *22 rue des Bouchers – – www.bloempot.fr – Fermé : lundi, dimanche*

LE BRAQUE (N)

CUISINE MODERNE • TENDANCE Adoubé par Florent Ladeyn et la téléréalité, le chef Damien Laforce a ouvert avec Marcel - son braque - cette adresse tout en briques et bois clair avec cuisine ouverte. Il régale avec une cuisine du terroir goûteuse, ponctuée de quelques touches d'audace. Le midi, menu du marché ; le soir, carte de plats à partager. Petite carte de vins bio, service tout sourire. Une vingtaine de couverts mange-debout pour les clients sans réservation.

- Menu 32 € (déjeuner), 30/70 €

Plan : C1-17 – *45 rue de la Monnaie – 03 20 04 25 38 – www.le-braque.fr – Fermé : lundi, dimanche*

EMPREINTE

CUISINE MODERNE • ÉLÉGANT Près de l'ancien hippodrome, dans un quartier résidentiel, bienvenue dans cette maison des années 1950 à l'intérieur coquet et chaleureux, entièrement rénové... jusque sur la terrasse et le salon de jardin. Dans l'assiette, le chef Ismaël Guerre-Genton compose une cuisine créative, selon le marché et son inspiration du jour, avec de beaux jeux de textures et de saveurs. Deux menus uniques.

- Menu 36 € (déjeuner), 62/76 €

Plan : A1-3 – *170 avenue de l'Hippodrome, à Lambersart – 03 20 44 00 21 – www.empreinterestaurant.com – Fermé : samedi, dimanche*

LA LAITERIE

CUISINE MODERNE • ÉLÉGANT Dans un quartier légèrement excentré, l'occasion d'une échappée gourmande. Au menu, une cuisine de saison inventive en pleine évolution à base de bons produits et excellents vins (bourgognes et bordeaux) à déguster au calme de la terrasse extérieure, ou dans le cadre sobre et élégant de la bâtisse, au rythme d'un service d'excellence.

P - Menu 39 € (déjeuner), 75/138 €

Plan : A1-2 – *138 avenue de l'Hippodrome, à Lambersart – 03 20 92 79 73 – www.lalaiterie.fr – Fermé : lundi, mardi, dimanche soir*

MONSIEUR JEAN (N)

CUISINE MODERNE • COSY Façade flamande, magnifique escalier, mur en brique orné de sculptures en pierre : une demeure au puissant charme du Nord... Un chef au bon parcours mitonne de belles recettes actuelles, travaillées avec soin et joliment présentées : carpaccio de mulet noir, condiment d'algues, dés de citron et salicornes...

♿ AC - Menu 33/40 € - Carte 49/60 €

Plan : C2-15 – *12 rue Pierre-Mauroy – ✆ 03 28 07 70 72 – www.restaurant-monsieurjean.fr – Fermé : lundi, dimanche*

PURETÉ Ⓝ

CUISINE MODERNE • CONTEMPORAIN Au cœur du vieux Lille, la Pureté prend la relève de l'ancien restaurant étoilé Rozó ! Le chef signe, comme il le dit, une « cuisine créative et décomplexée », personnelle et goûteuse. Quant à la pureté, elle imprègne aussi bien les assiettes que la déco (tables en bois brut, éléments en terre cuite). Grande salle tout en longueur avec cuisine ouverte.

AC - Menu 34 € (déjeuner), 56/79 €

Plan : C1-8 – *79 rue de la Monnaie – ✆ 03 59 51 87 91 – www.restaurant-purete.com – Fermé : lundi, mardi midi, dimanche*

ROUGE BARRE

CUISINE MODERNE • CONVIVIAL Au cœur du vieux Lille, Steven Ramon confirme qu'il faudra désormais compter sur lui. Dans un intérieur intimiste, ce ch'ti pur et dur esquisse des assiettes pétillantes et inspirées, qui magnifient de beaux produits. Terrasse à l'étage.

♿ 🏡 - Menu 25 € (déjeuner), 48/75 €

Plan : C1-11 – *50 rue de la Halle – ✆ 03 20 67 08 84 – www.rougebarre.fr – Fermé : lundi, dimanche*

SÉBASTOPOL

CUISINE MODERNE • CONVIVIAL Le chef aime la tradition, avec jus et sauces de rigueur, dans un esprit bistronomique, et parsème ses assiettes d'associations personnelles, avec une prédilection pour le terre-mer. Et ça fonctionne ! Carte volontairement courte, renouvelée régulièrement, au fil des saisons et des produits, et jolie carte des vins avec un bon choix de petits propriétaires.

AC - Menu 25/49 € - Carte 38/49 €

Plan : C2-14 – *1 place de Sébastopol – ✆ 03 20 13 13 38 – www.restaurantsebastopol.com – Fermé : dimanche*

SOLANGE

CUISINE MODERNE • BISTRO Toujours de belles associations des produits. La cuisine se veut généreuse et créative autour de produits locaux, avec un changement de menu toutes les semaines. Plats recherchés et goûteux, à l'instar de ce suprême de volaille de Licques, champignons et pommes de terre de l'île de Ré...

♿ AC - Menu 27 € (déjeuner), 37/55 €

Plan : A3-5 – *59 rue d'Isly – ✆ 09 86 37 22 50 – www.solange-restaurant.fr – Fermé : lundi, dimanche*

LES TOQUÉES BY BENOÎT BERNARD

CUISINE MODERNE • COSY Benoît Bernard (revenu au pays après six ans passés à l'étranger) prend ses marques dans cette maison bourgeoise des bords de la Deule et affine sa cuisine, à son image : gourmande et truculente. À la – courte – carte, on trouve une cuisine aux solides bases classiques. Une bonne adresse.

🏡 - Menu 35 € (déjeuner), 65/75 € - Carte 68/87 €

Plan : A2-4 – *110 quai Géry-Legrand – ✆ 03 20 92 03 21 – www.lestoquees.com – Fermé : lundi, samedi midi, dimanche*

LOOS

✉ 59120 - Nord - Carte régionale n° **13**-C2

FÉLICIE Ⓝ

CUISINE MODERNE • **CONTEMPORAIN** Dans un décor plutôt indus (béton ciré, briques, tables carrées brutes en fer dépoli et bois), une jeune équipe dynamique anime cette adresse de la banlieue lilloise. Les prix sont tout simplement canon pour une cuisine du marché de cette qualité - la félicité est bien au rendez-vous chez Félicie, oh oui !

♿ AC - Menu 24 € (déjeuner), 29/50 €

78 rue du Maréchal-Foch - ✆ 03 20 48 23 85 - felicie-restaurant.com - Fermé : dimanche soir

LA MADELAINE-SOUS-MONTREUIL

✉ 62170 - Pas-de-Calais - Carte régionale n° **13**-A2

LA GRENOUILLÈRE

Chef : Alexandre Gauthier

CUISINE MODERNE • **DESIGN** Rares sont les chefs qui démontrent une personnalité culinaire aussi affirmée que le chef de la Madelaine-sous-Montreuil, dans le Pas-de-Calais. L'histoire se déroule sous deux chapiteaux métalliques aux lignes épurées (signés de l'architecte Patrick Bouchain), qui couronnent une salle ouverte sur la nature et les fourneaux. C'est en ce laboratoire qu'Alexandre Gauthier propose une "cuisine contemporaine de racine française, libérée de ses certitudes et de ses a priori". Véritable alchimiste, il asticote les saveurs au gré d'assiettes tranchantes, autant d'instantanés de créativité, où le produit chante les louanges des saisons. Une cuisine d'art et d'essai ébouriffante, installée dans une ancienne ferme picarde au luxe sauvage.

L'engagement du chef : *La cuisine de La Grenouillère est une cuisine de territoire, celui de la Côté d'Opale, que nous explorons sous tous ses aspects géographiques, naturels et humains. C'est une cuisine éminemment personnelle, profondément ancrée dans une temporalité. Toujours en mouvement, elle est une capture de l'éphémère, une photographie d'un instant, d'une humeur, d'une émotion.*

♿ P - Menu 155 € (déjeuner), 215 €

19 rue de la Grenouillère - ✆ 03 21 06 07 22 - www.lagrenouillere.fr - Fermé : lundi midi, mardi, mercredi, jeudi midi

MARCQ-EN-BARŒUL

✉ 59700 - Nord - Carte régionale n° **13**-C2

LE MARCQ

Chef : Abdelkader Belfatmi

CUISINE MODERNE • **COSY** Après avoir peaufiné son talent dans de jolies tables nordistes (La Laiterie, Le Val d'Auge, Boury), le chef Abdelkader Belfatmi s'est installé au cœur de la bonne ville de Marcq. Ses assiettes montrent une identité culinaire bien affirmée : produits d'une grande fraîcheur, multitude de petites préparations savoureuses (marinades, crémeux, condiments), associations de saveurs percutantes - piment et acidité, par exemple. Quant aux visuels, très travaillés, ils donnent aux plats des allures de tableaux pointillistes ! En un mot, on se régale, d'autant que le service et le cadre se révèlent aussi agréables. Une maison qui mérite bien des éloges.

Menu 34 € (déjeuner), 69 € - Carte 66/76 €

944 avenue de la République - ✆ 03 20 00 80 48 - www.lemarcq.fr - Fermé : lundi, mercredi soir, samedi midi, dimanche

LA SALLE À MANGER

CUISINE MODERNE • **CONTEMPORAIN** Voilà une maison qui a su évoluer avec son temps, comme en témoigne la salle à manger contemporaine et la terrasse verdoyante.

Le chef y cuisine en fonction du marché et laisse libre cours à son imagination, en particulier dans le menu dégustation du soir.

- Menu 29 € (déjeuner), 58/74 €

287 boulevard Clemenceau - 03 20 65 21 19 - www.restaurant-lasalleamanger.com - Fermé : lundi, mardi soir, samedi midi, dimanche

MONTREUIL

62170 - Pas-de-Calais - Carte régionale n° **13**-A2

ANECDOTE

CUISINE TRADITIONNELLE • BISTRO Alexandre Gauthier, chef de la Grenouillère, revient ici aux fondamentaux : goujonnettes, sauce gribiche ; côte à l'os à la braise, crêpes Suzette, tarte Tatin... avec même certains plats en hommage à son père. Bons produits, belles présentations, saveurs et générosité : une savoureuse "cuisine de mémoire".

- Menu 28 € (déjeuner) - Carte 48/60 €

1 rue des Juifs - 03 21 86 65 80 - www.anecdote-restaurant.com - Fermé : lundi, dimanche

LA TABLE DU CHÂTEAU

CUISINE MODERNE • ÉLÉGANT Deux toques et quatre mains président aux destinées de cette table châtelaine, qui propose une cuisine entre modernité et tradition, avec une prédisposition marquée pour les produits de la côte d'Opale. Souvenirs d'un beau filet de Saint-Pierre cuit sur la peau, artichaut en barigoule et pêche jaune, et son jus de tête à la verveine. À déguster dans une salle à manger confortable, au décor feutré.

- Menu 89/105 €

4 chaussée des Capucins - 03 21 81 53 04 - www.chateaudemontreuil.com - Fermé : lundi, mardi, mercredi, jeudi, dimanche soir

MORBECQUE

59190 - Nord - Carte régionale n° **13**-B2

AU CŒUR D'ARTICHAUT

CUISINE MODERNE • ÉLÉGANT Ce restaurant contemporain, tenu avec dynamisme par un jeune couple originaire du village, propose une cuisine dans l'air du temps, attentive aux produits et aux saisons. Service attentionné, et belle salle à manger sous véranda.

- Menu 21/48 €

8 avenue des Flandres - 03 28 48 09 21 - www.aucoeurdartichaut.fr - Fermé : lundi soir, mardi soir, mercredi, dimanche soir

NŒUX-LES-MINES

62290 - Pas-de-Calais - Carte régionale n° **13**-B2

LE CERCLE

CUISINE MODERNE • COSY Des assiettes maîtrisées, une cuisine au goût du jour pas piquée des hannetons : qu'il fait bon s'asseoir autour de ce Cercle ! Les produits sont de qualité comme on le voit avec ses belles coquilles Saint-Jacques sur leur crémeux de chou-fleur ; quant au cadre, à la fois chic et cosy, il se pare d'élégants tableaux contemporains. Service souriant.

- Menu 29 € - Carte 45/54 €

374 rue Nationale - 03 21 61 65 65 - www.hotel-lamaisonrouge.com

RAISMES

✉ 59590 - Nord - Carte régionale n° **13**-C2

LA GRIGNOTIÈRE

CUISINE MODERNE • ÉLÉGANT Dans cette petite localité près de Valenciennes, on prend place dans une enfilade de salles contemporaines aux tons clairs ; les assiettes, d'une grande simplicité, laissent le produit parler de lui-même. Terrasse pour les beaux jours.

- Menu 39/80 € - Carte 52/73 €

6 rue Jean-Jaurès - ✆ 03 27 36 91 99 - www.la-grignotiere.com - Fermé : lundi, mercredi, dimanche soir

RENESCURE

✉ 59173 - Nord - Carte régionale n° **13**-B2

LA TABLE DE ROMAIN

CUISINE CLASSIQUE • CONVIVIAL Située au cœur du bourg, cette maison de village, typique de l'architecture locale est le quartier-général d'un chef qui propose un menu à tarif imbattable en semaine, et plus élaboré en fin de semaine - quelques produits nobles y pointent le bout de leur nez. Recettes et produits changent régulièrement... Le tout dans un intérieur chic et convivial.

- Menu 21 € (déjeuner), 32 €

1 rue Gaston-Robbe - ✆ 09 67 35 23 60 - www.tablederomain.kazeo.com - Fermé : lundi, mardi soir, mercredi soir, jeudi soir, samedi midi, dimanche soir

ST-ETIENNE-AU-MONT

✉ 62360 - Pas-de-Calais - Carte régionale n° **13**-A2

HOSTELLERIE DE LA RIVIÈRE

CUISINE MODERNE • COSY Une bonne cuisine actuelle rythmée par les saisons, à déguster dans un intérieur élégant et feutré, ou sur la terrasse arborée aux beaux jours : voilà ce qui vous attend dans cette sympathique maison tenue en famille. Petits pois, asperges, langoustines ; bar au pesto basilic, fricassée de légumes... le midi, une formule "bistrot" permet même de se régaler à moindre coût. Bien vu !

P - Menu 25/49 € - Carte 49/70 €

17 rue de la Gare, Pont-de-Briques - ✆ 03 21 32 22 81 - www.lhostelleriedelariviere.fr - Fermé : lundi, mardi, mercredi soir, dimanche soir

ST-JOSSE

✉ 62170 - Pas-de-Calais - Carte régionale n° **13**-A2

AUBERGE DU MOULINEL

CUISINE TRADITIONNELLE • AUBERGE Un petit air de campagne chic, non loin du Touquet. Turbot rôti sur arête et sauce hollandaise, cœur de ris veau poêlé, grenailles au beurre... Le chef réalise une alléchante cuisine traditionnelle. Tout est fait maison, y compris le pain et les glaces !

P - Menu 32/57 €

116 chaussée de l'Avant-Pays, Le Moulinel - ✆ 03 21 94 79 03 - www.aubergedumoulinel.com - Fermé : lundi, mardi, dimanche soir

ST-OMER

✉ 62500 - Pas-de-Calais - Carte régionale n° **13**-B2

BACÔVE N

CUISINE MODERNE • CONTEMPORAIN Le bacôve est une grande barque à fond plat qui était utilisée par les maraîchers du marais audomarois pour transporter leurs légumes. Voilà qui dit tout de l'inspiration de Camille Delcroix (vainqueur en 2018 de Top Chef) dans son restaurant à la déco nature et apaisante, où il concocte des menus rythmés par les saisons et les produits du terroir local.

- Menu 45 € (déjeuner), 75/90 €

8 rue Caventou – 03 21 95 21 33 – restaurant-bacove.com/fr – Fermé : lundi, mardi, dimanche soir

SECLIN

59113 – Nord – Carte régionale n° **13**–C2

AUBERGE DU FORGERON

CUISINE MODERNE • **ÉLÉGANT** Une auberge familiale pleine de charme. Côté restaurant gastronomique, la carte épouse l'air du temps, les saisons, les spécialités (et la créativité) du chef font mouche. À l'heure du repos, on profite de chambres confortables et bien tenues.

- Menu 39/84 €

17 rue Roger-Bouvry – 03 20 90 09 52 – www.aubergeduforgeron.com – Fermé : lundi, dimanche

SOCX

59380 – Nord – Carte régionale n° **13**–B1

AU STEGER

CUISINE TRADITIONNELLE • **AUBERGE** Cette table traditionnelle s'est forgée une belle réputation dans la région, à raison : le chef est passionné par le vin et les terroirs. Parmi les spécialités maison, on se régale d'un potjeveesch, du waterzoï de poissons, ou d'un parfait glacé au spéculos, le tout dans un cadre contemporain et une ambiance conviviale. Une adresse pleine de dynamisme !

- Menu 29 € (déjeuner), 40 € - Carte 23/57 €

27 route de Saint-Omer – 03 28 68 20 49 – www.restaurant-lesteger.com – Fermé : lundi soir, mardi soir, mercredi soir, jeudi soir, vendredi soir, dimanche soir

LE TOUQUET-PARIS-PLAGE

62520 – Pas-de-Calais – Carte régionale n° **13**–A2

LE PAVILLON - HÔTEL WESTMINSTER

CUISINE CRÉATIVE • **ÉLÉGANT** Le Pavillon du Westminster, ce beau palace des années 1930, fleuron de la Côte d'Opale, offre une ambiance tamisée aux tons noir et ocre : on s'installe dans la salle à manger tendue de grandes tapisseries animalières pour déguster la cuisine créative de William Elliott. On apprécie les associations terre/mer, les plats équilibrés qui vont à l'essentiel, à l'instar du turbot sauvage, cerises, amandes et lait d'arêtes. Depuis la terrasse, vue sur le célèbre phare de La Canche.

- Menu 100/130 € - Carte 85/115 €

Avenue du Verger – 03 21 05 48 48 – www.hotelsbarriere.com – Fermé : lundi, mardi, mercredi, jeudi midi, vendredi midi, samedi midi

LE PARIS

CUISINE MODERNE • **CONVIVIAL** À quelques rues du bord de mer, une table en prise sur le marché et les saisons, très appréciée des gourmets de la station ! Les associations y sont heureuses et goûteuses. Une cuisine qui évolue entre recettes traditionnelles et d'autres plus modernes à l'image de ce carpaccio de Saint-Jacques au citron vert et radis noir. Accueil charmant.

- Menu 27 € (déjeuner), 40 € - Carte 53/67 €

88 rue de Metz – 03 21 05 79 33 – www.restaurant-leparis.com – Fermé : mardi, mercredi

TOURCOING

✉ 59200 - Nord - Carte régionale n° **13**-C2

LA BARATTE

CUISINE TRADITIONNELLE • **TENDANCE** Une petite maison en briques dans un quartier résidentiel de Tourcoing. Surprise à l'intérieur : on découvre une salle résolument contemporaine et élégante, avec une agréable vue sur le jardin et sa terrasse en teck. Côté cuisine, le chef fait montre d'inventivité... pour le bonheur du produit frais !

- Menu 22 € (déjeuner), 36/75 € - Carte 55/70 €

395 rue du Clinquet - 03 20 94 45 63 - www.la-baratte.com - Fermé : lundi, mardi, dimanche soir

VALENCIENNES

✉ 59300 - Nord - Carte régionale n° **13**-C2

LE MUSIGNY

CUISINE MODERNE • **ÉLÉGANT** Si le chef, passé par de grandes maisons, a choisi ce discret point de chute valenciennois, sa cuisine délicate a rapidement conquis la ville. Produits choisis et recettes joliment inspirées des saisons, le tout à déguster dans un décor entièrement rénové, ou sur la terrasse : la garantie d'un moment délicieux.

- Menu 44 € (déjeuner), 52/92 €

90 avenue de Liège - 03 27 41 49 30 - www.lemusigny.fr - Fermé : lundi, samedi midi, dimanche soir

LA STORIA - ROYAL HAINAUT

CUISINE ITALIENNE • **ÉLÉGANT** Au sein de l'ancien hôpital du Hainaut, édifié sous Louis XV, voici un écrin somptueux avec ses piliers majestueux, son plafond aérien, ses lustres suspendus et sa moquette épaisse. Soignez-vous avec cette cuisine transalpine classique – plin di ossobuco, vitello, risotto – en guise de remède !

- Menu 43/72 € - Carte 55/80 €

6 place de l'Hôpital-Général - 03 27 35 15 15 - www.royalhainaut.com - Fermé : mercredi midi, jeudi midi, vendredi midi, samedi, dimanche soir

WAMBRECHIES

✉ 59118 - Nord - Carte régionale n° **13**-C2

BALSAMIQUE

CUISINE MODERNE • **CONTEMPORAIN** Qu'elle est agréable, la petite terrasse au calme du Balsamique, surtout les soirs d'été ! Le jeune chef a plus d'un tour dans son sac : sa cuisine créative, assez originale, s'appuie sur des produits impeccables (poisson de Boulogne-sur-Mer, par exemple) et se pare de belles influences asiatiques. Service efficace et beau choix de champagnes. L'Encas, bistrot lounge à la déco tendance, permet de profiter toute la journée des même plats, version sur le pouce.

- Menu 35 € - Carte 38/44 €

13 place du Général-de-Gaulle - 03 20 93 68 55 - www.balsamique-restaurant.com - Fermé : lundi, mercredi soir, dimanche

WIERRE-EFFROY

✉ 62720 - Pas-de-Calais - Carte régionale n° **13**-A2

LA FERME DU VERT

CUISINE MODERNE • **AUBERGE** Dans le cadre de cette ancienne ferme du 19e s., sous l'égide de trois frères, une fromagerie artisanale en activité (vente à emporter) et cet agréable restaurant où l'on déguste des petits plats traditionnels soignés, rehaussés d'une pointe de modernité. Le tout à prix savoureux.

- Carte 40/50 €

Rue du Vert - 03 21 87 67 00 - www.fermeduvert.com - Fermé : lundi midi, samedi midi, dimanche

WIMEREUX

62930 - Pas-de-Calais - Carte régionale n° **13**-A2

LA LIÉGEOISE

Chef : Benjamin Delpierre

CUISINE MODERNE • TENDANCE En étage, sur la digue : impossible d'échapper au panorama sur la mer ! Au sein de cet hôtel familial de la plus ancienne station balnéaire de la Côte d'Opale, on est d'emblée séduit par ce décor refait de frais dans un style vintage. Avant de s'ancrer face à la Manche, Benjamin Delpierre a posé ses filets chez Jean-Michel Lorain à la Côte Saint-Jacques puis au Ritz de Michel Roth, avant un cabotage du côté des Caraïbes avec son épouse, aujourd'hui en salle. Ici, les poissons et les fruits règnent sans partage dès l'entrée - rouget, escargots, huîtres, couteaux et moules - mis en valeur par une belle cuisine de la mer.

- Menu 56/99 € - Carte 80/95 €

6 rue Notre-Dame - 03 21 32 41 01 - www.atlantic-delpierre.com - Fermé : lundi, mardi, mercredi midi, jeudi midi, vendredi midi, dimanche soir

PICARDIE

Carte régionale n° 14

Qu'y a-t-il de commun entre la forêt de Chantilly, les prés-salés de la baie de Somme, et le vignoble de la vallée de la Marne, autour de Château-Thierry ? Tout cela, c'est la Picardie, qui peut se targuer d'une production aussi variée que ses paysages. Les forêts giboyeuses ont offert la matière première à bien des spécialités locales (pâté picard, pâté de canard en croûte d'Amiens , ficelle picarde). La Thiérache possède l'exclusivité de l'AOP Maroilles, une vraie fierté locale. Plus au sud, toujours dans l'Aisne, le vignoble de la vallée de la Marne produit les champagnes les plus proches de Paris.

L'activité légumière est présente partout, des vastes plaines aux hortillonnages du marais amiénois : carotte, poireau, pomme de terre, endive, betterave. Et qui dit betterave dit... sucre : que de confiseries inventées en ces terres, des haricots de Soissons aux tuiles du Beauvaisis !

Et il y a dans ces contrées des cuisiniers de talent, qui ne se font pas prier pour mettre en valeur la production locale, à l'image du travail de deux chefs voisins, dans l'Oise : Guillaume Guibet, au Verbois, et Anthony Denon, à l'Auberge du Jeu de Paume, qui célèbrent tous les deux les trésors des environs, gibier en tête...

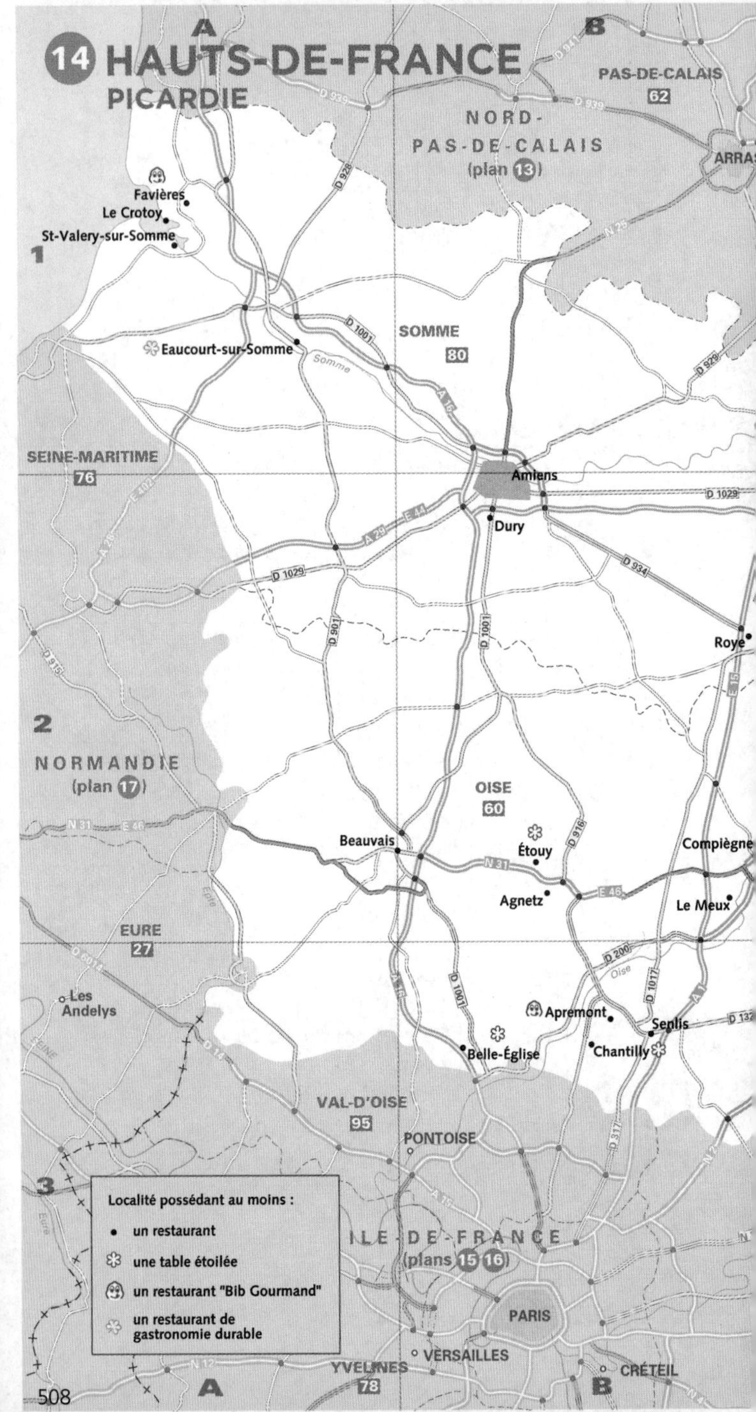
14 HAUTS-DE-FRANCE
PICARDIE
A
B
1
2
3
PAS-DE-CALAIS
62
NORD-PAS-DE-CALAIS
(plan 13)
ARRAS
Favières
Le Crotoy
St-Valery-sur-Somme
Eaucourt-sur-Somme
SOMME
80
SEINE-MARITIME
76
Amiens
Dury
Roye
NORMANDIE
(plan 17)
OISE
60
Beauvais
Étouy
Compiègne
Agnetz
Le Meux
EURE
27
Les Andelys
Apremont
Senlis
Belle-Église
Chantilly
VAL-D'OISE
95
PONTOISE
ILE-DE-FRANCE
(plans 15 16)
PARIS
VERSAILLES
YVELINES
78
CRÉTEIL
Localité possédant au moins :
un restaurant
une table étoilée
un restaurant "Bib Gourmand"
un restaurant de gastronomie durable

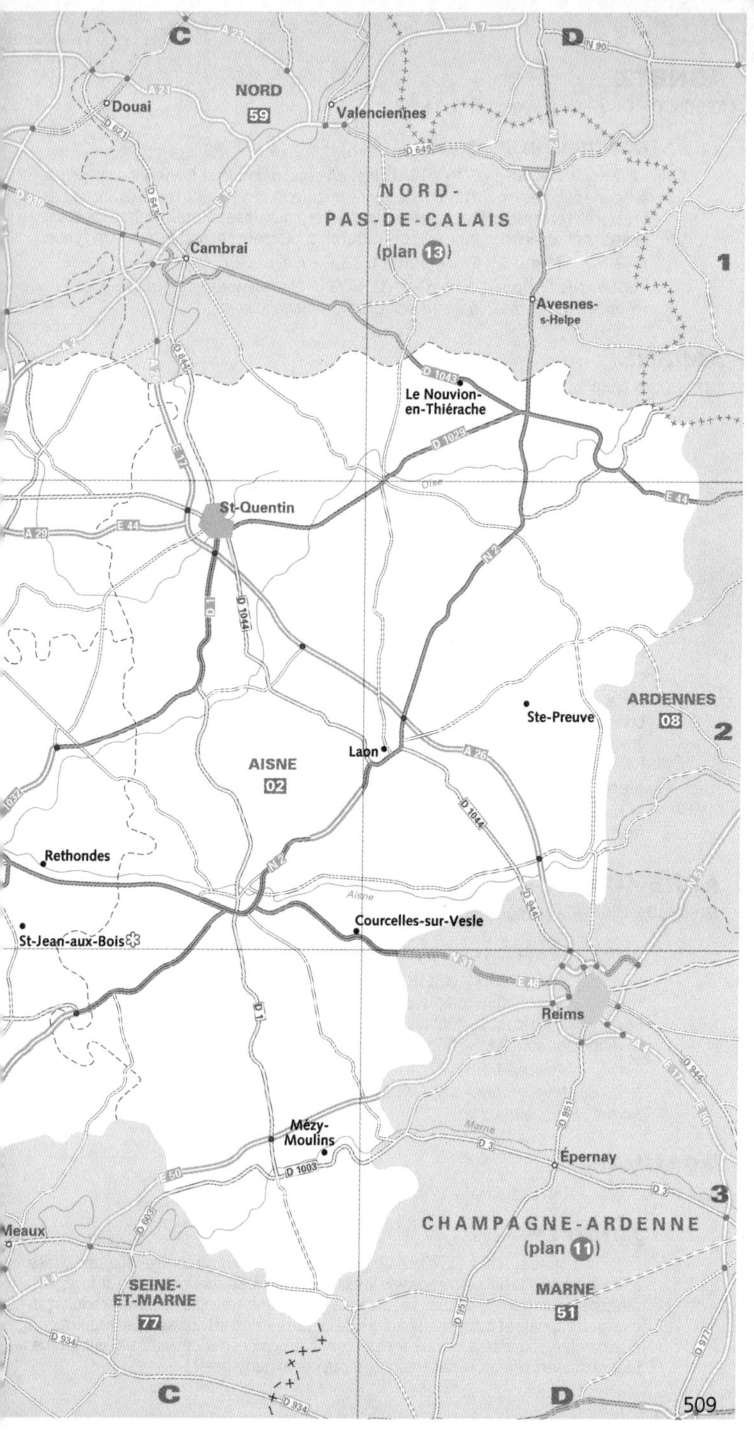
C
D
1
2
3
NORD
59
Douai
Valenciennes
NORD-
PAS-DE-CALAIS
(plan 13)
Cambrai
Avesnes-
s-Helpe
Le Nouvion-
en-Thiérache
St-Quentin
Oise
ARDENNES
08
Ste-Preuve
Laon
AISNE
02
Rethondes
Aisne
Courcelles-sur-Vesle
St-Jean-aux-Bois
Reims
Mézy-
Moulins
Marne
Épernay
Meaux
CHAMPAGNE-ARDENNE
(plan 11)
SEINE-
ET-MARNE
77
MARNE
51
A 23
A 7
N 90
A 21
D 621
D 649
N 2
D 939
D 643
E 19
A 2
A 26
D 644
D 1043
D 1029
E 17
E 44
A 29
D 1
D 1044
A 26
N 2
D 944
N 31
E 46
A 4
D 944
E 50
N 51
D 951
D 3
D 1003
E 50
D 603
D 934
D 977
C
D

AGNETZ

✉ 60600 - Oise - Carte régionale n° **14**-B2

AUBERGE DU J'Y COURS

CUISINE MODERNE • CONVIVIAL Une adresse sympathique, bien dans son époque, avec une cuisine au goût du jour de bonne facture. Duo de makis, tomates anciennes, mozzarella et fraises ; gambas et caviar d'aubergines : les assiettes, goûteuses et soignées, sont servies dans une salle de bistrot chic, lumineuse et accueillante. On y court.

- Menu 25 € (déjeuner), 33 € - Carte 35/50 €

466 avenue Philippe-Courtial - ✆ 03 44 51 15 19 - www.auberge-du-j-y-cours.webnode.fr - Fermé : lundi, mercredi soir, dimanche soir

AMIENS

✉ 80000 - Somme - Carte régionale n° **14**-B2

AIL DES OURS

CUISINE MODERNE • CONTEMPORAIN Entre la rue des Jacobins et la cathédrale, cette table sympathique et tendance est menée par le jeune chef Stéphane Bruyer. Cuisine simple, de saison, valorisant les produits du marché, menu unique le soir (choix entre poisson ou viande) : le restaurant est plébiscité à Amiens... et l'on comprend pourquoi.

- Menu 26 € (déjeuner), 38 €

11 rue Sire-Firmin-Leroux - ✆ 03 22 48 35 40 - Fermé : lundi, mardi midi, dimanche

LES ORFÈVRES

CUISINE MODERNE • CONTEMPORAIN À deux pas de la célèbre cathédrale, un restaurant au décor de type atelier, épuré et moderne. Au menu : une cuisine qui connaît ses classiques, avec quelques touches plus modernes par-ci par-là... et une ambiance conviviale. Le chef aime travailler le poisson à l'image de ce savoureux tourteau, avocat et citron.

Menu 45/87 €

14 rue des Orfèvres - ✆ 03 22 92 36 01 - www.lesorfevres.com - Fermé : lundi, mardi midi, mercredi midi, dimanche soir

APREMONT

✉ 60300 - Oise - Carte régionale n° **14**-B3

AUBERGE LA GRANGE AUX LOUPS

CUISINE MODERNE • AUBERGE Cette auberge villageoise doit sa renaissance à un couple passionné, qui a complètement rénové les lieux dans une veine contemporaine. Le chef revisite joyeusement les classiques et y met un soin de tous les instants ; ses savoureuses assiettes se dégustent sur la terrasse d'été, aux beaux jours.

- Menu 34/56 €

8 rue du 11-Novembre - ✆ 03 44 25 33 79 - www.lagrangeauxloups.com - Fermé : lundi, dimanche

BEAUVAIS

✉ 60000 - Oise - Carte régionale n° **14**-A2

AUTREMENT

CUISINE MODERNE • TENDANCE Légèrement à l'écart du centre-ville, une petite adresse tranquille qui permet de voir la vie... autrement. Le chef, originaire de la région, maîtrise parfaitement cuissons et assaisonnements et travaille de bons produits ; sa cuisine, originale et colorée, a le mérite de la clarté - ainsi le thon servi en tataki façon pissaladière, sauce sésame ou l'agneau confit aux épices douces, caviar d'aubergine. Et son dessert signature fait toujours mouche : le paris-brest !

♿ 🏠 🅿 - Menu 25 € (déjeuner), 44/60 € - Carte 44/70 €

128 rue de Paris - ✆ 03 44 02 61 60 - www.autrement-restaurant.fr - Fermé : lundi, samedi midi, dimanche

LE SENSO

CUISINE MODERNE • **ÉPURÉ** Sur la place du marché, ce restaurant joue la carte de la simplicité, avec un décor contemporain de belle facture. Quelques touches créatives à signaler dans les assiettes du chef, qui porte une attention toute particulière aux dressages. Ne manquez pas sa spécialité : le kouign amann.

♿ AC - Menu 25 € (déjeuner), 46/65 €

25 rue d'Agincourt - ✆ 03 64 19 69 06 - lesensorestaurant.free.fr/lesensorestaurant/le-senso.html - Fermé : lundi, dimanche

BELLE-ÉGLISE

✉ 60540 - Oise - Carte régionale n° **14**-B3

LA GRANGE DE BELLE-ÉGLISE

Chef : Marc Duval

CUISINE CLASSIQUE • **ÉLÉGANT** Il y a des noms de restaurants et de villages qui font très "France éternelle" : la Grange de Belle-Église relève de cet imaginaire bucolique et gourmand. On s'attend à y déguster de belles recettes traditionnelles, réalisées avec amour à partir de bons produits issus des campagnes environnantes. Gagné ! Dans cette ancienne grange à charbon reconvertie en un havre paisible et cossu, la bonne chère revêt ses plus beaux atours. Le chef Marc Duval fait assaut de classicisme, non sans s'autoriser des écarts modernes. Le homard bleu, crémeux de petits légumes croquants, et la pièce de veau à la truffe se dégustent dans une salle à manger feutrée qui s'ouvre aux beaux jours sur un jardin pimpant.

♿ AC 🅿 - Menu 27 € (déjeuner), 46/92 € - Carte 126/167 €

28 boulevard René-Aimé-Lagabrielle - ✆ 03 44 08 49 00 - www.lagrangedebelleeglise.fr - Fermé : lundi, mardi midi, dimanche

CHANTILLY

✉ 60500 - Oise - Carte régionale n° **14**-B3

LA TABLE DU CONNÉTABLE - AUBERGE DU JEU DE PAUME

CUISINE MODERNE • **ÉLÉGANT** Le château royal de Chantilly cumule les superlatifs : un superbe parc signé Le Nôtre, un musée renfermant la deuxième collection de peintures anciennes en France, des écuries jamais égalées en splendeur... Une visite inoubliable avant de s'attabler dans cette luxueuse auberge contiguë aux jardins. Dans un cadre somptueux, entre tableaux, lustres et tentures, le chef Antony Denon signe une cuisine créative où le végétal a toute sa place, sans oublier quelques classiques régionaux revisités, à l'image de cette tourte à l'anguille. Jolis plats de saison au Jardin d'Hiver, servis dans la galerie ou l'agréable terrasse-patio. Chambres spacieuses à l'élégance classique.

♿ AC - Menu 105/145 €

4 rue du Connétable - ✆ 03 44 65 50 00 - www.aubergedujeudepaumechantilly.fr - Fermé : lundi, mardi, mercredi, dimanche et le midi

LE VERBOIS

CUISINE MODERNE • **CONTEMPORAIN** Dans la famille Guibet, je demande le fils ! Dans la droite ligne de son père, Guillaume a repris les fourneaux de l'ancien relais de chasse (1886). Portée par les saisons, sa cuisine est créative et astucieuse, avec parfois des touches asiatiques (et pour cause, il a fait ses classes chez Kei, à Paris), toujours convaincante. Les beaux produits, traités avec malice et finesse, se succèdent comme cette dorade royale traitée en ceviche fraîche et relevée à souhait, ou cette belle pomme de ris de veau mise en valeur par une garniture gourmande et un jus intense. Même dynamisme du côté du décor, entre bois, cuir et métal, d'une grande élégance.

- Menu 75/160 €

6 rue la Grande-Folie, à St-Maximin - 03 44 24 06 22 - www.leverbois.fr - Fermé : lundi, mardi, dimanche soir

COMPIÈGNE

60200 - Oise - Carte régionale n° **14**-B2

RHIZOME

CUISINE MODERNE • CONTEMPORAIN Le rhizome, c'est la tige souterraine remplie de réserve d'énergie chez certaines plantes, et qui s'apparente à la racine. Choix judicieux pour le retour aux sources de ce jeune couple de Soissons, revenu en Picardie, après des passages dans de belles maisons (Mère Brazier, Saturne à Paris, Auberge du Vert Mont). Racine aussi pour une cuisine du marché, vivante, instinctive et qui se renouvelle régulièrement. Racine enfin comme un témoignage de la démarche locavore, assortie de vins bio et naturels. Le bon plan gourmandise de la ville, avec un menu (unique) au déjeuner à un prix imbattable. Une bien jolie adresse.

Menu 21 € (déjeuner), 38/43 €

6 rue des Pâtissiers - 09 83 77 42 22 - www.restaurant-rhizome.fr - Fermé : lundi, mercredi soir, dimanche

COURCELLES-SUR-VESLE

02220 - Aisne - Carte régionale n° **14**-C2

CHÂTEAU DE COURCELLES

CUISINE MODERNE • CLASSIQUE Noble demeure que ce château hérité du Grand Siècle, fastueux sans être opulent, et recelant un beau jardin d'hiver, d'inspiration Second Empire. Ce décor prête à un élégant moment, autour de recettes inspirées par les tendances et accompagnées d'un impressionnant choix de vins. Ce jour-là, gambas en papillon sur son lit d'artichaut au citron noir d'Iran ; barbue rôtie, asperges en deux façons, sabayon orange. Une adresse très agréable.

- Menu 45 € (déjeuner), 70/110 € - Carte 97/139 €

8 rue du Château - 03 23 74 13 53 - www.chateau-de-courcelles.fr

LE CROTOY

80550 - Somme - Carte régionale n° **14**-A1

AUBERGE DE LA MARINE

CUISINE MODERNE • BISTRO Une petite maison régionale, proche des quais, où un jeune couple met joliment en avant les produits locaux. Dans l'assiette : huîtres de St-Vaast snackées et tartare d'algues ; filet de carrelet cuit au beurre de cacao ; rhubarbe et crème cheesecake... Une cuisine savoureuse et toujours maîtrisée !

- Menu 36 € (déjeuner), 46/76 € - Carte 41/58 €

1 rue Florentin-Lefils - 03 22 27 92 44 - www.aubergedelamarine.com - Fermé : mardi, mercredi

BELLEVUE

POISSONS ET FRUITS DE MER • SIMPLE La table ne pouvait pas mieux porter son nom : la vue sur la baie de Somme est tout simplement superbe. En accord avec cette situation, le chef met en avant les beaux poissons et fruits de mer des environs (moules et coques de la baie, crevettes grises, mulet, etc.). Souvenir d'un tartare de cabillaud, pesto basilic et de gambas rôtis, bouillon de crevettes grises. Les amateurs seront ravis.

- Carte 36/50 €

526 digue Jules-Noiret - 03 22 27 86 42 - www.bellevuelecrotoy.fr - Fermé : mercredi, jeudi

DURY

✉ 80480 - Somme - Carte régionale n° **14**-B2

L'AUBERGADE

CUISINE MODERNE • **CONTEMPORAIN** Une cuisine d'inspiration classique, respectueuse des saisons : voici le credo et la promesse du chef Éric Boutté, fin connaisseur du terroir picard et voyageur à ses heures. La déco, épurée, évoque la région (pans de mur en bleu "waide", plaques de béton brut mélangé à la chaux). Bon rapport qualité-prix.

- Menu 45/90 € - Carte 67/80 €

78 route Nationale - ✆ 03 22 89 51 41 - www.aubergade-dury.com - Fermé : lundi, dimanche

LA BONNE AUBERGE

CUISINE MODERNE • **ÉLÉGANT** Dans cette pimpante auberge, point de carte : on choisit parmi les suggestions du jour, gage de fraîcheur. Le jeune chef se montre assez audacieux dans sa cuisine, osant quelques accords de saveurs originaux (qui ne font pas de mal, dans cette région où la tradition règne en maître...). Service aimable et efficace, bon rapport qualité-prix. A noter, la création d'une boutique mitoyenne au restaurant, avec plats à emporter de l'entrée au dessert, concoctés par le chef.

- Menu 35/68 €

63 route Nationale - ✆ 03 22 95 03 33 - www.labonneauberge80.com - Fermé : lundi, mardi, dimanche

EAUCOURT-SUR-SOMME

✉ 80580 - Somme - Carte régionale n° **14**-A1

AUBERGE DU MOULIN - LE SALTIMBANQUE

Chef : Sébastien Porquet

CUISINE MODERNE • **CONVIVIAL** Une adresse attachante, désormais tenue par un chef picard amoureux de son terroir. Le menu surprise, en quatre ou cinq plats, met en avant des produits de l'agriculture raisonnée et des poissons de petite pêche. Les assiettes séduisent, on passe un agréable moment.

L'engagement du chef : *Notre cuisine est un reflet authentique du terroir de la Picardie maritime. Les produits que nous travaillons sont ceux d'artisans et de producteurs locaux et vertueux qui rendent respectueusement hommage à notre terre. Au-delà de ces produits qui dictent au quotidien notre carte, nous fabriquons nous mêmes notre pain et beurre et avons fait le choix de proposer des eaux-micro filtrées plutôt qu'en bouteilles.*

P - Menu 35 € (déjeuner), 50/60 €

1500 lieu-dit du Moulin - ✆ 03 22 27 08 94 - www.lesaltimbanque.fr - Fermé : lundi, mardi, dimanche soir

ÉTOUY

✉ 60600 - Oise - Carte régionale n° **14**-B2

L'ORÉE DE LA FORÊT

Chef : Nicolas Leclercq

CUISINE MODERNE • **ÉLÉGANT** Vous cherchez une bonne table proche de Paris ? En lisière de la forêt de Hez, cette belle demeure de la fin du 19e s. accueille sereinement les clients dans son parc arboré. L'idéal pour se mettre au vert, l'appétit en bandoulière. L'intérieur, feutré et élégant, séduit grâce aux efforts familiaux du chef Nicolas Leclercq et de son épouse Yolaine. La grand-mère de Nicolas avait ouvert le restaurant en... 1956 et faisait elle-même son beurre grâce au lait de sa vache ! Le grand potager (flânerie obligatoire après le repas) approvisionne la table en légumes frais et herbes aromatiques - cueillette effectuée par le père du chef. Aujourd'hui, le cuisinier, qui fabrique lui-même son pain au levain, propose une cuisine franche, colorée et attentive aux saisons.

- Menu 65 € (déjeuner), 125 € - Carte 110/120 €

255 rue de la Forêt - 03 44 51 65 18 - www.loreedelaforet.fr - Fermé : lundi, mardi, dimanche soir

FAVIÈRES

80120 - Somme - Carte régionale n° **14**-A1

LA CLÉ DES CHAMPS

CUISINE MODERNE • CONTEMPORAIN Un jeune couple de professionnels a transformé cette auberge en un restaurant des plus recommandables. On ne ménage pas sa peine pour faire plaisir au client, et le résultat est là, à l'image de ce réjouissant paleron de veau confit, aubergine, jus à la sarriette... une affaire qui roule et nous régale.

- Menu 35/58 €

Place des Frères-Caudron - 03 22 27 88 00 - www.restaurant-lacledeschamps.com - Fermé : mercredi, jeudi

LAON

02000 - Aisne - Carte régionale n° **14**-D2

ZORN - LA PETITE AUBERGE

CUISINE MODERNE • CLASSIQUE Cuisine du marché (daurade royale façon ceviche, soupe froide de tomate et glace moutarde de Reims, épaule d'agneau au boulgour et jus épicé...) et menu "carte blanche" en 5 services : voici la proposition du chef expérimenté Willy-Marc Zorn, dans ce restaurant proche de la gare de Laon. Belle sélection de vins. Une valeur sûre.

- Menu 35/59 €

45 boulevard Pierre-Brossolette - 03 23 23 02 38 - www.zorn-lapetiteauberge.com - Fermé : lundi soir, samedi midi, dimanche

LE MEUX

60880 - Oise - Carte régionale n° **14**-B2

AUBERGE DE LA VIEILLE FERME

CUISINE MODERNE • AUBERGE Dans ce petit village non loin de Compiègne, l'ancienne ferme est aujourd'hui un hôtel-restaurant très couru. En cuisine, le chef signe une cuisine à la fois fine et gourmande, parsemée de touches personnelles, comme ce carpaccio de veau "vitello" et déclinaison d'aubergines, ou cet excellent millefeuille vanille caramel cacahouète. Très recommandable.

- Menu 25 € (déjeuner), 33/60 €

58 rue de la République - 03 44 41 58 54 - www.hotel-restaurant-oise.com - Fermé : lundi, samedi midi, dimanche soir

MÉZY-MOULINS

02650 - Aisne - Carte régionale n° **14**-C3

LE MOULIN BABET

CUISINE TRADITIONNELLE • AUBERGE Cet ancien moulin à eau tout en pierre (19es.) profite du seul voisinage de la verdure et du Surmelin, affluent de la Marne. L'intérieur donne dans le moderne et l'épure, avec plafond en bois clair et fauteuils de designers ; la cuisine de tradition prend des accents bucoliques. Et dans les chambres, pas un bruit...

- Menu 36/85 €

8 rue du Moulin-Babet - 03 23 71 44 72 - www.lemoulinbabet.com - Fermé : mardi, mercredi

LE NOUVION-EN-THIÉRACHE

02170 - Aisne - Carte régionale n° **14**-D1

LA PAIX

CUISINE TRADITIONNELLE • CLASSIQUE Briques, miroirs et bibelots : un décor agréable, au service d'une appétissante cuisine qui honore la tradition des bons petits plats depuis plus de trente ans. La spécialité : le pavé de bœuf au maroilles.

- Menu 28/32 € - Carte 48/68 €

37 rue Jean-Vimont-Vicary - 03 23 97 04 55 - www.hotel-la-paix.fr - Fermé : lundi, samedi midi, dimanche

RETHONDES

60153 - Oise - Carte régionale n° **14**-C2

AUBERGE DU PONT DE RETHONDES

CUISINE MODERNE • ÉLÉGANT Sa jolie façade traditionnelle exprime le charme de ce village des bords de l'Aisne. Elle cache une salle moderne et épurée, parfaite pour profiter d'un repas porté par l'imagination du chef et les bons produits de la saison. Terrasse côté jardin.

- Menu 47/87 € - Carte 62/120 €

21 rue du Maréchal-Foch - 03 44 85 60 24 - www.aubergedupont-rethondes.fr - Fermé : lundi, mardi, mercredi, jeudi, vendredi midi, dimanche soir

ROYE

80700 - Somme - Carte régionale n° **14**-B2

LA FLAMICHE

CUISINE MODERNE • COSY Rien d'étonnant à ce que ce restaurant, du nom de la fameuse spécialité locale, propose une cuisine à l'accent régional... mais pas seulement, à l'image de ces Saint-Jacques en coquille, crémeux d'ail fumé et jus de persil.

A/C - Menu 39/75 €

20 place de l'Hôtel-de-Ville - 03 22 87 00 56 - www.laflamiche.fr - Fermé : lundi, mardi midi, dimanche soir

ST-JEAN-AUX-BOIS

60350 - Oise - Carte régionale n° **14**-C2

AUBERGE À LA BONNE IDÉE

Chef : Sébastien Tantot

CUISINE MODERNE • TRADITIONNEL Le chef Sébastien Tantot (ancien chef exécutif de Gérald Passédat au Petit Nice) s'épanouit dans cette jolie auberge (pierres, poutres, cheminée...) située sur la route de Pierrefonds, en pleine forêt de Compiègne, dans un village médiéval. Comme en attestent ces menus uniques (à 95% végétariens), le chef met particulièrement en valeur les légumes, les fruits et les herbes et plantes aromatiques du potager au travers d'une cuisine esthétique, raffinée et équilibrée, à l'image de cet audacieux montage de lamelles de champignons de Paris crus et de foie gras, et cubes d'anguille.

- Menu 84/162 €

3 rue des Meuniers - 03 44 42 84 09 - Fermé : lundi, mardi, dimanche soir

ST-VALERY-SUR-SOMME

80230 - Somme - Carte régionale n° **14**-A1

BAIE

CUISINE MODERNE • CONVIVIAL Ce restaurant de poche, qui n'accueille que deux tables d'hôtes, mise sur une carte courte ainsi qu'une sélection rigoureuse des fournisseurs dans un rayon de cent kilomètres. Le produit brut est travaillé sans artifice, à l'image de cette lotte rôtie sur l'os. Ajoutez à cela l'accueil souriant et vous obtenez l'une des meilleurs adresses de la ville. Succès oblige, pensez à réserver !

Carte 50/70 €

30 rue de la Ferté - ✆ 03 22 26 65 12 - www.restaurantbaie.fr - Fermé : lundi midi, mardi, mercredi, jeudi midi, vendredi midi

STE-PREUVE

✉ 02350 - Aisne - Carte régionale n° **14**-D2

LES ÉPICURIENS

CUISINE MODERNE • **ÉLÉGANT** Voilà bien une table destinée aux épicuriens ! Sérieux professionnel, le chef signe une cuisine raffinée, mêlant inspiration traditionnelle et méridionale : les assiettes ravissent l'œil comme le palais... Quant au cadre, il est élégant et ouvre sur la verdure. Service attentif.

- Menu 45/115 € - Carte 65/85 €

1 ferme de Barive - ✆ 03 23 22 15 15 - www.domainedebarive.com

SENLIS

✉ 60300 - Oise - Carte régionale n° **14**-B3

LE JULIANON

CUISINE CRÉATIVE • **BISTRO** Dans cette charmante petite maison du 17e s. au décor contemporain lumineux, le chef propose une cuisine inventive, jouant avec tact sur les textures et les harmonies de saveurs, comme avec ce suprême de pintade, carotte fane et bisque de crevette. Le menu change quotidiennement.

Menu 39/59 €

5 place Gérard-de-Nerval - ✆ 03 44 32 12 05 - www.le-julianon.fr - Fermé : lundi, samedi midi, dimanche

D. Bugrat/hemis.fr

ÎLE-DE-FRANCE

LA SELECTION DU GUIDE MICHELIN

LES TABLES ÉTOILÉES

✿✿✿

Une cuisine unique. Vaut le voyage !

✿✿

Une cuisine d'exception. Vaut le détour !

✿

Une cuisine d'une grande finesse. Vaut l'étape !

N Nouvelle distinction cette année !
✿ Engagé pour une gastronomie durable

LES BIB GOURMAND

Nos meilleurs rapports qualité-prix

POUR NAOËLLE D'HAINAUT, IL N'Y A PAS DE PETITES ÉCOLOGIES

L'Or Q'Idée, à Pontoise

Lauréate de Top Chef en 2013, l'une des rares cheffes étoilées s'est forgé un parcours remarquable, sans jamais renoncer à rendre la gastronomie toujours plus durable.

Si Naoëlle d'Hainaut parle volontiers des produits locaux dénichés autour de Pontoise et dans les départements voisins, très vite, ses engagements sur le recyclage et le gaspillage reviennent au premier plan. *"J'ai baigné dans des grandes maisons où l'on jetait trop. Sur le coup, je n'en avais pas forcément conscience mais a posteriori, je me rends compte que cette période était folle."* Dès l'ouverture de L'Or Q'Idée en 2017, elle met en place une politique de recyclage. *"Quand on est son propre patron, on compte ses sous. Il faut faire attention à tout, recycler, récupérer, ne rien jeter."* Pour la cheffe, c'est une question de bon sens et c'est globalement intégré, estime-t-elle, dans sa génération. Cela semble un peu plus compliqué pour la génération qui arrive en cuisine : *"Parmi les très jeunes, la simplicité, c'est de jeter. Je ne parle pas seulement au restaurant mais en général. Ils achètent, ils jettent quand ça ne marche plus et ils rachètent."* Auprès d'elle, ils apprennent vite car le message est ferme. Naoëlle d'Hainaut pense d'ailleurs que l'enseignement professionnel devrait développer des modules consacrés au rapport recyclage, gain de temps et d'argent. À titre d'exemple, elle a opté pour

L'huître de Naoëlle d'Hainaut.

l'eau filtrée au restaurant : moins de bouteilles, c'est moins de camions sur les routes et surtout, c'est du temps gagné. La cheffe en est convaincue, c'est aujourd'hui très facile de moins gaspiller et de recycler davantage.

Vous privilégiez les achats locaux et les circuits courts. Le résultat est-il à la hauteur de vos attentes ?

Trouver tous les produits dont j'ai besoin au restaurant dans un périmètre de quelques dizaines de kilomètres autour de Pontoise, c'est relativement facile, mais je suis confrontée à deux problèmes : la qualité et la quantité. Ce n'est pas parce que c'est produit localement que je vais les acheter. Il faut que ça réponde à un goût que je recherche. C'est un travail de longue haleine qui demande du temps. Il faut sillonner la région, écouter celles et ceux qui me donnent des adresses. Mais avec le temps, le rapport s'est un peu inversé, les producteurs viennent de plus en plus à ma rencontre.

Êtes-vous globalement satisfaite, trois ans après votre ouverture ?

Oui, parce que Pontoise est aux portes du parc naturel régional du Vexin riche en produits de qualité mais aussi aux frontières de l'Oise et très proche de l'Eure. En trois ans, sur ce périmètre, j'ai trouvé une productrice d'huile d'argan, des apiculteurs, un producteur de farine de pois chiches. Mon boulanger est à deux minutes à pied du restaurant et mon maraîcher, Laurent Berrurier, est à moins de 15 minutes. C'est d'ailleurs sa production qui dicte ma carte. Il me reste à travailler sur les fromages locaux et sur la viande, même si elle est de moins en moins présente à la carte.

Et la carte des vins ?

Là, en revanche, impossible de s'appuyer sur la région... Mais avec mon mari, Matthieu, qui gère la salle, ce sont nos convictions écologiques qui parlent et notre carte est très majoritairement composée de vins issus d'une agriculture biologique ou biodynamique, sans oublier les vins naturels.

BRUNO VERJUS, UN PHILOSOPHE AUX FOURNEAUX

Table - Bruno Verjus, à Paris

***"La façon dont on se nourrit décide du monde dans lequel on vit"* : c'est de ce postulat que cet amoureux de la nature a tiré l'idée de son restaurant, après avoir vécu mille vies.**

Grand érudit du produit, ce Bruno Verjus a toujours eu à cœur de défendre celles et ceux qui nourrissent les hommes. Pour lui, le restaurant est un lieu de culture où l'on vient boire et manger pour se faire plaisir mais aussi pour apprendre : *"À table, si l'on est un peu ouvert d'esprit, on apprend l'histoire, la géographie, la géologie, la culture, le commerce. Le restaurant, on y vient pour se faire plaisir en apprenant par le rapport aux autres, qu'il soit le voisin de table, le sommelier, le chef que je suis ou un producteur de passage qui vient livrer."* Sa cuisine, il la qualifie de belle, tendre, cohérente et vertueuse : *"Parce qu'elle est le témoin de nos terroirs et de l'énergie qui s'en dégage."* Bruno Verjus est un poète, qui par cette défense du produit, contribue chaque jour à rendre la gastronomie plus durable. *"Je fais partie, et mes clients aussi, d'un écosystème que je me dois de préserver en étant à la disposition de tous ces producteurs, pêcheurs, cueilleurs, éleveurs."* Sa cuisine leur est ouverte et il aime sublimer leur travail. Pas de chichis, pas de froufrous, mais des saveurs franches, nettes, parfois brutes. Retour au postulat de départ : *"En venant chez moi, en goûtant une Saint-Jacques de plongée, un lieu jaune de l'île d'Yeu, des endives de pleine terre, une rémoulade de cresson de fontaine, mes clients décident du monde dans lequel ils veulent vivre."* Un monde de résistance face à des modèles industriels qui, de plus en plus, dérangent. Un monde solidaire où le client par sa venue contribue à faire vivre un métier, une filière, un homme, une femme, un couple. En soutenant le travail de Bruno Verjus, et le travail des producteurs, les gourmets et gourmands de passage

Bruno Verjus, fondu dans la nature, à la ville comme en cuisine

à Table véhiculent une maxime, mais surtout, se l'approprient. C'est tout ce que souhaitait Bruno à l'ouverture de son restaurant.

Sous les feuilles, millefeuille de truffe et céleri rave

Vous jonglez avec de nombreux fournisseurs par type de produit. Pourquoi ?

Si vous avez un seul producteur d'asperges, de petits pois, de fraises ou de tomates, vous lui imposez votre système. C'est lui qui va devoir se plier à vos attentes, vos commandes en produisant l'exacte quantité de vos besoins. Je pars du principe que ces producteurs ont leur propre écosystème qu'il ne faut pas bouleverser. Je préfère leur dire "envoyez-moi ce que vous avez" plutôt que "envoyez-moi ce que je veux". Je prends ce qu'ils ont à me proposer à tel moment de la saison. À moi d'orienter ma cuisine en fonction de ce que je reçois.

Produire une gastronomie durable, c'est plus compliqué à Paris?

Contrairement aux idées reçues, je pense qu'un chef à Paris a plus de facilités à défendre une gastronomie durable parce que tout passe par ici. Il est parfois plus cher de se faire livrer du poisson quand on habite à quelques dizaines de kilomètres de la mer que de recevoir le même poisson à Paris. Nous sommes sur un terroir, l'Ile-de-France, qui est plus riche que l'on ne le pense sur le plan culinaire et agricole mais en réalité, nous sommes au centre de tous les territoires et pouvons ainsi proposer le meilleur des produits pour créer une grande cuisine qui sur le plan environnemental se défend plutôt bien.

Vous bannissez les productions qui utilisent des pesticides, est-ce à dire que votre cuisine est bio ?

Je ne dirais pas que je travaille essentiellement en bio mais plutôt que ma cuisine est issue d'une agriculture sauvage. Il y a d'une part les poissons sauvages issus de pêche responsable, il y a d'autre part la cueillette qui englobe les champignons, les fleurs, les fruits, les plantes, mais il y a surtout cette volonté de défendre une production de variétés anciennes.
Ca n'est pas de la nostalgie, c'est un souhait de soutenir un pan de notre agriculture qui aurait pu s'éteindre. Je pense aux farines issues de variétés anciennes comme le blé rouge de Bordeaux ou le Barbu du Roussillon, les huiles naturelles de moulin comme celles de Leblanc en Bourgogne ou les races rares de volailles de Frédéric Ménager à la Ferme de la Ruchotte. Tous ces produits, c'est l'énergie du vivant, le sauvage, celui que je défends.

LES TABLES PAR TYPE DE CUISINE

Actuelle

Argentine

Asiatique

Basque

Chinoise

Classique

Coréenne

Créative

Du marché

Du monde

Du sud-ouest

Fusion

Grecque

Israélienne

Italienne

Japonaise

Libanaise

Lyonnaise

Marocaine

Mexicaine

Moderne

Méditerranéenne

Poissons et fruits de mer

Spécialités de grillades

Sud-américaine

Sud-est asiatique

Thaïlandaise

Traditionnelle

Vietnamienne

RESTAURANTS À MOINS DE 30 €

TABLES EN TERRASSE

RESTAURANTS AVEC SALONS PARTICULIERS

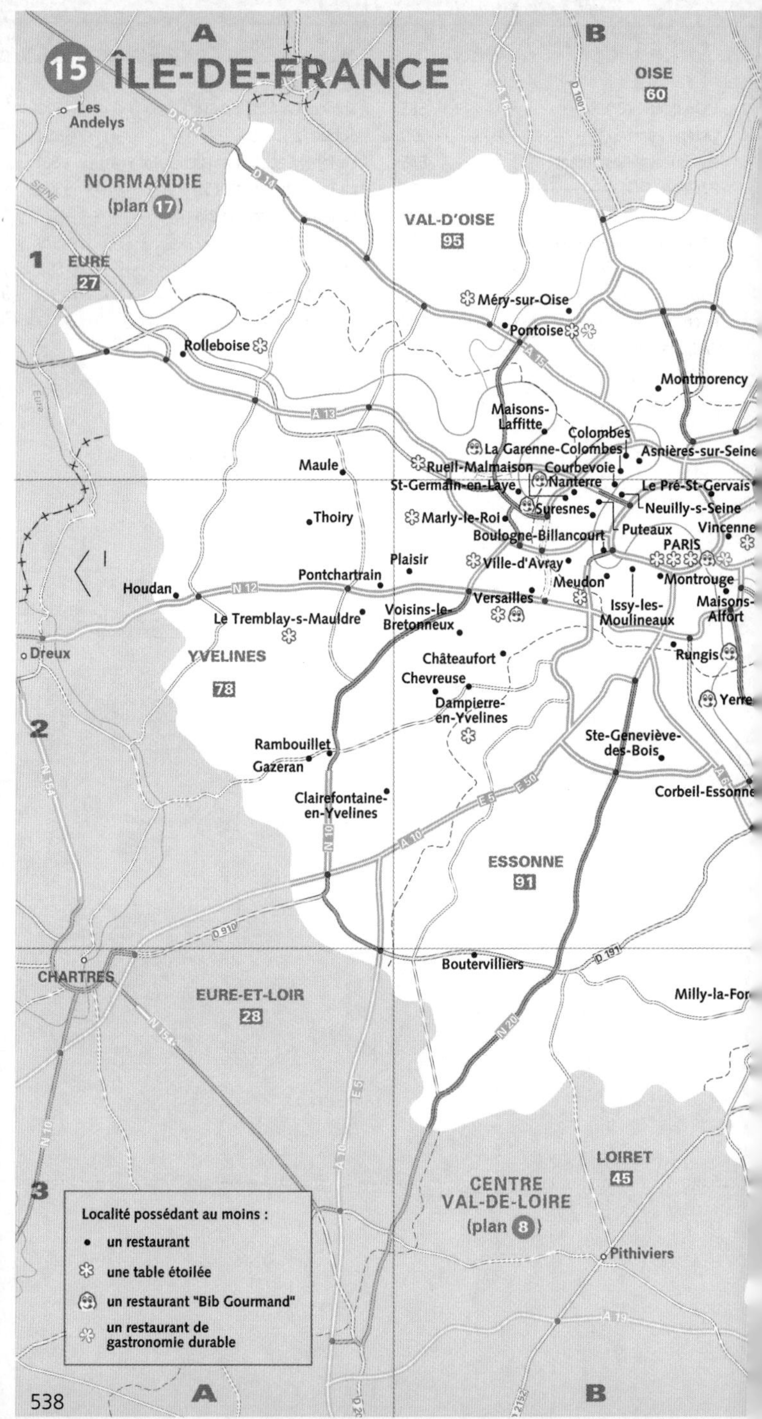
15 ÎLE-DE-FRANCE
A
B
Les Andelys
NORMANDIE (plan 17)
EURE 27
OISE 60
VAL-D'OISE 95
Méry-sur-Oise
Pontoise
Rolleboise
Montmorency
Maisons-Laffitte
Colombes
La Garenne-Colombes
Asnières-sur-Seine
Maule
Rueil-Malmaison
Courbevoie
St-Germain-en-Laye
Nanterre
Le Pré-St-Gervais
Thoiry
Marly-le-Roi
Suresnes
Neuilly-s-Seine
Boulogne-Billancourt
Puteaux
Vincennes
PARIS
Plaisir
Ville-d'Avray
Houdan
Pontchartrain
Meudon
Montrouge
Versailles
Le Tremblay-s-Mauldre
Voisins-le-Bretonneux
Issy-les-Moulineaux
Maisons-Alfort
Dreux
YVELINES 78
Châteaufort
Rungis
Chevreuse
Dampierre-en-Yvelines
Yerres
Rambouillet
Gazeran
Ste-Geneviève-des-Bois
Clairefontaine-en-Yvelines
Corbeil-Essonnes
ESSONNE 91
Boutervilliers
CHARTRES
EURE-ET-LOIR 28
Milly-la-Forêt
LOIRET 45
CENTRE VAL-DE-LOIRE (plan 8)
Pithiviers
Localité possédant au moins :
un restaurant
une table étoilée
un restaurant "Bib Gourmand"
un restaurant de gastronomie durable

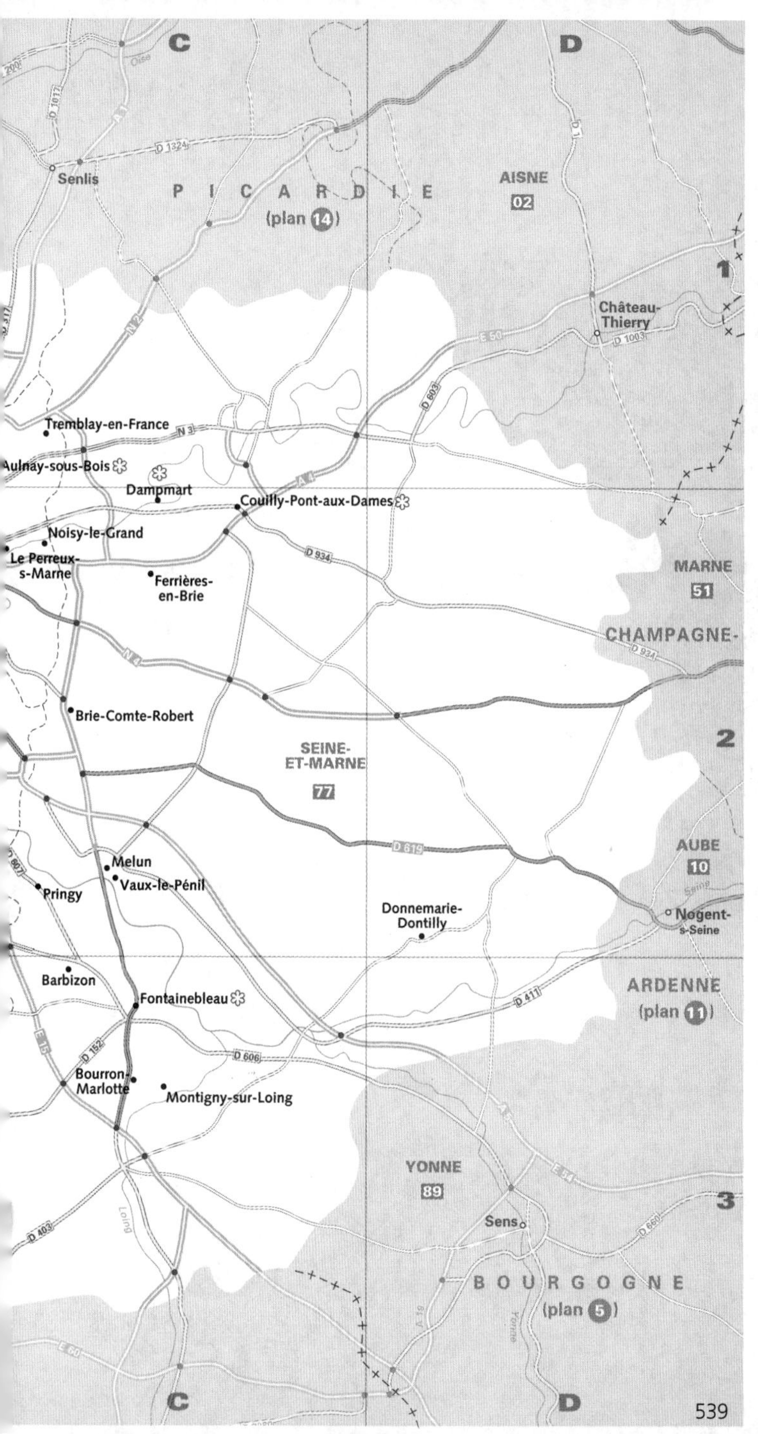
C
D
Oise
D 1017
A 1
D 1324
Senlis
P I C A R D I E
(plan 14)
AISNE
02
D 1
1
Château-
Thierry
D 1003
E 50
N 2
D 603
Tremblay-en-France
N 3
Aulnay-sous-Bois
Dampmart
Couilly-Pont-aux-Dames
A 4
Noisy-le-Grand
Le Perreux-
s-Marne
Ferrières-
en-Brie
D 934
MARNE
51
CHAMPAGNE-
N 4
Brie-Comte-Robert
SEINE-
ET-MARNE
77
2
D 619
AUBE
10
Melun
Vaux-le-Pénil
Pringy
Seine
Nogent-
s-Seine
Donnemarie-
Dontilly
Barbizon
Fontainebleau
D 411
ARDENNE
(plan 11)
E 15
D 152
D 606
Bourron-
Marlotte
Montigny-sur-Loing
A 5
YONNE
89
E 54
3
Loing
D 403
Sens
D 660
B O U R G O G N E
(plan 5)
A 19
Yonne
E 60

PARIS

Carte régionale n° 15

Disons-le sans ambages : on n'a jamais aussi bien mangé à Paris. Ce n'est pas un hasard si c'est ici même, autour du Palais Royal, qu'a été forgé, à la fin du 18e s., le concept de restaurant : plus qu'aucune cité au monde, la capitale bat au rythme de sa vie gastronomique. Une preuve parmi d'autres ? Des quartiers populaires de l'Est et du Nord, autrefois délaissés, sont devenus de véritables eldorados pour gourmets. Or, la gastronomie a cette saisissante faculté de gentrifier une rue (voire un arrondissement) plus rapidement que n'importe quelle politique municipale.

A ce titre, la rue de Charonne, dans le onzième, (Septime, Clamato) fait figure d'incubatrice de gourmandise. Cette évolution, on la doit, pêle-mêle, à une bistronomie qui tutoie les étoiles, à l'inlassable travail de « sourcing » de jeunes chefs passionnés d'agriculture raisonnée et de bio, ou encore à l'excellence de chefs étrangers (japonais, argentins, brésiliens etc.) qui subliment la cuisine française en apportant leurs histoires particulières. Sans oublier, le rôle des femmes, plus que jamais présentes, aux fourneaux, mais aussi en pâtisserie ou en sommellerie, deux domaines (parmi d'autres) dans lesquelles elles excellent.

Petite notule, adressée aux puristes du confort « gastronomique » : de nombreux établissements (on pense à Frenchie ou Abri) risquent de vous dérouter : absence de nappes, service détendu, dîner à la bonne franquette... Rien de plus logique : l'assiette et la qualité de la cuisine demeurent pour nous les seuls critères de décision. Avec une motivation essentielle : votre satisfaction.

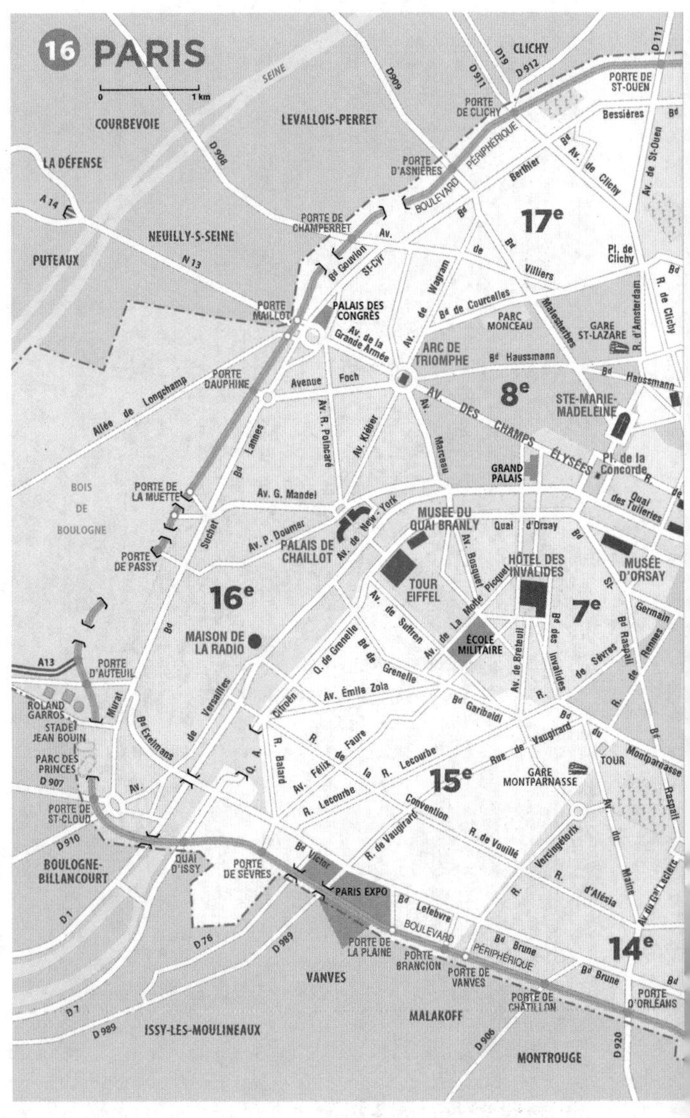
16 PARIS
0
1 km
COURBEVOIE
LEVALLOIS-PERRET
CLICHY
LA DÉFENSE
PUTEAUX
NEUILLY-S-SEINE
PORTE DE ST-OUEN
PORTE DE CLICHY
PORTE D'ASNIÈRES
PORTE DE CHAMPERRET
PORTE MAILLOT
PALAIS DES CONGRÈS
ARC DE TRIOMPHE
PARC MONCEAU
GARE ST-LAZARE
STE-MARIE-MADELEINE
PORTE DAUPHINE
BOIS DE BOULOGNE
PORTE DE LA MUETTE
PORTE DE PASSY
GRAND PALAIS
Pl. de la Concorde
MUSÉE DU QUAI BRANLY
PALAIS DE CHAILLOT
TOUR EIFFEL
HÔTEL DES INVALIDES
MUSÉE D'ORSAY
ÉCOLE MILITAIRE
MAISON DE LA RADIO
PORTE D'AUTEUIL
ROLAND GARROS
STADE JEAN BOUIN
PARC DES PRINCES
PORTE DE ST-CLOUD
GARE MONTPARNASSE
TOUR MONTPARNASSE
BOULOGNE-BILLANCOURT
QUAI D'ISSY
PORTE DE SÈVRES
PARIS EXPO
PORTE DE LA PLAINE
PORTE BRANCION
PORTE DE VANVES
PORTE DE CHÂTILLON
PORTE D'ORLÉANS
VANVES
MALAKOFF
ISSY-LES-MOULINEAUX
MONTROUGE
17e
8e
16e
7e
15e
14e
BOULEVARD PÉRIPHÉRIQUE
Av. des Champs Élysées
Avenue Foch
Bd Haussmann
Quai d'Orsay
Quai des Tuileries
Av. de New-York
Av. G. Mandel
Av. P. Doumer
Av. de Suffren
Av. de La Motte Picquet
Av. Émile Zola
Bd Garibaldi
Rue de Vaugirard
R. Lecourbe
R. de Vaugirard
Convention
R. de Vouillé
Bd Victor
Bd Lefebvre
Bd Brune
Av. du Maine
Bd Raspail
Bd St-Germain
Bd Malesherbes
Av. de Wagram
Bd de Courcelles
Av. Kléber
Av. Marceau
Bd Lannes
Av. R. Poincaré
Bd Exelmans
Allée de Longchamp
A 14
A13
N 13
D 907
D910
D1
D76
D 989
D7
D 906
D 920
D 908
D909
D 911
D19
D 912
D 111

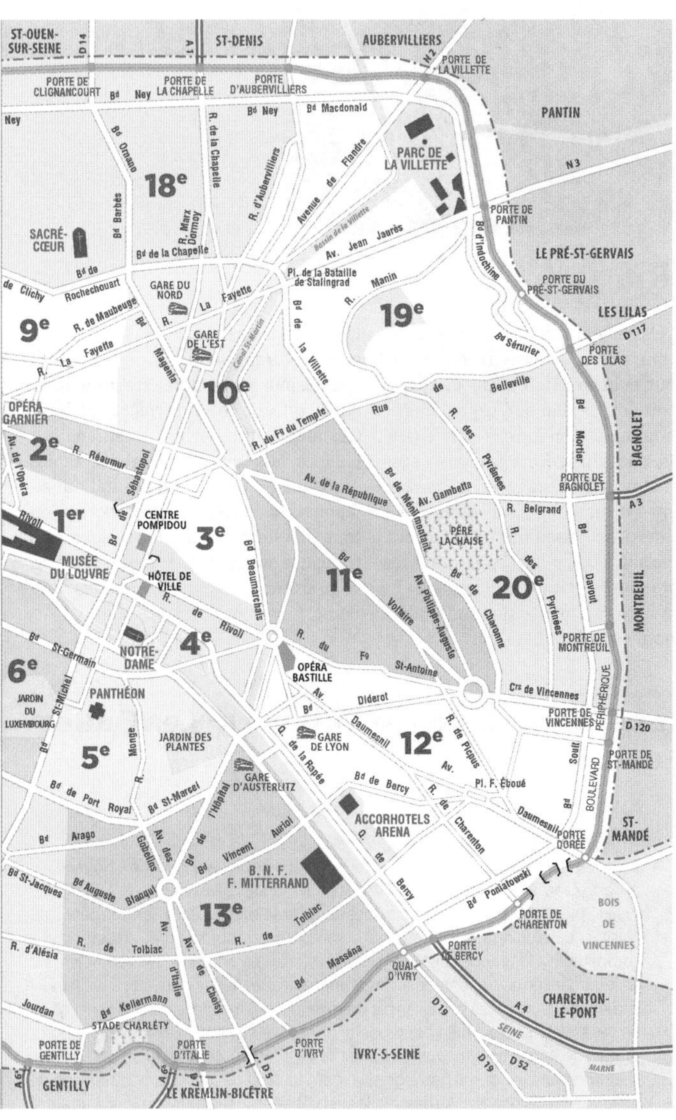

ST-OUEN-SUR-SEINE
ST-DENIS
AUBERVILLIERS
PORTE DE CLIGNANCOURT
PORTE DE LA CHAPELLE
PORTE D'AUBERVILLIERS
PORTE DE LA VILLETTE
PANTIN
PARC DE LA VILLETTE
18e
SACRÉ-CŒUR
PORTE DE PANTIN
LE PRÉ-ST-GERVAIS
Pl. de la Bataille de Stalingrad
GARE DU NORD
PORTE DU PRÉ-ST-GERVAIS
LES LILAS
9e
19e
GARE DE L'EST
PORTE DES LILAS
10e
OPÉRA GARNIER
2e
BAGNOLET
PORTE DE BAGNOLET
1er
CENTRE POMPIDOU
3e
PÈRE LACHAISE
MUSÉE DU LOUVRE
HÔTEL DE VILLE
11e
20e
MONTREUIL
4e
NOTRE-DAME
PORTE DE MONTREUIL
6e
OPÉRA BASTILLE
PANTHÉON
JARDIN DU LUXEMBOURG
PORTE DE VINCENNES
GARE DE LYON
12e
JARDIN DES PLANTES
5e
PORTE DE ST-MANDÉ
GARE D'AUSTERLITZ
Pl. F. Éboué
ACCORHOTELS ARENA
ST-MANDÉ
PORTE DORÉE
B. N. F. F. MITTERRAND
13e
BOIS DE VINCENNES
PORTE DE CHARENTON
PORTE DE BERCY
QUAI D'IVRY
CHARENTON-LE-PONT
STADE CHARLÉTY
PORTE DE GENTILLY
PORTE D'ITALIE
PORTE D'IVRY
IVRY-S-SEINE
GENTILLY
LE KREMLIN-BICÊTRE
SEINE
MARNE

✉ 75001 – Paris
Carte régionale n° **15**-B2

PARIS

Paris, c'est d'abord un décor, reconnaissable entre tous : la Seine, la tour Eiffel, bien sûr, et la non moins fameuse pyramide du Louvre. Par son urbanisme et ses monuments en grande partie préservés, elle illustre les grandes pages de l'histoire de France et du rayonnement culturel du pays. Mais Paris c'est aussi un ensemble de quartiers, comme autant de villages, où toutes les communautés sont représentées. Et lorsqu'il s'agit des plaisirs de la table, quel bonheur d'être Parisien !

Ce n'est pas un hasard si c'est ici-même qu'a été forgé le concept de restaurant : Paris, plus qu'aucune cité au monde, bat au rythme de sa vie gastronomique. Grandes brasseries centenaires, palaces aux ors inoubliables, tables coréennes, argentines, italiennes, japonaises, maisons historiques ou tout juste apparues, grande tradition française ou créativité : mille surprises vous attendent sur les deux rives de la Seine.

Palais-Royal • Louvre • Tuileries • Les Halles

1er ARRONDISSEMENT

✿✿✿ KEI

Chef : Kei Kobayashi

CUISINE MODERNE • ÉLÉGANT "Kei", c'est Kei Kobayashi, chef né à Nagano, au Japon, et formé à l'école prestigieuse des triples étoilés Gilles Goujon (L'Auberge du Vieux Puits, Fontjoncouse) et Alain Ducasse (Plaza Athénée, Paris 8e). Son père était cuisinier dans un restaurant traditionnel kaiseki (gastronomie servie en petits plats, comparable à la grande cuisine occidentale), mais sa vocation naît véritablement en regardant un documentaire sur la cuisine française. Aujourd'hui, son travail tutoie la perfection : virtuose des alliances de saveurs, toujours juste dans la conception de ses assiettes, il magnifie des produits de grande qualité. Un exemple ? Ce bœuf Wagyu de Kagoshima (extrême sud de l'île de Kyushu), superbement persillé, à la chair fondante et nourrie par le gras, au goût fumé et de noisette, accompagné de beaux gnocchis poêlés... Au dessert, le chef pâtissier Toshiya Takatsuka est un autre voyageur du goût dont les créations sucrées atteignent des sommets de raffinement.

AC – Menu 85 € (déjeuner), 170/340 €

5 rue du Coq-Héron – Ⓜ Louvre Rivoli – ✆ 01 42 33 14 74 – www.restaurant-kei.fr – Fermé : lundi, jeudi midi, dimanche

✿✿✿ PLÉNITUDE - CHEVAL BLANC PARIS Ⓝ

CUISINE CRÉATIVE • **ÉLÉGANT** Après plusieurs années de travaux et un investissement pharaonique, voici la nouvelle Samaritaine, qui accueille le luxueux hôtel Cheval Blanc, et ce Plénitude où œuvre le discret Arnaud Donckele, triple étoilé à La Vague d'Or à St-Tropez. Impossible de ne pas être impressionné par son travail ici, la finesse et la générosité, le soin apporté aux jus, vinaigrettes et sauces. Il met souvent en plein dans le mille (turbot, pomme de mer, noisette et caviar pour bouillon "ode à l'iode" ; agneau, poivron, aster maritime pour jus "mascaret") et, côté sucré, il peut compter sur le soutien de l'impeccable Maxime Frédéric, ancien du George V. Une table de haute volée.

- Menu 320/395 €

8 quai du Louvre - Ⓜ Pont-Neuf - ✆ 01 79 35 50 11 - www.chevalblanc.com - Fermé : lundi, mardi et le midi

✿✿ LE MEURICE ALAIN DUCASSE

CUISINE CRÉATIVE • **LUXE** Prenez un célèbre palace installé face au jardin des Tuileries, ajoutez-y un chef surdoué, Alain Ducasse, saupoudrez d'un luxe insensé très versaillais (plafond blanc paré de dorures, lustres en cristal), et vous obtenez Le Meurice, dont le décor suscite l'admiration des fortunes étrangères venues chercher ici l'âme parisienne. La griffe Ducasse est mise en œuvre par Amaury Bouhours, un fidèle, au gré d'un menu unique en 4 ou 6 temps, rendant un vibrant hommage à la tradition française. Par exemple, cette poularde de Culoiseau rôtie, à la peau dorée et croustillante, complétée d'un délicieux crostini des abats. Et côté dessert, on profitera des créations du talentueux (et très en vogue !) Cédric Grolet, dont les trompe-l'œil ont fait le tour des réseaux sociaux.

- Menu 250/320 €

Le Meurice, 228 rue de Rivoli - Ⓜ Tuileries - ✆ 01 44 58 10 55 - www.alainducasse-meurice.com - Fermé : samedi, dimanche et le midi

✿✿ PALAIS ROYAL RESTAURANT

CUISINE CRÉATIVE • **ÉLÉGANT** C'est dans le cadre idyllique des jardins du Palais Royal, à deux pas du ministère de la Culture, que l'on trouve cet élégant restaurant où officie le chef grec Philip Chronopoulos, qui travailla notamment à l'Atelier de Joël Robuchon-Étoile et auprès d'Alain Passard. Avec de superbes produits, il signe une cuisine créative et percutante, et conçoit des recettes d'une vivifiante maturité : fins mezzes en amuse-bouche, salade de haricots verts sublimée de caviar et de crème d'Isigny, ou encore ce millefeuille de figue, vanille et fleur de sureau – un dessert tout simplement remarquable. L'été, la terrasse sous les arcades offre à vos agapes un décor à la hauteur de l'assiette. Royal, c'est le mot.

- Menu 75 € (déjeuner), 180 € - Carte 145/180 €

110 Galerie de Valois - Ⓜ Palais Royal - ✆ 01 40 20 00 27 - www.palaisroyalrestaurant.com - Fermé : lundi, dimanche

✿✿ SUR MESURE PAR THIERRY MARX

CUISINE CRÉATIVE • **DESIGN** On a tout dit, ou presque, de Thierry Marx : grand voyageur, alchimiste malicieux, adepte du tai-chi, à la tête des cuisines du Mandarin Oriental, palace parisien haute couture qui lui a imaginé un restaurant sur mesure. Ou plutôt à sa démesure ? Passé le sas d'entrée, vous voilà transporté dans un univers inédit, d'un blanc immaculé et cinématographique – on hésite entre Orange Mécanique et Bienvenue à Gattaca. Tout ici porte la signature du chef, et en premier lieu ses menus uniques, successions de plats aux saveurs étonnantes. En orfèvre minutieux, il travaille la matière, joue avec intelligence sur les transparences, les saveurs et les textures. "Risotto" de soja aux huîtres et girolles ; soupe à l'oignon en trompe-l'œil ; sole, choux-fleurs et caviar... Une expérience.

- Menu 85 € (déjeuner), 195 €

Mandarin Oriental, 251 rue Saint-Honoré - Ⓜ Concorde - ✆ 01 70 98 73 00 - www.mandarinoriental.fr/paris - Fermé : lundi, mardi, dimanche

LE BAUDELAIRE

CUISINE MODERNE • ÉLÉGANT On se sent bien dans ce restaurant raffiné, niché au cœur d'un jeune palace arty et feutré célébrant le nouveau chic parisien. La salle s'ordonne autour de la cour intérieure de l'établissement, un beau jardin d'hiver où il fait bon lire Les Fleurs du mal devant un thé. Reflets du dehors sur les tables en laque noire, confort douillet des fauteuils, grandes verrières, murs immaculés : un havre de paix. On profite ici des créations d'un chef d'expérience : Guillaume Goupil, qui fut (entre autres) le second de Stéphanie Le Quellec au Prince de Galles. Il compose une cuisine au goût du jour bien maîtrisée : poulpe de roche et pommes de terre fondantes au lard, figues de Solliès, crème glacée au miel et crumble de safran...

- Menu 62 € (déjeuner), 95/150 €

Le Burgundy, 6-8 rue Duphot - Madeleine - 01 71 19 49 11 - www.leburgundy.com - Fermé : lundi, samedi midi, dimanche

LA DAME DE PIC

CUISINE CRÉATIVE • CONTEMPORAIN Un bel atout dans la cartographie des bonnes tables parisiennes : Anne-Sophie Pic a créé à deux pas du Louvre, cette table... capitale. À 550 km de Valence, où son nom a tant marqué l'histoire de la cuisine (ses père et grand-père y conquirent eux aussi trois étoiles Michelin), mais au cœur de sa griffe originale. Un travail en finesse, en précision, doublé d'une inspiration pleine de vivacité : telle est la signature de cette grande dame de la gastronomie. On retrouve son sens de l'harmonie des saveurs, de la fraîcheur et de l'exactitude, avec toujours ces cuissons et assaisonnements au cordeau : berlingots au camembert fermier, maïs fumé et velouté à la flouve odorante ; lotte de petit bateau rôtie au beurre noisette, choux pluriels, jus vert à la coriandre vietnamienne ; la poire Williams cuite façon tatin, crème glacée à la bière et sobacha...

- Menu 90 € (déjeuner), 165 €

20 rue du Louvre - Louvre Rivoli - 01 42 60 40 40 - www.anne-sophie-pic.com

GRANITE (N)

CUISINE ACTUELLE • CONTEMPORAIN À la tête de cette table tout ce qu'il y a de moderne, on trouve le jeune Tom Meyer (passé par l'Hôtel de Ville à Crissier, La Chèvre d'Or à Èze, Anne-Sophie Pic...) entouré d'une équipe dynamique et soudée, aux idées claires : engagement zéro déchets, zéro plastique, bien-être au travail... Au gré d'un menu unique en 5 ou 7 séquences, le chef célèbre des produits bien sourcés : sardine de Méditerranée, haricots verts, huile matcha-pistache, condiment algues ; pigeon de Racan, millet soufflé, grué de cacao, brocoletti, curry vert-combawa. C'est frais, fin et soigné : on se régale.

- Menu 58 € (déjeuner), 95/125 €

6 rue Bailleul - Louvre-Rivoli - 01 40 13 64 06 - www.granite.paris - Fermé : samedi, dimanche

JIN

CUISINE JAPONAISE • ÉLÉGANT Un écrin pour la gastronomie japonaise en plein cœur de Paris, près de la rue St-Honoré ! Jin, c'est d'abord – et surtout – le savoir-faire d'un homme, Takuya Watanabe, chef originaire de Niseko, ayant d'abord travaillé avec succès au Japon... avant de succomber aux charmes de la capitale française. Comment ne pas être saisi par la dextérité avec laquelle il prépare, sous les yeux des clients, sushis et sashimis ? En provenance de Bretagne ou d'Espagne, le poisson est maturé pour être servi au meilleur moment. Des ingrédients de premier ordre pour une cuisine de haut vol : telle est la promesse du repas. De l'entrée au final, l'interprétation est superbe... Jin, c'est aussi un décor très agréable, zen et intime (le comptoir en noyer est magnifique), relayé par un service discret et efficace. Superbes sakés. Sous le Soleil-Levant exactement.

- Menu 170 € (déjeuner), 250/500 €

6 rue de la Sourdière - Tuileries - 01 42 61 60 71 - www.jin-paris.com/fr - Fermé : lundi, mardi midi, dimanche

YAM'TCHA

Cheffe : Adeline Grattard

CUISINE CRÉATIVE • **ÉLÉGANT** Adeline Grattard a reçu – et cultivé ! – un don rare, celui du sens du produit. Dans son adresse de la rue Saint-Honoré, la jeune chef choisit deux ou trois ingrédients, et ils occupent tout l'espace. Ni démonstration technique ni esbroufe, rien que de subtiles associations, rarement vues, et qui paraissent pourtant très naturelles. Formée auprès de Pascal Barbot (L'Astrance) et installée quelques années à Hong Kong, elle marie des produits d'une extrême qualité, principalement de France et d'Asie : on pense notamment à la sauce XO, au riz noir vinaigré ou au jus de crustacé... Le tout se déguste avec une sélection rare de thés asiatiques, autre source d'accords très convaincants (yam'tcha, en chinois, c'est "boire le thé"). Ni carte ni menu : de plat en plat, on se laisse surprendre par le marché et l'inspiration du jour.

Menu 150 €

121 rue Saint-Honoré – Ⓜ Louvre Rivoli – ✆ 01 40 26 08 07 – www.yamtcha.com – Fermé : lundi midi, mardi midi, samedi, dimanche

LAI'TCHA

CUISINE ASIATIQUE • **ÉPURÉ** Dans cette annexe de Yam'tcha, située au pied de l'Eglise Saint-Eustache, on se régale d'une cuisine chinoise, simple mais allant droit au but, bien parfumée, à base de beaux produits. La carte courte propose de nombreux dim sum mais également des nouilles fraîches maison, du bœuf sauté à l'Impériale ou encore une excellente salade de bœuf de Galice, mâche et pleurotes.

- Carte 30/41 €

7 rue du Jour – Ⓜ Etienne Marcel – ✆ 01 40 26 05 05 – www.yamtcha.com – Fermé : lundi, dimanche

ZEN

CUISINE JAPONAISE • **ÉPURÉ** Cette table japonaise séduisante associe un décor traditionnel agréable et une authentique cuisine nippone : la carte, étoffée, est fidèle aux classiques sushis, grillades et autres tempuras, les grandes spécialités de la maison étant les gyozas et le chirashi. Attention : pas de réservation au déjeuner.

- Menu 24 € (déjeuner), 38/58 € - Carte 24/54 €

8 rue de l'Échelle – Ⓜ Palais Royal – ✆ 01 42 61 93 99 – www.restaurantzenparis.fr

À L'ÉPI D'OR

CUISINE TRADITIONNELLE • **BISTRO** Ce bistrot parigot des anciennes halles de Baltard appartient à Élodie et Jean-François Piège. Dans un décor rétro pur jus (vieux carrelage, miroirs anciens, murs jaunis par les ans), on y sert une cuisine traditionnelle déclinée dans un semainier, complété d'une courte carte d'incontournables : pâté en croûte, croque-madame, terrine de foie gras, steak tartare frites...

Menu 39 € - Carte 36/68 €

25 rue Jean-Jacques Rousseau – Ⓜ Palais Royal – ✆ 01 42 36 38 12 – www.jeanfrancoispiege.com/a-lepi-dor – Fermé : samedi, dimanche

L'ARDOISE

CUISINE TRADITIONNELLE • **CONVIVIAL** Avec ses murs recouverts d'ardoise, ce restaurant porte bien son nom. Voilà un sympathique hommage rendu à l'esprit bistrotier, hommage qui prévaut aussi dans l'assiette - filet de bœuf sauce bordelaise et pommes anna ; galettes croustillantes d'escargot, poitrine fumée et champignons ; tarte au citron vert meringuée ; mousse au chocolat... Tout est généreux, frais et savoureux !

- Menu 39 €

28 rue du Mont-Thabor – Ⓜ Concorde – ✆ 01 42 96 28 18 – www.lardoise-paris.com – Fermé : dimanche midi

L'ASSAGGIO

CUISINE ITALIENNE • COSY L'assaggio, c'est le goût ! Le chef Ugo Alciati (du Guido Ristorante, dans le Piémont) a conçu la carte de cette élégante table installée dans l'hôtel Castille. Comme prévu, l'Italie du Nord est à l'honneur dans l'assiette - agnolotti préparés maison, risotto minute - et se déguste dans le ravissant patio intérieur, avec fontaine et fresques.

- Menu 55 € (déjeuner), 95 € - Carte 67/106 €

Castille Paris, 35 rue Cambon - Ⓜ Madeleine - ✆ 01 44 58 44 58 - www.castille.com - Fermé : lundi, dimanche

BALAGAN

CUISINE MÉDITERRANÉENNE • CONVIVIAL Balagan signifie "joyeux bazar" en hébreu, et ce nom préfigure l'ambiance de jubilation gourmande qui règne ici. Dans l'assiette, un florilège de saveurs méditerranéennes savamment agencées : une cuisine généreuse et parfumée, avec une belle maîtrise des épices, piments et herbes... Intéressante carte des vins, mettant en valeur les vignobles méridionaux (Israël, Liban, Italie, Espagne...).

- Menu 30 € (déjeuner) - Carte 47/59 €

9 rue d'Alger - Ⓜ Tuileries - ✆ 01 40 20 72 14 - www.balagan-paris.com

BALTARD AU LOUVRE

CUISINE MODERNE • CONTEMPORAIN Installée dans l'ancien pavillon Baltard, avec une vue imprenable sur l'église St-Eustache, voici la dernière adresse de l'équipe de Zébulon et de Pirouette (dans le 1er également). Jeux de textures, beaux produits, élégance des assiettes : une partition de qualité, dans un esprit brasserie haut-de-gamme qui ne manque pas d'aficionados...

- Menu 30 € (déjeuner), 36/52 €

9 rue Coquillère - Ⓜ Les Halles - ✆ 09 83 32 01 29 - www.baltard.com - Fermé : dimanche soir

BRASSERIE DU LOUVRE - BOCUSE

CUISINE TRADITIONNELLE • BRASSERIE On s'installe dans une salle vaste et élégante, entourée de grandes baies vitrées pour admirer une vue follement parisienne - Comédie-Française, Conseil d'État, Louvre - mais pas seulement : la carte, alléchante, navigue avec habileté entre grands classiques lyonnais (saucisson chaud pistaché en brioche, quenelle de brochet sauce nantua, etc.) et indémodables de brasserie (salade au foie gras, sole meunière, etc.). Très belle terrasse sous les arcades de ce bâtiment, typiquement haussmannien.

- Carte 45/77 €

Place André-Malraux - Ⓜ Palais Royal - Musée du Louvre - ✆ 01 44 58 37 21 - www.hoteldulouvre.com - Fermé : lundi soir, mardi soir, mercredi soir, jeudi soir, dimanche soir

LES CARTES POSTALES

CUISINE TRADITIONNELLE • ÉPURÉ Joue de bœuf braisé, croustillant de langoustine et son coulis : voici la savoureuse cuisine française relevée de notes nippones que signe Yoshimasa Watanabe, chef arrivé du Japon il y a une trentaine d'années. Intéressante formule et demi-portions à la carte.

- Menu 50 € - Carte 42/80 €

7 rue Gomboust - Ⓜ Pyramides - ✆ 01 42 61 02 93 - Fermé : lundi soir, samedi midi, dimanche

CHAMPEAUX

CUISINE TRADITIONNELLE • BRASSERIE Le restaurant Champeaux, immortalisé par Zola, était situé place de la Bourse, non loin des Halles. Devenue brasserie contemporaine sous la canopée, il appartient à la galaxie Ducasse. Pâté en croûte, œufs mimosa, soufflés salés et sucrés, canard de Challans à l'orange pour deux, sans oublier les savoureux desserts au chocolat de la maison... Service toute la journée, avec carte réduite l'après-midi.

- Carte 40/65 €

Forum des Halles, 12 passage de la Canopée - Ⓜ Les Halles - ✆ 01 53 45 84 50 - www.restaurant-champeaux.com

CLOVER GRILL

SPÉCIALITÉS DE GRILLADES • TENDANCE D'appétissantes viandes maturées – noire de la Baltique, bœuf de Bavière, blonde d'Aquitaine, Black Angus – trônent en vitrine comme autant de pierres précieuses, à dévorer d'abord du regard... avant de les engloutir pour de bon ! De l'entrée au dessert, tout est cuit à la braise ou à la broche, ce qui donne à ce moment une saveur particulière. Une réussite.

- Menu 74 € - Carte 53/96 €

6 rue Bailleul - Ⓜ Louvre Rivoli - ✆ 01 40 41 59 59 - jeanfrancoispiege.com - Fermé : lundi, dimanche

LE GRAND VÉFOUR

CUISINE MODERNE • HISTORIQUE Le plus vieux restaurant de Paris (1784-1785) est un lieu unique en son genre : deux magnifiques salles Directoire s'ouvrent sur le jardin par des arcades avec leur lot de miroirs, lustres en cristal, dorures, toiles peintes fixées sous verre inspirées de l'Antiquité... Ce mythe s'est réincarné en ouvrant désormais au déjeuner, au dîner et pendant le tea-time. Dans une ambiance chic et branchée, le chef Guy Martin déroule sa cuisine, entre tradition et modernité, et propose un semainier pour sa clientèle d'habitués.

- Menu 57 € - Carte 62/117 €

17 rue de Beaujolais - Ⓜ Palais Royal - ✆ 01 42 96 56 27 - www.grand-vefour.com - Fermé : lundi, dimanche

HALLE AUX GRAINS Ⓝ

CUISINE ACTUELLE • CONTEMPORAIN Dans le quartier des Halles, l'ancienne halle aux blés héberge désormais une partie de la collection Pinault... et cette table emmenée par Michel et Sébastien Bras. Ils déclinent une cuisine saine et actuelle autour du thème des grains, avec une belle mise en avant du végétal et de savoureux desserts.

- Menu 54 € (déjeuner), 78/98 € - Carte 73/123 €

Bourse de Commerce, 2 rue de Viarmes - Ⓜ Louvre - Rivoli - ✆ 01 82 71 71 60 - www.halleauxgrains.bras.fr - Fermé : mardi midi

JANTCHI

CUISINE CORÉENNE • SIMPLE Jantchi signifie "fête" en coréen. Prenez place dans la (petite) file d'attente sur le trottoir de la rue Thérèse. Ici, pas de réservation mais de grands classiques de la cuisine coréenne : kounmandou (raviolis frits au porc et légumes), bibimbap et barbecue coréen. Simple, convivial, authentique : une fête, vous dit-on !

- Carte 26/35 €

6 rue Thérèse - Ⓜ Pyramides - ✆ 01 40 15 91 07 - Fermé : dimanche

KUNITORAYA

CUISINE JAPONAISE • VINTAGE Vieux zinc, miroirs et faïence métro : le Paris des soupers 1900... pour une cuisine nippone soignée à base d'udon, pâtes maison réalisées avec une farine de blé importée du Japon !

- Carte 37/96 €

5 rue Villedo - Ⓜ Pyramides - ✆ 01 47 03 07 74 - www.kunitoraya.com - Fermé : lundi, dimanche

LANGOSTERIA Ⓝ

CUISINE ITALIENNE • BRASSERIE Au 7e étage de la Samaritaine, au cœur du Cheval-Blanc, une brasserie de la mer à l'italienne, "succursale" de Langosteria Milano. Ambiance vivante, bar à cocktails, remarquable carte des vins, poissons et crustacés de première fraîcheur, pâtes, délicieux desserts... et l'un des meilleurs espressi de tout Paris.

- Carte 60/140 €

Cheval Blanc Paris, 8 quai du Louvre - Ⓜ Pont-Neuf - ✆ 01 79 35 50 33 - www.chevalblanc.com - Fermé : lundi, mardi et le midi

LOULOU

CUISINE ITALIENNE • TENDANCE Le restaurant italien du musée des Arts décoratifs enchante les jardins du Louvre. C'est chic, cosy, et savoureux – risotto du jour, carpaccio de poisson, cochon de lait croustillant, etc. Le service, stylé et professionnel, comme l'élégante terrasse, ajoutent à l'exquise expérience.

- Carte 54/112 €

107 rue Rivoli - Ⓜ Palais Royal - ✆ 01 42 60 41 96 - loulou-paris.com

NODAÏWA

CUISINE JAPONAISE • ÉPURÉ Cette petite adresse, dont la maison-mère est située à Tokyo, est spécialisée dans un produit atypique... l'anguille ! Elle est travaillée méticuleusement et assaisonnée avec du soja ou du sancho, un poivre asiatique. La grande majorité de la clientèle est japonaise, ce qui en dit long sur la qualité de la cuisine.

- Menu 24/99 € - Carte 35/70 €

272 rue Saint-Honoré - Ⓜ Palais Royal - ✆ 01 42 86 03 42 - www.nodaiwa.com - Fermé : dimanche

NOLINSKI

CUISINE MODERNE • TENDANCE Dans cet hôtel chic du cœur de Paris, Philip Chronopoulos, le chef grec doublement étoilé du Palais Royal Restaurant, met à l'honneur une cuisine aux accents méditerranéens teintée d'épices. Dans un cadre Art Déco, entre dorures et banquettes en cuir, l'art du service a toute sa place, notamment découpes et flambages.

- Carte 58/121 €

16 avenue de l'Opéra - Ⓜ Pyramides - ✆ 01 42 86 10 10 - www.nolinskiparis.com - Fermé : dimanche

ODETTE

CUISINE MODERNE • COSY Non loin des Halles, au sein du luxueux hôtel Albar, la famille Rostang montre avec cette "auberge urbaine" qu'elle n'a pas perdu la main. Odette nous régale à grands coups de belles pièces à partager, bar en croûte feuilleté – succès garanti –, côte de veau, pintade rôtie, et d'assiettes efficaces, le tout sous la responsabilité d'un chef au style bien marqué.

- Carte 51/73 €

25 rue du Pont-Neuf - Ⓜ Châtelet - ✆ 01 44 88 92 78 - www.restaurant-odette.com

PITANGA

CUISINE MODERNE • BISTRO La Pitanga, ce fruit originaire du Brésil à la saveur aigre-douce, est aussi une invitation à la gourmandise voyageuse. Ici, le chef d'origine brésilienne Alexandre Furtado propose une cuisine "franco-latino-américaine" (dont d'agréables tapas, comme ce ceviche de daurade) à base de jolis produits, au gré d'une carte courte et appétissante. Souvenirs d'un excellent crémeux de maïs, poulet pané et chorizo ibérique.

- Carte 35/40 €

11 rue Jean-Jacques-Rousseau - Ⓜ Louvre Rivoli - ✆ 01 40 28 12 69 - www.pitanga-paris.com - Fermé : dimanche

LA POULE AU POT

CUISINE TRADITIONNELLE • VINTAGE Les grands classiques du répertoire culinaire français sont ici réhabilités par Jean-François Piège. Service sur plateau d'argent, décor suranné de bistrot, comptoir en zinc : il ne manque rien. On se croirait chez

Audiard... jusque dans l'assiette : gratinée à l'oignon, quenelle d'omble chevalier, hachis parmentier de paleron de bœuf, merlan frit Colbert et sa sauce tartare.

- Menu 49/84 € - Carte 37/158 €

9 rue Vauvilliers - Ⓜ Châtelet-Les-Halles - ✆ 01 42 36 32 96 - www.jeanfrancoispiege.com - Fermé : lundi, dimanche

LA RÉGALADE ST-HONORÉ

CUISINE TRADITIONNELLE • BISTRO Bruno Doucet régale les épicuriens du quartier des Halles avec des recettes à la gloire du terroir et du marché. Après avoir patienté avec la délicieuse terrine du chef, régalez-vous de girolles poêlées au jus de viande et œuf poché, ou d'un paleron de bœuf, garniture d'un bourguignon... Belle sélection de vins.

- Menu 43 € - Carte 43/70 €

106 rue Saint-Honoré - Ⓜ Louvre Rivoli - ✆ 01 42 21 92 40 - www.laregalade.paris - Fermé : lundi, dimanche

RESTAURANT LE DALÍ

CUISINE MÉDITERRANÉENNE • CHIC Le "deuxième" restaurant du Meurice, situé au cœur de la vie du palace, à la fois lieu de rendez-vous et... table soignée, qui propose une agréable cuisine de saison aux doux accents méditerranéens, comme les grands classiques de la cuisine de palace. Le beau décor classique - pilastres et miroirs - rend hommage à Dalí, qui fut un hôte fidèle des lieux.

- Carte 71/101 €

Le Meurice, 228 rue de Rivoli - Ⓜ Tuileries - ✆ 01 44 58 10 44 - www.dorchestercollection.com/fr/paris/le-meurice

TAMARA Ⓝ

CUISINE ACTUELLE • ÉPURÉ Crâne rasé, bras tatoués, engagement durable assumé : tel est Clément Vergeat, candidat Top Chef 2018, qui a ouvert cette table attachante près de la Comédie Française. Courte carte de saison (maquereau, pickles, eau de tomates ; poisson du jour, cèpe, foie de volaille), belle carte de vins bio et nature, service sympa : Tamara a tout pour plaire.

Menu 90 € - Carte 67/83 €

15 rue de Richelieu - Ⓜ Palais Royal - Musée du Louvre - ✆ 01 71 60 91 30 - tamara-restaurant.com - Fermé : lundi, dimanche et le midi

LE TOUT-PARIS Ⓝ

CUISINE ACTUELLE • CONTEMPORAIN Cette brasserie à la déco colorée, signée Peter Marino, est nichée au 7e étage de la Samaritaine, dans l'hôtel Cheval Blanc. Sous la houlette d'Arnaud Donckele, à vous les classiques du genre (tartare, huîtres, soupe gratinée des Halles, langoustines mayonnaise) et les bons plats mijotés (blanquette). Détail de taille : la terrasse, avec sa vue plongeante sur la Seine et la Rive Gauche.

- Carte 66/124 €

Cheval Blanc Paris, 8 quai du Louvre - Ⓜ Pont-Neuf - ✆ 01 79 35 50 22 - www.letoutparis.fr

ZÉBULON

CUISINE MODERNE • CONVIVIAL Le chef Guillaume Dunos (passé notamment par le Fouquet's et le Prince de Galles) propose ici une cuisine moderne parfois créative à base de jolis produits de saison, à l'image de ces morilles des pins, soubise d'oignon et brioche, ou en dessert la déclinaison de mirabelles, simple et bien réalisée.

Carte 33/74 €

10 rue de Richelieu - Ⓜ Palais Royal - ✆ 01 42 36 49 44 - www.zebulon-palaisroyal.com - Fermé : dimanche

Bourse • Sentier

2e ARRONDISSEMENT

ACCENTS TABLE BOURSE

Cheffe : Ayumi Sugiyama

CUISINE MODERNE • DESIGN "L'accent nous indique l'origine de la personne ; il nous renseigne sur son pays, sa région et son histoire. C'est cette idée d'ouverture et de découverte que je veux défendre, une cuisine faite de rencontres et d'échanges" : ainsi s'exprime Ayumi Sugiyama, patronne japonaise et cheffe pâtissière de ce lieu contemporain d'esprit scandinave. Les assiettes marient recettes classiques (savoureux lièvre à la royale en saison), créations plus audacieuses et travail subtil autour des arômes torréfiés et des saveurs fumées. De bout en bout, équilibre et précision... à l'image des créations sucrées d'Ayumi Sugiyama et des conseils pertinents du sommelier. Service tonique et chaleureux.

- Menu 52 € (déjeuner), 75/125 €

24 rue Feydeau – Bourse – 01 40 39 92 88 – www.accents-restaurant.com – Fermé : lundi, dimanche

ERH

CUISINE MODERNE • ÉLÉGANT E, R et H comme Eau, Riz, Hommes : intitulé aussi mystérieux que poétique pour cette table atypique, qui compagnonne avec une boutique de sakés et un bar à whisky. Le chef japonais Keita Kitamura (ancien de chez Pierre Gagnaire, entre autres) concocte une cuisine française du marché ciselée et savoureuse avec une prédilection pour les légumes et les poissons. Il ne se prive pas de décocher quelques impressionnantes flèches gourmandes, pour un prix tout doux au déjeuner (menus 3 ou 5 plats), et des menus dégustation au dîner, composés au gré de la saison. Possibilité d'opter pour les accords mets et sakés. Le client découvre une étonnante salle à manger contemporaine sous une grande verrière, assorti d'un long comptoir devant la cuisine ouverte, où, comme au Japon, officie le chef nippon. C'est l'adresse à essayer entre le quartier des Halles et celui de Montorgueil. Quel talent, quel caractère !

- Menu 80 € (déjeuner), 140 €

11 rue Tiquetonne – Étienne Marcel – 01 45 08 49 37 – www.restaurant-erh.com – Fermé : lundi, dimanche et le midi

FLEUR DE PAVÉ

Chef : Sylvain Sendra

CUISINE CRÉATIVE • TENDANCE Vous avez aimé Itinéraires ? Vous adorerez Fleur de Pavé, un resto bien d'aujourd'hui où le chef Sylvain Sendra continue son exploration culinaire, avec la même fougue et le même panache que dans sa précédente adresse. Il trousse des assiettes modernes et voyageuses, faussement brutes dans le dressage, avec des produits de superbe qualité – et en particulier les légumes très exclusifs de chez Asafumi Yamashita. Voici un chef qui n'essaie pas d'étourdir par sa technique, mais plutôt à mettre l'accent sur les saveurs et à se montrer fidèle à l'énoncé de ses plats – qu'il en soit remercié.

- Menu 45 € (déjeuner), 68/110 € - Carte 72/110 €

5 rue Paul-Lelong – Sentier – 01 40 26 38 87 – www.fleurdepave.com – Fermé : samedi midi, dimanche

FRENCHIE

Chef : Grégory Marchand

CUISINE MODERNE • CONVIVIAL Drôlement Frenchy, le chef Grégory Marchand, qui a fait ses classes dans plusieurs grandes tables anglo-saxonnes (Gramercy Tavern à New York, Fifteen – par Jamie Oliver – à Londres, Mandarin Oriental à Hong Kong...). Il a aujourd'hui pris ses quartiers rue du Nil, dans ce restaurant de poche, au cœur du Sentier : la petite salle (briques, poutres, pierres apparentes, vue sur les fourneaux) ne désemplit pas, les stars s'y pressent, le murmure des gourmandises ouvre l'appétit. La "faute" à sa cuisine, qui partage tout du goût international contemporain, avec des associations de saveurs originales, centrées sur le produit, et des accords mets et vins judicieux. Très bonne ambiance entre cuisine et salle, personnel jeune, impliqué, preuve que l'on peut faire de la gastronomie "fun" et décontractée à prix aimable et rester très professionnel. Un succès largement mérité.

A/C - Menu 65 € (déjeuner), 105 €

5 rue du Nil - Ⓜ Sentier - ✆ 01 40 39 96 19 - www.frenchie-restaurant.com - Fermé : lundi midi, mardi midi, mercredi midi, samedi, dimanche

✿ MARCORE

Chef : Marc Favier

CUISINE MODERNE • **CHIC** Après avoir régalé Pigalle avec leur Bouillon, Marc Favier et Aurélie Alary récidivent avec Marcore, l'association de leurs deux prénoms... et de leurs (nombreux) talents. De l'ancien Versance, à l'angle de la rue des Panoramas, ils ont fait une table à plusieurs visages : bar bistronomique au rez-de-chaussée, table "gastro" à l'étage, et même traiteur à emporter de l'autre côté de la rue. Le chef Favier revendique une cuisine plaisir, technique sans être démonstrative, où des produits de super qualité (saint-pierre, thon rouge, bœuf wagyu français) s'épanouissent en toute simplicité. C'est lisible, franc et gourmand : un super moment.

A/C - Menu 95/120 €

1 rue des Panoramas - Ⓜ Bourse - ✆ 01 45 08 00 08 - www.marcore-paris.com - Fermé : samedi, dimanche et le midi

✿ PANTAGRUEL

Chef : Jason Gouzy

CUISINE MODERNE • **COSY** À l'instar du personnage éternel créé par Rabelais, le chef Jason Gouzy, un rémois trentenaire, est généreux - une générosité qu'il teinte d'une belle finesse, celle qu'il a apprise à l'école Ferrandi puis qui s'est exprimée progressivement à l'Assiette champenoise, au Bristol et au Baudelaire (hôtel Burgundy). Seul en selle désormais, il s'est concocté avec l'aide d'une créatrice de mode un sobre cocon gourmand, à la fois bourgeois et romantique, au cœur du Sentier. Derrière la large baie vitrée de sa cuisine, ce chef montre déjà tout l'éventail de son savoir-faire - du jeu sur les textures aux associations terre-mer en passant par le fumé et les condiments, à l'image de cette betterave fumée et sardine, ou de ce homard bleu en 3 déclinaisons.

♿ A/C - Menu 45 € (déjeuner), 85 €

24 rue du Sentier - Ⓜ Sentier - ✆ 01 73 74 77 28 - www.restaurant-pantagruel.com - Fermé : samedi, dimanche

✿ PUR' - JEAN-FRANÇOIS ROUQUETTE

CUISINE CRÉATIVE • **ÉLÉGANT** Deux restaurants contemporains au Park Hyatt : SENS à l'heure du déjeuner et Pur', plus feutré, pour un bien agréable dîner. Ce dernier est évidemment à l'image de l'hôtel de la rue de la Paix, où luxe signifie raffinement, modernité et discrétion. Confiée à l'imagination d'Ed Tuttle, la décoration crée une atmosphère à la fois confortable et confidentielle, avec seulement 35 couverts. Tout est pensé dans les moindres détails : les harmonies de couleurs, l'éclairage jusqu'à l'espace lui-même - vaste rotonde surmontée d'une coupole et cerclée d'une colonnade. Jean-François Rouquette (Taillevent, le Crillon, la Cantine des Gourmets, les Muses) trouve ici un lieu à sa mesure pour exprimer la grande maîtrise de son talent. Sa cuisine, créative et inspirée, accorde avec finesse d'excellents produits. Un "pur" plaisir !

♿ A/C 🚗 - Menu 175/210 € - Carte 130/240 €

Park Hyatt Paris-Vendôme, 5 rue de la Paix - Ⓜ Opéra - ✆ 01 58 71 10 60 - www.paris-restaurant-pur.fr - Fermé : lundi, dimanche et le midi

✿ SHABOUR

CUISINE CRÉATIVE • **TENDANCE** Derrière Shabour, on trouve Assaf Granit, chef israélien médiatique : déjà aux commandes de Balagan, à Paris, propriétaire d'une dizaine de restaurants à Jérusalem et à Londres, il anime également la version locale de Cauchemar en cuisine. Il a jeté son dévolu sur un immeuble du 17e s dans un quartier animé, entre les rues Saint-Denis et Montorgueil. On retrouve ici ses marques de fabrique : ambiance débridée, déco brute émaillée notamment de gaines techniques métalliques au plafond, lumières tamisées... et surtout cette cuisine créative aux influences méditerranéennes, généreuse et surprenante, qui emporte tout par sa fraîcheur à l'image de ces carottes, œuf mollet, écume de tahimi, œufs de saumon et tzimes, de cette joue et queue de bœuf, champignons et polenta ou encore de cette mousse au chocolat, huile d'olive et sel de Maldon.

A/C - Menu 64 € (déjeuner), 96 €

19 rue Saint-Sauveur - Ⓜ Réaumur-Sébastopol - ✆ 06 95 16 32 87 - www.restaurantshabour.com - Fermé : lundi midi, dimanche

SUSHI B

CUISINE JAPONAISE • ÉPURÉ Aux abords du très agréable square Louvois, ce restaurant de poche (8 places seulement) mérite que l'on s'y attarde. Son cadre, tout d'abord, est zen et dépouillé - fauteuils en tissus, comptoir élégant, verreries fines, serviettes en coton blanc, baguettes d'une belle finesse... Le marbre est omniprésent jusque dans les toilettes - japonaises, évidemment !Mais on vient surtout ici pour constater par soi-même le grand talent du chef : en excellent artisan, il ne travaille que des produits de qualité et de première fraîcheur, avec une précision chirurgicale. Il faut voir, par exemple, la qualité d'exécution de ses sushis et makis, dont les saveurs cavalent en bouche, sans jamais d'excès de soja ou de wasabi : le sens de la mesure personnifié. Les autres plats sont équilibrés, les textures complémentaires. Une adresse fort agréable.

A/C - Menu 78 € (déjeuner), 190 €

5 rue Rameau - Ⓜ Bourse - ✆ 01 40 26 52 87 - sushi-b-fr.com - Fermé : lundi, mardi

L'OSEILLE

CUISINE TRADITIONNELLE • BISTRO Pour l'allure, c'est le bistrot chic dans toute sa splendeur, avec comptoir, cave vitrée, chaises en bois et banquettes de rigueur. Dans l'assiette, le chef fait défiler les saisons sous la forme d'une carte courte, avec petites entrées à partager, et de généreux plats et desserts. Gourmandise et simplicité sont les maîtres-mots de cette adresse.

♿ A/C - Menu 32 € (déjeuner), 39 € - Carte 37/57 €

3 rue Saint-Augustin - Ⓜ Bourse - ✆ 01 45 08 13 76 - www.loseille-bourse.com - Fermé : lundi, dimanche

SPOON

CUISINE DU MONDE • DESIGN À l'entresol du Palais Brongniart, on spécule avec gourmandise sur les épices - tamarin, gingembre, coriandre, safran... Les plats du chef tracent leur route aromatique du Maghreb à l'Inde, en passant par le Moyen-Orient : pois chiche Doha au citron caviar ; sériole, feuilles de curry et lait de coco ; pastilla Fès aux fruits sec, cannelle et badiane.

A/C - Menu 31 € (déjeuner), 48 € - Carte 37/54 €

25 place de la Bourse - Ⓜ Bourse - ✆ 01 83 92 20 30 - www.spoon-restaurant.com - Fermé : lundi, dimanche soir

A NOSTE

CUISINE TRADITIONNELLE • CONVIVIAL Julien Duboué rend hommage à son Sud-Ouest natal avec cet A Noste ("Chez nous" en patois gascon) : il revisite les tapas façon landaise, dans une ambiance animée. Les habitués se pressent pour déguster cette cuisine à la fois "urbaine et campagnarde".

A/C - Carte 27/53 €

6 bis rue du Quatre-Septembre - Ⓜ Bourse - ✆ 01 47 03 91 91 - www.a-noste.com - Fermé : dimanche

L'APIBO

CUISINE MODERNE • BISTRO Dans son petit bistrot du quartier Montorgueil (esprit feutré, parquet en chêne, pierre apparente), le chef Antony Boucher, au solide CV, signe une belle cuisine de produits, originale et délicate. Il est réputé pour ses deux classiques que sont le filet de bar, riz noir et sauce paprika et le cochon confit huit heures et sa mousseline de patate douce. Le service gentiment impertinent (et très pro) évoque l'esprit canaille qui flottait naguère sur les Halles...

- Menu 30 € (déjeuner), 44 €

31 rue Tiquetonne – Ⓜ Etienne Marcel – ✆ 01 55 34 94 50 – www.restaurant-lapibo.fr – Fermé : lundi, samedi midi, dimanche

AUX LYONNAIS

CUISINE LYONNAISE • **BISTRO** Dans ce bistrot fondé en 1890, au cadre délicieusement rétro, on se régale d'une savoureuse cuisine qui explore la gastronomie lyonnaise. Ainsi le tablier de sapeur, la quenelle de brochet sauce Nantua, le foie de veau en persillade, ou l'île flottante aux pralines roses.

- Menu 28 € (déjeuner) - Carte 42/64 €

32 rue Saint-Marc – Ⓜ Richelieu Drouot – ✆ 01 42 96 65 04 – www.auxlyonnais.com – Fermé : lundi, mardi, dimanche soir

LA BOURSE ET LA VIE

CUISINE TRADITIONNELLE • **BISTRO** Ce bistrot tenu par un chef américain connaît un franc succès. Sa recette ? Des plats biens français, sagement revisités par le maître des lieux, des produits de qualité et des saveurs ô combien plaisantes...

Carte 44/68 €

12 rue Vivienne – Ⓜ Bourse – ✆ 01 42 60 08 83 – www.labourselavie.com – Fermé : lundi soir, mardi soir, mercredi soir, jeudi soir, samedi, dimanche

CAFÉ COMPAGNON Ⓝ

CUISINE MODERNE • **BRANCHÉ** Après Richer et 52 Faubourg, le restaurateur, sommelier et torréfacteur Charles Compagnon frappe encore ! Ce café ouvert en continu propose une carte variée, allant des grignotages à partager jusqu'aux glaces maison, le tout dans un esprit de cuisine bistrot moderne, originale et bien faite : entrée tout en fraîcheur, échine de cochon canaille. Une vraie comfort food, à déguster sans modération.

- Carte 40/50 €

22-26 rue Léopold-Bellan – Ⓜ Sentier – ✆ 09 77 09 62 24 – www.groupe-compagnon.com/pages/cafe-compagnon

CAFFÈ STERN

CUISINE ITALIENNE • **ÉLÉGANT** Dans le passage des Panoramas, l'ancien atelier de gravure Stern a été reconverti en trattoria chic, sans rien perdre de son cachet de l'époque. À la carte, on trouve une cuisine italienne bien troussée et volontiers originale : risotto de saison ; pintade rôtie au marsala ; involtini de langoustines ; glace à la pistache "Stern"...

- Menu 36 € (déjeuner) - Carte 45/90 €

47 passage des Panoramas – Ⓜ Grands Boulevards – ✆ 01 75 43 63 10 – www.caffestern.fr – Fermé : lundi, dimanche

DROUANT

CUISINE TRADITIONNELLE • **ÉLÉGANT** Un lieu mythique et bien vivant que cette adresse intemporelle où l'on décerne le prix Goncourt depuis 1914 et le Renaudot depuis 1926 ! Soigneusement réhabilité, le décor de cette brasserie chic a fait peau neuve. Aux côtés des classiques (pâté en croûte, vol-au-vent), les plats de tradition se parent de modernité sous l'influence d'un nouveau chef Thibault Nizard (formé chez Alain Solivérès et Gérald Passedat).

- Menu 46 € (déjeuner) - Carte 50/100 €

16-18 place Gaillon – Ⓜ Quatre Septembre – ✆ 01 42 65 15 16 – www.drouant.com

ITACOA

CUISINE MODERNE • **CONVIVIAL** Itacoa, c'est le nom d'une plage brésilienne, sauvage et somptueuse, non loin de laquelle a grandi Rafael Gomes. Le jeune chef, vainqueur du Master chef brésilien, compose ici une cuisine du marché décomplexée, avec de nombreux hommages à ses origines sud-américaines ; le tout dans le respect des saisons, en partenariat avec des petits producteurs triés sur le volet.

Menu 25 € (déjeuner) - Carte 40/52 €

185 rue Saint-Denis – Ⓜ Réaumur-Sébastopol – ✆ 09 50 48 35 78 – www.itacoa.paris – Fermé : lundi, mardi midi, dimanche soir

JÒIA PAR HÉLÈNE DARROZE

CUISINE DU SUD-OUEST • CONTEMPORAIN La table d'Hélène Darroze joue ici la convivialité autour de plats puisés dans la mémoire de son Sud-Ouest natal, avec de jolis clins d'œil aux Landes, au Pays Basque et au Béarn. Saveurs marquées, produits de qualité : un sympathique hommage à la cuisine familiale de la maison Darroze, que concoctait son père à Villeneuve de Marsan. De nombreux plats à partager, et des desserts qui éveillent la gourmandise.

- Carte 52/84 €

39 rue des Jeûneurs – Ⓜ Grands Boulevards – ✆ 01 40 20 06 06 – www.joiahelenedarroze.com

LIZA

CUISINE LIBANAISE • TENDANCE Originaire de Beyrouth, Liza Asseily met ici la cuisine de son pays à l'honneur. Dans un décor contemporain parsemé de touches orientales, on opte pour un chich taouk, ou pour un kafta méchouiyé (agneau, houmous et tomates confites)... Le soir, les menus dégustation sont servis à la libanaise, c'est à dire avec une générosité proverbiale : un régal !

A/C - Menu 21 € (déjeuner), 38/48 € - Carte 41/50 €

14 rue de la Banque – Ⓜ Bourse – ✆ 01 55 35 00 66 – www.restaurant-liza.com – Fermé : lundi soir, samedi midi, dimanche soir

MORI VENICE BAR

CUISINE ITALIENNE • ÉLÉGANT Installez-vous face à la Bourse ou au comptoir pour savourer les grandes spécialités de la cuisine vénitienne, et du nord-est de l'Italie. Le décor, signé Starck, évoque le raffinement vénitien. Massimo Mori, patron du restaurant étoilé Armani, choisit les produits, avec une attention portée au terroir : araignée de mer, délicieux risotto à la cuisson impeccable, foie de veau et jusqu'aux délicieuses glaces à agrémenter de noisettes du Piémont !

- Menu 44 € (déjeuner), 70/90 € - Carte 60/130 €

27 rue Vivienne – Ⓜ Bourse – ✆ 01 44 55 51 55 – www.mori-venicebar.com – Fermé : samedi midi, dimanche

RACINES

CUISINE ITALIENNE • BISTRO Simone Tondo, jeune chef d'origine sarde, pilote ce bistrot-cave de charme qu'il a judicieusement transformé en "osteria" à l'ancienne. Cuisine bien ancrée dans le terroir transalpin. L'ardoise du jour présente un choix de recettes italiennes sans chichi et aux saveurs franches, confectionnées avec soin à partir de produits bien choisis : buratta des pouilles, tête de veau alla milanaise, polpette al sugo...

- Carte 40/60 €

8 passage des Panoramas – Ⓜ Grands Boulevards – ✆ 01 40 13 06 41 – www.racinesparis.com – Fermé : samedi, dimanche

RESTAURANT DES GRANDS BOULEVARDS

CUISINE ITALIENNE • CONTEMPORAIN Sous la verrière centrale de l'hôtel, une déco moderne et tendance, très "été sur la Riviera"... et des saveurs italiennes, sous la direction du chef Giovanni Passerini. À peine francisée, la carte courte d'inspiration italienne est une leçon de simplicité et de gourmandise. Service efficace et chaleureux. Belle carte des vins, étoffée et pointue, française et au-delà.

- Menu 27 € (déjeuner) - Carte 42/70 €

17 boulevard Poissonnière – Ⓜ Grands Boulevards – ✆ 01 85 73 33 32 – www.grandsboulevardshotel.com – Fermé : dimanche soir

Le Haut Marais • Temple

3e ARRONDISSEMENT

ANNE

CUISINE ACTUELLE • **LUXE** Le Pavillon de la Reine, magnifique demeure de la place des Vosges, rend hommage à Anne d'Autriche, reine de France et épouse de Louis XIII, qui a vécu dans ces murs. Au restaurant, supervisé par Mathieu Pacaud, le chef revisite les classiques avec intelligence et un talent certain. Les saveurs sont au rendez-vous, les produits sont irréprochables... On passe un excellent moment, que ce soit dans le cadre intimiste et romantique du salon bibliothèque ou sur la superbe cour-jardin verdoyante, aux beaux jours.

- Menu 39 € (déjeuner), 120 € - Carte 110/150 €

28 place des Vosges - Ⓜ Bastille - ✆ 01 40 29 19 19 - www.pavillon-de-la-reine.com - Fermé : lundi, mardi, dimanche soir

AUBERGE NICOLAS FLAMEL Ⓝ

CUISINE MODERNE • **CONTEMPORAIN** Nicolas Flamel, bourgeois fortuné et ancien propriétaire de cette maison, la plus vieille de Paris (1407), était-il alchimiste ? Si les historiens en débattent encore, les gourmets ont tranché à propos du chef Grégory Garimbay : ce cuisinier au CV en béton (Sylvestre Wahid, Alain Ducasse au Plaza Athénée) transforme bien les produits en or. Gelée de courgettes et mûres ; tomates de plein champs, ricotta fumée, sorbet de tomate Green Zébra ; homard bleu de Bretagne, petits pois, jus de crustacés : le nouveau maître queux de cette vénérable demeure signe là une cuisine actuelle parfaitement équilibrée, délicatement parfumée et intelligemment composée, sans fioriture et parfois originale, à l'image de cette tartelette au chocolat et girolles. Un véritable alchimiste !

- Menu 38 € (déjeuner), 70/90 € - Carte 75/100 €

51 rue de Montmorency - Ⓜ Rambuteau - ✆ 01 42 71 77 78 - auberge.nicolas-flamel.fr - Fermé : lundi, dimanche

OGATA

CUISINE JAPONAISE • **DESIGN** Ogata, c'est un peu la seconde ambassade du Japon à Paris : un temple dédié à l'art de vivre nippon, installé dans un hôtel particulier du Marais, signé du designer Shinichiro Ogata, véritable esthète contemporain. La cuisine japonaise, plutôt traditionnelle, s'inscrit dans l'esprit omakase, un menu dégustation composé de produits saisonniers irréprochables. Il est à l'image du restaurant, tout en finesse, élégance et raffinement. Ce jour-là, les entrées (fraîcheur d'épinard, asperges rôties, seiche frite, sashimi de chinchard, etc...) étaient remarquables, tout comme la tamago yaki, une omelette roulée aux parfums subtils. Les meilleures places se trouvent au comptoir. Un authentique voyage à poursuivre à travers la boutique ou la galerie d'art...

- Menu 55 € (déjeuner), 95/140 €

16 rue Debelleyme - Ⓜ Filles du Calvaire - ✆ 01 80 97 76 80 - ogata.com/paris/restaurant - Fermé : lundi, mardi, mercredi midi

ANAHI

CUISINE SUD-AMÉRICAINE • **BISTRO** Ce restaurant de poche au cadre délicieux (le lieu était une boucherie-charcuterie dans les années 1920, comme en témoignent l'élégant plafond en verre peint et les faïences d'époque) propose des viandes cuites à la braise et des préparations typiques d'Amérique du sud. Le chef Mauro Colagreco veille désormais sur la carte et l'on retrouve avec plaisir jambon de bœuf, ceviche, empanadas, picanha et autre côte de bœuf. Musique latino et tables au coude à coude pour l'ambiance.

Carte 70/200 €

49 rue Volta - Ⓜ Temple - ✆ 01 83 81 38 00 - www.anahi-paris.com - Fermé : lundi midi, mardi midi, mercredi midi, jeudi midi, vendredi midi, samedi midi

BISTROT INSTINCT (N)

CUISINE MODERNE • CONTEMPORAIN Suivez votre « instinct » : ce bistrot de poche contemporain, orné d'une mezzanine, est emmené par le chef Maximilian Wollek et sa jeune équipe motivée. Au menu, une cuisine du marché, matinée de bistronomie le soir, qui se déguste le sourire aux lèvres.

- Carte 25/33 €

19 rue de Picardie - Ⓜ Filles du Calvaire - ✆ 01 42 78 93 06 - instinct-paris.com/bistrot - Fermé : lundi, mardi midi, dimanche soir

DESSANCE

CUISINE MODERNE • CONTEMPORAIN Logé dans un hôtel particulier du Marais, cette adresse cultive la nature, autant dans le décor (chêne omniprésent, plantes vertes) que dans les assiettes avec l'arrivée d'un nouveau chef. Au choix, deux menus « carte blanche », l'un résolument végétal, l'autre à l'esprit terre-mer.

Menu 56/65 €

74 rue des Archives - Ⓜ Arts et Métiers - ✆ 01 42 77 23 62 - www.dessance.fr - Fermé : lundi, dimanche et le midi

ELMER

CUISINE MODERNE • BRANCHÉ Tout près de République, on aime cette table chic où officie Simon Horwitz, jeune chef au riche parcours (Oustau de Baumanière, Pierre Gagnaire, voyages en Asie et en Amérique latine). Il compose une partition savoureuse et pleine de mordant, avec notamment de belles viandes cuites à la braise ou en rôtissoire.

- Menu 32 € (déjeuner) - Carte 65/100 €

30 rue Notre-Dame-de-Nazareth - Ⓜ Temple - ✆ 01 43 56 22 95 - www.elmer-restaurant.fr - Fermé : lundi, samedi midi, dimanche

LES ENFANTS ROUGES

CUISINE DU MARCHÉ • BISTRO À l'origine, un chef d'origine japonaise, ayant fait son apprentissage chez Yves Camdeborde et Stéphane Jégo. À l'arrivée, un beau bistrot parisien proposant une savoureuse cuisine du marché à la française. Terrine d'agneau des Pyrénées, ravioli de citrouille à la noisette, cheesecake façon San Sébastien, etc... Et cerise sur le gâteau, c'est ouvert le week-end.

Menu 40 € (déjeuner), 65/90 €

9 rue de Beauce - Ⓜ Filles du Calvaire - ✆ 01 48 87 80 61 - www.les-enfants-rouges.fr - Fermé : mardi, mercredi

ISTR (N)

CUISINE MODERNE • CONTEMPORAIN Terrasse jeune et bondée, musique à fond, ambiance et décor branchés (gaines techniques au plafond, tables hautes, comptoir-bar...) pour ce resto bar à cocktails et à huîtres, inspiré des modèles new-yorkais mais... mâtiné d'influences bretonnes ! La carte fait la part belle aux produits de la mer et s'égaille de touches contemporaines - le tout à partir de produits frais.

Carte 38/55 €

41 rue Notre-Dame-de-Nazareth - Ⓜ Temple - ✆ 01 43 56 81 25 - www.istr.paris - Fermé : lundi, dimanche

LE MAZENAY

CUISINE DU MARCHÉ • BISTRO Ici, l'accent est mis sur la belle cuisson, le bon jus et le beau produit. Pas de tintamarre inutile quand on se régale d'escargots sauvages aux herbes ou d'une poulette fermière pochée. Mais le chef n'a qu'une hâte : que commence la saison du gibier ! Grouse d'Écosse rôtie, lièvre à la royale... Une adresse pour bons vivants.

- Menu 25 € (déjeuner) - Carte 35/70 €

46 rue de Montmorency - Ⓜ Rambuteau - ✆ 06 42 83 79 52 - www.lemazenay.com - Fermé : lundi, samedi midi, dimanche

NORMA Ⓝ

CUISINE ITALIENNE • **TRATTORIA** Entre la place de la République et Arts et Métiers, cette trattoria s'est spécialisée dans les recettes de Sicile, en offrant notamment avec un bon choix de pâtes maison, à base d'un mélange de farines de blés durs siciliens : paccheri, bucatini, gnocchi, casarecce, mais aussi mezzelune et raviolis. Les cuissons tombent juste, les sauces ont du goût, les portions sont plutôt généreuses. Avanti !

- Menu 23 € (déjeuner) - Carte 36/48 €

75 rue de Turbigo - Ⓜ Temple - ✆ 01 77 32 67 82 - www.normaparis.fr - Fermé : mardi midi, jeudi midi

PARCELLES Ⓝ

CUISINE TRADITIONNELLE • **BISTRO** Atmosphère, atmosphère ! Dans une ruelle entre Arts et Métiers et Beaubourg, voici un bistrot de 1936 sorti tout droit du Minuit à Paris de Woody Allen : mobilier typique, murs en pierres nues ou beige, sol en mosaïque rétro, plafond doré, comptoir bois et cuivre. Mais la cuisine est loin d'être en carton pâte comme l'atteste la terrine de campagne, le cochon et sa polenta crémeuse à l'ail ou encore sa tarte au chocolat noir. Du tout bon pour une adresse qui fait un carton (essayez de réserver...).

- Carte 38/50 €

13 rue Chapon - Ⓜ Arts et Métiers - ✆ 01 43 37 91 64 - www.parcelles-paris.fr - Fermé : dimanche

TERRA Ⓝ

CUISINE ACTUELLE • **ÉLÉGANT** Un long couloir mène à ce restaurant aménagé sous une verrière nichée dans la cour d'un vieil immeuble parisien, entre jardin d'hiver et esprit néo-industriel. Le chef cuisine avec franchise et efficacité des produits sélectionnés avec soin : œuf miroir, champignons en persillade ; agneau de Lozère au barbecue. Les plats principaux (entrecôte...) sont à partager.

♿ A/C - Carte 45/60 €

21 rue des Gravilliers - Ⓜ Arts et Métiers - ✆ 01 45 30 02 58 - www.terraparis.fr - Fermé : lundi, dimanche et le midi

Île de la Cité • Île St-Louis • Le Marais • Beaubourg

4e ARRONDISSEMENT

✿✿✿ L'AMBROISIE

Chef : Bernard Pacaud

CUISINE CLASSIQUE • **LUXE** Comment raconter les créations de Bernard Pacaud, dont la qualité n'a d'égale que sa modestie ? L'homme est un taiseux : ça tombe bien, sa cuisine parle pour lui. Souverain, il occupe une demeure quasi florentine de la place des Vosges (miroirs anciens, immense tapisserie, sol en marbre blanc et noir) qui vient néanmoins de connaître une profonde campagne de rénovation (avec l'apparition d'étonnants panneaux muraux contemporains éclairés par des diodes rouges). Il continue de nous bluffer par sa régularité, et par le supplément d'âme qu'il insuffle en permanence à son travail. Dans ses assiettes, simples en apparence, chaque élément est posé avec certitude, à la façon d'une toile de maître. Il suffit de se laisser emporter : l'émotion affleure partout - fricassée de homard sauce civet et mousseline saint-germain ; Saint-Jacques aux poireaux, pomme de terre et truffe ; tarte fine sablée au cacao amer et glace vanille...

A/C - Carte 230/330 €

9 place des Vosges - Ⓜ St-Paul - ✆ 01 42 78 51 45 - www.ambroisie-paris.com - Fermé : lundi, dimanche

✿ BENOIT

CUISINE CLASSIQUE • **BISTRO** Pour retrouver l'atmosphère d'un vrai bistrot parisien, poussez donc la porte du 20, rue St-Martin. C'est ici, en plein cœur de

Paris, que l'enseigne vit le jour dès 1912, du temps des Halles populaires. À l'origine bouchon lyonnais, le bistrot est resté dans la famille Petit pendant trois générations, lesquelles ont façonné et entretenu son charme si désuet. Belle Époque, plus exactement : boiseries, cuivres, miroirs, banquettes en velours, tables serrées les unes contre les autres... Chaque élément, jusqu'aux assiettes siglées d'un "B", participe au cachet de la maison. Rien à voir avec les ersatz de bistrots à la mode ! Et si l'affaire a été cédée au groupe Ducasse (2005), elle a préservé son âme.Traditionnelles à souhait, les recettes allient produits du terroir, justesse des cuissons et générosité. Les habitués le savent bien : "Chez toi, Benoît, on boit, festoie en rois." Surtout si l'on pense aux plats canailles que tout le monde connaît, mais que l'on ne mange quasiment jamais... sauf ici.

- Menu 39 € (déjeuner) - Carte 56/114 €

20 rue Saint-Martin - Ⓜ Châtelet-Les Halles - ✆ 01 42 72 25 76 - www.benoit-paris.com

RESTAURANT H

Chef : Hubert Duchenne

CUISINE CRÉATIVE • INTIME "H", comme Hubert Duchenne, chef normand passé chez Akrame Benallal, et Jean-François Piège, au Thoumieux... Derrière une devanture élégante et discrète, vingt couverts à peine, pour cette salle à manger intime, au cadre aussi chic que cosy. On se régale d'un menu unique sans choix et bien ficelé, dans lequel les recettes, bien maîtrisées, vont toujours à l'essentiel. Vous réclamez des preuves ? Voici une belle tranche de volaille des Landes à la peau dorée, accompagnée d'un poireau snacké et d'une mousseline de céleri, voici encore ces coques de Dieppe, nappées d'un beurre blanc, chiffonnade de salicornes et sucrine. C'est inventif et très maîtrisé : on se régale, d'autant que les produits utilisés sont d'excellente qualité.

- Menu 75/95 €

13 rue Jean-Beausire - Ⓜ Bastille - ✆ 01 43 48 80 96 - www.restauranth.com - Fermé : lundi, dimanche et le midi

LE SERGENT RECRUTEUR

Chef : Alain Pégouret

CUISINE MODERNE • CONTEMPORAIN Le chef Alain Pégouret a emprunté à Joël Robuchon l'amour du geste précis et la rigueur du travail. Il suffit, pour s'en assurer, de pousser la porte du Sergent Recruteur, taverne historique de l'île Saint-Louis, reconvertie en table gastronomique. L'ancien chef du Laurent fait montre d'une impressionnante maîtrise. Ses assiettes fines, aux saveurs ciselées – et qui dévoilent, en filigrane, de solides bases classiques –, laissent le souvenir d'une belle cohérence gustative, avec un travail subtil sur les jus et les sauces ainsi qu'une attention aux belles cuissons. La maison distille une ambiance élégante et feutrée, associant habilement design contemporain et murs anciens. Une renaissance réussie.

- Menu 49 € (déjeuner), 98/158 € - Carte 110/160 €

41 rue Saint-Louis-en-l'Île - Ⓜ Pont Marie - ✆ 01 43 54 75 42 - www.lesergentrecruteur.fr - Fermé : lundi, mardi midi, dimanche

BAFFO

CUISINE ITALIENNE • TRATTORIA Originaire de la Maremme (au sud de la Toscane) et passionné de cuisine, Fabien Zannier a décidé de changer de vie pour rendre hommage aux saveurs de son enfance. De là cette petite table italienne forte en goût, où priment les produits frais et bio. L'occasion d'un "pranzo con i baffi", un repas à s'en lécher les moustaches !

- Menu 64/74 € - Carte 57/88 €

12 rue Pecquay - Ⓜ Rambuteau - ✆ 07 61 88 73 04 - www.baffo.fr - Fermé : lundi, mardi midi, mercredi midi, dimanche

CAPITAINE

CUISINE DU MARCHÉ • BISTRO L'arrière-grand-père du chef, d'origine bretonne, était capitaine au long cours... Le capitaine, désormais, c'est lui : Baptiste Day, qui après avoir fréquenté les cuisines de grands restaurants (L'Ambroisie, L'Arpège, et l'Astrance) a décidé de prendre le large à bord d'un sympathique bistrot, et nous régale d'une très jolie cuisine du marché, ancrée dans son époque. Produits frais et de qualité, préparations goûteuses : une adresse percutante.

Menu 29 € (déjeuner), 60 € - Carte 44/72 €

4 impasse Guéménée - Ⓜ Bastille - ✆ 01 44 61 11 76 - www.restaurantcapitaine.fr - Fermé : lundi, mardi midi, dimanche

CLAUDE COLLIOT

CUISINE MODERNE • CONTEMPORAIN Chez Claude Colliot, point d'énoncés pompeux, mais une cuisine de saison qui traite les produits de qualité avec tous les égards. Les légumes proviennent directement du potager du chef, situé dans le Loiret. Léger, sain et savoureux.

♿ - Carte 44/65 €

40 rue des Blancs-Manteaux - Ⓜ Rambuteau - ✆ 01 42 71 55 45 - www.claudecolliot.com - Fermé : lundi, dimanche

GRANDCŒUR

CUISINE MODERNE • VINTAGE Les poutres et la pierre, les grands miroirs, les tables en marbre et les banquettes en velours, sans oublier l'incontournable terrasse : cette maison installée dans une jolie cour pavée impose son style d'entrée. La cuisine, imaginée par Mauro Colagreco (également associé), agrémente la tradition française d'un peu d'international. Un plaisir !

♿ 🏖 ⇔ - Carte 52/79 €

41 rue du Temple - Ⓜ Rambuteau - ✆ 01 58 28 18 90 - www.grandcoeur.paris

LA TABLE CACHÉE PAR MICHEL ROTH Ⓝ

CUISINE MODERNE • COSY Au 5eme étage du BHV, derrière un mystérieux rideau vert, on a trouvé cette Table cachée... au bout d'un rayon lingerie ! Dans un cadre confortable à souhait (où chaque objet de décoration est en vente dans le magasin), le chef Michel Roth a conçu une carte de saison gourmande (foie gras poêlé au banyuls ; suprême de poulet rôti fermier ; tarte au citron). Belle terrasse panoramique avec vue sur l'Hôtel de ville.

A/C 🏖 - Menu 29 € (déjeuner), 57 € - Carte 43/68 €

BHV, 55 rue de la Verrerie - Ⓜ Hôtel de Ville - ✆ 01 42 74 91 86 - www.bhv.fr - Fermé : lundi, mardi soir, mercredi soir, jeudi soir, dimanche

TAVLINE

CUISINE ISRAÉLIENNE • CONVIVIAL Un petit bout de Tel-Aviv entre Saint-Paul et Hôtel de Ville, un zeste de Maroc, un soupçon de Liban. Telle est la recette de Tavline, où les épices, provenant du "Shuk Ha'Carmel", le plus grand marché de Tel-Aviv, agrémentent une cuisine fine, dont ce mémorable memoulaïm (oignons farcis d'agneau), recette héritée de la mère du chef.

Carte 36/44 €

25 rue du Roi-de-Sicile - Ⓜ St-Paul - ✆ 09 86 55 65 65 - www.tavline.fr - Fermé : lundi, dimanche

THAÏ SPICES

CUISINE THAÏLANDAISE • COSY Entre le quai des Célestins et le village St-Paul officie un chef, Willy Lieu, qui fut le cuisinier personnel de Jacques Chirac ! Chez lui, la cuisine thaïe est à l'honneur, en version authentique : les grands classiques sont au rendez-vous - pad thaï, tom yam -, généreux et pleins de saveurs, relevés comme il se doit. Tarifs plutôt modérés et service agréable.

A/C - Carte 32/50 €

5-7 rue de l'Ave-Maria - Ⓜ Sully Morland - ✆ 01 42 78 65 49 - www.thaispices.fr - Fermé : samedi midi, dimanche

Quartier Latin • Jardin des Plantes • Mouffetard

5e ARRONDISSEMENT

ALLIANCE

Chef : Toshitaka Omiya

CUISINE MODERNE • CONTEMPORAIN Apparu entre les quais de la rive gauche et le boulevard St-Germain, ce restaurant célèbre l'Alliance de Shawn et Toshi, deux anciens de l'Agapé (respectivement maître d'hôtel et cuisinier), désormais complices dans cette nouvelle aventure. Le chef Toshitaka Omiya préfère la vérité à l'esbroufe ou l'artificiel : sa cuisine s'appuie sur de beaux produits de saison et va à l'essentiel, tant visuellement que gustativement. Ainsi ce foie gras, légumes en pot-au-feu et bouillon de canard, qui s'affirme déjà comme la spécialité de la maison. De vrais éclairs de simplicité, des mélanges subtils et bien exécutés, prolongés par les inspirations sucrées de la pâtissière Morgane Raimbaud, particulièrement en verve. Un mot enfin sur la salle épurée, aux subtiles touches nipponnes : on s'y sent bien, d'autant qu'elle offre une jolie vue sur les fourneaux.

♿ A/C - Menu 59 € (déjeuner), 140/195 €

5 rue de Poissy - Ⓜ Maubert Mutualité - ✆ 01 75 51 57 54 - www.restaurant-alliance.fr - Fermé : samedi, dimanche

AT

Chef : Atsushi Tanaka

CUISINE CRÉATIVE • ÉPURÉ Dans une rue proche des quais de Seine, cette façade sans enseigne cultive la discrétion. L'intérieur est à l'avenant : décor minimaliste, contemporain, et surtout sans esbroufe ! Le chef, Atsushi Tanaka, formé notamment chez Pierre Gagnaire, aime la fraîcheur et la précision. Armé d'une imagination et d'une créativité sans faille, il compose des assiettes séduisantes et sait nous tenir en haleine tout au long du repas. Au sous-sol, une cave voûtée abrite un bar à vin et délivre des repas commandés. Enfin, pas d'inquiétude s'il vous prend l'envie – ô combien légitime ! – d'y retourner : le menu unique change très régulièrement.

A/C - Menu 70 (déjeuner) /130 €

4bis rue du Cardinal-Lemoine - Ⓜ Cardinal Lemoine - ✆ 01 56 81 94 08 - www.atsushitanaka.com - Fermé : lundi midi, dimanche

BAIETA

Cheffe : Julia Sedefdjian

CUISINE MÉDITERRANÉENNE • CONTEMPORAIN "Ici, la bouillabaisse tutoie l'aïoli, et la pissaladière jalouse la socca, juste sortie du four à charbon". Julia Sedefdjian (ancienne des Fables de la Fontaine, Paris aussi) est chez elle, heureuse et épanouie. Sa cuisine, colorée et parfumée, s'en ressent. Elle chante la Méditerranée (sa "Bouillabaieta", une superbe bouillabaisse revisitée, est incontournable) et les bons produits, qu'elle sélectionne avec justesse et travaille avec créativité, sans jamais oublier ses racines niçoises. La cheffe propose désormais uniquement des menus surprise (en 3,4 ou 6 temps). Bienvenue chez Baieta – le bisou en patois niçois !

♿ - Menu 52 € (déjeuner), 75/105 €

5 rue de Pontoise - Ⓜ Maubert Mutualité - ✆ 01 42 02 59 19 - www.restaurant-baieta-paris.fr - Fermé : lundi, dimanche

MAVROMMATIS

CUISINE GRECQUE • ÉLÉGANT Un vent d'audace et d'Odyssée souffle sur la table du chef chypriote Andréas Mavrommatis. On se régale ici d'une cuisine généreuse et maîtrisée, inspirée de bases classiques françaises, associées aux meilleurs produits grecs ; superbes langoustines ; quasi de veau du Limousin tendre et rosé ; et en dessert, une tarte chocolat-olive et basilic, aux saveurs percutantes. Le voyage en Grèce se poursuit au gré des saisons et inspirations du chef, dans un cadre aussi raffiné que les civilisations issues de la Méditerranée. L'établissement, entièrement réinventé par l'architecte Régis Botta dans un esprit moderne et épuré avec boiserie et murs beiges, arches et niches, offre un écrin feutré à cette somptueuse promenade hellénique gastronomique.

- Menu 78/135 € - Carte 72/99 €

42 rue Daubenton - Ⓜ Censier Daubenton - ✆ 01 43 31 17 17 - www.mavrommatis.com - Fermé : lundi, dimanche et le midi

OKA

Chef : Raphaël Régo

CUISINE CRÉATIVE • COSY Le chef propriétaire brésilien Raphaël Régo au parcours alléchant (école Ferrandi, Atelier de Joël Robuchon, Taillevent) signe chez Oka une partition créative, distillant une incontestable identité culinaire, naviguant entre France (pêche des côtes vendéennes) et Brésil, privilégiant toujours de très beaux produits. On déguste les menus dans un cadre cosy et élégant, avec cuisine ouverte sur l'artiste en chef. Les préparations, aux visuels sophistiqués et épurés, jouent avec talent sur le mariage des saveurs (sucrées, pimentées, acides...) et les textures, sans jamais tomber dans l'excès de la démonstration. Faites confiance à la subtilité du sommelier pour marier mets et vins. Infiniment personnel, soigné, parfumé - en un mot : stylé. Un coup de cœur.

- Menu 130 €

1 rue Berthollet - Ⓜ Censier Daubenton - ✆ 01 45 30 94 56 - www.okaparis.fr - Fermé : samedi, dimanche et le midi

SOLA

CUISINE MODERNE • ÉLÉGANT Tout près des quais donnant sur Notre-Dame et... déjà au Japon ! Voilà Sola et son décor bois et zen avec, au sous-sol, la cave voûtée où les tables figurent un tatami (attention, prière de retirer ses chaussures). Le chef japonais Kosuke Nabeta propose une savoureuse passerelle entre exigence et précision de la gastronomie nippone et richesses du terroir français. Lors d'un de nos passages : thon et betterave rouge ; encornet, risotto, champignons ; foie gras, truffe noire ; lotte, coques, beurre de noisette... Une cuisine en apesanteur, harmonieuse et raffinée, et si personnelle que l'on ne saurait la réduire à ces simples adjectifs, si élogieux soient-ils.

- Menu 85 € (déjeuner), 120 €

12 rue de l'Hôtel-Colbert - Ⓜ Maubert Mutualité - ✆ 01 42 02 39 24 - www.restaurant-sola.com - Fermé : lundi, mardi midi, mercredi midi, jeudi midi, dimanche

SOLSTICE

Chef : Eric Trochon

CUISINE CRÉATIVE • CONTEMPORAIN S'il existe des "écrivains pour écrivains", il y a des chefs pour chefs. MOF, pilier de l'école Ferrandi, promoteur du design culinaire, restaurateur à Séoul, Éric Trochon est de cette trempe – admiré autant que méconnu. Il est désormais chez lui dans ce restaurant intime et moderne, en compagnie de son épouse coréenne et sommelière. La déco navigue entre mobilier design et murs bruts. La carte joue aussi le minimalisme avec deux propositions percutantes – et pas plus – de l'entrée au dessert. Dans l'assiette, les textures et les contrastes font mouche, comme sur cette nage de coco de Paimpol, fenouil et melon en pickles, granité reine-des-prés ou sur ce ris de veau (vraiment) croustillant et cœur fondant, ricotta et courgettes vertes et jaunes.

- Menu 75 € (déjeuner), 90/120 €

45 rue Claude-Bernard - Ⓜ Censier Daubenton - ✆ 09 88 09 63 52 - www.solsticeparis.com - Fermé : lundi, mardi midi, mercredi midi, jeudi midi, vendredi midi, dimanche

TOUR D'ARGENT

CUISINE MODERNE • CLASSIQUE Fondée en 1582, cette élégante auberge de bords de Seine devient un restaurant en 1780. C'est au début du 20e s. qu'André Terrail l'achète, avec une idée de génie : élever l'immeuble d'un étage pour y installer la salle à manger, et jouir ainsi d'un panorama unique, l'une des plus belles vues sur la Seine et Notre-Dame-de-Paris ! Pour le reste, l'âme de la Tour d'Argent évolue avec son temps : véritable palimpseste, la carte, réinterprétée par Yannick Franques, MOF 2004, conserve la mémoire de plusieurs décennies de haute gastronomie française. Ainsi le caneton "Frédéric Delair" maturé, servi dans son ensemble, mis en avant en deux services. Que les puristes se rassurent, le service, parfaitement réglé, assure toujours le spectacle. Quant à l'extraordinaire cave, elle renfermerait... près de 300 000 bouteilles.

- Menu 110 € (déjeuner), 290/380 € - Carte 200/380 €

15 quai de la Tournelle - Ⓜ Maubert Mutualité - ✆ 01 43 54 23 31 - www.tourdargent.com - Fermé : lundi, mardi, dimanche soir

BACA'V Ⓝ

CUISINE MODERNE • BISTRO Gourmandise et bonnes quilles : tout l'univers du chef Émile Cotte est là. Après un parcours classique, il a souhaité lâcher la bride à son inspiration. Désormais, il trousse des classiques bistrotiers revus au goût du jour. Renouvelé régulièrement, le menu-carte à l'ardoise est une bonne affaire. Également, un menu carte blanche en 5 plats.

Menu 37/59 €

6 rue des Fossés-Saint-Marcel - Ⓜ Saint-Marcel - ✆ 01 47 07 91 25 - www.bacav.paris - Fermé : samedi midi, dimanche

CUCINA

CUISINE ITALIENNE • CONVIVIAL Côté atmosphère, déco de bistrot moderne et serveurs en marinière rouge et blanche. Côté assiette, une belle carte italienne de saison : on se régale de bout en bout, des antipasti aux dolce. Spaghetti aglio, olio e peperoncini ; orecchia di elefante, patate novelle e salvia : authentique et savoureux.

- Carte 37/60 €

20 rue Saint-Victor - Ⓜ Maubert-Mutualité - ✆ 01 44 31 54 54 - www.cucina-mutualite.com - Fermé : lundi, dimanche

AFFINITÉ

CUISINE MODERNE • CONTEMPORAIN Les deux associés du restaurant étoilé Alliance – le cuisinier Toshitaka Omiya et le directeur de salle Shawn Joyeux – vous accueillent dans ce bistrot rénové situé légèrement en retrait du boulevard Saint-Germain. Ils proposent de jolies assiettes actuelles, basées sur des produits impeccablement sourcés (lieu jaune de ligne, volaille de la Cour d'Armoise...). Accueil prévenant.

- Menu 50/70 €

52 boulevard Saint-Germain - Ⓜ Maubert - Mutualité - ✆ 01 42 02 41 71 - www.restaurant-affinite.fr - Fermé : lundi, mardi midi, mercredi midi, jeudi midi, vendredi midi, dimanche

L'AGRUME

CUISINE MODERNE • CONVIVIAL Ici, on mise sur les saisons, la fraîcheur des produits (le poisson vient de Bretagne et les primeurs des meilleures adresses) et une exécution pleine de finesse. L'assiette pétille de saveurs. Un bon bistrot de chef !

- Menu 26 € (déjeuner) - Carte 55/75 €

15 rue des Fossés-Saint-Marcel - Ⓜ St-Marcel - ✆ 01 43 31 86 48 - www.restaurant-lagrume.fr - Fermé : lundi, mardi soir, dimanche

ATELIER MAÎTRE ALBERT

CUISINE TRADITIONNELLE • CONVIVIAL Une cheminée médiévale et des rôtissoires cohabitent avec un bel intérieur design signé J.-M. Wilmotte. Guy Savoy a imaginé la carte, avec des produits d'une qualité indéniable. Imaginez une volaille à la peau croustillante, son jus parfumé...

- Menu 40/85 € - Carte 44/86 €

1 rue Maître-Albert - Ⓜ Maubert Mutualité - ✆ 01 56 81 30 01 - www.ateliermaitrealbert.com

CHINASKI

CUISINE MODERNE • **BISTRO** Sous l'égide de l'alter ego de l'écrivain dionysiaque Charles Bukowski, voici un coffee shop diurne qui se mue en bistrot créatif le soir venu. Dans un cadre chaleureux meublé avec de la récup', un chef convivial en diable envoie une cuisine du marché sans chichis. Grande table du chef devant la cuisine ouverte et vins bio sourcés avec soin.

- Carte 30/50 €

46 rue Daubenton - Ⓜ Censier Daubenton - ✆ 01 73 74 74 06 - www.chinaskiparis.com - Fermé : lundi, mardi, mercredi midi, jeudi midi, vendredi midi, samedi midi

CIASA MIA

CUISINE ITALIENNE • **FAMILIAL** Originaires du Nord de l'Italie (des Dolomites, pour être précis), Francesca et Samuel Mocci aiment à mettre en valeur ce patrimoine gustatif aussi savoureux que surprenant. Les assiettes respirent l'authenticité, tout comme le cadre, dans un esprit de petit chalet cosy. Une adresse attachante.

- Menu 35 € (déjeuner), 75/95 €

19 rue Laplace - Ⓜ Maubert Mutualité - ✆ 01 43 29 19 77 - www.ciasamia.com - Fermé : lundi midi, samedi midi, dimanche

LES DÉLICES D'APHRODITE

CUISINE GRECQUE • **TAVERNE** Dans ce sympathique restaurant aux allures de taverne, on se croirait presque en Grèce ! Poulpe mariné, caviar d'aubergines, moussaka, etc. Cette cuisine fraîche et ensoleillée tire le meilleur parti de produits de qualité.

A/C - Carte 36/57 €

4 rue de Candolle - Ⓜ Censier Daubenton - ✆ 01 43 31 40 39 - www.mavrommatis.com/les-delices-daphrodite

FLOCON

CUISINE DU MARCHÉ • **CONTEMPORAIN** Pas de neige ni de frimas ici, mais bien le restaurant des frères Flocon, Alexis et Josselin, l'un dans la gestion de l'établissement, l'autre en cuisine. Dans un intérieur lumineux, tendance scandinave, on découvre ces assiettes surprenantes, où le végétal est en bonne place, basées sur des produits sourcés avec soin. Rouget barbet de Méditerranée frit, crème crue à l'estragon ; gnocchis, artichauts poivrades, pleurotes, châtaignes grillées, groseilles et émulsion parmesan...

Carte 41/61 €

75 rue Mouffetard - Ⓜ Place Monge - ✆ 01 47 07 19 29 - www.restaurantflocon.com - Fermé : lundi, mardi, mercredi midi, jeudi midi

L'INITIAL

CUISINE MODERNE • **TRADITIONNEL** Le chef japonais, au palmarès étincelant (Robuchon Tokyo, Bernard Loiseau à Saulieu), propose une cuisine française d'une remarquable précision réalisée autour d'un menu sans choix rythmé par les saisons. Bon rapport qualité-prix et service aux petits soins.

- Menu 38 € (déjeuner), 58 €

9 rue de Bièvre - Ⓜ Maubert Mutualité - ✆ 01 42 01 84 22 - www.restaurant-linitial.fr - Fermé : lundi, mardi midi, dimanche

KITCHEN TER(RE)

CUISINE MODERNE • **CONTEMPORAIN** William Ledeuil façonne un kaléidoscope de l'épure et du goût, où brillent des pâtes de haut-vol (réalisées par l'artisan Roland Feuillas à base d'épeautre, blé dur, engrain ou barbu du Roussillon), mais aussi un bouillon thaï anguille, pomme de terre, ou encore un cappuccino, pommes au tamarin et glace au caramel... Absolument moderne, absolument gourmand.

A/C - Menu 34 € (déjeuner) - Carte 44/49 €

26 boulevard Saint-Germain - Ⓜ Maubert Mutualité - ✆ 01 42 39 47 48 - www.zekitchengalerie.fr - Fermé : lundi, dimanche

KOKORO

CUISINE MODERNE • **CONVIVIAL** Un jeune couple franco-japonais (tous deux anciens de chez Passard) travaille d'arrache-pied dans cette adresse à deux pas du métro Cardinal-Lemoine. Leur cuisine, réglée sur les saisons, se révèle à la fois fine, intelligente et subtile, et réserve de belles surprises... Kokoro, c'est "cœur" en japonais.

A/C - Menu 26 € (déjeuner) - Carte 44/59 €

36 rue des Boulangers - Ⓜ Cardinal Lemoine - ✆ 01 44 07 13 29 - www.restaurantkokoro.blogspot.fr - Fermé : lundi midi, samedi, dimanche

LES PAPILLES

CUISINE TRADITIONNELLE • **BISTRO** Bistrot, cave et épicerie : une adresse attachante, où l'on fait pitance entre casiers à vins et étagères garnies de conserves. Le soir, on vous propose un menu unique où les suggestions gourmandes affolent les papilles.

- Menu 28 € (déjeuner), 38 € - Carte 28/32 €

30 rue Gay-Lussac - Ⓜ Luxembourg - ✆ 01 43 25 20 79 - www.lespapillesparis.com - Fermé : lundi, dimanche

LA TABLE DE COLETTE

CUISINE MODERNE • **CONTEMPORAIN** Près du Panthéon, une table "éco-responsable" emmenée par Josselin Marie, chef d'origine bretonne. Il célèbre les produits de saison - beaucoup de légumes, peu de viandes, poissons issus de la pêche "passive" - sous forme de menus surprise... avec affichage du bilan carbone associé ! Jeune équipe sympa au service.

- Menu 39 € (déjeuner), 59/79 €

17 rue Laplace - Ⓜ Cardinal Lemoine - ✆ 01 46 33 18 59 - www.latabledecolette.fr - Fermé : samedi, dimanche

LA TRUFFIÈRE

CUISINE MODERNE • **INTIME** Au cœur du vieux Paris, à deux pas de la truculente rue Mouffetard, cette maison du 17e s. a du caractère. Les assiettes, visuellement soignées, sont créatives. Menu truffe toute l'année, et belle carte des vins, avec pas moins de... 4200 références, françaises et mondiales. Un bel hommage à "la perle noire".

A/C - Menu 39 € (déjeuner), 68/155 €

4 rue Blainville - Ⓜ Place Monge - ✆ 01 46 33 29 82 - www.la-truffiere.fr - Fermé : lundi, dimanche

St-Germain-des-Près • Odéon • Jardin du Luxembourg

6e ARRONDISSEMENT

✿✿✿ GUY SAVOY

Chef : Guy Savoy

CUISINE CRÉATIVE • **LUXE** Dans le cadre exceptionnel de l'hôtel de la Monnaie, Guy Savoy rédige chaque jour un nouveau chapitre de cette histoire entamée quelques décennies plus tôt : lorsque, jeune garçon, il passait la tête au-dessus des casseroles familiales dans la cuisine de la Buvette de l'Esplanade, à Bourgoin-Jallieu... Ici, il a vu les choses en grand : six salles parées de toiles contemporaines et de sculptures - dont un grand nombre prêté par François Pinault -, avec des fenêtres à huisseries anciennes donnant sur la Seine. Autant de faste ne détourne pas le chef de son travail : cette gastronomie vécue comme une fête, hommage renouvelé à la cuisine française. On retrouve notamment la soupe d'artichaut et truffes, plat emblématique de la maison, à déguster avec sa brioche tartinée de beurre de truffes...

A/C - Menu 250 € (déjeuner), 530 € - Carte 300/400 €

11 quai de Conti - Ⓜ St-Michel - ✆ 01 43 80 40 61 - www.guysavoy.com - Fermé : lundi, samedi midi, dimanche

✿✿ MARSAN PAR HÉLÈNE DARROZE

Cheffe : Hélène Darroze

CUISINE MODERNE • **CONTEMPORAIN** Hélène Darroze a rouvert en 2019 son restaurant de la rue d'Assas. Le lieu est méconnaissable, totalement réinventé dans une veine cosy et élégante qui sied à merveille à cette cuisinière de grand talent. On retrouve bien entendu dans l'assiette ce qui fait la particularité de cette héritière d'une famille de cuisiniers du Sud-Ouest : la capacité à dénicher dans les terroirs de ces contrées (Aquitaine, Landes, Pays basque...) de quoi nourrir ses intentions culinaires, et la capacité à les mettre en valeur dans l'assiette, comme cette splendide lotte de petit bateau. On y retrouve aussi la rigueur, l'insatiable curiosité, et ce mélange de talent et d'intuition qui fait toute la différence. Une réussite incontestable.

A/C - Menu 95 € (déjeuner), 175/420 €

4 rue d'Assas - Ⓜ Sèvres Babylone - ✆ 01 42 22 00 11 - www.helenedarroze.com - Fermé : lundi, dimanche

✿ ARMANI RISTORANTE

CUISINE ITALIENNE • **CONTEMPORAIN** Emplacement original pour ce restaurant, situé au 1er étage de la boutique Armani de St-Germain-des-Prés (non loin de l'église). La salle est épurée et élégante, dans le style du créateur bien sûr : camaïeu de beiges, banquettes, murs laqués, lumière tamisée... N'aurait-on affaire là qu'à un autre type de vitrine ? Au contraire, ce ristorante compte parmi les meilleures tables italiennes de la capitale. Le chef Massimo Tringali, ancien second du Casadelmar, à Porto-Vecchio, accommode des produits de grande qualité dans l'esprit de la cuisine transalpine contemporaine. C'est frais, goûteux et bien maîtrisé : de la belle ouvrage.

♿ A/C - Menu 150 € - Carte 100/200 €

7 place du Québec - Ⓜ St-Germain des Prés - ✆ 01 45 48 62 15 - www.emporioarmanicaffeparis.com - Fermé : lundi, mardi, mercredi midi, jeudi midi

✿ QUINSOU

Chef : Antonin Bonnet

CUISINE CRÉATIVE • **TENDANCE** En face de la fameuse école Ferrandi chante un pinson (Quinsou en occitan), dont les suaves vocalises gastronomiques risquent fort d'influencer les grandes toques de demain. Le chef, ancien du Sergent Recruteur, s'appelle Antonin Bonnet. Dans un cadre moderne et brut (carreaux de ciment, ampoules nues), il propose une cuisine d'artisan épurée, délicate, sensible et sans futilité. Dans l'assiette gazouille le produit, d'excellente qualité. Bar de ligne de Saint Jean-de-Luz, sauce bouilla-thaï, filet de bœuf de Salers et cèpes rôtis, crème d'ail à l'amande douce.... Menu unique pour cette belle table, animée par un chef passionné.

♿ - Menu 42 € (déjeuner), 86/122 €

33 rue de l'Abbé-Grégoire - Ⓜ St-Placide - ✆ 01 42 22 66 09 - www.quinsourestaurant.fr - Fermé : lundi, mardi midi, dimanche

✿ RELAIS LOUIS XIII

Chef : Manuel Martinez

CUISINE CLASSIQUE • **ÉLÉGANT** Une table chargée d'histoire, bâtie sur les caves de l'ancien couvent des Grands-Augustins : c'est ici que, le 14 mai 1610, une heure après l'assassinat de son père Henri IV, Louis XIII apprit qu'il devrait désormais régner sur la France... La salle à manger semble se souvenir de ces grandes heures du passé : colombages, pierres apparentes, boiseries, vitraux et tentures, tout distille un charme d'autrefois, avec çà et là quelques éléments contemporains (cave vitrée, sculptures modernes).Une atmosphère particulièrement propice à la découverte de la cuisine du chef, Manuel Martinez, tenante d'un noble classicisme culinaire. Après un joli parcours chez Ledoyen, au Crillon, à la Tour d'Argent, ce Meilleur Ouvrier de France a décidé de s'installer en ce Relais pour y perpétuer la tradition. Quoi de plus logique ? L'histoire continue donc et les habitués sont nombreux, plébiscitant notamment la formule déjeuner, d'un excellent rapport qualité-prix !

A/C - Menu 70 € (déjeuner), 95/160 € - Carte 95/160 €

8 rue des Grands-Augustins - Ⓜ Odéon - ✆ 01 43 26 75 96 - www.relaislouis13.com - Fermé : lundi, dimanche

YOSHINORI

Chef : Yoshinori Morié

CUISINE MODERNE • INTIME Le petit dernier du chef Yoshinori Morié (ex-Petit Verdot, Encore, L'Auberge du 15), loin de balbutier, étincelle ! Sis entre les murs d'un ancien restaurant italien entièrement transformé (pierres apparentes, poutres blanchies, boiseries japonisantes, éclairage design, lin blanc et porcelaine) nous régale d'une cuisine raffinée, végétale, esthétique, déclinée sous forme d'un menu de saison. Ainsi le tartare de veau de Corrèze, coques, choux fleur ; la lotte, lotus et champignons ou la ballotine de pigeon, cèpes, datte, carotte et combava... autant d'hymnes, non dissimulés, à l'élégance et à la gourmandise. Agréable formule du midi. Un coup de cœur.

Menu 50 € (déjeuner), 70/150 €

18 rue Grégoire-de-Tours - Ⓜ Odéon - ✆ 09 84 19 76 05 - www.yoshinori-paris.com - Fermé : lundi, mardi midi, mercredi midi, dimanche

ZE KITCHEN GALERIE

Chef : William Ledeuil

CUISINE CRÉATIVE • CONTEMPORAIN Sous son nom hybride, Ze Kitchen Galerie joue sur les frontières entre art et cuisine. Dans des volumes épurés cohabitent mobilier et vaisselle design, tableaux colorés, autour d'une cuisine vitrée pour suivre en direct le spectacle de la brigade. Aux fourneaux, William Ledeuil donne libre cours à sa passion pour les saveurs de l'Asie du Sud-Est (Thaïlande, Vietnam) où il puise son inspiration. Galanga, ka-chaï, curcuma, wasabi, gingembre... Autant d'herbes, de racines, d'épices et de condiments du bout du monde qui relèvent avec brio les recettes classiques françaises. Sa carte - à base de poissons, bouillons, pâtes, plats à la plancha - décline ainsi une palette d'assiettes inventives, modernes et ciselées, pour un voyage entre saveurs et couleurs.

A/C - Menu 48 € (déjeuner), 95/115 €

4 rue des Grands-Augustins - Ⓜ St-Michel - ✆ 01 44 32 00 32 - www.zekitchengalerie.fr - Fermé : samedi, dimanche

LA MÉDITERRANÉE

POISSONS ET FRUITS DE MER • MÉDITERRANÉEN Dans ce restaurant face au théâtre de l'Odéon, des fresques évoquent la Méditerranée et la cuisine de la mer chante avec l'accent du Sud. Un soin tout particulier est apporté au choix des produits, comme dans ces spécialités maison : bouillabaisse, carpaccio de bar, dorade laquée au miel...

A/C - Menu 37 € - Carte 55/90 €

2 place de l'Odéon - Ⓜ Odéon - ✆ 01 43 26 02 30 - www.la-mediterranee.com

ALLARD

CUISINE TRADITIONNELLE • BISTRO On pénètre par la cuisine dans cette véritable institution, qui fait désormais partie du groupe Ducasse. Servis dans un décor 1900 pur jus, les plats hésitent entre registre bistrotier et plats canaille : escargots au beurre aux fines herbes, pâté en croûte, sole meunière, profiteroles...

A/C - Menu 34 € (déjeuner) - Carte 53/74 €

41 rue Saint-André-des-Arts - Ⓜ St-Michel - ✆ 01 43 26 48 23 - www.restaurant-allard.fr - Fermé : lundi, mardi

ANICIA BISTROT NATURE

CUISINE CRÉATIVE • CONTEMPORAIN Natif de Haute-Loire, François Gagnaire sélectionne soigneusement les petits producteurs de là-bas, et s'offre une excellente matière première pour sa cuisine : lentille verte du Puy, limousine des Monts-du-Velay, fin gras du Mézenc, fromage de vache aux artisous, bière Vellavia... Ses assiettes sont gourmandes et superbement présentées : on se régale.

A/C - Menu 39 € (déjeuner), 56/72 € - Carte 52/65 €

97 rue du Cherche-Midi - Ⓜ Vaneau - ✆ 01 43 35 41 50 - www.anicia-paris.com - Fermé : lundi, dimanche

AUX PRÉS

CUISINE MODERNE • **BISTRO** Un bistrot germanopratin ouvertement vintage (banquettes en cuir, miroirs fumés, papier peint floral) et une cuisine voyageuse signée Cyril Lignac, dont la créativité garde toujours un pied dans le(s) terroir(s) français.

A/C - Carte 47/85 €

27 rue du Dragon - Ⓜ St-Germain des Prés - ✆ 01 45 48 29 68 - www.restaurantauxpres.com

LE BAR DES PRÉS

CUISINE MODERNE • **DESIGN** Aux commandes de ce Bar, voisin de son restaurant Aux Prés, Cyril Lignac a installé un chef japonais aux solides références. Au menu, sushis et sashimis de grande fraîcheur, mais aussi quelques plats bien dans l'air du temps : tartare de dorade, petits pois mentholés ; galette craquante, tourteau au curry Madras... Cocktails réalisés par un mixologiste.

♿ A/C - Carte 55/80 €

25 rue du Dragon - Ⓜ St-Germain des Prés - ✆ 01 43 25 87 67 - www.bardespres.com/fr/paris

LE BON SAINT-POURÇAIN

CUISINE MODERNE • **BISTRO** Planqué derrière l'église St-Sulpice, en plein cœur de St-Germain-des-Prés, cet ancien restaurant bougnat montre du soin et la passion. La cuisine du chef lorgne vers la tradition bistrotière revisitée : c'est tout simplement délicieux, sans doute grâce à l'utilisation exclusive de bons produits du marché. Réservez !

Terrasse - Carte 45/65 €

10 bis rue Servandoni - Ⓜ Mabillon - ✆ 01 42 01 78 24 - www.bonsaintpourcain.com - Fermé : lundi, dimanche

BOUTARY

CUISINE MODERNE • **CHIC** Voilà le lieu idéal pour s'initier ou parfaire sa connaissance sur le caviar (oscietre, sterlet et béluga). La famille qui a repris ce restaurant élève depuis plusieurs générations ses propres esturgeons en Bulgarie du sud. On y apprécie, dans un esprit chic, le travail du chef Maxime Lesobre au beau parcours, dont la cuisine joue subtilement de notes fumées et acidulées. Avec dégustation du caviar à la royale, sur le dos de la main.

♿ A/C Salon - Menu 42 € (déjeuner), 89/109 €

25 rue Mazarine - Ⓜ Odéon - ✆ 01 43 43 69 10 - www.boutary-restaurant.com - Fermé : lundi, samedi midi, dimanche

BRASSERIE LUTETIA

POISSONS ET FRUITS DE MER • **CHIC** Tartare de bar sauvage, sole meunière, escargots de Bourgogne au beurre persillé : la célèbre brasserie du Lutetia retrouve des couleurs. Que les esthètes et les habitués se rassurent : l'atmosphère chic et décontractée perdure, tout comme les beaux plateaux de fruits de mer. Véranda, mezzanine ou patio : choisissez votre table.

♿ A/C Terrasse Salon - Carte 49/119 €

45 boulevard Raspail - Ⓜ Sèvres Babylone - ✆ 01 49 54 46 92 - www.hotellutetia.com/fr/brasserie

LE CHERCHE MIDI

CUISINE ITALIENNE • **BISTRO** Si vous cherchiez le Midi, vous l'avez trouvé ! Dans ce bistrot italien, il règne une joie de vivre contagieuse. Pâtes fraîches fabriquées dans l'atelier à l'étage, superbes charcuteries affinées (ce jambon de Parme !), mortadelle, bresaola, mais aussi vins transalpins et café aussi serré que les tables...

Terrasse - Carte 42/60 €

22 rue du Cherche-Midi - Ⓜ Sèvres Babylone - ✆ 01 45 48 27 44 - www.lecherchemidi.fr

LE CHRISTINE

CUISINE MODERNE • CONTEMPORAIN C'est dans une ruelle plutôt calme que l'on découvre l'avenante façade de ce restaurant, où convivialité et générosité se donnent d'abord à lire, sur la carte (courte et appétissante), puis à déguster, dans les assiettes, joliment travaillées, avec toujours une option végétarienne. Service dès 18h30, le soir. Merci Christine, et à bientôt.

A/C - Menu 35 € (déjeuner), 69 € - Carte 39/69 €

1 rue Christine - Ⓜ St-Michel - ✆ 01 40 51 71 64 - www.restaurantlechristine.com

LE COMPTOIR DU RELAIS

CUISINE TRADITIONNELLE • BISTRO Dans ce sympathique bistrot de poche des années 1930, Yves Camdeborde propose une savoureuse carte bistrotière. Les produits du sud-ouest sont toujours aussi bien sourcés : poitrine de veau rôtie, magret de canard en carpaccio, thon basque à la plancha. Terrasse chauffée donnant sur le carrefour de l'Odéon.

A/C - Carte 29/65 €

5 carrefour de l'Odéon - Ⓜ Odéon - ✆ 01 44 27 07 50 - www.hotel-paris-relais-saint-germain.com

DUPIN

CUISINE MODERNE • CONVIVIAL L'Épi Dupin est devenu Dupin, François Pasteau a passé la main à Nathan Helo (venu de chez Rostang) mais la démarche écologique et locavore de la maison demeure inchangée : achat de fruits et légumes en Île-de-France, traitement des déchets organiques, eau filtrée sur place, etc. Un respect de la nature et du "bien-vivre" que l'on retrouve dans ses assiettes.

- Menu 30 € (déjeuner), 54/72 €

11 rue Dupin - Ⓜ Sèvres Babylone - ✆ 01 42 22 64 56 - www.restaurantdupin.com - Fermé : lundi, dimanche

KGB

CUISINE MODERNE • CONTEMPORAIN KGB pour Kitchen Galerie Bis. Il y règne le même esprit qu'à la maison mère, à mi-chemin entre galerie d'art et restaurant peu conventionnel. On s'y régale de "zors d'œuvres" – déclinaisons de hors-d'œuvre façon tapas –, de pâtes ou de plats cuisinés mêlant tradition hexagonale et assaisonnements asiatiques.

A/C - Menu 29 € (déjeuner), 59/75 € - Carte 36/55 €

25 rue des Grands-Augustins - Ⓜ St-Michel - ✆ 01 46 33 00 85 - www.zekitchengalerie.fr - Fermé : lundi, dimanche

KODAWARI RAMEN

CUISINE JAPONAISE • SIMPLE On se croirait dans une ruelle du vieux Tokyo tant l'ambiance est animée et le restaurant étroit. Les ramen, fabriqués sur place et servis dans de délicieux bouillons de volaille des Landes, attirent les gourmets de tous bords. Spécialité du lieu : le "kurugoma tan tan men", à base de sauce secrète épicée et de porc haché. Évitez les heures de pointe, tant l'adresse est courue. Un succès mérité.

Menu 23/30 € - Carte 21/30 €

29 rue Mazarine - Ⓜ Mabillon - ✆ 09 70 91 12 41 - www.kodawari-ramen.com

MORDU Ⓝ

CUISINE MODERNE • CONVIVIAL Sous les arcades du marché Saint Germain, un chef trentenaire au CV bien fourni propose un menu carte blanche débordant de créativité, en 4 ou 7 services. Accords mets et vins percutants, endroit plaisant et service aux petits oignons. Le menu change chaque semaine. On est mordus !

A/C - Menu 40 € (déjeuner), 75 €

2 rue Félibien - Ⓜ St-Germain-des-Prés - ✆ 01 42 39 89 27 - www.mordu.paris - Fermé : lundi, dimanche

SAGAN

CUISINE JAPONAISE • **ÉPURÉ** Près de l'Odéon, ce restaurant de poche (quinze couverts) propose une cuisine japonaise inventive et précise : sashimi de bar, sauce soja aux algues, sômén (nouilles froides japonaises) et soupe de dashi, grill au charbon de bois et... belle carte des vins, notamment de Bourgogne blanc. A déguster dans un décor feutré et intimiste.

- Carte 40/60 €

8 rue Casimir-Delavigne - Ⓜ Odéon - ✆ 06 69 37 82 19 - Fermé : lundi, dimanche et le midi

SEMILLA

CUISINE MODERNE • **BRANCHÉ** Une bonne "graine" (semilla en espagnol) que ce bistrot né à l'initiative des patrons de Fish La Boissonnerie, juste en face. Ambiance conviviale, déco branchée et, dans la cuisine ouverte sur la salle, une équipe jeune et passionnée, qui travaille avec des fournisseurs triés sur le volet. Gourmand et bien ficelé !

A/C - Carte 45/60 €

54 rue de Seine - Ⓜ Odéon - ✆ 01 43 54 34 50 - www.semillaparis.com - Fermé : lundi, mardi, mercredi midi, jeudi midi, vendredi midi, samedi midi

SHU

CUISINE JAPONAISE • **ÉPURÉ** Il faut se baisser pour passer par la porte qui mène à cette cave du 17e s. Dans un décor minimaliste, on découvre une cuisine japonaise authentique et bien maîtrisée, où la fraîcheur des produits met en valeur kushiage, sushis et sashimis.

Menu 42/52 €

8 rue Suger - Ⓜ St-Michel - ✆ 01 46 34 25 88 - www.restaurant-shu.com - Fermé : lundi, dimanche et le midi

TAOKAN - ST-GERMAIN

CUISINE CHINOISE • **BRANCHÉ** Au cœur de St-Germain-des-Prés, on pousse la porte de ce joli restaurant pour célébrer une cuisine cantonaise légère et parfumée, avec quelques détours par l'Asie du Sud-Est : incontournables dim-sum, bœuf spicy ou loc lac, calamars sautés au poivre et piment frais... De belles présentations, de bons produits : une vraie ambassade.

♿ A/C - Menu 38 € (déjeuner), 70 € - Carte 42/70 €

8 rue du Sabot - Ⓜ St-Germain des Prés - ✆ 01 42 84 18 36 - www.taokan.fr - Fermé : dimanche midi

TOYO

CUISINE CRÉATIVE • **ÉPURÉ** Dans une autre vie, Toyomitsu Nakayama était le chef privé du couturier Kenzo ; aujourd'hui, il excelle dans l'art d'assembler les saveurs et les textures. Cerfeuil tubéreux frit relevé d'un râpé d'igname, homard breton cuit au binchotan, cèpes et salade misuna... Une cuisine fraîche et parfumée, à accompagner d'un verre de Bourgogne et servie par une équipe attentive et discrète. Impeccable.

A/C - Menu 99/170 €

17 rue Jules-Chaplain - Ⓜ Vavin - ✆ 01 43 54 28 03 - www.restaurant-toyo.com - Fermé : lundi midi, mardi midi, dimanche

YEN

CUISINE JAPONAISE • **ÉPURÉ** Un restaurant au décor très épuré pour amateurs de minimalisme zen. On s'y régale d'une cuisine japonaise soignée : sushi, tempura, soba, oursins et tofu à la gelée de soja, poulpe cuit aux haricots rouges... Mets authentiques et service rigoureux.

A/C - Carte 40/90 €

22 rue Saint-Benoît - Ⓜ St-Germain-des-Prés - ✆ 01 45 44 11 18 - www.yen-paris.fr - Fermé : dimanche

Tour Eiffel • École Militaire • Invalides

7e ARRONDISSEMENT

✿✿✿ ARPÈGE

Chef : Alain Passard

CUISINE CRÉATIVE • ÉLÉGANT "Le plus beau livre de cuisine a été écrit par la nature." Ainsi parle Alain Passard. Son nom est associé aux légumes – et, pour les connaisseurs, à une certaine betterave en croûte de sel. Il a su avant tout le monde. Un menu 100% légumes, pensez-vous ! Aujourd'hui, sa philosophie verte s'invite à toutes les tables. Malgré le succès, l'homme qui célèbre le fruit et la fleur ne se sent jamais aussi bien que dans l'un de ses trois potagers de l'Ouest de la France, où se conjuguent les mains du cuisinier et du jardinier. Il va y cueillir ses inspirations et explorer les possibilités culinaires du légume, apportant toute sa noblesse à ce produit d'ordinaire servi en accompagnement. Et désormais, une fresque bucolique évoque cet environnement directement dans la salle de son restaurant.

✿ ***L'engagement du chef :*** *Depuis 2001, la cuisine légumière règne au sein de l'Arpège et les saisons donnent le tempo à notre cuisine. Le plus beau livre de cuisine a été écrit par la Nature. Nous sublimons les légumes, fruits et aromates 100 % naturels de nos trois potagers de Fillé-sur-Sarthe, du Bois-Giroult et de la Baie du Mont-Saint-Michel.*

A/C ⚙ - Menu 185 € (déjeuner), 460 € - Carte 300/420 €

84 rue de Varenne - Ⓜ Varenne - ✆ 01 47 05 09 06 - www.alain-passard.com - Fermé : samedi, dimanche

✿✿ DAVID TOUTAIN

Chef : David Toutain

CUISINE CRÉATIVE • CONTEMPORAIN David Toutain, dont le nom est associé à de bien belles tables (Arpège, Agapé Substance...) a métamorphosé une rue discrète du quartier des ministères en carrefour de tendances. Dans un cadre moderne, façon loft, il propose une cartographie saisissante des goûts contemporains à travers une cuisine d'auteur aux ambitions assumées : inclinaisons végétales, légèreté et graphisme épuré. On sent le chef plein de fougue et de sagesse, parvenu à cet âge où l'équilibre intérieur permet d'assumer (et de canaliser !) sa créativité.

✿ ***L'engagement du chef :*** *La nature est notre principale source d'inspiration. Nous concevons notre cuisine au rythme des saisons et nous collaborons avec des petits producteurs ou artisans ayant une démarche respectueuse de l'environnement. Nos commandes sont réalisées en fonction des réservations à venir afin de minimiser tout gaspillage et nous avons à cœur de partager avec tous les membres de l'équipe les bonnes pratiques à mettre en place.*

A/C ⚙ - Menu 110 € (déjeuner), 200/270 €

29 rue Surcouf - Ⓜ Invalides - ✆ 01 45 50 11 10 - www.davidtoutain.com - Fermé : samedi, dimanche

✿ AIDA

Chef : Koji Aida

CUISINE JAPONAISE • ÉPURÉ La façade blanche de ce petit restaurant niché dans une ruelle se fond si bien dans le paysage qu'on risque de passer devant sans la remarquer. Grave erreur ! Derrière se cache un secret jalousement gardé, celui d'une délicieuse table nippone. L'intérieur se révèle élégant et sans superflu, à l'image des établissements que l'on trouve au Japon. Au choix, attablez-vous au comptoir (seulement neuf places) pour être aux premières loges face aux grandes plaques de cuisson (teppanyaki), ou dans le petit salon privé sobrement aménagé avec son tatami.Au gré d'un menu dégustation unique, vous découvrirez une cuisine fine et pointue, tissant de beaux liens entre le Japon et la France ; les assaisonnements, les cuissons et les découpes ne font que souligner l'ingrédient principal, servi dans sa plus simple expression. Sashimis, homard de Bretagne, chateaubriand ou ris de veau, cuits au teppanyaki, s'accompagnent de bons vins de Bourgogne, sélectionnés avec passion par le chef. Service très attentif et prévenant.

✾ A/C ⚙ - Menu 280 €

1 rue Pierre-Leroux - Ⓜ Vaneau - ✆ 01 43 06 14 18 - www.aida-paris.net - Fermé : lundi et le midi

✿ L'ATELIER DE JOËL ROBUCHON - ST-GERMAIN

CUISINE CRÉATIVE • DESIGN Plongés dans une semi-pénombre étudiée, deux bars se répondent autour de la cuisine centrale où les plats sont élaborés sous le regard des hôtes, assis au comptoir sur de hauts tabourets. Une idée de "cantine chic", version occidentale du teppanyaki et des bars à sushis nippons, avec au menu une cuisine "personnalisable" sous forme de petites portions et d'assiettes et des ingrédients de choix. Caviar sur un œuf de poule mollet et friand au saumon fumé ; merlan frit Colbert avec un beurre aux herbes : près de 80 plats différents sont proposés à midi et le soir. Sans oublier les incontournables de la maison, ravioles de king crab, côtelettes d'agneau de lait et purée de pommes de terre Joël Robuchon.

- Menu 175 € - Carte 90/160 €

5 rue de Montalembert - Ⓜ Rue du Bac - ✆ 01 42 22 56 56 - www.joel-robuchon.com

✿ AUGUSTE

Chef : Gaël Orieux

CUISINE MODERNE • CONTEMPORAIN La petite maison de Gaël Orieux - à peine une trentaine de couverts - offre un calme inattendu dans son élégant cadre contemporain, aux lignes faussement simplistes. Un espace chic et "classe" où l'on déguste une cuisine d'une sage modernité : huîtres creuses perles noires, gelée d'eau de mer, mousse de raifort, poire comice ; bar de ligne à la compotée de tomates, écume d'orange fleurée à la cannelle... La carte séduit par sa variété et la qualité des produits. Gaël Orieux s'approvisionne au marché et a fait notamment le choix de ne servir que des poissons dont l'espèce n'est pas menacée (mulet noir, maigre, tacaud). Quant au choix de vins, il invite à d'agréables découvertes à prix étudiés.

A/C - Menu 39 € (déjeuner), 90 € - Carte 96/120 €

54 rue de Bourgogne - Ⓜ Varenne - ✆ 01 45 51 61 09 - www.restaurantauguste.fr - Fermé : samedi, dimanche

✿ LES CLIMATS

CUISINE MODERNE • CHIC Le restaurant est installé dans le cadre atypique de l'ancienne Maison des Dames des Postes, Télégraphes et Téléphones, qui hébergea à partir de 1905 les opératrices des PTT. L'intérieur, d'un style Art nouveau assumé, est somptueux. Mosaïque ancienne au sol, plafond dont les arches sont égayées de motifs fleuris, luminaires originaux en laiton, vitraux etc. Côté cuisine, une alliance raffinée et créative de recettes d'inspiration française. Et n'oublions pas les deux grandes caves vitrées, offrant l'une des plus riches sélections de vins de Bourgogne de France.

- Menu 49 € (déjeuner), 140 € - Carte 110/140 €

41 rue de Lille - Ⓜ Rue du Bac - ✆ 01 58 62 10 08 - www.lesclimats.fr - Fermé : lundi, dimanche

✿ DIVELLEC

POISSONS ET FRUITS DE MER • CHIC Le célèbre restaurant de Jacques Le Divellec (de 1983 à 2013) est désormais tenu par Mathieu Pacaud. La thématique culinaire est toujours orientée vers le grand large, carte et menus, composés au gré de la marée, sacralisent de beaux produits iodés, comme avec cette sole meunière de petit bateau, beurre noisette ou le turbotin sauvage de Bretagne. Bien installé sur le pont, on profite de la jolie vue sur l'esplanade des Invalides. On a même récupéré une ancienne librairie pour agrandir le lieu et créer une salle d'inspiration jardin d'hiver : une respiration bienvenue.

- Carte 95/170 €

18 rue Fabert - Ⓜ Invalides - ✆ 01 45 51 91 96 - www.divellec-paris.fr

✿ ES

Chef : Takayuki Honjo

CUISINE MODERNE • ÉPURÉ L'adresse de Takayuki Honjo, chef japonais adepte de cuisine et de culture françaises. Formé dans des maisons prestigieuses (Astrance à Paris, Quintessence à Tokyo, Mugaritz au Pays basque), il a pensé son restaurant dans les moindres détails : une salle blanche et très épurée, presque monacale, où le mobilier moderne ne cherche pas à attirer l'attention. Dans ce contexte, le repas s'apparente à une forme de cérémonie. Foie gras et oursins, ou pigeon et cacao : les associations détonnent, les saveurs se mêlent intimement. L'harmonie des compositions, toujours subtiles, rappellent avec talent les racines nippones du jeune homme.

A/C - Menu 95 € (déjeuner), 180 €

91 rue de Grenelle - M Solférino - ✆ 01 45 51 25 74 - www.es-restaurant.fr - Fermé : lundi, dimanche

✿ GAYA PAR PIERRE GAGNAIRE

CUISINE MODERNE • CHIC En lieu et place de la Ferme Saint-Simon (une institution datant de 1933), Gaya par Pierre Gagnaire affiche tous les signes distinctifs d'un temple de la gourmandise. Une clientèle triée sur le volet vient y faire relâche dans un cadre de brasserie chic, épuré et confortable. Seule compte ici la liberté de se faire plaisir grâce à une cuisine actuelle qui met l'accent sur la mer (carpaccio de daurade royale, radis rose et gel de pamplemousse ; grosse langoustine, velouté de coco de Paimpol et cébettes), les légumes et désormais les viandes (avec un foie de veau à la vénitienne par exemple).

- Menu 54 € (déjeuner) - Carte 100/120 €

6 rue de Saint-Simon - M Rue du Bac - ✆ 01 45 44 73 73 - www.pierregagnaire.com - Fermé : lundi, dimanche

✿ LE JULES VERNE

CUISINE MODERNE • ÉLÉGANT Frédéric Anton préside aux destinées de ce restaurant emblématique, situé au second étage de la Tour Eiffel. Accessible par ascenseur privé, la salle culmine à 125 m du sol. La magie opère instantanément et l'assiette se révèle, elle aussi... à la hauteur. Excellents produits, cuisine fine et maîtrisée, carte des vins ébouriffante : ici, le détail est roi. On se régale par exemple d'un cabillaud cuit au naturel, jus aux épices, ail frit et coriandre fraîche, ou d'un filet d'agneau dans son jus de viande parfumé à la réglisse. Pensez à réserver très à l'avance votre table près des baies vitrées : la vue sur Paris à travers les poutrelles métalliques de la tour est tout simplement spectaculaire.

- Menu 135 € (déjeuner), 205/245 €

Tour Eiffel - avenue Gustave-Eiffel - M Bir-Hakeim - ✆ 01 72 76 16 61 - www.restaurants-toureiffel.com/fr/restaurant-jules-verne.html

✿ NAKATANI

Chef : Shinsuke Nakatani

CUISINE MODERNE • INTIME Après dix années passées auprès d'Hélène Darroze, Shinsuke Nakatani préside aux destinées de cette table feutrée et reposante, habillée de douces couleurs et de matières naturelles. Avec un sens aigu de l'assaisonnement, des cuissons et de l'esthétique des plats, ce chef japonais pétri de talent compose une belle cuisine française au gré des saisons ; les saveurs et les textures s'entremêlent avec harmonie et de l'ensemble émane une cohérence certaine. On se régale d'un menu unique (3 ou 4 plats le midi, 6 le soir), servi par un personnel discret et efficace. Étant donné le nombre de places (16 couverts), il faudra penser à réserver à l'avance. Le menu unique change tous les deux mois.

A/C - Menu 85 € (déjeuner), 125/165 €

27 rue Pierre-Leroux - M Vaneau - ✆ 01 47 34 94 14 - www.restaurant-nakatani.com - Fermé : lundi, dimanche

✿ PERTINENCE

Chefs : Ryunosuke Naito et Kwen Liew

CUISINE MODERNE • DESIGN C'est au restaurant Antoine, en 2011, que Ryunosuke Naito et Kwen Liew se sont rencontrés : lui, le Japonais formé dans quelques-unes des maisons les plus prestigieuses de la place parisienne (Taillevent, Meurice), elle la Malaisienne. C'est tout près du Champ-de-Mars qu'ils tiennent cette maison au cadre épuré – lattes de bois clair et chaises Knoll –, tout en pudeur, intimiste et chaleureuse, bref : à leur image. Aux fourneaux, ils composent à quatre mains une cuisine du marché aux saveurs intenses, offrant au passage un délicieux lifting à la tradition française. Leur talent ne fait décidément aucun doute.

Menu 55 € (déjeuner), 105/190 €

29 rue de l'Exposition - Ⓜ École Militaire - ✆ 01 45 55 20 96 - www.restaurantpertinence.com - Fermé : lundi, mardi midi, dimanche

TOMY & CO

Chef : Tomy Gousset

CUISINE MODERNE • CONVIVIAL À deux pas de la rue Saint-Dominique, cette adresse porte l'empreinte de Tomy Gousset, chef d'origine cambodgienne, qui trace sa route sans complexes, et avec le sourire. Le garçon, venu sur le tard à la cuisine (à 23 ans), se perfectionne au Meurice, chez Taillevent et Boulud à New York. Il invente aujourd'hui une partition gastro-bistrot ancrée dans son temps, et place son "karma" (selon ses mots) au service du goût et du produit, avec une vraie démarche locavore. Son crédo ? "Simplicité et sophistication", ce qui se traduit dans notre jargon par : "On se régale".

A/C - Menu 62/85 €

22 rue Surcouf - Ⓜ Invalides - ✆ 01 45 51 46 93 - www.tomygousset.com - Fermé : samedi, dimanche

LE VIOLON D'INGRES

CUISINE TRADITIONNELLE • CHIC Le changement (et la qualité) dans la continuité : Christian Constant a revendu son Violon d'Ingres à Bertrand Bluy, originaire également du Sud-Ouest (du Lot-et-Garonne), déjà propriétaire des Papilles (Paris 5). Que les aficionados se rassurent, l'esprit des lieux, façon néobrasserie de luxe, et la cuisine demeurent inchangés. En cuisine, c'est un travail à quatre mains, celles d'Alain Solivérès et de Jimmy Tsaramanana, qui célèbrent le Sud-Ouest avec une belle maîtrise technique, et des produits de grande qualité. Un détail : pensez à réserver, c'est souvent complet.

A/C - Menu 55 € (déjeuner), 140 € - Carte 90/105 €

135 rue Saint-Dominique - Ⓜ École Militaire - ✆ 01 45 55 15 05 - www.leviolondingres.paris

AU BON ACCUEIL

CUISINE MODERNE • BISTRO À l'ombre de la tour Eiffel, dans une rue calme, le chef Satoshi Horiuchi compose une appétissante cuisine du marché, sensible au rythme des saisons. Confit de saumon ; croustillant de tête de veau ; joue de bœuf braisée au vin rouge ; mousse au cognac et sauce au chocolat chaud... le tout accompagné de crus bien choisis.

A/C - Menu 37/58 € - Carte 65/85 €

14 rue de Monttessuy - Ⓜ Alma Marceau - ✆ 01 47 05 46 11 - www.aubonaccueilparis.com - Fermé : samedi, dimanche

CHEZ LES ANGES

CUISINE CLASSIQUE • ÉLÉGANT Une salle élégante pour une cuisine goûteuse et sincère, entre tradition et modernité : œuf mollet frit et lentilles multicolores ; baba au rhum Mathusalem... et en accompagnement, une belle carte de vins et whiskys.

A/C - Menu 37/58 € - Carte 60/85 €

54 boulevard de la Tour-Maubourg - Ⓜ La Tour Maubourg - ✆ 01 47 05 89 86 - www.chezlesanges.com - Fermé : samedi, dimanche

POTTOKA

CUISINE BASQUE • CONVIVIAL Originellement, Pottoka est l'emblème de l'Aviron bayonnais - le club de rugby, comme son nom ne l'indique pas. Si le produit basque est omniprésent dans les plats (jambon de Bayonne, chorizo, ossau-iraty), le chef fait plutôt dans la bistronomie canaille, créative et bien dans l'air du temps. Essai transformé sur toute la ligne.

A/C - Menu 29 € (déjeuner), 39/65 €

4 rue de l'Exposition - Ⓜ École Militaire - ✆ 01 45 51 88 38 - www.pottoka.fr - Fermé : lundi, mardi

20 EIFFEL

CUISINE TRADITIONNELLE • CLASSIQUE Dans une rue calme à deux pas de la Tour Eiffel, ce restaurant vous accueille dans un cadre sobre mais lumineux. Dans l'assiette, on trouve une cuisine traditionnelle, teintée de quelques recettes plus actuelles. A la carte, ce jour-là : terrine de lapin en croûte et jus de betterave acidulé, cuisse de canard confite sauce au persil, filet de bœuf cuit au feu de bois et pommes dauphine, soufflé aux myrtilles.

A/C - Menu 35 € - Carte 50/65 €

20 rue de Monttessuy - Ⓜ Alma Marceau - ✆ 01 47 05 14 20 - www.restaurant20eiffel.fr - Fermé : lundi, dimanche

L'AMI JEAN

CUISINE MODERNE • BISTRO Passionné du beau produit de saison, Stéphane Jégo sert une cuisine pleine de générosité et de saveurs. Sans oublier le riz au lait de Maman Philomène ! Vu le succès, c'est toujours bondé, animé et sympathique. Des plats au caractère bien trempé. Réservation indispensable.

Menu 35 € (déjeuner), 80 € - Carte 55/80 €

27 rue Malar - Ⓜ La Tour Maubourg - ✆ 01 47 05 86 89 - www.lamijean.fr - Fermé : lundi, dimanche

ARNAUD NICOLAS

CUISINE MODERNE • CONVIVIAL Un charcutier sachant cuisiner ne court pas les rues, et surtout pas celles de ce secteur résidentiel du 7ème arrondissement (à deux pas de la Tour Eiffel, tout de même) ! Présent au Boudoir, sa première affaire, le chef patron s'approprie pâté en croûte et terrine, pour imaginer une haute couture charcutière. À déguster dans un cadre sobre et élégant. À l'entrée du restaurant, un coin boutique permet de prolonger l'expérience culinaire.

♿ A/C 🏖 - Menu 35 € (déjeuner), 62 € - Carte 55/68 €

46 avenue de la Bourdonnais - Ⓜ École Militaire - ✆ 01 45 55 59 59 - arnaudnicolas.paris - Fermé : lundi midi, dimanche

LES BOTANISTES

CUISINE TRADITIONNELLE • BISTRO Non loin du Bon Marché, un bistrot sympathique, aux mains d'un chef qui ne triche ni avec les produits, ni avec le goût ! La cuisine bistrotière est ici célébrée dans son environnement naturel, banquettes, tables en bois, etc. Sympathique, gourmand et convivial : les clients sont ravis, et on les comprend.

Carte 44/61 €

11 bis rue Chomel - Ⓜ Sèvres-Babylone - ✆ 01 45 49 04 54 - www.lesbotanistes.com - Fermé : dimanche

CAFÉ DES MINISTÈRES

CUISINE TRADITIONNELLE • BISTRO Derrière le palais Bourbon, les amateurs d'authentique cuisine française traditionnelle (et notamment de belles sauces gourmandes) s'échangent volontiers l'adresse de ce bistrot aux allures de café de quartier. Jean Sévégnès, un chef du sud-ouest, n'a pas son pareil pour envoyer de bons petits plats savoureux, à l'image de ce vol-au-vent d'anthologie.

A/C - Carte 43/72 €

83 rue de l'Université - Ⓜ Assemblée Nationale - ✆ 01 47 05 43 62 - www.cafedesministeres.fr - Fermé : lundi midi, samedi, dimanche

CAFÉ LIGNAC Ⓝ

CUISINE TRADITIONNELLE • BISTRO Le chef Christian Constant a quitté la rue Saint-Dominique et passé le flambeau de la cuisine bistrotière traditionnelle à Cyril Lignac. Le moins qu'on puisse dire, c'est que le nouveau proprio respecte le genre à la lettre : œufs mimosa, gratinée à l'oignon, pâté en croûte, boudin noir aux pommes, baba au rhum ou mille-feuille, mais aussi quelques classiques qui sont restés à la carte comme le cassoulet. On aime aussi l'ouverture 7 jours sur 7 en continu à partir de 7h30 - façon vrai bistrot.

A/C - Carte 40/65 €

139 rue Saint-Dominique - Ⓜ La Tour-Maubourg - ✆ 01 47 53 73 34 - www.cafelignac.com

ECLIPSES

CUISINE MODERNE • ÉLÉGANT Cette adresse, créée par un jeune chef à l'excellent parcours étoilé (Ledoyen, Apicius, Grand Véfour) propose une cuisine dans l'air du temps, attentive aux saisons et aux produits. À déguster dans un écrin néo-classique de qualité au décor soigné. Joli caveau voûté.

♿ A/C ⌂ - Menu 36 € (déjeuner), 72/92 € - Carte 83/132 €

27-29 rue de Beaune - Ⓜ Rue du Bac - ✆ 01 40 13 96 42 - www.eclipses.fr - Fermé : samedi, dimanche

FLORIMOND

CUISINE TRADITIONNELLE • BISTRO Florimond - du nom du jardinier de Monet à Giverny - a l'esprit bistrotier et convivial... Pour faire honneur à ce prénom chantant, le chef agrémente sa cuisine du terroir (nombreux produits de Corrèze, sa région d'origine) de beaux légumes. Et ce fils de charcutier fait lui-même ses saucisses, boudins et conserves !

A/C - Menu 28 € (déjeuner) - Carte 44/55 €

19 avenue de La Motte-Picquet - Ⓜ École Militaire - ✆ 01 45 55 40 38 - www.leflorimond.com - Fermé : samedi, dimanche

GARANCE

CUISINE CRÉATIVE • DESIGN Dans cette table proche des Invalides, le jeune chef, passé par Piège et Toutain, sait donner le meilleur des beaux produits en provenance directe de la ferme maison, 160 hectares dans le Limousin. Les saveurs sont contrastées, les associations créatives et percutantes et la technique très au point. Une valeur sûre.

𝔙 A/C ⌂ - Menu 80 € - Carte 55/90 €

34 rue Saint-Dominique - Ⓜ Invalides - ✆ 01 45 55 27 56 - www.garance-saintdominique.fr - Fermé : samedi, dimanche

LE GENTIL

CUISINE MODERNE • SIMPLE Cette table de la gourmande rue Surcouf, ouverte par le chef japonais Fumitoshi Kumagai, épaulé de son épouse japonaise en salle, propose une cuisine française actuelle agrémentée de quelques touches asiatiques : pieds de porc farcis avec chou pak choi, faux-filet de bœuf à la sauce japonaise...

Menu 24 € (déjeuner) - Carte 45/60 €

26 rue Surcouf - Ⓜ Invalides - ✆ 09 52 27 01 36 - Fermé : mercredi soir, samedi, dimanche

L'INCONNU

CUISINE ITALIENNE • COSY Le chef, longtemps second au Passage 53, compose une cuisine d'inspiration italienne aux touches hexagonales, avec des clins d'œil au Japon, sa terre natale. Il ne travaille que de beaux produits et en tire une cuisine inédite et créative, ainsi ces queues de langoustines bretonnes surmontées d'une émulsion au cidre et citron confit...

Menu 37 € (déjeuner), 67/90 €

4 rue Pierre-Leroux - Ⓜ Vaneau - ✆ 01 53 69 06 03 - www.restaurant-linconnu.fr - Fermé : lundi, dimanche soir

PASCO

CUISINE TRADITIONNELLE • COSY La première des "maisons Guy Martin" a ouvert dans le quartier des Invalides. Dans un cadre cosy qui fleure bon la province, on sert une cuisine traditionnelle bien tournée, à des prix abordables.

A/C 🏠 ⌂ - Menu 41 € - Carte 45/66 €

74 boulevard de la Tour-Maubourg - Ⓜ La Tour Maubourg - ✆ 01 44 18 33 26 - www.restaurantpasco.com - Fermé : dimanche

PETROSSIAN

POISSONS ET FRUITS DE MER • CHIC Un nom mythique pour les amateurs de caviar depuis 1920, quand les frères Petrossian, d'origine arménienne, se lancèrent dans son importation. Le restaurant honore l'histoire de la maison avec de la dégustation "classique" de caviar, mais aussi des plats bien pensés où il apparaît sous d'autres formes (pressé, séché, maturé, liquide).

A/C - Menu 46 € (déjeuner), 70 € - Carte 40/115 €

13 Boulevard de la Tour-Maubourg - Ⓜ Invalides - ✆ 01 44 11 32 32 - www.restaurant.petrossian.fr - Fermé : lundi, dimanche

PHILIPPE EXCOFFIER

CUISINE MODERNE • COSY Philippe Excoffier, chef d'origine savoyarde, a posé sa toque dans un arrondissement où les ambassades sont partout. Il concocte une cuisine gourmande et canaille, à l'instar de ce ris de veau aux champignons des bois, ou de cette cassolette de homard et tatin d'artichauts...

A/C - Menu 37 € (déjeuner), 49/80 € - Carte 49/87 €

18 rue de l'Exposition - Ⓜ École Militaire - ✆ 01 45 51 78 08 - www.philippe-excoffier.fr - Fermé : lundi, dimanche

PIERO TT

CUISINE ITALIENNE • TRATTORIA Bienvenue dans la trattoria italienne griffée Pierre Gagnaire. Fort de son succès aux Airelles (Courchevel) autour de la même formule, le grand chef propose une cuisine italienne, mise en scène par le jeune chef Ivan Ferrara (passé par le triple étoilé de la rue de Balzac, et l'Enoteca Pinchiorri, trois étoiles de Florence). En salle, Michele et Gianluca proposent pasta et produits rigoureusement sélectionnés dans une atmosphère chic et décontractée. Réservation très conseillée.

A/C - Carte 60/100 €

44 rue du Bac - Ⓜ Rue du Bac - ✆ 01 43 20 00 40 - www.restaurantpiero.com - Fermé : lundi, dimanche

PLUME

CUISINE MODERNE • CONVIVIAL Né à Tunis, le chef ajoute un peu de diversité et beaucoup de talent à cette petite rue voisine du Bon Marché. On s'installe dans ce bistrot de poche, au coude-à-coude, pour apprécier une cuisine bien troussée, pile dans les saisons - avec, divine surprise, un vrai choix à la carte !

Menu 29 € (déjeuner), 49/69 € - Carte 55/80 €

24 rue Pierre-Leroux - Ⓜ Vaneau - ✆ 01 43 06 79 85 - www.restaurantplume.com - Fermé : lundi, samedi midi, dimanche

RACINES DES PRÉS

CUISINE MODERNE • BRANCHÉ Cette adresse du cœur de Saint-Germain-des-Prés ne désemplit pas, et pour cause, tout y est à sa place : cuisine-comptoir, ambiance vintage décontractée, plats de bistrot bien tournés, à l'image de ce médaillon de lotte rôtie, butternut et consommé de crustacés au combawa. Le tout accompagné de vins choisis, issus de petites cuvées de vignerons. Un coup de maître - et de cœur.

Menu 42 € (déjeuner) - Carte 59/75 €

1 rue de Gribeauval - Ⓜ Rue du Bac - ✆ 01 45 48 14 16 - www.racinesdespres.com - Fermé : samedi, dimanche

RECH Ⓝ

POISSONS ET FRUITS DE MER • ÉLÉGANT Dans la Maison de l'Amérique Latine, voici Rech nouvelle version ! La terrasse, au cœur des jardins privés, est un délice, et l'on retrouve avec plaisir l'ADN de la maison : une cuisine moderne, renouvelée régulièrement, et quelques plats marins intemporels (sole de ligne épaisse dorée au beurre, aile de raie à la grenobloise...).

A/C - Menu 44 € (déjeuner), 65 € - Carte 70/90 €

Maison de l'Amérique Latine, 217 boulevard Saint-Germain - Ⓜ Solferino - ✆ 01 49 54 75 10 - www.restaurant-rech.fr - Fermé : samedi, dimanche

SANCERRE

CUISINE MODERNE • CONVIVIAL Sancerre, une colline, un vin et même un bon petit resto parisien dans ce quartier huppé tourné vers la Tour Eiffel. Dans une ambiance de bistrot moderne, un jeune couple talentueux et tout sourire donne un coup de fouet à cette adresse historique avec des propositions alléchantes, savoureuses et bien dans l'air du temps. Les locaux ont déjà réservé leur rond de serviette...

Menu 30 € (déjeuner) - Carte 45/65 €

22 avenue Rapp – Ⓜ Alma-Marceau – ✆ 01 43 06 87 98 – Fermé : lundi, dimanche

SAVARIN LA TABLE

CUISINE MODERNE • TENDANCE Né à Béziers et d'origine algérienne, Mehdi Kebboul a la passion de la cuisine chevillée au corps. Il se distingue avec des assiettes fines, précises, mais aussi par l'utilisation judicieuse de fruits dans les plats salés, et le travail du gibier. Le talent fait le reste et on passe un excellent moment en sa compagnie, d'autant que les tarifs sont raisonnables.

Menu 42 € (déjeuner), 65 € - Carte 80/110 €

34 rue de Bourgogne – Ⓜ Varenne – ✆ 09 86 59 19 67 – www.savarin-latable.fr – Fermé : lundi, samedi, dimanche

THIOU

CUISINE THAÏLANDAISE • ÉLÉGANT En face du dôme des Invalides, Apiradee Thirakomen ("Thiou" est son surnom) vous emmène dans une virée gourmande : direction la Thaïlande ! La cuisine est goûteuse et préparée avec de bons produits frais : ravioles de crevettes, phad thaï, ou encore le mystérieux – et vorace – "tigre qui pleure"... Un vrai bonheur.

- Menu 29 € (déjeuner), 52 € - Carte 52/75 €

94 boulevard de la Tour-Maubourg – Ⓜ La Tour Maubourg – ✆ 01 76 21 78 84 – www.restaurant-thiou.fr – Fermé : samedi midi, dimanche

Champs-Élysées • Concorde • Madeleine

8e ARRONDISSEMENT

✿✿✿ ALLÉNO PARIS AU PAVILLON LEDOYEN

Chef : Yannick Alléno

CUISINE CRÉATIVE • LUXE Cette prestigieuse institution parisienne, installée dans un élégant pavillon des jardins des Champs-Élysées, incarne l'image même du grand restaurant à la française : le luxe du décor, la culture des arts de la table, le service orchestré avec élégance, tout dessine un écrin unique à la gloire de la gastronomie. De vastes baies vitrées ouvrent sur les Champs-Élysées. Le chef Yannick Alléno réalise un véritable tour de force en imprimant d'emblée sa signature. Sa cuisine est éblouissante et technique, avec une mention spéciale pour les jus et les sauces (ce que le chef appelle "le verbe de la cuisine française"), magnifiés à travers de savantes extractions : ou comment l'avant-garde se met au service de la grande tradition culinaire française.

- Menu 280/395 € - Carte 230/395 €

8 avenue Dutuit – Ⓜ Champs-Élysées Clemenceau – ✆ 01 53 05 10 00 – www.yannick-alleno.com – Fermé : samedi, dimanche et le midi

✿✿✿ LE CINQ

CUISINE MODERNE • LUXE Quel style, quel luxe opulent, entre colonnes altières, moulures, ou hautes gerbes de fleurs, sans oublier la douce lumière provenant du jardin intérieur... Difficile de garder les yeux dans l'assiette. Ce serait dommage : formé dans de prestigieuses maisons parisiennes (Lucas Carton, Taillevent, Le Ritz), Christian Le Squer y fait des merveilles. "Je porte la tradition vers la modernité, explique-t-il souvent. Comme chez Chanel : le tailleur a été créé, et ensuite, il a suivi l'évolution de la mode." De sa Bretagne natale, le chef a conservé avant tout le goût du large - signant de superbes hommages au poisson - mais aussi celui de la terre. Bilan : un superbe carpaccio de langoustines, agrumes et avocat, ou encore une inoubliable lotte rôtie au beurre noisette, aubergine à la flamme, fromage de brebis et tomates confites...Côté sucré, le chef pâtissier Michaël Bartocetti compose une partition de haute volée.

- Menu 380 € - Carte 220/375 €

Four Seasons George V, 31 avenue George-V - Ⓜ George V - ✆ 01 49 52 71 54 - www.restaurant-lecinq.com - Fermé : lundi, dimanche et le midi

✿✿✿ ÉPICURE

CUISINE MODERNE • LUXE Le Bristol est un monde de luxe absolu, de suites en spa, du superbe jardin français à la piscine sur les toits, jusqu'à cette salle à manger avec mobilier Louis XVI, miroirs, grandes portes-fenêtres ouvertes sur la verdure... Le palace a choisi le nom d'Épicure pour enseigne : un philosophe grec, chantre du plaisir dans la tempérance. Une devise qui convient parfaitement à Éric Frechon, le chef : "Mon grand-père cultivait des légumes, mon père les vendait, moi, je les cuisine." Produits superbes, technique irréprochable : il fait des merveilles dans un style traditionnel assumé, sans rien laisser au hasard.

- Menu 380 € - Carte 210/310 €

Le Bristol, 112 rue du Faubourg-Saint-Honoré - Ⓜ Miromesnil - ✆ 01 53 43 43 40 - www.oetkercollection.com/fr/hotels/le-bristol-paris

✿✿✿ PIERRE GAGNAIRE

Chef : Pierre Gagnaire

CUISINE CRÉATIVE • ÉLÉGANT Dans un écrin réinventé, dominé par une œuvre magistrale et animale - un "Lascaux urbain" réalisé au fusain par l'artiste Adel Adbessemed -, Pierre Gagnaire continue d'asticoter la cuisine française. Celui qui a été sacré meilleur chef du monde par ses pairs en 2015 réalise une cuisine d'auteur exploratrice, entière, excessive. Ce grand amateur de jazz et d'art contemporain cherche sans relâche. Son restaurant, trois étoiles depuis 1996, est à l'image de son hôte : moderne et sobre, jouant la note du raffinement discret, ton sur ton avec le service, attentionné et délicat. Les assiettes aussi, poétiques et en réinvention permanente, petites portions "satellites" mises en orbite par le chef, si bien qu'il est impossible de citer un plat emblématique, ou même une qualité principale. Si ce n'est l'excellence.

- Menu 120 € (déjeuner), 350 € - Carte 320/400 €

6 rue Balzac - Ⓜ George V - ✆ 01 58 36 12 50 - www.pierregagnaire.com - Fermé : samedi, dimanche

✿✿ L'ABYSSE AU PAVILLON LEDOYEN

CUISINE JAPONAISE • DESIGN Un maître sushi, des produits d'une remarquable qualité (poissons ikejime de l'Atlantique) et la patte créative de Yannick Alléno... Le programme est alléchant. La salle, épurée, fait la part belle aux artistes contemporains - de l'installation de milliers de baguettes en bois par Tadashi Kawamata, street artist japonais, aux pans de murs de céramiques, imaginés par l'Américain William Coggin. Ajoutons à cela le service tiré à quatre épingles d'une grande maison, un somptueux livre de cave riche de sakés recherchés et douze places au comptoir en bois blond, pour se trouver au cœur de l'action. Détonant !

- Menu 98 € (déjeuner), 180/320 €

8 avenue Dutuit - Ⓜ Champs-Élysées-Clemenceau - ✆ 01 53 05 10 30 - www.yannick-alleno.com - Fermé : samedi, dimanche

✿✿ LE CLARENCE

CUISINE MODERNE • LUXE Avec la fougue et le talent qu'on lui connaît, Christophe Pelé a investi ce somptueux hôtel particulier de 1884 situé à proximité des Champs-Élysées, un arrondissement que connaît bien le chef pour avoir officié chez Ledoyen, Lasserre, Pierre Gagnaire, ou au Bristol. Aux fourneaux, ça swingue. Cet artiste de l'association terre et mer propose une cuisine personnelle, aux saveurs franches et marquées, qui répond toujours à la promesse de l'annonce du plat. Le menu surprise avec son concept d'assiettes "satellites" qui s'ajoutent à la préparation principale s'avère judicieux. Quant à la carte des vins, elle donne le vertige (demandez à visiter la belle cave voûtée qui abrite les grands crus). Une expérience mémorable.

- Menu 90 € (déjeuner), 130/320 €

31 avenue Franklin-D.-Roosevelt - Ⓜ Franklin-D.-Roosevelt - ✆ 01 82 82 10 10 - www.le-clarence.paris - Fermé : lundi, mardi midi, dimanche

✿✿ LE GABRIEL - LA RÉSERVE PARIS

CUISINE MODERNE • ÉLÉGANT À deux pas des Champs-Élysées, ce restaurant est installé dans le décor élégant et luxueux de la Réserve, un ancien hôtel particulier du 19e s. Habitué des grandes maisons parisiennes, Jérôme Banctel a profité de la période récente pour changer entièrement de cap : ce Breton aux yeux clairs embarque désormais ses convives au gré de menus sans choix qui invitent à un voyage entre Bretagne et saveurs d'ailleurs – l'homme a beaucoup voyagé. Cette liberté reconquise révèle une vraie identité culinaire qui navigue entre acidité, épices et iode, avec le talent d'un alchimiste cosmopolite. Il élabore ses assiettes avec de superbes produits, ne s'éloignant jamais de ses solides bases classiques. Un coup de cœur particulier ? Avouons un faible pour ce turbot superbement nacré, accompagné d'une déclinaison de carottes à l'acidité subtile ou encore ce délicieux terre-mer qui marie tête de cochon et coquillages.

- Menu 75 € (déjeuner), 145/195 €

La Réserve Paris, 42 avenue Gabriel - Ⓜ Champs-Élysées Clemenceau - ✆ 01 58 36 60 50 - www.lareserve-paris.com - Fermé : samedi, dimanche

✿✿ LE GRAND RESTAURANT - JEAN-FRANÇOIS PIÈGE

Chef : Jean-François Piège

CUISINE MODERNE • ÉLÉGANT Bienvenue dans le "laboratoire de grande cuisine" de Jean-François Piège : une salle minuscule – 20 couverts maximum – surplombée d'une verrière en angles et en reflets, où le chef exprime toute l'étendue de son expérience et de son savoir-faire. C'est bien connu, il n'est rien de plus compliqué que de faire simple ! Le blanc-manger, dessert phare du chef Piège, en est un exemple éclatant : cette île flottante inversée, d'une grande légèreté, dissimule en son cœur une savoureuse crème anglaise à la vanille. Plus de carte ici mais un menu dégustation autour, entre autres, de ses "mijotés modernes", où Jean-François Piège montre sa capacité à créer, d'un geste, l'émotion culinaire, sans jamais donner dans la démonstration.

- Menu 136 € (déjeuner), 246/346 €

7 rue d'Aguesseau - Ⓜ Madeleine - ✆ 01 53 05 00 00 - www.jeanfrancoispiege.com - Fermé : samedi, dimanche

✿✿ LA SCÈNE

Cheffe : Stéphanie Le Quellec

CUISINE MODERNE • ÉLÉGANT "Désacraliser la grande cuisine" : voici l'objectif avoué de Stéphanie Le Quellec, qui signe un tonitruant retour avenue de Matignon, dans le 8e arrondissement. Enfin chez elle, engagée corps et âme dans ce projet, elle délivre une partition en tout point formidable : assiettes simples en apparence mais pensées dans les moindres détails (caviar, pain perdu, pomme Pompadour), saveurs nettes et franches... On retrouve à la carte certains de ses plats signature, et l'on profite aussi de desserts de haute volée signés par le pâtissier Pierre Chirac, de véritables entremets "cuisinés" aux goûts francs. Le tout est mis en œuvre par une équipe au diapason, des cuisines à la salle, jusqu'au service attentif et convivial. À midi, on pourra opter pour la partie bistrot, où vous attend une carte alléchante et gourmande, avec des produits du moment.

- Menu 75 € (déjeuner), 250 € - Carte 190/250 €

32 avenue Matignon - Ⓜ Miromesnil - ✆ 01 42 65 05 61 - www.la-scene.paris - Fermé : samedi, dimanche

✿✿ LE TAILLEVENT

CUISINE CLASSIQUE • LUXE Voici un établissement mythique, summum de classicisme à la française, propriété de la famille Gardinier (Les Crayères à Reims). Cette maison vénérable, l'ancien hôtel particulier du duc de Morny (19e s.), est un lieu feutré et propice aux repas d'affaires. Dans l'assiette, selle d'agneau aux olives vertes et tourte aux girolles, boudin de langoustines "tradition Taillevent" . Les desserts ne déméritent pas et notamment les crêpes Suzette flambées, d'abord au Grand Marnier puis au Cognac, un classique. Louons enfin la superbe carte des vins, riche de 2800 références et d'une gamme de prix permettant de satisfaire tous les portefeuilles - de moins de 40 € à 16000 € le flacon. Une table de référence.

- Menu 90 € (déjeuner), 190/245 € - Carte 150/250 €

15 rue Lamennais - Ⓜ Charles de Gaulle-Étoile - ✆ 01 44 95 15 01 - www.letaillevent.com - Fermé : samedi, dimanche

✿ AKRAME

Chef : Akrame Benallal

CUISINE CRÉATIVE • DESIGN À deux pas de la Madeleine, Akrame Benallal, chef vibrionnant s'il en est, travaille pourtant dans un lieu bien protégé des regards, derrière une immense porte cochère. En bon amateur du travail de Pierre Soulages, il a voulu son intérieur dominé par le noir et résolument contemporain – on y trouve plusieurs photographies, et, au plafond, une étonnante sculpture d'un homme qui tombe... Dans l'assiette, on retrouve une bonne partie de ce qui avait fait le succès de sa précédente adresse, rue Lauriston : l'inventivité, les produits de qualité, le soin apporté aux présentations. Comme on l'imagine, le succès est au rendez-vous.

- Menu 75 € (déjeuner), 180 €

7 rue Tronchet - Ⓜ Madeleine - ✆ 01 40 67 11 16 - www.akrame.com - Fermé : samedi, dimanche

✿ APICIUS

Chef : Mathieu Pacaud

CUISINE MODERNE • ÉLÉGANT Installé dans un somptueux hôtel particulier du 18e s. aux airs de petit palais, Apicius – baptisé ainsi en hommage à cet épicurien de l'Antiquité romaine qui aurait écrit le premier livre culinaire – est entré dans une ère de changements... pour le meilleur ! Mathieu Pacaud a remplacé Jean-Pierre Vigato, demeuré aux fourneaux depuis plus de quarante ans. Les assiettes perpétuent la belle tradition bourgeoise et réalisent la synthèse entre classicisme et créativité.

- Menu 95 € (déjeuner), 180 € - Carte 160/300 €

20 rue d'Artois - Ⓜ St-Philippe du Roule - ✆ 01 43 80 19 66 - www.restaurant-apicius.com

✿ L'ARÔME

CUISINE MODERNE • CHIC Humer un arôme, un parfum, un bouquet : un alléchant programme proposé par cette élégante adresse, proche des Champs-Élysées, décorée par Emma Roux. Fidèle à son nom, le restaurant possède une belle cave, riche de 400 références, judicieusement sélectionnées. Grand amoureux des produits de saison, le chef Thomas Boullault élabore une cuisine raffinée et contemporaine. Les menus changent chaque jour au gré du marché. Vous tomberez sous le charme de la délicatesse et de l'équilibre des saveurs : thon rouge mi-cuit fumé au foin, côte de veau aux morilles... Arômes, senteurs et saveurs : à la bonne heure !

- Menu 65 € (déjeuner), 115/185 €

3 rue Saint-Philippe-du-Roule - Ⓜ St-Philippe-du-Roule - ✆ 01 42 25 55 98 - www.larome.fr - Fermé : samedi, dimanche

✿ L'ATELIER DE JOËL ROBUCHON - ÉTOILE

CUISINE CRÉATIVE • DESIGN Avec deux pieds dans la capitale française, les célèbres Ateliers de Joël Robuchon font, au sens propre, le tour du monde. Beau symbole, cet opus est né à deux pas de l'Arc de Triomphe, au niveau - 1 du Publicis Drugstore des Champs-Élysées. Un décor tout en rouge et noir ; un grand comptoir autour duquel on prend place sur de hauts tabourets, face à la brigade à l'œuvre ; une ambiance feutrée et recueillie. L'enseigne incarne une approche contemporaine de la gastronomie. La carte laisse au client le choix entre petites portions dégustation ou portions normales. Enfin, le petit plus qui plaira aux œnophiles : tous les vins au verre sont servis au magnum.

A/C - Menu 49 € (déjeuner), 99/225 € - Carte 100/210 €

133 avenue des Champs-Élysées - Ⓜ Charles de Gaulle-Étoile - ✆ 01 47 23 75 75 - www.joel-robuchon.com - Fermé : lundi, dimanche

114, FAUBOURG

CUISINE MODERNE • ÉLÉGANT Au sein du Bristol, une brasserie unique, assurément ! La salle interpelle au premier coup d'œil : traversée d'imposantes colonnes dorées, elle arbore sur ses murs orangés de grands motifs de dahlias luminescents... En son cœur s'ouvre un grand escalier, qui dessert le niveau inférieur où les tables côtoient les cuisines ouvertes. Chic, chatoyant, à la fois animé et confidentiel, ce lieu est une réussite. Aux fourneaux, on revisite les grands classiques hexagonaux avec ce qu'il faut d'originalité. Les assiettes sont soigneusement dressées et les saveurs s'y marient joliment. Une prestation dans les règles de l'art.

♿ A/C - Menu 130 € - Carte 82/150 €

Le Bristol, 114 rue du Faubourg-Saint-Honoré - Ⓜ Miromesnil - ✆ 01 53 43 44 44 - www.lebristolparis.com - Fermé : samedi, dimanche

LE CHIBERTA

CUISINE CRÉATIVE • ÉPURÉ Le Chiberta version Guy Savoy s'est choisi le noir comme couleur, le vin comme symbole et l'inventivité comme fil conducteur. En entrant, on est plongé dans un autre univers, tamisé, calme et feutré. Parfait pour les repas d'affaires comme pour les rencontres plus intimes. L'aménagement intérieur, conçu par l'architecte Jean-Michel Wilmotte, surprend par son minimalisme radical, tout en chic discret et design. La grande originalité du lieu reste indéniablement la "cave à vins verticale" : de grands crus habillant les murs à la manière d'une bibliothèque ou d'œuvres d'art. Entre deux alignements de bouteilles, des tableaux modernes et abstraits colorent ponctuellement l'espace. Confortablement installé à table, on apprécie toute l'étendue de la cuisine, supervisée par le "patron", qui revisite joliment la tradition.

A/C - Menu 60 € (déjeuner), 120/200 € - Carte 95/120 €

3 rue Arsène-Houssaye - Ⓜ Charles de Gaulle-Étoile - ✆ 01 53 53 42 00 - www.lechiberta.com - Fermé : lundi, dimanche

CONTRASTE

CUISINE MODERNE • ÉLÉGANT Pourquoi Contraste ? Un chef breton Erwan Ledru et un chef perpignanais Kevin de Porre, amis d'enfance réunis dans une même cuisine ; un décor qui mêle le cachet ancien des lieux à des touches plus contemporaines ; et enfin, un clin d'œil à l'une des grandes cuvées de champagne de la famille Selosse. La courte carte (complétée par un menu déjeuner et un menu dégustation) révèle une cuisine d'orfèvre actuelle et savoureuse, travaillée autour de très beaux produits de saison. Les accords terre/mer sont particulièrement convaincants (homard breton et sarrasin ; lotte, coquillages et chorizo ibérique ; cochon ibérique et huîtres de Cancale).

A/C - Menu 42 € (déjeuner), 79 € - Carte 65/90 €

18 rue d'Anjou - Ⓜ Madeleine - ✆ 01 42 65 08 36 - www.contraste.paris - Fermé : samedi, dimanche

DOMINIQUE BOUCHET

Chef : Dominique Bouchet

CUISINE CLASSIQUE • ÉLÉGANT Du palace au bistrot : Dominique Bouchet a choisi. Lui qui dirigea les brigades du Crillon et de la Tour d'Argent, à Paris et au Japon, aspirait à plus de légèreté, et peut-être plus de liberté. Plus rien à prouver en matière de haute gastronomie, l'envie de laisser la place aux générations montantes pour ouvrir enfin un restaurant à son nom, la volonté aussi de ne plus courir après la perfection absolue ou les récompenses...Toutes ces raisons l'ont poussé à s'installer "chez lui" et à revenir à l'essentiel : une belle cuisine classique mise au goût du jour et incontestablement maîtrisée. C'est l'avantage de la sagesse que de ne pas s'égarer ! À noter, la belle sélection de vins au verre... mais aussi l'intérieur contemporain et chic, où s'installe confortablement la clientèle très « business » de ce quartier huppé.

- Menu 68 € (déjeuner), 128 € - Carte 105/145 €

11 rue Treilhard - Miromesnil - 01 45 61 09 46 - www.dominique-bouchet.com - Fermé : samedi, dimanche

L'ÉCRIN

CUISINE CRÉATIVE • ÉLÉGANT "À la recherche de l'accord parfait" : telle pourrait être la devise du luxueux Écrin de l'Hôtel de Crillon. Dans une démarche inédite et passionnante, le sommelier Xavier Thuizat et le chef Boris Campanella inversent les rôles : le choix des vins précède et détermine celui des plats ! Chaque convive vit ainsi une expérience personnalisée en fonction des nectars et du nombre de séquences qu'il a choisis. Une palette de combinaisons vertigineuse si l'on songe aux 2300 références en cave... et une prouesse qui démontre une ouverture d'esprit, une agilité technique et une entente parfaite entre les équipes. Inspiré par ses racines siciliennes et savoyardes, le chef réalise des assiettes lisibles et franches qui s'approchent au plus près des arômes du vin. Un moment unique qui perpétue la grande tradition de l'art de vivre à la française.

- Menu 175/735 €

Le Crillon, 10 place de la Concorde - Concorde - 01 44 71 15 17 - www.rosewoodhotels.com/fr/hotel-de-crillon - Fermé : samedi, dimanche et le midi

LE GEORGE

Chef : Simone Zanoni

CUISINE ITALIENNE • ÉLÉGANT Magistral lustre Baccarat, blancheur immaculée du décor et délicates compositions florales... Le décor chic et décontracté, signé Pierre-Yves Rochon, ne laisse aucun doute : on est bien au sein du prestigieux hôtel Four Seasons George V ! Aux fourneaux du George depuis septembre 2016, Simone Zanoni y imprime sa patte culinaire - dont l'empreinte a évidemment la forme de la botte transalpine.La cuisine garde de jolis accents maritimes, mais c'est plus précisément l'Italie qui remporte la mise ; on est sous le charme de cette cuisine aérienne, qui mise toujours sur la légèreté et les petites portions, avec un respect particulier des saveurs et des méthodes de cuisson propres à la Méditerranée. À déguster à l'intérieur ou sous la haute véranda, pour profiter de la cour par tous les temps.

***L'engagement du chef :** Notre cuisine est le fruit d'une démarche locale et responsable grâce à un biosystème vertueux de la table à la table. Les déchets organiques du restaurant sont transformés en compost qui nourrit le sol de notre potager versaillais, qui est entretenu par des personnes en réinsertion professionnelle.*

- Menu 70 € (déjeuner), 110/135 € - Carte 75/120 €

Four Seasons George V, 31 avenue George-V - George V - 01 49 52 72 09 - www.legeorge.com

HELEN

POISSONS ET FRUITS DE MER • ÉLÉGANT Créé en 2012, Helen est aujourd'hui une valeur sûre parmi les restaurants de poisson des beaux quartiers. Au menu : uniquement des pièces sauvages issues de la pêche quotidienne de petits bateaux, travaillées avec grand soin et simplicité. Dans l'assiette, en effet, pas de fioritures, une seule règle compte : mettre en valeur les saveurs naturelles - et iodées - du poisson (cru, grillé, à la plancha, à la vapeur, etc.). Les amateurs sont aux anges ! De plus, la carte varie au gré des arrivages, proposant par exemple un carpaccio de daurade royale au citron caviar, des sardines à l'escabèche, un turbotin rôti à la sauge et pancetta, des rougets barbets meunière... Tout cela est servi avec précision et savoir-faire : certains poissons sont même découpés directement en salle.Salle qui épouse également ce parti pris de sobriété, en faisant montre d'une épure toute contemporaine et d'une belle élégance... Helen, ou le raffinement dans la simplicité.

- Menu 48 € (déjeuner), 138 € - Carte 75/170 €

3 rue Berryer - George V - 01 40 76 01 40 - www.helenrestaurant.com - Fermé : lundi, samedi midi, dimanche

IL CARPACCIO

CUISINE ITALIENNE • ÉLÉGANT Au cœur du Royal Monceau, un couloir nacré, orné de milliers de coquillages, mène à votre table. Une belle évocation des nymphées du baroque italien qui transporte en Italie, version artiste et raffinée. La salle ressemble à un véritable jardin d'hiver, entièrement ceint de verrières aux couleurs printanières. Aux fourneaux, Oliver Piras et Alessandra Del Favero jouent avec subtilité la carte d'une gastronomie transalpine, sans sophistication inutile ni fioritures. Une cuisine pourtant hautement maîtrisée, aux saveurs séduisantes : les assiettes cultivent le goût des bons produits et des saveurs naturelles, autour d'ingrédients phares sélectionnés avec soin. Même esprit du côté des vins, principalement en provenance du Piémont et de la Toscane. Les desserts sont signés par Quentin Lechat, qui revisite avec talent les classiques de la péninsule.

- Menu 65 € (déjeuner), 125 € - Carte 90/120 €

Le Royal Monceau, 37 avenue Hoche - Ⓜ Charles de Gaulle-Etoile - ✆ 01 42 99 88 12 - www.leroyalmonceau.com - Fermé : lundi, dimanche

JEAN IMBERT AU PLAZA ATHÉNÉE Ⓝ

CUISINE CLASSIQUE • LUXE Souvent pionnier tout au long de sa glorieuse histoire, le mythique palace de l'avenue Montaigne nous surprendra toujours. En confiant les rênes de sa grande table au médiatique Jean Imbert, il déclenche un véritable coup de tonnerre dans la gastronomie parisienne. Le "chef des stars" au sourire malicieux nous entraîne lui aussi où on ne l'attendait pas : entouré d'une équipe de haut vol, il s'attelle à revisiter avec générosité et gourmandise les trésors classiques du répertoire national (homard et langouste en Bellevue, veau Orloff, bœuf Richelieu, farandole de desserts présentée avec entrain par le duo de pâtissiers...). Revisité, le décor l'est aussi, dans un esprit classique chic qui redonne tout leur lustre aux ors du salon Régence. Attablé à la majestueuse table d'hôte centrale en marbre, comment ne pas être séduit ?

- Menu 296 € - Carte 210 / 290 €

25 avenue Montaigne - Ⓜ Alma-Marceau - ✆ 01 53 67 65 00 - Fermé : mardi midi, mercredi midi, jeudi midi, vendredi midi, dimanche et lundi

LASSERRE

CUISINE CLASSIQUE • LUXE Tout près des Champs-Élysées, cet hôtel particulier de style Directoire marque immanquablement les esprits. René Lasserre (disparu en 2006), monté à Paris pour apprendre le métier alors qu'il était adolescent, a élevé son restaurant au rang de symbole. Située à l'étage, la salle à manger arbore un luxueux décor : colonnes, jardinières d'orchidées et de plantes vertes, vaisselle et bibelots en argent, lustres en cristal, porcelaines de Chine... Autre élément propre à la magie de l'endroit, un étonnant toit ouvrant, devenu célèbre, illumine les tables au gré des saisons.

- Menu 145/195 € - Carte 190/272 €

17 avenue Franklin-D.-Roosevelt - Ⓜ Franklin-D.-Roosevelt - ✆ 01 43 59 02 13 - www.restaurant-lasserre.com - Fermé : lundi, dimanche et le midi

LUCAS CARTON

CUISINE MODERNE • HISTORIQUE Ce nom évoque une longue histoire : Robert Lucas et sa "Taverne Anglaise" en 1732 ; Francis Carton en 1925 qui accole les deux patronymes et crée cette identité très sonore, "Lucas Carton", où il fera briller trois étoiles dans les années 1930 ; Alain Senderens, enfin, qui choisit en 2005 de lui donner son propre nom pour la repenser librement. Aujourd'hui, l'adresse endosse avec tact les nouveaux codes de la gastronomie contemporaine. Le jeune chef Hugo Bourny (passé notamment chez Marsan, Pic ou La Vague d'Or) sait donner à goûter l'essence des beaux produits au gré d'une cuisine d'intuition, qui sélectionne le meilleur de notre terroir – mention spéciale pour les légumes de petits producteurs. L'histoire continue pour cette institution.

- Menu 75 € (déjeuner), 95/185 €

9 place de la Madeleine - Ⓜ Madeleine - ✆ 01 42 65 22 90 - www.lucascarton.com - Fermé : lundi, dimanche

L'ORANGERIE

CUISINE MODERNE • ÉLÉGANT Dans cet espace de poche (18 couverts seulement), aménagé au sein de l'hôtel George V, la carte est conçue par le chef Alan Taudon (un habitué de la maison – il participait précédemment à l'élaboration des plats du Cinq). Sa cuisine s'inscrit dans une veine "healthy", qui privilégie les légumes, les produits laitiers et marins, en faisant volontairement l'impasse sur les viandes. Les assiettes sont savoureuses et complétées à merveille par des desserts en tout point excellents, et par une carte des vins déclinée de celle, impressionnante, du Cinq.

- Menu 85 € (déjeuner), 125/165 €

Four Seasons George V, 31 avenue George-V - Ⓜ George V - ✆ 01 49 52 72 24 - www.fourseasons.com/fr/paris/dining/restaurants/l-orangerie

PAVYLLON

CUISINE MODERNE • CONTEMPORAIN On n'arrête plus Yannick Alléno ! La dernière adresse du chef francilien fait salle comble, et ce n'est que justice. Trente couverts au comptoir (dans l'esprit d'un Atelier de Joël Robuchon, en plus feutré), une cuisine sans fausses notes, élaborée autour de belles bases classiques, mêlée de saveurs et de touches étrangères (un exemple, ces tempuras qui remplacent la garniture pour les plats principaux). C'est fin, délicat, servi dans une ambiance chic et décontractée : on passe un excellent moment.

- Menu 68 € (déjeuner), 145/235 € - Carte 68/195 €

8 avenue Dutuit - Ⓜ Champs-Élysées Clemenceau - ✆ 01 53 05 10 10 - www.yannick-alleno.com

TRENTE-TROIS

CUISINE MODERNE • BOURGEOIS Dites "33" pour accéder à ce magnifique salon de style Belle Époque aux murs recouverts de boiserie, caché dans un immeuble discret en bordure du triangle d'or à deux pas des Champs-Élysées. Dans cette ambiance chic et intimiste, le chef étoilé Sébastien Sanjou (Le Relais des Moines dans le Var) a placé toute sa confiance dans son collaborateur Romain Lamothe. Ce dernier ne démérite pas : il sait choisir ses produits, tous excellents, composer une carte, délibérément courte et signer une fine cuisine actuelle de saison où tout tombe juste : les cuissons, les jus et les sauces, l'équilibre des goûts. Un exemple de plat ? Petit épeautre en risotto, artichauts violets glacés, d'autres en chips croustillantes et une touche de coriandre dans un délicieux jus, bien corsé et aromatique.

- Menu 68 € (déjeuner), 88/118 €

33 rue Jean Goujon - Ⓜ Alma-Marceau - ✆ 01 45 05 68 00 - www.restaurant-trente-trois.com - Fermé : samedi, dimanche

KISIN

CUISINE JAPONAISE • SIMPLE Quand un chef de Tokyo arrive à Paris, il ouvre un restaurant, sitôt ses valises posées, et nos papilles frémissent d'aise. Ici, on déguste produits japonais, et vrais udon, fabriquées devant le client. Une cuisine naturelle, sans additif, qui nous vient tout droit du pays du Soleil-Levant. Sain et goûteux.

- Menu 30/45 € - Carte 28/40 €

9 rue de Ponthieu - Ⓜ Franklin-D.-Roosevelt - ✆ 01 71 26 77 28 - www.udon-kisin.fr - Fermé : dimanche

MANDOOBAR

CUISINE CORÉENNE • SIMPLE Dans une petite salle, raviolis et tartares sont travaillés directement sous vos yeux par le chef, Kim Kwang-Loc, qui se révèle aussi agile que précis dans ses préparations. Il réalise une cuisine coréenne fine et parfumée, sans fausse note et joliment relevée... Nul doute, sa table sort du lot !

Carte 21/35 €

7 rue d'Édimbourg - Ⓜ Europe - ✆ 01 55 06 08 53 - www.mandoobar.fr - Fermé : lundi, dimanche

LE BOUDOIR

CUISINE TRADITIONNELLE • BISTRO La carte a été conçue par le chef et Meilleur Ouvrier de France Christophe Raoux qui est évidemment passé par de belles maisons. Le jeune chef Mathis Jonquet l'interprète avec brio et traite la charcuterie en véritable art : voyez le splendide pâté en croûte de volaille et foie gras, ou encore ce cochon de l'Aveyron, légumes nouveaux et jus de cochon ! Décor sobre et élégant, service parfait.

- Menu 38 € (déjeuner) - Carte 43/65 €

25 rue du Colisée - Ⓜ Franklin D. Roosevelt - ✆ 01 43 59 25 29 - www.boudoirparis.fr - Fermé : samedi, dimanche

CÈNA Ⓝ

CUISINE MODERNE • CONTEMPORAIN Cèna, c'est dîner en latin. Et on y dîne sacrément bien, d'une cuisine sincère et de produits allant à l'essentiel, à deux pas du Parc Monceau, à l'abri de la foule et du tumulte du huitième arrondissement. Un coup de cœur.

Carte 53/66 €

23 rue Treilhard - Ⓜ Miromesnil - ✆ 01 40 74 20 80 - www.cena.restaurant - Fermé : samedi, dimanche

LES 110 DE TAILLEVENT

CUISINE TRADITIONNELLE • CHIC Sous l'égide de la prestigieuse maison Taillevent, une brasserie très chic, qui joue la carte des associations mets et vins. Une réussite, aussi bien le choix remarquable de 110 vins au verre, que la cuisine, traditionnelle et bien tournée (pâté en croûte, bavette sauce au poivre, etc.). Cadre élégant et chaleureux.

♿ A/C - Menu 46 € - Carte 55/80 €

195 rue du Faubourg-Saint-Honoré - Ⓜ Charles de Gaulle-Étoile - ✆ 01 40 74 20 20 - www.les-110-taillevent-paris.com - Fermé : samedi, dimanche

CHEZ MONSIEUR

CUISINE TRADITIONNELLE • BISTRO Voilà le bistrot parisien dans toute sa splendeur (comptoir en zinc, banquettes en velours, carrelage à motifs), avec l'immuable - et très bonne ! - cuisine qui l'accompagne : escargots de Bourgogne au beurre blanc, blanquette de veau servie en cocotte... sans oublier un large panel de vins de toutes les régions de France.

A/C - Carte 48/80 €

11 rue du Chevalier-de-Saint-George - Ⓜ Madeleine - ✆ 01 42 60 14 36 - www.chezmonsieur.fr

DASSAÏ - JOËL ROBUCHON

CUISINE JAPONAISE • CHIC Pâtisserie, sandwicherie, salon de thé, bar à saké et restaurant... pour une ode au Japon, pays d'élégance et de gastronomie, si cher au regretté Joël Robuchon. Cadre design avec touches seventies, cuisine nippone et française, service aux petits soins. Inspirant.

♿ A/C - Menu 49/114 €

184 rue du Faubourg-Saint-Honoré - Ⓜ St-Philippe-du-Roule - ✆ 01 76 74 74 70 - www.robuchon-dassai-laboutique.com - Fermé : samedi, dimanche

LE FAUBOURG

CUISINE MODERNE • ÉLÉGANT Dans le bel écrin d'un hôtel de luxe dont la terrasse, habillée d'un mur en miroir et de jasmin, est un ravissement, la cuisine rythmée par les produits de saison se révèle sincère et gourmande : œuf mollet aux asperges vertes et écume de persil ; cabillaud à la vapeur et sauce vierge ; tarte fine aux pommes et glace vanille. Un régal.

Carte 61/71 €

9 rue d'Aguesseau - Ⓜ Madeleine - ✆ 01 86 54 15 15 - www.jardinsdufaubourg.com

GALANGA

CUISINE MODERNE • CHIC La table de l'hôtel Monsieur George a de quoi ravir : dans un cadre très chic, le chef Thomas Danigo a imaginé une carte voyageuse, ouverte sur le monde et particulièrement sur l'Asie - le galanga est d'ailleurs une épice d'Asie du Sud-Est. Une partition moderne, relevée, réglée sur les saisons : on passe un bon moment.

♿ A/C - Carte 64/90 €

17 rue Washington - Ⓜ George V - ✆ 01 87 89 48 49 - www.monsieurgeorge.com - Fermé : samedi midi, dimanche

IL RISTORANTE - NIKO ROMITO

CUISINE ITALIENNE • CONTEMPORAIN Après Milan, Londres, Dubaï, Pékin et Shangaï, l'occasion est enfin donnée aux Parisiens de découvrir le concept gastronomique des hôtels Bulgari ! Le chef Niko Romito, triplement étoilé dans les Abruzzes, actualise les classiques de la cuisine italienne dans une carte qui se concentre essentiellement sur le produit et ose la légèreté (peu de matière grasse, peu de sauces, cuissons à la vapeur, panures à l'amidon de riz...). En témoignent ce risotto safrané au parmesan subtil et digeste, ou cette magnifique côte de veau à la milanaise, à découvrir dans une salle d'une élégante sobriété ouverte sur le jardin intérieur et chic, au rez-de-chaussée de l'hôtel, dans le prolongement du bar.

- Menu 70 € (déjeuner), 115 € - Carte 79/130 €

30 avenue George V - Georges V - 01 81 72 10 80 - www.bulgarihotels.com/paris

IMPERIAL TREASURE

CUISINE CHINOISE • ÉLÉGANT Situé dans l'élégant hôtel La Clef Ascott, ce restaurant chinois dispose d'un très joli bar au décor moderne, puis de deux agréables salles à manger. C'est donc dans un cadre luxueux et élégant qu'on déguste une cuisine de Shanghai, préparée avec soin et de beaux ingrédients, comme la crevette impériale, carabinero sauté et riz gluant. Dépaysement des papilles assuré.

- Menu 48 € (déjeuner), 98/128 € - Carte 70/100 €

44 rue de Bassano - George V - 01 58 56 29 13 - www.imperialtreasure.com/france - Fermé : lundi, mardi midi, dimanche soir

LAURENT

CUISINE MODERNE • ÉLÉGANT Ancien pavillon de chasse et guinguette sous la Révolution, Laurent conserve son cadre néoclassique et bourgeois, très en vogue à l'époque de sa création. La cuisine cultive les codes de la tradition bleu-blanc-rouge et séduit une clientèle d'affaires, de "people" et à la belle saison, de touristes, grâce à son agréable terrasse.

- Carte 150/190 €

41 avenue Gabriel - Champs-Élysées Clemenceau - 01 42 25 00 39 - www.le-laurent.com - Fermé : samedi, dimanche

LAZARE

CUISINE TRADITIONNELLE • BRASSERIE Au cœur de la fameuse gare St-Lazare, on doit à Éric Frechon l'idée de cette élégante brasserie "ferroviaire" qui respecte les canons du genre : œufs mimosa, quenelles de brochet ou maquereaux au vin blanc, la belle tradition française est sur les rails ! Sympathique et très animé.

- Carte 38/79 €

Parvis de la gare Saint-Lazare, rue Intérieure - St-Lazare - 01 44 90 80 80 - www.lazare-paris.fr

MARIUS ET JANETTE

POISSONS ET FRUITS DE MER • MÉDITERRANÉEN Dans cet élégant décor façon yacht, la clientèle sélecte s'attable au milieu des cannes à pêche, filets et autres hublots en cuivre. Passé par le restaurant de Depardieu, le chef met évidemment les produits de la mer à l'honneur au gré d'une carte renouvelée chaque jour, au gré de la marée... Hareng matjes marinés ou linguine aux coques (une spécialité de la maison) : on se régale.

- Menu 75 € (déjeuner) - Carte 90/125 €

4 avenue George-V - Alma Marceau - 01 47 23 41 88 - www.richard-paris.com/etablissements/marius-et-janette

MARLOE

CUISINE MODERNE • BISTRO Dans ce quartier huppé, à l'angle de deux jolies rues, Marloe, aux allures de bistrot chic et cosy, séduit au-delà de la clientèle du quartier. De fait, la cuisine, élaborée à partir de produits d'excellente qualité, se révèle maîtrisée et sans esbroufe. On aime cette gourmandise, et notamment le menu "truffe noire" en saison.

A/C - Carte 41/115 €

12 rue du Commandant-Rivière - Ⓜ St-Philippe-du-Roule - ✆ 01 53 76 44 44 - www.marloe.fr - Fermé : samedi, dimanche

LE MERMOZ

CUISINE DU MARCHÉ • **BISTRO** C'est désormais le jeune chef californien Thomas Graham (ex-Äponem) qui régale au Mermoz. Il a su imposer ici son propre style, basé sur des produits irréprochables et des associations percutantes. Les tarifs sont raisonnables, à midi surtout ; le soir on se régale de petites assiettes façon tapas dans une ambiance de bar à vin.

Carte 30/48 €

16 rue Jean-Mermoz - Ⓜ Champs-Élysées - ✆ 01 45 63 65 26 - Fermé : samedi, dimanche

NÉVA CUISINE

CUISINE MODERNE • **ÉLÉGANT** La Néva n'est pas seulement un fleuve russe, c'est aussi ce restaurant où officie la cheffe mexicaine Beatriz Gonzalez, passée dans les grandes maisons, notamment Lucas Carton et la Grande Cascade. Dans le cadre convivial d'un bistrot parisien moderne, elle y signe une cuisine au goût du jour et métissée, à l'image de ce ris de veau crousti-fondant au big green egg. Frais et de bonne qualité.

A/C - Carte 47/66 €

2 rue de Berne - Ⓜ Europe - ✆ 01 45 22 18 91 - www.nevacuisineparis.com - Fermé : samedi, dimanche

OKUDA

CUISINE JAPONAISE • **ÉLÉGANT** Vingt-trois couverts, un décor sobre et élégant, des hôtesses en kimono traditionnel et un silence d'or : c'est dans cet écrin que l'on déguste depuis 2013 les créations "kaiseki" du célèbre chef japonais Toru Okuda.

♿ A/C - Menu 85 € (déjeuner), 198 €

7 rue de la Trémoille - Ⓜ Alma Marceau - ✆ 01 40 70 19 19 - www.okuda.fr - Fermé : mercredi, jeudi

ORIGINES

CUISINE MODERNE • **CONTEMPORAIN** Enfin chez lui ! Le chef aveyronnais Julien Boscus réalise ici une cuisine dans l'air du temps, à base de bons produits. Ainsi le ris de veau doré au sautoir crousti-fondant et relevé d'un jus de veau condimenté citron et câpres. Saveurs, technique sobre et maîtrisée, cadre contemporain : l'adresse a tout pour plaire.

♿ A/C - Menu 46 € (déjeuner), 72/85 € - Carte 65/90 €

6 rue de Ponthieu - Ⓜ Franklin D. Roosevelt - ✆ 09 86 41 63 04 - www.origines-restaurant.com - Fermé : samedi, dimanche

PENATI AL BARETTO

CUISINE ITALIENNE • **CLASSIQUE** Alberico Penati propose un voyage dépaysant dans la pure tradition transalpine, où s'expriment les différents terroirs de la Botte. Le décor distille une ambiance feutrée et élégante, à deux pas de l'avenue des Champs-Élysées.

A/C - Menu 55 € (déjeuner) - Carte 69/96 €

9 rue Balzac - Ⓜ George V - ✆ 01 42 99 80 00 - www.penatialbaretto.eu - Fermé : samedi midi, dimanche

LE PETIT LUCAS

CUISINE TRADITIONNELLE • **CLASSIQUE** À l'étage du restaurant Lucas Carton, dans un plaisant décor Art Nouveau, la cuisine du nouveau chef Hugo Bourny joue la simplicité et la gourmandise en plein dans la tradition, le tout avec une jovialité certaine : pâté en croûte de canard Apicius ; Saint-Jacques snackées, céleri, sauce pomme-agrume ; flan au chocolat. Un repas d'une belle tenue, et un moment de plaisir.

A/C - Menu 45/70 € - Carte 48/100 €

9 place de la Madeleine - Ⓜ Madeleine - ✆ 01 42 65 56 66 - www.lucascarton.com - Fermé : lundi, dimanche

LE RELAIS PLAZA

CUISINE CLASSIQUE • **ÉLÉGANT** Au sein du Plaza Athénée, comment résister au charme de cette brasserie au beau décor 1930 inspiré du paquebot Normandie ? Une ambiance unique pour une cuisine qui joue la carte de la belle tradition, entre "la cuisine de mamie" chère à Jean Imbert (gratin de daurade, tomate farcie et son riz pilaf) et les classiques qui ont fait la réputation de la célèbre adresse art déco.

A/C - Carte 50/120 €

25 avenue Montaigne - Ⓜ Alma Marceau - ✆ 01 53 67 64 00 - www.dorchestercollection.com/paris/hotel-plaza-athenee

SHIRVAN CAFÉ MÉTISSE

CUISINE MODERNE • **CONTEMPORAIN** Ce restaurant, proche du pont de l'Alma, porte la signature d'Akrame Benallal. Pas de nappage ici, mais couverts design, timbales en grès, et une cuisine, nourrie aux influences de "la route de la soie", du Maroc à l'Inde, en passant par l'Azerbaïdjan. Une gastronomie métissée riche en épices... Service efficace et quasi continu.

♿ A/C - Carte 55/110 €

5 place de l'Alma - Ⓜ Alma Marceau - ✆ 01 47 23 09 48 - www.shirvancafemetisse.fr

LE SUSHI OKUDA

CUISINE JAPONAISE • **ÉPURÉ** Ce bar à sushis, attenant au restaurant Okuda, rappelle les izakayas (les bars) japonais, tant par le cèdre du Japon qui habille les murs que par l'étroitesse du lieu et la fraîcheur des poissons. Menus dépaysants.

A/C - Menu 95 € (déjeuner), 155 €

18 rue du Boccador - Ⓜ Alma Marceau - ✆ 01 47 20 17 18 - www.sushiokuda.com - Fermé : mercredi, jeudi

TOSCA

CUISINE ITALIENNE • **COSY** L'Italie semble s'être donnée rendez-vous dans ce restaurant de petite capacité, au mobilier chic. L'assiette chante les louanges de gastronomie transalpine : viandes, huile d'olive, fromage... Plutôt classique le midi, plus soignée le soir, souvent inspirée. L'hôtel, le Splendide Royal (ancienne demeure de Pierre Cardin), offre des suites raffinées et élégantes.

♿ A/C - Menu 50 € (déjeuner), 120 € - Carte 60/75 €

18 rue du Cirque - Ⓜ Miromesnil - ✆ 01 42 68 10 00 - www.splendideroyal.fr - Fermé : lundi, dimanche

LE 39V

CUISINE MODERNE • **DESIGN** La clientèle internationale se presse au sixième étage du 39 de l'avenue George-V... et pour cause ! Sur les toits de Paris, on profite d'une cuisine de bonne facture, avec de solides bases classiques. Le décor a été entièrement revu et chaque détail - du parquet en bois debout aux banquettes sur mesure, en passant par les assiettes haute couture - a fait l'objet d'un soin particulier. Comme dit l'autre, luxe, calme et...

A/C - Menu 49 € (déjeuner), 135/145 € - Carte 81/149 €

39 avenue George-V - Ⓜ George V - ✆ 01 56 62 39 05 - www.le39v.com - Fermé : samedi, dimanche

LE V

CUISINE MODERNE • **ÉLÉGANT** Au cœur de l'hôtel Vernet, la salle vaut le coup d'œil pour sa superbe verrière ouvragée de la fin du 19e s., signée Gustave Eiffel, typique du charme Belle Époque... La cuisine s'inspire joliment de l'air du temps, sans oublier les classiques.

A/C - Menu 39 € (déjeuner), 65/95 €

25 rue Vernet - Ⓜ Charles de Gaulle-Etoile - ✆ 01 44 31 98 00 - www.hotelvernet.com - Fermé : lundi, samedi midi, dimanche

24 - LE RESTAURANT

CUISINE MODERNE • TENDANCE À deux pas du rond-point des Champs-Elysées, cet établissement propose des assiettes bien travaillées, qui n'ont pas besoin d'en mettre plein la vue pour égayer notre gourmandise : en témoigne la poitrine de cochon pochée, petits pois, girolles, céleri, pomme verte ou le quasi de veau fermier des Landes, pomme de terre mitraille, lard fumé et champignon de Paris... L'accueil est aussi souriant que professionnel, et le rapport qualité prix excellent.

A/C - Menu 39 € - Carte 40/65 €

24 rue Jean-Mermoz - Ⓜ Franklin D. Roosevelt - ✆ 01 42 25 24 24 - www.24lerestaurant.fr - Fermé : samedi, dimanche

Opéra · Grands Boulevards

9e ARRONDISSEMENT

ASPIC

Chef : Quentin Giroud

CUISINE MODERNE • BISTRO Après avoir plaqué le monde de la finance pour entrer à l'école Ferrandi, le chef a multiplié les expériences (ministère des Affaires étrangères, L'Épi Dupin entre autres) avant d'ouvrir sa propre table rue de la Tour d'Auvergne. Esprit rétro, cuisine ouverte sur la salle, service attentionné : on se sent immédiatement à l'aise. Impression confirmée par les assiettes aux dressages soignés : le menu surprise, en sept séquences, met en valeur des produits impeccables (viandes et volailles fermières, poissons de ligne et de petit bateau, herbes et épices, le tout issu des circuits courts, autant que possible) dans des préparations subtiles et délicates... avec juste ce qu'il faut de créativité bien maîtrisée. Un bonheur.

A/C - Menu 95 €

24 rue de la Tour-d'Auvergne - Ⓜ Cadet - ✆ 09 82 49 30 98 - www.aspic-restaurant.fr - Fermé : samedi, dimanche et le midi

LA CONDESA

Chef : Indra Carrillo

CUISINE CRÉATIVE • COSY La Condesa est un quartier de Mexico : c'est aussi le restaurant d'Indra Carrillo, venu du Mexique pour intégrer l'institut Paul Bocuse, avant de rejoindre de grandes maisons comme le Bristol ou l'Astrance. Formé chez des MOF, notamment en poissonnerie et boulangerie, et après une expérience au Japon, il reprend l'Atelier Rodier, qu'il transforme complètement, côté salle et cuisine. Ses techniques sont françaises, mais ses inspirations font la part belle aux différentes cultures gastronomiques (pas nécessairement mexicaines). Exemple parfait, cet agnoletti de butternut infusé dans un bouillon de volaille et huile de piment mexicain, lard de colonnata. Une excellente adresse, mise en valeur par un service professionnel. Un coup de cœur.

A/C - Menu 45 € (déjeuner), 98/125 €

17 rue Rodier - Ⓜ Notre-Dame de Lorette - ✆ 01 53 20 94 90 - www.lacondesa-paris.com - Fermé : lundi, mardi midi, mercredi midi, jeudi midi, samedi midi, dimanche

L'INNOCENCE

Cheffes : Anne Legrand et Clio Modaffari

CUISINE MODERNE • ÉPURÉ Depuis leur cuisine ouverte sur la salle, deux cheffes talentueuses, Anne Legrand (L'Atelier Rodier, Le Clarence, Itinéraires) et Clio Modaffari (The Kitchen Gallery, Itinéraires, Frenchie) célèbrent le marché et les saisons au fil d'un menu mystère en six plats. Ce jour-là, un beau pavé de filet de thon Ikejime, un suprême de pigeonneau d'une insolente tendreté, ou l'excellente poulette de la cour d'Armoise à la peau croustifondante. Produits rigoureusement sélectionnés, saveurs percutantes, jolis jeux de textures : on se régale d'un bout à l'autre des assiettes colorées du duo, qui se plaît à travailler végétal, viandes et poisson. Pensez à réserver.

A/C - Menu 39 € (déjeuner), 95 €

28 rue de la Tour-d'Auvergne - Ⓜ Cadet - ✆ 01 45 23 99 13 - www.linnocence.fr - Fermé : lundi, mardi midi, mercredi midi, jeudi midi, dimanche

LOUIS

Chef : Stéphane Pitré

CUISINE MODERNE • INTIME Non loin des grands magasins mais dans une rue tranquille, ce petit restaurant accueille dans un intérieur intimiste. Aux fourneaux, le chef breton Stéphane Pitré, passé chez Senderens, rend hommage à son père, grand-père et arrière-grand-père, tous prénommés "Louis". Il cisèle des menus originaux en petites portions, déclinés en 7 ou 9 temps (et en 3 temps pour un déjeuner rapide) : tartare de bœuf black Angus au cassis et huître en tempura ; lotte cuite à basse température aux épices thaïes ; quasi de veau rôti, burrata d'Île-de-France fumée. C'est inventif, spontané, et la cuisine est attentive au marché et aux saisons. Une pause gourmande au calme... et pour une expérience bistrotière, direction Le Cellier et sa cuisine simple et franche, à deux numéros de là.

♿ - Menu 42 € (déjeuner), 81/110 €

23 rue de la Victoire - Ⓜ Le Peletier - ✆ 01 55 07 86 52 - stephanepitre.fr/restaurant-gastronomique-louis - Fermé : samedi, dimanche

NESO

Chef : Guillaume Sanchez

CUISINE CRÉATIVE • CONTEMPORAIN L'attachant - et très tatoué - Guillaume Sanchez propose une cuisine tout feu tout flamme dans un lieu sobre et élégant (plafond de 5m30, façade en métal). Extractions de vapeur à froid, fermentation des légumes : le chef, qui ne travaille que poisson et végétal, des produits d'une grande qualité et exclusivement français, a de l'imagination et de la technique à revendre. Variations de saveurs et de textures, dressages originaux et très soignés, on enchaîne les petites bombinettes de saveurs, jusqu'à quelques tentatives qui laissent plus perplexes mais témoignent d'une identité forte et assumée.

♿ A/C - Menu 135/180 €

3 rue Papillon - Ⓜ Poissonnière - ✆ 01 48 24 04 13 - www.neso.paris - Fermé : samedi, dimanche et le midi

ABRI SOBA

CUISINE JAPONAISE • BISTRO Connaissez vous les soba, des pâtes japonaises au sarrasin ? Ce restaurant (la deuxième adresse des associés à l'origine d'Abri) en a fait sa spécialité et les propose, pour ainsi dire, à toutes les sauces : à midi et le soir, froides ou chaudes, avec bouillon et émincé de canard par exemple. C'est simple et savoureux : à vos baguettes.

Carte 25/40 €

10 rue Saulnier - Ⓜ Cadet - ✆ 01 45 23 51 68 - Fermé : lundi, dimanche

LE CAILLEBOTTE

CUISINE MODERNE • CONVIVIAL Franck Baranger, le chef, compose ces assiettes fraîches et résolument modernes dont il a le secret : maquereau mariné, oignon doux à la girofle et pickles au miel ; pêche côtière, blette farcie au petit épeautre et beurre blanc à l'aneth... C'est gourmand, coloré, et colle parfaitement à l'ambiance conviviale des lieux.

Menu 38/49 €

8 rue Hippolyte-Lebas - Ⓜ Notre-Dame de Lorette - ✆ 01 53 20 88 70 - www.lapantruchoise.com - Fermé : dimanche

LES CANAILLES PIGALLE

CUISINE MODERNE • BISTRO Parfaite pour s'encanailler, cette sympathique adresse a été créée par deux Bretons formés à bonne école. Ici, ils jouent la carte de la bistronomie et des recettes de saison. Spécialités : le carpaccio de langue de bœuf et sauce ravigote, et le baba au rhum avec sa chantilly à la vanille... On se régale !

A/C - Menu 39 € - Carte 45/65 €

25 rue La Bruyère - Ⓜ St-Georges - ✆ 01 48 74 10 48 - www.restaurantlescanailles.fr - Fermé : samedi, dimanche

LE PANTRUCHE

CUISINE MODERNE • BISTRO Pantruche, c'est Paris en argot... Un nom tout trouvé pour ce bistrot au décor rétro-chic, qui cultive volontiers l'atmosphère gouailleuse et canaille des années 1940-1950. Côté papilles, le chef et sa petite équipe concoctent de jolis plats de saison, pile dans la tendance bistronomique.

Menu 38 €

3 rue Victor-Massé - Ⓜ Pigalle - ✆ 01 48 78 55 60 - www.lapantruchoise.com - Fermé : samedi, dimanche

RICHER

CUISINE MODERNE • **BRANCHÉ** Cette maison séduit autant par son esprit de cantine arty que par ses assiettes, qui dévoilent une cuisine du marché fraîche et goûteuse, à l'image de ce paleron de bœuf longuement braisé déposé sur une fine purée de brocolis. Attention cependant, le seul moyen de réserver est de... se présenter sur place.

♿ - Carte 39/50 €

2 rue Richer - Ⓜ Poissonnière - ✆ 09 67 29 18 43 - www.lericher.com

LES AFFRANCHIS

CUISINE MODERNE • **BISTRO** "Affranchi" des maisons où il était salarié, le chef se joue avec bonheur des classiques pour élaborer une cuisine goûteuse, à l'image de cet œuf parfait, façon carbonara ou du lieu jaune en arlequin de chou-fleur, orange et poutargue. Une adresse qui va comme un gant à ce 9e arrondissement, aussi bourgeois que bohème.

Menu 55/68 €

5 rue Henri-Monnier - Ⓜ St-Georges - ✆ 01 45 26 26 30 - www.lesaffranchisrestaurant.com - Fermé : lundi, mardi, mercredi midi, jeudi midi, vendredi midi

ALLEUDIUM

CUISINE MODERNE • **CONVIVIAL** Un chef japonais aux références solides (notamment passé par le Violon d'Ingres de Christian Constant) tient cette table au décor de bistrot contemporain. On sent l'envie de bien faire à tous les niveaux et en particulier dans l'assiette, moderne et inspirée, avec quelques touches rappelant les origines du chef. Ambiance conviviale.

Menu 28 € (déjeuner), 39/52 €

24 rue Rodier - Ⓜ Anvers - ✆ 01 45 26 86 26 - www.alleudium.com - Fermé : lundi, mardi midi, dimanche soir

BELLE MAISON

CUISINE MODERNE • **BISTRO** Les trois associés de Pantruche et Caillebotte rythment cette Belle Maison, baptisée ainsi d'après la plage de l'île d'Yeu où ils passaient leurs vacances. Le chef manie l'iode avec une facilité déconcertante - cannelloni de crabe, sauce tom kha khaï, ail noir et œufs d'harengs fumés... Appel du large reçu cinq sur cinq.

Carte 32/55 €

4 rue de Navarin - Ⓜ St-Georges - ✆ 01 42 81 11 00 - www.lapantruchoise.com - Fermé : dimanche

BOUILLON 47

CUISINE MODERNE • **CONVIVIAL** Première affaire pour ce chef, qui fut pendant trois ans second de Bruno Doucet à La Régalade St-Honoré - à bonne école, donc ! Il compose ici une cuisine bistronomique bien ficelée, avec de judicieuses associations de produits de saison et de qualité... C'est gourmand, goûteux : on passe un excellent moment.

♿ A/C - Carte 35/58 €

47 rue de Rochechouart - Ⓜ Poissonnière - ✆ 09 51 18 66 59 - www.bouillonparis.fr - Fermé : lundi, dimanche

FRENCHIE PIGALLE Ⓝ

CUISINE MODERNE • **TENDANCE** Dans la famille Frenchie, donnez-moi Pigalle ! Le chef Grégory Marchand met désormais l'ambiance au rez-de-chaussée de cet hôtel où il propose des plats à partager dans une joyeuse ambiance de cantine. Les papilles batifolent entre comfort food de terroir, classiques impeccables et world food. En outre, jolie sélection de fromages et vins d'obédience naturelle.

♿ A/C - Carte 40/90 €

29 rue Victor-Massé - Ⓜ Pigalle - ✆ 01 85 73 10 46 - www.frenchie-pigalle.com - Fermé le midi

LE GARDE TEMPS

CUISINE MODERNE • **BISTRO** Murs en pierres apparentes, comptoir en carrelage de métro... Bienvenue au Garde Temps, sympathique bistrot de quartier ouvert par un ancien d'Yves Camdeborde qui sait soigner ses convives : c'est frais et bien travaillé, saumon d'Écosse bio mariné au poivre vert ; poitrine de cochon fumé fermier confit à la baie de genièvre ; riz au lait crémeux, caramel fleur de sel. En saison, l'ardoise s'autorise quelques plats ambitieux (truffe, homard).

A/C - Menu 29 € (déjeuner), 38 € - Carte 45/70 €

19 bis rue Pierre-Fontaine - Ⓜ Blanche - ✆ 09 81 48 50 55 - www.restaurant-legardetemps.fr - Fermé : samedi, dimanche

MIEUX

CUISINE MODERNE • **CONVIVIAL** Trois associés de longue date ont ouvert cette adresse sympathique, archétype de la bistronomie décomplexée qui comble les papilles sans ruiner le gourmet. La cuisine célèbre le marché et les bons produits, toujours au plus près de la saison, l'ambiance décontractée est conviviale et sans prétention. Très bon rapport qualité-prix à midi.

- Menu 28 € (déjeuner) - Carte 35/38 €

21 rue Saint-Lazare - Ⓜ Notre-Dame-de-Lorette - ✆ 01 71 32 46 73 - www.mieux-restaurant.com - Fermé : dimanche

PERCEPTION Ⓝ

CUISINE MODERNE • **CONVIVIAL** Un bistrot convivial et contemporain, avec ses murs en pierres apparentes ou vert foncé, ses miroirs, ses banquettes de velours. Aux fourneaux, un chef coréen, fou de gastronomie française, cisèle une cuisine moderne, émaillée çà et là de clins d'œil à son pays d'origine - une formule qui fait mouche sur cette entrée burrata, magret de canard, pesto basilic/roquette et sésame. Le soir, on sort le grand jeu, avec des produits nobles et des plats plus sophistiqués (et menu dégustation).

Menu 35 € (déjeuner), 59/79 € - Carte 42/67 €

53 rue Blanche - Ⓜ Blanche - ✆ 01 40 35 78 32 - www.restaurant-perception.com - Fermé : lundi, samedi midi, dimanche

PÉTRELLE Ⓝ

CUISINE MODERNE • **INTIME** Deux anciens des Caves Legrand, le sommelier Luca Danti et la cheffe Lucie Boursier-Mougenot, ont remis au (bon) goût du jour cet ancien resto people. Dans ce boudoir romantique et intimiste mâtiné d'esprit brocante, la cheffe signe une belle cuisine du marché délicate et saine, aux influences méditerranéennes revendiquées. Belle cave de plus de 150 références, à tous les prix.

Menu 34 € (déjeuner), 52 €

34 rue Pétrelle - Ⓜ Anvers - ✆ 01 42 82 11 02 - www.petrelle.fr - Fermé : lundi, mardi, mercredi midi, jeudi midi, vendredi midi

Gare de l'Est • Gare du Nord • Canal St-Martin

10e ARRONDISSEMENT

ABRI

Chef : Katsuaki Okiyama

CUISINE MODERNE • **SIMPLE** On ne remerciera jamais assez les jeunes Japonais qui viennent s'installer à Paris, apportant dans leurs bagages de belles et bonnes idées et une technique incomparable... Passé notamment par La Table de Joël Robuchon et Taillevent, Katsuaki Okiyama s'est entouré d'une équipe 100 % nippone... mais sa cuisine est grandement française, tout en portant la marque de cette sensibilité propre à l'Asie, qui va si bien aux classiques de l'Hexagone. Si le confort est, disons, modeste (une petite salle de vingt couverts environ), on apprécie la capacité du chef à surprendre avec des plats où l'improvisation joue un grand rôle, au gré de son inspiration et des produits dont il dispose. N'oublions pas, enfin, l'excellent rapport qualité-prix. Menu dégustation le midi et le samedi, carte le soir en semaine.

Menu 45 € (déjeuner), 65 € - Carte 50/70 €

92 rue du Faubourg-Poissonnière - Ⓜ Poissonnière - ✆ 01 83 97 00 00 - www.abrirestaurant.fr - Fermé : lundi, dimanche

BRIGADE DU TIGRE

CUISINE ASIATIQUE • **CONVIVIAL** Tous les deux passés chez William Ledeuil, tous les deux grands amoureux de l'Asie qu'ils ont arpenté, les compères de Eels ont uni leurs baguettes pour célébrer la joyeuse diversité de la cuisine asiatique dans un duplex d'esprit bistrot. Résultat : des petites pépites parfumées à grignoter seul ou à partager, concoctées à partir de produits de qualité...

♿ - Carte 34/50 €

38 rue du Faubourg-Poissonnière - Ⓜ Bonne Nouvelle - ✆ 01 45 81 51 56 - www.brigadedutigre.fr - Fermé : samedi, dimanche

CHEZ MICHEL

CUISINE TRADITIONNELLE • **BISTRO** Masahiro Kawai, le chef japonais de Chez Michel, joue une partition traditionnelle joyeuse et goûteuse, sans rien s'interdire : du kig ha farz (la fameuse potée bretonne) au gibier en saison, en passant par le foie gras rôti, il célèbre les régions – au premier rang desquelles, la Bretagne – avec un soin et une générosité de tous les instants.

Menu 32 € (déjeuner), 38 €

10 rue de Belzunce - Ⓜ Gare du Nord - ✆ 01 44 53 06 20 - www.restaurantchezmichel.fr - Fermé : samedi, dimanche

52 FAUBOURG ST-DENIS

CUISINE MODERNE • **CONVIVIAL** Vous aimez les néobistrots ? Vous allez être ravis : béton brut et pierres apparentes, carte courte et efficace, accompagnée de jolis vins et de bière artisanale. Tout est là, tout est bon, jusqu'au café sélectionné et torréfié par le patron. Attention : pas de réservation. La rançon (et les raisons ?) du succès.

♿ - Carte 33/57 €

52 rue du Faubourg-Saint-Denis - Ⓜ Strasbourg-St-Denis - ✆ 01 48 00 95 88 - www.faubourgstdenis.com

MAMAGOTO

CUISINE MODERNE • **CONVIVIAL** Mamagoto, c'est dinette en japonais. Koji Tsuchiya, chef nippon aguerri, propose une savoureuse sélection d'assiettes à partager (sur les entrées) et de plats individuels, mêlant influences japonaises et basques – ainsi le bœuf de Galice, pimiento et cébette, à accompagner de vins de petits vignerons. Percutant.

A/C - Menu 26 € (déjeuner) - Carte 38/52 €

5 rue des Petits-Hôtels - Ⓜ Gare du Nord - ✆ 01 44 79 03 98 - Fermé : samedi midi, dimanche

LES RÉSISTANTS

CUISINE MODERNE • **CONVIVIAL** Les Résistants ? Ceux qui placent au centre de leurs préoccupations, goût et traçabilité. Tel le credo des trois associés : "bien se nourrir, tout en respectant les cycles naturels". Ils le mettent en œuvre dans cette sympathique adresse où l'on déguste une cuisine du marché, qui change tous les jours. Carte des vins nature, brunch le samedi.

♿ A/C - Menu 19 € (déjeuner) - Carte 32/45 €

16 rue du Château-d'Eau - Ⓜ République - ✆ 01 77 32 77 61 - www.lesresistants.fr - Fermé : lundi

CHAMELEON

CUISINE MODERNE • CONVIVIAL Mobilier chiné, luminaires post-industriels, cuisine bistronomique soignée et gourmande et terrasse donnant sur une rue semi-piétonne... Cette adresse s'inscrit tout droit dans la tendance urbaine et contemporaine (qui a dit bobo ?). Les deux associés, Valérie et Arnaud, sont passionnés de restauration et amoureux des bons produits. Et cela se sent !

- Menu 25 € (déjeuner), 38/48 €

70 rue René Boulanger - Ⓜ Strasbourg-St-Denis - ✆ 01 42 08 99 41 - www.chameleonrestaurant.fr - Fermé : samedi midi, dimanche

EELS

CUISINE MODERNE • TENDANCE Chez Eels, les assiettes flirtent avec la bistronomie, et certaines d'entre elles (comme l'indique le nom du restaurant) valorisent l'anguille. Le jeune chef Adrien Ferrand a déjà du métier (6 ans chez William Ledeuil, d'abord à Ze Kitchen Galerie, puis au KGB). Avec Eels, il est désormais chez lui. Une réussite !

- Menu 34 € (déjeuner), 64 € - Carte 55/65 €

27 rue d'Hauteville - Ⓜ Bonne Nouvelle - ✆ 01 42 28 80 20 - www.restaurant-eels.com - Fermé : lundi, dimanche

LE GALOPIN

CUISINE MODERNE • BISTRO Passé par quelques jolies maisons parisiennes (Ze Kitchen Galerie, Itinéraires, Porte 12) et bretonnes, Julien Simmonet régale avec une cuisine savoureuse, renouvelée au fil du marché. On y trouve son compte à tout heure, formule bistrotière à midi, plats plus élaborés le soir. Vins bien choisis, accueil charmant : on passe un super moment.

Menu 19 € (déjeuner), 44 €

34 rue Sainte-Marthe - Ⓜ Belleville - ✆ 01 42 06 05 03 - www.le-galopin.paris - Fermé : lundi, mardi midi, jeudi midi, vendredi midi, samedi midi, dimanche

POULICHE

CUISINE MODERNE • CONTEMPORAIN Amandine Chaignot tient cette jeune table vivante et conviviale : elle y célèbre le marché, la spontanéité et la créativité, sans jamais trahir le goût des ingrédients, sélectionnés avec soin. Le mercredi, menu exclusivement végétarien. Le dimanche, esprit cuisine bourgeoise familiale. Une Pouliche dont on s'entiche.

Menu 28 € (déjeuner), 55 €

11 rue d'Enghien - Ⓜ Strasbourg-St-Denis - ✆ 01 45 89 07 56 - www.pouliche paris.com - Fermé : lundi, dimanche

TO

CUISINE MODERNE • CONTEMPORAIN À deux pas du canal Saint-Martin, franchissez cette TO – porte en japonais – pour découvrir la cuisine fusion franco-japonaise du chef Ryo Miyazaki (passé chez Saturne) à travers une succession de 3 salles modernes aux ambiances bien distinctes (sous oublier un bar à cocktails au sous-sol). Assiettes inspirées aux dressages soignés. Carte courte au déjeuner, plus ambitieuse au dîner.

- Menu 36 € (déjeuner), 63/89 €

34 rue Beaurepaire - Ⓜ Jacques Bonsergent - ✆ 01 40 37 39 12 - www.to-restaurant.com

Nation • Voltaire • République

11e ARRONDISSEMENT

AUTOMNE

Chef : Nobuyuki Akishige

CUISINE MODERNE • BISTRO Le chef japonais Nobuyuki Akishige, qui peut s'enorgueillir d'un parcours impeccable (l'Atelier du peintre à Colmar, la Vague d'Or à St-Tropez, avec Arnaud Donckele, le K2 à Courchevel, la Pyramide à Vienne) signe une cuisine de saison, subtile et maîtrisée, autour de produits de très belle qualité.

En guise d'écrin, le cadre simple d'un bistrot pour une partition lisible, aux saveurs harmonieuses nées de cuissons précises, à l'instar de ce magret de canard rôti, purée de racine de persil, olives kalamata. Le rapport prix/gourmandise est imbattable ! Une adresse comme on aimerait en découvrir plus souvent.

Menu 45 € (déjeuner), 85/125 €

11 rue Richard-Lenoir - Ⓜ Charonne - ✆ 01 40 09 03 70 - www.automne-akishige.com - Fermé : lundi, mardi

FIEF Ⓝ

Chef : Victor Mercier

CUISINE MODERNE • CONTEMPORAIN FIEF comme Fait Ici En France : le chef Victor Mercier, découvert à la télé en 2018, met un point d'honneur à ne cuisiner QUE des produits français. Poivre du Sichuan du gersois, cacahouètes de Soustons, pigeon du Poitou, poissons bretons, yuzu montpelliérain, satay français, miso bourguignon... et même une crème glacée au mélilot qui remplace la vanille. À partir de ce lexique exigeant, le chef écrit un roman savoureux et plein de brio, parfaitement maîtrisé, des cuissons aux saveurs, en passant par les sauces profondes - une vraie personnalité. Installez-vous sans hésiter au comptoir d'hôtes pour y vivre l'expérience au plus près et échanger avec le chef et son équipe qui prodiguent en temps réel le pourquoi du comment sur chaque plat : passionnant !

A/C - Menu 85 € - Carte 51/65 €

44 rue de la Folie-Méricourt - Ⓜ Oberkampf - ✆ 01 47 00 03 22 - www.fiefrestaurant.fr - Fermé : lundi, dimanche et le midi

QUI PLUME LA LUNE

CUISINE MODERNE • COSY Qui plume la Lune, c'est d'abord un joli endroit, chaleureux et romantique qui s'est refait une beauté pour ses 10 ans... Sur l'un des murs de la salle trône une citation de William Faulkner : "Nous sommes entrés en courant dans le clair de lune et sommes allés vers la cuisine." Pierres apparentes et matériaux naturels (bois brut, branchages, etc.) complètent ce tableau non dénué de poésie...C'est aussi un havre de délices, porté par une équipe déterminée à ne sélectionner que de superbes produits - selon une éthique écologique, ainsi de beaux légumes bio - et à régaler ses clients d'assiettes tout en maîtrise et en précision : une véritable démonstration de vitalité, de fraîcheur et de senteurs. Très agréable moment, donc, sous la clarté de cette table aussi lunaire que terrestre...

Menu 60 € (déjeuner), 90/120 €

50 rue Amelot - Ⓜ Chemin Vert - ✆ 01 48 07 45 48 - www.quiplumelalune.fr - Fermé : lundi, dimanche

LE RIGMAROLE

Chefs : Robert Compagnon et Jessica Yang

CUISINE MODERNE • CONTEMPORAIN Le chef Robert Compagnon et la pâtissière californienne Jessica Yang ont uni leurs talents pour créer cette table atypique, déjà hyper-courue à Paris, dont le nom en forme de boutade signifie en anglais « long et compliqué ». C'est pourtant tout le contraire dans leur table de poche où la convivialité et le plaisir règnent sans partage : grillades, pâtes fraîches, touches italiennes, françaises et japonaises, de petites choses à partager entre amis, un verre de vin à la main en discutant. Les produits sont top, l'ensemble est d'une fraîcheur à tomber.

A/C - Menu 79 €

10 rue du Grand-Prieuré - Ⓜ Oberkampf - ✆ 01 71 24 58 44 - www.lerigmarole.com - Fermé : lundi, mardi et le midi

SEPTIME

Chef : Bertrand Grébaut

CUISINE MODERNE • BISTRO Des bonnes idées en pagaille, beaucoup de fraîcheur et d'aisance, de la passion et même un peu de malice, mais toujours de la précision et de la justesse : mené par le jeune Bertrand Grébaut, Septime symbolise le meilleur de cette nouvelle génération de tables parisiennes à la fois très branchées et... très épicuriennes. Au milieu de la rue de Charonne, le lieu exploite à fond les codes de la modernité : grande verrière d'atelier, tables en bois brut, poutres en métal... Une vraie inspiration industrielle, plutôt chic dans son aboutissement, d'autant que le service contribue à faire passer un bon moment. Comme on peut l'imaginer, tout cela se mérite : il faudra réserver précisément trois semaines à l'avance pour avoir une chance d'en profiter.

L'engagement du chef : *Développement humain et respect de l'environnement sont au cœur de notre engagement. Les denrées maraîchères que nous cuisinons proviennent en majorité d'Île-de-France, les viandes et les poissons sont issus de l'élevage ou de la pêche responsables et durables, nous travaillons les produits entiers pour lutter contre le gaspillage et nos bio-déchets partent en plateforme de lombricompostage pour être recyclés.*

Menu 65 € (déjeuner), 110 €

80 rue de Charonne - Ⓜ Charonne - ✆ 01 43 67 38 29 - www.septime-charonne.fr - Fermé : samedi, dimanche

AUBERGE PYRÉNÉES CÉVENNES

CUISINE TRADITIONNELLE • AUBERGE Le chef Pierre Négrevergne s'épanouit à merveille dans cette maison qui a plus de 100 ans. Il régale avec une savoureuse cuisine "de grand-mère" qui met en valeur le patrimoine gastronomique français (terrine maison, blanquette de veau à l'ancienne et riz grillé, mille-feuille), servie en portions généreuses. Cette auberge régale toujours autant.

A/C - Menu 38 € - Carte 45/75 €

106 rue de la Folie-Méricourt - Ⓜ République - ✆ 01 43 57 33 78 - www.auberge-pyrenees-cevennes.fr - Fermé : lundi midi, samedi midi, dimanche

CLAMATO

POISSONS ET FRUITS DE MER • TENDANCE L'annexe de Septime a tout du "hit" bistronomique, avec ce décor tendance et cette carte courte qui met en avant la mer et les légumes. Les produits sont choisis avec grand soin : on se régale dans une atmosphère franchement conviviale. Attention, la réservation est impossible : premier arrivé, premier servi !

A/C - Carte 32/45 €

80 rue de Charonne - Ⓜ Charonne - ✆ 01 43 72 74 53 - www.clamato-charonne.fr - Fermé : lundi, mardi

DOUBLE DRAGON

CUISINE ASIATIQUE • DÉCONTRACTÉ Dans cette sympathique « cantine asiatique », les sœurs Katia et Tatania Levha proposent des petits plats d'inspiration diverses (Chine, Philippines, Thaïlande, etc.) dans un esprit "streetfood" amélioré. Une cuisine pleine de caractère, aux saveurs marquées, parfois délicieusement épicées. Une table ludique et savoureuse.

Carte 30/40 €

52 rue Saint-Maur - Ⓜ Rue Saint-Maur - ✆ 01 71 32 41 95 - www.doubledragonparis.com - Fermé : lundi, mardi et le midi

BIEN FICELÉ

TRADITIONNELLE • CONTEMPORAIN Tenu par le même propriétaire que le Bien Élevé dans le neuvième arrondissement, ce bistrot propose viandes rôties à la broche ou cuites à la braise, ainsi que des plats oscillant entre tradition et modernité. Jolis souvenirs d'un ceviche de bar, pêches, mangues et épices, et de ribs de cochon confites, jus de viande aux épices et purée. En deux mots : "bien ficelé" !

A/C - Carte 38/43 €

51 boulevard Voltaire - Ⓜ St-Ambroise - ✆ 01 58 30 84 88 - www.bienficele.fr - Fermé : lundi

BIONDI

CUISINE ARGENTINE • BISTRO Le talentueux chef a baptisé ce restaurant en souvenir de Pepe Biondi, célèbre clown argentin. L'Argentine est au menu : viandes et poissons cuits a la parrilla,empanadas et ceviche du jour... Des préparations soignées, servies par une équipe efficace. Bons vins et bonne humeur parachèvent le tableau.

- Carte 51/100 €

118 rue Amelot - Ⓜ Oberkampf - ✆ 01 47 00 90 18 - www.biondi-restaurant.fr - Fermé : dimanche

BISTROT PAUL BERT

CUISINE TRADITIONNELLE • BISTRO Sur la façade de ce sympathique bistrot s'affiche "Cuisine familiale". Traduisez : feuilleté de ris de veau aux champignons, cerf rôti aux airelles et purée de céleri… Des assiettes copieuses et goûteuses, préparées sans tralala. Vous en redemanderez, mais attention à bien garder de la place pour le baba au rhum !

- Menu 24 € (déjeuner), 42 € - Carte 50/60 €

18 rue Paul-Bert - Ⓜ Faidherbe Chaligny - ✆ 01 43 72 24 01 - Fermé : lundi, dimanche

BON KUSHIKATSU

CUISINE JAPONAISE • ÉLÉGANT Pour un voyage express à Osaka, à la découverte de la spécialité culinaire de la ville : les kushikatsu (des minibrochettes panées et frites à la minute). Bœuf au sansho, foie gras poivré, champignon shiitaké : les préparations se succèdent et révèlent de belles saveurs. Et l'accueil délicat finit de transporter au Japon…

A/C - Menu 59 €

24 rue Jean-Pierre-Timbaud - Ⓜ Oberkampf - ✆ 01 43 38 82 27 - www.kushikatsubon.fr - Fermé : mercredi, dimanche et le midi

LE CHARDENOUX

CUISINE MODERNE • BISTRO Cyril Lignac a réinventé ce bistrot parisien historique, tout en conservant le cachet Art nouveau qui le caractérise. La carte est surtout tournée vers les produits de la mer, avec les incontournables signés Lignac (lobster roll, bar en croûte de sel, tartare de thon, avocat, ponzu, wasabi, sans oublier l'excellent millefeuille !). Gourmand et bien exécuté : un plaisir.

Carte 40/80 €

1 rue Jules-Vallès - Ⓜ Charonne - ✆ 01 43 71 49 52 - www.restaurantlechardenoux.com

LE CHATEAUBRIAND

CUISINE MODERNE • BISTRO Le Chateaubriand, ou le temple de la mouvance bistronomique. Cette institution cultive une formule éprouvée : celle d'un menu unique aux associations de saveurs originales. Branché, forcément.

- Menu 75 €

129 avenue Parmentier - Ⓜ Goncourt - ✆ 01 43 57 45 95 - www.lechateaubriand.net - Fermé : lundi, dimanche et le midi

L'ÉCAILLER DU BISTROT

POISSONS ET FRUITS DE MER • BISTRO Le point fort de la maison ? Des produits de la mer très frais, et des huîtres en provenance directe de la Bretagne ! Ambiance 100 % marine, ardoise du jour iodée avec saumon fumé maison, sole meunière… menu homard toute l'année ou presque.

A/C - Menu 24 € (déjeuner), 80 € - Carte 55/75 €

22 rue Paul-Bert - Ⓜ Faidherbe Chaligny - ✆ 01 43 72 76 77 - l-ecailler-du-bistrot.business.site - Fermé : lundi, dimanche

KORUS

CUISINE DU MARCHÉ • BISTRO Ce petit bistrot contemporain situé entre Bastille et République sert un menu du jour à prix séduisant autour d'une cuisine du marché, concoctée par un chef compétent au parcours "bistronomique". Souvenir d'un filet de lieu jaune, purée de courgette, marjolaine et pignon de pin de belle fraîcheur.

Menu 23 € (déjeuner), 55/65 €

73 rue Amelot - Ⓜ Chemin-Vert - ✆ 01 55 28 53 31 - restaurantkorus.com - Fermé : lundi, mardi, dimanche midi

MAISON

CUISINE MODERNE • DESIGN Sota Atsumi, talent brut et CV en or massif (le Clown, Saturne, Toyo, Michel Troisgros à Roanne, etc), nous émeut avec sa cuisine française piquée de modernité, autour d'un menu fixe composé des meilleurs produits du marché. La salle à manger prend des allures de loft post-industriel avec son toit en v inversé, son immense table d'hôte centrale, sa cuisine ouverte, prolongée d'un comptoir. Un vrai bonheur.

A/C - Menu 120/150 €

3 rue Saint-Hubert - Ⓜ Rue Saint-Maur - ✆ 01 43 38 61 95 - www.maison-sota.com - Fermé : lundi, dimanche et le midi

MARCHON

CUISINE MODERNE • CONTEMPORAIN Conversion réussie pour Alexandre Marchon, jeune chef patron autodidacte passionné de cuisine qui a quitté le monde de la publicité et de la communication pour enfiler la veste blanche de chef. Les recettes (plutôt légumières) décoiffent et étonnent par leur réelle personnalité, leur apparente simplicité au service du goût et de l'efficacité. Le midi, séduisant menu à prix doux, le soir, menu surprise unique sans choix en 5 ou 7 temps, dans l'esprit « retour du marché » et le dimanche midi, c'est PDD « poulet du dimanche » ! Tout nouveau, tendance et rudement bon.

A/C - Menu 25 € (déjeuner), 59/79 €

161 rue Saint-Maur - Ⓜ Goncourt - ✆ 01 47 00 63 97 - www.marchon-restaurant.fr - Fermé : samedi, dimanche soir

OSTERIA FERRARA

CUISINE ITALIENNE • OSTERIA Attention, refuge de gourmets ! L'intérieur est élégant mais c'est dans l'assiette qu'a lieu la magie. Le chef sicilien travaille une carte aux recettes italiennes bien ficelées, goûteuses et centrées sur le produit, ainsi cette longe de veau français à la Milanaise, et sa poêlée d'épinards. Un bistrot qui a une âme et une jolie carte des vins, ce qui ne gâche rien.

- Menu 23 € (déjeuner) - Carte 34/55 €

7 rue du Dahomey - Ⓜ Faidherbe Chaligny - ✆ 01 43 71 67 69 - www.osteriaferrara.com - Fermé : samedi, dimanche

PIANOVINS

CUISINE DU MARCHÉ • ÉPURÉ Deux anciens de chez Guy Savoy, Michel Roncière et Éric Mancio, unissent ici leurs forces : le premier au "Piano", le second aux "Vins". Les assiettes, sérieuses et appliquées, évoluent chaque jour au fil du marché ; elles se dégustent dans une salle intimiste de 20 couverts environ, avec cuisine ouverte et tables au coude à coude. Jolie carte des vins et patron-sommelier intarissable sur ses flacons.

A/C - Menu 34 € (déjeuner), 49/64 €

46 rue Trousseau - Ⓜ Ledru-Rollin - ✆ 01 48 06 95 85 - www.pianovins.com - Fermé : lundi, mardi midi, dimanche

PIERRE SANG IN OBERKAMPF

CUISINE CRÉATIVE • BRANCHÉ Qui est adepte de l'émission Top Chef connaît forcément Pierre Sang, finaliste de l'édition 2011. On retrouve toute la gentillesse du jeune homme, qui délivre, ici chez lui, une cuisine sensible et partageuse – particulièrement bon marché le midi ! Installez-vous au comptoir, face à la cuisine ouverte, et laissez-vous emporter.

A/C - Menu 25 € (déjeuner), 39 €

55 rue Oberkampf - Ⓜ Parmentier - ✆ 09 67 31 96 80 - pierresang.com/in-oberkampf

PIERRE SANG ON GAMBEY

CUISINE CRÉATIVE • TENDANCE Pierre Sang propose au déjeuner un menu unique qui est loin de faire l'impasse sur la gourmandise et plus élaboré en soirée. On retrouve l'attachement du chef aux beaux produits, travaillés avec soin et créativité, à l'instar de cette lotte et chorizo au bœuf wagyu ou du bar de ligne en croûte de sel. Cadre chaleureux de briques rouges.

- Menu 25 € (déjeuner), 49/88 €

6 rue Gambey - Ⓜ Parmentier - ✆ 09 67 31 96 80 - www.pierresang.com

ROBERT Ⓝ

CUISINE MODERNE • BISTRO Comme le chanteur Joe Cocker ou le groupe Pulp, Daniel Morgan, l'ex-chef de Salt, est originaire de Sheffield. British pur sucre donc, dûment tatoué, le gars s'est acoquiné avec deux associés, notamment le cinéaste Édouard Bergeon (Au Nom de la terre), pour ouvrir ce néo-bistrot où le végétal est roi. Cette cuisine tendance, émaillée de quelques touches gastropub, se nourrit des légumes qui arrivent en direct du potager berrichon du restaurant : ravioles de betteraves, courge confite et crème de parmesan... Carte des vins bio et nature.

Menu 58/76 €

32 rue de la Fontaine au Roi - Ⓜ Goncourt - ✆ 01 43 57 20 29 - robert-restaurant.fr - Fermé : lundi, dimanche et le midi

LE SAINT-SÉBASTIEN

CUISINE MODERNE • BISTRO Programme alléchant dans ce bar de quartier transformé en repaire bistronomique : petite carte respectueuse des saisons, très axée sur le végétal, choix judicieux dans les assaisonnements, jolie maîtrise des herbes et des épices qui apportent du caractère aux assiettes... sans oublier de bons vins nature. C'est tout bon.

♿ - Carte 45/54 €

42 rue Saint-Sébastien - Ⓜ St-Ambroise - ✆ 06 49 75 27 90 - www.lesaintsebastien.paris - Fermé : dimanche et le midi

LE SERVAN

CUISINE MODERNE • BISTRO À l'angle de la rue St-Maur, le fief de Katia et Tatiana Levha est l'un des bistrots gourmands les plus courus de la place parisienne. L'endroit a fière allure, avec ses fresques d'époque ; Tatiana compose une cuisine fraîche et spontanée, et ne rechigne pas à tenter des associations inattendues. Avec succès !

Carte 42/65 €

32 rue Saint-Maur - Ⓜ Rue Saint-Maur - ✆ 01 55 28 51 82 - leservan.com - Fermé : samedi midi, dimanche

SIAMSA

CUISINE MODERNE • BISTRO Siamsa... A l'oreille, ce nom étrange évoque le royaume de Siam et la cuisine thaïlandaise, mais dans l'assiette, on goûte une cuisine contemporaine bien française, fraîche et équilibrée (ceviche de daurade à la framboise, légumes croquants ; poitrine de porc fumé, abricots, piment, etc.). L'origine de Siamsa, nom gaélique signifiant "divertir" est un clin d'œil aux origines d'un des associés (Simon Cuddy). Un bistrot de quartier et de qualité.

Carte 26/32 €

13 rue de la Pierre-Levée - Ⓜ République - ✆ 01 43 38 34 72 - www.siamsa.fr - Fermé : lundi, dimanche

VANTRE

CUISINE MODERNE • BISTRO Le "vantre" au moyen-âge signifiait "lieu de réjouissance". C'est aujourd'hui un lieu de réjouissance pour notre ventre. Un ancien sommelier (le Bristol, Taillevent) et son chef japonais proposent une cuisine à base de produits sélectionnés. Plus de deux milles références de vins, accueil sympathique et succès mérité.

A/C - Menu 23 € (déjeuner) - Carte 42/75 €

19 rue de la Fontaine-au-Roi - Ⓜ Goncourt - ✆ 01 48 06 16 96 - www.vantre.fr - Fermé : samedi, dimanche

LE VILLARET

CUISINE TRADITIONNELLE • CONVIVIAL Les délicieux parfums qui vous accueillent dès la porte d'entrée ne trompent pas : voici une vraie adresse gourmande ! Le Chef-patron Olivier Gaslain, cuisinier passionné, propose une cuisine traditionnelle, rythmée par les saisons (truffe et gibier, en majesté) et la générosité. Superbe carte des vins (plus de 800 références).

- Carte 54/79 €

13 rue Ternaux - Ⓜ Parmentier - ✆ 01 43 57 89 76 - www.levillaret-restaurant.fr - Fermé : lundi, dimanche

Bastille • Bercy • Gare de Lyon

12e ARRONDISSEMENT

✿✿ TABLE - BRUNO VERJUS

Chef : Bruno Verjus

CUISINE MODERNE • DESIGN Choisir les plus beaux produits, les cuisiner avec humilité et un respect absolu : tel est le credo de Bruno Verjus, étonnant personnage, entrepreneur, blogueur, critique gastronomique et même auteur désormais... devenu « chef autodidacte » comme il se baptise lui-même ! Dans sa cuisine ouverte face aux clients, il parle de ses fournisseurs avec un charisme certain, et l'envie de s'effacer devant l'artisan qui a produit la matière de son travail – d'ailleurs, qu'il s'agisse de recettes ou de produits, ce chef se considère avant tout comme un « passeur ». Tout est cuisiné à la minute avec des garnitures et des sauces qui n'ont qu'un but : magnifier le produit sans le dénaturer ! La carte, volontairement courte, présente des compositions atypiques (y compris le nom des plats) : homard à croquer presque vivant sur son rocher ; rouget farfouilleur Rossini (et sa sauce succulente) ; tarte aux pralines roses selon la recette d'Henry Cornil pour Alain Chapel...

***L'engagement du chef :** Notre engagement au service d'une cuisine de l'instant nous engage dans un rapport direct avec nos producteurs locaux. Ils nous fournissent au quotidien ce que la nature est en mesure de leur offrir. Nous ne passons aucune commande de quantité, seule la qualité oblige. L'exemplarité de leur travail, sans pesticide et respectant la nature sauvage des sols, respecte la santé de nos clients et celle de notre terre.*

- Menu 180 € (déjeuner), 300/400 € - Carte 160/220 €

3 rue de Prague - Ⓜ Ledru Rollin - ✆ 01 43 43 12 26 - www.table.paris - Fermé : lundi, samedi midi, dimanche

✿ VIRTUS

CUISINE MODERNE • COSY À quelques pas du marché d'Aligre, cette belle façade bleu sombre abrite un intérieur vintage, émaillé de quelques notes Art Déco. C'est désormais le fief d'un couple talentueux formé par Frédéric Lorimier aux fourneaux et Camille Gouyer en salle, venus de la Vague d'Or - Cheval Blanc à Saint-Tropez. Fort de ce parcours parmi les grands, le chef cuisine au millimètre des produits de saison (ce soir-là, des Saint-Jacques associées judicieusement au panais), délivre des cuissons au cordeau et de belles sauces parfumées (comme celle au beurre blanc twistée par le pamplemousse). En salle, le même sérieux enjoué marque le service de Camille.

- Menu 39 € (déjeuner), 85/165 € - Carte 90/115 €

29 rue de Cotte - Ⓜ Ledru-Rollin - ✆ 09 80 68 08 08 - www.virtus-paris.com - Fermé : lundi, mardi midi, dimanche

JOUVENCE

CUISINE MODERNE • VINTAGE Située non loin de la rue de Cîteaux, cette ancienne pharmacie 1900 ne se repose pas sur ses lauriers décoratifs ; on y sert une cuisine actuelle, riche de produits de qualité. Ainsi le pigeon entièrement désossé, coffre rôti et cuisses confites, pommes croquettes et oignons. Le chef, passé chez Dutournier, ne manque pas de talent.

- Menu 25 € (déjeuner), 37 €

172 bis rue du Faubourg-Saint-Antoine - Ⓜ Faidherbe-Chaligny - ✆ 01 56 58 04 73 - www.jouvence.paris - Fermé : lundi, dimanche

À LA BICHE AU BOIS

CUISINE TRADITIONNELLE • RUSTIQUE De nombreux habitués se pressent dans ce discret restaurant, qui n'est pas sans rappeler les bons bistrots d'antan. Dans une ambiance animée, au coude-à-coude, on profite d'un condensé de tradition (terrine maison, coq au vin) et de gibier en saison : sanglier, civet de lièvre et... biche, bien entendu !

Menu 30/40 € - Carte 29/45 €

45 avenue Ledru-Rollin - Ⓜ Gare de Lyon - ✆ 01 43 43 34 38 - Fermé : samedi, dimanche

AMARANTE

CUISINE TRADITIONNELLE • BISTRO La façade vitrée annonce : "Cuisine de France". Tout est dit ! On décline ici une partition sans fioritures, au doux parfum d'antan, qui donne toute leur place à des produits bien choisis. Le décor est aussi simple et vintage que la cuisine : carrelage au sol, banquettes en skaï rouge, tables en bois. Pourquoi faire compliqué ?

A/C - Menu 25/29 € - Carte 54/67 €

4 rue Biscornet - Ⓜ Bastille - ✆ 07 67 33 21 25 - www.amarante.paris - Fermé : mercredi, jeudi

BISTRO S Ⓝ

CUISINE MODERNE • BISTRO S comme secret, savoureux, sapide ou Spinoza, non pas le philosophe, mais le propriétaire, numismate spécialiste des monnaies grecques antiques et passionné de vin, qui couve des yeux son bistrot discret du quartier Ledru-Rollin. Un chef japonais talentueux y cuisine sain, juste et frais, fort d'une technique impeccable. S comme super !

Menu 29 € (déjeuner), 48/58 €

7 rue Saint-Nicolas - Ⓜ Ledru-Rollin - ✆ 01 43 43 49 40 - www.bistros.fr - Fermé : lundi, dimanche

LE COTTE RÔTI

CUISINE MODERNE • CONTEMPORAIN Un restaurant à l'image de son chef, convivial et bon vivant, qui revisite avec finesse la tradition bistrotière : au gré du marché et de l'humeur du jour, il compose des plats simples et fins, qui vont droit au cœur ! Et pour accompagner le tout, rien de tel que quelques bons crus de la vallée du Rhône...

⚘ - Menu 29 € (déjeuner), 79 € - Carte 55/70 €

1 rue de Cotte - Ⓜ Ledru Rollin - ✆ 01 43 45 06 37 - lecotteroti.fr - Fermé : lundi midi, samedi, dimanche

IL GOTO

CUISINE ITALIENNE • TRATTORIA Sympathique, ce restaurant tenu par Marzia et Simone, un couple d'Italiens passionnés. Burrata, trévise et potiron en aigre-douce ; tagliatelles au confit de chèvre de lait et menthe ; "torta" au mascarpone et vanille... Des créations goûteuses et soignées, que l'on accompagne d'un bon rouge transalpin !

♿ - Menu 21 € (déjeuner), 35/45 € - Carte 35/50 €

212 bis rue de Charenton - Ⓜ Dugommier - ✆ 01 43 46 30 02 - www.ilgoto.fr - Fermé : lundi, dimanche

NOUS 4

CUISINE TRADITIONNELLE • BISTRO Cochon en crousti-fondant, lentilles, sauce moutarde ; œuf poché, chou, crème au lard : vous l'aurez peut-être compris, ici, on se régale sans chichis, et à un rapport plaisir/prix aussi aimable que le chef, avec qui vous pouvez échanger, grâce à la cuisine ouverte. Une adresse décidément bien sympathique comme on aimerait en voir plus souvent à Paris.

♿ - Menu 21 € (déjeuner), 45/65 €

3 rue Beccaria - Ⓜ Gare de Lyon - ✆ 06 06 70 64 92 - www.nous4restaurant.com - Fermé : lundi, dimanche

PASSERINI

CUISINE ITALIENNE • CONTEMPORAIN Giovanni Passerini a le regard vif, un talent fou, et l'ambition qui va avec. C'est à l'italienne que l'on se régale dans ce restaurant convivial, comme avec ces tripes "cacio e ova" artichauts et truffe blanche. Ici, primauté aux produits. La "spécialité" de la maison demeure les plats à partager - ainsi ce homard en deux services. Sans oublier la formule du samedi soir, centrée autour de petites assiettes. C'est goûteux, soigné. Un vrai plaisir.

- Menu 35/48 € - Carte 45/90 €

65 rue Traversière – Ⓜ Ledru Rollin – ✆ 01 43 42 27 56 – www.passerini.paris – Fermé : lundi, mardi midi, dimanche

QUINCY

CUISINE TRADITIONNELLE • BISTRO Une ambiance chaleureuse règne dans ce bistrot indémodable, dominé par "Bobosse", son patron truculent et haut en couleurs. Depuis 40 ans (à la louche !), les amateurs de bonne chère s'y régalent des généreuses et savoureuses spécialités du Berry et de l'Ardèche. Une table comme on n'en fait plus.

- Carte 60/80 €

28 avenue Ledru-Rollin – Ⓜ Gare de Lyon – ✆ 01 46 28 46 76 – www.lequincy.fr – Fermé : lundi, samedi, dimanche

TOWA

CUISINE MODERNE • CONTEMPORAIN Le chef japonais Shin Okusa est aux commandes de Towa, tout près du trépidant marché d'Aligre. Passionné par la tradition française, véritable disciple d'Escoffier, il reprend les grands classiques (navarin d'agneau, pithiviers de magret de canard) mais aussi les sauces, pâtés chauds et autres tourtes avec un aplomb imparable.

Menu 35 € (déjeuner), 65/85 €

75 rue Crozatier – Ⓜ Ledru Rollin – ✆ 01 53 17 02 44 – www.towarestaurantparis.fr – Fermé : lundi, mardi, mercredi midi

Place d'Italie • Gare d'Austerlitz • Bibliothèque Nationale de France

13e ARRONDISSEMENT

L'HOMMAGE

CUISINE MODERNE • CONTEMPORAIN Dans ce quartier où fleurissent les cantines chinoises, cet établissement se démarque par sa partition bistronomique à la française, mais aussi par sa décoration épurée – très loft nordique. Dans l'assiette c'est un sans-faute : produits de qualité, cuissons et assaisonnements maîtrisés... Excellent rapport qualité-prix.

- Menu 25 € (déjeuner), 54 € - Carte 39/53 €

36 avenue de Choisy – Ⓜ Maison Blanche – ✆ 01 44 24 38 70 – www.lhommageparis.com – Fermé : samedi midi, dimanche

IMPÉRIAL CHOISY

CUISINE CHINOISE • SIMPLE Au cœur du Chinatown parisien, un restaurant chinois apprécié par de nombreux Asiatiques qui en ont fait leur cantine. Dans une salle qui ne désemplit pas (service non-stop, voire un peu expéditif !), on se régale au coude-à-coude de belles spécialités cantonaises. Un vrai goût d'authenticité, sans se ruiner !

- Carte 25/50 €

32 avenue de Choisy – Ⓜ Porte de Choisy – ✆ 01 45 86 42 40

PHO TAI

CUISINE VIETNAMIENNE • SIMPLE Dans une rue isolée du quartier asiatique, ce petit restaurant vietnamien sort du lot : tout le mérite en revient à son chef, Monsieur Te, arrivé en France en 1968 et fort bel ambassadeur de la cuisine du Vietnam. Raviolis, poulet croustillant au gingembre frais, bo bun et soupes phô : tout est parfumé et plein de saveurs !

A/C - Carte 23/30 €

13 rue Philibert-Lucot - Ⓜ Maison Blanche - ✆ 01 45 85 97 36 - Fermé : lundi

SELLAE

CUISINE MODERNE • BISTRO Après Mensae dans le dix-neuvième arrondissement (table en latin), voilà Sellae (chaise), autre adresse de Thibault Sombardier. Son chef italien propose une cuisine bistrotière revisitée, émaillée de quelques accents du Sud. De beaux produits, un savoir-faire certain.

- Menu 22 € (déjeuner), 39/50 € - Carte 40/60 €

18 rue des Wallons - Ⓜ Saint-Marcel - ✆ 01 43 31 36 04 - www.sellae-restaurant.com - Fermé : lundi, dimanche

AU PETIT MARGUERY

CUISINE TRADITIONNELLE • BOURGEOIS Un décor Belle Époque authentique, plaisant et convivial. La carte est dans la grande tradition : terrines maison, tête de veau ravigote, gibier en saison... Juste à côté, le Comptoir Marguery se la joue canaille, façon bistrot à sensation. Une adresse qui a une âme !

A/C - Menu 34 € - Carte 39/60 €

9 boulevard de Port-Royal - Ⓜ Les Gobelins - ✆ 01 43 31 58 59 - www.petitmarguery.com

LAO LANE XANG 2

CUISINE SUD-EST ASIATIQUE • SIMPLE L'histoire parisienne des Siackhasone, originaires du Laos, commence dans les années 1990 avec l'ouverture de deux adresses sur l'avenue d'Ivry. En 2007, Do et Ken - dignes héritiers du savoir-faire familial - ouvrent cette table qui marie spécialités laotiennes, thaïes et vietnamiennes : simplicité et parfums au menu !

♿ A/C - Carte 20/38 €

102 avenue d'Ivry - Ⓜ Tolbiac - ✆ 01 58 89 00 00 - Fermé : mercredi, jeudi midi

MARSO & CO

CUISINE MÉDITERRANÉENNE • BRANCHÉ Tomy Gousset (Tomy & Co, près des Invalides) tient ici une table avant tout voyageuse : l'assiette pioche dans tout le bassin méditerranéen, de la Grèce au Portugal en passant par l'Italie et le Liban. Le résultat est réjouissant, les saveurs font mouche, la fraîcheur est au rendez-vous : on passe un bon moment.

Menu 36 €

16 rue Vulpian - Ⓜ Glacière - ✆ 01 45 87 37 00 - www.tomygousset.com/marso-and-co - Fermé : samedi, dimanche

NOSSO Ⓝ

CUISINE ACTUELLE • CONTEMPORAIN La cheffe brésilienne Alessandra Montagne est tout sourire dans son nouveau restaurant contemporain et chaleureux de béton et de bois, entièrement ouvert sur l'extérieur avec ses grandes baies vitrées. Dans l'assiette, la recette du succès (et du plaisir) est au rendez-vous : dressages soignés, cuisine de saison locavore, pleine de saveurs et panachée d'influences multiples (du Brésil à l'Asie). 100% nature et zéro déchet.

♿ A/C - Menu 34 € (déjeuner), 65 € - Carte 45/55 €

22 promenade Claude-Lévi-Strauss - Ⓜ Bibliothèque François Mitterrand - ✆ 01 40 01 95 17 - www.nosso-restaurant.fr - Fermé : lundi soir, mardi soir, samedi, dimanche

LE SIROCCO

CUISINE MAROCAINE • ORIENTAL Le souffle chaud du Sirocco est monté jusqu'aux Gobelins apporter ses effluves de tajines, couscous et hariras dans les anciennes écuries du château de la Reine Blanche, où est installé ce restaurant marocain au décor typique. Le propriétaire importe lui-même l'huile d'argan qui parfume ses préparations traditionnelles. Bien entendu la semoule est maison, très fine comme il se doit.

Carte 30/60 €

8 bis rue des Gobelins - Ⓜ Gobelins - ✆ 01 43 31 13 13 - restaurantlesirocco.fr - Fermé : lundi

SOURIRE LE RESTAURANT

CUISINE MODERNE • COSY Cette façade avenante dans une rue tristounette redonne le sourire. Banquettes en velours bleu, tables bistrot retro, producteurs au cordeau (veau rouge de Galice, agneau de Clavisy) : la recette est efficace et éprouvée, à l'image de ces coquilles Saint-Jacques de la Baie de Morlaix, variation de choux, citron confit.

A/C - Menu 39 € (déjeuner), 69 €

15 rue de la Santé - Ⓜ Gobelins - ✆ 01 47 07 07 45 - www.sourire-restaurant.com - Fermé : lundi, dimanche

TADAM

CUISINE MODERNE • CONVIVIAL Cette petite adresse sympathique propose une courte carte de saison aux intitulés attractifs. Les assiettes vont à l'essentiel, avec de jolis produits travaillés sans chichis ni complication, à l'image de cette savoureuse tarte chaude aux champignons. Ambiance conviviale, brunch le dimanche. Un peu de fraîcheur dans le quartier des Gobelins !

Menu 17 € (déjeuner), 18/42 € - Carte 40/47 €

14 rue du Jura - Ⓜ Campo-Formio - ✆ 01 43 31 29 19 - www.tadam-paris.fr - Fermé : dimanche soir

---

Montparnasse • Denfert Rochereau • Parc Montsouris

14e ARRONDISSEMENT

✿ MOSUKE

Chef : Mory Sacko

CUISINE MODERNE • TENDANCE L'ex-candidat de Top Chef Mory Sacko fait désormais le show chez lui, dans l'ancien Cobéa, où la salle, repeinte en blanc, a gagné en luminosité grâce à son mobilier en bois clair et son parquet. Le nom du restaurant fusionne le prénom du chef et Yasuke, qui est le premier et seul samouraï africain ayant existé au Japon. Tout est dit : la référence à ses racines malienne et sénégalaise, sa fascination pour le pays du Soleil Levant et, bien sûr, sa passion pour la gastronomie française et ses techniques, nourrie auprès de Christophe Moret et Thierry Marx. Et c'est une vraie réussite dans l'assiette, toujours inspirée et originale. Le résultat est singulier, métissé, abouti : sticky rice au tama-miso et champignons ; picanha de bœuf sauce maté au tamarin...

A/C - Menu 55 € (déjeuner), 85/110 €

11 rue Raymond-Losserand - Ⓜ Gaité - ✆ 01 43 20 21 39 - mosuke-restaurant.com - Fermé : lundi, dimanche

AUX PLUMES

CUISINE MODERNE • CONVIVIAL Une cuisine inspirée, gourmande et généreuse, réalisée par un jeune chef japonais passé par l'Astrance et le Chamarré Montmartre : voici ce qui vous attend ici. Les produits émanent des meilleurs commerçants du quartier, et si le confort est un peu spartiate l'assiette régale à tous les coups : allez-y les yeux fermés.

A/C - Menu 27 € (déjeuner), 38/60 €

45 rue Boulard - Ⓜ Mouton Duvernet - ✆ 01 53 90 76 22 - www.auxplumes.com - Fermé : lundi, mercredi soir, dimanche

BISTROTTERS

CUISINE MODERNE • **BISTRO** Une bien jolie maison que ce Bistrotters installé dans le sud du 14e, près du métro Plaisance. Le chef espagnol soigne son choix de produits - avec une préférence pour les petits producteurs d'Île-de-France - et y instille des influences variées (Asie, Méditerranée...). Service décontracté.

A/C - Menu 39 €

9 rue Decrès - Ⓜ Plaisance - ✆ 01 45 45 58 59 - www.bistrotters.com

LES PETITS PARISIENS

CUISINE TRADITIONNELLE • **BISTRO** En lieu et place de la Régalade, temple de la bistronomie, ces Petits Parisiens (ex-Origins 14) relooké reprennent le collier sous la houlette du propriétaire des Petits Princes (Suresnes). Le chef Rémy Danthez travaille les fondamentaux à travers une cuisine de bistrot généreuse, qui ne dédaigne pas les alliances originales.

A/C - Menu 29 € (déjeuner), 39 € - Carte 40/83 €

49 avenue Jean Moulin - Ⓜ Porte-d'Orléans - ✆ 01 45 43 72 97 - www.petits-parisiens.paris - Fermé : lundi, dimanche

L'ASSIETTE

CUISINE CLASSIQUE • **BISTRO** Une adresse franche et généreuse où l'on peut voir ce qui se trame en cuisine. Cassoulet maison (aussi disponible à l'épicerie attenante), crevettes bleues obsiblue façon tartare, crème caramel au beurre salé, soufflé au chocolat... La cuisine de tradition prend l'accent bistrot chic.

Menu 23 € (déjeuner) - Carte 49/67 €

181 rue du Château - Ⓜ Mouton Duvernet - ✆ 01 43 22 64 86 - restaurant-lassiette.paris - Fermé : lundi, mardi

AUX ENFANTS GÂTÉS

CUISINE MODERNE • **BISTRO** Aux murs, des citations de grands chefs et quelques recettes montrent que le patron est allé à bonne école... Il revisite la tradition de belle manière, avec l'appui des bons produits de la saison. Une jolie petite maison.

A/C - Menu 39 €

4 rue Danville - Ⓜ Denfert Rochereau - ✆ 01 40 47 56 81 - www.auxenfantsgates.fr - Fermé : lundi, samedi midi, dimanche

BISTROT AUGUSTIN

CUISINE TRADITIONNELLE • **BISTRO** Repris en main par Guy Martin en 2020, ce bistrot a toujours les mêmes valeurs : cadre feutré, petite terrasse sur la rue Daguerre, et la belle cuisine du marché du chef Vincent Deyres, à la gloire du produit : asperges blanches des Landes et œuf poché ; quasi de veau fermier cuit au sautoir, légumes de saison au lard paysan... Super rapport qualité-prix.

♿ A/C 🍽 - Menu 39 € - Carte 39/60 €

79 rue Daguerre - Ⓜ Gaîté - ✆ 01 43 21 92 29 - www.augustin-bistrot.fr - Fermé : dimanche

LA CONTRE ALLÉE

CUISINE MODERNE • **TRADITIONNEL** Venu de la Table de Cybèle, à Boulogne-Billancourt, Vannick Termenière régale dans cette discrète contre-allée de l'avenue Denfert-Rochereau : cuisine du marché simple et bien troussée, produits de qualité, le tout dans un cadre de bistrot chic, sobre et chaleureux... Une bonne adresse.

A/C 🍽 - Carte 33/54 €

83 avenue Denfert-Rochereau - Ⓜ Denfert Rochereau - ✆ 01 43 54 99 86 - www.contreallee.net - Fermé : samedi, dimanche

LE CORNICHON

CUISINE MODERNE • **BISTRO** Armé d'un CV très costaud (Atelier Guy Martin, Lucas Carton, Grand Véfour), Sébastien Dagoneau fait des merveilles depuis sa reprise du Cornichon en janvier 2020. Comme promis, il décline une pure cuisine de produit, fraîche et gourmande, néo-bistrot en diable, avec du gibier en saison et une chouette carte de vins bio et nature. Le pari est remporté haut la main.

Menu 35 € (déjeuner), 42 €

34 rue Gassendi - Ⓜ Denfert Rochereau - ✆ 01 43 20 40 19 - www.lecornichon.fr - Fermé : samedi, dimanche

LE DUC

POISSONS ET FRUITS DE MER • VINTAGE On a beau être au cœur de la rive gauche, on se croirait dans une cabine de yacht, où des fidèles de longue date viennent prendre leur ration d'air marin... Le chef, Pascal Hélard, travaille des poissons et fruits de mer de premier choix, et connait parfaitement ses standards : sole meunière, homard breton à la nage, turbotin grillé... Embarquement immédiat.

AC - Menu 55 € (déjeuner) - Carte 83/170 €

243 boulevard Raspail - Ⓜ Raspail - ✆ 01 43 20 96 30 - www.restaurantleduc.com - Fermé : lundi, dimanche

LA GRANDE OURSE

CUISINE MODERNE • BISTRO Découvrez ce bistrot perdu, mais tout ce qu'il y a de terrien avec son décor simple où le gris le dispute au prune et à l'orange. La carte gourmande, concoctée par un chef pro et carré fait la part belle au poisson, mais pas seulement ; les cuissons sont bien maîtrisées, les saveurs franches, et les produits de bonne qualité. Suivez votre bonne étoile.

- Menu 23 € (déjeuner), 40 €

9 rue Georges-Saché - Ⓜ Mouton Duvernet - ✆ 01 40 44 67 85 - www.restaurantlagrandeourse.fr - Fermé : lundi, samedi midi, dimanche

KIGAWA

CUISINE TRADITIONNELLE • ÉLÉGANT Kigawa comme Michihiro Kigawa, le chef de cet établissement tout simple. Fort de son expérience dans un restaurant français à Osaka, le voilà à Paris pour vous régaler de pâté en croûte, pigeon rôti et autres beaux classiques de l'Hexagone... On se régale d'autant plus que le service assuré par Junko, sa femme, est tout simplement parfait.

AC - Menu 40 € (déjeuner), 75/95 €

186 rue du Château - Ⓜ Mouton Duvernet - ✆ 01 43 35 31 61 - www.kigawa.fr - Fermé : lundi, dimanche

MONTÉE

CUISINE MODERNE • ÉPURÉ Quand un chef japonais talentueux décide de partager son amour de la gastronomie française, le résultat est là : assiettes graphiques, technique solide... Le tout dans un décor design et minimaliste.

Menu 55 € (déjeuner), 105 €

9 rue Léopold-Robert - Ⓜ Notre-Dame-des-Champs - ✆ 01 43 25 57 63 - www.restaurant-montee.fr - Fermé : lundi, dimanche

LA VERRIÈRE

CUISINE MODERNE • CONTEMPORAIN Le cadre : une salle à manger contemporaine où l'on célèbre la gourmandise avec beaucoup de soin et une juste dose de créativité : une table réjouissante. Niepce, l'hôtel, offre des chambres charmantes et bien équipées.

♿ AC - Menu 26 € (déjeuner), 55 €

4 rue Niepce - Ⓜ Pernety - ✆ 01 83 75 69 21 - niepceparis.com/restaurant-la-verriere-paris - Fermé : samedi midi, dimanche soir

Porte de Versailles • Vaugirard • Beaugrenelle

15e ARRONDISSEMENT

NEIGE D'ÉTÉ

Chef : Hideki Nishi

CUISINE MODERNE • **ÉPURÉ** Neige d'Été... Un nom d'une poésie toute japonaise, et pour cause : l'adresse est l'œuvre d'un jeune chef nippon, Hideki Nishi, entouré d'une équipe venue elle aussi du pays du Soleil-Levant. Un nom en figure d'oxymore, surtout, qui annonce des jeux de contraste et une forme d'épure : telle est en effet la marque du cuisinier, formé chez Taillevent et au George V, à Paris. Précision toute japonaise et répertoire technique hautement français s'allient donc à travers des recettes finement ciselées et subtiles, privilégiant les arrivages directs de Bretagne pour les légumes et les poissons, et les cuissons au charbon de bois pour les viandes. Un travail en justesse et en contrepoints, qui brille comme la neige en été...

A/C – Menu 65 € (déjeuner), 110 €

12 rue de l'Amiral-Roussin – Ⓜ Avenue Émile Zola – ✆ 01 42 73 66 66 – www.neigedete.fr – Fermé : samedi, dimanche

L'ANTRE AMIS

CUISINE MODERNE • **CONTEMPORAIN** Entrez dans cet Antre, dont le chef-patron assure la cuisine avec passion. Avec d'excellents produits de Rungis (viandes, poissons, coquillages...), il compose des assiettes soignées, exécutées avec précision, déclinées dans une carte hyper-courte et accompagnées d'une belle carte des vins – environ 150 références.

A/C – Menu 38/78 € – Carte 48/78 €

9 rue Bouchut – Ⓜ Ségur – ✆ 01 45 67 15 65 – www.lantreamis.com – Fermé : samedi, dimanche

BISCOTTE

CUISINE MODERNE • **BRANCHÉ** Maximilien (au salé) et Pauline (au sucré), deux habitués de prestigieuses maisons parisiennes (Bristol, Lasserre, Arpège, George V) proposent une cuisine du marché, goûteuse et appliquée, qui évolue au gré des saisons et des approvisionnements. Ils ont toujours à cœur de favoriser les produits locaux ou les producteurs artisanaux. Une adresse comme on les aime.

Menu 39/51 €

22 rue Desnouettes – Ⓜ Convention – ✆ 01 45 33 22 22 – www.restaurant-biscotte.com – Fermé : lundi, dimanche et le midi

LE CASSE NOIX

CUISINE TRADITIONNELLE • **BISTRO** Vieilles affiches, pendules et meubles vintage : le décor est planté. Côté petits plats, l'authenticité prime aussi : délicieuse cuisine canaille, dont boudins blancs et pâtés en croûte, inspirés au chef par son papa, Meilleur Ouvrier de France à Orléans... Amusante collection de casse noix chinés par la maman du patron. Ce Casse Noix casse des briques !

Menu 37/55 €

56 rue de la Fédération – Ⓜ Bir-Hakeim – ✆ 01 45 66 09 01 – www.le-cassenoix.fr – Fermé : samedi, dimanche

LE RADIS BEURRE

CUISINE TRADITIONNELLE • **BISTRO** C'est boulevard Garibaldi, à Paris, que le chef Jérôme Bonnet a trouvé l'endroit dont il rêvait pour monter son propre restaurant. Il propose une cuisine goûteuse et bien ficelée, qui porte la marque de ses origines sudistes. Un exemple ? Ce pied de cochon poêlé au foie gras de canard et jus de viande acidulé, qui mérite toute votre attention...

Menu 39 €

51 boulevard Garibaldi - Ⓜ Sèvres Lecourbe - ✆ 01 40 33 99 26 - www.restaurantleradisbeurre.com - Fermé : samedi, dimanche

L'ACCOLADE

CUISINE MODERNE • BISTRO Le jeune chef, qui se destinait d'abord à une carrière de professeur de sport, a changé de cap et appris le métier de cuisinier. Dans une ambiance franchement conviviale, il propose une cuisine goûteuse, renouvelée chaque jour, dans laquelle on croise de nombreux produits du Sud-ouest, mais aussi quelques épices thaïes. Une adresse attachante.

Menu 25 € (déjeuner), 30/50 €

208 rue de la Croix-Nivert - Ⓜ Boucicaut - ✆ 01 45 57 73 20 - www.laccoladeparis.fr - Fermé : samedi, dimanche

L'ATELIER DU PARC

CUISINE MODERNE • CONTEMPORAIN Situé face au parc des expositions, voilà un établissement qui tranche avec les brasseries traditionnelles de la porte de Versailles, aux cartes trop prévisibles. On découvre une cuisine aux notes ensoleillées, à l'instar du tourteau en accras, soupe glacée de petits pois au lait de coco et ketchup maison. Une jolie surprise.

- Menu 22 € (déjeuner), 33/86 € - Carte 50/73 €

35 boulevard Lefebvre - Ⓜ Porte de Versailles - ✆ 01 42 50 68 85 - www.atelierduparc.fr - Fermé : lundi, dimanche

BEURRE NOISETTE

CUISINE TRADITIONNELLE • BISTRO Un bistrot savoureux, bien connu des habitués ! Thierry Blanqui puise son inspiration au marché : tarte aux cèpes ; canette de Challans rôtie sur l'os, épinards et coing ; Mont-blanc et de belles recettes canailles ! Un pied dans la tradition, l'autre dans la nouveauté : on se délecte... Une valeur sûre.

Menu 34 € (déjeuner), 42/60 €

68 rue Vasco-de-Gama - Ⓜ Lourmel - ✆ 01 48 56 82 49 - www.restaurantbeurrenoisette.com - Fermé : lundi, dimanche

CAFÉ NOISETTE

CUISINE DU MARCHÉ • BISTRO Cuisine du marché à l'ardoise le midi (tartare de thon, coriandre et guacamole ; épaule d'agneau confite au citron), assiettes façon tapas et plats à partager le soir (mention spéciale pour le pâté en croûte) dans ce bistrot signé Thierry Blanqui (qui a déjà démontré son savoir-faire au Beurre Noisette) avec Noeline Imbert aux manettes. Prix sages.

Menu 30 € (déjeuner) - Carte 33/37 €

74 rue Olivier-de-Serres - Ⓜ Convention - ✆ 01 45 35 86 21 - www.lecafenoisette.com - Fermé : lundi soir, samedi midi, dimanche

LE CLOS Y

CUISINE CRÉATIVE • DESIGN Élégamment disposés les uns à côté des autres, couverts à la française et baguettes à la japonaise symbolisent l'esprit du Clos. Produits de qualité, soin d'exécution, recherche de la subtilité : Yoshitaka Ikeda révèle, s'il le fallait encore, toutes les affinités des gastronomies française et japonaise. Plus simple le midi, menu surprise le soir.

- Menu 45 € (déjeuner), 78/120 €

27 avenue du Maine - Ⓜ Montparnasse Bienvenüe - ✆ 01 45 49 07 35 - www.instagram.com/restaurant.le_clos_y - Fermé : lundi, samedi midi, dimanche

LE CONCERT DE CUISINE

CUISINE JAPONAISE • CONVIVIAL La salle de concert ? Très simple, sans chichi ni folklore japonisant. Et le chef d'orchestre ? Sous vos yeux, il réalise une belle cuisine fusion, créant des recettes très personnelles basées sur la technique du teppanyaki. Jolie mélodie !

A/C - Menu 30 € (déjeuner), 52/69 €

14 rue Nélaton - Ⓜ Bir-Hakeim - ✆ 01 40 58 10 15 - Fermé : lundi midi, samedi midi, dimanche

GÀBIA

CUISINE MODERNE • BISTRO En face du parc Georges-Brassens cette affaire est tenue par un jeune couple au parcours intéressant. Leur cuisine change toutes les semaines et raconte leur parcours par touches subtiles : cabillaud rôti, fricassée de lentilles au chorizo ibérique ; mini-pie aux pommes et poires caramélisées, crème fraîche... Une adresse attachante.

Menu 36 € (déjeuner), 37/45 €

77 rue Brancion - Ⓜ Plaisance - ✆ 01 48 42 25 24 - www.gabia.fr - Fermé : lundi, mardi, dimanche soir

LE GRAND PAN

CUISINE TRADITIONNELLE • BISTRO Un bistrot de quartier qu'aurait pu fréquenter Georges Brassens, qui habita tout près. À l'ardoise, de belles pièces de viande à partager, une cuisine généreuse et calquée sur les saisons, parsemée de produits de qualité : homard, Saint-Jacques, cèpes... sans oublier le gibier en saison.

- Menu 30 € (déjeuner) - Carte 37/55 €

20 rue Rosenwald - Ⓜ Plaisance - ✆ 01 42 50 02 50 - www.legrandpan.fr - Fermé : samedi, dimanche

IDA BY DENNY IMBROISI

CUISINE MODERNE • BISTRO Petite par la taille... mais grande par sa cuisine ! Dans un décor moderne, une cuisine inspirée du marché, qui parle l'italien sans accent : goûts francs, produits choisis, et spaghettoni alla carbonara, jaune d'œuf coulant, de haute volée. Un plaisir fou de bout en bout.

A/C - Menu 30 € (déjeuner), 55/65 € - Carte 42/50 €

117 rue de Vaugirard - Ⓜ Falguière - ✆ 01 56 58 00 02 - www.restaurant-ida.com

ISCHIA - CYRIL LIGNAC Ⓝ

CUISINE ITALIENNE • CHIC En lieu et place de son Quinzième, le cuisinier-star Cyril Lignac a créé cette table italienne au cadre glamour, très inspiré des années 1970. À la carte, on retrouve toutes les cuisines de la Botte – pâtes anolini de Parme, carpaccio de Venise, escalope de veau milanaise, pizzas napolitaines...). L'assiette réjouit et les prix restent raisonnables.

A/C - Carte 42/102 €

14 rue Cauchy - Ⓜ Javel - ✆ 01 45 54 43 43 - www.restaurantischia.com

L'OS À MOELLE

CUISINE TRADITIONNELLE • BISTRO Thierry Faucher est toujours aux manettes de cet Os à Moelle, où il s'affirma au début des années 2000 comme l'un des précurseurs de la bistronomie. Huîtres poireaux vinaigrette, foie de veau, purée de rutabaga au gingembre, os à moelle, soupe du jour... C'est simple, bon et généreux.

Menu 28 € (déjeuner), 44 € - Carte 41/50 €

3 rue Vasco-de-Gama - Ⓜ Lourmel - ✆ 01 45 57 27 27 - Fermé : lundi

LES PÈRES SIFFLEURS

CUISINE MODERNE • BISTRO En face de l'église Saint-Lambert de Vaugirard, ce bistrot sympathique et néo-vintage comme il se doit (comptoir en zinc, banquettes et fauteuils en skaï rouge) était autrefois un restaurant... chinois ! Menu déjeuner au bon rapport qualité-prix, ardoise le soir, courte carte de vins axée "nature".

- Menu 28 € (déjeuner) - Carte 40/49 €

15 rue Gerbert - Ⓜ Vaugirard - ✆ 01 48 28 75 63 - www.lesperessiffleurs.com - Fermé : lundi, dimanche

PILGRIM

CUISINE MODERNE • CONTEMPORAIN Hideki Nishi (propriétaire de Neige d'Été, à Paris) a confié à la cheffe Yurika Kitano les fourneaux de cette table près de Montparnasse. Dans une cuisine centrale et légèrement surélevée, elle met en oeuvre ses convictions culinaires et écologiques, sourçant avec soin ses produits pour présenter des assiettes raffinées et graphiquement séduisantes.

AC - Menu 45 € (déjeuner), 100/150 €

8 rue Nicolas-Charlet - Ⓜ Pasteur - ✆ 01 40 29 09 71 - www.pilgrimparis.com - Fermé : samedi, dimanche

LE TROQUET

CUISINE TRADITIONNELLE • BISTRO Le "troquet" dans toute sa splendeur : décor bistrotier authentique, banquettes en moleskine, ardoises, miroirs, petites tables invitant à la convivialité. Quant à l'ardoise, elle varie les plaisirs : terrine de cochon, tartare de Saint-Jacques, tagliatelles fraîches à la truffe noire...

Menu 34 € (déjeuner) - Carte 39/45 €

21 rue François-Bonvin - Ⓜ Cambronne - ✆ 01 45 66 89 00 - www.restaurantletroquet.fr - Fermé : lundi, dimanche

LE VITIS

CUISINE TRADITIONNELLE • BISTRO On avait connu Marc Delacourcelle au Pré Verre, dans le 5e arrondissement ; il dirige aujourd'hui ce bistrot de poche, et nous régale de recettes bien tournées, franches et parfumées : poêlée de couteaux, cochon de lait fondant aux épices douces...

AC - Carte 28/43 €

8 rue Falguière - Ⓜ Falguière - ✆ 01 42 73 07 02 - www.levitis.fr - Fermé : lundi, dimanche

YIDO

CUISINE CORÉENNE • CLASSIQUE Yido est le roi de Corée se trouvant à l'origine de l'alphabet coréen. Ici s'écrit une page de la gastronomie coréenne à Paris. C'est authentique, familial, et savoureux. Un voyage culinaire au cœur du 15e arrondissement.

AC - Menu 15 € (déjeuner), 28/48 €

54 avenue Émile-Zola - Ⓜ Charles Michel - ✆ 01 83 06 17 10 - Fermé : dimanche midi

Trocadéro • Étoile • Passy • Bois de Boulogne

16e ARRONDISSEMENT

✿✿✿ LE PRÉ CATELAN

CUISINE CRÉATIVE • LUXE On doit à Pierre-Yves Rochon d'avoir révolutionné ce pavillon Napoléon III niché en plein cœur du bois de Boulogne, à grand renfort de mobilier design et de tons vert, blanc et argent. Aux commandes de cette illustre maison, on trouve un Meilleur Ouvrier de France à la passion intacte : Frédéric Anton. De ses mentors (dont Joël Robuchon), le chef a hérité la précision et la rigueur, auxquelles s'ajoute un goût certain pour les associations de saveurs inédites. Souvent centrées sur un produit de choix (le rouget, la morille, le pigeonneau, la langoustine), les assiettes allient équilibre, harmonie, générosité : chacune d'entre elles est un petit bijou de travail, jusque dans sa conception graphique. N'oublions pas, bien sûr, la cave irréprochable et l'accueil au diapason.

AC P - Menu 150 € (déjeuner), 260/330 €

Route de Suresnes - bois de Boulogne - ✆ 01 44 14 41 14 - www.precatelanparis.com - Fermé : lundi, mardi, dimanche

✿✿ L'OISEAU BLANC

CUISINE MODERNE • CONTEMPORAIN Le restaurant de "gastronomie française contemporaine" du Peninsula, ce luxueux hôtel installé à deux pas de l'Arc de Triomphe. Son nom fait référence à l'avion avec lequel Nungesser et Coli tentèrent la première traversée de l'Atlantique nord en 1927 : une reproduction grandeur nature de l'appareil est suspendue au sommet de l'hôtel, comme si elle allait partir à l'assaut des cieux. Un bel hommage rendu aux deux pionniers autant qu'au ciel de Paris ! Sous sa verrière posée sur les toits, le restaurant semble en effet voler au-dessus de la capitale, et la terrasse offre une vue magistrale de la tour Eiffel au Sacré-Cœur. Un cadre parfait pour déguster la fine cuisine du chef David Bizet où tout tombe juste : cuissons, jus et sauces, visuels. En dessert, ce sont nos papilles qui prennent de la hauteur, grâce aux talents sucrés de la pâtissière Anne Coruble. Une réussite.

- Menu 95 € (déjeuner), 225 € - Carte 143/206 €

19 avenue Kléber - Kléber - 01 58 12 67 30 - www.peninsula.com/fr/paris/hotel-fine-dining/french-rooftop-loiseau-blanc

ALAN GEAAM

Chef : Alan Geaam

CUISINE CRÉATIVE • ÉLÉGANT On parle toujours du rêve américain... Alan Geaam, lui, préfère parler du rêve français ! Enfui de son Liban natal à l'âge de 10 ans, réfugié aux États-Unis avec sa famille, il a débarqué à Paris à 24 ans avec une idée en tête : intégrer le monde de la gastronomie, sa véritable passion. Successivement plongeur, puis commis, il intègre une école de cuisine et gravit un à un les échelons du métier. Désormais chez lui, il éclate au grand jour et réalise la synthèse de ce qu'il a appris tout au long de son parcours. Ses recettes originales marient le patrimoine français et des influences libanaises avec une grande justesse – le terme de "métissage" n'a jamais été aussi approprié –, et chaque assiette respire la passion et le travail. Une bien belle table.

- Menu 58 € (déjeuner), 78/128 €

19 rue Lauriston - Charles de Gaulle-Etoile - 01 45 01 72 97 - www.alangeaam.fr - Fermé : lundi, dimanche

L'ARCHESTE

Chef : Yoshiaki Ito

CUISINE CRÉATIVE • ÉPURÉ Devanture engageante et cadre épuré (peinture sombre effet brossé, structure en bois, grande vitre apportant de la luminosité) pour ce restaurant imaginé par un chef passionné de produit qui a officié dix-huit ans chez Hiramatsu, dont dix en tant que chef. Il émerveille son monde avec une cuisine française éclatante de modernité, précise et cohérente, qui fait la part belle à des produits d'excellente qualité tout en épousant les saisons de fort belle manière. Pas de carte ici : les menus évoluent chaque jour au gré des humeurs du chef. Au fait, pourquoi l'Archeste ? Dans ce nom, il faut voir un hommage à Alain Senderens et à son restaurant l'Archestrate, mais aussi un savant mélange d'artiste, d'artisanal, d'orchestre et d'art. Au final, l'important, c'est qu'on s'y régale... et figurez-vous que c'est le cas.

- Menu 60 € (déjeuner), 120/190 €

79 rue de la Tour - Rue de la Pompe - 01 40 71 69 68 - www.archeste.fr - Fermé : lundi, mardi midi, samedi midi, dimanche

BELLEFEUILLE - SAINT JAMES PARIS N

CUISINE MODERNE • ÉLÉGANT Érigé en 1892, cet hôtel particulier a des airs de véritable petit château environné de verdure, en plein cœur de Paris. C'est au début des années 1990 qu'il devient hôtel, et en 2013 seulement que son restaurant s'ouvre à la clientèle extérieure... Un établissement parmi les plus exclusifs de la capitale ! Le chef Julien Dumas (ex Lucas Carton) propose une cuisine végétale et marine de grande qualité à l'image de ce homard de Chausey, rhubarbe et fleur de fenouil. Mais que les amateurs de viandes se réjouissent, son colvert, déclinaison de sarrasin et andouille de Guéméné, est absolument sublime. On se délecte d'une partition lisible et maîtrisée dans une salle à manger rénovée dans une ambiance de naturalité qui colle parfaitement à la cuisine du chef et à ce jardin secret où les tables s'abritent aux beaux jours sous une magnifique pergolas.

P - Menu 95/135 €

5 place du Chancelier Adenauer - Porte Dauphine - 01 44 05 81 88 - www.saint-james-paris.com - Fermé : dimanche et le midi

COMICE

Chef : Noam Gedalof

CUISINE MODERNE • ÉLÉGANT Un couple de Canadiens, Noam Gedalof de Montréal et Etheliya Hananova de Winnipeg, a eu l'excellente idée d'ouvrir leur premier restaurant à Paris, après de belles expériences internationales : le chef - ancien du French Laundry, en Californie - s'inspire des bases de la cuisine française, qu'il saupoudre de modernité. Son obsession : mettre en valeur des produits de la saison avec le plus grand soin, et renouveler sa carte au gré de ses trouvailles. Cette séduisante partition se déguste dans une jolie salle moderne aux murs bleu profond, agrémentés de tableaux d'artistes contemporains (avec une cuisine ouverte au fond de la salle). L'ensemble est élégant et feutré. Une séduisante cuisine, lisible et pleine de gourmandise.

A/C - Menu 110 € - Carte 80/104 €

31 avenue de Versailles - M Mirabeau - ✆ 01 42 15 55 70 - www.comice.paris - Fermé : samedi, dimanche et le midi

DON JUAN II (N)

CUISINE MODERNE • ÉLÉGANT Amarrée au pied de la passerelle Debilly, rive droite et face à la Tour Eiffel, une magnifique péniche Art déco, le Don Juan II, décorée de boiseries somptueuses et revêtue d'une moquette épaisse n'attend plus que vous. Embarquez pour une croisière touristique et gourmande de 2h30 sous la houlette d'un capitaine hors norme, Frédéric Anton ! Le chef du Pré Catelan a sélectionné quelques-unes de ses créations emblématiques (langoustines en ravioli, chevreuil rôti à la truffe d'automne, soufflé chaud au chocolat) pour régaler ses passagers. Au fil de la Seine défilent les plus beaux monuments de la Ville Lumière, dûment commentés par l'équipage, pendant ce voyage de luxe...

A/C P - Menu 220 €

Port Debilly - M Trocadéro - ✆ 01 83 77 44 40 - www.donjuan2.yachtsdeparis.fr - Fermé le midi

LA GRANDE CASCADE

CUISINE MODERNE • CLASSIQUE Transformé en restaurant pour l'Exposition universelle de 1900, le restaurant mêle les styles Empire, Belle Époque et Art nouveau : un charme incomparable se dégage de la rotonde, aménagée sous une grande verrière, et de la magnifique terrasse. La clientèle d'affaires vient y respirer le chic du Paris d'autrefois et l'air de la campagne en plein bois de Boulogne. Georges Menut veille amoureusement sur cette Grande Cascade, prenant soin de cultiver son image de grande dame. Mais l'établissement vit aussi avec son temps : pour preuve, la présence de Frédéric Robert, un chef brillant, passé par Le Grand Véfour, le Vivarois et Lucas-Carton (où il a travaillé aux côtés de Senderens pendant dix ans). Il a carte blanche pour imaginer une cuisine subtile, aux saveurs bien marquées, qui hisse cette maison parmi les belles adresses gourmandes de la capitale.

P - Menu 105 € (déjeuner), 120/195 € - Carte 160/215 €

Bois de Boulogne - ✆ 01 45 27 33 51 - www.restaurantsparisiens.com

NOMICOS

Chef : Jean-Louis Nomicos

CUISINE MODERNE • ÉLÉGANT Après avoir dirigé de nombreuses années durant les cuisines du restaurant Lasserre - l'un des temples de la cuisine classique -, Jean-Louis Nomicos est bien installé dans ce restaurant qui porte son nom. Pour ce chantre de la belle tradition, qui est né près de Marseille et a grandi dans le culte de la bouillabaisse, l'art et la technique doivent avant tout rester au service des sens et du plaisir. Telle est la condition pour révéler toutes les potentialités des grandes recettes et des produits de choix - méditerranéens, si possible ! On y retrouve notamment le plat signature : les macaroni aux truffes noires et foie gras de canard. Quant au décor contemporain, il se révèle parfaitement en phase avec le travail du chef.

A/C - Menu 55 € (déjeuner), 85/150 € - Carte 115/162 €

16 avenue Bugeaud - M Victor Hugo - ✆ 01 56 28 16 16 - www.nomicos.fr - Fermé : lundi, dimanche

✿ **PAGES**

CUISINE CRÉATIVE • ÉPURÉ La passion des chefs japonais pour la gastronomie française s'illustre une nouvelle fois à travers ce restaurant surprenant. Passé par de belles maisons, Ryuji Teshima, dit Teshi, propose une version contemporaine et très personnelle de la cuisine de l'Hexagone. Autour de menus "surprise", il imagine des mélanges de saveurs qui peuvent paraître improbables sur le papier, mais qui fonctionnent dans l'assiette. On profite de son travail dans un décor épuré, et les cuisines visibles depuis la salle permettront aux curieux de le voir s'affairer aux fourneaux... Un ensemble résolument à la page.

Menu 65 € (déjeuner), 150/220 €

4 rue Auguste-Vacquerie - Ⓜ Charles de Gaulle-Etoile - ✆ 01 47 20 74 94 - www.restaurantpages.fr - Fermé : samedi, dimanche

✿ **SHANG PALACE**

CUISINE CHINOISE • ÉLÉGANT Le Shangri-La, palace parisien né en 2010, évoque un voyage aux confins de l'Asie, vers un paradis luxueux et imaginaire. Situé au niveau inférieur de l'établissement, ce restaurant transporte ses hôtes dans un Hong Kong merveilleux, entre colonnes incrustées de jade, paravents sculptés et lustres en cristal. La cuisine cantonaise est à l'honneur ; on peut partager en toute convivialité un assortiment de plats servis au centre de la table. Les cuissons se révèlent précises, les parfums subtils. Les dim sum sont moelleux à souhait et un plat comme les aubergines braisées en cocotte, poulet et poisson séché est un modèle de gourmandise ! Pour finir, entre autres douceurs, difficile de choisir entre une crème de mangue, garnie de pomélo et de perles de sagou ou un lait entier infusé au gingembre...

♿ AC - Menu 78 € (déjeuner), 138 € - Carte 60/150 €

10 avenue d'Iéna - Ⓜ Iéna - ✆ 01 53 67 19 92 - www.shangri-la.com/fr/paris/shangrila - Fermé : mardi, mercredi

✿ **SUBSTANCE**

CUISINE MODERNE • CONTEMPORAIN Matthias Marc, chef au CV ciselé dans de belles maisons (Le Saint-James à Bouliac, Le Meurice et Lasserre à Paris), demi-finaliste de Top Chef 2021, propose un menu unique en 5,7 ou 9 services, qui privilégie les circuits courts et les beaux produits (turbot, bonite), évolue au gré des saisons, avec de jolies incursions jurassiennes, sa région d'origine. Gnocchi au charbon végétal, coulis de cresson fermenté et jus à la saucisse de Morteau ou homard, tomate cerise à la chapelure d'os à moelle et jus infusé au géranium illustrent bien sa patte créative et volontiers végétale. Très belle carte des vins de 1000 références (dont 200 champagnes), en majorité en bio ou nature. Une cuisine décomplexée, vivante : en substance, une excellente adresse.

- Menu 42 € (déjeuner), 79/110 €

18 rue de Chaillot - Ⓜ Alma-Marceau - ✆ 01 47 20 08 90 - www.substance.paris - Fermé : samedi, dimanche

BRACH

CUISINE MÉDITERRANÉENNE • CONTEMPORAIN Dans ce cadre luxueux qui s'est affranchi des codes, on se régale d'une cuisine sans chichis, qui offre une immersion au cœur des différentes traditions gastronomiques du bassin méditerranéen. C'est sain, équilibré, et c'est le MOF Yann Brys, qui signe les desserts. Partage, échange et convivialité, avec une affection particulière pour les entrées. Bien joué.

♿ AC - Carte 50/90 €

1-7 rue Jean Richepin - Ⓜ La Muette - ✆ 01 44 30 10 00 - brachparis.com

CARTE BLANCHE

CUISINE MODERNE • COSY L'ancienne Table du Baltimore est devenue Carte Blanche, et c'est un nom qui lui va comme un gant ! En effet, en plus d'une carte aux intitulés "classiques", le client peut choisir un produit spécifique, qui sera cuisiné à sa convenance après discussion avec le chef... Le concept est plutôt malin, et le plaisir gustatif est au rendez-vous.

- Menu 40 € (déjeuner), 75/120 € - Carte 75/90 €

88 bis avenue Kléber - Ⓜ Boissière - ✆ 01 44 34 54 54 - www.sofitel-paris-baltimore.com/restaurant/carte-blanche - Fermé : samedi, dimanche

LA CAUSERIE

CUISINE MODERNE • ÉLÉGANT Le chef revisite ici la tradition avec grande fraîcheur à travers une carte aussi carrée que gourmande : au choix, le menu-carte alléchant ou les suggestions du moment (lièvre à la royale, Saint-Jacques en saison etc.). Quant à la déco, elle possède un agréable côté rétro : grand miroir, fresque en céramique, faïence de Sarreguemines, etc. Service attentionné.

Menu 39 €

31 rue Vital - Ⓜ La Muette - ✆ 01 45 20 33 00 - www.lacauserie.fr - Fermé : samedi, dimanche

CONTI

CUISINE ITALIENNE • INTIME Stendhal aurait sans doute apprécié ce restaurant où l'on célèbre, dans l'assiette, l'Italie qu'il aimait tant et, dans le décor, le rouge et le noir. Les recettes de la Botte sont réinterprétées en associant les influences d'ici et de là-bas : une cuisine de qualité appréciée de nombreux habitués.

- Menu 48 € - Carte 62/80 €

72 rue Lauriston - Ⓜ Boissière - ✆ 01 47 27 74 67 - www.leconti.fr - Fermé : samedi, dimanche

DISCIPLES

CUISINE MODERNE • CONTEMPORAIN Le chef Jean-Pierre Vigato n'a rien perdu de sa passion de la transmission. La preuve, il adoube ici son "disciple" Romain Dubuisson, dans une salle à manger lumineuse et contemporaine à l'unisson de ce quartier chic. Au menu, une carte courte pour une cuisine gourmande et généreuse, des suggestions et de belles pièces de viande à partager (côte de veau, échine de cochon fermier...).

- Carte 52/72 €

136 boulevard Murat - Ⓜ Porte de St-Cloud - ✆ 01 45 27 39 60 - Fermé : samedi, dimanche

DUCASSE SUR SEINE

CUISINE MODERNE • DESIGN Décidément, Alain Ducasse ne manque pas d'idées. La preuve une fois de plus avec Ducasse sur Seine : ce bateau électrique, amarré au quai du port Debilly, dans le très chic 16e, propose une promenade gastronomique écolo et silencieuse. En même temps que les monuments de Paris, on découvre une cuisine au goût du jour rondement menée par une brigade digne des grandes maisons.

- Menu 100 € (déjeuner), 150/190 €

Port Debilly - Ⓜ Trocadéro - ✆ 01 58 00 22 08 - www.ducasse-seine.com

ÉTUDE

CUISINE MODERNE • ÉLÉGANT Nourri par ses rencontres avec des petits producteurs situés dans un rayon de 100 km, le chef Keisuke Yamagishi propose un menu unique en 3 ou 5 services le soir, autour d'un concept : le produit principal est travaillé sur l'ensemble du menu (hors dessert) sans possibilité de changement.

- Menu 45 € (déjeuner), 98/150 €

14 rue du Bouquet-de-Longchamp - Ⓜ Boissière - ✆ 01 45 05 11 41 - www.restaurant-etude.fr - Fermé : lundi, samedi midi, dimanche

LILI

CUISINE CHINOISE • ÉLÉGANT Créé par le groupe hôtelier de luxe hongkongais du même nom, le déjà célèbre hôtel Peninsula abrite comme il se doit une table asiatique. Dans un décor très théâtral, la longue carte, mise en musique par le chef

Dicky To, révèle un large éventail de spécialités chinoises (certaines mises au goût européen). Une ambassade gastronomique pour l'Empire du Milieu.

- Menu 83 € (déjeuner) - Carte 69/197 €

19 avenue Kleber - Ⓜ Kléber - ✆ 01 58 12 28 88 - www.liliparis.fr - Fermé : lundi, dimanche

MAVROMMATIS - LE BISTRO PASSY

CUISINE GRECQUE • CONTEMPORAIN L'une des adresses d'Andreas Mavrommatis, pape de la gastronomie méditerranéenne à Paris. On s'installe dans une salle, façon bistrot contemporain, décorée de photos de la collection de Nikos Aliagas, pour déguster carpaccio de veau, soupions au fenouil, ou poitrine de veau confite-rôtie. C'est frais et savoureux. Boutique traiteur et cave à vins.

- Menu 36 € (déjeuner) - Carte 30/50 €

70 avenue Paul-Doumer - Ⓜ La Muette - ✆ 01 40 50 70 40 - www.mavrommatis.com - Fermé : lundi, dimanche

MONSIEUR BLEU

CUISINE MODERNE • ÉLÉGANT Comme emplacement dans Paris, on fait difficilement mieux que cette adresse... Nichée dans le palais de Tokyo, elle est superbe avec sa salle Art déco tout en gris, vert et or, et sa terrasse regardant la Seine et la tour Eiffel. L'assiette n'est pas en reste, sophistiquée et savoureuse. Un endroit très en vue !

- Carte 55/104 €

20 avenue de New-York - Ⓜ Iéna - ✆ 01 47 20 90 47 - www.monsieurbleu.com

LE PERGOLÈSE

CUISINE TRADITIONNELLE • ÉLÉGANT Si le décor du Pergolèse a été entièrement repensé (tableaux contemporains, street art, assiettes de Aurélie Pergay), la cuisine continue de célébrer le classicisme, dans l'esprit d'une "belle maison bourgeoise où l'on reçoit les clients comme chez soi".

- Menu 50 € (déjeuner), 100/140 € - Carte 95/140 €

40 rue Pergolèse - Ⓜ Porte Maillot - ✆ 01 45 00 21 40 - www.lepergolese.com - Fermé : samedi, dimanche

PLEINE TERRE

CUISINE MODERNE • CONTEMPORAIN Derrière une devanture discrète, passé quelques marches vers le sous-sol, on découvre un chef passionné d'agrumes, d'épices et de poivre : il développe une cuisine au plus près des saisons, et met en valeur le travail de petits producteurs triés sur le volet. Une partition inventive, mise en musique par une équipe souriante et enthousiaste : bonne pioche.

- Menu 34 € (déjeuner), 75 €

15 rue de Bassano - Ⓜ Kléber - ✆ 09 81 76 76 10 - www.restaurant-pleineterre.com - Fermé : lundi, samedi midi, dimanche

Palais des Congrès • Wagram • Ternes • Batignolles

17e ARRONDISSEMENT

✿✿ MAISON ROSTANG

CUISINE CLASSIQUE • ÉLÉGANT Entre Michel Rostang, le natif de Grenoble, "fils, petit-fils et arrière-petit-fils de grands cuisiniers", et Nicolas Beaumann, le passage de témoin s'est déroulé de la meilleure des façons. Il en fallait, du talent, pour succéder à un Rostang dont les plats signatures ont marqué des générations de gourmets. On retrouve chez Nicolas Beaumann le même souci du goût : tourteau au gingembre, crémeux de courgettes en impression de caviar ; noix de ris de veau croustillante, navets farcis et petits pois étuvés, crème d'écrevisses... Quant au décor, luxueux et insolite, il séduit nouveaux venus comme habitués de la maison : salon Art nouveau, salon Lalique, salon ouvert sur le spectacle des fourneaux, collection d'œuvres d'art....

- Menu 90 € (déjeuner), 196 € - Carte 153/203 €

20 rue Rennequin - Ⓜ Ternes - ✆ 01 47 63 40 77 - www.maisonrostang.com - Fermé : lundi midi, samedi midi, dimanche

AGAPÉ

CUISINE MODERNE • ÉLÉGANT Agapè... En Grèce ancienne, ce mot désignait l'amour inconditionnel de l'autre. Il désigne désormais l'alliance du bon, du brut, et du talent. La carte fait la fête aux produits de saison, travaillés dans une veine contemporaine - et le menu déjeuner, d'un très bon rapport qualité-prix, met en exergue les producteurs bio franciliens et les petits pêcheurs. Même lorsqu'elle se débride, cette cuisine est toujours maîtrisée, canalisée, concentrée sur l'idée de donner du plaisir. Côté décor, une salle en teintes douces, cosy et intimiste, parée d'œuvres d'artistes contemporains. Et le talent se love aussi dans le mariage réussi entre salle et cuisine, ou dans les conseils avisés sur les accords mets et vins (plus de 600 références). Il ne reste qu'à se laisser bercer...

- Menu 54 € (déjeuner), 116/155 € - Carte 140/195 €

51 rue Jouffroy-D'Abbans - Ⓜ Wagram - ✆ 01 42 27 20 18 - www.agape-paris.fr - Fermé : samedi, dimanche

LE FAHAM BY KELLY RANGAMA

Chefs : Kelly Rangama et Jérôme Devreese

CUISINE MODERNE • CHIC Le faham est une orchidée endémique de l'île de la Réunion, connue pour son subtil arôme d'amande. C'est la fleur choisie par Kelly Rangama (ex-Top Chef 2017) pour symboliser son union civile et culinaire avec le pâtissier Jérôme Devreese, et leur création commune : cette table élégante et épurée, nichée au cœur des Batignolles, où la cheffe peut laisser libre cours à la cuisine qui lui ressemble : pleine de peps et de tonus, épicée mais toujours maîtrisée, avec la pointe d'exotisme qui fait la différence. Un exemple : cette légine (un poisson de la Réunion) aux carottes et gingembre en aigre-doux, avec concentration de tomates et riz croustillant... Un vrai bonheur.

- Menu 69/97 €

108 rue Cardinet - Ⓜ Malesherbes - ✆ 01 53 81 48 18 - www.lefaham.com - Fermé : lundi, mardi midi, mercredi midi, jeudi midi, dimanche

FRÉDÉRIC SIMONIN

Chef : Frédéric Simonin

CUISINE MODERNE • ÉLÉGANT Frédéric Simonin a grandi au contact des belles tables et des grands chefs, de Ledoyen au Meurice, en passant par Joël Robuchon, avant de devenir Meilleur Ouvrier de France en 2019. Exit le noir et blanc et les lignes géométriques, il s'est créé un nouveau lieu bien à lui, tout en parquet, murs blancs et miroirs biseautés. Cet « appartement parisien » (selon son expression) sied parfaitement à sa cuisine, précise, fine et pleine de justesse – mention spéciale pour les jus et les sauces. Ne dédaignant pas les touches inventives et parfois japonisantes, il ose les associations originales qu'on découvre notamment à travers le menu dégustation vespéral (5 ou 8 plats). La formule déjeuner est une bonne affaire, tout comme les propositions de vins au verre.

- Menu 60 € (déjeuner), 135/162 €

25 rue Bayen - Ⓜ Ternes - ✆ 01 45 74 74 74 - www.fredericsimonin.com - Fermé : lundi, dimanche

JACQUES FAUSSAT

Chefs : Jacques Faussat et Geoffrey Rembert

CUISINE TRADITIONNELLE • CONTEMPORAIN Jacques Faussat, Gersois et fier de l'être, n'aime rien tant que la simplicité inspirée de ses racines et de son enfance. Une simplicité également apprise auprès de Michel Guérard et surtout d'Alain Dutournier – sa rencontre avec cet homme de passion, qui partage les mêmes origines que lui, sera déterminante dans sa carrière, à commencer par dix années passées aux fourneaux du Trou Gascon. En duo avec le chef Geoffrey Rembert, il propose une cuisine pleine de saveurs, misant tout sur de bons produits travaillés pour en faire ressortir le meilleur. Bon rapport qualité-prix.

- Menu 45 € (déjeuner), 54 € - Carte 74/114 €

54 rue Cardinet - Ⓜ Malesherbes - ✆ 01 47 63 40 37 - www.jacquesfaussat.com - Fermé : samedi, dimanche

OXTE

Chef : Enrique Casarrubias

CUISINE MEXICAINE • TENDANCE Ce petit restaurant cosy et sympathique du quartier de l'Étoile propose une savoureuse cuisine au goût du jour, aux influences mexicaines. Les produits français sont travaillés avec des condiments, herbes et épices par un chef mexicain, talentueux et passionné, qui participe d'ailleurs au service. À l'image de la lotte et fenouil rôti, crumble de pastilla et nuage au pastis ou du thon blanc comme un ceviche, moules et poivrons, le maître des fourneaux signe des plats réfléchis, maîtrisés, aux justes cuissons et aux assaisonnements toniques. C'est coloré, punchy et bien condimenté. On se régale, on y retourne !

Menu 55/95 €

5 rue Troyon - Ⓜ Ternes - ✆ 01 45 75 15 15 - www.restaurant-oxte.com - Fermé : samedi, dimanche

LA SCÈNE THÉLÈME

CUISINE MODERNE • CONTEMPORAIN Au 18 de la rue Troyon, l'art – et, particulièrement, le théâtre – rejoint la gastronomie. D'ailleurs, le nom du restaurant est un hommage à l'Abbaye de Thélème, une création utopique que l'on doit à Rabelais. On peut donc, certains soirs, assister entre 19h et 20h à une représentation théâtrale (attention, 50 places seulement) avant d'aller ensuite s'attabler pour dîner. Riche idée, qui devrait trouver son public à Paris ! Côté papilles, le chef japonais Yoshitaka Takayanagi signe avec son équipe une cuisine fine et subtile, pleine de personnalité, avec des produits de premier ordre. Un travail au cordeau, que l'on apprécie d'autant plus grâce au bon rapport qualité-prix. En scène !

- Menu 56 € (déjeuner), 105/132 €

18 rue Troyon - Ⓜ Charles de Gaulle - Étoile - ✆ 01 77 37 60 99 - www.lascenetheleme.fr - Fermé : lundi, samedi midi, dimanche

MOVA

CUISINE TRADITIONNELLE • CONTEMPORAIN Le chef propose une cuisine qui fait la part belle à la tradition (chou farci, croustillant de pied de cochon, épaule d'agneau confite), mais dans une version plus moderne, propre à séduire toutes les bourses. Une attention particulière est portée aux saisons, aussi bien pour les légumes que pour les poissons.

- Menu 25 € (déjeuner), 39/59 €

39 rue des Dames - Ⓜ Place de Clichy - ✆ 01 45 22 46 07 - www.mova-paris.fr - Fermé : lundi, mardi midi, dimanche

LES TABLES D'AUGUSTIN

CUISINE TRADITIONNELLE • CONVIVIAL Le quartier des Épinettes accueille ce délicieux bistrot de poche, où officie un jeune chef à l'excellent parcours (George V, l'Ambroisie...) et à la démarche écolo sincère. Sa cuisine, gourmande et savoureuse, ne manque pas de caractère, avec – au déjeuner notamment – un excellent rapport qualité-prix ; le menu est renouvelé chaque semaine au gré du marché.

Menu 22 € (déjeuner), 39/49 €

44 rue Guy-Môquet - Ⓜ Guy-Môquet - ✆ 09 83 43 11 11 - www.lestablesdaugustin.fr - Fermé : samedi, dimanche

ANONA

Chef : Thibaut Spiwack

CUISINE MODERNE • CONTEMPORAIN Une belle cuisine actuelle pour cette adresse d'un secteur animé et populaire du dix-septième arrondissement. Le chef, au beau parcours étoilé, flatte avec talent et originalité le terroir d'Île-de-France, dans une démarche de développement durable et une volonté de bousculer les codes académiques. Menu attractif et courte carte au déjeuner ; en soirée, menu unique en 5 ou 7 déclinaisons, réalisé au plus près du marché.

L'engagement du chef : Proposer une cuisine responsable est notre raison d'être : sourcing de produits locaux et saisonniers, réduction des déchets et de la consommation en eau, alimentation en énergie renouvelable, attention portée au bien-être de nos équipes, notre engagement est total. Notre mobilier est également le fruit du travail d'artisans franciliens et notre vaisselle est faite en matériaux naturels.

- Menu 39 € (déjeuner), 75/95 € - Carte 49/87 €

80 boulevard des Batignolles - Rome - 01 84 79 01 15 - www.anona.fr - Fermé : samedi, dimanche

LE BISTROT D'À CÔTÉ FLAUBERT

CUISINE TRADITIONNELLE • BISTRO Une salle chaleureuse, véritable petite bonbonnière : pas de doute, on est bien dans un bistrot ! Le chef Sukwon Yong, ancien de la Maison Rostang qui possédait auparavant l'adresse, réveille les classiques de la maison – foie gras et quenelle de brochet, notamment – à petites touches de condiments et de notes asiatiques.

- Menu 29 € (déjeuner), 59 €

10 rue Gustave Flaubert - Ternes - 01 42 67 05 81 - www.bistrotflaubert.com - Fermé : lundi, samedi midi, dimanche

LE BORDELUCHE

CUISINE MODERNE • CONVIVIAL Ici, le Bordeluche, terme issu du patois gascon qui signifie "bordelais", c'est le patron, enthousiaste en diable. Son petit bistrot s'intègre parfaitement à ce secteur des Batignolles, nouvel eldorado bobo, où l'on ne jure plus que par les vins natures ou élevés en biodynamie. On travaille "entre potes" une cuisine de saison, attentive au marché. Le cadre sobre est typiquement parisien. La bistronomie a encore de beaux jours devant elle.

- Menu 27 € (déjeuner), 37 € - Carte 43/49 €

103 rue des Dames - Villiers - 09 52 91 95 28 - Fermé : lundi, samedi midi, dimanche

CAÏUS

CUISINE CRÉATIVE • CONVIVIAL Esprit arty et art déco modernisé pour cette adresse du chef Jean-Marc Notelet, qui exhume épices et produits oubliés, avec cet art de réinventer des recettes ordinaires. Impossible de se lasser, d'autant que l'atmosphère est agréable. Bon rapport qualité-prix.

- Menu 45 €

6 rue d'Armaillé - Charles de Gaulle-Étoile - 01 42 27 19 20 - Fermé : samedi, dimanche

CAVES PÉTRISSANS

CUISINE TRADITIONNELLE • VINTAGE La famille Allemoz (dont le fils, Jean-Jacques, représente la 5e génération dans cette maison) perpétue la tradition avec entrain : terrine maison, tête de veau sauce ravigote, rognon de veau flambé à l'armagnac, baba au rhum ou île flottante comptent parmi les nombreux classiques bistrotiers présents à la carte. Une maison éminemment sympathique.

- Menu 45 €

30 bis avenue Niel - Pereire - 01 42 27 52 03 - www.cavespetrissans.fr - Fermé : samedi, dimanche

COMME CHEZ MAMAN

CUISINE MODERNE • CONVIVIAL Au cœur des Batignolles, près d'un square, un bistrot contemporain où l'on se sent... comme chez maman ! Le chef belge, Wim Van Gorp, joue la carte des jolies recettes contemporaines assaisonnées de touches créatives, dont certaines rendent de délicieux hommages à ses origines flamandes... A noter : Wim propose aussi une sympathique "gastronomie de bar" dans sa deuxième adresse "Wim à Table", un peu plus loin dans la rue.

Menu 25/38 € - Carte 41/56 €

5 rue des Moines - Brochant - 01 42 28 89 53 - www.comme-chez-maman.com

CORETTA

CUISINE MODERNE • DESIGN Dans le nouveau quartier Clichy-Batignolles, face au parc Martin-Luther-King (dont l'épouse s'appelait Coretta), cette table se veut éco-responsable. Décor design où domine le chêne, vue sur les cimes à l'étage et belle cuisine de produits signée par une équipe jeune et motivée. Le goût de la nature, oui !

- Menu 30 € (déjeuner) - Carte 45/71 €

151 bis rue Cardinet - Ⓜ Brochant - ✆ 01 42 26 55 55 - www.restaurantcoretta.com

DESSIRIER PAR ROSTANG PÈRE ET FILLES

POISSONS ET FRUITS DE MER • CHIC Contemporain, arty et chic : tel est le Dessirier, navire amiral de la famille Rostang. Le restaurant attache une importance capitale à la sélection de poissons : bouillabaisse et sole meunière font partie des incontournables du lieu…

- Carte 58/102 €

9 place du Maréchal-Juin - Ⓜ Pereire - ✆ 01 42 27 82 14 - www.restaurantdessirier.com

L'ENTREDGEU

CUISINE TRADITIONNELLE • BISTRO Ambiance animée et gourmandise garantie pour ce bistrot de quartier qui fait souvent le plein. Le chef propose une cuisine traditionnelle bien tournée, teintée de modernisme. Et toujours attentive aux saisons et au marché.

Menu 45 € (déjeuner), 55 €

83 rue Laugier - Ⓜ Porte de Champerret - ✆ 01 40 54 97 24 - www.lentredgeu.fr - Fermé : dimanche midi

L'ENVIE DU JOUR

CUISINE MODERNE • CONVIVIAL Grâce à la cheffe et son associée, convivialité et sens de l'accueil règnent joyeusement dans ce bistrot du quartier des Batignolles. Tout juste sorties des cuisines ouvertes, les assiettes donnent effectivement bien envie ! Le tout est accompagné d'une petite sélection de vins bien choisis.

- Menu 35/48 €

106 rue Nollet - Ⓜ Brochant - ✆ 01 42 26 01 02 - Fermé : dimanche

FANFAN

CUISINE MODERNE • CONTEMPORAIN Ce jeune chef réalise une cuisine fusion aux influences asiatiques autour d'un menu (à trois choix) qui obéit à la loi du marché, des produits et des saisons. Le tout servi dans un cadre contemporain avec une salle sous verrière. Les menus déjeuner sont une aubaine, le soir l'offre devient plus gastronomique.

- Menu 39 € (déjeuner), 69/89 €

18 rue Bayen - Ⓜ Ternes - ✆ 01 53 81 79 77 - www.fanfanlarome.com - Fermé : lundi, dimanche

LA FOURCHETTE DU PRINTEMPS

CUISINE MODERNE • BISTRO Dans cet élégant petit bistrot de quartier, on trouve un chef passé par de belles maisons. Il cultive le goût du produit de qualité (le menu évolue selon le marché), et prend plaisir à revisiter les classiques. Son lièvre à la royale est une réussite. Une bonne table.

- Menu 60 € (déjeuner), 70 €

30 rue du Printemps - Ⓜ Wagram - ✆ 01 42 27 26 97 - www.lafourchetteduprintemps.com - Fermé : lundi, dimanche

GARE AU GORILLE

CUISINE MODERNE • BISTRO Marc Cordonnier a maintenant fait sa place aux Batignolles. Il sait travailler les produits sans jamais les dénaturer et décline une cuisine franche et originale, sans chichi, qui préfère la personnalité à la posture. Quant à son acolyte, Louis Langevin, il conseille avec bienveillance un beau panel de vins nature.

Menu 32/45 € - Carte 24/45 €

68 rue des Dames – Ⓜ Rome – ✆ 01 42 94 24 02 – www.gareaugorille.fr – Fermé : samedi, dimanche

PAPILLON

CUISINE MODERNE • BISTRO Tel Papillon, échappé du bagne de Cayenne, Christophe Saintagne a accompli sa mue en s'installant à son compte après avoir dirigé les cuisines du Plaza Athénée, puis du Meurice. Épanoui dans son élégant néo-bistrot, il signe une cuisine racée, qui privilégie toujours le goût et l'équilibre. Un conseil d'ami : réservez !

♿ AC - Menu 39 € (déjeuner), 85 € - Carte 45/65 €

8 rue Meissonier – Ⓜ Wagram – ✆ 01 56 79 81 88 – www.papillonparis.fr – Fermé : samedi, dimanche

LE 975

CUISINE MODERNE • ÉPURÉ En angle de rue, cette façade habillée de bois ne passe pas inaperçue. Cela tombe bien, l'assiette non plus. Un duo enthousiaste, mené par un chef japonais et un passionné de vins, propose une carte courte bien troussée, aux assiettes précises et savoureuses. Les curieux s'installeront au comptoir, face à la cuisine ouverte.

Menu 38 € - Carte 43/47 €

25 rue Guy-Môquet – Ⓜ Brochant – ✆ 09 53 75 67 71 – www.le975.com – Fermé : samedi, dimanche

PETIT BOUTARY

CUISINE MODERNE • BRASSERIE Ce Petit Boutary-là, frère cadet de celui de la rive gauche, ne démérite pas ! Dans ce bistrot raffiné, avec son sol en damier, son comptoir en zinc, ses banquettes en cuir et ses ampoules suspendues, un chef d'origine nippo-coréenne expérimenté, Jay wook Hur, laisse libre cours à son imaginaire culinaire moderne et créatif avec de belles assiettes bien assaisonnées (comme ce délicieux cabillaud, écume de satay, brocoli et artichauts poivrade).

♿ - Menu 35 € (déjeuner), 56/66 €

16 rue Jacquemont – Ⓜ La Fourche – ✆ 01 46 27 76 23 – www.petitboutary.com – Fermé : lundi, dimanche

PETIT GRIS

CUISINE MODERNE • CONVIVIAL Jean-Baptiste Ascione, ex-Top Chef, rêvait d'ouvrir sa propre adresse ! C'est chose faite avec cette salle chaleureuse (parquet en chêne, tables en bois sablées, chaises bistrot...) qui célèbre les joies de la cuisine de partage en puisant dans les beaux produits du terroir et le répertoire culinaire traditionnel.

AC - Menu 32 € (déjeuner) - Carte 50/75 €

67 rue Rennequin – Ⓜ Péreire – ✆ 06 11 34 69 91 – restaurantpetitgris.fr – Fermé : lundi, samedi midi, dimanche

ROOSTER

CUISINE MODERNE • BISTRO Formé chez les grands (de Passedat à Darroze), le marseillais Frédéric Duca a trouvé son port d'attache dans une partie animée et populaire du 17eme arrondissement. En guise d'écrin, un ancien café en angle de rue : le chef marseillais signe une cuisine de produits qui multiplie les clins d'œil à ses racines méditerranéennes et provençales. Très bon rapport qualité-prix du menu du jour au déjeuner. Carte plus ambitieuse le soir.

Menu 35 € (déjeuner), 79 € - Carte 63/80 €

137 rue Cardinet – Ⓜ Villiers – ✆ 01 45 79 91 48 – www.rooster-restaurant.com – Fermé : samedi, dimanche

SORMANI

CUISINE ITALIENNE • ROMANTIQUE Tissus tendus, lustres en verre de Murano, moulures et miroirs : toute l'élégance de l'Italie s'exprime dans ce restaurant chic et feutré. La cuisine rend un hommage subtil aux spécialités transalpines, avec une appétence particulière, en saison, pour la truffe.

- Menu 58 € - Carte 71/109 €

4 rue du Général-Lanrezac - Ⓜ Charles de Gaulle-Étoile - ✆ 01 43 80 13 91 - www.sormanirestaurant.com - Fermé : samedi, dimanche

LA TABLE DU CAVISTE BIO

CUISINE MODERNE • ÉLÉGANT À quelques encablures du Parc Monceau, ce restaurant offre l'agrément d'une salle d'esprit moderne, et d'une cuisine en phase avec son époque, fraîche et raffinée, concoctée par la chef japonaise Junko Kawasaki. Le tout au diapason avec les vins, exclusivement bio, eux aussi.

- Menu 35 € (déjeuner), 45 € - Carte 42/110 €

55 rue de Prony - Ⓜ Monceau - ✆ 01 82 10 37 02 - www.latable.bio - Fermé : lundi, dimanche

Montmartre • Pigalle

18e ARRONDISSEMENT

L'ARCANE

Chef : Laurent Magnin

CUISINE MODERNE • ÉLÉGANT Emmenée par Laurent Magnin, la jeune équipe de l'Arcane a quitté le 39 rue Lamarck pour prendre ses quartiers un peu plus haut, en lieu et place de l'ancien Chamarré Montmartre. Dans l'assiette, le jeune chef montre toutes les qualités qu'on lui connaissait déjà. Technicité et saveurs sont au rendez-vous - exemple parfait, cette belle mousse légère aux petits pois agrémentée de zestes de citron jaune et de poudre de citron noir - et on passe un excellent moment, que ce soit sous la forme d'un menu surprise ou à la carte. Enfin, n'oublions pas la jolie carte des vins, qui n'hésite pas à sortir des sentiers battus.

- Menu 55 € (déjeuner), 90/165 €

52 rue Lamarck - Ⓜ Lamarck Caulaincourt - ✆ 01 46 06 86 00 - www.restaurantlarcane.com - Fermé : lundi, mardi midi, mercredi midi, jeudi midi, dimanche

SUSHI SHUNEI Ⓝ

CUISINE JAPONAISE • ÉPURÉ Une table nouvelle entièrement dédiée aux sushis, dont le cadre élégant et épuré reprend les codes esthétiques des tables nippones du pays du Soleil Levant : boiseries claires, petit comptoir de quatre places au fond de la salle et, au centre de la pièce, une grande table commune. Le maître sushi Shunei Kimura officie en France depuis plusieurs décennies avec une expertise rare. Tous les poissons sont sélectionnés, maturés, découpés avec le plus grand soin et servis à la bonne température (avec un riz provenant de Nigata) - le tout rehaussé par des assaisonnements précis. Un authentique voyage.

- Menu 120/180 €

3 rue Audran - Ⓜ Abbesses - ✆ 06 44 66 11 31 - www.sushishunei.com - Fermé : lundi, dimanche et le midi

ETSI

CUISINE GRECQUE • CONVIVIAL Mikaela, jeune cheffe d'origine grecque, est revenue à la cuisine de son enfance après un apprentissage dans des maisons reconnues. Ici, elle propose des mezzes percutants de fraîcheur et ponctués d'audaces. Feta, olives, câpres, charcuteries, fromages, huile d'olive proviennent tout droit de Grèce, et se dégustent dans une ambiance hyper-conviviale.

- Menu 35 € - Carte 35/40 €

23 rue Eugène-Carrière - Ⓜ Place de Clichy - ✆ 01 71 50 00 80 - www.etsi-paris.fr - Fermé : lundi, mardi midi, mercredi midi, jeudi midi, vendredi midi, dimanche soir

MOKKO

CUISINE DU MARCHÉ • CONTEMPORAIN Formé sur le tard, Arthur Hantz ne nourrit pas le moindre complexe et tient au pied de la butte Montmartre une table qui va droit au cœur. Dans l'assiette, il applique une méthode diablement efficace : pas plus de trois ou quatre ingrédients par plat. Il fait la différence avec des jeux intéressants sur les textures et les saveurs. C'est coloré, ça pétille : on aime !

- Menu 38/44 €

3 rue Francœur - Métro Lamarck-Caulaincourt - 09 80 96 93 60 - mokko-restaurant.com - Fermé : lundi, mardi midi, mercredi midi, jeudi midi, vendredi midi, dimanche

B.O.U.L.O.M

CUISINE TRADITIONNELLE • BISTRO Bien caché derrière une boulangerie (goûtez leur kouign amann !), ce restaurant se présente sous la forme d'un grand buffet : à vous terrines de campagne, houmous de lentilles, poitrine de porc et autres poissons grillés... C'est bon, les produits sont de qualité, l'ambiance est plutôt relax. Succès mérité.

A/C - Menu 29 € (déjeuner), 43 €

181 rue Ordener - Guy Moquet - 01 46 06 64 20 - www.boulom.net

LE BISTROT DU MAQUIS

CUISINE TRADITIONNELLE • BISTRO Dans la fameuse rue Caulaincourt, André Le Letty - ancien chef de l'Anacréon - célèbre les classiques du genre bistrotier : brandade de cabillaud à l'oseille, parfait glacé au Calvados... et, bien sûr, sa spécialité : le canard au sang en deux services (sur réservation).

Menu 38 €

69 rue Caulaincourt - Lamarck Caulaincourt - 01 46 06 06 64 - www.bistrotdumaquis.com - Fermé : mardi, mercredi

CHANTOISEAU

CUISINE MODERNE • ÉPURÉ En 1765, Mathurin Roze de Chantoiseau ouvre le premier restaurant moderne (des tables individuelles et des plats à choisir sur un menu) dans le quartier du Louvre. En son hommage, les frères Nicolas et Julien Durand travaillent à 4 mains au bénéfice d'une jolie cuisine actuelle, qui s'inspire aussi des classiques et recourt parfois aux produits nobles à l'image de cette délicieuse tourte de palombe feuilletée.

A/C - Menu 23 € (déjeuner) - Carte 49/64 €

63 rue Lepic - Lamarck-Caulaincourt - 01 42 51 39 95 - www.chantoiseau-paris.fr - Fermé : lundi, mardi

LE COQ & FILS

CUISINE TRADITIONNELLE • CONTEMPORAIN Cocorico ! La volaille française a trouvé son ambassade à Paris, en cette adresse chic et discrète créée par le fameux chef strasbourgeois, Antoine Westermann. Poulet de Bresse, volaille landaise, canette des Dombes, pigeon de Mesquer, poulet de Challans ponctuent la carte. Les pièces sont rôties avec art et dégagent de succulents parfums. Les amateurs sont comblés, les autres aussi !

A/C - Carte 40/80 €

98 rue Lepic - Lamarck Caulaincourt - 01 42 59 82 89 - lecoq-fils.com

L'ESQUISSE

CUISINE MODERNE • BISTRO Deux jeunes passionnés se sont associés pour créer ici ce bistrot vintage et accueillant : parquet massif, banquettes en bois... On y passe un bon moment autour de recettes volontiers voyageuses et originales. Au déjeuner, menu du jour sans choix et mini carte ; au dîner, choix plus étoffé.

Menu 23 € (déjeuner) - Carte 42/50 €

151 bis rue Marcadet - Lamarck-Caulaincourt - 01 53 41 63 04 - Fermé : lundi, dimanche

MONTCALM

CUISINE MODERNE • BISTRO Voilà un sympathique bistrot de quartier, où le chef travaille de jolis produits sélectionnés, dans un esprit retour de marché. C'est bien troussé, avec des saveurs franches et travaillées. Menu déjeuner au choix limité, le soir, on choisit à la carte. Frais et bon.

Menu 23 € (déjeuner) - Carte 44/47 €

21 rue Montcalm - Ⓜ Lamarck Caulaincourt - ✆ 01 42 58 71 35 - www.restaurant-montcalm.fr - Fermé : lundi, dimanche

POLISSONS

CUISINE TRADITIONNELLE • BISTRO Un peu à l'écart du Montmartre touristique, une table moderne qui célèbre les saveurs franches sous la houlette d'un couple de pros. La carte est renouvelée tous les mois, avec quelques incontournables, une dégustation en 5 temps le soir, des pièces à partager selon l'arrivage (côte de bœuf ou homard). Polissons ? L'adresse idéale pour encanailler votre palais !

Menu 21 € (déjeuner), 65 € - Carte 47/51 €

35 rue Ramey - Ⓜ Château Rouge - ✆ 06 46 63 57 50 - Fermé : lundi, dimanche

LE RÉCIPROQUE

CUISINE TRADITIONNELLE • CONTEMPORAIN Niché dans une petite rue derrière la mairie du 18e, ce restaurant est l'œuvre de deux jeunes associés au beau parcours professionnel. L'un, en cuisine, se fend de recettes plutôt traditionnelles, savoureuses et maîtrisées ; l'autre assure en salle un service vivant et courtois. Les prix sont mesurés : un vrai bon plan !

Menu 25 € (déjeuner), 42/48 €

14 rue Ferdinand-Flocon - Ⓜ Jules Joffrin - ✆ 09 86 37 80 77 - www.lereciproque.com - Fermé : lundi, dimanche

SIGNATURE MONTMARTRE

CUISINE FUSION • SIMPLE Dans ce coin très touristique, un restaurant de poche au cadre ultra-sobre, créé par un ancien ingénieur génie civil (!) passionné par la Corée. Avec sa petite équipe (dont Kim Young Rim, une cheffe pâtissière), il décline une cuisine franco-coréenne subtile et contrastée, où la gourmandise est la règle.

Menu 48/79 €

12 rue des Trois-Frères - Ⓜ Abbesses - ✆ 01 84 25 30 00 - www.signature-montmartre.fr - Fermé : lundi, mardi et le midi

La Villette • Buttes Chaumont • Gambetta & Père Lachaise

19e & 20e ARRONDISSEMENTS

LES CANAILLES MÉNILMONTANT

CUISINE TRADITIONNELLE • BISTRO En plein cœur de Ménilmuche, juste au-dessus du boulevard, deux associés ont pris place derrière cette façade colorée. Ils proposent de la belle tradition à tous les étages, une cuisine... canaille, bien sûr, travaillée et savoureuse, à l'instar de ce carpaccio de langue de bœuf tiède et sauce gribiche. Bon choix de vin au verre. On se régale.

- Menu 21 € (déjeuner), 36 € - Carte 42/62 €

15 rue des Panoyaux - Ⓜ Ménilmontant - ✆ 01 43 58 45 45 - www.restaurantlescanailles.fr - Fermé : samedi, dimanche

CHEVAL D'OR

CUISINE CHINOISE • TENDANCE Florent Ciccoli (Jones, Au Passage, Café du Coin) régale avec de petits plats parfumés, inspirés des cuisines cantonaise et hongkongaise. Parmi les best-sellers, le thon blanc aux poivrons rouges et piment. Brigade jeune, décor post-industriel, service décontracté : ne reste plus qu'à trouver une table.

AC - Carte 30/50 €

21 rue de la Villette - M Pyrénées - ✆ 09 54 12 21 77 - www.chevaldorparis.com - Fermé : lundi, mardi et le midi

LE GRAND BAIN

CUISINE MODERNE • BISTRO Dans le cœur fourmillant de Belleville, cet ancien restaurant espagnol transformé en bistrot tendance propose de petits plats créatifs, à l'ardoise, qui sortent des fourneaux de la cheffe Emily Chia (passée par le St. John de Londres notamment). Quand le noctambule hipster croise le foodista pointu, il s'en vont prendre un Grand Bain...

Carte 30/45 €

14 rue Dénoyez - M Belleville - ✆ 09 83 02 72 02 - www.legrandbainparis.com - Fermé : lundi, mardi et le midi

MENSAE

CUISINE MODERNE • BISTRO Une cuisine de l'instant, pleine de fraîcheur, dans laquelle les saveurs tombent juste. Parmi les incontournables, proposés toute l'année, les cuisses de grenouilles, ail et persil ou la mousse au chocolat praliné provoqueraient des émeutes. Le décor a le bon goût de se faire discret. Petite terrasse trottoir bienvenue en été. Le menu déjeuner est une aubaine.

AC - Menu 27 € (déjeuner), 39/57 €

23 rue Melingue - M Pyrénées - ✆ 01 53 19 80 98 - www.mensae-restaurant.com - Fermé : lundi, dimanche

LA VIERGE

CUISINE MODERNE • BISTRO On s'attable avec plaisir dans ce décor rétro avec tables anciennes, chaises en bois, vieux carrelage et cuisine ouverte. Côté fourneaux, Jack Baker envoie des assiettes fraîches, efficaces et pétries de gourmandise : on se régale de bout en bout. Le menu déjeuner est une véritable aubaine.

Menu 22 € (déjeuner) - Carte 30/40 €

58 rue de la Réunion - M Buzenval - ✆ 01 43 67 51 15 - www.alavierge.com - Fermé : dimanche soir

LE BARATIN

CUISINE TRADITIONNELLE • BISTRO La bistronomie doit beaucoup à la chef argentine Raquel Carena et nombre de jeunes chefs reconnaissent son héritage. L'occasion de revenir aux sources de la gourmandise, avec ce bistrot dans son jus. L'ardoise est plaisante à lire, les prix sont sages et les vins séduisants. Réservation fort conseillée.

Menu 20 € (déjeuner) - Carte 39/50 €

3 rue Jouye-Rouve - M Pyrénées - ✆ 01 43 49 39 70 - Fermé : lundi, samedi midi, dimanche

LE CADORET

CUISINE TRADITIONNELLE • BISTRO Une sœur et un frère, Léa Fleuriot (aux fourneaux) et Louis-Marie proposent dans ce bistrot de quartier une cuisine dans l'air du temps qui évolue au gré du marché et des saisons. Le midi, l'ardoise du jour ne manque pas de peps grâce à des produits frais et à l'indéniable tour de main de la cheffe. Ambiance décontractée et animée.

Menu 21 € (déjeuner) - Carte 37/50 €

1 rue Pradier - M Belleville - ✆ 01 53 21 92 13 - Fermé : lundi, dimanche

DILIA

CUISINE CRÉATIVE • SIMPLE À l'ombre de l'église Notre-Dame-de-la-Croix, œuvre un jeune chef italien aux solides références. Ses assiettes modernes, inspirées du marché, sont parsemées de touches transalpines. Menu imposé à choisir en 4, 6 ou 7 temps, pour une jolie valse gourmande.

Menu 21 € (déjeuner), 48/77 €

1 rue d'Eupatoria – Ⓜ Ménilmontant – ✆ 09 53 56 24 14 – www.dilia.fr – Fermé : lundi midi, mardi, mercredi

LE JOURDAIN

CUISINE MODERNE • **BISTRO** Vieux parquet, mobilier patiné, luminaires d'inspiration fifties : aucun doute, c'est le bistrot contemporain dans toute sa splendeur. À midi, belles saveurs du marché à prix modiques ; le soir, sélection de petites assiettes façon tapas, à dominante marine. On sirote un bon petit vin nature... et l'on se réjouit, en partant, des prix doux.

Menu 19 € (déjeuner) - Carte 24/45 €

101 rue des Couronnes – Ⓜ Jourdain – ✆ 01 43 66 29 10 – www.lejourdain.fr – Fermé : samedi, dimanche

LAO SIAM

CUISINE ASIATIQUE • **SIMPLE** Lao Siam, une cantine asiatique de Belleville comme une autre ? Que nenni ! Créé par les parents de l'actuel patron, originaires de Thaïlande et du Laos, il met à l'honneur les cuisines de ces deux pays. Tout est fait maison, fin et parfumé. Nous voilà transporté en Asie – enfin presque ! En cas d'affluence, vous pouvez opter pour Ama Siam, la cantine contiguë qui propose une petite carte de suggestions.

Carte 22/38 €

49 rue de Belleville – Ⓜ Pyrénées – ✆ 01 40 40 09 68 – Fermé : mardi

QUEDUBON

CUISINE TRADITIONNELLE • **BISTRO** À deux pas du parc des Buttes Chaumont, ce bistrot de quartier propose une jolie cuisine de produits frais, travaillés avec soin par un jeune cuisinier japonais. Beau choix de vins.

🍇 - Carte 42/59 €

22 rue du Plateau – Ⓜ Buttes-Chaumont – ✆ 01 42 38 18 65 – www.restaurantquedubon.fr – Fermé : samedi midi, dimanche

SADARNAC

CUISINE MODERNE • **CONTEMPORAIN** Ce restaurant de poche se situe dans une rue semi-piétonne à l'atmosphère de village, en plein cœur du vingtième arrondissement. On s'installe dans une petite salle coquette pour apprécier les menus à l'aveugle composés au gré du marché par la toute jeune Lise Deveix. Une bien jolie adresse.

⛱ - Menu 30 € (déjeuner), 44/69 €

17 rue Saint-Blaise – Ⓜ Maraichers – ✆ 01 72 60 72 06 – www.restaurantsadarnac.fr – Fermé : lundi, mardi midi, dimanche

ÎLE-DE-FRANCE

Carte régionale n° 15

L'Île-de-France est le grand jardin de Paris, où s'en allaient flâner les dames qui s'ennuyaient, du temps de Flaubert et Maupassant. Un jardin riche d'imposants châteaux, de fermes laitières et de terres agricoles. C'est aussi le berceau de l'impressionnisme. Il suffit d'arpenter les villages où ont vécu les peintres pour prendre la mesure de l'influence de la région et de ses îles sur l'imaginaire des artistes. Songez à Auvers-sur-Oise, Barbizon, Bougival, ou l'île de Chatou, fréquentée par Pissarro, Manet et Renoir. On retrouve cette campagne verdoyante aux Etangs de Corot, étape bucolique et gastronomique, à un jet de caillou des étangs de Ville-d'Avray.

Moins impressionniste mais tout aussi impressionnant, Ochre, à Rueil-Malmaison, où Baptiste Renouard (ça ne s'invente pas !) propose une cuisine joyeuse et enlevée. Même son de gourmandise du côté de Nanterre, où le jeune chef Jean-François Bury (Cabane) taquine la bistronomie avec talent. Évoquons aussi la maîtrise technique de Naoëlle d'Hainaut de L'Or Q'idée à Pontoise, et la cuisine créative aux notes japonisantes de Jacky Ribaut, à l'Ours (Vincennes).

Sans oublier Rungis, premier marché de produits frais d'Europe, véritable ventre de Paris, et qui alimente la plupart des restaurants de la capitale. Quant à ceux qui rechignent aux longues agapes, ils iront déjeuner sur l'herbe, à l'ombre de Manet.

ASNIÈRES-SUR-SEINE

✉ 92600 - Hauts-de-Seine - Carte régionale n° **15**-B1

RHAPSODY

CUISINE MODERNE • TENDANCE Au programme, jolis produits, recettes bistronomiques gourmandes et bien ficelées - ravioles de poireaux, topinambours, bisque de homard ; saucisse au couteau, purée, choux rouge ; Mont-Blanc marron, clémentine corse... à déguster, si possible, sur la terrasse à l'arrière, avec vue sur les cuisines.

- Menu 29 € (déjeuner) - Carte 38/48 €

118 rue de Colombes - ✆ 01 47 93 33 94 - www.restaurant-rhapsody.fr - Fermé : samedi, dimanche

AULNAY-SOUS-BOIS

✉ 93600 - Seine-Saint-Denis - Carte régionale n° **15**-C1

AUBERGE DES SAINTS PÈRES

Chef : Jean-Claude Cahagnet

CUISINE CRÉATIVE • ÉLÉGANT Il faut reconnaître au chef de cette Auberge des Saints Pères un incontestable mérite : celui de la régularité ! Il continue, année après année, à proposer une cuisine créative et sophistiquée, aux mariages de saveurs inattendus sans oublier un usage astucieux des herbes et des épices. Ce jour-là, souvenirs du filet de bœuf Simmental rôti, mêlée de haddock et légumes croquants et en dessert, de la "presque tartelette" de fraise, meringue et chocolat blanc. L'originalité de cette cuisine, associée à une maîtrise des fondamentaux (cuissons, assaisonnements) explique sans doute la bonne cote locale de l'établissement dans les environs. L'épouse du chef assure efficacement l'accueil et le service. Cadre épuré et élégant.

- Menu 46/90 €

212 avenue Nonneville - ✆ 01 48 66 62 11 - www.auberge-des-saints-peres.fr - Fermé : lundi midi, mercredi soir, samedi midi, dimanche

BARBIZON

✉ 77630 - Seine-et-Marne - Carte régionale n° **15**-C3

L'ERMITAGE SAINT-ANTOINE

CUISINE TRADITIONNELLE • BISTRO Sur cette ravissante rue du village des peintres, ce bistrot convivial invite à pousser la porte. Les deux salles - l'une bardée de bois et l'autre habillée de pierres - ne désemplissent pas, grâce à une cuisine traditionnelle riche en généreux plats bistrotiers. Petite terrasse dans le patio.

- Carte 36/42 €

51 Grande-Rue - ✆ 01 64 81 96 96 - www.lermitagesaintantoine.com - Fermé : mercredi, jeudi

BOULOGNE-BILLANCOURT

✉ 92100 - Hauts-de-Seine - Carte régionale n° **15**-B2

LE 3B BRASSERIE

CUISINE MODERNE • CONTEMPORAIN Salle lumineuse pour cette brasserie signée Jean Chauvel, aménagée par le chef d'origine bretonne en parallèle de son restaurant gastronomique. La carte met en valeur de beaux produits : tarte de tomates aux olives, volaille fermière rôtie au thym...

- Menu 38 € (déjeuner) - Carte 46/55 €

33 avenue Général-Leclerc - ✆ 01 55 60 79 95 - www.jeanchauvel.fr - Fermé : lundi, samedi midi, dimanche

JEAN CHAUVEL

CUISINE MODERNE • CONTEMPORAIN Jean Chauvel (qui a officié longtemps aux Magnolias, à Perreux) accueille dans une salle intimiste et élégante, aménagée au fond de sa brasserie 3B. Au fil de ses menus surprise, il fait la preuve de sa créativité et de sa technique, avec en particulier un travail poussé sur le végétal.

- Menu 68 € (déjeuner), 109 €

33 avenue Général-Leclerc - ✆ 01 55 60 79 95 - www.jeanchauvel.fr - Fermé : lundi, samedi midi, dimanche

LA MACHINE À COUDES

CUISINE MODERNE • BISTRO Toujours pétillante, la propriétaire Marlène a relooké son sympathique bistrot et confié les fourneaux au jeune chef italien Giacomo, qui travaille volontiers les produits du marché - maquereau ou foie de veau - autour d'un menu en plusieurs déclinaisons, soigné et ambitieux. Jolis accords mets-vins. Un bon moment de bistronomie.

Menu 55 € (déjeuner), 68/88 €

35 rue Nationale - ✆ 01 47 79 05 06 - www.lamachineacoudes.fr - Fermé : lundi, samedi midi, dimanche

LA PLANTXA

CUISINE MODERNE • CONVIVIAL Sous la houlette du célèbre Juan Arbelaez, le jeune chef Andres Bolivar signe une cuisine originale pleine de saveurs : maquereau cuit à la flamme, beurre de maïs et fenouil croquant ; thon rouge, asperges vertes, framboises et sarrasin grillé... On se régale en toute décontraction, "comme à la maison", avec ses assiettes soignées. Vivifiant et bienvenu !

Menu 45/60 €

58 rue Gallieni - ✆ 01 46 20 50 93 - www.plantxa.com - Fermé : lundi, dimanche

LA TABLE DE CYBÈLE

CUISINE MODERNE • CONTEMPORAIN À la tête de ce néobistrot œuvre un couple franco-américain, et c'est Cybèle, née à San Francisco, qui officie en cuisine, signant des recettes originales, axées sur de beaux produits, à l'instar de cette fricassée d'escargots, champignons shiitake et canard fumé maison... La Table de Cybèle est si jolie...

- Menu 36 € (déjeuner) - Carte 42/54 €

38 rue de Meudon - ✆ 01 46 21 75 90 - www.latabledecybele.com - Fermé : lundi, dimanche

BOURRON-MARLOTTE

✉ 77780 - Seine-et-Marne - Carte régionale n° **15**-C3

LES PRÉMICES

CUISINE CRÉATIVE • TENDANCE À l'orée de la forêt de Fontainebleau, une salle moderne et sa terrasse fleurie ont pris leurs aises dans les écuries du château de Bourron (fin 16e-début 17e s.). L'occasion pour le chef de composer une cuisine légère et inventive qui fait la part belle aux herbes aromatiques et aux condiments ; belle carte de vins.

P - Menu 60/95 €

12bis rue Blaise-de-Montesquiou - ✆ 01 64 78 33 00 - www.restaurant-les-premices.com - Fermé : lundi, mardi, dimanche soir

BOUTERVILLIERS

✉ 91150 - Essonne - Carte régionale n° **15**-B3

LA MAISON DES BLÉS - LE BOUCHE À OREILLE

CUISINE MODERNE • ÉLÉGANT Un lieu contemporain, un intérieur moderne, dont les murs portent de beaux épis de blé en hommage à la campagne beauceronne et deux lieux pour se faire plaisir, la brasserie Louis (souris d'agneau, légumes du moment...) et la table gastronomique, le Bouche à oreille... À chaque fois, du professionnalisme et des assiettes, qui mettent en valeur de beaux produits. Chambres modernes et confortables.

- Menu 40 € (déjeuner), 60/150 € - Carte 50/80 €

19 rue du Périgord - 01 64 95 69 50 - www.bao-restaurant.fr - Fermé : lundi, mardi, dimanche soir

BRIE-COMTE-ROBERT

77170 - Seine-et-Marne - Carte régionale n° **15**-C2

LA FABRIQUE

CUISINE MODERNE • **DESIGN** Au cœur d'une ancienne tuilerie, ce loft d'esprit industriel est bien caché au bout d'une petite allée, et il fait bon s'y régaler dans une atmosphère jeune et décontractée... Une adresse d'aujourd'hui, une cuisine basée sur des produits exclusivement sélectionnés à Rungis, moderne et volontiers créative, avec quelques fulgurances !

- Menu 41 € (déjeuner), 68 € - Carte 43/65 €

1 bis rue du Coq-Gaulois - 01 60 02 10 10 - www.restaurantlafabrique.fr - Fermé : lundi, mardi soir, mercredi soir, samedi midi, dimanche

CHÂTEAUFORT

78117 - Yvelines - Carte régionale n° **15**-B2

LA BELLE ÉPOQUE

CUISINE MODERNE • **ÉLÉGANT** L'enseigne ne ment pas : derrière une devanture digne d'une auberge d'autrefois, on découvre un décor d'une sobre élégance, au noir et blanc très "début de siècle", assorti d'une jolie terrasse dominant la vallée de Chevreuse. Mais le chef normand Philippe Denaune signe une cuisine dans le goût de... notre époque.

- Menu 45 € (déjeuner), 80 €

10 place de la Mairie - 01 39 56 95 48 - www.labelleepoque78.fr - Fermé : lundi, dimanche

CHEVREUSE

78460 - Yvelines - Carte régionale n° **15**-B2

LE CLOS DE CHEVREUSE

CUISINE MODERNE • **TRADITIONNEL** Le chef Laurent Gasnier, dont le parcours est évocateur (il a passé sept ans au Bristol, entre autres), compose ici des préparations équilibrées et soignées, autant d'un point de vue des saveurs que sur le plan esthétique. L'été, on court s'installer sur la coquette terrasse fleurie, au calme de la cour.

- Menu 30 € (déjeuner), 52 €

33 rue de Rambouillet - 01 30 52 17 41 - www.leclosdechevreuse.fr - Fermé : lundi, mardi, dimanche soir

CLAIREFONTAINE-EN-YVELINES

78120 - Yvelines - Carte régionale n° **15**-A2

LES TERRASSES DE CLAIREFONTAINE

CUISINE MODERNE • **CONTEMPORAIN** Situé au cœur de la Vallée de Chevreuse et de la forêt de Rambouillet, ce restaurant en bordure de l'étang de Clairefontaine propose une chaleureuse cuisine au goût du jour, avec une prédisposition (en saison) pour les truffes et les gibiers, et une jolie vue sur l'étang (en toutes saisons...).

- Menu 58/90 €

1 rue de Rambouillet - 01 30 59 19 19 - www.lesterrassesdeclairefontaine.com - Fermé : lundi, mardi, dimanche soir

COLOMBES

✉ 92700 - Hauts-de-Seine - Carte régionale n° **15**-B1

BISTRO DE PARIS

CUISINE TRADITIONNELLE • BRASSERIE Sur la rue principale, proche de l'impressionnante église de Jean Hébrard en béton armé, cette ancienne brasserie (1907) avec comptoir en zinc, miroirs, moulures et lustre à boule propose une cuisine traditionnelle sous forme d'un menu-carte et de quelques produits plus nobles, telle que la bavette black angus de 750 gr pour deux personnes.

- Menu 35 € - Carte 54 €

3 place du Général-Leclerc - 01 47 84 22 48 - www.bistrodeparis.fr - Fermé : lundi, dimanche

CORBEIL-ESSONNES

✉ 91100 - Essonne - Carte régionale n° **15**-B2

AUX ARMES DE FRANCE

CUISINE MODERNE • COSY Rien ne trouble cet ancien relais de poste, tenu par Yohann Giraud, chef passé par plusieurs maisons étoilées. Au menu : des recettes généreuses en saveurs, à l'image du plat signature, les macaronis farcis de foie gras, céleri rave et tartufata gratinés au parmesan, crème légère et jus de veau, ou du dessert plein de gourmandise, ce millefeuille et sa sauce au caramel. Enfin, pour parachever le tableau : ambiance feutrée, accueil charmant.

- Menu 38 € (déjeuner), 55/74 €

1 boulevard Jean-Jaurès - 01 60 89 27 10 - www.aux-armes-de-france.fr - Fermé : lundi, dimanche

COUILLY-PONT-AUX-DAMES

✉ 77860 - Seine-et-Marne - Carte régionale n° **15**-C2

AUBERGE DE LA BRIE

CUISINE MODERNE • ÉLÉGANT Cette institution locale a fêté ses trente années d'étoile en 2021. Plébiscitée par ses nombreux fidèles, cette coquette maison a effectivement plus d'une corde à son arc : son cadre classique et lumineux (la salle donne sur le jardin), sa cuisine actuelle personnalisée et d'une régularité à toute épreuve, et l'accueil tout sourire de Céline, l'épouse du chef Alain Pavard. Ce dernier réalise une cuisine d'inspiration classique, mais bien ancrée dans l'époque. Il séduit avec de beaux produits et des saveurs précises : noix de Saint Jacques rôties, chutney de mangue ; filet de veau, mijoté de céleri et champignons.

- Menu 64/95 €

14 avenue Alphonse-Boulingre - 01 64 63 51 80 - www.aubergedelabrie.net - Fermé : lundi, mardi midi, dimanche

COURBEVOIE

✉ 92400 - Hauts-de-Seine - Carte régionale n° **15**-B2

L'EXPÉRIENCE PIERRE LAMBERT

CUISINE CRÉATIVE • ÉPURÉ En face du parc de Bécon, cette table au cadre épuré a été reprise par un ancien de la maison, Pierre Lambert. Au programme, on trouve une cuisine créative sous la forme d'un menu surprise unique décliné en 20 services, qui fait la part belle aux poissons, fruits de mer et, bien évidemment, aux produits de saison. Une véritable expérience !

- Menu 85 €

215 boulevard Saint-Denis - 01 43 33 25 35 - www.pierrelambert.fr - Fermé : lundi, dimanche et le midi

DAMPIERRE-EN-YVELINES

✉ 78720 - Yvelines - Carte régionale n° **15**-B2

LA TABLE DES BLOT - AUBERGE DU CHÂTEAU

Chef : Christophe Blot

CUISINE MODERNE • AUBERGE Cette belle et élégante auberge du 17e s. a conservé sa salle opulente, ses poutres rustiques et sa cheminée, et en dépit des touches modernes, on reconnait ici la douce langueur bourgeoise, synonyme de bien-être des appétits. A l'aise dans cet univers qui donne des gages au temps qui passe, le talent du chef et les saisons rythment la créativité des recettes. Prenons l'excellente tranche de terrine de lapin, travaillée à l'ancienne, ou le beau et épais filet de turbot : nous sommes en présence d'un homme qui aime son métier. Et le dessert, variation en trois préparations autour du chocolat, confirme l'intuition. Le service, très professionnel, valorise cette partition maîtrisée, exécutée par un chef exigeant et passionné. C'est coloré, parfumé, plein de saveurs. L'accueil chaleureux invite à prolonger l'étape - on peut en effet réserver une jolie chambre façon maison de campagne.

- Menu 75/85 €

1 Grande-Rue - 01 30 47 56 56 - www.latabledesblot.com - Fermé : lundi, mardi, dimanche soir

DAMPMART

✉ 77400 - Seine-et-Marne - Carte régionale n° **15**-C2

LE QUINCANGROGNE

CUISINE MODERNE • CONVIVIAL En bord de Marne, cette maison qui a traversé les époques (tour à tour moulin, guinguette et même maison de retraite !) a été transformée en un hôtel-restaurant accueillant. En cuisine, on trouve Franck Charpentier, chef au parcours solide - plusieurs tables étoilées au sein d'hôtels de luxe, notamment. En bon amoureux des goûts authentiques, il régale sa clientèle avec une carte simple, axée sur des produits régionaux de grande qualité. Finesse et précision des agencements de saveurs, visuels précis et bien travaillés : on se régale d'un bout à l'autre du repas. En saison, on profite même de la belle terrasse avec sa vue sur la rivière toute proche... Une étape de choix.

- Menu 40 € (déjeuner), 65/95 €

7 rue de l'Abreuvoir - 01 64 44 44 80 - www.hotel-restaurant-lequincangrogne.fr - Fermé : lundi, mardi, dimanche soir

DONNEMARIE-DONTILLY

✉ 77520 - Seine-et-Marne - Carte régionale n° **15**-D2

LA CROIX BLANCHE

CUISINE MODERNE • ÉLÉGANT Aucun doute, vous allez marquer votre passage dans ce restaurant d'une croix blanche ! Derrière les fourneaux, le chef - originaire du coin - met un point d'honneur à n'utiliser que de beaux produits de saison. Dans l'assiette, le goût est au rendez-vous : une bonne adresse.

- Menu 45/65 €

2 place du Marché - 01 64 60 67 86 - www.restaurant-croixblanche.fr - Fermé : lundi soir, mardi soir, mercredi, dimanche soir

FERRIÈRES-EN-BRIE

✉ 77164 - Seine-et-Marne - Carte régionale n° **15**-C2

LE BARON Ⓝ

CUISINE CLASSIQUE • LUXE Le Baron est le restaurant gastronomique du Château de Ferrières, situé au sein même de l'ancienne demeure des Rothschild, devenu une école hôtelière de prestige. On goûte ici à une cuisine appliquée sur des bases classiques affirmées dans un cadre somptueux et unique. Le menu déjeuner est attrayant.

- Menu 55 € (déjeuner), 89 € - Carte 70/90 €

Rue du Château - 01 81 16 27 78 - www.lebaron-restaurant.fr - Fermé : lundi, mardi, samedi midi, dimanche soir

FONTAINEBLEAU

77300 - Seine-et-Marne - Carte régionale n° **15**-C3

L'AXEL

Chef : Kunihisa Goto

CUISINE MODERNE • **ÉLÉGANT** Au cœur de Fontainebleau se cache ce restaurant sobre et chic où exerce un couple franco-japonais. Madame est en salle tandis que monsieur revisite la gastronomie française au plus près des saisons. Kunihisa Goto voue un culte sincère à la cuisine hexagonale, à ses vins et à ses produits emblématiques, du foie gras aux escargots. Formé à bonne école, il réinvente les classiques français avec un aplomb certain, à grand renfort de produits japonais - daikon, racines de lotus, algue nori, feuilles de shiso, bœuf wagyu... Sa variation sur l'œuf parfait est devenue un classique, accompagné de ravioles au comté, le tout parsemé de truffes. Vous retrouverez dans chaque plat ce souci graphique, cet équilibre et cette gourmandise. Service réactif et courtois.

- Menu 50 € (déjeuner), 70/140 € - Carte 110/160 €

43 rue de France - 01 64 22 01 57 - www.laxel-restaurant.com - Fermé : lundi, mardi, mercredi midi

FUUMI

CUISINE JAPONAISE • **CONVIVIAL** Ce restaurant japonais, situé dans le centre-ville de Fontainebleau n'est autre que l'annexe de l'Axel, le restaurant étoilé du chef patron Kunihisa Goto, et de son épouse Vanessa. En ce lieu convivial se dégustent plats traditionnels japonais, parfumés et généreux, mais aussi gyozas et ramen. Réservation (très) fortement conseillée.

- Menu 23 € (déjeuner), 38/89 € - Carte 35/99 €

39 rue de France - 01 60 72 10 32 - www.restaurant-fuumi.com - Fermé : lundi, dimanche

LA TABLE DU PARC

CUISINE MODERNE • **CONTEMPORAIN** Une cuisine d'aujourd'hui élégante et maîtrisée, une mise en avant de la production locale, une célébration de la tradition et du terroir, une salle contemporaine meublée de tables en chêne massif et de grandes baies embrassant le jardin et la terrasse pour l'été : telles sont les promesses - tenues - de cette table, sans oublier des assiettes justes et maîtrisées.

- Menu 32 € (déjeuner), 57/95 € - Carte 50/90 €

6 rue d'Avon - 01 60 70 20 00 - www.lademeureduparc.fr - Fermé : lundi, mardi, dimanche soir

LA GARENNE-COLOMBES

92250 - Hauts-de-Seine - Carte régionale n° **15**-B1

LE SAINT JOSEPH

CUISINE MODERNE • **BISTRO** Dans ce bistrot de quartier, mijote une goûteuse cuisine au goût du jour, déclinée sous forme d'un menu-carte, imaginé par le chef Benoît Bordier, passé par les Régalade de Bruno Doucet et étoilé à Jean (Paris 9). On se régale dans une ambiance familiale, jusqu'à la petite carte des vins, mettant en avant des femmes vigneronnes. Un coup de cœur.

- Menu 38 €

100 boulevard de la République - 01 42 42 64 49 - www.lesaintjoseph-restaurant.fr - Fermé : lundi, samedi midi, dimanche

GAZERAN

✉ 78125 - Yvelines - Carte régionale n° **15**-A2

VILLA MARINETTE

CUISINE MODERNE • ÉLÉGANT Cette ancienne auberge cache un intérieur moderne, entièrement remanié dans des tons noir et jaune, avec parquet clair et motifs végétaux... et toujours une agréable terrasse dressée dans le joli jardin clos. On y déguste une cuisine au goût du jour rythmée par les saisons, signée par un chef respectueux du produit.

- Menu 39 € (déjeuner), 70 € - Carte 70/77 €

20 avenue du Général-de-Gaulle - ✆ 01 34 83 19 01 - www.villamarinette.fr - Fermé : lundi, mardi, dimanche soir

HOUDAN

✉ 78550 - Yvelines - Carte régionale n° **15**-A2

LE DONJON

CUISINE TRADITIONNELLE • CLASSIQUE Du château médiéval ne subsiste que le donjon, voisin de ce restaurant. Manasse Ameho, le chef, réalise une cuisine traditionnelle sobre et rythmée par les saisons, servie dans une salle confortable.

- Menu 25 € (déjeuner), 44/52 €

14 rue d'Épernon - ✆ 01 30 59 79 14 - restaurantledonjon.fr - Fermé : lundi, dimanche soir

ISSY-LES-MOULINEAUX

✉ 92130 - Hauts-de-Seine - Carte régionale n° **15**-B2

LA PASSERELLE

CUISINE MODERNE • CONTEMPORAIN Des produits rigoureusement sélectionnés, une cuisine fine et colorée où la Méditerranée fait de fréquentes incursions, le tout réalisé par Mickaël Meziane, jeune chef talentueux et motivé, et servi par une équipe jeune et dévouée... On emprunte joyeusement cette Passerelle pour se rendre sur les terres de la gourmandise et des saveurs.

- Menu 42 € (déjeuner), 60/95 € - Carte 65/90 €

172 quai de Stalingrad - ✆ 01 46 48 80 81 - www.lapasserelle-issy.com - Fermé : samedi, dimanche

MAISONS-ALFORT

✉ 94700 - Val-de-Marne - Carte régionale n° **15**-B2

LA BOURGOGNE

CUISINE MODERNE • ÉLÉGANT La bonne table de Maisons-Alfort et au-delà. Ses atouts : un cadre moderne, chaleureux et surtout de belles saveurs, à l'image de ce ceviche de daurade, courgette et tartare d'avocat. La cuisine est ici une chose sérieuse, fondée sur les meilleurs produits et savoir-faire... sans craindre la nouveauté !

- Menu 40/59 € - Carte 60/75 €

164 rue Jean-Jaurès - ✆ 01 43 75 12 75 - www.restaurant-labourgogne.com - Fermé : mercredi, samedi midi, dimanche

MAISONS-LAFFITTE

✉ 78600 - Yvelines - Carte régionale n° **15**-B1

LA PLANCHA

CUISINE MODERNE • COSY Ambiance voyageuse dans ce restaurant à deux pas de la gare du RER A. La carte, assez originale, propose des recettes sobres, efficaces et un brin créatives comme ce cabillaud nacré, houmous de petits pois et framboises fraîches. Et n'oublions pas les desserts, l'un des points forts du repas.

- Menu 39 € - Carte 46/64 €

5 avenue de Saint-Germain – 01 39 12 03 75 – www.laplanchadekiko.eatbu.com – Fermé : mardi, mercredi, dimanche soir

LE TASTEVIN

CUISINE CLASSIQUE • ÉLÉGANT En bordure de parc, cette maison bourgeoise élégamment décorée cultive un certain art de vivre à la française… et chante son amour des beaux produits ! Le chef Denis Rivoire, d'origine italienne, maîtrise bien son sujet ; il revisite les classiques en y apportant quelques touches méditerranéennes. Jolie carte des vins.

- Menu 48 € (déjeuner), 85 € - Carte 100/110 €

9 avenue Eglé – 01 39 62 11 67 – www.letastevin-restaurant.fr – Fermé : lundi, dimanche soir

MARLY-LE-ROI

78160 – Yvelines – Carte régionale n° **15**–B2

LE VILLAGE

Chef : Tomohiro Uido

CUISINE MODERNE • INTIME Ces diables de chefs japonais sont partout… et c'est tant mieux ! Prenez cette jolie auberge, sise dans une ruelle pittoresque du vieux Marly. Quoi de plus français que l'avenante façade aux tons bleu canard, puis, passé la porte, la plaisante petite salle intimiste aux tons rouge carmin, décorée de tableaux et de photos de plats ? Pourtant, en cuisine, on parle japonais. Le chef signe des préparations très maîtrisées, riches de jolis accords, de textures et de saveurs ; pareil à Jésus, il se plaît même à multiplier les petits pains – là-dessus, nous vous laissons la surprise. À Marly, la France inspire l'Asie, à moins que ce ne soit le contraire… Laissez votre palais décider.

- Menu 64/205 € - Carte 160/255 €

3 Grande-Rue – 01 39 16 28 14 – www.restaurant-levillage.fr – Fermé : lundi, dimanche soir

MAULE

78580 – Yvelines – Carte régionale n° **15**–A1

LA CASE DE BABETTE

CUISINE CRÉOLE • ROMANTIQUE Babette de Rozières, fameuse chroniqueuse culinaire, a plus d'un tour dans son sac ! Au cœur du joli bourg de Maule, elle rend hommage à sa Guadeloupe natale avec une cuisine ensoleillée, débordante de saveurs. Le service est assuré avec attention et professionnalisme, et l'on mange au son d'une discrète musique des îles…

- Menu 32 € (déjeuner) - Carte 50/80 €

2 rue Saint-Vincent – 01 30 90 38 97 – www.la-case-de-babette.com – Fermé : lundi, mardi, dimanche soir

MELUN

77000 – Seine-et-Marne – Carte régionale n° **15**–C2

LA BODEGA

CUISINE ESPAGNOLE • CONVIVIAL On vient ici pour retrouver l'esprit de l'Espagne, en particulier celle des Asturies, d'où est originaire la famille propriétaire. Au menu, des produits de belle qualité, de succulentes recettes ibériques – pluma de cochon ibérique, paella bodega, chipirones à la plancha, délicieux turrones au dessert – et quelques plats plus actuels. On est comblé !

♿ - Menu 21 € (déjeuner) - Carte 38/60 €

18 quai Hippolyte-Rossignol - ✆ 01 64 37 10 57 - www.bodega-melun.fr - Fermé : lundi, samedi midi, dimanche

MÉRY-SUR-OISE

✉ 95540 - Val-d'Oise - Carte régionale n° **15**-B1

LE CHIQUITO

Chef : Alain Mihura

CUISINE CLASSIQUE • ÉLÉGANT Quelle histoire, ce Chiquito ! Saviez-vous qu'il s'agit d'un ancien bar-tabac et épicerie de village, transformé en restaurant en 1969 ? Difficile de se figurer cette parenthèse passée tant le cadre de cette maison francilienne du 17e s., élégant et plein de cachet, l'enfilade de salles bourgeoises, l'accueil, des plus prévenants, évoquent immédiatement une certaine idée de l'élégance bourgeoise. Et que dire de la cuisine d'Alain Mihura, passé chez de grands chefs étoilés, sinon qu'elle honore le plus beau classicisme, par sa précision et la finesse de ses saveurs ? Ses spécialités font claquer les langues de plaisir : cuisses de grenouilles au jus de persil, ris de veau au beurre mousseux et Paris-brest... Quelque chose d'éternel au pays de la gourmandise. La belle carte des vins, avec plus de 250 références, conforte ce charmant tableau. Une demeure tout en délicatesse, vivement recommandable.

♿ P - Menu 70/82 € - Carte 73/107 €

3 rue de l'Oise - ✆ 01 30 36 40 23 - www.lechiquito.fr - Fermé : lundi, mercredi soir, dimanche

MEUDON

✉ 92190 - Hauts-de-Seine - Carte régionale n° **15**-B2

L'ESCARBILLE

Chef : Régis Douysset

CUISINE MODERNE • BOURGEOIS Contre les voies de chemin de fer, cette maison bourgeoise (ancien buffet de la gare) est devenue un restaurant gourmet, à l'atmosphère chic et contemporaine, décoré de photos et tableaux. On déguste ici les recettes d'un chef expérimenté, secondé par une équipe de confiance. En cuisine, le produit a le beau rôle, préparé et assaisonné avec justesse ; on accompagne ces douceurs de vins de petits producteurs sélectionnés avec minutie (et présentés sur tablette). À noter que l'on peut également prendre son repas sur la terrasse, et profiter d'un service de voiturier. Une attachante Escarbille.

- Menu 42 € (déjeuner), 65/83 €

8 rue de Vélizy - ✆ 01 45 34 12 03 - www.lescarbille.fr - Fermé : lundi, dimanche

MILLY-LA-FORÊT

✉ 91490 - Essonne - Carte régionale n° **15**-B3

LES COQS

CUISINE MODERNE • CONTEMPORAIN Cette maison, installée dans un ancien magasin d'antiquités au cœur du village, a tout pour plaire : un intérieur contemporain et élégant, un patio-terrasse idéal pour les beaux jours... et, à sa tête, un jeune couple qui propose une cuisine du marché bien réalisée.

♿ - Menu 34 € (déjeuner), 41/57 €

24 place du Marché - ✆ 01 64 98 58 58 - www.lescoqs.fr - Fermé : mardi, mercredi

MONTIGNY-SUR-LOING

⊠ 77690 - Seine-et-Marne - Carte régionale n° **15**-C3

LE DIV'20

CUISINE CRÉATIVE • **BISTRO** Ce discret bistrot contemporain propose une bonne cuisine inventive, comme le prouve ce faux filet de Salers, chou pointu rôti, carottes de couleurs bio, jus à l'anchois et câpres. On fait le plein de goûts et de saveurs, avec d'autant plus de plaisir que le service est efficace et chaleureux. Partition plus simple le midi et plus ambitieuse le soir.

♿ AC - Menu 39/59 € - Carte 42/57 €

20 rue du Loing - ✆ 01 64 45 76 79 - www.restaurantlediv20.fr - Fermé : lundi, dimanche

MONTMORENCY

⊠ 95160 - Val-d'Oise - Carte régionale n° **15**-B1

AU CŒUR DE LA FORÊT

CUISINE TRADITIONNELLE • **AUBERGE** À l'issue d'un chemin cahotant, vous voilà bien au cœur de la forêt... Si le dépaysement est garanti, la cuisine suit sans détour la voie de la tradition : au menu, rien que des valeurs sûres, au gré du marché ! Cadre élégant et champêtre, comme il se doit, avec une jolie terrasse face aux frondaisons.

P - Menu 52 €

Avenue du Repos-de-Diane - ✆ 01 39 64 99 19 - www.aucoeurdelaforet.com - Fermé : lundi, jeudi soir, dimanche soir

MONTROUGE

⊠ 92120 - Hauts-de-Seine - Carte régionale n° **15**-B2

LA TABLE DE MAÏNA (N)

CUISINE FUSION • **CONVIVIAL** Au cœur de Montrouge, une bonne adresse se cache derrière cette devanture. Une cheffe formée aux quatre coins du monde, souvent chez les "grands" et notamment auprès de Nobu Matsuhisa, laisse libre cours à une inspiration fusion savoureuse. Les ingrédients, les épices et les produits du monde entier se marient avec justesse et harmonie. Formule plus simple le midi, plus ambitieuse le soir.

Menu 19 € (déjeuner), 45/65 € - Carte 36/60 €

18 rue Perier - ✆ 01 57 21 25 82 - www.latabledemaina.com - Fermé : lundi, mardi soir, mercredi soir, samedi midi, dimanche

NANTERRE

⊠ 92000 - Hauts-de-Seine - Carte régionale n° **15**-B2

CABANE

CUISINE MODERNE • **TENDANCE** Pour une première affaire, c'est un coup de maître. Le jeune chef Jean-François Bury au parcours consistant (George V et Shangri-La), ancien de Top Chef 2017, fait souffler sur Nanterre un vent de bistronomie des plus agréables au travers d'un menu-carte aux recettes modernes et aux assiettes généreuses. Ce jour-là, pluma, artichauts en textures, pommes grenailles. Tout est maîtrisé, on se régale.

♿ - Menu 29 € (déjeuner), 39 €

8 rue du Docteur-Foucault - ✆ 01 47 25 22 51 - www.cabanerestaurant.com - Fermé : lundi, dimanche

NEUILLY-SUR-SEINE

✉ 92200 - Hauts-de-Seine - Carte régionale n° **15**-B2

RIBOTE

CUISINE MODERNE • TENDANCE Ce fort sympathique néo-bistrot, lové au sein de Neuilly, propose une carte courte aux libellés succincts. Les produits sont de qualité et de saison, les associations de textures pertinentes, les cuissons justes et la générosité est présente. On retrouve ici tous les codes de la bistronomie de l'Est parisien, autour d'une cuisine pleine de peps. Sans oublier les vins (forcément) natures.

♿ AC - Menu 32 € (déjeuner) - Carte 41/51 €

17 rue Paul-Chatrousse - ✆ 01 47 47 73 17 - Fermé : samedi, dimanche

NOISY-LE-GRAND

✉ 93160 - Seine-Saint-Denis - Carte régionale n° **15**-C2

LES MÉROVINGIENS N

CUISINE ACTUELLE • CONTEMPORAIN Jacky Ribault (L'Ours, Qui plume la lune ?) a ouvert cette brasserie au rez-de-chaussée d'une résidence du centre-ville de Noisy-le-Grand. L'adresse rend hommage à l'histoire de la ville, installée sur une nécropole mérovingienne et carolingienne. Enfant de Noisy, Arnaud baptiste (ex-Top Chef) déroule de bons petits classiques sagement relookés (pâté en croûte, volaille rôtie, riz au lait...) réalisés à partir de produits impeccables. Cadre contemporain plaisant sur mesure. Brunch le dimanche, ouvert 7 jours sur 7, et service continu.

♿ AC - Carte 40/60 €

32 avenue Émile-Cossonneau - ✆ 01 43 03 67 78 - www.lesmerovingiens.fr

LE PERREUX-SUR-MARNE

✉ 94170 - Val-de-Marne - Carte régionale n° **15**-C2

LES MAGNOLIAS

CUISINE CRÉATIVE • ÉLÉGANT Ces Magnolias se sont imposés en douceur auprès des gourmets du Perreux-sur-Marne. Le chef met un soin particulier dans la présentation de ses plats, goûteux et volontiers créatifs, à l'image de ce cabillaud mi fumé à la sure de hêtre et artichauts en texture. Autour de lui, en cuisine et dans l'élégante salle, s'affaire une jeune équipe soucieuse de bien faire.

AC - Menu 39/89 €

48 avenue de Bry - ✆ 01 48 72 47 43 - www.lesmagnolias.com - Fermé : lundi, samedi midi, dimanche

PLAISIR

✉ 78370 - Yvelines - Carte régionale n° **15**-B2

LA MAISON DES BOIS

CUISINE TRADITIONNELLE • AUBERGE Dans la même famille depuis 1926, cette auberge typique, couverte de vigne vierge, arbore toujours son toit de chaume, au terme d'une jolie rénovation. Même esprit à la carte, avec des recettes traditionnelles et des suggestions du marché. Terrasse ombragée sous un vieux platane.

♿ P - Menu 49 € - Carte 65/85 €

1467 avenue d'Armorique, Ste-Apolline - ✆ 01 30 54 23 17 - www.lamaisondesbois.fr - Fermé : mardi, mercredi, dimanche soir

PONTCHARTRAIN

✉ 78760 - Yvelines - Carte régionale n° **15**-A2

BISTRO GOURMAND

CUISINE MODERNE • **CONVIVIAL** Le chef de ce Bistro réalise une cuisine de jolie facture, franche et lisible, pleine de peps, à déguster dans un intérieur moderne où le rouge domine… ou en terrasse (au calme) à l'été venu.

- Menu 34 € (déjeuner), 39/44 €

7 route du Pontel - ✆ 01 34 89 25 36 - www.bistrogourmand.fr - Fermé : lundi, mercredi soir, dimanche soir

PONTOISE

✉ 95000 - Val-d'Oise - Carte régionale n° **15**-B1

L'OR Q'IDÉE

Cheffe : Naoëlle d'Hainaut

CUISINE MODERNE • **COSY** La cheffe Naoëlle d'Hainaut a choisi cette petite rue du centre-ville de Pontoise, en contrebas de la jolie église, pour ouvrir son premier restaurant. Résultat : une vraie réussite, de l'élégant décor (style scandinave, couleurs claires, cave sous écrin de verre, cuisine visible) aux assiettes savoureuses et bien dans l'air du temps. Souvenirs savoureux d'un dos de cabillaud bien épais, préparé en cuisson lente et servi sur un caviar de lentilles, nappé d'une sauce légèrement crémée aux champignons. Partout, une même maîtrise technique, de belles harmonies gustatives, une cuisine franche. Service bien rythmé, décontracté et professionnel par une équipe jeune et efficace. Une adresse très recommandable.

L'engagement du chef : Notre défi est de sublimer les produits de qualité que nos maraîchers, pêcheurs et vignerons passionnés nous fournissent au quotidien. Nous travaillons de plus en plus de produits de la région. Donner des lettres de noblesse à un produit commun par une cuisine subtile et complexe mais surtout goûteuse, afin que notre empreinte soit accessible à tous.

- Menu 83 € - Carte 66/72 €

14 rue Marcel-Rousier - ✆ 01 34 35 47 10 - www.lorqidee.fr - Fermé : lundi, mardi soir, mercredi soir, samedi midi, dimanche

LE PRÉ-ST-GERVAIS

✉ 93310 - Seine-Saint-Denis - Carte régionale n° **15**-B2

LE POUILLY REUILLY

CUISINE TRADITIONNELLE • **BISTRO** Un bistrot dans son jus, pour une cuisine qui ne l'est pas moins : ris de veau aux morilles, rognons émincés sauce moutarde, boudin noir grillé, côte de bœuf… Le respect de la tradition, avec des produits de qualité.

AC - Menu 32 € - Carte 46/70 €

68 rue André-Joineau - ✆ 01 48 45 14 59 - Fermé : samedi, dimanche

PRINGY

✉ 77310 - Seine-et-Marne - Carte régionale n° **15**-C2

LE K

CUISINE TRADITIONNELLE • **TENDANCE** Le K, c'est le chef Kévin Kowal, ancien de la galaxie Ducasse, qui a repris en 2018 les fourneaux de cette maison installée non loin de Melun et surtout de la forêt de Fontainebleau. Il y propose deux offres distinctes, l'une bistronomique, l'autre gastronomique. Dans les deux K, sa cuisine a de forts accents classiques (en témoignent son pâté en croûte de volaille et son soufflé à la noisette du Piémont) avec quelques traits de modernité. Cuissons maîtrisées, saveurs marquées : du bon travail.

AC P - Menu 35 € (déjeuner), 75 € - Carte 40/89 €

20 avenue de Fontainebleau - ✆ 01 60 65 57 75 - www.linedit.fr - Fermé : mardi, mercredi, dimanche soir

PUTEAUX

⊠ 92800 - Hauts-de-Seine - Carte régionale n° **15**-B2

L'ESCARGOT 1903 PAR YANNICK TRANCHANT

CUISINE MODERNE • **COSY** Le chef Yannick Tranchant travaille de bons produits et propose une cuisine franche, goûteuse et gourmande ; pour ne rien gâcher, le rapport qualité-prix se révèle attractif, et le service est rapide et efficace.

- Menu 55 €

18 rue Charles-Lorilleux - ✆ 01 47 75 03 66 - www.lescargot1903.com - Fermé : samedi, dimanche

SAPERLIPOPETTE !

CUISINE MODERNE • **BRANCHÉ** Cette ancienne brasserie a subi un sacré lifting, devenant un restaurant chaleureux et branché, sous la houlette d'une équipe experte en la matière. La cuisine, façon bistrot chic, est généreuse et bien tournée.

- Menu 40 € - Carte 51/63 €

9 place du Théâtre - ✆ 01 41 37 00 00 - www.saperlipopette1.fr

RAMBOUILLET

⊠ 78120 - Yvelines - Carte régionale n° **15**-A2

L'ORANGERIE DES TROIS ROYS

POISSONS ET FRUITS DE MER • **ÉLÉGANT** Une salle à manger en véranda garnie de sculpltures, tableaux, plantes vertes : voici le ravissant cadre de cette Orangerie. Le chef fait la part belle aux poissons et fruits de mer - à l'instar de ces pâtes fraîches au homard. Les pâtisseries viennent d'un artisan rambolitain, Chez Francis. Terrasse au calme.

- Carte 50/150 €

4 rue Raymond-Poincarré - ✆ 01 30 88 69 95 - www.lorangeriedestroisroys.fr - Fermé : samedi, dimanche

ROLLEBOISE

⊠ 78270 - Yvelines - Carte régionale n° **15**-A1

LE PANORAMIQUE - DOMAINE DE LA CORNICHE

CUISINE MODERNE • **ÉLÉGANT** Cet hôtel de charme perché sur une falaise de craie a été construit en 1908 par le roi belge Léopold II dans le but d'y accueillir son amour Blanche de Vaughan. Désormais, il accueille les amoureux de la bonne chère. Ici, place aux produits de proximité, dans une démarche locavore aboutie : Saint-Jacques de la baie de Seine, agneau fermier des fermes des environs, petits fruits et légumes de producteurs locaux. Il en résulte une cuisine pleine de fraîcheur, où les recettes débordent de goût et de saveurs marquées. Truffes noires, foie gras des Landes (évidemment !), langoustines, turbot sauvage : les produits nobles se succèdent dans l'assiette. Et aux beaux jours, on dîne en terrasse, face aux méandres de la Seine.

- Menu 49 € (déjeuner), 78/98 €

5 route de la Corniche - ✆ 01 30 93 20 00 - www.domainedelacorniche.com - Fermé : mardi, mercredi

RUEIL-MALMAISON

⊠ 92500 - Hauts-de-Seine - Carte régionale n° **15**-B2

OCHRE

Chef : Baptiste Renouard

CUISINE MODERNE • **ÉLÉGANT** Bienvenue dans l'univers de Baptiste Renouard, encore jeune et déjà un parcours de vieux briscard : en cuisine depuis ses 14 ans, passé en formation chez Lasserre, Robuchon, Alléno puis au Laurent et à L'Escargot 1903... voilà qui vous pose un cuistot ! Enfin à son compte, il régale avec une cuisine créative aux intitulés accrocheurs : les Pouilles renaissent de leurs cendres, Tendres aiguilles, le Chant chromatique du veau, Balade avec Nino Ferrer, et on en passe. Une cuisine enlevée, joyeuse, carrée techniquement, où le végétal joue un grand rôle : 70% des herbes et fleurs utilisées proviennent de la cueillette du chef sur l'île des Impressionnistes. Du beau travail.

- Menu 55 € (déjeuner), 90/115 €

56 rue du Gué - 09 81 20 81 69 - www.ochre.fr - Fermé : lundi, dimanche

RUNGIS

94150 - Val-de-Marne - Carte régionale n° **15**-B2

LA GRANGE DES HALLES

CUISINE MODERNE • **CONTEMPORAIN** Rungis, ce n'est pas seulement le célèbre marché connu de tous les chefs, mais aussi un vieux bourg, où se trouve cette Grange au look atypique. Elle abrite un bistrot joliment décoré, où le chef, passé par le Crillon et le Plaza Athénée, propose des recettes du marché (forcément !) au gré de Rungis - le marché - et du potager maison. Très sympathique terrasse ombragée sur l'arrière.

P - Menu 35 €

28 rue Notre-Dame - 01 46 87 08 91 - www.la-grange-des-halles.webnode.fr - Fermé : lundi soir, samedi midi, dimanche

ST-GERMAIN-EN-LAYE

78112 - Yvelines - Carte régionale n° **15**-B2

AU FULCOSA

CUISINE MODERNE • **CONVIVIAL** Fulcosa signifie "fougère" en latin : la plante, en effet, tapissait les forêts alentour... Les propriétaires ont le sens de l'histoire et du... goût ! Dans le décor chaleureux de leur "bistrot culinaire", ils nous régalent d'une bonne cuisine de saison, entre tradition et innovation - à l'image de ce pressé de cochon aux légumes d'hiver, salade de mâche aux noix...

- Menu 40 €

2 rue du Maréchal-Foch, à Fourqueux - 01 39 21 17 13 - www.aufulcosa.fr - Fermé : lundi, dimanche

CAZAUDEHORE

CUISINE CLASSIQUE • **ÉLÉGANT** Ambiance chic et cosy, décor dans l'air du temps, délicieuse terrasse sous les acacias, cuisine soignée et belle carte des vins... Une vraie histoire de famille depuis 1928.

AC P - Menu 75/99 € - Carte 60/86 €

1 avenue du Président-Kennedy - 01 30 61 64 64 - www.cazaudehore.fr - Fermé : lundi, dimanche soir

LE WAUTHIER BY CAGNA

CUISINE MODERNE • **BISTRO** Risotto du Piémont au homard et beurre blanc, escalopes de ris de veau braisées, mousseline de céleri et sauce Albufera... Une cuisine bien dans l'air du temps, réalisée avec de bons produits du marché : voilà la promesse de cette sympathique maison sangermanoise au joli intérieur de bistrot chic. Service attentionné.

- Menu 36 € (déjeuner), 49/72 €

31 rue Wauthier - 01 39 73 10 84 - www.restaurant-wauthier-by-cagna.fr - Fermé : lundi, dimanche

STE-GENEVIÈVE-DES-BOIS

✉ 91700 - Essonne - Carte régionale n° **15**-B2

LA TABLE D'ANTAN

CUISINE DU SUD-OUEST • CLASSIQUE Vous serez d'abord séduit par un accueil prévenant en ce restaurant d'un quartier résidentiel. On y savoure une cuisine classique et des spécialités du Sud-Ouest de qualité.

- Menu 32/52 € - Carte 46/64 €

38 avenue de la Grande-Charmille-du-Parc - 01 60 15 71 53 - www.latabledantan.fr - Fermé : lundi, mardi soir, mercredi soir, jeudi soir, dimanche soir

SURESNES

✉ 92150 - Hauts-de-Seine - Carte régionale n° **15**-B2

LES PETITS PRINCES

CUISINE MODERNE • CONVIVIAL C'est une jolie petite maison d'angle, non loin du tram. Une vitre, façon atelier, offre un aperçu sur les cuisines. Ici, on concocte une cuisine actuelle et gourmande, jamais ennuyeuse - tartare de maigre aux agrumes, soupe de melon au gingembre frais et piment d'Espelette... À l'arrière, cour-terrasse avec verdure.

- Menu 39/50 €

26 rue du Val-d'Or - 01 41 47 87 61 - www.petits-princes.fr - Fermé : lundi, dimanche

BISTRO LÀ-HAUT

CUISINE MODERNE • CHIC Situé sur le mont Valérien, ce "bistrot d'altitude" offre une superbe vue sur Paris depuis sa salle de type loft. A la carte, une partition alléchante aux recettes actuelles ; filet de canette fumé au barbecue, mousseline de céleri, pommes rôties au miel et sésame, jus de canard... Vous avez dit "miam" ?

- Menu 50 € (déjeuner), 69 €

70 avenue Franklin-Roosevelt - 01 45 06 22 66 - Fermé : samedi, dimanche

ET TOQUE ! N

CUISINE MODERNE • CONTEMPORAIN Au cœur de Suresnes, le chef Maxime Salvi réalise une cuisine au goût du jour, dans une veine bistronomique, bien ficelée et au très bon rapport qualité-prix le midi. Les préparations soignées mettent en avant des produits de saison et de bonne qualité - pâté en croûte, poulpe, cochon, citron et aneth ; rond de veau, crème de cèpes, pommes croquette, livèche et oignon doux. Le soir, carte plus ambitieuse et menus carte blanche selon les envies du chef.

- Menu 26 € (déjeuner), 42/60 € - Carte 50/55 €

7 rue Émile-Duclaux - 01 45 06 36 93 - www.restaurantettoque.com - Fermé : lundi, dimanche

THOIRY

✉ 78770 - Yvelines - Carte régionale n° **15**-A2

À TABLE ! CHEZ ÉRIC LÉAUTEY

CUISINE MODERNE • CONVIVIAL On se sent bien chez Eric Léautey : le petit porche prépare à la dégustation, on s'aiguise les papilles devant la carte. Les suggestions, volontiers canailles, s'en vont taquiner les saisons et chatouiller le terroir, comme cette côte de veau, tendre et juteuse à souhait. Qu'attendez-vous donc ? À table !

- Menu 40 € (déjeuner) - Carte 60/80 €

28 rue Porte-Saint-Martin - 01 34 83 88 73 - www.ericleautey.com - Fermé : lundi, mardi, mercredi

TREMBLAY-EN-FRANCE

✉ 93290 - Seine-Saint-Denis - Carte régionale n° **15**-C1

LA JUMENT VERTE

CUISINE MODERNE • **TENDANCE** Dans un hameau qui semble tranquille... et pourtant stratégiquement situé, tout près du parc des expositions de Villepinte et de l'aéroport de Roissy, voici une escale gourmande toute trouvée. On y déguste une belle cuisine tout en fraîcheur et saveurs, recherchée juste comme il faut. Décor à la fois simple et avenant.

- Menu 35/53 €

43 route de Roissy, Tremblay-Vieux-Pays - ✆ 01 48 60 69 90 - www.aubergelajumentverte.fr - Fermé : lundi soir, mardi soir, mercredi soir, samedi, dimanche

LE TREMBLAY-SUR-MAULDRE

✉ 78490 - Yvelines - Carte régionale n° **15**-A2

NUMÉRO 3

CUISINE MODERNE • **DESIGN** Voici un village jadis fréquenté par le célèbre marchand de tableaux Ambroise Vollard, mais aussi par Picabia, Picasso et surtout Cendrars qui y est enterré ! Julie et Laurent Trochain y tiennent une bonne table, un ancien relais de chasse qu'ils ont entièrement rénové. Quelle métamorphose ! Oubliées les poutres, la cheminée et même la façade traditionnelle ; place à un cadre éminemment contemporain, géométrique et design. Natif de Maubeuge, formé dans les belles maisons, et notamment chez Pierre Gagnaire, Laurent défend le terroir d'Ile-de-France à travers une cuisine délicate et colorée. Tous les fondamentaux sont au rendez-vous : beaux produits, geste soigné et recettes nouvelles. On peut faire étape dans la maison d'hôtes, les Chambres du n°3.

- Menu 55/70 €

3 rue du Général-de-Gaulle - ✆ 01 34 87 80 96 - www.restaurant-numero3.fr - Fermé : lundi, mardi, mercredi midi, jeudi midi, vendredi midi, dimanche soir

VERSAILLES

✉ 78000 - Yvelines - Carte régionale n° **15**-B2

GORDON RAMSAY AU TRIANON

CUISINE CRÉATIVE • **ÉLÉGANT** Inauguré en 1910 à la lisière du parc du château, l'hôtel Trianon Palace impose sa silhouette autoritaire aux promeneurs qui s'en approchent. Un lieu tout indiqué pour accueillir le travail - et le caractère bien trempé ! - de Gordon Ramsay, déjà triplement étoilé à Londres.Le chef écossais supervise la mise à jour régulière de la carte - mise en œuvre au quotidien par le chef Frédéric Larquemin -, qui célèbre de beaux produits et joue principalement sur la simplicité et la pertinence des recettes. Une créativité bien maîtrisée, de jolies saveurs... on passe un très agréable moment en ces lieux, d'autant que le cadre n'est pas en reste : une élégante et lumineuse salle à manger baroque, dont les baies vitrées donnent directement sur le parc...

- Menu 139/179 €

Plan : A2-1 - *1 boulevard de la Reine - ✆ 01 30 84 50 18 - www.trianonpalace.fr - Fermé : lundi, mardi, dimanche et le midi*

LE GRAND CONTRÔLE

CUISINE CLASSIQUE • **HISTORIQUE** La nouvelle adresse d'Alain Ducasse au sein de l'hôtel des Airelles est enfin ouverte au public après plus de cinq ans de travaux ! Cet établissement luxueux, chargé d'histoire et intimement lié au château de Versailles, mélange mise en scène théâtrale et cuisine sur mesure composée de préparations réalisées avec des produits de belle qualité, où l'ADN "naturalité" d'Alain Ducasse n'est jamais loin. En place, le chef Stéphane Duchiron (Ore) fait preuve d'une belle maîtrise technique, avec des cuissons et des assaisonnements maitrisés, des sauces et des jus d'une belle qualité aux saveurs franches et marquées.

- Menu 90 € (déjeuner), 320 €

Plan : A3-6 - *12 rue de l'Indépendance-Américaine - 01 85 36 05 77 - www.airelles.com/fr/destination/chateau-de-versailles-hotel - Fermé : dimanche midi*

LA TABLE DU 11

Chef : Jean-Baptiste Lavergne-Morazzani

CUISINE MODERNE • CONTEMPORAIN Après l'obtention de l'étoile en 2016, le Chef Jean-Baptiste Lavergne-Morazzani a redoublé d'efforts, avec le soutien d'une équipe soudée et efficace, pour convertir toujours plus de gourmands dans la ville royale. Son credo : le naturel, à tous points de vue. Une carte courte et sans fioritures, une attention particulière aux saisons… et, dans l'assiette, une sélection de produits vraiment nature : bio en général, issus de la pêche et de l'élevage durables, mais aussi de son propre potager… La belle carte des vins comporte près de 500 références (avec beaucoup de vignerons propriétaires travaillant en biodynamie). Et, pour ne rien gâcher, le restaurant a pris ses quartiers dans la Cour des Senteurs, tout près du Château : voilà qui ajoute à l'exclusivité du moment…

- Menu 100 € - Carte 55/65 €

Plan : A2-2 - *8 rue de la Chancellerie - 09 83 34 76 00 - www.latabledu11.com - Fermé : lundi, dimanche*

LE BISTROT DU 11

CUISINE MODERNE • CONTEMPORAIN Vous l'avez deviné : l'équipe de la Table du 11 se cache derrière ce Bistrot du 11, installé dans une rue touristique piétonne non loin du château. De beaux produits sont déclinés sous la forme d'un menu-carte : œuf, lentilles et persil ; cabillaud, chou pointu et tarama ; tarte au chocolat chaud, vanille… C'est soigné, et les prix sont raisonnables.

- Menu 38/55 €

Plan : A3-3 - *10 rue de Satory - 01 75 45 63 70 - www.lebistrotdu11.com - Fermé : lundi, dimanche*

LAFAYETTE N

CUISINE MODERNE • TENDANCE Contigu à son premier restaurant, le chef Xavier Pincemin vient d'ouvrir ce bistro contemporain, avec ses quelques salles en enfilade et son décor art Déco. Il s'amuse et nous régale avec une carte qui mixe plats de traditions et influences diverses (tacos, ceviche, bœuf tigre) et propose aussi une sélection de viandes d'exceptions maturées dans une cave.

- Carte 45/60 €

Plan : A1-7 - *10 boulevard du Roi - 09 83 74 20 05 - Fermé : samedi, dimanche*

ORE

CUISINE CLASSIQUE • CONTEMPORAIN Ore, c'est la bouche, en latin. Un nom d'une simplicité désarmante pour cet endroit tout simplement exceptionnel : un pavillon du 17e s. aménagé au cœur du château de Versailles. Alain Ducasse est le Roi Soleil de ces lieux, y faisant appliquer la loi culinaire qu'on lui connaît : celle de la naturalité, et d'un hommage sans cesse renouvelé au beau produit.

- Menu 48 € (déjeuner)

Plan : A2-4 - *Place d'Armes - 01 30 84 12 96 - www.ducasse-chateauversailles.com - Fermé : lundi et le soir*

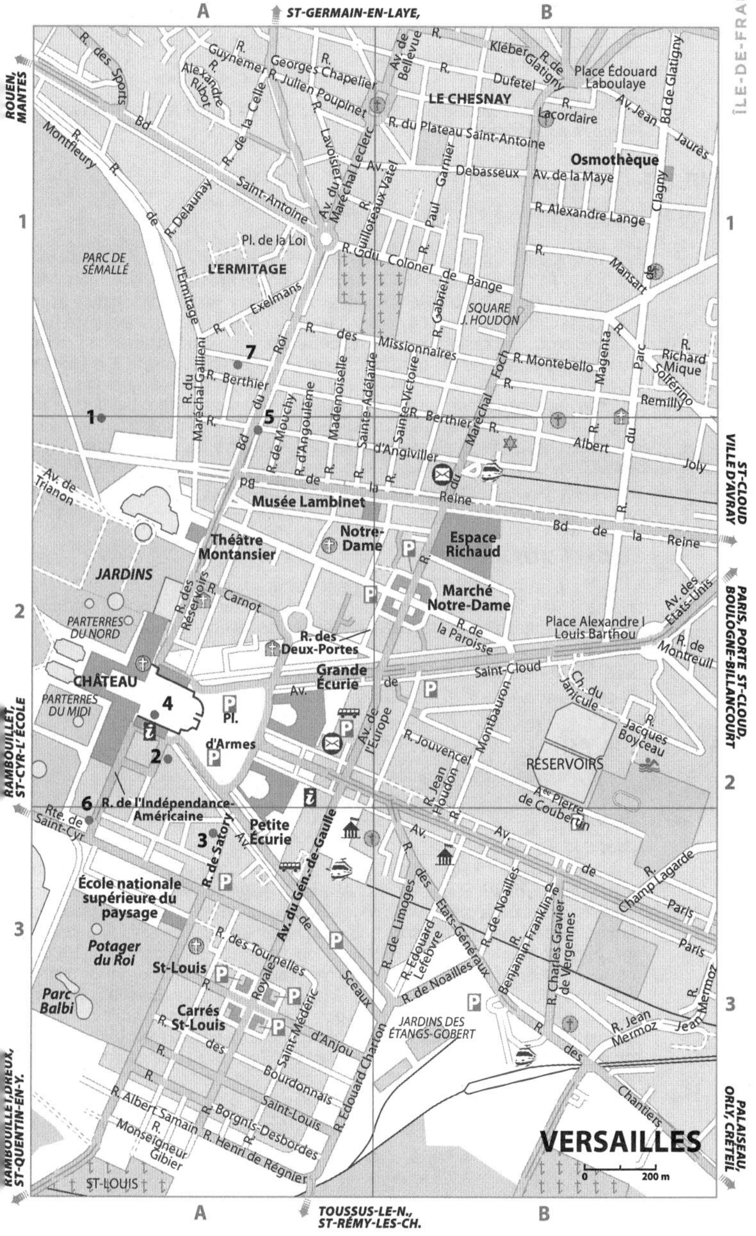
ST-GERMAIN-EN-LAYE,
ROUEN, MANTES
ST-CLOUD VILLE D'AVRAY
PARIS, PORTE ST-CLOUD, BOULOGNE-BILLANCOURT
RAMBOUILLET, ST-CYR-L'ÉCOLE
RAMBOUILLET, DREUX, ST-QUENTIN-EN-Y.
PALAISEAU, ORLY, CRÉTEIL
TOUSSUS-LE-N., ST-RÉMY-LES-CH.
LE CHESNAY
Osmothèque
Place Édouard Laboulaye
PARC DE SÉMALLÉ
L'ERMITAGE
Pl. de la Loi
SQUARE J. HOUDON
Musée Lambinet
Théâtre Montansier
Notre-Dame
Espace Richaud
Marché Notre-Dame
JARDINS
PARTERRES DU NORD
PARTERRES DU MIDI
CHÂTEAU
Pl. d'Armes
R. des Deux-Portes
Grande Écurie
Petite Écurie
Place Alexandre I Louis Barthou
RÉSERVOIRS
École nationale supérieure du paysage
Potager du Roi
Parc Balbi
St-Louis
Carrés St-Louis
JARDINS DES ÉTANGS-GOBERT
ST-LOUIS
VERSAILLES
0
200 m

LE PINCEMIN

CUISINE MODERNE • CONTEMPORAIN Le gagnant de top-chef 2016, versaillais et féru d'agrumes, nous régale avec une cuisine de l'instant et du marché, s'amusant des associations terre/mer. Le menu midi change tous les jours, en soirée, la partition est plus ambitieuse. Un coup de cœur.

Menu 45 € (déjeuner), 80 €

Plan : A2-5 - *10 boulevard du Roi - ✆ 09 83 50 29 64 - www.lepincemin.com - Fermé : lundi, dimanche*

VILLE-D'AVRAY

✉ 92410 - Hauts-de-Seine - Carte régionale n° **15**-B2

✿ LE COROT

CUISINE CRÉATIVE • ÉLÉGANT À la manière du peintre Corot - qui immortalisa les étangs voisins -, le jeune Rémi Chambard s'inspire volontiers de la nature pour élaborer sa cuisine. Excellent technicien, passé par des maisons de renom (Hôtel du Palais à Biarritz, Sources de Caudalie près de Bordeaux), il prend un plaisir particulier à travailler le végétal, et pas n'importe lequel : deux fois par semaine, il va faire sa "cueillette urbaine", comme il le dit lui-même, au potager du Roi à Versailles... Ses assiettes frappent par leur fraîcheur, leur légèreté et leur esthétisme ; il les décline au long d'un menu unique. On passe un délicieux moment dans un décor entièrement rénové, à l'unisson de cette cuisine, raffinée et bien ancrée dans son époque.

♿ A/C P - Menu 95 € (déjeuner), 120/150 €

55 rue de Versailles - ✆ 01 41 15 37 00 - www.etangs-corot.com - Fermé : lundi, mardi, mercredi midi, jeudi midi, vendredi midi, dimanche soir

LE CAFÉ DES ARTISTES

CUISINE MODERNE • BISTRO Ici, dans ce bistrot qui vient compléter idéalement la table étoilée de ce lieu ô combien bucolique aux portes de Paris, on déguste une cuisine contemporaine, goûteuse et inspirée, réalisée avec de beaux produits, dans un cadre entièrement rénové.

♿ A/C ⛱ P - Menu 39 € (déjeuner) - Carte 46/70 €

53 rue de Versailles - ✆ 01 41 15 37 00 - www.etangs-corot.com

VINCENNES

✉ 94300 - Val-de-Marne - Carte régionale n° **15**-B2

✿ L'OURS

Chef : Jacky Ribault

CUISINE MODERNE • CONTEMPORAIN Jacky Ribault (Qui Plume La Lune, dans le 11e) n'en fait pas mystère : cet Ours, installé près du château de Vincennes, représente l'aboutissement de sa carrière. Il l'a conçu à son image, jouant sur les espaces et les formes, dans un mariage réussi de bois, métal, pierre et cuir : un écrin formidable, en cohérence avec les créations culinaires dont il a le secret. Car dans l'assiette, on retrouve tout ce qu'on aime chez ce cuisinier d'expérience, volubile et passionné : le coup de patte instinctif, le visuel soigné, les inspirations brutes qui subliment des produits de premier choix. On trouvera par exemple à la carte de subtiles touches japonaises, mais aussi la plus traditionnelle pintade, ou encore cette barbue avec son risotto de riz vénéré à la betterave... Jacky Ribault est en pleine forme, et plus que jamais fidèle à lui-même.

✿ ♿ A/C - Menu 60 € (déjeuner), 90/120 €

12 rue de l'Église - ✆ 01 46 81 50 34 - www.loursrestaurant.com - Fermé : lundi, dimanche

VOISINS-LE-BRETONNEUX

✉ 78960 - Yvelines - Carte régionale n° **15**-B2

LA FERME DE VOISINS

CUISINE MODERNE • **AUBERGE** On accède à ce joli corps de ferme du 19e s. par une cour fleurie, qui fait office de terrasse l'été venu. La carte, plutôt courte, met en valeur les incontournables de la maison - sucettes de gambas, tête de veau "irremplaçable", ou un dessert signature comme le baba bouchon maison orangé et rhum arrangé à l'orange - et recèle des plats goûteux et créatifs. Une belle adresse à découvrir au plus vite.

- Menu 47/75 €

4 rue de Port-Royal - ✆ 01 30 44 18 18 - www.lafermedevoisins.fr - Fermé : dimanche soir

YERRES

✉ 91330 - Essonne - Carte régionale n° **15**-B2

BIRD

CUISINE DU MARCHÉ • **CONTEMPORAIN** Au centre de cette charmante petite ville, sur une place piétonne proche de la mairie, un ancien salon de thé où le fils de famille, passé par de belles maisons, propose une cuisine du marché bien ficelée - betterave rouge, brocciu et bœuf séché... Salle épurée façon scandinave, terrasse face à la fontaine. Prix doux.

- Menu 32 €

38 rue Charles-de-Gaulle - ✆ 01 79 93 28 81 - www.bird-restaurant.com - Fermé : lundi, mardi soir, mercredi soir, jeudi soir, dimanche

P. Escudero/hemis.fr

NORMANDIE

NORMANDIE

Carte régionale n° 17

La gastronomie normande, c'est un inventaire à la Prévert : du fromage par-ci (camembert, pont-l'évêque, livarot), des fruits de mer par-là (huître d'Isigny, Saint-Jacques de Port-en-Bessin, homard de Chausey), de la pêche miraculeuse (lieu, cabillaud), du bœuf de race normande, des pommes et poires en tarte ou en bouteille... et même un domaine viticole, les Arpents du Soleil, mené de main de maître par un hyper-passionné, Gérard Samson. Ce sont des plats locaux, véritables emblèmes, à chaque cité le sien : tripes à la mode de Caen, andouille de Vire, canard à la rouennaise. Dans ce paradis pour palais avertis, les chefs s'en donnent à cœur joie. Il y a les figures locales, toujours au rendez-vous de l'excellence, Jean-Luc Tartarin au Havre, Ivan Vautier à Caen qui travaille le saumon d'Isigny comme personne, sans oublier Pierre Caillet (Le Bec-au-Cauchois, à Valmont), qui célèbre les Saint-Jacques de la baie de Seine et les légumes de son potager. Même ardeur locavore du côté du Manoir du Lys, à Bagnoles-de-l'Orne, dont le menu tout champignons annonce chaque année le retour de l'automne. Il y a enfin les nouveaux venus, qui augurent de lendemains chantants : L'Âtre à Honfleur, L'Auberge de la Mère Duval dans le pays de Caux, ou L'Auberge Sauvage dans le Cotentin, dont le chef puise son inspiration dans son potager.

LA SELECTION DU GUIDE MICHELIN

LES TABLES ÉTOILÉES

Une cuisine d'exception. Vaut le détour !

Une cuisine d'une grande finesse. Vaut l'étape !

N Nouvelle distinction cette année !
Engagé pour une gastronomie durable

LES BIB GOURMAND

Nos meilleurs rapports qualité-prix

DES BORDS DE L'ELBE AUX RIVES DE LA SEINE, UN PARCOURS GOURMAND

G.a. au Manoir de Rétival, à Caudebec-en-Caux

Chef allemand francophile, David Goerne a abandonné le droit à 24 ans pour s'adonner à sa passion de la gourmandise. Tant pis pour le barreau, tant mieux pour les fourneaux ! Aujourd'hui, il régale dans un manoir normand qui surplombe la Seine... Portrait.

Réglons la question du nom du restaurant, G.a. au Manoir de Rétival : "G.a." signifie "Grand appétit". C'est ce que Voltaire, qui adorait forger des rébus et des devinettes, répondait à Frédéric II de Prusse quand ce dernier l'invitait à souper. L'Allemagne, la France, la gastronomie : tout David Goerne se tient là ! Né à Hambourg en 1975, élevé dans une famille francophile, ce chef a appris à skier en France, a exploré toute la côte Atlantique avec ses parents et fréquente depuis son enfance les bonnes tables...

Le tour de l'Asie

Il lâche ses études de droit à l'âge de 24 ans pour se consacrer à la cuisine, sa véritable passion. Il travaille notamment au Jacob's de Thomas Martin, à Hambourg, puis dans les établissements d'Alain Ducasse (Plaza Athénée, Spoon, etc.). Pendant un an il a fait le tour de l'Asie : du Japon au Cambodge, il a appris la subtilité des épices. Il sait comment, d'un trait de fleur de poivre de Sichuan, relever une assiette et laver le palais...

Chevreuil, foie gras, choux de Bruxelles, crosnes et cerises confites au vinaigre caramélisé

Le chef et sa brigade travaillent devant les clients de la table d'hôtes

Une maison de famille

Perché sur les hauteurs de Caudebec-en-Caux, au-dessus de la Seine, le manoir de Rétival est d'abord une maison de famille, la résidence secondaire de ses parents. Une masure d'allure 19e s. mais dont les plus vieilles pierres datent du 12e s. Il reçoit une partie de ses clients dans sa propre cuisine, avec fourneaux et faïence à l'ancienne, vaisselle vintage et grande table d'hôte. Là, il s'active en compagnie de ses seconds. Tout le monde met la main à la pâte et participe au service – une convivialité typiquement germanique.

Un classique d'aujourd'hui

Souriant, gourmand, expansif, David Goerne se déclare *"fou de cuisine française"*. Il en maîtrise à fond les bases. Ses sauces et ses jus le prouvent à chaque assiette. Une cuisine actuelle et parfumée, inventive et généreuse. Des exemples ? En amuse-bouche, une huître de Veules-les-Roses en coquille, bien charnue et iodée, avec sabayon au champagne gratiné, souple et parfumé, quelques œufs de caviar, pour accentuer la saveur iodée de l'huître ; un foie gras farci à l'anguille fumée de Hambourg, glace au foie gras et au sauternes, chips de betterave ; un chevreuil, foie gras, chou de Bruxelles, crosnes et cerises confites au vinaigre caramélisé ; une coquille Saint-Jacques, cresson, beurre noisette, truffe noire de Sarlat...

Un chef voyageur et "green"

Ses poissons viennent des criées de Dieppe et Fécamp ou de son propre poissonnier ; ses truites, du petit élevage centenaire situé à Saint-Wandrille ; ses légumes (une autre passion), herbes et fleurs de son propre champ, cultivé par une association (*"mon projet social"*). Traumatisé par la vision d'une plage asiatique noyée sous les déchets plastiques, il a banni ce matériau de sa cuisine et en appelle à la responsabilité de chacun. Quand il ne régale pas ses clients, il adore voyager, de la Corse au Sri Lanka : *"chaque voyage, proche ou lointain, apporte son lot d'impressions nouvelles"*.

PIERRE CAILLET, UN CHEF NORMAND ? OUI… ET NON… ENFIN, PAS SEULEMENT !

Le Bec au Cauchois, à Valmont

Pierre Caillet a pris le temps de nous raconter sa logique de recherche de produits, et les relations nouées avec ses producteurs.

Il rappelle volontiers qu'il ne fait pas une cuisine normande mais qu'il compose une cuisine à partir de produits normands. Si le restaurant de Valmont fut, avant que Pierre Caillet ne s'y installe en 2006, un repère de plats comme l'escalope à la Normande, le feuilleté d'andouille ou le lapin au cidre, tout cela est aujourd'hui de l'histoire ancienne.
Il a fallu, dans un premier temps, conserver quelques plats historiques pour ne pas trop déstabiliser les habitués, mais très vite, le nouveau chef a cherché à imposer son style où le végétal donne le *la*. Ainsi fruits et légumes proviennent majoritairement du jardin quand les produits de la mer arrivent de Fécamp à une dizaine de kilomètres et que les viandes (canard, veau, cochon cul noir, agneau) sont produites dans le département : *"je cherche autour du restaurant et si je ne trouve pas, j'agrandis le cercle – comme pour le quinoa que j'ai trouvé dans l'Oise. Mais globalement, ma fierté c'est de signer une cuisine de produits normands."*
Mais la philosophie de Pierre ne s'arrête pas à son jardin et à l'approvisionnement local. L'homme est très attaché à la gestion des déchets. En témoigne la relation qu'il a forgé avec son mareyeur à condition que les caisses en polystyrène soient reprises et réutilisées : *"Cela représentait des centaines de kilos par an de caisses que je jetais à la poubelle. Cette situation ne pouvait plus durer."* Toutes ces démarches

Fruits, baies et herbes en direct du jardin

sont écrites noir sur blanc sur la carte et les menus, ce qui permet aux clients d'engager la conversation avec le personnel de salle : *"Je me rends compte que les clients sont d'ailleurs de plus en plus sensibles à ce que nous mettons en place. Si un petit pourcentage essaie de l'appliquer chez eux, c'est toujours ça de gagné."*

Depuis combien d'années êtes-vous engagé dans une gastronomie vertueuse ?

J'estime que cela fait dix ans que nous sommes impliqués dans une cuisine responsable. Les premières années qui ont suivi notre installation en 2006 à Valmont ont été essentiellement centrées sur les travaux, le changement des menus au fil des mois et quand nous avons senti que les bases étaient solides, je me suis engagé dans le jardin, l'approvisionnement local, la valorisation des déchets.

Le jardin, c'est votre fierté ?

Au début, la moindre petite parcelle autour du restaurant était l'occasion de planter, des herbes aromatiques, des choux, des salades. Je ne voulais plus dépendre de livraisons de produits dont la variété ou la qualité n'étaient pas à la hauteur de mes attentes. Aujourd'hui, j'ai un jardinier à plein temps qui gère 1000 m² de jardin, 1000 m² de verger et qui s'occupe des semences. Je suis autosuffisant en fruits rouges, en petits fruits de baies, en herbes aromatiques et pour le reste, le jardin me fournit 80 % de mes besoins. Il y a des produits que je n'ai pas en quantités suffisantes ou que je n'aurai jamais comme les champignons, les asperges, les pommes de terre, les oignons ou le cresson que j'achète chez un voisin mais dans ce cas, je me fournis localement.

Vous créez vos plats en fonction du végétal. Mais qu'en est-il des autres produits dans vos assiettes ?

Il faut passer du temps pour trouver les produits et la qualité attendue mais ça vaut le coup de se battre pour faire vivre une agriculture normande. J'en profite d'ailleurs pour inciter les éleveurs, les agriculteurs, les producteurs à venir à la rencontre des chefs, à pousser la porte de nos établissements pour présenter leurs produits. Ça peut ne pas aboutir pour diverses raisons mais nous savons qu'ils sont là. Et si je suis déjà engagé avec un autre producteur sur tel ou tel produit, je peux en parler à mes confrères et ainsi ouvrir d'autres portes.

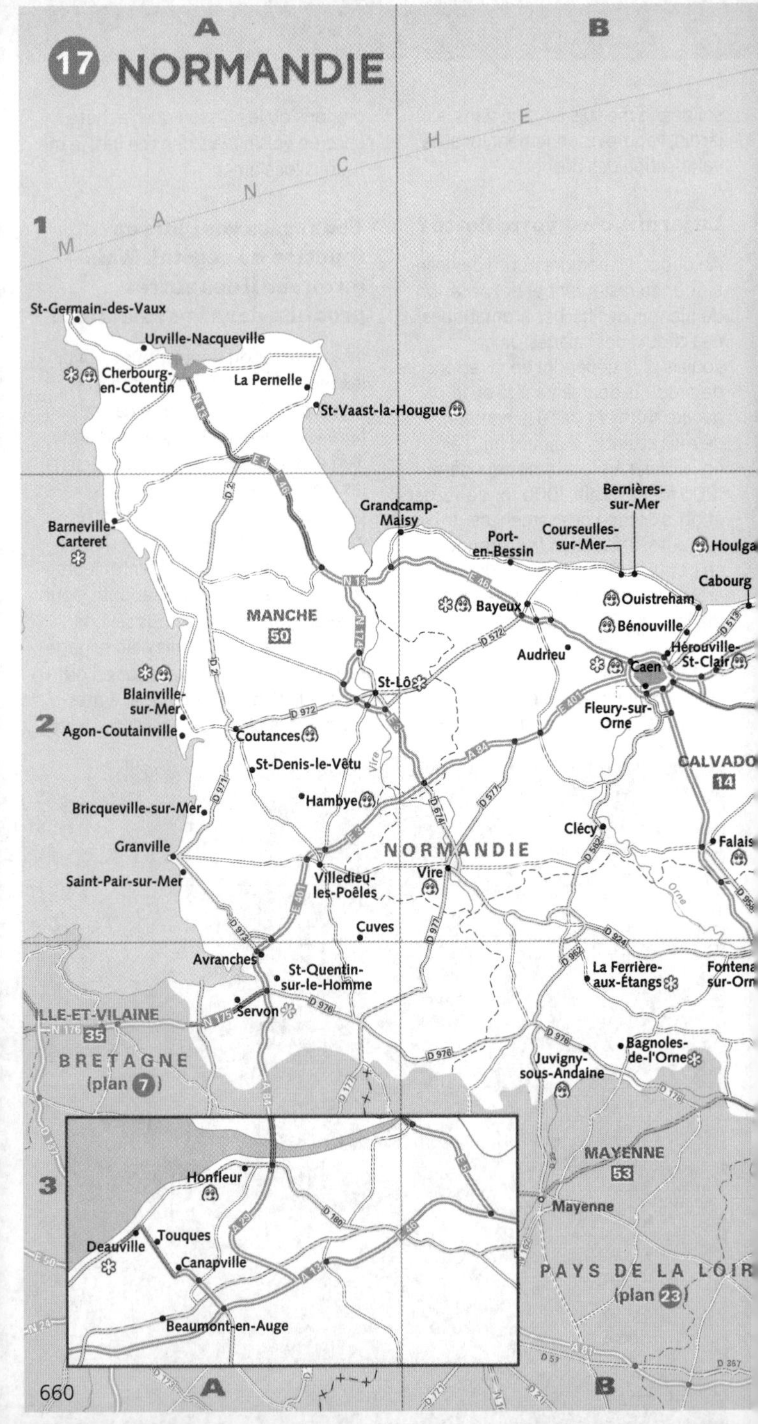

17 NORMANDIE
A
B
MANCHE
St-Germain-des-Vaux
Urville-Nacqueville
Cherbourg-en-Cotentin
La Pernelle
St-Vaast-la-Hougue
Barneville-Carteret
Grandcamp-Maisy
Port-en-Bessin
Bernières-sur-Mer
Courseulles-sur-Mer
Houlga
Cabourg
MANCHE
50
Bayeux
Ouistreham
Bénouville
Audrieu
Hérouville-St-Clair
Caen
St-Lô
Blainville-sur-Mer
Agon-Coutainville
Coutances
Fleury-sur-Orne
St-Denis-le-Vêtu
CALVADO
14
Hambye
Bricqueville-sur-Mer
Clécy
Granville
NORMANDIE
Falais
Saint-Pair-sur-Mer
Villedieu-les-Poêles
Vire
Cuves
Avranches
St-Quentin-sur-le-Homme
La Ferrière-aux-Étangs
Fontena sur-Orn
ILLE-ET-VILAINE
35
Servon
BRETAGNE
(plan 7)
Bagnoles-de-l'Orne
Juvigny-sous-Andaine
MAYENNE
53
Mayenne
Honfleur
Touques
Deauville
Canapville
Beaumont-en-Auge
PAYS DE LA LOIR
(plan 23)

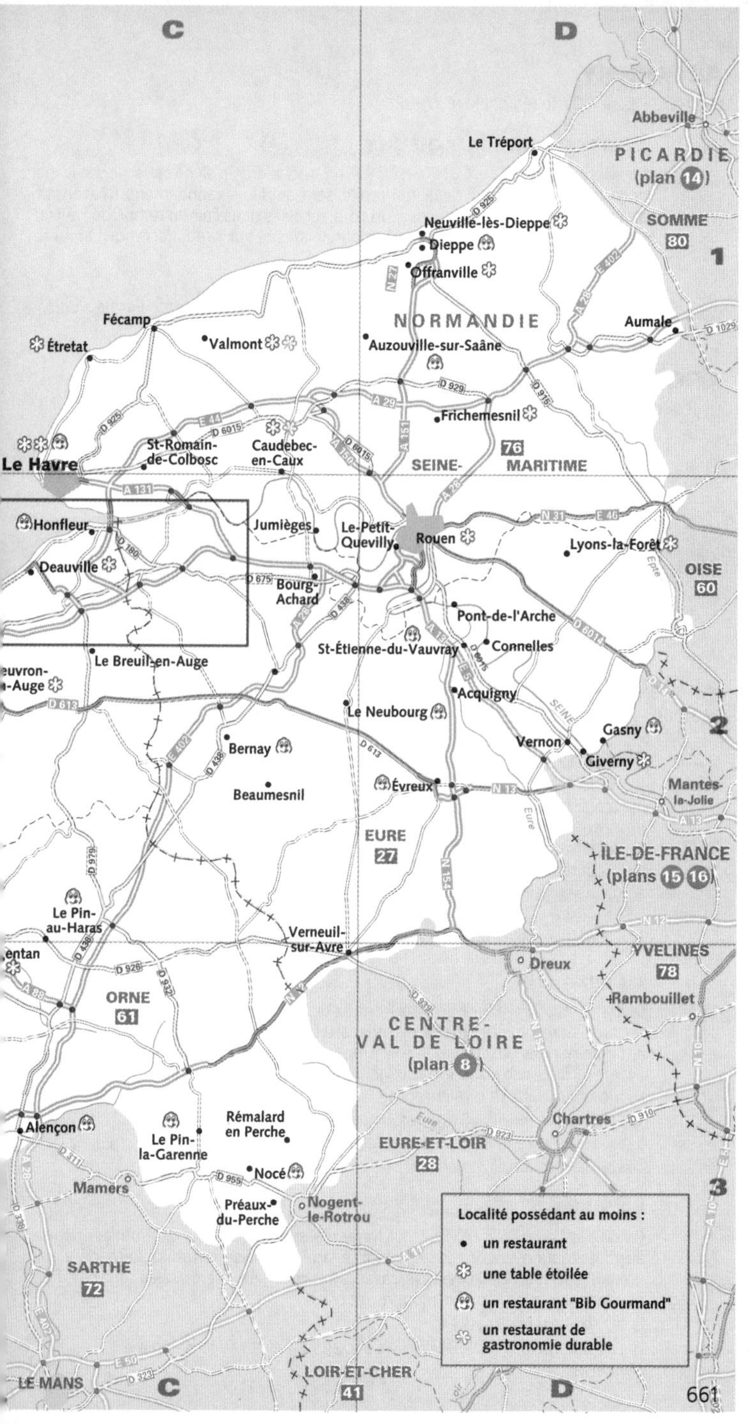
C
D
Abbeville
Le Tréport
PICARDIE
(plan 14)
SOMME
80
1
Neuville-lès-Dieppe
Dieppe
Offranville
NORMANDIE
Aumale
Fécamp
Étretat
Valmont
Auzouville-sur-Saâne
Frichemesnil
Le Havre
St-Romain-de-Colbosc
Caudebec-en-Caux
SEINE-MARITIME
76
Honfleur
Jumièges
Le-Petit-Quevilly
Rouen
Lyons-la-Forêt
Deauville
Bourg-Achard
OISE
60
Pont-de-l'Arche
St-Étienne-du-Vauvray
Connelles
Le Breuil-en-Auge
Acquigny
Le Neubourg
Gasny
2
Bernay
Vernon
Giverny
Beaumesnil
Évreux
Mantes-la-Jolie
EURE
27
ÎLE-DE-FRANCE
(plans 15 16)
Le Pin-au-Haras
Verneuil-sur-Avre
YVELINES
78
Dreux
ORNE
61
Rambouillet
CENTRE-VAL DE LOIRE
(plan 8)
Alençon
Le Pin-la-Garenne
Rémalard en Perche
Chartres
EURE-ET-LOIR
28
Mamers
Noçé
Préaux-du-Perche
Nogent-le-Rotrou
3
SARTHE
72
LE MANS
LOIR-ET-CHER
41
Localité possédant au moins :
un restaurant
une table étoilée
un restaurant "Bib Gourmand"
un restaurant de gastronomie durable

ACQUIGNY

✉ 27400 – Eure – Carte régionale n° **17**–D2

L'HOSTELLERIE D'ACQUIGNY

CUISINE MODERNE • **CONTEMPORAIN** Le bel exemple d'une auberge de village qui a su prendre le train de la modernité, sans oublier les fondamentaux : tons et aménagements contemporains d'un côté, recettes dans l'air du temps de l'autre, réunis par le savoir-faire d'un chef amoureux des beaux produits. Cinq chambres plaisantes, dont une avec double jacuzzi privé.

♿ A/C P - Menu 29 € - Carte 42/65 €

1 rue d'Évreux – ✆ 02 32 50 20 05 – www.hostellerie-acquigny.fr – Fermé : lundi, dimanche

AGON-COUTAINVILLE

✉ 50230 – Manche – Carte régionale n° **17**–A2

SALICORNE

CUISINE TRADITIONNELLE • **TENDANCE** Voilà donc un jeune chef, qui, après un bac S se proposait de devenir... professeur de golf, avant de "tomber" par hasard sur la cuisine ! Après un solide parcours, il a aménagé un ancien garage automobile, dont il a conservé l'esprit (matériaux bruts, chaises vintage). Il y propose une carte courte et de saison, pleine de gourmandise. Mission accomplie.

♿ A/C - Menu 24 € (déjeuner), 33 € - Carte 34/54 €

38 rue Amiral-Tourville – ✆ 09 73 21 29 29 – www.restaurant-salicorne.fr – Fermé : lundi, mardi, dimanche soir

ALENÇON

✉ 61000 – Orne – Carte régionale n° **17**–C3

AU PETIT VATEL

CUISINE MODERNE • **CONTEMPORAIN** "La" table d'Alençon, véritable institution, est tenue par le chef Julien Perrodin, épaulé par son épouse Barbara, en salle. On propose ici une cuisine actuelle et de saison proposée autour de menus et d'une très courte carte (sans oublier la roulante de desserts). Les produits sont de qualité, les préparations goûteuses, et la générosité digne de cette belle région de l'Orne.

♿ - Menu 24 € (déjeuner), 33/54 €

72 place du Commandant-Desmeulles – ✆ 02 33 28 47 67 – www.aupetitvatel.fr – Fermé : mardi, mercredi, dimanche soir

L'ALEZAN

CUISINE MODERNE • **ÉLÉGANT** Entrez dans cette ancienne écurie entièrement rénovée, et résolument moderne : on n'attend plus que vous ! Un jeune couple est aux commandes : en cuisine, le chef propose une partition soignée et goûteuse, qui évolue au fil de son inspiration du moment, tandis qu'en salle son épouse assure un service de qualité. Une valeur sûre.

♿ P - Menu 25 € (déjeuner), 34/80 € - Carte 55/70 €

183 avenue du Général-Leclerc – ✆ 02 33 28 67 67 – www.lalezan-restaurant.com – Fermé : lundi, dimanche

LA SUITE

CUISINE MODERNE • **CHIC** Deux frères réalisent une cuisine traditionnelle remise au goût du jour, avec comme seule priorité, la gourmandise – en témoigne ce délicieux grenadin de veau. Belle maîtrise, saveurs franches, jeux sucrés/salés : une partition qui s'accorde avec le cadre, moderne et chic.

♿ A/C - Menu 24/33 €

19 place Auguste-Poulet-Malassis – ✆ 02 33 29 70 85 – Fermé : samedi, dimanche

ARGENTAN

✉ 61200 - Orne - Carte régionale n° **17**-C2

LA RENAISSANCE

Chef : Arnaud Viel

CUISINE MODERNE • **ÉLÉGANT** Dans la petite bourgade d'Argentan, la façade de La Renaissance tranche par sa modernité – un grand parallélépipède contemporain de couleur tabac. Enfant du pays, Arnaud Viel est ici chez lui, tout comme son voisin, le philosophe Michel Onfray, qui a préfacé les menus de son restaurant. La Normandie est bien là, avec ses produits de la mer au top de leur fraîcheur, du homard de Carteret aux huîtres de Veules-les-Roses, en passant par la lotte de Port-en-Bessin, mais aussi ses carottes des sables de Créances et son foie gras du pays d'Auge. Ne manquez pas l'agréable chariot de mignardises (ça se fait plutôt rare !), et le dessert signature du chef : la sphère en variation de textures...

- Menu 38/105 € - Carte 80/95 €

20 avenue de la 2ème-Division-Blindée - ✆ 02 33 36 14 20 - www.arnaudviel.com - Fermé : lundi, dimanche

AUDRIEU

✉ 14250 - Calvados - Carte régionale n° **17**-B2

LE SÉRAN - CHÂTEAU D'AUDRIEU

CUISINE MODERNE • **LUXE** Boiseries, parquet et poutres d'époque, mobilier de style : bienvenue en ce château du siècle des Lumières, pour un voyage gastronomique empreint de la noblesse des produits de la région. Créativité et vins de choix sont également au rendez-vous.

- Menu 49/105 €

Château d'Audrieu - ✆ 02 31 80 21 52 - www.chateaudaudrieu.com

AUMALE

✉ 76390 - Seine-Maritime - Carte régionale n° **17**-D1

VILLA DES HOUX

CUISINE CLASSIQUE • **TRADITIONNEL** Quel cachet ! L'architecture tout en colombages (19e s.), l'enceinte de verdure, le calme... Au menu, une cuisine généreuse et savoureuse, amie du terroir : terrine de ris de veau, caille désossée en croûte de sel... Côté décor, on joue la carte du classicisme, que ce soit dans la salle à manger ou en terrasse.

- Menu 26/45 €

6 avenue du Général-de-Gaulle - ✆ 02 35 93 93 30 - www.villa-des-houx.com - Fermé : lundi midi

AUZOUVILLE-SUR-SAÂNE

✉ 76730 - Seine-Maritime - Carte régionale n° **17**-D1

AUBERGE DE LA MÈRE DUVAL

CUISINE MODERNE • **COSY** Alexandre et Mélanie Baranzelli s'épanouisse désormais dans un nouveau domaine où coule une jolie rivière, enjambée par deux ponts et veillée par un moulin : bucolique à souhait ! Le chef, passé par de belles maisons, aime les recettes traditionnelles de son terroir normand, mais sa cuisine se révèle de plus en plus personnelle avec le temps.

- Menu 26/46 € - Carte 45/60 €

Impasse de la Linerie - ✆ 02 35 04 18 26 - www.lamereduval.fr - Fermé : lundi soir, mardi, mercredi

AVRANCHES

✉ 50300 - Manche - Carte régionale n° **17**-A3

OBIONE

CUISINE MODERNE • CONTEMPORAIN Une sympathique adresse dans le centre-ville d'Avranches. Tous les ingrédients sont réunis pour passer un bon moment : une cuisine fine et délicate, raisonnablement créative, qui met en valeur les produits de la région, et une salle entièrement rénovée.

- Menu 16 € (déjeuner), 38/65 €

8 rue du Docteur-Gilbert - 02 33 58 01 66 - www.restaurant-obione.fr - Fermé : lundi soir, mercredi soir, dimanche

BAGNOLES-DE-L'ORNE

✉ 61140 - Orne - Carte régionale n° **17**-B3

LE MANOIR DU LYS

Chef : Franck Quinton

CUISINE MODERNE • COSY Que serait cette table aux boiseries claires et à l'agréable terrasse sans l'immense forêt d'Andaine qui l'entoure ? Aux confins du Maine, de la Normandie et de la Bretagne, ce poumon vert nourrit la cuisine forestière du chef Franck Quinton. Il prépare les champignons comme personne : cèpes rôtis au thym et au laurier, girolles sautées au romarin, abricots et noisettes, chanterelles à la crème de foie gras et parmesan, ou encore trompettes de la mort, jambon ibérique et cives... et si vous restez pour la nuit, il pourra même vous emmener à la cueillette. Ce cuistot passionné est aussi un locavore qui s'ignore : il achète ses pigeons, ses légumes et sa viande à quelques dizaines de kilomètres du restaurant. Une cuisine fine et goûteuse dans une atmosphère élégante et apaisante : cela suffit à notre bonheur.

P - Menu 75/120 €

Route de Juvigny-sous-Andaine - 02 33 37 80 69 - www.manoir-du-lys.fr - Fermé : lundi, mardi midi, mercredi midi, jeudi midi, vendredi midi

Ô GAYOT

CUISINE TRADITIONNELLE • BISTRO Une jolie maison en pierre et son bistrot, pile dans l'air du temps. Dans l'assiette, on trouve de bonnes recettes... bistrotières, comme il se doit ! Pavé de cabillaud à la plancha, fricassée de cocos ; tartare de bœuf coupé au couteau ; sablé au beurre et sa glace au caramel...

- Menu 28/35 € - Carte 35/40 €

2 avenue de la Ferté-Macé - 02 33 38 44 01 - www.ogayot.com - Fermé : lundi midi, jeudi, dimanche soir

BARNEVILLE-CARTERET

✉ 50270 - Manche - Carte régionale n° **17**-A2

LA MARINE

CUISINE MODERNE • ÉLÉGANT Avec sa vue panoramique sur les flots et le port, cette institution de la côte ouest de la presqu'île du Cotentin fait face aux îles face anglo-normandes de Jersey et Guernesey. Une nouvelle équipe est désormais aux manettes sous la houlette d'un chef expérimenté, Cyril Boulais, épaulé en pâtisserie par Kevin Tiraboschi, passé lui aussi par les tables étoilées. Les menus dégustations sans choix (et quelques suggestions tournées autour de la pêche locale) offrent une jolie leçon de cuisine dans un style plutôt moderne.

A/C P - Menu 56 € (déjeuner), 66/96 € - Carte 101/130 €

11 rue de Paris, à Carteret - 02 33 53 83 31 - www.hotelmarine.com - Fermé : lundi, mardi

LES ORMES N

CUISINE MODERNE • CONTEMPORAIN Face au havre dunaire et au port de plaisance de Carteret, voici un hôtel restaurant de charme où l'on retrouve avec plaisir un chef expérimenté, Damien Goguet. Il travaille uniquement des produits de très belle qualité, ses préparations sont particulièrement soignées, il y a du mordant dans les saveurs. Rapport qualité-prix bluffant au déjeuner.

- Menu 33 € (déjeuner), 42 € - Carte 60/75 €

Promenade Jean-Barbey-d'Aurevilly - 02 33 52 23 50 - www.hotel-restaurant-les-ormes.fr - Fermé : lundi, dimanche

BAYEUX

14400 - Calvados - Carte régionale n° **17**-B2

CHÂTEAU DE SULLY

CUISINE MODERNE • ÉLÉGANT Après avoir arpenté les plages du Débarquement et admiré la Tapisserie de Bayeux, franchissez les grilles de ce château du 18e s. Il étire sa longue façade classique au milieu d'un parc à l'anglaise, peuplé de cèdres bleus du Liban, de tilleuls et de séquoias. Vous voilà installés ? Tout est normand dans les assiettes de Nicolas Fages, ou presque : petits légumes, fromage de chèvre et de vache, foie gras de canard... Teintée de souvenirs d'enfance et de voyages, sa cuisine subtile et délicate ondoie en finesse, entre homard du Cotentin, lotte rôtie au cochon de Bayeux ou encore pigeonneau de Suisse... normande, bien-entendu !

- Menu 69/119 € - Carte 80/100 €

Route de Port-en-Bessin - 02 31 22 29 48 - www.chateau-de-sully.com - Fermé : lundi, mardi midi, mercredi midi, jeudi midi, vendredi midi, samedi midi

L'ANGLE SAINT-LAURENT

CUISINE MODERNE • COSY Un cadre plein de fraîcheur, à l'angle des rues St-Laurent et des Bouchers : pierres apparentes, poutres peintes, éclairage tamisé. Les produits de la région ont la part belle à la carte (cochon de Bayeux, huîtres normandes, gruyère de Carrouges...), à travers des recettes savoureuses, originales et joliment ficelées. Voilà un Angle au carré !

Menu 25 € (déjeuner), 34/46 € - Carte 42/59 €

2 rue des Bouchers - 02 31 92 03 01 - www.langlesaintlaurent.com - Fermé : lundi, samedi midi, dimanche

AU PTIT BISTROT

CUISINE MODERNE • CONVIVIAL Juste derrière la cathédrale, c'est l'adresse dont tout Bayeux raffole... Comment résister à ces prix d'amis, à cette cuisine du marché fraîche et bien tournée, à cet intérieur élégant et discrètement vintage – poutres, comptoir à l'ancienne –, à ce service tout sourire ? Pensez à réserver à l'avance : les places sont comptées.

Menu 19 € (déjeuner), 32/36 € - Carte 36/40 €

31 rue Larcher - 02 31 92 30 08 - Fermé : lundi, dimanche

LE LION D'OR

CUISINE MODERNE • CONTEMPORAIN Le Lion d'Or rugit plus que jamais. Le chef travaille les produits du terroir normand de belle manière, agrémentés de touches asiatiques. Une rencontre inédite inspirée par ses périples en Asie, notamment au Japon et en Thaïlande. Ajoutons à cela une bonne maîtrise des cuissons et des assaisonnements et nous assistons à une vraie renaissance.

- Menu 19 € (déjeuner), 36/54 € - Carte 40/62 €

71 rue Saint-Jean - 02 31 92 06 90 - www.liondor-bayeux.fr - Fermé : lundi midi, samedi midi

LA RAPIÈRE

CUISINE MODERNE • COSY Cette maison du quinzième siècle, nichée dans une ruelle pittoresque, propose sous l'égide de son sympathique chef Simon Boudet une cuisine de saison savoureuse, qui ne saurait renier de solides bases traditionnelles. L'ensemble fleure bon le terroir, et s'enrichit même de touches asiatiques. En garde !

♿ - Menu 36/48 €

53 rue Saint-Jean - ✆ 02 31 21 05 45 - www.larapiere.net - Fermé : dimanche et le midi

BEAUMESNIL

✉ 27410 - Eure - Carte régionale n° **17**-C2

L'ÉTAPE LOUIS 13

CUISINE TRADITIONNELLE • CLASSIQUE Près du château de Beaumesnil, au superbe style Louis XIII, ce presbytère du 17e s. distille une ambiance intemporelle... Sous l'égide de ses propriétaires, il est idéal pour se mettre au parfum de la tradition normande : huîtres chaudes au camembert, soufflé léger au calvados, etc. Fraîcheur et saveurs sont au rendez-vous.

- Carte 37/55 €

2 route de la Barre-en-Ouche - ✆ 02 32 45 17 27 - www.etapelouis13.fr - Fermé : lundi, mardi

BEAUMONT-EN-AUGE

✉ 14950 - Calvados - Carte régionale n° **17**-A3

AUBERGE DE L'ABBAYE

CUISINE TRADITIONNELLE • AUBERGE Cette auberge tient toutes ses promesses. Des produits du terroir bien travaillés, des dressages soignés, de la générosité et un goût pour les herbes fraîches, le tout évoluant au fil des saisons... sans oublier l'intérieur rustique, qui ne manque pas de cachet. Un vrai plaisir.

Menu 19 € (déjeuner), 28/44 € - Carte 37/55 €

2 rue de la Libération - ✆ 02 31 64 82 31 - www.auberge-abbaye-beaumont.com - Fermé : mercredi

BÉNOUVILLE

✉ 14970 - Calvados - Carte régionale n° **17**-B2

MANOIR HASTINGS

CUISINE MODERNE • COSY Bien à l'abri de cette belle bâtisse en pierre, datant du 17e s., le chef travaille de savoureux produits frais qu'il agrémente dans des plats généreux et goûteux ; l'intérieur est chaleureux, mariant l'ancien et la modernité. Pour l'étape, quatre chambres au décor romantique.

♿ - Menu 26 € (déjeuner), 35/62 € - Carte 56/70 €

18 avenue de la Côte-de-Nacre - ✆ 02 31 44 62 43 - www.manoirdhastings.fr - Fermé : lundi, mardi, dimanche soir

BERNAY

✉ 27300 - Eure - Carte régionale n° **17**-C2

LE MOULIN FOURET

CUISINE MODERNE • COSY Du moulin subsistent les rouages... mais on découvre avant tout une belle et grande maison couverte de vigne vierge, avec sa terrasse au calme d'un cours d'eau. Reprise en 2018 par le Chef Cédric Auger, cette auberge offre désormais un cadre plus cosy et une cuisine actuelle rythmée par les saisons.

- Menu 34/64 € - Carte 41/60 €

2 route du Moulin-Fouret, à St-Aubin-le-Vertueux - ✆ 02 32 43 19 95 - www.lemoulinfouret.fr

BERNIÈRES-SUR-MER

✉ 14990 – Calvados – Carte régionale n° **17**–B2

L'AS DE TRÈFLE

CUISINE MODERNE • **COSY** Légèrement en retrait des plages du Débarquement, nous voilà dans le repaire d'Anthony Vallette, un chef normand plein d'entrain. Au fil des saisons, il pioche dans le terroir local – poissons de la Manche, andouille de Vire, cochon de Bayeux – et compose des plats bien maîtrisés, avec juste ce qu'il faut d'audace !

♿ 🏞 ⚙ P – Menu 29 € (déjeuner), 45/78 € - Carte 60/75 €

420 rue Léopold-Hettier – ✆ 02 31 97 22 60 – www.restaurantasdetrefle.com – Fermé : lundi, mardi soir, dimanche soir

BEUVRON-EN-AUGE

✉ 14430 – Calvados – Carte régionale n° **17**–C2

✿ LE PAVÉ D'AUGE

Chef : Jérôme Bansard

CUISINE CLASSIQUE • **ÉLÉGANT** Au cœur du Pays d'Auge, entre Caen et Lisieux, Beuvron-en-Auge ressemble à une Normandie de carte postale, avec ses maisons à colombages des 17e et 18e s., ses manoirs et ses jardinières débordant de fleurs à la belle saison. Étoilé depuis plus d'un quart de siècle, le chef Jérôme Bansard a investi les anciennes halles du village, en conservant le meilleur des matériaux d'origine. C'est même lui qui vient prendre les commandes en salle ! Au fil des saisons, on croise les huîtres de Saint-Vaast, le homard de Carteret, du saint-pierre, de la barbue, des escalopes de foie gras, des ris de veau, des tripes aux pommes, de l'andouille. Chambres d'hôtes pour prolonger l'étape.

🍇 ♿ 🏞 – Menu 45/84 €

Le bourg – ✆ 02 31 79 26 71 – www.pavedauge.com – Fermé : lundi, mardi

BLAINVILLE-SUR-MER

✉ 50560 – Manche – Carte régionale n° **17**–A2

✿ LE MASCARET

Chef : Philippe Hardy

CUISINE CRÉATIVE • **ÉLÉGANT** Amoureux de sa Manche natale, l'aventureux Philippe Hardy a officié dans de grandes maisons étoilées, et aux fourneaux de l'ambassadeur de France à Sofia. C'est là qu'il a rencontré sa femme, Nadia, ex-danseuse étoile. Grâce à leurs efforts, cette ancienne pension de jeunes filles a été métamorphosée en petit hôtel-restaurant chic et doux. Tout autour s'épanouissent le jardin et le potager, qui fournissent légumes et herbes aromatiques à partir de semences paysannes. L'autre grande affaire du Mascaret, c'est la mer : le chef ne rate pas une occasion d'apprêter le poisson sauvage et les crustacés. Un régal.

♿ 🏞 ⚙ P – Menu 26 € (déjeuner), 45/106 €

1 rue de Bas – ✆ 02 33 45 86 09 – www.lemascaret.fr – Fermé : lundi, mercredi, dimanche soir

L'ATHOME (N)

CUISINE MODERNE • **AUBERGE** Dans sa nouvelle adresse, dotée d'un espace caviste, le chef Lionel s'appuie sur une solide expérience et de bons produits locaux – maraîcher bio, pêche artisanale – pour décliner de délicieux menus (et notamment celui du déjeuner, d'un excellent rapport qualité-prix). Edwige, en salle, se révèle aussi souriante qu'efficace.

♿ A/C 🏞 P – Menu 29/50 €

1 route du Hutrel – ✆ 02 33 47 19 61 – www.lathome-restaurant.fr – Fermé : lundi, mardi, mercredi soir, jeudi soir, dimanche

BOURG-ACHARD

✉ 27310 - Eure - Carte régionale n° **17**-C2

L'AMANDIER

CUISINE MODERNE • **ÉLÉGANT** De bien jolis fruits naissent de cet Amandier, dont le chef cuisine avec justesse et savoir-faire des produits de qualité – poissons et crustacés en tête. Les assiettes se dégustent avec plaisir et l'on passe un agréable moment... À l'heure de l'apéritif et du café, n'hésitez pas à profiter du jardin !

♿ - Menu 29/58 € - Carte 54/70 €

581 route de Rouen – ✆ 02 32 57 11 49 – www.lamandier-bourgachard.fr – Fermé : lundi, mardi, mercredi

LE BREUIL-EN-AUGE

✉ 14130 - Calvados - Carte régionale n° **17**-C2

LE DAUPHIN

CUISINE MODERNE • **CLASSIQUE** Avec ses colombages et sa charmante atmosphère, cet ancien relais de poste incarne la Normandie rêvée... Le jeune chef travaille de beaux produits avec passion (homards et ormeaux de la côte, par exemple) et maîtrise bien son sujet. On passe un moment agréable.

Menu 44/54 €

2 rue de L'Église – ✆ 02 31 65 08 11 – www.ledauphin-restaurant.com – Fermé : lundi, mercredi soir, dimanche soir

BRICQUEVILLE-SUR-MER

✉ 50290 - Manche - Carte régionale n° **17**-A2

LA PASSERELLE

CUISINE MODERNE • **CONTEMPORAIN** Le chef, venu d'Orléans, a eu un véritable coup de foudre pour ce restaurant, situé en bordure du Havre de la Vanlée, qui offre un paysage propice aux promenades parmi les moutons de pré salé. Désormais bien installé, il propose une cuisine du moment et du marché, fraîche et goûteuse, à l'image de cette la lotte, chorizo et poireau. Une jolie adresse.

♿ P - Menu 40/80 €

113 route du Havre-de-la-Vanlée – ✆ 02 33 61 65 51 – www.restaurant-la-passerelle.fr

CABOURG

✉ 14390 - Calvados - Carte régionale n° **17**-B2

AU PIED DES MARAIS

CUISINE TRADITIONNELLE • **CONVIVIAL** À la sortie de Cabourg, un établissement où l'on s'installe dans une ambiance chaleureuse, près de la cheminée ou dans la véranda. On y apprécie des plats traditionnels, des spécialités (dont de fameux pieds de cochon) et des grillades au feu de bois. Une table où l'on passe un vrai bon moment !

♿ - Menu 39/59 € - Carte 51/104 €

26 avenue du Président-Coty, à Varaville – ✆ 02 31 91 27 55 – www.aupieddesmarais.fr – Fermé : mardi, mercredi

LE BALBEC - GRAND HÔTEL DE CABOURG

CUISINE MODERNE • **ÉLÉGANT** La galerie, sur le front de mer, vous attend ; y retrouverez-vous le temps perdu ? Le restaurant du Grand Hôtel de Cabourg met toujours un point d'honneur à proposer des assiettes précises et raffinées, qui regorgent de belles saveurs.

- Menu 79/119 € - Carte 88/91 €

Grand Hôtel de Cabourg, promenade Marcel-Proust - 02 31 91 01 79 - www.grand-hotel-cabourg.com - Fermé : lundi, mardi, mercredi midi, jeudi midi, vendredi midi

LE BALIGAN

POISSONS ET FRUITS DE MER • BISTRO Cannes à pêche, lithographies, fresques, etc. Dans ce bistrot au décor marin, on vous propose les produits de la criée locale : fraîcheur garantie ! Les spécialités du chef : symphonie de la mer (homard et spaghettis maison à l'encre de seiche), bouillabaisse cabourgeaise... À déguster en terrasse aux beaux jours.

- Menu 23 € (déjeuner), 36/75 € - Carte 51/120 €

8 avenue Alfred-Piat - 02 31 24 10 92 - www.lebaligan.fr - Fermé : mercredi

✉ 14000 - Calvados
Carte régionale n° **17**-B2

CAEN

Belle vitrine d'une région réputée pour sa gastronomie, Caen en est la vitrine gourmande. Le meilleur de la Normandie s'est donné rendez-vous dans ses murs : fromages (du célébrissime camembert au livarot, en passant par le pont-l'évêque), pommes, calvados, cidre et pommeau, crème fraîche, mais aussi douceurs marines comme les huîtres et les Saint-Jacques. Caen possède même une recette à son nom, les tripes à la mode de Caen, dont raffolaient Guillaume le Conquérant et son épouse Mathilde ! Autre motif de délectation : le patrimoine architectural et culturel de la ville, pourtant largement éprouvée par les bombardements de la seconde guerre mondiale. Le Mémorial, l'Abbaye-aux-Hommes, le musée des Beaux-Arts, sans compter la vue depuis les remparts... Aucun doute, Caen vaut le coup.

✿ À CONTRE SENS

Chef : Anthony Caillot

CUISINE MODERNE • COSY Sur son site Internet, le chef Anthony Caillot pose au milieu d'un troupeau de vaches, manière de rappeler pour ce fils d'agriculteur son lien très fort avec l'élevage, le maraîchage et le monde courageux des petits producteurs. Familier des étoilés et des hôtels de standing, le chef a craqué pour cette maison traditionnelle d'une rue discrète de Caen, où il reçoit avec simplicité et générosité. Saine au possible, la cuisine d'Anthony Caillot trouve son équilibre entre lisibilité et audace. Les produits normands sont transcendés par des cuissons impeccables et de petites touches exotiques (yuzu, kimchi, gingembre) : raviole de foie gras de canard normand pochée dans un bouillon parfumé de livèche et cébette ; poisson des côtes normandes en vapeur douce au beurre d'algues et râpée cornichon-bergamote ; ganache chocolat et moelleux au gingembre. À Contre-sens suit la bonne route.

♿ AC ⚙ - Menu 31 € (déjeuner), 62/72 € - Carte 67/70 €

Plan : A1-1 - *8-10 rue des Croisiers - ✆ 02 31 97 44 48 - www.acontresens.fr - Fermé : lundi, mardi midi, dimanche*

✿ IVAN VAUTIER

Chef : Ivan Vautier

CUISINE MODERNE • CONTEMPORAIN Ivan Vautier, normand pur beurre et ancien second de Michel Bruneau à La Bourride, qui s'est aussi illustré aux Crayères à Reims et chez Le Divellec, temple parisien de la cuisine iodée, est installé depuis 1994 dans cette maison excentrée du cœur de ville, qu'il a largement remaniée au fil des années, pour en faire un lieu sobrement contemporain. Fier de son terroir, le cuisinier n'hésite pas à donner une petite touche locale à ses recettes : saumon de la baie des Veys poché à 38°C, crème d'Isigny-Sainte-Mère ; homard côtier et croustillant d'andouille de Vire ; pigeonneau normand en 3 façons... Les chambres permettent de prolonger l'étape, tout en profitant de l'espace bien-être.

– Menu 39 € (déjeuner), 72/120 € - Carte 80/120 €

Hors plan – *3 avenue Henry-Chéron* – *02 31 73 32 71* – *www.ivanvautier.com* – *Fermé : lundi, dimanche soir*

LE DAUPHIN

CUISINE MODERNE • ÉLÉGANT Amateurs de produits normands, cette adresse est faite pour vous ! Huîtres de la baie d'Isigny-sur-Mer, pigeon de la Suisse normande, andouille de Vire, etc. Les saveurs de la région ont la part belle, mais le chef sait aussi composer des recettes plus originales... Décor élégant et lumineux.

– Menu 26/62 € - Carte 50/65 €

Plan : A1-2 – *29 rue Gémare* – *02 31 86 22 26* – *www.le-dauphin-normandie.fr* – *Fermé : samedi midi, dimanche*

L'ACCOLADE

CUISINE MODERNE • COSY Pierre Lefebvre, jeune chef autodidacte, a installé son restaurant en plein cœur du quartier historique et pittoresque du Vaugueux, à deux pas du château. Il décline une cuisine goûteuse et ingénieuse, au gré des trouvailles du marché. Les produits locaux sont rigoureusement sélectionnés, les accords mets et vins judicieux. Agréable patio, terrasse aux beaux jours.

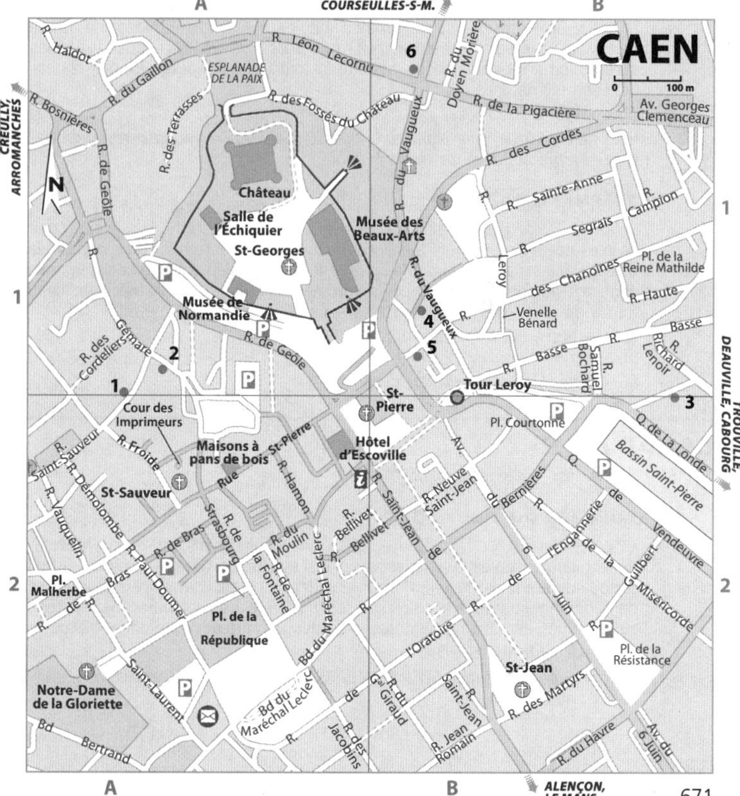

♿ 🏡 ⌂ - Menu 59/69 €

Plan : B1-4 - *18 rue Porte-au-Berger - ✆ 02 31 80 30 44 - www.laccolade.fr - Fermé : dimanche et le midi*

LE BOUCHON DU VAUGUEUX

CUISINE MODERNE • BISTRO Sous des dehors simples, ce bistrot a l'âme d'un vrai bouchon lyonnais (comptoir, repas au coude-à-coude) ; toutefois, le chef ne se cantonne pas à la tradition et agrémente ses plats de trouvailles plus modernes. Jolie sélection de vins de producteurs.

Menu 32 €

Plan : B1-5 - *12 rue Graindorge - ✆ 02 31 44 26 26 - www.bouchonduvaugueux.com - Fermé : lundi, dimanche*

FRAGMENTS

CUISINE MODERNE • CONVIVIAL Un jeune chef normand et passionné propose une cuisine actuelle et créative, décomplexée, pleine de peps et de fraîcheur - le tout dans une démarche 100% locavore, où tous les produits (bio en majorité) sont sourcés localement (bœuf normand, poisson des criées de la côte, légumes et fruits de petits producteurs...). Une adresse qui ne laisse pas indifférent.

♿ - Menu 26 € (déjeuner), 50 €

Plan : B1-6 - *2 rue Léon-Lecornu - ✆ 07 71 69 29 76 - www.fragments-restaurant.com - Fermé : lundi, mardi, mercredi midi, dimanche*

INITIAL

CUISINE CRÉATIVE • ÉPURÉ Installé dans une ancienne boutique proche de l'Abbaye-aux-Hommes, ce restaurant s'appuie sur un crédo limpide : une cuisine créative et variée, déclinée au dîner en 4 ou 6 plats, plus simple à midi, où la passion et l'émotion se répondent dans l'assiette. Le tout accompagné de vins bien choisis, dont certains naturels.

🍇 ♿ - Menu 59/78 €

Hors plan - *24 rue Saint-Manvieu - ✆ 02 50 53 69 86 - www.initial-restaurant.com - Fermé : lundi, dimanche et le midi*

STÉPHANE CARBONE

CUISINE CRÉATIVE • CONTEMPORAIN À deux pas du port de plaisance, au cœur de la vie caennaise, le chef Stéphane Carbone explore les terroirs, du Lyonnais à la Bresse (où il a grandi et appris la cuisine), jusqu'à la Calabre natale de ses parents et grands-parents, en passant par la Normandie. Produits de belle fraîcheur, menu tout homard et cours de cuisine chaque samedi matin.

♿ AC - Menu 33 € (déjeuner), 62/105 €

Plan : B2-3 - *14 rue de Courtonne - ✆ 02 31 28 36 60 - www.stephanecarbone.fr - Fermé : lundi, samedi midi, dimanche*

CANAPVILLE

✉ 14800 - Calvados - Carte régionale n° **17**-A3

AUBERGE DU VIEUX TOUR

CUISINE TRADITIONNELLE • AUBERGE Une chaumière rustique près de la départementale, mais au calme et très accueillante ! Les patrons - de vrais passionnés - font surtout appel aux producteurs locaux et vous concoctent une sympathique cuisine de tradition : asperges à la polonaise, sole meunière avec une purée maison, tarte aux pommes, etc. Quatre chambres coquettes permettent de prolonger l'étape.

🛏 🏡 P - Menu 35/90 €

36 route départementale 677 - ✆ 02 31 65 21 80 - www.levieuxtour.com - Fermé : mardi, mercredi

CAUDEBEC-EN-CAUX

✉ 76490 - Seine-Maritime - Carte régionale n° **17**-C1

G.A. AU MANOIR DE RÉTIVAL

Chef : David Goerne

CUISINE MODERNE • COSY Dans ce manoir perché au-dessus de la Seine, officie David Goerne, un chef allemand fou de gastronomie française. Adepte de la simplicité, il reçoit à sa "table d'hôte" dans sa cuisine vintage. Aux murs, les cuivres rutilent. Aux beaux jours, on pourra aussi s'attabler dehors sur la terrasse panoramique, surplombant la Seine et dominant le pont de Brotonne. Le chef aime improviser devant ses convives : subtil et créatif, notamment dans l'usage des herbes, des poivres et autres assaisonnements, il va droit à l'essentiel. Rehaussée par une brassée d'herbes et de fleurs et d'une émulsion au citron, sa divine poêlée de légumes frais du jardin sur un jaune d'œuf mariné à la sauce soja fleure bon le miracle printanier. S'il est fou de végétal, David Goerne n'est pas moins à l'aise avec le homard, le foie gras ou encore le pigeonneau, au gré d'une inspiration sans cesse renouvelée.

L'engagement du chef : Nous sommes convaincus que chacun à son rôle à jouer dans la préservation de la Nature et de ses ressources et que chaque action compte. Nous avons ainsi banni le plastique de notre cuisine, compostons nos déchets et les menus que nous élaborons au quotidien mettent en saveurs les produits des champs situés à proximité du restaurant.

- Menu 100 € (déjeuner), 150/250 €

2 rue Saint-Clair - ✆ 06 50 23 43 63 - restaurant-ga.fr - Fermé : lundi, mardi, mercredi, jeudi midi, dimanche soir

CHERBOURG-EN-COTENTIN

✉ 50100 - Manche - Carte régionale n° **17**-A1

LE PILY

Chef : Pierre Marion

CUISINE CRÉATIVE • TENDANCE "Pily" ou Pierre en cuisine et Lydie en salle... Une histoire d'initiales, mais surtout une grande complicité ! La carte est conçue au plus près des saisons ; elle doit beaucoup à des fournisseurs locaux triés sur le volet, et considérés comme de véritables partenaires, voire plus, par le chef. Les produits (légumes, poissons de petits bateaux, crustacés, fromage fermier) sont joliment mis en valeur : on tient là, sans doute, la meilleure table de Cherbourg...

Menu 35 € (déjeuner), 62/78 €

1 rue du Pont Tournant - ✆ 02 33 10 19 29 - www.le-pily.com - Fermé : lundi, dimanche

LE VAUBAN

CUISINE MODERNE • TENDANCE Géré par un couple accueillant et dynamique, le Vauban propose des recettes bien dans l'air du temps, pleines de saveurs : légumes du maraîcher, viandes locales et produits de la mer sont cuisinés avec soin par le chef ; son épouse, en salle, assure le service avec gentillesse.

A/C - Menu 35 € - Carte 45/58 €

22 quai Caligny - ✆ 02 33 43 10 11 - www.levauban-cherbourg.fr - Fermé : lundi, dimanche

LE PATIO

CUISINE DU MARCHÉ • BISTRO En plein cœur de la ville, on découvre le travail d'un jeune chef amoureux du bon produit. Il nous régale de jolies recettes traditionnelles réalisées dans les règles de l'art, avec un choix à l'ardoise renouvelé régulièrement. Ajoutez à cela un bon rapport qualité-prix, vous obtenez une table tout à fait recommandable. Par beau temps, on s'installe dans le petit patio.

- Carte 45/50 €

5 rue Christine - ✆ 02 33 52 49 10 - www.restaurant-lepatio-cherbourg.fr - Fermé : lundi, mardi midi, dimanche

CLÉCY

✉ 14570 - Calvados - Carte régionale n° **17**-B2

AU SITE NORMAND

CUISINE MODERNE • **COSY** Le chef, sympathique et professionnel, revisite ici la tradition avec maîtrise, au rythme des saisons et du marché. Ses menus surprise se dégustent dans une salle à manger cosy qui ne manque pas de cachet : poutres peintes, cheminée... Chambres confortables et petit espace bien-être permettent de prolonger l'étape. Service charmant.

- Menu 20 € (déjeuner) - Carte 37/48 €

2 rue des Châtelets - 02 31 69 71 05 - www.hotel-clecy.com - Fermé : lundi, dimanche

CONNELLES

✉ 27430 - Eure - Carte régionale n° **17**-D2

LE MOULIN DE CONNELLES

CUISINE CLASSIQUE • **ROMANTIQUE** Dans cet ancien et superbe moulin surplombant un petit bras de la Seine, on se croirait presque à Chenonceau. Ici, le décor comme l'assiette ne sont qu'élégance, classicisme de bon aloi et douceur feutrée... Un joli songe à faire tout éveillé !

- Menu 49 €

40 route d'Amfreville-sous-les-Monts - 02 32 59 53 33 - www.moulin-de-connelles.fr - Fermé : lundi, mardi midi, mercredi midi, jeudi midi

COURSEULLES-SUR-MER

✉ 14470 - Calvados - Carte régionale n° **17**-B2

DÉGUSTATION DE L'ÎLE

POISSONS ET FRUITS DE MER • **CONTEMPORAIN** On doit à une famille d'ostréiculteurs l'ouverture de ce restaurant contemporain et bien pensé, qui met à l'honneur pêche côtière, fruits de mer, et bien entendu les huîtres affinées juste à côté, sans oublier d'autres bons produits normands. Le chef attache un soin particulier au dressage des assiettes, qui se révèlent aussi jolies que savoureuses.

- Menu 23 € (déjeuner), 33 €

Route de Ver-sur-Mer - 02 31 77 35 16 - www.restaurant-degustationdelile.fr - Fermé : lundi, mardi

COUTANCES

✉ 50200 - Manche - Carte régionale n° **17**-A2

KALAMANSI

CUISINE MODERNE • **CONTEMPORAIN** De retour d'Alsace, le chef Frédéric Michel a ouvert avec son épouse Manuella cette table réjouissante dans sa ville d'origine. Il décline des assiettes fraîches et franches, aux cuissons précises et aux saveurs bien marquées, en s'appuyant au maximum sur les circuits courts (pêche et maraîchage locaux, bœuf normand).

- Menu 21 € (déjeuner), 34/51 €

10 place du Général-de-Gaulle - 02 33 17 41 45 - www.kalamansi.fr - Fermé : mardi, mercredi

CUVES

✉ 50670 - Manche - Carte régionale n° **17**-A2

LE MOULIN DE JEAN

CUISINE MODERNE • COSY Situé dans un site bucolique, cet ancien moulin donne dans le rustique chic, avec ses pierres et poutres apparentes, sa petite cheminée et sa mise en place soignée… sans oublier la belle cave à vins, derrière une vitre. Ne passez pas à côté de la spécialité de la maison : le pied de porc farci au boudin noir !

- Carte 47/65 €

La Lande - ✆ 02 33 48 39 29 - www.lemoulindejean.com - Fermé : lundi, mardi, dimanche soir

✉ 14800 - Calvados
Carte régionale n° **17**-A3

DEAUVILLE

Toujours entre deux séances de cinéma, une partie de golf ou de tennis, une course de polo ou une régate, Deauville soigne sa réputation de raffinement. Ses plages et ses somptueuses villas 1900, dont les plus belles s'alignent sur le boulevard longeant le front de mer, lui valent une réputation méritée. Quant à son air marin, il aiguise les appétits les plus blasés ! Direction le marché, établi sous de jolies halles à colombages près de la place Morny. Il est animé par des producteurs venus du pays d'Auge et de toute la Normandie. Vous trouverez votre bonheur entre les poissons et les coquillages, notamment les coques de Cabourg, les nombreux fromages (livarot et camembert au lait cru si possible), les pommes et autre gelée de cidre...

✿ L'ESSENTIEL

Chefs : Mi-Ra et Charles Thuillant

CUISINE MODERNE • **CONTEMPORAIN** Ce bistrot contemporain est le repaire du Français Charles Thuillant et la Coréenne Mi-Ra : ces deux oiseaux migrateurs, qui se sont rencontrés à Ze Kitchen Gallery, temple de la cuisine franco-asiatique, ont aussi été aperçus chez Robuchon, à l'Épi Dupin ou encore au Chateaubriand. Mais c'est à Deauville, où Charles enfant passait ses vacances, qu'ils ont ouvert cette adresse ensemble. À quatre mains, ils signent une cuisine vive et enjouée, en mouvement, où les produits du terroir normand sont associés à des influences asiatiques bien dosées : croquettes de cabillaud au haddock, condiment piquillos, velouté de potiron, foie gras poêlé et sésame, œuf frit, mousse de tarama blanc et œufs de poissons volants, ravioli de bœuf mariné et bouillon de champignons...

♿ AC 🏠 - Menu 35 € (déjeuner), 69/79 €

Plan : B2-1 - *29 rue Mirabeau - ✆ 02 31 87 22 11 - www.lessentiel-deauville.com - Fermé : mardi, mercredi*

✿ MAXIMIN HELLIO

Chef : Maximin Hellio

CUISINE MODERNE • **CONTEMPORAIN** Situé en plein cœur de la station deauvillaise, ce restaurant à la devanture sobre et moderne a eu la bonne idée de laisser une partie vitrée en façade, qui permet d'observer les cuisiniers à l'œuvre depuis la rue. A l'intérieur, sous la toque, Maximin Hellio, chef de métier, passé chez Frédéric Anton, puis étoilé dans la maison familiale de la Voile d'Or à Sables-D'or-les-Pins en Bretagne. Il met à l'honneur les produits de la mer et normands, autour de préparations soignées et créatives aux saveurs franches et précises. Intéressants accords mets et vins proposés sur tablette. Un établissement très prisé par la clientèle locale.

- Menu 48/120 €

Plan : B2-2 - *64 rue Gambetta - ✆ 02 31 49 19 89 - www.maximinhellio.fr - Fermé : lundi, mardi*

L'ÉTOILE DES MERS

POISSONS ET FRUITS DE MER • CONVIVIAL Sole, saint-pierre, turbot et dorade... Avis de pêche miraculeuse sur ce bistrot attachant, installé au fond d'une poissonnerie. Les produits de la mer, de première fraîcheur, sont cuits à la plancha et agrémentés de légumes de saison cuisinés sans esbroufe. Les amateurs seront conquis.

- Carte 36/75 €

Plan : B2-4 - *74 rue Gambetta - ✆ 02 14 63 10 18 - Fermé : mardi, mercredi*

LA FLAMBÉE

CUISINE MODERNE • COSY Pourquoi "La Flambée" ? Sans doute à cause de la grande cheminée où l'on prépare de belles grillades sous vos yeux. Châteaubriand, côtes de bœuf, entrecôte, mais aussi une belle sole ou un épais pavé de bar. Sans oublier le homard du vivier flambé au whisky, et les crêpes au Grand-Marnier en dessert. Véranda lumineuse et terrasse d'été prisées dès les beaux jours.

- Menu 33/47 € - Carte 52/90 €

Plan : A2-3 - *81 rue du Général-Leclerc - ✆ 02 31 88 28 46 - www.laflambee-deauville.com*

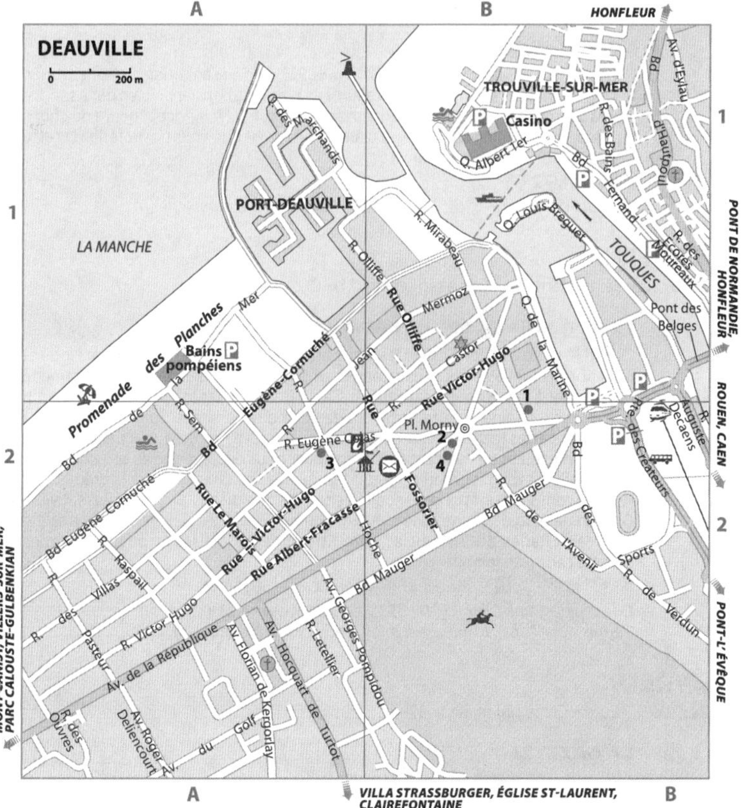

DIEPPE

⊠ 76200 - Seine-Maritime - Carte régionale n° **17**-D1

LES VOILES D'OR

Chef : Tristan Arhan

CUISINE MODERNE • **CONTEMPORAIN** Fort de son expérience, Tristan Arhan tient sur la falaise du Pollet (en surplomb de Dieppe) une table sans malentendu : ici, c'est la pêche du jour qui fait la loi. Exemple avec cette remarquable entrée : encornets braisés, velouté et queues de langoustines saisies à cru, betterave Chioggia et courge muscade... La fraîcheur est au rendez-vous, le produit est mis en avant avec sobriété et délicatesse : on passe un excellent moment. Quant au décor, sobre et épuré, il est en phase avec le travail du chef. Service courtois.

♿ - Menu 36 € (déjeuner), 62/85 € - Carte 70/85 €

2 chemin de la Falaise, à Neuville-lès-Dieppe - ✆ 02 35 84 16 84 - www.lesvoilesdor.fr - Fermé : lundi, mardi, dimanche soir

BISTROT DU POLLET

POISSONS ET FRUITS DE MER • **BISTRO** Qu'on se le dise : dans ce bistrot, c'est la mer qui décide, et les plats dépendent directement des arrivages de la pêche locale. La qualité et la fraîcheur sont au rendez-vous, et quelle générosité dans les préparations !

Menu 32 € - Carte 40/45 €

23 rue Tête-de-Bœuf - ✆ 02 35 84 68 57 - www.le-bistrot-du-pollet.zenchef.com - Fermé : lundi, dimanche

COMPTOIR À HUÎTRES

POISSONS ET FRUITS DE MER • **BRASSERIE** Loin de l'agitation du front de mer, le long des quais, ce comptoir a des allures de brasserie parisienne bien dans son jus. Après que l'on vous a présenté la pêche du jour, sans chichi, vient l'heure du choix. Quel poisson ? Entier, coupé ? À la plancha ? À moins que vous ne préfériez la carte des huîtres... Que de fraîcheur !

Carte 41/72 €

12 cours de Dakar - ✆ 02 35 84 19 37 - Fermé : lundi, dimanche

ÉTRETAT

⊠ 76790 - Seine-Maritime - Carte régionale n° **17**-C1

LE DONJON - DOMAINE SAINT-CLAIR

CUISINE MODERNE • **ÉLÉGANT** Une partition réjouissante, rythmée par l'iode et les embruns : voilà ce qui vous attend dans cet élégant manoir normand, emmené par un chef à l'implication sans faille : Gabin Bouguet. C'est à la criée de Fécamp que ce chef imagine la carte, entre coques, homard, oursins et Saint-Jacques. Il en tire des assiettes techniques et pleines de saveurs, avec jus et sauces percutants, et même une pointe de malice qui n'est pas pour nous déplaire : on se souviendra de ce magnifique rouget grondin mi-cuit à la flamme, sur une fine polenta crémeuse à l'ail, une composition intense et addictive comme on aimerait en croiser plus souvent. On s'en délecte dans une salle à manger un brin déjantée, décorée d'une fresque par Jean-Charles de Castelbajac, avec Étretat et ses falaises en point d'horizon : comme cadre, on fait pire...

P - Menu 35 € (déjeuner), 50/110 €

Chemin de Saint-Clair - ✆ 02 35 27 08 23 - www.hoteletretat.com - Fermé : lundi, mardi, mercredi midi, jeudi midi, vendredi midi

ÉVREUX

⊠ 27000 - Eure - Carte régionale n° **17**-D2

LA GAZETTE

CUISINE MODERNE • **CONTEMPORAIN** Une valeur sûre que ce restaurant dont le décor mêle harmonieusement le contemporain et l'ancien, entre teintes claires et poutres centenaires... Aux fourneaux, Xavier Buzieux s'attache à mettre en valeur les petits producteurs locaux et à suivre les saisons. De quoi faire parler les gazettes !

♿ AC - Menu 26/41 € - Carte 39/58 €

7 rue Saint-Sauveur - ✆ 02 32 33 43 40 - www.restaurant-lagazette.fr - Fermé : lundi, samedi midi, dimanche

FALAISE

✉ 14700 - Calvados - Carte régionale n° **17**-B2

Ô SAVEURS

CUISINE MODERNE • **CLASSIQUE** Cette adresse entièrement rénovée fait le bonheur des habitués, et pour cause : le jeune chef-patron signe une cuisine délicate et colorée, respectant le produit et utilisant au maximum les herbes de la région... Pour un résultat goûteux et maîtrisé ! Quelques chambres sobres et bien tenues pour l'étape.

- Menu 28/81 € - Carte 40/65 €

38 rue Georges-Clemenceau - ✆ 02 31 90 13 14 - www.hotelrestaurantosaveurs.com - Fermé : lundi, samedi midi, dimanche soir

FÉCAMP

✉ 76400 - Seine-Maritime - Carte régionale n° **17**-C1

LE VICOMTÉ

CUISINE TRADITIONNELLE • **BISTRO** Non loin des riches façades du palais Bénédictine, une petite maison qui cultive la bonhomie et la simplicité : affiches humoristiques, vieilles photos... sans oublier le patron en salle avec son grand tablier. Beaucoup de cœur dans l'accueil comme dans la cuisine de la patronne, inspirée du marché !

Menu 23 €

4 rue du Président-René-Coty - ✆ 02 35 28 47 63 - Fermé : mercredi, dimanche

LA FERRIÈRE-AUX-ÉTANGS

✉ 61450 - Orne - Carte régionale n° **17**-B3

AUBERGE DE LA MINE

Chef : Hubert Nobis

CUISINE MODERNE • **ÉLÉGANT** Autrefois cantine de la mine de fer locale (fermée en avril 1970), cette auberge accueille le même chef depuis plus de trente ans. Formé à l'ancienne école, son maître-mot est la simplicité. Pas de chichis ou d'excès : franchise et sincérité sont au programme. Ce qui n'empêche pas une technique solide et de belles inspirations : on pense notamment à cette barbue, petits pois et beurre citronné, un vrai moment de plaisir ! Une jolie partition de saison, à déguster dans deux petites salles à manger ultra-chic et élégantes, pas guindées pour un sou. On n'aura jamais eu autant de plaisir à aller à la Mine...

P - Menu 45/81 € - Carte 72/77 €

le Gué-Plat - ✆ 02 33 66 91 10 - www.aubergedelamine.com - Fermé : lundi, mardi, dimanche soir

FLEURY-SUR-ORNE

✉ 14123 - Calvados - Carte régionale n° **17**-B2

AUBERGE DE L'ÎLE ENCHANTÉE

CUISINE MODERNE • **COSY** L'ancien Chef de La Glycine (Bénouville) s'est installé dans cet ancien bar de pêcheurs situé en bordure de l'Orne. Fidèle à l'esprit de la maison, il propose une cuisine traditionnelle revisitée, qu'il fait évoluer au gré des saisons. Du sérieux.

- Menu 20/39 € - Carte 40/50 €

1 rue Saint-André - 02 31 52 15 52 - www.ileenchantee.fr - Fermé : lundi, mardi, dimanche soir

FONTENAI-SUR-ORNE

61200 - Orne - Carte régionale n° **17**-B3

LA TABLE DE CATHERINE

CUISINE TRADITIONNELLE • **AUBERGE** Surprise derrière la façade traditionnelle : des couleurs vives et de grandes fleurs sur les murs... Un décor à l'unisson de la cuisine de la chef, Catherine, ambassadrice des produits de la région. Sa spécialité : la tarte fine à l'andouille de Vire et au camembert !

- Menu 15 € (déjeuner), 25/45 € - Carte 36/56 €

D 424 - 02 33 67 18 11 - www.lefaisandore.com - Fermé : lundi, dimanche

FRICHEMESNIL

76690 - Seine-Maritime - Carte régionale n° **17**-D1

AU SOUPER FIN

Chef : Eric Buisset

CUISINE MODERNE • **COSY** Depuis trois décennies, le chef et propriétaire Éric Buisset et son épouse Véronique régalent avec une probité sans pareille ! Les fidèles en témoignent : voici une enseigne qui ne ment pas. Dans ce charmant village du pays de Caux, on vous sert un fin frichti de saveurs réfléchies, concocté à base de beaux produits très frais : foie gras de canard d'un éleveur local, saint-pierre de pêche côtière dieppoise, pommes de vergers normands, coquilles Saint-Jacques d'exception... Natif du Nord, Normand par amour, le chef ne triche pas avec le bon goût des choses. Sans oublier de jolies petites chambres, pour ceux qui souhaitent prolonger le plaisir.

- Menu 52/60 € - Carte 70/95 €

1 route de Clères - 02 35 33 33 88 - www.souperfin.fr - Fermé : lundi, mardi, mercredi midi, dimanche soir

GASNY

27620 - Eure - Carte régionale n° **17**-D2

AUBERGE DU PRIEURÉ NORMAND

CUISINE TRADITIONNELLE • **AUBERGE** Depuis La Roche-Guyon, en suivant les boves crayeuses, votre route vous mènera à Gasny, où cette auberge familiale anime joliment la place centrale. Produits de qualité, sauces sapides, saveurs franches : la cuisine du chef - un sérieux professionnel - est généreuse et soignée !

- Menu 27 € (déjeuner), 34/52 € - Carte 50/60 €

1 place de la République - 02 32 52 10 01 - www.aubergeduprieurenormand.com - Fermé : mardi, mercredi

GIVERNY

27620 - Eure - Carte régionale n° **17**-D2

LE JARDIN DES PLUMES

Chef : David Gallienne

CUISINE CRÉATIVE • **ÉLÉGANT** À quelques minutes à pied de la maison de Claude Monet, cette belle demeure anglo-normande à colombages de 1912 invite à la détente et à la gourmandise. Splendide nid douillet néo-Art Déco (carrelage d'origine blanc cassé mâtiné de bleu, murs bleu paon, fauteuils d'esprit 1960 en cuir blanc et tables en verre et palissandre...) et plaisante terrasse entourée d'un ravissant jardin arboré. Le chef normand David Gallienne formé au Manoir du Lys a conservé certains de ses anciens producteurs de l'Orne, ses pêcheurs dieppois et en a trouvé de nouveaux.

Les plats inventifs (sa tartelette de tartare de gambas est un must) jouent avec les mariages de saveurs insolites et les textures. Conseils bachiques avisés et accueil au top.

- Menu 59 € (déjeuner), 92/120 €

1 rue du Milieu - 02 32 54 26 35 - www.jardindesplumes.fr - Fermé : lundi, mardi, mercredi midi

LA MUSARDIÈRE

CUISINE MODERNE • BISTRO Situé au cœur de bourg de Giverny, proche de la maison de Claude Monet et du musée des Impressionnistes, cette table sert une cuisine actuelle de bon aloi dans un cadre de bistrot contemporain et convivial, complété d'une plaisante terrasse ensoleillée aux beaux jours.

- Menu 34/65 €

123 rue Claude-Monet - 02 32 21 03 18 - www.lamusardiere.fr - Fermé : mardi, mercredi

GRANDCAMP-MAISY

14450 - Calvados - Carte régionale n° **17**-B2

LA TRINQUETTE

POISSONS ET FRUITS DE MER • CONTEMPORAIN Le chef passionné de cette table familiale à l'atmosphère contemporaine et chaleureuse, vous propose de déguster une cuisine d'une incomparable fraîcheur, avec l'impression de goûter moules, Saint-Jacques, sole ou turbot, au sortir de la barque du pêcheur ! Agréable véranda-salon d'un côté de la maison, et terrasse de l'autre.

- Menu 30/48 € - Carte 33/58 €

7 rue du Joncal - 02 31 22 64 90 - www.restaurant-la-trinquette.com - Fermé : lundi, mardi

GRANVILLE

50400 - Manche - Carte régionale n° **17**-A2

LE BISTRO'NOMIK

CUISINE MODERNE • CONVIVIAL Voilà une adresse qui se démarque de la trilogie moules-frites-coquillages, que l'on trouve à Granville. Face au port, l'agréable terrasse est déjà un argument de poids, mais la cuisine n'est pas en reste : ce croustillant de lieu noir, purée de topinambour et jus de langoustines corsé en est la preuve...

- Menu 33 € - Carte 47/54 €

12 rue du Port - 02 33 59 60 37 - www.lebistronomik-granville.fr - Fermé : dimanche soir

L'EDULIS - JONATHAN DATIN

CUISINE MODERNE • DESIGN Le décor tout en sobriété du restaurant profite à l'assiette, imaginée par un chef enthousiaste et talentueux, petit-fils de boulanger. Cuisine soignée, beaux produits régionaux, gourmandise : tout simplement, la meilleure table de Granville.

- Menu 15 € (déjeuner), 35/80 €

8 rue de l'Abreuvoir - 02 14 13 45 88 - www.restaurantledulis.com - Fermé : lundi, mardi, dimanche soir

HAMBYE

50450 - Manche - Carte régionale n° **17**-A2

AUBERGE DE L'ABBAYE

CUISINE MODERNE • ÉLÉGANT À deux pas des ruines romantiques de l'abbaye de Hambye, cet hôtel-restaurant plutôt classique a été repris par un jeune couple. Le chef y avait commencé son apprentissage (poursuivi dans de bonnes maisons) ;

il signe une cuisine savoureuse et sans superflu, aux solides bases traditionnelles. De nouvelles litanies gourmandes !

- Menu 29/80 € - Carte 42/61 €

5 route de l'Abbaye - 02 33 61 42 19 - www.aubergedelabbayehambye.com - Fermé : lundi, dimanche soir

LE HAVRE

76600 - Seine-Maritime - Carte régionale n° **17**-C2

JEAN-LUC TARTARIN

Chef : Jean-Luc Tartarin

CUISINE CRÉATIVE • COSY Le Havre, son port, ses architectes (avec surtout Auguste Perret et Oscar Niemeyer, symboles de l'urbanisme du 20e s.), sa joie de vivre retrouvée... Jean-Luc Tartarin, natif de Caen et formé notamment aux Crayères à Reims, chez Gill à Rouen, signe chez lui une cuisine passionnée. Le chef cale une partie de ses inspirations sur l'entrée au port d'une pêche de ligne et de petits bateaux, l'autre sur les produits normands. Fraîcheur garantie ! Un alliage séduisant à déguster dans un immeuble du quartier classé au patrimoine mondial par l'Unesco... et dans un nouveau décor cosy, aux tons beige apaisants. Belles carte des vins et jolie sélection de calvados.

- Menu 48 € (déjeuner), 86/135 €

Plan : A1-1 - *73 avenue Foch - 02 35 45 46 20 - www.jeanluc-tartarin.com - Fermé : lundi, mardi, dimanche*

LE BOUCHE À OREILLE

CUISINE MODERNE • DE QUARTIER Derrière une sobre façade vitrée, on découvre une table de grande valeur. Le chef mitonne des plats généreux, francs et goûteux, dans un style volontairement traditionnel, mais pas dénué de personnalité ; en salle, son épouse se montre sympathique et efficace, prodiguant de judicieux conseils pour le choix des vins.

Menu 29/50 €

Plan : A1-3 - *19 rue Paul-Doumer - 02 35 45 44 60 - Fermé : lundi, dimanche*

LE MARGOTE

CUISINE MODERNE • CONTEMPORAIN L'ex Fleur de Sel, devenue le Margote, s'offre une seconde jeunesse bienvenue. Le chef Gauthier Teissere, épaulé en salle par son épouse Marguerite, propose une partition actuelle, volontiers créative, rehaussée de quelques touches asiatiques. Le cadre, élégant et cosy, est en phase avec une cuisine joliment rythmée par les saisons. Chaque assiette séduit.

- Menu 34/45 €

Plan : B1-2 - *50 quai Michel-Féré - 02 35 43 68 10 - www.lemargote.fr - Fermé : lundi, dimanche*

LA TABLÉE

CUISINE MODERNE • CONTEMPORAIN A deux pas de la plage du Havre, cet ancien karaoké s'est mué en 2019 en un restaurant sobre et élégant, sous l'impulsion d'un jeune professionnel. Le menu-carte de saison évolue régulièrement, autour de préparations fines et soignées dont les saveurs bien marquées ne laissent pas les papilles indifférentes.

Menu 37/77 €

Hors plan - *69 rue Guillemard - 02 76 25 86 66 - www.la-tablee.fr - Fermé : lundi midi, mardi, mercredi, jeudi midi, vendredi midi, samedi midi*

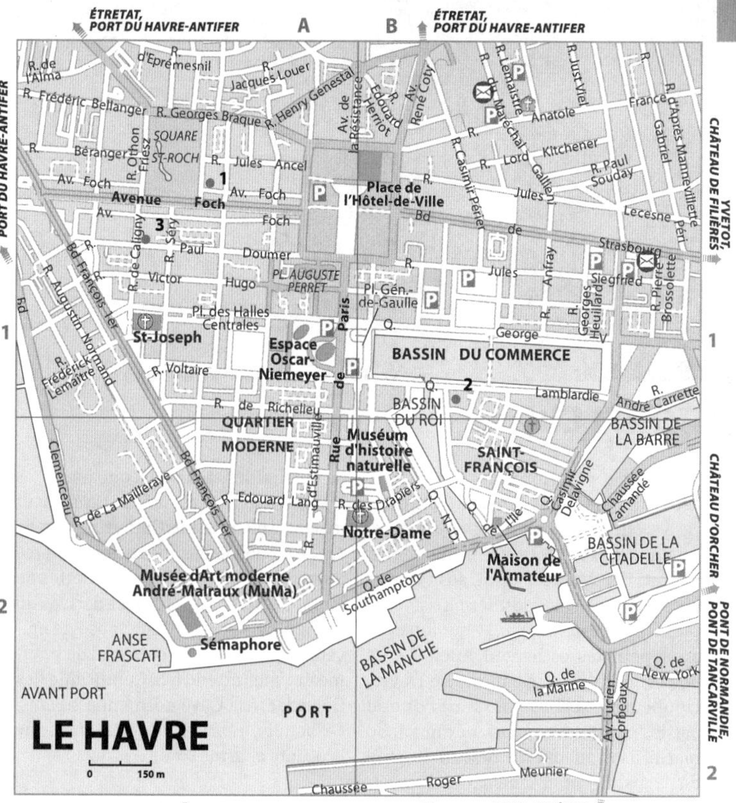

HÉROUVILLE-ST-CLAIR

✉ 14200 - Calvados - Carte régionale n° **17**-B2

L'ESPÉRANCE - STÉPHANE CARBONE

CUISINE MODERNE • CONTEMPORAIN Installée sur le chemin de halage du canal reliant Caen et la mer, cette maison couleur rouille est tenue par Stéphane Carbone, chef bien connu des Caennais : il y cultive un esprit qui lui est personnel, entre tradition et air du temps. Les préparations se révèlent goûteuses et soignées, réalisées à base de produits frais de grande qualité ; on trouve toujours, au chapitre des classiques, la tête de veau sauce gribiche.

- Menu 25 € (déjeuner), 36/46 € - Carte 41/54 €

512 rue Abbé-Alix - ✆ 02 31 44 97 10 - www.esperance-stephanecarbone.fr - Fermé : lundi, mardi soir, dimanche soir

✉ 14600 – Calvados
Carte régionale n° **17**-A3

HONFLEUR

Qui n'aime pas Honfleur ? Lieu béni des muses, ce petit port de la Côte fleurie a séduit les écrivains et les peintres, de Baudelaire à Musset, de Boudin à Seurat. Son Vieux-Bassin, ses façades anciennes et cette lumière sont proprement irrésistibles... De quoi mettre en appétit les esthètes ! Ancien port de pêche à la morue comme Le Havre, Honfleur possède toujours une flotte de petits bateaux. Du jeudi au dimanche matin, ils vendent en direct sur la jetée du transit – notamment des coques, des coquilles Saint-Jacques et des crevettes grises réputées. Le samedi matin, la place Saint-Catherine sert de cadre au déballage chatoyant des produits du terroir, comme des rillettes de lapin, du confit de porc et les dérivés du cidre. Une sélection judicieuse de calvados, mais aussi de cidres et de pommeaux vous attend à la Compagnie des Calvados, à la Cave normande ou chez Gribouille, dont le décor d'ancienne brocante charme l'œil.

LE BRÉARD

CUISINE MODERNE • CONTEMPORAIN Cadre contemporain et cuisine subtile au menu de ce restaurant, situé dans une ruelle pavée proche de l'église Ste-Catherine. Le chef associe de belles saveurs avec créativité et générosité !

– Menu 34/65 € - Carte 55/72 €

Plan : A1-1 – *7 rue du Puits – ✆ 02 31 89 53 40 – www.restaurant-lebreard.com – Fermé : lundi midi, mercredi, jeudi*

LA FLEUR DE SEL

CUISINE MODERNE • COSY Dans une rue du quartier historique, Vincent Guyon réalise un travail admirable : cuissons maîtrisées, belles inspirations dans la construction visuelle des plats. Tartare de bœuf aux huîtres et mayonnaise vaporeuse aux câpres, cabillaud et noisettes torréfiées, et crème de moutarde épicée : l'ensemble dégage une vraie assurance, celle d'un chef qui sait où il va.

Menu 35/78 €

Plan : A1-2 – *17 rue Haute – ✆ 02 31 89 01 92 – www.lafleurdesel-honfleur.com – Fermé : lundi, mardi*

SAQUANA

CUISINE CRÉATIVE • CONTEMPORAIN Alexandre Bourdas est-il en train de redéfinir les codes de la gastronomie ? Il a fait de son SaQuaNa un vrai lieu de vie, ouvert du matin au soir, avec l'idée de rendre la bonne cuisine accessible au plus grand nombre.

Le talent est toujours là, certains incontournables aussi (lotte, brioche roquefort) : une partition de qualité, décomplexée, inspirante.

Menu 22/36 € - Carte 35/55 €

Plan : A1-3 – *22 place Hamelin – ✆ 02 31 89 40 80 – www.alexandre-bourdas.com – Fermé : lundi, mardi*

L'ÂTRE

CUISINE MODERNE • CONTEMPORAIN Dans un cadre entièrement refait à neuf et une cuisine ultra-moderne, Lauriane et Julien Lefebvre, couple originaire de la région, réchauffent le gosier des gourmets avec leur savoureuse cuisine dans l'air du temps (tourteau de casier, rémoulade de chair et céleri maraicher, pomme verte et nuage de verjus, sarrasin soufflé) qui met en avant les producteurs locaux.

- Menu 35/55 €

Plan : B2-5 – *25 cours des Fossés – ✆ 02 31 88 30 82 – restaurant-atre.com – Fermé : mercredi, jeudi midi*

L'ENDROIT

CUISINE MODERNE • BRANCHÉ Bistronomique et novateur : tel est cet Endroit, niché en léger retrait de l'agitation touristique d'Honfleur. En amoureux des beaux produits, le chef nous gratifie de beaux poissons frais, de légumes et volailles de fournisseurs locaux, qu'il travaille dans les règles de l'art. Soirées jazz les premiers vendredis du mois.

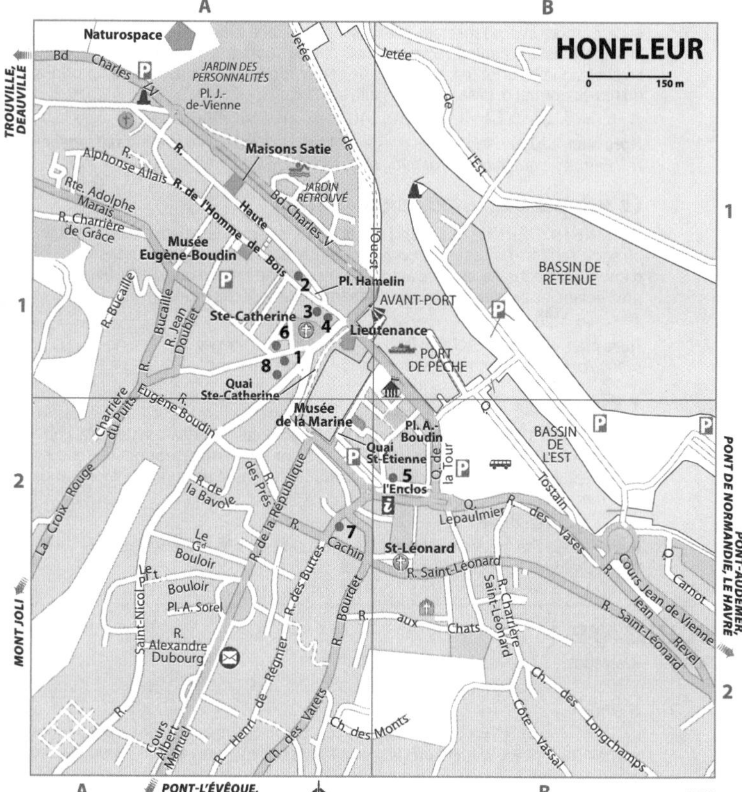

♿ - Menu 35 € - Carte 49/79 €

Plan : A2-7 – *3 rue Charles-et-Paul-Bréard – ✆ 02 31 88 08 43 – www.restaurantlendroithonfleur.com*

ENTRE TERRE ET MER

CUISINE MODERNE • COSY Sur une charmante petite place touristique près du Vieux-Bassin, ce restaurant au cadre élégant et cosy navigue entre terre et mer dans l'assiette, pour une cuisine rythmée par les saisons et marquée du sceau de l'authenticité normande.

- Menu 35/67 € - Carte 62/90 €

Plan : A1-4 – *12 place Hamelin – ✆ 02 31 89 70 60 – www.entreterreetmer-honfleur.com*

HUÎTRE BRÛLÉE

CUISINE MODERNE • CONVIVIAL Ici, pas d'Huître Brûlée... mais une cuisine actuelle aux produits de qualité, privilégiant les achats en circuits courts (légumes bio, poisson de petit bateau), imaginée autour d'une carte de saison resserrée. Une table sympathique et conviviale ouverte par un couple de passionnés, Paul Lacheray, originaire d'Honfleur en cuisine, et sa compagne Chloé Woestelandt en salle, qui réalise ainsi son rêve d'enfance...

Carte 33/48 €

Plan : A1-8 – *8 rue Brûlée – ✆ 09 82 57 90 18 – Fermé : mercredi, jeudi*

LES IMPRESSIONNISTES - LA FERME SAINT-SIMÉON

CUISINE MODERNE • ÉLÉGANT L'intérieur de style normand, élégant et luxueux, le parc arboré avec sa roseraie, la terrasse offrant une superbe vue sur l'estuaire de la Seine : c'est enchanteur, bien sûr, mais pas de quoi nous détourner de l'assiette ! Le chef signe en effet une belle cuisine contemporaine, autour de beaux produits du terroir normand, faisant la part belle aux saisons.

♿ P - Menu 80/140 € - Carte 146/156 €

Hors plan – *20 rue Adolphe-Marais – ✆ 02 31 81 78 00 – www.fermesaintsimeon.fr – Fermé : lundi midi, mardi midi, mercredi midi, jeudi midi*

LE MANOIR DES IMPRESSIONNISTES

CUISINE MODERNE • ÉLÉGANT Installez-vous dans la lumineuse salle à manger ou sur la terrasse aux beaux jours pour profiter d'un joli panorama sur l'estuaire, et d'une cuisine actuelle, centrée autour d'une carte de saison courte et appétissante, privilégiant les produits du terroir normand et de la pêche locale.

♿ A/C P - Carte 62/115 €

Hors plan – *23 route de Trouville – ✆ 02 31 81 63 00 – www.manoirdesimpressionnistes.com – Fermé : mardi, mercredi*

TOURBILLON

CUISINE MODERNE • COSY Le restaurant chic et cosy des Maisons de Léa, complété d'une terrasse au pied de la jolie église Sainte-Catherine, propose une cuisine parfumée et colorée, à base de bons produits : on passe un agréable moment de gourmandise.

- Carte 48/87 €

Plan : A1-6 – *Place Sainte-Catherine – ✆ 02 31 14 49 40 – www.restaurant-honfleur-tourbillon.com – Fermé le midi*

HOULGATE

✉ 14510 – Calvados – Carte régionale n° **17**-B2

L'ÉDEN

CUISINE MODERNE • COSY Cette maison, tenue par un couple de sympathiques normands, Nicolas Tougard en cuisine et son épouse Virginie en salle, propose une cuisine au goût du jour évoluant au gré des saisons, avec des clins d'œil adressés à la Normandie (les producteurs locaux sont privilégiés) et à la tradition réinterprétée (sole meunière au beurre d'Isigny-sur-Mer, homard bleu braisé au pommeau...).

- Menu 29/47 € - Carte 60/85 €

7 rue Henri-Fouchard - 02 31 24 84 37 - www.eden-houlgate.com - Fermé : lundi, mardi

JUMIÈGES

76480 - Seine-Maritime - Carte régionale n° **17**-C2

AUBERGE DES RUINES

CUISINE MODERNE • COSY Cette jolie maison normande à colombages située à deux pas de l'Abbaye de Jumièges propose une cuisine personnalisée rythmée par les saisons et les produits du terroir normand. Lumineuse véranda et salles à manger contemporaines et cosy.

- Menu 45/77 €

17 place de la Mairie - 02 35 37 24 05 - www.auberge-des-ruines.fr - Fermé : mercredi, jeudi, dimanche soir

JUVIGNY-SOUS-ANDAINE

61140 - Orne - Carte régionale n° **17**-B3

AU BON ACCUEIL

CUISINE CRÉATIVE • AUBERGE L'enseigne ne ment pas : dans ce restaurant tenu par un jeune couple, on vous accueille à bras ouverts. Le chef propose une cuisine réjouissante, qui met en valeur les produits de manière originale et créative. Exemple parmi d'autres : ce veau, carottes et wasabi, un bon moment.

A/C - Menu 23/60 € - Carte 50/63 €

23 place Saint-Michel - 02 33 38 10 04 - www.aubonaccueil-normand.com - Fermé : lundi, mardi soir, dimanche soir

LYONS-LA-FORÊT

27480 - Eure - Carte régionale n° **17**-D2

LA LICORNE ROYALE

CUISINE MODERNE • ÉLÉGANT Présent depuis 2008 dans cette ancienne maison à colombages d'un petit village normand, le chef se révèle un remarquable artisan. Des produits de qualité, une technique soignée, des associations de saveurs équilibrées et subtiles, au service du goût : il nous gratifie d'un repas délicieux. Le menu de saison (avec, par exemple, Saint-Jacques, truffe et turbot, fromages et dessert) est la bonne affaire de la maison ! On en profite dans un cadre chic et empreint de classicisme, avec de nombreux clins d'œil aux batailles napoléoniennes.

P - Menu 69 € (déjeuner), 82/189 € - Carte 98/160 €

27 place Issac-Benserade - 02 32 48 24 24 - www.hotel-licorne.com - Fermé : mercredi, jeudi

LE BISTRO DU GRAND CERF

CUISINE TRADITIONNELLE • BISTRO Ce néobistrot rustique a vraiment du cachet. Des poutres, de la brique et une jolie terrasse dans la cour pavée, pour une cuisine bistrotière - of course - résolument tournée vers le terroir : voici ce que vous attend ici. Cerf, cerf, ouvre-moi !

P - Menu 45 € - Carte 68/75 €

31-32 place Isaac-Bensarade - 02 32 49 50 50 - www.grandcerf.fr - Fermé : lundi, mardi

LE NEUBOURG

⊠ 27110 - Eure - Carte régionale n° **17**-C2

LA LONGÈRE

CUISINE MODERNE • CONTEMPORAIN Cette ancienne longère à colombages abrite l'une des tables les plus dynamiques des environs. Le chef-patron Gérald Seuron, secondé en pâtisserie par sa compagne Alice, propose une cuisine actuelle et créative, rythmée par les saisons, à base de produits sélectionnés au maximum en circuits courts. Aux beaux jours, on dîne en terrasse.

- Menu 25 € (déjeuner), 30/69 € - Carte 49/57 €

1c rue du Docteur-Couderc - 02 32 60 29 83 - www.restaurant-la-longere.fr - Fermé : lundi, mercredi soir, dimanche soir

NOCÉ

⊠ 61340 - Orne - Carte régionale n° **17**-C3

AUBERGE DES 3 J

CUISINE MODERNE • AUBERGE Voilà près de quarante ans que le chef, Stéphan Joly, œuvre aux fourneaux : c'est dire s'il maîtrise son art ! Il signe assurément une belle cuisine, fondée sur la tradition – mais pas seulement – et le terroir local : les saveurs sont au rendez-vous... Et le cadre élégant de l'auberge ajoute au plaisir du repas.

- Menu 30/42 €

1 place du Docteur-Gireaux - 02 33 73 41 03 - www.auberge-3j.fr - Fermé : lundi, mardi, mercredi, dimanche soir

OFFRANVILLE

⊠ 76550 - Seine-Maritime - Carte régionale n° **17**-D1

LE COLOMBIER

Chef : Laurent Kleczewski

CUISINE MODERNE • COSY En matière de cuisine, rien ne vaut la simplicité. Depuis 2002, le chef Laurent Kleczewski en fait la preuve dans cette paisible maison normande : à partir de produits de belle fraîcheur, il compose des plats gourmands et parfumés, sans donner dans la démonstration ou l'esbroufe. Quelques notes exotiques, et plus précisément asiatiques, viennent agrémenter les recettes, mais jamais dans l'excès : un savant dosage qui permet de ne jamais dénaturer le produit de base. Le tout proposé à des tarifs sympathiques, à midi surtout, dans une salle à manger cosy qui marie l'esprit de la bâtisse (cheminée ancienne en brique rouge) à des notes plus actuelles.

- Menu 40/90 € - Carte 60/80 €

Rue Loucheur - 02 35 85 48 50 - www.lecolombieroffranville.fr - Fermé : mardi, mercredi, dimanche soir

OUISTREHAM

⊠ 14150 - Calvados - Carte régionale n° **17**-B2

LA TABLE D'HÔTES

CUISINE MODERNE • COSY Ce restaurant est le repaire d'un couple passé par de belles maisons. Joli symbole, Yoann Lavalley a racheté le fourneau sur lequel il a accompli son apprentissage... Il y conçoit des assiettes délicates et finement travaillées. Poisson du jour, viande locale, fromages normands... Les saveurs éclatent en bouche.

- Menu 34/52 € - Carte 50/60 €

10 avenue du Général-Leclerc - 02 31 97 18 44 - www.latabledhotes-caen.com - Fermé : mardi soir, mercredi, dimanche soir

LA PERNELLE

✉ 50630 – Manche – Carte régionale n° **17**-A1

LE PANORAMIQUE

CUISINE TRADITIONNELLE • CONVIVIAL À côté de l'église du village, sur une colline surplombant la mer et l'île de Tatihou, un restaurant tenu par la même famille depuis... 1966. À l'origine bar, puis crêperie, c'est désormais un agréable restaurant gastronomique, où la cuisine met joliment en avant le terroir normand, au rythme des saisons !

– Menu 33/60 €

1 village de l'Église – ✆ 02 33 54 13 79 – www.le-panoramique.fr – Fermé : lundi

LE PETIT-QUEVILLY

✉ 76140 – Seine-Maritime – Carte régionale n° **17**-D2

LES CAPUCINES

CUISINE MODERNE • CONTEMPORAIN Une maison rouennaise dans laquelle la famille Demoget cultive l'art de recevoir depuis trois générations ! Décor élégant et cuisine généreuse, ancrée dans notre époque.

– Menu 34/70 €

16 rue Jean-Macé – ✆ 02 35 72 62 34 – www.les-capucines.fr – Fermé : lundi, dimanche

LE PIN-AU-HARAS

✉ 61310 – Orne – Carte régionale n° **17**-C2

LA TÊTE AU LOUP

CUISINE TRADITIONNELLE • AUBERGE La faim chasse le loup du bois... Si l'animal peuplait encore la région, on pourrait le pister – à pas de loup – pour découvrir cette auberge traditionnelle, voisine du célèbre haras du Pin. En vieux loup de mer, le chef concocte de bonnes terrines maison et autres spécialités de poissons... Que du bon !

– Menu 32/49 €

Lieu-Dit la Tête au Loup – ✆ 02 33 35 57 69 – www.lateteauloup.fr – Fermé : lundi, mardi, dimanche soir

LE PIN-LA-GARENNE

✉ 61400 – Orne – Carte régionale n° **17**-C3

LA CROIX D'OR

CUISINE TRADITIONNELLE • AUBERGE Une auberge accueillante comme une maison de famille... La demeure appartenait déjà à l'arrière-grand-mère du chef ! Après avoir fait ses classes dans de grands établissements, il est revenu au pays avec son épouse – originaire du Sud-Ouest comme l'indique son accent chantant – ; ensemble, ils ont créé un véritable repaire gourmand. La tradition a du bon !

– Menu 18 € (déjeuner), 32/50 €

6 rue de la Herse – ✆ 02 33 83 80 33 – lacroixdor.free.fr – Fermé : lundi soir, mardi, mercredi

PONT-DE-L'ARCHE

✉ 27340 – Eure – Carte régionale n° **17**-D2

L'AUBERGE DE LA POMME

CUISINE MODERNE • CONTEMPORAIN Un nom hautement normand, une façade à colombages typique de la région... mais l'image d'Épinal s'arrête là ! La maison cache un décor très contemporain, et des assiettes qui mettent bien en valeur les producteurs locaux.

- Menu 32 € (déjeuner), 58 € - Carte 85/95 €

44 route de l'Eure - 02 35 23 00 46 - www.laubergedelapomme.com - Fermé : lundi, dimanche

PORT-EN-BESSIN

14520 - Calvados - Carte régionale n° **17**-B2

LE BOTANISTE - LA CHENEVIÈRE

CUISINE MODERNE • **ÉLÉGANT** Boiseries, parquet, mobilier du 18e s. : élégance et noblesse du cadre ! La cuisine est aussi délicate, avec de jolies variations autour du terroir normand et d'agréables mariages de saveurs. Au Petit Jardin, cuisine bistronomique au cœur du parc centenaire dans une splendide verrière métallique qui était l'ancienne orangerie du château. Belles chambres pour l'étape.

- Menu 68/85 €

à Commes - 02 31 51 25 25 - www.le-botaniste.com - Fermé : lundi, dimanche et le midi

PRÉAUX-DU-PERCHE

61340 - Orne - Carte régionale n° **17**-C3

OISEAU - OISEAU N

CUISINE TRADITIONNELLE • **MAISON DE CAMPAGNE** Sven Chartier (ex-Saturne, table étoilée parisienne) et son épouse Marianne ont bâti leur nouveau nid dans ce petit village du Perche, face à une église pluriséculaire. Désormais loin de l'agitation urbaine, le chef s'épanouit dans ce décor style campagne chic où il régale avec simplicité dans le droit fil de la tradition. Pâté en croûte, poulette fermière et ses légumes, tarte fine courge et coing : la précision et le goût du temps retrouvé...

- Carte 40/60 €

5 place Saint-Germain - 02 33 73 51 24 - www.oiseau-oiseau.fr - Fermé : lundi, mardi, mercredi, dimanche

RÉMALARD-EN-PERCHE

61110 - Orne - Carte régionale n° **17**-C3

D'UNE ÎLE

CUISINE DU TERROIR • **MAISON DE CAMPAGNE** L'annexe campagnarde de Septime. On y réalise une cuisine durable, saisonnière et rustique ancrée dans son environnement, ne se nourrissant que des produits de qualité des marchés environnants (Sarthe ou Normandie) - et dans une moindre mesure, de la récolte du potager de la ferme. Côté salle, un lieu rustique chic, décoré avec goût. Dans le même esprit, quelques chambres invitent à s'attarder sur cette colline boisée du Perche, avec arbres fruitiers, ruches ainsi qu'un sauna donnant sur la nature. Une démarche culinaire et humaine très louable.

- Menu 44 €

Domaine de l'Aunay, lieu-dit l'Aunay - 02 33 83 01 47 - www.duneile.com - Fermé : lundi, mardi, mercredi, jeudi midi

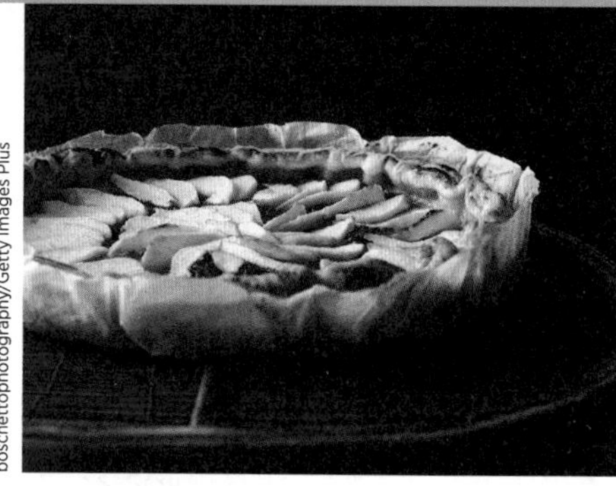
boschettophotography/Getty Images Plus

✉ 76000 - Seine-Maritime
Carte régionale n° **17**-D2

ROUEN

Le cœur gourmand de la vieille ville, vous le trouverez entre la place du Vieux-Marché et la cathédrale, et notamment dans la rue du Gros-Horloge, la plus évocatrice du vieux Rouen, avec ses gros pavés et ses maisons à pans de bois. La capitale de la Normandie, ce "pays gras et savoureux" dont parlait déjà un chroniqueur médiéval, aime manger ! Le lait, véritable or blanc, coule à flots : beurre et crème fermières, fromages qu'on ne présente plus (camembert, neufchâtel, livarot et pont-l'évêque). Le poulet "vallée d'Auge" associe même beurre, crème ainsi que le calvados et cidre, les deux boissons emblématiques de ce terroir. L'herbe grasse nourrit des volailles comme le canard de Duclair (à l'origine de la recette du canard au sang) ou le pigeonneau. Côté mer, c'est un véritable raz-de-marée de poissons, de crustacés et de coquillages en provenance des criées de la façade maritime.

L'ODAS

Chef : Olivier Da Silva

CUISINE CRÉATIVE • CONTEMPORAIN Idéalement situé en plein cœur de la vieille ville, à deux pas de la cathédrale, ce restaurant est la création d'Olivier Da Silva. Il régale en toute décontraction : sa cuisine, bien de saison, est tout en justesse et en équilibre, avec des notes d'agrumes ici et là pour apporter du peps et de la vivacité. On pourra même observer le travail en cuisine depuis la salle, un spectacle toujours réjouissant. N'oublions pas enfin la terrasse agréable, à l'abri des regards, et le service aussi détendu que professionnel. De bout en bout, une expérience très plaisante.

- Menu 39 € (déjeuner), 69/130 €

Plan : A2-2 - *4 passage Maurice-Lenfant - ✆ 02 35 73 83 24 - www.lodas.fr - Fermé : lundi, dimanche*

L'EPICURIUS

CUISINE MODERNE • CONTEMPORAIN Dans une charmante rue piétonne du vieux Rouen, ce bistrot dans l'air du temps propose une cuisine qui ne l'est pas moins, fine et savoureuse, à l'image de cette pêche, crème d'amandes, sorbet verveine... à déguster dans un intérieur relooké - luminaires suspendus, tables en bois blond, murs bleu canard.

- Menu 33/71 €

Plan : B2-5 - *31 rue Damiette - ✆ 09 75 30 04 67 - Fermé : lundi, dimanche*

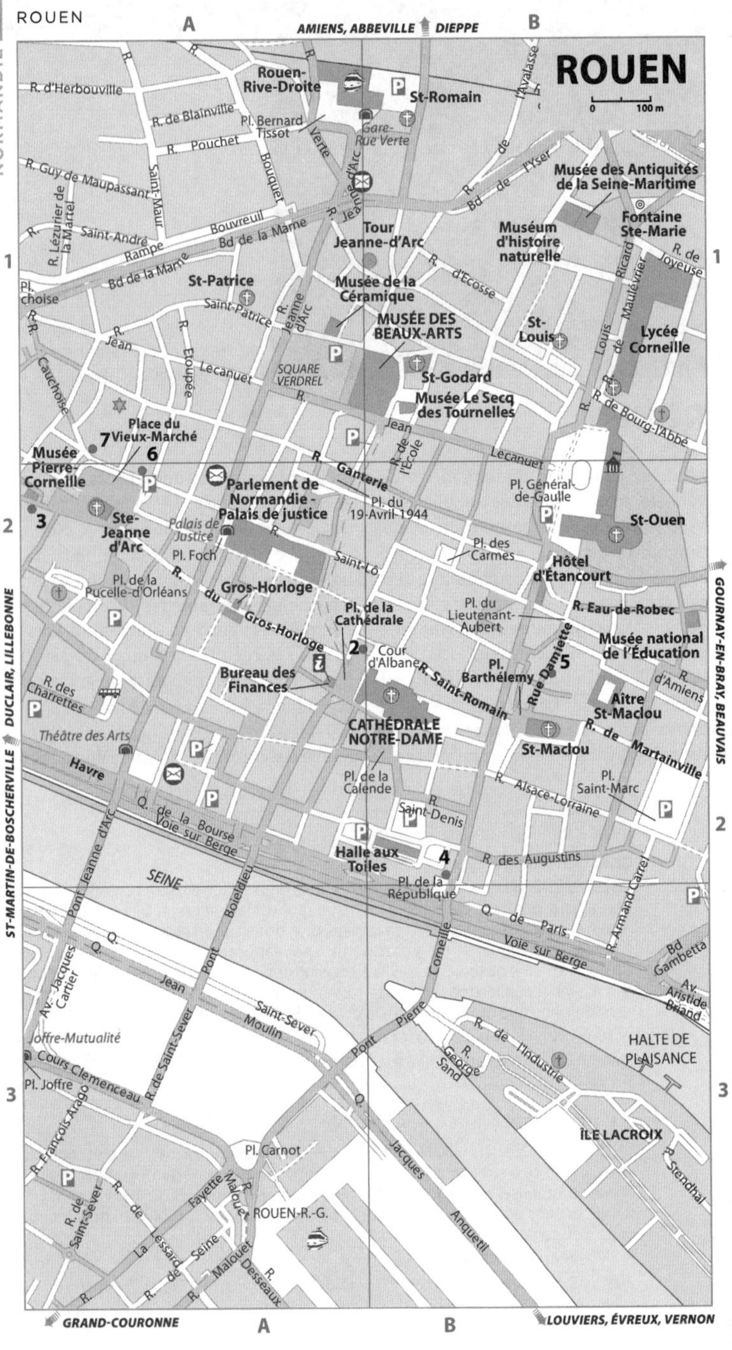

ROUEN

0 100 m

A
B
1
2
3

AMIENS, ABBEVILLE DIEPPE
GOURNAY-EN-BRAY, BEAUVAIS
ST-MARTIN-DE-BOSCHERVILLE DUCLAIR, LILLEBONNE
GRAND-COURONNE
LOUVIERS, ÉVREUX, VERNON

Rouen-Rive-Droite
St-Romain
Gare-Rue Verte
Pl. Bernard Tissot
R. d'Herbouville
R. de Blainville
R. Pouchet
R. Guy de Maupassant
R. Saint-Maur
R. Bouquet
R. Verte
R. Jeanne-d'Arc
R. de l'Avalasse
R. Lézurier de la Martel
R. Saint-André
Rampe Bouvreuil
Bd de la Marne
Pl. Cauchoise
R. Cauchoise
Tour Jeanne-d'Arc
St-Patrice
R. Saint-Patrice
Musée de la Céramique
MUSÉE DES BEAUX-ARTS
SQUARE VERDREL
R. Jean Lecanuet
R. Étoupée
St-Godard
Musée Le Secq des Tournelles
Bd de l'Yser
Musée des Antiquités de la Seine-Maritime
Fontaine Ste-Marie
Muséum d'histoire naturelle
R. d'Écosse
R. de Joyeuse
St-Louis
R. Louis Ricard
R. de Maulévrier
Lycée Corneille
R. de Bourg-l'Abbé
Place du Vieux-Marché
Musée Pierre-Corneille
Ste-Jeanne d'Arc
Parlement de Normandie - Palais de justice
Palais de Justice
Pl. Foch
R. Ganterie
Pl. du 19-Avril-1944
R. de l'École
Pl. Général-de-Gaulle
St-Ouen
R. Saint-Lô
Pl. des Carmes
Hôtel d'Étancourt
Pl. de la Pucelle-d'Orléans
Gros-Horloge
R. du Gros-Horloge
Pl. de la Cathédrale
Pl. du Lieutenant-Aubert
R. Eau-de-Robec
Musée national de l'Éducation
Cour d'Albane
R. Saint-Romain
Pl. Barthélemy
Rue Damiette
R. d'Amiens
Bureau des Finances
Aître St-Maclou
R. des Charrettes
Théâtre des Arts
CATHÉDRALE NOTRE-DAME
St-Maclou
R. de Martainville
Havre
Pl. de la Calende
R. Alsace-Lorraine
Pl. Saint-Marc
Q. de la Bourse
Voie sur Berge
R. Saint-Denis
Halle aux Toiles
R. des Augustins
SEINE
Pl. de la République
Pont Jeanne d'Arc
Pont Boieldieu
R. Armand Carrel
Q. de Paris
Voie sur Berge
Bd Gambetta
Av. Aristide Briand
Av. Jacques Cartier
Q. Jean Moulin
Saint-Sever
Pont Pierre Corneille
R. de l'Industrie
R. George Sand
HALTE DE PLAISANCE
Joffre-Mutualité
Cours Clemenceau
Pl. Joffre
R. François Arago
R. de Saint-Sever
Q. Jacques Anquetil
ÎLE LACROIX
Pl. Carnot
R. Stendhal
R. de Lessard
R. La Fayette
R. Malouet
ROUEN-R.-G.
R. de Seine
R. Desseaux

2
3
4
5
6
7

GILL CÔTÉ BISTRO

CUISINE TRADITIONNELLE • BISTRO Sur la place du Vieux-Marché, on doit ce "Côté Bistro" au chef Gilles Tournadre. Tête de veau sauce gribiche, andouillette de campagne pur porc, saucisson chaud aux pistaches, ou encore côte de cochon, jus corsé, purée de pomme de terre à l'ail et aux herbes... Les produits frais sont à l'honneur. L'assurance de plaisirs francs et sincères !

- Menu 28 € - Carte 33/44 €

Plan : A2-6 - *14 place du Vieux-Marché - 02 35 89 88 72 - www.gill-cote-bistro.fr*

LES NYMPHÉAS

CUISINE CLASSIQUE • ÉLÉGANT Dans le vieux Rouen, cette maison historique connaît bien ses classiques... et ose même les réinterpréter avec brio, à l'image de ce civet de homard. L'intérieur ouvre sur une charmante terrasse intérieure très appréciée aux beaux jours.

- Menu 25 € (déjeuner), 40/55 € - Carte 58/100 €

Plan : A2-3 - *7 rue de la Pie - 09 74 56 46 19 - www.lesnympheas-rouen.fr - Fermé : lundi, dimanche soir*

LA PLACE

CUISINE MODERNE • BRASSERIE Ce concept signé Gilles Tournadre tient à peu de choses, mais qui comptent beaucoup : une brasserie contemporaine animée et conviviale ; une cuisine naviguant entre recettes traditionnelles et préparations aux influences diverses.

- Menu 29 €

Plan : A1-7 - *26 place du Vieux-Marché - 02 35 71 97 06 - www.laplace-restaurant-brasserie.fr - Fermé : lundi, dimanche soir*

LE RÉVERBÈRE

CUISINE MODERNE • CONTEMPORAIN Près de la Seine, ce Réverbère illumine les papilles ! Nous sommes dans le repaire de José Rato, installé ici-même depuis plus de 40 ans (le plus ancien chef sur la place rouennaise !) qui signe une cuisine à la fois généreuse et délicate. La cuisine trouve son identité entre préparations actuelles et plats plus classiques, à apprécier dans un cadre contemporain. La table d'affaires par excellence sur la ville de Rouen.

AC - Menu 49/68 € - Carte 38/63 €

Plan : B2-4 - *5 place de la République - 02 35 07 03 14 - le-reverbere-rouen.fr - Fermé : lundi, dimanche*

ST-DENIS-LE-VÊTU

50210 - Manche - Carte régionale n° -

LA BARATTE

CUISINE TRADITIONNELLE • AUBERGE Au cœur de la petite bourgade, cette maison en pierre du pays - ancien bar-épicerie - est devenue une coquette auberge familiale... Le cadre est délicieusement rustique, avec une agréable terrasse pour les beaux jours ; la cuisine, dans l'air du temps, s'ancre sur de solides bases traditionnelles et les producteurs locaux.

- Menu 15 € (déjeuner), 23/33 € - Carte 26/37 €

Le Bourg - 02 33 45 45 49 - www.restaurant-labaratte.fr - Fermé : lundi soir, mardi, mercredi, dimanche soir

ST-ÉTIENNE-DU-VAUVRAY

✉ 27430 - Eure - Carte régionale n° **17**-D2

LA FERME DE LA HAUTE CRÉMONVILLE

CUISINE TRADITIONNELLE • **RÉGIONAL** Cette superbe ferme normande, tout en colombages, semble incarner le rêve d'une vie à la campagne ! Bonjour veaux, vaches, cochons et... recettes traditionnelles : la terrine du chef sent bon le terroir, le suprême de poulet jaune sauce lie de vin embaume, les pièces de bœuf sont cuites au feu de bois. De généreux plats mijotés à la sauce champêtre.

- Menu 31 € - Carte 40/50 €

Route de Crémonville - ✆ 02 32 59 14 22 - www.lafermedelahautecremonville.com - Fermé : mercredi soir, samedi midi, dimanche

ST-GERMAIN-DES-VAUX

✉ 50440 - Manche - Carte régionale n° **17**-A1

LE MOULIN À VENT

POISSONS ET FRUITS DE MER • **TENDANCE** Sur la route des Caps, on se réfugie avec plaisir dans cette ancienne auberge de pays : au menu, une carte courte, des produits locaux (pigeon, agneau, poisson, ormeaux) pour une cuisine inventive avec une attirance à peine dissimulée pour le Japon. A déguster dans une salle épurée, avec vue sur la mer face à l'Anse Saint-Martin.

- Menu 39/78 € - Carte 55/85 €

10 route de Port-Racine - ✆ 02 33 52 75 20 - www.le-moulin-a-vent.fr - Fermé : vendredi, samedi midi

ST-LÔ

✉ 50000 - Manche - Carte régionale n° **17**-A2

INTUITION

Chef : Mickaël Marion

CUISINE CRÉATIVE • **ÉLÉGANT** À l'étage de la Brasserie Les Capucines (où la cuisine est évidemment plus simple), il faut gravir quelques marches pour mériter cette table intime et feutrée, qui fait face au château. Transfuge de Coutances où il régalait déjà ses fidèles, Mickaël Marion retrouve sa ville natale pour mieux laisser aller sa créativité. Défenseur depuis toujours des produits locaux, il aime herboriser dans la campagne et les marais pour cueillir des plantes et des herbes. De retour aux fourneaux, il en fait son miel à l'image de cette glace à la reine des prés, de ce pesto d'herbes sauvages et de livèche. Puis, dans ses assiettes, il parvient à marier avec subtilité d'excellents produits du terroir normand - Saint-Jacques, poissons de petits bateaux - et saveurs exotiques. Une table qui ne laisse pas indifférent.

Menu 44/77 €

1 rue Alsace-Lorraine - ✆ 02 33 05 14 91 - www.restaurant-intuition.com - Fermé : lundi, mardi, mercredi, dimanche

ST-PAIR-SUR-MER

✉ 50380 - Manche - Carte régionale n° **17**-A2

LE PONT BLEU

POISSONS ET FRUITS DE MER • **CONVIVIAL** Dans ce restaurant, situé à cinquante mètres des plages et animé par un couple de passionnés, on affectionne les produits frais et le poisson de la petite pêche locale. La cuisine, résolument iodée, n'en oublie pas les légumes, fournis par les producteurs des parages.

- Menu 25 € (déjeuner), 32/45 € - Carte 47/75 €

6 rue du Pont-Bleu - ✆ 02 33 51 88 30 - www.lepontbleu.com - Fermé : lundi soir, mercredi, jeudi

ST-QUENTIN-SUR-LE-HOMME

✉ 50220 - Manche - Carte régionale n° **17**-A3

LE GUÉ DU HOLME

CUISINE TRADITIONNELLE • **ÉLÉGANT** Juste en face de l'église, au centre du bourg, cette maison en pierre du pays est pour le moins engageante. En bon professionnel, le chef met à profit le terroir et la saison : terrine de foie gras au ratafia de Champagne, filet de bœuf sauce périgourdine, moelleux chaud au chocolat...

- Menu 24 € (déjeuner), 29/54 € - Carte 40/59 €

14 rue des Estuaires - ✆ 02 33 60 63 76 - www.le-gue-du-holme.com - Fermé : lundi, samedi midi, dimanche soir

ST-ROMAIN-DE-COLBOSC

✉ 76430 - Seine-Maritime - Carte régionale n° **17**-C1

JUSTE À CÔTÉ

CUISINE TRADITIONNELLE • **BISTRO** N'hésitez pas à franchir la porte de cet ancien « routier » transformé en bistrot convivial par le chef Olivier Foulon, épaulé en salle par son épouse Amandine. Sa cuisine bistronomique, rythmée par les saisons et les produits des maraîchers des environs, fait aussi la part belle aux poissons de la criée du Havre. Une adresse sérieuse.

P - Menu 15 € (déjeuner), 26 € - Carte 30/38 €

18 avenue du Maréchal-de-Lattre-de-Tassigny - ✆ 02 35 20 15 09 - Fermé : samedi, dimanche

ST-VAAST-LA-HOUGUE

✉ 50550 - Manche - Carte régionale n° **17**-A1

FRANCE ET FUCHSIAS

CUISINE MODERNE • **RUSTIQUE** Les beaux produits normands, huîtres en tête, sont mis en valeur dans des assiettes actuelles et gourmandes. Trois possibilités pour en profiter : l'agréable salle à manger ; la véranda sous verrière, ouverte sur un étonnant jardin planté de palmiers, de mimosas et d'eucalyptus ; et la jolie terrasse aux beaux jours.

- Menu 35/52 € - Carte 58/82 €

20 rue du Maréchal-Foch - ✆ 02 33 54 40 41 - www.france-fuchsias.com - Fermé : lundi, mardi midi

SERVON

✉ 50170 - Manche - Carte régionale n° **17**-A3

AUBERGE SAUVAGE Ⓝ

Chef : Thomas Benady

CUISINE MODERNE • **RUSTIQUE** Cet ancien presbytère du 16e s. abrite désormais un restaurant... et un riche potager, où le chef puise de nombreux produits et une partie de son inspiration. Ses menus surprise reflètent une cuisine très moderne, aux accents parfois japonisants. Sa tartelette au yaourt et courge Melonnette est une vraie fulgurance. Carte de vins nature.

L'engagement du chef : *Nous privilégions les produits de la Baie du Mont-Saint-Michel. Nos menus sont imaginés à partir de la pêche du jour, de la récolte des maraîchers locaux et de notre potager, ainsi que de la cueillette sauvage. Tout est de saison et fait maison (vinaigres, fermentations, salaisons, confitures au petit déjeuner...) et les vins sont natures.*

P - Menu 33 € (déjeuner), 45/85 €

3 place Saint-Martin - ✆ 02 33 60 17 92 - aubergesauvage.fr - Fermé : mardi, mercredi

TOUQUES

✉ 14800 - Calvados - Carte régionale n° **17**-A3

CARPE DIEM

CUISINE MODERNE • INTIME Cette auberge discrète, à la façade colombages et ardoise, située dans la traversée du village de Touques, a été reprise par un jeune couple de professionnels, enthousiastes et talentueux. Le chef travaille au maximum en circuits courts (pêcheurs de Trouville, canard et volaille normande, légumes bio etc.) et pratique lui-même la cueillette des herbes aromatiques et plantes. Une cuisine goûteuse, pleine de vivacité.

A/C - Menu 28 € (déjeuner) - Carte 48/58 €

90 rue Louvel-et-Brière - ✆ 02 31 87 41 08 - www.deauville-restaurants.com - Fermé : mercredi, jeudi

LE TRÉPORT

✉ 76470 - Seine-Maritime - Carte régionale n° **17**-D1

LE GOÛT DU LARGE

CUISINE MODERNE • BISTRO En léger retrait de l'agitation touristique des quais et du port, cette petite table réserve une jolie surprise : la cuisine goûteuse et actuelle du jeune chef Jonathan Selliez (aidé par sa maman en pâtisserie) bien en phase avec les saisons. Escargots à la purée d'ail et beurre d'ail ; filet de turbot, gnocchis et légumes... on prendra le large plus tard.

Carte 44/61 €

4 place Notre-Dame - ✆ 02 35 84 39 87 - Fermé : mardi

URVILLE-NACQUEVILLE

✉ 50460 - Manche - Carte régionale n° **17**-A1

LE LANDEMER

CUISINE MODERNE • COSY Dans cette belle maison en pierre, au toit en schiste et au charme indéniable, un jeune et sympathique chef hollandais concocte une cuisine moderne, un brin créative, attentive aux produits locaux, notamment poissons, légumes, herbes sauvage et fleurs. Précis et maîtrisé. Ne pas oublier de profiter des belles chambres face à la mer...

< ♿ P - Menu 47/69 €

2 rue des Douanes - ✆ 02 33 04 05 10 - www.le-landemer.com - Fermé : lundi, mardi, mercredi midi

VALMONT

✉ 76540 - Seine-Maritime - Carte régionale n° **17**-C1

✿

LE BEC AU CAUCHOIS

Chef : Pierre Caillet

CUISINE CRÉATIVE • CONTEMPORAIN Meilleur Ouvrier de France 2011, Pierre Caillet n'est pas seulement un technicien talentueux : il dévoile aussi une vraie sensibilité, et une énergie communicative. Créations originales (ces fougueuses noix de Saint-Jacques en croûte de passion en sont l'exemple parfait), jeux sur les textures et les saveurs, beaux produits du terroir normand... sans oublier l'utilisation judicieuse des herbes et légumes de l'imposant potager : le compte est bon. Dernier atout, cette auberge du 19es. propose aussi des chambres chaleureuses et cosy, avec terrasses privatives tournées vers l'étang.

✿ ***L'engagement du chef :*** *80% des aliments végétaux que nous utilisons proviennent de notre potager. Nous compostons les déchets organiques et travaillons main dans la main avec nos fournisseurs pour limiter et recycler les emballages. Les poissons que nous servons sont issus de la pêche durable et suivent les recommandations d'Ethic Ocean et de l'association Bon pour le climat.*

- Menu 39 € (déjeuner), 57/104 €

22 rue André-Fiquet - 02 35 29 77 56 - www.lebecaucauchois.com - Fermé : mardi, mercredi

VERNEUIL-SUR-AVRE

27130 - Eure - Carte régionale n° **17**-C3

LE CLOS

CUISINE MODERNE • ÉLÉGANT Deux élégantes et intimes salles à manger au cœur de ce luxueux castel : parquets anciens, tapis persans, moulures, trompe-l'œil, tables dressées dans les règles de l'art... Comme auparavant, l'assiette célèbre le terroir normand, avec une poignée de recettes plus audacieuses. L'hôtel propose des chambres agréables pour prolonger le séjour.

- Menu 63/111 €

98 rue de la Ferté-Vidame - 02 32 32 21 81 - www.leclos-normandie.com - Fermé : lundi, mardi midi

VERNON

27200 - Eure - Carte régionale n° **17**-D2

LE BISTRO DES FLEURS

CUISINE TRADITIONNELLE • BISTRO Voilà un bistrot comme on les aime, avec un beau comptoir où s'accoudent les clients pressés et une incontournable ardoise du jour. Courte, traditionnelle et alléchante, celle-ci atteste le parti pris de la chef : rien que du frais, au gré du marché et de ses inspirations. Dernière fleur : un excellent choix de vins au verre...

- Menu 22 € - Carte 26/40 €

73 rue Carnot - 02 32 21 29 19 - Fermé : lundi, dimanche

VILLEDIEU-LES-POÊLES

50800 - Manche - Carte régionale n° **17**-A2

MANOIR DE L'ACHERIE

CUISINE TRADITIONNELLE • RUSTIQUE Au cœur du bocage, on se réfugie avec plaisir dans la chaleur de ce manoir du 17e s., dont le chef met un point d'honneur à travailler les produits des fermes voisines. Les assiettes sont franchement généreuses, comme ces grillades au feu de bois dans la grande cheminée en pierre...

- Menu 25/55 € - Carte 35/80 €

37 rue Michel-de-l'Epinay - 02 33 51 13 87 - www.manoir-acherie.fr - Fermé : lundi, dimanche soir

VIRE

14500 - Calvados - Carte régionale n° **17**-B2

MANOIR DE LA POMMERAIE

CUISINE MODERNE • CONTEMPORAIN Non loin de Vire, une maison du 18e s. rustique en apparence, délicate en réalité, avec sa belle véranda qui ouvre sur le parc... Aux fourneaux œuvre un couple à la scène comme à la ville : Masako, japonaise et pâtissière, et Julien, qui affine d'année en année des créations tout en harmonie et en belles trouvailles. Une bonne table !

- Menu 35/49 €

L'Auvère - 02 31 68 07 71 - www.manoirdelapommeraie.com - Fermé : lundi, mardi, mercredi, jeudi midi, vendredi midi, dimanche soir

NOUVELLE-AQUITAINE

LA SELECTION DU GUIDE MICHELIN

LES TABLES ÉTOILÉES

✿✿✿

Une cuisine unique. Vaut le voyage !

✿✿

Une cuisine d'exception. Vaut le détour !

✿

Une cuisine d'une grande finesse. Vaut l'étape !

N Nouvelle distinction cette année !
♲ Engagé pour une gastronomie durable

LES BIB GOURMAND

Nos meilleurs rapports qualité-prix

BASQUE JUSQU'AU BOUT DE LA CUILLÈRE

Art'Zain, à Irissarry

Pour Henri Amestoy, l'obtention de l'Etoile Verte a été la "surprise du confinement". Le natif du Pays Basque avoue ne pas courir après les récompenses, mais cette distinction, il l'a "savourée intérieurement", tant elle lui "correspond".

La gastronomie durable, le chef Amestoy l'a pour ainsi dire chevillée au corps, inscrite dans ses gènes de cuisinier. Cela remonte autant à son enfance basque, où l'on tuait le cochon à la maison, où le gaspillage était proscrit et le respect des saisons une évidence, qu'à son parcours plus tard partout en France. Il admire particulièrement certains chefs, comme Michel Bras et Régis Marcon, qui savent conjuguer l'excellence du goût avec l'humilité, la conscience de l'autre, le savoir-vivre. *"Ce sont des modèles pour moi, des gens qui ont toujours les pieds sur terre, qui savent que la nature a toujours le dernier mot."*

Le produit local avant tout

Tout commence par là ! Depuis 5 ans, j'ai construit mon réseau de producteurs, exclusivement basques. Le premier, c'est mon maraîcher, qui vit à 50m de chez moi : j'ai une chance énorme de l'avoir, et je n'ai pas peur de dire que c'est en bonne partie lui qui fait ma carte du moment. C'est comme si j'avais mon jardin. Il y a ensuite, dans le village, le boucher et le boulanger. Pour le reste, le Pays basque est hyper dynamique en ce qui concerne les petits producteurs : chèvre, brebis, cochon, confitures, vins d'Irouleguy... Il y a toute une génération de professionnels qui sont sortis des grosses structures pour s'installer à leur compte. J'aime ce contact. J'aime, en plus du produit, avoir la femme ou l'homme en face. J'ai besoin de vibrer, de sentir la personne, et je suis très fidèle.

Respecter les saisons

Je ne commence pas les tomates en avance : c'est mon maraîcher qui me donne le tempo. La saisonnalité est très à la mode, c'est devenu un argument. Or, pour moi, c'est la base du métier. Un cuisinier qui ne travaille pas comme ça a loupé quelque chose. Ce ne doit pas être une mode, c'est un bon sens qu'il faut garder toute sa vie.

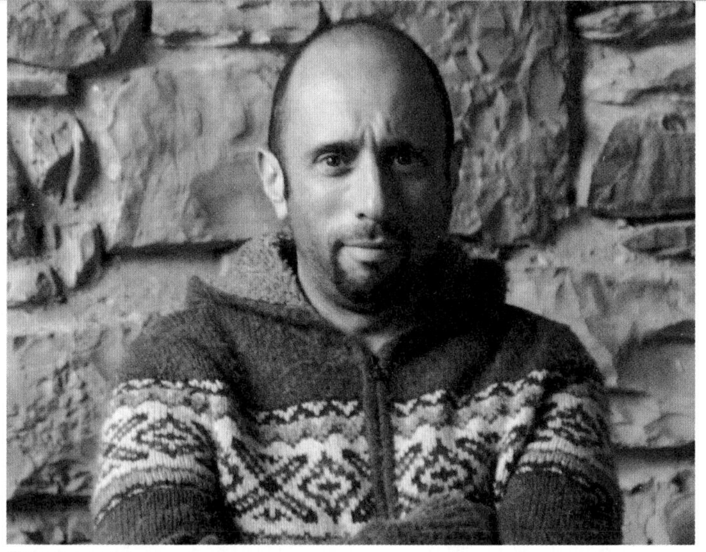

Henri Amestoy

Eviter le gaspillage

Le gaspillage, c'est l'un des grands défis pour les chefs. C'est affreux, ce qu'on gaspille. C'est démoralisant. Pour mes déchets, j'ai la chance d'avoir un voisin qui élève des cochons. Tout y passe : fonds de sauces, carcasses, légumes, coquilles d'œuf... Je me sens utile dans ce circuit : je nourris mes clients, et les restes de mon restaurant nourrissent les cochons du voisin !

Transmettre les bonnes pratiques

Les jeunes ne sont pas formés aux gestes 'durables'. Donc en plus de leur apprendre à cuisiner, je leur montre beaucoup de choses, de gestes de bon sens. C'est très important pour moi. Un exemple tout bête dans la plonge : une casserole qui accroche, la douchette ne va rien faire. Pas la peine de balancer 10 l d'eau, il faut gratter, c'est tout. Ce sont des petits détails, mais multipliés tout au long d'une vie de cuisinier, c'est énorme.

Equilibrer la vie de famille et la vie du restaurant

Pour moi, c'est un élément très important. Pour me donner à fond au travail, j'ai besoin de repos. On est fermés deux jours et demi par semaine, économiquement ça nous convient. D'ailleurs, les petits producteurs avec qui je travaille sont aussi dans cette philosophie.

Le client n'est pas roi

On dit toujours que le client est roi. Ce n'est pas vrai. On va tout faire pour que le client passe un bon moment, mais parler d'un client "roi", c'est du délire. Même les palaces devraient reconsidérer cela. Quand un client demande une tomate mozzarella en janvier, il faut lui dire non, argumenter : ce n'est pas la saison, ce n'est pas possible. Evidemment, c'est plus facile pour les petites structures d'agir là-dessus, d'expliquer, d'évoluer, que dans les grands palaces où la pression est plus forte, et où l'inertie est très grande.

CLAIRE VALLÉE, VOYAGEUSE EN AVANCE SUR SON TEMPS

ONA, à Arès.

ONA pour Origine Non Animale : tout est dit, et pourtant tout reste à dire sur le parcours atypique et la cuisine créative de cette vegan tolérante et déterminée.

Archéologue de métier et cheffe autodidacte, Claire Vallée le dit d'emblée : *"Je ne suis pas un ayatollah du véganisme. Je préfère, par les mots, éveiller les consciences sur un autre mode de nourriture plutôt que de vouloir imposer des idées par des discours tranchés qui desservent la cause."* Pari réussi puisque 98 % des clients d'ONA depuis 2016 sont des personnes non vegan, des gastronomes curieux de découvrir une cuisine végétale. Comme cette table de bouchers et de chasseurs qui se sont félicités de n'avoir manqué de rien. Ils n'ont effectivement pas mangé de viande, ni de laitages, ni d'œufs, ni de miel mais de la laitue de mer avec des scorsonères, des cèpes et du saké, des cocos de Paimpol et du calamansi et une assiette à base de céleri, fèves de Tonka et bière ambrée.

Cette gastronomie végétale, Claire l'a souhaitée par conviction mais la prise de conscience a été longue et lente : *"J'ai cuisiné de la viande, des poissons, des produits laitiers, surtout en pâtisserie et j'en mangeais."* C'est au cours d'un long séjour en Thaïlande en 2012 qu'elle découvre la cuisine végétale. Elle apprend à cuisiner les racines, les légumes, les épices, le tofu et les protéines animales ne lui manquent pas. *"J'étais partie sur un chemin duquel je ne pouvais plus me détourner."* Ce sera le végétal, de préférence local et bio en réaction à un mode de vie dans lequel elle ne se retrouve plus, dominé par la malbouffe, l'industriel et l'exploitation animale. À la présentation de son projet, les banques n'ont pas cru à ce virage végétal, le grand public oui, en lui apportant son soutien à travers une campagne de crowdfunding et un chantier participatif pour que ONA voit le jour. Aujourd'hui, Claire est la première cheffe vegan étoilée au guide Michelin. Un joli pied de nez à ceux qui pensaient que la cuisine végétale ne peut pas être créative et sapide.

Comment passe-ton d'archéologue à cheffe de cuisine autodidacte ?

C'est une histoire d'amour qui m'a amenée en Suisse. J'ai pris un job d'été dans un restaurant mais je travaillais en salle puis on m'a proposé d'intégrer la pâtisserie. J'y ai travaillé jour et nuit pour apprendre puis je suis allée dans un autre restaurant avec un chef italien. Là encore, j'ai beaucoup appris et j'ai compris que c'était ce métier que je voulais faire. Ensuite, je suis partie en Thaïlande avant de revenir pour ouvrir mon propre restaurant.

Vous avez le sentiment de faire avancer une cause ?

Non parce que je ne fais pas de prosélytisme. Mon projet, c'est de démontrer qu'une gastronomie végétale est possible et je ne suis pas la seule. Il y a beaucoup de chefs en France qui réduisent la part animale dans leurs menus pour valoriser le végétal. Dans de nombreux restaurants, il y a des propositions de plats sans protéines animales. Les herbes, les fleurs, les légumineuses, les algues, les épices, les champignons et j'en passe, sont d'une telle diversité de goûts, de parfums, de textures, de couleurs qu'ils ouvrent les portes d'une créativité énorme. Ce que je pratique doit permettre de dépoussiérer un monde que certains ne jugent pas très sexy et éveiller les consciences sur un autre mode de consommation.

Est-ce que cette cuisine intrigue, attire, interpelle le personnel que vous recrutez ?

Tout le monde est le bienvenu, en salle comme en cuisine. Carnivores, végétariens, végétaliens, flexitariens, je m'en fiche. Ce que je recherche, c'est la compétence, pas l'obligation d'être comme moi. Certains sont venus en mangeurs de protéines animales et sont repartis comme ils étaient venus, d'autres ont réduit leur consommation. Ce qui m'intéresse, c'est qu'ils apprennent quelque chose, notamment la découverte des herbes (Claire possède un jardin de 140 variétés différentes), des fleurs, du sauvage, des épices. Ça leur ouvre les yeux sur ce qu'ils pourront en faire plus tard, même si c'est en accompagnement d'un poisson, peu importe. Ce n'est pas anodin d'apprendre à se passer de beurre, de lait, de crème et de comprendre qu'il existe plein d'alternatives savoureuses.

Nectarine blanche, tomate, hibiscus, fleur de gingembre et coquelicot...

STÉPHANE CARRADE, LE GASCON QUI TIENT SES PROMESSES

Skiff Club, à Pyla-sur-Mer

Sa terre, c'est la Gascogne et il la revendique haut et fort. C'est dans ce territoire que Stéphane Carrade pioche les produits de sa carte, distinguée par une étoile verte en 2021.

"J'ai opté pour un sourcing de préférence en bio et majoritairement Gascon parce que je suis né ici (Hautes-Pyrénées) et parce que mon parcours professionnel m'a mené de Jurançon au Pyla en passant par Gujan-Mestras et Bordeaux." Le pigeon ivre d'Armagnac provient de Gironde, une partie de ses légumes de Biganos et de Biscarosse où un couple de Laotiens fait pousser des spécialités de leur pays, le bœuf arrive du Périgord, le veau du Pays Basque, les canards du Béarn et la pêche est livrée par l'équipage du Vieux Jojo ancré dans le bassin.

Pour autant, ce sourcing, il ne le revendique pas dans les intitulés : *"Écrire le nom des producteurs à la carte, ce n'est pas nécessaire, je n'ai pas à me justifier sur mon engagement. En revanche, que les équipes de salle le fassent, c'est important. Le dialogue, il se fait entre elles et les clients."* Et en salle, Stéphane Carrade peut s'appuyer sur Simon Verger, Meilleur ouvrier de France maître d'hôtel, qui relaie les informations sur les provenances des produits. Le sourcing n'est pas le seul cheval de bataille de Stéphane qui reconnaît que tout n'est pas encore parfait : *"Nous ne sommes pas bons sur la gestion du plastique. Nous sommes désormais sensibilisés et nous faisons en sorte de les réduire mais chaque livraison apporte son nouveau lot de plastique. C'est un flot continu et ça continuera tant que la sensibilisation ne se fera pas en amont de la chaîne."* Il a donc mis des actions

Langoustine de casier et caviar

en place comme la fourniture de caisses réutilisables à ses producteurs pour éviter les cageots, le polystyrène et autres emballages polluants. Les prochains chantiers : l'eau et la gestion des déchets verts.

Vous avez un projet d'élevage de cochons et de volailles pour recycler les déchets.

Nous générons beaucoup de déchets verts. Une partie des épluchures, des fanes est utilisée pour certaines préparations mais il en reste toujours trop sans compter les coquilles d'œufs, le pain… Comme nous n'avons ni jardin et ni compost, nous nous sommes rapprochés d'éleveurs de porcs et de volailles pour transformer nos déchets en alimentation animale. Je me souviens que petit, je faisais le tour des hôtels de Lourdes où nous récupérions les déchets. Ils étaient rapportés à mes grands-parents qui étaient éleveurs de cochons. Nous comptons avoir notre propre élevage de cochons en 2022.

Ce type de projet n'est-il pas un retour en arrière ?

Nous avons un peu tous perdu le bon sens paysan et les bonnes idées de nos grands-parents ont été balayées en quelques décennies. Alors oui, si demain il faut récupérer ses déchets pour donner à manger aux animaux, c'est que nous revenons en arrière mais il n'y a pas de mal à cela. Notre génération est responsable en partie de l'état de notre planète. À nous de corriger nos erreurs actuelles et passées en cherchant des solutions innovantes et non polluantes en nous tournant vers ce que faisaient nos anciens.

Est-ce que les jeunes qui vous entourent comprennent vos engagements, vos projets ?

C'est très aléatoire. Sur 10 personnes en brigade, vous allez en trouver deux qui sont totalement investis et pour comprendre pourquoi elles n'ont pas toutes la même vision, il est intéressant de comprendre d'où elles viennent. Je me rends compte que les jeunes issus du monde rural sont beaucoup plus impliqués alors que les urbains n'ont connu qu'un mode de vie. Il y a encore beaucoup de travail de sensibilisation à mener pour qu'on aille tous dans le même sens. C'est un travail de longue haleine mais c'est maintenant qu'il faut le faire pour réparer les erreurs de ma génération.

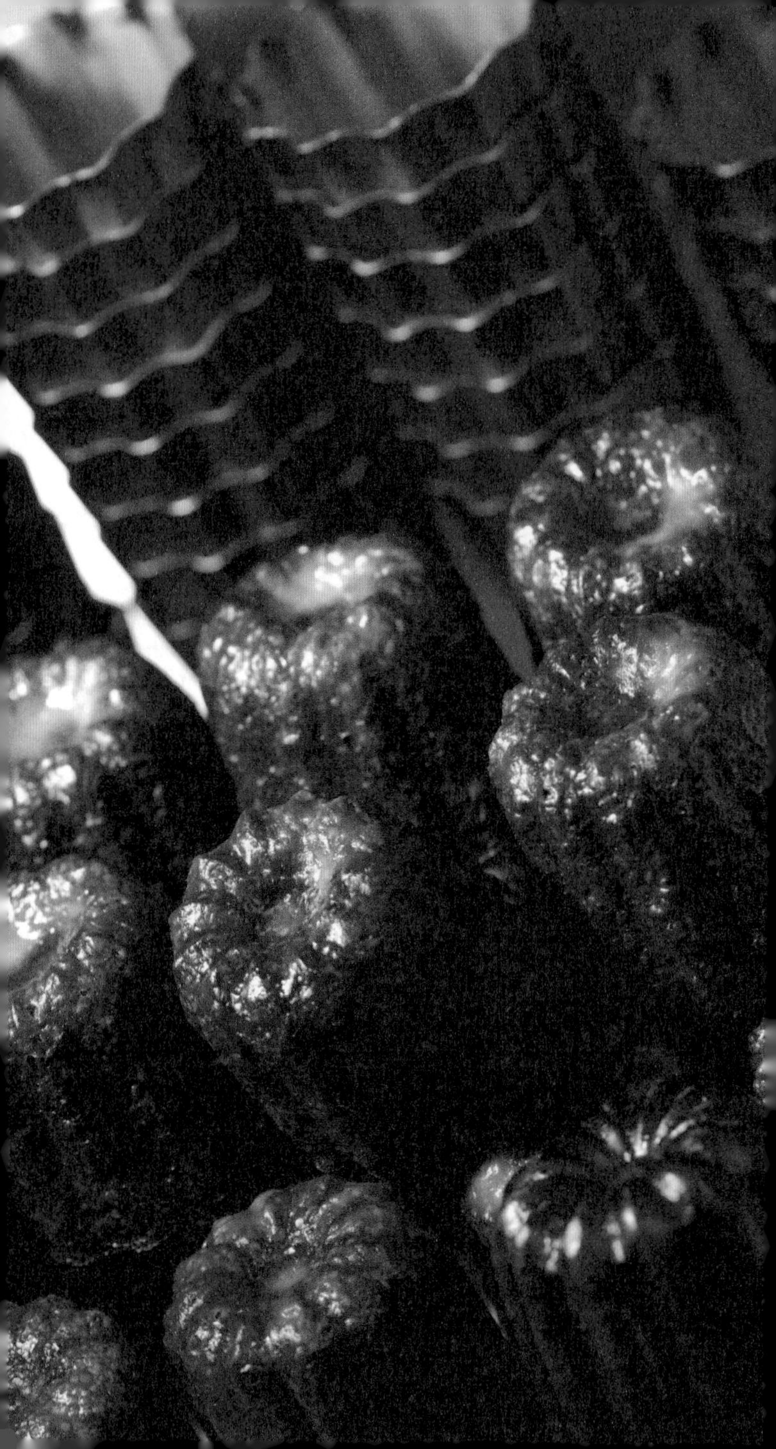

AQUITAINE

Carte régionale n° 18

D'un côté l'Atlantique, de l'autre l'Espagne. De la Gironde à la Dordogne, des Pyrénées-Atlantiques au Pays basque : par quelle porte entrer en Aquitaine, elle qui en a tant ? Bien entendu, on pense d'abord à Bordeaux, la capitale, ville portuaire abreuvée aux eaux tourmentées de la Garonne. Particulièrement vivante, la jeune scène gastronomique est en train de dynamiter les vieux standards de brasserie – magrets, côte de bœuf, grosses frites, etc. – avec une nouvelle génération de chefs comme Léo Forget (Mets Mots) ou Fabien Beaufour (Le Cent 33). Autour, à perte de vue, à Saint-Émilion, Sauternes, dans le Médoc, les grappes alourdies de soleil attendent de rejoindre la fraîche humidité des caves châtelaines.

Au sud, le Lot-et-Garonne, poumon vert de la région, fournit en fruits et légumes nombre de chefs régionaux. Et puis, bien entendu, il y a le Pays basque, ce formidable réservoir de produits et spécialités aux influences à la fois marines et montagnardes, comme le vénéré piment d'Espelette, le merlu de ligne de Saint-Jean-de-Luz, le jambon du Kintoa, la piperade, l'ossau-iraty, la cerise d'Itxassou ou encore le délicieux gâteau basque. Cette culture du goût et de la bouche se retrouve par exemple à Biarritz, à l'Hôtel du Palais, dont la renaissance tant attendue tient toutes ses promesses grâce au talentueux Aurélien Largeau qui officie à la Rotonde. Ou encore à l'Entre-deux, où Rémy Escale réalise une cuisine bistronomique simple, franche et directe. L'Aquitaine ? Terriblement vaste, follement basque.

18 NOUVELLE-AQUITAINE

AQUITAINE

C
D
ANGOULÊME
CHARENTES
(plan 20)
CHARENTE
16
87
HAUTE-VIENNE
LIMOUSIN
(plan 19)
Brantôme
Sorges et Ligueux en Périgord
Champcevinel
Périgueux
TULLE
19
CORRÈZE
1
Pomerol
Montagne
DORDOGNE
24
Salignac-Eyvigues
St-Émilion
Ste-Foy-la-Grande
Bergerac
Trémolat
St-Jean-de-Blaignac
Monbazillac
St-Nexans
Monestier
St-Avit-Sénieur
Domme
Issigeac
Saint-Pompont
St-Martial-de-Nabirat
Eymet
Daglan
Monpazier
Lougratte
Marmande
LOT-ET-GARONNE
47
LOT
46
CAHORS
AVEYRON
12
Pujols
Casteljaloux
2
Agen
Puymirol
Moirax
TARN-ET-GARONNE
82
MONTAUBAN
TARN
81
MIDI-PYRÉNÉES
(plan 22)
GERS
32
HAUTE-GARONNE
31
AUCH
TOULOUSE
Les Eyzies-de-Tayac
TARBES
3
Trémolat
Sarlat-la-Canéda
HAUTES-PYRÉNÉES
65
Le Buisson-de-Cadouin
St-Vincent-de-Cosse
Carsac-Aillac
La Roque-Gageac
09
ARIÈGE

AGEN

✉ 47000 - Lot-et-Garonne - Carte régionale n° **18**-C2

L'AFFRANCHI

CUISINE MODERNE • CONTEMPORAIN Tout Agen a entendu parler de cette affaire créée dans un esprit de "gastronomie décomplexée" : l'équipe aux commandes régale grâce à une cuisine fraîche et bonne, au plus près des producteurs et des saisons. Côté décor, c'est tout bon aussi : pierre apparente, joli parquet en chêne...

- Menu 35/47 €

33 rue des Cornières - 07 50 72 35 30 - www.restaurant-laffranchi.fr - Fermé : lundi, mardi

LA TABLE DE MICHEL DUSSAU

CUISINE MODERNE • DESIGN En retrait du centre ville, non loin du stade de rugby, le chef Michel Dussau propose une cuisine gourmande dans un cadre moderne de brasserie contemporaine. Il valorise les produits du terroir au gré des saisons, avec une prédilection pour l'agriculture biologique. Et aussi : cave à vins vitrée, armoire de maturation des viandes, cours de cuisine, boutique.

- Menu 26/59 € - Carte 60/65 €

1350 avenue du Midi - 05 53 96 15 15 - www.la-table-agen.com - Fermé : lundi, dimanche

AINHOA

✉ 64250 - Pyrénées-Atlantiques - Carte régionale n° **18**-A3

ITHURRIA

Chef : Xavier Isabal

CUISINE MODERNE • AUBERGE Place du Fronton à Ainhoa, face au terrain de trinquet : plus basque, tu meurs ! Cette belle maison traditionnelle a conservé ses tomettes au sol, ses poutres au plafond, ses cuivres rutilants et ses assiettes anciennes. Dans la famille Isabal, c'est désormais le fils Xavier qui tient les fourneaux (aidé par son frère Stéphane en salle). Le jeune cuisinier se fournit exclusivement auprès des producteurs locaux, tout en agrémentant l'ordinaire avec ses propres fruits et légumes. Les amoureux du terroir croiseront au fil de sa carte une piperade au jambon poêlé, des œufs aux truffes, un cochon basque en trilogie (joue confite, boudin, côte rôtie), le saumon de l'Adour, les asperges des Landes, les cèpes... Preuve que la gastronomie basque demeure une éternelle pourvoyeuse de mets plantureux. Cette adresse est aussi un hôtel familial délicieusement basque.

- Menu 49/94 € - Carte 78/94 €

Place du Fronton - 05 59 29 92 11 - www.ithurria.com - Fermé : mercredi, jeudi midi

ARGI EDER

CUISINE CLASSIQUE • TRADITIONNEL Œuf piperade revisité ; veau de Mauléon en déclinaison ; tarte Argi Eder au caramel, vanille et citron jaune... Au menu de ce restaurant au cadre soigné, une fine cuisine aux accents du terroir basque, signée par un chef passionné par les produits locaux.

- Menu 32 € (déjeuner), 45/70 € - Carte 40/60 €

Route de la Chapelle - quartier Boxate - 05 59 93 72 00 - www.argi-eder.com - Fermé : lundi midi, mardi midi, mercredi

ARCACHON - Gironde(33) • Voir Bassin d'Arcachon

ARCANGUES

✉ 64200 - Pyrénées-Atlantiques - Carte régionale n° **18**-A3

MOULIN D'ALOTZ

Chef : Fabrice Idiart

CUISINE CRÉATIVE • COSY Le chef trentenaire bayonnais Fabrice Idiart, est à la fois basque, attachant, entier, humble, locavore et ardent défenseur des produits du terroir local (sans oublier les légumes, herbes et fleurs de son potager cultivé par son papa) : ça fait beaucoup pour un seul homme. Mais le gaillard a des épaules et du talent : il propose une cuisine actuelle et créative, mûrement réfléchie, maîtrisée en termes de cuisson et d'assaisonnement, riche de personnalité au niveau des saveurs et des jeux de texture. Une table pleine de sensibilité et d'émotion, en adéquation avec l'atmosphère bucolique et romantique de ce moulin basque du 17e s. niché au cœur de la verdure.

- Menu 78/104 € - Carte 65/95 €

Chemin Alotz-Errota - ✆ 05 59 43 04 54 - www.moulindalotz.com - Fermé : mardi, mercredi

GAZTELUR

CUISINE MODERNE • MAISON DE CAMPAGNE Cette magnifique demeure datant de 1401- meubles anciens, délicieux patio entouré de verdure - ne doit pas faire oublier l'essentiel : une cuisine de première fraîcheur, composée au gré du marché par Alexandre Soulier, un chef au solide CV (d'Anne-Sophie Pic à Thierry Marx), attentif aux saisons et aux choix des produits. Avec pour écrin, un lieu sublime.

- Menu 35 € (déjeuner), 75/95 € - Carte 48 €

Chemin de Gastelhur - ✆ 05 59 23 04 06 - www.gaztelur.com - Fermé : lundi, dimanche

ARÈS - Gironde(33) • Voir Bassin d'Arcachon

⊠ 64100 -
Pyrénées-Atlantiques
Carte régionale n° **18**-A3

BASSIN D'ARCACHON

Le bassin d'Arcachon est une échancrure dans la longue Côte d'Argent, une lagune sertie par la forêt, autrefois domaine des résiniers. Devenu le sixième parc naturel marin français, cet univers, en partie protégé, est animé par le vol des oiseaux. Dans ce paysage sauvage, les pinasses colorées, les cabanes sur pilotis et les ducs-d'Albe témoignent de l'activité des hommes. Côté gourmandise, on commence par aller se régaler dans l'une des cabanes des ports ostréicoles (à la Teste-de-Buch, par exemple), en accompagnant ses huîtres d'un petit verre de blanc : si ce n'est pas le bonheur, ça y ressemble ! On ira aussi se régaler de sole ou de seiche dans l'un des nombreux restaurants du bassin, avant de passer au marché d'Arcachon : sa halle Baltard recèle bien des trésors, caviar d'Aquitaine, bars, soles et turbots de la criée, bœuf de Bazas et fromages des Pyrénées...

BASSIN D'ARCACHON

⊠ 64100 - Pyrénées-Atlantiques - Carte régionale n° **18**-A3

Arcachon

✿ **LE PATIO**

Chef : Thierry Renou

CUISINE MODERNE • ÉLÉGANT Dans le quartier du port, ce restaurant s'est fait un devoir de mettre en valeur les meilleurs produits aquitains : asperge des Landes, agneau de Pauillac, huîtres du bassin, pigeon, foie gras... Le chef Thierry Renou voue aussi une passion à la Thaïlande où il séjourne régulièrement : il y a des pointes de métissage dans son foie gras poché au lait de coco, dans sa sole agrémentée d'un bouillon thaï, dans ses huîtres et ses sushis parfumés à l'aloe vera, sans parler des statues de Bouddha qui décorent son restaurant. Sa cuisine se veut contemporaine et porte une attention toute particulière à l'esthétisme des assiettes – autre influence asiatique ? Quant au fameux "patio", c'est aussi un régal : une verrière qui permet de déjeuner à l'air libre ou de dîner sous la voûte étoilée...

- Menu 55/120 € - Carte 116/130 €

10 boulevard de la Plage - ✆ 05 56 83 02 72 - www.lepatio-thierryrenou.com - Fermé : lundi, dimanche

KO-SOMETSUKE 2K

CUISINE ASIATIQUE • SIMPLE Originaire du Cambodge, la famille Khong a posé ses valises à Arcachon, et désormais, c'est elle qui invite au voyage : de la Chine au

Japon, et au sud-est asiatique, en utilisant des produits régionaux. Ne manquez pas les dim sum, les vraies stars de la maison, dont la pâte est d'une finesse rare...

A/C - Menu 30/80 € - Carte 40/75 €

156 boulevard de la Plage - 05 56 83 67 69 - Fermé : lundi, mardi, mercredi midi

Arès

ONA

Cheffe : Claire Vallée

CUISINE VÉGÉTALIENNE • COSY Davantage qu'un restaurant, une philosophie de vie ! Claire Vallée (quel nom prédestiné !), cheffe autodidacte, ancienne archéologue, propose ici une gastronomie bio et 100% vegan - d'où le nom du restaurant, ONA, qui signifie "origine non-animale". Les assiettes, esthétiques, sont finement travaillées, avec de belles déclinaisons sur les fruits et légumes. Un savoureux voyage dans une gastronomie inattendue, qui exprime toute sa complexité dans le menu "Odyss". Cette table originale et créative mérite toute votre attention.

***L'engagement du chef :** Nous travaillons des produits de saison, bio et locaux. Notre terrasse végétalisée, ouverte l'été, comporte 140 variétés de plantes comestibles utilisées dans notre cuisine. Notre énergie est renouvelable, et nous avons un système de compost.*

A/C - Menu 116 €

3 bis rue Sophie-et-Paul-Wallerstein - 05 56 82 04 06 - www.clairevallee.com - Fermé : lundi, mardi, mercredi, jeudi midi, vendredi midi, dimanche soir

Cap-Ferret

PINASSE CAFÉ

POISSONS ET FRUITS DE MER • COSY Avec sa terrasse idyllique donnant sur les flots, ce restaurant est une ode au bassin et à la dune du Pilat ! Poissons et crustacés du cru sont à l'honneur (huître en tête) et, pour l'anecdote iodée, la pinasse est le bateau traditionnel du littoral arcachonnais.

A/C - Menu 45 € - Carte 45/75 €

2 bis avenue de l'Océan - 05 56 03 77 87 - www.pinasse-cafe.com

La Hume

BISTRO' 50

CUISINE MODERNE • BRANCHÉ À 100 m de la plage et du port de la Hume, le chef propose une cuisine moderne et goûteuse, qui s'appuie sur une technique solide (cuissons, bouillons). Avec, comme on l'imagine, un certain penchant pour les produits marins - même si le pied de cochon ficelé à la pomme de terre demeure un incontournable. Aux beaux jours, on profite de la vaste et agréable terrasse.

- Menu 20 € (déjeuner), 28/55 € - Carte 50/80 €

50 avenue de la Plage, à La Hume - 05 57 16 35 43 - www.bistro50.fr - Fermé : mardi, mercredi

Pyla-sur-Mer

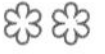

LE SKIFF CLUB

Chef : Stéphane Carrade

CUISINE MODERNE • ÉLÉGANT Au sein de cet hôtel basque des années 1930 lové au cœur d'une pinède et relooké par le designer Philippe Starck, le restaurant le Skiff Club est un cocon, installé dans une coquette petite salle à manger décorée façon yacht club. Stéphane Carrade est un capitaine émérite et talentueux : il décline une réjouissante cuisine de "terroir progressif", célébrant l'Aquitaine de superbe manière. Ce chef allie générosité et finesse, comme pour ce homard rôti et travaillé avec de l'avocat grillé et du poivre Cuméo, ou ces noisettes d'agneau des Pyrénées sur leur jus de dattes, accompagnées de lamelles de truffes et de cèpes. Le dessert enfin, signé Alexandre Blay, confirme toutes les promesses de cette table : la framboise et son sablé au basilic crémeux et marmelade au vinaigre sorbet et Zéphir à la betterave est à la fois poétique, aérienne et précise.

 **L'engagement du chef :** *Fidèle à notre ligne de conduite qui prône le terroir progressif, nous travaillons au maximum avec les petits producteurs de notre région - pêche locale, légumes, herbes, bête entière, tout en privilégiant les plus beaux produits. Beau, bon et le plus naturel possible. Le chef roule en voiture 100% électrique et va chercher lui-même certains produits comme les légumes cultivés à Biscarrosse. Nous avons comme projet de créer un élevage de cochons afin de recycler nos déchets verts.*

- Menu 170/210 €

1 avenue Louis-Gaume - ✆ 05 56 22 06 06 - www.haaitza.com - Fermé : lundi midi, mardi midi, mercredi midi, jeudi midi, vendredi midi, dimanche midi

LA CO(O)RNICHE

CUISINE TRADITIONNELLE • TENDANCE On s'attable dans une grande salle décorée par Philippe Starck, entourée de baies vitrées ouvertes sur l'immense terrasse : la vue sur le banc d'Arguin et le Cap Ferret ne laissera personne indifférent ! Quant à l'assiette, elle accueille des poissons et fruits de mer de première fraîcheur, à peine sortis de l'onde...

- Menu 68 €

46 avenue Louis-Gaume - ✆ 05 56 22 72 11 - www.lacoorniche-pyla.com

La Teste-de-Buch

L'AILLET

CUISINE MODERNE • BISTRO Se réclamant d'une approche paysanne, la cuisine du chef s'inscrit pourtant dans l'esprit des bistrots branchés d'aujourd'hui grâce à une esthétique résolument contemporaine. Il est aussi adepte des cuissons traditionnelles et des pièces rôties entières – vive le goût ! Qui s'en plaindra ? Pas nous ! Une adresse bienvenue autour du bassin d'Arcachon.

- Menu 23 € (déjeuner), 36 € - Carte 30/45 €

16 place Gambetta - ✆ 05 40 70 23 98 - Fermé : lundi, samedi, dimanche

BAYONNE

✉ 64100 - Pyrénées-Atlantiques - Carte régionale n° **18**-A3

AUBERGE DU CHEVAL BLANC

CUISINE CLASSIQUE • ÉLÉGANT Ce relais de poste du 18e s. est tenu par la même famille depuis 1959. La salle arbore les couleurs blanc et rouge du Pays basque... et la cuisine revisite le répertoire régional, avec la complicité de bons produits bayonnais (sel, jambon, chocolat, irouléguy, etc.).

- Menu 25/45 € - Carte 45/57 €

Plan : C1-19 - *68 rue Bourgneuf - ✆ 05 59 59 01 33 - www.cheval-blanc-bayonne.com - Fermé : lundi, samedi midi, dimanche soir*

GOXOKI

CUISINE TRADITIONNELLE • CLASSIQUE Le goxoki, c'est l'endroit chaleureux, en basque. Un nom tout indiqué pour ce restaurant du petit Bayonne où officie un chef au parcours solide – il a notamment passé vingt ans auprès de Jean Cousseau, à Magescq. Sa cuisine, très française, fait la part belle aux beaux produits de saison, locaux bien entendu, avec une belle carte de gibier. Le classicisme dans ce qu'il a de meilleur

- Menu 25/79 € - Carte 50/120 €

Plan : C1-18 - *24 rue Marengo - ✆ 05 59 59 49 89 - www.restaurant-goxoki.fr - Fermé : lundi midi, mercredi, dimanche soir*

LA GRANGE

CUISINE TRADITIONNELLE • CONTEMPORAIN Dans cette maison en plein cœur de la ville, les vieilles pierres se marient harmonieusement avec une déco plutôt contemporaine. Dans l'assiette, place à une cuisine du marché et quelques spécialités de bistrot à l'accent basque. Et l'été, profitez de la terrasse sous les arcades, au bord de la Nive...

- Menu 29/41 € - Carte 39/52 €

Plan : C1-16 – *26 quai Galuperie – 05 59 46 17 84 – www.lagrange-bayonne.fr – Fermé : lundi, dimanche*

L'INATTENDU

CUISINE DU MARCHÉ • CONTEMPORAIN Venez vous blottir dans ce petit établissement à la devanture discrète, situé dans le quartier du petit Bayonne, entre Adour et Nive. Dans leur décor bohème, Manon (en salle) et Mathieu (en cuisine) sauront prendre soin de vous. Le chef mitonne une bonne cuisine bistronomique locavore à coup d'assiettes savoureuses et bien composées. Carte des vins courte mais judicieuse.

- Menu 36/57 €

Plan : C1-17 – *23 rue des Cordeliers – 05 59 59 83 44 – www.linattendubayonne.com – Fermé : mardi midi, mercredi midi, jeudi midi, vendredi midi, dimanche*

LA TABLE - SÉBASTIEN GRAVÉ

CUISINE DU SUD-OUEST • BRANCHÉ Après le succès de son Pottoka parisien (dans le 7e arrondissement), le chef revient à ses racines bayonnaises. Il compose des plats de bistrot inspirés du meilleur de la production du Sud-Ouest, dont la poitrine de cochon crousti-fondante pourrait devenir l'ambassadrice ! Convivial et chaleureux : indéniablement, la meilleure adresse de Bayonne.

- Menu 28 € (déjeuner), 39/50 €

Plan : C1-15 – *21 quai Amiral-Dubourdieu – 05 59 46 14 94 – www.latable-sebastiengrave.fr – Fermé : lundi, dimanche*

BERGERAC

24100 – Dordogne – Carte régionale n° **18**–C1

LE BISTRO D'EN FACE

CUISINE MODERNE • CONTEMPORAIN Le chef-patron Hugo Brégeon, épaulé par son épouse Aurore en salle, s'est installé dans une petite maison, dont la terrasse délivre un panorama imprenable sur la vieille ville, la Dordogne et ses gabarres. L'assiette, goûteuse et travaillée, est à la hauteur de la vue : une cuisine bistronomique pleine de fougue, qui revisite avec brio quelques classiques. Le tout pour un rapport plaisir/prix imbattable, et un joli choix de vins au verre. Un "bib plein pot", comme on dit chez nous.

- Menu 29/36 €

1 rue Fénelon – 05 53 61 34 06 – Fermé : lundi, mardi soir, mercredi soir, dimanche

L'IMPARFAIT

CUISINE TRADITIONNELLE • RUSTIQUE Dans cette bâtisse médiévale du vieux Bergerac, on se régale d'une goûteuse cuisine inspirée du terroir périgourdin, à apprécier sur la terrasse en été, ou le reste de l'année, dans la salle à manger rustique près de la cheminée.

- Menu 32 € (déjeuner), 42/52 € - Carte 43/80 €

8 rue des Fontaines – 05 53 57 47 92 – www.imparfait.com

LA TABLE DU MARCHÉ COUVERT

CUISINE MODERNE • COSY Impossible de ne pas remarquer cette maison d'angle à la façade rouge, face aux halles ! Dans ce bistrot chic à l'élégance toute contemporaine – un cadre soigné –, les recettes s'inspirent du marché... évidemment.

AC ☂ - Menu 26 € (déjeuner), 40/62 €

21 place Louis-de-la-Bardonnie - ✆ 05 53 22 49 46 - www.table-du-marche.com - Fermé : lundi, dimanche

LE VIN'QUATRE

CUISINE MODERNE • CONVIVIAL Dans le cœur historique de Bergerac, avec quelques tables en terrasse, ce petit restaurant est tenu par un jeune couple charmant, Charlie Ray, chef britannique, épaulé de Mélanie en salle. Le menu varie au rythme des saisons, et les préparations soignées et goûteuses font mouche ! Autant dire que la réservation s'impose.

☂ - Menu 36 €

14 rue Saint-Clar - ✆ 05 53 22 37 26 - www.levinquatre.fr - Fermé : lundi midi, mardi midi, mercredi, jeudi midi, vendredi midi

J.-F. Mallet/hemis.fr

⊠ 64200 -
Pyrénées-Atlantiques
Carte régionale n° **18**-A3

BIARRITZ

Pourquoi ne pas commencer la journée par un café aux halles, le cœur battant de la ville, fréquentées par les épicuriens et les chefs ? Deux édifices, l'un de brique et de métal, l'autre de style basque et orné d'une belle charpente en bois, permettent de faire connaissance avec l'identité culinaire basque et ses délices. Et ils sont nombreux, à l'image de la préparation dite "à la basquaise", qui mêle tomate, poivron, ail et oignon – avec ou sans le fameux jambon de Bayonne. Impossible de passer également à côté de la piperade, manière de ratatouille relevée au piment avec œufs brouillés, jambon, voire poulet ou thon. Au Pays basque, le piment d'Espelette est croqué à toutes les sauces, cru, cuit, en poudre, notamment pour la conservation du jambon. Pour compléter votre panier, ne manquez pas de flâner dans les rayons de la Maison Arostéguy, une épicerie fine historique qui propose de beaux produits locaux salés et sucrés.

L'ATELIER ALEXANDRE BOUSQUET

Chef : Alexandre Bousquet

CUISINE MODERNE • COSY Sur les hauteurs de Biarritz, cette ancienne ferme basque est le fief d'Isabelle Caulier (Aveyronnaise) et d'Alexandre Bousquet, originaire du Tarn, formé chez Michel Guérard et aux Crayères. Ce dernier compose une cuisine pleine de finesse et de subtilité, autour de produits de superbe qualité, locaux en grande majorité. Saveurs et textures se marient en parfaite harmonie, tout au long de menus en quatre ou six séquences (et d'un menu déjeuner). Voyez par exemple ce turbot, épinard et caviar, ou encore ce ris de veau doré au sautoir en déclinaison autour de l'oignon – un pur régal ! Une cuisine bien affirmée, une adresse à découvrir.

- Menu 42 € (déjeuner), 80/105 €

Plan : A2-1 - *52 rue Alan-Seeger - ✆ 05 59 41 10 11 - latelier-alexandrebousquet.com - Fermé : lundi, dimanche*

L'IMPERTINENT

Chef : Fabian Feldmann

CUISINE CRÉATIVE • CONTEMPORAIN Impertinent : insolent, effronté et même irrévérencieux, selon le dictionnaire ! Il y a aussi un côté rock'n'roll chez l'Allemand Fabian Feldmann, un chef créatif qui aime casser les codes. Pourtant, les codes, il les connaît sur le bout de sa fourchette : notre rebelle a suivi le parcours classique des grandes maisons, comme L'Oasis à La Napoule et Pierre Gagnaire à Paris. Dans son repaire biarrot, il laisse libre cours à une imagination parfois débridée, mais toujours juste. De belles matières premières, notamment les poissons de la criée de Ciboure, sont cuisinées et assaisonnées avec originalité. Tartare de veau, œuf de ferme, champignons et céleri ; homard, concombre, petit épeautre, algues marinées, sauce au whisky ; sorbet concombre, écume à la vodka, granité citron vert... L'impertinence a du bon.

- Menu 92/112 €

Plan : A1-2 - *5 rue d'Alsace - 05 59 51 03 67 - www.l-impertinent.fr - Fermé : lundi, dimanche et le midi*

LES ROSIERS

Chefs : Andrée et Stéphane Rosier

CUISINE MODERNE • CONVIVIAL Avec un tel patronyme, les Rosier auraient pu exercer le métier de pépiniériste. Au lieu de quoi, la première meilleure ouvrière de France (en 2007), aidée par son époux, concocte une séduisante cuisine-vérité à quatre mains. Si leur adresse a conservé extérieurement ses atours basques, l'intérieur a basculé dans la modernité, avec ses murs dépouillés, son parquet de bois et ses tables rondes design. Notre virtuose ne met jamais sa technique en avant : elle préfère le goût et les saveurs qu'elle extrait de beaux produits locaux, poissons et crevettes sauvages, pigeonneau et volaille fermière, notamment. De la citronnelle et de l'algue nori par ici, du gingembre et du citron confit par-là, Andrée Rosier aime aussi booster ses plats avec quelques touches exotiques. Le Japon, où les Rosier ont ouvert deux tables, s'inviterait-il désormais à Biarritz ?

- Menu 40 € (déjeuner), 89/125 € - Carte 80/92 €

Plan : A2-3 - *32 avenue Beau-Soleil - 05 59 23 13 68 - www.restaurant-lesrosiers.fr - Fermé : lundi, mardi*

LA ROTONDE - HÔTEL DU PALAIS N

CUISINE MODERNE • ÉLÉGANT Offert en 1854 par Napoléon III pour son épouse Eugénie, l'Hôtel du Palais, palace emblématique de la ville de Biarritz, vient de rouvrir ses portes après une magifique rénovation. Sa table est à la hauteur du décor splendide, grâce au chef Aurélien Largeau (passé chez Christophe Hay) qui s'empare du sujet avec majesté. Anguille du Sud-Ouest, saint-pierre de nos côtes, pintade Baserri du Pays Basque : le terroir local est magnifié par des préparations au cordeau. Quant au chef pâtissier, Aleksandre Oliver (ex-Gordon Ramsay à Bordeaux), il réussit le mariage de l'algue et de la rhubarbe !

- Menu 92/156 € - Carte 120/160 €

Plan : E1-13 - *1 avenue de l'Impératrice - 05 59 41 12 34 - www.hotel-du-palais.com - Fermé le midi*

LE BISTROT GOURMET

CUISINE MODERNE • BRASSERIE Dans un quartier plutôt calme, la façade discrète abrite ce restaurant aux allures de bistrot chic. La cuisine, gourmande et bien maîtrisée, se décline (c'est plutôt rare) en demi-portions ou en plats, selon l'appétit de chacun. Service attentionné et souriant.

- Carte 45/60 €

Plan : A1-4 - *18 rue de la Bergerie - 05 59 22 09 37 - www.le-bistrot-gourmet.com - Fermé : lundi midi, mardi, mercredi, jeudi midi, vendredi midi*

LE CAFÉ BASQUE

CUISINE CRÉATIVE • BRASSERIE Au cœur de la ville et juste au-dessus de la grande plage, voici la table, entièrement rénovée avec panache, d'un hôtel mythique, le Café de Paris. Le chef étoilé Cédric Béchade (l'Auberge basque) a conçu une partition de brasserie, habilement réinterprétée, inspirée par le terroir local et émaillée de clins d'œil ibériques.

- Carte 43/71 €

Plan : E1-9 - *5 place Bellevue - 05 59 24 19 53 - www.hotel-cafedeparis-biarritz.com*

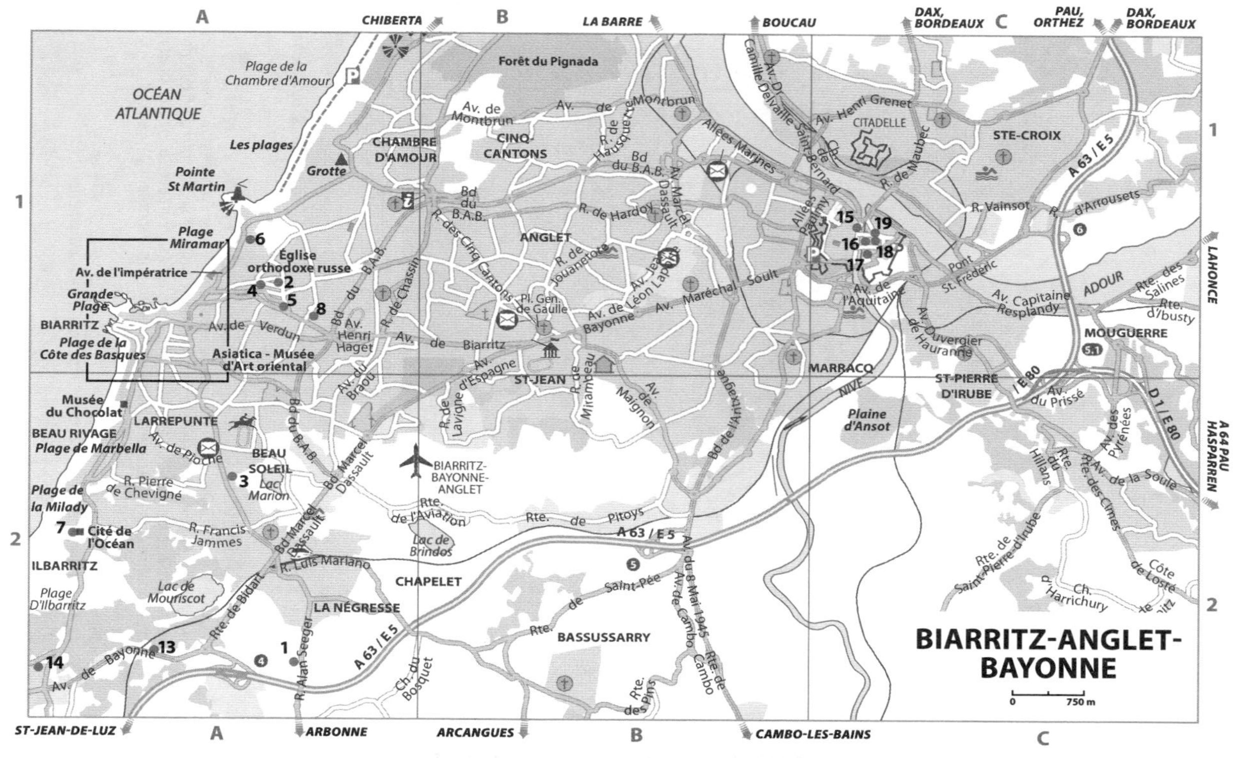
BIARRITZ-ANGLET-BAYONNE
0
750 m
CHIBERTA
LA BARRE
BOUCAU
DAX, BORDEAUX
PAU, ORTHEZ
DAX, BORDEAUX
LAHONCE
A 64 PAU HASPARREN
ST-JEAN-DE-LUZ
ARBONNE
ARCANGUES
CAMBO-LES-BAINS
A
B
C
1
2
OCÉAN ATLANTIQUE
Plage de la Chambre d'Amour
Les plages
Pointe St Martin
Grotte
Plage Miramar
Av. de l'impératrice
Grande Plage
BIARRITZ
Plage de la Côte des Basques
Église orthodoxe russe
Asiatica - Musée d'Art oriental
Musée du Chocolat
BEAU RIVAGE
Plage de Marbella
LARREPUNTE
BEAU SOLEIL
Lac Marion
Plage de la Milady
Cité de l'Océan
ILBARRITZ
Plage D'Ilbarritz
Lac de Mouriscot
LA NÉGRESSE
CHAPELET
Lac de Brindos
BIARRITZ-BAYONNE-ANGLET
BASSUSSARRY
CHAMBRE D'AMOUR
CINQ-CANTONS
Forêt du Pignada
ANGLET
ST-JEAN
MARRACQ
Plaine d'Ansot
ST-PIERRE D'IRUBE
CITADELLE
STE-CROIX
MOUGUERRE
ADOUR
NIVE
A 63 / E 5
D 1 / E 80
E 80
Bd du B.A.B.
Av. de Verdun
Av. Henri Haget
Av. du Braou
R. de Chassin
Av. de Biarritz
Av. d'Espagne
R. de Lavigne
R. des Cinq Cantons
Pl. Gén. de Gaulle
Av. de Montbrun
R. de Hausquette
R. de Hardoy
R. de Jouanetote
Av. Marcel Dassault
Av. Jean Léon Laporte
Av. de Bayonne
Av. Maréchal Soult
Allées Marines
Allées Paulmy
Av. Dr. Camille Delvaille
Ch. de Saint-Bernard
Av. Henri Grenet
R. de Maubec
R. Vainsot
R. d'Arrousets
Pont St. Frédéric
Av. Capitaine Resplandy
Rte. des Salines
Rte. d'Ibusty
Av. de l'Aquitaine
Av. Duvergier de Hauranne
R. de Mirambeau
Av. de Maignon
Bd de l'Aintxague
Av. du Prissé
Rte. du Hillans
Av. des Pyrénées
Av. de la Soule
Rte. des Cimes
Rte. de Saint-Pierre-d'Irube
Ch. d'Harrichury
Côte de Losté
Av. de Pioche
R. Pierre de Chevigné
R. Francis Jammes
Bd Marcel Dassault
R. Luis Mariano
Rte. de Bidart
Av. de Bayonne
R. Alan Seeger
Ch. du Bosquet
Rte. de l'Aviation
Rte. de Pitoys
Rte. de Saint-Pée
Av. du 8 Mai 1945
Av. de Cambo
Rte. de Cambo
Rte. des Pins
1
2
3
4
5
6
7
8
13
14
15
16
17
18
19

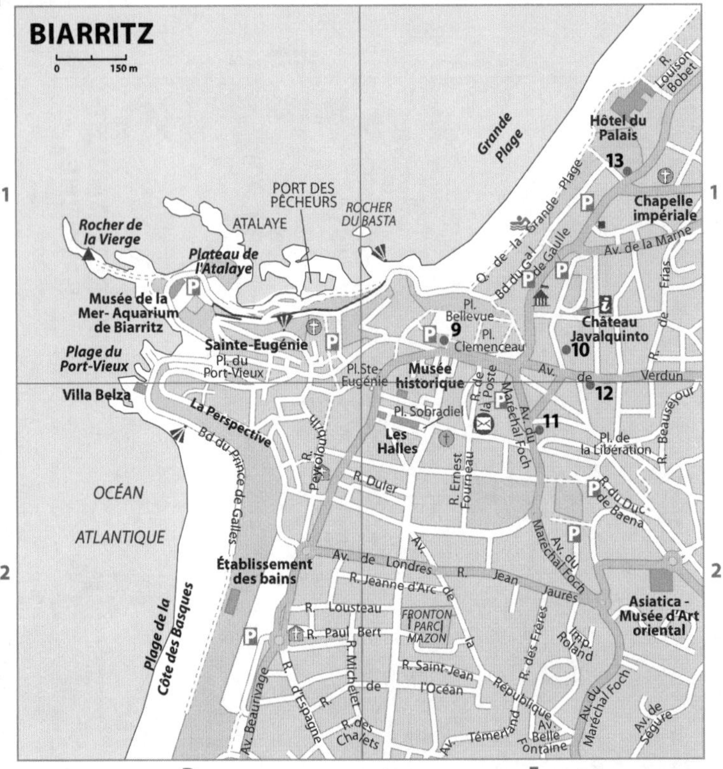

LE CLOS BASQUE

CUISINE MODERNE • RUSTIQUE Pierres apparentes et azulejos confèrent un esprit ibérique à la petite salle, où l'on mange au coude-à-coude. Derrière les fourneaux, le chef signe une goûteuse cuisine du marché teintée de notes basques. Pensez à réserver, c'est presque toujours complet – et la terrasse est un rendez-vous pour les Biarrots !

– Menu 29/35 €

Plan : E1-10 – *12 rue Louis-Barthou – ✆ 05 59 24 24 96 – Fermé : lundi, dimanche soir*

L'ENTRE DEUX

CUISINE CLASSIQUE • BRANCHÉ Le jeune chef Rémy Escale est aux manettes de ce bistrot branché, chaleureux et décoré avec goût. Objectif affiché en cuisine : rester au plus près du produit et du goût ! Il associe les saveurs avec brio et fait preuve d'une maîtrise technique sans faille : on passe un super moment.

♿ – Carte 36/85 €

Plan : E2-11 – *5 avenue du Maréchal-Foch – ✆ 05 59 22 51 50 – www.lentredeuxbiarritz.com – Fermé : lundi, mardi midi, dimanche*

IQORI

CUISINE MODERNE • DESIGN Dans le cadre intemporel du Regina, cette table met à l'honneur avec brio les produits basques et de l'Atlantique, dans une veine moderne. Et n'oublions pas, dans la continuité du superbe lobby de l'hôtel, la grande terrasse avec vue sur le phare de Biarritz.

- Menu 34 € (déjeuner), 45/65 € - Carte 55/74 €

Plan : A1-6 - *52 avenue de l'Impératrice - 05 59 41 33 09 - hotelregina-biarritz.com/fr*

LÉONIE

CUISINE MODERNE • BISTRO Un jeune couple est au gouvernail de ce bistrot sympathique, situé non loin du rond-point de l'Europe. Originaire de Poitou-Charentes, le chef est tombé amoureux du Pays basque et de ses produits ; il a fait du gibier sa spécialité, en saison. Une bonne adresse.

- Menu 39 €

Plan : A1-8 - *7 avenue de Larochefoucault - 05 59 41 01 26 - www.restaurant-biarritz-leonie.com - Fermé : mardi, mercredi*

LE PIM'PI BISTROT

CUISINE MODERNE • BISTRO Une bonne cuisine de bistrot, moderne et bien pensée, gourmande sans jamais peser sur l'estomac : voilà ce que propose le chef du Pim'Pi, que l'on avait déjà croisé lorsqu'il officiait chez Léonie, à Biarritz également. Si l'on ajoute à cela une ambiance très conviviale, difficile de résister à l'envie de s'attabler ici...

Menu 20 € (déjeuner), 39 €

Plan : E2-12 - *14 avenue de Verdun - 05 59 24 12 62 - Fermé : dimanche*

LE SIN

CUISINE MODERNE • DESIGN Au sein de la Cité de l'Océan, immanquable avec son architecture en forme de vague, le Sin offre une vue magnifique sur la mer et le château d'Ilbarritz. Le chef propose une cuisine bistrotière élaborée, qu'il fait évoluer tous les deux mois. Un exemple : ce pigeon fermier, jus tranché à l'ail et écrasé de pomme de terre.

- Menu 32 € (déjeuner) - Carte 53/75 €

Plan : A2-7 - *1 avenue de la Plage - 05 59 47 82 89 - www.le-sin.com - Fermé : lundi, mardi soir, dimanche soir*

LA TABLE D'ARANDA

CUISINE MODERNE • RUSTIQUE Bon bouche à oreille pour cette table vouée à la satisfaction de vos papilles... Ambiance rustique et basque (ancienne rôtisserie) ; cuisine actuelle avec quelques touches de créativité.

- Menu 20 € (déjeuner), 36 €

Plan : A1-5 - *87 avenue de la Marne - 05 59 22 16 04 - www.tabledaranda.fr - Fermé : dimanche*

BIDARRAY

64780 - Pyrénées-Atlantiques - Carte régionale n° **18**-A3

OSTAPÉ

CUISINE CLASSIQUE • ÉLÉGANT Au sein d'un superbe domaine bucolique, entre de nobles murs du 17e s., cette table élégante revisite avec bonheur la gastronomie navarraise. Les recettes sont autant de variations autour des bons produits locaux, à l'unisson de cette grandiose nature basque !

- Menu 49/79 €

Domaine de Chahatoenia - 05 59 37 91 91 - www.ostape.com - Fermé : mardi, mercredi midi

BIDART

64210 - Pyrénées-Atlantiques - Carte régionale n° **18**-A3

LA TABLE DES FRÈRES IBARBOURE

Chefs : Patrice et Xabi Ibarboure

CUISINE MODERNE • ÉLÉGANT La troisième génération d'Ibarboure préside en douceur aux destinées de cette belle maison de famille, abritée au milieu de son parc. En cuisine, on retrouve les deux fils : Xabi, le chef, et Patrice, Meilleur ouvrier de France 2019 en pâtisserie, qui déroule son CV sucré construit entre Paris et New-York. On croisera au fil des saisons des produits basques qui plantent le décor : saumon de l'Adour, porc noir de Kintoa, fruits rouges de Mendionde, pain d'épices d'Ainhoa, piment d'Espelette, agneau des Pyrénées, fromage d'Ossau-Iraty. Mais leur propre potager leur permet aussi de "sortir" des fleurs de courgette farcies aux langoustines, ou bien ces légumes et jardin d'herbes, émulsion de roquette et eau de tomate, une belle recette printanière.

- Menu 55 € (déjeuner), 92/130 €

Chemin Ttalienea - 05 59 47 58 30 - www.freresibarboure.com - Fermé : mardi, mercredi

AHIZPAK LE RESTAURANT DES SŒURS

CUISINE MODERNE • CONTEMPORAIN C'est ici le repaire d'ahizpak ("sœurs", en basque) absolument charmantes ! Cette fine équipe travaille de superbes produits du terroir basque au bon vouloir des arrivages et des saisons ; ses plats, en plus d'être fins et goûteux, témoignent d'une générosité sans faille. Brunch le dimanche.

- Menu 32 €

Plan : A2-14 - *Avenue de Biarritz - 05 59 22 58 81 - www.bistrot-ahizpak.com - Fermé : mercredi midi, dimanche soir*

ELEMENTS

CUISINE MODERNE • TENDANCE L'ambiance est au rock et au punk (Iggy Pop, Sex Pistols, Eric Clapton) dans cette maison, et l'assiette groove tout autant : le jeune chef envoie des plats aussi intuitifs qu'inspirés, rythmés par les bons produits de la côte basque, avec en soutien de joyeux crus nature... et, certains weekends, des soirées vigneronnes prises d'assaut.

- Menu 22 € (déjeuner), 55 € - Carte 36/52 €

Plan : A2-14 - *1247 avenue de Bayonne - 09 86 38 08 51 - www.restaurant-elements.com - Fermé : lundi, mercredi midi, samedi midi, dimanche*

BIZANOS

64320 - Pyrénées-Atlantiques - Carte régionale n° **18**-B3

L'ESBERIT

CUISINE MODERNE • CONTEMPORAIN Une ancienne maison familiale classée et chargée d'histoire(s) dit-on, aux volets bleus et précédée d'un élégant portail... va permettre au couple formé par Coralie et Nicolas Lormeau de continuer l'aventure. Ce dernier est toujours adepte d'une cuisine épurée : bouillon de queue de bœuf à la citronnelle, foie gras poêlé et beignet de châtaigne, ou encore maigre de ligne, asperges blanches et émulsion au vin blanc, coco et ail des ours..

- Menu 25 € (déjeuner), 38/64 €

34 Boulevard du Commandant-René-Mouchotte - 09 83 97 58 58 - www.restaurant-louesberit.com - Fermé : lundi, mardi midi, dimanche

BLANQUEFORT

33290 - Gironde - Carte régionale n° **18**-B1

LES CRIQUETS

CUISINE MODERNE • ÉLÉGANT Cet élégant restaurant s'ouvre sur un joli jardin et une ravissante terrasse ; la carte suit savamment les saisons. Une agréable étape gastronomique aux portes de Bordeaux, disposant aussi de chambres confortables et d'un petit spa.

- Menu 25 € (déjeuner), 50/85 € - Carte 54/95 €

130 avenue du 11-Novembre - 05 56 35 09 24 - www.lescriquets.com - Fermé : lundi, dimanche

BOMMES

33210 - Gironde - Carte régionale n° **18**-B1

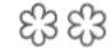

LALIQUE

CUISINE MODERNE • LUXE Dans ce joli château installé au cœur du vignoble Lafaurie-Peyraguey, tous les ingrédients sont réunis pour un repas de haute volée. Jérôme Schilling, chef au parcours immaculé (Guy Lassausaie, Joël Robuchon, Thierry Marx...) a pris le temps de composer une carte intelligente, entre classicisme et spécialités régionales. Les plats sont construits autour de la richesse aromatique du Sauternes, servis dans de magnifiques pièces de la cristallerie Lalique et de la porcelaine fine. Et toutes ces douceurs s'accompagnent d'une carte des vins pléthorique (2500 références) où le Sauternes est à l'honneur. Quant au cadre intérieur, il est à tomber : une luxueuse salle à manger décorée avec beaucoup de goût, parée d'un lustre en feuille de cristal Lalique (l'évidence même !), et dont la verrière est ouverte sur les vignes... Un lieu hors du temps, une cuisine habile et précise au service de l'identité gustative du vin. Menu dégustation végétarien disponible.

- Menu 95/165 €

Lieu-dit Peyraguey - 05 24 22 80 11 - www.lafauriepeyragueylalique.com - Fermé : mardi, mercredi

✉ 33000 – Gironde
Carte régionale n° **18**-B1

BORDEAUX

C'est peu dire que la capitale de l'Aquitaine a le vent en poupe, et l'inauguration de la Cité du vin et de la LGV (ligne grande vitesse, qui rapproche la ville à 2h05 de Paris) accentuent encore son pouvoir d'attraction. La ville poursuit sa métamorphose entamée avec la réhabilitation des quais et l'inscription de son somptueux centre historique au Patrimoine mondial de l'Unesco en 2007. Mais Bordeaux, qui doit sa prospérité à la vigne et au commerce avec l'outre-mer, a aussi des arguments culinaires à revendre. Sa gastronomie s'appuie sur un terroir d'une richesse incomparable : agneau de Pauillac (généralement servi avec ses haricots), lamproie mijotée dans sa sauce – aux vins bordelais, bien sûr ! –, ou encore cannelés dévoilant leur irrésistible croûte caramélisée...

✿✿ LE PRESSOIR D'ARGENT - GORDON RAMSAY

CUISINE MODERNE • ÉLÉGANT Le restaurateur britannique Gordon Ramsay (né en Écosse), véritable star et triplement étoilé en Angleterre, signe la carte du Pressoir d'Argent, mise en scène avec talent par Romain Lorenzon, qui insuffle un vent de modernité à la cuisine classique. L'art de vivre à la française est valorisé par le décor opulent et raffiné, le service ultra compétent, les beaux produits (foie gras, truffes, caviar, poissons), le superbe chariot de fromage... jusqu'à la presse à homard Christofle en argent massif qui circule de table en table. Sans oublier la remarquable compétence des 3 sommeliers, au service d'une sélection de 1000 bouteilles aux 2/3 bordelaises, évidemment ! Gordon Ramsay ? So french !

- Menu 185 € - Carte 160/250 €

Plan : C2-11 – *Le Grand Hôtel, 2 place de la Comédie* – ✆ *05 57 30 43 42* – *www.bordeaux.intercontinental.com* – *Fermé : lundi, mardi, dimanche et le midi*

✿ MAISON NOUVELLE Ⓝ

Chef : Philippe Etchebest

CUISINE MODERNE • ELEGANT Sur la place du Marché des Chartrons, cette jolie maison en pierre est la nouvelle et dernière adresse du chef Philippe Etchebest, déjà présent à Bordeaux au Quatrième Mur. Il vous y reçoit comme chez lui, et l'on s'y sent bien ! Dans ce lieu feutré et cosy, on reconnaît bien son goût des bonnes choses et son exigence à ne travailler que de beaux produits locaux, qu'il sait faire partager à la talentueuse équipe qui l'entoure. Son menu dégustation rythmé par les saisons n'oublie pas quelques-uns de ses plats signatures comme la raviole de champignons et foie gras poêlé, ainsi que de jolies assiettes végétales. Bienvenue chez "Etxe Beste" ("maison nouvelle" en basque) !

Menu 210 €

Plan : C1-3 - *11 rue Rode - ✆ 05 33 09 46 90 - www.maison-nouvelle.fr - Fermé : lundi, mardi midi, mercredi midi, jeudi midi, dimanche*

✿ L'OBSERVATOIRE DU GABRIEL

CUISINE MODERNE • ÉLÉGANT Installé dans le pavillon central de la célèbre place de la Bourse, face au miroir d'eau, cet établissement a fait peau neuve sous la houlette de ses nouveaux propriétaires, ceux du Château Angelus, mais aussi du Logis de la Cadène. Les délicieux salons 18e s. sont désormais réunis en un unique espace au confort cossu - parquet en chêne et moquette épaisse, boiseries et moulures. Venu lui aussi de Saint-Émilion, le chef Alexandre Baumard signe une cuisine contemporaine, tournée vers la mer, sans pour autant renoncer aux beautés du classicisme, au moins dans l'esprit : la sole en mousseline croustillante ; l'anguille légèrement fumée et l'oignon dans tous ses états... Menus dégustations en 6 ou 10 temps, superbe carte des vins (600 références), bien répartie entre bordeaux et bourgogne.

- Menu 49 € (déjeuner), 85/160 €

Plan : C2-10 - *10 place de la Bourse - ✆ 05 56 30 00 80 - www.bordeaux-gabriel.fr - Fermé : samedi, dimanche*

✿ L'OISEAU BLEU

CUISINE MODERNE • DESIGN Cette maison classique en pierre bordelaise est une institution de la rive droite, où les bonnes tables ne courent pas les rues ! Le chef réalise une cuisine épurée et lisible, à l'opposé de la démonstration technique, porté par deux obsessions très saines : le produit et le goût. Le menu surprise en 6 services permet de découvrir l'étendu de son savoir-faire, inspiré par les saisons et la récolte des petits producteurs. Côté décor, une salle lumineuse et colorée, et, indéniable atout : la grande terrasse plein sud et au grand calme donnant sur le jardin enchantent les beaux jours ! Un petit bistrot, en annexe, permet de manger vite et bien.

- Menu 50/110 € - Carte 70/80 €

Plan : D2-12 - *127 avenue Thiers - ✆ 05 56 81 09 39 - www.loiseaubleu.fr - Fermé : lundi, dimanche*

✿ LE PAVILLON DES BOULEVARDS

Chef : Thomas Morel

CUISINE CRÉATIVE • CONTEMPORAIN Véritable institution de la gastronomie bordelaise depuis plusieurs décennies, cette maison de ville - une échoppe bordelaise traditionnelle - invite à franchir son seuil. Aux commandes, le chef Thomas Morel et son épouse Célia ont laissé libre cours à leur inspiration, aussi bien du côté garde-manger que de la cave. Le couple propose une cuisine créative, jouant des associations d'arômes et de parfums, et accompagnée de bons vins de la région. Qu'il est bon de flâner sur ce boulevard.

- Menu 45 € (déjeuner), 95/140 € - Carte 103/138 €

Plan : A1-4 - *120 rue de la Croix-de-Seguey - ✆ 05 56 81 51 02 - www.lepavillondesboulevards.fr - Fermé : lundi, dimanche*

✿ SOLÉNA

Chef : Victor Ostronzec

CUISINE MODERNE • SIMPLE Légèrement à l'écart de l'hyper-centre bordelais, la façade discrète ouvre sur un intérieur confortable. Installé ici depuis 2016, on trouve un jeune chef : Victor Ostronzec, barbe blonde bien en ordre, vraie gentillesse et talent incontestable. Il se distingue par une cuisine technique et créative, avec des dressages souvent inspirés, et trouve toujours le petit plus qui fait la différence dans un plat. Sa volonté de surprendre est manifeste et fait plaisir à voir. Encore une bonne nouvelle, et pas des moindres : son travail est bien mis en valeur par un service aux petits soins.

- Menu 39 € (déjeuner), 84/98 €

Plan : A2-15 - *5 rue Chauffour - ✆ 05 57 53 28 06 - www.solena-restaurant.com - Fermé : lundi, mardi midi, mercredi midi, dimanche*

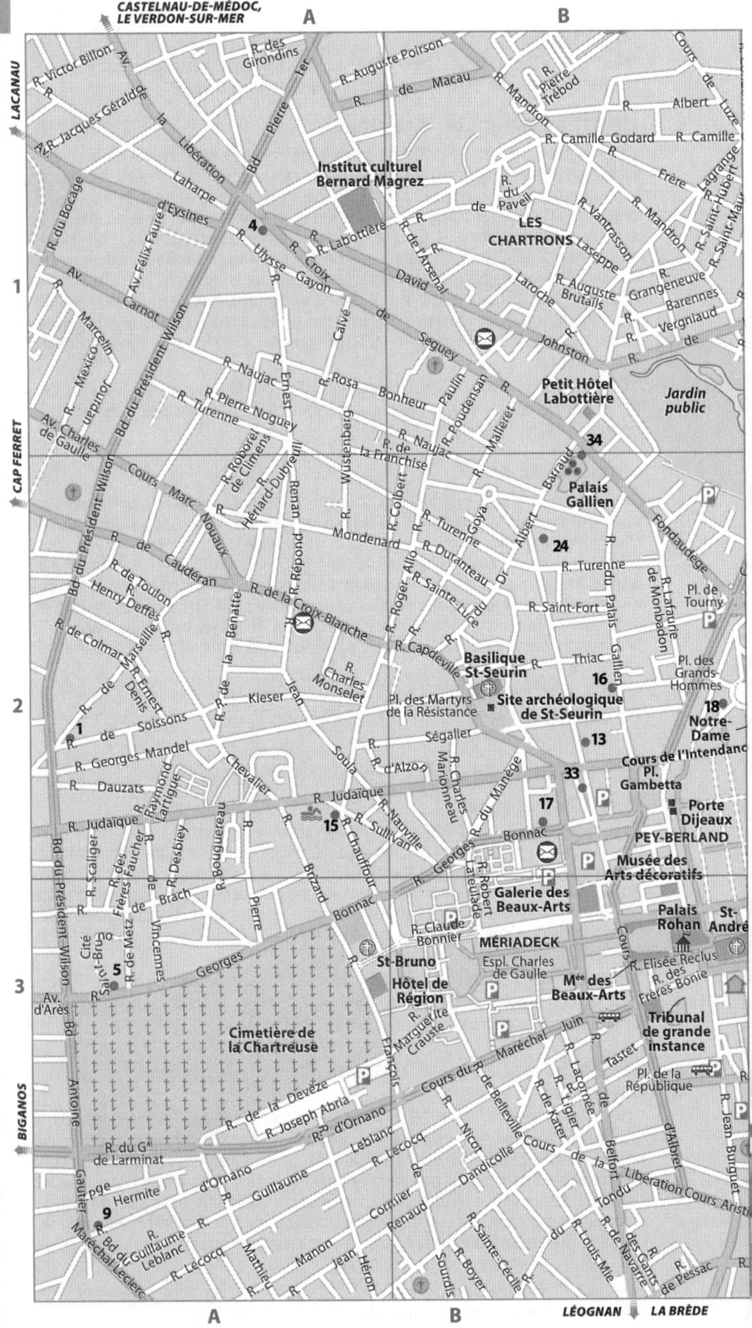

CASTELNAU-DE-MÉDOC, LE VERDON-SUR-MER
LACANAU
CAP FERRET
BIGANOS
LÉOGNAN
LA BRÈDE
Institut culturel Bernard Magrez
LES CHARTRONS
Petit Hôtel Labottière
Jardin public
Palais Gallien
Basilique St-Seurin
Site archéologique de St-Seurin
Notre-Dame
Pl. Gambetta
Porte Dijeaux
PEY-BERLAND
Musée des Arts décoratifs
Galerie des Beaux-Arts
Palais Rohan
St-André
MÉRIADECK
St-Bruno
Hôtel de Région
Mée des Beaux-Arts
Tribunal de grande instance
Cimetière de la Chartreuse
Pl. de la République
Pl. de Tourny
Pl. des Grands-Hommes
Pl. des Martyrs de la Résistance
Espl. Charles de Gaulle
Cours de l'Intendance
Cours de la Libération
Cours du Maréchal Juin
Bd du Président Wilson
Bd Antoine Gautier
Bd Pierre 1er
Av. Carnot
Av. Charles de Gaulle
Av. de la Libération
Av. d'Arès
Cours Marc Nouaux
R. de la Croix-Blanche
R. Judaïque
Cours de Luze
R. Fondaudège

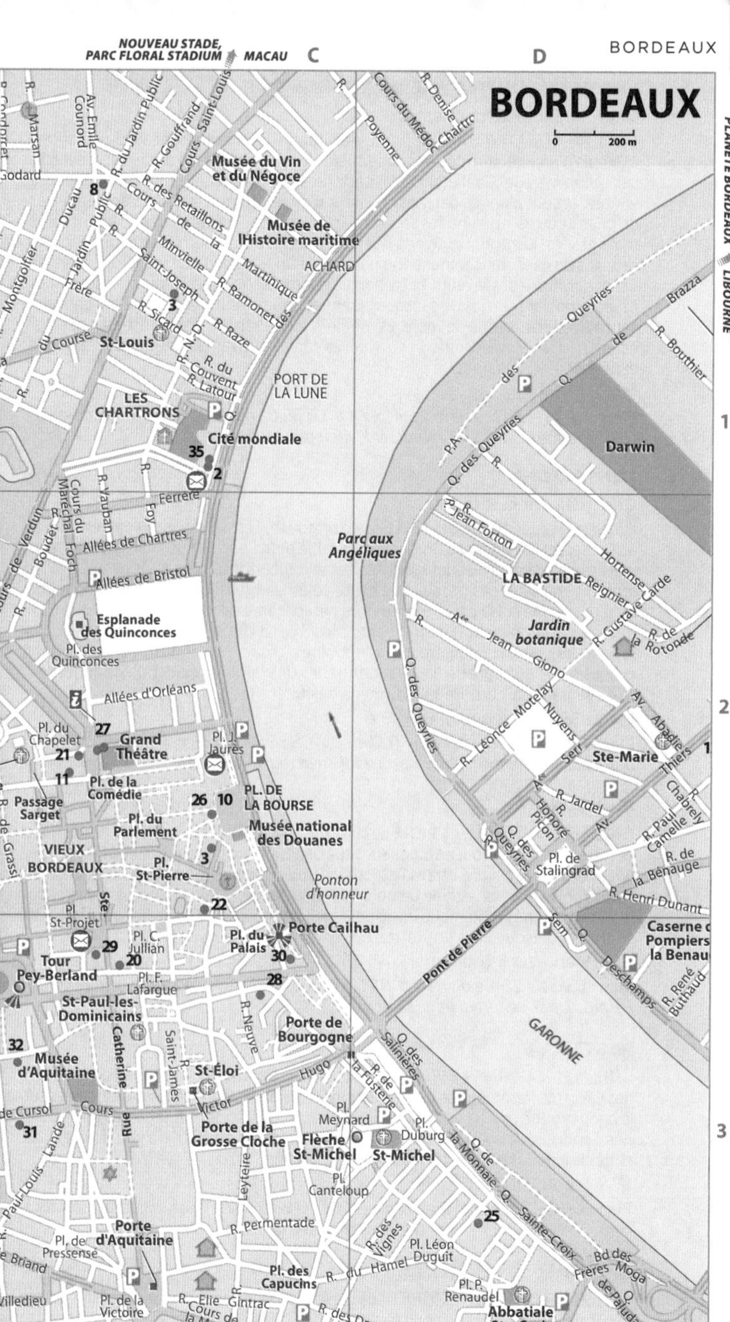
BORDEAUX
NOUVEAU STADE, PARC FLORAL STADIUM
MACAU
CHÂTEAU DE REIGNAC, PLANÈTE BORDEAUX
PÉRIGUEUX, LIBOURNE
Musée du Vin et du Négoce
Musée de l'Histoire maritime
St-Louis
LES CHARTRONS
Cité mondiale
PORT DE LA LUNE
Darwin
Parc aux Angéliques
LA BASTIDE
Jardin botanique
Esplanade des Quinconces
Grand Théâtre
Ste-Marie
PL. DE LA BOURSE
Musée national des Douanes
VIEUX BORDEAUX
Ponton d'honneur
Porte Cailhau
Tour Pey-Berland
St-Paul-les-Dominicains
Pont de Pierre
Caserne des Pompiers de la Benauge
Porte de Bourgogne
Musée d'Aquitaine
St-Éloi
GARONNE
Porte de la Grosse Cloche
Flèche St-Michel
St-Michel
Porte d'Aquitaine
Pl. des Capucins
Abbatiale Ste-Croix

LA TABLE D'HÔTES - LE QUATRIÈME MUR

Chef : Philippe Etchebest

CUISINE CRÉATIVE • CONVIVIAL Au Grand Théâtre de Bordeaux, magnifique exemple d'architecture néoclassique, même la gourmandise se donne en spectacle. Les 12 convives de "Chef Etchebest" partagent la même grande table dans une cave voûtée, et sont plongés dans les coulisses d'un restaurant, au milieu des annonces de plats et du va-et-vient des serveurs. Tout, ici, est surprise : du menu aux accords mets et vins, jusqu'aux couverts que l'on choisit soi-même. Même esprit dans les recettes du chef, franchement originales, qui témoignent d'une recherche poussée dans l'harmonie des saveurs. La technique est impeccable (ah, le foie gras des landes frit et fumé dans son jus de canard à l'orange !), on se régale tout en faisant connaissance avec ses voisins de table. Et même quand Philippe Etchebest est absent, il est un peu là : en visioconférence avec les convives, avant le début du repas ! Une expérience, on vous dit...

Menu 170 €

Plan : C2-14 - *2 place de la Comédie - ✆ 05 56 02 49 70 - www.quatrieme-mur.com - Fermé : lundi midi, mardi midi, mercredi midi, jeudi midi*

TENTAZIONI

Chef : Giovanni Pireddu

CUISINE ITALIENNE • BISTRO Elle est bretonne, il est sarde, ils se sont rencontrés en Corse... et ils tiennent à Bordeaux une table petite par la taille, mais grande par le plaisir. Les assiettes du chef sont précises et toujours inspirées, surtout lorsqu'elles mettent en valeur des produits de haute volée : langoustine, araignée, thon rouge ou pigeon. Une cuisine très contemporaine, éclatante de saveurs et parcourue (origines du chef obligent !) de fréquents clins d'œil à l'Italie, sans jamais verser dans la nostalgie ou la démonstration "identitaire". Les menus dégustations changent chaque semaine au gré de l'inspiration du chef. Un vrai plaisir du début à la fin, jusqu'à l'excellent rapport qualité-prix du menu déjeuner.

Menu 35 € (déjeuner), 80/95 €

Plan : B2-16 - *59 rue du Palais-Gallien - ✆ 05 56 52 62 12 - www.tentazioni-bordeaux.fr - Fermé : lundi, mardi midi, mercredi midi, dimanche*

ISHIKAWA N

CUISINE JAPONAISE • ÉPURÉ Le chef Yugo Ishikawa est désormais chez lui dans ce restaurant épuré tout en longueur situé dans une rue piétonne animée du centre. Avec passion et minutie, il travaille la cuisine traditionnelle japonaise qu'il affectionne. Sur l'ardoise du jour : échine de porc tonkatsu panée, tataki de thon oroshi ponzu, légumes marinés tsukémono, et au déjeuner, un choix de petits plats savoureux. On se croirait presque dans un vrai izakaya tokyoïte. Une réussite.

- Menu 20 € (déjeuner), 41/65 € - Carte 28/45 €

Plan : C3-32 - *22 rue du Hâ - ✆ 05 57 99 71 69 - www.restaurant-ishikawa.com - Fermé : lundi, vendredi midi, samedi midi, dimanche*

PASTEL N

CUISINE MODERNE • BISTRO Cette charmante petite adresse située sur les quais des Chartrons promène sa décontraction au gré des saisons et d'assiettes axées sur le beau produit (poissons de Saint-Jean-de-Luz et d'Arcachon, légumes du marché des Capucins), les circuits courts et les cuissons précises. Menus à prix doux et vins naturels à déguster l'été sur la terrasse ensoleillée.

- Menu 23 € (déjeuner), 31/41 €

Plan : C1-2 - *2 quai des Chartrons - ✆ 09 70 98 62 20 - www.restaurant-pastel.com - Fermé : lundi, mardi soir, mercredi soir, dimanche*

AKASHI

CUISINE MODERNE • ÉPURÉ Une jolie salle blanche au décor minimaliste : tel est désormais l'écrin où s'épanouit le jeune chef nippon Akashi Kaneko. Dans l'assiette, c'est une partition française tout en sobriété et modernité, avec un vrai sens esthétique. Service aimable et efficace.

♿ AC - Menu 21 € (déjeuner), 49/68 €

Plan : C3-20 - *45 rue du Loup - ✆ 05 57 99 95 09 - www.akashibordeaux.fr - Fermé : lundi, mardi midi, dimanche*

ARCADA

CUISINE MODERNE • BRANCHÉ Une bonne adresse entre la place Camille-Jullian et Saint-Michel. Déco contemporaine dans une salle voûtée et cuisine bistronomique axée sur le produit d'ici et le goût, qui revisite les codes à l'image de ce maquereau en escabèche, betterave et oignon rouge. Au dîner, partition plus ambitieuse avec des produits nobles et une carte renouvelée chaque mois.

♿ AC - Menu 23 € (déjeuner), 40 €

Plan : C3-28 - *13 rue de la Rousselle - ✆ 05 56 23 08 61 - www.arcada-restaurant.fr - Fermé : lundi, dimanche*

LE BISTROT DU GABRIEL

CUISINE DU MARCHÉ • BISTRO Au 1er étage du pavillon central de la célèbre place de la Bourse, ce bistrot chic, entièrement relooké (fauteuils rétro, parquet à bâtons rompus, plafonds à la française) offre de belles échappées sur les architectures et le fameux "miroir d'eau" de cette dernière. Au menu : une goûteuse cuisine de bistrot moderne qui musarde entre tradition et modernité.

♿ AC - Menu 29 € (déjeuner) - Carte 48/65 €

Plan : C2-26 - *10 place de la Bourse - ✆ 05 56 30 00 80 - www.bordeaux-gabriel.fr - Fermé : dimanche soir*

BO-TANNIQUE

CUISINE MODERNE • BRANCHÉ Située sur une agréable place piétonne pavée, cette jolie adresse (déco dans l'air du temps, pierre bordelaise apparente) propose une cuisine tout en franchise et en contrastes, à l'image de l'un des plats signature, la dorade en croûte et petits légumes à l'aigre douce. Carte des vins 100% naturelle et service tonique. Une réussite.

♿ 🍴 - Menu 24 € (déjeuner), 39 € - Carte 50/60 €

Plan : C3-29 - *2 rue Tustal - ✆ 05 56 81 34 92 - www.bo-tannique.fr - Fermé : lundi, dimanche*

LE CENT 33

CUISINE CRÉATIVE • BRANCHÉ Ambiance select, cuisine de partage originale et voyageuse : Fabien Beaufour a peaufiné son concept dans les moindres détails. Les saveurs sont intenses, contrastées, les cuissons parfaites et les assaisonnements percutants... Parmi les incontournables, le charbonnier laqué au miso, la cannette rôtie aux épices et le poulpe en salade tiède. Un régal.

♿ AC - Menu 80 € - Carte 45/85 €

Plan : C1-8 - *139 rue du Jardin-Public - ✆ 05 56 15 90 40 - www.cent33.com - Fermé : lundi, dimanche*

LE CHAPON FIN

CUISINE MODERNE • CLASSIQUE Tradition et générosité sont au menu de cette institution locale, qui ravit par son décor de rocaille créé en 1901 ! La cave est superbe, avec près de 250 références de vins au verre. Convivial et dépaysant.

🍇 AC ⇔ - Menu 39 € (déjeuner), 65/85 € - Carte 70/115 €

Plan : B2-18 - *5 rue Montesquieu - ✆ 05 56 79 10 10 - www.chapon-fin.com - Fermé : lundi, dimanche*

LE CHICOULA, BISTROT D'ART

CUISINE MODERNE • VINTAGE Ce bistrot de poche a ouvert sans tambours ni trompettes, et pourtant ! Le chef maîtrise très bien son sujet, comme en témoigne ce menu unique tout en saveurs originales et en dressages harmonieux. La déco n'est pas en reste, qui se pare d'œuvres d'artistes locaux, avec vernissages occasionnels – le chef est lui-même peintre à ses heures...

♿ - Menu 28 € (déjeuner), 42/62 €

Plan : C3-31 - *22 rue de Cursol - ✆ 06 52 40 64 54 - www.lechicoula.fr - Fermé : lundi, mardi midi, mercredi midi, dimanche*

LE CLOS D'AUGUSTA

CUISINE MODERNE • COSY Voilà un restaurant qui inspire confiance : la façade vert bouteille est avenante, l'accueil est charmant, la terrasse jardin sur l'arrière a été embellie. Dans l'assiette, créative et maîtrisée, les produits de la région sont privilégiés.

- Menu 30 € (déjeuner), 52/74 € - Carte 58/65 €

Plan : A3-5 - *339 rue Georges-Bonnac - ✆ 05 56 96 32 51 - www.leclosdaugusta.fr - Fermé : lundi midi, samedi midi, dimanche*

C'YUSHA

CUISINE MODERNE • CONVIVIAL Au cœur du vieux Bordeaux, un lieu cosy et intimiste où le chef travaille seul, sous le regard des gourmands. Il signe une cuisine actuelle relevée d'épices, de plantes et d'herbes, en travaillant les légumes de son potager. Une adresse charmante qui sied aux amoureux.

- Menu 36/46 €

Plan : C3-30 - *12 rue Ausone - ✆ 05 56 69 89 70 - www.cyusha.com - Fermé : lundi, dimanche et le midi*

LE DAVOLI

CUISINE MODERNE • COSY Le quartier St-Pierre, ses petites rues, ses bars, ses restaurants et... Le Davoli ! Une adresse où les gourmands apprécient des recettes alléchantes, entre classicisme et modernité, réalisées par un chef ayant travaillé dans de belles maisons. Cerise sur le gâteau : l'accueil, aux petits soins.

- Menu 44/58 €

Plan : C2-22 - *13 rue des Bahutiers - ✆ 05 56 48 22 19 - www.ledavoli.com - Fermé : samedi, dimanche*

INFLUENCES

CUISINE MODERNE • SIMPLE À deux pas de la place Gambetta, cette façade anodine réserve une très jolie surprise. Un sympathique couple franco-américain, Ronnie sous la toque (qui a travaillé en Californie, dans de solides établissements) et Aliénor, entre cuisine et service, propose des assiettes parfumées et savoureuses, aux influences française, américaine et italienne.

- Menu 35 € (déjeuner), 52/72 €

Plan : B2-33 - *36 rue Saint-Sernin - ✆ 05 56 81 01 05 - www.restaurant-influences.com - Fermé : mardi, mercredi, jeudi midi, samedi midi*

LOCO BY JEM'S

CUISINE MODERNE • BRANCHÉ En bordure de la ligne du tramway, cette table jeune et dynamique accueille un chef inspiré qui compose une cuisine aux saveurs bien marquées et contrastées. Menu dégustation le soir avec suggestions d'accords mets et vin, déjeuner à prix d'amis et menu végétarien disponible sur demande.

♿ - Menu 24 € (déjeuner), 45/55 €

Plan : A3-9 - *293 rue d'Ornano - ✆ 05 56 55 99 37 - www.locobyjems.com - Fermé : mercredi soir, samedi, dimanche*

LUME Ⓝ

CUISINE ITALIENNE • ROMANTIQUE Un restaurant de 14 places à l'ambiance intimiste, éclairé en partie à la lumière de la bougie (Lume en italien). Le chef vénitien Riccardo Suppa enchante ses hôtes avec un menu unique en 6 temps, et privilégie les produits de la mer et les légumes bio. Tout est fait maison, des pâtes au pain à la farine de blé ancien. Alice, la compagne du chef, est une hôtesse accomplie et s'occupe aussi des desserts. Au menu : cicchetti comme à Venise, ravioli fatti in casa, pannacotta vanille...

Menu 52 €

Plan : C2-3 - *3 rue des Faussets - ✆ 05 47 79 47 56 - www.ristorantelume.fr - Fermé : mardi, mercredi et le midi*

METS MOTS

CUISINE TRADITIONNELLE • BISTRO La recette gagnante de Mets Mots ? Un endroit riche de son histoire (une ancienne imprimerie), un trio de toques ayant travaillé chez Pierre Gagnaire, une cuisine du marché bien troussée. Jour après jour, les habitués s'y pressent, ce qui est toujours bon signe... Saveurs et convivialité : bravo. Menus plus ambitieux en soirée.

A/C - Menu 25 € (déjeuner), 39/65 €

Plan : B2-34 - *98 rue Fondaudège - ✆ 05 57 83 38 24 - www.metsmots.fr - Fermé : lundi soir, samedi, dimanche*

LE QUATRIÈME MUR

CUISINE MODERNE • BRASSERIE Au théâtre, le quatrième mur est celui, invisible, qui sépare le public de la scène. Un nom tout choisi pour cette table installée dans les ors du Grand théâtre ! Un produit de qualité, une cuisson précise, une garniture et un jus : Philippe Etchebest va à l'essentiel et nous régale en toute simplicité. Installée sur une galerie latérale du grand théâtre, la terrasse est très agréable. Réservation impérative avec deux services à déjeuner et à diner. Les menus changent chaque semaine.

- Menu 36 € (déjeuner), 52 €

Plan : C2-27 - *2 place de la Comédie - ✆ 05 56 02 49 70 - www.quatrieme-mur.com*

RACINES BY DANIEL GALLACHER

CUISINE CRÉATIVE • BISTRO Le nom Racines évoque celles, écossaises, du chef, comme son côté autodidacte. De fait, il signe une cuisine inventive et pétillante, loin des conventions, et fait évoluer chaque semaine son menu au gré du marché... Ces Racines-là sont aussi solides que goûteuses : le restaurant ne désemplit pas.

A/C - Menu 28 € (déjeuner), 38/58 €

Plan : B2-17 - *59 rue Georges-Bonnac - ✆ 05 56 98 43 08 - Fermé : lundi, dimanche*

SENS (N)

CUISINE MODERNE • CONTEMPORAIN Un bistrot à la fois moderne et authentique tenu par Loren la pâtissière et Alexandre le chef de cuisine qui affichent chacun 15 ans d'expérience. La salle se révèle lumineuse, les murs bleu nuit contrastent agréablement avec le jaune safran des sièges et des rideaux. La cuisine est précise et bien tournée avec un menu unique à prix attractif le midi et un menu dégustation le soir. Tout fait Sens : une nouveauté prometteuse à Bordeaux.

A/C - Menu 21 € (déjeuner), 45/65 €

Plan : A2-1 - *93 rue de Soissons - ✆ 09 83 45 52 29 - www.sens-bistrot-contemporain.com - Fermé : lundi, mardi midi, samedi midi, dimanche*

SYMBIOSE

CUISINE MODERNE • BISTRO Tenue par quatre jeunes associés, cette Symbiose porte bien son nom ! Tout, ici, est marqué du sceau de l'évidence : les assiettes franches et rondement menées, le service convivial et décontracté, la clientèle majoritairement jeune et plutôt branchée, sans oublier la petite salle genre bistrot... et un bar à cocktail façon speakeasy, partie intégrante du concept ! Rapport qualité-prix imbattable à midi.

- Menu 25 € (déjeuner), 50 € - Carte 30/40 €

Plan : C1-35 - *4 quai des Chartrons - ✆ 05 56 23 67 15 - www.symbiose-bordeaux.com - Fermé : lundi soir, dimanche*

LA TABLE DE MONTAIGNE

CUISINE MODERNE • ÉLÉGANT Le restaurant du Palais Gallien, sis dans un hôtel particulier bâti en 1895, propose une belle cuisine d'inspiration classique, aux touches contemporaines. On en profite dans la salle à manger, fort plaisante, ou à l'été, sur la petite terrasse, située côté cour.

A/C - Menu 39 € (déjeuner), 64/79 €

Plan : B2-24 - *144 rue de l'Abbé-de-l'Épée - ✆ 05 57 08 01 27 - hotel-palais-gallien-bordeaux.com - Fermé : lundi, mardi midi, dimanche*

LA TUPINA

CUISINE TRADITIONNELLE • RUSTIQUE Véritable institution, cette auberge champêtre a tout le goût d'autrefois... Sanguette, macaronade, frites à la graisse de canard : le terroir est défendu avec conviction, et l'on se régale de copieux plats du Sud-Ouest, mais aussi de viandes rôties et de légumes de saison – de beaux produits exposés sur le comptoir et qui mettent en appétit. Incontournable !

- Menu 18 € (déjeuner), 39/74 € - Carte 45/120 €

Plan : D3-25 – *6 rue Porte-de-la-Monnaie – ✆ 05 56 91 56 37 – www.latupina.com – Fermé : lundi midi*

ZÉPHIRINE (N)

CUISINE MODERNE • COSY Zéphirine : beau prénom désuet pour cette auberge urbaine au joli décor de bistrot, précédée d'un comptoir d'épicerie fine. Une histoire de famille aussi qui réunit trois professionnels qui ont roulé leur bosse. Et, de fait, dans l'assiette, le chef montre tout de suite une patte très sûre (mention spéciale pour les garnitures, à partager, comme les entrées). Il envoie une bonne cuisine traditionnelle dans le fond, mais moderne dans la forme et hausse le niveau le soir.

A/C - Menu 29 € (déjeuner), 49 €

Plan : B2-13 – *62 Rue de l'Abbé de l'Épée – ✆ 09 72 45 55 36 – www.zephirine.fr – Fermé : lundi, dimanche*

BOULIAC

✉ 33270 – Gironde – Carte régionale n° **18**-B1

LE SAINT-JAMES

CUISINE MODERNE • DESIGN Adresse mythique s'il en est, le Saint-James fut longtemps le fief de Jean-Marie Amat. Cet avant-gardiste avait fait appel à l'architecte Jean Nouvel pour rénover son hôtellerie, devenue une référence du design. Dans ce lieu magique dont les fenêtres regardent les vignes, on rend hommage aux producteurs de Nouvelle-Aquitaine, dont on magnifie les produits, du caviar de Gironde au bœuf de Bazas. C'est le chef Mathieu Martin, ancien second ici même, qui tient désormais ces fourneaux fameux. Le charme de cette cuisine toujours aussi fraîche et goûteuse opère avec brio. Le chef affirme un goût évident pour le végétal comme sur ces tomates, nature et au piment, soupe claire. Qu'on se rassure, la légende du Saint-James se perpétue.

A/C P - Menu 59 € (déjeuner), 130/170 € - Carte 130/160 €

3 place Camille-Hosteins – ✆ 05 57 97 06 00 – www.saintjames-bouliac.com – Fermé : lundi, mardi midi, dimanche

BRANTÔME

✉ 24310 – Dordogne – Carte régionale n° **18**-C1

LE MOULIN DE L'ABBAYE

CUISINE MODERNE • ÉLÉGANT Dans un village pittoresque où l'on voyage de la Préhistoire jusqu'à la Renaissance, ce restaurant occupe un environnement exceptionnel. Adossée à la falaise, cette dépendance de l'abbaye bénédictine de Brantôme déroule une magnifique terrasse au bord de la Dronne, face à un pont coudé du 16e s. La cuisine du chef, appuyée sur de bons produits, est fine et pourvue de jolies saveurs. Les cuissons sont justes et les dressages soignés. Charme contemporain et intemporel pour cette maison vénérable.

- Menu 55 € (déjeuner), 70/120 € - Carte 98/119 €

1 route de Bourdeilles – ✆ 05 53 05 80 22 – www.moulinabbaye.com – Fermé : lundi, mardi midi, mercredi midi, jeudi midi

BRISCOUS

✉ 64240 – Pyrénées-Atlantiques – Carte régionale n° **18**-A3

MAISON JOANTO

CUISINE MODERNE • CONTEMPORAIN Joanto, c'est "Petit Jean" en basque... et pourtant, voilà bien une demeure qui ne mérite aucun diminutif ! Sa belle architecture traditionnelle, son décor plein de cachet, son ambiance chaleureuse, tout séduit, et plus encore la cuisine de sa cheffe, passée par les belles maisons, où le terroir basque explose de saveurs. Le rapport qualité-prix a tout... d'un grand.

♿ AC 🌳 - Menu 29/42 €

Chemin du Village - ✆ 05 59 20 27 70 - www.maisonjoanto-restaurant.com - Fermé : lundi, mardi soir, mercredi soir, dimanche soir

LE BUISSON-DE-CADOUIN

✉ 24480 - Dordogne - Carte régionale n° **18**-C3

AUBERGE DE L'ESPÉRANCE

CUISINE TRADITIONNELLE • AUBERGE Âmes désespérées, courez dans cette adresse qui saura vous redonner foi en la vie ! L'accueil de la patronne n'est que sourire et chaleur, et la cuisine est pleine de jolies attentions, alliant fraîcheur et franche gourmandise. Voilà qui rappelle que les plaisirs simples sont parfois les plus marquants...

♿ 🌳 - Menu 25 € (déjeuner), 40 €

3 avenue des Sycomores - ✆ 05 53 74 23 66 - lesperance.eatbu.com - Fermé : mardi, mercredi

CAMBO-LES-BAINS

✉ 64250 - Pyrénées-Atlantiques - Carte régionale n° **18**-A3

LE BELLEVUE

CUISINE MODERNE • TENDANCE La salle est claire, et la carte courte. Deux raisons de s'attarder dans ce restaurant décoré avec goût. La cuisine traditionnelle y est revisitée avec entrain et un sens aigu de la gourmandise, à l'image de cette terrine de pieds de porcs désossés, ou en dessert, ce soufflé chaud à l'eau de vie de poire.

⋞ 🛋 ♿ AC 🌳 P - Menu 16 € (déjeuner), 33/46 €

Rue des Terrasses - ✆ 05 59 93 75 75 - www.hotel-bellevue64.fr - Fermé : lundi, jeudi soir, dimanche soir

CAPBRETON

✉ 40130 - Landes - Carte régionale n° **18**-A3

LA CUISINE

CUISINE MODERNE • CONVIVIAL Au centre du bourg, la cuisine est bel et bien à l'honneur : le chef, Johann Dubernet - secondé en salle par sa compagne Isabelle - signe des assiettes colorées, parfumées et visuelles : carpaccio de langoustine, guacamole coriandre, sésame et pousses de bambou ; saint-pierre, pâté de kumquat, sauce pomzo, tagliatelles au beurre d'algues... Subtilité et gourmandise !

Menu 47/55 €

26 rue du Général-de-Gaulle - ✆ 05 58 43 66 58 - www.restaurantlacuisine.fr - Fermé : lundi

GOUSTUT

CUISINE MODERNE • CONTEMPORAIN Goustut et bien fichue que cette petite adresse au look industriel, pop et décontractée, dédiée aux produits de la mer ! La cuisine brute et locavore du chef Patrice Lubet (formé chez Rostand et Trama, entre autres) se nourrit notamment des poissons des pêcheurs de Cap Breton et des légumes de la famille Bastelica.

⋞ ♿ AC 🌳 - Menu 22/54 € - Carte 48/58 €

Quai de la Pêcherie - ✆ 05 58 42 18 38 - www.goustut.fr - Fermé : lundi, mardi, dimanche

LA PETITE TABLE

CUISINE MODERNE • VINTAGE Des recettes goûteuses et colorées, relevées d'agrumes et d'épices, qui vont à l'essentiel : voici ce que vous réserve le chef, fort d'une longue expérience - avec, en prime, quelques jolis clins d'œil aux traditions culinaires du Moyen-Orient, où il a travaillé dans le passé.

🌳 - Carte 49/53 €

555 quai de la Pêcherie - ✆ 05 58 72 36 72 - lapetitetablecapbreton.fr - Fermé : mardi

CAP-FERRET - Gironde(33) • Voir Bassin d'Arcachon

CARSAC-AILLAC

⊠ 24200 - Dordogne - Carte régionale n° **18**-D3

Ô MOULIN

CUISINE MODERNE • AUBERGE Un jeune couple a transformé ce charmant moulin périgourdin en paisible restaurant campagnard, ouvert toute l'année. Le chef réalise une cuisine fraîche et savoureuse, bien dans son époque. Belle terrasse ombragée et service prévenant. Le premier menu est à prix doux. Une adresse sympathique.

- Menu 35/70 € - Carte 51/71 €

1 place Martin-Dolt - ✆ 05 53 30 13 55 - www.latabledumoulin.com - Fermé : mardi, mercredi, dimanche soir

CASTELJALOUX

⊠ 47700 - Lot-et-Garonne - Carte régionale n° **18**-C2

LA VIEILLE AUBERGE

CUISINE CLASSIQUE • CONTEMPORAIN Belle hauteur sous plafond, charpente cathédrale, grandes baies vitrées façon orangeraie : suite à son déménagement, voici le superbe écrin de cette maison bien connue dans les parages. Côté cuisine, recettes classiques dans les règles de l'art, revisitées juste ce qu'il faut, déclinées dans deux menus au bon rapport qualité-prix.

- Menu 25 € (déjeuner), 37/70 € - Carte 50/70 €

13 avenue du 8-Mai-1945 - ✆ 05 53 93 01 36 - www.clos-castel.fr - Fermé : dimanche soir

CENON

⊠ 33150 - Gironde - Carte régionale n° **18**-B1

PARADOXE

CUISINE MODERNE • CONTEMPORAIN Le chef Christophe Girardot propose une cuisine au goût du jour, concoctée à base de produits de qualité. En salle, le sommelier propose de judicieux accords mets et vins. Terrasse d'été prisée aux beaux jours. Les menus surprises sont composés au fil des arrivages et des envies du chef.

- Menu 35 € (déjeuner), 65/85 €

9 allée de la Morlette - ✆ 05 57 80 24 25 - www.restaurant-paradoxe.com - Fermé : lundi, dimanche

CHAMPCEVINEL

⊠ 24750 - Dordogne - Carte régionale n° **18**-C1

LA TABLE DU POUYAUD

CUISINE MODERNE • CONTEMPORAIN Sur les hauteurs de Périgueux, le chef (et enfant du pays) Gilles Gourvat, vous reçoit dans cette ferme joliment rénovée. La cuisine, actuelle, revisite la tradition périgourdine, et privilégie les produits locaux (truffe en saison). Ainsi ce pied de cochon et fricassée d'escargots persillés, ou la volaille farcie et foie gras poêlé... Goûteux.

- Menu 35/78 € - Carte 55/70 €

57 route de Paris - ✆ 05 53 09 53 32 - www.table-pouyaud.fr - Fermé : lundi, mardi, dimanche soir

CIBOURE

✉ 64500 – Pyrénées-Atlantiques – Carte régionale n° **18**–A3

Voir plan de St-Jean-de-Luz

EKAITZA

Chef : Guillaume Roget

CUISINE MODERNE • CONTEMPORAIN Guillaume Roget, l'ancien chef du restaurant étoilé le Brouillarta à Saint-Jean-de-Luz, a traversé la baie de Socoa pour installer ses fourneaux à Ciboure sur le quai Ravel, au-dessus du port : un lieu bien choisi pour un restaurant nommé "tempête" (Ekaitza en basque). Pas d'orage et de grisaille dans la déco, mais un lieu clair avec de jolies tables espacées, d'où l'on peut jeter un coup d'œil sur la cuisine en fond de salle. Dans l'assiette, d'excellents produits basques sont tranquillement sublimés, parfois avec des associations hardies, et toujours des belles sauces. Pour les amateurs de la dive bouteille, les plats du menu Arnoa (5 services) sont mitonnés en fonction des vins choisis par le client - le chef est un ancien sommelier.

♿ - Menu 58/69 € - Carte 68/80 €

Plan : Saint-Jean-de-Luz A2-7 - *15 quai Maurice Ravel - ✆ 05 59 51 29 51 - www.restaurant-ekaitza.fr - Fermé : lundi, dimanche*

CHEZ MATTIN

CUISINE BASQUE • RUSTIQUE Ambiance très familiale dans cette maison de pays rustique à souhait (poutres, cuivres...). Spécialités basques et suggestions au gré du marché, pour une cuisine spontanée, qui étonne et détonne. Le poisson est à l'honneur et c'est un vrai bonheur !

A/C - Carte 51/55 €

Plan : Saint-Jean-de-Luz A2-1 - *63 rue E.-Baignol - ✆ 05 59 47 19 52 - www.chezmattin.fr - Fermé : lundi, dimanche*

DAGLAN

✉ 24250 – Dordogne – Carte régionale n° **18**–D2

LE PETIT PARIS

CUISINE MODERNE • RUSTIQUE Au cœur d'un charmant village périgourdin, une table sympathique devancée par une grande terrasse. Ici, le chef – un enfant du pays – met un point d'honneur à valoriser les produits de sa région. Carpaccio de foie gras et sa vichyssoise au porto ; quasi de veau aux artichauts... Frais et savoureux.

- Menu 34 €

Au bourg - ✆ 05 53 28 41 10 - www.le-petit-paris.fr - Fermé : lundi, dimanche soir

DOMME

✉ 24250 – Dordogne – Carte régionale n° **18**–D1

L'ESPLANADE

CUISINE CLASSIQUE • BOURGEOIS Une belle demeure ancienne, perchée sur les remparts, avec une terrasse sous les tilleuls. La cuisine est sincère, sans artifice, et fait apprécier les saveurs franches de la tradition. Chambres bourgeoises, certaines avec une jolie vue sur la vallée de la Dordogne.

A/C - Menu 35 € (déjeuner), 55/85 € - Carte 52/72 €

2 rue Pontcarral - ✆ 05 53 28 31 41 - www.esplanade-perigord.com - Fermé : lundi, mardi

ESPELETTE

⊠ 64250 - Pyrénées-Atlantiques - Carte régionale n° **18**-A3

CHOKO ONA

Chef : Clément Guillemot

CUISINE MODERNE • CONTEMPORAIN Quel bonheur de voir cette hostellerie longtemps fermée s'offrir une nouvelle jeunesse, grâce à l'enthousiasme d'un jeune couple ! Clément et Flora se sont connus à l'Hostellerie de Plaisance, à Saint-Émilion, et leur complicité est évidente. Le chef concocte une cuisine contemporaine, fine et subtile, aux produits sourcés au plus près d'Espelette ; ainsi l'excellent pigeonneau rôti, très rosé, à la chair fondante, ou le maigre, cèpes, potimarron, feuille de piment, jusqu'aux framboises infusées à la fleur d'hibiscus. Deux menus sont déclinés en fonction de votre appétit. Une table délicieuse à tous points de vue.

L'engagement du chef : *Nos produits sont sourcés au plus près en agriculture bio et raisonnée, avec nos 600 m2 de potager qui fournissent de nombreux légumes et herbes. Les vins sont bio et biodynamique. Pour agir en faveur d'une gastronomie durable, nous avons réduit les plastiques à usage unique et les déchets ménagers et nous avons mis en place des récipients consignés avec nos producteurs. Tous les papiers du restaurant sont recyclés.*

- Menu 26 € (déjeuner), 52/72 €

155 rue Xerrendako-Bidea - 05 59 15 71 65 - www.choko-ona.fr - Fermé : lundi, mercredi soir, dimanche

EUGÉNIE-LES-BAINS

⊠ 40320 - Landes - Carte régionale n° **18**-B3

LES PRÉS D'EUGÉNIE - MICHEL GUÉRARD

Chef : Michel Guérard

CUISINE CLASSIQUE • ÉLÉGANT Certains chefs doivent autant leur réputation à leur travail en cuisine qu'à leurs qualités humaines : Michel Guérard est de ceux-là. Considéré comme l'un des précurseurs de la Nouvelle Cuisine, admiré par ses pairs dans le monde entier, il continue de travailler avec la même passion et le même dévouement. Aux Prés d'Eugénie, l'expérience est totale : cadre enchanteur - une magnifique demeure au cœur d'un parc verdoyant -, service attentif au moindre détail... et surtout, cuisine en tous points exceptionnelle. On retrouve dans l'assiette tout l'héritage du chef Guérard : la veine naturaliste, bien sûr, une légèreté jamais prise en défaut, et cette capacité à marier les saveurs les plus diverses avec justesse, à la façon des instruments de l'orchestre. Le restaurant se situe désormais dans les salons boisés de l'impératrice, pétris de l'histoire de la maison.

- Menu 265/295 €

Place de l'Impératrice - 05 58 05 06 07 - lespresdeugenie.com - Fermé : lundi, mardi, mercredi midi, jeudi midi, vendredi midi

LA FERME AUX GRIVES

CUISINE TRADITIONNELLE • AUBERGE Cette vieille auberge de village a retrouvé ses couleurs d'antan. Jardin potager, vieilles poutres et tomettes... Un cadre idéal pour savourer une cuisine du terroir joliment ressuscitée. Suites exquises, pour des nuits paisibles.

- Menu 52 €

Place de l'Impératrice - 05 58 05 05 06 - lespresdeugenie.com - Fermé : mercredi, jeudi

EYMET

⊠ 24500 - Dordogne - Carte régionale n° **18**-C2

LA COUR D'EYMET

CUISINE CLASSIQUE • BOURGEOIS Sur la rue principale du bourg, une maison de style régional, flanquée d'une petite cour où l'on dresse quelques tables aux beaux jours. Les gourmands s'y régalent d'une cuisine soignée à base d'excellents produits. Enfin, le tout est accompagné de bons petits vins du pays.

- Menu 39 €

32 boulevard National – 05 53 22 72 83 – Fermé : mercredi, dimanche soir

LES EYZIES-DE-TAYAC

24620 – Dordogne – Carte régionale n° **18**–C3

LE 1862 - LES GLYCINES

Chef : Pascal Lombard

CUISINE MODERNE • CONTEMPORAIN Des assiettes colorées et originales, aux cuissons impeccables et réalisées avec des produits de grande qualité, dont les légumes du potager : voici l'alléchant programme qui n'attend que votre coup de fourchette au 1862, la table principale de l'hôtel Les Glycines. Cet ancien relais de poste, situé entre la gare et la Vézère, propose une cuisine du marché aux harmonies de saveurs subtiles, ainsi que des sauces très abouties. Le chef magnifie les plus beaux produits du coin : pigeon, foie gras, tomme de Sarlat et autres légumes ! On déguste tout cela dans une élégante salle contemporaine ouverte sur la terrasse-loggia donnant sur le parc. Service impeccable et bons conseils sur les vins.

- Menu 69/115 €

4 avenue de Laugerie – 05 53 06 97 07 – www.les-glycines-dordogne.com – Fermé : lundi et le midi

LE BISTRO DES GLYCINES

CUISINE MODERNE • CONTEMPORAIN L'un des atouts indéniables de cet excellent hôtel : son bistrot ! Dans la jolie salle en véranda, joliment décorée (tables en bois brut, chaises de style "shaker"...), on se régale de plats dans l'air du temps, à bon rapport qualité-prix, comme cette galantine de poulet fermier farcie au foie gras, cèpes et poire. Miam.

- Menu 35 €

4 avenue de Laugerie – 05 53 06 97 07 – www.les-glycines-dordogne.com – Fermé : lundi et le soir

LE CENTENAIRE

CUISINE MODERNE • CLASSIQUE Cet établissement historique des Eyzies a retrouvé des couleurs depuis la reprise par un jeune chef qui commence à faire parler de lui, Mathieu Métifet. Cet ancien ostréiculteur réalise une cuisine généreuse et personnelle, à l'instar de son plat signature, "les incontournables couteaux du Centenaire à la crème de morilles et magret fumé maison". Il s'inspire du terroir périgourdin sans dédaigner quelques notes réunionnaises et exotiques (épices, marinades au rhum).

- Menu 38/109 € - Carte 56/138 €

2 avenue du Cingle – 05 53 06 68 68 – www.hotelducentenaire.fr – Fermé : lundi midi, mardi midi, mercredi midi, jeudi midi, vendredi midi, samedi midi

GUÉTHARY

64210 – Pyrénées-Atlantiques – Carte régionale n° **18**–A3

BRIKÉTÉNIA

Chefs : David et Martin Ibarboure

CUISINE MODERNE • ÉLÉGANT Le petit village basque de Guétary est le fief d'une partie de la famille Ibarboure, l'autre étant à Bidart aux commandes... des Frères Ibarboure. Dans cette demeure basque des années 1930, un ancien hôtel, Martin le père et David le fils sont en cuisine. Marie-Claude, la mère, accueille ses hôtes avec une hospitalité toute basque tandis que Camille, la sœur, manie l'art bachique comme personne. Esprit de famille, quand tu nous tiens ! Notons tout de même que le fils s'est échappé jusqu'à Hong-Kong chez Pierre Gagnaire. Avec son père, il signe une cuisine de grande qualité : assaisonnements subtils, effets de transparence ou de contraste, produits choisis à leur parfaite maturité... Ces produits, très souvent basques évidemment, sont sublimés au naturel, et mis en valeur par un service charmant.

- Menu 42 € (déjeuner), 67/108 € - Carte 77/107 €

Rue de L'Église - 05 59 26 51 34 - www.briketenia.com - Fermé : mardi

BRIKET' BISTROT

CUISINE MODERNE • TENDANCE L'hôtel de la famille Ibarboure accueille ce sympathique bistrot, indépendant du restaurant gastronomique. Le chef signe une cuisine soignée, délicate et pleine de goût, dans un cadre épuré. Les produits basques dominent logiquement la carte, mais s'agrémentent parfois de mets exotiques. L'équipe est jeune et avenante, les prix demeurent raisonnables. On se régale.

- Carte 34/40 €

Rue de L'Église - 05 59 26 51 34 - www.briketenia.com - Fermé : lundi, mardi

GÉTARIA

CUISINE MODERNE • CONVIVIAL Le jeune chef de ce bistrot contemporain a été sacré vice-champion du monde de pâté en croûte en 2015... voilà qui en jette ! Le pâté est donc évidemment en bonne place à la carte, aux côtés de produits bien travaillés : persillé de Wagyu et palets de pomme de terre fumée ; pêche plate pochée à la verveine...

- Carte 48 €

360 avenue du Général-de-Gaulle - 05 59 51 24 11 - www.getaria.fr - Fermé : lundi midi, mardi, mercredi

GUICHE

64520 - Pyrénées-Atlantiques - Carte régionale n° **18**-B3

LE GANTXO

CUISINE MODERNE • CONTEMPORAIN Bienvenue en terre basque. Ce Gantxo – du nom d'une passe de pelote – donne directement sur le "trinquet", l'aire de jeu du célèbre sport local. En cuisine, le chef revisite la cuisine basque de façon très personnelle ; il compose des plats bien au goût du jour, souvent copieux, toujours goûteux. Un vrai coup de cœur !

- Menu 34/47 €

Quartier du Port - 05 59 56 46 63 - www.restaurant-le-gantxo.fr - Fermé : lundi soir, mardi, mercredi, jeudi soir, dimanche soir

HASPARREN

64240 - Pyrénées-Atlantiques - Carte régionale n° **18**-B3

LA MAISON DE PIERRE

CUISINE CLASSIQUE • TRADITIONNEL Une belle surprise, cette table emmenée par une jeune équipe à l'enthousiasme communicatif dans un cadre flambant neuf et raffiné. Le chef met en avant la production basque de très jolie manière à travers une cuisine moderne et créative ; c'est gourmand et le menu déjeuner à 19 euros est un vrai bon plan. On peut aussi grignoter au bar à vin (18h-22h).

- Menu 22 € (déjeuner), 45/68 €

Quartier Urcuray - 05 59 93 40 49 - www.lamaisondepierre.fr - Fermé : mardi, mercredi, samedi midi

HOSSEGOR

40150 - Landes - Carte régionale n° **18**-A3

LES HORTENSIAS DU LAC

CUISINE MODERNE • CONVIVIAL Superbement rénovée, cette institution locale domine le lac d'Hossegor. Le chef Philippe Moreno y propose une carte mixte, entre "incontournables" régionaux et recettes plus actuelles : dans l'ensemble, une partition de bonne facture. On en profite dans un intérieur de bistrot lumineux, ou sur l'agréable terrasse.

- Menu 88 € - Carte 78/97 €

1578 avenue du Tour-du-Lac - ✆ 05 58 43 99 00 - www.leshortensiasdulac.com - Fermé : mercredi

JEAN DES SABLES

CUISINE CRÉATIVE • DESIGN Cadre épuré pour ce restaurant de plage : béton ciré, murs clairs, vivier, vue sur l'Océan... La cuisine est moderne, déclinée au fil d'une carte courte et bien ficelée, avec un menu spécial dédié au homard. Accueil et service aux petits soins.

- Menu 55/80 €

121 boulevard de la Dune, à Soorts - ✆ 05 58 72 29 82 - www.jeandessables.com - Fermé : lundi, mardi

LA HUME - Gironde(33) • Voir Bassin d'Arcachon

IRISSARRY

64780 - Pyrénées-Atlantiques - Carte régionale n° **18**-B3

ART'ZAIN

Chef : Henri Amestoy

CUISINE DU MARCHÉ • CONTEMPORAIN Artzain signifie "berger" en basque - hommage du propriétaire à son père. Située au centre du village, cette ancienne grange, entièrement réhabilitée dans un style rustique et design (le mobilier est l'œuvre de l'artisan basque Alki), propose une cuisine de saison volontiers locavore. Une bonne adresse.

L'engagement du chef : Nous avons une carte courte qui change toutes les six semaines ou qui évolue en suivant les productions et les cultures de nos producteurs. Nos fournisseurs sont tous installés dans un rayon réduit autour du restaurant afin de limiter notre empreinte carbone. Nous confions nos déchets organiques à nos poules et à nos cochons.

- Menu 34/57 €

Au bourg - ✆ 05 59 37 23 83 - www.restaurant-art-zain.fr - Fermé : lundi, mardi, dimanche soir

ISSIGEAC

24560 - Dordogne - Carte régionale n° **18**-C2

L'ATELIER

CUISINE MODERNE • COSY Aux portes de la cité médiévale, ce restaurant cosy aux notes rustiques est le fief du chef Fabrice Rodot. On apprécie sa cuisine dans l'air du temps, qui privilégie les produits du terroir local et de saison. Sans oublier l'excellent pain maison ! A déguster, l'été venu, sur l'agréable terrasse.

- Menu 20 € (déjeuner), 38/62 €

62 Tour de Ville - ✆ 05 53 23 49 78 - www.latelierissigeac.fr - Fermé : mardi, mercredi

LA BRUCELIÈRE

CUISINE MODERNE • AUBERGE Avec ses murs en moellons et son mobilier en bois, sa vaisselle et sa poterie achetées au village, cette authentique auberge de campagne ne manque pas de charme. Le chef met un point d'honneur à cuisiner des produits frais à travers des recettes simples et bonnes. Jolie terrasse sur le jardin, à l'arrière.

- Menu 34/38 €

Place de la Capelle - ✆ 05 53 73 89 61 - www.labruceliere.com - Fermé : mardi, mercredi

ITXASSOU

⊠ 64250 - Pyrénées-Atlantiques - Carte régionale n° **18**-A3

RESTAURANT BONNET

CUISINE TRADITIONNELLE • RUSTIQUE Comme la pelote semble aimantée par la chistera (le gant en paille des joueurs), le jeune chef, Benat Bonnet, a naturellement rejoint l'établissement familial - 3egénération - après avoir fait ses classes dans plusieurs établissements de renom. Les produits locaux y sont à la fête, comme avec cet agneau rôti, pastilla d'épaule et jus au thym...

- Menu 25/39 €

Place du Fronton - 05 59 29 75 10 - www.hotelrestaurantfronton.com - Fermé : mardi, mercredi

LABARDE

⊠ 33460 - Gironde - Carte régionale n° **18**-B1

NOMADE

CUISINE MODERNE • CONVIVIAL Jolie surprise que cette adresse ouverte en plein Médoc par un jeune couple originaire de la région. Le chef propose une cuisine française mâtinée de touches exotiques, en utilisant autant que possible les produits locaux : le goût est au rendez-vous. Décor agréable et accueil tout sourire.

- Menu 35 € (déjeuner), 70 €

3 route des Châteaux - 05 56 35 92 38 - www.restaurant-nomade.fr - Fermé : lundi, mercredi midi, jeudi midi, dimanche

LANGON

⊠ 33210 - Gironde - Carte régionale n° **18**-B1

CLAUDE DARROZE

CUISINE CLASSIQUE • CONTEMPORAIN Cet établissement familial sait perpétuer les traditions : on se délecte d'une cuisine classique, ponctuée de clins d'œil au Sud-Ouest, accompagnée de bons bordeaux (600 appellations). Les produits sont traités avec beaucoup de soin (à titre d'exemple, le pigeon de M. Duleau, la lamproie cuisinée au sauternes, le saint-pierre de ligne confit à la moelle), il y a du goût et de la générosité dans l'assiette, et les amateurs de gibier profiteront même d'un menu "chasse" en saison. Tout cela se déguste dans un cadre moderne ou sur l'agréable terrasse, protégée par les platanes, à la belle saison. Pour ceux qui souhaiteraient prolonger le séjour, quelques jolies chambres se tiennent à votre disposition.

- Menu 39 € (déjeuner), 44/129 €

95 cours du Général-Leclerc - 05 56 63 00 48 - www.darroze.com - Fermé : lundi, dimanche

L'ATELIER FLAVIEN VALÈRE

CUISINE MODERNE • SIMPLE Formé à bonne école dans le Sud-Ouest, le jeune Flavien Valère vient rythmer l'offre gastronomique de Langon. Il connaît ses gammes, aucun doute là-dessus : cuissons impeccables, assaisonnements au point, bons produits locaux travaillés avec soin... On se régale au gré de cette carte où tout est fait maison. Imparable.

- Menu 19 € (déjeuner), 35/45 €

62 cours des Fossés - 05 56 76 25 66 - www.restaurant-atelierfv.fr - Fermé : lundi, mardi soir, mercredi soir, dimanche soir

LARRAU

✉ 64560 – Pyrénées-Atlantiques – Carte régionale n° **18**–B3

ETCHEMAÏTÉ

CUISINE TRADITIONNELLE • RUSTIQUE Dans ces contrées montagneuses aux confins du Pays basque, une maison traditionnelle tout simplement charmante... d'autant qu'on s'y régale : par exemple, foie gras grillé, panais au pain d'épices, ou encore épaule d'agneau confite et piquillos... C'est simple, goûteux et généreux, et la vue sur les Pyrénées est superbe.

– Menu 25 € (déjeuner), 28/48 € - Carte 35/48 €

Le Bourg – ✆ 05 59 28 61 45 – www.hotel-etchemaite.fr – Fermé : lundi, mardi midi, dimanche soir

LESCAR

✉ 64230 – Pyrénées-Atlantiques – Carte régionale n° **18**–B3

ARRADITZ

CUISINE MODERNE • CONTEMPORAIN Cette maison du 19e s., installée dans une petite ville à la périphérie de Pau, est le fief d'un duo bien préparé : elle, pâtissière, a fait ses armes au Plaza Athénée ; lui, aux fourneaux, a aussi travaillé dans plusieurs maisons étoilées. Leur cuisine, fine et bien exécutée, met en valeur les produits de la région. Courez-y !

– Menu 40/70 € - Carte 61/77 €

2 rue Cachau – ✆ 05 59 32 31 40 – www.arraditz.com – Fermé : lundi, mardi, dimanche soir

LORMONT

✉ 33310 – Gironde – Carte régionale n° **18**–B1

LE PRINCE NOIR - VIVIEN DURAND

Chef : Vivien Durand

CUISINE MODERNE • DESIGN Les écuries d'un château, un cube de verre et béton, une vue sur le pont d'Aquitaine et de la musique rock en fond sonore : la table détonne dans le paysage gastronomique bordelais . Mais pas autant que la cuisine de Vivien Durand, un chef qui fourmille d'idées originales et réinterprète la tradition française dans une veine gastronomique. Un pari osé, tant on semble avoir déjà tout déconstruit mais il faut admettre que son pari est réussi ! Huîtres en sauce matelote, foie gras grillé servi avec des betteraves infusées au café ou pigeon et son jus de carcasse : les saveurs sont souvent éclatantes, les produits (locaux pour l'immense majorité) sont superbement mis en valeur. Dans son travail prédomine un côté "brut de décoffrage" attachant, qui parle à l'instinct et au cœur. Ajoutons à cela une démarche écolo sincère, on se retrouve avec une table exemplaire.

L'engagement du chef : *Au-delà de l'exigence que nous avons à l'égard des produits que nous sélectionnons, nous supprimons au maximum les emballages à usage unique, les bouteilles en plastique et les détergents polluants, nous mettons en place un tri sélectif rigoureux (y compris les coquilles des fruits de mer) et fabriquons notre compost végétal et substrat pour nos maraîchers.*

– Menu 60 € (déjeuner), 95/125 €

1 rue du Prince-Noir – ✆ 05 56 06 12 52 – www.leprincenoir-restaurant.fr – Fermé : mardi midi, mercredi midi, samedi, dimanche

LOUGRATTE

✉ 47290 – Lot-et-Garonne – Carte régionale n° **18**–C2

LA TABLE DES SENS

CUISINE MODERNE • CONTEMPORAIN Le chef Hervé Sauton et son associé pâtissier ont quitté Villeneuve-sur-Lot pour s'installer dans cette maison sur la route de Bergerac. Esprit de bistrot contemporain, agréable terrasse - demandez, si possible, l'une des tables avec vue sur le lac de Lougratte - et surtout, séduisante cuisine actuelle et de saison.

- Menu 21 € (déjeuner), 39 €

63 route de Villeneuve-sur-Lot - 05 53 36 97 04 - www.latabledessens.com - Fermé : lundi, mardi, dimanche soir

MAGESCQ

40140 - Landes - Carte régionale n° **18**-B1

RELAIS DE LA POSTE

Chefs : Clémentine et Jean Coussau

CUISINE CLASSIQUE • **ÉLÉGANT** Face à la pinède, on cultive le classicisme... à quatre mains, entre le chef et sa nièce. Bien ancré dans sa région, il se plait à évoquer le "maillage des petits producteurs" - foie gras, volaille, viande de chalosse, poissons de l'Adour et de Capbreton -, cette cuisine de proximité qu'il préfère appeler "cuisine de cœur". Sa saison préférée ? L'automne, pour les champignons et le gibier. Trois plats immuables révèlent ses affections : le foie de canard chaud aux raisins, la sole aux cèpes et le saumon de l'Adour (un poisson capricieux), quand les pêcheurs en attrapent. Ajoutons les superbes soufflés au Grand Marnier, aériens et crémeux, au centre desquels est glissée une petite quenelle de sorbet à l'orange sanguine, qui apporte une irrésistible fraîcheur.

- Menu 65 € (déjeuner), 105/150 € - Carte 120/150 €

24 avenue de Maremne - 05 58 47 70 25 - www.relaisposte.com - Fermé : lundi, mardi

CÔTÉ QUILLIER

CUISINE MODERNE • **BISTRO** Un élégant bistrot, entièrement dévolu à une bonne cuisine du marché ! Croustillant de pied de cochon, boudin noir sauce moutarde et purée de pommes de terre agria, tiramisu de fruits rouges, etc. On se régale sur la terrasse, avant de rejoindre le jardin où vous attend un jeu... de quilles. Ambiance conviviale.

- Menu 27/37 € - Carte 30/42 €

26 avenue de Maremne - 05 58 47 79 50 - www.relaisposte.com - Fermé : lundi, mardi

MARMANDE

47200 - Lot-et-Garonne - Carte régionale n° **18**-C2

BOAT AUX SAVEURS

CUISINE MODERNE • **ÉLÉGANT** Dans cette villa contemporaine à l'écart du centre ville tenue par une mère et sa fille, les gourmands se régalent d'une cuisine soignée bien dans son époque. La cheffe met un point d'honneur à se fournir chez les producteurs locaux, et presque tous les légumes viennent du potager maison !

- Menu 26 € (déjeuner), 44/55 €

36-38 avenue Jean-Jaurès - 05 53 64 20 35 - www.restaurantboatauxsaveurs.fr - Fermé : lundi, mardi, mercredi soir, jeudi soir, samedi midi, dimanche soir

MARTILLAC

33650 - Gironde - Carte régionale n° **18**-B1

LA GRAND'VIGNE - LES SOURCES DE CAUDALIE

CUISINE MODERNE • **ROMANTIQUE** À quelques kilomètres seulement de Bordeaux, un véritable petit paradis niché au cœur du vignoble. Aux fourneaux de la Grand'Vigne, la table gastronomique de l'hôtel, officie le chef Nicolas Masse, dont la partition est tournée vers un but : sublimer les vins de Pessac Léognan, blanc et rouge. Ainsi le blanc révèle la tenue nacrée du merlu de ligne cuit avec des fleurs de courgette, nappé d'un fumet de poisson au vin blanc infusé à la fleur de capucine quand le vin rouge tombe en pamoison (et nous avec lui!) devant l'agneau de lait des Pyrénées cuit rosé et garni de petites girolles du Médoc et d'une bugne farcie d'épaule d'agneau confite. Pour conclure, les desserts subtils et inventifs du pâtissier Jordane Stiée achèveront de convaincre les palais délicats.

- Menu 165/205 €

Chemin de Smith-Haut-Lafitte - ✆ 05 57 83 83 83 - www.sources-caudalie.com - Fermé : lundi, mardi, mercredi midi, jeudi midi, vendredi midi

LA TABLE DU LAVOIR - LES SOURCES DE CAUDALIE

CUISINE DU TERROIR • RUSTIQUE Un cadre original que cette superbe halle tout en bois (18e s.), sous laquelle on lavait autrefois les vêtements utilisés pour les vendanges ! La cuisine joue la carte de la bonne tradition. Où l'on retrouve l'atmosphère plaisante des auberges d'autrefois.

- Menu 45 € - Carte 50/80 €

Chemin de Smith-Haut-Lafitte - ✆ 05 57 83 83 83 - www.sources-caudalie.com

MÉRIGNAC

✉ 33700 - Gironde - Carte régionale n° **18**-B1

BLISSS

CUISINE CRÉATIVE • CONTEMPORAIN Dans cette petite zone commerciale, une belle surprise : Anthony Aycaguer, chef expérimenté, décline des assiettes modernes, aux visuels épurés, qui évoluent au gré du marché. Menu surprise en cinq plats, renouvelé deux fois par mois. Réservation impérative.

A/C - Menu 54 € (déjeuner), 94 €

98 avenue de Magudas - ✆ 05 56 98 66 72 - www.blisss-restaurant.fr - Fermé : lundi, mardi midi, jeudi midi, samedi, dimanche

MOIRAX

✉ 47310 - Lot-et-Garonne - Carte régionale n° **18**-C2

AUBERGE LE PRIEURÉ

Chef : Benjamin Toursel

CUISINE CRÉATIVE • CONVIVIAL Entre Bordeaux et Toulouse, au cœur d'un petit village pittoresque des environs d'Agen, ce restaurant de campagne occupe une belle maison en pierre de taille, plusieurs fois centenaire. La terrasse ombragée par de robustes platanes fait face à un prieuré clunisien fondé au 11e s. Ancien compagnon de route de Michel Trama à Puymirol, le chef Benjamin Toursel a su développer son propre style, moderne, créatif et audacieux, qui ne laisse jamais indifférent : thon, crème d'amande, coulis de cerise, gaspacho vert ; courgettes au sel, pâte de citron, prune umeboshi, poutargue... Un prieuré où l'on fait bonne chère...

- Menu 33 € (déjeuner), 66/89 €

4 Grand'Rue - ✆ 05 53 47 59 55 - www.aubergeleprieure.fr - Fermé : lundi, mardi, dimanche soir

MONBAZILLAC

✉ 24240 - Dordogne - Carte régionale n° **18**-C1

LA TOUR DES VENTS

CUISINE MODERNE • ÉLÉGANT Au sommet du vignoble de Bergerac, à côté d'un moulin à vent ruiné, cette belle maison cossue offre une vue inoubliable. Le chef Damien Fagette cultive le terroir périgourdin en travaillant la blonde d'Aquitaine, le foie gras et le poulet fermier du Périgord. Soignée et maîtrisée, sa cuisine au goût du jour vaut par ses produits de grande qualité, la justesse de ses cuissons et ses saveurs bien marquées. Souvenirs d'un Saint-Pierre grillé, beurre blanc au caviar d'Aquitaine, jaune d'œuf croustillant, chou-fleur, sans oublier le superbe dessert, "Sous la cloche de sucre soufflé, méli-mélo de fruits rouges, financier, espuma vanille, sorbets plein fruit". Un vent d'enthousiasme souffle sur cette bonne table.

 - Menu 54/97 €

Lieu-dit Moulin-de-Malfourat - ✆ 05 53 58 30 10 - www.tourdesvents.com - Fermé : lundi, mardi, dimanche soir

MONESTIER

✉ 24240 - Dordogne - Carte régionale n° **18**-C1

LES FRESQUES - CHÂTEAU DES VIGIERS

CUISINE MODERNE • **ÉLÉGANT** Situé au carrefour de la Dordogne, de la Gironde et du Lot-et-Garonne, le château de Vigiers est une belle demeure périgourdine du 16e s. entourée d'un parc, d'un vignoble et même d'un golf très réputé. Le temps semble s'y être arrêté. Et entre ces gros murs séculaires, s'épanouit un restaurant aux murs décorés de fresques d'époque Renaissance... Didier Casaguana, peintre du goût, y dévoile une palette riche en goûts et en parfums, directement inspirée du terroir. Ce Toulousain confesse une passion dévorante pour la nature, travaillant les fruits et légumes des petits producteurs, mais aussi les produits nobles de ce Sud-Ouest opulent : ris de veau braisé et escalope de foie gras poêlée ; filet de bœuf Blonde d'Aquitaine ; caviar de la maison Prunier...

- Menu 55 € (déjeuner), 77/117 € - Carte 95/120 €

Au Vigier - ✆ 05 53 61 50 00 - www.vigiers.com - Fermé : lundi midi, mercredi, jeudi midi, dimanche soir

MONPAZIER

✉ 24540 - Dordogne - Carte régionale n° **18**-C2

ÉLÉONORE

CUISINE MODERNE • **ÉLÉGANT** Dans ce joli castel où l'on cultive l'art de la gentillesse, il existe une table élégante château où le chef, grand voyageur formé auprès de Paul Bocuse et de Marc Veyrat, accueille avec une carte courte qui suit les saisons et les bons produits, le tout dans une veine plutôt traditionnelle et hors du temps - comme ce lieu charmant !

- Carte 55/70 €

5 rue Saint-Pierre - ✆ 05 53 22 44 00 - www.restauranteleonore.com - Fermé : mercredi et le midi

MONTAGNE

✉ 33570 - Gironde - Carte régionale n° **18**-C1

LA RÉSERVE DU PRESBYTÈRE

CUISINE TRADITIONNELLE • **CONTEMPORAIN** Dans un village vigneron, adresse bistronomique face à une église romane. La déco associe tables de bistrot et chaises industrielles sur fond de pierres apparentes. Le chef propose une cuisine traditionnelle goûteuse et pourtant toute en fraîcheur à l'image de cet explosif sorbet à la verveine du jardin qui accompagne le clafoutis aux abricots...

- Menu 27/46 €

22 Grand-Rue - ✆ 05 57 79 03 43 - www.lareservedupresbytere.fr - Fermé : lundi, dimanche soir

MONT-DE-MARSAN

✉ 40000 - Landes - Carte régionale n° **18**-B1

LES CLEFS D'ARGENT

Chef : Christophe Dupouy

CUISINE CRÉATIVE • **FAMILIAL** Avec les années, cette table, entièrement rénovée avec goût dans un style contemporain et épuré, est devenue un rendez-vous incontournable à Mont-de-Marsan. On doit ce succès au travail de Christophe Dupouy, solide professionnel formé à bonne école (de Ducasse à Michel Sarran). Orientée nature et locavore, sa cuisine est un exemple de métissage, mariant le terroir du Sud-Ouest (et plus particulièrement des Landes) à des influences béninoises – le pays d'origine de son épouse Eugénie, véritable maîtresse des lieux, qui assure un service aussi prévenant que chaleureux. Ajoutez à cela une ambiance conviviale et bon enfant, vous obtenez une maison hautement recommandable.

- Menu 25 € (déjeuner), 66/88 €

333 avenue des Martyrs-de-la-Résistance – 05 58 06 16 45 – www.clefs-dargent.com – Fermé : lundi, dimanche

VILLA MIRASOL - BISTROT 1912

CUISINE DE SAISON • COSY La Villa Mirasol a confié les destinées de sa table au chef landais Philippe Lagraula, formé notamment dans les maisons Troisgros et Bras. On connaît ses points forts : dressage, originalité, harmonie des saveurs, des qualités illustrées par une cuisine actuelle, moderne et décomplexée, à l'image de ce boudin noir au piment jaune, œuf coulant et "cosa crocante".

P - Menu 25 € (déjeuner), 35/48 €

2 boulevard Ferdinand-de-Candau – 05 58 44 14 14 – www.villamirasol.fr – Fermé : lundi, dimanche

LA TABLE MIRASOL N

CUISINE MODERNE • ÉLÉGANT Une nouvelle table - gastronomique - pour la Villa Mirasol où s'exprime le talent du chef Philippe Lagraula qui mêle ici le répertoire du terroir landais cher à son cœur et quelques touches de modernité. En fin de semaine, cette table à l'ambiance feutrée propose un menu dégustation (4/5 ou 6 temps) que l'on sert dans l'un des salons de cette belle demeure historique.

Menu 68/90 €

2 boulevard Ferdinand-de-Candau – 05 58 44 14 14 – www.villamirasol.fr – Fermé : lundi, mardi, mercredi, jeudi midi, vendredi midi, dimanche

ORTHEVIELLE

40300 – Landes – Carte régionale n° **18**–B3

LA FERME D'ORTHE

CUISINE TRADITIONNELLE • CONVIVIAL Imposante cheminée pour griller la côte de bœuf, solides poutres, gros tonneau en guise de table et murs en pierre : l'atmosphère, actuelle, ne nuit pas à l'âme de ce restaurant de campagne. Les plats servis au déjeuner sont simples et réjouissants (confit maison, parillada, foie gras), plus travaillés le soir. Et les produits, toujours locaux. Une adresse fort sympathique.

- Menu 14 € (déjeuner), 33 € - Carte 33/39 €

9 rue de la Fontaine – 05 58 73 01 03 – www.lafermedorthe.fr – Fermé : lundi, mardi soir, mercredi soir, dimanche soir

PARENTIS-EN-BORN

40160 – Landes – Carte régionale n° **18**–B1

CHEZ FLO

CUISINE MODERNE • BISTRO Un restaurant convivial, façon bistrot contemporain... Dans l'esprit du lieu, la cuisine est généreuse : sous la houlette d'un jeune chef passionné, tout est fait maison, avec des produits régionaux.

- Menu 17 € (déjeuner), 32 €

9 rue Saint-Barthélémy – 05 58 78 40 21 – Fermé : lundi, dimanche

PAU

✉ 64000 – Pyrénées-Atlantiques – Carte régionale n° **18**-B3

L'AMATEUR DE THÉS

CUISINE JAPONAISE • CONTEMPORAIN Les Palois apprécient depuis longtemps déjà le travail de Yuri Nagaya, chef originaire de Gifu au Japon, et pour cause : elle réalise un mix surprenant entre la grande tradition culinaire de son pays natal et les techniques et produits français – foie gras, porc de Bigorre, et autres poissons de l'Atlantique. Un plaisir pour les yeux et pour les papilles.

♿ ⛶ – Menu 30/70 €

Plan : B1-4 – *1 rue de la République* – ✆ *05 59 32 81 06* – *www.lamateurdethes.fr* – *Fermé : lundi, mardi, dimanche*

L'INTERPRÈTE

CUISINE CRÉATIVE • TENDANCE Deux interprètes de talent chantent les louanges d'une bistronomie brute et créative et séduisent leur auditoire par leur répertoire gourmand exécuté dans un cadre bohème chic d'une belle élégance – dallage sombre, mobilier brut, table avec plateau en bois de manguier... Le jeune chef et maestro Quentin Maysou s'en donne à cœur joie : truite, sorbet gremolata, tapioca à l'encre de seiche, mayonnaise yuzu/curry ; pluma de cochon ibérique, carottes, sauce yahourt/saté ; pêche plate, mousse au Touron, sorbet bière blanche, Pain de gênes citron vert, croustillant nectarine. En salle, Pauline Thubert accueille avec charme et courtoisie. Rapport qualité/prix plus qu'épatant.

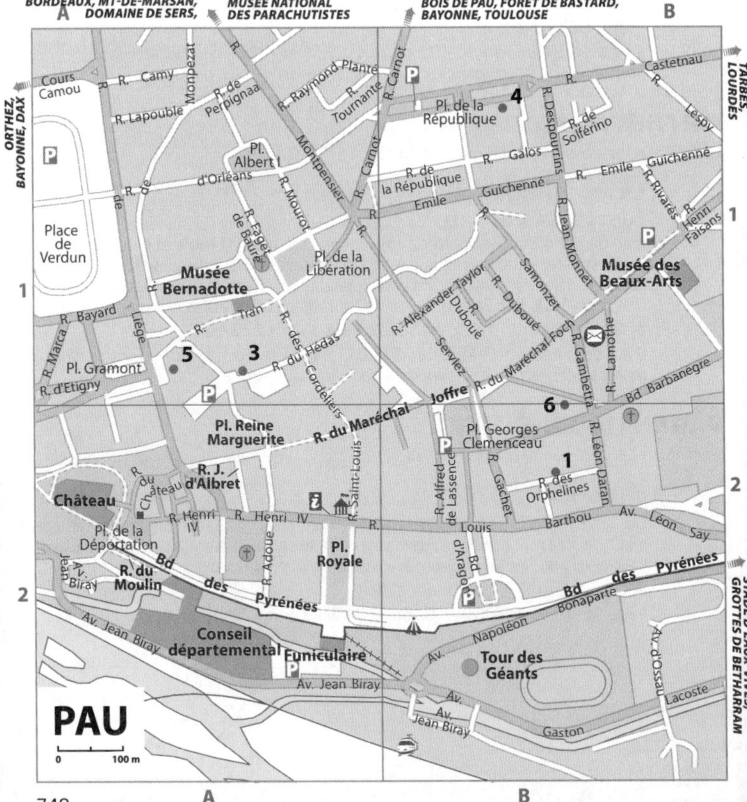

♿ AC - Menu 21 € (déjeuner), 38/52 €

Plan : B2-1 - *8 rue des Orphelines - ✆ 05 59 04 52 29 - www.linterprete-pau.fr - Fermé : lundi, dimanche*

MAYNATS

CUISINE CRÉATIVE • CONTEMPORAIN Au pied du château, au cœur du quartier métamorphosé du Hédas, cette adresse (qui signifie les "garçons") arbore un chouette décor néo-industriel brut de décoffrage, ambiancé à coup de décibels. C'est pour mieux célébrer les joies d'une "gastronomie à la cool", faite de bons produits mis en valeur par un savoir-faire acquis dans les grandes maisons.

♿ 🍽 - Menu 29 € (déjeuner), 48/64 €

Plan : A1-3 - *3 rue du Hédas - ✆ 05 59 27 68 65 - www.maynats.fr - Fermé : lundi, dimanche*

OMNIVORE

CUISINE MODERNE • BISTRO Le Bistrot d'à Côté est devenu Omnivore et a profité de travaux d'envergure. Mais qu'on se rassure, si la forme se renouvelle, le fond reste le même ! Au fourneaux, le chef Stéphane célèbre toujours le produit local de saison ; en salle, Anaïs assure un service efficace, dans une ambiance conviviale.

♿ 🍽 P - Carte 31/44 €

Plan : A1-5 - *1 place Gramont - ✆ 05 59 27 98 08 - www.omnivorepau.fr - Fermé : lundi, samedi midi, dimanche*

LES PIPELETTES

CUISINE MODERNE • BISTRO Ici, les plats, gourmands, sont établis en fonction des produits du marché, et des récoltes d'une trentaine de producteurs proches de Pau. Menus imposés, midi et soir, mais le rapport plaisir/prix est excellent. Tout comme l'accueil, décontracté. Les pipelettes n'ont pas usurpé leur nom, ça tchatche ferme... Une adresse chaleureuse comme on les aime.

Menu 20 € (déjeuner), 38 €

Plan : B1-6 - *3 rue Valéry-Meunier - ✆ 05 59 98 88 06 - Fermé : lundi, mardi, dimanche soir*

✉ 24000 – Dordogne
Carte régionale n° **18**-C1

PÉRIGUEUX

Quelle ville délicieuse ! Dans la préfecture du Périgord, le marché et la gourmandise sont élevés au rang de beaux-arts. Pas étonnant : la région compte une vingtaine d'appellations, ainsi qu'une kyrielle de labels rouges et autres IGP. Des marchés, il y en a donc un sur chaque place ou presque ! Le marché aux gras consacre le palmipède dans tous ses états : magrets, canards entiers, foie gras de canard ou d'oie, confits, carcasses, graisse, magrets fourrés au foie gras. En saison, il se double d'un marché aux truffes, aussi odorant que pittoresque. Ne négligez pas pour autant les délicieux petits fromages de chèvre comme le cabécou et le rocamadour, ainsi que la noix et la fraise du Périgord, la prune reine-claude ou le melon du Quercy.

✿ L'ESSENTIEL

Chef : Éric Vidal

CUISINE MODERNE • COSY Inutile de se perdre en conjectures, mieux vaut aller à L'Essentiel. Dans ce restaurant familial voisin de la cathédrale, le produit est roi… et Éric Vidal, le chef, son brillant (et humble) serviteur. Pour une trentaine de convives, il organise une véritable explosion de saveurs, en se concentrant sur la justesse des préparations. Noix de ris de veau dorée, chou farci de foie gras et patate douce en fine purée ; tartare de mangue et ananas en fine gelée de passion et financier cuit minute… Une émoustillante partition, rehaussée par une sélection de vins qui l'est tout autant. Et un service attentionné, par-dessus le marché !

– Menu 52/110 €

Plan : C2-1 – *8 rue de la Clarté – ✆ 05 53 35 15 15 – www.restaurant-perigueux.com – Fermé : lundi, dimanche*

✿ UN PARFUM DE GOURMANDISE

Chef : Sébastien Riou

CUISINE CRÉATIVE • INTIME Plus qu'un simple parfum de gourmandise, c'est un véritable déluge d'arômes et de saveurs ! Catell et Sébastien Riou, elle en salle, lui aux fourneaux, ont su valoriser leur savoir-faire, forgé dans de belles maisons – le chef a fréquenté les cuisines de Patrick Jeffroy et d'Anne-Sophie Pic. Marqué par un grand-père qui l'emmenait pêcher, ramasser des herbes et cueillir des champignons, il s'inspire volontiers de la nature et des produits que lui propose ses producteurs. Fin connaisseur du terroir périgourdin, il le célèbre dans des assiettes pleines de fraîcheur, au gré d'un menu imposé.

AC - Menu 58/89 €

Hors plan - *67 cours Saint-Georges - ✆ 05 53 53 46 33 - www.unparfumdegourmandise.com - Fermé : lundi, mardi, dimanche*

L'ATELIER

CUISINE MODERNE • **CONVIVIAL** Cuisinier au parcours éloquent, Cyril Haberland a ouvert avec son épouse cet Atelier dans le centre de Périgueux. Déco chaleureuse et ambiance conviviale : l'écrin parfait pour profiter des assiettes du chef, modernes et bien tournées, qui mettent à l'honneur les nombreux trésors du Sud-Ouest, mais aussi les agrumes Bachès ou les fromages affinés par Dominique Bouchait. À vous de bien profiter de ces attentions gourmandes.

- Menu 35/73 € - Carte 55/72 €

Plan : C2-2 - *2 rue Voltaire - ✆ 05 53 04 56 71 - www.restaurant-perigueux-atelier.com - Fermé : lundi, dimanche*

CAFÉ LOUISE

CUISINE ITALIENNE • **COSY** Ce restaurant propose une cuisine d'inspiration italienne (antipastis, mozzarella di bufala, tiramisu... mais aussi pâtes, raviolis), agrémentée ici et là de produits du terroir périgourdin (foie gras, truffe, magret de canard). Terrasse dressée dès les beaux jours sur la jolie place pavée.

- Menu 22 € (déjeuner), 34 € - Carte 40/49 €

Plan : C2-3 - *10 place de l'Ancien-Hôtel-de-Ville - ✆ 05 53 08 93 85 - Fermé : lundi, mardi, dimanche*

CUISINE & PASSION

CUISINE MODERNE • **CONTEMPORAIN** En léger retrait du cœur de ville et non loin des bords de l'Isle, donnant sur une petite place, ce restaurant propose une cuisine actuelle de bon aloi, déclinée autour de 2 menus-carte qui changent très régulièrement. La petite terrasse est dressée aux beaux jours.

- Menu 34/56 € - Carte 47/70 €

Plan : C3-4 - *7 place du 8-Mai-1945 - ✆ 05 53 13 45 02 - www.cuisine-et-passion.fr - Fermé : lundi, mardi, dimanche soir*

L'ÉPICURIEN

CUISINE MODERNE • **HISTORIQUE** Tout le charme d'une vieille maison croquignolette, au cœur de Périgueux, pour une cuisine épicurienne, signée Gilles Labbé. Du travail dans les assiettes, une jolie inspiration légumière, assortie de cuissons précises... ou comment allier finesse et gourmandise.

- Menu 39 € - Carte 53/69 €

Plan : C2-7 - *1 rue du Conseil - ✆ 05 53 09 88 04 - www.lepicurien-restaurant.fr - Fermé : mardi soir, mercredi, dimanche soir*

HERCULE POIREAU

CUISINE MODERNE • **TRADITIONNEL** Sur les traces d'Hercule Poireau, on mène l'enquête à deux pas de la cathédrale. Dans la belle salle voûtée du 16es., les suspects sont attablés. Dans l'assiette, l'objet du crime est une cuisine dans l'air du temps aux accents du terroir... car s'il est un péché commis ici, c'est bien celui de la gourmandise !

AC - Menu 21 € (déjeuner), 29/44 € - Carte 41/60 €

Plan : C2-5 - *2 rue de la Nation - ✆ 05 53 08 90 76 - www.restaurant-perigueux-hercule-poireau.fr - Fermé : mardi, mercredi*

LA TAULA

CUISINE RÉGIONALE • **TRADITIONNEL** À la Taula (prononcez "taola"), table en patois, les gourmands se régalent d'une bonne cuisine familiale. Parmi les spécialités : pâtés, terrines et cous farcis maison... Voilà une adresse authentique où l'on ne badine pas avec les traditions !

AC - Menu 36/42 € - Carte 43/54 €

Plan : C2-6 - *3 rue Denfert-Rochereau - ✆ 05 53 35 40 02 - www.restaurantlataula-perigueux.com - Fermé : lundi midi, mercredi*

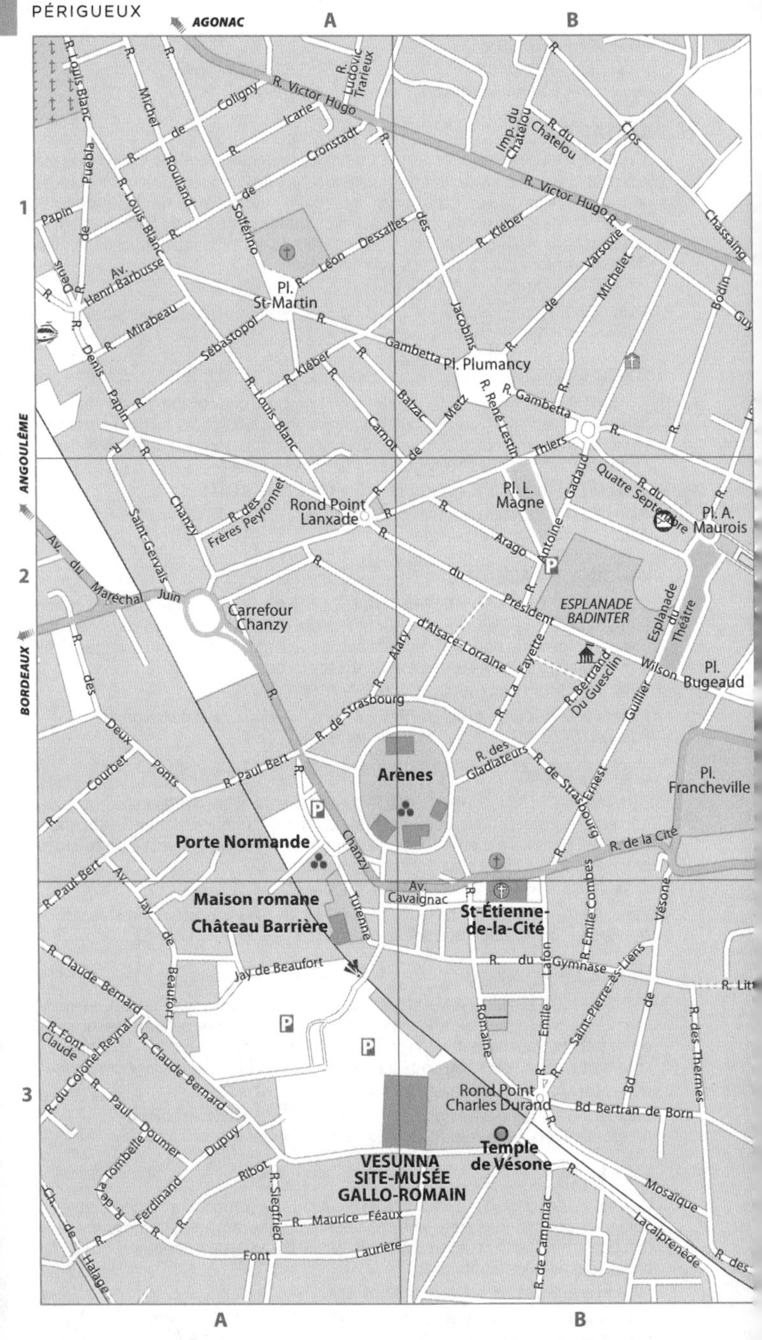
AGONAC
ANGOULÊME
BORDEAUX
A
B
1
2
3
Pl. St-Martin
Pl. Plumancy
Rond Point Lanxade
Pl. L. Magne
Pl. A. Maurois
Carrefour Chanzy
ESPLANADE BADINTER
Pl. Bugeaud
Pl. Francheville
Arènes
Porte Normande
Maison romane
Château Barrière
St-Étienne-de-la-Cité
Rond Point Charles Durand
Temple de Vésone
VESUNNA SITE-MUSÉE GALLO-ROMAIN
R. Victor Hugo
R. Gambetta
R. Louis Blanc
R. de Strasbourg
R. Paul Bert
R. Claude Bernard
Bd Bertran de Born
R. du Président Wilson
R. d'Alsace-Lorraine
Av. du Maréchal Juin
Esplanade du Théâtre

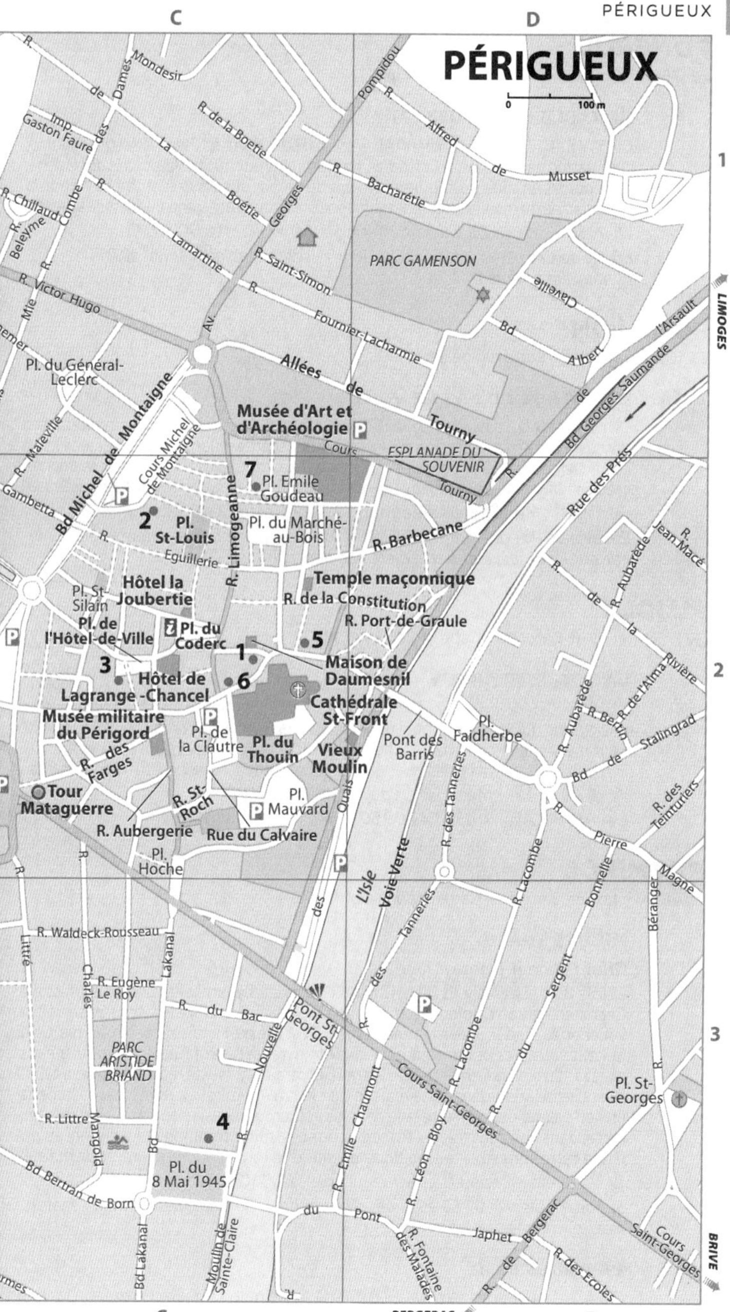
PÉRIGUEUX
0
100 m
C
D
1
2
3
LIMOGES
BRIVE
BERGERAC
PARC GAMENSON
Allées de Tourny
Musée d'Art et d'Archéologie
ESPLANADE DU SOUVENIR
Cours Tourny
7
Pl. Emile Goudeau
Pl. du Marché-au-Bois
2
Pl. St-Louis
Bd Michel de Montaigne
Cours Michel de Montaigne
R. Barbecane
Temple maçonnique
R. de la Constitution
R. Port-de-Graule
Hôtel la Joubertie
Pl. St-Silain
Pl. de l'Hôtel-de-Ville
Pl. du Coderc
1
5
3
Hôtel de Lagrange-Chancel
6
Maison de Daumesnil
Cathédrale St-Front
Musée militaire du Périgord
Pl. de la Claustre
Pl. du Thouin
Vieux Moulin
Pont des Barris
Pl. Faidherbe
R. des Farges
Tour Mataguerre
R. St-Roch
Pl. Mauvard
R. Aubergerie
Rue du Calvaire
Pl. Hoche
Pl. du Général-Leclerc
R. Limogeanne
R. Eguillerie
Gambetta
R. Maleville
R. Victor Hugo
R. Chilhaud
R. Beleyme
Combe des Dames
Imp. Gaston Faure
R. de la Boetie
R. Lamartine
R. Saint-Simon
R. Fournier-Lacharmie
Av. Georges Pompidou
R. Alfred de Musset
R. Bacharétie
Bd Albert Claveille
Bd Georges Saumande
R. de l'Arsault
Rue des Prés
R. Jean Macé
R. Aubarède
R. de la Rivière
R. de l'Alma
R. Bertin
Bd de Stalingrad
R. des Teinturiers
R. Pierre Magne
R. Lacombe
R. Bonnelle
R. Béranger
R. du Sergent
R. des Tanneries
Voie Verte
L'Isle
Quais des
R. Waldeck-Rousseau
R. Eugène Le Roy
R. Charles Mangold
R. Littré
R. du Bac
Lakanal
PARC ARISTIDE BRIAND
4
Pl. du 8 Mai 1945
Bd Bertran de Born
Bd Lakanal
Moulin de Sainte-Claire
R. Nouvelle
Pont St-Georges
Cours Saint-Georges
R. Emile Chaumont
R. Léon Bloy
R. du Pont Japhet
R. Fontaine des Malades
R. de Bergerac
R. des Ecoles
Pl. St-Georges

POMEROL

✉ 33500 - Gironde - Carte régionale n° **18**-C1

LA TABLE DE CATUSSEAU

CUISINE MODERNE • CONVIVIAL A la tête de ce restaurant, Kendji Wongsodikromo, chef-patron né en Nouvelle Calédonie, tombé amoureux du Sud-Ouest... et de Nadège, son épouse, en salle. Le couple, motivé, a du métier et cela se sent : en témoigne la belle cuisine du marché, mitonnée avec soin, goûteuse et régionale. Un jolie adresse.

- Menu 23 € (déjeuner), 36/59 € - Carte 50/66 €

86 rue de Catusseau - ✆ 05 57 84 40 40 - www.latabledecatusseau.fr - Fermé : lundi, dimanche

POUILLON

✉ 40350 - Landes - Carte régionale n° **18**-B3

L'AUBERGE DU PAS DE VENT

CUISINE TRADITIONNELLE • RUSTIQUE Il faut l'avouer, c'est presque réconfortant de découvrir cette cuisine à l'ancienne, insensible aux sirènes de la mode et aux gimmicks. Le jeune chef célèbre la tradition et le produit local (bœuf de Chalosse, alose, truite saumonée, breuil landais...) dans des assiettes franches et généreuses, qui vont droit au cœur. Bravo !

- Menu 14 € (déjeuner), 28 € - Carte 50/55 €

281 avenue Pas-de-Vent - ✆ 05 58 98 34 65 - www.auberge-dupasdevent.com - Fermé : lundi soir, mardi soir, mercredi, dimanche soir

PUJOLS

✉ 47300 - Lot-et-Garonne - Carte régionale n° **18**-C2

LA TOQUE BLANCHE

CUISINE TRADITIONNELLE • CLASSIQUE Une auberge au décor classique, et une cuisine qui va droit au but : recettes dans les règles de l'art, produits de qualité (légumes, volaille ou encore cochon issus des circuits courts), goût au rendez-vous. Et n'oublions pas la jolie terrasse panoramique donnant sur les vallons environnants...

- Menu 18 € (déjeuner), 25/50 €

Lieu-dit Bel-Air - ✆ 05 53 49 00 30 - Fermé : lundi, dimanche

PUYMIROL

✉ 47270 - Lot-et-Garonne - Carte régionale n° **18**-C2

MICHEL TRAMA

Chef : Michel Trama

CUISINE CRÉATIVE • ÉLÉGANT Michel Trama et Puymirol, c'est une longue histoire. Cet ex-champion de plongée et étudiant en Arts décoratifs à Montparnasse doit sa vocation à l'amour... de sa femme Maryse. C'est elle qui l'initie à la gastronomie. Celui qui multipliait les petits boulots se fixe et ouvre un bistrot rue Mouffetard, à Paris, avec la "Cuisine gourmande" de Michel Guérard en guise de référence. Puis en 1979 c'est l'installation dans cette maison du 13e s. à Puymirol, dans le Lot-et-Garonne, un lieu splendide : on s'y installe sous les voûtes médiévales ou sur la plaisante terrasse, dans l'ancien cloître... Place aux agapes, entre tradition et invention, au gré d'une carte immuable qui multiplie les clins d'œil aux grandes heures de la maison.

- Menu 85/150 € - Carte 122/210 €

52 rue Royale - ✆ 05 53 95 31 46 - www.aubergade.com - Fermé : lundi, mardi midi, dimanche soir

LA POULE D'OR

CUISINE TRADITIONNELLE • BISTRO Au sein de sa maison mère - le fameux restaurant gastronomique de Michel Trama -, cette Poule d'Or a tout d'une auberge chic : vieux murs en pierre, longue table centrale en bois avec ses pieds à têtes de lion, lustres et tableaux de natures mortes… Le fils Trama est à la manœuvre en salle, assurant un service impeccable. Dans l'assiette, du grand classique de bistrot, dans le droit fil de la (belle) tradition française : parmentier de queue de bœuf, tête de veau sauce poulette, gros chou à la crème au caramel… Tout est parfaitement maîtrisé, savoureux et gourmand. Une adresse en or !

Menu 44 €

52 rue Royale - ✆ 05 53 95 31 46 - www.aubergade.com - Fermé : lundi, mardi midi, dimanche soir

PYLA-SUR-MER - Gironde(33) • Voir Bassin d'Arcachon

LA ROQUE-GAGEAC

✉ 24250 - Dordogne - Carte régionale n° **18**-D3

LA BELLE ÉTOILE

CUISINE TRADITIONNELLE • CLASSIQUE Manger à La Belle Étoile en plein jour, c'est possible ! Rendez-vous donc dans cette demeure tournée vers la Dordogne… La cuisine réserve de belles surprises : savoureuse et gourmande, elle sait mettre le terroir en valeur et régale ! Et de petites chambres permettent de prolonger son séjour dans ce joli village.

- Menu 35/70 €

Le Bourg - ✆ 05 53 29 51 44 - www.belleetoile.fr - Fermé : lundi, mercredi midi

O'PLAISIR DES SENS

CUISINE MODERNE • COSY Cette jolie maison en pierre a su se faire un nom dans le Périgord noir. Lydie assure l'accueil en salle avec gentillesse, tandis que Bruno, chef passionné, imagine une cuisine actuelle qui fait ressortir le meilleur du terroir local : oie fermière, perdreau, viande achetée sur carcasse, fruits et légumes de maraîchers locaux… L'été venu, on profite de la charmante terrasse ombragée autour de la fontaine. Un vrai plaisir pour les sens, en effet !

- Menu 34 € (déjeuner), 49/85 € - Carte 55/70 €

Sous la Grande-Vigne - ✆ 05 53 29 58 53 - www.restaurant-o-plaisirdessens.com - Fermé : lundi, mardi, dimanche

ST-ANDRÉ-DE-CUBZAC

✉ 33240 - Gironde - Carte régionale n° **18**-B1

LA TABLE D'INOMOTO

CUISINE MODERNE • BISTRO Ancien du Pavillon des Boulevards, Seiji Inomoto tient désormais ce bistrot très attachant. Au programme, une cuisine franco-japonaise bien maîtrisée, où la "modestie" des produits est compensée par des cuissons parfaites et des assaisonnements bien sentis. C'est bon, souvent original, et le rapport qualité-prix laisse bouche bée. Courez-y.

- Menu 18 € (déjeuner), 32/42 €

85 rue Nationale - ✆ 05 57 43 45 24 - www.latabledinomoto.fr - Fermé : lundi, mardi soir, mercredi soir, dimanche

ST-AVIT-SÉNIEUR

✉ 24440 - Dordogne - Carte régionale n° **18**-C1

LA TABLE DE LÉO

CUISINE MODERNE • BISTRO Une maison en pierre au cœur du village, avec une belle terrasse au-dessus de la place de l'église… L'ensemble cache une vraie bonne petite adresse, dont le chef ose sortir des sentiers battus des recettes régionales, et démontre une vraie attention aux produits, aux dressages et aux cuissons. De la légèreté, du goût…

- Menu 35/44 €

Le Bourg - ✆ 05 53 57 89 15 - www.latabledeleo.fr - Fermé : lundi, mercredi, dimanche soir

ST-CRICQ-CHALOSSE

✉ 40700 - Landes - Carte régionale n° **18**-B3

L'AUBERGE DU LAURIER

CUISINE TRADITIONNELLE • AUBERGE Une jolie cuisine de tradition et de région : voici ce que l'on déguste dans cette auberge chaleureuse et lumineuse, dont la terrasse borde le jardin potager.

- Menu 34/43 €

1459 route d'Amou - 05 58 75 08 05 - www.aubergedulaurier.fr - Fermé : mardi

ST-ÉMILION

✉ 33330 - Gironde - Carte régionale n° **18**-C1

LA TABLE DE PAVIE

CUISINE MODERNE • ÉLÉGANT Yannick Alléno (nommé par Gérard Perse, l'emblématique propriétaire de Château Pavie), supervise désormais cette institution locale, ancien couvent où des nonnes offraient protection aux pèlerins et aux voyageurs. Le nom de l'établissement a changé sous l'impulsion des propriétaires (désormais Hôtel et Table de Pavie), l'exigence et l'authenticité demeurent. Le chef francilien a mis en place aux fourneaux une équipe de confiance et réoriente progressivement la partition culinaire vers le terroir du Sud-Ouest, avec toujours ces sauces et réductions qui sont sa marque de fabrique et sa signature. Na manquez pas le plat signature, le pigeon soufflé et rôti au feu de l'enfer. Bien évidemment, les plats s'accompagnent des superbes vins de St-Émilion, pour une expérience mémorable.

- Menu 75 € (déjeuner), 165/215 € - Carte 150/210 €

5 place du Clocher - 05 57 55 07 55 - www.hoteldepavie.com - Fermé : lundi, jeudi midi, dimanche

LES BELLES PERDRIX DE TROPLONG MONDOT

Chef : David Charrier

CUISINE MODERNE • CONTEMPORAIN Situé en haut d'une petite butte, point culminant de Saint-Émilion, ce château prestigieux a rouvert son restaurant après de longs travaux... et le résultat est à la hauteur des espérances ! Dans ce lieu à part, la salle épurée s'ouvre sur le magnifique vignoble. Ici, la préservation de la biodiversité est une priorité et tout est mis en œuvre pour respecter le milieu naturel. Le chef propose une cuisine dans la même philosophie, saine et précise dans les préparations, privilégiant les produits du domaine et de petits producteurs rigoureusement sélectionnés. Le service cultive une certaine joie de vivre. Demandez à visiter le magnifique chai pour prolonger le plaisir.

L'engagement du chef : *Nous nous sommes engagés depuis plusieurs années à agir pour assurer la durabilité de notre écosystème. Nos potagers et notre verger sont cultivés selon les principes de la permaculture ; la gestion des énergies et de l'eau est une préoccupation constante ; nos fournisseurs s'engagent à privilégier les contenants réutilisables ; et le poulailler et l'enclos à cochons permettent une élimination des biodéchets.*

- Menu 48 € (déjeuner), 78/135 € - Carte 95/105 €

Lieu-dit Troplong-Mondot - 05 57 55 38 28 - www.troplong-mondot.com/hospitality/les-belles-perdrix - Fermé : lundi, mardi midi, dimanche

LOGIS DE LA CADÈNE

CUISINE MODERNE • ÉLÉGANT C'est en plein cœur de St-Émilion, dans une petite cour piétonne, qu'on déniche le Logis de la Cadène. L'accueil charmant et sans fausse note, en tailleur et costume, met tout de suite dans l'ambiance. On s'installe dans un confortable fauteuil, au milieu d'une salle à manger à l'élégant cachet classique (pierre apparente, vieux parquet) : la fête peut commencer ! Cette cuisine met à profit le meilleur du terroir dans des assiettes fines et inventives. L'agneau est présenté sous différentes formes, le carré cuit minute est servi rosé, nappé d'un jus de carcasse bien

réduit, la selle est farcie de petites girolles du médoc.... Ces douceurs s'arrosent de crus bien choisis : plus de 900 références à la carte.

- Menu 44 € (déjeuner), 75/105 €

3 place du Marché-au-Bois - 05 57 24 71 40 - www.logisdelacadene.fr - Fermé : lundi, dimanche

CHÂTEAU GRAND BARRAIL

CUISINE MODERNE • HISTORIQUE Au milieu d'un vignoble, ce château édifié en 1902, d'allure si romantique abrite une table non moins séduisante ! Recettes bistronomiques au déjeuner ; plus ambitieuses au dîner. Charmante terrasse tournée vers les vignes.

A/C P - Menu 34 € (déjeuner), 55/90 € - Carte 60/75 €

Route de Libourne - 05 57 55 37 00 - www.grand-barrail.com

L'ENVERS DU DÉCOR

CUISINE TRADITIONNELLE • BISTRO En plein cœur du village mythique, à quelques pas du clocher, cette jolie façade rouge de bistrot attire l'œil. À l'intérieur, un décor rétro raffiné (du comptoir en zinc aux banquettes en cuir). Et à la carte, on retrouve avec plaisir tous les classiques, du foie de veau au baba. Belle carte des vins à des tarifs raisonnables.

- Menu 32 € (déjeuner) - Carte 45/70 €

11 rue du Clocher - 05 57 74 48 31 - www.envers-dudecor.com

L'HUITRIER PIE

CUISINE MODERNE • COSY Sélection rigoureuse des produits, dressages élégants, saveurs marquées, finesse, générosité : l'enthousiasme et le talent des jeunes propriétaires Camille et Soufiane nous emportent au gré d'assiettes mordantes et contrastées, aux touches percutantes (épices, acidité maîtrisée, accords originaux). Aux beaux jours, on s'attable dans l'aimable courette arborée du célèbre village de vignerons.

- Menu 36 € (déjeuner), 54/126 €

11 rue de la Porte-Bouqueyre - 05 57 24 69 71 - www.lhuitrier-pie.com - Fermé : mardi, mercredi

LA TERRASSE ROUGE

CUISINE TRADITIONNELLE • BISTRO Adossée à l'ancienne maison de maître, habillée de lames en inox rouge, cette cathédrale écarlate est signée Jean Nouvel. On déjeune dans une vaste salle panoramique, aux baies vitrées tournées vers les vignobles de Saint-Emilion et de Pomerol. Une expérience inédite.

A/C P - Menu 45 € - Carte 56/68 €

Château La Dominique - 05 57 24 47 05 - www.laterrasserouge.com - Fermé : lundi soir, mardi, mercredi soir, dimanche soir

LE TERTRE N

CUISINE MODERNE • TRADITIONNEL Dans une petite ruelle pavée du village, ce restaurant connait depuis 2020 un nouveau souffle sous l'égide d'un couple de professionnel accompli. Les assiettes créatives sur des bases classiques sont inspirées et harmonieuses et les produits de la région sont à l'honneur : canard des landes, truite du pays basque, retour de pêche des ports aquitains. Dans le prolongement de la salle, la cave à vin creusée dans la pierre monolithe abrite une table de 4 personnes fort prisée le soir.

A/C - Menu 39/59 €

5 rue du Tertre-de-la-Tente - 05 57 74 46 33 - www.restaurantletertre.com - Fermé : mercredi, jeudi

ST-ESTÈPHE

✉ 33180 - Gironde - Carte régionale n° **18**-B1

LA MAISON D'ESTOURNEL

CUISINE TRADITIONNELLE • **COSY** Cèpes fraîchement ramassés, agneau de St-Émilion, huîtres et crevettes du Médoc, produits de la chasse en saison... Ce sont d'abord les produits qui parlent ici, choisis et bichonnés par un chef qui possède même son propre potager. Et s'il fait beau, profitez de la terrasse avec vue sur le superbe parc et les vignes !

- Carte 54/70 €

Lieu-dit Leyssac, route de Poumeys - 05 56 59 30 25 - www.lamaison-estournel.com

ST-ÉTIENNE-DE-BAÏGORRY

✉ 64430 - Pyrénées-Atlantiques - Carte régionale n° **18**-A3

RESTAURANT ARCÉ

CUISINE TRADITIONNELLE • **ÉLÉGANT** Faites donc une halte gourmande au pied du col d'Ispéguy ! Dans ce restaurant - un ancien trinquet (salle de pelote basque) -, on savoure une cuisine bien tournée : tête de veau, pied de cochon, truite du vivier, religieuse au chocolat... L'été, on s'installe sur l'agréable terrasse bordée de platanes.

- Menu 38 € - Carte 44/68 €

Route du Col-d'Ispéguy - 05 59 37 40 14 - www.hotel-arce.com - Fermé : lundi midi, mercredi

ST-JEAN-DE-BLAIGNAC

✉ 33420 - Gironde - Carte régionale n° **18**-C1

AUBERGE ST-JEAN

CUISINE CRÉATIVE • **ÉLÉGANT** Un couple de professionnels préside aux destinées de cette auberge nichée au bord de la Dordogne que l'on aperçoit par les baies vitrées. Au programme : un menu qui marie avec les ingrédients d'ici (foie gras, colvert) et influences d'ailleurs...

- Menu 62/88 € - Carte 72/86 €

8 rue du Pont - 05 57 74 95 50 - www.aubergesaintjean.com - Fermé : mardi soir, mercredi, dimanche soir

GG/Getty Images Plus

✉ 64500 -
Pyrénées-Atlantiques
Carte régionale n° **18**-A3

ST-JEAN-DE-LUZ

Face à l'océan, dotée d'une baie superbe, cette petite cité dégage une exquise douceur de vivre. On la savoure en farniente sur la Grande Plage ou en balades dans le petit port de pêche. Autour de la place Louis-XIV s'étalent de nombreuses terrasses. Lieu de rendez-vous des Luziens, cette place vit en été au rythme des manifestations et concerts. On y trouve la Maison Adam, dont les macarons, gâteaux basques, tourons et chocolats, mettent l'eau à la bouche ! On continue avec la Maison Thurin, qui déniche de part et d'autre de la frontière franco-espagnole des produits d'exception : jambon de Bayonne, fromages de brebis, piments d'Espelette, foie gras, et tant d'autres. Enfin, les superbes Halles, inaugurées en 1884, valent le coup d'œil ; elles accueillent des producteurs "indépendants" de la région, et notamment les poissons de la petite flotte luzienne.

LE KAÏKU

CUISINE MODERNE • COSY Au cœur de la station qui vit les épousailles de Louis XIV et de l'infante d'Espagne Marie-Thérèse d'Autriche, on se réfugie avec plaisir dans la maison qui serait la plus ancienne de la cité corsaire (16e s.). Derrière ces hauts murs et ces fenêtres à meneaux se cache un restaurant cosy et élégant et rien de vieux cependant à la carte. Un basque de Bayonne, fils et petit-fils de rugbymen, Nicolas Borombo, s'y est installé après une solide expérience parisienne, à l'Hôtel Crillon avec Dominique Bouchet et Jean-François Piège, et au George V avec Philippe Legendre. Amoureux de son terroir, il signe une belle cuisine, originale et raffinée, qui valorise les produits régionaux.

Menu 45 € (déjeuner), 85 € - Carte 85/90 €

Plan : A2-2 - *17 rue de la République - ✆ 05 59 26 13 20 - www.kaiku.fr - Fermé : lundi, dimanche*

AHO FINA

CUISINE MODERNE • ÉLÉGANT Sur la plage, face à l'océan Atlantique, ce Grand Hôtel de style empire en impose ! Le restaurant Aho Fina régale ses hôtes et ses clients avec une cuisine sage, mariage de bistronomie et de plats diététiques, le tout sous influence locavore.

- Menu 65/85 € - Carte 62/90 €

Plan : B1-3 - *43 boulevard Thiers - ✆ 05 59 26 35 36 - www.luzgrandhotel.fr - Fermé le midi*

L'ESSENTIEL

CUISINE MODERNE • CONTEMPORAIN En retrait de l'agitation touristique, le chef Morgan Ortéga est allé à... l'essentiel : esprit loft industriel, avec cuisine ouverte, verrière, cave en transparence et banquettes en cuir. Et dans l'assiette : des produits du terroir métamorphosés grâce à une cuisine du marché où tous les fondamentaux répondent présents pour notre plus grand plaisir.

♿ AC - Carte 51/56 €

Plan : B1-5 - *3 rue Vincent-Barjonnet - ✆ 05 47 02 41 47 - lessentiel-saint-jean-de-luz.fr - Fermé : lundi soir, jeudi, samedi midi, dimanche soir*

ILURA

CUISINE MODERNE • CONTEMPORAIN Au sein de l'hôtel La Réserve situé sur les hauteurs de St-Jean-de-Luz, avec une superbe terrasse en surplomb de l'Océan, cette table élégante promet un joli moment de gastronomie. On se délecte de beaux produits de la mer, d'une fraîcheur irréprochable, en provenance du port de Saint-Jean-de-Luz.

♿ AC P - Menu 45 € (déjeuner), 75 € - Carte 55/70 €

Hors plan - *Rond-Point Sainte-Barbe - ✆ 05 59 51 32 00 - www.hotel-lareserve.com - Fermé : lundi, dimanche soir*

INSTINCTS

CUISINE MODERNE • TENDANCE Belle surprise que cette jeune adresse, tenue par un couple dynamique qui s'en va revisiter la bonne gastronomie de bistrot, dans un lieu contemporain -briquette, bois, et cuisine ouverte. Tartare de thon, groseilles, fenouil ; bœuf maturé, courgette, olive noire : on se régale ! Un coup de cœur.

Menu 55 € - Carte 39/48 €

Plan : A2-6 - *20 rue Joseph-Garat - ✆ 05 59 24 66 98 - restaurant-instincts.com - Fermé : lundi, mardi, dimanche soir*

LES LIERRES

CUISINE MODERNE • BOURGEOIS La table de l'hôtel Parc Victoria est à l'image de l'établissement : raffinée et élégante. Dans la salle Art déco ou au bord de la piscine, on savoure une cuisine bien en prise avec son époque. Carte plus simple le midi (grillades, salades).

♿ AC - Carte 75/85 €

Hors plan - *5 rue Cépé - ✆ 05 59 26 78 78 - www.parcvictoria.com - Fermé : lundi midi, mardi midi, mercredi midi, jeudi midi, vendredi midi*

ZOKO MOKO

CUISINE MODERNE • CONVIVIAL Dans l'ancien quartier de pêcheurs de la ville, cette table est bien connue des Luziens. On y propose une jolie cuisine actuelle dans un décor élégant et convivial, ou sur la petite terrasse.

- Menu 29 € (déjeuner), 56/64 € - Carte 70 €

Plan : A2-4 - *6 rue Mazarin - ✆ 05 59 08 01 23 - www.zoko-moko.com - Fermé : lundi, dimanche*

ST-JEAN-PIED-DE-PORT

✉ 64220 - Pyrénées-Atlantiques - Carte régionale n° **18**-B3

LES PYRÉNÉES

CUISINE CLASSIQUE • FAMILIAL Une institution à St-Jean-Pied-de-Port. Dans le décor comme dans l'assiette, ces Pyrénées cultivent le goût du Pays basque avec délicatesse et finesse. Renouvelées sur le fondement de produits de grande qualité, les assiettes sont pleines d'allure.

AC - Menu 42/115 € - Carte 78/115 €

19 place Charles-de-Gaulle - ✆ 05 59 37 01 01 - www.hotel-les-pyrenees.com - Fermé : lundi, mardi

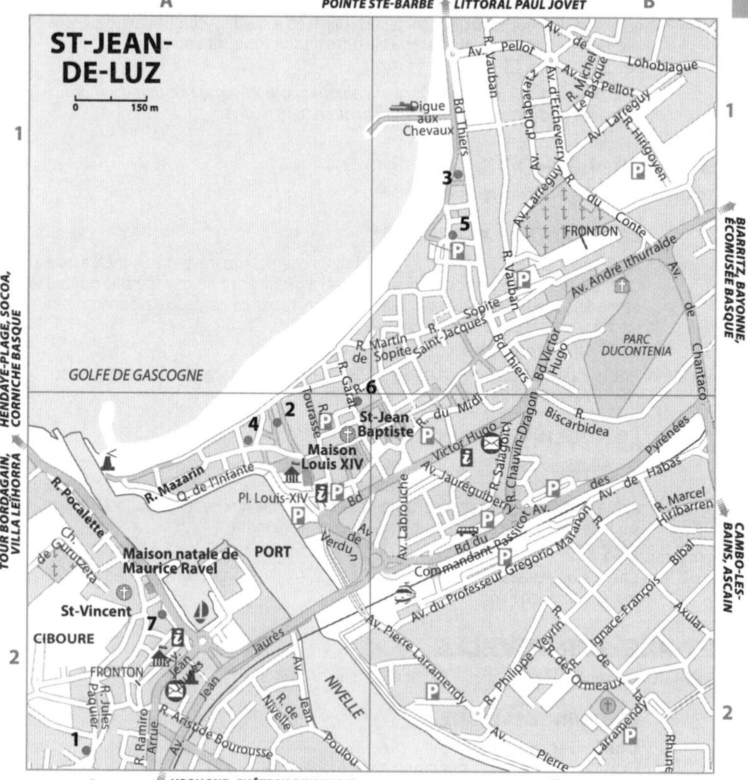

ST-MARTIAL-DE-NABIRAT

✉ 24250 – Dordogne – Carte régionale n° **18**–D2

LE SAINT-MARTIAL

CUISINE MODERNE • **COSY** Cette belle maison périgourdine fait la démonstration qu'un zeste de modernité peut magnifier l'authenticité des vieilles pierres ! Derrière les fourneaux, le chef réalise une cuisine en prise avec son époque : foie gras mi-cuit à la poutargue, salade de chou croquant aux noisettes ; cœur de ris de veau, barigoule d'artichauts poivrade et gnocchis aux épinards...

- Menu 54/120 € - Carte 70/120 €

Le Bourg – ✆ 05 53 29 18 34 – www.lesaintmartial.com – Fermé : lundi, mardi, dimanche soir

ST-NEXANS

✉ 24520 – Dordogne – Carte régionale n° **18**–C1

LA CHARTREUSE DU BIGNAC

CUISINE MODERNE • **ÉLÉGANT** L'ancienne grange du domaine abrite une salle à manger intime et cosy, augmentée d'une cuisine vitrée permettant d'observer le chef, en maître des fourneaux, concocter une partition actuelle, rythmée par les saisons et présentée avec soin. L'été, la terrasse offre un somptueux panorama.

- Menu 35/90 €

Le Bignac - 05 53 22 12 80 - www.abignac.com - Fermé : lundi midi, mardi, mercredi midi, jeudi midi, vendredi midi, samedi midi

ST-PAUL-LÈS-DAX

40990 - Landes - Carte régionale n° **18**-B1

LE RELAIS DES PLAGES

CUISINE MODERNE • **TRADITIONNEL** Ce couple, auparavant à Cannes, a investi ce Relais des Plages avec enthousiasme, et l'assiette en témoigne : cuisine goûteuse et moderne, aux préparations délicates, à l'instar de ce carpaccio de champignon, crème d'avocat et petit pois. Une jolie surprise.

- Menu 22 € (déjeuner), 40/55 €

158 avenue de l'Océan - 05 58 91 78 86 - www.restaurant-relais-des-plages.com - Fermé : lundi, mardi

LE MOULIN DE POUSTAGNACQ

CUISINE MODERNE • **CONVIVIAL** Envie de manger au bord de l'eau ? Dans ce cas, faites un tour dans cet ancien moulin ! Le chef travaille les produits frais et livre une cuisine traditionnelle teintée d'un joli accent régional. Aux beaux jours, installez-vous sur la terrasse face au lac. Ambiance bucolique garantie.

- Menu 40/105 €

Chemin de Poustagnacq - 05 58 91 31 03 - poustagnacq.fr - Fermé : lundi, mardi, dimanche soir

ST-PÉE-SUR-NIVELLE

64310 - Pyrénées-Atlantiques - Carte régionale n° **18**-A3

L'AUBERGE BASQUE

Chef : Cédric Béchade

CUISINE CRÉATIVE • **ÉLÉGANT** Tout près de Saint-Jean-de-Luz et de la côte, cette ancienne ferme basque abrite une aile contemporaine, ouverte sur la Rhune et la campagne. C'est ici, en plein cœur du Pays basque, que Cédric Béchade et son épouse Marion ont posé leurs valises. Lui est loin d'être un inconnu dans le monde des gastronomes : ancien second de Jean-François Piège au Plaza Athénée, formé à Biarritz à l'Hôtel du Palais sous la férule de Jean-Marie Gauthier, il a fréquenté les cuisines de l'Hostellerie de Plaisance après le départ d'un certain... Philippe Etchebest. En cuisine, ce créatif met en avant des produits basques de belle qualité, travaillés avec tout le soin qu'ils méritent ! Sans oublier, bien sûr, l'incontournable brunch du dimanche.

- Menu 60 (déjeuner), 106/122 €

745 Vieille-Route-de-Saint-Pée - quartier Helbarron - 05 59 51 70 00 - www.aubergebasque.com - Fermé : lundi, mardi

ST-POMPONT

24170 - Dordogne - Carte régionale n° **18**-D2

L'ENVIE DES METS

CUISINE MODERNE • **AUBERGE** Un village pittoresque du Périgord, une bâtisse en pierre et sa terrasse ombragée au bord d'un ruisseau : il n'en fallait guère plus à ce couple pour s'installer ici. Leur menu unique, sans fioritures, change tous les jours au gré de l'inspiration. Aujourd'hui, c'était soupe de légumes et bonite, suivi d'un cochon mariné au paprika puis d'un crumble. Une auberge moderne comme on les aime.

- Menu 50/75 €

Le Bourg - 05 53 28 26 53 - Fermé : lundi, mardi midi, mercredi midi, jeudi midi, vendredi midi, samedi midi, dimanche soir

ST-VINCENT-DE-COSSE

✉ 24220 - Dordogne - Carte régionale n° **18**-D3

LA TABLE DE MONRECOUR

CUISINE MODERNE • CONTEMPORAIN Au sein de ce domaine dominant la campagne périgourdine, avec une véranda qui donne sur le château, une table cultivant l'air du temps à travers des recettes de bonne facture et savoureuses. Une formule plus simple est proposée à midi, les jours de semaine. A l'été, on s'installe sur l'une des plaisantes terrasses. Belles chambres dans le château.

- Menu 24 € (déjeuner), 36/78 € - Carte 70/95 €

05 53 28 33 59 - www.monrecour.com - Fermé : lundi midi

ST-VINCENT-DE-TYROSSE

✉ 40230 - Landes - Carte régionale n° **18**-B3

LE HITTAU

Chef : Yannick Duc

CUISINE MODERNE • RUSTIQUE Sur la route des plages, on remarque à peine cette ancienne bergerie lovée dans son écrin de verdure, avec sa charpente apparente. Elle cache pourtant bien son jeu... Le chef Yannick Duc y régale ses convives d'une cuisine spontanée, pleine de vie, résolument moderne, qui privilégie les bons produits de saison et notamment les poissons de la criée de Capbreton. Ce chef aime aussi manier les aromates, les épices et surtout le moulin à poivre, fouettant son pigeon aux betteraves et potimarron d'un trait de poivre long rouge Kampot ou son ris de veau aux gambas d'un nuage de poivre vert de Malabar. À déguster en terrasse, aux beaux jours.

- Menu 36 € (déjeuner), 72/92 € - Carte 73/80 €

1 rue du Nouaou - 05 58 77 11 85 - www.lehittau.fr - Fermé : lundi, dimanche

STE-FOY-LA-GRANDE

✉ 33220 - Gironde - Carte régionale n° **18**-C1

CÔTÉ BASTIDE

CUISINE MODERNE • CONVIVIAL Légèrement en retrait du centre-ville, voici le fief de Laurence et Cédric : elle, en cuisine, réalise des plats gourmands réglés sur les saisons ; lui, sommelier de formation, choisit les meilleurs vins - notamment de Bordeaux - pour accompagner les plats concoctés par sa compagne. Un duo qui fonctionne à merveille !

- Menu 30/37 €

4 rue de l'Abattoir - 05 57 46 14 02 - www.cote-bastide.org - Fermé : lundi, dimanche

STE-SABINE

✉ 24440 - Dordogne - Carte régionale n° **5**-C2

ÉTINCELLES - LA GENTILHOMMIÈRE

CUISINE CRÉATIVE • RUSTIQUE Une chaleureuse maison périgourdine, dans un jardin aux arbres majestueux. Le concept : on réserve au plus tard la veille, car le chef ne travaille que des produits frais. Avec cette délicieuse impression de se sentir immédiatement chez soi.

- Menu 63 € (déjeuner), 75/138 €

Le Bourg - 05 53 74 08 79 - www.gentilhommiere-etincelles.com - Fermé : lundi midi, mardi, mercredi, jeudi midi, vendredi midi, samedi midi, dimanche soir

SALIES-DE-BÉARN

✉ 64270 - Pyrénées-Atlantiques - Carte régionale n° **18**-B3

RESTAURANT DES VOISINS

CUISINE MODERNE • TENDANCE Esprit design, œuvres contemporaines, cuisines ouvertes, etc. : voilà le décor, chic et éclectique, de cette maison qui serait la plus ancienne du village. Un jeune couple y propose une cuisine bien ficelée, gourmande et originale, accompagnée d'une belle carte des vins (du Sud-Ouest, surtout). Une adresse où l'on aimerait toujours pouvoir venir en voisin...

- Menu 25 € (déjeuner), 39/52 €

12 rue des Voisins - 05 59 38 01 79 - www.restaurant-des-voisins.fr - Fermé : lundi, mardi, mercredi

SALIGNAC-EYVIGUES

✉ 24590 - Dordogne - Carte régionale n° **18**-D1

LA MEYNARDIE

Chef : Adrien Soro

CUISINE MODERNE • MAISON DE CAMPAGNE Niché dans un charmant coin de Dordogne, ce restaurant n'est pas si facile d'accès... mais le jeu en vaut la chandelle, aucun doute là-dessus ! Le jeune couple aux commandes propose une cuisine savoureuse, fine et millimétrée, avec de belles cuissons (saisi, rôti...) et des dressages appétissants. En témoignent les spécialités maison : truite des eaux de l'Inval infusée au café, fenouil rôti et bouillon de truite rafraîchi ; le pigeon, purée de pomme de terre truffée et pomme surprise, sauce Périgueux ou la fraise en crémeux, salade de fraise fraîche, crème glacée au safran périgourdin. D'un bout à l'autre du repas la magie opère, grâce aussi au décor d'une grande authenticité (poutres, pierres, terrasse sous la treille), et à un service aussi aimable que dynamique. Une adresse particulièrement attachante.

L'engagement du chef : *L'immense majorité des produits est achetée à de petits producteurs à moins de 30 km. Nous avons un potager, récoltons les fruits du verger, cueillons les herbes sauvages et transformons en compost nos déchets. Nous gérons en permanence notre consommation d'énergie... et surtout nous travaillons de façon raisonnée, responsable et impliquée. Cette démarche logique et naturelle fait simplement partie de mon métier, de mon idée d'être homme, qui prend soin des gens et des choses qui l'entourent.*

- Menu 37 € (déjeuner), 54/93 €

Lieu-dit La Meynardie - 05 53 28 85 98 - www.domainedelameynardie.com - Fermé : lundi soir, mardi, samedi midi

SARE

✉ 64310 - Pyrénées-Atlantiques - Carte régionale n° **18**-A3

OLHABIDEA

CUISINE TRADITIONNELLE • FAMILIAL Une ferme basque du 16e s. où l'on propose une cuisine goûteuse, élaborée avec finesse et passion, qui s'appuie largement sur les fruits et légumes du potager du chef. Autour, on flâne dans un parc de quatre hectares planté d'érables, de conifères et de camélias... Quel charme !

- Menu 48 € - Carte 48/55 €

Quartier Sainte-Catherine - 05 59 54 21 85 - www.olhabidea.fr - Fermé : lundi, mardi midi, mercredi midi, jeudi midi, vendredi soir, samedi, dimanche

SARLAT-LA-CANÉDA

✉ 24200 - Dordogne - Carte régionale n° **18**-D3

LE GRAND BLEU

CUISINE CRÉATIVE • COSY De son passage dans de grandes maisons, Maxime Lebrun a retenu l'amour du travail bien fait et un vrai sens de la générosité. Il signe une cuisine sincère en phase avec les saisons. Le menu du jour, proposé au déjeuner, est dédié à son grand-père charcutier.

A/C - Menu 26 € (déjeuner), 58/130 €

43 avenue de la Gare - ✆ 05 53 31 08 48 - www.legrandbleu.eu - Fermé : lundi, mardi midi, mercredi midi, dimanche soir

SAUTERNES

✉ 33210 - Gironde - Carte régionale n° **18**-B1

LA CHAPELLE AU CHÂTEAU GUIRAUD

CUISINE TRADITIONNELLE • RÉGIONAL Le cadre de ce restaurant, situé sur une propriété viticole, laisse sans voix. On s'installe sous de grosses poutres pour goûter à une cuisine française de tradition, basée sur les beaux produits du Sud-Ouest (agneau de Pauillac, bœuf de race bazadaise) et les légumes du potager maison. La terrasse, délicieuse, est au grand calme.

A/C P - Menu 25 € (déjeuner), 39 € - Carte 50/60 €

5 Château Guiraud - ✆ 05 40 24 85 45 - www.lachapelledeguiraud.com - Fermé : lundi, mardi, mercredi, jeudi soir, dimanche soir

SEIGNOSSE

✉ 40510 - Landes - Carte régionale n° **18**-A3

VILLA DE L'ÉTANG BLANC

Chef : David Sulpice

CUISINE MODERNE • ROMANTIQUE L'étang Blanc est un délicieux petit plan d'eau protégé, peuplé d'oiseaux que l'on a tout loisir d'observer depuis la jolie terrasse ou la salle grande ouverte. Ou comment conjuguer les joies de la nature et de la gastronomie ! En cuisine, c'est David Sulpice, dont le parcours l'a mené de Sydney à Manchester, en passant par l'île de Wight. Goûteuses et équilibrées, sans rien de trop pour souligner les saveurs, ses assiettes donnent la priorité aux produits du terroir landais et au bio. Tout entière dévouée au bien-être de ses clients, son épouse Magali, qui était du périple australien également, s'occupe avec brio de l'hôtellerie, de la salle et du vin.

A/C P - Menu 40 € (déjeuner), 75/85 €

2265 route de l'Étang-Blanc - ✆ 05 58 72 80 15 - www.villaetangblanc.fr - Fermé : lundi, mardi, mercredi

SORGES ET LIGUEUX EN PÉRIGORD

✉ 24420 - Dordogne - Carte régionale n° **18**-C1

AUBERGE DE LA TRUFFE

CUISINE RÉGIONALE • FAMILIAL Le "diamant noir" est roi en Périgord blanc, et plus encore en cette auberge classique, où il est la star d'un menu spécial, incontournable pour les amateurs ! Plus largement, le terroir et les belles recettes classiques sont à l'honneur, à l'image de ce lièvre à la royale cuisiné dans les règles de l'art...

A/C P - Menu 20 € (déjeuner), 36/116 €

14 rue Jean-Chateaureynaud - ✆ 05 53 05 02 05 - www.auberge-de-la-truffe.com - Fermé : lundi midi, mercredi midi

SOUSTONS

⊠ 40140 - Landes - Carte régionale n° **18**-B1

AUBERGE BATBY

CUISINE TRADITIONNELLE • CONVIVIAL Un restaurant situé juste au bord du lac, où l'on favorise le terroir : ravioles de langoustine, poularde farcie au foie gras, pibales (alevins d'anguilles)... C'est goûteux, généreux, et les prix sont très doux. Quelques chambres agréables permettent de prolonger l'étape.

- Menu 19 € (déjeuner), 45 €

63 avenue de Galleben - 05 58 41 18 80 - www.aubergebatby.fr - Fermé : lundi, mardi midi, dimanche soir

LA TESTE-DE-BUCH - Gironde(33) • Voir Bassin d'Arcachon

TRÉMOLAT

⊠ 24510 - Dordogne - Carte régionale n° **18**-C3

LE VIEUX LOGIS

Chef : Vincent Arnould

CUISINE MODERNE • ÉLÉGANT Une valeur sûre que cette table de tradition, dont le cadre - un ancien séchoir à tabac, tout en pierre et bois peint - est tout à fait charmant. Comme le reste de ces bâtisses en pierre de pays, une ancienne propriété agricole, où l'on devine les vestiges d'un ancien prieuré. En gardien éclairé de la tradition, voici le chef Vincent Arnould, Meilleur Ouvrier de France. Vosgien tombé amoureux du Périgord, il sait choisir ses produits afin de proposer une belle carte actuelle, assise sur de solides bases classiques. À midi, la maison propose un menu dans un esprit tapas périgourdin, à un prix intéressant. De la gastronomie en mouvement.

- Menu 60 € (déjeuner), 80/135 € - Carte 110/140 €

Le Bourg - 05 53 22 80 06 - www.vieux-logis.com - Fermé : mercredi, jeudi

BISTROT DE LA PLACE

CUISINE TRADITIONNELLE • BISTRO Une adresse pour se restaurer dans le village où Claude Chabrol tourna le film Le Boucher (1970). Vieilles pierres, poutres et réjouissante cuisine régionale, avec notamment un menu-carte bien tourné où le canard a toute sa place (foie gras, confit grillé), ce qui ravira les amateurs du célèbre palmipède... Un moment très sympathique.

- Menu 19 € (déjeuner), 26/35 €

Le Bourg - 05 53 22 80 69 - www.vieux-logis.com - Fermé : lundi, mardi

URRUGNE

⊠ 64122 - Pyrénées-Atlantiques - Carte régionale n° **18**-A3

FERME LIZARRAGA

CUISINE MODERNE • CONTEMPORAIN Dans un bel environnement naturel - lizarraga signifie "forêt de frênes" en basque -, une auberge du 17e s. au caractère préservé, à la fois chic et champêtre. Le chef offre une version revisitée de la cuisine du marché : on en profite en terrasse, à l'ombre d'un noyer centenaire... Délicieux, tout simplement.

- Menu 25 € (déjeuner), 42/55 €

Chemin de Lizarraga - 05 59 47 03 76 - www.lizarraga.fr - Fermé : lundi, mardi

VAYRES

✉ 33870 – Gironde – Carte régionale n° **18**-B1

LUNE

CUISINE MODERNE • COSY Ce restaurant situé dans la petite cité vigneronne de Vayres est une création de Pierre Rigothier chef au bon parcours parisien. L' alléchante ardoise et le menu surprise révèlent des produits rigoureusement sélectionnés : cochon kintoa, magret de canard fermier, sole meuniere, thon en tartare ou grillé. Cadre convivial, façon campagne chic.

♿ A/C - Menu 19 € (déjeuner), 55/70 € - Carte 50/80 €

56 avenue de Libourne – ✆ 05 47 84 90 98 – restaurantlune.com – Fermé : lundi, mardi soir, samedi midi, dimanche

LIMOUSIN

Carte régionale n° 19

Si on vous dit "Limousin", à quoi pensez-vous ? Il y a fort à parier que derrière vos paupières mi-closes apparaisse la silhouette d'une belle rousse, rustique et plantureuse... La limousine est sans doute l'une des plus belles races bovines, dont les origines remontent au dix-septième siècle. Une viande persillée, destinée à mûrir... et à alimenter les cartes des restaurants de la région. Le Limousin, région agricole peu peuplée, s'étendant sur les départements de la Corrèze, de la Creuse, de la Haute-Vienne et une partie du Massif central, doit beaucoup à son plus célèbre ambassadeur. On le cuisine souvent à la braise, on le décline aussi à la façon espagnole, en jambon (la fameuse cecina). Bref, aux côtés du porc cul noir, de l'agneau et du veau fermier élevé sous la mère, autres spécialités de la région, le bœuf limousin se prête de bonne grâce à toutes les préparations, comme à l'Aparté, à Limoges, où un jeune chef tonique magnifie les belles viandes fournies par son beau-père. Personne encore ne propose de voyages en limousine... ça ne saurait tarder.

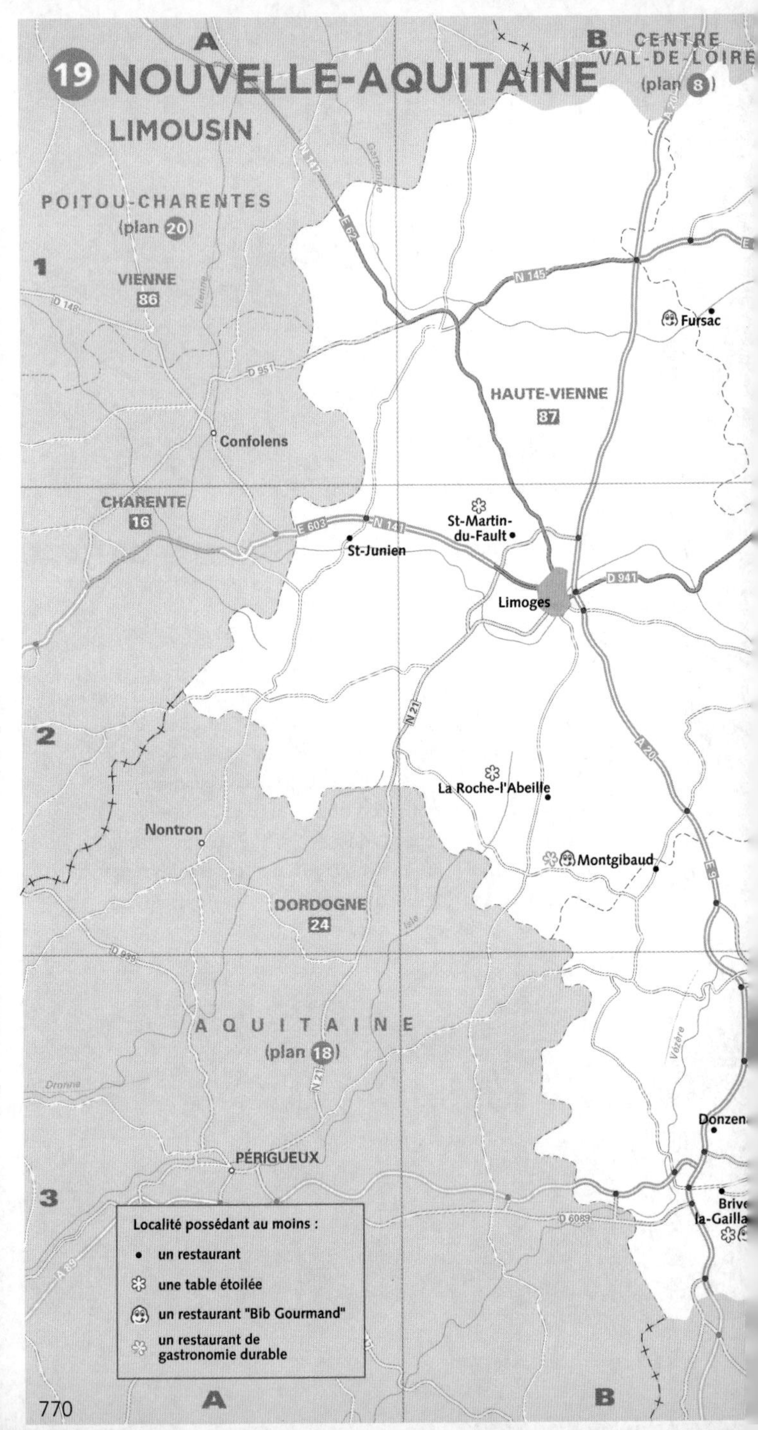
A
B
19 NOUVELLE-AQUITAINE
LIMOUSIN
CENTRE
VAL-DE-LOIRE
(plan 8)
POITOU-CHARENTES
(plan 20)
1
VIENNE
86
N 147
E 62
N 145
D 148
D 951
Fursac
HAUTE-VIENNE
87
Confolens
CHARENTE
16
E 603
N 141
St-Martin-
du-Fault
St-Junien
D 941
Limoges
N 21
A 20
2
La Roche-l'Abeille
Nontron
Montgibaud
DORDOGNE
24
D 939
A Q U I T A I N E
(plan 18)
Dronne
N 21
Vézère
PÉRIGUEUX
3
D 6089
A 89
Localité possédant au moins :
un restaurant
une table étoilée
un restaurant "Bib Gourmand"
un restaurant de
gastronomie durable
A
B

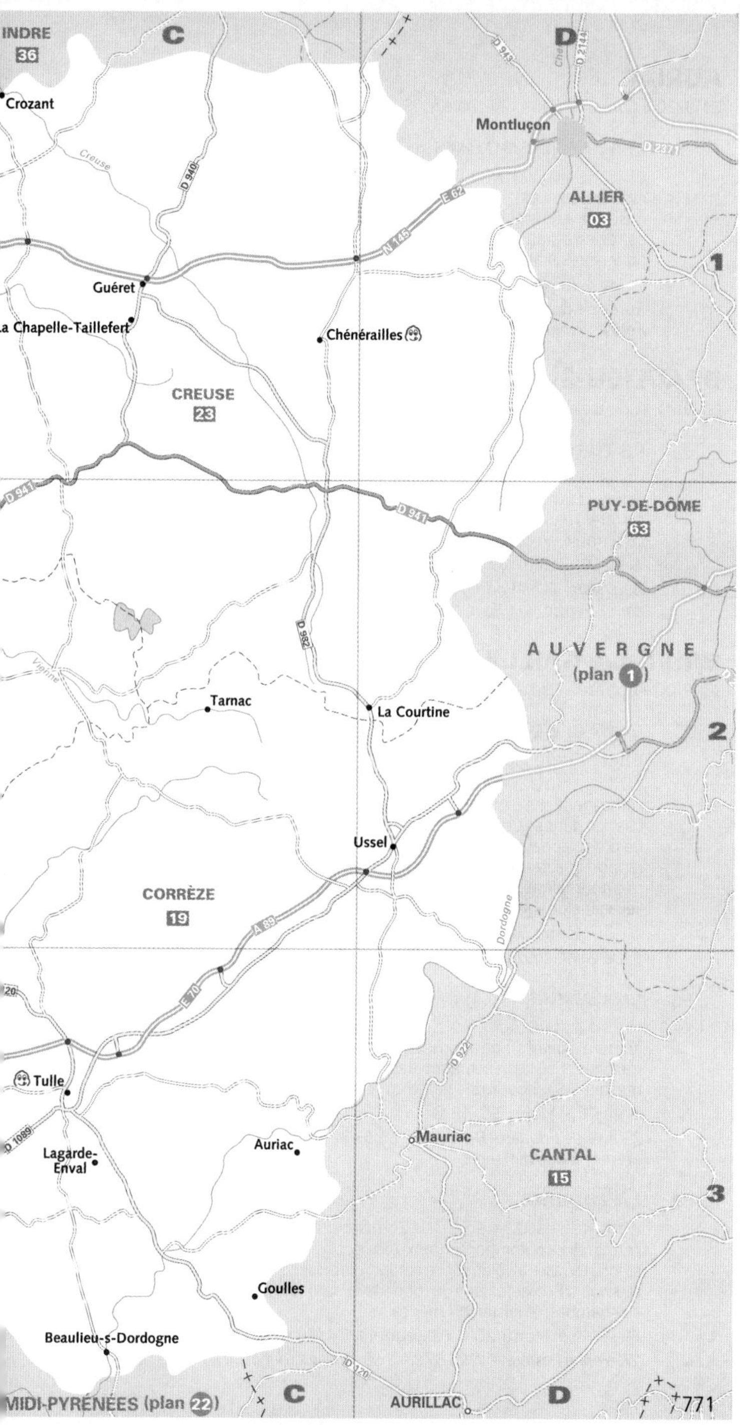

INDRE
36
C
D
D 943
D 2144
Crozant
Creuse
D 940
Montluçon
D 2371
E 62
ALLIER
03
N 145
1
Guéret
La Chapelle-Taillefert
Chénérailles
CREUSE
23
D 941
D 941
PUY-DE-DÔME
63
D 982
Vienne
A U V E R G N E
(plan 1)
Tarnac
La Courtine
2
Ussel
CORRÈZE
19
A 89
Dordogne
E 70
D 922
Tulle
D 1089
Lagarde-Enval
Auriac
Mauriac
CANTAL
15
3
Goulles
Beaulieu-s-Dordogne
D 120
MIDI-PYRÉNÉES (plan 22)
C
AURILLAC
D

AURIAC

✉ 19220 - Corrèze - Carte régionale n° **19**-C3

LES JARDINS SOTHYS

CUISINE MODERNE • RUSTIQUE Carrés d'herbes aromatiques, clos japonais, roseraie, etc. Ces jardins (entrée payante), dus à la célèbre marque de cosmétiques, mêlent poésie et culte des vertus de la nature. Au restaurant, le chef magnifie le terroir corrézien à grand renfort d'épices – il a longtemps travaillé en Asie et aux Antilles –, pour un résultat parfumé et maîtrisé.

- Menu 29/54 € - Carte 35/65 €

Route de Darazac – ✆ 05 55 91 96 89 – www.lesjardinssothys.com – Fermé : lundi, mardi, dimanche soir

BEAULIEU-SUR-DORDOGNE

✉ 19120 - Corrèze - Carte régionale n° **19**-C3

LE TURENNE

CUISINE MODERNE • CONTEMPORAIN Cuisine actuelle (gaspacho de tomates et fraises avec sa glace au basilic, ou rouget en filets à la tapenade et mousseline de carottes) dans ce restaurant qui mêle des vieilles pierres à un cadre contemporain. La terrasse, aux beaux jours, offre un prolongement rêvé à la gourmandise.

- Menu 17 € (déjeuner), 29/41 € - Carte 42/56 €

Boulevard Saint-Rodolphe-de-Turenne – ✆ 05 55 28 63 60 – www.leturenne.com – Fermé : lundi, mardi

BRIVE-LA-GAILLARDE

✉ 19100 - Corrèze - Carte régionale n° **19**-B3

LA TABLE D'OLIVIER

Chef : Pierre Neveu

CUISINE MODERNE • COSY À la Table d'Olivier, Pierre est en cuisine tandis que sa compagne Fanny, ex-pâtissière, caracole en salle. Lui, Normand d'origine, œuvre avec passion dans sa Corrèze d'adoption. Au cœur de la ville, il a bichonné cette maison de pierre apparente, au mobilier contemporain et aux luminaires design. Pour un rapport qualité-prix tout simplement renversant, sa cuisine au goût du jour se révèle très gourmande, aussi fine que colorée : foie gras, filet de bœuf, soja et algues nori ; lieu jaune de ligne, carotte-piments et chorizo ; fraises, jasmin et citron... À table !

- Menu 51/75 € - Carte 51/93 €

3 rue Saint-Ambroise – ✆ 05 55 18 95 95 – Fermé : lundi, mardi midi, dimanche

EN CUISINE

CUISINE MODERNE • CONVIVIAL Prenez un jeune chef passionné, travailleur, entouré d'une équipe à son image. Ajoutez une cuisine raffinée, où les saveurs sont franches et où la présentation des plats met d'emblée l'eau à la bouche. Vous y êtes presque... Saupoudrez le tout d'un service avec le sourire. Vous pouvez savourer !

- Menu 35/48 €

39 avenue Édouard-Herriot – ✆ 05 55 74 97 53 – www.encuisine.net – Fermé : lundi, dimanche

LA TOUPINE

CUISINE MODERNE • CONTEMPORAIN Côté décor, ce restaurant affirme un certain chic contemporain (inox, pierre et bois exotique). Les Brivistes adorent aussi sa jolie terrasse et, bien sûr, sa cuisine, qui puise son inspiration au marché : tartare de saumon d'Écosse, salade de roquette et salicorne ; ballotine de suprême de volaille aux gambas, émulsion d'Américaine...

- Menu 25 € (déjeuner), 34/38 € - Carte 45/58 €

27 avenue Pasteur – ✆ 05 55 23 71 58 – www.latoupine.fr – Fermé : lundi, dimanche

CHEZ FRANCIS

CUISINE TRADITIONNELLE • **BISTRO** Publicités rétro, objets en tout genre et dédicaces laissées par les clients : la parfaite ambiance d'un bistrot familial. On est tout à son aise pour déguster de bons produits et jolies recettes, avec en particulier de belles viandes limousines longuement maturées – un luxe !

– Menu 30 € - Carte 48/75 €

61 avenue de Paris – 05 55 74 41 72 – www.chezfrancis.fr – Fermé : lundi, dimanche

LA CHAPELLE-TAILLEFERT

23000 – Creuse – Carte régionale n° **19**–C1

INFLUENCE

CUISINE MODERNE • **ÉPURÉ** Le patron de cette petite maison de village a la passion des beaux produits, volaille fermière, distillerie Philippe Marais, bœuf limousin de Courtille ; fort de sa longue expérience, il les met en valeur dans des assiettes gourmandes et bien maîtrisées.

– Carte 31/41 €

1 rue des Remparts – 05 55 81 98 32 – www.restaurant-influence.com – Fermé : lundi, dimanche

CHÉNÉRAILLES

23130 – Creuse – Carte régionale n° **19**–C1

LE COQ D'OR

CUISINE MODERNE • **FAMILIAL** Une déco très... coquette, et pour cause : on trouve ici moults coqs rapportés des quatre coins du monde par les clients. Dans l'assiette ? Une cuisine fine et maîtrisée, alliant saveurs du terroir et créativité.

– Menu 27/58 € - Carte 40/60 €

7 place du Champ-de-Foire – 05 55 62 30 83 – www.restaurant-coqdor-23.com – Fermé : lundi, mardi, dimanche soir

LA COURTINE

23100 – Creuse – Carte régionale n° **19**–D2

AU PETIT BREUIL

CUISINE DU TERROIR • **AUBERGE** Tenue par la même famille depuis sept générations, cette maison à l'entrée du village dévoile un intérieur moderne et lumineux, qui ouvre sur la verdure. Ris de veau, foie gras chaud et cèpes de la région : dans l'assiette, le terroir est à la fête. Chambres rénovées pour l'étape.

P – Menu 22/48 €

Route de Felletin – 05 55 66 76 67 – Fermé : vendredi soir, dimanche

CROZANT

23160 – Creuse – Carte régionale n° **19**–C1

AUBERGE DE LA VALLÉE

CUISINE TRADITIONNELLE • **CONVIVIAL** Viandes d'éleveurs locaux (agneau, veau, bœuf), fromages de la région (chèvre, surtout !) et légumes de son grand potager... Le chef aime les produits du terroir, et cela se sent : il en tire une cuisine délicieuse, à apprécier dans un joli décor rustique. Une sympathique auberge de campagne.

– Menu 28/61 € - Carte 40/60 €

48 rue Armand Guillaumin – 05 55 89 80 03 – www.laubergedelavallee.fr – Fermé : lundi, mardi soir, mercredi soir, dimanche soir

DONZENAC

✉ 19270 - Corrèze - Carte régionale n° **19**-B3

LE PÉRIGORD

CUISINE TRADITIONNELLE • **RUSTIQUE** À l'entrée du bourg, venez vous asseoir dans cet intérieur paré de bois massif, près de l'imposante cheminée. On vous fera goûter la spécialité de la maison : la tête de veau sauce gribiche, indémodable et toujours aussi bonne ! Du rustique comme on l'aime.

♿ - Carte 28/41 €

9 avenue de Paris - ✆ 05 55 85 72 34 - Fermé : lundi soir, mardi soir, mercredi, dimanche soir

FURSAC

✉ 23290 - Creuse - Carte régionale n° **19**-B1

NOUGIER

CUISINE TRADITIONNELLE • **CLASSIQUE** Depuis trois générations, cette réjouissante auberge cultive l'art du bon accueil et du bien manger. Le chef concocte des plats soignés, entre tradition et modernité, comme autant d'hommages aux saisons. Alors, attablez-vous et commandez en confiance.

- Menu 31/61 € - Carte 53/65 €

2 place de l'Église - ✆ 05 55 63 60 56 - www.hotelnougier.fr - Fermé : lundi, mardi midi, dimanche soir

GOULLES

✉ 19430 - Corrèze - Carte régionale n° **19**-C3

RELAIS DU TEULET

CUISINE TRADITIONNELLE • **MAISON DE CAMPAGNE** Agréable surprise que cet ancien relais de diligence, tenu par la même famille depuis... cinq générations ! Le chef propose une cuisine actuelle simple et lisible, déclinée au gré d'une courte carte qui valorise les bons produits de la région - viandes de Corrèze, fruits et légumes d'Aurillac...

♿ - Menu 15 € (déjeuner), 27/35 € - Carte 30/45 €

Lieu-dit Le Teulet - ✆ 05 55 28 71 09 - www.relais-du-teulet.fr - Fermé : dimanche soir

GUÉRET

✉ 23000 - Creuse - Carte régionale n° **19**-C1

LE COQ EN PÂTE

CUISINE CLASSIQUE • **ÉLÉGANT** Dans cette maison bourgeoise et cossue (19e s.), on sert une belle cuisine classique qui varie selon les saisons. Mais rassurez-vous : le homard du vivier et le filet de bœuf sont aussi des résidents permanents ! On les accompagne d'un des nombreux bordeaux présents sur la carte... Un agréable moment gastronomique.

♿ - Menu 20/67 € - Carte 48/110 €

2 rue de Pommeil - ✆ 05 55 41 43 43 - www.restaurant-lecoqenpate.com - Fermé : lundi soir, mardi soir, dimanche soir

LAGARDE-ENVAL

✉ 19150 - Corrèze - Carte régionale n° **19**-C3

AUBERGE DU PAYS

CUISINE TRADITIONNELLE • **RUSTIQUE** Très sympathique, ce restaurant familial qui fait aussi bar-tabac. La cuisine du terroir tulliste est à l'honneur : millassou, mique, tête de veau le mercredi et farcidure le jeudi... C'est généreux et goûteux, une véritable adresse à l'ancienne !

- Menu 18/34 € - Carte 28/38 €

Route de l'Étang - 05 55 27 16 12 - Fermé : lundi, dimanche

LIMOGES

F 87000 - Haute-Vienne - Carte régionale n° 19-B2

AMPHITRYON

CUISINE MODERNE • COSY Cette jolie maison à pans de bois, au cœur du pittoresque "village" des Bouchers, est le fief du chef Olivier Polla. Il propose à ses clients une cuisine moderne tournée vers le produit, mijotée au gré de ses inspirations. Un plaisir pour les papilles.

- Menu 30 € (déjeuner), 49/90 € - Carte 63/78 €

Plan : A2-1 - *26 rue de la Boucherie - 05 55 33 36 39 - www.amphitryon-limoges.fr - Fermé : lundi, dimanche*

L'APARTÉ

CUISINE CRÉATIVE • CHIC Originaire de la Drôme, le jeune chef articule son travail autour des légumes de la saison et des belles viandes (veau et bœuf limousin) fournies par son beau-père. Il y a de la fraîcheur et de la maîtrise dans cette cuisine, qui se déguste dans un décor plaisant - fauteuils confortables, parquet patiné... Une vraie bonne adresse.

Menu 23 € (déjeuner), 55/70 € - Carte 39/55 €

Plan : A1-2 - *39 boulevard Carnot - 05 87 08 25 20 - www.laparte-limoges.fr - Fermé : lundi, dimanche*

LA CUISINE DU CLOÎTRE

CUISINE MODERNE • CONTEMPORAIN Au pied de la cathédrale, cet ancien cloître du 17e s. a du cachet ! Au gré de son envie (menus surprises) et des saisons, le chef compose une bonne cuisine du marché. Les cuissons sont maîtrisées, les produits de qualité : une expérience sympathique.

- Menu 22 € (déjeuner), 45/65 €

Plan : B2-4 - *6 rue des Allois - 05 55 10 28 29 - www.la-cuisine-du-cloitre.fr - Fermé : lundi, mardi midi, dimanche soir*

MARTIN COMPTOIR (N)

CUISINE MODERNE • CONTEMPORAIN Non loin des halles (parfait pour les approvisionnements !), on vient profiter du travail d'un jeune chef, Martin Dumas, originaire de Limoges. Sa cuisine est bien dans l'air du temps, avec une courte carte de saison, de grosses pièces de viande à partager et l'incontournable "foie de veau en pavé épais" qu'il a appris auprès de Jean-Paul Arabian, à Paris. Petite terrasse dans la rue piétonne.

- Menu 25 € (déjeuner) - Carte 46/76 €

Plan : A2-6 - *13 rue Lansecot - 05 55 34 25 53 - www.martincomptoir.fr - Fermé : lundi, mardi midi, dimanche*

PHILIPPE REDON

CUISINE MODERNE • INTIME Vous aimez la cuisine vivante ? Vous allez être servi. Ici, on réalise des recettes qui oscillent entre bistronomie, air du temps et esprit gastronomique à l'ancienne... avec une prédilection pour les produits sur-mesure (volailles, huîtres, etc.), et même un menu végétarien. Et en prime, des conseils avisés sur le vin.

- Menu 25 € (déjeuner), 42/72 € - Carte 42/80 €

Plan : A2-3 - *14 rue Adrien-Dubouché - 05 55 79 37 50 - www.restaurant-philipperedon.fr - Fermé : lundi, dimanche*

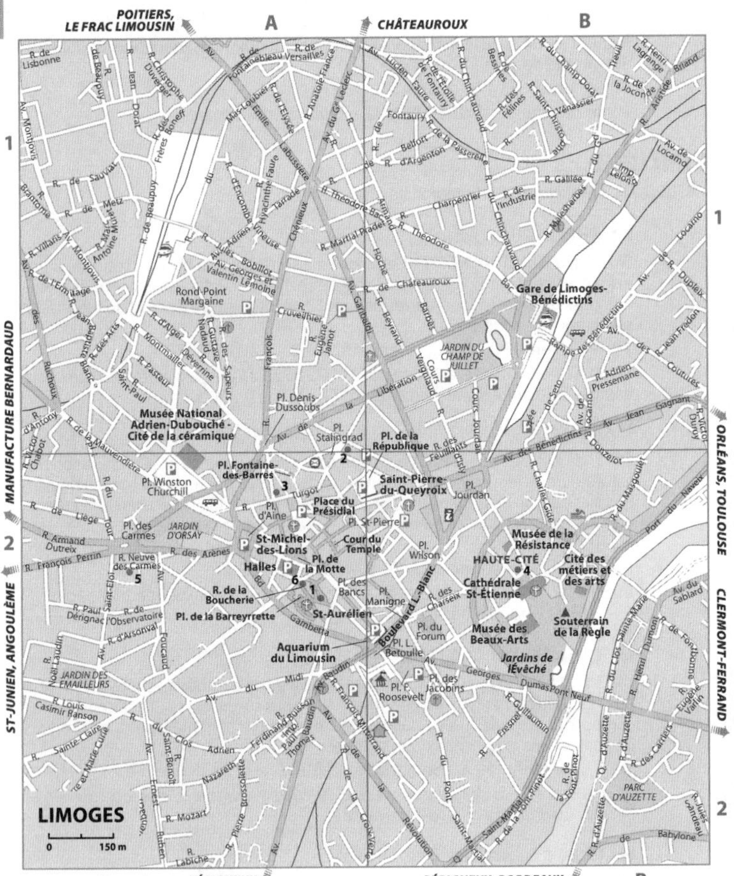

MONTGIBAUD

✉ 19210 – Corrèze – Carte régionale n° **19**-B2

LE TILLEUL DE SULLY

Chef : Thierry Parat

CUISINE MODERNE • CONVIVIAL C'est là, à l'ombre du vieux tilleul, que se trouve cette auberge de campagne. Fleurs de courgette, choux pommelés, groseilles, etc., abondent dans le potager et le chef sait les préparer ! Une savoureuse cuisine du terroir corrézien, gourmande et généreuse, à déguster devant la cheminée ou dehors, face aux arbres fruitiers.

L'engagement du chef : *Les produits de notre jardin potager et ceux que nous fournissent les artisans locaux et engagés avec lesquels nous travaillons sont au cœur de notre cuisine saisonnière. Nous récupérons également l'eau de lavage des légumes et nous compostons tous les déchets organiques pour nourrir nos cultures.*

♿ ⛱ - Menu 33/44 €

Le Bourg - ✆ 05 55 98 01 96 - Fermé : lundi, mardi, dimanche soir

LA ROCHE-L'ABEILLE

✉ 87800 - Haute-Vienne - Carte régionale n° **19**-B2

LE MOULIN DE LA GORCE

Chef : Pierre Bertranet

CUISINE CLASSIQUE • ÉLÉGANT Dans les années 1970, Jean Bertranet, pâtissier limougeaud de renom, transforme en hôtel-restaurant un superbe moulin Renaissance, avec son étang et son parc romantique. Ce chef, qui avait travaillé pour Vincent Auriol (toute une époque !), a fait de ce lieu une véritable institution dans le département. Aujourd'hui, son fils Pierre, avec un amour sincère des belles traditions gastronomiques, réalise une cuisine classique revisitée, d'une belle finesse et respectueuse des produits. Et dans cette belle bâtisse qui ne manque pas de cachet, il y a même des chambres cosy à souhait...

- Menu 95/115 €

La Gorce - ✆ 05 55 00 70 66 - www.moulindelagorce.com - Fermé : lundi, mardi, mercredi

LA TABLE DU MOULIN

CUISINE TRADITIONNELLE • BISTRO Au bistrot de l'hôtel-restaurant le Moulin de la Gorce, le chef régale ses commensaux de petits plats traditionnels et canailles qui fleurent bon le terroir. Pas de doute, la gourmandise est au rendez-vous !

- Menu 41/55 €

La Gorce - ✆ 05 55 00 22 03 - www.moulindelagorce.com - Fermé : lundi, mardi, mercredi

ST-JUNIEN

✉ 87200 - Haute-Vienne - Carte régionale n° **19**-A2

LAURYVAN

CUISINE MODERNE • COSY Dans le cadre verdoyant d'un petit bois tout proche de la Vienne, on profite d'une cuisine moderne et inventive, réglée sur les saisons. L'été, on pourra même s'installer sur la jolie terrasse pour profiter de la vue sur l'étang... Un régal.

- Menu 45/65 €

200 allée du Bois-au-Bœuf - ✆ 05 55 02 26 04 - www.lauryvan.fr - Fermé : lundi, mardi, mercredi, jeudi, dimanche

ST-MARTIN-DU-FAULT

✉ 87510 - Haute-Vienne - Carte régionale n° **19**-B2

LA CHAPELLE SAINT-MARTIN

Chef : Gilles Dudognon

CUISINE MODERNE • BOURGEOIS Aux portes de Limoges, ce petit castel est une ancienne maison de porcelainier, décorée avec de nombreux meubles et tableaux chinés. Le chef Gilles Dudognon et sa brigade sélectionnent avec rigueur de beaux produits régionaux. Ils en tirent une cuisine classique de caractère, qu'ils n'hésitent pas à parsemer de touches inventives. Entre deux coups d'œil admiratifs au joli parc, on se régale de "L'Intemporel" pâté en croûte Saint Martin (ris de veau, volaille, foie gras), ou d'un bar de ligne vapeur, pak-choi farci, comme un ceviche gingembre-sésame. Chambres charmantes.

- Menu 75/120 € - Carte 112/234 €

✆ 05 55 75 80 17 - www.chapellesaintmartin.com - Fermé : lundi, mardi

TARNAC

✉ 19170 - Corrèze - Carte régionale n° **19**-C2

HÔTEL DES VOYAGEURS

CUISINE TRADITIONNELLE • **CLASSIQUE** Au bord du plateau de Millevaches, un chef autodidacte met la tradition dans tous ses états ! Dans l'assiette, c'est bon, généreux, résolument gourmand, notamment grâce aux fleurs et légumes du potager maison. L'accueil est du même tonneau, simple et agréable, et quelques chambres sont disponibles : les voyageurs seront ravis.

A/C - Menu 34/50 € - Carte 49/72 €

18 avenue de la Mairie - ✆ 05 55 95 53 12 - www.hotelcorreze.com - Fermé : lundi, dimanche et le midi

TULLE

✉ 19000 - Corrèze - Carte régionale n° **19**-C3

LES 7

CUISINE MODERNE • **SIMPLE** Cette adresse de poche (25 couverts au maximum) est le fief d'un jeune couple plein d'allant. Les assiettes sont dressées avec beaucoup de soin, les saveurs et textures sont complémentaires. N'oublions pas de dire aussi un mot sur le service, absolument charmant.

♿ - Carte 30/45 €

32 quai Baluze - ✆ 05 44 40 94 89 - www.restaurant-les7.fr - Fermé : lundi, dimanche

LE BOUCHE À OREILLE

CUISINE TRADITIONNELLE • **CONVIVIAL** On découvre ici le travail d'un chef aimable et discret, aussi modeste que bon cuisinier. Ses préparations font la part belle aux saisons (soupe de châtaignes de Corrèze et flan au foie gras) ainsi qu'aux beaux produits (magret de canard du sud-ouest, rôti rosé, façon bigarade). C'est goûteux et bien ficelé : on se régale, on y retourne.

♿ - Menu 35/41 €

39 avenue Charles-de-Gaulle - ✆ 05 44 40 40 30 - www.leboucheaoreille-tulle.com - Fermé : lundi, dimanche

USSEL

✉ 19200 - Corrèze - Carte régionale n° **19**-D2

AUBERGE DE L'EMPEREUR

CUISINE TRADITIONNELLE • **VINTAGE** Au milieu de la verdure, cette ancienne grange est devenue une auberge coquette et chaleureuse. Cheminée, charpente en coque de bateau renversée : l'endroit a beaucoup de cachet ! Dans l'assiette, de jolis produits travaillés avec soin et générosité : morilles de l'empereur, carré d'agneau au foin...

- Menu 26 € (déjeuner), 38/63 € - Carte 47/70 €

La Goudouneche - ✆ 05 55 46 04 30 - www.aubergedelempereur.com - Fermé : lundi, dimanche soir

POITOU-CHARENTES

Carte régionale n° 20

Il n'y a probablement rien d'aussi beau que le geste du paludier, récoltant le sel, cet or marin. Sauf peut-être la douceur précise du vigneron soupesant ses grappes de raisin, cet or terrestre. En Poitou-Charentes, vous n'aurez pas à trancher. La mer, en Charente-Maritime. Les claques d'iode, les huîtres d'Oléron, l'Abbaye des Châteliers sur l'île de Ré, l'île d'Aix, petite perle de l'estuaire de la Charente – et partout, sa majesté le sel, dont la fleur est devenue si tendance sur les tables. Quittons le large pour nous enivrer à l'ombre d'un vignoble connu dans le monde entier, le cognac. Ses chais historiques, les collections ahurissantes du précieux élixir, les bords du fleuve... tout ici, invite à la langueur romantique. Et à la gourmandise.

Si vous êtes féru de découvertes, vous apprécierez la cuisine personnelle de chez Poulpette à Cognac ou Auberge Le Centre Poitou à Coulombiers, au Sud de Poitiers – autant de maisons familiales qui perpétuent cette noble idée de la belle restauration familiale. Et puis, il y a l'emblématique table de La Ribaudière à Bourg-Charente, tenue par Thierry et Julien Verrat (père et fils), et son jardin qui descend en pente douce vers le fleuve. Le Poitou-Charentes, ce sont aussi les produits laitiers, le beurre, les fromages de chèvres parfaitement affinés. Une terre qui donne envie de prendre le large... une bouteille de cognac et une bourriche d'huîtres sous le bras.

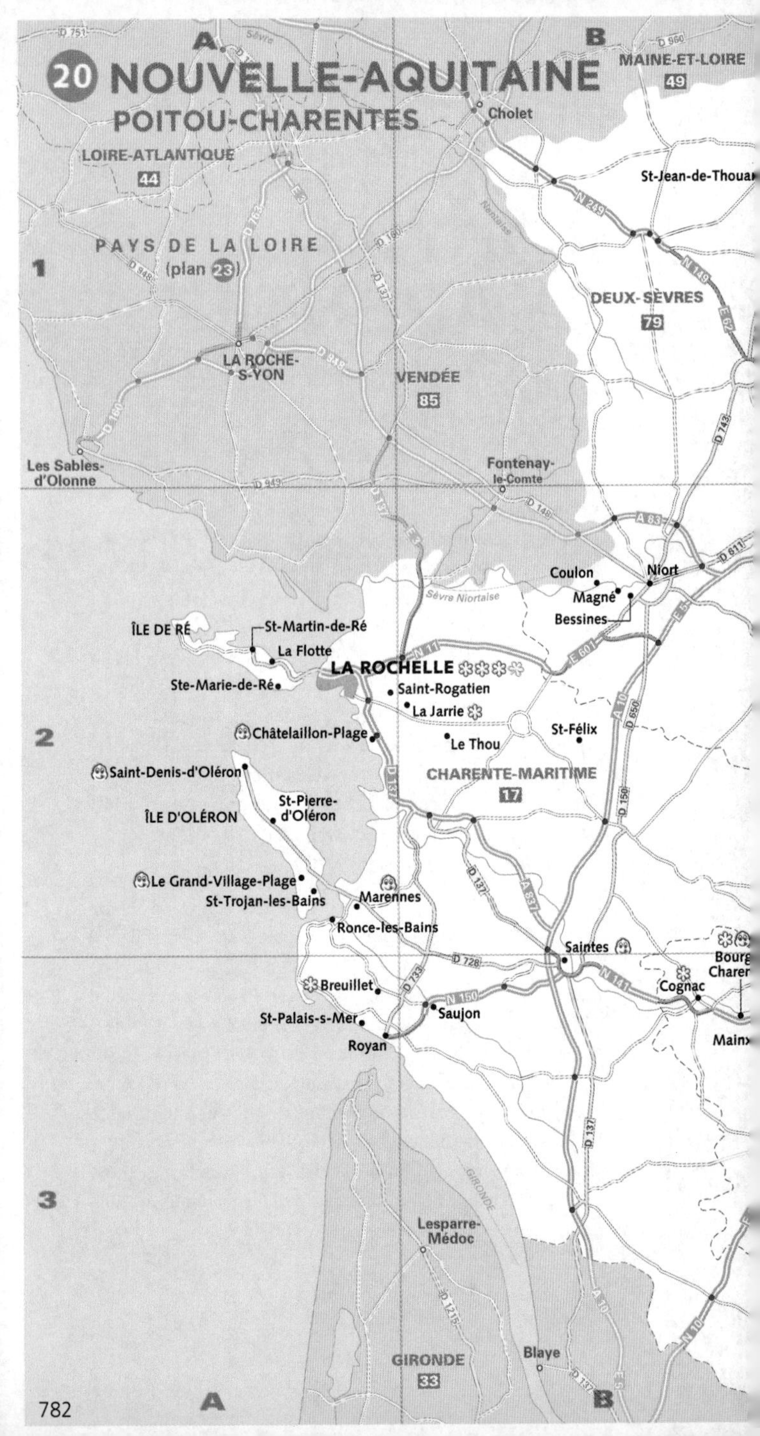
20 NOUVELLE-AQUITAINE
POITOU-CHARENTES
A
B
1
2
3
MAINE-ET-LOIRE
49
LOIRE-ATLANTIQUE
44
PAYS DE LA LOIRE
(plan 23)
Cholet
St-Jean-de-Thouar
DEUX-SÈVRES
79
LA ROCHE-S-YON
VENDÉE
85
Les Sables-d'Olonne
Fontenay-le-Comte
Coulon
Niort
Magné
Bessines
Sèvre Niortaise
ÎLE DE RÉ
St-Martin-de-Ré
La Flotte
Ste-Marie-de-Ré
LA ROCHELLE
Saint-Rogatien
La Jarrie
Châtelaillon-Plage
Le Thou
St-Félix
Saint-Denis-d'Oléron
CHARENTE-MARITIME
17
ÎLE D'OLÉRON
St-Pierre-d'Oléron
Le Grand-Village-Plage
St-Trojan-les-Bains
Marennes
Ronce-les-Bains
Saintes
Bourg
Charer
Cognac
Breuillet
Saujon
St-Palais-s-Mer
Royan
Mainx
GIRONDE
Lesparre-Médoc
GIRONDE
33
Blaye
D 751
D 960
D 160
D 763
D 137
D 948
D 949
D 148
D 611
D 743
D 650
D 150
D 728
D 733
D 1215
N 249
N 149
N 11
N 141
N 150
N 10
E 3
E 62
E 601
A 83
A 10
A 837

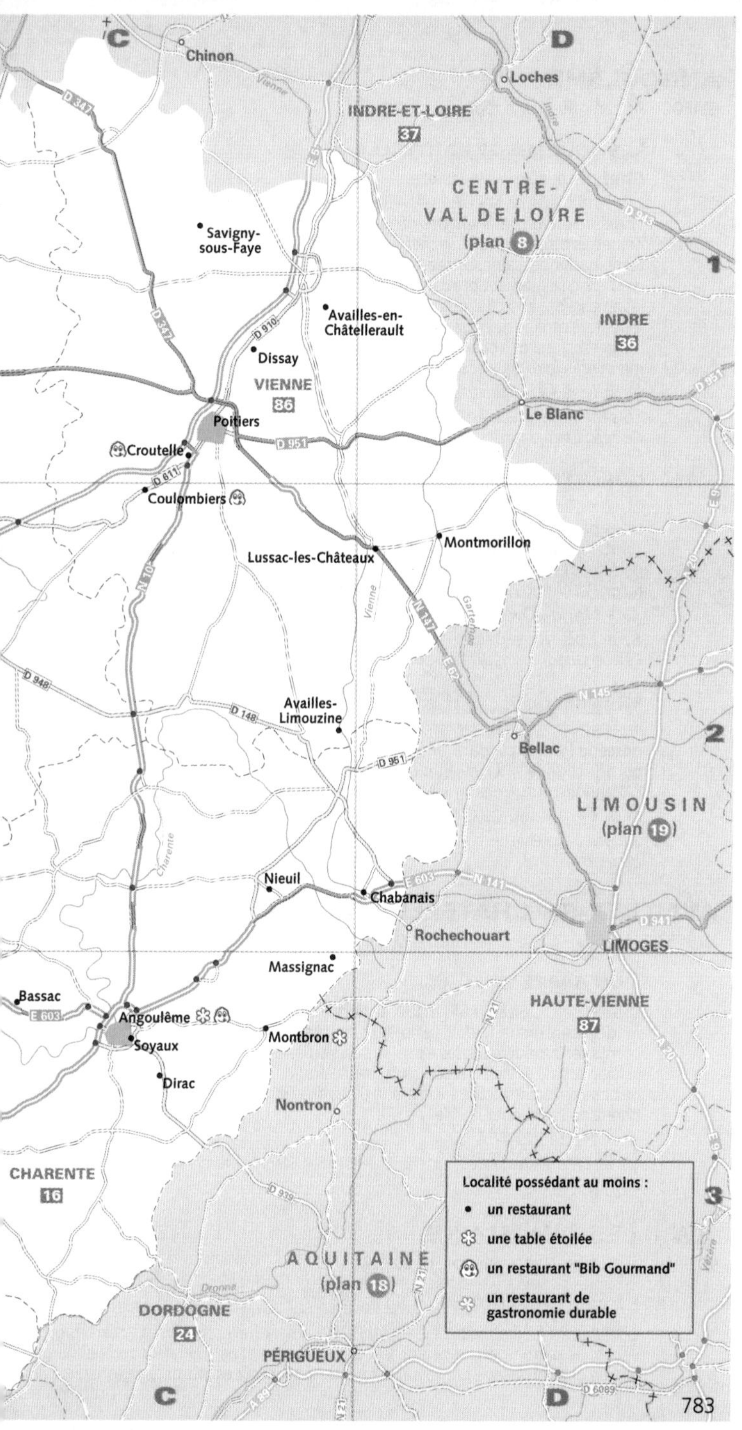
C
D
Chinon
Loches
Vienne
Indre
INDRE-ET-LOIRE
37
D 347
E 5
CENTRE-
VAL DE LOIRE
(plan 8)
D 943
1
Savigny-
sous-Faye
Availles-en-
Châtellerault
D 910
Dissay
INDRE
36
VIENNE
86
D 951
Le Blanc
Poitiers
D 951
Croutelle
D 611
Coulombiers
E 9
Montmorillon
Lussac-les-Châteaux
N 10
A 20
Vienne
N 147
Gartempe
E 62
D 948
Availles-
Limouzine
D 148
N 145
2
Bellac
D 951
LIMOUSIN
(plan 19)
Charente
Nieuil
E 603
N 141
Chabanais
Rochechouart
D 941
LIMOGES
Massignac
Bassac
E 603
HAUTE-VIENNE
87
Angoulême
N 21
Montbron
Soyaux
A 20
Dirac
Nontron
E 9
CHARENTE
16
Localité possédant au moins :
un restaurant
une table étoilée
un restaurant "Bib Gourmand"
un restaurant de gastronomie durable
3
D 939
AQUITAINE
(plan 18)
N 21
Vézère
Dronne
DORDOGNE
24
PÉRIGUEUX
C
D
A 89
N 21
D 6089

ANGOULÊME

⊠16000 - Charente - Carte régionale n° **20**-C3

LES SOURCES DE FONTBELLE

Chef : Guillaume Veyssière

CUISINE CRÉATIVE • DESIGN À 5 minutes du centre-ville, préparez-vous à un choc visuel, celui d'un bâtiment design tout en métal, béton et verre face... à la forêt ! Aux manettes de ce vaisseau, le chef Guillaume Veyssière signe une cuisine créative à la technique impeccable. Cette architecture qui lui sert d'atelier d'artiste lui va comme un gant : ce cuisinier est doté d'un sens indéniable de la mise en scène qui s'impose dès les amuse-bouches. Il s'impose aussi de louables contraintes locavores qui dopent sa réussite, à l'image de cette côte de cochon noir gascon, racine de persil rôti. Malicieux, il adresse aussi des clin-d'œil savoureux à la tradition et au terroir avec ses moules marinières revisitées et son casse-croûte charentais.

- Menu 35 € (déjeuner), 52/92 €

1 bis rue des Meules-à-Grain - 05 45 23 51 75 - sourcesdefontbelle.com - Fermé : lundi, mardi

COKOTTE

CUISINE TRADITIONNELLE • TENDANCE Bon moment assuré dans cette Cokotte créée par Guillaume Veyssière en lieu et place de La Ruelle. Place donc à une cuisine "brute de goût", selon les mots du chef : déclinés en cocottes, les plats se révèlent parfumés et généreux. À déguster dans trois salles en enfilade, décorées de fresques façon BD (Angoulême oblige) sur le thème des volatiles.

- Menu 20 € (déjeuner), 33 € - Carte 40/55 €

6 rue Trois-Notre-Dame - 05 45 95 15 19 - www.restaurant-cokotte.fr - Fermé : lundi, samedi midi, dimanche

LE TERMINUS

POISSONS ET FRUITS DE MER • CONTEMPORAIN Terminus, tout le monde descend ! Devant la gare, une halte s'impose dans cette brasserie contemporaine qui affectionne le terroir, et plus encore les produits de la mer, venus tout droit de l'Atlantique, au gré des arrivages ; c'est pourquoi la carte est renouvelée tous les jours.

- Menu 29/36 € - Carte 50/80 €

3 place de la Gare - 05 45 95 27 13 - www.le-terminus.com - Fermé : lundi, dimanche

AVAILLES-EN-CHÂTELLERAULT

⊠86530 - Vienne - Carte régionale n° **20**-C1

L'OUVRIÈRE (N)

CUISINE MODERNE • ÉPURÉ L'Ouvrière se conçoit comme une communauté sur le modèle de la ruche. Ludovic et Kelly Dumont espèrent ici créer une osmose entre les clients, les producteurs, les éleveurs et les artisans... Un pari joliment tenu avec une cuisine simple et bien réalisée (volaille à l'estragon, tarte aux fruits de saison) à partir de beaux produits. Situé sur la petite place du village, ce restaurant intimiste est une bonne nouvelle pour la ville.

- Menu 22/47 €

6 place René-Descartes - 09 77 37 61 38 - Fermé : mercredi, jeudi, dimanche soir

AVAILLES-LIMOUZINE

⊠86460 - Vienne - Carte régionale n° **20**-C2

LA CHATELLENIE

CUISINE TRADITIONNELLE • CONTEMPORAIN Emilie et Thomas Fournier, jeune couple de patrons, ont investi de leur enthousiasme et de leur talent cette auberge, nichée dans un village perdu du fin fond de la Vienne. Les produits régionaux et de saison ont la cote ici : on en profite dans une jolie petite salle à manger aux tons clairs, avec tomettes et cheminée, ou sur la terrasse, en contrebas, aux beaux jours. Chambres pour l'étape.

- Menu 20/70 €

1 rue du Commerce - 05 49 84 31 31 - www.lachatellenie.fr - Fermé : lundi, dimanche

BASSAC

16120 - Charente - Carte régionale n° **20**-C3

L'ESSILLE

CUISINE TRADITIONNELLE • **CONTEMPORAIN** A deux pas d'une abbaye bénédictine, se concocte une cuisine dans l'air du temps. On accède au restaurant par un beau salon agrémenté de bouteilles de cognac – près de 200 références, l'une des plus belles collections de la région ! Chambres pour l'étape.

- Menu 21 € (déjeuner), 40/50 € - Carte 45/70 €

43 route de Condé - 05 45 81 94 13 - www.hotel-restaurant-essille.com - Fermé : samedi midi, dimanche soir

BESSINES

79000 - Deux-Sèvres - Carte régionale n° **20**-B2

L'ADRESS...

CUISINE MODERNE • **CONTEMPORAIN** Un parallélépipède de verre prolongé par une terrasse face à la verdure : voilà pour le cadre, moderne et élégant ! Quant à la cuisine du chef, elle ne souffre d'aucun reproche : recettes qui font mouche, présentations soignées. Jolie sélection de vins et fromages parfaitement affinés.

P - Menu 21 € (déjeuner), 38/72 € - Carte 59/65 €

1 rue des Iris - 05 49 79 41 06 - www.restaurant-ladress.fr - Fermé : lundi, dimanche

BOURG-CHARENTE

16200 - Charente - Carte régionale n° **20**-B3

LA RIBAUDIÈRE

Chefs : Thierry et Julien Verrat

CUISINE CRÉATIVE • **CONTEMPORAIN** Une grande villa, un jardin qui descend en pente douce vers la Charente coulant paisiblement en contrebas... De l'autre côté du fleuve, la silhouette altière du château de Bourg-Charente domine les vignes. Dans la salle aux murs gris ardoise, les grandes baies vitrées offrent une vue sur la délicieuse terrasse et sur les berges du fleuve. Dans le même ton, les chefs Thierry et Julien Verrat, père et fils, signent une belle cuisine, où l'invention cultive le naturel. Propriétaire d'une vigne et d'une truffière, l'homme voue une passion au terroir charentais, un véritable pays de cocagne. Du cognac au pineau, en passant par le poisson de la côte et les escargots sauvages, le chef exprime le meilleur de produits de haute qualité : chacun de ses plats met le goût en avant avec une force tranquille.

P - Menu 56/122 € - Carte 88/120 €

2 place du Port - 05 45 81 30 54 - www.laribaudiere.com - Fermé : lundi, mardi, dimanche soir

LA TABLE DU FLEUVE

CUISINE DU MARCHÉ • **DESIGN** Signée Thierry et Julien Verrat, voilà une cuisine charentaise à la sauce bistronomique du plus bel aloi. Ici, le menu évolue au gré du marché. Ce jour-là, foie gras de canard mi-cuit aux truffes ; tartare de truite aux aromates et son caviar ou encore tarte aux myrtilles et son gel au pineau des Charentes. Aux beaux jours, on sert aussi sur quelques tables en terrasse. Un petit cocon chaleureux et plaisant, où la gourmandise se sent chez elle.

♿ A/C 🍴 P - Menu 34 €

2 place du Port - ✆ 05 45 81 30 54 - www.laribaudiere.com - Fermé : lundi, mardi, dimanche soir

BREUILLET

✉ 17920 - Charente-Maritime - Carte régionale n° **20**-A3

L'AQUARELLE

Chef : Xavier Taffart

CUISINE CRÉATIVE • CONTEMPORAIN Ce grand pavillon cubique contemporain offre une étape gourmande au cœur de la campagne royannaise. Le chef de l'Aquarelle, Xavier Taffart, est fils d'ostréiculteur : autant dire qu'il en connaît un rayon sur les huîtres charentaises. Dans l'assiette, il se montre créatif et inspiré, ne travaillant que les beaux produits locaux. Adepte des associations terre-mer, il ne rechigne pas à l'exotisme : émietté de tourteau, bouillon parfumé au ponzu et jaune d'œuf fumé ; lieu jaune confit au lait d'amande... Côté décor, le design prévaut dans la grande salle panoramique, y compris sur la table, où trônent la porcelaine contemporaine d'un artisan poitevin et les couteaux siglés d'un coutelier rochelais. Un sens du détail qui cadre parfaitement avec les assiettes esthétiques et graphiques du chef.

♿ A/C P - Menu 56/130 € - Carte 80/92 €

71 A route du Montil - ✆ 05 46 22 11 38 - www.laquarelle.net - Fermé : lundi, mardi midi, dimanche soir

CHABANAIS

✉ 16150 - Charente - Carte régionale n° **20**-D2

LE VIEUX MOULIN

CUISINE DU MARCHÉ • TRADITIONNEL Ce restaurant, aménagé dans un vieux moulin, nous accueille dans une salle lumineuse, avec sa belle cheminée pour les flambées hivernales. L'été, la terrasse bordant la rivière voisine permet de profiter de la jolie cuisine du marché, autour de recettes originales et maîtrisées, privilégiant les circuits courts.

♿ A/C 🍴 P - Menu 20 € (déjeuner), 40/60 €

Étang du Moulin - ✆ 05 45 84 24 97 - www.levieuxmoulin-chabanais.com - Fermé : lundi soir, mardi, mercredi

CHÂTELAILLON-PLAGE

✉ 17340 - Charente-Maritime - Carte régionale n° **20**-A2

LES FLOTS

CUISINE MODERNE • CONTEMPORAIN Au bord du boulevard qui longe l'immense plage, voici une adresse qui devrait ravir les amateurs de sensations iodées. On s'installe dans une salle contemporaine qui offre une belle vue sur les flots pour déguster poissons et crustacés du jour, vedettes de goûteuses préparations cent pour cent maison. Partez à l'abordage de cette jolie maison bleu et blanc (1890) face à la plage.

♿ A/C 🍴 - Menu 32/55 € - Carte 40/60 €

52 boulevard de la Mer - ✆ 05 46 56 23 42 - www.les-flots.fr - Fermé : mercredi

GAYA - CUISINE DE BORDS DE MER

POISSONS ET FRUITS DE MER • ÉLÉGANT Au sein de l'hôtel La Grande Terrasse, non loin des Boucholeurs, ce restaurant met l'iode à l'honneur. La carte est longue, les plats sont généreux, les jus, sauces et crèmes travaillés avec finesse. Le tout servi dans un cadre cosy qui ouvre sur la terrasse et la mer.

♿ A/C 🍴 P - Carte 52/90 €

Avenue de la Falaise - ✆ 05 46 56 54 30 - www.la-grande-terrasse.com

COGNAC

✉ 16100 – Charente – Carte régionale n° **20**-B3

LES FOUDRES

CUISINE MODERNE • **ÉLÉGANT** Le restaurant des Chais Monnet s'ouvre dans l'ancienne salle des foudres, ces vastes barriques centenaires utilisées pour le vieillissement du cognac ! Dans la salle à manger attenante, aucun détail n'a été négligé, de la superbe argenterie contemporaine à la verrerie fine. Un nouveau chef au solide parcours, Marc-Antoine Lepage, signe une cuisine finement technique qui met en avant les produits du territoire. De belles assiettes aux dressages soignés se succèdent – homard bleu cuit à l'huile de crustacés, aïoli au corail et légumes primeurs ; pigeon rôti sur coffre, pickles à l'hibiscus et betterave au shiso ; biscuit chocolat à la fleur de sel, croustillant de cacahuète et crémeux caramel.

- Menu 135 € - Carte 95/130 €

Chais Monnet, 50 avenue Paul-Firino-Martell – ✆ 05 17 22 32 23 – www.chaismonnethotel.com – Fermé : lundi, mardi et le midi

LA MAISON

CUISINE MODERNE • **CONTEMPORAIN** Une jolie maison en pierre blanche de cœur de ville au décor décontracté et au concept aussi éclectique que ludique, assorti de clins d'œil à l'Asie et à la méditerranée. Grignotage et plats à partager font bon ménage avec les cocktails maison à base de Cognac. Ce jour-là, carpaccio de maigre, épaule d'agneau grillée et baba au gin.

- Menu 29 € (déjeuner) - Carte 45/65 €

1 rue du 14-Juillet – ✆ 05 45 35 21 77 – www.restaurant-lamaison-cognac.fr – Fermé : lundi, samedi midi, dimanche soir

POULPETTE

CUISINE MODERNE • **CONTEMPORAIN** Voilà une table qui a tout compris. Le menu, volontairement restreint, propose une savoureuse cuisine du marché, à l'âme voyageuse, concoctée à base de beaux produits mitonnés avec soin et originalité. Amandine, ancienne professeur de danse, désormais responsable de salle et associée, et Antoine, ancien de Sciences Po mais passionné de cuisine, passé par Lucas Carton et Jadis ont uni leurs talents pour nous proposer une très agréable valse de saveurs.

- Menu 29 € (déjeuner) - Carte 42/49 €

46 avenue du Maréchal-de-Lattre-de-Tassigny – ✆ 05 45 82 22 08 – www.poulpette.com – Fermé : lundi, mardi soir, samedi midi, dimanche

COULOMBIERS

✉ 86600 – Vienne – Carte régionale n° **20**-C2

AUBERGE LE CENTRE POITOU

CUISINE TRADITIONNELLE • **RUSTIQUE** Depuis 1870, la même famille tient cet auberge qui fut autrefois un relais de poste et y cultive le sens de l'accueil. Dans l'assiette, on se régale d'une cuisine savoureuse, concoctée avec des produits soigneusement choisis, par Mathias, le fils, nouveau maître des fourneaux.

- Menu 34/95 € - Carte 50/85 €

39 rue Nationale – ✆ 05 49 60 90 15 – www.centre-poitou.com – Fermé : lundi, mardi midi, dimanche soir

COULON

✉ 79510 – Deux-Sèvres – Carte régionale n° **20**-B2

LE CENTRAL

CUISINE MODERNE • **AUBERGE** Pour une escapade champêtre au cœur de la Venise verte. La cuisine navigue entre tradition et tendances, autour de quelques produits fétiches : anguilles, escargots, fromage de chèvre, etc. Une valeur sûre, petite boussole dans la géographie gourmande poitevine.

- Menu 23/47 € - Carte 45/60 €

4 rue d'Autremont - 05 49 35 90 20 - www.hotel-lecentral-coulon.com - Fermé : lundi, dimanche soir

CROUTELLE

86240 - Vienne - Carte régionale n° **20**-C1

LA CHÊNAIE

CUISINE TRADITIONNELLE • ÉLÉGANT Le restaurant est installé dans un parc planté de... chênes, bien sûr. On admire leurs ramures centenaires à travers les grandes baies vitrées de la salle à manger, en appréciant une cuisine plaisante, plutôt traditionnelle, aussi soignée que parfumée.

- Menu 21 € (déjeuner), 31/52 € - Carte 50/75 €

Rue du Lejat - lieu-dit La Berlanderie - 05 49 57 11 52 - www.la-chenaie.fr - Fermé : lundi, mercredi soir, dimanche soir

DIRAC

16410 - Charente - Carte régionale n° **20**-C3

DOMAINE DU CHÂTELARD

CUISINE MODERNE • MAISON DE CAMPAGNE Dans cette belle "maison de campagne", le chef choisit bien ses produits et réalise une cuisine dans l'air du temps, fraîche et fine, que l'on déguste l'hiver dans la plaisante salle à manger dotée d'une cheminée et l'été, sur la ravissante terrasse offrant une vue sur le lac.

- Menu 26 € (déjeuner), 38/80 €

1079 route du Châtelard - 05 45 70 76 76 - www.domaineduchatelard.com - Fermé : lundi, dimanche soir

DISSAY

86130 - Vienne - Carte régionale n° **20**-C1

Ô DISSAY

CUISINE MODERNE • BOURGEOIS Le Château de Dissay propose une cuisine moderne et très visuelle, réalisée à quatre mains par deux jeunes chefs, Henri Dupont et Stanislas Simonet, à déguster dans une demeure du 15e s. au cadre élégant et bourgeois. Agréable terrasse dans la cour du château.

- Menu 34 € (déjeuner), 60/160 € - Carte 64/72 €

111 place Pierre-d'Amboise - 05 49 11 11 11 - www.chateaudedissay.com - Fermé : lundi, mardi

LA FLOTTE - Charente-Maritime(17) • Voir Île de Ré

LE GRAND-VILLAGE-PLAGE - Charente-Maritime(17) • Voir Île d'Oléron

Shaiith/Getty Images Plus

✉ 17580 -
Charente-Maritime
Carte régionale n° **20**-A2

ÎLE DE RÉ

Véritable plat pays, l'île de Ré déroule ses villages chaulés et immaculés avec une discrétion exemplaire, pour la plus grande satisfaction des "people" qui fréquentent assidûment cette villégiature de Charente-Maritime. Mais, entre son littoral, ses bois et ses forêts, ses vignes et ses parcs à huîtres, se cache un véritable art de vivre, fait de peu mais ô combien savoureux. Les marais salants de Loix et d'Ars perpétuent la tradition de l'or blanc, et de son fleuron, la fleur de sel. On y affine également des huîtres mais aussi des palourdes et d'autres fruits de mer, à déguster dans les cabines ostréicoles qui fleurissent le long des pistes cyclables. On les accompagne de l'un des crus élevés sur l'île ou, pour les plus audacieux, de la bière locale, face au soleil couchant sur la côte sauvage. Ré la blanche produit également une délicieuse petite pomme de terre primeur.

La Flotte

CHAI NOUS COMME CHAI VOUS

CUISINE TRADITIONNELLE • BISTRO On se sent un peu comme chez soi dans ce restaurant de poche coquet et convivial. Au menu, une jolie cuisine de la mer, des vins bien choisis, une touche d'inventivité et de sympathiques petites attentions... Réservez !

♿ - Menu 65 €

1 rue de la Garde - ✆ 05 46 09 49 85 - www.chainouscommechaivous.fr - Fermé le midi

Saint-Martin-de-Ré

L'AVANT PORT

POISSONS ET FRUITS DE MER • BISTRO Cette jolie maison du 17e s. située à l'entrée du port s'est muée en bistrot chic et marin, dont on profite de la lumineuse verrière et d'une - ô combien - plaisante terrasse en été. Quant à la cuisine, au goût du jour, elle célèbre le produit avant tout : poisson extra-frais, légumes de l'île...

A/C ☂ - Menu 34 € (déjeuner), 49 € - Carte 59/86 €

8 quai Daniel-Rivaille - ✆ 05 46 68 06 68 - www.lavantport.com

LES EMBRUNS

CUISINE TRADITIONNELLE • **BISTRO** Lolotte, la patronne de ce pittoresque restaurant, est une femme de caractère, aussi passionnée que sincère, et sa cuisine lui ressemble. L'ardoise fait la part belle au retour de la pêche et au marché, avec des assiettes généreuses que l'on déguste dans un décor de carte postale – bateau, rames, épuisette... Une adresse qui ne triche pas !

- Carte 30/50 €

6 rue Chay-Morin – 05 46 66 46 31 – www.lesembruns-iledere.com – Fermé : lundi

GEORGE'S (N)

CUISINE MODERNE • **BRASSERIE** Idéalement situé sur le port de Saint-Martin-de-Ré, cette brasserie chic au décor marin propose des produits de la région préparés avec sobriété et précision (poisson de la criée, volaille de Challans) complété de quelques grands classiques de la cuisine traditionnelle (foie gras poêlé, escargots gratinés). Terrasse lounge et bar à cocktail aussi prisés qu'agréables. Service prévenant.

- Carte 60/100 €

1 quai Job-Foran – 05 46 35 40 32 – hotel-de-toiras.com/fr

Sainte-Marie-de-Ré

LE CHAI

CUISINE TRADITIONNELLE • **BISTRO** Deux associés ont repris ce bistrot avec un bonheur. Le chef Benjamin Léonard, au beau parcours (en Corse, au Canada et sur l'île de Ré) fait montre d'un bel esprit culinaire dans la tendance bistronomie, mâtiné de quelques influences plus contemporaines, avec une prédilection pour les légumes locaux de petits maraîchers et majoritairement bio. C'est frais, bien fait et d'un agréable rapport qualité/prix.

- Carte 31/48 €

5 place d'Antioche – 05 46 30 03 55 – restaurantlechai.business.site – Fermé : lundi, mercredi soir, dimanche soir

---

ÎLE D'OLÉRON

16200 – Charente – Carte régionale n° –

Le Grand-Village-Plage

LE RELAIS DES SALINES

POISSONS ET FRUITS DE MER • **BISTRO** Au menu de ce bistrot marin, saveurs iodées et produits top fraîcheur. La carte se partage entre indémodables (huîtres, gâteau de langoustines, riz au lait "façon Mariette", tarte au citron du patron) et inspirations du moment. La petite salle tire parti au mieux de cette ancienne cabane ostréicole. La partie terrasse est ouverte sur les marais. Une belle surprise.

- Carte 33/38 €

Port-des-Salines – 05 46 75 82 42 – www.lerelaisdessalines.fr – Fermé : mardi

Saint-Denis-d'Oléron

LE JOUR DU POISSON (N)

POISSONS ET FRUITS DE MER • **BISTRO** Emmené par un trio formé à Ferrandi, ce petit bistrot coquet du bout de l'île ne désemplit pas et ce n'est que justice. L'ardoise, aussi courte qu'alléchante, tient toutes ses promesses : le poisson est travaillé sous toutes ses formes, les circuits courts et les vins naturels sont privilégiés, le pain est fait maison à la farine oléronaise. C'est convivial, charmant et délicieux.

- Carte 32/41 €

3 rue de l'Ormeau – 05 46 75 76 21 – Fermé : mardi, mercredi, jeudi midi

Saint-Pierre-d'Oléron

DE L'ÎLE AUX PAPILLES

CUISINE MODERNE • **RUSTIQUE** Cette maison de village un peu cachée dans une ruelle derrière une grande place de Saint-Pierre-d'Oléron est fidèle au concept annoncé : « une cuisine 100% maison et de saison à partir de produits d'Oléron et des environs ». On en profite dans une salle rustique, dont la mezzanine accueille quelques tables. Simple et bon.

Menu 37/42 €

Place Camille-Mémain – ✆ 05 46 36 87 45 – www.ile-aux-papilles.fr – Fermé : lundi, mardi

Saint-Trojan-les-Bains

L'ÉCUME

CUISINE MODERNE • **CONTEMPORAIN** L'une des meilleures tables d'Oléron. Tout le mérite en revient à la cuisine de Romaric Villeneuve, moderne et assez créative, avec des emprunts à l'Asie et l'utilisation judicieuse d'épices. Avec, par-dessus le marché, des desserts très réussis ! Succès oblige, la réservation est impérative.

♿ A/C – Menu 23 € – Carte 36/47 €

2 rue de la République – ✆ 05 46 75 34 66 – www.restaurant-lecume-oleron.fr – Fermé : lundi, samedi midi, dimanche soir

JARNAC

✉ 16200 – Charente – Carte régionale n° –

LE VERRE Y TABLE

CUISINE MODERNE • **CONTEMPORAIN** La cuisine du jeune chef est fraîche, parfumée, dans l'air du temps, à l'image du décor, moderne et coloré, imaginé dans un esprit bistrot. Ce jour-là, thon mi-cuit et gambas rôties, salade estivale ; côte de cochon, jus au romarin, pommes grenailles, courgettes et purée soubise. Service souriant et efficace. Menu déjeuner à prix léger.

P – Menu 21 € (déjeuner) – Carte 42/60 €

42 avenue Carnot, à Mainxe – ✆ 05 45 35 07 28 – www.restaurant-leverreytable.com – Fermé : lundi, samedi midi, dimanche

LA JARRIE

✉ 17220 – Charente-Maritime – Carte régionale n° **20**–B2

✿ L'HYSOPE

Chef : Nicolas Durif

CUISINE CRÉATIVE • **CONTEMPORAIN** Créatif, ce Nicolas Durif ! Il a pris pied au fond d'une ruelle, accessible à pied uniquement, dans un charmant petit village à une quinzaine de kilomètres de la Rochelle. Dans un ancien logement transformé en cabinet de curiosités, il s'adonne à sa passion de la collection, notamment de vaisselle. Cet Alsacien a donné un nom de plante à son restaurant : il en utilise jusqu'à 60 en été, de France comme du monde entier. Sa patrie d'origine s'exprime par touches discrètes, de la moutarde par ici, du raifort ou de la cannelle par là. On se délecte de menus surprises proposés en 4, 6 ou 8 plats où agrumes, épices et touches asiatiques sont très présentes. Sans oublier l'appétissant charriot de fromages d'une grande variété et parfaitement affiné.

♿ A/C – Menu 53 € (déjeuner), 73/145 €

25 rue de l'Aurore – ✆ 05 46 68 52 21 – www.lhysope.fr – Fermé : lundi, mercredi soir, dimanche

LUSSAC-LES-CHÂTEAUX

✉ 86320 - Vienne - Carte régionale n° **20**-D2

LES ORANGERIES

CUISINE MODERNE • RUSTIQUE Dans cette bâtisse au charme rustique chic, le terme "éco-responsable" prend tout son sens : on y cuisine 80% de produits bio, en provenance des producteurs fermiers de la région. La carte des vins a été élaborée dans le même esprit. Un respect des saisons et du marché qui se retrouve dans l'assiette. Ici, même les chambres sont "durables", c'est dire.

- Menu 25 € (déjeuner), 31/50 €

12 avenue du Docteur-Dupont - ✆ 05 49 84 07 07 - www.lesorangeries.fr - Fermé : lundi

MAGNÉ

✉ 79460 - Deux-Sèvres - Carte régionale n° **20**-B2

LE BŒUF EN ÉCAILLES

CUISINE TRADITIONNELLE • COSY L'authenticité, valeur souvent galvaudée, a pourtant trouvé ici son expression gastronomique la plus savoureuse - une cuisine qui surfe entre poissons et viandes, à coup de recettes généreuses et gourmandes comme ce cochon de 16h, écrasé de pommes de terre à l'huile d'olive. Authentique aussi la terrasse charmante, posée au bord de la Sèvre niortaise.

- Menu 19 € (déjeuner), 55 € - Carte 37/48 €

24 avenue du Marais-Poitevin - ✆ 05 16 25 77 52 - www.leboeufenecailles.com - Fermé : lundi soir, dimanche

MARENNES

✉ 17320 - Charente-Maritime - Carte régionale n° **20**-A2

MANGER & DORMIR SUR LA PLAGE

POISSONS ET FRUITS DE MER • CONVIVIAL On dirait le titre d'une chanson des années 1980. Cette table jeune et décontractée située en face de la mer propose une cuisine d'inspiration marine, avec un choix alléchant de crustacés, de poissons, et bien évidemment d'huîtres : l'établissement appartient en effet à la famille Gillardeau, les célèbres ostréiculteurs. La grande terrasse offre une vue adorable, avec l'île d'Oléron à l'horizon. Côté hébergement, "Dormir sur la Plage" dispose de quatre grandes junior suites, très bien aménagées.

- Menu 32 € - Carte 35/45 €

61 avenue William-Bertrand - ✆ 05 46 38 41 93 - www.dormirsurlaplage.fr - Fermé : lundi, mardi

MASSIGNAC

✉ 16310 - Charente - Carte régionale n° **20**-C3

DYADES AU DOMAINE DES ÉTANGS

CUISINE MODERNE • MAISON DE CAMPAGNE Cette élégante table propose une cuisine fine et goûteuse, qui met en avant les herbes, fleurs, fruits et légumes du potager ; le tout est servi dans le cadre raffiné et luxueux des anciennes écuries du château.

- Menu 75/95 € - Carte 80/100 €

Domaine des Étangs - ✆ 05 45 61 85 00 - domainedesetangs.com - Fermé : lundi, mardi

MONTBRON

16220 - Charente - Carte régionale n° **20**-C3

MOULIN DE LA TARDOIRE

Chef : Matthieu Brudo

CUISINE MODERNE • MAISON DE CAMPAGNE Quelle histoire ! L'ancienne forge du 16e s. a été transformée en moulin à farine en 1854, avant de devenir un moulin à huile... C'est aujourd'hui un restaurant bucolique et charmant, installé entre rivière et verdure. Le chef, Matthieu Brudo, y propose une cuisine de saison faisant la part belle au terroir local : escargots charentais, truite de Magnac, pigeonneau et magrets de canard de Nontron... sans oublier de superbes viandes achetées entières à des petits producteurs des environs. Justesse et finesse, soin dans la présentation : on aime.

- Menu 26 € (déjeuner), 35/69 €

Lieu-dit La Forge - 05 45 66 41 46 - www.moulindelatardoire.fr - Fermé : lundi, mardi, dimanche soir

MONTMORILLON

86500 - Vienne - Carte régionale n° **20**-D2

BISTRO DE LUCULLUS

CUISINE TRADITIONNELLE • SIMPLE Ce bistrot, installé au sein de l'Hôtel de France, est fréquenté par une clientèle d'habitués (ce qui est toujours bon signe), qui apprécie le menu du jour, la cuisine bien tournée et l'atmosphère conviviale.

- Menu 15 € - Carte 35/45 €

4 boulevard de Strasbourg - 05 49 84 09 09 - www.hoteldefrance-lelucullus.fr - Fermé : vendredi soir, samedi, dimanche midi

LE LUCULLUS

CUISINE MODERNE • CONTEMPORAIN On s'installe dans un cadre moderne pour profiter d'une cuisine qui mise sur les produits locaux. Et aux beaux jours, c'est installé sur la terrasse au calme dans le patio que l'on songe à Lucullus, ce général romain du 1er s. av. J.-C., passé à la postérité en raison du faste de sa table. Chambres pour l'étape.

- Menu 34/70 € - Carte 42/45 €

4 boulevard de Strasbourg - 05 49 84 09 09 - www.hoteldefrance-lelucullus.fr - Fermé : lundi, mardi, dimanche soir

NIEUIL

16270 - Charente - Carte régionale n° **20**-C2

LA GRANGE AUX OIES

CUISINE MODERNE • ÉLÉGANT Dans les écuries du Château de Nieuil, ce restaurant associe déco tendance et vieilles pierres. La cuisine met en avant herbes aromatiques, légumes du potager et produits locavores - bœuf du Limousin, agneau de Confolens, canard charentais et même une vodka et des eaux de vie d'une distillerie voisine ! On déguste, on se prélasse sur la jolie terrasse, qui offre une vue romantique sur le parc et le château. Les habitués, nombreux, ne s'y trompent pas. Un plaisir.

- Menu 64 € - Carte 40/70 €

Château de Nieul - 05 45 71 81 24 - www.grange-aux-oies.com - Fermé : lundi, mardi, dimanche soir

NIORT

79000 - Deux-Sèvres - Carte régionale n° **20**-B2

AUBERGE DE LA ROUSSILLE

CUISINE MODERNE • AUBERGE On tombe forcément sous le charme de cette belle maison d'éclusier, installée dans le cadre bucolique des bords de Sèvre... un environnement enchanteur qui ne saurait masquer l'essentiel : la cuisine du chef, soignée et bien calibrée, dans laquelle les produits sont au top et agrémentés sans superflu. Un vrai bonheur.

♿ A/C 🍽 - Menu 29 € (déjeuner), 45 €

30 impasse de la Roussille, St-Liguaire - ✆ 05 49 06 98 38 - www.laroussille.com - Fermé : lundi, mardi soir, dimanche soir

POITIERS

✉ 86000 - Vienne - Carte régionale n° **20**-C1

LES ARCHIVES

CUISINE TRADITIONNELLE • **ÉLÉGANT** Au cœur du vieux Poitiers, cette chapelle du 19e s., tout en colonnes et arcs, a été transfigurée par un aménagement contemporain... une réussite. On pourra même être témoin de la préparation des assiettes, car les cuisines sont ouvertes sur la salle.

♿ - Menu 19 € (déjeuner), 30/59 € - Carte 37/54 €

14 rue Édouard-Grimaux - ✆ 05 49 30 53 00 - www.lesarchives.fr

L'ESSENTIEL SELON PIERRIC CASADEBAIG

CUISINE MODERNE • **BISTRO** Sise dans un ancien hôtel particulier, cette jeune enseigne du centre-ville de Poitiers propose des recettes dans l'air du temps, à l'instar de ce velouté de courge, magret fumé, et noisettes. A l'arrière, petit patio-terrasse, l'été.

🍽 - Menu 20 € (déjeuner), 32/46 € - Carte 42/75 €

188 Grand-Rue - ✆ 05 49 46 79 71 - www.lessentiel-poitiers.fr - Fermé : dimanche

stsvirkun/Getty Images Plus

✉ 17000 – Charente-Maritime
Carte régionale n° **20**-A2

LA ROCHELLE

L'appel du large reste très fort dans ce port qui a vu partir tant d'explorateurs. Mais si la cité phare du nautisme continue de se tourner vers la mer, sa vieille ville déborde de charme et... de goût(s). Ses rues piétonnes, bordées d'arcades et d'hôtels aristocratiques, concentrent de nombreux commerces de bouche. L'animation bat également son plein sous la magnifique charpente du Marché central, qui vaut à elle seule le déplacement. On y trouve pommes de terre de l'île de Ré, beurre fermier et produits laitiers de la région ; mer oblige, les mareyeurs rivalisent de propositions, huîtres Marennes-Oléron, moules (dont on fait l'éclade et la mouclade) et bien sûr poissons d'une fraîcheur exceptionnelle – dont le chef étoilé Christopher Coutanceau est l'ambassadeur incontesté. Pour le dessert, tentez le tourteau fromager, reconnaissable à son dôme noir. La Rochelle est aussi le lieu idéal pour s'initier aux splendeurs du cognac.

✿✿✿ CHRISTOPHER COUTANCEAU

Chef : Christopher Coutanceau

POISSONS ET FRUITS DE MER • ÉLÉGANT Sur la plage de la Concurrence, la devanture du restaurant annonce la couleur : "Christopher Coutanceau, cuisinier et pêcheur". Tout est dit ! La pêche, voici une passion qui court dans la famille depuis longtemps – le grand-père, puis Richard, le père, étaient déjà des fondus de produits marins. Christopher va plus loin : en plus d'être un pêcheur émérite, il milite en faveur de la pêche durable et contre le gaspillage. Sa cuisine, admirable, est le prolongement de cet engagement, un vrai bouquet de senteurs marines, une ode à l'océan vivante et percutante. Les plus beaux produits de la mer (bar de ligne, turbot, sole, oursins, lotte et langoustines, huîtres, tourteaux et tant d'autres) sont magnifiés avec tendresse et beaucoup d'imagination : de l'entrée au dessert, c'est un enchantement.

✿ ***L'engagement du chef :*** *Convaincus que le cuisinier est avant tout citoyen, notre démarche s'inscrit au-delà du restaurant, auprès de différentes associations de préservation des ressources marines dont Bloom, avec qui nous menons un combat contre la pêche électrique. Seuls les poissons issus d'une pêche artisanale, durable et locale figurent sur notre carte. Nous travaillons main dans la main avec notre producteur de légumes à La Rochelle et pour éviter le gaspillage, nous utilisons les produits dans leur intégralité.*

– Menu 190/230 € - Carte 200/265 €

Plan : A3-1 – *Plage de la Concurrence – ✆ 05 46 41 48 19 – www.coutanceaularochelle.com – Fermé : lundi, dimanche*

LE BISTROT DES BONNES FEMMES

CUISINE MODERNE • BISTRO Bistronomie pour tout le monde dans cette adresse branchée et conviviale ! Les produits sont au top (poissons de la criée, légumes des Halles voisines) et les préparations nettes et précises, sans superflu ni artifice. Une ambiance animée, une table de copains et une jolie sélection de vins biologiques et natures. Enfin, aux beaux jours, on profite d'un repas dans l'agréable patio.

- Menu 24 € (déjeuner), 33 € - Carte 39/52 €

Plan : B2-5 – *5 rue des Bonnes-Femmes – 05 46 52 19 91 – www.lebistrotdesbonnesfemmes.com – Fermé : dimanche*

LE BOUILLON

CUISINE MODERNE • ÉLÉGANT Jemmy Brouet, passé par le Jules Verne (Alain Ducasse), a ouvert ce bistrot chic aux briques rouges et couleurs ensoleillées, écrin d'un menu du marché goûteux, avec options végétariennes. Le soir, le chef propose des menus surprise dont le nombre de plats varie en selon l'appétit et le budget des convives. Un peu excentré, mais facile d'accès. Terrasse au calme.

- Menu 27 € (déjeuner), 39/89 €

Hors plan – *15 rue du Docteur-Bigois – 05 46 42 05 29 – www.le-bouillon-larochelle.fr – Fermé : lundi soir, mardi soir, mercredi soir, samedi midi, dimanche*

LES FLOTS

POISSONS ET FRUITS DE MER • COSY Cet ancien estaminet possède bien des atouts : un emplacement idéal face au vieux port, une terrasse délicieuse, un service compétent et une cuisine raffinée où les saveurs de l'océan sont à l'honneur : bar de ligne en émulsion de jus de coquillages, sole de petit bateau cuite meunière, homard grillé au barbecue. Une adresse de choix.

- Menu 35/65 € - Carte 65/105 €

Plan : A2-2 – *1 rue de la Chaîne – 05 46 41 32 51 – www.les-flots.com*

IMPRESSIONS (N)

CUISINE MODERNE • CONTEMPORAIN Après 18 ans passés au Saison à côté de Rennes, David Etcheverry est venu s'installer avec son fidèle second Takashi Aoki au centre de La Rochelle. Conçu comme un atelier moderne, ce petit restaurant propose des assiettes épurées, et d'une gourmandise implacable. On se régale.

- Menu 33 € (déjeuner), 55/78 € - Carte 80/90 €

Plan : B2-6 – *7 rue Saint-Michel – 05 46 09 03 98 – www.restaurant-impressions.fr – Fermé : lundi, dimanche*

LE MAIL

CUISINE MODERNE • CONTEMPORAIN Environnement délicieux (parterres de verdure et promenade sur l'océan), cadre charmant (mobilier dans l'esprit brasserie, luminaires métalliques, baies vitrées), cuisine simple et fraîche mettant en avant les poissons de la région (La Rochelle, La Cotinière, Royan) et les légumes de Charente-Maritime... La carte des vins, courte, précise et alléchante, est un modèle. Accueil est courtois et chaleureux.

- Menu 27/34 € - Carte 35/61 €

Hors plan – *16 allée du Mail – 05 46 34 12 52 – www.restaurant-le-mail.com – Fermé : lundi, dimanche soir*

LES QUATRE SERGENTS

CUISINE TRADITIONNELLE • ÉLÉGANT Un authentique jardin d'hiver, avec une élégante structure métallique, à deux pas du port : voilà qui est charmant... Le chef y cultive des plaisirs très naturels : produits locaux et bio, vins de petits viticulteurs indépendants (sans omettre les grands crus). L'espace Le Mess, situé au sommet de la verrière, est privatisable et doté d'un fourneau où le chef peut cuisiner un menu surprise devant quelques clients privilégiés.

- Menu 32/39 € - Carte 43/80 €

Plan : A2-3 – *49 rue Saint-Jean-du-Pérot – 05 46 41 35 80 – www.les4sergents.com – Fermé : lundi*

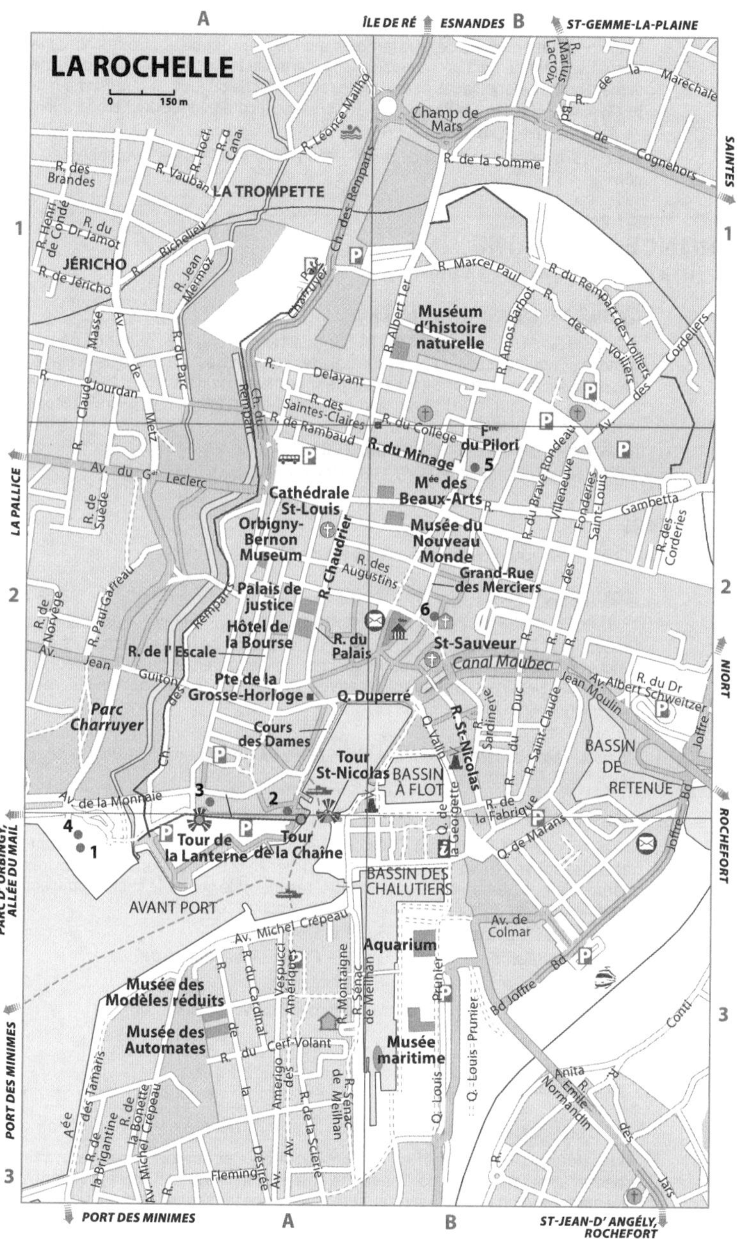
LA ROCHELLE
0 150 m
A
ÎLE DE RÉ
ESNANDES
B
ST-GEMME-LA-PLAINE
SAINTES
LA PALLICE
NIORT
ROCHEFORT
PARC D'ORBIGNY, ALLÉE DU MAIL
PORT DES MINIMES
ST-JEAN-D'ANGÉLY, ROCHEFORT
1
2
3
Champ de Mars
LA TROMPETTE
JÉRICHO
Muséum d'histoire naturelle
Fne du Pilori
R. du Minage
Cathédrale St-Louis
Mée des Beaux-Arts
Orbigny-Bernon Museum
Musée du Nouveau Monde
R. Chaudrier
Grand-Rue des Merciers
Palais de justice
Hôtel de la Bourse
R. du Palais
St-Sauveur
Canal Maubec
R. de l'Escale
Pte de la Grosse-Horloge
Q. Duperré
Parc Charruyer
Cours des Dames
Tour St-Nicolas
BASSIN À FLOT
R. St-Nicolas
BASSIN DE RETENUE
Tour de la Lanterne
Tour de la Chaîne
BASSIN DES CHALUTIERS
AVANT PORT
Aquarium
Musée des Modèles réduits
Musée des Automates
Musée maritime
Av. Michel Crépeau
Av. de la Monnaie
Av. du Gal Leclerc
Av. Jean Guiton
Av. Albert Schweitzer
Bd Joffre
R. Gambetta
R. Delayant
R. des Saintes-Claires
R. de Rambaud
R. du Collège
R. des Augustins
R. Marcel Paul
R. Albert 1er
Ch. des Remparts
R. Léonce Mailho
R. Vauban
R. des Brandes
R. Richelieu
R. Jean Mermoz
R. du Parc
R. Jourdan
R. de la Somme
Bd de Cognehors
Av. des Cordeliers
R. du Rempart des Voiliers
R. Amos Barbot
R. du Brave Rondeau
Q. de Marans
R. de la Fabrique
Av. de Colmar
R. du Cerf-Volant
R. de la Scierie
Fleming
R. de Norvège
R. de Suède
R. Paul Garreau
1
2
3
4
5
6

LA YOLE DE CHRIS

POISSONS ET FRUITS DE MER • ÉLÉGANT Cette pétillante adresse de Christopher Coutanceau offre deux plaisirs incomparables, celui des yeux et celui des papilles. Un long comptoir en forme de yole (embarcation légère, longue et étroite), abrite la cuisine ouverte où s'active la brigade. Ici, la carte fait la part belle aux produits de la mer (huîtres, coquillages et crustacés) et à la pêche du jour... à déguster sur la terrasse face à la mer, aux beaux jours. Réservation recommandée pour embarquer !

- Carte 54/81 €

Plan : A3-4 - *Plage de la Concurrence - ✆ 05 46 41 41 88 - www.layoledechris.com*

RONCE-LES BAINS

✉ 17390 - Charente-Maritime - Carte régionale n° **20**-A2

LA PLAGE DE LA RIBAUDIÈRE

CUISINE DU MARCHÉ • CONVIVIAL Spécialités charentaises, retour de pêche, viandes et poulpes cuits au barbecue, salades savoureuses : en lisière de la plage, on se régale dans cette ancienne école de voile devenue un charmant bistrot. Une ambiance "pêcheur" que l'on retrouve jusqu'au dessert, avec ce paris-brest reconverti en... paris-plage !

- Menu 27 € - Carte 36/71 €

52 avenue de la Cèpe - ✆ 05 46 36 60 01 - Fermé : mardi, mercredi

ROYAN

✉ 17200 - Charente-Maritime - Carte régionale n° **20**-A3

BOULEVARD 45

CUISINE MODERNE • CONTEMPORAIN Près du front de mer, vous êtes chez Cassandra et Loïc, un couple sympa et accueillant, qui mise tout sur le marché et la fraîcheur. Fort d'un parcours impressionnant, Loïc nous régale dans le respect du goût et des saisons. Le menu est renouvelé chaque semaine, ce qui devrait vous inciter à revenir... On parie ?

Menu 42 €

45 boulevard de la République - ✆ 05 16 65 85 43 - boulevard45.business.site - Fermé : lundi, mardi soir, dimanche

LES FILETS BLEUS

CUISINE TRADITIONNELLE • COLORÉ En léger retrait du front de mer, ce restaurant offre un sympathique décor marin : plancher en bois d'acajou, hublots, ancres marines, lampes-tempête... Dans l'assiette, l'esprit est le même, le chef s'appuyant largement sur les produits de l'Atlantique pour composer sa carte.

- Menu 19 € (déjeuner), 35/65 €

14 rue Notre-Dame - ✆ 05 46 05 74 00 - Fermé : lundi, dimanche

ST-DENIS-D'OLÉRON - Charente-Maritime(17) • Voir Île d'Oléron

ST-FÉLIX

✉ 17330 - Charente-Maritime - Carte régionale n° **20**-B2

AU CLOS GOURMAND

CUISINE TRADITIONNELLE • CONTEMPORAIN Il était une fois, à l'orée du marais poitevin, un petit village. Et dans ce village, un jeune couple sympathique a transformé une maison régionale en joli endroit, agrémenté d'une terrasse sur jardin fleuri. On se régale des préparations du chef, qui met au maximum en avant le bio, des produits frais utilisés en cuisine jusqu'au vin.

- Menu 31/36 €

51 rue du Marais-Poitevin – ✆ 05 46 26 52 06 – www.restaurantauclosgourmand.fr – Fermé : lundi, mardi

ST-JEAN-DE-THOUARS

✉ 79100 – Deux-Sèvres – Carte régionale n° **20**-B1

HÔTELLERIE ST-JEAN

CUISINE TRADITIONNELLE • FAMILIAL Cette bâtisse des années 1970 cache une table tenue par un chef, soucieux de dénicher de bons produits et de les cuisiner avec soin. Aux beaux jours, on s'installe sur la terrasse pour profiter de la vue au loin sur la cité médiévale et le château des ducs de la Trémoille. Affaire familiale typique de l'hostellerie traditionnelle à la française.

- Menu 22/35 €

25 route de Parthenay – ✆ 05 49 96 12 60 – www.hotellerie-st-jean.com – Fermé : lundi, dimanche soir

ST-MARTIN-DE-RÉ - Charente-Maritime(17) • Voir Île de Ré

ST-PALAIS-SUR-MER

✉ 17420 – Charente-Maritime – Carte régionale n° **20**-A3

L'ARROSOIR

CUISINE MODERNE • CONTEMPORAIN La situation magnifique, avec la belle terrasse donnant sur la plage de Nauzan, fait déjà de cette maison un lieu à part... mais on vient aussi pour découvrir le travail d'un chef passionné, qui célèbre la région dans des préparations soignées.

- Menu 42 €

73 avenue de Pontaillac – ✆ 05 46 02 12 41 – www.restaurant-l-arrosoir.net – Fermé : lundi, mardi midi, dimanche soir

RESTAURANT DE LA PLAGE

CUISINE MODERNE • CONTEMPORAIN Situé face à la plage du Bureau à Saint-Palais-sur-Mer, ce restaurant offre un décor lumineux et contemporain. Beaux produits frais issus des circuits courts, cuisine authentique, finesse et envie de bien faire qui se dévoilent dans chaque assiette : tout est réuni pour passer un agréable moment ! Quelques chambres simples pour l'étape.

Menu 35 € - Carte 35/55 €

1 place de l'Océan – ✆ 05 46 23 10 32 – www.hoteldelaplage-stpalais.fr – Fermé : lundi

ST-PIERRE-D'OLÉRON - Charente-Maritime(17) • Voir Île d'Oléron

ST-ROGATIEN

✉ 17220 – Charente-Maritime – Carte régionale n° **20**-A2

LA PIERREVUE

CUISINE MODERNE • MAISON DE CAMPAGNE "Il y a six saisons dans l'année" : forte de cet adage, la chef Cécile Richard adapte ses recettes au gré des temps, avec une volonté créative qui se lit dans sa cuisine fraîche, nette et précise. Poisson de la pêche locale, fruits et légumes des maraîchers bio, herbes aromatiques et fleurs du jardin se dégustent dans cette ancienne ferme rénovée dans un style rustique plaisant. Jolie cave vitrée de 120 références. La carte change tous les deux mois.

- Menu 30 € (déjeuner), 45/65 € - Carte 59/70 €

2 place de la Mairie – ✆ 05 46 31 67 08 – www.lapierrevue.fr – Fermé : lundi, mardi soir, mercredi soir, dimanche

ST-TROJAN-LES-BAINS - Charente-Maritime(17) • Voir Île d'Oléron

SAINTES

✉17100 - Charente-Maritime - Carte régionale n° **20**-B3

SAVEURS DE L'ABBAYE

CUISINE DU MARCHÉ • TENDANCE À deux pas de l'abbaye aux Dames, devenue "cité musicale", ce restaurant au décor épuré propose une cuisine légère, fraîche et spontanée, privilégiant les beaux produits locaux du marché, arpenté tous les jours, panier en main, par le chef Vincent Coiquaud. Pour la nuit, des chambres sobres et agréables.

- Menu 20 € (déjeuner), 34/52 € - Carte 35/55 €

1 place Saint-Pallais - ✆ 05 46 94 17 91 - www.saveurs-abbaye.com - Fermé : lundi, dimanche

LE PARVIS

CUISINE MODERNE • CONTEMPORAIN Dans cette jolie maison en bord de Charente, tout près du centre-ville, Pascal Yenk concocte une cuisine attentive à l'air du temps, comme ce maki de langoustines aux oursins, bouillon gingembre et citronnelle ou le pigeon cuit au foin, Aux beaux jours, on profite de la terrasse jardin fort plaisante, au calme.

- Menu 22 € (déjeuner), 32/65 € - Carte 38/52 €

12 quai de l'Yser - ✆ 05 46 97 78 12 - www.restaurant-le-parvis.fr - Fermé : lundi, dimanche

LA TABLE DU RELAIS DU BOIS ST-GEORGES

CUISINE MODERNE • COSY Dans ce restaurant installé dans une ancienne ferme à l'extérieur de Saintes et plébiscité par les gourmets du secteur, le chef aime travailler les beaux produits de saison (dont certains issus du jardin de plantes aromatiques situé dans le parc). La carte, oscillant entre bistronomie et gastronomie, se met au diapason des saisons. Côté décor, on profitera des baies vitrées ouvertes sur la terrasse, la fontaine et le petit étang.

- Menu 32 € (déjeuner), 46 €

132 cours Genet - ✆ 05 46 93 50 99 - www.relaisdubois.com

29

CUISINE MODERNE • BRASSERIE Il est anglais, tatoué, fan de rugby et... chef ! Passé dans les belles maisons là-bas et ici, Michael Durkin trousse une cuisine de bistrot moderne qui navigue entre tradition et touches créatives : ravioles de crabe, salicornes et coques, crème anglaise d'oursin et légumes grillés ; bar de ligne, légumes au curry, mousse légère au chou-fleur...Good job !

- Menu 20 € (déjeuner), 29/34 €

9 place Blair - ✆ 05 46 96 71 72 - www.restaurant29.fr - Fermé : mardi, mercredi

STE-MARIE-DE-RÉ - Charente-Maritime(17) • Voir Île de Ré

SAUJON

✉17600 - Charente-Maritime - Carte régionale n° **20**-B3

LE MÉNESTREL

CUISINE MODERNE • TRADITIONNEL Sans verser dans la chanson de gestes, David Ménestrel laisse aller son imagination pour créer des plats actuels, qui rendent hommage aux produits de la région. Agréable terrasse sous les arbres, aux beaux jours.

- Menu 19 € (déjeuner), 49/99 € - Carte 63/93 €

Place Richelieu - ✆ 05 46 06 92 35 - www.restaurant-lemenestrel.com - Fermé : mardi, mercredi

SAVIGNY-SOUS-FAYE

⊠ 86140 - Vienne - Carte régionale n° **20**-C1

LE SAVIGNOIS

CUISINE MODERNE • SIMPLE Cette auberge propose une cuisine de saison fraîche et goûteuse, dans laquelle se lisent certaines influences méridionales. En salle, le service est souriant et attentionné. Une adresse sympathique.

- Menu 39/48 € - Carte 55 €

2 rue du Lavoir - ✆ 09 82 57 71 84 - Fermé : lundi, mardi, mercredi

SOYAUX

⊠ 16800 - Charente - Carte régionale n° **20**-C3

LA CIGOGNE

CUISINE TRADITIONNELLE • CONTEMPORAIN Non loin d'Angoulême, cette Cigogne est installée au pied d'anciennes carrières de pierre... un emplacement plutôt insolite ! Cadre contemporain élégant, terrasse verdoyante, et une cuisine fraîche concoctée avec de bons produits locaux.

P - Menu 26 € (déjeuner), 36/48 € - Carte 75/91 €

5 impasse Cabane-Bambou - ✆ 05 45 95 89 23 - www.la-cigogne-angouleme.com - Fermé : lundi, mardi, dimanche soir

LE THOU

⊠ 17290 - Charente-Maritime - Carte régionale n° **20**-B2

L'INSTANT Z

CUISINE MODERNE • CONVIVIAL L'Instant Z, comme... Zanchetta, le patronyme du chef. Avec le meilleur du marché et des petits producteurs bio du coin, il mitonne des assiettes aux influences métissées, avec, fait notable, du gibier en saison - le chef est un amateur. Le décor est chaleureux et convivial, le service sympathique : un vrai plaisir.

♿ AC P - Menu 25 € (déjeuner), 38/49 € - Carte 47/54 €

1 bis rue du Château-de-Cigogne - ✆ 05 46 68 58 87 - www.restaurant-linstantz.com - Fermé : mardi, mercredi, dimanche soir

aluxum/Getty Images Plus

OCCITANIE

LA SELECTION DU GUIDE MICHELIN

LES TABLES ÉTOILÉES

✿✿✿

Une cuisine unique. Vaut le voyage !

✿✿

Une cuisine d'exception. Vaut le détour !

✿

Une cuisine d'une grande finesse. Vaut l'étape !

N Nouvelle distinction cette année !
🍀 Engagé pour une gastronomie durable

LA SELECTION DU GUIDE MICHELIN

LES BIB GOURMAND

Nos meilleurs rapports qualité-prix

PERSONNELLEMENT CONCERNÉ, LAURENT CHERCHI S'ADAPTE AUX INTOLÉRANCES

Reflet d'Obione, à Montpellier

Si la colonne vertébrale de sa cuisine est le végétal, Laurent Cherchi n'est pas pour autant à la tête d'un restaurant végétarien ou végétalien. Mais il remplace les allergènes avec créativité à la recherche d'une gastronomie saine.

■ Laurent Cherchi, le jeune chef du Reflet d'Obione.

"Une partie de nos clients sait que tous nos plats peuvent être adaptés en version végétarienne ou sans gluten ou même vegan mais nous sommes d'abord un restaurant gastronomique qui a su, par conviction, s'adapter aux restrictions de chacun." Il sait de quoi il parle, Laurent Cherchi, car il a découvert son intolérance au gluten quand il travaillait chez Lasserre à Paris dans la brigade de Christophe Moret qu'il suivra ensuite au Shangri-La. *"Ça a été un choc mais en tant que chef de cuisine, ça me permet de prendre conscience des difficultés qu'un client allergique peut ressentir dans un restaurant."* Il y a ceux qui s'abstiennent de pousser la porte, ceux qui ne disent rien de peur de déranger et ceux qui demandent des aménagements. Pour éviter ces situations, le chef a décidé de s'adapter.

Le produit ? Local, bio... mais d'abord bon !

Ceux qui vivent sans restriction ne se rendent d'ailleurs pas compte que le chef cuisine sans gluten, sans gélatine animale, sans protéines animales dans les sauces : *"Ils se régalent et ce qui m'importe, c'est la digestibilité de mes plats."* Pour cette raison, la carte des vins suit la même logique : uniquement des vins en bio, biodynamie ou naturels.

La cuisine de Laurent est, en réalité, un savant mélange de produits locaux et de produits bio pas forcément du coin. À ses yeux, ce qui prime, c'est le mode de production. *"Il y a des produits qui ne poussent pas dans ma région mais s'ils sont produits à plusieurs centaines de kilomètres et en bio, je ne vais pas m'interdire de les faire venir jusqu'à Montpellier."* Laurent en est conscient, tout n'est pas parfait mais il n'a ouvert qu'en novembre 2018 : *"Il y en a encore beaucoup à faire ! J'ai reçu en 2021 l'Étoile Michelin plus l'Étoile Verte. Ces deux récompenses prouvent que mes engagements sont compris. À moi de poursuivre la mise en place de ma philosophie."*

Qu'est-ce que vous privilégiez localement ?

Les légumes, car ils sont à la base de ma cuisine. J'ai la chance d'avoir à côté de Montpellier Les Jardins de Costebelle. Il y a là-bas deux jeunes agriculteurs qui travaillent en bio et en permaculture. En les rencontrant, j'ai compris que je n'aurai pas certains légumes comme les salsifis, les topinambours, les petits pois parce que ce ne sont pas des légumes de ce terroir. Il était hors de question que j'aille à l'encontre de leur plan de culture et que je leur demande de me faire pousser telle ou telle variété. Je prends ce qu'il y a et ce qui est logique localement comme l'aubergine blanche, les tomates, les blettes et en automne et en hiver, les patates douces ou le chou pointu.

Vous dites n'être qu'à 30% de votre démarche durable...

Du Gard aux Pyrénées-Orientales, je trouve beaucoup de produits comme les légumes et toute la viande, je sais que dans ce périmètre, il y a d'autres producteurs qui me correspondent. Ça demande beaucoup de temps pour les trouver, aller les voir. Ça ne fait que deux ans et demi que j'ai ouvert, la région est grande mais je suis certain de dénicher des produits que je fais venir pour le moment de plus loin.
Et puis, il y a les déchets, qui posent problème. Pour les légumes, je suis proche du zéro déchet car tout se transforme. C'est compliqué de faire du compost en ville. Les sociétés qui récupèrent ces déchets ne passent qu'une fois par semaine et je n'ai pas de moyen de stockage adéquat. Je me console avec d'autres projets comme le café en grains, la filtreuse pour l'eau ou les produits de nettoyage bio. Face à leurs engagements écologiques, les chefs ne sont pas égaux, selon qu'ils sont en ville ou à la campagne.

■ Lieu jaune de ligne, racines d'hiver, épices torréfiées

AMÉLIE DARVAS INVITE LE POTAGER DANS LA CUISINE GASTRONOMIQUE

Äponem - Auberge du Presbytère, à Vailhan

Seule cheffe étoilée d'Occitanie, l'ex-parisienne a trouvé son terrain d'expression en pays méditerranéen. Une conversion motivée par une conviction "végétale", partagée avec son associée Gaby Benicio.

Amélie Darvas ne regrette pas sa vie parisienne ou plutôt, elle ne regrette pas ce choix de s'installer avec Gaby Benicio, il y a deux ans, dans un petit village de l'Hérault et la mise en place d'une nouvelle cuisine plus proche de la nature, du jardin, des producteurs locaux qui a découlé de ce choix : *"À Paris, mes assiettes s'articulaient autour des protéines parce que je pensais que ça répondait aux attentes des clients du restaurant."* À Vailhan, c'est désormais le jardin qui dicte sa loi et les fruits et les légumes sont majoritaires dans l'assiette. Il y a bien un peu de volaille qui arrive de l'Aveyron, quelques fromages de chèvre et parfois, mais très rarement, des poissons de ligne de Méditerranée mais globalement, les assiettes sont construites autour du potager. *"Tous nos clients n'adhèrent pas à ce positionnement. On essaie de leur prouver que l'on peut faire de la cuisine gastronomique avec beaucoup de végétal et sans caviar, sans homard et sans truffe."*

La cheffe l'avoue, ça nécessite un peu de pédagogie en salle mais Gaby sait trouver les mots pour expliquer pourquoi le végétal est prédominant. Pourquoi d'ailleurs ? *"Nous ne sommes pas des intégristes du tout végétal mais nous sommes jeunes et nous avons pris conscience des dégâts que l'élevage engendre sur la planète. Il faut ralentir notre consommation de viande, moins mais mieux. Et puis, nous avons de la volaille et elle est particulièrement délicieuse."* Ses efforts pour une gastronomie durable ne s'arrêtent pas là. La cave, cornaquée par Gaby, est essentiellement tournée vers les vins en biodynamie ou naturels, le pain est maison et au levain naturel, les produits d'entretien sont désormais estampillés bio et le compost en cuisine est de

■ Le potager de l'Auberge du Presbytère, dans son écrin de nature

© Gaby Benicio/Äponem - Auberge du Presbytère

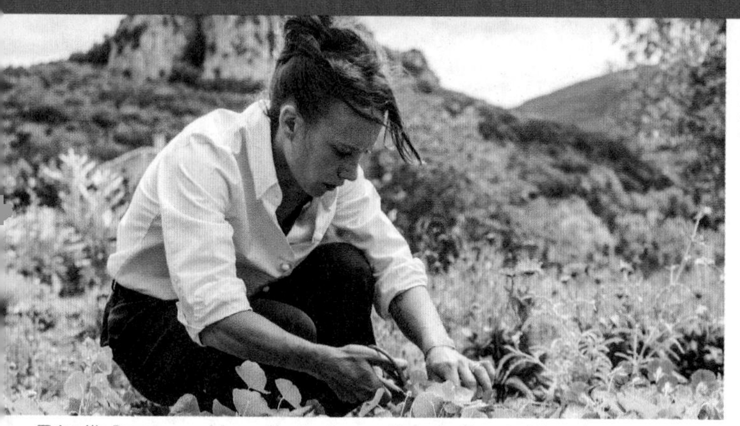

Amélie Darvas en cuisine, mêlant patience, détermination et pédagogie

rigueur. Amélie continue de réfléchir à la mise en place d'autres gestes du quotidien comme remplacer les boîtes en plastique par des bocaux en verre, accompagnée de son équipe qu'elle sensibilise à ces questions d'écologie : *"Ca prend du temps, il faut de la patience mais le jeu en vaut la chandelle."*

Quelle surface de potager avez-vous à votre disposition ?

Nous avons aujourd'hui un hectare morcelé en six parcelles disséminées dans le village de Vailhan, dont une entièrement dédiée aux aromates. Trois nous appartiennent, nous louons les autres à des villageois. C'est un sport national ici, le jardinage. Tout le monde ou presque a un petit potager.

Vous travaillez en permaculture ?

Nous ne sommes pas encore des professionnelles de la permaculture mais globalement, on s'en approche. Ce qui est certain en revanche, c'est que tout est fait à la main, sans pesticides et avec le compost du restaurant. Nous ne sommes ici que depuis deux ans donc nous en sommes encore au stade des essais. On se rend compte que dans telle parcelle, les courgettes poussent moins bien donc on a fait des changements. On a mis beaucoup la main à la pâte, par soif de connaissances d'abord, mais aussi en raison du confinement qui nous a donné beaucoup de temps.

Est-ce que vous avez atteint l'autosuffisance ?

L'année dernière, nous étions presque en autosuffisance et assez fières de cela, d'autant plus que nous y arrivons avec nos propres semences. Nous complétons l'approvisionnement avec des producteurs locaux sourcés par Gaby dans un périmètre assez restreint, car nous souhaitons réduire notre empreinte carbone. Dans cette démarche, je ne cuisine plus les fruits exotiques ou des fruits qui ne seraient pas de la région. Personne n'est parfait donc il y a encore en cuisine de la fève de Tonka, des épices, du café ou du chocolat mais je regarde ce que font certains confrères comme Florent Ladeyn dans les Flandres qui a réussi à s'en passer. Ça viendra parce que c'est la suite logique de mon engagement.

LANGUEDOC-ROUSSILLON

Carte régionale n° 21

Un littoral et un arrière-pays de plaines et de montagnes : née du terroir et de la mer, la gastronomie du Languedoc-Roussillon, teintée du soleil de la Méditerranée, rend hommage à la variété de ces paysages. Sur le littoral, on se régale des produits de la mer : poissons (dorades, mérous, loups et congres), anchois de Collioure, coquillages de l'étang de Thau et de Leucate...

L'arrière-pays montagnard, des Pyrénées aux Cévennes en passant par les Causses, est une terre d'élevage : agneau des Cévennes, viande de l'Aubrac et, en plaine, veau du Lauragais et taureau de Camargue. Quant aux amateurs de fromage, ils devront choisir (ou pas) entre les fromages au lait de vache comme le bleu des Causses et le laguiole de l'Aubrac, au lait de chèvre comme le pélardon ou au lait de brebis comme le roquefort. Ici, la viticulture est ancestrale et le vin chez lui sur l'un des plus anciens vignobles du monde. Là aussi, ce qui frappe, c'est l'incroyable diversité des crus – un pays de cocagne qui a attiré de nombreux jeunes vignerons. Les cartes et les tables de Montpellier, dont le dynamisme gastronomique s'affirme chaque jour, leur font la part belle. Le Jardin des Sens, la nouvelle table tant attendue des frères Pourcel à l'Hôtel Richer de Belleval, en est une belle illustration.

C. Moirenc/hemis.fr

21 OCCITANIE
LANGUEDOC-ROUSSILLON
Localité possédant au moins :
un restaurant
une table étoilée
un restaurant "Bib Gourmand"
un restaurant de gastronomie durable
A
B
1
2
3
CANTAL
15
Figeac
La Garde
Villefranche-de-Rouergue
RODEZ
Le Rozier
AVEYRON
12
Millau
TARN-ET-GARONNE
82
MONTAUBAN
ALBI
MIDI-PYRÉNÉES
(plan 22)
TARN
81
Castres
TOULOUSE
Muret
31
HAUTE-GARONNE
31
Saint-Gervais-sur-Mare
Combes
Colombières-sur-Orb
Olargues
Villemagne-l'Argentière
Berlou
Assignan
Cruzy
Béziers
Lastours
Minerve
Colombiers
Pezens
Aragon
Fleury
Carcassonne
Trèbes
Narbonne
Pradelles-en-Val
Luc-sur-Orbieu
Camplong-d'Aude
Lagrasse
Limoux
FONTJONCOUSE
Villesèque-des-Corbières
AUDE
11
Treilles
Leucate
Pamiers
FOIX
ARIÈGE
09
Rivesaltes
Bélesta
Montner
Perpignan
Molitg-les-Bains
Thuir
Saleilles
St-Cyprien
Prades
Laroque-des-Albères
Argelès-s-Mer
Clara
La Llagonne
Font-Romeu
66
PYRÉNÉES-ORIENTALES
Céret
Collioure
Prats-de-Mollo-la-Preste
Port-Vendres
Banyuls-s-Mer
PRINCIPAUTÉ-D'ANDORRE
ESPAÑA

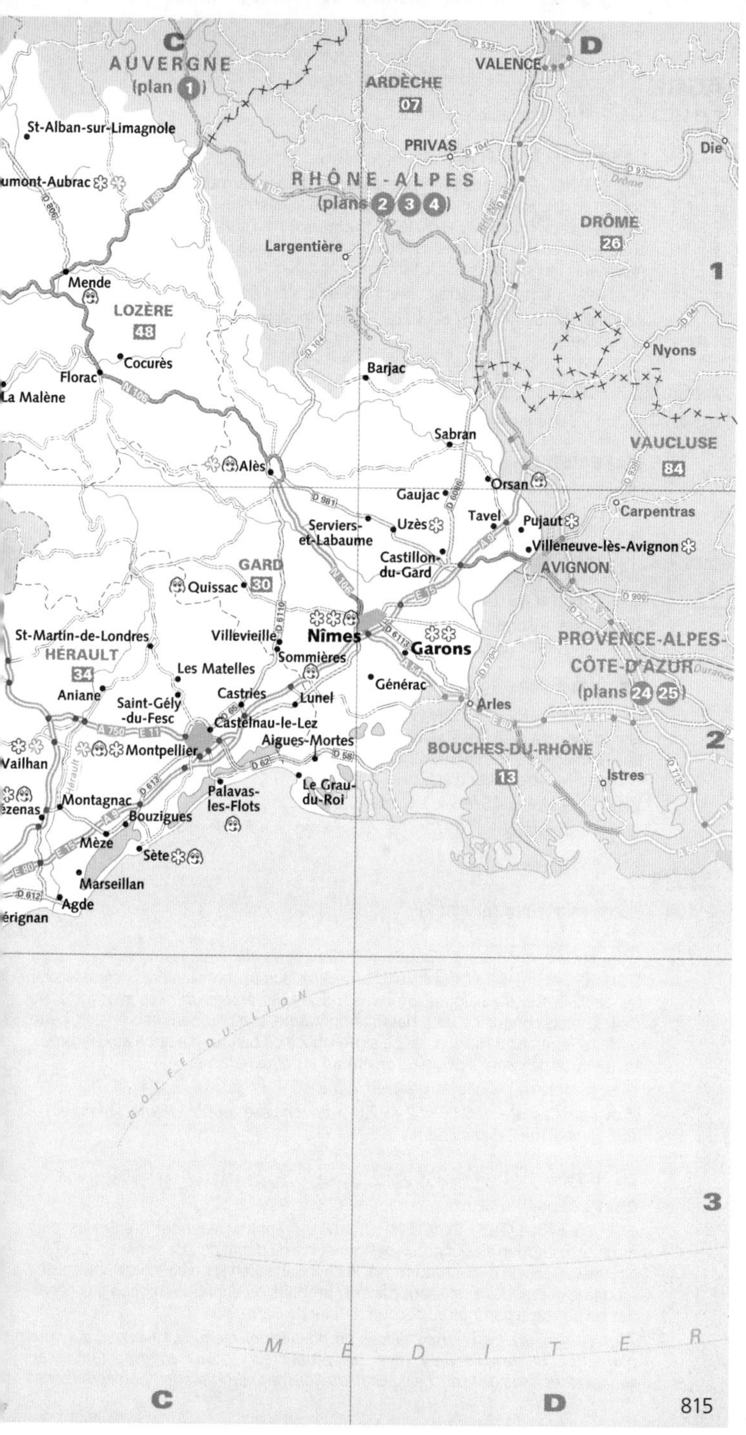
C
D
AUVERGNE
(plan 1)
ARDÈCHE
07
VALENCE
St-Alban-sur-Limagnole
PRIVAS
Die
umont-Aubrac
RHÔNE-ALPES
(plans 2 3 4)
DRÔME
26
Largentière
1
Mende
LOZÈRE
48
Cocurès
Nyons
Florac
Barjac
La Malène
Sabran
VAUCLUSE
84
Alès
Orsan
Gaujac
Carpentras
Tavel
Pujaut
Serviers-et-Labaume
Uzès
Villeneuve-lès-Avignon
Castillon-du-Gard
AVIGNON
GARD
30
Quissac
St-Martin-de-Londres
Villevieille
Nîmes
Garons
PROVENCE-ALPES-CÔTE-D'AZUR
(plans 24 25)
HÉRAULT
34
Sommières
Les Matelles
Générac
Aniane
Castries
Lunel
Saint-Gély-du-Fesc
Arles
Castelnau-le-Lez
Aigues-Mortes
2
Montpellier
BOUCHES-DU-RHÔNE
13
Vailhan
Istres
Palavas-les-Flots
Le Grau-du-Roi
ézenas
Montagnac
Bouzigues
Mèze
Sète
Marseillan
Agde
érignan
GOLFE DU LION
3
MEDITER
C
D

AGDE

✉ 34300 - Hérault - Carte régionale n° **21**-C2

LE BISTRO D'HERVÉ

CUISINE MODERNE • BISTRO Voilà un sympathique bistrot ! Dans un décor contemporain, on déguste une appétissante cuisine d'aujourd'hui : salade de haricots verts croquants aux écrevisses et huile de truffe ; épaule d'agneau de Sisteron cuite 7h, aubergines confites et tomates séchées... Le bar à tapas se prête aux grignotages. Aux beaux jours, profitez de la terrasse ombragée.

- Menu 18 € (déjeuner) - Carte 39/47 €

47 rue Brescou - ✆ 04 67 62 30 69 - www.lebistrodherve.com - Fermé : lundi, dimanche

AIGUES-MORTES

✉ 30220 - Gard - Carte régionale n° **21**-C2

L'ATELIER DE NICOLAS

CUISINE MODERNE • TENDANCE Dans ce restaurant au style de loft industriel, avec porte vitrée en fer forgé, le chef Nicolas concocte une cuisine au goût du jour, qu'il agrémente de quelques touches asiatiques, glanées lors de ses séjours en Thaïlande. Le chef travaille volontiers les produits bio de la région ainsi qu'une petite sélection de vins nature.

- Menu 45/65 €

28 rue Alsace-Lorraine - ✆ 04 34 28 04 84 - www.restaurant-latelierdenicolas.fr - Fermé : mercredi, jeudi, dimanche soir

LE PATIO' NÉ

CUISINE MODERNE • CONVIVIAL Poutres apparentes et décoration contemporaine dans cet agréable restaurant. Dans sa cuisine ouverte sur la salle, le chef exécute une honnête cuisine méditerranéenne, rehaussée de saveurs du monde. Agréable patio sur l'arrière et bar d'été.

- Menu 45/83 € - Carte 52/59 €

16 rue Sadi-Carnot - ✆ 09 82 31 51 73 - Fermé : lundi et le midi

ALÈS

✉ 30100 - Gard - Carte régionale n° **21**-C1

ÉPICES ET TOUT

CUISINE MODERNE • CONVIVIAL Ce petit restaurant à la devanture discrète secoue les papilles. Cuisine soignée, produits frais, et des épices utilisées avec justesse. De jolis plats comme cet œuf basse température, champignons et crémeux, cette pintade, légumes de saison, sauce aigre-douce ou bien ce macaron aux agrumes. Un menu appétissant à déguster en été sur la petite terrasse.

- Menu 21 € (déjeuner), 31/40 €

15 avenue Carnot - ✆ 04 66 52 43 79 - www.epicesettout.fr - Fermé : mercredi soir, samedi midi, dimanche

LE RICHE

Chef : Sébastien Rath

CUISINE MODERNE • CONTEMPORAIN Un vent nouveau souffle entre les murs de cette institution alésienne, un bel immeuble du début du 20e s. marqué par l'Art nouveau. Dans un décor modernisé, le chef Sébastien Rath concocte une cuisine moderne et créative en puisant dans les produits cévenols, de l'oignon aux cèpes, des herbes de la garrigue au cochon fermier du Gard.

L'engagement du chef : *Nous proposons des menus à l'aveugle, qui nous permettent de travailler à 99% avec des producteurs locaux, en respectant la saisonnalité. Poisson de la pêche du Grau du Roi, truite de Fumades, porc fermier des*

Cévennes, veau et agneau de Lozère, pigeons des Costières, escargots et miel de lavande de Laval-Pradel, herbes sauvages du parc des Cévennes, tomates d'Alès en prairie, olives du Mont Bouquet...

- Menu 37/78 €

42 place Sémard - 04 66 52 30 87 - www.leriche.fr - Fermé : lundi, mardi, dimanche soir

ANIANE

34150 - Hérault - Carte régionale n° **21**-C2

SOUKA

CUISINE MODERNE • **CONTEMPORAIN** Dans ce petit village au cœur du vignoble des Terrasses du Larzac, Souka (la souche, en occitan) met en valeur le marché et les producteurs du coin. Que ce soit le soir, avec un menu ambitieux, ou à midi, avec des plats plus simples, on reconnaît la patte d'un chef qui sait faire.

- Menu 41/47 € - Carte 34/51 €

36 boulevard Saint-Jean - 04 67 57 44 83 - www.soukarestaurant.com - Fermé : mardi, mercredi

ARAGON

11600 - Aude - Carte régionale n° **21**-B2

LA BERGERIE

CUISINE MODERNE • **COSY** Dans les premiers contreforts de la Montagne Noire, cette Bergerie joue la qualité et la générosité, autour d'une cuisine au goût du jour. Le menu unique (disponible en ligne) se déguste dans un intérieur sobre et élégant. Atmosphère conviviale, presque familiale.

- Menu 35 €

Allée Pech-Marie - 04 68 26 10 65 - www.labergeriearagon.com - Fermé : lundi, dimanche et le midi

ARGELÈS-SUR-MER

66700 - Pyrénées-Orientales - Carte régionale n° **21**-B3

AUBERGE DU ROUA

CUISINE MODERNE • **COSY** Dans un cadre vraiment intime (pierres, poutres, voûtes...), on déguste une cuisine au goût du jour, personnalisée de petites touches régionales, et réalisée avec de bons produits... Des saveurs franches et fraîches !

- Menu 55 €

46 chemin du Roua - 04 68 95 85 85 - www.aubergeduroua.com - Fermé : lundi, mardi midi, mercredi midi, jeudi midi, vendredi midi, samedi midi

LA BARTAVELLE

CUISINE CRÉATIVE • **COSY** C'est une adresse que les amoureux de la bonne chère s'échangent avec gourmandise – et pour cause : le chef, Thibaut Lesage, et son épouse Stéphanie, pâtissière, ravissent les papilles et revisitent les classiques avec une inspiration constante. Un régal ! Attention : réservation indispensable.

- Menu 38/48 €

24 rue de la République - 06 19 25 70 13 - www.restaurant-labartavelle.fr - Fermé : lundi, mardi midi, jeudi midi, vendredi midi, dimanche

LE BISTROT À LA MER

CUISINE MODERNE • **DESIGN** Dans cet hôtel dominant la route de la Corniche en allant vers Collioure, on se régale de bons produits locaux (anchois de Collioure, agneau catalan) au fil d'un menu d'inspiration méditerranéenne. La jolie terrasse, avec vue sur la mer, est à la hauteur de la cuisine.

- Menu 34/59 € - Carte 49/58 €

Route de Collioure - 04 68 81 14 73 - www.grandhoteldugolfe.com - Fermé le midi

ASSIGNAN

34360 - Hérault - Carte régionale n° **21**-B2

LA TABLE DE CASTIGNO

CUISINE MODERNE • **TENDANCE** Une table à ne pas manquer dans ce village idyllique d'Occitanie. Au cœur du vignoble de Saint-Chinian, Assignan est devenu une halte zen et épicurienne à grand renfort de chambres d'hôtes de luxe, de galeries et d'adresses gourmandes comme cette table gastronomique, tenue par le couple de chefs Stéphan Paroche et Justine Viano. Une cuisine à quatre mains (vertes), méditerranéenne et colorée, accompagnée (cela va de soi) d'une jolie sélection de vins de la région - mais pas que. Des saveurs, de vieilles pierres, de beaux produits, du charme... Que vous faut-il de plus ?

- Menu 55 € (déjeuner), 85/110 €

Carriera de la Teuliera - 04 67 24 34 95 - villagecastigno.com - Fermé : lundi, mardi

AUMONT-AUBRAC

48130 - Lozère - Carte régionale n° **21**-C1

CYRIL ATTRAZIC

Chef : Cyril Attrazic

CUISINE MODERNE • **TENDANCE** Cyril Attrazic nous l'a confié : "Avant même la passion de la cuisine, j'ai eu celle de la Maison". Explication de texte : la Maison, c'est l'hôtel-restaurant familial, fondé par sa grand-mère au cœur de l'Aubrac, ce haut-plateau d'altitude aux faux airs de steppe mongole. Tradition paysanne et rude climat obligent, le restaurant ne badine pas avec l'hospitalité... version contemporaine. En cuisine, le chef applique le précieux conseil du maître Michel Bras : il faut "cuisiner son territoire, utiliser des produits identitaires". Il s'y emploie donc, en extirpant par exemple un cèpe géant cueilli dans un sous-bois voisin, ou en magnifiant la célèbre viande Aubrac, produit aux mille saveurs florales, qu'il sert légèrement fumée avec du foin du pays. Difficile de mieux goûter et humer la Lozère.

L'engagement du chef : *Tous nos produits sont issus au jour le jour d'une agriculture raisonnée, respectueuse des saisons, des hommes et des femmes. Dans un monde où la cuisine se végétalise, l'Aubrac reste une terre d'élevage, de micro-exploitations. C'est à travers nos menus et cette sélection de produits que nous partageons avec nos clients cette passion pour notre territoire.*

- Menu 50 € (déjeuner), 80/120 € - Carte 90/110 €

10 route du Languedoc - 04 66 42 86 14 - www.camillou.com - Fermé : lundi, mardi, mercredi

LE GABALE

CUISINE TRADITIONNELLE • **BRASSERIE** Cyril Attrazic tient avec cette brasserie le complément idéal à sa table gastronomique. Le décor moderne, paré de photos panoramiques des paysages d'Aubrac, est un bel écrin pour déguster des assiettes franches et bien réalisées ; on se régale le plus simplement du monde, à l'intérieur ou sur la jolie terrasse.

- Menu 20 € (déjeuner), 32 € - Carte 37/47 €

10 route du Languedoc - 04 66 42 86 14 - www.camillou.com

BAGNOLS-SUR-CÈZE

✉ 30200 - Gard - Carte régionale n° -

BISTRO DE MONTCAUD

CUISINE TRADITIONNELLE • BISTRO Le bistrot chic du château de Montcaud propose une cuisine traditionnelle méridionale, où la priorité est donnée aux produits. La terrasse face au parc est agréable, l'accueil comme le service sont sympathiques.

- Menu 39 € - Carte 48/62 €

Hameau de Combes, à Sabran - ✆ 04 66 89 18 00 - www.chateaudemontcaud.com - Fermé : lundi, mercredi, dimanche soir

BANYULS-SUR-MER

✉ 66650 - Pyrénées-Orientales - Carte régionale n° **21**-B3

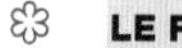

LE FANAL

Chef : Pascal Borrell

CUISINE MODERNE • COSY Juste devant le port de Banyuls, laissez-vous guider par les lumières de ce Fanal et de son emplacement rêvé, face à la mer. Pascal Borrell, Catalan pur souche, a choisi d'y jeter ses filets après avoir navigué jusqu'aux grandes maisons parisiennes, de Ledoyen à Alain Passard. La grande affaire du Fanal, c'est évidemment le poisson qui est livré quasi-vif en cuisine : merlu de palangre, braisé minute et tagliatelles de calamar, turbot sauvage rôti au beurre de safran, mais aussi homard bleu en civet au banyuls, tartare de poissons aux aromates à l'huile d'olive d'Argoudeil (une variété endémique rarissime), bouillabaisse de pêche locale... Des recettes créatives et épurées, pleines de relief et gorgées de soleil.

- Menu 38/98 € - Carte 90/110 €

18 avenue Pierre-Fabre - ✆ 04 68 98 65 88 - www.pascal-borrell.com

BARJAC

✉ 30430 - Gard - Carte régionale n° **21**-D1

LE CARRÉ DES SAVEURS

CUISINE TRADITIONNELLE • TENDANCE Un intérieur résolument contemporain, une agréable terrasse dans une jolie cour intérieure : cadre charmant que celui de cette ancienne magnanerie cernée par les vignes. La cuisine cultive l'esprit du terroir et de la tradition, tout à l'honneur des produits locaux : le plaisir est complet.

- Menu 32 € (déjeuner), 43/45 € - Carte 53/65 €

1770 chemin du Mas-du-Terme - ✆ 04 66 24 56 31 - www.le-carre-des-saveurs.com

BÉLESTA

✉ 66720 - Pyrénées-Orientales - Carte régionale n° **21**-B3

DOMAINE RIBERACH - LA COOPÉRATIVE

Chef : Julien Montassié

CUISINE CRÉATIVE • DESIGN Cet ancien chai a conservé sa charpente métallique : l'endroit, très spacieux et confortable, a un charme fou ! A table, on retrouve une bonne partie de la production maison, légumes du potager et vins du domaine (bios et sans intrants), dans une partition de saison comme on les aime. Agréables chambres pour l'étape.

L'engagement du chef : Le Domaine s'inscrit dans une démarche écologique depuis sa création. Nos vins sont produits en agro-écologie (sans pesticides, ni herbicides, ni produits de synthèse) ; nous chauffons les bâtiments par géothermie ; et notre piscine est filtrée par des plantes. Le restaurant est alimenté par un grand potager et nous avons une philosophie du km zéro pour l'approvisionnement.

- Menu 45/96 €

2 route de Caladroy - 04 68 50 30 10 - www.riberach.com - Fermé : lundi, mardi

BERLOU

34360 - Hérault - Carte régionale n° **21**-B2

LE FAITOUT

CUISINE MODERNE • COSY Qu'espérer du faitout d'un chef touche-à-tout ? Un maximum de gourmandise ! Frédéric Révilla, porté par sa passion pour la région, fait feu de tout bois : saveurs du jardin, veau catalan, chevreau du pays, navet de Pardailhan, vin de St-Chinian (le village est voisin). Le chef et son épouse ont volontairement quitté Béziers pour s'immerger au cœur de ce terroir qu'ils chérissent - leurs assiettes généreuses le prouvent.

- Menu 33/75 € - Carte 43/64 €

1 place du Pont - 04 67 24 16 99 - www.restaurantlefaitout.com - Fermé : lundi, dimanche soir

BÉZIERS

34500 - Hérault - Carte régionale n° **21**-B2

L'ALTER-NATIVE

CUISINE MODERNE • CONTEMPORAIN L'Alter-Native, ou l'autre naissance, voire la renaissance : voilà ce que représente ce projet biterrois pour Gilles Goujon. Dans la ville où il a grandi et étudié, le chef 3 étoiles de L'Auberge du Vieux Puits, qu'on ne présente plus, développe un concept de cuisine marine et végétale éco-responsable, avec la volonté de tracer un nouveau sillon. Avec des légumes du potager en aquaponie, et d'autres trésors bien du Sud, son chef exécutif Quentin Pellestor-Veyrier réalise des assiettes pleines de générosité, franches et appétissantes : tomate farcie, fromage de chèvre de la ferme Carrus et basilic en pistou ; petite galette d'estofinado, œufs de truite et caviar "césarienne"... avec, en soutien, le talent naissant des deux fils Goujon, Enzo et Axel ! Agréable terrasse-patio pour les beaux jours.

- Menu 85/115 €

12 rue Boieldieu - 04 67 49 90 00 - lalternativegoujon.fr - Fermé : lundi, dimanche

PICA PICA

CUISINE MÉDITERRANÉENNE • CONTEMPORAIN Ancien chef étoilé à l'Octopus et MOF 2004, Fabien Lefebvre a ouvert cette brasserie où se joue une partition gourmande et conviviale. On y sert une cuisine méditerranéenne décomplexée et joliment métissée, entre sélection de tapas, brochettes, plats soignés et desserts goûteux. Un concept sans chichi, imaginé dans un esprit de partage. Le menu déjeuner est une aubaine. Une réussite.

- Menu 25 € (déjeuner) - Carte 30/50 €

20 boulevard Jean-Jaurès - 04 48 11 03 40 - www.pica-pica.fr

L'AMBASSADE

CUISINE MODERNE • ÉLÉGANT Fraîcheur des produits, équilibre des assiettes : Patrick Olry, chef bien connu dans la région, fait ici la démonstration de son savoir-faire et de sa constance. Surtout, ne manquez pas les menus-dégustation sur la truffe, la Saint-Jacques ou le homard, qui ne sont pas pour rien dans la réputation de la maison.

- Menu 35 € (déjeuner), 60/105 €

22 boulevard de Verdun - 04 67 76 06 24 - www.restaurant-lambassade.com - Fermé : lundi, dimanche

LA MAISON DE PETIT PIERRE

CUISINE MODERNE • AUBERGE Dans son restaurant non loin des arènes, Pierre Augé remporte un succès mérité. En véritable aubergiste, il compose une cuisine goûteuse et soignée, où les produits du marché sont en bonne place. L'ambiance et la convivialité font le reste : au final, une adresse vraiment sympathique.

- Menu 25 € (déjeuner), 45/75 €

22 avenue Pierre-Verdier - 04 67 30 91 85 - www.lamaisondepetitpierre.fr - Fermé : lundi midi, mardi midi, mercredi midi, jeudi midi, dimanche

BOUZIGUES

34140 - Hérault - Carte régionale n° **21**-C2

LA CÔTE BLEUE

POISSONS ET FRUITS DE MER • CLASSIQUE C'est un plaisir de s'installer dans la grande véranda pour déguster une bonne cuisine de la mer, dont les fameuses huîtres de Bouzigues. D'ailleurs, les baies vitrées offrent un joli panorama sur l'étang de Thau et ses... parcs à huîtres ! Cette Côte Bleue porte décidément bien son nom.

- Menu 31/50 €

Avenue Louis-Tudesq - 04 67 78 30 87 - www.la-cote-bleue.fr - Fermé : mercredi

CAMPLONG-D'AUDE

11200 - Aude - Carte régionale n° **21**-B3

LE CLOS DE MAUZAC

CUISINE MODERNE • CONTEMPORAIN En haut du village, une bâtisse d'inspiration traditionnelle, flanquée d'une petite tour à l'entrée. Le chef, passionné et locavore, réalise une cuisine actuelle, aux touches créatives. Les produits, d'une grande fraîcheur, se dégustent, aux beaux jours, sur la terrasse.

- Menu 20 € (déjeuner), 33 €

Chemin de Garrigue-Plane - 04 68 43 50 60 - www.leclosdemauzac.com - Fermé : lundi, dimanche soir

✉ 11000 Aude
Carte régionale n° **21**–B2

CARCASSONNE

Avec sa double enceinte fortifiée surplombant la plaine viticole et, plus loin, les contreforts des Corbières, la cité de Carcassonne suscite un émerveillement sans égal. Tous ceux qui ont arpenté ses ruelles s'en souviennent encore. Tant pis pour les détracteurs de Viollet-le-Duc, qui pensent qu'il n'a pas été fidèle à l'histoire lorsqu'il en a supervisé la restauration ! Autour d'elle prospère un pays de Cocagne à cheval des mondes : sous un soleil généreux, les fruits et légumes de l'Aude profonde côtoient les poissons de la Méditerranée, les fromages et les gibiers de la Montagne Noire s'encanaillent avec ceux des Pyrénées... Quant aux œnophiles, en herbe ou aguerris, ils trouvent ici leur bonheur grâce aux vignobles des Corbières, du Minervois ou de Limoux.

✿✿ LA TABLE DE FRANCK PUTELAT

Chef : Franck Putelat

CUISINE MODERNE • DESIGN La Cité médiévale fait partie du patrimoine immémorial de Carcassonne et sa région... et l'on pourrait presque en dire autant de Franck Putelat. Installé au pied des remparts de ladite cité, ce natif du Jura, Audois d'adoption, cuisine les produits de son grand potager (un hectare) selon le concept de classique-fiction qu'il a lui-même théorisé. Traduction dans l'assiette : un détournement astucieux des anciens tubes gastronomiques, que le chef emmène ailleurs au gré de son inspiration du jour. Trois exemples, devenus des incontournables : tartare d'huîtres Tarbouriech, filet de bœuf clouté de truffe noire et lard de Colonnata, ou encore bouillabaisse au foie gras de canard. Des visuels appétissants, du goût et de la finesse : on se délecte dans une ambiance animée, parmi une clientèle très diverse. Au dessert, le pâtissier Alexis Pocinho cisèle une partition sucrée particulièrement équilibrée.

- Menu 75 € (déjeuner), 125/230 € - Carte 154/163 €

Hors plan – *80 chemin des Anglais, au Sud de la Cité – ✆ 04 68 71 80 80 – www.franck-putelat.com – Fermé : lundi, dimanche*

✿ LA BARBACANE

CUISINE CLASSIQUE • ÉLÉGANT Au sein de la Cité de Carcassonne, l'Hôtel de la Cité est un superbe exemple d'édifice néogothique, bâti en 1909 sur le site de l'ancien palais épiscopal, avec de merveilleux jardins qui regardent les remparts. À l'intérieur, les vitraux, les armoiries et autres boiseries délivrent une ambiance digne de Viollet-le-Duc ! Originaire de la Bresse, ancien second de Franck Putelat ici-même, Jérôme Ryon est un chef solide dont on aime la manière classique. Basées sur des produits de qualité, notamment les poissons et crustacés de la Méditerranée toute proche, ainsi que les gibiers et les champignons automnaux, ses savoureuses préparations chantent le terroir régional : légumes d'été en fricassée, pavé de loup braisé, filet de bœuf d'Aubrac au foie gras... Belle cave riche en capiteux flacons du Sud.

- Menu 45 € (déjeuner), 74/130 €

Plan : C2-3 – *Place Auguste-Pierre-Pont – ✆ 04 68 71 98 71 – www.cite-hotels.com/fr/etablissements/restaurant-la-barbacane.html*

BRASSERIE À 4 TEMPS

CUISINE TRADITIONNELLE • CONTEMPORAIN Dans la salle à manger entièrement rénovée, ou sur la terrasse ombragée, on profite de classiques revisités par l'ancien second de Franck Putelat. Œuf poché carbonara aux coquillettes et truffe noire, ou encore saint-pierre au céleri et coquillages. Pensez à réserver, c'est souvent complet.

- Menu 20 € (déjeuner), 32 € - Carte 35/55 €

Hors plan – *2 boulevard Barbès – ✆ 04 68 11 44 44 – www.brasseriea4temps.com*

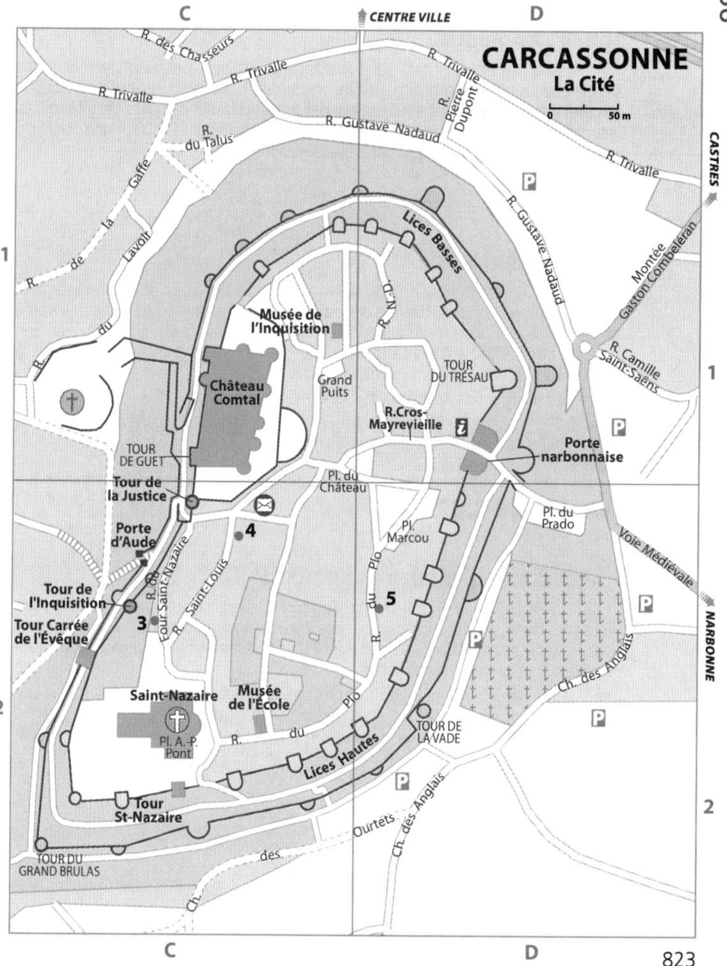

COMTE ROGER

CUISINE TRADITIONNELLE • TENDANCE Un décor tout en épure contemporaine, avec derrière un joli patio empreint de fraîcheur... ce Comte Roger sait recevoir ! On cuisine ici l'époque avec une certaine noblesse, entre cassoulet (la spécialité maison) et un menu végétarien qui a fière allure. La bonne petite adresse du cœur touristique.

- Carte 34/62 €

Plan : C2-4 - *14 rue Saint-Louis - ✆ 04 68 11 93 40 - www.comteroger.com - Fermé : lundi, dimanche*

DOMAINE D'AURIAC

CUISINE CLASSIQUE • ROMANTIQUE Une demeure distinguée, au cadre éminemment bourgeois : un décor qui sert à merveille une assiette tout en classicisme - mais relevée d'une pointe de modernité - et de belle facture. Quand le temps le permet, on s'installe sur la terrasse ouvrant sur le parc. Plaisirs intemporels...

- Menu 50 € (déjeuner), 80/140 € - Carte 110/140 €

Hors plan - *2535 route de Saint-Hilaire - ✆ 04 68 25 72 22 - www.domaine-d-auriac.com - Fermé : lundi*

ROBERT RODRIGUEZ

CUISINE CLASSIQUE • VINTAGE Ce bistrot authentique, convivial et joliment rétro (objets chinés, vieux comptoir...), est incontournable à Carcassonne et pour cause : son chef fut un pionnier dans l'utilisation des produits bio et issus des circuits courts. Escargots de nos garrigues, pigeonneau élevé à l'ancienne et rôti sur une poêle de fonte... C'est toujours un régal : à découvrir absolument !

- Carte 75/150 €

Hors plan - *39 rue Coste-Reboulh - ✆ 04 68 47 37 80 - www.restaurantrobertrodriguez.com - Fermé : lundi, mercredi, dimanche*

LA TABLE D'ALAÏS

CUISINE MODERNE • CONTEMPORAIN Au cœur de la cité, votre meilleur allié contre les pièges à touristes. On découvre deux salles décorées dans une veine contemporaine ; au bout, une cour-terrasse où l'on s'attable aux beaux jours. Tradition et modernité se côtoient à la carte, avec en prime un menu végétarien bien ficelé, à la gloire des légumes et céréales de la région.

- Menu 25 € (déjeuner), 31/55 € - Carte 48/61 €

Plan : D2-5 - *32 rue du Plô - ✆ 04 68 71 60 63 - www.latabledalais.fr - Fermé : mercredi, jeudi*

CASTELNAU-LE-LEZ

✉ 34170 - Hérault - Carte régionale n° **21**-C2

MARCELLE - DOMAINE DE VERCHANT

CUISINE MODERNE • ÉLÉGANT Un lieu contemporain pour une cuisine dans l'air du temps, où les produits locaux sont à la fête - un exemple, ce rouget aux tomates concassées, aromates du jardin et panisse... On sert les vins du domaine, à déguster près de la verrière. Accueil aimable.

- Menu 70/115 € - Carte 75/90 €

1 boulevard Philippe-Lamour - ✆ 04 67 07 26 00 - www.domainedeverchant.com - Fermé : lundi midi, mardi, mercredi, jeudi midi, vendredi midi

CASTILLON-DU-GARD

✉ 30210 - Gard - Carte régionale n° **21**-D2

L'AMPHITRYON

CUISINE MODERNE • COSY Voûtes, pierre brute et touches modernes composent le cadre de cette demeure ancienne. Joli patio pour l'été. Cuisine régionale actualisée, ambiance à la fois chic et conviviale.

- Menu 60/80 €

Place du 8-Mai-1945 - 04 66 37 05 04 - www.restaurant-lamphitryon.ovh - Fermé : mardi, mercredi, dimanche soir

LE VIEUX CASTILLON

CUISINE MODERNE • CLASSIQUE Tout autour ce ne sont que ruelles médiévales et champs de lavande... Dans ce coin de Provence inondé de lumière, cette table élégante - aux couleurs du Sud - vit au rythme des saisons et des produits gorgés de soleil. Au déjeuner, on la joue bistronomie, tandis que le soir, c'est une offre gastronomique.

- Menu 35 € (déjeuner), 59/105 € - Carte 40/60 €

Rue Turion-Sabatier - 04 66 37 61 61 - www.vieuxcastillon.fr

CASTRIES

✉ 34160 - Hérault - Carte régionale n° **21**-C2

DISINI

CUISINE MODERNE • CONVIVIAL Au sein d'un imposant hôtel niché au milieu des chênes, cette table fait forte impression. Dans une grande salle à manger lumineuse, ou sur la terrasse à l'abri des frondaisons, on déguste la cuisine d'une jeune chef talentueuse : des assiettes colorées, "architecturées" avec précision, mais surtout pleines de saveurs et de parfums... Accueil aimable et professionnel.

- Menu 26 € (déjeuner), 33/71 € - Carte 37/56 €

1 rue des Carrières - 04 67 41 97 86 - www.disini-hotel.com

CÉRET

✉ 66400 - Pyrénées-Orientales - Carte régionale n° **21**-B3

L'ATELIER DE FRED

CUISINE MÉDITERRANÉENNE • BISTRO C'est une adresse où les habitués se pressent. Le sens de l'accueil de Fred, la cuisine méditerranéenne goûteuse et gorgée de soleil de David, son associé, et ce je-ne-sais-quoi qui fait la différence. La majorité des légumes et herbes aromatiques servis au restaurant sont issus du potager de mille mètres carrés du chef. Le menu du déjeuner est d'un excellent rapport qualité/prix, la cuisine très soignée. On se régale.

- Menu 28 € (déjeuner), 45/58 € - Carte 40/60 €

12 rue Saint-Férreol - 04 68 95 47 41 - Fermé : lundi, dimanche

CLARA

✉ 66500 - Pyrénées-Orientales - Carte régionale n° **21**-B3

LES LOGES DU JARDIN D'AYMERIC

CUISINE TRADITIONNELLE • AUBERGE Une adresse campagnarde comme on les aime, où l'on travaille avec une passion intacte ! Mordu de bons produits, le chef travaille les légumes de son potager, les agrumes des environs, et réalise lui-même son pain à base de farines anciennes. Pour le reste, service simple et familial, tarifs raisonnables : on passe un super moment.

- Menu 32/48 €

7 rue du Canigou - 04 68 96 08 72 - www.logesaymeric.com - Fermé : lundi, dimanche soir

COCURÈS

⊠ 48400 - Lozère - Carte régionale n° **21**-C1

LA LOZERETTE

CUISINE MODERNE • ÉLÉGANT Au cœur des Cévennes, une auberge charmante, dont le chef propose des assiettes bien ficelées en utilisant la production régionale. Côté vins, même satisfaction : Pierrette, sommelière émérite, vous aide à choisir parmi les 300 références de la carte. N'oublions pas, enfin, le superbe plateau de fromages...

- Menu 32/60 €

La Lozerette - ✆ 04 66 45 06 04 - www.lalozerette.com - Fermé : lundi midi, mardi midi, mercredi midi

COLLIOURE

⊠ 66190 - Pyrénées-Orientales - Carte régionale n° **21**-B3

LA BALETTE

CUISINE MODERNE • COSY Laurent Lemal donne toute la mesure de son talent dans ce lieu idyllique qui regarde la rade et la belle Collioure les pieds dans l'eau. Sa cuisine originale autour des produits de proximité immédiate exalte toute la richesse du pays catalan, avec une prédilection pour les associations terre et mer finement travaillées ("céleri de la mer" ; huître de l'étang de Thau au basilic et palette de Bellotta ; rouget aux oignons fanes fumés, boudin noir de poulpe et réduction de soupe de poissons aux épices chorizo...). Sa femme Julie signe quant à elle de délicats desserts. Pour personnaliser l'expérience, le menu se construit sur mesure avec le directeur de salle, qui passe voir chaque convive en début de repas. Une belle réussite.

- Menu 60 € (déjeuner), 90/150 €

Route de Port-Vendres - ✆ 04 68 82 05 07 - www.relaisdestroismas.com - Fermé : lundi, mardi

LE 5ÈME PÉCHÉ

CUISINE MODERNE • ÉPURÉ Un chef tokyoïte passionné de mets français et de vins... et sa petite table du vieux Collioure : quand le Japon rencontre la Catalogne ! Alors bien sûr, on déguste ici une cuisine fusion, où le poisson ultrafrais est roi.

A/C - Menu 33 € (déjeuner), 55 €

16 rue de la Fraternité - ✆ 04 68 98 09 76 - Fermé : lundi, dimanche

MAMMA - LES ROCHES BRUNES N

CUISINE ITALIENNE • COSY Perchées sur le rocher, les Roches Brunes en mettent plein les yeux : l'hôtel surplombe la mer et offre une vue imprenable sur le Château royal de Collioure, juste en face. Au restaurant, les chefs Denny Imbroisi et Antoine Cormoretto signent une carte chantante, qui réunit avec brio l'Italie et la production locale. C'est frais, c'est bon, les prix sont doux... À découvrir d'urgence.

A/C - Menu 45 € - Carte 40/50 €

15 route de Port-Vendres - ✆ 04 11 30 07 55 - hotel-lesrochesbrunes.com - Fermé : lundi, mardi

COLOMBIÈRES-SUR-ORB

⊠ 34390 - Hérault - Carte régionale n° **21**-B2

LA MÉCANIQUE DES FRÈRES BONANO

CUISINE MODERNE • AUBERGE Au sein de la "Mécanique des Frères Bonano", un décor tout de granit et de bois. Dans l'assiette, des produits de saison fins et bien travaillés, à l'image de ce turbot, petit pois, framboises et jus de viande, une franche réussite. Jolie sélection de vins de la région, et formule tapas au bistrot. Service professionnel et souriant.

- Menu 50/120 €

Lieu-dit La Mécanique - 04 67 97 30 52 - www.lamecaniquedesfreresbonano.fr - Fermé : lundi soir, mardi, mercredi

COLOMBIERS

34440 - Hérault - Carte régionale n° **21**-B2

AU LAVOIR

CUISINE MÉDITERRANÉENNE • ÉLÉGANT Voisine du canal du Midi, cette belle maison jaune semble rayonner, particulièrement quand le soleil baigne son jardin verdoyant (avec terrasse). Pleinement inspirée par la Méditerranée, la cuisine fait la part belle au produit et embaume les parfums du Sud. N'hésitez pas à réserver l'une des élégantes chambres de l'étage.

- Menu 25 € (déjeuner), 32/59 € - Carte 45/60 €

Rue du Lavoir - 04 67 26 16 15 - www.au-lavoir-restaurant-colombiers.com

COMBES

34240 - Hérault - Carte régionale n° **21**-B2

AUBERGE DE COMBES

CUISINE MODERNE • AUBERGE Dans cette auberge perchée sur les hauteurs de la vallée de l'Orb, on tire le meilleur du terroir et des produits de saison. Dans l'assiette comme dans le paysage, la suavité brute domine... Excellent rapport qualité-prix.

- Menu 26 € (déjeuner), 34/61 € - Carte 50/65 €

Le bourg - 04 67 95 66 55 - www.aubergedecombes.fr - Fermé : lundi, mardi, dimanche soir

CRUZY

34310 - Hérault - Carte régionale n° **21**-B2

LE TERMINUS

CUISINE TRADITIONNELLE • BISTRO Terminus ! Tous les gourmands sont invités à descendre dans cette gare reconvertie en un petit bistrot convivial. Il est des arrêts indispensables, celui-ci en est un avec sa généreuse cuisine traditionnelle : croustillant de pied de cochon, purée maison, baba au rhum... Bon rapport saveurs-prix !

- Menu 23 € (déjeuner), 35/40 € - Carte 40/68 €

Avenue de la Gare - 04 67 89 71 26 - www.leterminus-cote-gare.fr - Fermé : lundi, dimanche soir

FLEURY

11560 - Aude - Carte régionale n° **21**-B2

LA TULIPE NOIRE

CUISINE MODERNE • AUBERGE Dans ce chai transformé avec goût, le chef et sa femme suivent les saisons au plus près, notamment grâce à leur propre potager qui fournit l'essentiel des légumes que vous dégusterez ici. Derrière les intitulés de plats volontairement simples se cache une cuisine finement technique qui revisite volontiers les classiques (pistou, soupe à l'oignon, tarte tatin).

- Menu 22 € (déjeuner), 40/80 € - Carte 62/77 €

1 rue du Ramonétage - 04 68 46 59 80 - www.restaurant-tulipenoire.fr - Fermé : mardi, mercredi

FLORAC

✉ 48400 - Lozère - Carte régionale n° **21**-C1

L'ADONIS

CUISINE MODERNE • CONVIVIAL La carte et les menus de cette auberge familiale rendent hommage au pays cévenol et s'aventurent aussi à travers les régions voisines ; on y profite aussi d'un service attentionné et d'une jolie sélection de vins de tout le Languedoc-Roussillon.

♿ P - Menu 29/55 € - Carte 50/56 €

48 rue Pêcher - ✆ 04 66 45 00 63 - www.hotel-gorgesdutarn.com - Fermé : mercredi midi

FONTJONCOUSE

✉ 11360 - Aude - Carte régionale n° **21**-B3

✿✿✿ AUBERGE DU VIEUX PUITS

Chef : Gilles Goujon

CUISINE CRÉATIVE • DESIGN L'aubergiste des Corbières : ainsi surnomme-t-on parfois Gilles Goujon, à qui l'on doit d'avoir placé le minuscule village de Fontjoncouse, dans l'Aude, sur la carte de la haute gastronomie française. Ses marques de fabrique ? La sincérité et le savoir-faire. Les habitués le savent, chacune de ses assiettes est faite avec le cœur. Goujon n'a pas son pareil pour s'effacer derrière le produit et le laisser s'exprimer dans toute sa simplicité : la marque des grands. On se contentera de citer son incontournable œuf "pourri" de truffes melanosporum avec purée de champignons, émulsion mousseuse à la truffe, briochine tiède et velouté : le plat superstar de la maison, à juste titre ! Le reste du repas est du même tonneau, précis et affirmé, soigné et généreux, jamais dans l'esbroufe : l'excellence, tout simplement.

♿ A/C P - Menu 195/225 €

5 avenue Saint-Victor - ✆ 04 68 44 07 37 - www.aubergeduvieuxpuits.fr - Fermé : lundi, mardi, dimanche soir

FONT-ROMEU

✉ 66120 - Pyrénées-Orientales - Carte régionale n° **21**-A3

LA CHAUMIÈRE

CUISINE CATALANE • AUBERGE Rangez les skis ! À l'entrée de la station, on ne résiste pas à cette sympathique chaumière où le bois domine. Au menu : une belle sélection de mets catalans et de vins régionaux. Le patron est un amoureux des bonnes choses (viandes de choix, légumes locaux) et a même créé... une cave à jambons !

- Menu 25 € (déjeuner), 34/65 € - Carte 47/65 €

96 avenue Emmanuel-Brousse - ✆ 04 68 30 04 40 - www.restaurantlachaumiere.fr - Fermé : lundi, mardi

LA GARDE

✉ 48200 - Lozère - Carte régionale n° **21**-B1

CHÂTEAU D'ORFEUILLETTE

CUISINE MODERNE • ROMANTIQUE Atmosphère châtelaine, feutrée et romantique pour une table associant élégance des vieilles pierres et esprit très contemporain. Avec de bons produits locaux, le chef concocte une cuisine d'aujourd'hui, fine et plaisante. Côté chambre, ce hôtel du 19e s. au milieu de son parc, joue résolument la carte du contemporain et du glamour... entre Aubrac et Margeride.

♿ P - Menu 52/79 €

✆ 04 66 42 65 65 - www.chateauorfeuillette.com - Fermé : lundi, mardi midi, mercredi midi, jeudi midi, vendredi midi, samedi midi

LE ROCHER BLANC

CUISINE MODERNE • TENDANCE Une auberge campagnarde et... branchée ! Le chef, fan de déco, aime bousculer les habitudes, dans le décor – aux styles mêlés – comme dans l'assiette. À la carte : goût du terroir et zeste d'audace (escargots de Massiac sautés avec une touche d'anis et de parmesan, pavés de lotte rôtis au vinaigre de Xérès...). Une réussite !

– Menu 25/42 € - Carte 30/60 €

Route du Gévaudan – 04 66 31 90 09 – www.lerocherblanc.com – Fermé : lundi midi, mardi midi, mercredi midi, jeudi midi, vendredi midi, samedi midi

GARONS

30128 – Gard – Carte régionale n° **21**-D2

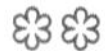

MICHEL KAYSER - RESTAURANT ALEXANDRE

Chef : Michel Kayser

CUISINE MODERNE • ÉLÉGANT Son site Internet annonce la couleur : "les mets peuvent évoluer selon l'arrivage de produits frais et l'inspiration du chef". Tout est dit ! Entre Nîmes et Arles, au sein d'un parc peuplé de cèdres centenaires, Michel Kayser fait ce qu'il sait faire de mieux : cuisiner avec le cœur, magnifier les produits, utiliser sa palette technique à bon escient pour susciter l'émotion des voyageurs de passage...C'est bien simple : dans le département, aucun chef ne célèbre le Sud avec autant de précision, avec autant d'aplomb. Huîtres Tarbouriech et coquillages en gelée de cardamome, ou encore tielle de Sète aux coudes de homards et crabes, encornets de Méditerranée et gambero rosso... Un cortège de produits méditerranéens, terre et mer confondues, et un authentique régal pour nos papilles ouvertes aux quatre vents. Avec la patte d'un chef pareil, cet Alexandre est assurément grand.

– Menu 102 € (déjeuner), 173/223 € - Carte 124/168 €

2 rue Xavier-Tronc – 04 66 70 08 99 – www.michelkayser.com – Fermé : lundi, mardi, mercredi soir, dimanche soir

GAUJAC

30330 – Gard – Carte régionale n° **21**-D2

LA MAISON

CUISINE MODERNE • BISTRO On se sent bien, un peu comme à La Maison, dans cette ancienne demeure de vignerons ! Dans les salles, magnifiques écrins de pierre, on savoure une goûteuse cuisine du marché, réalisée par madame. Monsieur, lui, s'occupe de la belle sélection de vins qui comprend notamment des crus du village. Le tout à petits prix.

– Menu 25 € (déjeuner), 40/48 €

1 rue du Presbytère – 04 66 39 33 08 – www.lamaison.gaujac.com – Fermé : mercredi soir, samedi, dimanche

GÉNÉRAC

30510 – Gard – Carte régionale n° **21**-D2

L'INSTANT DU SUD

CUISINE MODERNE • COSY Une jolie maison en pierre au cœur de ce village proche du Parc naturel régional de Camargue. Une terrasse sous les canisses, une petite salle à l'atmosphère intime : l'endroit est accueillant et les assiettes du chef achèvent de nous séduire. Bien tournées et actuelles, elles révèlent un excellent rapport qualité-prix !

– Menu 27 € (déjeuner), 34/38 €

39 Grand-Rue – 04 66 02 03 93 – www.instantdusud.fr – Fermé : lundi, mardi soir, mercredi soir, jeudi soir, dimanche

LE GRAU-DU-ROI

✉ 30240 - Gard - Carte régionale n° **21**-C2

L'AMARETTE

POISSONS ET FRUITS DE MER • ÉLÉGANT Près de la plage, ce restaurant dispose d'une terrasse en étage qui offre une belle vue sur la baie d'Aigues-Mortes. Agréable cuisine de la mer.

- Menu 28 € (déjeuner), 45/56 € - Carte 42/75 €

Centre Commercial Camargue 2000, Port-Camargue - ✆ 04 66 51 47 63 - www.l-amarette.com - Fermé : mardi, mercredi

LE COMPTOIR DES VOILES

CUISINE MODERNE • CONVIVIAL Que l'on aime cette petite adresse tout en simplicité ! Service et ambiance décontractés, salle au coude-à-coude, cuisine du marché basée sur les produits de la mer, avec entrées sous forme de tapas : par exemple, poulpe en persillade, huîtres de Bouzigues, encornets frits... Le tout face au port de plaisance, pour ne rien gâcher.

- Menu 22 € (déjeuner) - Carte 30/80 €

3 quai Bougainville, Port-Camargue - ✆ 04 66 51 66 67

SPINAKER

CUISINE MÉDITERRANÉENNE • CONTEMPORAIN Une cuisine méditerranéenne dans l'air du temps (ceviche de dorade et pickles d'oignons rouges, par exemple), à savourer dans une salle moderne ou sur la jolie terrasse ouverte sur la marina et ses bateaux de plaisance. Chambres plaisantes dans une ambiance vacances.

- Menu 55 €

Voie de la Pointe-du-Môle - ✆ 04 66 53 36 37 - www.spinaker.com - Fermé : mardi

LAGRASSE

✉ 11220 - Aude - Carte régionale n° **21**-B3

LE BASTION

CUISINE MODERNE • BRANCHÉ On s'installe dans l'une des deux jolies salles rustiques pour déguster une "cuisine avant-garde rurale", inspirée d'Auguste Escoffier mais modernisée, avec de beaux produits de la région - tomates des jardins d'Estarac, vinaigre de Cyril Codina, poissons de la criée de Port la Nouvelle... Petite carte de tapas et grande terrasse.

- Menu 34/74 €

50 boulevard de la Promenade - ✆ 04 68 12 02 51 - www.restaurant-bastion-lagrasse.fr - Fermé : lundi, mardi, dimanche soir

LAROQUE-DES-ALBÈRES

✉ 66740 - Pyrénées-Orientales - Carte régionale n° **21**-B3

CÔTÉ SAISONS

CUISINE MODERNE • BISTRO C'est au Ritz, à Paris, que le couple s'est rencontré. Elle était en salle, lui en cuisine, comme aujourd'hui dans leur restaurant. Une bâtisse du 19e s. avec un jardin fleuri et une jolie terrasse pour être toujours... Côté Saisons, à l'instar des recettes, savoureuses et bien ficelées ! De plus, le service est tout sourire.

- Menu 35/45 €

10 avenue de la Côte-Vermeille - ✆ 04 34 12 36 51 - www.cotesaisons.com - Fermé : lundi, mardi, mercredi

LASTOURS

⊠ 11600 - Aude - Carte régionale n° **21**-B2

LE PUITS DU TRÉSOR

Chef : Jean-Marc Boyer

CUISINE MODERNE • **ÉLÉGANT** Jean-Marc Boyer est un véritable artisan, et sa passion ne fait aucun doute : lors de balades en solitaire dans les collines environnantes, il déniche l'inspiration pour sa cuisine. Herbes aromatiques, asperges sauvages ou ail des ours viennent agrémenter des plats colorés aux saveurs nettes et bien maîtrisées, comme ce maquereau mariné au concombre ou encore cette lotte aux carottes et ravioles de ricotta. Le tout est proposé dans un menu unique où l'on va de surprise en surprise. Dans une veine japonisante, la décoration signée Régis Dho est à l'unisson de cette cuisine qui vise l'épure. Petite note à l'attention des plus pressés : c'est un restaurant où l'on prend le temps de vivre.

- Menu 60/120 €

21 route des Quatre-Châteaux - ✆ 04 68 77 50 24 - www.lepuitsdutresor.com - Fermé : lundi, mardi, dimanche soir

LEUCATE

⊠ 11370 - Aude - Carte régionale n° **21**-B3

LE GRAND CAP

Chef : Erwan Houssin

CUISINE MODERNE • **DESIGN** Erwan Houssin et Pamela, son épouse pâtissière, ont décidé de jeter l'ancre sur le plateau de Leucate. Comme on les comprend : la vue embrasse l'ensemble du littoral de Sète jusqu'au massif des Albères. Devant eux, la mer et ses richesses, derrière eux, la garrigue avec ses herbes, ses vignes et ses oliviers. Breton d'origine mais élevé dans les montagnes de l'Hérault, Erwan Houssin navigue entre viande et poisson, entre Atlantique et Méditerranée. Le bœuf de l'Aubrac surfe sur les anchois catalans et les lentilles de Corbières. Le homard bleu breton vogue avec le lard de Bigorre. La langoustine du Guilvinec voyage avec du caviar des Pyrénées. Il récolte lui-même sur la falaise le fenouil, le thym, le romarin et la sarriette sauvage dont il tire de remarquables infusions, jus et sauces... Embarquement immédiat.

- Menu 45 € (déjeuner), 65/115 €

Chemin du Phare - ✆ 09 67 78 13 73 - www.restaurant-grand-cap.fr - Fermé : lundi soir, mardi, mercredi, jeudi soir, dimanche soir

LIMOUX

⊠ 11300 - Aude - Carte régionale n° **21**-B3

ME.

CUISINE MODERNE • **CLASSIQUE** Nouveau nom (exit Tantine et Tonton), déco modernisée, terrasse repensée... bref, tout nouveau départ pour le chef Stéphane Castaing. Il se montre ragaillardi et plus inspiré que jamais, nous emmenant d'une gambas sauvage en cru cuit, crème de laitue, gingembre-citron, à un astucieux poulpe rôti à la mélasse de grenade et baba ganoush.

- Menu 32 € (déjeuner), 38 €

1 place du Général-Leclerc - ✆ 04 68 31 21 95 - Fermé : lundi soir, dimanche

LA LLAGONNE

⊠ 66210 - Pyrénées-Orientales - Carte régionale n° **21**-A3

LA TABLE DU CAPIL

CUISINE TRADITIONNELLE • **FAMILIAL** Aux commandes de cette auberge, Fabrice Dubos, ancien chef de Dutournier, qui a ouvert et tenu pour lui le Pinxo, puis le Mangetout. Il réalise une partition d'aubergiste, sorte de cuisine familiale réinterprétée, à base de produits locaux. Ici, tout est garanti "maison". Chambres agréables pour l'étape.

- Menu 22 € (déjeuner), 32 €

Carrer de la Quillane - 04 68 04 94 48 - www.hotel-corrieu.fr - Fermé : lundi, mardi

LUC-SUR-ORBIEU

11200 - Aude - Carte régionale n° **21**-B3

LA LUCIOLE

CUISINE TRADITIONNELLE • **BISTRO** Le chef a réalisé un rêve d'enfant en rachetant ce café sur la petite place du village. Autodidacte passionné, il concocte avec sa fille une cuisine simple et goûteuse, faisant la part belle aux produits locaux ; galettes croustillantes aux pieds de cochon, morue gratinée à l'aïoli, baba au rhum et sorbet mojito. À déguster en terrasse, à l'ombre d'un platane centenaire.

- Menu 25/37 € - Carte 35/45 €

3 place de la République - 04 68 40 87 74 - www.restaurantlaluciole.fr - Fermé : mercredi, samedi midi, dimanche

LUNEL

34400 - Hérault - Carte régionale n° **21**-C2

LE BISTROT DE CARO

CUISINE MODERNE • **BISTRO** Dans ce petit bistrot de centre-ville, ambiance décontractée et recettes du marché vont main dans la main. La cheffe, autodidacte, régale avec les produits de la saison, qu'elle travaille avec attention et générosité. Elle réalise même de la charcuterie, grâce aux leçons reçues de son père boucher-charcutier...

- Menu 35 € (déjeuner), 48/63 €

129 cours Gabriel-Péri - 04 67 15 14 55 - www.lebistrotdecaro.fr - Fermé : lundi soir, mardi soir, mercredi, samedi midi, dimanche soir

LA MALÈNE

48210 - Lozère - Carte régionale n° **21**-C1

CHÂTEAU DE LA CAZE

CUISINE MODERNE • **ROMANTIQUE** On s'attable dans l'élégante salle à manger du château - parquets, cheminée, fauteuils à hauts dossiers - pour déguster un filet de bœuf d'Aubrac, un foie gras poêlé et framboise, crème de cèpes, un carré d'agneau, figues et Panais ... La carte est appétissante et les saveurs bien présentes.

- Menu 39/75 € - Carte 58/73 €

Route des Gorges-du-Tarn - 04 66 48 51 01 - www.chateaudelacaze.com

MARSEILLAN

34340 - Hérault - Carte régionale n° **21**-C2

LA TABLE D'EMILIE

CUISINE MODERNE • **ÉLÉGANT** La maison natale du poète Achille Maffre de Baugé accueille un restaurant très couru : cuisine gourmande et appliquée, bien adossée à la tradition (excellent pâté en croûte !), produits frais, bon rapport qualité-prix... Le tout à déguster sous les voûtes de la salle à manger, ou dans un agréable patio.

- Menu 35 € (déjeuner), 55/85 €

8 place Carnot - 04 67 77 63 59 - www.la-table-demilie-marseillan.com - Fermé : lundi, mardi

LES MATELLES

✉ 34270 - Hérault - Carte régionale n° **21**-C2

LE PIC SAINT-LOUP

CUISINE MODERNE • AUBERGE Cet ancien chai transformé en restaurant est installé dans un joli village du Moyen-Âge au pied du Pic Saint-Loup, sommet emblématique du nord de Montpellier. En semaine, la table explore une tradition gastronomique étrangère tandis que le week-end le chef propose un menu dégustation unique, inspiré par le marché et son humeur. Produits d'une grande fraîcheur, recettes bien menées, excellent choix de petits vins locaux.

- Menu 48 € - Carte 38/58 €

176 route de Montpellier - ✆ 04 67 84 35 18 - www.lepicsaintloup.fr - Fermé : lundi, mardi, dimanche soir

MENDE

✉ 48000 - Lozère - Carte régionale n° **21**-C1

LA SAFRANIÈRE

CUISINE MODERNE • FAMILIAL Une étape gourmande sur les premières marches du Gévaudan, sur le site d'une ancienne exploitation de safran. Dans un décor frais et coloré, on apprécie une jolie cuisine de saison ; les vins et fromages de la région sont à l'honneur.

- Menu 32/43 €

52 rue du Lavoir, hameau de Chabrits - ✆ 04 66 49 31 54 - www.restaurant-la-safraniere.fr - Fermé : lundi, mardi, mercredi, jeudi midi, dimanche soir

RESTAURANT DE FRANCE

CUISINE MODERNE • ROMANTIQUE Tourte au ris de veau, côtes d'agneau d'Auxillac, financier aux prunes... Le chef concocte une bonne cuisine du marché qui fait la part belle aux produits du terroir, et l'équipe compétente et motivée rend ce moment agréable. Un lieu sympathique !

- Menu 31 € (déjeuner), 39/56 €

9 boulevard Lucien-Arnault - ✆ 04 66 65 00 04 - www.hoteldefrance-mende.com - Fermé : lundi midi, samedi midi

MÈZE

✉ 34140 - Hérault - Carte régionale n° **21**-C2

LES PALMIERS

CUISINE MODERNE • ÉLÉGANT On monte quelques marches pour accéder à la terrasse de ce restaurant. Tout, dans cette maison du 18e s., respire l'élégance (mobilier en rotin, pierre de pays au sol), et le restaurant ne fait pas exception : on s'y régale des créations fines et pétillantes, basées sur de bons produits frais.

- Menu 20 € (déjeuner), 34/42 €

31 bis avenue de Montpellier - ✆ 04 34 53 55 65 - www.villa-lespalmiers.fr - Fermé : lundi, dimanche

MINERVE

✉ 34210 - Hérault - Carte régionale n° **21**-B2

RELAIS CHANTOVENT

CUISINE TRADITIONNELLE • AUBERGE Une charmante petite auberge en pays cathare... Ici, point de voiture ; les gourmands, tels des pèlerins, viennent à pied pour déguster la spécialité de la maison, le médaillon de veau farci à la sauge et cuit 26 heures à basse température... une recette de la grand-mère de la patronne ! Les autres plats, délicieux, sont réalisés avec les produits des marchés locaux. Le must : la terrasse et sa vue plongeante sur la vallée du Briant.

- Menu 29/62 € - Carte 35/55 €

17 Grand-Rue - 04 68 91 14 18 - www.relaischantovent-minerve.fr - Fermé : mardi, mercredi, dimanche soir

MOLITG-LES-BAINS

66500 - Pyrénées-Orientales - Carte régionale n° **21**-B3

CHÂTEAU DE RIELL

CUISINE MODERNE • **ÉLÉGANT** En plein cœur des Pyrénées catalanes, ce restaurant raffiné puise dans les produits du riche terroir local pour offrir une cuisine vive et pleine de goût ; on la déguste en terrasse ou devant les baies vitrées, en contemplant la cime enneigée du mont Canigou, au loin...

- Menu 39 € (déjeuner), 49/69 €

Château de Riell - 04 68 05 04 40 - www.chateauderiell.com - Fermé : lundi midi, mardi, mercredi midi, jeudi midi, vendredi midi, samedi midi

MONTAGNAC

34530 - Hérault - Carte régionale n° **21**-C2

CÔTÉ MAS

CUISINE MODERNE • **ÉLÉGANT** Au milieu des vignes, un restaurant chaleureux et joliment décoré : objets d'art contemporain, mobilier en bois exotique... et de jolies touches de l'océan Indien - épices, notamment - dans l'assiette. Belle carte de vins au verre (coin bistrot dans la boutique).

- Menu 35/59 €

Route de Villeveyrac - 04 67 24 36 10 - www.cote-mas.fr - Fermé : lundi, mardi, dimanche soir

MONTNER

66720 - Pyrénées-Orientales - Carte régionale n° **21**-B3

AUBERGE DU CELLIER

CUISINE MODERNE • **AUBERGE** Dans ce charmant village catalan, Pierre-Louis Marin - un enfant du pays revenu aux sources - s'approvisionne surtout chez les petits producteurs locaux et concocte une cuisine sincère attachée aux saisons, avec une prédilection pour la truffe. Menu déjeuner attractif.

- Menu 21 € (déjeuner), 48/85 €

1 rue de Sainte-Eugénie - 04 68 29 09 78 - www.aubergeducellier.com - Fermé : lundi, mardi, dimanche soir

kodachrome25/Getty Images Plus

✉ 34000 – Hérault
Carte régionale n° **21**-C2

MONTPELLIER

Effervescente, plurielle, audacieuse : ainsi se présente Montpellier à ses visiteurs toujours plus nombreux ! La ville joue à fond la carte de la culture pluridisciplinaire et des festivals à foison. Sa gastronomie lui ressemble, à la fois ancrée dans la tradition languedocienne et ouverte aux influences. Elle bichonne ses marchés, traditionnel, bio ou paysan, et ses quatre halles. Quand vient la saison, c'est par cageots entiers que vous pouvez acheter abricots rouges et pêches, ou des pommes reinettes du Vigan ! Pour l'apéro, privilégiez la Lucques, l'une des meilleures olives de table. On trouve aussi sur les étals des fromages comme le pélardon des Cévennes, le roquefort aveyronnais ou encore la fourme d'Aubrac. Enfin, le niveau des meilleurs vignerons de la région tutoie désormais l'excellence. Plurielle, on vous le disait !

✿ JARDIN DES SENS Ⓝ

Chefs : Jacques et Laurent Pourcel

CUISINE MODERNE • ÉLÉGANT L'attente fut longue ! Des années après l'annonce de leur projet, Jacques et Laurent Pourcel ont enfin inauguré leur Jardin des Sens au sein de l'hôtel Richer de Belleval, superbe maison du 17e s. installée sur les hauteurs de la ville. Sous les imposantes fresques des plafonds, on retrouve avec bonheur la cuisine des jumeaux montpelliérains : pensée dans les moindres détails, millimétrée dans l'exécution, relevant une trame de cuisine classique avec la touche créative qui a fait leur renommée. Bref, c'est du solide, comme avec cette tarte givrée de tomates des Jardins de Costebelle, condiment d'herbes, ou encore cet agneau d'Occitanie remarquablement tendre, légumes primeurs et condiment d'estragon... Richer de Belleval, botaniste et fondateur du Jardin des Plantes de Montpellier, n'aurait pas manqué d'apprécier une telle partition !

– Menu 120 € (déjeuner), 190/240 € - Carte 135/190 €

Plan : A2-14 – *Place de la Canourgue – ✆ 04 99 66 18 18 – www.hotel-richerdebelleval.com/jardin-des-sens – Fermé : lundi, mardi midi, mercredi midi, jeudi midi, dimanche*

✿ LECLERE

Chef : Guillaume Leclere

CUISINE MODERNE • INTIME "Une cuisine d'arrivage" : c'est en ces termes que le jeune chef talentueux Guillaume Leclere (passé notamment à Sète chez Anne Majourel du temps de la Coquerie ou encore au Pastis de son ami Lionel Seux) qualifie sa créativité culinaire qui remporte un succès mérité. Issus des circuits courts (poissons méditerranéens, agneau du Cantal), ses produits, qui témoignent d'une fraîcheur impeccable, l'autorisent à aller droit à l'essentiel : la nature, les saisons, le goût. Réservation obligatoire, succès oblige.

- Menu 45 € (déjeuner), 60 €

Plan : A2-6 - *41 rue de la Valfère (Transfert prévu au 8 rue André Michel au printemps). - 04 67 56 90 23 - www.restaurantleclere.com - Fermé : lundi, mardi midi, mercredi midi, samedi midi, dimanche*

PASTIS

Chef : Daniel Lutrand

CUISINE MODERNE • INTIME On se faufile dans l'étroite rue Terral pour découvrir ce restaurant confortable et joliment décoré. C'est l'une des tables qui montent à Montpellier, et l'on comprend rapidement pourquoi : impossible de résister à la cuisine de Daniel Lutrand, inspirée et inspirante, aussi fine que délicate, et qui met en avant les meilleurs producteurs des environs : on peut citer par exemple ce veau du Ségala, tomates, olive et ail noir... Vous allez être conquis par son menu "surprise", qui évolue au gré de ses inspirations du moment. Service rapide et convivial, belle carte des vins : c'est tout bon.

- Menu 40 € (déjeuner), 57 €

Plan : A2-4 - *3 rue Terral - 04 67 66 37 26 - www.pastis-restaurant.com - Fermé : lundi, samedi soir, dimanche*

REFLET D'OBIONE

Chef : Laurent Cherchi

CUISINE MODERNE • COSY Est-il possible de concilier gastronomie et cuisine sans gluten, plaisir et santé, notamment en réduisant les graisses et le sucre ? Formé dans les restaurants suisses et français étoilés (mais aussi en Australie), Laurent Cherchi, un jeune chef trentenaire, sensible à l'environnement, le prouve à quelques mètres de la jolie place de la Canourgue ! Il choisit avec soin ses produits, locaux, souvent bio et d'une fraîcheur irréprochable, des Cévennes à la Méditerranée (bœuf de l'Aubrac, agneau pré-salé de Camargue, tomme du Larzac). Dans ses assiettes mûrement réfléchies, technique et précision sont de rigueur comme sur ce merlu à la chair parfaitement nacrée, carotte, panais, confit de bergamote. Une mise en vedette du légume qui enchante les papilles. Quant au décor, il joue la carte de l'épure à travers trois salles dont la première est face à la cuisine.

L'engagement du chef : *Nous nous fournissons principalement chez les producteurs locaux - légumes de Villeneuve-lès-Maguelone, fleurs et plantes sauvages de Lattes, fruits du Gard et de la Vallée du Rhône, viande d'élevage en plein air des Pyrénées et de l'Aubrac, poissons de ligne, produits secs et farines bio... Notre carte des vins est exclusivement composée de vins certifiés biologiques et biodynamiques.*

Menu 35 € (déjeuner), 65/95 € - Carte 70/85 €

Plan : A2-5 - *29 rue Jean-Jacques Rousseau - 04 99 61 09 17 - www.reflet-obione.com - Fermé : lundi, mardi midi, mercredi midi, samedi midi, dimanche*

LA RÉSERVE RIMBAUD

Chef : Charles Fontès

CUISINE MODERNE • ÉLÉGANT "Montpellier la surdouée", comme elle s'est elle-même baptisée, a caché ce restaurant sur les bords du Lez. Un peu à l'écart certes, mais bénéficiant d'une superbe terrasse ombragée de platanes au-dessus de la rivière... Ô fraîcheur ! Moderne et raffinée, cette réserve-là, une vieille maison de famille, recèle aussi des trésors de gourmandises, puisées dans le répertoire méconnu du Languedoc-Roussillon. Ancien second d'Alain Dutournier au Carré des Feuillants, Charles Fontès signe des compositions judicieuses, centrées sur le produit. De subtils jeux de textures et de saveurs au service d'une authentique simplicité : rare et délectable ! Dorade, poulpe et rouget de roche, anguille de Camargue et olives lucques en amuse-bouche : c'est toute l'Occitanie qui s'invite.

- Menu 40 € (déjeuner), 95/110 €

Hors plan - *820 avenue de Saint-Maur - 04 67 72 52 53 - www.reserve-rimbaud.com - Fermé : lundi, samedi midi, dimanche soir*

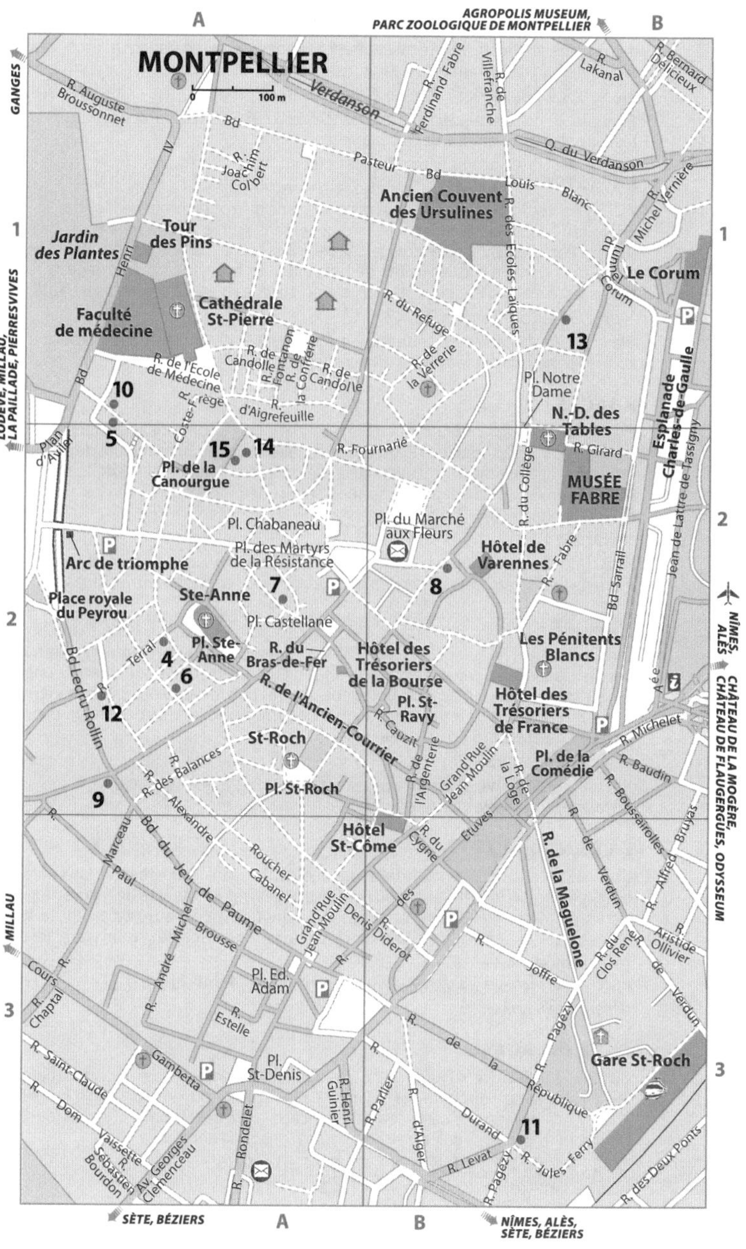
MONTPELLIER
AGROPOLIS MUSEUM, PARC ZOOLOGIQUE DE MONTPELLIER
GANGES
LODÈVE, MILLAU, LA PAILLADE, PIERRESVIVES
MILLAU
NÎMES, ALÈS
CHÂTEAU DE LA MOGÈRE, CHÂTEAU DE FLAUGERGUES, ODYSSEUM
SÈTE, BÉZIERS
NÎMES, ALÈS, SÈTE, BÉZIERS
Jardin des Plantes
Tour des Pins
Faculté de médecine
Cathédrale St-Pierre
Ancien Couvent des Ursulines
Le Corum
Esplanade Charles-de-Gaulle
Pl. Notre Dame
N.-D. des Tables
MUSÉE FABRE
Pl. de la Canourgue
Pl. Chabaneau
Pl. des Martyrs de la Résistance
Pl. du Marché aux Fleurs
Hôtel de Varennes
Arc de triomphe
Place royale du Peyrou
Ste-Anne
Pl. Castellane
Pl. Ste-Anne
R. du Bras-de-Fer
Hôtel des Trésoriers de la Bourse
Pl. St-Ravy
Les Pénitents Blancs
Hôtel des Trésoriers de France
Pl. de la Comédie
St-Roch
Pl. St-Roch
Hôtel St-Côme
R. de l'Ancien-Courrier
R. de la Maguelone
Pl. Ed. Adam
Pl. St-Denis
Gare St-Roch
Verdanson
Bd Pasteur
Q. du Verdanson
Bd Louis Blanc
Bd Henri IV
Bd Ledru Rollin
Bd du Jeu de Paume
Bd Sarrail
Cours Gambetta
Av. Georges Clemenceau
R. Fournarié
R. Girard
R. du Collège
R. Fabre
R. Michelet
R. Baudin
R. Boussairolles
R. de Verdun
R. Alfred Bruyas
R. Aristide Ollivier
R. du Clos René
R. Joffre
R. Pagézy
R. de la République
R. Jules Ferry
R. Levat
R. Durand
R. d'Alger
R. Parlier
R. Henri Guinier
R. Rondelet
R. des Deux Ponts
R. Dom Vaissette
R. Saint-Claude
R. Sébastien Bourdon
R. Chaptal
R. André Michel
R. Estelle
R. Marceau
R. Paul Brousse
R. Alexandre Cabanel
R. Roucher
R. des Balances
R. Denis Diderot
Grand'Rue Jean Moulin
R. du Cygne
R. des Étuves
R. de l'Argenterie
R. Cauzit
R. de la Loge
R. Terral
R. Coste-Frège
R. de l'École de Médecine
R. d'Aigrefeuille
R. de Candolle
R. Fontanon
R. de la Confrérie
R. de la Verrerie
R. du Refuge
R. des Écoles Laïques
R. Joachim Colbert
R. Auguste Broussonnet
R. Ferdinand Fabre
R. de Villefranche
R. Lakanal
R. Bernard Délicieux
R. Michel Vernière
Tunnel du Corum
Jean de Lattre de Tassigny
Plan d'Avilier
100 m
1 2 3 4 5 6 7 8 9 10 11 12 13 14 15
A B

L'ARTICHAUT

CUISINE MODERNE • CONVIVIAL Emmené par un chef à la passion communicative, voici le temple de la cuisine de saison. Les recettes du marché s'y déclinent sous forme d'un menu-carte renouvelé régulièrement. Produits frais, préparations maison, vins régionaux : un restaurant qui fera fondre les cœurs... d'Artichaut.

Menu 25 € (déjeuner), 35/44 €

Plan : A2-7 - *15 bis rue Saint-Firmin - ✆ 04 67 67 91 86 - www.artichaut-restaurant.com - Fermé : lundi, dimanche*

LE BISTRO URBAIN

CUISINE MODERNE • BISTRO À la barre de ce bistrot du cœur de Montpellier, on trouve Cédric Sangenito, chef au parcours sans accroc - Lasserre à Paris, Cala Rossa à Porto Vecchio, ou encore le Chapeau Rouge à Dijon... Sa cuisine, moderne et un brin inventive, met en valeur de bons produits frais ; la carte est renouvelée toutes les semaines. Pour le reste, prix d'ami et accueil bienveillant : un sans-faute.

Menu 24 € (déjeuner), 35/47 €

Plan : B2-8 - *15 boulevard Ledru-Rollin - ✆ 09 83 22 42 61 - www.bistrourbain.com - Fermé : lundi, mardi midi, dimanche*

ABACUS

CUISINE MODERNE • CONVIVIAL Elle est de Rouen, lui de Paris, ils avaient envie de Sud : les voici au cœur de l'Écusson montpelliérain, dans un restaurant de poche à l'atmosphère intimiste et chaleureuse. Préparations soignées, jeux de textures, assiettes en évolution au gré des saisons, service souriant et choix de vins avisés : que demander de plus ?

Menu 37/42 €

Plan : A2-12 - *26 rue Terral - ✆ 04 34 35 32 86 - www.abacus-restaurant.fr - Fermé : lundi, mardi midi, mercredi midi, jeudi midi, vendredi midi, dimanche*

L'ARBRE

CUISINE TRADITIONNELLE • BRASSERIE Au rez-de-chaussée d'un immeuble au design foisonnant, signé de l'architecte Sou Fujimoto, cette table joue la carte d'une cuisine gourmande aux accents bourgeois : ce très bon foie de veau, sauce madère et purée de pomme de terre, en témoigne ! Déco moderne où le blanc domine, dans un esprit de brasserie 2.0.

♿ A/C - Menu 38 €

Hors plan - *10 parvis Oscar-Niemeyer - ✆ 04 34 76 96 96 - www.larbre-restaurant.fr - Fermé : lundi, dimanche*

LA CANOURGUE (N)

CUISINE MODERNE • CHIC Installé sous une verrière, dans la superbe cour intérieure de l'hôtel Richer de Belleval, le nouveau bistrot des frères Pourcel a de l'allure : corniches, moulures, grands lustres en cristal... La cuisine n'est pas en reste, maîtrisée et pleine de saveurs, revisitant la tradition avec ce qu'il faut de créativité. Un vrai plaisir.

♿ - Menu 48 € - Carte 40/50 €

Plan : A2-15 - *Place de la Canourgue - ✆ 04 99 66 18 18 - www.hotel-richerdebelleval.com*

CHEZ DELAGARE

CUISINE MODERNE • TENDANCE Une agréable surprise, juste en face de la gare Saint-Roch, au sein du complexe Belaroïa. Dans sa cuisine ouverte sur la salle, le chef Thierry Alix décline une carte courte et efficace, entre bistronomie et street food. C'est soigné, plein de couleurs et de parfums : une belle adresse.

♿ A/C - Menu 29 € (déjeuner), 45 € - Carte 45/55 €

Plan : B3-11 - *21 rue Jules-Ferry - ✆ 04 34 09 13 33 - www.belaroia.fr/chezdelagare - Fermé : lundi, dimanche*

LA DILIGENCE

CUISINE MODERNE • HISTORIQUE Dans le centre historique, cette table occupe une ancienne teinturerie, qui a conservé son enchaînement de quatre salles voûtées datant du 14e s. Et si le cadre vaut le coup d'œil, la cuisine n'est pas en reste : elle est moderne et un brin créative, comme avec cette lotte, chou rouge, betterave, graine de moutarde et poivre du Vietnam.

- Menu 40 € (déjeuner), 65/90 €

Plan : A2-9 – *2 place Pétrarque – 04 67 66 12 21 – www.la-diligence.com – Fermé : lundi, samedi midi, dimanche*

ÉBULLITION

CUISINE MODERNE • CONTEMPORAIN Ils se sont rencontrés chez Jean Sulpice, à Val Thorens, et ont repris cette ancienne cantine asiatique pour en faire un repaire de gourmandise, chaleureux et contemporain. Cuisine d'inspiration méditerranéenne, produits issus du marché bio de Montpellier, vins de la région en biodynamie : vous êtes entre de bonne mains...

A/C - Menu 42 € - Carte 62/70 €

Plan : B1-13 – *10 rue du Pila-Saint-Gély – 09 86 10 84 84 – restaurant-ebullition.fr – Fermé : lundi, jeudi midi, dimanche*

MAHÉ

CUISINE MODERNE • CONTEMPORAIN L'aventure continue pour Richard Juste et Sabrina Delcros, qui tenaient auparavant "l'Idée Saveurs". Les voici aux commandes de ce Mahé chaleureux et spacieux, avec une terrasse paisible à l'abri des regards. Le chef Juste réalise des assiettes "franches et sans chichis", selon ses propres termes, avec de la précision dans les cuissons et les assemblages. Petite carte de vins locaux.

A/C - Menu 35 € (déjeuner), 45/55 €

Hors plan – *581 avenue de la Pompignane – 04 67 20 25 26 – www.mahe-restaurant.fr – Fermé : lundi, mardi soir, mercredi soir, dimanche*

LE PETIT JARDIN

CUISINE MODERNE • CLASSIQUE Qu'il est doux de venir s'attabler dans ce restaurant prisé des Montpelliérains ! On y profite de petits plats joliment tournés, qui évoluent au fil des saisons. Maquereau mariné cuit à basse température, cubes de pomme de terre, pickles d'oignons rouges ; magret de canard, jus de canard à l'orange, purée d'artichaut au beurre noisette...

- Menu 41/59 € - Carte 54/79 €

Plan : A1-10 – *20 rue Jean-Jacques-Rousseau – 04 67 60 78 78 – www.petit-jardin.com*

SOULENQ

CUISINE MODERNE • SIMPLE Un restaurant et une cave, aménagés dans une ancienne pépinière par cinq jeunes associés pleins d'avenir. L'assiette est simple et gourmande, avec de belles fulgurances (savoureuse entrée joue de bœuf-poireau-moutarde, mémorable dessert pomme-menthe), les produits sont du marché et de saison : on se régale.

P - Menu 23 € (déjeuner) - Carte 32/45 €

Hors plan – *469 rue de la Thériaque – 04 67 41 38 74 – www.soulenqrestaurant.fr – Fermé : lundi, mardi soir, dimanche*

TERMINAL #1

CUISINE MODERNE • BRANCHÉ Les frères Pourcel ont réhabilité cet ancien chai, dont la vaste salle à manger mêle joliment pierre, acier et bois, dans un esprit d'atelier chic. La carte met en avant les produits locaux et s'autorise quelques touches exotiques : ravioles de confit de lapin au foie gras, homard bleu au barbecue et sauce vierge marinée...

A/C - Menu 39 € (déjeuner), 55 € - Carte 54/133 €

Hors plan – *1408 avenue de la Mer – 04 99 58 38 38 – www.terminalpourcel.com – Fermé : lundi, dimanche*

NARBONNE

⊠ 11100 - Aude - Carte régionale n° **21**-B3

LA TABLE LIONEL GIRAUD

Chef : Lionel Giraud

CUISINE CRÉATIVE • ÉLÉGANT Au Moyen Âge, l'abbé Saint-Crescent offrait l'asile aux pèlerins en route vers Saint-Jacques-de-Compostelle. Si les arcades et les pierres nues rappellent ce passé lointain, le cadre est aujourd'hui ultra-moderne : noir et blanc de belle facture, sol de béton ciré, sièges moulés d'une seule pièce comme de vrais sculptures... Fils de restaurateur, Lionel Giraud prêche la bonne parole du "locavorisme". Inventif, il célèbre aussi bien le produit le plus noble (thon rouge de Méditerranée) que le plus simple (haricot vert) en passant par une authentique mozzarella de bufflone des Corbières. Il prône aussi l'ikejime, cette méthode japonaise de mise à mort respectueuse du poisson qui préserve l'intégrité de sa chair.

- Menu 80 € (déjeuner), 105/145 €

Rond-point de la Liberté - 68 avenue du Général-Leclerc - 04 68 41 37 37 - maison.saintcrescent.com - Fermé : lundi, dimanche

LA TABLE - CUISINIER CAVISTE

CUISINE TRADITIONNELLE • BISTRO Un bistrot branché, bien dans son époque, une cuisine créative basée sur d'excellents produits du cru (poissons, légumes du potager maison ou d'un maraîcher en permaculture) : voilà pour le tableau d'ensemble de cette jolie adresse en plein cœur de Narbonne. On passe un super moment.

- Menu 23 € (déjeuner), 33 € - Carte 40/45 €

4 place Lamourguier - 04 68 32 96 45 - www.table-cuisiniercaviste.com - Fermé : lundi, dimanche

L'ART DE VIVRE

CUISINE MODERNE • CONTEMPORAIN Dans ce domaine viticole niché en plein massif de La Clape, le chef Laurent Chabert tire une partie de ses produits de son propre jardin potager, et notamment les herbes aromatiques ; sinon il recourt à de beaux produits locaux (bio, majoritairement). Il cisèle des plats colorés et parfumés... Des accords mets et vins sont proposés avec les crus de la propriété.

- Menu 70 € (déjeuner), 80/150 €

Route de Narbonne-Plage, l'Hospitalet - 04 68 45 28 50 - www.chateau-hospitalet.com - Fermé : lundi, mardi midi, mercredi midi, jeudi midi, vendredi midi, samedi midi, dimanche soir

LA CAVE À MANGER

CUISINE TRADITIONNELLE • CONVIVIAL "La Cave à Manger" de Lionel Giraud propose une cuisine de bistrot à base d'excellents produits d'Occitanie. Une partition brute, savoureuse et précise - mention spéciale à la poitrine de canard rôtie et fricassée de champignons de Paris et girolles... À la "Cave à vin", située sous le même toit, 2500 références et droit de bouchon si consommation sur place. Un coup de cœur.

- Menu 25 € (déjeuner), 35 € - Carte 36/55 €

Rond-point de la Liberté - 68 avenue du Général-Leclerc - 04 68 45 67 85 - maison.saintcrescent.com - Fermé : lundi, dimanche soir

LE PETIT COMPTOIR

CUISINE TRADITIONNELLE • VINTAGE Un bistrot au cachet 1930 où l'on célèbre les bons produits (charcuterie et poissons notamment) et la cuisine... bistrotière. La riche cave - 350 références, essentiellement régionales - et le bar à vins feront le bonheur des amateurs de nectars !

- Menu 24 € (déjeuner), 32/45 € - Carte 35/50 €

4 boulevard du Maréchal-Joffre - 04 68 42 30 35 - www.petitcomptoir.com - Fermé : lundi, mardi soir, mercredi soir, samedi midi, dimanche

P. Jacques/hemis.fr

✉ 30900 - Gard
Carte régionale n° **21**-D2

NÎMES

Célèbre pour ses arènes, sa Maison Carrée et, désormais, son musée de la Romanité, la ville romaine est née au milieu de la garrigue, des oliveraies, des vignes et des châtaigniers. Tiraillée entre Cévennes et Camargue, elle fleure aussi délicieusement la Provence. Flânez au cœur de son Écusson, ce lacis de ruelles du quartier médiéval. Vous trouverez forcément une boutique où faire le plein de brandade de Nîmes, et une autre pour goûter à la gardiane de taureau. Pour l'apéritif, mettez sur la table des olives de Nîmes (qui bénéficient d'une AOC), une tapenade et une anchoïade. En saison, les Cévennes fournissent leur lot de pélardons, d'oignons doux et de pommes Reinette. Enfin, aux portes de la ville s'étend la plus méridionale des appellations de la vallée du Rhône : les Costières de Nîmes. Surtout dédié aux rouges, ce vignoble donne aussi des rosés et des blancs très méritants...

✿✿ DUENDE

CUISINE MODERNE • ÉLÉGANT Duende ! Ou quand l'art du torero et de la danseuse de flamenco enflamment l'imaginaire de Pierre Gagnaire. L'adresse gastronomique de l'Hôtel Imperator bénéficie d'une entrée indépendante. Et d'indépendance, le maître n'en manque sûrement pas : produits de qualité, maîtrise technique avérée, spontanéité et originalité. Au piano, Nicolas Fontaine et Julien Caligo, qui semblent connaître sur le bout des doigts l'esprit frondeur de leur mentor. Le menu dégustation met subtilement à l'honneur les plus beaux produits du Gard et de l'axe méditerranéen (porc baron des Cévennes, légumes de petits maraîchers, pêche de Méditerranée...) autour d'assiettes subtiles et délicates. Superbe carte des vins, riche de plus de 1000 références, avec une préférence régionale marquée. Accueil charmant, service d'un grand professionnalisme et d'une grande élégance.

- Menu 160/205 €

Plan : A1-8 - *Quai de la Fontaine - ✆ 04 66 21 94 34 - www.maison-albar-hotels-l-imperator.com - Fermé : lundi, mardi, mercredi, jeudi midi, dimanche soir*

✿ JÉRÔME NUTILE

Chef : Jérôme Nutile

CUISINE MODERNE • ÉLÉGANT Jérôme Nutile n'est pas le premier venu : Meilleur Ouvrier de France 2011, il a notamment fait les beaux jours de l'Hostellerie Le Castellas, à Collias. Dans son repaire nîmois, une ancienne ferme agricole réaménagée, il célèbre les saisons de très jolie manière : tendres poireaux cuits sur la fleur de sel de Camargue, fondant de saumon sauvage confit ; traditionnel lièvre à la royale façon Antonin

Carême et à la mode du sénateur Couteaux, un grand classique en deux façons, soigné et savoureux. Ajoutons à cela un service aimable et compétent, une belle carte des vins de la région, et le compte est bon !

- Menu 52 € (déjeuner), 115/190 € - Carte 133/164 €

Hors plan - *351 chemin Bas-du-Mas-de-Boudan - 04 66 40 65 65 - www.jerome-nutile.com - Fermé : mardi, mercredi*

SKAB

Chef : Damien Sanchez

CUISINE MODERNE • CONTEMPORAIN Aux commandes de ce repaire de gourmandise situé derrière les arènes, juste en face du musée de la Romanité, on trouve le chef Damien Sanchez, un Nîmois qui a travaillé à la Cabro d'Or, à la Réserve de Beaulieu, chez Christopher Coutanceau à la Rochelle et, enfin, dans sa ville natale aux côtés de Jérôme Nutile. Il convainc aisément avec une cuisine pleine de fraîcheur et de vivacité qui met en valeur le terroir gardois : bar en deux façons à la vapeur et en tartare ; tournedos de lotte cuit, artichaut poivrade farci. Dès les premiers rayons de soleil, on s'installe dans le patio à l'ombre des érables.

- Menu 50 € (déjeuner), 85/148 € - Carte 123/136 €

Plan : B2-1 - *7 rue de la République - 04 66 21 94 30 - www.restaurant-skab.fr - Fermé : lundi, dimanche*

LE LISITA

CUISINE MODERNE • CLASSIQUE Manger en terrasse face aux arènes de Nîmes et, la nuit venue, voir le monument s'illuminer... C'est tous les sens en éveil que l'on s'attable ici. Au menu, une cuisine régionale gorgée de soleil, soignée et généreuse, accompagnée d'un joli choix de vins. Plaisir des pupilles et des papilles !

- Menu 26/34 €

Plan : A2-2 - *2 boulevard des Arènes - 04 66 67 29 15 - www.lelisita.com - Fermé : lundi, dimanche*

LA PIE QUI COUETTE

CUISINE MÉDITERRANÉENNE • BAR À TAPAS Ce bar à tapas, tenu par un chef expérimenté, enchante les papilles en toute simplicité. La cuisine du marché est concoctée à partir des produits des étals voisins. Au nombre des spécialités de la maison : viandes maturées, brandade de morue, tartare de bœuf au couteau, tataki de bœuf, et île flottante. Les portions sont généreuses, le choix des vins judicieux. On mange au coude à coude, c'est très convivial. Attention pas de réservation possible, service de 11H30 à 15H00 et... c'est complet tous les jours. Heureusement, il y a en plus une table nouvelle table d'hôtes pour une douzaine de personnes.

- Carte 30/60 €

Plan : A1-3 - *1 rue Guizot - 04 66 23 59 04 - Fermé : lundi, mardi et le soir*

AUX PLAISIRS DES HALLES

CUISINE TRADITIONNELLE • CONVIVIAL Pour l'hiver, une salle moderne habillée de bois ; pour l'été, un joli patio ; toute l'année, une cuisine du marché simple et bien tournée. Attention les yeux : à chaque service, le chef réalise un plat surprise sur un billot au milieu de la salle, devant les clients... un show qui vaut le coup d'œil !

- Menu 25 € (déjeuner), 28/45 € - Carte 56/73 €

Plan : A1-5 - *4 rue Littré - 04 66 36 01 02 - www.auxplaisirsdeshalles.com - Fermé : lundi*

LE BISTR'AU - LE MAS DE BOUDAN

CUISINE MODERNE • BISTRO Jérôme Nutile propose dans l'annexe de son adresse étoilée une ardoise composée au gré du marché ; ses préparations gourmandes revisitent les classiques et fleurent bon la bistronomie. Des exemples ? Tartine de pieds et oreilles de cochon à l'huile de truffe, poisson du jour en provenance du Grau-du-Roi, île flottante aux pralines roses, cheveux d'ange.

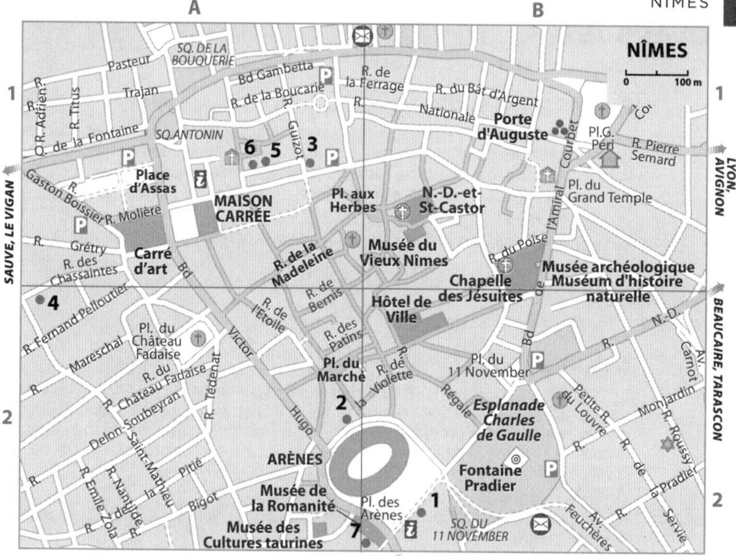

♿ A/C 🍽 P - Menu 28/38 €

Hors plan - *351 chemin Bas-du-Mas-de-Boudan - ✆ 04 66 40 60 75 - www.jerome-nutile.com - Fermé : lundi soir, mercredi soir, dimanche*

LE PATIO LITTRÉ

CUISINE MODERNE • SIMPLE Le jeune chef, ancien second d'Alain Passard (L'Arpège, Paris), est venu s'installer dans la région d'origine de son épouse. Bien lui en a pris ! Imprégnées par le souci du produit, ses recettes sont tout simplement épatantes. Quant au patio annoncé par l'enseigne, il est parfait pour les beaux jours... Tout cela à petit prix !

A/C 🍽 - Menu 28 € (déjeuner), 35/85 €

Plan : A1-6 - *10 rue Littré - ✆ 04 66 67 22 50 - www.restaurant-patio-littre-nimes.com*

LA TABLE DU 2

CUISINE TRADITIONNELLE • BRASSERIE Au deuxième étage du Musée de la Romanité, cette brasserie contemporaine offre une vue imprenable sur les arènes de Nîmes... et régale avec des assiettes fraîches et bien réalisées : tartare de bœuf, entrecôte grillée sauce béarnaise, œufs mimosa, carré d'agneau rôti, etc...

♿ A/C 🍽 - Menu 20 € (déjeuner), 32/45 € - Carte 42/59 €

Plan : B2-7 - *2 rue de la République - ✆ 04 48 27 22 22 - www.latabledu2.com*

VINCENT CROIZARD

CUISINE CRÉATIVE • ÉLÉGANT Dans une rue étroite près du Carré d'Art, il faut d'abord sonner à la porte de cette discrète maison de ville. Le chef, autodidacte, y compose une jolie cuisine créative, osant des mariages souvent surprenants. Et c'est à son épouse qu'on doit la superbe sélection de vins, qui fait la part belle au Languedoc-Roussillon.

A/C 🍽 - Menu 32 € (déjeuner), 50/75 € - Carte 90/105 €

Plan : A2-4 - *17 rue des Chassaintes - ✆ 04 66 67 04 99 - www.restaurantcroizard.com - Fermé : lundi, mardi*

OLARGUES

✉ 34390 - Hérault - Carte régionale n° **21**-B2

FLEURS D'OLARGUES

CUISINE MODERNE • AUBERGE Légumes du potager, pain maison et subtiles touches nordiques (saumon mariné au jus de betterave, pommes de terre hasselback) : voici le programme culinaire de cette jolie adresse familiale. La terrasse bucolique donne sur le pont du Diable (12e s.) et le village, classé parmi les plus beaux de France.

- Menu 21 € (déjeuner), 37/45 €

au Pont-du-Diable - ✆ 04 67 97 27 04 - www.fleursdeolargues.com - Fermé : lundi

ORSAN

✉ 30200 - Gard - Carte régionale n° **21**-D1

C'LA VIE

CUISINE MODERNE • ÉPURÉ Le chef Richard Durand a fait de C'la Vie un vrai rendez-vous gourmand. Ici, il fait bon vivre et il fait bon manger : le menu du jour met en avant de super produits (locaux pour la plupart), les saveurs sont marquées, la gourmandise est à l'honneur. Jolie sélection de vins, qui célèbre comme il se doit la vallée du Rhône et le Languedoc.

- Menu 23 € (déjeuner), 34/42 €

12 avenue du Jasset - ✆ 04 66 39 29 15 - restaurant-clavie.fr - Fermé : lundi soir, samedi, dimanche

PALAVAS-LES-FLOTS

✉ 34250 - Hérault - Carte régionale n° **21**-C2

LE ST-GEORGES

CUISINE MODERNE • CONVIVIAL Dans son restaurant, situé à deux pas du casino, Paul Courtaux ne joue pas à la roulette avec nos papilles. Il réalise une cuisine pétillante et savoureuse, à l'instar de ce pavé de veau Label Aveyron-Ségala, citron, basilic, aubergine, tomate, parmesan... Mention spéciale à la jolie carte des vins de la région et à l'accueil charmant.

- Menu 33/65 € - Carte 47/66 €

4 boulevard Maréchal-Foch - ✆ 04 67 68 31 38 - www.restaurant-st-georges.fr - Fermé : lundi, mardi

PLAGE PALACE

CUISINE MÉDITERRANÉENNE • TENDANCE Niché dans le nouvel hôtel des frères Costes, ce restaurant dispose d'un superbe emplacement face à la plage privée et la mer. Côté carte, une cuisine parfumée aux belles influences méditerranéennes. Quand le soleil se couche, tendre est la nuit - les prix, un peu moins.

P - Carte 40/94 €

336 avenue Saint-Maurice - ✆ 04 34 08 63 00 - www.plagepalace.com

PERPIGNAN

✉ 66000 - Pyrénées-Orientales - Carte régionale n° **21**-B3

LA GALINETTE

Chef : Christophe Comes

CUISINE CRÉATIVE • DESIGN Une telle régularité fait toujours plaisir à voir – et à goûter. Étoilée depuis 2004, cette belle maison est le repaire de Christophe Comes, chef aux talents multiples. Locavore de la première heure, il élève dans son potager personnel (six hectares, qui dit mieux ?) les légumes et les fruits (agrumes et tomates, notamment) qui viendront rythmer sa cuisine. Mais il ne rechigne pas non plus à célébrer les poissons de la pêche locale ! Ajoutez à cela un excellent rapport qualité-prix, 28 € le menu complet à midi, vous obtenez une adresse qu'il ne faut manquer sous aucun prétexte...

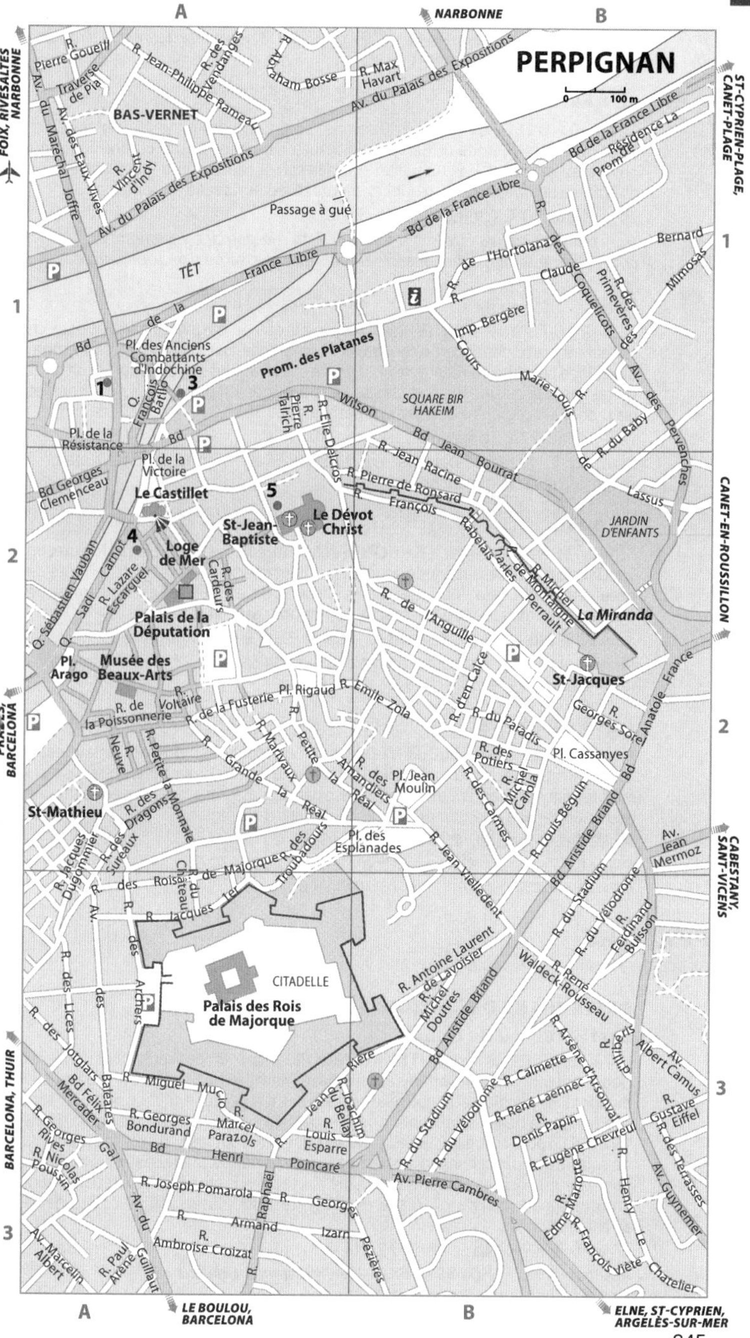
PERPIGNAN
0 100 m
NARBONNE
FOIX, RIVESALTES NARBONNE
ST-CYPRIEN-PLAGE, CANET-PLAGE
CANET-EN-ROUSSILLON
PERPIGNAN... BARCELONA
CABESTANY, SANT-VICENS
BARCELONA, THUIR
LE BOULOU, BARCELONA
ELNE, ST-CYPRIEN, ARGELÈS-SUR-MER
BAS-VERNET
TÊT
Passage à gué
Bd de la France Libre
Av. du Palais des Expositions
Prom. des Platanes
SQUARE BIR HAKEIM
JARDIN D'ENFANTS
Le Castillet
Loge de Mer
Palais de la Députation
Musée des Beaux-Arts
Pl. Arago
St-Jean-Baptiste
Le Dévot Christ
La Miranda
St-Jacques
St-Mathieu
Pl. de la Résistance
Pl. de la Victoire
Pl. des Anciens Combattants d'Indochine
Pl. Rigaud
Pl. Cassanyes
Pl. Jean Moulin
Pl. des Esplanades
CITADELLE
Palais des Rois de Majorque
Bd Georges Clemenceau
Bd Wilson
Bd Jean Bourrat
Bd Aristide Briand
Bd Henri Poincaré
Bd Félix Mercader
Bd Anatole France
Av. Pierre Cambres
Av. Jean Mermoz
Av. Guynemer
Av. Albert Camus
Av. du Maréchal Joffre
Av. des Eaux Vives
Av. Marcelin Albert
Av. du Guillaut
Cours Marie-Louis
R. de l'Hortolana
R. des Coquelicots
R. des Primevères
R. Jean Racine
R. Pierre de Ronsard
R. François Rabelais
R. Charles Perrault
R. Michel de Montaigne
R. de l'Anguille
R. Émile Zola
R. Grande la Réal
R. Petite la Réal
R. des Amandiers
R. Jean Vielledent
R. Louis Béguin
R. du Stadium
R. du Vélodrome
R. Antoine Laurent de Lavoisier
R. René Waldeck-Rousseau
R. Arsène d'Arsonval
R. Joseph Pomarola
R. Georges Izarn
R. Ambroise Croizat
R. des Archers
R. des Lices
R. des Jotglars
R. Miguel Mucio
1
2
3
4
5
A
B

- Menu 28 € (déjeuner), 54/60 €

Plan : C1-1 - *23 rue Jean-Payra - 04 68 35 00 90 - www.restaurant-galinette.com - Fermé : lundi, dimanche*

LE GARRIANE

CUISINE MODERNE • SIMPLE "Garriane" pour Garry et Ariane... L'originalité est ici de mise ! Aux fourneaux, Garry, venu d'Australie, concocte une cuisine de saison ouverte sur le monde, dans laquelle le produit est roi. Midi et soir, dégustation autour d'un menu unique. Surtout, n'oubliez pas de réserver : la salle est toute petite...

- Menu 20 € (déjeuner), 35/55 €

Hors plan - *15 rue Valette - 04 68 67 07 44 - le-garriane-restaurant.eatbu.com - Fermé : lundi, mardi, mercredi soir, jeudi soir, samedi midi, dimanche*

LE 17

CUISINE CRÉATIVE • CONVIVIAL Accolé à la cathédrale Saint-Jean-Baptiste, ce restaurant jouit d'une superbe cour pavée et ombragée, lovée contre l'église. Membre du collège culinaire de France, le chef, très à cheval sur les saisons, montre un goût certain pour la cuisine fusion et les saveurs exotiques. Il privilégie les poissons, et les produits locaux. Une adresse sympathique.

- Menu 27 € (déjeuner) - Carte 50/65 €

Plan : C2-5 - *1 rue Cité-Bartissol - 04 68 38 56 82 - Fermé : lundi soir, mardi soir, mercredi soir, dimanche*

LE DIVIL

SPÉCIALITÉS DE VIANDES • CONVIVIAL Entre le Castillet et la préfecture, un spécialiste des belles viandes maturées : le client choisit sa pièce au détail (côte de bœuf, entrecôte, faux-filet), qui est en ensuite pesée, grillée et accompagnée de bonnes frites maison. 300 références de vins pour arroser le tout.

- Menu 18 € (déjeuner) - Carte 38/79 €

Plan : C2-4 - *9 rue Fabriques-d'en-Nabot - 04 68 34 57 73 - www.restaurant-le-divil-66.com - Fermé : dimanche*

LA PASSERELLE

CUISINE MODERNE • ÉLÉGANT Décor marin et mobilier moderne : ainsi va cette maison installée en bord de canal. À la criée, le chef déniche les bons poissons de la Méditerranée qu'il agrémente avec finesse dans ses assiettes, tandis que la patronne assure un service attentionné. Bon choix de vins de la région.

- Menu 26 € (déjeuner), 45/75 €

Plan : C1-3 - *1 cours François-Palmarole - 04 68 51 30 65 - www.restaurant-lapasserelle.com - Fermé : lundi, dimanche*

PÉZENAS

34120 - Hérault - Carte régionale n° **21**-C2

RESTAURANT DE LAUZUN

Chef : Matthieu De Lauzun

CUISINE MODERNE • CONTEMPORAIN Pézenas n'est pas seulement la ville de Boby Lapointe : c'est désormais aussi celle de Matthieu De Lauzun. Installée au sein du domaine viticole, cette nouvelle adresse permet au jeune chef de déployer tout son talent. Le beau cadre contemporain, de pierre, de bois et de cuivre, se révèle l'écrin idéal pour accueillir sa cuisine du sud, fine et savoureuse, à l'instar de la pastilla de volaille dans un cannelloni de betterave (sa spécialité), ou de ce superbe agneau en trois cuissons, dans l'esprit d'un tajine. Carte de vins étoffée. On se régale, avant une promenade dans le joli village, et une visite de l'A-Musée Boby Lapointe, dédié à l'enfant du pays.

- Menu 72/115 €

Route de Nizas - 04 99 47 63 91 - www.restaurant-delauzun.com - Fermé : lundi, dimanche

LE PRÉ ST-JEAN

CUISINE MODERNE • BISTRO La devanture en Corten – un acier à l'aspect de rouille – s'inscrit dans une belle façade en pierre, sur le boulevard circulaire de la ville. En cuisine, beau-père et gendre réalisent une cuisine inspirée, goûteuse et gourmande, sur laquelle viennent se greffer quelques plats bistrotiers. Une réussite !

– Menu 35/75 € – Carte 50/80 €

18 avenue Maréchal-Leclerc – 04 67 98 15 31 – www.restaurant-leprestjean.fr – Fermé : lundi, jeudi soir, dimanche soir

L'ENTRE POTS

CUISINE MODERNE • TENDANCE Voilà un jeu de mots justifié pour cet ancien entrepôt de vins dédié aux plaisirs du palais ! En cuisine, le chef mêle saveurs du terroir et touches créatives. En salle, les gourmands s'installent dans un cadre chaleureux à la lumière tamisée ou sur la terrasse aux beaux jours. Belle sélection de crus régionaux (mais pas uniquement). Le tout à prix doux.

– Menu 35 € – Carte 42/58 €

8 avenue Louis-Montagne – 04 67 90 00 00 – www.restaurantentrepots.com – Fermé : lundi, dimanche

PEZENS

11170 – Aude – Carte régionale n° **21**-B2

L'AMBROSIA

CUISINE MODERNE • ÉLÉGANT Sur la route de Toulouse, faites une étape dans cette maison moderne : la cuisine du chef se révèle soignée, cohérente et bien dans l'air du temps, d'autant qu'il s'appuie sur des produits de qualité. Ses pêchers mignons ? Foie gras, thon et soufflé au Grand Marnier. Original : réservez une table pour quatre personnes dans la cave réfrigérée située dans la salle à manger.

– Menu 25 € (déjeuner), 44/55 € – Carte 50/70 €

Carrefour la Madeleine, sur D 6113 – 04 68 24 92 53 – www.ambrosia-pezens.com – Fermé : lundi, mercredi midi, dimanche soir

PORT-VENDRES

66660 – Pyrénées-Orientales – Carte régionale n° **21**-B3

LE CÈDRE

CUISINE MODERNE • COSY Ici, la cuisine met en valeur l'incontestable richesse du terroir catalan, et varie librement au fil des saisons : impossible de se lasser ! Quant au cadre, il appelle à la rêverie : la baie vitrée donne sur la belle terrasse et, au-delà, le port et la mer... Ce Cèdre ne manque décidément pas d'attraits.

– Menu 36/81 € – Carte 46/75 €

29 route de Banyuls – 04 68 82 62 20 – www.lesjardinsducedre.com – Fermé : lundi, mardi midi, mercredi midi

LES CLOS DE PAULILLES

CUISINE RÉGIONALE • CONVIVIAL Entre vignes et mer, à deux pas de la plage, le site laisse rêveur ; la maison Cazes – de grands vignerons de la région – a pris les rênes de ce domaine de 90 ha, pour le ravissement de nos sens. Les recettes, régionales, n'utilisent que des produits locaux. Ne manquez pas la superbe terrasse face aux vignes...

– Carte 36/45 €

Baie de Paulilles – 04 68 81 49 79 – www.lesclosdepaulilles.com

CÔTE VERMEILLE

POISSONS ET FRUITS DE MER • CONVIVIAL Sous l'égide de deux frères, une belle table marine ancrée sur le port ! On revendique ici une cuisine simple et fraîche, dans le respect absolu du produit : poissons de la pêche locale, en direct de petits bateaux de Port la Nouvelle.

- Menu 29 € (déjeuner), 34/44 € - Carte 50/60 €

Quai du Fanal - 04 68 82 05 71 - www.restaurantlacotevermeille.com - Fermé : lundi, dimanche soir

PRADELLES-EN-VAL

11220 - Aude - Carte régionale n° **21**-B3

LA BOURDASSO

CUISINE ITALIENNE • VINTAGE Cette belle bâtisse traditionnelle, perdue dans les Corbières, a été investie de la fougue d'une famille italienne, tombée amoureuse de la région. Au programme, mozzarella artisanale divine faite maison (avec du lait de bufflonnes ramenées d'Italie !), et pâtes et pains travaillés à partir de blés anciens cultivés par leurs soins. La large terrasse laisse apprécier la nature environnante.

- Carte 35/55 €

La Bourdasse - 04 68 78 08 31 - www.bourdasso.com - Fermé : lundi midi, mardi, mercredi, jeudi midi, vendredi midi, samedi midi

PRADES

66500 - Pyrénées-Orientales - Carte régionale n° **21**-B3

LE GALIE

CUISINE MODERNE • CONTEMPORAIN Ici, inutile de s'attarder au rez-de-chaussée : direction l'étage pour découvrir une salle moderne et confortable, où un jeune couple sympathique nous régale d'une cuisine du marché bien dans l'air du temps. La spécialité du chef ? La fricassée de homard en homardine et son vermicelle de riz...

- Menu 25 € (déjeuner), 31/73 € - Carte 40/80 €

3 avenue du Général-de-Gaulle - 04 68 05 53 76 - www.restaurantlegalie.com - Fermé : lundi, mardi soir, mercredi soir, jeudi soir, dimanche

PRATS-DE-MOLLO-LA-PRESTE

66230 - Pyrénées-Orientales - Carte régionale n° **21**-B3

BELLAVISTA

CUISINE MODERNE • ÉLÉGANT Au pied des remparts, un plaisir sans cesse renouvelé... La carte fleure bon le terroir régional, et pour cause : le chef met en valeur les petits producteurs locaux, qui viennent dans la cité uniquement pour le livrer. Agneau catalan, fromage des Pyrénées : plus qu'une simple carte, c'est une ode à nos régions. Chambres pour l'étape.

- Menu 34/60 € - Carte 52/70 €

Place du Foiral - 04 68 39 72 48 - www.hotel-le-bellevue.fr - Fermé : mardi, mercredi

PUJAUT

30131 - Gard - Carte régionale n° **21**-D2

ENTRE VIGNE ET GARRIGUE

Chefs : Serge et Maxime Chenet

CUISINE MODERNE • CLASSIQUE Tout près d'Avignon, cette ferme provençale isolée, entre falaise et vignoble, ne transige pas sur l'authenticité. La garrigue est là, avec ses effluves qui embaument une salle habilement rénovée, mélange harmonieux de l'ancien et du contemporain. En cuisine, Serge Chenet, Meilleur Ouvrier de France et Breton exilé, est aidé par Maxime, son fils. Tous deux partagent le même amour du naturel et du beau produit de saison que la région leur sert sur un plateau gorgé de soleil. Ils concoctent à quatre mains une savoureuse cuisine du marché d'inspiration provençale : aubergine à la provençale, thon de Méditerranée mi-cuit au sésame, soja, gingembre et coulis d'olive verte ; dos de cabillaud en barigoule de fenouil...

- Menu 88 € (déjeuner), 92/135 €

600 route de Saint-Bruno - 04 90 95 20 29 - www.vigne-et-garrigue.com - Fermé : lundi, mardi

QUISSAC

30260 - Gard - Carte régionale n° **21**-C2

L'ARTYSAN

CUISINE MODERNE • **CONTEMPORAIN** Yohann Boucard a transformé la gare de Quissac en un restaurant très agréable : lignes épurées, ferronneries d'artisans locaux... Dans l'assiette, la prestation se révèle tout aussi emballante, grâce à des produits bien choisis et des associations de saveurs toniques et originales. Service pro et efficace.

- Menu 25 € (déjeuner), 35/45 € - Carte 40/52 €

35 plan de la Gare - 04 66 77 02 45 - www.lartysan.com - Fermé : mercredi, jeudi

RIVESALTES

66600 - Pyrénées-Orientales - Carte régionale n° **21**-B3

LA TABLE D'AIMÉ

CUISINE MODERNE • **ÉLÉGANT** Dans cette adresse bucolique, installée dans les locaux d'une maison viticole, on se régale d'une cuisine du marché inspirée, privilégiant les produits bio, à arroser d'un des beaux vins du domaine - idéal pour une petite dégustation avant achat à la cave ! Aux beaux jours, la terrasse ouverte sur les chais invite à prolonger l'instant de gourmandise.

- Menu 34/39 €

4 rue Francisco-Ferrer - 04 68 34 35 77 - www.latabledaime.com - Fermé : lundi, dimanche

LE ROZIER

48150 - Lozère - Carte régionale n° **21**-B1

L'ALICANTA

CUISINE MODERNE • **FAMILIAL** On connaît depuis longtemps cette Alicanta, nichée au bord de la rivière Jonte, dans le cadre exceptionnel des gorges du Tarn... Son chef y exécute une partition solide, où tout est fait maison ; la carte est renouvelée à chaque saison, à l'exception notable du rognon et des ris de veau poêlés, les incontournables de la maison... Miam, miam et re-miam !

- Menu 32/42 €

Route de Meyrueis - 05 65 62 60 25 - www.hotel-doussiere.com - Fermé : lundi midi, mardi midi, mercredi midi, jeudi midi

SABRAN

30200 - Gard - Carte régionale n° **21**-D1

LE CÈDRE DE MONTCAUD

CUISINE MODERNE • **ÉLÉGANT** La table gastronomique du Château de Montcaud est placée sous l'égide du talentueux Matthieu Hervé. On y déguste une cuisine régionale "terre et mer" dans une démarche locavore. Les préparations sont élégantes, minutieuses et travaillées. Le chef, normand d'origine, n'oublie pas les clins d'œil à sa région malgré son goût pour les produits de la Méditerranée (pommes, cidre, etc.). Un excellent moment, un repas foisonnant.

- Menu 88/115 €

Hameau de Combes - ✆ 04 66 89 18 00 - www.chateaudemontcaud.com/restaurant/restaurant-de-montcaud - Fermé : lundi, mardi, mercredi, jeudi midi, vendredi midi, samedi midi

ST-ALBAN-SUR-LIMAGNOLE

✉ 48120 - Lozère - Carte régionale n° **21**-C1

LA PETITE MAISON

CUISINE TRADITIONNELLE • **RUSTIQUE** Une table régionale où règne une atmosphère chaleureuse et rustique. Les spécialités de la maison ? La viande de bison d'Amérique (depuis 1992 !), la friture de truitelle, le whisky (400 références) et les vins du Languedoc-Roussillon. A quelques mètres, chambres d'antan dans une gentilhommière du 19es.

- Menu 29/69 € - Carte 48/89 €

Avenue de Mende - ✆ 04 66 31 56 00 - www.la-petite-maison.fr - Fermé : lundi, mardi midi, mercredi midi, jeudi midi, vendredi midi

ST-CYPRIEN

✉ 66750 - Pyrénées-Orientales - Carte régionale n° **21**-B3

L'ALMANDIN

CUISINE MODERNE • **ÉLÉGANT** Un site pour le moins étonnant que cette île artificielle - un complexe hôtelier avec piscine et spa - séparé de la Méditerranée par un cordon littoral. La terrasse au bord de l'eau séduit, tout comme la cuisine du chef, ancien de La Balette (Collioure).

- Menu 49 € (déjeuner), 65/125 €

Boulevard de l'Almandin, St-Cyprien Sud - ✆ 04 68 21 01 02 - www.almandin.fr - Fermé : lundi, mardi, dimanche soir

ST-GÉLY-DU-FESC

✉ 34980 - Hérault - Carte régionale n° **21**-C2

LE CLOS DES OLIVIERS

CUISINE MODERNE • **CLASSIQUE** Du goût, de la simplicité, des produits de qualité bien travaillés : on apprécie ici une bonne cuisine, sans complications inutiles, et on se fait plaisir ! À noter : la carte des vins est réalisée avec le caviste voisin. L'été, on profite de la terrasse à l'ombre des canisses.

- Menu 24 € (déjeuner), 33/55 € - Carte 39/76 €

53 rue de l'Aven - ✆ 04 67 84 36 36 - www.clos-des-oliviers.com - Fermé : lundi, dimanche soir

ST-GERVAIS-SUR-MARE

✉ 34610 - Hérault - Carte régionale n° **21**-B2

L'ORTENSIA

CUISINE MODERNE • **ÉLÉGANT** Lui manque-t-il un "h" ? Non : c'est ainsi que l'on orthographie cette plante en occitan. Le restaurant renaît une nouvelle fois grâce à un duo sœur-frère, Lise et Mathieu, dont la démarche est limpide : respect du client, vérité du produit (local), petite carte des vins bien composée, partage d'un plaisir simple. Le tour est joué.

- Carte 36/38 €

Domaine de la Pièce - ✆ 04 99 42 00 91 - www.lortensia.fr - Fermé : lundi, mardi, dimanche soir

ST-MARTIN-DE-LONDRES

✉ 34380 - Hérault - Carte régionale n° **21**-C2

L'ACCENT DU SOLEIL

CUISINE CLASSIQUE • **ÉLÉGANT** Ancien chef du Château de Mercuès, dans le Lot, Philippe Combet sert ici une bonne cuisine de saison, qui met en valeur les produits de la région. Menu truffe ou asperges, agneau du Quercy... le tout servi en salle par son épouse avec gentillesse et professionnalisme.

♿ A/C - Menu 35/55 € - Carte 52/115 €

19 route des Cévennes - ✆ 04 67 55 23 10 - www.laccentdusoleil.fr - Fermé : lundi, mardi, dimanche soir

SALEILLES

✉ 66280 - Pyrénées-Orientales - Carte régionale n° **21**-B3

L'ABSIX

CUISINE MODERNE • **CONTEMPORAIN** Ne vous fiez pas à l'allure coloniale de la maison, faites confiance au chef, passé par de belles maisons, pour vous surprendre. Sur un menu unique changé chaque semaine, il réalise une cuisine moderne, rythmée par les saisons : opéra de foie gras à la cerise de Céret ; cochon de lait basse température caramélisé au miel...

♿ A/C P - Menu 43 €

2 rue de la Cerdagne - ✆ 04 68 54 79 02 - www.restaurant-labsix.fr - Fermé : lundi, dimanche

SÉRIGNAN

✉ 34410 - Hérault - Carte régionale n° **21**-C2

L'HARMONIE

CUISINE MODERNE • **TENDANCE** Une maison ocre (1800) avec une terrasse au bord de l'Orb, à deux pas de la salle de spectacle La Cigalière. C'est dire qu'ici, on chante toute l'année, avec ou sans bise, mais toujours le plaisir de savoureuses assiettes aux notes méridionales. Et le rapport qualité-prix sait aussi contenter... les fourmis.

♿ A/C P - Menu 25 € (déjeuner), 37/72 €

Chemin de la Barque, parking de la Cigalière - ✆ 04 67 32 39 30 - www.lharmonie.fr - Fermé : lundi, mardi, samedi midi

SERVIERS-ET-LABAUME

✉ 30700 - Gard - Carte régionale n° **21**-D2

VOLVER.

CUISINE MODERNE • **CONTEMPORAIN** Ancien sapeur-pompier arrivé à la cuisine sur le tard, le chef Krishna Léger régale avec une cuisine bistronomique et locavore, dans une démarche soucieuse de l'environnement - il est notamment signataire de la charte Ethic Oceans. Produits ultra-frais, carte courte, assiettes gourmandes : une jolie découverte.

P - Menu 38/43 €

1 bis chemin de la Carcarie - ✆ 04 66 20 48 99 - www.volver-restaurant.fr - Fermé : lundi, mardi, mercredi midi, jeudi midi, vendredi midi

SÈTE

✉ 34200 - Hérault - Carte régionale n° **21**-C2

THE MARCEL

CUISINE MÉDITERRANÉENNE • **TENDANCE** Cette institution proustienne, ancien bistrot populaire, connaît une seconde vie sous la houlette de ses propriétaires. D'un côté, le Rio, lieu culturel qui régale de tapas et de concerts ; de l'autre, un restaurant gastronomique doté d'une grande salle à manger aux beaux volumes avec cuisine ouverte, comptoir et banquettes en skaï rétro, poutres et pierres apparentes, œuvres d'art aux murs. Aux manettes, le chef Denis Martin, qui se plaît à magnifier les trésors méditerranéens avec délicatesse, comme ces rougets de roche et leur pain moelleux à l'encre de seiche, légumes croquants, coquillages et jus d'arête, ou encore ce poulpe aux tomates confites et olives, d'une finesse toute canaille...

- Menu 88/102 € - Carte 88/98 €

5 rue Lazare-Carnot - 04 67 74 20 89 - www.the-marcel.fr - Fermé : lundi, mardi midi, mercredi midi, jeudi midi, vendredi midi, dimanche soir

PARIS MÉDITERRANÉE

CUISINE MODERNE • BISTRO L'enseigne rend hommage à Brassens, né à Sète, mais aussi au chef, originaire de Paris, ainsi qu'à son épouse sétoise. Ici, on réinvente les recettes locales selon l'humeur du chef et la pêche du jour. À deux pas, le bar à tapas Le Barbu, tenu par le même propriétaire, est très recommandable.

- Menu 35/50 €

47 rue Pierre-Semard - 04 67 74 97 73 - Fermé : lundi, samedi midi, dimanche

QUAI 17

CUISINE MODERNE • CLASSIQUE On s'installe dans une salle bourgeoise, sous des lustres à pampilles, pour déguster une cuisine de saison méditerranéenne qui fait la part belle au poisson. On peut citer par exemple ces goujonnettes de lotte, ou ce risotto de homard à la sétoise. Quand la magie de Sète s'invite dans l'assiette.

- Menu 35/55 € - Carte 48/65 €

17 quai Maréchal-de-Lattre-de-Tassigny - 04 67 74 71 91 - www.legrandhotelsete.com - Fermé : samedi midi, dimanche midi

L'ARRIVAGE

CUISINE DU MARCHÉ • CONTEMPORAIN "Créer du plaisir en se faisant plaisir" : tel est le credo de Jordan Yuste, jeune chef autodidacte passé par la case Top Chef en 2020. Il régale avec un menu à l'aveugle plein de bonnes idées, créatif sans excès, basé sur de bons produits bio et locaux. Jolie carte des vins et super rapport qualité-prix, à midi surtout.

- Menu 35 € (déjeuner), 55/75 €

13-15 rue André-Portes - - www.restaurant-larrivage.com - Fermé : lundi, mardi, dimanche

LA COQUERIE

CUISINE MODERNE • CONTEMPORAIN À côté du célèbre cimetière marin, une petite maison chic et contemporaine, avec la Méditerranée pour horizon. Cette table propose une cuisine de première fraîcheur, composée au gré du marché, à travers un menu unique en 6 temps, au déjeuner comme au dîner. Les recettes du chef Guilhem Blanc-Brude jonglent entre inspirations méditerranéennes et préparations plus inventives.

- Menu 65 €

1 chemin du Cimetière-Marin - 06 47 06 71 38 - www.restaurantlacoquerie.com - Fermé : lundi, mardi, mercredi, dimanche soir

LA SENNE

POISSONS ET FRUITS DE MER • CONVIVIAL Cette affaire, tenue par une famille de thoniers depuis les années 1950, propose un superbe étal de poissons, qui évolue au gré des arrivages. Ici, la spécialité, c'est le thon rouge, en sashimi, tartare, ventrèche, etc. mais aussi les fruits de mer et crustacés. Service avenant et fraîcheur incomparable : un régal.

- Carte 35/60 €

40 quai Maximin-Licciardi - 04 67 53 01 91 - www.restaurantlasenne.com - Fermé : lundi, mardi, dimanche soir

SOMMIÈRES

✉ 30250 - Gard - Carte régionale n° **21**-C2

LE PATIO BY LOU CALÉOU

CUISINE MODERNE • CONVIVIAL Ils ont travaillé ensemble dans des maisons de renom, et ont décidé d'ouvrir à Sommières ce restaurant au cadre minéral, avec un charmant patio pour l'été. Résultat : coup de cœur assuré ! Pavé de merlu de ligne en bourride, pommes de terre confites au safran, aïoli et bouillon de crustacé, vacherin destructuré aux fruits exotiques.... Un vrai délice.

- Menu 25 € (déjeuner), 34/68 €

23 place de la Libération - ✆ 04 66 77 50 98 - www.le-patio-by-lou-caleou.com - Fermé : lundi, dimanche

TAVEL

✉ 30126 - Gard - Carte régionale n° **21**-D2

LA COURTILLE

CUISINE TRADITIONNELLE • SIMPLE Cette ancienne magnanerie en pierre blanche propose une bonne cuisine régionale et méditerranéenne. Langue de veau sauce gribiche, rillettes de maquereau citron et aneth, rognons de veau... se dégustent avec bon appétit. En été, on prend place sur la jolie terrasse abritée sous un cèdre ancien. Prix imbattables à midi.

- Menu 18 € (déjeuner) - Carte 38/45 €

208 chemin de Cravailleux - ✆ 06 59 40 47 11 - www.restaurant-la-courtille.business.site - Fermé : lundi, dimanche

THUIR

✉ 66300 - Pyrénées-Orientales - Carte régionale n° **21**-B3

ARBEQUINA

CUISINE MODERNE • CONTEMPORAIN La cuisine du chef, méditerranéenne, parfumée et savoureuse, démontre son talent pour mettre en valeur le produit. Au hasard de la carte, on opte pour un maquereau mariné et brûlé, gaspacho au pimenton de la Vera et pistou, ou un merlu de ligne, jeunes courgettes grillées et crémeuses... à déguster dans un décor de bistrot contemporain.

- Menu 19 € (déjeuner), 34 € - Carte 41/48 €

21 rue de la République - ✆ 04 68 34 46 64 - www.arbequina-restaurant.com - Fermé : lundi, mardi

TRÈBES

✉ 11800 - Aude - Carte régionale n° **21**-B2

LE MOULIN DE TRÈBES

CUISINE MODERNE • MAISON DE CAMPAGNE Quel charme, cet ancien moulin ! Sa terrasse donne directement sur le canal du Midi. Quant à la cuisine, elle se révèle simple et moderne, avec comme spécialité le ris de veau caramélisé au sésame et compote d'endives... Un vrai plaisir, qui s'arrose d'une jolie sélection de vins de la région.

- Menu 25 € (déjeuner) - Carte 40/60 €

1 rue du Moulin-de-Trèbes - ✆ 04 68 78 97 57 - Fermé : lundi, samedi midi, dimanche soir

TREILLES

✉ 11510 - Aude - Carte régionale n° **21**-B3

L'ATELIER ACTE 2

CUISINE MODERNE • CONVIVIAL Il y a bien sûr cette terrasse bordée de pins, en plein cœur du vignoble de Fitou... Mais il y a surtout la cuisine chantante du chef, un excellent artisan, qui célèbre les producteurs locaux de superbe manière : thon rouge de Méditerranée, huîtres et huile d'olive de Leucate, agneau El Xaï, légumes d'un maraîcher bio, etc. Vous allez vous régaler.

♿ A/C 🏡 P - Menu 25 € (déjeuner), 35/51 €

6 route des Corbières - ✆ 04 68 33 08 59 - www.atelier-acte2.com - Fermé : lundi, mardi, mercredi soir, dimanche soir

UZÈS

✉ 30700 - Gard - Carte régionale n° **21**-D2

LA TABLE D'UZÈS

Chef : Christophe Ducros

CUISINE MODERNE • COSY C'est LA table gastronomique des environs, aucun doute là-dessus : deux salles à manger cossues et élégantes, avec deux patios qui le sont tout autant, des tables dressées avec soin, mais surtout un chef épanoui et plein d'allant, Christophe Ducros. Sa cuisine est résolument méridionale, assemblage de saveurs franches et équilibrées. Des exemples ? Pigeon des Costières en suprême rôti sur coffre, cuisse confite, chou farci en embeurrée ; parfait chocolat, pomme Granny Smith marinée, sponge cake et sorbet… La cohérence de l'ensemble est indéniable. On pourra même profiter de ces douceurs sur la terrasse, autour du tilleul : décidément, un vrai plaisir de gastronome.

🏡 - Menu 62/125 €

18 rue du Docteur-Blanchard - ✆ 04 66 20 07 00 - www.lamaisonduzes.fr - Fermé : lundi, mardi

LE COMPTOIR DU 7

CUISINE MODERNE • CONTEMPORAIN À l'entrée de la ville, dans un ancien tunnel où circulaient les fiacres, ce bistrot contemporain sert une cuisine décomplexée, à base de produits frais : cannellonis farcis de ratatouille, herbes fraîches ; joues de bœuf confites, purée de carotte au cumin, aubergines moelleuses et suprêmes d'orange… Une bonne adresse.

♿ A/C 🏡 - Menu 24 € (déjeuner) - Carte 39/57 €

7 boulevard Charles-Gide - ✆ 04 66 22 11 54 - www.maisonsaintgeorges.com - Fermé : lundi, dimanche

VAILHAN

✉ 34320 - Hérault - Carte régionale n° **21**-C2

ÄPONEM - AUBERGE DU PRESBYTÈRE

Cheffe : Amélie Darvas

CUISINE MODERNE • ÉLÉGANT Äponem signifie "bonheur" en langue Pataxo. Amélie Darvas et Gaby Benicio, les deux associées, ont trouvé le leur dans cette auberge d'un ancien presbytère du 17e s., repérée presque par hasard pendant des vacances dans la région. "Se rapprocher de l'essentiel, revenir à nous-mêmes et aux produits sans intermédiaires", voici la volonté de la cheffe Darvas, originaire de Paris, qui travaille les produits du marché et du potager (sept potagers en permaculture !) avec une flamme sans pareil. Ses assiettes limpides et audacieuses sont complétées à merveille par le travail de Gaby, sommelière de formation, qui assure avec talent le service de beaux vins de la région. À déguster dans un cadre pimpant avec vue sur la campagne environnante ou sur la charmante terrasse, à l'ombre d'une glycine. Äponem : plus qu'un restaurant, un projet de vie.

L'engagement du chef : *Cultiver la terre, cuisiner les légumes de notre jardin-potager en permaculture, proposer des vins biodynamiques, c'est le défi que nous relevons au quotidien pour tendre vers une gastronomie durable et responsable, en adéquation avec la nature qui nous entoure.*

< ♿ A/C 🏡 - Menu 125 €

4 rue de l'Église - ✆ 04 67 24 76 49 - www.aponem-aubergedupresbytere.fr - Fermé : mardi, mercredi, jeudi, vendredi midi

VILLEMAGNE-L'ARGENTIÈRE

✉ 34600 - Hérault - Carte régionale n° **21**-B2

AUBERGE DE L'ABBAYE

CUISINE MODERNE • **RUSTIQUE** Un petit village médiéval. Dans un recoin, une tour du 12e s. qui jette son ombre sur un mur en pierres. Et derrière ce mur, cette délicieuse auberge qui gagne à être connue. On y sert une bonne cuisine au goût du jour, qui privilégie les circuits courts. À déguster dans une atmosphère monastique.

- Menu 18 € (déjeuner), 34/59 €

4 place de l'Abbaye - ✆ 04 67 95 34 84 - www.aubergeabbaye.com - Fermé : lundi, mardi soir, mercredi, samedi midi, dimanche soir

VILLENEUVE-LÈS-AVIGNON

✉ 30400 - Gard - Carte régionale n° **21**-D2

LE PRIEURÉ

CUISINE MODERNE • **ÉLÉGANT** De l'autre côté du Rhône, en face du Palais des Papes, la petite cité de Villeneuve-lès-Avignon collectionne elle aussi les monuments... et le Prieuré est l'un d'entre eux. Cet ancien cloître a du charme à revendre. Il a d'ailleurs séduit Jean-André Charial, le chef et propriétaire du mythique Oustau de Baumanière, qui l'a ajouté à sa collection de belles adresses. Le jeune chef Marc Fontanne a choisi, lui, d'y continuer une carrière prometteuse commencée à l'auberge des Templiers puis poursuivie à la Réserve de Beaulieu. Franchement méridionale, basée sur de très beaux produits, sa cuisine est fine et goûteuse à souhait : par exemple, cette seiche parfaitement cuite à la plancha, accompagnée de dés de citron confit, asperges, lard de Colonnata et huile d'olive fruitée... Un bonheur.

AC P - Menu 52 € (déjeuner), 75/105 € - Carte 100/117 €

7 place du Chapitre - ✆ 04 90 15 90 15 - www.leprieure.com

VILLESÈQUE-DES-CORBIÈRES

✉ 11360 - Aude - Carte régionale n° **21**-B3

PLACE DES MARCHÉS

CUISINE TRADITIONNELLE • **RUSTIQUE** Dans ce village perdu des Corbières, une maison jaune abrite le bistrot d'Éric Delalande, passionné de fraîcheur, de produits locaux... et de vins des Corbières ! L'assiette se laisse porter par les humeurs du chef et du marché. Une cuisine vérité, généreuse et sans chichi particulièrement appréciée par les vignerons du coin.

AC - Carte 35/40 €

8 avenue de la Mairie - ✆ 04 68 70 09 13 - Fermé : lundi, mardi, mercredi midi, dimanche soir

VILLEVIEILLE

✉ 30250 - Gard - Carte régionale n° **21**-C2

LA CANOPÉE

CUISINE MODERNE • **HISTORIQUE** Dans cette ancienne salle d'armes voûtée de style Renaissance (5m de haut, tout de même !), on découvre une cuisine à la gloire des terroirs cévenol et camarguais. Elle s'accompagne d'une jolie sélection de petits vins de la région.

P - Menu 35/62 €

2 allée du Pigeonnier - ✆ 04 66 35 97 20 - www.chateaudepondres.fr/le-restaurant - Fermé : lundi, mardi midi, jeudi midi

MIDI-PYRÉNÉES

Carte régionale n° 21

Saucisse, jambon noir de Bigorre, oies, canards du Gers, pigeon du Lauragais, asperges du Tarn... : Midi-Pyrénées demeure une terre de produits plus que de gastronomie. Dans les Pyrénées-Orientales, c'est l'Espagne qui pousse sa corne, avec la Catalogne en toile de fond, sa charcuterie, l'utilisation de l'ail et des viandes grillées à la braise qu'on trouve peu en France. Ailleurs est prisé le repas traditionnel – cassoulet, plats en sauce, très ancrés dans le terroir. Mais on aurait tort de réduire la région à cette roborative image d'Épinal. Prenez la capitale, Toulouse. Longtemps endormie sur ses lauriers gastronomiques, la ville rose a retrouvé des couleurs avec des tables de haut vol comme Py-r (Pierre Lambinon, deux étoiles), et Hedone (Balthazar Gonzalez, une étoile), ainsi qu'une flopée de bonnes petites tables passionnantes. Un parcours idéal ? Les plats canaille de Nicolas Brousse chez Cartouches, les assiettes malignes de Florent Boisseau chez Cécile, sans oublier les incontournables du terroir par Romain Brard au Genty Magre (liste non exhaustive...). Audace, jeunesse, pertinence : tels sont les maîtres-mots de cette nouvelle génération passionnée.

J. Hera/Panther Media/age fotostock

22 OCCITANIE
MIDI-PYRÉNÉES

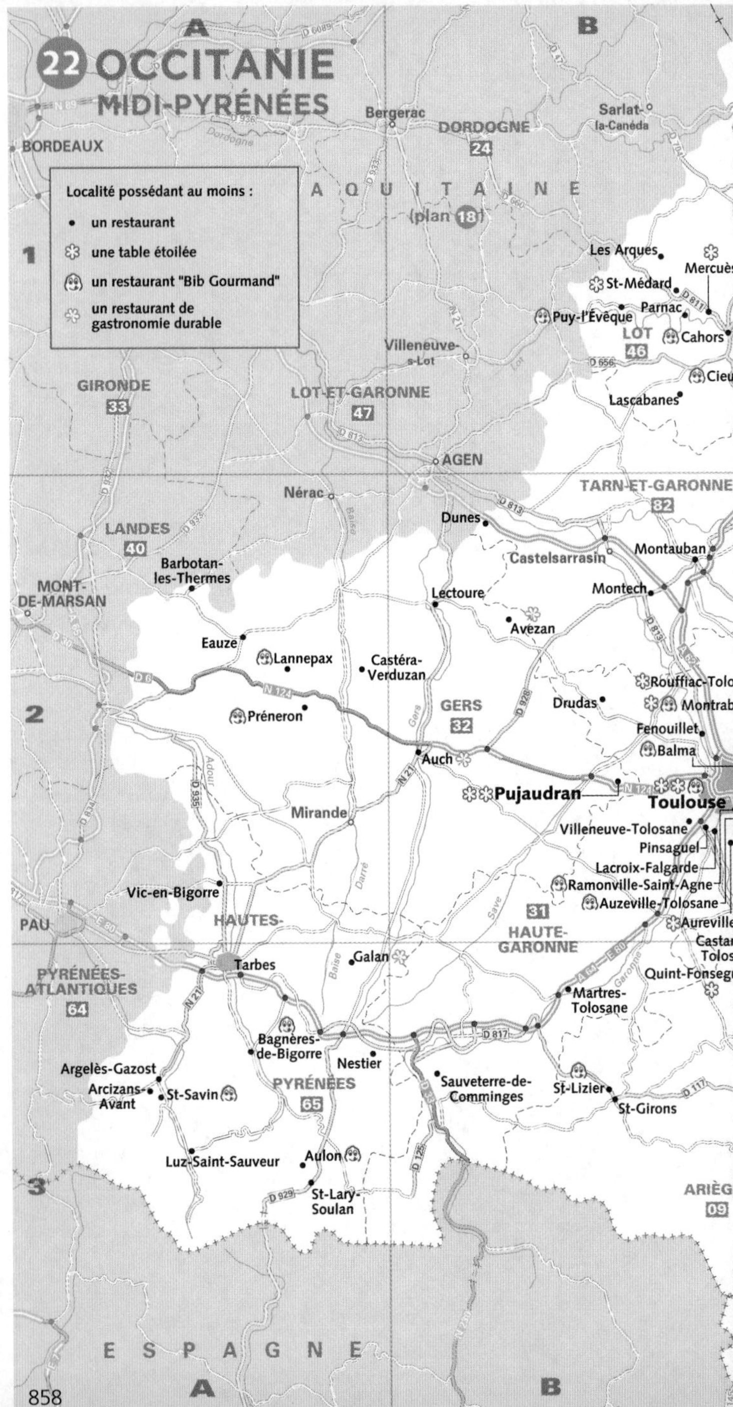

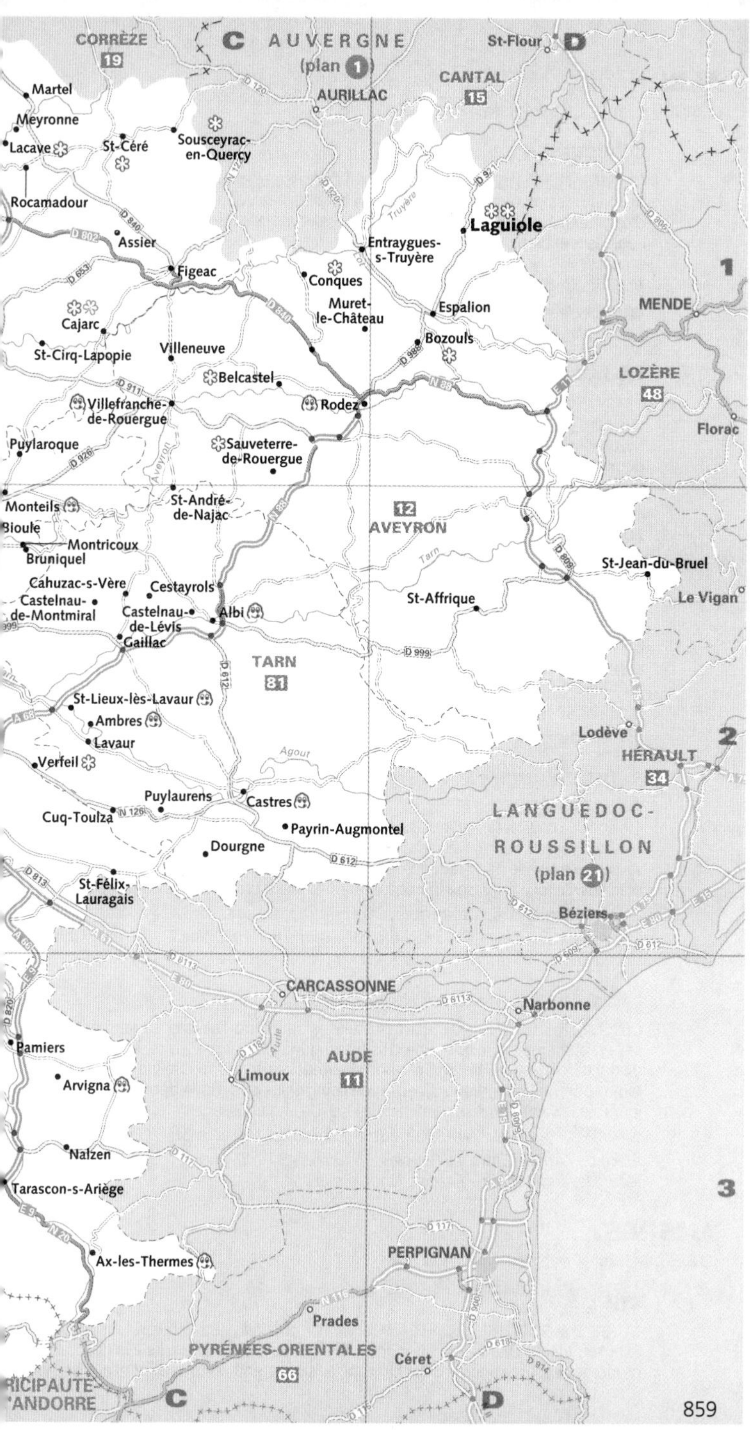
CORRÈZE
19
C
AUVERGNE
(plan 1)
St-Flour
D
CANTAL
15
AURILLAC
Martel
Meyronne
Lacave
St-Céré
Sousceyrac-
en-Quercy
Rocamadour
Assier
Laguiole
Entraygues-
s-Truyère
Figeac
Conques
1
MENDE
Cajarc
Muret-
le-Château
Espalion
Bozouls
St-Cirq-Lapopie
Villeneuve
LOZÈRE
48
Belcastel
Villefranche-
de-Rouergue
Rodez
Florac
Puylaroque
Sauveterre-
de-Rouergue
Monteils
St-André-
de-Najac
12
AVEYRON
Bioule
Montricoux
Bruniquel
St-Jean-du-Bruel
Cahuzac-s-Vère
Cestayrols
Le Vigan
Castelnau-
de-Montmiral
Castelnau-
de-Lévis
Albi
St-Affrique
Gaillac
TARN
81
St-Lieux-lès-Lavaur
Ambres
Lodève
2
Lavaur
HÉRAULT
34
Verfeil
Puylaurens
Castres
LANGUEDOC-
ROUSSILLON
(plan 21)
Cuq-Toulza
Payrin-Augmontel
Dourgne
St-Félix-
Lauragais
Béziers
CARCASSONNE
Narbonne
Pamiers
AUDE
11
Limoux
Arvigna
Nalzen
Tarascon-s-Ariège
3
PERPIGNAN
Ax-les-Thermes
Prades
PYRÉNÉES-ORIENTALES
66
Céret
PRINCIPAUTÉ
D'ANDORRE
C
D

ALBI

81000 - Tarn - Carte régionale n° **22**-C2

L'ÉPICURIEN

CUISINE MODERNE • BRANCHÉ C'est l'adresse branchée d'Albi, et à raison ! La déco, au design épuré, témoigne d'un bel esprit nordique ; d'ailleurs le chef est d'origine suédoise, et il concocte de jolies assiettes dans l'air du temps, gourmandes, copieuses et bien ficelées. Ajoutons à cela une carte des vins judicieuse et un service efficace.

- Menu 23 € (déjeuner), 35/49 € - Carte 40/55 €

42 place Jean-Jaurès - 05 63 53 10 70 - www.restaurantlepicurien.com: - Fermé : lundi, dimanche

LA TABLE DU SOMMELIER

CUISINE MODERNE • BISTRO Père et fils, sommeliers de formation, travaillent en duo dans ce sympathique bistrot contemporain. Le résultat ? Une cuisine savoureuse, qui revisite habilement le terroir, un imposant choix de vins (500 références), et, l'été, deux terrasses au choix : sous la pergola ou à ciel ouvert... Une adresse hautement recommandable.

- Menu 18 € (déjeuner), 32/42 € - Carte 39/53 €

20 rue Porta - 05 63 46 20 10 - www.latabledusommelier.com - Fermé : lundi, dimanche

ALCHIMY

CUISINE TRADITIONNELLE • ÉLÉGANT Au cœur de la vieille ville, cette belle bâtisse Art déco abrite une brasserie de style contemporain, sous une jolie verrière : impossible de manquer l'imposant lustre Murano ! Dans l'assiette, de bons plats traditionnels réalisés avec de beaux produits locaux.

- Menu 21 € (déjeuner), 27/35 € - Carte 39/64 €

12 place du Palais - 05 63 76 18 18 - www.alchimyalbi.fr

BRUIT EN CUISINE

CUISINE TRADITIONNELLE • BISTRO Comme son nom ne l'indique pas, cette jolie maison du cœur de la vieille ville ne fait pas de bruit... mais elle gagne à être connue ! Le chef y propose une cuisine du marché, au meilleur de la tradition, à l'instar de cette savoureuse épaule d'agneau confite 7 heures, avec jus de viande au romarin et carottes braisées. La jolie terrasse offre une vue superbe sur la cathédrale Sainte-Cécile...

- Menu 16 € (déjeuner), 26 €

22 rue de la Souque - 05 63 36 70 31 - www.bruitencuisine.fr - Fermé : lundi, dimanche

LA PART DES ANGES

CUISINE MODERNE • DESIGN Au-dessus du Grand Théâtre, au dernier étage, cet établissement propose une cuisine au goût du jour maîtrisée, en deux styles distincts : bistrot (au hasard, paleron de bœuf braisé et mousseline de panais) ou plus moderne (foie gras confit au jus de coing et jus au café). À déguster aux beaux jours sur la vaste terrasse dominant la ville. Un ange passe...

- Menu 20 € (déjeuner), 24/52 € - Carte 35/70 €

Place de l'Amitié Entre les Peuples - 05 63 49 77 81 - www.lapartdesangesalbi.fr - Fermé : lundi, dimanche

AMBRES

81500 - Tarn - Carte régionale n° **22**-C2

CHEZ JOHN

CUISINE MODERNE • CONTEMPORAIN Un chef anglais réinterprétant avec brio le terroir local ? Bienvenue Chez John. On s'installe dans une salle à la décoration moderne et épurée pour se délecter d'une cuisine attentive aux saisons et aux détails.

Son rapport qualité/prix assez imbattable attire une clientèle d'habitués. Chez John, ou l'anti-Brexit.

- Menu 20 € (déjeuner), 32/70 € - Carte 45/55 €

465 route de Gaillac - 05 63 57 64 85 - Fermé : lundi, dimanche

ARCIZANS-AVANT

65400 - Hautes-Pyrénées - Carte régionale n° **22**-A3

AUBERGE LE CABALIROS

CUISINE TRADITIONNELLE • AUBERGE Cette sympathique auberge villageoise, à mi-chemin entre les célèbres cols d'Aubisque et du Tourmalet, tutoie les sommets pyrénéens. Dans l'assiette, de bonnes recettes de tradition – pavé de porc noir de Bigorre, ris de veau braisé –, goûteuses et joliment présentées. Et de petites chambres coquettes pour l'étape !

- Menu 33 € - Carte 44/57 €

16 rue de l'Église - 05 62 97 04 31 - www.auberge-cabaliros.com - Fermé : lundi midi, mardi midi, mercredi midi

ARGELÈS-GAZOST

65400 - Hautes-Pyrénées - Carte régionale n° **22**-A3

DES PETITS POIS SONT ROUGES

CUISINE MODERNE • CONVIVIAL Pas besoin d'être résident de l'hôtel Miramont pour apprécier la cuisine de son chef. Ce dernier rend hommage au terroir pyrénéen, bien sûr, mais propose également de nombreux poissons à la carte. Côté déco, on baigne dans une ambiance résolument contemporaine : table centrale rehaussée, mobilier design...

- Menu 24/35 € - Carte 40/50 €

44 avenue des Pyrénées - 05 62 97 01 26 - www.des-petits-pois-sont-rouges.com - Fermé : mercredi

LES ARQUES

46250 - Lot - Carte régionale n° **22**-B1

LA RÉCRÉATION

CUISINE MODERNE • CONTEMPORAIN L'école est finie ! Dans cette sympathique maison, l'ancienne salle de classe est devenue celle du restaurant, et le préau, une jolie terrasse. Mais ici point de nostalgie : le décor tout comme la cuisine sont bien dans l'air du temps.

- Menu 28 € (déjeuner), 39/49 €

Le Bourg - 05 65 22 88 08 - www.la-recreation-restaurant.com - Fermé : mercredi

ARVIGNA

09100 - Ariège - Carte régionale n° **22**-C3

LE CLOS SAINT MARTIN - LA MÉTAIRIE N

CUISINE MODERNE • CONTEMPORAIN Nouvelle adresse pour Mélanie Zervos et son compagnon Mickael Cappella, dans un petit village entre Mirepoix et Pamiers. La cheffe fait la part belle aux produits des parages, comme cette poitrine de porc d'Elodie Ribas confite et fumée, ou encore ce "dessert des sous-bois" tout en équilibre... On se régale.

- Menu 21 € (déjeuner), 32/37 € - Carte 40/45 €

Lieu-dit Languit - 05 61 60 45 70 - www.restaurantlametairie.fr - Fermé : lundi soir, mardi soir, mercredi, jeudi, dimanche soir

ASSIER

⊠ 46320 - Lot - Carte régionale n° **22**-C1

L'ASSIEROIS

CUISINE MODERNE • **CONTEMPORAIN** Au centre du village, face à l'église et dotée d'une agréable terrasse ombragée, cette ancienne auberge offre désormais un cadre contemporain épuré où la femme du chef dispense une chaleur humaine plus qu'agréable. En cuisine, son mari propose une cuisine traditionnelle gourmande et généreuse, rythmée par les saisons, privilégiant toujours les produits locaux.

- Menu 36/48 € - Carte 43/56 €

Place de l'Église - ✆ 05 65 40 56 27 - www.lassierois.com - Fermé : lundi, mardi soir, mercredi soir, dimanche soir

AUCH

⊠ 32000 - Gers - Carte régionale n° **22**-B2

LE DAROLES

CUISINE MODERNE • **BRASSERIE** Dans cette brasserie emblématique de la ville, datant du début du 20e s., le terroir gersois est célébré par le chef Guillaume Manchado, fils d'agriculteurs et passionné de produits. Assiettes fraîches et gourmandes, rapport qualité-prix imbattable : une bonne adresse.

- Menu 30 € - Carte 36/54 €

4 place de la Libération - ✆ 05 62 05 00 51 - www.ledaroles.com - Fermé : dimanche soir

DOMAINE DE BAULIEU

Chef : Maxime Deschamps

CUISINE MODERNE • **CONTEMPORAIN** Dans une salle élégante et moderne, avec ses grandes baies vitrées donnant sur la terrasse et la nature, on profite de la cuisine à quatre mains des talentueux Maxime Deschamps et Stéphane Mazières. Les assiettes sont bien ficelées et tirent le meilleur de la production locale. On passe un super moment.

L'engagement du chef : *Nous utilisons essentiellement des produits locaux et de saison. Nos déchets verts sont donnés aux ânes, ou compostés pour le potager, qui nous approvisionne en plantes comestibles et aromates. Nous récupérons l'eau de pluie et nous proposons de l'eau filtrée pour éviter le transport de bouteilles.*

P - Menu 24 € (déjeuner), 39/64 € - Carte 62/70 €

822 chemin de Lussan - ✆ 05 62 59 97 38 - www.ledomainedebaulieu.com - Fermé : lundi midi, samedi, dimanche

LA GRANDE SALLE

CUISINE MODERNE • **CLASSIQUE** Entièrement rénovée, cette institution du centre-ville continue sa belle histoire sous l'égide d'une jeune équipe familiale - trois frères, l'un en salle (Meilleur Ouvrier de France), l'autre en cuisine et le dernier en pâtisserie ! La cuisine joue une partition contemporaine soignée qui met en valeur le patrimoine gastronomique gersois. Cuisine du marché plus simple à la brasserie le 9e.

- Menu 30 € (déjeuner), 49/70 € - Carte 55/74 €

Place de la Libération - ✆ 05 62 61 71 71 - www.hoteldefrance-auch.com - Fermé : lundi, mardi, dimanche soir

JEFF ENVOIE DU BOIS !!!

CUISINE DU MARCHÉ • **ÉLÉGANT** Bons produits frais du marché où le chef Thomas Lloret se rend deux fois par semaine, grande terrasse sur la place de la Libération, devanture sombre et élégante, intérieur design noir et blanc et surtout une bonne cuisine du marché actuelle. Pas de doute, ce bistrot cantine, justement plébiscité, envoie du bois...qu'on arrose avec des crus locaux bien choisis.

♿ A/C 🪑 - Menu 20 € (déjeuner), 39/49 € - Carte 55/75 €

12 place de la Libération - ✆ 05 62 61 24 00 - Fermé : lundi, mardi soir, mercredi soir, dimanche

AULON

✉ 65240 - Hautes-Pyrénées - Carte régionale n° **22**-A3

AUBERGE DES ARYELETS

CUISINE TRADITIONNELLE • AUBERGE Il faudra grimper un peu pour rejoindre ce village haut perché des Pyrénées qui défend avec une fierté justifiée un patrimoine naturel exceptionnel. Sur la place centrale, un jeune couple fait vivre cette maison avec allant, mettant à l'honneur la tradition et les produits de la région : cochon de lait basse température et jus corsé ; agneau confit de mon enfance, jus d'ail noir...

🪑 - Menu 35 €

Place du Village - ✆ 05 62 39 95 59 - www.aubergedesaryelets.com - Fermé : lundi, mardi

AUREVILLE

✉ 31320 - Haute-Garonne - Carte régionale n° **22**-B2

EN MARGE

Chef : Frank Renimel

CUISINE CRÉATIVE • ÉLÉGANT Frank Renimel et son épouse ont décidé de se mettre "en marge" de la ville de Toulouse : ils accueillent en plein cœur des coteaux du Lauragais – un terroir connu comme un véritable pays de Cocagne. D'un ancien corps de ferme, ils ont imaginé un loft gourmand de bois et de pierre, dont les larges baies vitrées embrassent les vallonnements d'une campagne bucolique. Calé sur les saisons, le chef change sa carte tous les mois, et marie les produits rustiques et terriens à des perles nobles comme le caviar, la truffe ou le cèpe. On est souvent bluffé par le travail dans l'assiette, où les émotions gustatives sont légion - ainsi son cassoulet revisité, un classique de la carte. Pour prolonger la douceur du séjour, cinq très belles chambres décorées avec goût par Madame Renimel et flanquées d'une petite piscine sont idéales pour l'étape gastronomique. En Marge est au cœur du goût.

♿ A/C 🪑 P - Menu 39 € (déjeuner), 72/149 € - Carte 110/150 €

1204 route de la Croix-Falrgarde - ✆ 05 61 53 07 24 - www.restaurantenmarge.com - Fermé : dimanche soir

AUZEVILLE-TOLOSANE

✉ 31320 - Haute-Garonne - Carte régionale n° **22**-B2

LA TABLE D'AUZEVILLE

CUISINE CLASSIQUE • CONVIVIAL Au cœur d'un village de la banlieue de Toulouse, cette maison blanche est désormais le fief de Grégory Truilhé, qui était déjà présent ici en tant que second. Que les habitués se rassurent : il se montre fidèle à la réputation de la maison, et compose une cuisine tout à la gloire des grands classiques. C'est gourmand et bien réalisé : un plaisir.

A/C 🪑 - Menu 27 € (déjeuner), 34 € - Carte 40/70 €

35 chemin de l'Église - ✆ 05 61 13 42 30 - www.latabledauzeville.fr - Fermé : lundi, mardi, dimanche soir

AVEZAN

✉ 32380 - Gers - Carte régionale n° **22**-B2

LA TABLE DE NAZÈRE

Chef : Christopher Roussat

CUISINE DU MARCHÉ • MAISON DE CAMPAGNE Au cœur de la Lomagne, cette ancienne ferme rénovée avec cachet abrite chambres d'hôtes, gîtes et une jolie table chic et champêtre baignée de lumière. Le chef Christophe Roussat signe une cuisine de saison et de terroir (foie gras et armagnac au programme), fine et gourmande, relevée par les herbes du potager.

L'engagement du chef : *Nous entretenons une relation privilégiée avec les producteurs et artisans locaux. Nous avons un potager en permaculture au sein du domaine, avec aménagement de réserves d'eau grâce à des mares alimentées par des sources et des citernes qui stockent les eaux pluviales. Les déchets végétaux sont recyclés en compost ou pour les animaux de basse-cour. Les produits d'entretien sont écologiques.*

- Menu 38/52 €

Lieu-dit Nazère - 05 62 64 39 01 - www.nazere.fr - Fermé : lundi

AX-LES-THERMES

09110 - Ariège - Carte régionale n° **22**-C3

LE CHALET

CUISINE MODERNE • CONVIVIAL Tartelette de légumes grillés, agneau confit et jus d'olive Taggiasche ; crème catalane, rousquille et sorbet citron... Dans ce Chalet contemporain, Frédéric Debèves revisite le terroir avec talent, jouant sur les saveurs et les textures, signant des assiettes fortes en goût. L'été, direction la terrasse, au-dessus de la rivière. Chambres pour l'étape.

- Menu 33/60 €

4 avenue Durandeau - 05 61 64 24 31 - www.le-chalet.fr - Fermé : lundi, mardi midi, dimanche midi

BAGNÈRES-DE-BIGORRE

65200 - Hautes-Pyrénées - Carte régionale n° **22**-A3

O2C

CUISINE DU MARCHÉ • COSY Le ciel mène à tout : ancien pilote d'hélicoptère et grand passionné de cuisine, Christophe Belegaud tient les fourneaux de ce restaurant aux tons crème et chocolat, à la déco sagement moderne. Basée sur les produits locaux et 100% maison, cette cuisine du marché bien de son temps va droit au but. Quant à Chantal, le second "c" de ce charmant o2c, elle assure un service attentionné.

- Menu 24 € (déjeuner), 34/47 €

20 place de Strasbourg - 09 52 71 92 58 - o2c-restaurant.fr - Fermé : lundi, mardi midi, dimanche

LE JARDIN DES BROUCHES

CUISINE MODERNE • CONTEMPORAIN La jolie maison blanche est installée juste en face de l'imposant casino de Bagnères-de-Bigorre. L'intérieur, lumineux, se pare de couleurs contemporaines ; dans l'assiette, on trouve de bons produits frais et pleins de saveurs, préparés avec amour par un chef épris d'herbes et d'épices. Séduisant.

- Menu 21 € (déjeuner), 33/65 €

1 boulevard de l'Hypéron - 05 62 91 07 95 - www.lejardindesbrouches.fr - Fermé : lundi, dimanche soir

BALMA

31130 - Haute-Garonne - Carte régionale n° **22**-B2

L'ÉQUILIBRE

CUISINE MODERNE • CONTEMPORAIN Formidable succès pour ce restaurant tenu par un couple trentenaire, qui fait dans le bon et le simple. Le chef agrémente les produits frais du marché avec bonheur, comme en témoigne cet œuf coulant parfaitement cuit, avec crème de poireau au gingembre, haddock et pickles de carottes... Rapport qualité-prix exceptionnel. Un sans-faute.

♿ AC 🏠 - Menu 27 € (déjeuner), 36/56 €

Plan : D2-37 - *10 place de la Libération - ✆ 05 61 45 70 43 - www.restaurant-lequilibre.fr - Fermé : lundi, samedi, dimanche*

BARBOTAN-LES-THERMES

✉ 32150 - Gers - Carte régionale n° **22**-A2

LA BASTIDE

CUISINE MODERNE • **ÉLÉGANT** Un lieu élégant, qui a une âme, et deux concepts culinaires : d'une part une cuisine santé destinée aux curistes (carte renouvelée tous les jours) ; de l'autre des mets "d'appétit" mêlant avec raffinement terroir et air du temps.

♿ AC 🏠 P - Menu 37 € (déjeuner), 55/78 €

Avenue des Thermes - ✆ 05 62 08 31 00 - www.bastide-gasconne.com - Fermé : lundi

BELCASTEL

✉ 12390 - Aveyron - Carte régionale n° **22**-C1

VIEUX PONT

Chefs : Nicole Fagegaltier et Bruno Rouquier

CUISINE MODERNE • **CONVIVIAL** Niché dans la verdure et dominé par son château, le paisible bourg de Belcastel grimpe en étages sur la rive droite de l'Aveyron. Rien de mieux, pour s'ouvrir l'appétit, que ses rues couvertes de pavés ou de galets ainsi que ses calades escarpées ! Régaler les hôtes de passage, c'est une tradition dans cette maison familiale ouverte par les grands-parents des deux sœurs Nicole et Michèle Fagegaltier, désormais aux commandes. La carte, alléchante comme il se doit, met en avant l'agneau et le veau de l'Aveyron et du Ségala, le bœuf d'Aubrac, le porc noir de Bigorre, l'oignon doux des Cévennes mais aussi des poissons et des fromages fermiers. Foie de canard poêlé, crumble aux noix et potimarron, ou encore ris d'agneau poêlé à l'huile de sarriette et carottes : qu'il est bon ce Vieux Pont !

AC P - Menu 62/98 €

Le Bourg - ✆ 05 65 64 52 29 - www.hotelbelcastel.com - Fermé : lundi, mardi, dimanche soir

BOZOULS

✉ 12340 - Aveyron - Carte régionale n° **22**-D1

LE BELVÉDÈRE

Chef : Guillaume Viala

CUISINE MODERNE • **COSY** Guillaume Viala, qui se destinait à une carrière scientifique, a troqué éprouvettes et cornues contre couteau et planche à découper. Cet Aveyronnais a bifurqué vers la cuisine, passant notamment trois ans chez Michel Bras. Puis, avec son épouse sommelière, il a jeté son dévolu sur cette auberge rustique et chic, qui offre une vue imprenable sur le fameux "trou" de Bozouls, un cirque naturel creusé dans le causse. Tous deux nourrissent une passion contagieuse pour l'agriculture paysanne traditionnelle et les vins d'auteurs. Leur poulpe du golfe du Lion cuit en cocotte, jus épicé, charlotte fumée et pois chiche, pissenlit et roquette, est un exemple à suivre : simplicité enfantine, produits communs bien mis en valeur, exécution parfaite. Une réussite.

- Menu 48/118 €

11 route du Maquis-Jean-Pierre - ✆ 05 65 44 92 66 - www.belvedere-bozouls.com - Fermé : lundi, mardi midi, mercredi midi, dimanche soir

À LA ROUTE D'ARGENT

CUISINE TRADITIONNELLE • **ÉLÉGANT** Au rez-de-chaussée de l'hôtel, un restaurant à la décoration moderne et lumineux, repris avec énergie par l'ancien second et sa compagne. On y déguste des plats traditionnels généreux et gourmands. Feuilleté aux asperges, foie gras, ris d'agneau, etc. : la carte varie au gré du marché et les cuissons sont toujours justes... Médaille d'argent !

- Menu 21/49 €

1 route de Gabriac - 05 65 44 92 27 - www.laroutedargent.com - Fermé : lundi, mardi midi, dimanche soir

BRUNIQUEL

82800 - Tarn-et-Garonne - Carte régionale n° **22**-C2

LE DÉLICE DES PAPILLES

CUISINE TRADITIONNELLE • CONTEMPORAIN Ici, on se délecte d'une bonne cuisine traditionnelle, à l'instar de ce ballotin de pigeon, farci au foie gras et truffe d'été, ou du carpaccio de langoustines. Six chambres à l'étage, et grande terrasse. Pour l'anecdote, on tourna ici quelques scènes du Vieux Fusil, avec Romy Schneider.

- Menu 35/45 €

442 route des Gorges-de-l'Aveyron - 05 63 20 30 26 - ledelicedespapilles.fr - Fermé : lundi, mardi

CAHORS

46000 - Lot - Carte régionale n° **22**-B1

L'Ô À LA BOUCHE

CUISINE MODERNE • CONTEMPORAIN À la tête de cette attachante adresse, un couple de passionnés qui a sillonné les contrées lointaines avant de jeter l'ancre à Cahors. Plats savoureux, service accueillant et au fond du verre, une judicieuse sélection de vins nature et bio. Nous sommes conquis.

- Menu 30/45 €

56 allées Fénelon - 05 65 35 65 69 - www.loalabouche-restaurant.com - Fermé : lundi, dimanche

LE BISTRO 1911

CUISINE MODERNE • VINTAGE Vitraux, belle hauteur sous plafond, moulures... Le cadre de ce restaurant, propriété familiale depuis plus de 100 ans, vaut le détour. Aux fourneaux, Alexandre, le fils de la famille, propose une cuisine en phase avec son époque, tout en gardant certains "grands classiques" de la maison.

- Menu 24/62 €

5 avenue Charles-de-Freycinet - 05 65 53 32 00 - www.terminus-1911.fr - Fermé : lundi, dimanche

CAHUZAC-SUR-VÈRE

81140 - Tarn - Carte régionale n° **22**-C2

CHÂTEAU DE SALETTES

CUISINE MODERNE • ÉLÉGANT Ce restaurant est installé dans un château des 13e et 15es., en plein cœur d'un domaine viticole du gaillacois... Un emplacement de choix ! La cuisine, bien dans l'air du temps, est basée sur de beaux produits ; la jolie carte des vins propose les crus du Château de Salettes. Aux beaux jours, la terrasse ne manque pas de charme - tout comme les chambres et les suites installées dans les tours et le mur d'enceinte.

- Menu 31 € (déjeuner), 46/62 € - Carte 60/90 €

Château de Salettes - 05 63 33 60 60 - www.chateaudesalettes.com - Fermé : lundi, mardi midi, mercredi midi

CAJARC

✉ 46160 - Lot - Carte régionale n° **22**-C1

L'ALLÉE DES VIGNES

Chef : Claude-Emmanuel Robin

CUISINE CRÉATIVE • CONTEMPORAIN Village natal de Françoise Sagan, villégiature du président de la République Georges Pompidou, Cajarc est un petit bijou de village du Quercy. Claude-Emmanuel Robin, un franco-mexicain, et son épouse russe Evgenia, ont eu un coup de cœur pour l'ancien presbytère. Ils en ont fait un lieu élégant et charmant, apprécié également aux beaux jours, grâce à la jolie terrasse. Claude-Emmanuel se révèle un chef passionné et plein de fougue, auteur d'une cuisine créative et savoureuse. A noter aussi : le safran du Quercy a trouvé en lui son plus fidèle ambassadeur. Service jeune et charmant. La table du Lot qui sort du lot.

L'engagement du chef : *Nous avons une démarche culinaire engagée qui respecte la saison et notre carte courte évolue selon la disponibilité des produits. Nous travaillons en étroite collaboration avec des producteurs locaux situés dans une zone de 60 km autour de notre restaurant, excepté pour les poissons, issus de la pêche durable et certains produits spécifiques, comme l'ail noir de Billom. Nous réceptionnons des bêtes entières dans une perspective de gastronomie durable, et nous sensibilisons les équipes.*

♿ A/C - Menu 59 € (déjeuner), 74/107 €

32 boulevard du Tour-de-Ville - ✆ 05 65 11 61 87 - www.alleedesvignes.com - Fermé : lundi, mardi, mercredi midi, jeudi midi, dimanche soir

JEU DE QUILLES

CUISINE MODERNE • BISTRO Velouté glacé de courgettes, menthe et burrata, ou pièce de bœuf Aubrac grillée au poivre fumé : le chef de ce bistrot de poche propose une cuisine du marché simple et appétissante, déclinée à l'ardoise et à des prix très raisonnables. Ne manquez pas l'agréable terrasse sous la tonnelle.

♿ - Menu 22 € (déjeuner), 32 €

7 boulevard du Tour-de-Ville - ✆ 05 65 33 71 40 - Fermé : lundi, dimanche

CASTANET-TOLOSAN

✉ 31320 - Haute-Garonne - Carte régionale n° **22**-B2

LA TABLE DES MERVILLE

CUISINE MODERNE • ÉLÉGANT Une extension tout en verre sur une jolie place avec terrasse, des cuisines ouvertes sur la salle donnant l'impression que le chef travaille parmi les clients : Claudie et Thierry Merville ont su créer un lieu original pour déguster des assiettes soignées et contemporaines.

♿ A/C - Menu 35 € (déjeuner), 65/110 € - Carte 90/100 €

3 place Pierre-Richard - ✆ 05 62 71 24 25 - www.table-des-merville.fr - Fermé : lundi, dimanche

CASTELNAU-DE-LÉVIS

✉ 81150 - Tarn - Carte régionale n° **22**-C2

LA TAVERNE BESSON

CUISINE TRADITIONNELLE • BRANCHÉ Amis gourmets, ne vous attendez pas à trouver ici une taverne comme dans les contes de Grimm mais plutôt une généreuse cuisine de tradition bien tournée (et un sympathique chariot de desserts), servie dans un cadre lumineux, ou sur la terrasse ouverte sur la campagne. On peut également réserver l'une des chambres.

♿ A/C - Menu 36 € (déjeuner), 42/72 € - Carte 35/65 €

Rue Aubijoux - ✆ 05 63 60 90 16 - www.tavernebesson.com - Fermé : lundi, mardi midi, dimanche soir

CASTELNAU-DE-MONTMIRAL

✉ 81140 - Tarn - Carte régionale n° **22**-C2

LE MÉNAGIER

CUISINE CLASSIQUE • **AUBERGE** On a retrouvé monsieur Garrigues, étoilé à Toulouse (le Pastel) et chef du Carré des Feuillants à son ouverture, avec Alain Dutournier et il est en forme olympique ! Ici, priment les beaux produits. De la truffe entière en chou farci et ris de veau au mille-feuilles minute au fruit de la passion, ce n'est qu'un défilé de gourmandise, qui laisse baba.

- Menu 42/78 €

Place des Arcades - 05 63 42 08 35 - www.lemenagier.com - Fermé : lundi, mardi, mercredi

CASTÉRA-VERDUZAN

✉ 32410 - Gers - Carte régionale n° **22**-A2

LE FLORIDA

CUISINE TRADITIONNELLE • **SIMPLE** Cette maison traditionnelle, située à la sortie de la station thermale, rend un vibrant hommage au patrimoine. On s'y régale de spécialités locales, près d'un bon feu de cheminée, l'hiver, ou sur la terrasse ombragée et fleurie, l'été. Deux chambres spacieuses, joliment décorées, en font une étape appréciée.

- Menu 24 € (déjeuner), 68 € - Carte 65/77 €

2 rue du Lac - 05 62 68 13 22 - www.lefloridagascony.fr - Fermé : lundi, mardi, jeudi soir, dimanche soir

CASTRES

✉ 81100 - Tarn - Carte régionale n° **22**-C2

BISTROT SAVEURS

CUISINE MODERNE • **COSY** Messieurs les Anglais... cuisinez les premiers ! Voilà ce qu'on pourrait s'exclamer en découvrant les assiettes de Simon Scott, dont l'expérience l'a mené de Londres à la Provence, avant de s'installer dans le Tarn. Il travaille des produits de belle qualité, et les prix sont vraiment raisonnables.

- Menu 25 € (déjeuner), 35/80 €

5 rue Sainte-Foy - 05 63 50 11 45 - www.bistrot-saveurs-81.fr - Fermé : samedi, dimanche

LA PART DES ANGES

CUISINE MODERNE • **BRANCHÉ** Une cuisine du marché en plein dans les saisons, généreuse et créative juste ce qu'il faut, voilà ce que mitonne le chef. Les petits producteurs des environs sont mis à l'honneur et les saveurs au rendez-vous. Service attentionné.

- Menu 21 € (déjeuner), 32/54 €

5 Boulevard Raymond Vittoz - 05 63 51 65 25 - www.lapartdesangescastres.fr - Fermé : lundi, mardi soir, dimanche

CESTAYROLS

✉ 81150 - Tarn - Carte régionale n° **22**-C2

LOU CANTOUN

CUISINE TRADITIONNELLE • **RUSTIQUE** L'intérieur de cette maison de village, rustique aux touches actuelles, n'est pas dénué de charme, et la terrasse est très plaisante. Le potager du chef abonde les marmites en légumes frais. Une cuisine traditionnelle actualisée, goûteuse et colorée !

- Menu 20/45 €

Le Bourg - 05 63 53 28 39 - www.loucantoun.fr - Fermé : lundi

CIEURAC

✉ 46230 - Lot - Carte régionale n° **22**-B1

LA TABLE DE HAUTE-SERRE

CUISINE MODERNE • CONTEMPORAIN Dans l'ancien chai d'un château au cœur des vignes, ce restaurant dégage le parfum très particulier des lieux authentiques. Rack à charcuterie, billot, machine à jambon et caisses de vins annoncent un beau moment de gourmandise, auquel on associe les vins du domaine. Soirée rôtissoire chaque vendredi. On se régale.

- Menu 35/110 €

Château de Haute-Serre - ✆ 05 65 20 80 20 - www.hauteserre.fr - Fermé : mercredi, jeudi, dimanche soir

CONQUES

✉ 12320 - Aveyron - Carte régionale n° **22**-C1

HERVÉ BUSSET

Chef : Hervé Busset

CUISINE CRÉATIVE • ÉLÉGANT Sur le chemin de Saint-Jacques-de-Compostelle, non loin de l'abbatiale Sainte-Foy décorée par Pierre Soulages, cet ancien moulin aux toits de lauze se mire dans les eaux du Dourdou. Dans cet écrin de verdure, Hervé Busset, un chef autodidacte, a fait son nid. Formé, non par de grands chefs, mais par l'ethnobotaniste François Couplan, il ramasse chaque matin herbes et plantes sauvages pour concocter une cuisine nature et très "santé", sans lactose ni gluten. Sureau, plantain, lierre terrestre, fenouil sauvage, bergamote, pimprenelle et fleur de bourrache escortent de beaux produits locaux. Chambres confortables pour ceux qui désirent prolonger l'escapade.

- Menu 40 € (déjeuner), 65/110 €

Domaine de Cambelong - ✆ 05 65 72 84 77 - www.moulindecambelong.com - Fermé : lundi, mardi, mercredi midi, dimanche soir

CUQ-TOULZA

✉ 81470 - Tarn - Carte régionale n° **22**-C2

CUQ EN TERRASSES

CUISINE MODERNE • COSY Sur les hauteurs du village, cette charmante maison du 18e s. est un havre de paix : insolite jardin en terrasses, accueil familial... Le chef, originaire des Cyclades, y met en valeur les produits du potager et la cuisine méditerranéenne. La véranda et la terrasse dévoilent une vue imprenable sur la plaine du Lauragais et la chaîne des Pyrénées, par beau temps. Cerise (musicale) sur le gâteau : le chef joue un morceau de piano mécanique à la fin du repas.

- Menu 39/48 €

8 chemin du Château - ✆ 05 63 82 54 00 - www.cuqenterrasses.com - Fermé : mercredi et le midi

DOURGNE

✉ 81110 - Tarn - Carte régionale n° **22**-C2

HOSTELLERIE DE LA MONTAGNE NOIRE

CUISINE TRADITIONNELLE • SIMPLE Les deux fils du propriétaire forment un efficace duo en cuisine, dans ce restaurant situé au centre du village. Ils nous régalent de bonnes créations traditionnelles : terrine de foie gras, tête de veau sauce ravigote, tarte tatin... Et l'été, ça se passe sur la terrasse, à l'ombre des platanes.

- Menu 17/27 € - Carte 35/48 €

15 place des Promenades - ✆ 05 63 50 31 12 - www.hoteldourgne.fr - Fermé : lundi, dimanche soir

DRUDAS

✉ 31480 - Haute-Garonne - Carte régionale n° **22**-B2

LE VERDURIER - CHÂTEAU DE DRUDAS

CUISINE MODERNE • **BOURGEOIS** Arrivé en 2020 entre deux confinements, Gabriele Ferri se fend ici d'une cuisine personnelle, qui joue intelligemment la carte terre-mer (truite et escargot, jolie surprise !) avec les herbes aromatiques du jardin maison. Dressages parfaits, saveurs équilibrées, service pro et sérieux : une maison très recommandable.

- Menu 74/105 €

au village - ✆ 05 34 57 88 88 - www.chateaudedrudas.com - Fermé : lundi, mardi, mercredi midi, jeudi midi, vendredi midi

DUNES

✉ 82340 - Tarn-et-Garonne - Carte régionale n° **22**-B2

LES TEMPLIERS

CUISINE MODERNE • **FAMILIAL** Au centre de cette jolie bourgade, dans une maison du 16e s. au charme préservé. Les grands principes du chef : "la tradition, qui garantit la qualité" et "l'innovation, qui préserve de la routine". Un gage d'authenticité et de surprise... L'été, on se régale en profitant de la terrasse sous les arcades.

- Menu 22 € (déjeuner), 40/45 € - Carte 40/60 €

3 place des Martyrs - ✆ 05 63 39 86 21 - Fermé : lundi, mardi, dimanche soir

EAUZE

✉ 32800 - Gers - Carte régionale n° **22**-A2

LA VIE EN ROSE

CUISINE TRADITIONNELLE • **AUBERGE** L'intérieur de ce restaurant a du charme et invite à apprécier, en toute sérénité, une cuisine mettant à l'honneur le terroir. Vins de Gascogne et accueil convivial.

- Menu 15/46 € - Carte 35/50 €

26 rue Saint-July - ✆ 05 62 09 83 29 - www.restaurant-la-vie-en-rose.com - Fermé : mardi soir, mercredi

ENTRAYGUES-SUR-TRUYÈRE

✉ 12140 - Aveyron - Carte régionale n° **22**-C1

LE CHOU ROUGE - LE PETIT CHOU

CUISINE MODERNE • **BISTRO** Sur la place centrale de la ville, au rez-de-chaussée d'une bâtisse traditionnelle, ce petit bistrot "à la parisienne" - déco personnalisée, mobilier et objets chinés - propose une belle cuisine du marché, volontiers locavore. Tout, ou presque, est fait maison ! En prime, quatre jolies chambres pour l'étape.

- Menu 29/45 €

3 Place de la République - ✆ 05 65 48 58 03 - www.lepetitchou.fr - Fermé : lundi, mardi midi, mercredi midi, jeudi midi, vendredi midi, samedi midi, dimanche soir

ESPALION

✉ 12500 - Aveyron - Carte régionale n° **22**-D1

MAISON BURGARELLA

CUISINE CRÉATIVE • **ÉLÉGANT** Entre Causses et Aubrac, la famille Burgarella vous accueille dans cette belle maison rénovée : au rez-de-chaussée, la brasserie la Table de Romane met à l'honneur les plats du terroir (tête de veau, tripoux de l'Aveyron...), tandis qu'à l'étage la table gastronomique la Tour permet au chef, depuis sa cuisine ouverte, de donner libre cours à sa créativité, sans jamais oublier ses racines aveyronnaises. Une belle pause gourmande sur les rives du Lot, sous l'égide du Château de Calmont.

A/C - Menu 49/69 €

3 place Saint-Georges - ✆ 05 65 44 03 30 - www.maison-burgarella.fr - Fermé : lundi, mardi, mercredi, dimanche soir

LE MÉJANE

CUISINE MODERNE • CONVIVIAL Le Méjane, c'est d'abord une institution, et ensuite un endroit agréable, d'une sobre élégance contemporaine. Deux pros qui se sont connus chez Michel Bras viennent de reprendre ce lieu. Leur cuisine soignée et savoureuse puise dans le terroir aveyronnais, riche en saveurs – filet de truite, ris de veau, sans oublier les délicieux fromages locaux comme le roquefort.

A/C - Menu 33/69 €

8 rue Méjane - ✆ 05 65 48 22 37 - www.restaurant-mejane.fr - Fermé : lundi, mardi, mercredi, dimanche soir

FENOUILLET

✉ 31150 - Haute-Garonne - Carte régionale n° **22**-B2

LE VIRGIL (N)

CUISINE MODERNE • COSY Le chef de ce Virgil revisite la tradition avec des assiettes pleines de saveurs, bien dans leur époque : noir de Bigorre parfumé à la sauge, truite confite verveine citron, mousse burrata aux herbes du jardin...Jolie terrasse arborée à l'arrière, service pro et attentionné.

♿ A/C P - Menu 22 € (déjeuner), 33/55 € - Carte 50/60 €

40 rue Jean-Jaurès - ✆ 05 61 09 14 72 - www.levirgil.fr - Fermé : lundi, dimanche

FIGEAC

✉ 46100 - Lot - Carte régionale n° **22**-C1

LA CUISINE DU MARCHÉ

CUISINE TRADITIONNELLE • AUBERGE La vieille ville est un bel écrin pour ce restaurant agréable, dont le nom est déjà un manifeste ! On utilise de bons produits du marché pour réaliser une cuisine simple et goûteuse, mâtinée de quelques touches espagnoles – origines du chef obligent.

A/C - Menu 33 € - Carte 42/59 €

15 rue de Clermont - ✆ 05 65 50 18 55 - www.lacuisinedumarchefigeac.com - Fermé : lundi midi, dimanche

LA DÎNÉE DU VIGUIER (N)

CUISINE MODERNE • HISTORIQUE Vent de nouveauté dans cette adresse historique du centre-ville : le jeune chef Anthony Carballo privilégie la denrée locale (asperges, truite, foie gras, veau fermier, pigeon, miel, fraises...) dans des assiettes modernes et soignées. Pour le cadre, c'est l'élégante salle des gardes du château, revue à la mode contemporaine.

A/C - Menu 39/69 € - Carte 56/67 €

4 rue Boutaric - ✆ 05 65 50 08 08 - www.cite-hotels.com - Fermé : lundi, dimanche soir

LA RACINE ET LA MOELLE

CUISINE MODERNE • BAR À VIN La cheffe Julie et son compagnon irlandais ont déjà conquis les Figeacois avec des assiettes modernes et savoureuses. Dressages sans chichis et cuissons impeccables se dégustent dans une ambiance conviviale et aussi nature que la jolie sélection de vins(le lieu fait aussi caviste). Carton plein !

- Carte 35/49 €

6 rue du Consulat - ✆ 09 83 53 81 58 - Fermé : lundi, dimanche

GAILLAC

✉ 81600 - Tarn - Carte régionale n° **22**-C2

VIGNE EN FOULE

CUISINE MODERNE • CONVIVIAL Un sympathique bar-restaurant dans lequel la vigne règne en maître : près de 200 références s'offrent à votre choix. Menu du jour au déjeuner, choix plus étoffé le soir. Belle cuisine de bistrot revisitée, à déguster sur l'agréable terrasse, dès le printemps...

- Menu 19 € (déjeuner), 34/68 € - Carte 35/51 €

80 place de la Libération - 05 63 41 79 08 - www.vigneenfoule.fr - Fermé : lundi, dimanche

GALAN

✉ 65330 - Hautes-Pyrénées - Carte régionale n° **22**-A3

SANDIKALA

Chef : Luke MacLeod

CUISINE MODERNE • MAISON DE CAMPAGNE L'australien Luke MacLeod et son épouse tarbaise ont jeté leur dévolu sur cette ancienne ferme qu'ils ont rénové avec goût dans une veine champêtre et raffinée. Le chef concocte une délicieuse cuisine de saison qui marie les produits du terroir aux saveurs d'ailleurs.

L'engagement du chef : Produits issus des circuits courts, locaux et de saison. Nous changeons notre menu toutes les semaines et l'élaborons en fonction des produits disponibles de nos maraîchers et de nos producteurs de viande. Jardin d'herbes aromatiques. Service sur réservation donc pas de grand stock, ni ne gaspillage de nourriture. Chaque produit est utilisé dans son ensemble : le poisson, par exemple, est livré entier et frais et les filets sont levés puis les arêtes servent à faire des fumets...

- Menu 39 € (déjeuner), 52/59 €

9 rue de la Barsogue - 05 62 49 27 25 - www.sandikala.com - Fermé : lundi, mardi, mercredi, jeudi midi

LACAVE

✉ 46200 - Lot - Carte régionale n° **22**-C1

CHÂTEAU DE LA TREYNE

CUISINE CLASSIQUE • HISTORIQUE Quel lieu splendide ! La Dordogne serpente au pied de ce superbe château, tout environné de verdure, avec son allée manucurée et son joli parc à la française. La vue de la terrasse embrasse un panorama qui laisse le voyageur rêveur. La salle à manger est telle qu'on l'attend, sol de marbre, tentures murales, plafond à caissons et cheminée en bois sculptée. La partition culinaire est signée Stéphane Andrieux, qui prit ici son premier poste de chef. On se régale de son filet et côte d'agneau du Quercy au zaatar, paupiette d'épaule et légumes à l'orientale, ou de cette nage de lotte au curry et safran...

- Menu 55 € (déjeuner), 96/140 € - Carte 130/170 €

05 65 27 60 60 - www.chateaudelatreyne.com - Fermé : mardi midi, mercredi, jeudi midi, vendredi midi

PONT DE L'OUYSSE

Chef : Stéphane Chambon

CUISINE MODERNE • MAISON DE CAMPAGNE Au bord de l'Ouysse, un magnifique affluent de la Dordogne, cette maison est située en contrebas d'une falaise. Elle demeure dans la même famille - les Chambon - depuis cinq générations. Elle fut construite à l'origine pour restaurer les travailleurs qui construisaient l'ancien pont emporté par une crue en 1966, et dont subsiste une arche. Deux frères veillent aujourd'hui sur l'établissement, l'un en salle et l'autre en cuisine. Avec de belles bases classiques, l'assiette magnifie de superbes produits, comme cet agneau de Quercy confit, ces asperges blanches servies tièdes, ou ces truffes récoltées en famille...La terrasse sous les tilleuls apporte une touche de charme irrésistible. Étape possible à l'hôtel.

- Menu 45 € (déjeuner), 70/98 € - Carte 65/136 €

05 65 37 87 04 – www.lepontdelouysse.com – Fermé : lundi, mardi midi, mercredi midi

LACROIX-FALGARDE

31120 – Haute-Garonne – Carte régionale n° **22**-B2

LE BELLEVUE

CUISINE CLASSIQUE • COSY Une agréable adresse, pas guindée pour un sou, dont le chef revisite les classiques avec générosité : pâté en croûte maison, filet de daurade snacké et risotto aux asperges, cheesecake... Autre argument de poids aux beaux jours, la terrasse, perchée au bord de l'Ariège et ombragée, qui est un pur régal.

- Menu 22 € (déjeuner), 35/45 €

1 avenue des Pyrénées – 05 61 76 94 97 – www.restaurant-lebellevue.com – Fermé : mardi, mercredi

LAGUIOLE

12210 – Aveyron – Carte régionale n° **22**-D1

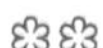

BRAS

Chef : Sébastien Bras

CUISINE CRÉATIVE • DESIGN "Ma famille, l'amitié, l'Aubrac et la cuisine" : voici, énoncés par lui-même, les quatre éléments essentiels dans la vie de Sébastien Bras. Fidèle à l'héritage de son père, mais armé d'une sensibilité qui lui est propre, le chef puise dans la nature environnante et dans ses jardins les produits (fleurs, herbes, légumes) qu'il révèle ensuite dans l'assiette. Les saveurs se bousculent, l'émotion affleure bien souvent par surprise, et l'on croirait presque entendre la terre chanter au détour de certains plats. Envie de faire une étape ? De belles chambres vous accueillent, avec leurs baies vitrées ouvertes sur la campagne aveyronnaise. D'une génération à l'autre, le Suquet continue de tracer sa route singulière et attachante...

- Menu 170/245 €

Route de l'Aubrac – 05 65 51 18 20 – www.bras.fr – Fermé : lundi, mardi

GILLES MOREAU

CUISINE MODERNE • ÉLÉGANT Le chef Gilles Moreau réalise une cuisine moderne bien ficelée. Sa patte ? Partir de recettes traditionnelles et les réactualiser au maximum. Et ça fonctionne ! Les desserts ne sont pas en reste. Terrasse sur l'arrière.

- Menu 42 € - Carte 44/78 €

2 allée de l'Amicale – 05 65 44 31 11 – www.gilles-moreau.fr – Fermé : mardi et le midi

LANNEPAX

32190 – Gers – Carte régionale n° **22**-A2

LA FALÈNE BLEUE

CUISINE MODERNE • CONTEMPORAIN Ils sont jeunes, mais ont déjà de belles années d'expérience : tels sont Fabien et Hélène, qui ont uni leurs deux prénoms pour créer cette Falène Bleue. Tout ici est simple et délicieux, des assiettes (basées sur des produits de circuits courts exclusivement) au décor, avec ses tableaux et objets chinés.

- Menu 18 € (déjeuner), 35/55 €

Place de la Mairie – 05 62 65 76 92 – www.lafalenebleue.fr – Fermé : lundi, mardi, dimanche soir

LASCABANES

✉ 46800 - Lot - Carte régionale n° **22**-B1

LE DOMAINE DE SAINT-GÉRY

CUISINE TRADITIONNELLE • **ROMANTIQUE** Autoproclamé "cuisinier-paysan", Patrick Duler ne plaisante pas avec l'origine de ses produits : une grande partie de ce qui est dans l'assiette - jambon de porc noir, truffe, foie gras - vient directement de ses propres champs ! Ses préparations, simples et soignées, révèlent l'âme d'un chef véritablement passionné. Une qualité qui a son prix.

- Menu 110/333 €

Le Domaine de Saint-Géry - ✆ 05 65 31 82 51 - www.saint-gery.com - Fermé le midi

LAVAUR

✉ 81500 - Tarn - Carte régionale n° **22**-C2

L'ŒUF DE COQ

CUISINE MODERNE • **CONTEMPORAIN** Ancien étudiant des beaux-arts, le chef Mathieu Lacaze soigne la présentation de ses assiettes. Sa sensibilité artistique s'exprime au travers d'une cuisine du marché résolument moderne et attentive aux saisons. On en profite dans un cadre contemporain avec murs en pierres et tuiles apparentes, ou, aux beaux jours, sur la petite terrasse patio. Très belle sélection de vins.

- Menu 20 € (déjeuner), 50/80 €

1 place Pasteur - ✆ 05 63 34 66 58 - www.loeufdecoq.com - Fermé : lundi, mardi

LECTOURE

✉ 32700 - Gers - Carte régionale n° **22**-B2

L'AUBERGE DES BOUVIERS

CUISINE TRADITIONNELLE • **RUSTIQUE** Au cœur de cette localité gersoise, l'établissement préserve si bien l'esprit "auberge" qu'il faudrait en classer la recette : des murs chaleureux (poutres et pierres), un accueil convivial, et surtout une cuisine généreuse et savoureuse, concoctée par un chef très engagé ! L'avenir appartient encore aux auberges de France...

- Menu 38 € (déjeuner), 45 €

8 rue Montebello - ✆ 05 62 68 95 13 - www.aubergedesbouviers.eatbu.com - Fermé : lundi, mardi, mercredi, jeudi midi, vendredi midi, dimanche soir

RACINE

CUISINE CRÉATIVE • **SIMPLE** Elle est canadienne, il est belge, ils ont posé leurs casseroles à Lectoure après un parcours atypique... Et ils viennent de déménager plus haut dans la ville, dans un restaurant plus grand et plus spacieux. Ils régalent toujours d'une cuisine créative, saine et sans prétention, qui met en avant les bons produits du terroir local. Une jolie trouvaille, d'autant que les prix sont raisonnables.

- Menu 25 € (déjeuner), 30/45 €

6 rue Fontélie - ✆ 05 62 28 07 41 - www.racinerestaurant.fr - Fermé : lundi, samedi, dimanche

LUZ-ST-SAUVEUR

✉ 65120 - Hautes-Pyrénées - Carte régionale n° **22**-A3

L'ATELIER

CUISINE MODERNE • **CONVIVIAL** Étonnant parcours que celui du chef, qui fut moniteur de ski et installateur de remontées mécaniques dans une autre vie ! Après s'être formé auprès de quelques bons chefs, il a installé sa table dans l'atelier de couture familial : il y décline des plats bien maîtrisés, à l'image de ce filet de bœuf, pommes grenaille et une excellente béarnaise maison...

- Carte 42/55 €

12 Avenue de Saint-Sauveur - 05 62 92 85 22 - www.latelier-luz.com - Fermé : lundi, mardi et le midi

MARTEL

46600 - Lot - Carte régionale n° **22**-C1

SAVEURS DES HALLES

CUISINE RÉGIONALE • TRADITIONNEL Queues de gambas à la plancha, tartelette de légumes du soleil ; daurade royale, sauce vierge et pignons de pain ; tarte aux fraises mara des bois... Une cuisine simple et bonne qui va à l'essentiel, voilà ce qu'on trouve dans cette petite adresse pleine de charme, tenue par un couple de trentenaires originaires d'Agen et du Pays basque.

- Menu 42/78 €

Rue Sans-Lys - 05 65 37 35 66 - www.restaurant-saveurs-des-halles-martel.fr - Fermé : mercredi, jeudi

MARTRES-TOLOSANE

31220 - Haute-Garonne - Carte régionale n° **22**-B3

MAISON CASTET

CUISINE MODERNE • ÉLÉGANT Ce lieu contemporain, situé en retrait du centre-ville, fut jadis le café de la gare. Le chef mise sur de beaux produits et une technique solide, en particulier dans les impressionnants desserts. L'une de ses spécialités : le carré de porcelet, tartelette feuilletée, boudin noir et pommes, jus au cidre... On en sort régalé. Précipitez-vous !

- Menu 19 € (déjeuner), 45 € - Carte 90/120 €

44 avenue de la Gare - 05 61 98 80 20 - www.maisoncastet.com - Fermé : lundi, dimanche soir

MERCUÈS

46090 - Lot - Carte régionale n° **22**-B1

LE DUÈZE - CHÂTEAU DE MERCUÈS

CUISINE MODERNE • ÉLÉGANT Accroché au sommet d'une colline qui surplombe la vallée du Lot, ce superbe château médiéval, remanié d'innombrables fois, a traversé les siècles avec panache. Il n'abrite plus le siège du pouvoir épiscopal mais des chambres luxueuses et une table gastronomique, objet des soins du chef Julien Poisot, passé notamment chez Bernard Loiseau. Loin de pratiquer une cuisine historique entre ces murs séculaires, ce maître queux talentueux pratique une cuisine bien actuelle. Ses assiettes chantent le terroir lotois à travers des préparations goûteuses qui réactualisent la tradition de fort belle manière. On peut les accompagner par l'un des bons vins de la propriété, et aux beaux jours, s'attabler en terrasse dans la cour d'honneur.

- Menu 140/185 €

Route du Château - 05 65 20 00 01 - www.chateaudemercues.com - Fermé : lundi, dimanche et le midi

MEYRONNE

46200 - Lot - Carte régionale n° **22**-C1

LA TERRASSE

CUISINE MODERNE • HISTORIQUE La terrasse, qui domine la Dordogne, est parfaite pour un dîner romantique, et l'hiver on peut se réfugier sous les voûtes médiévales de cette ancienne place forte du 11e s. Au menu : une cuisine aux parfums bien marqués, avec une prédilection pour les épices. Charmant !

- Menu 32 € (déjeuner), 42/58 € - Carte 48/65 €

Place de l'Église - 05 65 32 21 60 - www.hotel-la-terrasse.com - Fermé : mardi

MONTAUBAN

✉ 82000 - Tarn-et-Garonne - Carte régionale n° **22**-B2

AU FIL DE L'EAU

CUISINE MODERNE • TENDANCE En léger retrait du Tarn, cette maison régionale cache un restaurant coloré. Outre la carte de saison, le chef propose des menus du marché, renouvelés plusieurs fois par semaine au fil de ses trouvailles. Généreux et savoureux !

♿ A/C - Menu 24 € (déjeuner) - Carte 43/80 €

14 quai Docteur-Lafforgue - ✆ 05 63 66 11 85 - www.aufildeleau82.com - Fermé : lundi, dimanche

LA CAVE O DÉLICES

CUISINE MODERNE • SIMPLE C'est à l'hippodrome que nous retrouvons désormais le restaurant du chef Gilles Cadamuro. Fier de ses origines italiennes, le chef, également maître restaurateur, dévoile une cuisine moderne, aux touches méridionales, qui se déguste avec plaisir : tataki de thon, caviar d'aubergine, sauce gingembre, soja, coriandre...

A/C - Menu 21 € (déjeuner), 35 €

1200 chemin Saint-Pierre - ✆ 05 63 63 69 69 - www.cave-o-delices.fr - Fermé : lundi, mardi, mercredi midi, dimanche soir

DU BRUIT EN CUISINE

CUISINE MODERNE • BRANCHÉ Voici un vrai repaire gourmand, où œuvre un chef formé dans plusieurs maisons de la galaxie Ducasse. Il signe une cuisine contemporaine axée sur le produit et un joli travail sur les jus, sauces et condiments, saveurs bien marquées comme sur ce brodetto de poisson, nage de langoustines et courgettes... Du bruit, de la vie et un coup de cœur.

♿ A/C - Menu 26 € (déjeuner), 49/69 € - Carte 38/60 €

12 allée Mortarieu - ✆ 05 63 91 19 25 - www.dubruitencuisine.fr - Fermé : lundi, dimanche

NOUS

CUISINE ACTUELLE • SIMPLE Avec une économie de moyens exemplaire, le couple Campas parvient à régaler la clientèle montalbanaise : ils sélectionnent leurs produits avec soin, au plus près des saisons, et le chef les agrémente dans des assiettes bien maîtrisées. Service attentionné et chaleureux.

A/C - Menu 26/46 €

7 rue Bessières - ✆ 05 63 91 97 03 - www.restaurant-nous.fr - Fermé : samedi, dimanche et le soir

MONTECH

✉ 82700 - Tarn-et-Garonne - Carte régionale n° **22**-B2

BISTROT CONSTANT

CUISINE TRADITIONNELLE • TENDANCE La pimpante maison éclusière, installée au bord du canal latéral à la Garonne, abrite aujourd'hui un bistrot de chef de très bonne tenue. Côte de cochon fermier confite, gratin de macaronis ; tête de veau, langue et cervelle pochée : du grand classique effectué dans les règles de l'art, comme on l'aime !

♿ A/C P - Menu 25 € (déjeuner), 39 €

25 rue de l'Usine - ✆ 05 63 24 63 02 - www.bistrotconstant.com - Fermé : lundi, mardi

MONTEILS

✉ 82300 - Tarn-et-Garonne - Carte régionale n° **22**-C2

LE CLOS MONTEILS

CUISINE TRADITIONNELLE • RUSTIQUE Françoise et Bernard Bordaries ont fait de ce presbytère de 1771 un lieu convivial et intime, telle une maison de famille. Elle vous accueille avec gentillesse, tandis que lui s'active aux fourneaux. Son credo : cuisiner sur des bases simples et mettre en avant le produit avec des recettes vraiment bien ficelées. On se régale !

- Menu 22 € (déjeuner), 35/58 €

7 chemin du Moulin - ✆ 05 63 93 03 51 - www.leclosmonteils.fr - Fermé : lundi, mardi, mercredi, dimanche soir

MONTRABÉ

✉ 31850 - Haute-Garonne - Carte régionale n° **22**-B2

L'APARTÉ

Chef : Jérémy Morin

CUISINE MODERNE • CONVIVIAL En proche périphérie de Toulouse, dans un quartier moderne tout près de l'autoroute d'Albi, cette ancienne toulousaine accueille un chef de talent. Ses créations, très bien exécutées, naviguent entre classique et moderne. Ne manquez pas sa cocotte de légumes à la truffe, ni le gibier qu'il travaille en saison. Son lièvre à la royale, en particulier, mérite toute votre attention ! Le tout à déguster dans une ambiance sympathique, à l'intérieur ou sur l'agréable patio-terrasse, à l'ombre d'un beau tilleul. Service attentionné.

- Menu 32 € (déjeuner), 50/95 € - Carte 85/105 €

Plan : D1-1 - *21 rue de l'Europe - ✆ 05 34 26 43 44 - www.restaurant-laparte.fr - Fermé : lundi, dimanche*

L'INSTANT...

CUISINE MODERNE • CONTEMPORAIN L'Instant... d'une parenthèse gourmande non loin de Toulouse ! On s'installe dans un intérieur simple et moderne. Derrière les fourneaux, le chef régale avec les produits de la région, et s'autorise même quelques touches asiatiques. Ne manquez pas le menu "L'instant gourmet".

- Menu 20 € (déjeuner), 27/47 € - Carte 40/63 €

Plan : D1-2 - *13/14 chemin du Logis-Vieux - ✆ 05 61 48 25 24 - www.restaurant-linstant.fr - Fermé : lundi, mardi soir, dimanche*

MONTRICOUX

✉ 82800 - Tarn-et-Garonne - Carte régionale n° **22**-C2

LES GORGES DE L'AVEYRON

CUISINE MODERNE • CONVIVIAL Au cœur d'un parc verdoyant baigné par l'Aveyron, cette villa cossue est une véritable invitation à savourer une cuisine de saison agréable et bien ficelée. La grande terrasse se révèle incontournable aux beaux jours.

- Menu 40 €

169 route des Gorgès-de-l'Aveyron - ✆ 05 63 24 50 50 - www.lesgorgesaveyron.com - Fermé : lundi, mardi, mercredi midi, jeudi midi, vendredi midi

MURET-LE-CHÂTEAU

✉ 12330 - Aveyron - Carte régionale n° **22**-C1

L'AUBERGE DU CHÂTEAU

CUISINE MODERNE • FAMILIAL Dans ce village de l'Aveyron, face à la mairie, l'adresse est bien connue des gourmands, qui s'y régalent d'une cuisine qui donne la priorité aux herbes, à la fraîcheur et aux produits bio, sur lesquels le chef ne transige pas ! Dans l'assiette, couleurs et saveurs sont au rendez-vous. Terrasse joliment fleurie.

- Menu 50/75 €

Le Bourg - 05 65 47 71 57 - www.laubergeduchateau.com - Fermé : lundi midi, dimanche soir

NALZEN

09300 - Ariège - Carte régionale n° **22**-C3

LES SAPINS

CUISINE TRADITIONNELLE • RUSTIQUE Au bord d'une forêt de sapins, cette maison familiale aux airs de chalet abrite un restaurant chaleureux, décoré dans des tons gris et rouge. La cheffe célèbre la tradition et séduit avec des assiettes copieuses et généreuses : gravlax de truite bio en salade, tripes de veau façon grand-mère, paris-brest... Miam !

- Menu 18 € (déjeuner), 28/38 € - Carte 34/63 €

Conte - 05 61 03 03 85 - www.restaurant-lessapins.com - Fermé : lundi, mardi, dimanche soir

NESTIER

65150 - Hautes-Pyrénées - Carte régionale n° **22**-A3

RELAIS DU CASTÉRA

CUISINE TRADITIONNELLE • FAMILIAL Une auberge de tradition, tenue par le même couple de professionnels depuis de longues années. Les recettes, qui mettent à l'honneur le terroir et les produits de qualité, sont alléchantes. Quelques chambres, confortables et simplement arrangées, pour l'étape.

- Menu 22 € (déjeuner), 32/44 €

Place du Calvaire - 05 62 39 77 37 - www.hotel-castera.com - Fermé : lundi, mardi, dimanche soir

PAMIERS

09100 - Ariège - Carte régionale n° **22**-C3

BASSAS N

CUISINE MODERNE • CONTEMPORAIN Le couple Bassas, que l'on a connu auparavant chez Deymier (à Pamiers aussi), a totalement rénové cette ancienne bâtisse du centre-ville. Le résultat en jette, autant dans le décor sobre et chic que dans l'assiette, qui fait la part belle aux producteurs des environs. Jolie carte des vins de la région.

- Menu 28 € (déjeuner), 38/52 €

Place des 3 Pigeons - 05 61 67 28 76 - www.restaurant-bassas.fr - Fermé : lundi, dimanche

PARNAC

46140 - Lot - Carte régionale n° **22**-B1

LES JARDINS

CUISINE CRÉATIVE • MAISON DE CAMPAGNE Ce restaurant de campagne fait les délices d'un paisible village vigneron situé dans une boucle du Lot. Dans les chais d'un ancien domaine viticole, le jeune chef Marius Halter réalise une jolie cuisine actuelle avec les bons produits des environs, non sans omettre des touches créatives bien maîtrisées et équilibrées (épices, sucré-salé). C'est juste et bon. Petite carte de vins bio, service plein de gentillesse et agréable terrasse-jardin.

- Menu 29/61 €

1533 route du Port-de-l'Angle - 05 65 23 58 24 - www.restaurant-lesjardins.fr - Fermé : lundi, samedi midi, dimanche

PAYRIN-AUGMONTEL

✉ 81660 - Tarn - Carte régionale n° **22**-C2

VILLA PINEWOOD Ⓝ

CUISINE CRÉATIVE • CONTEMPORAIN Couple de sommeliers passionnés, Thomas et Anne Cabrol, créateur à Toulouse de l'un des bars à vins les plus célèbres du monde, accueillent à leur table d'hôtes 2.0. Locavore, le chef met en scène son univers culinaire créatif, très végétal, à l'aide d'un écran sur lequel défilent ses producteurs et ses cueilleurs. Multimédia et dégustation s'enrichissent mutuellement, soutenus tout du long par des accords mets et vins remarquables. Réservation uniquement par internet.

A/C P - Menu 89 €

328 chemin du Nègre - - www.villapinewood.com - Fermé : lundi, mardi, dimanche et le midi

PINSAGUEL

✉ 31120 - Haute-Garonne - Carte régionale n° **22**-B2

LE GENTIANE

CUISINE TRADITIONNELLE • SIMPLE Entre autres vertus, la gentiane est connue pour stimuler l'appétit... Comme cet endroit ! Nicolas Bachon, le fils de la famille, prend progressivement ses marques : à quatre mains avec son père, il décline des plats de tradition modernisés dans la forme, à l'image de cette belle caille désossée et farcie au foie gras... Miam.

A/C P - Menu 18 € (déjeuner), 39/50 €

7 rue du Cagire - ✆ 05 62 20 55 00 - www.legentiane.fr - Fermé : lundi, mardi, dimanche soir

PRÉNERON

✉ 32190 - Gers - Carte régionale n° **22**-A2

AUBERGE LA BAQUÈRE

CUISINE TRADITIONNELLE • SIMPLE Cette ferme-auberge a beau être isolée en pleine campagne, les clients sont nombreux. Et pour cause : canard, ramier, truite et anguille y sont cuisinés avec style. Une bonne maison.

P - Menu 34 € - Carte 40/50 €

Lieu-dit la Baquère - ✆ 05 62 06 42 75 - www.aubergelabaquere.com - Fermé : mardi, mercredi, jeudi

PUJAUDRAN

✉ 32600 - Gers - Carte régionale n° **22**-B2

LE PUITS ST-JACQUES

Chef : William Candelon

CUISINE CRÉATIVE • ÉLÉGANT Nul doute que Cyrano, croqué avec génie par Edmond Rostand, aurait apprécié cette maison gersoise, jadis relais sur la route de Compostelle, dans lequel ricochent les accents chantants du Sud-Ouest éternel ! Bernard Bach, chef historique de la maison et véritable Cyrano local, a transmis toute sa passion et sa science des produits régionaux à son neveu, le chef William Candelon, désormais seul maître à bord. Ce dernier relève le défi avec brio : tout en respectant l'ADN de la maison (le terroir sudiste est toujours à l'honneur), il ose des associations inattendues et percutantes, et son sens du dosage lui permet de nous entraîner sans difficulté dans son univers. Beaux dressages, beaux produits, maîtrise technique indéniable : le pari est remporté haut la main.

A/C - Menu 39 € (déjeuner), 90/140 € - Carte 117/143 €

Avenue Victor-Capoul - ✆ 05 62 07 41 11 - www.lepuitssaintjacques.fr - Fermé : lundi, mardi, mercredi soir, dimanche soir

PUYLAROQUE

⊠ 82240 - Tarn-et-Garonne - Carte régionale n° **22**-C1

LES SENS

CUISINE CRÉATIVE • AUBERGE Situé sur la place du bourg, cette maison de village abrite un restaurant, dont la cuisine créative et les beaux produits ne sauraient laisser indifférent. Le chef se plaît à travailler légumes, fleurs et herbes du potager, situé en contre-bas de la terrasse ; sa source d'inspiration ! Menu truffe en saison.

- Menu 29 € (déjeuner), 51/86 €

2 place de la Libération - 05 63 02 82 25 - www.restaurantlessens.com - Fermé : lundi, mardi, dimanche midi

PUYLAURENS

⊠ 81700 - Tarn - Carte régionale n° **22**-C2

CAP DE CASTEL

CUISINE MODERNE • COSY Sur l'agréable terrasse, toisant les Pyrénées lointaines et la Montagne noire toute proche, on déguste une cuisine moderne mâtinée de tradition, qui met joliment en valeur le terroir : de quoi passer un agréable moment.

- Menu 40/55 € - Carte 38/45 €

36 rue Cap-de-Castel - 05 63 70 21 76 - www.capdecastel.com - Fermé : lundi, dimanche et le midi

PUY-L'ÉVÊQUE

⊠ 46700 - Lot - Carte régionale n° **22**-B1

LE MÉDIÉVAL

CUISINE MODERNE • COSY Le chef bourguignon Pierre Creuzet (ancien second de Jacques Lameloise), s'est installé dans cette petite adresse de la vieille ville, où il compose une attachante cuisine de qualité, entre recettes traditionnelles et préparations plus actuelles. En salle, son épouse Loren, sommelière de métier, l'épaule avec complicité. Rapport plaisir/prix imbattable !

- Menu 17 € (déjeuner), 29/36 €

24 Grand'Rue - 09 86 31 80 88 - www.lemedieval-puyleveque.fr - Fermé : lundi, dimanche

QUINT-FONSEGRIVES

⊠ 31130 - Haute-Garonne - Carte régionale n° **22**-B2

EN PLEINE NATURE

Chef : Sylvain Joffre

CUISINE MODERNE • CONTEMPORAIN Le chef-patron Sylvain Joffre vous accueille dans cette jolie maison en bordure de rond-point. Voici un chef appliqué, sérieux, qui n'a pas la folie des grandeurs. Son objectif est simple : proposer une cuisine haut de gamme tout en contenant les tarifs. Pari réussi ! En s'appuyant sur une liste de producteurs locaux longue comme le bras, il compose une cuisine généreuse et bien maîtrisée, avec des recettes renouvelées en permanence pour coller aux saisons. Côté décor, un intérieur sobre, ou une agréable terrasse à l'ombre des parasols : de quoi profiter du beau temps sans être accablé par le redoutable soleil toulousain... Très engagé dans le respect de la nature, le chef propose une boutique annexe avec viennoiseries, brioches et pains à la farine bio.

- Menu 32 € (déjeuner), 57/82 €

6 place de la Mairie - 05 61 45 42 12 - www.en-pleine-nature.com - Fermé : lundi, samedi, dimanche

RAMONVILLE-ST-AGNE

✉ 31520 - Haute-Garonne - Carte régionale n° **22**-B2

LA TABLE DE LAURENT

CUISINE MODERNE • CONVIVIAL Laurent Prat travaille de jolis produits (langoustine, lotte, etc.) dans des menus à prix serrés, entre recettes classiques et d'autres plus modernes, toujours bien ficelées, à l'image de ce carpaccio de veau, coques bretonnes, vinaigrette ponzu et feuille de nori...

- Menu 18 € (déjeuner), 35/49 €

28 rue Jacques-Prévert - ✆ 05 61 73 61 62 - www.latabledelaurent.com - Fermé : lundi, mercredi soir, dimanche

ROCAMADOUR

✉ 46500 - Lot - Carte régionale n° **22**-C1

JEHAN DE VALON

CUISINE TRADITIONNELLE • CONTEMPORAIN Au cœur de la célèbre cité de pèlerinage, on déguste une plaisante cuisine traditionnelle et régionale, comme le gigot d'agneau du Quercy, découpé en salle au guéridon. Le tout accompagné (évidemment) de vins du Sud-Ouest ! En outre, les lieux offrent une jolie vue sur la vallée de l'Alzou.

- Menu 36 € - Carte 37/86 €

Rue Roland-le-Preux - ✆ 05 65 33 63 08 - www.beausite-rocamadour.com

RODEZ

✉ 12000 - Aveyron - Carte régionale n° **22**-C1

LES JARDINS DE L'ACROPOLIS

CUISINE MODERNE • CONVIVIAL Les gourmands se donnent régulièrement rendez-vous dans ce restaurant contemporain, dont le chef concocte une cuisine du marché savoureuse, moderne et bien ficelée. Jarret de veau de lait confit, guimauve maison grillée au thé d'Aubrac... Des produits de qualité, des assaisonnements bien marqués : c'est frais et bon !

- Menu 35/64 €

Rue d'Athènes, à Bourran - ✆ 05 65 68 40 07 - www.restaurant-acropolis.com - Fermé : lundi soir, mardi soir, dimanche

CAFÉ BRAS

CUISINE AVEYRONNAISE • DESIGN Le café Bras, installé au cœur du musée Soulages, rend un bel hommage aux produits aveyronnais. Deux expériences à vivre ici (côté Comptoir pique-nique à emporter ou au restaurant), sans broyer du noir... L'équipe de cuisine offre une prestation ciselée, aromatique, légère mais généreuse, colorée et parfumée. Souvenirs émus des cucurbitacées à la grecque, coques, couteaux et jus iodé (un régal !) et d'un beau tronçon de filet de thon blanc de Saint-Jean-de-Luz. On apprécie l'attention portée aux saveurs, comme à l'accueil et à l'espace ; ce lieu épuré, chic et sobre en harmonie avec l'âme du grand peintre, qui partout, plane autour de nous. Une indéniable réussite, culinaire et artistique.

- Menu 37 €

Jardin du Foirail - ✆ 05 65 68 06 70 - www.cafebras.fr - Fermé : lundi, mardi, mercredi soir, jeudi soir, vendredi soir, dimanche soir

ET

CUISINE MODERNE • CONVIVIAL Formé auprès des meilleurs - Pierre Gagnaire et Michel Bras pour lui, Alain Ducasse pour elle -, un jeune couple se relaie aux fourneaux de cette maison en plein cœur de Rodez. C'est inventif, malin, les cuissons sont parfaites et les saveurs bien présentes, le tout réalisé avec les produits de la région.

- Menu 33 € (déjeuner), 58/90 €

24 place du Bourg - 05 65 68 95 00 - www.restaurant-et.fr - Fermé : lundi, mercredi midi, dimanche

ROUFFIAC-TOLOSAN

31180 - Haute-Garonne - Carte régionale n° **22**-B2

Ô SAVEURS

Chef : David Biasibetti

CUISINE MODERNE • **COSY** Dans un hameau pittoresque proche de Toulouse, David Biasibetti met joliment en valeur la production locale, mais il sait aussi s'affranchir de ses frontières et regarder au-delà : filet de canette, betterave et cerises acidulées, ou encore lieu jaune, jus coco-vanille et caviar d'aubergine au curry noir... On sent dans l'assiette tout le savoir-faire d'un artisan solide, jusqu'à des desserts chocolatés de très belle facture, et pour cause : le chef est pâtissier de formation, et confesse une véritable passion pour le chocolat. Une chose est sûre : on passe un excellent moment en sa compagnie.

- Menu 30 € (déjeuner), 55/98 €

8 place des Ormeaux - 05 34 27 10 11 - www.o-saveurs.com - Fermé : lundi, samedi midi, dimanche soir

ST-AFFRIQUE

12400 - Aveyron - Carte régionale n° **22**-D2

LA TABLE DE JEAN

CUISINE MODERNE • **TENDANCE** Les anciens propriétaires de l'hôtel Les Raspes (St-Rome-de-Tarn) ont ouvert ce restaurant dans le centre de St-Affrique. Un retour aux sources pour lui, cuisinier de formation ; il revisite la tradition avec finesse et montre de beaux accents méditerranéens.

- Menu 19 € (déjeuner), 30/45 € - Carte 35/55 €

7 boulevard Émile-Trémoulet - 05 65 49 50 05 - Fermé : lundi, dimanche soir

ST-ANDRÉ-DE-NAJAC

12270 - Aveyron - Carte régionale n° **22**-C2

RELAIS MONT LE VIAUR

CUISINE TRADITIONNELLE • **RUSTIQUE** Le chef de cette jolie ferme régionale, chaleureuse et conviviale, a été auparavant sommelier dans plusieurs tables étoilées. Une chose le guide : la passion ! Il réalise ici une savoureuse cuisine du terroir : terrine de jarret de porc, foie gras maison, veau du Ségala... Pour l'étape, des chambres agréables.

P - Menu 15 € (déjeuner), 25/35 € - Carte 35/65 €

La Croix-Grande - 05 65 65 08 68 - www.montleviaur.fr - Fermé : lundi, mardi, dimanche soir

ST-CÉRÉ

46400 - Lot - Carte régionale n° **22**-C1

LES TROIS SOLEILS DE MONTAL

Chef : Frédérik Bizat

CUISINE MODERNE • **CLASSIQUE** Le soleil brille sur ce domaine situé sur le causse de Gramat, tout près de Saint-Céré : un hôtel avec ses restaurants, un parc au calme, une piscine, un golf pas très loin... Le restaurant gastronomique séduit avec sa salle à manger élégante et bourgeoise, ouverte sur la terrasse d'été et le parc. Les toiles pré-impressionnistes sur les murs évoquent l'une des passions du chef, antiquaire dans une vie antérieure. Aujourd'hui, ce dernier ne se consacre qu'à la cuisine en régalant ses hôtes avec des produits de qualité et beaucoup de finesse d'exécution.

Le tout pour un excellent rapport qualité-plaisir, sans oublier l'accueil attentionné de Madame Bizat.

- Menu 38 € (déjeuner), 62/98 €

Les Prés-de-Montal, Saint-Jean-Lespinasse - 05 65 10 16 16 - www.3soleils.fr - Fermé : lundi, mardi midi, mercredi midi

L'INFORMEL

CUISINE TRADITIONNELLE • CONVIVIAL L'annexe gourmande du restaurant étoilé "Les Trois Soleils de Montal". Le chef propose une cuisine traditionnelle généreuse et goûteuse, concoctée à base de produits frais et de saison. On pense notamment au carré de veau de l'Aveyron, légumes et champignons sauvages, d'une belle qualité. Convivial et informel.

- Menu 22 € (déjeuner), 34 €

Les Prés-de-Montal, Saint-Jean-Lespinasse - 05 65 10 16 16 - www.3soleils.fr - Fermé : lundi midi, vendredi, samedi midi

ST-CIRQ-LAPOPIE

46330 - Lot - Carte régionale n° **22**-C1

AUBERGE DU SOMBRAL - LES BONNES CHOSES

CUISINE DU TERROIR • AUBERGE Dans cette maison, au pied du château des Lapopie, on sait ce que sont Les Bonnes Choses ! La preuve : on y savoure une sympathique cuisine du terroir où les produits locaux ont la part belle (agneau, foie gras, fromages...). Quelques jolies chambres pour prolonger la visite de ce village dominant le Lot.

- Menu 26/38 €

Place du Sombral - 05 65 31 26 08 - www.lesombral.com - Fermé : mercredi et le soir

ST-FÉLIX-LAURAGAIS

31540 - Haute-Garonne - Carte régionale n° **22**-C2

AUBERGE DU POIDS PUBLIC

CUISINE TRADITIONNELLE • CLASSIQUE À la suite de ses parents, Céline Taffarello continue de mettre en avant les bons produits du terroir, avec en bonus un appétissant menu végétarien. Et on profite toujours de la terrasse panoramique, avec sa jolie vue sur la plaine du Lauragais. Chambres confortables.

- Menu 27 € (déjeuner), 48/82 €

Route de Toulouse - 05 62 18 85 00 - www.auberge-du-poids-public.fr - Fermé : lundi, dimanche soir

ST-GIRONS

09200 - Ariège - Carte régionale n° **22**-B3

L'AUBERGE D'ANTAN

CUISINE TRADITIONNELLE • RUSTIQUE Dans l'ancienne grange du château, cette salle en impose par sa hauteur sous charpente ; jambons suspendus, pierres et poutres dégagent une belle atmosphère campagnarde. On retrousse ses manches au moment de s'attabler face à l'immense cheminée, où sont préparés grillades, plats traditionnels et cochons de lait...

- Menu 33 €

Avenue de la Résistance - 05 61 64 11 02 - www.chateaubeauregard.net - Fermé : lundi, samedi midi, dimanche soir

ST-JEAN-DU-BRUEL

✉ 12230 - Aveyron - Carte régionale n° **22**-D2

MIDI-PAPILLON

CUISINE TRADITIONNELLE • **CLASSIQUE** Au bord de la Dourbie, une maison romantique où la famille Papillon choie ses hôtes depuis 1850... On produit presque tout sur place : légumes, fruits, lapins, volailles - sans oublier les cochons de la ferme voisine (délicieuses charcuteries) et les cèpes des bois alentour. Conclusion : une savoureuse cuisine du terroir !

P - Menu 16 € (déjeuner), 26/42 € - Carte 35/50 €

Place du manège - 05 65 62 26 04 - www.hoteldumidipapillon.fr - Fermé : mercredi midi, vendredi midi

ST-LARY-SOULAN

✉ 65170 - Hautes-Pyrénées - Carte régionale n° **22**-A3

LA GRANGE

CUISINE TRADITIONNELLE • **RUSTIQUE** Sur la route d'Autun, cette ancienne grange est aujourd'hui un restaurant chic et chaleureux, où règne une ambiance montagnarde. Dans l'assiette, une cuisine goûteuse et soignée, réalisée avec de beaux produits régionaux : tapas du terroir, côte de porc noir de Bigorre aux morilles... Une belle adresse.

P - Menu 19 € (déjeuner), 28/46 € - Carte 43/55 €

13 route d'Autun - 05 62 40 07 14 - www.restaurant-saint-lary.com - Fermé : mardi, mercredi

ST-LIEUX-LÈS-LAVAUR

✉ 81500 - Tarn - Carte régionale n° **22**-C2

LE COLVERT

CUISINE MODERNE • **RUSTIQUE** Longtemps, cette charmante maison de 1860, baignée de verdure, a été une boulangerie-épicerie ; aujourd'hui, c'est un repaire gourmand ! Le chef concocte une cuisine du marché au gré des saisons - canard colvert, suprême de pintade farci de brousse et trompettes de la mort -, et réserve de beaux crus pour accompagner ses plats.

P - Menu 18 € (déjeuner), 28/60 € - Carte 32/46 €

8 rue d'en Boyer - 05 63 41 32 47 - www.restaurantlecolvert.com - Fermé : lundi, samedi midi, dimanche soir

ST-LIZIER

✉ 09190 - Ariège - Carte régionale n° **22**-B3

LE CARRÉ DE L'ANGE

CUISINE MODERNE • **ÉLÉGANT** Après une période de retrait, le chef Paul Fontvieille a repris du service avec une passion intacte et une bonne humeur communicative : tout feu tout flamme, il régale d'assiettes goûteuses et bien pensées (mention pour la créativité des desserts), à déguster à l'intérieur ou sur la belle terrasse surplombant le village...

P - Menu 24 € (déjeuner), 34/59 €

Palais des Évêques - 05 61 65 65 65 - www.lecarredelange.com - Fermé : lundi, mardi, dimanche soir

ST-MÉDARD

46150 - Lot - Carte régionale n° **22**-B1

LE GINDREAU

Chef : Pascal Bardet

CUISINE CRÉATIVE • ÉLÉGANT C'est un petit village surplombant les coteaux. Une ancienne école de village s'est réinventée en restaurant. Bienvenue au Gindreau, à Saint-Médard. Le chef Pascal Bardet, natif du Lot et ancien d'Alain Ducasse pendant 18 ans - notamment au Louis XV -, s'épanouit derrière les pianos. "En cuisine, rien n'est figé", glisse ce timide plein d'assurance. De fait, il met bien en valeur les produits du terroir - comme la truffe, en saison, dont il est un spécialiste. Installez-vous en terrasse sous les marronniers, et profitez du coucher de soleil sur le Quercy.

- Menu 75/159 €

146 rue du Gindreau, le Bourg - 05 65 36 22 27 - www.legindreau.com - Fermé : lundi, mardi, mercredi soir, dimanche soir

ST-SAVIN

65400 - Hautes-Pyrénées - Carte régionale n° **22**-A3

LE VISCOS

CUISINE MODERNE • ÉLÉGANT Aux fourneaux, Alexis (la septième génération de la maison !) régale avec des plats à la gloire du terroir, parsemés de touches plus modernes. C'est fin, juste et toujours travaillé dans le respect du produit ; les desserts, en particulier, se révèlent très bons.

- Menu 32/75 € - Carte 39/94 €

1 rue Lamarque - 05 62 97 02 28 - www.hotel-leviscos.com - Fermé : lundi, dimanche soir

LES SALVAGES

81100 - Tarn - Carte régionale n° -

LES METS D'ADÉLAÏDE

CUISINE MODERNE • ÉLÉGANT Nulle envie de retourner à l'école ? Parions que vous allez changer d'avis ! Ces Mets d'Adélaïde prennent leurs aises dans l'ancienne école du village. Mais point de nostalgie : le décor est épuré et le chef délivre une jolie leçon de gastronomie d'aujourd'hui. L'accueil mérite aussi une bonne appréciation !

- Menu 45/51 € - Carte 32/41 €

28 avenue Georges-Alquier - 05 63 35 78 42 - www.lesmetsdadelaide.fr - Fermé : lundi, mardi, dimanche soir

SAUVETERRE-DE-COMMINGES

31510 - Haute-Garonne - Carte régionale n° **22**-B3

L'HIBISCUS BY JÉRÉMY LASSERRE N

CUISINE MODERNE • ÉLÉGANT Au pied des Pyrénées, au sein de l'hôtel du Barry, voici un chef qui maîtrise bien son sujet : bien pensée, solide techniquement (cuissons basse température, espumas, bouillon dashi...), sa cuisine porte aussi la marque de ses quatorze ans passés en Asie. Service attentionné.

- Menu 39 € (déjeuner), 55/75 €

Hameau de Gesset - 05 62 00 46 93 - hoteldubarry.fr - Fermé : lundi, mardi midi, dimanche soir

SAUVETERRE-DE-ROUERGUE

✉ 12800 - Aveyron - Carte régionale n° **22**-C1

LE SÉNÉCHAL

Chef : Michel Truchon

CUISINE MODERNE • ÉLÉGANT Un poisson rouge en bocal sur chaque table, des œuvres d'art : le cadre sert à merveille la cuisine fine et délicate du chef, Michel Truchon. Il joue judicieusement sur les textures, proposant de beaux visuels, le tout avec des produits soigneusement choisis, à l'image de ce maquereau de St-Jean-de-Luz ou des légumes du marché qu'il utilise toujours à bon escient. Les saveurs sont nettes, franches, aussi directes que complémentaires : le chef ne s'embarrasse pas du superflu, et cela fonctionne ! Quelques chambres pour l'étape.

- Menu 50 € (déjeuner), 69/155 €

Le Bourg - ✆ 05 65 71 29 00 - www.hotel-senechal.fr - Fermé : lundi, mardi midi, jeudi midi

SOUSCEYRAC-EN-QUERCY

✉ 46190 - Lot - Carte régionale n° **22**-C1

AU DÉJEUNER DE SOUSCEYRAC

Chef : Patrick Lagnès

CUISINE CLASSIQUE • TRADITIONNEL La maison sérieuse par excellence ! Patrick Lagnès, le chef, mène sa barque avec le plus grand professionnalisme... et un caractère bien trempé. Sa cuisine se révèle appliquée, avec de solides bases classiques, et se base sur des produits de grande qualité. Il ose même, au fil de son inspiration, quelques recettes plus actuelles ; quant aux desserts, ils sont assurés en cuisine par sa fille. Le tout se déguste dans un décor intimiste, petite salle à manger bourgeoise avec boiseries murales et mobilier classique. Bon rapport qualité-prix.

Menu 30/100 €

2 allée Gaston-Monnerville - ✆ 05 65 33 00 56 - www.au-dejeuner-de-sousceyrac.com - Fermé : lundi, dimanche soir

TARASCON-SUR-ARIÈGE

✉ 09400 - Ariège - Carte régionale n° **22**-C3

SAVEURS DU MANOIR

CUISINE MODERNE • BISTRO Sur la route qui va de Toulouse à l'Espagne, ce Manoir était jadis le restaurant attitré des cadres de l'usine Péchiney locale. On y revisite aujourd'hui la cuisine ariégeoise, avec du gibier en saison ; le pigeon en deux cuissons et la gratinée aux framboises sont les deux spécialités de la maison.

- Menu 22 € (déjeuner), 31/55 € - Carte 39/64 €

2 avenue Saint-Roch - ✆ 05 61 64 76 93 - www.manoiragnes.com - Fermé : lundi, mardi, dimanche soir

TARBES

✉ 65000 - Hautes-Pyrénées - Carte régionale n° **22**-A3

L'ARPÈGE

CUISINE CRÉATIVE • CONTEMPORAIN Ce couple de chefs japonais signe une jolie cuisine créative aux touches nippones, dans laquelle bouillons, algues et assaisonnements mettent en valeur des produits de bonne qualité. Le cadre est à l'image de l'assiette : élégant et contemporain.

- Menu 29 € (déjeuner), 50/75 €

22 place de Verdun - ✆ 05 62 51 15 76 - Fermé : lundi, mardi midi, dimanche soir

L'EMPREINTE

CUISINE MODERNE • CONTEMPORAIN Ce petit restaurant cosy, avec sa cuisine ouverte sur la salle, est désormais le repaire d'un chef-patron à la technique irréprochable, et dont la cuisine actuelle et de saison est bien plaisante – en témoigne ces joues de bœuf braisées, conchiglionis farcis, betteraves crémeuses, légumes verts, crème légère à l'estragon. Formule plus simple au déjeuner, plus ambitieuse au dîner.

♿ A/C – Menu 17 € (déjeuner), 35/52 €

2 rue Gaston-Manent – ✆ 05 62 44 97 48 – www.restaurant-empreinte.com – Fermé : lundi, mardi, dimanche soir

LE FIL À LA PATTE

CUISINE TRADITIONNELLE • BISTRO L'atmosphère est conviviale et sans chichis dans ce restaurant où l'on s'attable coude à coude autour de plats du marché et de saveurs qui fleurent bon le terroir. Le chef puise son inspiration dans les produits de qualité.

A/C – Menu 22/27 €

30 rue Georges-Lassalle – ✆ 05 62 93 39 23 – Fermé : lundi, mardi soir, mercredi soir, dimanche

LE PETIT GOURMAND

CUISINE MODERNE • BISTRO Sur une avenue proche du centre-ville de Tarbes, ce restaurant porte bien son nom. Derrière les fourneaux, le chef réalise une savoureuse cuisine du marché avec de beaux produits du terroir. On se régale du début à la fin !

A/C – Carte 39/48 €

62 avenue B.-Barère – ✆ 05 62 34 26 86 – lepetitgourmand.eatbu.com – Fermé : lundi, samedi midi, dimanche

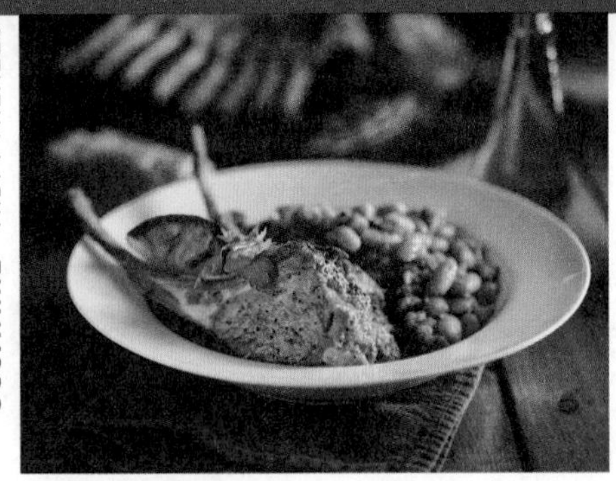

✉ 31000 – Haute-Garonne
Carte régionale n° **22**–B2

TOULOUSE

Marché des Carmes ou marché Saint-Cyprien ? Marché bio de la place du Capitole ou marché Victor-Hugo ? Ô Toulouse ! Ta générosité, comme ta cuisine, sont sans limite. La place Victor-Hugo est en quelque sorte le ventre de Toulouse : tout autour de la halle et de sa centaine de commerces, vous ne trouverez que des artisans de bouche ou presque. Ici, à côté du roi cassoulet, la saucisse fraîche s'impose par son excellence. On trouve aussi un succulent jambon noir de Bigorre, fabriqué sur les terres pyrénéennes. L'oie et le canard se savourent en foie gras et en confit, le pigeon du Lauragais est très recherché, tout comme les asperges du Tarn. Enfin, dans cette ville festive, on ne compte plus les cavistes de bon conseil qui sauront vous guider vers les meilleurs crus locaux.

✿✿ MICHEL SARRAN

Chef : Michel Sarran

CUISINE CRÉATIVE • ÉLÉGANT Est-ce l'esprit du Sud ? La poésie de la ville rose ? La personnalité du chef, peut-être ? Quoi qu'il en soit, Sarran, c'est une maison plus qu'un restaurant. L'ambiance, bien que feutrée, ne ressemble pas à ces restaurants sentencieux où l'on propose une cuisine sur la pointe des pieds. Non, chez Sarran, on mange certes, mais on vit surtout ! Il ne faut pas oublier que Michel Sarran est un homme du Sud, de la trempe des Gascons. D'origine gersoise, il partage son parcours entre Sud-Ouest et Méditerranée avant de s'installer à Toulouse en 1995, dont il devient l'un des ambassadeurs culinaires : "Je me plais à puiser dans les tiroirs de ma mémoire, à jouer avec la lavande et la violette, le foie gras et le parmesan, les rougets et le potiron…". Le restaurant est complet 3 mois à l'avance – notoriété médiatique du chef oblige.

– Menu 65 € (déjeuner), 120/155 € - Carte 130/180 €

Plan : C2-11 – *21 boulevard Armand-Duportal – ✆ 05 61 12 32 32 – www.michel-sarran.com – Fermé : mercredi midi, samedi, dimanche*

✿✿ PY-R

Chef : Pierre Lambinon

CUISINE MODERNE • DESIGN Quelle fougue, ce Pierre Lambinon ! De son propre aveu, il serait bien incapable de proposer deux fois le même menu. À deux pas du Pont-Neuf, sa cuisine est aussi bouillonnante que les eaux de la Garonne par gros temps. Jamais à court d'idées, il improvise avec une maîtrise remarquable, des amuse-bouche (un vrai festival de saveurs) jusqu'au dessert, en mettant à profit le meilleur du marché du moment. C'est original, mais ça fonctionne toujours, d'autant que les tarifs restent mesurés pour une telle prestation. Côté décor, une superbe salle où le blanc domine, avec quelques tableaux d'artistes contemporains pour accrocher l'œil. Décidément, une table qui a de l'allure.

- Menu 78/98 €

Plan : E2-15 – *19 descente de la Halle-aux-Poissons – 05 61 25 51 52 – www.py-r.com – Fermé : lundi midi, jeudi midi, samedi, dimanche*

LE CÉNACLE

CUISINE MODERNE • ÉLÉGANT L'atmosphère feutrée – superbe cheminée, reproduction d'une toile du Caravage – invite à s'attarder dans ce Cénacle, et la cuisine n'est pas en reste. Savoir-faire indéniable, équilibre entre terroir régional et touches contemporaines, le tout basé sur des produits de première fraîcheur : le chef, Thomas Vonderscher, met un point d'honneur à nouer des partenariats solides avec ses producteurs (maraîcher bio du Gers, éleveurs). Voilà un cuisinier qui sait où il va, et qu'on accompagne avec plaisir. Enfin, pour les petits budgets, le menu déjeuner tombe à point nommé !

- Menu 39 € (déjeuner), 65/115 €

Plan : E2-16 – *46 rue des Couteliers – 05 67 16 19 99 – www.cite-hotels.com/fr/etablissements/restaurant-la-cenacle.html – Fermé : samedi midi, dimanche*

HEDONE

Chef : Balthazar Gonzalez

CUISINE CRÉATIVE • ÉPURÉ Ne vous fiez pas au jeune âge de Balthazar Gonzalez, ni à son air tranquille : Hedone est la preuve qu'il n'a pas de temps à perdre, et qu'il sait où il va. Il développe un concept efficace : cinq tables seulement et un menu unique, à midi et le soir, qui lui permet de laisser libre cours à sa créativité. Il faut avoir le temps (on peut passer jusqu'à 3 ou 4h à table) mais l'expérience en vaut la peine ! Fraîcheur des produits excellente, voire exceptionnelle, avec une primauté du végétal et de la mer, saveurs explosives avec quelques vraies fulgurances : d'une bonne surprise à l'autre, on ne peut que saluer l'audace et la pertinence.

- Menu 68 € (déjeuner), 110 €

Plan : C2-3 – *2 impasse Saint-Félix – 05 82 74 60 55 – www.hedone-restaurant.fr – Fermé : lundi, mardi midi, mercredi midi, jeudi midi, dimanche*

SEPT

Chef : Guillaume Momboisse

CUISINE MODERNE • COSY Jeunesse et dynamisme : voilà ce qui nous vient à l'esprit en découvrant le chef Guillaume Momboisse et son équipe aux fourneaux. La partition culinaire évolue au gré des saisons et des inspirations du chef, et se révèle sans frontières : son menu unique en appelle autant au veau occitan qu'aux produits asiatiques, très présents dans ses créations – il avoue d'ailleurs avoir été marqué par son passage à Hong Kong. Tout cela se déguste dans une belle maison toulousaine, colorée et chaleureuse, dont la terrasse donne directement sur la basilique Saint-Sernin, chère à Nougaro. Une adresse enthousiasmante.

- Menu 78 € (déjeuner), 120 €

Plan : E1-18 – *7 place Saint-Sernin – 05 62 30 05 30 – www.restaurant-sept.fr – Fermé : lundi, mardi midi, mercredi midi, jeudi midi, vendredi midi, dimanche*

STÉPHANE TOURNIÉ - LES JARDINS DE L'OPÉRA

Chef : Stéphane Tournié

CUISINE MODERNE • ÉLÉGANT Salle à manger entièrement repensée (parquet, tables en bois clair, cave à vins), cour intérieure fleurie sommée d'une verrière : ce cadre enchanteur, si calme, si serein, surprend en pleine place du Capitole. Cette

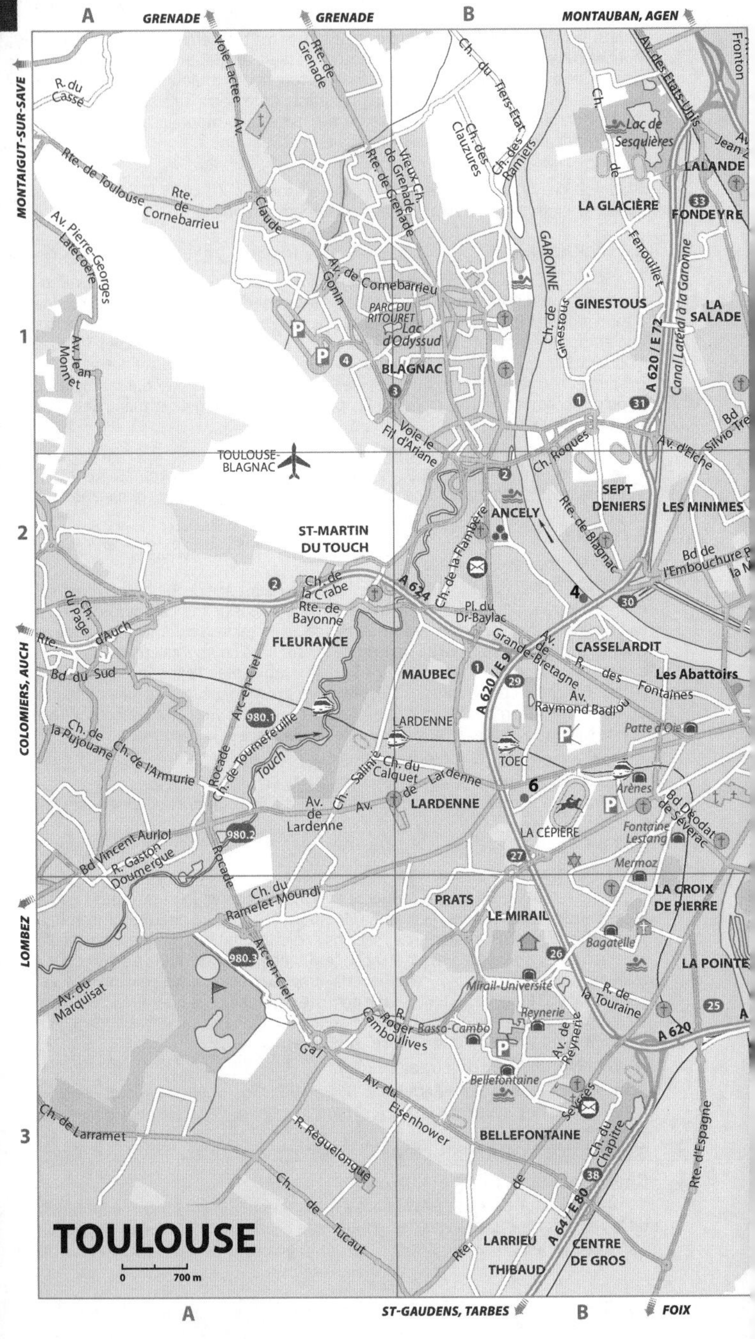
TOULOUSE
0
700 m
GRENADE
GRENADE
MONTAUBAN, AGEN
MONTAIGUT-SUR-SAVE
COLOMIERS, AUCH
LOMBEZ
ST-GAUDENS, TARBES
FOIX
BLAGNAC
TOULOUSE-BLAGNAC
ST-MARTIN DU TOUCH
FLEURANCE
MAUBEC
ANCELY
LARDENNE
CASSELARDIT
Les Abattoirs
SEPT DENIERS
LES MINIMES
GINESTOUS
LA GLACIÈRE
FONDEYRE
LALANDE
LA SALADE
LA CÉPIÈRE
PRATS
LE MIRAIL
LA CROIX DE PIERRE
LA POINTE
BELLEFONTAINE
LARRIEU
THIBAUD
CENTRE DE GROS
GARONNE
Lac de Sesquières
PARC DU RITOURET
Lac d'Odyssud
Patte d'Oie
Arènes
Fontaine Lestang
Mermoz
Bagatelle
Mirail-Université
Reynerie
Bellefontaine
TOEC
A 620 / E 72
A 620 / E 9
A 624
A 620
A 64 / E 80
Canal Latéral à la Garonne

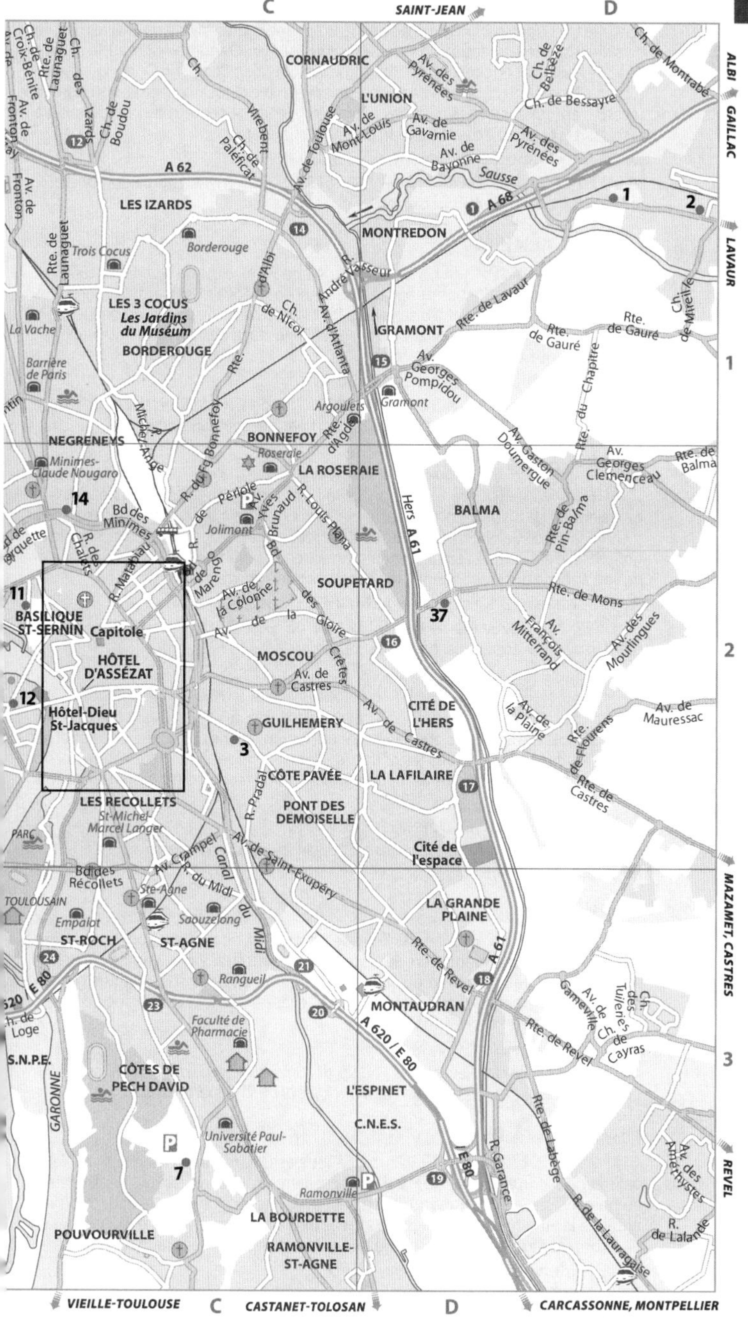
C
D
SAINT-JEAN
ALBI
GAILLAC
LAVAUR
MAZAMET, CASTRES
REVEL
VIEILLE-TOULOUSE
CASTANET-TOLOSAN
CARCASSONNE, MONTPELLIER
1
2
3
CORNAUDRIC
L'UNION
MONTREDON
LES IZARDS
LES 3 COCUS
Les Jardins du Muséum
BORDEROUGE
GRAMONT
NEGRENEYS
BONNEFOY
LA ROSERAIE
BALMA
SOUPETARD
BASILIQUE ST-SERNIN
Capitole
HÔTEL D'ASSÉZAT
Hôtel-Dieu St-Jacques
MOSCOU
GUILHEMERY
CITÉ DE L'HERS
CÔTE PAVÉE
LA LAFILAIRE
PONT DES DEMOISELLE
LES RECOLLETS
Cité de l'espace
LA GRANDE PLAINE
ST-ROCH
ST-AGNE
MONTAUDRAN
S.N.P.E.
CÔTES DE PECH DAVID
L'ESPINET
C.N.E.S.
LA BOURDETTE
RAMONVILLE-ST-AGNE
POUVOURVILLE
A 62
A 68
A 61
A 620 / E 80
GARONNE
Canal du Midi
Hers
Sausse
Trois Cocus
Borderouge
La Vache
Barrière de Paris
Minimes-Claude Nougaro
Roseraie
Jolimont
Argoulets
Gramont
St-Michel-Marcel Langer
Ste-Agne
Empalot
Saouzelong
Rangueil
Faculté de Pharmacie
Université Paul-Sabatier
Ramonville
1
2
14
11
12
3
37
7

scène est occupée par un ténor de talent, Stéphane Tournié. Natif de la ville rose, ce cuisinier est passé chez Lucien Vanel à Toulouse, André Daguin à Auch, au Taillevent période Philippe Legendre et au Crillon époque Christian Constant. On aime sa façon d'aller à l'essentiel grâce à de beaux produits frais (bio et locaux de préférence), des recettes éprouvées et des cuissons maîtrisées - comme cet œuf de poule mollet à la truffe, ou ce pressé de ris de veau et langoustine rôtie.

- Menu 35 € (déjeuner), 75/110 €

Plan : E2-17 – *1 place du Capitole – ✆ 05 61 23 07 76 – www.lesjardinsdelopera.fr – Fermé : lundi, mardi midi, dimanche*

L'AIR DE FAMILLE

CUISINE TRADITIONNELLE • SIMPLE L'Air de Famille est un lieu délicieux, avec sa déco d'époque (affiches publicitaires, vieux comptoir) et son atmosphère sans prétention. La tradition et les saisons y font la loi, avec une attention particulière portée aux mariages de saveurs. Sans oublier une carte des vins bien achalandée ! Un authentique coup de cœur.

- Menu 22 € (déjeuner), 35 €

Plan : E2-19 – *6 rue Jules-Chalande – ✆ 05 67 06 54 08 – lairdefamilletoulouse.wordpress.com – Fermé : lundi, mardi soir, mercredi soir, dimanche*

CARTOUCHES

CUISINE DU MARCHÉ • TENDANCE On ne compte plus les cartouches dans la gibecière de ce bistrot. Entre la carte des vins orientée nature, les cochonnailles à picorer, la pièce de viande à partager et surtout cette cuisine du marché, simple et goûteuse, c'est simple : on ne s'ennuie jamais en compagnie de Nicolas Brousse et de son épouse qui bichonnent leurs clients comme de vrais amis.

- Menu 22 € (déjeuner), 34/45 € - Carte 45/55 €

Plan : F2-20 – *38 rue Pierre-Paul Riquet – ✆ 05 61 25 07 07 – www.cartouches-restaurant.fr – Fermé : mercredi midi, samedi, dimanche*

CÉCILE N

CUISINE MODERNE • BRANCHÉ Dans le quartier festif et bon vivant des Carmes, une véritable petite pépite emmenée par une équipe jeune et soudée. Les assiettes mettent dans le mille à tous les coups, de l'entrée au dessert : on n'est pas prêts d'oublier ce pâté en croûte veau, foie gras et morilles, tout simplement... parfait. Merci Cécile.

- Menu 24 € (déjeuner), 35/45 €

Plan : E3-33 – *43 place des Carmes – ✆ 05 34 25 75 65 – cecile-toulouse.fr – Fermé : lundi, dimanche*

NINO

CUISINE MODERNE • BISTRO Tout de blanc vêtu, ce bistrot moderne est installé non loin de son grand frère, le restaurant Py-r du chef Pierre Lambinon. Même attention au détail chez Nino, au fil d'une carte courte et de saison. Saumon gravlax et son coulis de betterave, pavlova aux fruits exotiques... Tout est soigné, tout a du caractère, et les prix sont canons.

- Menu 32/42 €

Plan : E2-22 – *28 rue Peyrolières – ✆ 05 61 38 50 79 – www.nino-restaurant.com – Fermé : lundi, mardi, mercredi midi, jeudi midi, vendredi midi*

UNE TABLE À DEUX

CUISINE MODERNE • SIMPLE Formés à Toulouse, Morgane et Nicolas ont fait leurs valises, direction la Corée et la Malaisie, à la recherche de nouvelles saveurs. De retour au bercail, c'est aux Carmes qu'ils régalent avec une cuisine ludique, qui emprunte autant à la Méditerranée qu'à des contrées plus tropicales, avec une maîtrise et un équilibre remarquables. Rapport qualité-prix excellentissime, à midi surtout.

- Menu 22 € (déjeuner), 35/68 €

Plan : F3-23 – *10 rue de la Pleau – ✆ 05 61 25 03 51 – www.unetableadeux.fr – Fermé : mercredi midi, samedi, dimanche*

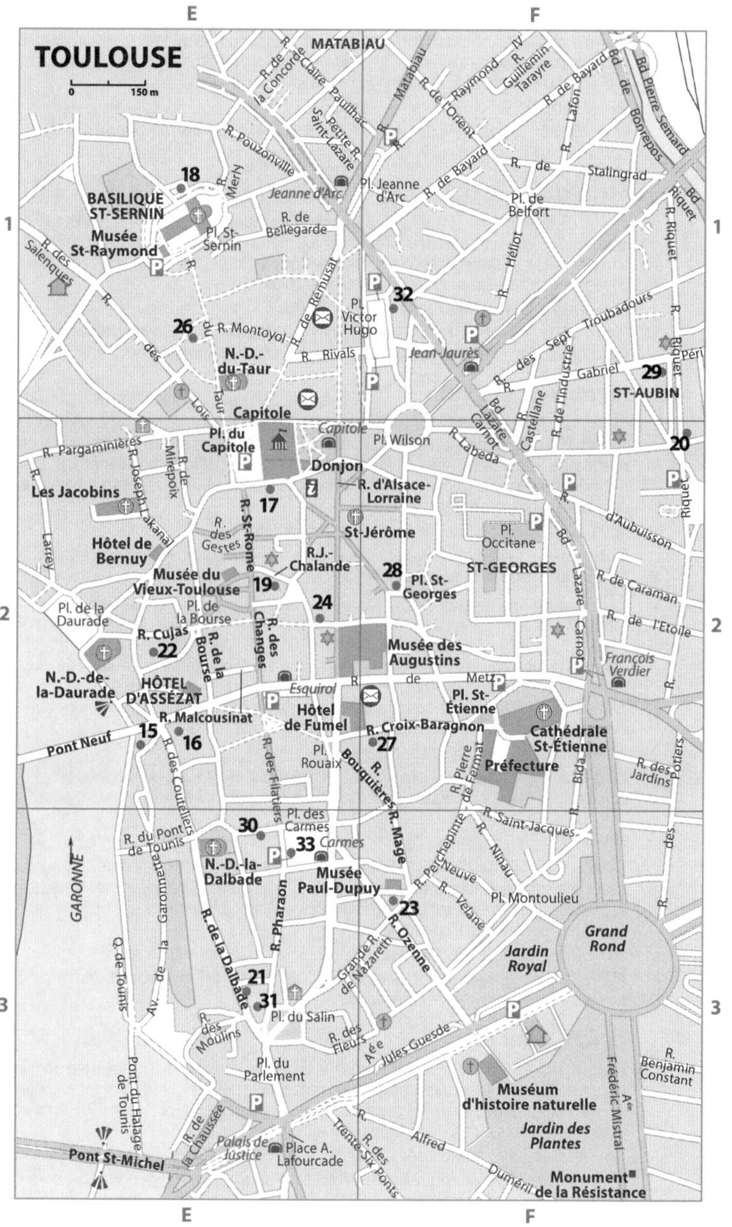
TOULOUSE
0 150 m
MATABIAU
BASILIQUE ST-SERNIN
Musée St-Raymond
N.-D.-du-Taur
Capitole
Pl. du Capitole
Donjon
Les Jacobins
Hôtel de Bernuy
Musée du Vieux-Toulouse
St-Jérôme
ST-GEORGES
ST-AUBIN
Musée des Augustins
N.-D.-de-la-Daurade
HÔTEL D'ASSÉZAT
Hôtel de Fumel
Cathédrale St-Étienne
Préfecture
N.-D.-la-Dalbade
Musée Paul-Dupuy
Jardin Royal
Grand Rond
Muséum d'histoire naturelle
Jardin des Plantes
Monument de la Résistance
Pont Neuf
Pont St-Michel
GARONNE
Palais de Justice
Place A. Lafourcade
Pl. Jeanne d'Arc
Pl. Wilson
Pl. Victor Hugo
Pl. Occitane
Pl. St-Georges
Pl. St-Étienne
Pl. Rouaix
Pl. des Carmes
Pl. du Salin
Pl. du Parlement
Pl. Montoulieu
Pl. de Belfort
Pl. de la Daurade
Pl. de la Bourse
Jean-Jaurès
Esquirol
Carmes
François Verdier
R. Pargaminières
R. d'Alsace-Lorraine
R. de Metz
R. Croix-Baragnon
R. Malcousinat
R. Cujas
R. de la Bourse
R. des Changes
R. St-Rome
R. de la Dalbade
R. Pharaon
R. Ozenne
R. Bouquières
R. Mage
R. Saint-Jacques
R. de Caraman
R. de l'Etoile
R. d'Aubuisson
Bd Lazare Carnot
Bd de Strasbourg
Allées Jules Guesde
Allée Frédéric Mistral
R. de Bayard
R. Riquet
Bd Pierre Semard
Bd de Bonrepos
R. de Stalingrad
Allées J. Alfred Duméril
18 17 19 24 28 22 15 16 27 30 33 23 21 31 26 32 29 20
E F 1 2 3

L'ALOUETTE

CUISINE DU MARCHÉ • BISTRO Nicolas Servant, ancien chef du Bon Servant, est aux fourneaux de cette vraie table de copains et de bons vivants. À vous belles viandes maturées et abats (oreilles de cochon, foie ou ris de veau), légumes des primeurs des halles voisines, desserts gourmands et bien maîtrisés. Une adresse canaille, jouisseuse, où l'on prolonge l'apéro avec bonheur...

- Menu 21 € (déjeuner) - Carte 33/55 €

Plan : F1-32 - *24 place Victor-Hugo - 05 62 89 13 96 - Fermé : lundi, mardi, dimanche soir*

ANTIPODES

CUISINE MODERNE • BISTRO Un bon petit restaurant monté par deux associés, anciens de l'école hôtelière de Toulouse. Le menu déjeuner est un vrai bon plan, composé au gré du marché ; le soir, on retrouve des recettes sensiblement plus voyageuses. C'est simple, c'est frais : ça nous plaît.

- Menu 19 € (déjeuner) - Carte 35/45 €

Plan : C2-12 - *9 rue du Pont-Saint-Pierre - 05 32 02 24 92 - www.antipodes-restaurant.com - Fermé : lundi, mardi soir, mercredi soir, dimanche*

AU POIS GOURMAND

CUISINE MODERNE • ÉLÉGANT Agrandie et réaménagée, offrant une vue imprenable sur la Garonne, la terrasse du Pois Gourmand est un vrai coin de campagne en pleine ville. Et dans l'assiette, c'est aussi réjouissant : d'un foie gras de canard mi-cuit à l'abricot à un pavé de maigre de Méditerranée grillé et fenouil confit à l'orange, on passe un bon moment.

- Menu 29 € (déjeuner), 49/59 €

Plan : B2-4 - *3 rue Émile-Heybrard - 05 34 36 42 00 - www.pois-gourmand.fr - Fermé : samedi midi, dimanche*

COLETTE

CUISINE TRADITIONNELLE • CONTEMPORAIN "Je veux que mes clients ressortent de mon restaurant avec le sourire" : tel est l'objectif de cet ancien de chez Christian Constant. "Colette" rend hommage à sa grand-mère, qui cuisinait avec amour les recettes traditionnelles. Dans l'assiette, des produits régionaux et une évidente générosité, à déguster dans un cadre contemporain.

- Menu 25 € (déjeuner), 39 €

Plan : F2-27 - *17 rue Croix-Baragnon - 05 61 53 34 24 - www.restaurant-colette.fr - Fermé : lundi soir, mardi soir, samedi, dimanche*

ÉMILE

CUISINE DU TERROIR • BISTRO Belle carte des vins, solide cuisine traditionnelle 100 % maison - produits frais et producteurs locaux sont à l'honneur - et, cerise sur le gâteau, jolie terrasse sur une agréable place. Quant à la vedette des lieux, c'est le cassoulet, évidemment !

- Menu 32 € (déjeuner), 42/55 € - Carte 49/63 €

Plan : F2-28 - *13 place Saint-Georges - 05 61 21 05 56 - www.restaurant-emile.com - Fermé : lundi, dimanche*

GENTY MAGRE

CUISINE CLASSIQUE • COSY Dans la rue du même nom, on revisite joyeusement le terroir, non sans finesse, avec une mention particulière pour l'incontournable cassoulet avec confit et saucisses, à déguster dans des assiettes en céramique. Cuissons et assaisonnements au top, bon rapport qualité-prix.

- Menu 25 € (déjeuner), 38 € - Carte 52/62 €

Plan : E2-24 - *3 rue Genty-Magre - 05 61 21 38 60 - www.legentymagre.com - Fermé : lundi, mardi, dimanche*

L'HIPPI'CURIEN

CUISINE MODERNE • SIMPLE Dans une ancienne maison en galets et briques, ce petit restaurant décline une offre en deux temps : excellent rapport qualité-prix à midi, cuisine plus élaborée le soir autour d'un menu unique. Le chef, qui travaille les recettes classiques avec une touche de modernité, flatte le terroir du Sud-Ouest.. Avec toujours de très beaux produits à l'image de ce thon rouge de ligne de Sète. Service attentionné.

♿ 🌳 ⚙ P - Menu 25 € (déjeuner), 39/59 €

Plan : B2-6 - *62 chemin des Courses - ✆ 05 61 31 88 43 - www.lhippicurien.com - Fermé : lundi, mercredi soir, samedi midi, dimanche*

HITO

CUISINE CRÉATIVE • SIMPLE Le premier restaurant d'Hitoshi Araki (ancien de Yannick Delpech, à l'Amphitryon) est proche de la place des Salins. Seul aux fourneaux, le chef propose une cuisine française créative, bercée de clins d'œil au Japon. Précision d'exécution incontestable, cuissons remarquables et saveurs marquées ; que du (très) bon. Le menu déjeuner est une aubaine.

A/C - Menu 20 € (déjeuner), 38/48 €

Plan : E3-21 - *26 rue de la Fonderie - ✆ 05 61 22 42 92 - Fermé : mercredi midi, samedi, dimanche*

MAS DE DARDAGNA

CUISINE TRADITIONNELLE • RUSTIQUE Voilà une cuisine respectueuse des produits (le chef se fournit au maximum en circuits courts), simple et bien faite... Aucun doute, cette ferme typiquement toulousaine est un joli repaire gourmand. Et aux beaux jours, on profite même d'une terrasse sous la glycine.

A/C 🌳 P - Menu 25 € (déjeuner), 34/55 €

Plan : C3-7 - *1 chemin de Dardagna, Rangueil - ✆ 05 61 14 09 80 - www.masdedardagna.com - Fermé : lundi soir, samedi, dimanche*

LES PLANEURS

CUISINE DU MARCHÉ • BISTRO Un chef japonais et son associé ont ouvert ce lieu atypique dans un décor volontiers bohème et décalé. On y déguste une cuisine française précise, originale, équilibrée et parfumée, à l'instar de ce risotto de volaille et coquillages au puissant goût iodé, ou de la fraîcheur d'une nage d'abricots rôtis au romarin et glace au yaourt faite maison. Bon rapport qualité-prix.

🌳 - Menu 25 € (déjeuner), 48 €

Plan : C2-14 - *56 boulevard des Minimes - ✆ 09 86 51 56 95 - www.lesplaneurs.com - Fermé : mercredi midi, samedi, dimanche*

LES P'TITS FAYOTS

CUISINE MODERNE • BRANCHÉ Ce restaurant cosy et élégant, disposé sur deux niveaux, propose une cuisine moderne et créative, au centre de laquelle trônent les bons produits du Gers. Le jeune chef-patron anime cette adresse de sa fougue, affairé dans sa cuisine bien en vue des clients : vous n'en manquerez pas une miette...

A/C - Menu 28 € (déjeuner) - Carte 40/55 €

Plan : E1-26 - *8 rue de l'Esquile - ✆ 05 61 23 20 71 - www.lesptitsfayots.com - Fermé : samedi, dimanche*

LES SALES GOSSES

CUISINE MODERNE • BISTRO Ces Sales Gosses déclinent sur de grandes ardoises des plats qui revisitent le bistrot avec une créativité réjouissante. On les doit au chef Bruno, qui a troqué le bonnet d'âne pour une toque de premier de la classe ! Bref, un vrai bon plan, en particulier à midi. Et si c'est complet, place au plan B : le Bistrot, rue de l'Industrie.

A/C - Menu 25 € (déjeuner), 38/45 €

Plan : F1-29 - *81 rue Riquet - ✆ 09 67 15 31 64 - www.lessalesgosses.fr - Fermé : samedi, dimanche*

SOLIDES

CUISINE MODERNE • BISTRO Face au marché, cette adresse se distingue d'abord par la bonne cuisine de bistrot de son chef, mais aussi par son excellente (et pertinente) carte de vins "nature". Service et ambiance très décontractés.

AC - Menu 28 € (déjeuner), 55/85 € - Carte 30/60 €

Plan : E3-30 - *38 rue des Polinaires - ✆ 05 61 53 34 88 - www.solides.fr - Fermé : lundi, mardi midi, dimanche*

LES TÊTES D'AIL

CUISINE MODERNE • BRANCHÉ La bistronomie tendance Sud-Ouest, c'est ici que ça se passe ! Cuisine du marché soignée et goûteuse, réglée sur les saisons, produits locaux bien choisis, super rapport qualité-prix... le tout dans une rue commerçante et animée, près de la place des Carmes. L'adresse ne désemplit pas, et ce n'est pas un hasard.

♿ AC - Menu 20 € (déjeuner), 48 €

Plan : E3-31 - *6 rue de la Fonderie - ✆ 05 61 13 40 41 - Fermé : lundi, dimanche*

VERFEIL

✉ 31590 - Haute-Garonne - Carte régionale n° **22**-C2

✿ LA PROMENADE

Chef : Nicolas Thomas

CUISINE CRÉATIVE • CONTEMPORAIN Autant le dire : on se régale lors cette promenade gastronomique, entraîné par un chef passionné, ancien violoncelliste professionnel, ayant quitté le monde de la musique pour... un piano de cuisson ! Cela explique peut-être en partie l'approche 'improvisée" de sa cuisine, qui change en permanence au fil des saisons et de ses inspirations. Son menu unique, sans choix, nous emmène d'une surprise à une autre... Bref, cette belle bâtisse toulousaine abrite un petit miracle créatif, tout en finesse et en fraîcheur ! Décidément, une adresse à découvrir à tout prix.

♿ AC P - Menu 110 €

1395 chemin d'en Sigaudès - ✆ 05 34 27 85 42 - www.restaurant-la-promenade.fr - Fermé : mardi, mercredi, jeudi

VIC-EN-BIGORRE

✉ 65500 - Hautes-Pyrénées - Carte régionale n° **22**-A2

LE RÉVERBÈRE

CUISINE TRADITIONNELLE • CONVIVIAL Venez vous régaler à la lumière de ce plaisant Réverbère, dont l'intérieur -entièrement relooké - se révèle moderne et lumineux. On vient y profiter des créations du chef, au plus près du terroir : il travaille avec de nombreux producteurs locaux pour un résultat généreux et goûteux, plein de saveurs.

♿ AC - Menu 17 € (déjeuner), 26/37 €

Rue d'Alsace - ✆ 05 62 96 78 16 - hotellereverbere.fr/restaurant - Fermé : samedi, dimanche soir

VILLEFRANCHE-DE-ROUERGUE

✉ 12200 - Aveyron - Carte régionale n° **22**-C1

CÔTÉ SAVEURS

CUISINE MODERNE • COSY L'ancienne caserne des pompiers a été revisitée à la mode contemporaine, et le résultat est à la hauteur ! Quant à la cuisine, elle met en valeur le terroir aveyronnais de fort belle manière : pavé de veau de l'Aveyron, salsifis et moelleux de patate douce, tarte au citron revisitée à la crème citron vert...

- Menu 24 € (déjeuner), 35/50 € - Carte 51/66 €

Place Louis-Fontanges - 05 65 65 83 64 - www.cote-saveurs.fr - Fermé : lundi, dimanche

RELAIS DE FARROU

CUISINE MODERNE • **ÉLÉGANT** Cette maison est chargée d'histoire : c'était autrefois un relais de poste, c'est désormais un relais gourmand ! Demi-pigeon de la Coulonnière et jus corsé aux airelles, veau de l'Aveyron à l'aligot et caviar d'aubergine : on se régale de jolis petits plats accompagnés de vins bien choisis.

- Menu 27/65 €

34 Farrou - 05 65 45 18 11 - www.relaisdefarrou.com - Fermé : lundi, samedi midi, dimanche soir

VILLENEUVE

12260 - Aveyron - Carte régionale n° **22**-C1

LE JARDIN DES CAUSSES

CUISINE MODERNE • **TENDANCE** La jeune cheffe de ce Jardin en a repensé le décor (murs blancs, ambiance épurée) et travaille en direct avec les producteurs locaux. Les recettes sont bien ficelées, et s'accompagnent d'une courte carte de vins bien choisis. Une bonne adresse.

- Menu 21 € (déjeuner), 32/51 €

Place Cardalhac - 05 65 65 84 95 - Fermé : lundi, mardi, dimanche

VILLENEUVE-TOLOSANE

31270 - Haute-Garonne - Carte régionale n° **22**-B2

D'CADEI

CUISINE MODERNE • **TENDANCE** La table de Damien Cadei a déménagé au n°1 de la même rue ! On s'y régale toujours de bonnes assiettes réglées sur les saisons : Saint-Jacques en croûte de noisette, texture de betterave ; bœuf charolais, jus de veau truffé ; sphère au chocolat grand cru, sorbet cacao...

- Menu 22 € (déjeuner), 32/58 €

1 rue de l'Hôtel-de-Ville - 05 61 92 72 68 - www.dcadei.fr - Fermé : lundi, mercredi soir, dimanche

Benoit Gade/Getty Images Plus

PAYS DE LA LOIRE

PAYS DE LA LOIRE

Carte régionale n° 23

La Loire, ses vins, ses châteaux, ses champignonnières... Si la richesse d'un territoire révèle celle de sa gastronomie, les Pays de Loire peuvent s'enorgueillir d'une rare diversité de climats et de paysages. Sur les tables, on retrouve autant les influences du fleuve (poissons d'eau douce et anguille, un mets rare ailleurs, en abondance ici !) que le souffle iodé de ses frontières atlantiques (bar et turbot) qui prennent des airs de Bretagne à Guérande ou au Croisic. L'Auberge le Nézil, à Saint-Lyphard, en propose un exemple remarquable : avec sa façade blanche percée de petites fenêtres et son toit de chaume, voilà une auberge typique de la Brière ! Au menu, anguille et langouille (andouille de langue de porc) grillées et servies avec un crémeux d'épinards... un joli plat qui réinvente la tradition avec finesse.

Coup de cœur aussi pour Angers, cité de charme et d'histoire, entre les parcs, le superbe château en pierres noires de schiste et blanches de tuffeau, les quartiers de la Doutre (datant des 12e et 15e siècles) et la splendide Tenture de l'Apocalypse (la plus grande tapisserie médiévale connue à ce jour). Versant gourmandise, Lait Thym Sel fait danser les produits de la Loire et de l'Anjou, que le chef bouscule en regardant vers l'Orient (épices, coriandre, fleur d'oranger), tandis que Ronin s'affirme comme une référence en matière de gastronomie végane.

LA SELECTION DU GUIDE MICHELIN

LES TABLES ÉTOILÉES

✿✿

Une cuisine d'exception. Vaut le détour !

✿

Une cuisine d'une grande finesse. Vaut l'étape !

N Nouvelle distinction cette année !
Engagé pour une gastronomie durable

LES BIB GOURMAND

Nos meilleurs rapports qualité-prix

MATHIEU PÉROU, LE BON SENS DISTINGUÉ

Manoir de la Régate, à Nantes

Approvisionnement local et recyclage rigoureux, au service d'une cuisine toute en créativité et en qualité, ont valu à ce jeune chef, en plus de l'Étoile verte, le label éco-responsable Green Food.

Sensibilisé très jeune à la cueillette sauvage et au jardin potager par son grand-père – qui ne mettait jamais les pieds dans un supermarché ! – Mathieu Pérou ne fait que reproduire ce qu'il a appris à ses côtés. *"Ce que je fais, je le fais par pur bon sens. Quand on reprend un restaurant à 24 ans, on compte ses sous, on fait attention à ce que l'on achète, on essaie de supprimer les intermédiaires pour réaliser des économies."* Ce que Mathieu a fait, c'est réduire la voilure de ses fournisseurs et surtout, recentrer ses achats sur un périmètre très restreint : *"En cuisine, c'est une gymnastique, on sait que l'on va devoir se passer de certains produits qui viennent de trop loin et qu'en salle, il va falloir expliquer la démarche, mais le jeu en vaut la chandelle."* Le confinement lui a ouvert les yeux sur la détresse de certains producteurs : *"Ca a été un déclic. J'ai arrêté les poissons de mer pour ne proposer que des poissons d'eau douce parce que Gilles, mon pêcheur, avait des difficultés."* Cela nécessite de passer beaucoup de temps à ôter les arêtes des carpes, brèmes, brochets ou perches; mais quand le restaurant est à deux pas de l'Erdre, il y a une logique qui s'impose.

De même pour la crèmerie, qu'il aperçoit de son restaurant, ou du maraîchage en biodynamie et en permaculture assuré par des passionnés à deux pas de la cuisine. Et pour que le cercle soit vertueux, il gère ses déchets en redonnant aux producteurs de quoi enrichir leurs terres. Il remplit aussi le compost municipal pour nourrir les terres des jardins urbains. Bientôt, sur un terrain à côté du restaurant, il pourra faire pousser des fleurs, des tomates ou des fraises, de façon à être autosuffisant en légumes dans un périmètre inférieur à un kilomètre.

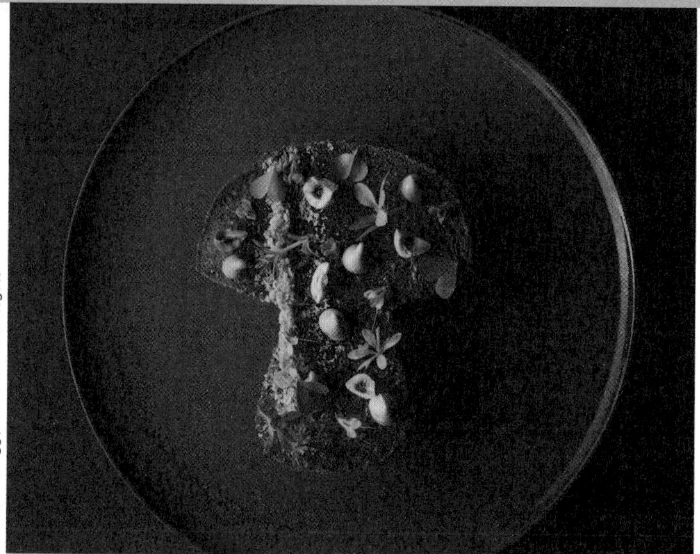
©Paul Stefanaggi/Le Manoir de la Régate

Cèpes de Carquefou, foie gras, noisettes et jus de viande

Comment avez-vous développé votre réseau de producteurs locaux ?

Quand je suis arrivé il y a 4 ans pour prendre le relais de mon père, il avait déjà mis en place un approvisionnement en produits locaux, notamment pour la viande et le maraîchage. Je n'ai fait que poursuivre son travail mais en désuisant encore le périmètre, en abandonnant par exemple les poissons de l'océan pour ne proposer que des poissons de l'Erdre à ma clientèle.

Cette volonté de réduire le périmètre d'approvisionnement, c'est une prise de conscience récente ?

J'ai connu le pire et le meilleur dans ma courte vie professionnelle. En France, j'ai eu la chance de travailler chez Thierry Drapeau en Vendée et chez les frères Ibarboure à Bidart dans les Pyrénées-Atlantiques. Ils étaient déjà très en avance sur l'écologie, la gestion des déchets, les potagers. C'est là que la prise de conscience nait. En revanche, en Australie où je suis resté plus de deux ans, c'est tout l'inverse. Si j'ai beaucoup appris sur le plan professionnel, j'ai aussi été effaré par le gaspillage alimentaire. Alors de retour en France, vous vous jurez de ne pas faire les mêmes erreurs.

Vos équipes sont-elles solidaires vis-à-vis de vos décisions en faveur d'une gastronomie plus écologique ?

J'ai 28 ans, mon second en a 24 et le reste de l'équipe est âgée de 16 à 22 ans. L'écologie en restauration n'est pas leur priorité mais ils comprennent tout de suite les enjeux et prennent le pli dès que je prends une décision. Il ne faut pas de longs discours pour les convaincre : ils font partie d'une génération sensible à l'état de la planète. Une fois qu'ils sont impliqués, ils vont au bout des choses.

UNE CUISINE INSULAIRE POUR UNE CONSCIENCE PLANÉTAIRE

La Marine, à L'Herbaudière (Noirmoutier)

Engagé depuis longtemps dans la maîtrise des déchets, Alexandre Couillon agit au quotidien pour offrir une cuisine qui valorise et préserve son environnement. Une étoile verte à la clé.

Alexandre Couillon fourmille d'idées et poursuit sa quête d'une gastronomie écologique, de saison et locale, encore plus poussée que par le passé. Son positionnement "les produits d'ici sont faits pour être cuisinés ici" s'est encore accentué ces derniers temps : *"Au restaurant gastronomique, je ne cuisine plus de viande ou de produits exotiques depuis longtemps mais je m'autorisais encore quelques poissons d'autres criées de la région. C'est fini, je ne travaille désormais qu'avec la criée de Noirmoutier et j'imagine mes menus en fonction des arrivages."* Seuls les coquillages proviennent encore de La Baule ou de Bourgneuf mais à ses yeux, la distance reste minime. Ces confinements l'ont aussi amené à réfléchir sur notre époque. *"J'ai été agréablement surpris de sentir le soutien de la population de l'île qui est venue en masse acheter des plats à emporter. J'ai ressenti chez ces clients un manque, une envie mais pour autant, il ne faut pas retomber dans nos travers d'avant."*

Ce dont le chef se méfie, c'est que tout reparte vite, trop vite. Pour lui, il faut tirer les enseignements de cette crise et reprendre conscience de la valeur temps. Sa vie de famille, celle de ses collaborateurs a sérieusement changé avec l'arrêt de ses établissements, il faut donc sans doute imaginer une autre façon de travailler, plus respectueuse de l'humain, de ses attentes. Même chose pour les fournisseurs, les producteurs. Il faut

Le bord de Mer

Alexandre Couillon

penser le mot *temps* différemment : *"Si la société repart comme avant, on va dans le mur. Tout le monde ne suivra pas car de nombreuses personnes aspirent à autre chose et j'en fais partie. Il faut impérativement ralentir sinon, il y aura de la casse."*

Avec le confinement, qu'avez-vous fait de tous les produits que votre jardin a donné ?

D'abord, on a mis tous les produits d'hiver en fermentation, en conservation ou en séchage puis nous avons proposé à La Table d'Elise des menus à emporter, ce qui nous a permis de passer tous les légumes du jardin. Ca n'était pas gagné mais à la surprise générale, nous avons, certains week-ends, réalisé plus de 150 menus, ce qui nous a évité les pertes.

Vous avez également profité de ce confinement pour mener à bien d'autres projets. Quels sont-ils ?

Dans la maison qui jouxte La Marine, nous avons ouvert une boutique d'alimentation locale, parce qu'à L'Herbaudière, il n'y a plus qu'une boulangerie. L'idée n'est pas de créer une épicerie fine mais un lieu de vie où les producteurs qui travaillent avec moi puissent vendre en direct le fruit de leur travail. Ils œuvrent au quotidien pour défendre un patrimoine local. Les produits mis à la vente suivront les saisons. Il ne faut pas s'attendre à avoir dix confitures différentes ou quinze terrines de poissons ou de légumes car ce seront des produits de saison comme des jus de fruits, des vins, quelques conserves, des produits laitiers mais aussi sans doute des légumes de mon jardin si les deux restaurants n'arrivent pas à utiliser l'ensemble de la production. J'ai aussi retravaillé mon pain au levain avec mes équipes. J'avais déjà ce type de pain au restaurant mais avec plus de temps pour se poser et réfléchir sur les conseils du regretté Thierry Delabre, nous avons, je pense, trouvé une composition qui correspond davantage à ce que j'avais imaginé.

Vous avez atteint le zéro stock et vous visez le zéro déchet. Où en êtes-vous aujourd'hui ?

On y est pour la partie restauration, mais il faut savoir taper du poing sur la table avec les fournisseurs car dans les déchets, il y a ceux que les restaurants génèrent et il y a ceux des livraisons, les caisses et les plastiques. À la criée de Noirmoutier, je me bats pour que tous mes poissons soient déposés dans une seule caisse. J'ai aussi négocié avec mon fournisseur de lait pour qu'il travaille avec des contenants plus gros et me livre en une seule fois. La denrée est tout de suite plus périssable une fois ouverte mais c'est aussi une façon de prévoir en avance certaines préparations.

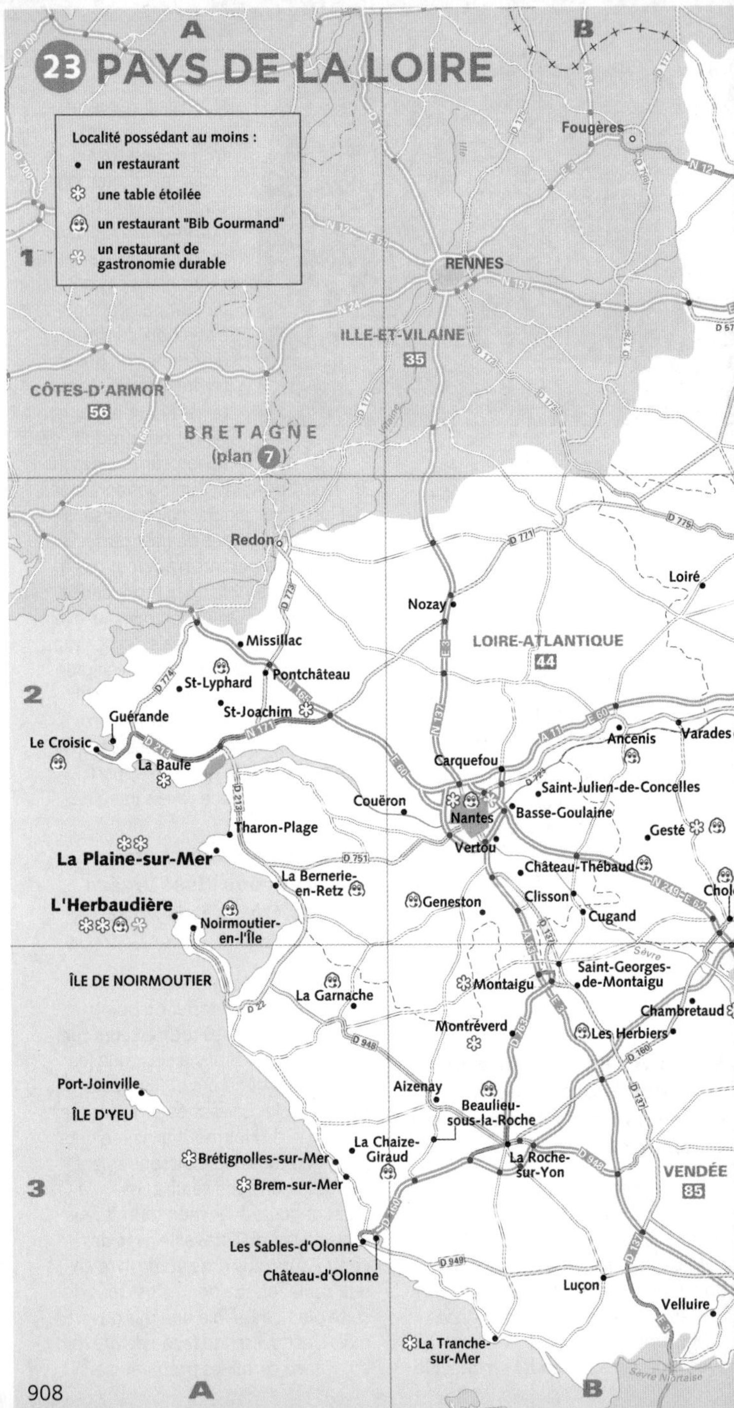
23 PAYS DE LA LOIRE
Localité possédant au moins :
un restaurant
une table étoilée
un restaurant "Bib Gourmand"
un restaurant de gastronomie durable
RENNES
Fougères
ILLE-ET-VILAINE
35
CÔTES-D'ARMOR
56
BRETAGNE
(plan 7)
Redon
Loiré
Nozay
LOIRE-ATLANTIQUE
44
Missillac
St-Lyphard
Pontchâteau
Guérande
St-Joachim
Le Croisic
La Baule
Varades
Ancenis
Carquefou
Saint-Julien-de-Concelles
Couëron
Nantes
Basse-Goulaine
Tharon-Plage
Vertou
Gesté
La Plaine-sur-Mer
La Bernerie-en-Retz
Château-Thébaud
Chole
L'Herbaudière
Noirmoutier-en-l'Île
Geneston
Clisson
Cugand
ÎLE DE NOIRMOUTIER
La Garnache
Montaigu
Saint-Georges-de-Montaigu
Chambretaud
Montréverd
Les Herbiers
Port-Joinville
ÎLE D'YEU
Aizenay
Beaulieu-sous-la-Roche
La Chaize-Giraud
Brétignolles-sur-Mer
Brem-sur-Mer
La Roche-sur-Yon
VENDÉE
85
Les Sables-d'Olonne
Château-d'Olonne
Luçon
Velluire
La Tranche-sur-Mer
A
B
1
2
3

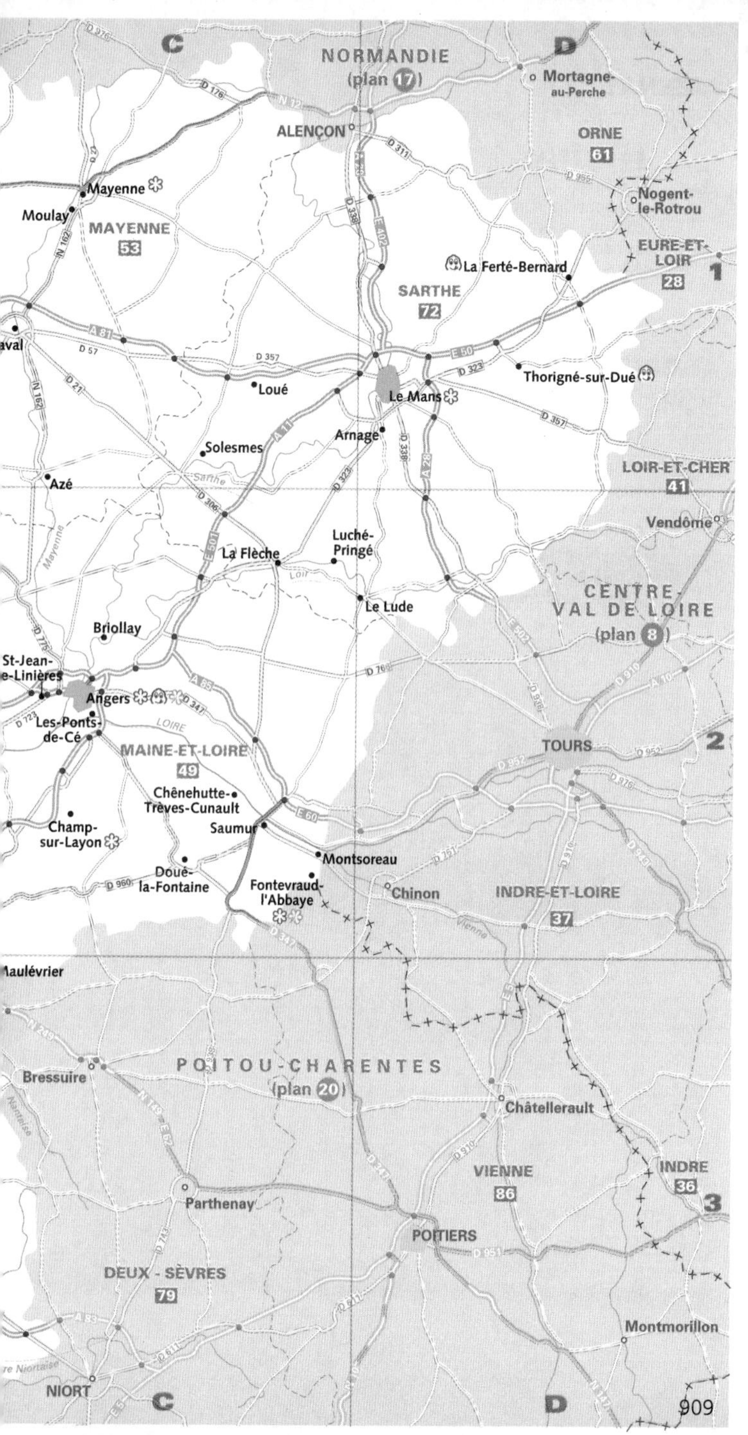
C
D
NORMANDIE
(plan 17)
Mortagne-au-Perche
ALENÇON
ORNE
61
Mayenne
Moulay
MAYENNE
53
Nogent-le-Rotrou
EURE-ET-LOIR
28
La Ferté-Bernard
SARTHE
72
1
Thorigné-sur-Dué
Loué
Le Mans
Arnage
Solesmes
Azé
LOIR-ET-CHER
41
Vendôme
Luché-Pringé
La Flèche
Le Lude
CENTRE-VAL DE LOIRE
(plan 8)
Briollay
St-Jean-de-Linières
Angers
Les-Ponts-de-Cé
MAINE-ET-LOIRE
49
TOURS
2
Chênehutte-Trèves-Cunault
Saumur
Champ-sur-Layon
Montsoreau
Doué-la-Fontaine
Fontevraud-l'Abbaye
Chinon
INDRE-ET-LOIRE
37
Maulévrier
POITOU-CHARENTES
(plan 20)
Bressuire
Châtellerault
VIENNE
86
INDRE
36
3
Parthenay
POITIERS
DEUX - SÈVRES
79
Montmorillon
NIORT
C
D

AIZENAY

✉ 85190 - Vendée - Carte régionale n° **23**-B3

LA SITTELLE

CUISINE MODERNE • ÉLÉGANT Cette jolie villa de la fin des années 1940 connaît une nouvelle jeunesse grâce à deux associés, anciens du château de Locguénolé. Le chef met en avant les produits de la région dans des recettes plutôt originales, avec de nombreux accords terre-mer. Accueil agréable et attentionné.

♿ ⚙ P - Menu 32/74 € - Carte 63/76 €

33 rue du Maréchal-Leclerc - ✆ 02 51 34 79 90 - restaurantlasittelle.com - Fermé : mardi, mercredi

ANCENIS

✉ 44150 - Loire-Atlantique - Carte régionale n° **23**-B2

LA TOILE À BEURRE

CUISINE MODERNE • RUSTIQUE Pierres, poutres et tomettes font le cachet rustique de cette maison de 1750, bordée d'une jolie terrasse. Le chef, Pierre-Yves Ladoire, y revisite la cuisine du terroir en y mêlant sa patte personnelle. Résultat : des recettes gourmandes, mettant notamment à l'honneur les poissons sauvages. Service aimable.

⚙ - Menu 25 € (déjeuner), 35/50 € - Carte 39/60 €

82 rue Saint-Pierre - ✆ 02 40 98 89 64 - www.latoileabeurre.com - Fermé : lundi, mardi soir, mercredi soir, jeudi soir, dimanche soir

diamant24/Getty Images Plus

✉ 49000 - Maine-et-Loire
Carte régionale n° **23**-C2

ANGERS

La capitale de l'Anjou se distingue autant par la richesse de son patrimoine que par celle de sa gastronomie. Cité florissante de la Renaissance, elle abrite les murailles de la forteresse médiévale du roi René et la tenture de l'Apocalypse. Elle est aussi la ville de naissance du "prince des gastronomes", l'écrivain et journaliste Curnonsky, qui mit son appétit d'Angevin au service de la défense du terroir. Et ce ne sont pas les spécialités qui manquent ici : sandre au beurre blanc, pâté aux prunes... En ville, c'est la Maison Jouis qui incarne depuis 1954 la référence en matière de rillettes ou de rillauds – ces morceaux de poitrine de porc maigre cuits dans la graisse où ils sont confits. Quant au quernon, un chocolat bleu, croquant et fondant, il évoque le bloc de schiste brut fendu par l'ardoisier angevin. Enfin, les vins de Loire et d'Anjou offrent une diversité fascinante.

LAIT THYM SEL

Chef : Gaëtan Morvan

CUISINE CRÉATIVE • CONTEMPORAIN Parmi les belles maisons à colombages du quartier de la Doutre, on vous recommande chaudement cette petite pépite tenue par un couple plein de talent. Lui, en cuisine, décline un menu dégustation en sept plats basé sur les produits de la région. C'est délicieux, inventif, d'une lisibilité totale, et cela n'a rien d'une surprise étant donné son parcours impeccable : Prés d'Eugénie, Louis XV, ou encore SaQuaNa... On se régale de bout en bout, en profitant aussi de vins bien choisis et de tarifs qui n'ont rien d'extravagant. Attention, 16 couverts seulement à chaque service : ne laissez pas passer votre chance !

L'engagement du chef : *Notre maraîcher est installé à 50 km du restaurant. Nous travaillons les poissons de Loire en saison, les poissons de mer de Loire-Atlantique, de Bretagne ou de Normandie, la viande des Pays de la Loire. Pain de notre artisan et possibilité d'emporter le pain non consommé pour lutter contre le gaspillage alimentaire. Carte des vins orientée nature et bio. Nous sommes en train d'éliminer les caisses en polystyrène.*

Menu 85 €

Plan : A1-2 - *65 rue Beaurepaire - ✆ 02 41 72 08 64 - www.laitthymsel.fr - Fermé : lundi, dimanche et le midi*

GRIBICHE Ⓝ

CUISINE TRADITIONNELLE • CONTEMPORAIN Ô le joli bistrot coup de cœur ! Quand ce couple sort son ardoise de plats traditionnels dépoussiérés et généreux, les papilles défaillent : pâté en croûte, tête de veau sauce gribiche, souris d'agneau dessert gourmand comme ce kouign amann, caramel au beurre salé, glace vanille. Beau choix de vins à prix sages.

- Carte 31/38 €

Plan : A2-1 - *9 rue Max-Richard - 02 41 19 14 48 - Fermé : lundi, mercredi soir, dimanche*

AUTOUR D'UN CEP

CUISINE TRADITIONNELLE • BISTRO Changement de chef et de ton dans cette petite maison dont le millésime se perd entre le 15e et le 16e s., à mi-chemin entre la cathédrale et la Maine. Le chef Thony Pohu signe désormais une cuisine plus ancrée dans l'air du temps et la saison, privilégiant uniquement le végétal en entrée. Et toujours une jolie sélection de vins au verre de propriétaires locaux.

- Menu 42/60 €

Plan : A2-3 - *9 rue Baudrière - 02 41 42 61 00 - Fermé : samedi, dimanche et le midi*

AUX JEUNES POUSSES

CUISINE MODERNE • CONTEMPORAIN Formé dans les belles maisons, le chef cisèle ici un menu unique dans un esprit tendance. À travers un (long) menu unique à l'unisson des saisons et du marché, il fait preuve de créativité et d'une belle maîtrise technique pour travailler des produits ultra-frais et naturels (et surtout ceux de la région, des escargots au fromage frais fermier). Face à la cuisine atelier et au sourire de Tiffany, cette expérience gastronomique réclame beaucoup de temps (environ 3 heures).

- Menu 48 €

Plan : A2-8 - *4 rue d'Anjou - 02 41 25 41 21 - www.auxjeunespousses.fr - Fermé : samedi, dimanche et le midi*

CHEZ RÉMI

CUISINE TRADITIONNELLE • BISTRO Ici, on vient se régaler de bons petits plats de saison, proposés à l'ardoise (réécrite tous les jours) dans un agréable décor de bistrot (trophées de chasse, expo de tableau, vinyles). Tout est fait maison (produits frais et bio), et le succès est au rendez-vous.

Menu 20 € (déjeuner), 30/35 €

Plan : B2-4 - *5 rue des Deux-Haies - 02 41 24 95 44 - www.chezremi.fr - Fermé : lundi, samedi, dimanche*

LE POIS GOURMAND

CUISINE TRADITIONNELLE • BISTRO Ancien caviste, le chef a mis une attention toute particulière dans le choix des vins (de Loire, principalement) qui accompagnent les assiettes. Ces dernières sont réalisées par un chef amoureux de beaux produits – maraîchers bio, viande et poissons du marché, etc. Une cuisine bistrotière fraîche et réjouissante.

- Menu 22 € (déjeuner), 30 €

Plan : B1-5 - *42 avenue Besnardière - 02 41 24 09 25 - Fermé : lundi soir, mardi soir, mercredi soir, jeudi soir, samedi, dimanche*

RONIN

CUISINE VÉGÉTALIENNE • COSY Cette adresse à la décoration épurée invite à une véritable expérience gastronomique vegan qui marie créativité, précision, parfums et influences asiatiques. Une cuisine qui demeure toujours gourmande et surprend jusqu'au dessert. Attention, cette performance exige du temps à table, afin de profiter pleinement de ce menu unique en 8 moments.

Menu 75 €

Plan : A2-6 - *19 rue Toussaint - 09 81 05 63 21 - www.ronin-restaurant.fr - Fermé : lundi, mardi, mercredi, dimanche et le midi*

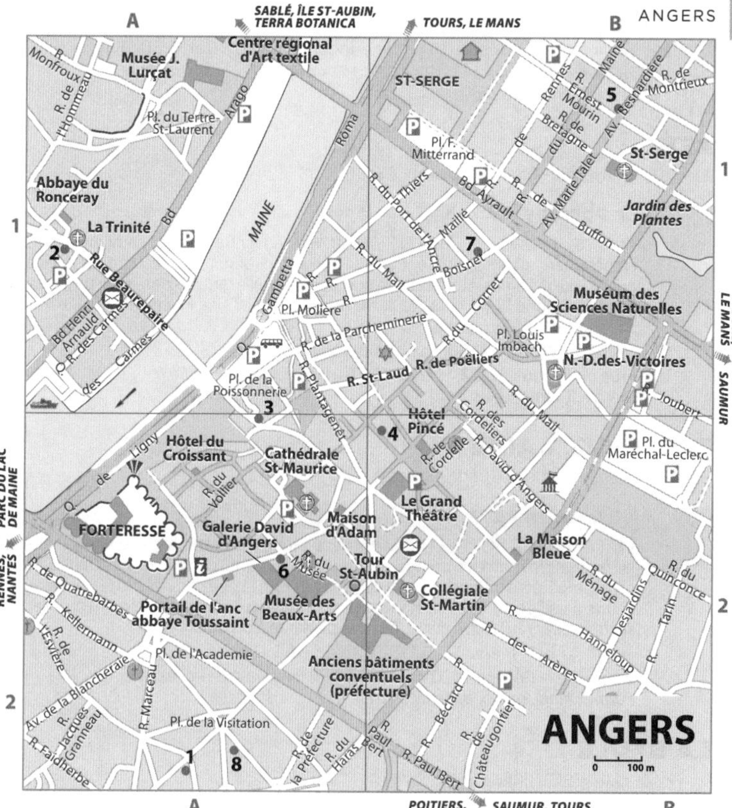

SENS

CUISINE MODERNE • ÉPURÉ Le jeune chef-patron, passé (notamment) chez Christopher Hache, le Bristol avec Éric Frechon ou David Toutain, propose une cuisine actuelle et créative, très personnelle, autour de menus aux courts intitulés, changés régulièrement au fil des saisons et des marchés. A découvrir dans une petite salle à manger contemporaine sobre et dépouillée.

Menu 26 € (déjeuner), 48 €

Plan : B1-7 – *8 rue Boisnet – ✆ 02 41 05 12 28 – www.restaurant-sens.com – Fermé : lundi, mardi, dimanche et le midi*

ARNAGE

✉ 72230 – Sarthe – Carte régionale n° **23**-D1

AUBERGE DES MATFEUX

CUISINE MODERNE • ÉLÉGANT Des motifs abstraits aux murs, une vaisselle signée par un artiste local : l'élégance du restaurant annonce celle de l'assiette. Avec une solide maîtrise technique, le chef compose de savoureux plats dans l'air du temps, qui gardent toujours un œil sur la tradition. Ne manquez pas les ravioles de langoustines cuites dans leur jus.

- Menu 36 € (déjeuner), 59/74 € - Carte 60/80 €

289 avenue Nationale - 02 43 21 10 71 - www.aubergedesmatfeux.fr - Fermé : lundi, dimanche

AZÉ

53200 - Mayenne - Carte régionale n° **23**-C1

LE PRIEURÉ

CUISINE MODERNE • CONTEMPORAIN C'est au centre d'un sympathique village, en périphérie de Château Gontier, que le gourmet dégourdi découvre cet ancien prieuré du onzième siècle, au cadre bucolique. La belle terrasse donne sur un jardin. En toile de fond la Mayenne, et dans l'assiette, une cuisine fraîche et soignée finit d'emporter l'enthousiasme.

- Menu 18 € (déjeuner), 32/56 €

1 rue du Prieuré - 02 43 12 83 43 - www.restaurantleprieure.fr - Fermé : lundi, mercredi, dimanche soir

BASSE-GOULAINE

44115 - Loire-Atlantique - Carte régionale n° **23**-B2

VILLA MON RÊVE

CUISINE TRADITIONNELLE • COSY Dans un grand jardin protégé par une levée de la Loire, une jolie maison bourgeoise de la fin du 19es., au cadre élégant et feutré. La carte perpétue la tradition de la cuisine des bords de Loire : cuisses de grenouille au beurre persillé ou gros plant et sa sauce aux herbes ; poissons de la région (brochet, sandre et bar) au beurre blanc. Terrasse plaisante aux beaux jours.

- Menu 36/63 € - Carte 51/80 €

2 levée de la Divate - 02 40 03 55 50 - www.villa-mon-reve.com - Fermé : lundi, mardi, dimanche soir

LA BAULE

44500 - Loire-Atlantique - Carte régionale n° **23**-A2

CASTEL MARIE-LOUISE

CUISINE MODERNE • CLASSIQUE Dans ce manoir début de siècle très feutré, on dîne près des grandes baies ou en terrasse, sous les pins : l'image vivante d'une Belle Époque revisitée... par le décorateur Jacques Garcia qui a essaimé le décor de bronzes opulents et de rideaux chatoyants. Inspirée par les produits du moment (poissons et coquillages issus de la pêche à pied autour de l'île de Batz, algues du Croisic...), la cuisine moderne du chef Éric Mignard navigue en douceur entre classicisme (comme ce délicieux biscuit de langoustines) et créativité maîtrisée (à l'image de cette association harmonieuse entre le concombre et le kiwi, toute en fraîcheur).

- Menu 76/125 €

1 avenue Andrieu - 02 40 11 48 38 - www.castel-marie-louise.com - Fermé : lundi midi, mardi midi, mercredi midi, jeudi midi, vendredi midi, samedi midi

14 AVENUE

POISSONS ET FRUITS DE MER • CONVIVIAL Voilà une adresse dont les amateurs de poisson vont faire leur cantine ! D'emblée, on vous présente la pêche du jour, d'une fraîcheur sans faille : langoustes de gros calibre, soles, sardines de la Turballe... On se régale de ces beaux produits cuisinés dans le respect des saveurs.

- Menu 41 € - Carte 43/78 €

14 avenue Pavie - 02 40 60 09 21 - www.14avenue-labaule.com - Fermé : lundi, mardi, dimanche soir

CARPE DIEM

CUISINE MODERNE • **CONTEMPORAIN** Sur la route du golf, faites étape dans ce restaurant ! Ici, le mobilier contemporain cohabite avec la cheminée et les poutres apparentes. La carte laisse le choix entre des plats traditionnels ou plus créatifs : bœuf de Brière saumuré au sel de Guérande, algues, tomates et poivrons ; lieu jaune en croustillant au sarrasin, asperges, moules et condiment.

- Menu 23 € (déjeuner), 44/57 €

29 avenue Jean-Boutroux - 02 40 24 13 14 - www.le-carpediem.fr - Fermé : mardi soir, mercredi, dimanche soir

FOUQUET'S

CUISINE TRADITIONNELLE • **CHIC** Une table située au sein de l'hôtel Royal, typique des grands hôtels balnéaires du début du 20e s. Le décor cosy des boiseries et les photos d'acteurs signées du studio Harcourt évoquent l'ambiance du Fouquet's parisien. Carte d'inspiration brasserie (fruits de mer, sole meunière, filet de bœuf sauce béarnaise, andouillette, profiteroles), mais aussi des plats light - thalasso oblige !

AC - Menu 36 € (déjeuner), 49/55 € - Carte 55/90 €

6 avenue Pierre Loti - 02 40 11 48 48 - www.lucienbarriere.com

SAINT-CHRISTOPHE

CUISINE MODERNE • **COLORÉ** Confortablement installé à l'abri d'une jolie villa d'architecture balnéaire, ce restaurant à l'atmosphère feutrée, colorée et dandy (banquettes en velours, moquette tigrée, portraits et tableaux) a subi une cure de rajeunissement. Il propose toujours une séduisante cuisine traditionnelle, ponctuée de quelques touches actuelles.

- Menu 24 € (déjeuner), 39 €

1 avenue des Alcyons - 02 40 62 40 00 - www.st-christophe.com

BEAULIEU-SOUS-LA-ROCHE

85190 - Vendée - Carte régionale n° **23**-B3

CAFÉ DES ARTS

CUISINE TRADITIONNELLE • **SIMPLE** Dans cette bourgade paisible, on rencontre Virginie et Antoine Préteux, jeune couple au solide parcours. Antoine mijote une cuisine traditionnelle savoureuse, parsemée de touches modernes : tourte de canard, aile de raie, sauce citronnelle et petits légumes, ou encore baba au rhum revisité... On se régale.

- Menu 24 € (déjeuner), 35/60 € - Carte 54/72 €

2 rue de la Poste - 02 51 98 24 80 - www.lecafedesarts-beaulieu.com - Fermé : lundi, mercredi, dimanche soir

LA BERNERIE-EN-RETZ

44760 - Loire-Atlantique - Carte régionale n° **23**-A2

L'ARTIMON

CUISINE TRADITIONNELLE • **FAMILIAL** Cet Artimon porte haut les valeurs de la bonne cuisine, attirant de loin les amateurs : il faut dire que le chef travaille en vrai artisan de beaux produits locaux. La petite salle - toute simple et d'esprit marin - ne désemplit pas !

AC - Menu 35/48 €

17 rue Jean-du-Plessis - 02 51 74 61 60 - Fermé : lundi, mardi, dimanche soir

BREM-SUR-MER

✉ 85470 - Vendée - Carte régionale n° **23**-A3

LES GENÊTS

Chef : Nicolas Coutand

CUISINE MODERNE • DESIGN À quelques kilomètres des Sables-d'Olonne, une maison de maître, rénovée avec originalité, accueille le couple talentueux formé par Nicolas et Amélie Coutand. Le chef a notamment travaillé chez les Troisgros à Roanne et à L'Amphitryon à Lorient. Adepte de la fraîcheur et la saisonnalité, il propose une cuisine créative, enlevée et savoureuse, et met un point d'honneur à cuisiner des produits de la région ou réputés moins nobles - comme la sardine, le maquereau et le merlu. Un grand potager de 1400 mètres carrés apporte une touche végétale à des assiettes légères, d'une grande finesse, et proposées à des prix raisonnables.

- Menu 29 € (déjeuner), 55/75 €

21 bis rue de l'Océan - 02 51 96 81 59 - www.restaurant-les-genets.fr - Fermé : lundi, mardi, dimanche soir

BRÉTIGNOLLES-SUR-MER

✉ 85470 - Vendée - Carte régionale n° **23**-A3

JEAN-MARC PÉROCHON

Chef : Jean-Marc Pérochon

CUISINE MODERNE • ÉLÉGANT Attablé derrière les grandes baies vitrées du restaurant, on admire les reflets du soleil sur l'Atlantique... Un sacré loup de mer y a posé l'ancre : Jean-Marc Pérochon a pris la mer à l'âge de 17 ans, quand il a traversé la Manche direction l'Écosse, avant de parcourir l'Europe et le monde jusqu'aux Antilles. Mais c'est dans son hôtel-restaurant vendéen que sa cuisine a atteint l'épure : tout en saveurs exotiques, en extractions, en jus et émulsions, elle se révèle très percutante. Il faut dire aussi qu'elle s'appuie sur des produits impeccables : notamment les poissons et les crustacés de la criée de Saint-Gilles-Croix-de-Vie (qui dominent la carte), mais aussi la volaille de Challans et les légumes des maraîchers locaux.

AC P - Menu 28 € (déjeuner), 68/116 € - Carte 85/105 €

63 avenue de la Grande-Roche - 02 51 33 65 53 - www.lesbrisants.com - Fermé : lundi, mardi midi, dimanche soir

BRIOLLAY

✉ 49125 - Maine-et-Loire - Carte régionale n° **23**-C2

CHÂTEAU DE NOIRIEUX

CUISINE MODERNE • ÉLÉGANT Une cuisine au goût du jour, qui n'a pas oublié ses classiques et met en valeur les produits du terroir angevin, accompagnée d'un bon vin de Loire ; une agréable terrasse dominant la vallée, pour un moment hors du temps... Délices intemporels.

P - Menu 55/105 € - Carte 90/117 €

26 route du Moulin - 02 41 42 50 05 - www.chateaudenoirieux.com - Fermé : lundi, mardi

CARQUEFOU

✉ 44470 - Loire-Atlantique - Carte régionale n° **23**-B2

AUBERGE DU VIEUX GACHET

CUISINE MODERNE • CONVIVIAL Cette ancienne ferme évoque la campagne d'antan, à deux pas de la ville : au bord de l'Erdre, face aux flots, la vue se révèle très nature. De la belle cuisine, visible à l'entrée, s'échappent les fumets harmonieux d'une cuisine traditionnelle et généreuse. La carte des vins flirte avec 350 références, l'atout charme !

- Menu 38/60 € - Carte 34/73 €

Le Vieux Gachet, au bord de l'Erdre - 02 40 25 10 92 - www.aubergeduvieuxgachet.com - Fermé : lundi, dimanche soir

LA TABLE DU MARQUIS AU CHÂTEAU DE MAUBREUIL N

CUISINE ACTUELLE • ÉLÉGANT Les superlatifs manquent pour décrire la longue histoire de ce château romantique édifié au 19e s. Entouré d'un parc émaillé d'œuvres d'art, il dévoile un intérieur somptueux (miroirs immenses, cheminée sculptée, parquet ancien, mobilier d'esprit Napoléon III). Ne reste plus qu'à profiter d'une cuisine dans l'air du temps, plutôt bien réalisée.

- Menu 34 € (déjeuner), 58/75 €

Allée de Maubreuil - 02 21 70 03 70 - www.chateaudemaubreuil.com - Fermé : lundi, dimanche soir

LA CHAIZE-GIRAUD

85220 - Vendée - Carte régionale n° **23**-A3

LA CHAIZE GOURMANDE

CUISINE DU MARCHÉ • BISTRO Sa cuisine se veut "sagement voyageuse". Ou comment de discrètes touches d'originalité viennent taquiner des ingrédients (principalement) régionaux. Cédric Merlaud, au CV sérieux, propose des recettes soignées, parfumées et plaisantes, à l'instar de ce joli filet de merlan poêlé et sa crème de civette au curry. Le chef privilégie les légumes de la région, comme la pêche des ports vendéens. Frais et goûteux.

- Menu 21 € (déjeuner), 35 €

2 place du Marché - 02 51 22 75 33 - www.lachaizegourmande.com - Fermé : mardi, mercredi, dimanche soir

CHAMBRETAUD

85500 - Vendée - Carte régionale n° **23**-B3

LA TABLE DU BOISNIARD

Chef : Valentin Morice

CUISINE MODERNE • ROMANTIQUE Le chef Valentin Morice, pâtissier de formation, a converti La Table du Boisniard en archipel du goût. Il propose une cuisine créative et harmonieuse, élaborée à partir de produits d'excellence, avec de vrais moments de grâce - par exemple quand il travaille les jus et bouillons. On se souvient notamment des noix de Saint-Jacques snackées et sa crème iodée au cidre, ou encore du filet de bœuf d'Anjou légèrement fumé, et des agrumes en coque meringuée, nuage de coco et caviar de pamplemousse… La partition, attentive aux saisons, se savoure dans une élégante salle à manger ou en terrasse, aux beaux jours. Une adresse hautement recommandable.

- Menu 41/90 € - Carte 71/85 €

Route de la Verrie - 02 51 67 50 01 - www.chateau-boisniard.com - Fermé : lundi, mardi, dimanche soir

LE CHAMP-SUR-LAYON

49380 - Maine-et-Loire - Carte régionale n° **23**-C2

LA TABLE DE LA BERGERIE

Chef : David Guitton

CUISINE MODERNE • TENDANCE Près d'Angers, en plein vignoble des coteaux-du-Layon, ce restaurant mérite toute votre attention. Il abrite le jeune et talentueux David Guitton, originaire de Loire-Atlantique, formé auprès des plus grands aux quatre coins du monde : États-Unis, Londres, Monaco… Pas de carte ici, mais un menu assez court, branché sur les saisons. Le chef se fournit chez les producteurs locaux (viande, poisson, fruits et légumes) et compose des recettes fines et délicates, d'uns simplicité désarmante, qu'on n'oubliera pas de sitôt. Quelques vins au verre pour découvrir la production (bio) du domaine.

♿ AC ⚙ P - Menu 30 € (déjeuner), 55/80 €

La Bergerie - ✆ 02 41 78 30 62 - www.latable-bergerie.fr - Fermé : lundi, mardi midi, dimanche

CHÂTEAU-D'OLONNE

✉ 85180 - Vendée - Carte régionale n° **23**-A3

CAYOLA

CUISINE MODERNE • **ROMANTIQUE** Dans la salle ou sur la terrasse, la vue sur l'Atlantique est superbe et l'on se prend à rêver de croisières au long cours. Mais l'évasion est déjà dans l'assiette : les produits de la mer sont rois en ce royaume...

- Menu 39 € (déjeuner), 69/105 € - Carte 90/100 €

76 promenade de Cayola, anse de Cayola - ✆ 02 51 22 01 01 - www.le-cayola.com - Fermé : lundi, dimanche soir

CHÂTEAU-THÉBAUD

✉ 44690 - Loire-Atlantique - Carte régionale n° **23**-B2

AUBERGE LA GAILLOTIÈRE

CUISINE TRADITIONNELLE • **RUSTIQUE** Pour un tête-à-tête avec le vignoble nantais... Les alignements de ceps viennent presque caresser les murs de cet ancien chai qui a rafraîchi son décor et jeté aux orties le menu classique au profit de petites portions surprises (froides, chaudes et sucrées) servies sur plateau. Les crus ligériens sont toujours à l'honneur pour accompagner cette cuisine du terroir, généreuse et soignée.

♿ P - Menu 27/33 €

Lieu-dit La Gaillotière - ✆ 02 28 21 31 16 - www.auberge-la-gaillotiere.fr - Fermé : lundi, dimanche

CHÊNEHUTTE-TRÈVES-CUNAULT

✉ 49350 - Maine-et-Loire - Carte régionale n° **23**-C2

LE CASTELLANE - CHÂTEAU LE PRIEURÉ

CUISINE MODERNE • **ÉLÉGANT** Le Castellane, restaurant du Château du Prieuré, propose une cuisine actuelle, qui fait la part belle aux produits de saison, au maximum locaux. On en profite dans une salle à manger au décor Empire ou sur la terrasse, qui offrent un beau panorama sur la Loire. Tout comme les chambres à la décoration unique et qui fleurent bon la vallée des rois...

♿ AC P - Menu 35 € (déjeuner), 45/70 €

Route du Comte-de-Castellane - ✆ 02 41 67 90 14 - www.prieure.com - Fermé : lundi, mardi

CHOLET

✉ 49300 - Maine-et-Loire - Carte régionale n° **23**-B2

L'OURDISSOIR

CUISINE MODERNE • **INTIME** De beaux murs en pierre, témoins du travail des tisserands de la ville du mouchoir. Le chef propose un menu découverte selon son inspiration et les propositions du marché.

AC - Menu 35/54 €

40 rue Saint-Bonaventure - ✆ 02 41 58 55 18 - www.lourdissoir.com - Fermé : lundi, dimanche

LA GRANGE

CUISINE MODERNE • **AUBERGE** Côté pile, l'image d'Épinal, les poutres apparentes qui rappellent l'ancienne ferme du pays. Côté face, des touches de couleur, de l'épure et du design, bref : la modernité ! À cheval sur tout cela, bien en équilibre : la savoureuse cuisine du chef, inspirée et respectueuse des saisons.

- Menu 25 € (déjeuner), 29/69 € - Carte 42/86 €

64 rue de St-Antoine - ✆ 02 41 62 09 83 - www.lagrangecholet.fr - Fermé : lundi, dimanche soir

LA P'TITE PATTE (N)

CUISINE MODERNE • **CONTEMPORAIN** Au sein d'une belle maison bourgeoise, voici, à côté de la table gastronomique (le Patte Noire), le bistrot ! Deux petites salles au décor d'inspiration rétro, quelques touches de modernité, ambiance paisible sur la terrasse. Côté assiette, éclectisme de rigueur : ceviche, carpaccio, pluma ibérique, pièce de bœuf sauce béarnaise, savarin, tarte au chocolat.

- Menu 35 €

17 avenue de Nantes - ✆ 02 41 28 91 80 - www.maisonpattenoire.fr - Fermé : lundi, mercredi, dimanche soir

LE PATTE NOIRE (N)

CUISINE MODERNE • **ÉLÉGANT** Pas besoin de montrer "patte blanche" pour goûter à cette table chaleureuse et colorée, installée dans une charmante maison bourgeoise au cœur d'un parc ! Adrien Roux, le chef, qui connaît ses classiques, y propose une bonne cuisine en phase avec l'époque, comme cette barbue, lard de Colonnata, champignons.

- Menu 85 € - Carte 76/96 €

17 avenue de Nantes - ✆ 02 41 28 91 80 - www.maisonpattenoire.fr - Fermé : lundi, mercredi, dimanche soir

CLISSON

✉ 44190 - Loire-Atlantique - Carte régionale n° **23**-B2

VILLA SAINT-ANTOINE

CUISINE MODERNE • **BRASSERIE** Le point fort de l'ancienne filature des bords de Sèvre nantaise ? La belle terrasse au bord de l'eau, qui dévoile une vue superbe sur le château de Clisson. La partition du chef, goûteuse et particulièrement soignée, se révèle en parfaite harmonie avec la géographie des lieux.

- Menu 25 € (déjeuner), 38/49 € - Carte 45/58 €

8 rue Saint-Antoine - ✆ 02 40 85 46 46 - www.hotel-villa-saint-antoine.com

COUËRON

✉ 44220 - Loire-Atlantique - Carte régionale n° **23**-B2

LE FRANÇOIS II

CUISINE TRADITIONNELLE • **CONVIVIAL** L'enseigne, au décor moderne, rend hommage au duc de Bretagne, père d'Anne, mort à Couëron. Ici, la tradition est reine, et le couple de propriétaires - d'origine bretonne - sait la faire vivre ! Le chef aime s'approvisionner dans la région et travaille en véritable artisan. Une adresse attachante.

- Menu 18 € (déjeuner), 34/45 € - Carte 43/60 €

5 place Aristide-Briand - ✆ 02 40 38 32 32 - www.francois2.com - Fermé : lundi, mardi, mercredi soir, jeudi soir, dimanche soir

LE CROISIC

✉ 44490 - Loire-Atlantique - Carte régionale n° **23**-A2

L'ESTACADE

CUISINE MODERNE • **CONTEMPORAIN** Sur les quais, en face de la criée, cette adresse agréable, gérée par deux jeunes gens, passés par de belles maisons, propose une cuisine généreuse et soignée qui fait la part belles aux produits de la région (poissons, coquillages et algues bien sûr, mais aussi viandes). En salle, madame rayonne. Accueil tout sourire et service attentionné.

♿ - Menu 23 € (déjeuner), 35/70 € - Carte 40/85 €

4 quai du Lénigo - ✆ 02 40 23 03 77 - www.lestacade.fr - Fermé : mercredi, jeudi

LE LÉNIGO

POISSONS ET FRUITS DE MER • **CONVIVIAL** Face à la criée, embarquez dans ce restaurant tenu par toute une famille très sympathique. Atmosphère marine (bois vernis, hublots) et cuisine de la mer fraîche et soignée.

- Menu 37/48 € - Carte 44/68 €

11 quai du Lénigo - ✆ 02 40 23 00 31 - www.lelenigo.com - Fermé : lundi, mardi

L'OCÉAN

POISSONS ET FRUITS DE MER • **CONTEMPORAIN** Quelle vue ! La verrière - de 30 m de long - face au large offre un panorama à couper le souffle. Ici, on savoure les produits de la mer "tout frais pêchés". Mention spéciale pour le bar en croûte de sel et la sole meunière. Et le soir, on dîne tout en regardant le soleil se coucher sur les flots...

♿ AC - Carte 45/170 €

Port-Lin - ✆ 02 40 62 90 03 - www.restaurantlocean.com

CUGAND

✉ 85610 - Vendée - Carte régionale n° **23**-B2

L'ARÔME

CUISINE MODERNE • **CONTEMPORAIN** Juste en face de l'église, une maison traditionnelle joliment restaurée : le décor est planté ! Dany Bachelier, le chef, compose une cuisine très personnelle, riche en arômes et originale sans excès. Paisible terrasse sur l'arrière, dans une cour arborée.

♿ - Menu 19 € (déjeuner), 33/42 €

8 place de l'Église - ✆ 02 51 07 08 99 - www.larome-cugand.fr - Fermé : lundi, mercredi soir, dimanche

DOUÉ-LA-FONTAINE

✉ 49700 - Maine-et-Loire - Carte régionale n° **23**-C2

AUBERGE BIENVENUE

CUISINE TRADITIONNELLE • **ÉLÉGANT** Cette maison a fêté ses 30 ans d'existence, mais ne montre aucun signe de lassitude. Confortablement installé sous les poutres et les arcades de la grande salle, on constate que la tradition a toujours du bon, surtout en cuisine.

♿ AC P - Menu 20 € (déjeuner), 35/47 €

104 route de Cholet - ✆ 02 41 59 22 44 - www.aubergebienvenue.com - Fermé : lundi midi, dimanche soir

LA FERTÉ-BERNARD

✉ 72400 - Sarthe - Carte régionale n° **23**-D1

RESTAURANT DU DAUPHIN

CUISINE MODERNE • TENDANCE Cette jolie demeure du 16e s. au pied de la porte St-Julien propose une cuisine maison et dans l'air du temps, avec quelques touches exotiques – ce ceviche de thon au lait de coco-gingembre en est un bon exemple –, à déguster dans une salle aux tons gris et framboise. Belle sélection de vins au verre.

- Menu 23 € (déjeuner), 35/85 € - Carte 45/58 €

3 rue d'Huisne – 02 43 93 00 39 – www.restaurant-du-dauphin.com – Fermé : lundi, dimanche

AU BISTRONOME

CUISINE TRADITIONNELLE • BISTRO L'intérieur, lumineux et haut de plafond, est décoré à la façon d'un bistrot contemporain. Même philosophie dans l'assiette, qui met en avant la tradition avec notamment de bonnes grillades au charbon de bois – côte de bœuf, entrecôte, andouillette, thon, sole... – préparées directement dans la salle. Simple et généreux !

- Menu 23 € (déjeuner) - Carte 45/64 €

11 rue Bourgneuf – 02 43 93 21 58 – Fermé : lundi, mardi soir, mercredi soir, dimanche

LA FLÈCHE

✉ 72200 - Sarthe - Carte régionale n° **23**-C2

LE MOULIN DES QUATRE SAISONS

CUISINE MODERNE • CONTEMPORAIN Au centre de la ville, Cupidon semble veiller sur ce beau moulin du 17e s. posé sur les eaux du Loir ! Un cadre enchanteur... pour une cuisine actuelle, rythmée par les saisons et accompagnée de beaux vins, certains d'Autriche – pays d'origine de la propriétaire.

- Menu 32 € (déjeuner), 50/68 € - Carte 60/120 €

Rue Gallieni – 02 43 45 12 12 – www.moulindes4saisons.fr – Fermé : lundi, mercredi soir, dimanche soir

FONTEVRAUD-L'ABBAYE

✉ 49590 - Maine-et-Loire - Carte régionale n° **23**-C2

FONTEVRAUD LE RESTAURANT

Chef : Thibaut Ruggeri

CUISINE CRÉATIVE • DESIGN Au cœur de l'abbaye de Fontevraud, l'une des plus grandes cités monastiques d'Europe, se trouve le prieuré Saint-Lazare. Dans son cloître, devenu restaurant, le designer Patrick Jouin et l'architecte Sanjit Manku ont organisé la rencontre de l'épure monacale et des matériaux bruts, pour mieux laisser vibrer les plats du chef Thibaut Ruggeri. Ce dernier, Haut-Savoyard originaire de Megève, vainqueur du Bocuse d'Or 2013, a forgé sa foi chez les grands, de Michel Guérard à Georges Blanc. Apôtre du "beau et du bon" et de la biodynamie, il mise sur les produits du terroir local (volaille de Racan, pigeon d'Anjou...) et synchronise sa production potagère sur le calendrier lunaire. Délicieux programme !

L'engagement du chef : *Inscrit au cœur du projet Fontevraud - cité durable, le restaurant met tout en œuvre pour relever les défis du développement durable. Les produits que nous travaillons sont tous issus du terroir local ou du potager et des ruches de l'Abbaye Royale. Notre menu change à chaque lune, tous les 29 jours et demi, pour respecter au mieux le rythme des produits.*

- Menu 75 €

38 rue Saint-Jean-de-l'Habit – 02 46 46 10 10 – www.fontevraud.fr – Fermé : lundi, mardi, mercredi midi, jeudi midi, vendredi midi

LA GARNACHE

✉ 85710 - Vendée - Carte régionale n° **23**-A3

LE PETIT ST-THOMAS

CUISINE MODERNE • TRADITIONNEL Ce restaurant, affaire familiale depuis vingt ans, est fréquenté par une clientèle d'habitués - ce qui est toujours un gage de qualité. Côté papilles, de belles recettes traditionnelles, parfois revisitées, à l'image de ce cochon de lait farci porcetta, involtini de pied et tête de cochon et pil pil ail citron.

- Menu 33/60 € - Carte 49/69 €

25 rue de Lattre-de-Tassigny - ✆ 02 51 49 05 99 - www.restaurant-petit-st-thomas.com - Fermé : lundi, mardi, dimanche soir

GENESTON

✉ 44140 - Loire-Atlantique - Carte régionale n° **23**-B2

LE PÉLICAN

CUISINE MODERNE • CONVIVIAL Comme le Pélican, ouvrez grand le bec et profitez d'une savoureuse cuisine, mêlant tradition et modernité. L'exemple parfait : un magret de canard cuit à basse température, avec écrasé de pomme de terre fumée... Délicieux et à petit prix : ce Pélican a tout compris !

- Menu 32/55 €

13 place Georges-Gaudet - ✆ 02 40 04 77 88 - www.restaurantlepelican.fr - Fermé : lundi, mardi, dimanche soir

GESTÉ

✉ 49600 - Maine-et-Loire - Carte régionale n° **23**-B2

LE 1825 - LA TABLE GASTRONOMIQUE

CUISINE MODERNE • ÉLÉGANT Perdu dans la campagne, ce petit château du 19e ouvre le soir une table élégante emmenée par un jeune chef au parcours éloquent, de Daniel Boulud à New-York à Yannick Alléno à Courchevel. Il régale avec une partition remarquable où la technique fait honneur à des produits irréprochables. Le pigeonneau (parfaitement cuit rosé), lentilles vertes du Puy et barbajuan, avec son excellent jus au vinaigre fumé, donne le sourire. Le décor n'est pas en reste, à l'image de l'immense salle à manger aménagée dans l'ancienne orangerie, qui cumule hauteur sous plafond, pierres apparentes, mobilier tendance et baies vitrées donnant sur la cour.

- Menu 45/65 € - Carte 51/63 €

Château de la Brûlaire - 404 La Brûlaire - ✆ 02 44 84 87 78 - www.domainedelabrulaire.fr - Fermé : lundi, mardi, mercredi midi, jeudi midi, vendredi midi, dimanche soir

LE 1825 - LA TABLE BISTRONOMIQUE

CUISINE MODERNE • ÉLÉGANT Le 1825 propose, au déjeuner uniquement, une séduisante formule qui offre à prix sage de bien belles assiettes : filet de maquereau mariné et sabayon au Cointreau ; lieu jaune, fregola sarda et émulsion à la coriandre ; chou craquelin à la pistache et aux framboises... C'est simple, frais et parfumé : on aime !

- Menu 30 € (déjeuner) - Carte 30/46 €

Château de la Brûlaire - 404 La Brûlaire - ✆ 02 44 84 87 78 - www.domainedelabrulaire.fr - Fermé : lundi, mardi, samedi, dimanche et le soir

GUÉRANDE

44350 - Loire-Atlantique - Carte régionale n° **23**-A2

BRUT (N)

CUISINE MODERNE • COSY Au cœur des marais salants et d'un village de paludiers, une jolie maison blanche abrite ce restaurant charmant où 3 petites salles à manger dévoilent cette cuisine d'aujourd'hui qui fait son miel de la saison et de la région. Côté dessert, les soufflés sont la spécialité de la maison.

- Menu 39 € (déjeuner), 48/75 €

16 rue des Prés-Garniers, à Saillé - 02 40 42 33 10 - www.restaurantsbrut.com - Fermé : lundi, mardi

L'HERBAUDIÈRE - Vendée(85) • Voir Île de Noirmoutier

LES HERBIERS

85500 - Vendée - Carte régionale n° **23**-B3

L'ENVERS DU DÉCOR

CUISINE MODERNE • CONTEMPORAIN Au centre de la localité, cette ancienne boulangerie a été transformée en restaurant contemporain, élégant et épuré. Dans l'assiette, une cuisine de saison et de produits, concoctée par un chef au parcours étoilé, passé notamment par l'Hostellerie de Plaisance à Saint-Emilion, époque Etchebest. Le chef porte une attention toute particulière à la réalisation des sauces, servies à part. Un bonheur.

- Menu 35/60 €

23 rue de la Bienfaisance - 09 86 19 30 21 - www.envers-du-decor.fr - Fermé : lundi, dimanche

AROMA

CUISINE MODERNE • COLORÉ Ce restaurant du centre-ville, moderne et coloré, est tenu par un jeune couple plein d'allant, auteur d'une carte évolutive, ne dérogeant jamais à la sacro-sainte trilogie : fraîcheur, gourmandise et... produits vendéens !

- Menu 26 € (déjeuner), 29/38 €

7 rue du Brandon - 02 51 91 05 48 - www.restaurant-aroma.com - Fermé : lundi, dimanche soir

ÎLE DE NOIRMOUTIER

53000 - Mayenne - Carte régionale n° **23**-C1

L'Herbaudière

LA MARINE

Chef : Alexandre Couillon

CUISINE CRÉATIVE • ÉLÉGANT Voilà plus de vingt ans qu'Alexandre Couillon se lève à l'aube pour se rendre à la criée de Noirmoutier, point de ralliement des meilleurs poissons de l'Atlantique - maquereau, merlan, rouget, sole - avant de poursuivre vers son potager de 4000 m2, situé à quelques minutes du restaurant. Le menu dégustation en 6 ou 9 plats est par conséquent constamment renouvelé au gré des arrivages en flux tendu du jardin et des pêcheurs. La qualité des produits de la mer et des légumes est exceptionnelle. Autres attributs de son talent, la cuisson au feu, la cueillette maritime, les coulis de fruits et légumes condimentés, les réductions de fumets et jus corsés... sans oublier la cuisson millimétrée des poissons ! Souvenirs éclatants de ce maquereau cuit à la braise accompagné de betteraves ou encore de ce dessert blé noir-caramel-citron-algue. La Marine aujourd'hui, c'est aussi un décor revu avec des matières naturelles et des couleurs douces, et l'épicerie "Le petit couillon" où le chef met en avant ses artisans et producteurs.

L'engagement du chef : *Nous vivons au rythme de la Nature, qui seule nous dicte, jour après jour, ce qui figurera à la carte de notre restaurant. Nous travaillons avec de petits pêcheurs locaux et essayons au maximum de n'utiliser que des produits de notre jardin. Tous les déchets organiques sont quant à eux valorisés en compost, avant de retourner à la Terre.*

- Menu 130/220 €

3 rue Marie-Lemonnier - 02 51 39 23 09 - www.alexandrecouillon.com - Fermé : lundi, mardi, dimanche

LA TABLE D'ÉLISE

POISSONS ET FRUITS DE MER • BISTRO Cette table marine - l'annexe du restaurant gastronomique La Marine - honore les beaux produits iodés. On reconnaît le sens des saveurs et la précision d'exécution du chef, version bistrot et sans façon... Un vrai bon moment en perspective !

- Menu 35 €

5 rue Marie-Lemonnier - 02 28 10 68 35 - www.alexandrecouillon.com - Fermé : lundi, mardi, dimanche

Noirmoutier-en-l'Île

L'ASSIETTE AU JARDIN

CUISINE MODERNE • BISTRO On s'installe à l'intérieur d'une petite salle de bistrot aux étagères garnies de produits d'épicerie fine ou sur la coquette véranda pour déguster une partition pleine de gourmandise, où la tradition s'accommode joliment d'une âme voyageuse. Le menu, qui change toutes les deux semaines, met en avant les produits locaux ou régionaux. Une charmante adresse.

- Menu 35/40 €

9 rue du Robinet - 02 51 54 93 95 - www.lassietteaujardin.fr - Fermé : lundi, mardi midi, mercredi midi

L'ÉTIER

POISSONS ET FRUITS DE MER • TRADITIONNEL Entre route et étier - un chenal d'eau de mer sur lequel donne la véranda -, cette maison basse typique de l'île propose de beaux produits de la pêche locale : homard grillé, turbot sauvage cuit sur l'arête, sole meunière, anguille du marais au jus d'herbes fines... sans oublier, les immanquables soufflé au Grand Marnier et paris-brest. Une cuisine de bon artisan, fraîche et savoureuse à souhait.

P - Menu 30/65 € - Carte 43/65 €

Route de l'Épine - 02 51 39 10 28 - www.restaurant-letier.fr - Fermé : lundi, mardi

FLEUR DE SEL

POISSONS ET FRUITS DE MER • CONTEMPORAIN Cette maison a le pied marin, mais pas uniquement ; à la carte, pêche locale (huîtres, pêche du jour) ou produits du terroir - volaille de Challans. Côté vue, on a l'embarras du choix : alors, vous êtes plutôt jardin et piscine, ou église et château ? .

P - Menu 35/50 € - Carte 41/69 €

10 rue des Saulniers - 02 51 39 09 07 - www.fleurdesel.fr - Fermé : lundi

LE GRAND FOUR

CUISINE TRADITIONNELLE • BOURGEOIS Après une visite du château de Noirmoutier-en-l'Île, arrêtez-vous dans cette belle maison bourgeoise du 18e s. au cadre feutré et cossu. Dans ce Grand Four mijote une savoureuse cuisine du moment qui fait la part belle aux produits de l'Atlantique : huîtres de Noirmoutier, sole de l'Herbaudière, etc. De jolis arômes !

- Menu 42/86 € - Carte 69/81 €

1 rue de la Cure - 02 51 39 61 97 - www.legrandfour.com - Fermé : mardi, jeudi, dimanche soir

LA MAISON DES TOQUÉS

CUISINE MODERNE • ÉLÉGANT Aurore et Sébastien Duchenne ont quitté leur petit restaurant de l'Herbaudière pour s'installer à Noirmoutier-en-l'Île. Nouveau challenge, mais toujours la même passion pour les produits régionaux de qualité, valorisés par des recettes dans l'air du temps, originales, imaginées au gré du marché. Il est toujours prudent de réserver (capacité limitée à moins de 20 convives).

Menu 48/73 €

26 rue de la Pré-aux-Ducs – ✆ 02 28 10 15 12 – www.lamaisondestoques.fr – Fermé : mercredi

LE PETIT BANC

CUISINE TRADITIONNELLE • BISTRO Originaires de la région lyonnaise, Véronique et Gilles ont investi cette jolie maison de pays située au pied du château. On s'installe dans un décor charmant avec banquettes rouges en skaï, mobilier de bistrot, miroirs, vieux plancher etc. pour déguster charcuteries de Lyon et produits vendéens. Ambiance à la bonne franquette.

♿ – Menu 27 €

7 rue des Douves – ✆ 02 28 10 93 21 – Fermé : dimanche et le midi

ÎLE D'YEU

✉ 53000 – Mayenne – Carte régionale n° **23**-C1

Port-Joinville

LES BAFOUETTES

CUISINE MODERNE • TRADITIONNEL Ce restaurant, situé dans une petite rue près du port, et tenu par le même chef (belge) depuis 25 ans, propose une cuisine équilibrée entre produits de la mer, viandes et épices, souvenirs de ses différents voyages à l'étranger. La carte est appétissante : langoustines en deux façons ; croustillant de chair d'araignée, rémoulade de céleri et pommes vertes, etc. Et même un menu homard ! Sans doute la meilleure table de l'île.

🏕 – Menu 32 € (déjeuner), 38/93 €

8 rue Gabriel-Guist'hau – ✆ 02 51 59 38 38 – www.lesbafouettes.com – Fermé : lundi, dimanche soir

LAVAL

✉ 53000 – Mayenne – Carte régionale n° **23**-C1

L'ANTIQUAIRE

CUISINE MODERNE • ÉLÉGANT Amis chineurs, ici, vous ne trouverez ni livres anciens, ni toiles du 19e s., ni objets des années 1930... mais vous n'y perdrez pas au change ! Cet Antiquaire-là est tout à fait plaisant et accueillant, et dans l'assiette, on apprécie une cuisine généreuse et teintée de créativité.

♿ 🏕 – Menu 24 € (déjeuner), 30/55 € – Carte 37/52 €

64 rue de Vaufleury – ✆ 02 43 53 66 76 – www.restaurant-lantiquaire.fr – Fermé : lundi, samedi midi, dimanche soir

LOIRÉ

✉ 49440 – Maine-et-Loire – Carte régionale n° **23**-B2

AUBERGE DE LA DILIGENCE

CUISINE MODERNE • RUSTIQUE Vieilles pierres et terrasse : un charmant écrin pour la cuisine du chef, féru d'herbes du potager et de condiments ramenés de ses voyages en Asie. Jolie carte des vins.

🍇 ♿ 🏕 ⌚ – Menu 29 € (déjeuner), 50/94 €

4 rue de la Libération – ✆ 02 41 94 10 04 – www.diligence.fr – Fermé : lundi, mardi, dimanche soir

LOUÉ

✉ 72540 - Sarthe - Carte régionale n° **23**-C1

RICORDEAU

CUISINE MODERNE • ÉLÉGANT Installez-vous sur l'agréable terrasse dressée dans le parc, au bord de la Vègre, et laissez-vous tenter par la bonne cuisine gastronomique du chef. Des plats au goût du jour, sérieux et appliqués, réalisés avec de très bons produits, dont la célèbre volaille de Loué !

- Menu 37 € (déjeuner), 49/69 € - Carte 65/75 €

13 rue de la Libération - ✆ 02 43 88 40 03 - www.hotel-ricordeau.fr - Fermé : lundi, mardi, dimanche soir

LUCHÉ-PRINGÉ

✉ 72800 - Sarthe - Carte régionale n° **23**-C2

AUBERGE DU PORT DES ROCHES

CUISINE TRADITIONNELLE • CLASSIQUE Une terrasse et un jardin au fil de l'eau, une salle champêtre et une cuisine traditionnelle pétrie d'authenticité : faites fi de toute morosité dans cette sympathique auberge des bords du Loir ! Pour l'étape, des chambres fraîches et colorées.

- Menu 35/54 € - Carte 48 €

Port des Roches - ✆ 02 43 45 44 48 - Fermé : lundi, mardi midi, dimanche soir

LUÇON

✉ 85400 - Vendée - Carte régionale n° **23**-B3

AU FIL DES SAISONS

CUISINE TRADITIONNELLE • CONTEMPORAIN Dans cette sympathique auberge de bord de route, on se sustente avec plaisir et simplicité d'une cuisine fraîche, d'inspiration traditionnelle et régionale (terrine de joue de bœuf, retour de la pêche du jour, etc). Le petit potager fournit quelques légumes et herbes aromatiques. Installez-vous dans la véranda ou le jardin... selon les saisons.

- Menu 32/47 €

55 route de la Roche-sur-Yon - ✆ 02 51 56 11 32 - www.aufildessaisons-vendee.com - Fermé : lundi, vendredi soir, dimanche

LE LUDE

✉ 72800 - Sarthe - Carte régionale n° **23**-D2

LA RENAISSANCE

CUISINE MODERNE • AUBERGE Des produits sarthois et angevins, mais aussi le serpolet, la cardamome, le pavot, la mangue... Ce restaurant traditionnel est à la page, avec sa cuisine qui explore de nouveaux mariages de saveurs. Accueil sympathique.

- Menu 20/44 € - Carte 44/77 €

2 avenue de la Libération - ✆ 02 43 94 63 10 - www.renaissancelelude.com - Fermé : lundi, mardi midi, dimanche soir

LE MANS

✉ 72000 - Sarthe - Carte régionale n° **23**-D1

✿ L'AUBERGE DE BAGATELLE

Chef : Jean-Sébastien Monné

CUISINE MODERNE • DESIGN Un jeune couple franco-belge chaleureux offre une nouvelle vie gastronomique à cette ancienne auberge au charme bucolique : sachez-le, ici se déguste désormais une cuisine soignée, pleine de saveurs et de gourmandise. Dix personnes en cuisine, des produits d'une qualité irréprochable (la féra d'Eric Jacquier, les volailles de la Cour d'Armoirie, vergers Saint-Eustache etc.). Dans l'assiette, araignée sauvage ; Saint-Pierre grillé… On passe un excellent moment.

- Menu 48 € (déjeuner), 75/105 € - Carte 78/100 €

489 avenue Bollée - 02 43 85 25 73 - www.aubergedebagatelle.fr - Fermé : lundi, mardi

BEAULIEU LA SUITE

CUISINE MODERNE • ÉLÉGANT Ardoise(s) du jour ou du samedi, formules en deux ou trois plats : le chef Olivier Broussard s'amuse à multiplier les formules qui mettent en valeur des produits de bonne qualité et des préparations gourmandes dans ce restaurant qui a fait peau neuve. Le tout dans un intérieur élégant et feutré.

- Menu 28/41 € - Carte 52/76 €

34 bis place de la République - 02 43 87 78 37 - www.lebeaulieulemans.com - Fermé : lundi, dimanche

LE GRENIER À SEL

CUISINE MODERNE • CONTEMPORAIN À l'entrée de la cité Plantagenêt, cet ancien grenier à sel est rythmé par deux associés, avec un mot d'ordre : se faire plaisir et faire plaisir aux clients ! Dans un cadre contemporain, beaux produits - homard, turbot, foie gras… - et saveurs appuyées… le tout accompagné de jolis vins du Rhône, de Loire et de Bordeaux.

- Menu 42 € (déjeuner), 49/59 €

26 place de l'Éperon - 02 43 23 26 30 - www.restaurant-le-grenier-a-sel.fr - Fermé : mercredi soir, samedi midi, dimanche

MAULÉVRIER

49360 - Maine-et-Loire - Carte régionale n° **23**-C3

LE STOFFLET - CHÂTEAU COLBERT

CUISINE MODERNE • ROMANTIQUE Quelle allure ! Au sein de ce beau château classique, les hauts plafonds et les lustres en cristal Grand Siècle rehaussent encore l'expérience gastronomique. Le chef signe une cuisine actuelle bien maîtrisée, inspirée par le terroir et les légumes du potager…

- Menu 37/95 €

Place du Château - 02 41 55 51 33 - www.chateaucolbert.com - Fermé : dimanche soir

MAYENNE

53100 - Mayenne - Carte régionale n° **23**-C1

L'ÉVEIL DES SENS

Chef : Nicolas Nobis

CUISINE MODERNE • CONTEMPORAIN À la sortie de la ville, impossible de manquer ce restaurant dont la façade façon résille en métal oxydé accroche l'œil. C'est le fief du chef Nicolas Nobis et de son épouse Isabelle, qui se sont rencontrés à Alençon et ont appris leur métier chez Bernard Loiseau et Georges Blanc. La décoration sobre et épurée de leur restaurant fait la part belle au bois. Même parti-pris de simplicité et de naturel dans la cuisine du chef qui aime travailler les plantes (hysope, verveine…) et les légumes des producteurs mayennais. Ses cuissons et ses assaisonnements précis achèvent de (r)éveiller les papilles et les sens des convives.

- Menu 28 € (déjeuner), 47/82 €

429 boulevard Paul-Lintier - 02 43 30 42 17 - www.restaurant-leveildessens.fr - Fermé : lundi, mardi, dimanche soir

MISSILLAC

✉ 44780 - Loire-Atlantique - Carte régionale n° **23**-A2

LE MONTAIGU - DOMAINE DE LA BRETESCHE

CUISINE MODERNE • ÉLÉGANT Au sein du domaine de la Bretesche, dans un château du 15e s., agréable salle à manger bourgeoise dont les fenêtres ouvrent sur le parc et le plan d'eau. Le chef puise dans le terroir mais aussi au potager pour réaliser une belle cuisine respectueuse des saisons.

- Menu 75/90 €

Route de la Baule - 02 51 76 86 96 - www.bretesche.com - Fermé : mardi, mercredi et le midi

MONTAIGU

✉ 85600 - Vendée - Carte régionale n° **23**-B3

LA ROBE

Chef : Xavier Giraudet

CUISINE MODERNE • COSY La Robe, en œnologie, c'est la couleur, l'aspect extérieur d'un vin. Nom tout indiqué pour cette jolie maison ancienne nichée dans le vieux centre de Montaigu, qui met un point d'honneur à proposer aux clients des accords mets et vins bien soignés. Pour le reste, la cuisine de Xavier Giraudet se montre enthousiasmante : produits locaux et de saison, cuissons bien maîtrisées, gourmandise au rendez-vous, le tout dans une veine moderne de bon aloi. On gardera le souvenir d'un délicieux suprême de volaille, avec ses petites girolles cuites au jus... Quant au décor cosy, il marie harmonieusement les poutres anciennes de la demeure à du mobilier plus contemporain.

Menu 24 € (déjeuner), 45/77 € - Carte 55/75 €

3 place Reveillère-Lepeaux - 02 51 47 79 27 - www.restaurant-la-robe.com - Fermé : lundi, samedi midi, dimanche

MONTRÉVERD

✉ 85260 - Vendée - Carte régionale n° **23**-B3

LA CHABOTTERIE (N)

Chef : Benjamin Patissier

CUISINE MODERNE • ÉLÉGANT Avec notamment la lotte dorée au beurre demi-sel, radis et crème perlée curry-colza, ou la selle d'agneau roulée aux herbes fraiches, aubergine mentholée et jus aux tomates confites, Benjamin Patissier, chef MOF au beau CV (Patrick Henriroux à La Pyramide, Pierre Gagnaire et Anne-Sophie Pic), coche toutes les cases : beaux produits, maîtrise technique, saveurs limpides et dressage impeccable. Directrice et sommelière, son épouse parachève cette belle expérience en accueillant dans un restaurant contemporain installé dans l'une des dépendances du château de la Chabotterie.

- Menu 48 € (déjeuner), 75/94 €

Logis de La Chabotterie - 02 55 90 02 85 - lachabotterie.com - Fermé : mardi, mercredi

MONTSOREAU

✉ 49730 - Maine-et-Loire - Carte régionale n° **23**-C2

VERVERT (N)

CUISINE TRADITIONNELLE • COSY Une maison des bords de Loire en tuffeau. En cuisine : Romain Butet, un chef au séduisant CV. Il cisèle une cuisine plutôt traditionnelle, revisitée juste ce qu'il faut, et qui s'accorde quelques (sages) escapades exotiques : délicieux pigeon d'Anjou, jus réduit, légumes ; chocolat noir, noisettes du Piémont. Intérieur contemporain plaisant, belle carte des vins à prix raisonnables.

- Carte 32/48 €

7 place du Mail - 02 41 52 34 89 - www.ververt.com - Fermé : mardi, mercredi

MOULAY

53100 - Mayenne - Carte régionale n° **23**-C1

LA MARJOLAINE

CUISINE TRADITIONNELLE • CLASSIQUE Au sein de ce domaine verdoyant, dans un cadre élégant - dont une agréable terrasse –, une cuisine qui honore la tradition à travers des recettes telles que ces escargots de Cornille, bouillon de foie gras ou encore cette langue de bœuf braisée et jus de truffe.

P - Menu 22 € (déjeuner), 35/49 € - Carte 47/57 €

Le Bas-Mont - 02 43 00 48 42 - www.lamarjolaine.fr - Fermé : vendredi, dimanche soir

✉ 44100 -
Loire-Atlantique
Carte régionale n° 23-B2

NANTES

Élégante, bourgeoise et dynamique, Nantes a le vent en poupe. Équilibre remarquable entre son riche passé et son modernisme, la cité des Ducs de Bretagne remporte régulièrement la palme de la ville française où il fait bon vivre et travailler. Et manger ! Située sur l'estuaire de la Loire, elle bénéficie du meilleur du fleuve, mais aussi de la campagne et de la mer. Une diversité dont on profite à chaque repas. Saveur incomparable du beurre blanc, pureté du sel de Guérande, gourmandise des douceurs nantaises ! La campagne est riche en races bovines locales, tandis que les criées de Pornic et de la Turballe approvisionnent la ville en poissons d'une fraîcheur exceptionnelle. A ses portes, le vignoble de Muscadet, une appellation dont les progrès considérables incitent à redécouvrir ce joli vin adapté à la cuisine régionale.

L'ATLANTIDE 1874 - MAISON GUÉHO

Chef : Jean-Yves Guého

CUISINE MODERNE • DESIGN À deux pas du petit musée Jules Verne, cette belle maison de 1874 surplombe la Loire, face à l'embouchure du fleuve et de l'île de Nantes. Par les grandes baies vitrées panoramiques de la salle du restaurant, on contemple le ballet des bateaux, le hangar à bananes et la grande grue grise, emblème de la cité portuaire de Nantes. Breton de Vannes, formé en Alsace à l'Auberge de l'Ill, cuisinier à la Nouvelle-Orléans et à Hong-Kong, Jean-Yves Guého extrait de beaux trésors de cette Atlantide. Le chef signe une cuisine très exacte et d'une belle finesse, qui fait la part belle au poisson. Intéressante carte de vins de Loire, quelques chambres avec vue pour l'étape.

- Menu 50 € (déjeuner), 80/120 € - Carte 90/130 €

Hors plan - *5 rue de l'Hermitage - ✆ 02 40 73 23 23 - www.atlantide1874.fr - Fermé : lundi, dimanche*

LULUROUGET

Chef : Ludovic Pouzelgues

CUISINE MODERNE • CONTEMPORAIN Formé chez Michel Troisgros, Ludovic Pouzelgues incarne (avec d'autres !) le renouveau gastronomique de la ville. À deux pas des célèbres Machines de l'île, il tient cette table au cadre plaisant, contemporain et très confortable. Ici trônent en majesté les beaux produits (les criées de la Turballe et du Croisic sont proches), travaillés avec inventivité et précision. Dans chaque plat, fidèle à son mentor roannais, le chef apporte une touche d'acidité qui relève le goût : râpée d'agrumes, câpres, cornichons, vinaigre, pâte d'ail, grenade... Une cuisine moderne, pleine de personnalité, un service agréable : une vraie réussite.

- Menu 45 € (déjeuner), 75/105 €

Plan : B3 - 7 - *4 place Albert-Camus - 02 40 47 47 98 - www.lulurouget.fr - Fermé : lundi, dimanche*

LE MANOIR DE LA RÉGATE

Chef : Mathieu Pérou

CUISINE MODERNE • CONTEMPORAIN Aux portes de Nantes, dans une demeure immaculée, couverte de vigne vierge, nous attendent une déco chic et tendance (joli parquet blond, mur végétalisé au fond de la salle, fauteuils épurés) et une partition culinaire synonyme de plaisir. Mathieu Pérou, le chef, fait œuvre de fraîcheur et de légèreté, avec beaucoup de travail (esthétique et gustatif) dans les assiettes. Ce canard colvert en deux services, avec son extraction d'hibiscus et sa fine mousseline de betterave, en est l'exemple parfait ! Le service est très pro, le rapport qualité-prix est bon : on sort de là ravi.

L'engagement du chef : *Nous travaillons en circuit court avec un maximum de producteurs situés dans un rayon de 35 km. Notre potager fournit une partie des légumes, fleurs comestibles et fines herbes, et nous avons fait le choix de ne cuisiner que des poissons de l'Erdre, la rivière qui borde le restaurant. L'installation de la nouvelle cuisine a eu pour objectif de la rendre moins énergivore.*

- Menu 30 € (déjeuner), 65/95 € - Carte 67/80 €

Hors plan - *155 route de Gachet, au bord de l'Erdre - 02 40 18 02 97 - www.manoirdelaregate.com - Fermé : lundi, dimanche*

ROZA

Chef : Jean-François Pantaleon

CUISINE MODERNE • ÉLÉGANT Pressé de céleri et seiche, citron vert, satay et crème de cacahuètes ; ris de veau croustillant, tortellinis d'aubergines fumées et pickles de girolles... Voici quelques exemples de ce qui vous attend à Roza, en plein centre-ville de Nantes. Jean-François Pantaleon, chef originaire des Pays de la Loire, en a décidément sous la toque ! Grand passionné de son terroir, il magnifie les produits locaux dans des assiettes pleines de caractère, précises techniquement, et débordantes de saveurs. L'ambiance, à la fois chaleureuse et décontractée, et l'intérieur spacieux ajoutent au plaisir du repas. Une adresse qui sort du lot.

- Menu 30 € (déjeuner), 75 € - Carte 58/70 €

Plan : B2-6 - *3 place de la Monnaie - 02 40 54 01 87 - www.restaurantroza.com - Fermé : samedi, dimanche*

LES BOUTEILLES

CUISINE TRADITIONNELLE • BISTRO À côté du marché de Talensac, un bistrot à vins épatant : décor sympathique honorant Bacchus, belle cuisine de produits (charcuteries italiennes, plats canailles, poisson de la marée...) sans oublier - enseigne oblige - une mémorable carte des vins (700 références !) faisant notamment honneur à la Bourgogne.

- Menu 25 € (déjeuner), 35/50 €

Plan : C1-9 - *11 rue de Bel-Air - 02 40 08 27 65 - Fermé : lundi, samedi midi, dimanche*

L'OCÉANIDE

POISSONS ET FRUITS DE MER • VINTAGE Noix de Saint-Jacques rôties, jus de carottes acidulées, filet de carrelet rôti au beurre de thym, jus de crustacés... Cette Océanide-là est bien nymphe de la mer. C'est en voisin que le chef David Garrec va choisir ses produits au célèbre marché de Talensac, et la fraîcheur du poisson, parfaitement travaillé, ne trompe pas ! Cadre authentiquement vintage des années 1950, au charme désuet.

- Menu 23 € (déjeuner), 32/99 € - Carte 35/65 €

Plan : C1-8 - *2 rue Paul-Bellamy - 02 40 20 32 28 - www.restaurant-oceanide.fr - Fermé : lundi, dimanche*

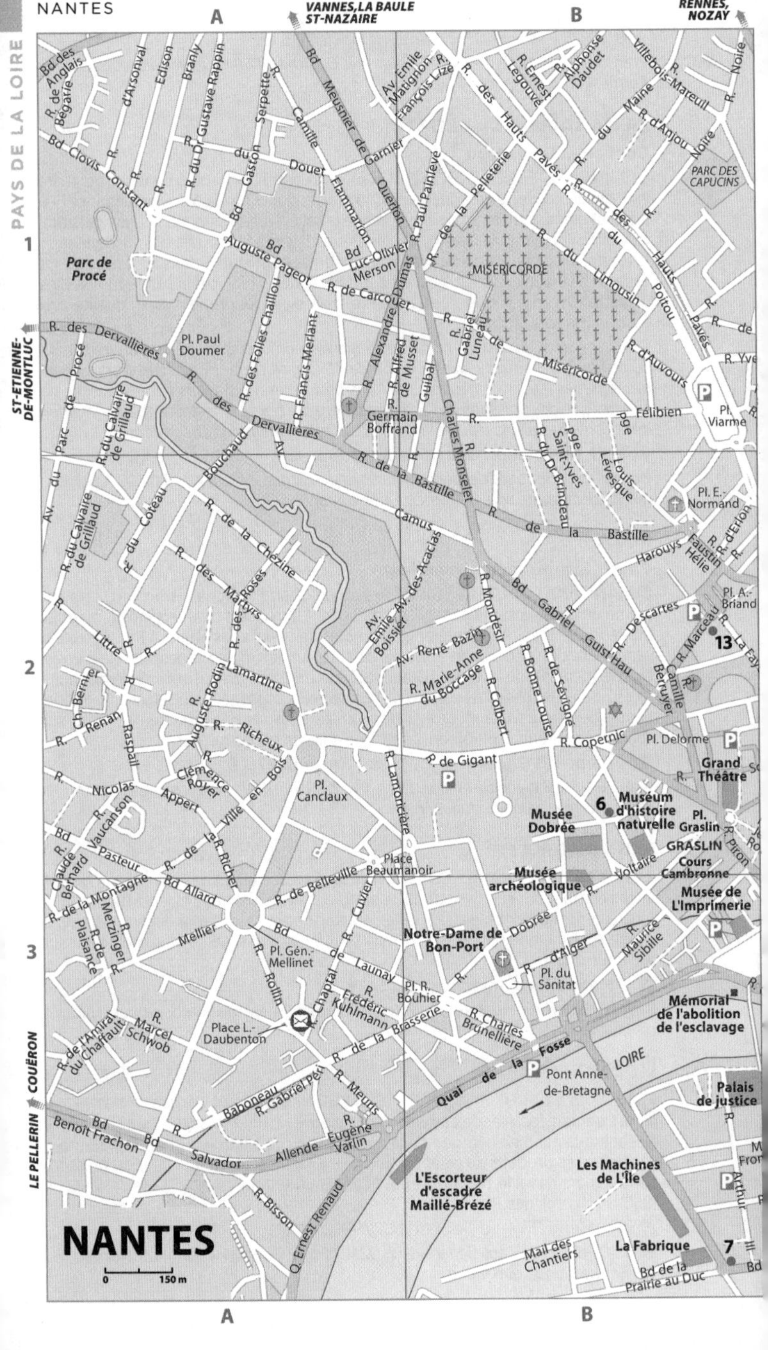
A
B
VANNES, LA BAULE
ST-NAZAIRE
RENNES,
NOZAY
ST-ETIENNE-
DE-MONTLUC
LE PELLERIN
COUËRON
1
2
3
Parc de
Procé
Bd des Anglais
R. de Bégarie
R. d'Arsonval
Edison
Branly
R. du Dr Gustave Rappin
R. Serpette
Bd Clovis Constant
R. du Douet
Bd Gaston Serpette
Bd Auguste Pageot
R. Camille Flammarion
Bd Meusnier de Querlon
Av. Emile Zola
R. François Lizé
R. Marignon
R. Garnier
R. Paul Painlevé
R. de la Pelleterie
R. Ernest Legouvé
R. Alphonse Daudet
R. des Hauts Pavés
R. du Maine
R. Villebois-Mareuil
R. d'Anjou
R. Noire
PARC DES
CAPUCINS
R. des Hauts Pavés
R. du Poitou
R. du Limousin
MISÉRICORDE
Bd Luc-Olivier Merson
R. de Carcouet
R. Alexandre Dumas
R. Gabriel Luneau
R. de Miséricorde
R. d'Auvours
R. Yves
Pl. Viarme
R. des Dervallières
Pl. Paul
Doumer
R. des Folies Chaillou
R. Francis Merlant
R. Alfred de Musset
Guibal
R. Germain Boffrand
R. Charles Monselet
R. Félibien
pge Saint-Yves
R. du Dr Brindeau
pge Louis Lévesque
R. de Procé
Av. du Parc de Procé
R. du Calvaire de Grillaud
R. du Coteau
R. Bouchaud
R. des Dervallières
R. de la Bastille
Av. Camus
Pl. E.-Normand
R. de la Bastille
R. Harouys
R. Faustin Hélie
R. d'Erlon
R. de la Chézine
R. des Martyrs
R. des Roses
Av. Emile Boissier
Av. des Acacias
R. Mondésir
Bd Gabriel Guist'Hau
R. Descartes
Pl. A.-Briand
R. Marceau
13
R. La Fayette
R. Littré
R. Lamartine
Av. René Bazin
R. Marie-Anne du Boccage
R. Colbert
R. Bonne Louise
R. de Sévigné
R. Camille Berruyer
Ch. Bernier
R. Renan
R. Raspail
R. Auguste Rodin
R. Richeux
R. Lamoricière
R. de Gigant
R. Copernic
Pl. Delorme
Grand
Théâtre
R. Clémence Royer
R. Nicolas Appert
R. Vaucanson
Pl.
Canclaux
R. Ville en Bois
Musée
Dobrée
6
Muséum
d'histoire
naturelle
Pl.
Graslin
GRASLIN
R. Piron
Bd Claude Bernard
Bd Pasteur
R. de la Richer
Place
Beaumanoir
R. Voltaire
Cours
Cambronne
Musée
archéologique
Musée de
L'Imprimerie
R. de la Montagne
Bd Allard
R. de Belleville
R. Cuvier
R. Metzinger
R. de Plaisance
R. Mellier
Bd de Launay
Pl. Gén.-
Mellinet
Notre-Dame de
Bon-Port
R. Dobrée
R. d'Alger
R. Maurice Sibille
Pl. du
Sanitat
R. Rollin
R. Chaptal
R. Frédéric Kuhlmann
Pl. R.
Bouhier
R. Charles Brunellière
Mémorial
de l'abolition
de l'esclavage
R. de l'Amiral du Chaffault
R. Marcel Schwob
Place L.-
Daubenton
R. de la Brasserie
Quai de la Fosse
LOIRE
Pont Anne-
de-Bretagne
Palais
de justice
R. Gabriel Péri
R. Meuris
R. Baboneau
Bd Benoît Frachon
Bd Salvador Allende
R. Eugène Varlin
L'Escorteur
d'escadre
Maillé-Brézé
Les Machines
de L'Île
R. Bisson
Q. Ernest Renaud
Mail des
Chantiers
La Fabrique
7
Bd de la
Prairie au Duc
NANTES
0
150 m

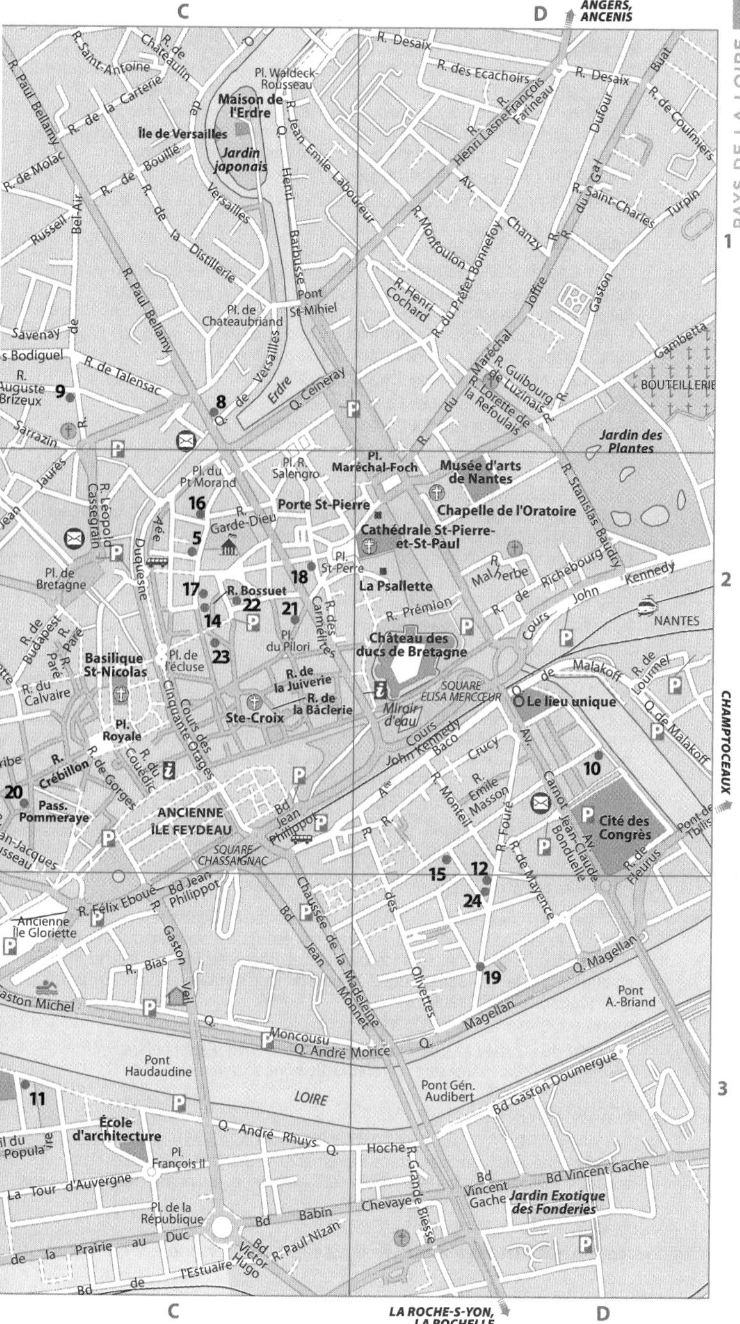
C
D
ANGERS, ANCENIS
LA ROCHE-S-YON, LA ROCHELLE
CHAMPTOCEAUX
1
2
3
R. Paul Bellamy
R. Saint-Antoine
R. de Châteaulin
Pl. Waldeck-Rousseau
Maison de l'Erdre
Île de Versailles
Jardin japonais
R. de la Carterie
R. de Bouillé
R. de Molac
R. de la Distillerie
Q. de Versailles
Q. Henri Barbusse
R. Jean Emile Laboureur
R. Desaix
R. des Ecachoirs
R. Henri Lasne
R. François Farineau
R. Dufour
R. Buat
R. de Coulmiers
R. Saint-Charles
Turpin
R. du Gal
Av. Chanzy
R. Monfoulon
R. du Préfet Bonnefoy
R. Henri Cochard
R. du Maréchal Joffre
Gaston
Gambetta
BOUTEILLERIE
R. Guibourg de Luzinais
R. Lorette de la Refoulais
Jardin des Plantes
Russeil
Bel-Air
Pl. de Chateaubriand
Pont St-Mihiel
Savenay
R. de Bodiguel
R. de Talensac
R. Auguste Brizeux
Sarrazin
Q. Ceineray
Erdre
Pl. Maréchal-Foch
Musée d'arts de Nantes
Chapelle de l'Oratoire
R. Stanislas Baudry
Pl. du Pt Morand
Pl. R. Salengro
Porte St-Pierre
R. Garde-Dieu
Cathédrale St-Pierre-et-St-Paul
Pl. St-Pierre
La Psallette
R. Malherbe
R. de Richebourg
Cours John Kennedy
NANTES
Jean Jaurès
R. Léopold Cassegrain
Aée Duquesne
Pl. de Bretagne
R. Bossuet
R. Prémion
R. des Carmélites
Pl. du Pilori
Château des ducs de Bretagne
R. de Budapest
R. Paré
Basilique St-Nicolas
Pl. de l'écluse
R. de la Juiverie
R. de la Bâclerie
Ste-Croix
SQUARE ELISA MERCŒUR
Miroir d'eau
Le lieu unique
Q. de Malakoff
R. de Lourmel
R. du Calvaire
Pl. Royale
Cours des Cinquante Otages
R. du Couëdic
R. Crébillon
R. de Gorges
Pass. Pommeraye
ANCIENNE ÎLE FEYDEAU
Bd Jean Philippot
SQUARE CHASSAIGNAC
Cours John Kennedy
Baco
Crucy
R. Monteil
R. Emile Masson
R. Fouré
Av. Carnot
Jean-Claude Bonduelle
Cité des Congrès
Pont de Tbilisi
R. de Fleurus
R. de Mayence
R. Félix Eboué
Ancienne Île Gloriette
R. Gaston Veil
Bd Jean Monnet
Chaussée de la Madeleine
R. des Olivettes
Q. Magellan
R. Bias
Gaston Michel
Q. Moncousu
Q. André Morice
Pont A.-Briand
Pont Haudaudine
LOIRE
Pont Gén. Audibert
Bd Gaston Doumergue
École d'architecture
Q. André Rhuys
Q. Hoche
Pl. François II
La Tour d'Auvergne
Pl. de la République
Bd Babin
Chevaye
R. Grande Biesse
Bd Vincent Gache
Jardin Exotique des Fonderies
Bd Victor Hugo
R. Paul Nizan
Bd de la Prairie au Duc
Bd de l'Estuaire
5
8
9
10
11
12
14
15
16
17
18
19
20
21
22
23
24

LE 1

CUISINE MODERNE • BRASSERIE Le nouveau quartier de l'île de Nantes aura-t-il inspiré cette cuisine voyageuse (tapas façon finger food ; dos de cabillaud en croûte de chorizo ; wok de poulet), qui revisite aussi sans ciller quelques grands classiques français (quenelle de brochet ; anguille de Loire en persillade) ? L'été on sert sur une étonnante terrasse « cabane canadienne » posée sur les bords de la Loire.

- Menu 28/31 € - Carte 37/57 €

Plan : C3-11 - *1 rue Olympe-de-Gouges - 02 40 08 28 00 - www.leun.fr*

L'ABÉLIA

CUISINE MODERNE • BOURGEOIS Légèrement excentrée du centre-ville, cette demeure bourgeoise du début du 20e s., restaurée avec goût jouit d'une clientèle fidèle. On s'installe sous la jolie verrière ou dans les petites salles bourgeoises pour déguster une carte régionale, entre légumes du marché et poisson de la côte. Le menu change tous les jours. Plaisante terrasse aux beaux jours.

P - Menu 40 € (déjeuner), 42/60 €

Hors plan - *125 boulevard des Poilus - 02 40 35 40 00 - www.restaurantlabelia.com - Fermé : lundi, mardi, dimanche*

ARISTIDE

CUISINE MODERNE • CHIC Voici la brasserie moderne par excellence, conçue par le propriétaire de L'Atlantide 1874 et de Félix, à Nantes également. Dans l'assiette, cuisine de brasserie revisitée, qui puise son inspiration un peu partout en France, avec saveurs marquées et jus corsés : imparable. La déco est à l'avenant, pile dans l'air du temps.

- Menu 28 € - Carte 30/56 €

Plan : B2-13 - *1 place Aristide-Briand - 02 49 62 25 06 - www.aristidenantes.com*

LE BOUCHON

CUISINE MODERNE • BISTRO Sa bonne cuisine dans l'air du temps, réinventée jour après jour ; son intérieur joliment décoré (tomettes au sol, poutres anciennes, miroirs) ; sa terrasse incontournable, véritable havre de verdure en plein cœur de la ville... On comprend mieux pourquoi cette adresse est aussi prisée des Nantais !

- Menu 18 € (déjeuner), 31/35 € - Carte 36/46 €

Plan : C2-14 - *7 rue Bossuet - 02 40 20 08 44 - www.le-bouchon-nantes.com - Fermé : lundi, samedi midi, dimanche*

LES CHANTS D'AVRIL

CUISINE TRADITIONNELLE • BISTRO Christophe François est le type même du chef passionné... et passionnant. Il cultive ici l'esprit de bistrot en toute simplicité : vieux parquet, comptoir en formica, bibelots... Côté cuisine, idem : il décline un menu unique au gré de son humeur et du marché du jour, en utilisant de beaux produits de la région. Rafraîchissant !

Menu 23 € (déjeuner), 32/39 €

Plan : D2-15 - *2 rue Laennec - 02 40 89 34 76 - www.leschantsdavril.fr - Fermé : lundi soir, mardi soir, mercredi soir, samedi, dimanche*

FÉLIX

CUISINE TRADITIONNELLE • CONTEMPORAIN Tout près de la cité des congrès, le type même de la grande brasserie contemporaine qui n'a pas oublié ses classiques : produits frais, tartares, huîtres, service 7j/7, ambiance... En prime, une jolie vue sur le canal St-Félix.

- Menu 28 € - Carte 32/54 €

Plan : D2-10 - *1 rue Lefèvre-Utile - 02 40 34 15 93 - www.brasseriefelix.com*

ICI

CUISINE MODERNE • **TENDANCE** À l'image de Nantes, le chef Xavier Rambaud, un vrai globe-trotter, a pas mal navigué avant de jeter l'ancre dans cette salle à manger d'esprit bistrot industriel (parquet, tables en bois, pierres apparentes et tuyaux en fonte). Chaque assiette de cette cuisine moderne et locavore respire l'expérience : plats équilibrés, saveurs et accords justes. Ici, et pas ailleurs !

- Menu 24 € (déjeuner), 38/55 €

Plan : C2-16 - *1 rue Léon Blum - ✆ 02 40 48 62 27 - www.restaurant-ici.fr - Fermé : lundi, samedi midi, dimanche*

L'INSTINCT GOURMAND

CUISINE TRADITIONNELLE • **SIMPLE** Plutôt de bon goût, ce bistrot "sans étiquette" qui trace son sillon loin de tout formalisme : ici, la simplicité et la fraîcheur sont les seuls mots d'ordre. Le menu, présenté à l'ardoise, est réalisé chaque jour au gré du marché et réserve de savoureuses surprises... Pari gagnant.

- Menu 17 € (déjeuner), 35 €

Plan : C2-17 - *14 rue Saint-Léonard - ✆ 02 40 47 41 64 - www.linstinctgourmand.com - Fermé : lundi, dimanche*

L'AMÉNITÉ N

CUISINE MODERNE • **CONTEMPORAIN** Aménité ? "Qualité de ce qui est agréable à voir ou à sentir, douceur " nous renseigne le dictionnaire... tout comme le décor plaisant de blanc et de bleu. Telle est la profession de foi de ce chef atypique passé par la finance, la psychologie et enfin les cuisines de Pickles. Dans l'assiette, des ingrédients saisonniers choisis chez de petits producteurs et des recettes dans la veine de la bistronomie d'aujourd'hui.

-- Menu 25 € (déjeuner), 40/50 €

Plan : C2-22 - *4 rue Fénelon - ✆ 02 40 20 03 46 - www.lamenite-restaurant-nantes.com - Fermé : samedi, dimanche*

LAMACCOTTE

CUISINE MODERNE • **TENDANCE** Non loin du château, un décor original et tendance (couleurs pastel et formes arrondies) pour une cuisine qui ne l'est pas moins : le chef, Maxime Fillaut (passé à la Mare aux Oiseaux et au Clarence à Paris), d'origine britannique, en a sous le pied : il n'a pas son pareil pour mitonner une cuisine faussement simple mais terriblement juste, à partir de très bons produits.

Menu 23 € (déjeuner) - Carte 40/60 €

Plan : C2-18 - *7 rue St-Denis - ✆ 02 85 37 42 30 - www.lamaccotte-restaurant-nantes.com - Fermé : lundi, dimanche*

LE LION ET L'AGNEAU N

CUISINE TRADITIONNELLE • **CONTEMPORAIN** Un lion et un agneau ornent les armoiries de la ville d'Auch - belle bourgade du sud-ouest dont le chef Thierry Lebé (Drouant, Coq Rico aux côtés d'Antoine Westermann...) est originaire - il ne se prive d'ailleurs pas pour multiplier les clins d'œil gourmands à son terroir. Entre recettes bistronomiques et viandes cuites à la rôtissoire ou à la plancha (magret de canard cuit sur l'os, côte de bœuf sauce béarnaise, pigeon entier), les clients (et leur porte-monnaie) en redemandent. L'ardoise du midi offre un rapport qualité-prix absolument imbattable.

- Menu 22 € (déjeuner), 36 € - Carte 41/50 €

Plan : D2-24 - *40 rue Fouré - ✆ 02 55 10 58 74 - www.le-lion-et-lagneau.fr - Fermé : lundi, dimanche*

OMIJA

CUISINE MODERNE • **CONTEMPORAIN** L'omija est une baie coréenne connue pour associer les cinq saveurs en parfaite harmonie (salé, sucré, acide, amer, piquant). C'est aussi ce que Romain Bonnet, jeune chef audacieux au solide CV a décidé de réaliser... c'est dire l'ambition. Dans l'assiette, une partition dans l'air du temps joliment réalisée. Une adresse attachante.

♿ ❄ - Menu 20 € (déjeuner), 51/89 €

Plan : D3-19 - *54 rue Fouré - ✆ 02 40 74 81 05 - www.omija.fr - Fermé : samedi, dimanche*

PICKLES

CUISINE CRÉATIVE • COSY Dans ce néo-bistrot à la déco chaleureuse et colorée, le chef britannique donne libre cours à ses passions gourmandes : les voyages en Asie, les races de viandes anciennes et locales (comme le veau nantais et le porc blanc de l'Ouest), les poissons venus en direct des criées et les légumes des maraîchers bio. Résultat : une cuisine créative et décomplexée, légitiment plébiscitée !

♿ - Menu 25 € (déjeuner), 50 €

Plan : C2-5 - *2 rue du Marais - ✆ 02 51 84 11 89 - www.pickles-restaurant.com - Fermé : lundi, dimanche*

SONG, SAVEURS & SENS

CUISINE ASIATIQUE CONTEMPORAINE • TENDANCE Nhung Phung a changé de vie pour créer son restaurant. Autodidacte, certes, mais vraie cuisinière ! Originaire du Vietnam, elle grandit au Laos, au Cambodge et en Thaïlande. Et c'est à l'aune de ces terres de parfums qu'elle construit sa personnalité culinaire : une cuisine sensible, intelligente, mesurée, entre Asie du Sud-Est et France, épices subtiles et produits de qualité...

AC 🏠 - Menu 22 € (déjeuner) - Carte 36/50 €

Plan : C2-20 - *5 rue Santeuil - ✆ 02 40 20 88 07 - www.restaurant-song.fr - Fermé : lundi, dimanche*

SOURCES

CUISINE MODERNE • BRANCHÉ Viandes, poissons, légumes : tout est soigneusement sourcé chez Source. Guillaume et Ingrid, qui se sont rencontrés à l'école Ferrandi (Paris), nous régalent avec une cuisine fraîche et franche, végétale et iodée ; menu du marché au déjeuner, carte blanche au chef servi en 5 temps au dîner. Service pédagogique tout en proximité.

♿ 🏠 - Menu 25 € (déjeuner), 50/80 €

Plan : C2-21 - *22 rue de Verdun - ✆ 02 40 89 42 42 - www.sources-nantes.fr - Fermé : lundi, mardi midi, dimanche*

L'U.NI

CUISINE CRÉATIVE • COSY Nicolas Guiet a de la suite dans les idées, et l'enthousiasme des passionnés : chez lui, les menus n'obéissent qu'à la loi du marché, et laissent la part belle aux petits producteurs régionaux, souvent bio. Impossible de se lasser d'une cuisine qui ne se répète jamais. Bien joué.

Menu 24 € (déjeuner), 46/66 € - Carte 60/73 €

Plan : D3-12 - *36 rue Fouré - ✆ 02 40 75 53 05 - Fermé : samedi, dimanche*

VACARME (N)

CUISINE ACTUELLE • BISTRO La cheffe Sarah Minguy, auteure d'un parcours remarqué à Top Chef, s'est installée avec son compagnon dans ce bistrot nantais à l'atmosphère cool et décontractée où la bonne humeur flotte sur toutes les lèvres. Renouvelée chaque semaine, l'assiette, en version bistronomie, donne aussi le sourire aux foodistas : raviole de poireaux, crème d'anchois ; saucisse maison, purée de rutabaga, jus aux agrumes ; chou farci au poulpe et au porc. Jolie carte de vins nature, bio et en biodynamie.

🏠 - Menu 24 € (déjeuner) - Carte 30/34 €

Plan : C2-23 - *5 rue des Bons-Français - ✆ 09 87 34 18 82 - vacarme-nantes.com - Fermé : lundi, dimanche*

NOIRMOUTIER-EN-L'ÎLE - Vendée(85) • Voir Île de Noirmoutier

NOZAY

✉ 44170 - Loire-Atlantique - Carte régionale n° **23**-B2

LA PIERRE BLEUE

CUISINE MODERNE • CONVIVIAL Vous cherchez Éric Meunier ? Il est dans sa cuisine, évidemment ! Travailleur infatigable, discret autant que passionné, voilà un chef qui aime son métier, et cela se sent dans ses assiettes. Créations de saison, plats mijotés en hiver, fumaisons maison... Cette Pierre Bleue est une pépite.

♿ - Menu 20 € (déjeuner), 35/46 €

22 rue Alexis-Letourneau - ✆ 02 40 79 30 49 - www.restaurantlapierrebleue.com - Fermé : lundi soir, mardi soir, mercredi, dimanche soir

LA PLAINE-SUR-MER

✉ 44770 - Loire-Atlantique - Carte régionale n° **23**-A2

ANNE DE BRETAGNE

Chef : Mathieu Guibert

CUISINE MODERNE • CONTEMPORAIN Sur la rive sud de l'estuaire de la Loire, en plein pays de Retz, cette grande maison aux lignes géométriques a quasiment les pieds dans l'eau. Aux fourneaux, on trouve un chef intelligent et discret, Mathieu Guibert, qui a plusieurs cordes à son arc : une connaissance exhaustive des producteurs de la région et un attachement aux valeurs humaines. Sans surprise, la pêche locale tient ici les premiers rôles : risotto "vialone nano" cuisiné à l'anguille fumée, langoustines bretonnes en épais carpaccio et émulsion au parmesan (le plat signature !) ou Saint-Pierre délicatement étuvé aux algues, sauce onctueuse au vermouth .... sans oublier des desserts inventifs et bien architecturés. Service impeccable dirigé par Claire Bâcle, et judicieux conseils du jeune chef-sommelier Adrien Lavorel.

♿ P - Menu 50 € (déjeuner), 85/165 € - Carte 105/135 €

Port de Gravette - ✆ 02 40 21 54 72 - www.annedebretagne.com - Fermé : lundi, mardi, dimanche

PONTCHÂTEAU

✉ 44160 - Loire-Atlantique - Carte régionale n° **23**-A2

LE 11 BISTROT GOURMAND

CUISINE TRADITIONNELLE • CONTEMPORAIN Au cœur de Pontchâteau, ce bistrot urbain est mené par Gilles Charpy, un chef qui a du métier. Dans un cadre contemporain, il sert d'appétissantes recettes composées au gré du marché ; par exemple : velouté de panais à l'aiglefin ; cabillaud vapeur, patate douce, curry noir ; magret de canard rôti, riz basmati. Service tout sourire.

♿ AC - Menu 27 € (déjeuner), 36 €

11 rue de Verdun - ✆ 02 40 42 23 28 - www.restaurant-le11.fr - Fermé : lundi, mercredi soir, dimanche

LES PONTS-DE-CÉ

✉ 49130 - Maine-et-Loire - Carte régionale n° **23**-C2

LES 3 LIEUX

CUISINE CRÉATIVE • TENDANCE Sur les bords de Loire, on goûte volontiers cette cuisine créative pleine de fougue, réalisée par un chef qui propose un petit menu carte de 3 à 7 plats, où l'on appréciera par exemple une superbe blanquette de ris de veau revisitée, mais aussi un foie gras, cacao et orange, et un dessert chocolat, noisette et mousse au thym. Soigné et maîtrisé.

A/C - Menu 39/65 €

10 rue du Port-des-Noues - 02 14 03 03 53 - www.les3lieux.com - Fermé : lundi, mardi midi, mercredi midi, dimanche soir

PORT-JOINVILLE - Vendée(85) • Voir Île d'Yeu

LA ROCHE-SUR-YON

85000 - Vendée - Carte régionale n° **23**-B3

LES REFLETS

CUISINE MODERNE • **COSY** À deux pas de l'église Saint-André d'Ornay, sur un boulevard passant, cette jolie maison est le fief d'un chef natif du Pays de Galles, Nathan Cretney, et de sa compagne Solen Pineau. Teintes douces et pierre apparente forment un décor agréable, pile dans l'air du temps ; la cuisine, elle, se veut le... reflet des beaux produits de la région. Deux menus sans choix (4 ou 6 assiettes) composés au gré du marché, dans un registre plutôt créatif.

♿ - Menu 50/59 €

227 rue Roger-Salengro - 09 83 25 83 71 - www.restaurantlesreflets.fr - Fermé : lundi, mardi, mercredi midi, jeudi midi, vendredi midi, samedi midi, dimanche soir

LES SABLES-D'OLONNE

85100 - Vendée - Carte régionale n° **23**-A3

CABESTAN

CUISINE TRADITIONNELLE • **COSY** Sur le quai animé du port, ce restaurant au look contemporain et cosy propose une cuisine de la mer, élaborée selon le retour de la criée des Sables, mais aussi des spécialités du terroir vendéen, comme la célèbre volaille de Challans.

Menu 32 € (déjeuner), 50/63 €

17 quai René-Guiné - 02 51 95 07 50 - www.cabestan85.com - Fermé : lundi, mardi soir, dimanche soir

LA CUISINE DE BERTRAND

CUISINE TRADITIONNELLE • **COSY** Face au port de pêche, ce petit restaurant assez discret mérite pourtant que l'on s'y attarde ! Deux courts menus, des produits frais de qualité... le chef va à l'essentiel et le fait bien. Son feuilleté de langoustines et son paris-brest sont les meilleurs témoignages d'une cuisine qui s'épanouit sans artifices.

♿ - Menu 37/47 €

22 quai de Franqueville - 02 51 95 37 07 - Fermé : mardi, mercredi

LA FERME DE VILLENEUVE

CUISINE MODERNE • **COLORÉ** Dans une zone pavillonnaire, il faut faire quelques kilomètres pour dénicher cette "Ferme" chaleureuse... On ne vient pas ici par hasard ! Chaque plat démontre la maîtrise de l'ancien second qui a repris les rênes. Il nous gratifie de recettes traditionnelles joliment revisitées et n'utilise que des produits soigneusement sélectionnés (comme ces pleurotes ou ce pigeon).

♿ A/C - Menu 25 € (déjeuner), 31/43 €

28 rue du Pré-Étienne - 02 51 33 41 83 - www.lafermedevilleneuve.com - Fermé : lundi, mardi

LA SUITE S'IL VOUS PLAÎT

CUISINE MODERNE • **CONTEMPORAIN** Située derrière le casino et les plages, cette table fait souffler un vent frais sur la restauration sablaise. Dans un décor de bistrot moderne, la jeune cheffe (ex-Robuchon) fait assaut de créativité : ses recettes, renouvelées au gré du marché, jouent habilement sur les textures et les saveurs.

♿ AC - Menu 17 € (déjeuner), 33/55 €
20 boulevard Franklin-Roosevelt - ✆ 02 51 32 00 92 - www.lasuitesvp.com - Fermé : lundi, mardi midi, dimanche soir

ST-GEORGES-DE-MONTAIGU

✉ 85600 - Vendée - Carte régionale n° **23**-B3

LE PETIT ST-GEORGES

CUISINE TRADITIONNELLE • **CONTEMPORAIN** Le Petit St-Georges, au cadre sobrement contemporain, propose une cuisine traditionnelle, équilibrée entre poissons et viandes. Spécialité de la maison : le tournedos de filet de bœuf charolais, jus de viande et son foie gras poêlé. A déguster aux beaux jours sur la terrasse au calme, égayée de plantations. Service toujours impeccable.
♿ AC 🍽 - Menu 18 € (déjeuner), 32 € - Carte 37/40 €
5 rue Durivum - ✆ 02 51 42 03 17 - www.lepetitstgeorges.com - Fermé : lundi, dimanche

ST-JEAN-DE-LINIÈRES

✉ 49070 - Maine-et-Loire - Carte régionale n° **23**-C2

AUBERGE DE LA ROCHE

CUISINE MODERNE • **AUBERGE** Crème d'oignons doux, œuf poché, émulsion parmesan ; tranche de lard caramélisée, petits légumes nouveaux et jus de viande... Une cuisine qui sent bon l'air du temps, dans cette petite auberge de province joliment fleurie. Côté véranda, ardoise plus simple le midi.
♿ P - Menu 24 € (déjeuner), 32/45 €
10 route Nationale 23 - ✆ 02 41 39 72 21 - www.auberge-de-la-roche.com - Fermé : lundi, mardi soir, mercredi soir, jeudi soir, dimanche soir

ST-JOACHIM

✉ 44720 - Loire-Atlantique - Carte régionale n° **23**-A2

LA MARE AUX OISEAUX

Chef : Eric Guérin

CUISINE CRÉATIVE • **ÉLÉGANT** Grand voyageur, amoureux des oiseaux (qui s'ébattent en liberté dans son jardin), Éric Guérin s'est créé un univers qui n'appartient qu'à lui. Sur une île ceinturée de canaux circulaires, au cœur du parc naturel régional de Brière, il s'est immergé dans son terroir pour le réinterpréter de superbe façon. Avec des ingrédients de premier choix, il compose une cuisine "nature" qui a de la personnalité, de l'allure, de la délicatesse, de la fraîcheur... et confine même à la poésie par instants. Le charme des lieux, et notamment les chambres "exotiques" pour prolonger le séjour, la gentillesse et l'efficacité de l'accueil d'une jeune équipe enthousiaste font le reste !
♿ 🍽 P - Menu 62/120 €
223 rue du Chef-de-l'Île-Fedrun - ✆ 02 40 88 53 01 - www.mareauxoiseaux.fr - Fermé : lundi, mardi, mercredi midi

ST-JULIEN-DE-CONCELLES

✉ 44450 - Loire-Atlantique - Carte régionale n° **23**-B2

CLÉMENCE

CUISINE MODERNE • **CLASSIQUE** C'est en cette auberge ligérienne que Clémence Lefeuvre (1860-1932) créa le fameux beurre blanc ! L'histoire continue grâce à l'arrivée d'un jeune couple de propriétaires décidés à revivifier l'âme de la maison. La cuisine bien ficelée demeure classique. Les saveurs sont au rendez-vous tout comme les produits de la mer et ceux de la Loire. Une bonne étape où l'on se réjouit de trouver de l'anguille poêlée...

♿ ⚙ 🅿 ⇕ - Menu 20 € (déjeuner), 39/59 €

91 Levée-de-la-Divate - ✆ 02 40 36 03 18 - www.restaurantclemence.com - Fermé : lundi, mardi, dimanche soir

ST-LYPHARD

✉ 44410 - Loire-Atlantique - Carte régionale n° **23**-A2

AUBERGE LE NÉZIL

CUISINE MODERNE • AUBERGE Une façade blanche percée de petites fenêtres et coiffée d'un lourd toit de chaume : voilà une auberge typique de la Brière ! Rien de passéiste cependant entre ses murs, dans le décor comme dans l'assiette, laquelle met en valeur des recettes originales et de bons produits (notamment anguilles et grenouilles).

- Menu 35/43 €

Route de Saint-Nazaire - ✆ 02 40 91 41 41 - www.aubergelenezil.fr - Fermé : lundi, mercredi, dimanche soir

SAUMUR

✉ 49400 - Maine-et-Loire - Carte régionale n° **23**-C2

L'ALCHIMISTE

CUISINE MODERNE • DE QUARTIER Dans ce petit restaurant contemporain, pas de cuisine moléculaire ou alchimiste, mais de bons petits plats cuisinés avec savoir-faire. Le rapport saveurs-prix est bon ! Mieux vaut réserver car l'établissement, bien que discret, est souvent complet...

- Menu 27/39 € - Carte 33/55 €

Plan : A1-3 - *6 rue de Lorraine - ✆ 02 41 67 65 18 - www.lalchimiste-saumur.fr - Fermé : lundi, dimanche*

L'AROMATE

CUISINE MODERNE • CONVIVIAL Herbes, épices, condiments... Le chef célèbre les aromates ! On travaille ici en famille, au service d'une jolie cuisine bistronomique qui évolue avec les saisons, et se déguste dans une salle agréable. Sympathique et chaleureux.

♿ AC - Menu 21/34 € - Carte 40/45 €

Plan : A2-4 - *42 rue du Maréchal-Leclerc - ✆ 02 41 51 31 45 - www.laromate-restaurant.com - Fermé : lundi, dimanche*

LE BOEUF NOISETTE

CUISINE TRADITIONNELLE • BISTRO On s'installe dans une salle de style bistro vintage, avec banquettes, tables en marbre et miroirs pour déguster une carte courte et soignée, centrée autour de produits régionaux (notamment le bœuf rouge des prés). Placement idéal au centre-ville, derrière le théâtre, et parallèle aux quais de la Loire, proche d'un grand parking public. Produits de qualité et circuits courts. Goûteux.

- Menu 30/35 €

Plan : B1-5 - *29 rue Molière - ✆ 09 81 73 73 10 - www.leboeufnoisette.fr - Fermé : lundi, dimanche*

L'ESCARGOT

CUISINE MODERNE • CONTEMPORAIN Agréable cadre contemporain pour une cuisine traditionnelle autour de plats phares comme les escargots farcis en coquilles à l'ail et au persil. Le chef-patron Dominique Dubert ponctuent ses recettes traditionnelles de touches plus actuelles (combava, gingembre, curry...). Un joli petit Escargot où prendre le temps de se restaurer sur la jolie terrasse, en été.

♿ - Menu 22 € (déjeuner), 34 €

Plan : A2-6 - *30 rue du Maréchal Leclerc - ✆ 02 41 51 20 88 - lescargot49.fr - Fermé : lundi, dimanche*

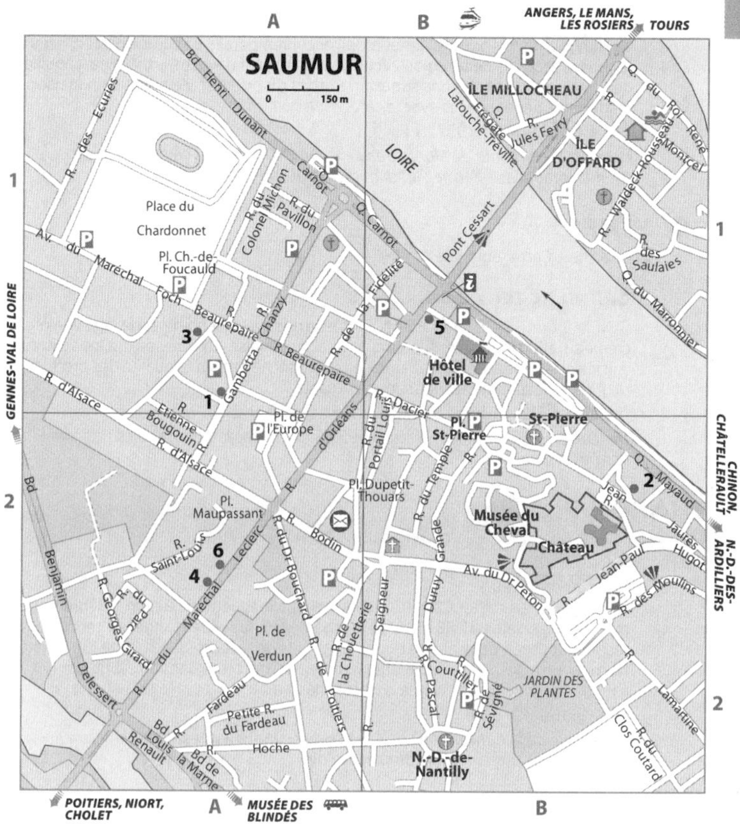

L'ESSENTIEL

CUISINE MODERNE • COSY Balzac, l'ogre de la littérature, aurait été content de s'attabler dans cette belle maison en tuffeau blottie au pied du château. L'auteur d'Eugénie Grandet aurait apprécié la prose gourmande d'un chef qui signe une bonne cuisine réalisée à partir de produits locaux, relevée de jus et de sauces aux petits oignons.

- Menu 34/50 € - Carte 42/50 €

Plan : B2-2 – *11 rue Raspail – ✆ 02 41 67 71 10 – www.restaurant-lessentiel-saumur.fr – Fermé : lundi, dimanche*

LE GAMBETTA

CUISINE CRÉATIVE • INTIME Une maison bourgeoise discrète à l'écart du centre-ville abrite un décor intimiste et élégant. Le chef y fait preuve d'une inventivité certaine au gré d'un menu qui évolue régulièrement selon les envies et inspirations du moment. Service attentionné.

- Menu 35 € (déjeuner), 73/120 €

Plan : A1-1 – *12 rue Gambetta – ✆ 02 41 67 66 66 – www.restaurantlegambetta.fr – Fermé : lundi, dimanche*

LA TABLE DU CHÂTEAU GRATIEN

CUISINE MODERNE • CHIC Dans le parc paysager des caves Gratien et Meyer, ce joli petit château de la fin du 19ème siècle séduit par son cachet - parquet en point de Hongrie, lustres à pampilles et mobilier contemporain. La cuisine met en valeur les beaux produits de la région - champignons, bœuf de race Parthenaise, anguille de Loire - avec soin et sans superflu. Herbes du potager, excellent pain maison, madeleines tièdes servies avec le café... Une bonne adresse.

- Menu 55/75 €

Hors plan - *94 route de Montsoreau - ✆ 07 87 08 29 05 - www.restaurant-saumur-gratien.fr - Fermé : lundi midi, mardi midi, mercredi*

SOLESMES

✉ 72300 - Sarthe - Carte régionale n° **23**-C1

GRAND HÔTEL DE SOLESMES

CUISINE CLASSIQUE • ÉLÉGANT Tarte de ris de veau et pommes de terre vitelote, crème au raifort, ou encore suprême de volaille sarthoise aux écrevisses... Une délicate cuisine classique qui séduit d'emblée ; on ne triche pas sur la qualité des produits. De plus, l'accueil et le service sont charmants !

- Menu 32/75 € - Carte 58/98 €

16 place Dom-Guéranger - ✆ 02 43 95 45 10 - www.grandhotelsolesmes.com - Fermé : dimanche soir

THARON-PLAGE

✉ 44730 - Loire-Atlantique - Carte régionale n° **23**-A2

LE BELEM

CUISINE MODERNE • CONTEMPORAIN Une maquette du Belem, célèbre trois-mâts français datant de 1896, attire le regard, dans la salle à manger de cet élégant restaurant situé à deux pas de la mer. On profite de saveurs iodées (lotte rôtie, filets de rougets grillés), dans deux salles lumineuses, décorées dans un esprit marin. Il y a même du gibier en saison - le chef est chasseur.

A/C - Menu 39/82 €

56 avenue de la Convention - ✆ 02 40 64 90 06 - www.restaurantlebelem.fr - Fermé : lundi, mercredi soir, dimanche soir

THORIGNÉ-SUR-DUÉ

✉ 72160 - Sarthe - Carte régionale n° **23**-D1

LE SAINT-JACQUES

CUISINE MODERNE • TRADITIONNEL Un jeune couple est aux commandes de cette maison où la décoration plutôt traditionnelle est rehaussée de touches actuelles. Le chef est passionné et cela se sent ! Sa cuisine, rythmée par les saisons, privilégie les produits du terroir local.

- Menu 34/70 € - Carte 52/60 €

Place du Monument - ✆ 02 43 89 95 50 - www.hotel-sarthe.fr - Fermé : lundi, mardi midi, dimanche soir

LA TRANCHE-SUR-MER

✉ 85360 - Vendée - Carte régionale n° **23**-B3

LE POUSSE-PIED

Chef : Anthony Lumet

CUISINE DU MARCHÉ • CONTEMPORAIN Quel pied quand un ancien collaborateur d'Alexandre Couillon à Noirmoutier – il était un temps aux fourneaux de la Table d'Élise – part à l'aventure dans sa propre embarcation ! Derrière une façade anonyme coincée entre des échoppes à touristes, Anthony Lumet s'est concocté un chaleureux décor contemporain : murs couleur métal ou en pierre plaquée, jolis fauteuils de type scandinave en velours bleu pétrole, tables en bois brut. Il décline ici une cuisine nette et épurée, sans artifices d'aucune sorte, au fil de la saison et des arrivages, avec une prédilection marquée pour les poissons et les coquillages.

- Menu 35 € (déjeuner), 50/75 €

84 boulevard des Vendéens - 02 51 56 23 95 - www.lepoussepied.fr - Fermé : lundi soir, mardi, mercredi

VARADES

44370 - Loire-Atlantique - Carte régionale n° **23**-B2

LA CLOSERIE DES ROSES

CUISINE CLASSIQUE • TENDANCE Ce restaurant est ancré depuis 1938 en bord de Loire : un site ravissant, presque en symbiose avec le fleuve... Et de la salle panoramique, on admire l'abbatiale illuminée le soir. Ce chef au nom prédestiné aime tous les poissons, et achète celui de Loire aux pêcheurs du coin. Et, pour notre plus grand plaisir, il concocte une délicieuse cuisine régionale.

- Menu 34/69 € - Carte 53/63 €

455 La Haute-Meilleraie - 02 40 98 33 30 - www.lacloseriedesroses.com - Fermé : lundi soir, mardi soir, mercredi, dimanche soir

VELLUIRE

85770 - Vendée - Carte régionale n° **23**-B3

AUBERGE DE LA RIVIÈRE

CUISINE MODERNE • AUBERGE Le frémissement du cours d'eau toute proche, le lierre qui escalade la façade : dans cette auberge vendéenne, tout est charmant et bucolique, tout invite à la rêverie... et à la gourmandise ! De beaux produits, des herbes aromatiques, des assaisonnements subtils : on sent la patte d'un vrai passionné de gastronomie, et on ne résiste pas moins à la douceur des desserts, que l'on déguste dans la jolie salle à manger. Le menu change toutes les deux semaines. Quelques chambres pour des nuits au calme face à la rivière Vendée, et pour les esprits baladeurs, barques et VTT à la location. Le bonheur, quoi.

- Menu 68 € - Carte 50/65 €

Rue du Port-de-la-Fouarne - 02 51 52 32 15 - www.hotel-riviere-vendee.com - Fermé : lundi, mardi midi, jeudi midi

VERTOU

44120 - Loire-Atlantique - Carte régionale n° **23**-B2

LE LAURIER FLEURI

CUISINE MODERNE • TRADITIONNEL Un couple de pro cornaque avec brio cet ancien relais de diligence d'aspect très traditionnel ! C'est après un solide parcours dans des maisons de renom que le chef a repris les rênes des fourneaux. On sent dans chaque assiette un réel travail et une vraie envie de surprendre et de faire plaisir...

P - Menu 25/54 €

460 route de Clisson - 02 51 79 01 01 - www.laurierfleuri.fr - Fermé : lundi, mercredi soir, dimanche

Jon Arnold Images/hemis.fr

PROVENCE-ALPES-CÔTE D'AZUR

PROVENCE-ALPES CÔTE D'AZUR

Cartes régionales n° 24 et 25

Une terre de contrastes… par son climat, sa végétation et son relief ! Quelle diversité, en effet, entre la tiédeur hivernale de la côte niçoise, les hautes cimes glacées du Mercantour, les chênes-lièges et pins méridionaux, les villages perchés et les plages bondées… Mais partout vous irez à la rencontre de chefs et de producteurs passionnés par la gastronomie de leur « pays ». Le régime méditerranéen n'est-il pas devenu synonyme de (bonne) santé ? C'est que l'on y mange essentiellement des fruits, des légumes, des poissons, généreusement arrosés d'huile d'olive…

Douceur du climat oblige, les cultures maraîchères et fruitières prospèrent dans les champs et sur les étals des marchés. La fleur de courgette se voit même célébrer de l'entrée au dessert. Et quels parfums ! Sur ce terroir ensoleillé, les herbes – thym et romarin notamment – poussent au chant des cigales. Leurs arômes entêtants imprègnent fortement viandes, poissons et fromages, quand ils ne profitent pas d'une généreuse râpée de truffe. Ingrédient cardinal, l'huile d'olive, qui bénéficie de plusieurs AOP, entre dans la composition de tous les plats incontournables de la région, de l'aïoli à la bouillabaisse.

Comme pour rappeler la liturgie d'autrefois en Avignon, les papes de la gastronomie régionale célèbrent avec ferveur cette cuisine du soleil, avec chacun leurs atours : Christophe Bacquié et sa technique imparable, Gérald Passedat avec sa poésie, Alexandre Mazzia et sa créativité débridée, Mauro Colagreco le chantre du végétal et des cycles lunaires, Arnaud Donckele ou la perfection en étendard…

LA SELECTION DU GUIDE MICHELIN

LES TABLES ÉTOILÉES

Une cuisine unique. Vaut le voyage !

Une cuisine d'exception. Vaut le détour !

Une cuisine d'une grande finesse. Vaut l'étape !

N Nouvelle distinction cette année !
❀ Engagé pour une gastronomie durable

LA SELECTION DU GUIDE MICHELIN

LES BIB GOURMAND

Nos meilleurs rapports qualité-prix

ÉQUIILIBRE RÉUSSI ENTRE L'ASCÈSE EN CUISINE ET LA GOURMANDISE À TABLE

La Mirande, à Avignon

Florent Pietravalle a appris la cuisine avec les plus grands, mais aussi la conscience de sa responsabilité de chef d'entreprise. Un parcours récompensé par une Étoile Verte en 2021

Né en 1987, Florent Pietravalle, Montpelliérain d'origine, a toujours été attiré par la gastronomie et les chefs étoilés, sans qu'il puisse véritablement exprimer pourquoi, tout au plus une envie de partage, le désir de faire plaisir. Après l'école hôtelière de Montpellier, son apprentissage chez Yves Thuriès, alors étoilé à Gordes, lui confirme sa vocation, qui s'affermit après d'un chef d'origine hollandaise, précurseur du bio, Roland Reichrath (le Grand Pré, Vaison-la-Romaine) avant d'exploser aux côtés de Jean-Luc Rabanel, Joël Robuchon et enfin de Pierre Gagnaire (qui l'a profondément marqué, y compris humainement) : excellence, rigueur et créativité entrent dans son quotidien de cuisinier pour n'en plus sortir. Aux fourneaux de La Mirande, ce jeune chef se distingue aujourd'hui par un engagement aussi sincère que discret en faveur des produits sains et locaux, d'un zéro déchet en cuisine et d'un "petit écosystème" autosuffisant.

Garum et fermentations "maison"

Je ne jette rien, je garde notamment toutes les parures de viande et de poisson, que je transforme en un garum maison (l'équivalent du nuoc-mâm) avec des kōji (un ferment issu de la moisissure de champignons). Avec des viandes locales, des poissons locaux, on fait donc nous-mêmes nos sauces, nos condiments – au lieu d'utiliser du sel par exemple, on a recours à ce produit 100% naturel, qui va exploser au niveau du goût.

Huîtres sauvages de Camargue, Sauce XO, Lard de pays

Florent Pietravalle, de Montpellier à Avignon, en passant par les plus grandes tables

Les viandes

Avec Olivier Velut, qui est boucher-éleveur installé à Frontignan, j'ai noué une relation exceptionnelle. Olivier part à la recherche des meilleures bêtes, élevées et abattues dans les conditions les plus respectueuses. Si quelque chose ne me convient pas, du côté de l'alimentation de l'animal par exemple, il intervient auprès de l'éleveur pour aller encore plus loin. Nous cherchons ensemble la perfection. C'est du sur-mesure, très loin de l'industrie agro-alimentaire.

Les poissons

Je travaille en direct avec les pêcheurs Mathieu Chapel et Giovanni Garini, basés au Grau-du-Roi, les fondateurs de Côté Fish dont les exigences de respect de la ressource halieutique mais aussi de qualité des produits sont en phase avec les miennes. Car le poisson, il va y en avoir de moins en moins. Le maquereau va devenir un produit noble. Des poissons, je ne jette rien, ni la tête, ni les arêtes, ni la peau, rien !

Le compost

Tous nos rebuts non utilisables en cuisine sont collectés par Cyclo'Compost, une association qui collecte en vélo-remorque les déchets organiques des professionnels d'Avignon afin de les valoriser sur l'île de la Bartelasse. Ce compost de qualité est ensuite redistribué aux paysans locaux. Nous avons été parmi les premiers à soutenir Isabeau, la fondatrice.

La champignonnière

La cave voutée de la Mirande abrite désormais une champignonnière où nous faisons pousser nos propres shitakés et champignons de Paris sur notre propre compost..."

Un potager d'herbes aromatiques sur le toit

Sur le toit de la Mirande, notre jardinier cultive des herbes aromatiques, uniquement des jeunes pousses destinées aux finitions sur nos plats, sur une dizaine de mètres carrés.

LE CHEF A FAIT LA RÉVOLUTION EN SON PALAIS... ET DANS LES NÔTRES !

L'Oustalet, à Gigondas

En changeant totalement son offre gastronomique, Laurent Deconinck a pu introduire de nombreuses nouveautés dans sa cuisine, mais aussi dans sa façon de la produire.

Infusion des bois, fenouil et réglisse. Langoustine-fleur d'artichaut

Avant le confinement, Laurent Deconinck et ses associés, la famille Perrin du Château de Beaucastel, caressaient l'idée de reformuler l'offre de restauration de l'Oustalet. Depuis 2020, l'Oustalet se divise ainsi en quatre entités : les chambres de L'Oustalet, la cave à vins *Nez !*, le *Bistrot de l'Oustalet* (dans l'ancien fournil de Gigondas), et enfin *L'Oustalet*, la table gastronomique, installée dans une jolie maison en pierre dont la terrasse déborde sur une placette ombragée de vieux platanes...

Pour Laurent Deconinck, ce fut une vraie libération. *"Cet écrin me permet d'imaginer un parcours culinaire unique en 7 étapes appelé NanO. J'ai plus de liberté pour partager ma vision de ce parcours imaginé en fonction des productions locales."* Ce changement de vision culinaire n'entame en rien les convictions de Laurent. Bien au contraire, elles les renforcent : *"En 7 plats, je peux davantage valoriser mon terroir, mes producteurs et leurs produits."* Parmi eux, les girolles du Ventoux, le sarrasin de plateau de Sault, l'abricot Bergeval®, le rouget-barbet de petit bateau, le loup de ligne ou les fromages et les chevreaux des Pallières. Depuis longtemps, Laurent se bat pour favoriser les circuits courts. *"Acheter localement c'est bien, connaître ses producteurs, c'est mieux."* Ces hommes et ces femmes qui travaillent à ses côtés, Laurent les connaît comme des amis. Pour expliquer leur travail à ses convives, il a besoin d'aller à leur rencontre, de connaître leurs méthodes de culture ou d'élevage. Surtout l'élevage qu'il veut respectueux et axé sur le bien-être : *"J'ai une âme de militant et un devoir de porter une parole entre le producteur et le client. Si je suis fier de la façon dont ils travaillent, je serai fier de le raconter."*

En dehors de votre défense des circuits courts, quelles sont les actions éco-responsables que vous menez dans vos établissements ?

Comme tous les chefs, nous avons trouvé ces boîtes de conservation en plastique très pratiques. Aujourd'hui, ce n'est plus envisageable et nous optons pour des contenants en inox ou en verre. Nous avons également accentué notre travail sur le recyclage en nous rapprochant d'organismes ou de sociétés capables de donner une seconde vie à nos déchets.

Quels sont les exemples les plus probants ?

Nous récupérons les bouchons et les mettons à disposition d'une association qui les transforme en isolants. Nos huiles sont également retraitées, nos cagettes sont recyclées et nos pots en grès partent en déchetterie pour être concassés et transformés. Nous avons également décidé de ne plus acheter de bouteilles d'eau et de fournir notre eau en indiquant au client la raison de cette mesure.

Ces mesures sont-elles comprises par vos équipes et vos clients ?

Je ne me sens pas obligé d'expliquer aux clients les actions que nous menons pour réduire l'impact environnemental de notre entreprise. Nous ne faisons pas cela pour être applaudis par nos clients, mais par conviction. Les restaurants génèrent des déchets, comme les foyers d'ailleurs, à nous de trouver des solutions pour les réduire. On ne peut plus être hermétique à ce qui se passe sur notre planète. À chacun d'agir sans pour autant en retirer de gloire.

Laurent Deconinck, militant vert et étoilé

24 PROVENCE-ALPES-CÔTE-D'AZUR

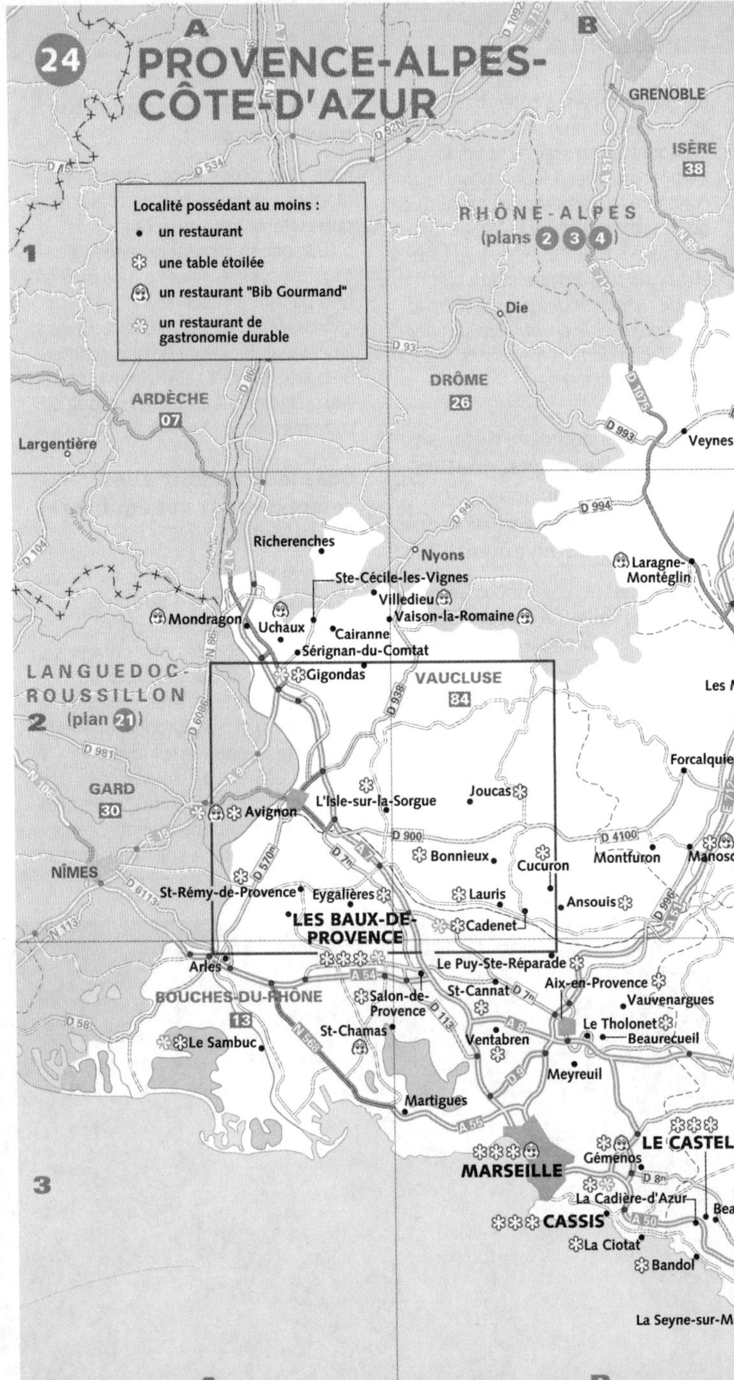

C
D
SAVOIE
73
TORINO
Le Monêtier-les-Bains
Saint-Chaffrey
Briançon
HAUTES-ALPES
05
St-Crépin
ITALIA
CUNEO
Jausiers
ALPES-DE-HTE-PROVENCE
04
âteau-Arnoux
Roubion
ALPES-MARITIMES
06
Moustiers-Ste-Marie
Rougon
MENTON
La Turbie
MONACO
La Colle-sur-Loup
Vence
Nice
Montauroux
Villeneuve-Loubet
Èze
Fayence
St-Jean-Cap-Ferrat
Èze-Bord-de-Mer
Biot
Beaulieu-sur-Mer
Aups
Montferrat
Seillans
Callas
Tourrettes
Antibes
Tourtour
Cannes
Juan-les-Pins
Cotignac
Flayosc
St-Raphaël
Le Cannet
Lorgues
Mandelieu-La Napoule
VAR
83
Les Arcs
Fréjus
a Celle
Ste-Maxime
Grimaud
ST-TROPEZ
Cogolin
Gassin
La Croix-Valmer
Ramatuelle
Bormes-les-Mimosas
Rayol-Canadel-sur-Mer
Cavalière
ulon
e Pradet
Hyères
Le Lavandou
Giens
Porquerolles
1
2
3
C
D

E

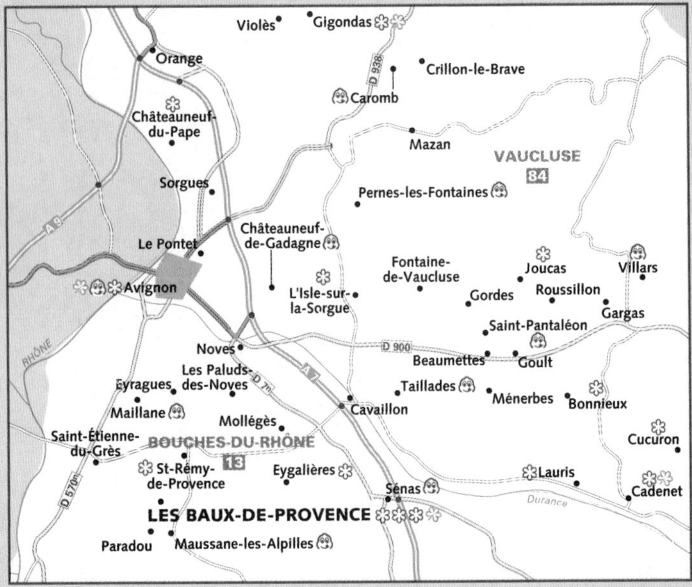

Violès
Gigondas
Orange
D 938
Crillon-le-Brave
Caromb
Châteauneuf-du-Pape
Mazan
VAUCLUSE
84
Sorgues
Pernes-les-Fontaines
A 9
Le Pontet
Châteauneuf-de-Gadagne
Fontaine-de-Vaucluse
Joucas
Villars
1 Avignon
L'Isle-sur-la-Sorgue
Gordes
Roussillon
Gargas
Saint-Pantaléon
RHÔNE
Noves
D 900
Beaumettes
Goult
Les Paluds-des-Noves
D 7n
A 7
Eyragues
Taillades
Ménerbes
Bonnieux
Maillane
Cavaillon
Mollégès
Saint-Étienne-du-Grès
BOUCHES-DU-RHÔNE
13
Cucuron
St-Rémy-de-Provence
Eygalières
Lauris
D 570n
Sénas
Cadenet
Durance
LES BAUX-DE-PROVENCE
Paradou
Maussane-les-Alpilles

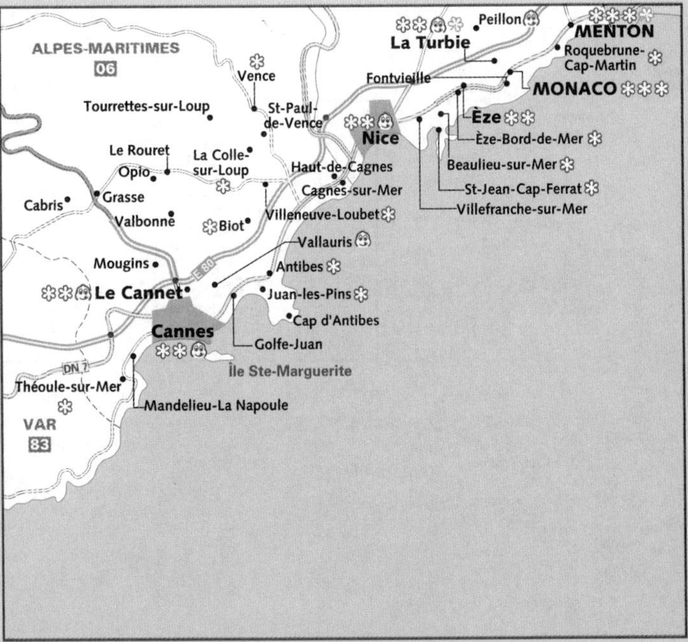

Peillon
MENTON
La Turbie
ALPES-MARITIMES
06
Roquebrune-Cap-Martin
Vence
Fontvieille
MONACO
Tourrettes-sur-Loup
St-Paul-de-Vence
Èze
Nice
Èze-Bord-de-Mer
Le Rouret
La Colle-sur-Loup
Opio
Beaulieu-sur-Mer
Haut-de-Cagnes
Grasse
Cagnes-sur-Mer
St-Jean-Cap-Ferrat
Cabris
Valbonne
Villeneuve-Loubet
Villefranche-sur-Mer
Biot
Vallauris
Mougins
E 80
Antibes
Le Cannet
Juan-les-Pins
2 Cannes
Cap d'Antibes
Golfe-Juan
DN 7
Île Ste-Marguerite
Théoule-sur-Mer
Mandelieu-La Napoule
VAR
83

E

AnnaPustynnikova/Getty Images Plus

✉ 13100 -
Bouches-du-Rhône
Carte régionale n° **24**-B3

AIX-EN-PROVENCE

Chaque ville possède une figure, un regard, une voix... À Aix, on écoute le murmure des fontaines, le chant des vieilles pierres célébrant les fastes du passé et, bien sûr, la symphonie des marchés. Dans l'assiette et sur les étals, la trilogie tomate, huile d'olive et ail impose sa couleur et ses parfums. Fruits et légumes sont d'une grande variété – la vallée du Rhône et de la Durance sont les plus grands vergers et potagers de France ! Les poissons de la Méditerranée sont ici comme chez eux. En ville, de belles boutiques historiques continuent de défendre le calisson, le fruit confit ou le chocolat. Aux portes de la ville, des vignobles, riches de cinq AOP, produisent blancs, rosés et rouges, tour à tour suaves, sensuels ou puissants.

✿ LE ART

CUISINE MODERNE • ÉLÉGANT Après quatre ans passés au Domaine de Manville, aux Baux-de-Provence, Matthieu Dupuis-Baumal a pris le chemin d'Aix. Aux fourneaux de cette magnifique bastide du 18e s., le jeune chef propose des assiettes audacieuses, où les notes provençales se parent de subtiles influences japonaises. Les saveurs sont franches, toujours contrôlées, et chaque recette porte le sceau d'une personnalité culinaire affirmée. Même affirmation pour les desserts inspirés de Maëlle Bruguera. Un lieu magique et une terrasse magnifique, somptueux écrin pour un feu d'artifice de saveurs, associées à une splendide carte des vins (dont ceux du château, évidemment).

- Menu 97/185 €

Hors plan – *Château de la Gaude, 3959 route des Pinchinats – ✆ 04 84 93 09 30 – www.chateaudelagaude.com – Fermé : lundi, mardi, dimanche soir*

✿ MICKAËL FÉVAL

Chef : Mickaël Féval

CUISINE MODERNE • ÉLÉGANT Ancien collaborateur de plusieurs grands chefs (Antoine Westermann, Bernard Loiseau), le chef Mickaël Féval a posé ses valises dans cette maison du cœur d'Aix. Ses recettes créatives mettent en valeur les saisons, les producteurs locaux et des produits classiques (canette des Dombes, volaille de Challans, foie gras, langoustine). Le chef aime toujours autant travailler le poisson (souvenirs de son passage chez Antoine), comme le démontre ce tartare de bar, quinoa, pamplemousse et avocat, tuile encre de seiche, que l'on déguste dans une longue salle atypique avec petites voûtes et murs blancs. Ne manquez pas non plus le baba au rhum ! Service professionnel et attentionné.

- Menu 53 € (déjeuner), 79/110 € - Carte 85/105 €

Plan : B2-1 - *11 Petite-Rue-Saint-Jean - 04 42 93 29 60 - www.mickaelfeval.fr - Fermé : lundi, dimanche*

PIERRE REBOUL

Chef : Pierre Reboul

CUISINE CRÉATIVE • ÉLÉGANT Pierre Reboul a roulé sa bosse par monts et par vaux. Apprenti chez Michel Chabran à Pont-de-l'Isère, membre de la brigade de l'immense Jacques Pic (le père d'Anne-Sophie) à Valence, cuisinier à Paris chez Taillevent et Rostang, le chef a ensuite ouvert sous son propre nom à Saint-Rémy-de-Provence, Tain-l'Hermitage puis Aix-en-Provence. Sa cuisine ludique et créative, un brin moléculaire, s'épanouit dans le cadre élégant d'un château du 16e s. Texture, inventivité, respect des saisons (légumes en permaculture et pêche raisonnée) : les fondamentaux sont respectés.

- Menu 85/145 €

Hors plan - *Château de la Pioline, 260 rue Guillaume-du-Vair - 04 42 52 27 27 - www.chateaudelapioline.com - Fermé : lundi, mercredi, dimanche*

CÔTÉ COUR

CUISINE TRADITIONNELLE • TENDANCE Sur le cours Mirabeau, décor épuré aux matières naturelles, toit ouvrant, ambiance glamour et musique lounge : Ronan Kernen, ancien candidat de Top Chef, a su créer ici une atmosphère tout à fait particulière. On vient ici pour voir et être vu... mais surtout pour bien manger : la cuisine du chef ne manque pas de personnalité, et ne manque pas de rendre hommage aux recettes de la tradition et aux plats de sa grand-mère, tel ce risotto crémeux aux champignons.

- Menu 29 € (déjeuner), 47/57 € - Carte 63/68 €

Plan : B2-2 - *19 cours Mirabeau - 04 42 93 12 51 - www.restaurantcotecour.fr - Fermé : lundi, dimanche*

GAODINA

CUISINE MÉDITERRANÉENNE • MAISON DE CAMPAGNE En provençal, "gaodina" signifie se régaler, se réjouir à table, se donner du bon temps. Cela tombe bien, ce nouveau lieu tendance perdu dans la campagne aixoise cultive l'esprit guinguette contemporaine (bar côté jardin et pétanque). La cadre : une belle bastide du dix-huitième siècle ; l'assiette : des recettes méditerranéennes bien tournées. On dîne dans une grande véranda ou en terrasse, avec vue sur la piscine ou sur les champs cultivés. Le service, décontracté, est adapté au lieu. Plusieurs chambres pour ceux qui aiment le chant des cigales.

- Menu 23/45 € - Carte 30/50 €

Hors plan - *1075 chemin du Mont-Robert - 06 65 67 53 26 - www.gaodina.com - Fermé : dimanche soir*

LES INSÉPARABLES

CUISINE MODERNE • CONTEMPORAIN Les Inséparables, c'est la rencontre de Christophe Bonanno (chef passé par le Crillon, Astrance, Laurent) et de Mathieu Jégo, manager dans l'âme et féru de gastronomie. Dans un intérieur vintage, très années 1970, ils proposent une partition culinaire assez tendance, et qui fait mouche. Grande et belle terrasse sous deux vieux platanes.

- Menu 32 € (déjeuner), 68 € - Carte 62/76 €

Hors plan - *4 avenue de la Reine-Astrid - 04 42 27 90 32 - lesinseparables-aix.fr - Fermé : lundi, dimanche*

KAISEKI N

CUISINE JAPONAISE • ÉLÉGANT Dans le cadre magique de cette bastide du 18e s., voilà une deuxième proposition à côté de la table étoilée, le Art. Ce kaiseki s'inspire évidemment du repas gastronomique à la japonaise composé de plusieurs services, décliné ici en deux menus. Les chefs Matthieu Dupuis Baumal et Kazunari Noda unissent leurs talents pour offrir un goûteux dépaysement entre France et Japon.

– Menu 89/155 €

Hors plan – *Château de la Gaude, 3959 route des Pinchinats – ✆ 04 84 93 09 30 – www.chateaudelagaude.com – Fermé : lundi, dimanche et le midi*

LICANDRO - LE BISTRO

CUISINE TRADITIONNELLE • COLORÉ Une petite affaire familiale tenue par Felipe Licandro, chef passé par de belles maisons partout en France, accompagné de son épouse Julie en salle. L'ardoise du midi propose une cuisine du marché bien faite ; le soir, on profite d'un choix plus étoffé, mais l'esprit bistronomie et tradition reste de mise.

– Menu 35 € – Carte 47/58 €

Plan : A2-4 – *18 rue de la Couronne – ✆ 06 27 20 03 99 – www.licandrolebistro.com – Fermé : mardi, mercredi*

MOLÈNE DE MICKAËL FÉVAL

POISSONS ET FRUITS DE MER • INTIME Hommage à une île bretonne, l'adresse bis de Mickaël Féval séduit par sa cuisine iodée (poisson et fruits de mer d'une fraîcheur irréprochable), ses cuissons précises et ses assiettes épurées. Un vibrant éloge de la mer, simple, bon et lisible.

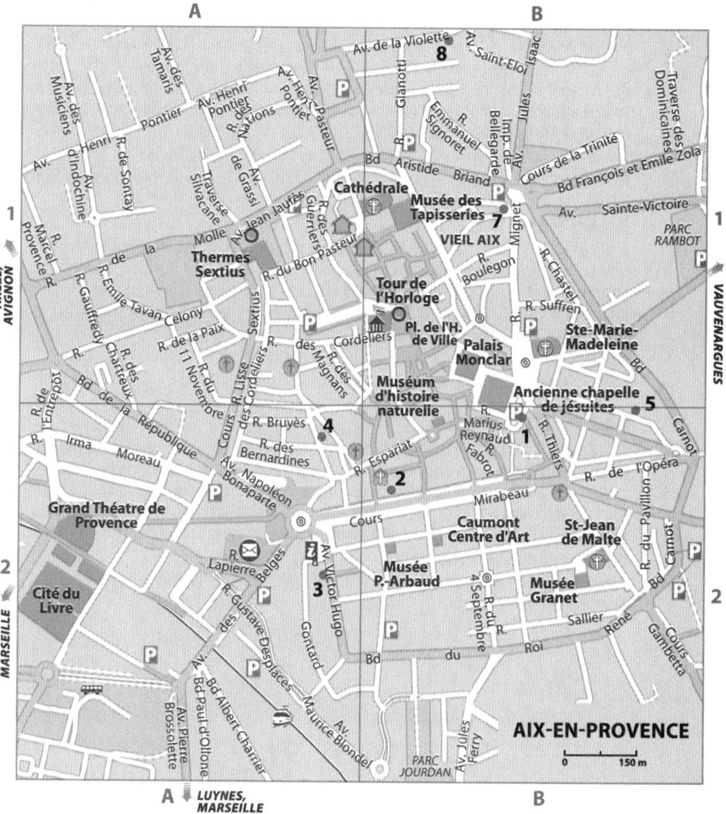

AC - Carte 40/65 €

Plan : B2-5 - *31 bis rue Manuel - ✆ 04 42 39 81 88 - restaurantmolene.com - Fermé : lundi, dimanche et le midi*

LA PETITE FERME

CUISINE TRADITIONNELLE • COSY Cette nouvelle brasserie contemporaine chic tenue par Ronan Kernen, le chef-propriétaire de Côté Cour, mélange les plats issus des cuisines du monde et un large choix de viandes cuites à la braise, à la broche et au feu de bois. Le résultat est plaisant, on se régale.

♿ AC - Menu 27 € (déjeuner) - Carte 45/65 €

Plan : A2-3 - *7 avenue Victor-Hugo - ✆ 04 42 26 68 84 - www.lapetitefermeaix.com - Fermé : lundi, dimanche*

LA SOURCE

CUISINE INTERNATIONALE • DESIGN Si vous voulez savoir à quoi ressemble la version chic et décontractée d'une brasserie contemporaine dans un château du dix-huitième siècle, égayé d'un décor revival sixties, vous êtes à la bonne adresse ! Dans l'assiette, signée Matthieu Dupuis-Baumal, ça swingue avec des recettes inspirées de ses voyages à travers le monde. Japon, Brésil, Espagne, Pérou, Italie, Thaïlande ou Chine se donnent rendez-vous sur une carte décomplexée et ludique. So fun !

♿ AC P - Carte 75/130 €

Hors plan - *3959 route des Pinchinats - ✆ 04 84 93 09 30 - www.chateaudelagaude.com*

LA TABLE DU PIGONNET

CUISINE TRADITIONNELLE • ÉLÉGANT Une carte traditionnelle, respectueuse des saisons et mâtinée de quelques touches contemporaines, à déguster dans une salle élégante. Le charme se révèle aux beaux jours lorsque la terrasse est dressée et le jardin fleuri. Menu végétarien.

AC P - Carte 52/75 €

Hors plan - *5 avenue du Pigonnet - ✆ 04 42 59 61 07 - www.hotelpigonnet.com*

VILLA GALLICI

CUISINE TRADITIONNELLE • COSY Luxe et tradition, sans ostentation. Au menu : une belle cuisine française gorgée de soleil, à déguster sur les tables basses des superbes salons, ou près des platanes sur la jolie terrasse... On a même aménagé un élégant caveau pour vous faire découvrir quelques grands crus. L'esprit du Sud !

AC P - Menu 105/135 €

Plan : B1-8 - *18 bis avenue de la Violette - ✆ 04 42 23 29 23 - www.villagallici.com - Fermé : lundi midi, mercredi midi*

LE VINTRÉPIDE

CUISINE TRADITIONNELLE • ÉLÉGANT On tombe de suite sous le charme de ce décor contemporain et cosy (mobilier design, bois blond et murs de couleur vert-bleu) : une agréable petite adresse tenue par deux associés qui ont le souci de bien faire. L'un, en cuisine, prépare de délicieux plats de saison au gré de son inspiration. L'autre, sommelier, a toujours le bon conseil pour le choix des vins. Un duo gagnant.

AC - Menu 29 € (déjeuner), 38/50 €

Plan : B1-7 - *48 rue du Puits-Neuf - ✆ 09 83 88 96 59 - www.vintrepide.com - Fermé : lundi, dimanche*

ANSOUIS

✉ 84240 - Vaucluse - Carte régionale n° **24**-B2

✿ LA CLOSERIE

Chef : Olivier Alemany

CUISINE TRADITIONNELLE • ÉLÉGANT Dans le Luberon, cette Closerie-là est une ancienne poste, où l'on déguste une véritable ode à la Provence dans la salle à manger élégante et moderne, ou sur la petite terrasse panoramique. Après avoir fait la tournée de ses producteurs, le chef marseillais Olivier Alemany (formé notamment par Jacques Chibois) enchante une cuisine traditionnelle magnifiée par les superbes produits de Provence, gorgés de soleil et d'une fraîcheur incomparable. En salle, son épouse Delphine distille un service aux petits soins. Le charmant village d'Ansouis offre enfin aux mangeurs repus l'occasion d'une digestion apaisée, au gré de ses ruelles, jusqu'à l'église et le château.

♿ AC - Menu 43 € (déjeuner), 60/78 €

Boulevard des Platanes - ✆ 04 90 09 90 54 - www.lacloserieansouis.com - Fermé : mercredi, jeudi, dimanche soir

✉ 06600 -
Alpes-Maritimes
Carte régionale n° 25-E2

ANTIBES

Antibes ? C'est peut-être Picasso qui en parle le mieux avec sa Joie de Vivre, exposée dans son musée : le tableau partage une certaine vision de la Méditerranée éternelle. La ville est construite entre deux anses : St-Roch, où vous déambulerez sur le port de plaisance, et la Salis, où vous lézarderez sur la plage. Après une flânerie dans les ruelles de la vieille ville, vous ne résisterez pas longtemps aux saveurs du Sud. Le marché provençal du cours Masséna est un passage obligé pour qui veut se fournir en produits locaux, notamment en fruits et légumes, mais aussi en spécialités corses, en confitures, épices, olives (cassées, farcies, piquantes ou en tapenade) et fromages de chèvre... Enfin, le Marché des Pêcheurs accueille les derniers petits pêcheurs professionnels de la côte antiboise : fraîcheur garantie.

✿ LE FIGUIER DE SAINT-ESPRIT

Chef : Christian Morisset

CUISINE PROVENÇALE • ÉLÉGANT À cheval sur les remparts de la vieille ville, entre musée Picasso et marché provençal, cette maison de pays et de famille embaume la Provence ! Le figuier qui orne le patio ne dira pas le contraire. Voici le fief familial de Christian Morisset, dont la moustache frisée appartient presque au patrimoine antibois. Épaulé par sa femme en salle, entouré en cuisine par ses fils, le patriarche aime la cuisine de beaux et bons produits qu'il choisit chaque semaine sur les marchés. Seule concession à la modernité, un écran retransmet en direct l'activité en cuisine. Ses cannellonis de supions à l'encre de seiche, jus de coquillages aux feuilles de basilic frais et sa selle d'agneau cuite en terre d'argile de Vallauris sont devenus de véritables plats signature.

- Menu 55 € (déjeuner), 95/158 € - Carte 105/200 €

Plan : D1-4 - *14 rue Saint-Esprit - ✆ 04 93 34 50 12 - www.christianmorisset.fr - Fermé : lundi midi, mardi, mercredi midi*

✿ LOUROC - HÔTEL DU CAP-EDEN-ROC

CUISINE MODERNE • ÉLÉGANT La table de ce palace mythique a mis toutes les chances de son côté. On y conjugue un service attentionné (expert dans la découpe au guéridon), l'art de la table réalisé en grande partie par des artisans provençaux, une vue époustouflante sur la Méditerranée, une carte conçue par Éric Frechon et le talent du chef Sébastien Broda. Dans le garde-manger, uniquement des légumes du potager de l'hôtel et des maraîchers locaux, des poissons de petite pêche et des viandes sur mesure. Cette cuisine méditerranéenne est illustrée par des plats d'une parfaite lisibilité dont l'intitulé laconique – une promesse de bonheur – dit l'essentiel :

langoustines, gelée de céleri branche ; artichaut violet de Provence ; selle d'agneau rôti aux herbes de la garrigue...

- Menu 220 € - Carte 158/240 €

Plan : B2-1 - *Boulevard JF-Kennedy, au Cap d'Antibes - 04 93 61 39 01 - www.hotel-du-cap-eden-roc.com - Fermé le midi*

LES PÊCHEURS

CUISINE MÉDITERRANÉENNE • DESIGN Ces Pêcheurs sont superbement ancrés au bord des flots, en léger surplomb, offrant ainsi une vue somptueuse sur les îles de Lérins et les contreforts de l'Esterel. Formé ici-même, le niçois Nicolas Rondelli a ensuite navigué derrière les fourneaux d'Alain Llorca, de Michel Del Burgo, du Negresco et de Jacques Chibois. Honorant les saveurs du Sud, sa cuisine actuelle, pleinement de saison, met à l'honneur les poissons de la Méditerranée : rouget, saint-pierre, turbot et loup. Côté terre, quelques belles viandes : porcelet, chevreuil, veau fermier. Dans les deux cas, il favorise les producteurs locaux à l'image de son pêcheur Tony du port du Croûton, situé à... 50 mètres du restaurant.

- Menu 130/155 €

Plan : B2-2 - *10 boulevard du Maréchal-Juin, au Cap d'Antibes - 04 92 93 13 30 - www.ca-beachhotel.com - Fermé : lundi, dimanche et le midi*

L'ARAZUR

CUISINE MODERNE • COSY À la barre de ce restaurant de poche niché dans une ruelle du vieil Antibes, le jeune chef-patron célèbre les saisons avec une cuisine fraîche et colorée, en toute simplicité. Les légumes y sont particulièrement bichonnés, et le goût est au rendez-vous : la garantie d'un super moment.

- Menu 34 € (déjeuner), 65 € - Carte 66/70 €

Plan : D1-8 - *6 rue des Palmiers - 04 93 34 75 60 - www.larazur.fr - Fermé : lundi, dimanche et le midi*

CHEZ JULES LE DON JUAN

POISSONS ET FRUITS DE MER • MÉDITERRANÉEN L'atout majeur de ce Don Juan : un chef-patron passionné, infatigable "sourceur" de produits (légumes issus de sa famille, veau d'une ferme aveyronnaise, etc.). Sa cuisine fleure bon la Provence, pour notre plus grand plaisir ; le restaurant s'intègre dans un véritable petit "empire" de convivialité, avec le café, l'épicerie et le bistrot : ambiance garantie.

- Menu 29 € - Carte 40/55 €

Plan : D1-5 - *17 rue Thuret - 04 93 34 58 63 - www.chezjulesantibes.com - Fermé : mercredi*

MAISON DE BÂCON (N)

CUISINE CLASSIQUE • MÉDITERRANÉEN Le Bâcon, institution antiboise depuis 1948, renaît sous le nom Maison de Bâcon. En cuisine, Nicolas Davouze, ancien de Bocuse et du Bristol, célèbre les incontournables de la maison (soupe de poissons de roche, bouillabaisse, millefeuille), avec une belle offre de poissons grillés au feu de bois. Vue splendide sur la grande bleue.

- Menu 75 € (déjeuner), 145 € - Carte 88/210 €

Plan : B1-5 - *664 boulevard de Bacon - 04 93 61 50 02 - www.restaurantdebacon.com - Fermé : lundi, mardi midi, mercredi midi*

LE PAVILLON

CUISINE MODERNE • ROMANTIQUE La terrasse sous les arbres est un hymne au romantisme, surtout éclairée à la bougie la nuit venue. Dans ce cadre idyllique, on se régale d'une cuisine méditerranéenne aux accents d'Italie : citons simplement ce cordon bleu de pigeon "Excellence", foie gras réduction de Porto, betterave rouge et maïs...

- Carte 73/105 €

Plan : B2-3 - *770 chemin de la Garoupe, au Cap d'Antibes - 04 92 93 31 64 - www.imperial-garoupe.com - Fermé : mercredi*

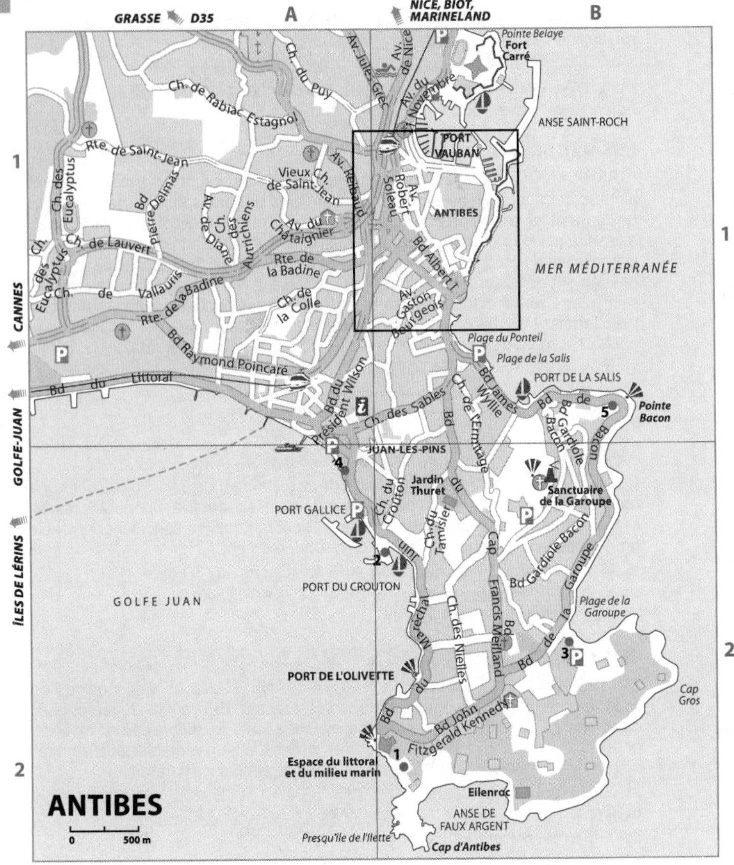

LE P'TIT CAGEOT

CUISINE MODERNE • BISTRO Cette adresse lovée dans une rue piétonne du vieil Antibes, non loin du port de plaisance, invite à s'installer sur sa petite terrasse-trottoir. Un jeune couple y concocte des plats gourmands et maîtrisés, aux accents méditerranéens, dans un cadre authentique et intimiste.

A/C – Menu 37/57 € - Carte 40/52 €

Plan : D1-9 – *5 rue du Docteur-Rostan – ✆ 04 89 68 48 66 – www.restaurantleptitcageot.fr – Fermé : lundi, dimanche*

LE 44

CUISINE MODERNE • CONTEMPORAIN Au rez-de-chaussée d'un immeuble des années 1920 à la façade classée, non loin de la mer, ce restaurant au cadre épuré, tenu par un jeune chef passé par de belles maisons, propose une carte attentive au marché et, en saison, quelques suggestions appétissantes.

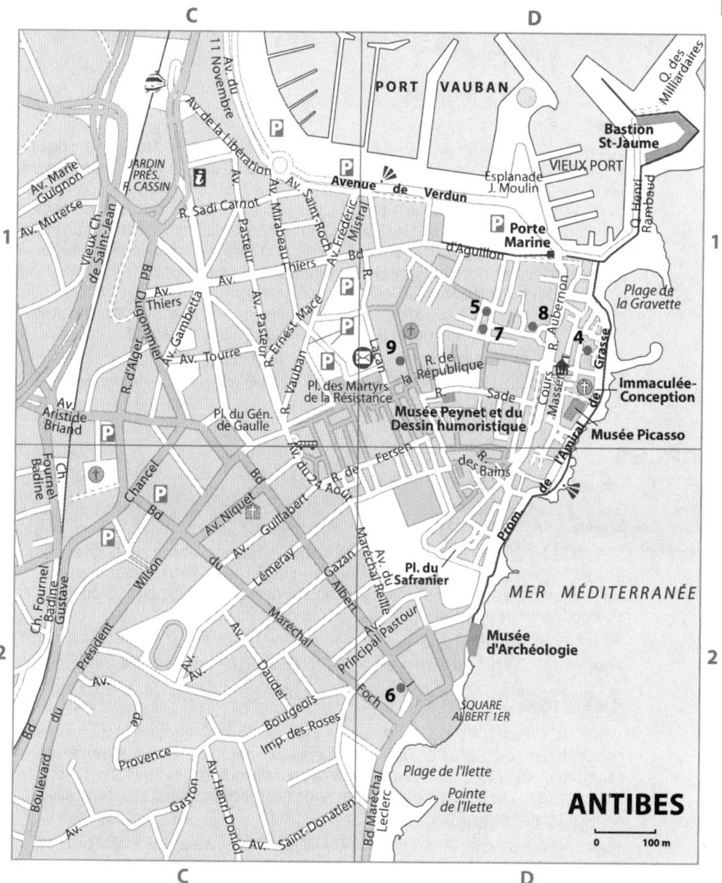

🆎 🪑 - Menu 29 € (déjeuner), 49/90 € - Carte 41/110 €

Plan : D2-6 – *44 boulevard Albert-1er – ✆ 09 73 29 41 85 – www.le44riviera.com – Fermé : lundi, mardi*

LE VAUBAN

CUISINE MODERNE • ÉLÉGANT Dans une rue animée du vieil Antibes, ce Vauban nous sert une bonne cuisine française dans l'air du temps, réalisée avec technique et évoluant au gré des saisons- ballotine de caille, radis noir, bisque de crustacés ; dos de maigre, crème de céleri, topinambours ; soufflé fruits de la passion et banane. Réservation préférable.

♿ 🆎 - Menu 25 € (déjeuner), 41/50 € - Carte 48/63 €

Plan : D1-7 – *7 bis rue Thuret – ✆ 04 93 34 33 05 – www.levauban.fr – Fermé : lundi, mardi*

LES ARCS

✉ 83460 - Var - Carte régionale n° **24**-C3

LE RELAIS DES MOINES

Chef : Sébastien Sanjou

CUISINE MODERNE • AUBERGE Noyée dans la végétation, cette belle bastide du 16 e s. contemple le massif des Maures et le village pittoresque d'Arc-sur-Argens. Fils de restaurateurs du Sud-Ouest, Sébastien Sanjou est venu s'installer dans le Var où il a été soutenu à ses débuts par Jacques Maximin et Alain Ducasse. Ce Tarbais a su s'approprier avec brio le terroir méditerranéen. Il cultive notamment une relation d'exception avec son maraîcher Philippe Auda. De superbes tomates mûres et juteuses à souhait, accompagnées d'un sorbet au basilic, de burrata et assaisonnées à l'huile d'olive et au baume de Bouteville, font une entrée ensoleillée de choix. Toute la cuisine du chef est à l'avenant : colorée et imaginative, avec au cœur de chaque assiette, un beau produit, travaillé avec soin dans le respect du goût.

- Menu 59 € (déjeuner), 88/118 €

Route de Sainte-Roseline - ✆ 04 94 47 40 93 - www.lerelaisdesmoines.com - Fermé : lundi, mardi

ARLES

✉ 13200 - Bouches-du-Rhône - Carte régionale n° **24**-A3

L'ARLATAN

CUISINE MÉDITERRANÉENNE • DESIGN On flashe d'abord sur le décor flamboyant et photogénique réalisés par l'artiste cubain Jorge Pardo. On zoome ensuite sur l'album de recettes saisonnières et méditerranéennes. Des plats savoureux bien composés qui développent des saveurs franches et plaisantes.

A/C - Carte 38/50 €

Plan : A1-1 - *20 rue du Sauvage - ✆ 04 65 88 20 20 - www.arlatan.com*

CHARDON

CUISINE MODERNE • BISTRO Laura Vidal et Harry Cummins, instigateurs du concept nomade "Paris Pop Up", accueillent au Chardon des cuisiniers en résidence temporaire, avec une constante : l'utilisation de produits des environs. C'est frais, c'est bon, et ça se déguste dans un cadre de bistrot très chouette. Dans le mille !

Menu 35 € (déjeuner), 45 €

Plan : A2-4 - *37 rue des Arènes - ✆ 09 72 86 72 04 - www.hellochardon.com - Fermé : mardi, mercredi*

LE GALOUBET

CUISINE DU MARCHÉ • VINTAGE Au cœur de la vieille ville, les connaisseurs se pressent dans ce joli bistrot à la décoration vintage. Bien sûr, ils ne viennent pas par hasard : cuisine du marché et recettes délicates, agréable terrasse sous la treille... la maison ne manque pas d'atouts.

A/C - Menu 29 € (déjeuner), 35 €

Plan : A2-5 - *18 rue du Docteur-Fanton - ✆ 04 90 93 18 11 - Fermé : lundi, dimanche*

LE GIBOLIN

CUISINE DU MARCHÉ • BISTRO "Est-ce que t'as pris ton Gibolin ?" La boisson-star des Deschiens a servi d'inspiration à ce sympathique bistrot arlésien. La cuisine du chef s'inspire du marché, le menu change tous les jours et il s'accompagne de bons vins régionaux choisis par Brigitte, la sympathique maîtresse de maison. A l'instar des nombreux habitués, on se régale.

A/C - Menu 35 €

Plan : A2-6 - *13 rue des Porcelets - ✆ 04 88 65 43 14 - Fermé : lundi, dimanche*

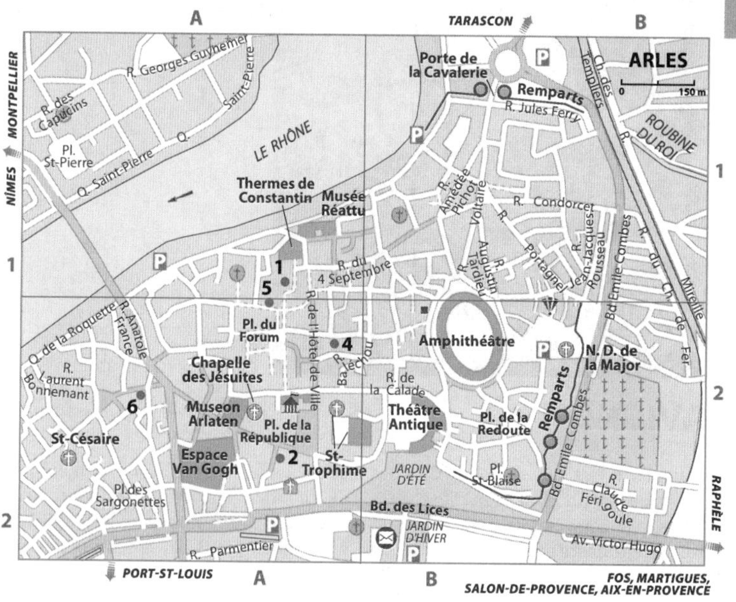

LES MAISONS RABANEL

CUISINE CRÉATIVE • CONTEMPORAIN Le truculent Jean-Luc Rabanel est un trublion gourmand à l'accent chantant qui se réinvente perpétuellement sous le signe du végétal. Les Maisons Rabanel, un seul lieu, mais deux cuisines : d'un côté, le Greeniotage qui lorgne du côté du bistrot, de l'autre, le Greenstronome qui fait dans le gastro. Toujours sur la corde raide, ce chef attachant remet tout en cause à chaque service. Une personnalité à part.

- Menu 49 € (déjeuner), 145/165 €

Plan : A2-2 - *7 rue des Carmes - 04 90 91 07 69 - www.rabanel.com - Fermé : lundi, mardi*

AUPS

83630 - Var - Carte régionale n° **24**-C3

LE SAINT MARC

CUISINE PROVENÇALE • CONVIVIAL Au sud des gorges du Verdon, le petit village de Aups offre une jolie étape bistronomique. Le chef Alexandre Dimitch et sa petite équipe assurent une partition locale et bistronomique, généreuse et pleine de saveurs, avec truffe en été... Enfin, avis aux amateurs : la cave attenante se mue en bar à vins le soir venu.

- Menu 29/45 € - Carte 38/60 €

7 rue Jean-Pierre-Aloisi - 04 94 70 06 08 - www.lesaintmarc.com - Fermé : lundi soir, mardi

⊠ 84000 – Vaucluse
Carte régionale n° **25**–E1

AVIGNON

Quand son festival est clos, la Cité des papes se dévoile : palais, jardins, remparts, clochers, hôtels particuliers et toits de tuiles s'offrent au regard du promeneur. De tout temps, la ville fut un foyer de la gastronomie provençale. Les aromates règnent sans partage et parfument des plats gorgés de soleil : thym dans la ratatouille, romarin et sarriette sur les fromages, mais aussi ail, oignon et basilic sur la daube avignonnaise. L'huile d'olive est également incontournable, et l'on est agréablement surpris par le nombre de moulins encore en activité aux alentours d'Avignon, dans les Alpilles et la vallée des Baux, notamment. On trouve sur les marchés et dans les boutiques des tapenades, pistous et autres délices fabriqués tout près, à L'Isle-sur-la-Sorgue. Quant au marché des producteurs, il propose notamment les fruits et légumes cultivés sur l'île de la Barthelasse, la plus grande île fluviale d'Europe...

LA MIRANDE

Chef : Florent Pietravalle

CUISINE MODERNE • HISTORIQUE L'œuvre du soleil, le chatoiement des couleurs, la générosité : les assiettes, fines et savoureuses de Florent Pietravalle, respirent le Sud, ses produits et ses traditions (langoustine, saint-pierre etc.). Ici, tout est maîtrisé : des saveurs, marquées et marquantes, au service, professionnel, distingué et souriant. A noter, le menu surprise à base de remarquables produits de saison de la région parfaitement sourcés (à la fin du repas, une carte est remise avec les noms et localisations des producteurs). Ses recettes, à la fois techniquement maîtrisées et spontanées, révèlent l'héritage de ses expériences chez Jean-Luc Rabanel et surtout Pierre Gagnaire. Le décor aussi est délicieux : superbe salle 18e s. ou ravissant jardin, entre les murs historiques de la Mirande, l'hôtel particulier qui touche le Palais des Papes. Le goût et l'élégance, réunis en un seul lieu.

__L'engagement du chef :__ On s'approvisionne chez les producteurs locaux qui intègrent nos besoins dans leurs plans de culture. Utilisation des produits bio ; cave pour la culture des champignons dans le cadre d'un projet agricole urbain pour privilégier les circuits courts, comme pour les herbes cultivées sur le toit de la cuisine. Menu végétarien pour soutenir l'alternative d'une alimentation moins carnée. Tri sélectif pour isoler les déchets compostables, récupérés par une association.

– Menu 90 € (déjeuner), 150/190 €

Plan : A2-1 – *4 place de l'Amirande – 04 90 14 20 20 – www.la-mirande.fr – Fermé : lundi, mardi, mercredi*

POLLEN

Chef : Mathieu Desmarest

CUISINE CRÉATIVE • COSY Pollen vous convie au détour de vos butinages dans les ruelles du centre d'Avignon. En apiculteur de haut vol, le chef Mathieu Desmarest propose une cuisine lisible, épurée et parfaitement équilibrée. Il fait son miel de produits d'une qualité irréprochable (poulpe, thon rouge, pigeon...). Les subtiles préparations créatives et les mariages de saveurs francs séduisent au fil d'un menu unique qui change au gré du marché. On agrémente le tout d'une courte et judicieuse sélection de vins (surtout en biodynamie).

- Menu 35 € (déjeuner), 80 €

Plan : A2-3 – *18 rue Joseph-Vernet – 04 86 34 93 74 – www.pollen-restaurant.fr – Fermé : mercredi soir, samedi, dimanche*

LA VIEILLE FONTAINE

CUISINE MODERNE • CLASSIQUE Boiseries, moulures, tableaux de Léo Lelée et cheminée composent l'élégance provençale de cette maison historique. Parfaitement à son aise, le chef Pascal Auger décline aux fourneaux une cuisine délicieusement méridionale, aussi précise que bien ficelée, véritable défilé de couleurs et de saveurs. Un exemple ? Ces beaux filets de rouget au tandoori, concombre et lait caillé, soupe de poisson au pastis Manguin... Un plat tout simplement exquis. Aux beaux jours – ils sont nombreux en Avignon –, on profite de ces douceurs sous le platane centenaire de la jolie terrasse.

- Menu 42 € (déjeuner), 82/125 € - Carte 90/180 €

Plan : A2-2 – *Hôtel d'Europe, 12 place Crillon – 04 90 14 76 76 – www.heurope.com – Fermé : lundi, dimanche*

L'AGAPE

CUISINE MODERNE • CONTEMPORAIN Après un beau parcours étoilé, Julien Gleize a établi ses quartiers au cœur de la cité des papes. Courgette, rouget, olive, huile d'olive, artichaut, poivron : la Provence est mise à l'honneur dans de jolies compositions, rehaussées de discrètes touches actuelles (sésame, citronnelle, curcuma). A déguster dans un décor de style post-industriel ou sur la terrasse ombragée, au bord de la fontaine.

- Menu 27 € (déjeuner), 34/70 € - Carte 58/74 €

Plan : A3-4 – *21 place des Corps-Saints – 04 90 85 04 06 – www.restaurant-agape-avignon.com – Fermé : lundi, dimanche*

ITALIE LÀ-BAS

CUISINE ITALIENNE • COSY Ce couple d'Italiens passionnés fait vibrer en nous l'âme italienne : pendant qu'il s'occupe du service en salle, elle concocte de bons plats transalpins, à base de produits frais et propose même un menu végétal. Anchois et courgettes à la scapece, mousse de ricotta ; lasagne aux fruits de mer... ça chante dans l'assiette ! On en sort ravi, avec l'accent italien.

- Menu 34/120 € - Carte 48/64 €

Plan : A2-5 – *23 rue de la Bancasse – 04 86 81 62 27 – italielabas.fr – Fermé : lundi, mardi, mercredi et le midi*

AU JARDIN DES CARMES

CUISINE PROVENÇALE • SIMPLE La jeune cheffe compose une cuisine provençale en toute simplicité au gré de suggestions à l'ardoise, pour mieux épouser le marché. Son inspiration ignore les frontières ; à l'instar des tacos et guacamole à notre façon ou en dessert la surprise sucrée à la tomate, fraises, olives noires et polenta au lait d'amandes grillées. Jolie cour-terrasse arborée.

- Menu 40 €

Plan : B1-10 – *21 place des Carmes – 09 54 25 10 67 – www.aujardindescarmes.com – Fermé : lundi, mardi*

AUBERGE LA TREILLE

CUISINE TRADITIONNELLE • COSY Sur l'île Piot, cette jolie maison est installée dans la quiétude et le repos des bords du Rhône. On y sert une cuisine respectueuse des saisons, dans laquelle on devine au premier coup de fourchette la patte d'un chef passionné. En hiver, la cheminée crépite à l'intérieur ; aux beaux jours, on profite de la terrasse exquise, abritée par des platanes centenaires. En semaine, le menu déjeuner est une aubaine absolue.

- Menu 28 € (déjeuner), 58/75 €

Hors plan - *26 chemin de l'Ile-Piot - 04 90 16 46 20 - www.latreille-avignon.fr - Fermé : lundi, dimanche*

AVENIO

CUISINE MODERNE • CONVIVIAL Au cœur d'Avignon, ce restaurant contemporain ouvert par un jeune couple passé par de belles maisons connaît un succès mérité : produits choisis et accueil chaleureux autour d'une cuisine qui sait humer l'air du temps.

- Menu 21 € (déjeuner), 36/48 €

Plan : A2-11 - *19 rue des Trois-Faucons - 04 90 03 14 41 - www.restaurant-avenio.fr - Fermé : lundi, dimanche*

LA FOURCHETTE

CUISINE TRADITIONNELLE • BISTRO Collection de fourchettes et de guides MICHELIN, vieilles photos : un bistrot au décor original et à l'ambiance chaleureuse. Au menu, une cuisine traditionnelle aux savoureux accents du Sud, avec, en dessert, l'une des spécialités de la maison : la meringue glacée au pralin... L'adresse affiche souvent complet !

- Menu 38 €

Plan : A2-12 - *17 rue Racine - 04 90 85 20 93 - www.la-fourchette.net - Fermé : samedi, dimanche*

LE GOÛT DU JOUR

CUISINE MODERNE • CONTEMPORAIN De bonnes idées, du savoir-faire... Julien Chazal, jeune chef originaire d'Avignon, fait ici une jolie démonstration ! Sa cuisine, ancrée dans les saisons, se révèle en plus soignée visuellement, avec des dressages qui ne doivent rien au hasard. Et n'oublions pas le service souriant.

- Menu 35 €

Plan : A1-13 - *20 rue Saint-Étienne - 04 32 76 32 16 - www.legoutdujour84.com - Fermé : mardi, mercredi*

HIÉLY-LUCULLUS

CUISINE MODERNE • VINTAGE "Pérouvence" : c'est ainsi que le chef Gérald Azoulay, natif d'Avignon, nomme sa cuisine, étonnante union culinaire entre le Pérou (où est née Patricia, son épouse) et la Provence. Dans l'assiette, quand la pêche du jour rencontre les artichauts poivrade et la sauce parihuela ou que l'agneau de Provence se marie avec la sauce chimichurri, le métissage est savoureux. A déguster dans une salle à manger décorée façon Belle Époque. Jolie carte de vins de la vallée du Rhône.

- Menu 55/95 €

Plan : A2-7 - *5 rue de la République - 04 90 86 17 07 - www.hiely-lucullus.com - Fermé : mardi, mercredi*

NUMÉRO 75

CUISINE TRADITIONNELLE • CONVIVIAL Une demeure bourgeoise du 19e s. noyée sous la végétation (glycine, vigne vierge et clématite) : joli décor pour un repas sur la plaisante terrasse arborée... Cette adresse connaît un franc succès dans la ville : la faute à son cadre chaleureux et à une cuisine du marché sincère, aux notes provençales. Service convivial et efficace.

- Menu 32 € (déjeuner), 39 € - Carte 36/46 €

Plan : B3-9 - *75 rue Guillaume-Puy - 04 90 27 16 00 - www.numero-75.com - Fermé : lundi soir, samedi midi, dimanche*

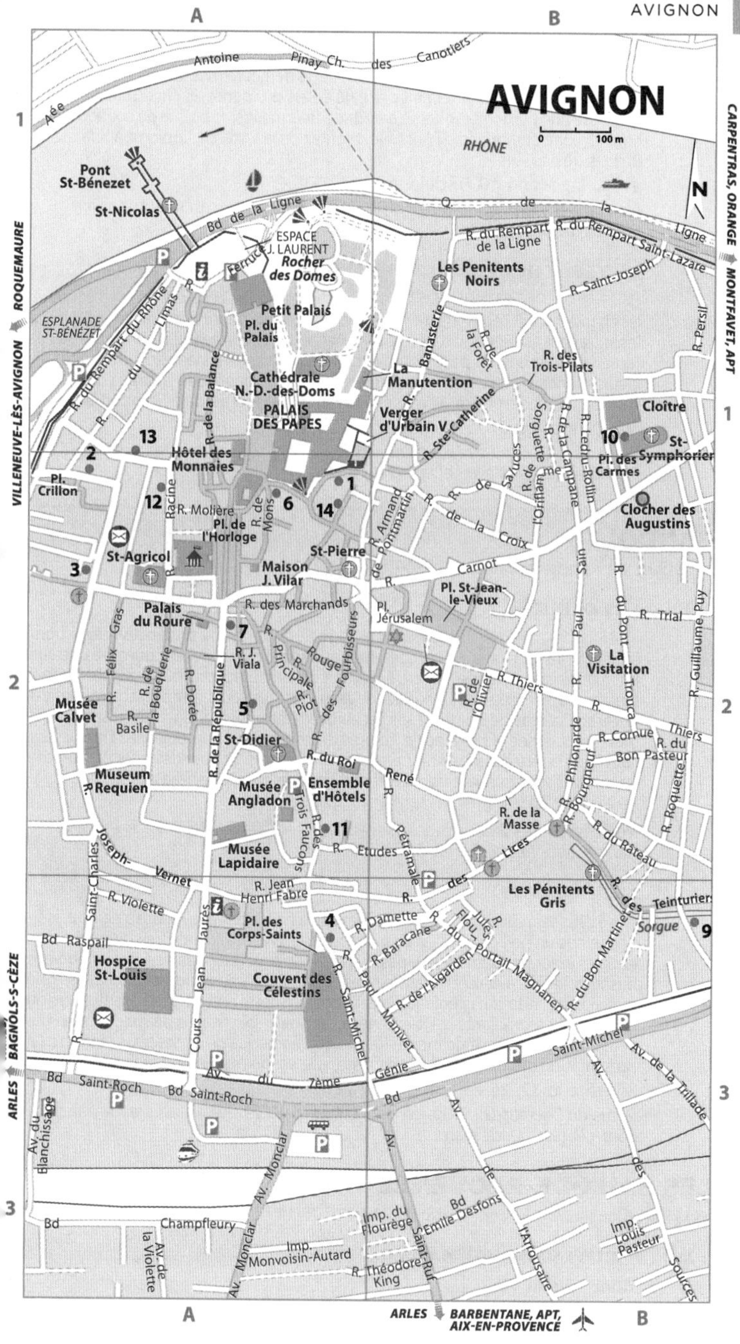

AVIGNON

0 100 m
N
RHÔNE
A
B
1
2
3
CARPENTRAS, ORANGE
MONTFAVET, APT
VILLENEUVE-LÈS-AVIGNON
ROQUEMAURE
ARLES
BAGNOLS-S-CÈZE
ARLES
BARBENTANE, APT, AIX-EN-PROVENCE
Allée Antoine Pinay
Ch. des Canotiers
Pont St-Bénezet
St-Nicolas
Bd de la Ligne
Q. de la Ligne
ESPACE J. LAURENT
Rocher des Domes
R. Ferruce
ESPLANADE ST-BÉNEZET
R. du Rempart du Rhône
R. du Limas
R. de la Balance
Petit Palais
Pl. du Palais
Cathédrale N.-D.-des-Doms
PALAIS DES PAPES
La Manutention
Verger d'Urbain V
R. Banasterie
R. de la Forêt
Les Penitents Noirs
R. du Rempart de la Ligne
R. du Rempart Saint-Lazare
R. Saint-Joseph
R. Persil
R. des Trois-Pilats
R. Ste-Catherine
R. des Sauces
R. de l'Oriflamme
R. Sorguette
R. de la Campane
R. Ledru-Rollin
Cloître
10
St-Symphorien
Pl. des Carmes
Clocher des Augustins
13
2
Hôtel des Monnaies
Pl. Crillon
12
R. Racine
R. Molière
Pl. de l'Horloge
R. de Mons
6
1
14
R. Armand de Pontmartin
R. de la Croix
St-Agricol
3
St-Pierre
Maison J. Vilar
R. Carnot
Pl. St-Jean-le-Vieux
Pl. Jérusalem
R. Paul Saïn
R. du Pont Trouca
R. Guillaume Puy
R. Trial
Palais du Roure
R. des Marchands
7
R. J. Viala
R. Rouge
R. Principale
R. des Fourbisseurs
R. Félix Gras
R. de la Bouquerie
R. Dorée
R. de la République
R. Piot
5
La Visitation
R. Thiers
R. de l'Olivier
Musée Calvet
R. Basile
St-Didier
R. du Roi René
R. Cornue
R. du Bon Pasteur
R. Philonarde
R. Bourgneuf
R. Roquette
Museum Requien
Musée Angladon
Ensemble d'Hôtels
R. Trois Faucons
R. des Études
11
R. de la Masse
R. du Râteau
R. Pétramale
R. des Lices
Musée Lapidaire
R. Joseph-Vernet
R. Saint-Charles
R. Violette
R. Jean Henri Fabre
Les Pénitents Gris
R. des Teinturiers
Sorgue
9
Bd Raspail
Pl. des Corps-Saints
4
R. Damette
R. Baracane
R. Jules Flour
R. du Portail Magnanen
R. du Bon Martinet
R. Paul Manivet
R. de l'Aigarden
Hospice St-Louis
Cours Jean Jaurès
Couvent des Célestins
R. Saint-Michel
Bd Saint-Michel
Av. de la Trillade
Av. du 7ème Génie
Bd Saint-Roch
Av. du Blanchissage
Av. Monclar
Av. Saint-Ruf
Av. de l'Arrousaire
Av. des Sources
Bd Champfleury
Av. de la Violette
Imp. Monvoisin-Autard
Imp. du Flourège
Bd Emile Desfons
R. Théodore King
Imp. Louis Pasteur

SEVIN

CUISINE MODERNE • ÉLÉGANT Dans cette demeure médiévale chargée d'histoire, installée en bordure immédiate du Palais des papes, le chef Guilhem Sevin compose une partition moderne autour de trois menus, et profite du soutien d'une équipe jeune et motivée. Si possible, profitez de la terrasse surplombant la place. Belle carte des vins.

- Menu 40 € (déjeuner), 70/135 €

Plan : A2-6 - *10 rue de Mons - 04 90 86 16 50 - www.restaurantsevin.fr - Fermé : mercredi, jeudi*

LA TABLE HAUTE DE LA MIRANDE

CUISINE DU MARCHÉ • COSY L'entrée par une porte cochère, les arches voûtées, les chandeliers et l'éclairage tamisé évoquent l'atmosphère d'une taverne. Sis dans les anciennes écuries de cet hôtel particulier, la table informelle de la Mirande est une table... d'hôtes unique, pour 12 convives, installée dans l'ancienne cuisine, avec son vieux fourneau à bois. Et comme au restaurant gastronomique : pas de concession sur la qualité des produits. Au mur, des toiles de l'artiste américain Timothy Hennessy.

- Menu 120 €

Plan : A2-14 - *5 rue de Taulignan - 04 90 14 20 20 - www.la-mirande.fr - Fermé : lundi, dimanche et le midi*

BANDOL

83150 - Var - Carte régionale n° **24**-B3

LES OLIVIERS

CUISINE MODERNE • ÉLÉGANT Dans la baie de Renécros, on découvre avec bonheur cet intérieur lumineux et contemporain, d'une élégance rare, qui offre une vue imprenable sur la Grande Bleue. L'énergique Jérémy Czaplicki, Toulousain d'origine, a longtemps travaillé à Paris aux côtés de Jean-François Rouquette avant d'arriver dans le Var au Château de Berne. Le soir (et uniquement le soir!), il régale avec une cuisine méditerranéenne et provençale, colorée et parfumée. Les produits de la mer y sont souvent à la fête dans les trois menus carte proposés. Et pour déjeuner ou prendre un thé, le Bistrot Lumière est ouvert midi et après midi. Chambres accueillantes.

- Menu 80/130 € - Carte 84/149 €

Hôtel Île Rousse, 25 boulevard Louis-Lumière - 04 94 29 33 12 - www.ile-rousse.com - Fermé le midi

L'ESPÉRANCE

CUISINE MODERNE • COSY Si vous avez la chance de vous rendre à Bandol, éloignez-vous un peu du port ; vous y découvrirez un lieu plein de fraîcheur, où Maria et Gilles Pradines exercent leur passion avec talent et gourmandise. De ses origines basques, le chef a conservé l'amour des produits du Grand Sud, ne dédaignant ni le piquillo farci, ni la cerise noire ou le pata negra. Il porte une attention particulière au choix de ses ingrédients et les mitonne avec grand soin : royale de champignons au jambon ibérique, pavé de morue fraîche, riz vénéré, jus de crustacés au safran... La présentation des plats n'est pas en reste, et le service est charmant !

- Menu 39/75 € - Carte 55/75 €

21 rue du Docteur-Louis-Marçon - 04 94 05 85 29 - www.lesperance-bandol.com - Fermé : lundi, mardi

LES BAUX-DE-PROVENCE

13520 - Bouches-du-Rhône - Carte régionale n° **25**-E1

L'OUSTAU DE BAUMANIÈRE

Chef : Glenn Viel

CUISINE MODERNE • ÉLÉGANT Formidable ambassadeur de l'art de vivre méditerranéen, le domaine provençal de Baumanière offre un mélange unique de repos, de rusticité et d'élégance. Glenn Viel y compose une partition de haute volée, piochant dans la riche production locale (huile d'olive de la vallée des Baux, légumes bio du jardin de Baumanière, mais aussi poules et cochons) pour composer des assiettes d'une simplicité désarmante, entourées de jolies attentions : accords mets et pains, vaisselle réalisée dans la poterie maison... Le chef se montre aussi à son aise pour rajeunir des recettes mythiques – poularde aux morilles, agneau des Alpilles en croûte, etc. Le pâtissier Brandon Dehan inscrit ses créations gourmandes originales dans le même esprit d'authenticité et de goût que celles du chef, auquel le lie une véritable complicité. À déguster aux beaux jours sur la terrasse ombragée, face aux Alpilles.

L'engagement du chef : *Les légumes de nos potagers biologiques et les produits des producteurs locaux occupent une place de choix dans notre cuisine afin de valoriser le terroir provençal dans nos menus. Notre engagement s'inscrit dans une réflexion globale qui va de la lutte contre le gaspillage alimentaire à la gestion des déchets et du plastique en passant par un partenariat avec les artisans de la région.*

– Menu 165/240 € - Carte 144/180 €

Mas de Baumanière – ✆ 04 90 54 33 07 – www.baumaniere.com – Fermé : mercredi, jeudi

L'AUPIHO - DOMAINE DE MANVILLE

CUISINE MODERNE • **ÉLÉGANT** Au sein d'un hôtel luxueux avec golf, spa et piscine, une table soignée, rendant un vibrant hommage à la tradition régionale – comment pourrait-il en être autrement sur ces terres privilégiées, au pied des Alpilles et des Baux ? Paradoxe : cette passion du terroir provençal, on la doit à un jeune chef belge, Lieven Van Aken, qui a commencé sa carrière à Bruxelles puis chez Michel Guérard. Les recettes sont précises, ce qui n'exclut ni l'audace, ni l'intensité : Salade de pistes farcies aux huîtres de Camargue ; cochon du Mont Ventoux maturé, petits pois et carottes. La terrasse, sous des platanes centenaires, n'est pas moins délicieuse... Le midi, restauration plus simple au bistrot.

– Menu 60 € (déjeuner), 87/145 €

Route de la Terre-des-Baux – ✆ 04 90 54 40 20 – www.domainedemanville.fr – Fermé : mardi, mercredi

BENVENGUDO

CUISINE PROVENÇALE • **ÉLÉGANT** La cheffe Julie Chaix (passée notamment par la Bastide de Moustiers d'Alain Ducasse) qui mitonne des recettes d'inspiration régionale, parsemées de petites touches actuelles. Carte serrée et produits locaux de saison à déguster dans deux élégantes salles à manger de style "rustique chic" aux tons clairs. La terrasse offre une vue fort plaisante sur le grand parc arboré d'essences provençales. On prolonge volontiers le séjour dans les jolies chambres.

– Menu 32 € (déjeuner), 67/79 €

Vallon de l'Arcoule – ✆ 04 90 54 32 54 – benvengudo.com

LA CABRO D'OR

CUISINE PROVENÇALE • **MÉDITERRANÉEN** Un site superbe, avec une terrasse à l'ombre de mûriers-platanes et une jolie vue sur ces éperons rocheux qui ont fait la célébrité de la cité et de ses environs... Une adresse enchanteresse.

– Menu 55 € (déjeuner), 90 € - Carte 97/124 €

Mas de Baumanière – ✆ 04 90 54 33 07 – www.baumaniere.com

BEAULIEU-SUR-MER

✉ 06310 – Alpes-Maritimes – Carte régionale n° **25**-E2

LE RESTAURANT DES ROIS - LA RÉSERVE DE BEAULIEU

CUISINE MODERNE • **LUXE** C'est l'un des palaces les plus chics de la Côte d'Azur. Construit en 1880, puis agrandi dans le style de la Renaissance florentine, il accueille à partir des années 1900 têtes couronnées et stars hollywoodiennes, de Rita Hayworth à Sinatra. Les dîners sur la terrasse face aux flots bleus sont magiques. La cuisine est désormais mise en œuvre par le chef Julien Roucheteau, arrivé de Paris (Table du Lancaster, Scène Thélème). Tout en restant fidèle à l'histoire de cette maison, il imprime d'ores et déjà sa patte, du graphisme des assiettes à la finesse de l'exécution, avec une thématique précise pour chaque plat : iodé, fumé, piquant, acide, fraîcheur...

- Menu 220/280 €

5 boulevard du Maréchal-Leclerc - 04 93 01 00 01 - www.reservebeaulieu.com - Fermé : lundi, dimanche et le midi

LA TABLE DE LA RÉSERVE

CUISINE MÉDITERRANÉENNE • COLORÉ Cette Table apporte un plus indéniable à l'offre de restauration de ce superbe établissement. La carte, orientée terroir, fait aussi la part belle à la Méditerranée : cannelloni de légumes, pasta ou encore daurade royale rôtie... À déguster dans une ambiance conviviale et décontractée.

- Carte 46/57 €

5 boulevard du Maréchal Leclerc - 04 93 01 00 01 - www.reservebeaulieu.com - Fermé : lundi, dimanche

BEAUMETTES

84220 - Vaucluse - Carte régionale n° **25**-E1

DOMITIA - MAISON DE CUISINIER (N)

CUISINE DU MARCHÉ • ÉLÉGANT Asperges vertes de Goult, citron vert, mayo crémeuse à la spiruline, œufs de truite, anguille fumée, poutargue : aucun doute, le chef (ancien étoilé au Domaine de Fontenille) connaît sa grammaire gourmande sur le bout de la fourchette. Une subtile cuisine basée sur une impressionnante sélection de produits locaux, vins y compris.

- Menu 30 € (déjeuner), 48 €

440 rue des Micocouliers - 04 90 72 23 05 - Fermé : mercredi, jeudi

BEAURECUEIL

13100 - Bouches-du-Rhône - Carte régionale n° **24**-B3

LA TABLE DE BEAURECUEIL

CUISINE TRADITIONNELLE • COLORÉ Dans une ancienne bergerie au décor résolument contemporain, on apprécie une cuisine traditionnelle aux bons parfums de Provence. Jolie sélection de vin au verre.

P - Menu 35/70 € - Carte 55/70 €

66 allée des Mûriers - 04 42 66 94 98 - www.latabledebeaurecueil.com - Fermé : lundi, mercredi, dimanche soir

LE BEAUSSET

83330 - Var - Carte régionale n° **24**-B3

AUBERGE LA CAUQUIÈRE

CUISINE MODERNE • AUBERGE Le chef-propriétaire de cette ancienne auberge mitonne une cuisine au goût du jour, soignée et parfumée : maquereau en chaud-froid, baba au rhum et crème chantilly à la vanille bourbon... à déguster dans une jolie salle en pierre apparente, ou en terrasse devant le jardin. De quoi repartir du bon pied !

- Menu 38/45 €

7 rue du Chanoine-Bœuf - 04 94 74 98 15 - www.lacauquiere.fr - Fermé : lundi, mardi, dimanche soir

LA FERME AUBERGE - DOMAINE DE LA FONT DES PÈRES (N)

CUISINE MODERNE • RUSTIQUE Au milieu des restanques, en plein cœur de la Provence, cette Ferme Auberge offre depuis sa terrasse une vue saisissante sur la vallée et le massif de la Sainte-Baume. Les produits du domaine sont les stars en cuisine (poulailler dans la pinède, fruitiers, oliviers, herbiers et potager), travaillés par le chef dans une veine saine et créative, avec de bons vins du domaine pour arroser le tout. Jolies chambres ou villas pour l'étape.

- Carte 34/79 €

1306 chemin de Pontillaou - 04 94 15 21 21 - www.lafontdesperes.com - Fermé : lundi, mardi, dimanche soir

BIOT

06410 - Alpes-Maritimes - Carte régionale n° **25**-E2

LES TERRAILLERS

Chef : Michaël Fulci

CUISINE CRÉATIVE • **ÉLÉGANT** Entre Antibes et Cagnes-sur-Mer, ce village doit sa renommée à ses verreries d'art et sa poterie tirée d'un terroir riche en argile. D'ailleurs, les parents du chef Michaël Fulci ont créé leur restaurant dans un ancien atelier de potier, dont même le four a été transformé en petit salon cosy ! Aux beaux jours, la belle terrasse ombragée d'une treille attire les convives comme le pollen les abeilles... Michaël Fulci a reçu une véritable formation de cuisinier méditerranéen, passant d'Alain Ducasse au légendaire Roger Vergé. On retrouve ainsi à la carte tous les fruits et légumes des marchés locaux, des fleurs de courgette au citron de Menton en passant par la figue. La truffe est également bien présente, qu'elle soit noire et vauclusienne ou bien blanche et d'Alba. Une cuisine aux accents du sud, raffinée et goûteuse.

- Menu 79/130 € - Carte 105/168 €

11 chemin Neuf - 04 93 65 01 59 - www.lesterraillers.com - Fermé : lundi, mardi

BONNIEUX

84480 - Vaucluse - Carte régionale n° **25**-E1

LA BASTIDE DE CAPELONGUE

CUISINE PROVENÇALE • **ÉLÉGANT** Cette maison emblématique du Luberon est aux mains d'une équipe talentueuse, à la tête de laquelle on retrouve le chef Noël Bérard (ancien second ici même). Les produits du Luberon et la cuisine provençale actuelle du chef s'expriment avec bonheur dans l'assiette au travers d'un unique menu dégustation et une carte très courte. Des produits de belle qualité (bœuf du Luberon, truite de la Sorgue...), des jus et des sauces percutantes et un style propre qui s'affirme tranquillement. Terrasse magnifique pour admirer le coucher de soleil... À noter également dans ce cadre enchanteur en pleine nature provençale, la présence d'un bistrot et des chambres de l'hôtel.

- Menu 110/150 € - Carte 100/105 €

Chemin des Cabanes - 04 90 75 89 78 - www.capelongue.com - Fermé : mardi, mercredi

L'ARÔME

CUISINE PROVENÇALE • **COSY** Au pied du village, cette adresse respire l'intimité avec le terroir. De la salle voûtée du 14e s. à la terrasse, le décor frais et champêtre est des plus charmants. La cuisine elle-même cultive l'authenticité sans en faire trop : en témoignent ces recettes provençales teintées de notes modernes. Petite terrasse sur la rue de cette charmante bourgade.

- Menu 49 €

2 rue Lucien-Blanc - 04 90 75 88 62 - www.laromerestaurant.com - Fermé : mercredi, jeudi midi

BORMES-LES-MIMOSAS

✉ 83230 - Var - Carte régionale n° **24**-C3

LE JARDIN

CUISINE TRADITIONNELLE • **ROMANTIQUE** Dans le village, tout près de l'église St-Trophyme, ce petit restaurant séduit d'abord par son cadre rustique et sa délicieuse terrasse, avec fontaine et pergola, noyée sous la verdure et les fleurs ... Aux fourneaux, un couple franco-anglais célèbre la tradition avec de beaux accents méridionaux. Tout est fait maison : on passe un super moment.

- Menu 40/43 €

1 ruelle du Moulin - ✆ 04 94 71 14 86 - www.lejardinrestaurantbormes.com - Fermé : lundi, mardi midi

MIMOSA

CUISINE PROVENÇALE • **TENDANCE** Cet établissement proche du port de plaisance propose une cuisine moderne aux influences provençales. Fagottini de gambas sauvages, émulsion bisque; filet de daurade, citron confit et fenouil braisé, cheese-cake aux fruits : les dressages sont soignés, les saveurs percutantes et les cuissons maîtrisées. Bref, on se régale, à toutes les étapes ! Menus truffe selon les saisons, et avenante terrasse pour les jours estivaux.

- Menu 35/59 € - Carte 58/70 €

284 boulevard du Front-de-Mer - ✆ 09 87 36 49 46 - Fermé : mercredi

BRIANÇON

✉ 05100 - Hautes-Alpes - Carte régionale n° **24**-C1

AU PLAISIR AMBRÉ

CUISINE MODERNE • **CONTEMPORAIN** Dans la cité Vauban, cette ancienne boucherie reste vouée aux bons produits. Fraîcheur : tel est le maître mot du chef, habile cuisinier qui sait révéler les meilleures saveurs. Un exemple ? Cette poitrine de cochon fermier longuement confite, jus au wasabi et purée de panais ou cette tarte au chocolat noir, sorbet noix de coco... Vous avez dit plaisir ?

Menu 35/60 €

26 Grande-Rue - ✆ 04 92 52 63 46 - www.auplaisirambre.com - Fermé : mercredi, jeudi

LE PÊCHÉ GOURMAND

CUISINE MODERNE • **CONTEMPORAIN** Un restaurant au bord de la Guisane, tenu par un jeune couple franco-australien amoureux de gastronomie. Sharon concocte une agréable cuisine de saison ainsi que de la pâtisserie, et Jimmy veille sur la salle et... le vin. Service aimable et professionnel.

P - Menu 39/75 € - Carte 50/75 €

2 route de Gap - ✆ 04 92 21 33 21 - www.peche-gourmand.com - Fermé : lundi, dimanche

CABRIS

✉ 06530 - Alpes-Maritimes - Carte régionale n° **25**-E2

AUBERGE DE LA CHÈVRE D'OR

CUISINE TRADITIONNELLE • **AUBERGE** À l'entrée du village, voici une sympathique auberge où déguster une cuisine traditionnelle généreuse : tranche épaisse de saumon fumé maison, rognons de veau sautés à la graine de moutarde... Sans oublier la jolie terrasse.

- Menu 22 € (déjeuner), 35/45 € - Carte 51/60 €

1 place du Puits - ✆ 04 93 60 54 22 - www.lachevredor.fr - Fermé : mardi, mercredi

CADENET

84160 - Vaucluse - Carte régionale n° **25**-E1

AUBERGE LA FENIÈRE

Cheffe : Nadia Sammut

CUISINE CRÉATIVE • **ÉLÉGANT** S'engager pour un monde au goût meilleur : tel est le credo passionnant de Nadia Sammut, fille de Reine Sammut, et désormais à la tête des fourneaux de l'Auberge. Ici, gluten, sucre blanc raffiné et lait ont été bannis au profit d'un travail impressionnant sur les farines (de pois chiches, de pois cassés et de riz notamment) et les sucres de fruit. En témoigne aussi un menu dégustation original, impétueux, qui se nourrit de l'histoire de la région et de la famille de Nadia. En salle, son compagnon Ernest, passionné de sommellerie, choisit les poissons en méthode ikejime et les fait maturer. Le duo s'appuie aussi sur le potager maison pour nourrir cette gastronomie du Sud, saine et nature, ouverte sur l'avenir et le Grand Luberon.

L'engagement du chef : *Nous nous engageons pour une alimentation bonne, propre et juste. Nous avons à cœur de cuisinier la récolte de notre jardin cultivé en permaculture ainsi que des produits de variétés anciennes, issus de l'agriculture locale et biologique, des élevages respectueux de l'environnement et de la pêche durable. Les farines sans gluten que nous utilisons sont moulues par nos soins et nous nous engageons à réduire au maximum notre production de déchets.*

- Menu 120/160 €

1680 route de Lourmarin - 04 90 68 11 79 - www.aubergelafeniere.com - Fermé : lundi, mardi

LA COUR DE FERME

CUISINE PROVENÇALE • **RUSTIQUE** Cette cuisine provençale concoctée à quatre mains par Reine Sammut et sa fille Nadia propose de savoureuses recettes de saison, sans gluten, au fort ancrage régional (partenariats avec les producteurs du coin, farines maison, légumes du potager, etc). L'incontournable ? Les pieds et paquets marseillais. A l'été, on prélasse ses papilles sur la terrasse, installée sous les canisses. Une adresse tonique et vertueuse.

- Menu 42 €

1680 route de Lourmarin - 04 90 68 11 79 - www.aubergelafeniere.com - Fermé : mercredi, jeudi, dimanche soir

LA CADIÈRE-D'AZUR

83740 - Var - Carte régionale n° **24**-B3

RENÉ'SENS PAR JEAN-FRANÇOIS BÉRARD

Chef : Jean-Francois Bérard

CUISINE MODERNE • **CLASSIQUE** À la suite de son père René qui avait ouvert en 1969, Jean-François Bérard a repris le flambeau de la table familiale. Il a hérité d'un bel outil de travail, dans un village fortifié perché sur une colline face au Castellet. La vue, délicieuse, embrasse un paysage de pins, de palmiers et de vignes. Ce cuisinier est aussi un jardinier passionné, dont la main verte fouraille en permanence dans le potager attenant, comme en attestent des menus baptisés "100% végétal" ou "balade dans le jardin". On l'a compris, le chef ne travaille que les produits de qualité, mis en valeur par des jus corsés, des émulsions subtiles et de nombreuses herbes aromatiques "maison". Du beau travail au service du goût, entre héritage et nouveauté, dans une ambiance chaleureuse et familiale.

L'engagement du chef : *Les fruits, légumes et herbes aromatiques de nos potagers constituent le cœur de nos assiettes. Cette cuisine légumière, que nous étendons encore davantage dans un menu 100% végétal qui complète d'autres plus classiques, nous encourage alors à composer avec les saisons et à respecter notre environnement.*

- Menu 42 € (déjeuner), 79/135 € - Carte 93/120 €

6 rue Gabriel-Péri - 04 94 90 11 43 - www.hotel-berard.com - Fermé : lundi, mardi

LE BISTROT DE JEF

CUISINE PROVENÇALE • **CONVIVIAL** L'annexe de la maison mère de Jean-François Bérard, où une jeune équipe célèbre la Provence et la Méditerranée avec des assiettes gorgées de soleil : pissaladière mentonnaise, taûtenes (des encornets) farcis de tomates, oseille et tentacules... Et le tout prend d'autant plus de relief dans la véranda, où l'on jouit d'une vue superbe sur la vallée.

- Menu 37 € - Carte 45/55 €

6 rue Gabriel-Péri - ✆ 04 94 90 11 43 - www.hotel-berard.com - Fermé : mercredi, jeudi

CAGNES-SUR-MER

✉ 06800 - Alpes-Maritimes - Carte régionale n° **25**-E2

CHÂTEAU LE CAGNARD

CUISINE MODERNE • **ROMANTIQUE** La belle terrasse avec vue jusqu'au cap d'Antibes, la cuisine actuelle bien réalisée (tartare de thon rouge, mayonnaise au miso ; filet de canard laqué, carottes persillées et oignons cébettes) : voici les atouts du lieu. Détail qui séduit : l'élégante salle à manger dispose d'un toit coulissant pour laisser entrer la lumière.

- Menu 45/65 € - Carte 55/66 €

54 rue Sous-Barri, le Haut-de-Cagnes - ✆ 04 93 20 73 22 - www.lecagnard.fr - Fermé : lundi, mardi

FLEUR DE SEL

CUISINE TRADITIONNELLE • **BISTRO** Dans ce charmant restaurant d'esprit très Sud, on savoure une cuisine méditerranéenne fraîche, colorée et généreuse. Légumes du jardin en soupe à l'ancienne, langoustines en risotto crémeux... Les créations d'un chef expérimenté, qui ne manque pas d'inspiration.

- Menu 48/59 € - Carte 48/73 €

85 Montée de la Bourgade - ✆ 04 93 20 33 33 - www.restaurant-fleurdesel.com - Fermé : mercredi, jeudi et le midi

LA TABLE DE KAMIYA

CUISINE MODERNE • **CONTEMPORAIN** Le chef japonais Takayuki Kamiya et Claire, sa femme franco-nippone et cheffe pâtissière, se sont installés sur le front de mer de Cagnes-sur-Mer. Ils proposent une cuisine qui marie leur terre d'adoption (la Provence) à leurs cultures familiales. Les menus déclinent des plats d'inspirations française (bar en croûte d'amande) ou provençale (poisson du jour aux courgettes) assorties de discrètes touches japonaises (wakame, sauce oloshi, yuzu). Mention spéciale pour le délicieux dessert au citron et le baba au rhum, un classique de la maison.

- Menu 39/68 €

52 promenade de la Plage - ✆ 04 93 89 71 54 - www.la-table-de-kamiya.eatbu.com - Fermé : lundi, mardi, dimanche soir

CAIRANNE

✉ 84290 - Vaucluse - Carte régionale n° **24**-A2

COTEAUX ET FOURCHETTES

CUISINE MODERNE • **CONTEMPORAIN** À Cairanne, les vignobles s'étendent à perte de vue : c'est là qu'est installé le chef Cyril Glémot. D'un ancien caveau de dégustation, il a imaginé un restaurant au cadre original avec ses murs en douelles de tonneaux. On y déguste des recettes parfumées, inspirées par le terroir. Caveau de dégustation et vente en emporter... à prix de vigneron.

- Menu 28 € (déjeuner), 35/82 € - Carte 44/62 €

3340 route de Carpentras - ✆ 04 90 66 35 99 - www.coteauxetfourchettes.com - Fermé : jeudi

CALLAS

✉ 83830 – Var – Carte régionale n° **24**-C3

HOSTELLERIE LES GORGES DE PENNAFORT

CUISINE TRADITIONNELLE • CONTEMPORAIN Ce restaurant, à l'élégant décor contemporain, occupe les murs d'une ancienne bastide du 19e s. adossée au calcaire des gorges de Pennafort, et sa terrasse sous les tilleuls est très prisée en été... Le cadre est séduisant. Dans l'assiette, la cuisine marie tradition et générosité.

- Menu 89/170 € - Carte 119/159 €

8660 route départementale 25 – ✆ 04 94 76 66 51 – www.hostellerie-pennafort.com – Fermé : lundi, mercredi midi, dimanche soir

✉ 06400 -
Alpes-Maritimes
Carte régionale n° **25**-E2

CANNES

On adore Cannes, sa Croisette, son Festival mythique né en 1939, ses stars... et dans l'assiette, ses produits et recettes typiquement provençales, qui tiennent le haut de l'affiche ! Huile d'olive, légumes ensoleillés, herbes, pistou, beignets de fleur de courgette, farcis niçois ou encore estouffade sont les blockbusters qui ne quittent jamais les cartes des restaurants, les vitrines des boutiques et les étals des marchés. Dans le Suquet, le plus vieux quartier de Cannes juché sur un rocher, le marché Forville est une aubaine. Accroché au plafond de l'immense halle couverte, le panneau "pêche locale" mène à une dizaine d'étals en faïence bleue qui ne proposent que la pêche des petits bateaux cannois. Outre ces trésors de la mer, de nombreux agriculteurs viennent vendre au marché leurs fruits et légumes.

LA PALME D'OR

CUISINE CRÉATIVE • LUXE Il y a des lieux dont on s'éprend au premier regard : la Palme d'Or est de ceux-là. Dans le somptueux cadre Art déco du Martinez, on domine la célébrissime Croisette et la baie de Cannes, tout en savourant le mariage réussi du luxe et du raffinement. Bien sûr, tout cela ne vaudrait rien sans une assiette de haute tenue. Aucune inquiétude de ce côté-là : Christian Sinicropi, chef natif de Cannes, maîtrise son sujet à merveille. À chaque étape d'un menu en "Mouvements", il sublime un produit avec les éléments de son écosystème. Le résultat, c'est une partition cohérente, sophistiquée, jusqu'aux desserts, remarquables de précision, qui sont signés Julien Ochando. Le somptueux soufflé au yuzu et fraises de bois restera gravé dans nos mémoires. Voilà qui mérite incontestablement une Palme d'Or.

- Menu 168/260 €

Plan : C2-1 - *73 boulevard de la Croisette - ✆ 04 92 98 74 14 - www.lapalmedor-restaurant.fr - Fermé : lundi, dimanche et le midi*

AUX BONS ENFANTS

CUISINE PROVENÇALE • BISTRO Le téléphone est (enfin) arrivé dans cette institution familiale née en 1935 où l'on paye néanmoins toujours en liquide. La quatrième génération continue de concocter une authentique cuisine provençale, ainsi que des plats canailles bien gourmands. Tous les produits, fruits, légumes et poissons de petite pêche, viennent directement du marché Forville situé à 50m.

- Menu 33 € - Carte 35/45 €

Plan : A1-3 - *80 rue Meynadier - ✆ 06 18 81 37 47 - www.aux-bons-enfants-cannes.com - Fermé : lundi, dimanche*

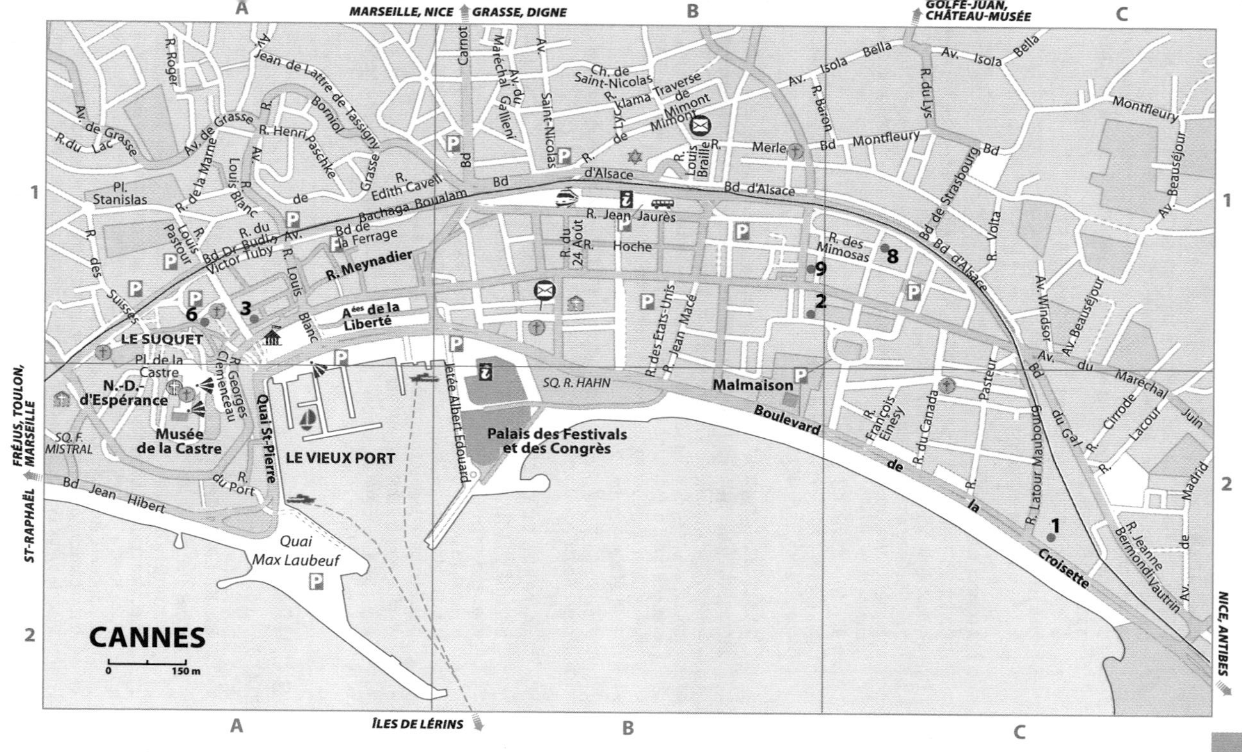
CANNES
0
150 m
NICE, ANTIBES
GOLFE-JUAN, CHÂTEAU-MUSÉE
MARSEILLE, NICE
GRASSE, DIGNE
ÎLES DE LÉRINS
FRÉJUS, TOULON, MARSEILLE
ST-RAPHAËL
A
B
C
1
2
Boulevard de la Croisette
Palais des Festivals et des Congrès
LE VIEUX PORT
Quai St-Pierre
Quai Max Laubeuf
Jetée Albert Edouard
LE SUQUET
Musée de la Castre
N.-D.-d'Espérance
Pl. de la Castre
Malmaison
SQ. R. HAHN
SQ. F. MISTRAL
Bd Jean Hibert
R. du Port
R. Georges Clemenceau
Allées de la Liberté
R. Meynadier
R. Louis Blanc
Bd de la Ferrage
Bd d'Alsace
Bd Carnot
Bd de Strasbourg
Bd du Gal Vautrin
R. Jeanne Bermond
R. Latour Maubourg
R. Pasteur
R. du Canada
R. François Einesy
R. des Mimosas
R. Jean Jaurès
R. Hoche
R. du 24 Août
R. des Etats-Unis
R. Jean Macé
R. Volta
Av. Windsor
Av. Beauséjour
Av. du Maréchal Juin
R. Lacour
R. Cirode
Av. de Madrid
Montfleury
Bd Montfleury
R. du Lys
Av. Isola Bella
R. Baron
R. Merle
R. Louis Braille
R. Mimont
Traverse de Mimont
R. Klama
R. de Lyc
Ch. de Saint-Nicolas
Av. Saint-Nicolas
Av. du Maréchal Gallieni
R. Edith Cavell
Bachaga Boualam
Bd de Grasse
Av. Jean de Lattre de Tassigny
R. Borniol
R. Henri Paschke
Av. de Grasse
R. du Dr Budin
Av. Victor Tuby
R. de la Marne
R. Louis Pastour
R. Roger
Pl. Stanislas
R. des Suisses
R. du Lac
1
2
3
6
8
9
P

L'AFFABLE

CUISINE TRADITIONNELLE • **CHIC** Dans le centre de Cannes, ce bistrot contemporain a le vent en poupe et dévoile de beaux atouts... au premier rang desquels sa carte, qui change avec le marché : beignets de fleurs de courgettes en entrée et aïoli de morue, petits légumes vapeur et l'incontournable soufflé au Grand Marnier, la spécialité de la maison.

♿ AC - Menu 30 € (déjeuner), 50 € - Carte 77/97 €

Plan : B1-2 - *5 rue La Fontaine - ✆ 04 93 68 02 09 - www.restaurant-laffable.fr - Fermé : lundi, dimanche*

AU POT DE VIN

CUISINE TRADITIONNELLE • **BISTRO** Marre de boire des Spritz sur la Croisette ? Amateurs de bonnes quilles, nous avons l'adresse qu'il vous faut ! Choisissez votre bouteille directement dans la cave attenante, et notamment au sein des 300 bourgogne (1000 références en tout). Derrière le comptoir, le chef mitonne une généreuse cuisine bistrotière et "canaille" à souhait.

♿ AC - Carte 40/50 €

Plan : C1-8 - *20 rue Commandant-Vidal - ✆ 04 93 68 66 18 - www.aupotdevin.com - Fermé : samedi, dimanche*

TABLE 22 PAR NOËL MANTEL

CUISINE TRADITIONNELLE • **CONTEMPORAIN** Dans ce quartier très touristique, à deux pas du marché Forville, une équipe sérieuse et passionnée met en avant de bons produits et de jolies saveurs provençales - maquereau à la flamme, tomate cœur de bœuf et moutarde citron vert-gingembre ; saint-pierre, légumes vert et sauce bourride... Gourmandise au menu, de l'entrée au dessert.

AC - Carte 52/88 €

Plan : A1-6 - *22 rue Saint-Antoine - ✆ 04 93 39 13 10 - www.restaurantmantel.com - Fermé : dimanche et le midi*

LA TABLE DU CHEF

CUISINE TRADITIONNELLE • **BISTRO** Changement d'époque pour ce petit bistrot installé à deux pas de la rue d'Antibes. Dans sa cuisine ouverte, le jeune chef agrémente les produits du coin (marché Forville, boucher, poissonnier...) et les plats suivent le marché. Menu unique "surprise" le soir, avec notamment un velouté d'artichaut de pays à l'huile de truffe et parmesan...

AC - Menu 30 € (déjeuner), 48 €

Plan : B1-9 - *5 rue Jean-Daumas - ✆ 04 93 68 27 40 - Fermé : lundi soir, mardi soir, mercredi soir, dimanche*

LE CANNET

✉ 06110 - Alpes-Maritimes - Carte régionale n° **25**-E2

✿✿ LA VILLA ARCHANGE

Chef : Bruno Oger

CUISINE MODERNE • **ÉLÉGANT** Installez-vous dans la petite salle à manger cosy, avec vieux parquet et gros fauteuils, pour déguster la cuisine du chef Bruno Oger : ce Breton d'origine, Méditerranéen d'adoption, déploie ses inspirations iodées entre Bretagne et Côte d'Azur... Une grosse langoustine rôtie et sa marinière riviera côtoient un homard breton, avant qu'un kouign amann et sa crème glacée caramel ne ponctuent la symphonie gourmande. À l'intérieur des cuisines, une table d'hôte permet de profiter au plus près de la cérémonie culinaire. Parce qu'il est le chef attitré du Festival de Cannes, Bruno Oger aura vu défiler à sa table les plus grands acteurs : Uma Thurman, Robert De Niro ou Audrey Tautou... De quoi justifier des vocations.

♿ AC P - Menu 90 € (déjeuner), 190/350 € - Carte 232/292 €

Rue de l'Ouest - ✆ 04 92 18 18 28 - www.bruno-oger.com/fr - Fermé : lundi, mardi midi, mercredi midi, jeudi midi, dimanche

BISTROT DES ANGES

CUISINE TRADITIONNELLE • CONTEMPORAIN Dans l'échelle séraphique, l'équipe de la Villa Archange pense brasserie : ici, décor moderne et ambiance conviviale, formules ensoleillées et chariot de douceurs... angéliques.

- Menu 35/59 € - Carte 52/99 €

Rue de l'Ouest - 04 92 18 18 28 - www.bruno-oger.com/fr - Fermé : lundi, dimanche

BISTROT ST-SAUVEUR

CUISINE TRADITIONNELLE • CONTEMPORAIN Fauteuils noirs, rideaux blancs : bienvenue dans l'univers de Claude Sutter, style épuré et séduisant, jamais tape-à-l'œil. La cuisine bistrotière du chef se déguste avec bonheur, de l'andouillette grillée à la pêche Melba. Les fonds mijotent, les viandes rassissent, et nos appétits vibrionnent. Le plus difficile est de choisir !

- Menu 35/38 €

87 rue Saint-Sauveur - 04 93 94 42 03 - www.bistrotsaintsauveur.fr - Fermé : lundi, dimanche soir

KASHIWA

CUISINE JAPONAISE • ORIENTAL Ce petit restaurant nippon (kashiwa signifie feuille de chêne), installé dans un ancien atelier de tapissier, offre une jolie palette de gastronomie japonaise (sushi, sashimi, soba etc.), mais aussi des plats plus travaillés, à l'image de ce thon rouge mi-cuit fondant. Le chef se fournit au marché Forville et auprès de petits pêcheurs, à Cannes. Petite terrasse, et position privilégiée, proche du musée Pierre Bonnard.

- Carte 40/80 €

12 boulevard Gambetta - 07 49 45 58 88 - restaurantkashiwa.wixsite.com/kashiwa - Fermé : lundi, mardi, mercredi midi

CAROMB

84330 - Vaucluse - Carte régionale n° **25**-E1

LE 6 À TABLE

CUISINE MODERNE • CONTEMPORAIN Dans ce village paisible, une placette qui coule des jours heureux dans l'ombre de l'église : digne d'une carte postale de jadis ! Le chef travaille un maximum de produits de saison, locaux pour la plupart (figues, fromages, légumes), et fait preuve de soin et de finesse dans la préparation de ses assiettes. Le tout dans un intérieur moderne, d'esprit atelier, ou sur la terrasse.

- Carte 35/56 €

6 place Nationale - 04 90 62 37 91 - www.pascal-poulain.com - Fermé : lundi, dimanche

CASSIS

13260 - Bouches-du-Rhône - Carte régionale n° **24**-B3

LA VILLA MADIE

Chef : Dimitri Droisneau

CUISINE CRÉATIVE • CONTEMPORAIN Lovée dans l'anse Corton, une crique naturelle et sauvage face au Cap Canaille, La Villa Madie, belle bâtisse contemporaine, occupe avec sa terrasse un site de rêve au-dessus des flots bleus de la Méditerranée. Normand devenu amoureux transi de la Provence, le chef Dimitri Droisneau, à l'impeccable curriculum vitae (La Tour d'Argent, le Lucas Carton, l'Ambroisie...), en tire toute son inspiration. De plat en plat, celle-ci court, légère, subtile, savoureuse, fraîche et aromatique, percutante quand il le faut, toujours surprenante et renouvelée. Toute la magie du Sud - ses produits marins aussi bien que terrestres, ses poissons comme ses herbes, sauvages ou non - est apprivoisée au sommet dans cette cuisine. Ainsi en est-il d'un très grand plat comme la crevette carabineros, tartelette aux fruits rouges où l'association iodée et saline du crustacé avec les fruits relève de l'harmonie céleste.

Côté vin, un sommelier charismatique rivalise de propositions intelligentes tandis que l'épouse du chef illustre avec dextérité l'art de la découpe en salle.

- Menu 140 € (déjeuner), 190/245 €

Avenue du Revestel - 04 96 18 00 00 - www.lavillamadie.com - Fermé : mardi, mercredi

LA BRASSERIE DU CORTON

CUISINE MODERNE • ÉPURÉ Intelligemment repensé (cuisine ouverte, réaménagement de la salle), l'espace brasserie de la Villa Madie joue toujours la carte de la simplicité et du marché, avec de séduisantes associations terre et mer. Aux beaux jours, on profite de la terrasse face à la jolie crique.

- Menu 39 € (déjeuner) - Carte 58/68 €

Avenue du Revestel - 04 96 18 00 00 - www.lavillamadie.com - Fermé : samedi, dimanche et le soir

LA PRESQU'ÎLE

CUISINE MODERNE • MÉDITERRANÉEN L'endroit, au bout d'une presqu'île entre Cassis et ses célèbres calanques, est tout simplement magique ! La villa, comme posée sur les rochers face au cap Canaille, joue la modernité dans l'assiette, en s'appuyant sur de beaux produits méditerranéens.

- Menu 45 € (déjeuner), 65/88 €

Avenue Notre-Dame - esplanade Port-Miou - 04 42 01 03 77 - www.restaurant-la-presquile.fr - Fermé : lundi, dimanche soir

LE CASTELLET

83330 - Var - Carte régionale n° **24**-B3

✿✿✿ CHRISTOPHE BACQUIÉ

Chef : Christophe Bacquié

CUISINE MODERNE • CONTEMPORAIN Itinéraire sans ratures que celui de Christophe Bacquié, Meilleur Ouvrier de France 2004 et artisan infatigable. Les choses sérieuses ont commencé pour lui à l'Oasis (Mandelieu-La Napoule) aux côtés de Stéphane Raimbault. Puis il multiplie les expériences parisiennes avant de retrouver la Corse, où il a grandi (La Villa à Calvi). Il s'épanouit aujourd'hui à l'Hôtel du Castellet, un endroit splendide, niché au cœur de la Provence, tout proche du circuit automobile Paul-Ricard. Merlu de ligne, saint-pierre, langoustines de casier, poulpe (un summum !), mais aussi légumes des maraîchers locaux : ses assiettes chantent les louanges de la région, cette Méditerranée éternelle et qui, décidément, enfante de bien talentueux créateurs. Le chef pâtissier Loïc Colliau, formé notamment par Yannick Alléno et Joël Robuchon, sert "une pâtisserie de saison cuisinée" comme il aime la décrire. Dans l'ensemble, une réussite !

- Menu 260 € (déjeuner), 295 €

3001 route des Hauts-du-Camp, au Circuit Paul Ricard - 04 94 98 29 69 - www.hotelducastellet.com - Fermé : lundi, mardi, mercredi midi, jeudi midi, vendredi midi, dimanche soir

SAN FELICE

CUISINE MODERNE • BISTRO La San Felice n'est pas qu'un roman de Dumas, c'est aussi - au sein de l'hôtel du Castellet - un bistrot chic et inventif ! La carte est volontairement courte, bien de saison, avec un concept sympa de viandes maturées cuites à la braise. Quant à la terrasse, le long de la piscine, elle offre une vue imprenable sur le golf et la verdure...

- Menu 59 € - Carte 74/116 €

3001 route des Hauts-du-Camp, au Circuit Paul Ricard - 04 94 98 29 58 - www.hotelducastellet.com

CAVAILLON

✉ 84300 - Vaucluse - Carte régionale n° **25**-E1

L'ENVOL

CUISINE DU MARCHÉ • **CONTEMPORAIN** Dans une petite rue du centre-ville, une adresse aussi charmante que discrète. Aux pianos, Laurent Renoult célèbre les légumes de Vert'Tige, à Cabannes, l'agneau de Sisteron ou encore le pigeon des Costières. C'est franc, goûteux, et l'accueil de Sarah Hotten est simple et charmant. Courez-y !

- Carte 46/53 €

35 rue Gustave-Flaubert - ✆ 04 90 78 15 27 - lenvolcavaillon.fr - Fermé : lundi, samedi midi, dimanche

MAISON PRÉVÔT

CUISINE MODERNE • **ÉLÉGANT** Dans cette maison familiale, on célèbre le melon de Cavaillon – un menu entier lui est même dédié en saison. Truffes et légumes du pays occupent aussi une place de choix sur la carte. Le chef n'est pas avare d'anecdotes.

- Menu 40 € (déjeuner), 60/95 €

353 avenue de Verdun - ✆ 04 90 71 32 43 - maisonprevot.com - Fermé : lundi, dimanche

CAVALIÈRE

✉ 83980 - Var - Carte régionale n° **24**-C3

SMASH CLUB

CUISINE CLASSIQUE • **CONVIVIAL** Les locaux se pressent dans ce restaurant quelque peu insolite, car installé au cœur d'un club de tennis. Sous la houlette du chef David Archinard, on sert ici une bonne cuisine aux accents provençaux, à la fois généreuse et soignée. Le menu change régulièrement mais certains classiques demeurent, comme la roustide en début de repas et le baba au rhum au dessert.

- Menu 36 € (déjeuner), 44 €

Avenue du Golf - ✆ 04 94 05 84 31 - www.smashclubrestaurant.fr - Fermé : mercredi

LA VIEILLE FONTAINE - LE CLUB DE CAVALIÈRE & SPA

CUISINE MODERNE • **ÉLÉGANT** Rougets en filets, pistou d'herbes et fenouil confit ; loup de pleine mer rôti sur la peau ; soufflé chaud aux fruits de la passion... De beaux produits de la mer (et quelques viandes), cuisinés avec finesse. À apprécier face aux flots !

- Carte 75/99 €

30 avenue du Cap-Nègre - ✆ 04 98 04 34 34 - www.clubdecavaliere.com

LA CELLE

✉ 83170 - Var - Carte régionale n° **24**-C3

HOSTELLERIE DE L'ABBAYE DE LA CELLE

CUISINE MÉDITERRANÉENNE • **HISTORIQUE** Non loin de l'abbaye de la Celle, cette thébaïde gourmande occupe les murs d'une belle bâtisse classique du 18e s. Cette adresse de la galaxie Ducasse offre désormais tous les agréments d'un hôtel de luxe. Le chef Nicolas Pierantoni, né à Brignoles, est un enfant du pays qui a grandi dans le village. Formé au Louis XV à Monaco, il a continué comme second ici même aux côtés de Benoît Witz. On cisèle ici une cuisine méridionale pleine de sagesse et riche en légumes – ce qui n'empêche évidemment ni la gourmandise ni la générosité, à l'image de ces farcis de Provence au pistou d'herbes ou cette canette des Dombes rôtie au romarin. La tradition sans ostentation.

- Menu 57 € (déjeuner), 83/112 € - Carte 81/98 €

Place du Général-de-Gaulle - 04 98 05 14 14 - www.abbaye-celle.com - Fermé : mardi, mercredi

CHÂTEAU-ARNOUX

04160 - Alpes-de-Haute-Provence - Carte régionale n° **24**-C2

LA BONNE ÉTAPE

Chef : Jany Gleize

CUISINE PROVENÇALE • **ÉLÉGANT** Sur la table, du pain, une fougasse, des olives et de l'huile d'olive, des tomates multicolores gorgées de soleil. Dans la salle de ce mas rénové, belle interprétation bourgeoise du répertoire local, il flotte comme des fragrances de thym, de sarriette et de lavande... on dirait bien le Sud ! Depuis près d'un demi-siècle, le chef Jany Gleize incarne la cuisine provençale classique, goûteuse et gourmande. Cèpes en raviolis ou en flan, foie gras de canard et tourte de colvert, lièvre à la royale et agneau de Sisteron : Giono lui-même aurait apprécié ces saveurs bien marquées, ces parfums capiteux d'une cuisine riche. On vient de très loin pour déguster ces pieds et paquets d'anthologie, nappés d'une excellente sauce tomate bien relevée qui donne toute sa mesure à la recette. Quelques chambres spacieuses au mobilier d'époque : comme une envie de prolonger l'étape...

- Menu 88/135 €

Chemin du Lac - 04 92 64 00 09 - www.bonneetape.com - Fermé : lundi, mardi

AU GOÛT DU JOUR

CUISINE PROVENÇALE • **VINTAGE** Ne cherchez pas des plats particulièrement au goût du jour... Ici, le chef réalise une goûteuse cuisine du terroir. Dans l'assiette, les produits du marché et du jardin défilent au gré des saisons. Cadre tout en simplicité, aux couleurs de la Provence.

- Menu 29/41 €

14 avenue du Général-de-Gaulle - 04 92 64 48 48 - www.bonneetape.com/bistrot.html - Fermé : mercredi, jeudi

CHÂTEAUNEUF-DE-GADAGNE

84470 - Vaucluse - Carte régionale n° **25**-E1

LA MAISON DE CELOU

CUISINE MODERNE • **COSY** Cette Maison, perchée sur les remparts du vieux village, incarne à merveille les douceurs provençales. Un jeune chef y compose des assiettes enlevées et volontiers originales comme ce croque Saint-Jacques aux épinards et tomates confites. Mention spéciale pour les desserts gourmands et addictifs comme l'entremet au Dulcey et bananes caramélisées.

- Menu 23 € (déjeuner), 35/55 €

5 rue Saint-Jouin - 04 90 16 08 61 - www.lamaisondecelou84.com - Fermé : lundi, mercredi soir, dimanche soir

CHÂTEAUNEUF-DU-PAPE

84230 - Vaucluse - Carte régionale n° **25**-E1

LA MÈRE GERMAINE

CUISINE MODERNE • **ÉLÉGANT** Le tout Paris en partance pour le midi y descendait, de Mistinguett à Gabin ou Fernandel. De cette histoire, ce restaurant a conservé le nom de sa fondatrice, Germaine Vion (en 1922) et le goût des bonnes choses. En ce village qui émeut les papilles des amateurs de vin, la maison séduit par la qualité de ses assiettes (tel ce rouget et pommes de terre au safran ou ce canard colvert cuit sur coffre, betterave et genièvre...). À savourer dans la jolie salle à manger décorée d'immenses fresques murales évoquant le Paris « Belle Époque » façon

Toulouse-Lautrec, ou sur la terrasse, à la vue exceptionnelle. Très belle sélection de châteauneuf-du-pape.

- Menu 70 (déjeuner), 92/130 €

3 rue du Commandant- Lemaître - 04 90 22 78 34 - www.lameregermaine-chateauneufdupape.fr - Fermé : lundi, mardi, mercredi midi

LE COMPTOIR DE LA MÈRE GERMAINE

CUISINE TRADITIONNELLE • CONTEMPORAIN Dans l'annexe de la table étoilée, on n'a pas fait les choses à moitié : cadre contemporain où domine le bois, grand comptoir et cuisine ouverte dotée d'une rôtissoire rutilante, et terrasse ombragée. Les viandes cuites à la rôtissoire - coquelet du Lubéron, cochon du Mont Ventoux - se succèdent, arrosés d'un bon choix de vins de... Châteauneuf-du-pape.

- Menu 34 € - Carte 35/51 €

7 place Jean-Moulin - 04 28 69 00 60 - www.lameregermaine-chateauneufdupape.fr/le-comptoir-de-la-mere-germaine - Fermé : mardi, mercredi

LE VERGER DES PAPES

CUISINE PROVENÇALE • RUSTIQUE Belle situation pour ce restaurant adossé aux remparts du château et dont la terrasse réserve une vue à couper le souffle. La cuisine provençale est à l'honneur : biscuit de saumon cru bio mariné à l'huile d'olive, côte de taureau de Camargue grillée, vacherin au citron... Bons produits et vins de la vallée du Rhône.

- Menu 35/50 €

2 rue du Château - 04 90 83 50 40 - www.vergerdespapes.com - Fermé : lundi, dimanche soir

LA CIOTAT

13600 - Bouches-du-Rhône - Carte régionale n° **24**-B3

LA TABLE DE NANS

Chef : Nans Gaillard

CUISINE MÉDITERRANÉENNE • ÉPURÉ Nans Gaillard, enfant du pays et chef exigeant, avait un rêve de gamin : ouvrir son restaurant à La Ciotat, sa ville natale. Après une enfance bretonne et ses premiers pas en cuisine, de vrais postes à Paris, notamment chez Joël Robuchon, il trouve son bonheur : une auberge datant de l'entre-deux-guerres, construite en corniche face à la grande bleue avec sa terrasse magique et ses grands pins. Dans ce cadre de rêve, Nans rend hommage aux produits régionaux avec une cuisine classique revisitée avec finesse : légumes de Provence "cuits et crus", robiola frais et herbes potagères ; homard, confit de carottes au gingembre et citron vert, chair des pinces en ravioli, sauce onctueuse à la vanille de Madagascar...

- Menu 85/120 € - Carte 100/113 €

126 corniche du Liouquet - 04 42 83 11 06 - www.latabledenans.com - Fermé : lundi, dimanche

LA JOÏA

CUISINE MÉDITERRANÉENNE • TENDANCE Face au vieux port de La Ciotat, ce restaurant familial tenu par un chef au riche parcours, accompagné de son fils en cuisine, propose une cuisine méditerranéenne et italienne (savoureuses Mafaldine aux girolles), généreuse, dotée d'une vraie attention dans la sélection des ingrédients. Une adresse comme on les aime.

- Carte 48/60 €

8 quai Général-de-Gaulle - 04 42 08 95 31 - www.lajoiarestaurant.com - Fermé : lundi

ROCHE BELLE

CUISINE PROVENÇALE • **RUSTIQUE** Dans un chaleureux cadre provençal, une maisonnette couverte de vigne vierge et sa terrasse plantée d'oliviers. La cuisine est goûteuse, ensoleillée, et fleure bon le Midi.

- Menu 24 € (déjeuner), 38 € - Carte 40/60 €

455 Corniche du Liouquet - 04 42 71 47 60 - www.roche-belle.fr - Fermé : lundi, dimanche

COGOLIN

83310 - Var - Carte régionale n° **24**-C3

GRAIN DE SEL

CUISINE TRADITIONNELLE • **BISTRO** Au cœur de Cogolin, derrière la mairie, ce couple de pros souriants dirige ce bistrot de poche qui ne manque pas de sel, ni de réputation. En cuisine, Julien réalise des plats traditionnels, inspirés par une cuisine provençale généreuse ; en salle, Émilie est aussi accueillante qu'efficace. Une agréable adresse avec une terrasse fleurie bienvenue !

- Menu 24 € (déjeuner), 31 € - Carte 45/56 €

6 rue du 11-Novembre - 04 94 54 46 86 - Fermé : lundi, dimanche

LA GRANGE DES AGAPES

CUISINE MODERNE • **ÉLÉGANT** Comme tout véritable passionné, Thierry Barot est au four et au moulin. Non content de proposer une cuisine savoureuse et d'appétissants menus thématiques (tout légumes, provençal, asperges, truffe...), il donne aussi des cours de cuisine... Quelles agapes !

- Menu 23 € (déjeuner), 30/60 €

7 rue du 11-Novembre - 04 94 54 60 97 - www.grangeagapes.com - Fermé : lundi, dimanche

LA COLLE-SUR-LOUP

06480 - Alpes-Maritimes - Carte régionale n° **25**-E2

ALAIN LLORCA

Chef : Alain Llorca

CUISINE PROVENÇALE • **AUBERGE** Alain Llorca est une figure emblématique de la cuisine de la Côte d'Azur. Il a notamment œuvré au mythique palace Negresco, et a insufflé un temps toute son énergie au Moulin de Mougins, entre autres projets gourmands. Dans sa bastide de la Colle-sur-Loup, dont la terrasse offre une vue imprenable sur Saint-Paul-de-Vence, il laisse libre cours à sa sensibilité méditerranéenne. Cela prend souvent la forme d'une ode à l'iode, empreinte de finesse et sensibilité : joli pavé de loup dans son jus à l'huile d'olive et aux zestes d'agrumes, lotte à la niçoise et ses côtes de blettes glacées à la truffe. Mais la cuisine de ce chef inspiré chante aussi le pigeon du Tarn, le foie gras et le filet de bœuf.

- Menu 59 € (déjeuner), 90/180 € - Carte 125/185 €

350 route de Saint-Paul - 04 93 32 02 93 - www.alainllorca.com - Fermé : lundi midi, mardi midi

L'ATELIER DES SAVEURS BY STÉPHANE GARCIA

CUISINE MODERNE • **CONTEMPORAIN** Le jeune chef a travaillé dans le Sud-Ouest (sa région natale), mais aussi à Monaco, avant de reprendre cette affaire. Il régale ici avec les produits du marché, dans une veine à la fois contemporaine et régionale. Son plat incontournable ? Le foie gras de canard en terrine, mariné au vin de Xérès...

- Menu 29 € (déjeuner), 39/80 € - Carte 51/65 €

51 rue Georges-Clemenceau - 04 93 59 75 71 - www.restaurant-latelierdessaveurs-sg.com - Fermé : lundi, mardi, dimanche soir

COTIGNAC

✉ 83570 - Var - Carte régionale n° **24**-C3

JARDIN SECRET Ⓝ

CUISINE CLASSIQUE • **MAISON DE CAMPAGNE** Redescendu du rocher monégasque, Benoît Witz s'est installé dans un joli domaine de Provence. À l'abri des oliviers, libéré des codes gastronomiques, il envoie des assiettes 100% authentiques, dans un esprit "cuisine de grand-mère" bien assumé. Tartare de tomates cœur-de-bœuf du jardin, retour de pêche et légumes d'été, fondant au chocolat... C'est gourmand et généreux : on se régale.

- Menu 48/64 €

Rue de l'Araignée - ✆ 04 94 78 30 51 - www.loucalen.com - Fermé : mercredi, jeudi midi

CRILLON-LE-BRAVE

✉ 84410 - Vaucluse - Carte régionale n° **25**-E1

LA MADELEINE

CUISINE MODERNE • **COSY** Au cœur d'un village tout de pierres vêtu, ce petit restaurant met en valeur les produits de la région ; les assiettes se dégustent dans un intérieur intimiste, ou sur la terrasse avec vue sur la campagne.

- Carte 92/115 €

Place de l'Église - ✆ 04 90 65 61 61 - www.crillonlebrave.com - Fermé : lundi, dimanche et le midi

LA CROIX-VALMER

✉ 83420 - Var - Carte régionale n° **24**-C3

LA PALMERAIE - CHÂTEAU DE VALMER

CUISINE MODERNE • **MÉDITERRANÉEN** Entre vignes, mer et verger, cet hôtel-restaurant, bastide familiale du début du 20e s., se cache au milieu d'un jardin luxuriant, peuplé de palmiers centenaires et de magnolias. Un superbe outil de travail, tout comme ce potager méditerranéen où poussent courgettes, aubergines, tomates, aromates et artichauts... Servie dans le jardin ou sur la terrasse qu'ombrage une pergola, la cuisine d'Alexandre Fabris (ancien de La Signoria, à Calvi) se révèle très habile, tout en jeux de textures et en jolies associations de saveurs.

- Menu 85/155 € - Carte 106/133 €

81 boulevard de Gigaro - ✆ 04 94 55 15 17 - www.chateauvalmer.com - Fermé : lundi et le midi

LA PINÈDE-PLAGE

CUISINE MÉDITERRANÉENNE • **MÉDITERRANÉEN** Plaisir d'un repas en bord de mer, sur une plage privée – avec en prime une belle vue sur les îles d'Or –, autour d'une jolie cuisine méridionale, mêlant poisson, terroir provençal et spécialités italiennes...

- Carte 57/158 €

382 boulevard de Gigaro - ✆ 04 94 55 16 14 - www.pinedeplage.com

VISTA

CUISINE MÉDITERRANÉENNE • **TENDANCE** Juché sur une colline sauvage face à la mer, l'hôtel est sublime ; le restaurant ultra-chic et bohème ne déçoit pas non plus. Au bord de la piscine, baigné dans un sentiment d'exclusivité rare, on déguste les plats du chef Vincent Maillard, à l'image de ces petits farcis provençaux et de ce fraisier au basilic et glace à l'huile d'olive. Service voiturier.

- Carte 74/157 €

Colline Saint-Michel, quartier de Gigaro - ✆ 04 22 73 22 09 - www.lilyofthevalley.com

CUCURON

⊠ 84160 - Vaucluse - Carte régionale n° **25**-E1

LA PETITE MAISON DE CUCURON

Chef : Eric Sapet

CUISINE CLASSIQUE • RUSTIQUE Il était une fois une petite maison jaune, véritable bonbonnière bourgeoise provençale bourrée de charme... Un excellent cordon bleu, Éric Sapet, y magnifiait les produits du marché : champignons, dont la truffe à laquelle il dédiait un menu tout l'hiver, petits légumes des maraîchers locaux, fromages de Provence, gibiers comme le lièvre, "royalement" cuisiné. Gourmand, passionné de vins et d'œnologie, ce chef possédait un solide métier longtemps exercé à Paris, à la Tour d'Argent et chez Jacques Cagna notamment. À sa table, on accourait pour se régaler d'une blanquette de noix de Saint-Jacques ou d'une caille farcie au riz à la truffe et au foie gras. Certains clients revenaient même le samedi pour suivre les cours du chef. Gare à ceux qui oubliaient de réserver : l'adresse affichait souvent complet.

- Menu 65/95 €

Place de l'Étang - ✆ 04 90 68 21 99 - www.lapetitemaisondecucuron.com - Fermé : lundi, mardi

MATCHA

CUISINE MODERNE • SIMPLE Tout est frais et fait maison ici, des légumes des petits producteurs des environs aux viandes et volailles, élevées en plein air, à l'image de cette caille rôtie, farcie aux olives, et aubergine. Une cuisine au goût du jour, appétissante en diable !

- Menu 35 €

Montée du Château-Vieux - ✆ 04 86 78 55 96 - www.matcha-restaurant.fr - Fermé : mardi, mercredi

EYGALIÈRES

⊠ 13810 - Bouches-du-Rhône - Carte régionale n° **25**-E1

MAISON HACHE

Chef : Christopher Hache

CUISINE PROVENÇALE • ÉLÉGANT Christopher Hache est enfin chez lui. Sa cuisine n'a rien de celle d'un palace et c'est bien comme ça. Loin du Crillon et des grandes tables parisiennes qu'il connaît sur le bout de la toque, le chef compose un hommage savoureux à la Provence et aux Alpilles. En témoignent, dans le désordre, une sélection rigoureuse de fruits et légumes, l'agneau et les vins du terroir : on privilégie ici la proximité, les produits et producteurs du cru. Quant aux assiettes, elles sont simples dans la forme, brutes, à l'image des saveurs qui s'en dégagent, franches et pures (dont le superbe jus d'agneau), sans détours ni chichis. Ajoutons à ce tableau un cadre chic, une carte des vins inspirée, ainsi que des chambres de grand confort à l'étage. En somme : une excellente adresse.

- Menu 46 € (déjeuner), 75/135 € - Carte 65/100 €

30 rue de la République - ✆ 04 90 95 00 04 - www.maisonhache.com - Fermé : lundi, mardi, dimanche

EYRAGUES

⊠ 13630 - Bouches-du-Rhône - Carte régionale n° **25**-E1

LE PRÉ GOURMAND

CUISINE MODERNE • ÉLÉGANT Cette sympathique adresse, située à la sortie du village, propose une cuisine méditerranéenne en harmonie avec les saisons : courgettes, aubergines, huile d'olive et citron accompagnent les poissons de la grande bleue ou l'agneau de La Crau. La belle terrasse située plein sud s'ouvre sur un jardin charmant. Et au bout du pré recouvert de fleurs, quelques jolies chambres vous attendent...

- Menu 36 € (déjeuner), 55/78 € - Carte 65/75 €
175 avenue Max-Dormoy - 04 90 94 52 63 - www.restaurant-lepregourmand.com - Fermé : lundi, samedi midi, dimanche soir

ÈZE

06360 - Alpes-Maritimes - Carte régionale n° **25**-E2

LA CHÈVRE D'OR

CUISINE CRÉATIVE • ÉLÉGANT Ce qui frappe en arrivant au Château de la Chèvre d'Or, c'est sa situation d'exception : niché sur les hauteurs d'un village médiéval à flanc de rocher, l'établissement offre une vue renversante sur l'arrière-pays azuréen et sur les reflets enchanteurs de la Méditerranée. Une fois remis de cette "claque" visuelle, place à table : là encore, l'enthousiasme est de mise. Avec les trésors dénichés alentour (poissons de la pêche, viandes et légumes, huile d'olive, herbes...) et tout le talent qu'on lui connaît, Arnaud Faye se fend d'assiettes harmonieuses et précises, souvent irrésistibles. Mais n'oublions pas le versant sucré : le pâtissier Julien Dugourd y fait des merveilles, comme avec cette "vision d'un citron de pays" devenu son dessert signature...

- Menu 135 € (déjeuner), 230/280 €
Rue du Barri - 04 92 10 66 61 - www.chevredor.com

CHÂTEAU EZA

CUISINE MODERNE • ROMANTIQUE Évidemment, il y a le panorama éblouissant, ces variations du paysage en contrebas, le massif qui plonge dans la Méditerranée. Mais il y a aussi une cuisine moderne et maîtrisée, à base de produits de la région ou du Sud-Ouest, des desserts soignés... et la vue depuis la terrasse, à couper le souffle !

- Menu 60 € (déjeuner), 125 € - Carte 107/123 €
Rue de la Pise - 04 93 41 12 24 - www.chateaueza.com

LES REMPARTS

CUISINE PROVENÇALE • ROMANTIQUE Pour découvrir la patte du chef Arnaud Faye, cette table nichée au sein de la Chèvre d'Or s'avère une option fort séduisante : terrasse au-dessus de la falaise (effet wahou garanti), vue magique sur la Grande Bleue, St-Jean-Cap-Ferrat et la baie des Anges, cuisine méridionale chic et gourmande, chariot de glaces et savoureuses pâtisseries. Un bonheur.

- Carte 74/94 €
Rue du Barri - 04 92 10 66 61 - www.chevredor.com

ÈZE-BORD-DE-MER

06360 - Alpes-Maritimes - Carte régionale n° **25**-E2

LA TABLE DE PATRICK RAINGEARD

CUISINE CRÉATIVE • LUXE Dans le cadre luxueux de l'hôtel Cap Estel, on franchit un lobby de marbre avant de descendre quelques marches pour arriver sur une terrasse avec la mer en toile de fond. L'art du chef Patrick Raingeard s'y épanouit au gré d'un bel hommage à la Méditerranée... Formé par Alain Passard et Jacques Maximin notamment, ce cuisinier voue un profond respect à la qualité des produits, et défend une pêche soucieuse de la préservation des ressources halieutiques. Une pointe d'inventivité rehausse toujours des menus volontiers voyageurs, dont un végétarien. Tout ici est idyllique et confidentiel à l'image de ce grand portail à l'enseigne discrète qui ouvre sur un chemin dérobé...

- Menu 130/190 €
1312 avenue Raymond-Poincaré - 04 93 76 29 29 - www.capestel.com - Fermé : lundi, dimanche et le midi

FAYENCE

✉ 83440 - Var - Carte régionale n° **24**-C3

LE CASTELLARAS

CUISINE PROVENÇALE • **CONVIVIAL** Cette maison, avec son jardin arboré à flanc de colline avec le village pour toile de fond, propose une table aux couleurs de la Provence, inspirée par le marché et les saisons. Quelques chambres pour l'étape.

- Menu 47 € (déjeuner), 69/97 €

461 chemin de Peymeyan - ✆ 04 94 76 13 80 - www.restaurant-castellaras.com - Fermé : lundi, mardi

LE TEMPS DES CERISES

CUISINE TRADITIONNELLE • **CONVIVIAL** Une terrasse sous la tonnelle, des cuisines ouvertes sur la salle et des tableaux peints par le père du chef : l'ambiance est chaleureuse et provençale, même si ce dernier est d'origine hollandaise ! Tarte tatin de foie gras, tartare de bœuf aux huîtres et œuf poché, rognon de veau : on y chante "le temps des cerises" sans nostalgie.

- Carte 45/58 €

2 place de la République - ✆ 04 94 76 01 19 - www.restaurantletempsdescerises.fr - Fermé : mardi, mercredi

FLAYOSC

✉ 83780 - Var - Carte régionale n° **24**-C3

LE NID

CUISINE MODERNE • **CONVIVIAL** Une adresse tenue par des gens charmants : Emilie est aux petits soins avec ses clients, et le chef réalise une cuisine de saison, pleine de fraîcheur et de goût. Il privilégie les circuits courts, et les producteurs locaux. Une adresse qui fait le plein tous les jours. Un nid de gourmandise, à l'excellent rapport qualité/plaisir/prix...

- Menu 33/60 €

37 Boulevard Jean Moulin - ✆ 04 98 09 57 62 - www.restaurantlenid-flayosc.fr - Fermé : lundi, mardi, dimanche

LE CIGALON

CUISINE MODERNE • **SIMPLE** Une agréable maison, située en retrait du village de Flayosc. Elle en salle, lui en cuisine offrent à ce lieu une chaleur qui va au-delà de la gourmandise. Brandade de cabillaud et jambon cru grillé, daurade et légumes grillés, abricot rôti au miel... On dirait le Sud.

- Menu 35/57 € - Carte 50/65 €

5 boulevard du Grand-Chemin - ✆ 04 94 68 69 65 - www.lecigalonflayosc.wixsite.com/site - Fermé : lundi, mardi, mercredi, jeudi

L'OUSTAOU

CUISINE MODERNE • **COSY** Un ancien relais de poste de 1732, une atmosphère méridionale, un jeune couple sympathique, et une cuisine de saison généreuse et bien troussée, à l'instar de ce saltimbocca de veau à la sauge, tomate confite et polenta crémeuse : que demander de plus ? Peut-être de penser à prendre son temps sur la terrasse, face à la place du village...

- Menu 35 € - Carte 45/85 €

5 place Joseph-Bremond - ✆ 04 94 70 42 69 - restaurantloustaou.wixsite.com/flayosc - Fermé : mardi, mercredi

FONTAINE-DE-VAUCLUSE

✉ 84800 - Vaucluse - Carte régionale n° **25**-E1

PHILIP

CUISINE TRADITIONNELLE • **SIMPLE** L'emplacement de ce restaurant est formidable. Au pied de la célèbre fontaine d'où jaillit la Sorgue, cette adresse sait jouer de ses charmes bucoliques. Père et fille (la maison est dans la famille depuis 1926) proposent une cuisine qui joue efficacement la carte de la tradition. Service souriant et efficace. Réservation obligatoire en saison.

- Menu 34/55 € - Carte 50/80 €

Chemin de la Fontaine - ✆ 09 75 59 28 63

FONTVIEILLE

✉ 13990 - Bouches-du-Rhône - Carte régionale n° **25**-E2

BELVÉDÈRE

CUISINE MÉDITERRANÉENNE • **CONTEMPORAIN** Une bien jolie cuisine que celle du chef japonais Kohei Ohata, qui parvient à retranscrire avec justesse et saveurs les influences méditerranéennes des marchés environnants. Sa femme assure la partie dessert avec un vrai talent. C'est frais, parfumé et facturé au juste prix. Voilà une excellente adresse, un peu cachée dans l'hôtel Belesso - réservée aux gourmets, donc, et c'est très bien comme ça.

- Menu 42 € - Carte 49/71 €

34 avenue des Baux - ✆ 04 90 18 31 40 - www.hotelbelesso.fr - Fermé : lundi midi, mardi midi, mercredi midi, jeudi midi, vendredi midi, samedi midi, dimanche soir

RELAIS DU CASTELET

CUISINE PROVENÇALE • **AUBERGE** Perdu quelque part dans la campagne entre Arles et Fontvieille, cet ancien relais de chasse est un véritable havre de paix. On y cultive l'esprit provençal : agneau de la Crau, légumes du potager maison, soupe au pistou l'été et daube de sanglier l'hiver... Une partition copieuse et soignée, à déguster en terrasse sous le mûrier.

- Menu 40 € (déjeuner), 45 €

Mas le Castelet, quartier Montmajour - ✆ 09 80 40 74 81 - www.lerelaisducastelet.fr - Fermé : lundi, dimanche

FORCALQUIER

✉ 04300 - Alpes-de-Haute-Provence - Carte régionale n° **24**-B2

LES TERRASSES DE LA BASTIDE

CUISINE PROVENÇALE • **CONVIVIAL** Entendez-vous les cigales chanter ? Installés sur la belle terrasse, face au jardin, les gourmands se régalent d'une bonne cuisine méditerranéenne. La spécialité du chef : les pieds et paquets. Et si d'aventure le temps n'était pas de la partie, réfugiez-vous dans la salle décorée sur le thème de l'olive.

- Menu 27 € (déjeuner), 35 €

Route de Banon, quartier Beaudine - ✆ 04 92 73 32 35 - www.lesterrassesdelabastide.fr - Fermé : dimanche et le midi

FRÉJUS

✉ 83600 - Var - Carte régionale n° **24**-C3

L'AMANDIER

CUISINE MODERNE • **COSY** Tartare d'avocat et crevettes, relevé au xérès ; épaule d'agneau confite, jus tomaté au romarin ; riz au lait à la vanille... Les jolies recettes proposées par ce couple charmant ont l'accent méridional. Une excellente adresse à prix sages !

- Menu 33/45 € - Carte 38/52 €

19 rue Marc-Antoine-Désaugiers - 04 94 53 48 77 - www.restaurant-lamandier-frejus.com - Fermé : lundi midi, mercredi midi, vendredi midi, dimanche

GARGAS

84400 - Vaucluse - Carte régionale n° **25**-E1

RESTAURANT AVELAN

CUISINE MODERNE • **LUXE** On est un peu au royaume de Bacchus dans ce restaurant situé au cœur d'un domaine viticole : les gourmets honorent les vins du cru et... tous les produits de la terre provençale, auxquels la carte fait la part belle. À l'image de l'hôtel, le décor ne manque pas de superbe (colonnes, charpente).

- Menu 85 € - Carte 48/85 €

Hameau Le Perrotet - 04 90 74 71 71 - www.coquillade.fr - Fermé : lundi, dimanche et le midi

LES VIGNES ET SON JARDIN

CUISINE TRADITIONNELLE • **ÉLÉGANT** Dans le bistrot chic ou dans le jardin au milieu du vignoble l'été... Un fil très rouge, donc, pour cette adresse gourmande : le travail des saisons et le sens du terroir - au sein d'un hôtel qui vaut le coup d'œil !

- Menu 50/150 €

Hameau Le Perrotet - 04 90 74 71 71 - www.coquillade.fr - Fermé : mardi et le midi

GASSIN

83580 - Var - Carte régionale n° **24**-C3

BELLO VISTO

CUISINE TRADITIONNELLE • **AUBERGE** Gassin - dont le nom provient de l'expression Guardia Sinus, le gardien du golfe - est un ancien village sarrasin, occupé par les Maures jusqu'au 10e s. Après avoir trouvé la maison, sur la place des "Barri", installez-vous sur la superbe terrasse et profitez de la vue sur le golfe de Saint-Tropez et sur les sommets alpins... On vient ici se régaler des spécialités maison (mitonnée de petits poulpes de roche, gnocchis à la truffe, soufflé au Grand Marnier) réalisées par un chef expérimenté et passionné, originaire de la région : sa grand-mère a vécu dans ce village ! Une très bonne table, avec quelques chambres pour l'étape.

- Menu 43 € (déjeuner), 65 € - Carte 58/95 €

Place des Barrys - 04 94 56 17 30 - www.bellovisto.eu

LE BELROSE

CUISINE MODERNE • **LUXE** Situation exceptionnelle pour cette table, avec vue imprenable sur le golfe de Saint-Tropez. Dans l'assiette, la Méditerranée est à l'honneur : jardin de légumes ; tartare de gamberi rossi et caviar oscietre ; carpaccio de vicciola ; filet de saint-pierre, barigoule d'artichaut... Une cuisine du soleil, mêlée d'influences italiennes.

- Carte 100/174 €

Boulevard des Crêtes - 04 94 55 97 97 - www.villabelrose.com

LA TABLE DU MAS

CUISINE TRADITIONNELLE • **ÉLÉGANT** À l'abri du tumulte tropézien, cette élégante bastide du 17e s. célèbre au quotidien les trésors méditerranéens - loup, rouget, saint-pierre, poulpe - mais aussi les savoureux légumes de la région ; la carte va à l'essentiel au rythme des saisons, et se révèle en parfaite harmonie avec l'esprit de la maison, entre luxe et authenticité. Belle terrasse sous la tonnelle.

- Menu 65/130 € - Carte 90 €

2 chemin du Chastelas, quartier Bertaud - 04 94 56 71 71 - www.chastelas.com - Fermé le midi

LA VERDOYANTE

CUISINE TRADITIONNELLE • **CONTEMPORAIN** Posée au cœur des vignes, cette ancienne ferme rustique jouit d'un très beau panorama... Mais la Verdoyante ne serait rien sans la passion du couple qui en tient les rênes ! Dans un décor coquet ou sur la charmante terrasse, on se régale d'une délicieuse cuisine provençale aux parfums de garrigue.

- Menu 52/62 € - Carte 62/65 €

866 chemin vicinal Coste-Brigade - 04 94 56 16 23 - www.la-verdoyante.fr - Fermé : lundi, mardi midi

GÉMENOS

13420 - Bouches-du-Rhône - Carte régionale n° **24**-B3

LA MAGDELEINE - MATHIAS DANDINE

Chef : Mathias Dandine

CUISINE MÉDITERRANÉENNE • **ÉLÉGANT** Mathias Dandine a réalisé son rêve de gamin en devenant le chef de cette superbe maison de maître du 18e s., située au cœur d'un domaine aux arbres centenaires, loin des bruissements urbains. Le chef se révèle en parfaite harmonie avec l'âme des lieux, et célèbre la Provence avec un talent époustouflant. Sa cuisine méditerranéenne épurée, sans chichi ni tralalas, se moque bien d'épater les foodistas. Derrière l'apparente simplicité, ses recettes révèlent une grande maîtrise des cuissons, textures et équilibres des saveurs. Quand viennent les beaux jours, profitez de la terrasse ombragée aux essences méditerranéennes.

- Menu 75 € (déjeuner), 120/170 €

2 rond-point des Charrons - 04 42 32 20 16 - www.relais-magdeleine.com - Fermé : lundi, dimanche

LES ARÔMES

CUISINE DU MARCHÉ • **MÉDITERRANÉEN** Dans cette maison des années 1930 cernée par les arômes de la Provence officient Françoise Besset, indéfectible hôtesse, et son époux Yannick. Celui-ci creuse avec réussite le même sillon : une âme d'aubergiste, un alliage de fraîcheur et d'inventivité. Une cuisine régionale à déguster dans l'une des charmantes petites salles à manger ou sur la véranda terrasse aux beaux jours, face à un jardin planté d'oliviers. Une table exemplaire.

A/C - Menu 34/70 €

230 avenue du 2ème-Cuirassier - 09 80 73 06 60 - www.lesaromesgemenos.fr - Fermé : lundi, mardi soir, mercredi soir, dimanche

GIENS

83400 - Var - Carte régionale n° **24**-C3

LA RASCASSE

CUISINE MÉDITERRANÉENNE • **ÉLÉGANT** Au cœur du petit village de Giens, cet hôtel-restaurant tenu par la même famille depuis 1951 a tout compris : sa table célèbre la petite pêche des ports de la Madrague et du Niel, accompagnés par des légumes des maraîchers du coin, tout ce qu'il y a de plus frais... Quant à la vue sur la Méditerranée et les îles d'Or, elle se passe de commentaires. Petit bistrot attenant pour déguster des plats canaille sur le pouce.

- Menu 35 € (déjeuner), 90 € - Carte 45/90 €

113 place Saint-Pierre - 04 98 04 54 54 - www.provencalhotel.com - Fermé : mardi et le midi

GIGONDAS

84190 - Vaucluse - Carte régionale n° **25**-E1

L'OUSTALET

Chef : Laurent Deconinck

CUISINE MODERNE • **ÉLÉGANT** Dans ce village de vignerons, une jolie maison en pierre dont la terrasse déborde sur une placette nantie de vieux platanes. Visuellement, on est déjà séduit ! Dans l'assiette, c'est aussi du plaisir en barres : produits de superbe fraîcheur, recettes raffinées et goûteuses, associations de saveurs pertinentes... autour d'un menu unique qui se décline en plusieurs séquences. Laurent Deconinck, chef-patron en ces lieux, sait parler aux papilles. On passe un délicieux moment, d'autant que le service est efficace, tout en fluidité, et que la cave des vins réserve de magnifiques surprises.

L'engagement du chef : Si les circuits courts auxquels nous faisons appel nous garantissent de travailler les meilleurs produits locaux et saisonniers, notre ambition durable se retrouve dans tous les aspects de notre cuisine. Le recyclage y est poussé au maximum, le conditionnement exclut dorénavant le plastique au profit du verre ou de l'inox, et le peu de déchet alimentaire est donné aux animaux qui peuplent nos jardins.

- Menu 64 € (déjeuner), 82/120 €

5 place Gabrielle Andéol - 04 90 65 85 30 - www.loustalet-gigondas.com - Fermé : lundi, mardi, dimanche

BISTROT DE L'OUSTALET

CUISINE PROVENÇALE • **ÉLÉGANT** Précédé par une belle terrasse très disputée aux beaux jours, ce bistrot occupe l'emplacement de l'ancien fournil du village, avec un beau four à bois en pierre - un signe de bon augure ! Le chef cisèle des plats qui sentent bon le Sud autour d'une carte courte dans l'esprit d'une cuisine « retour du marché ». Belle sélection de vins au verre, Gigondas oblige.

- Menu 35/42 €

5 place du Rouvis - 04 90 37 66 64 - www.loustalet-gigondas.com - Fermé : lundi soir, mardi soir, mercredi, jeudi, dimanche soir

GOLFE-JUAN

06220 - Alpes-Maritimes - Carte régionale n° **25**-E2

LE BISTROT DU PORT

POISSONS ET FRUITS DE MER • **CONTEMPORAIN** Face au vieux port, le chef-patron laisse libre cours à sa passion des produits de la mer : l'iode est ici la règle, des canapés au dessert ! Les produits sont d'une fraîcheur remarquable, les cuissons sont maîtrisées et la prise de risque constante : un restaurant et un chef qui sortent clairement du lot.

- Menu 30 € (déjeuner) - Carte 65/110 €

53 avenue des Frères-Roustan - 04 93 63 70 64 - www.bistrotduport.com - Fermé : mardi soir, mercredi

GORDES

84220 - Vaucluse - Carte régionale n° **25**-E1

LES BORIES

CUISINE MODERNE • **ÉLÉGANT** Nous n'avons pas pu évaluer ce restaurant en raison de sa fermeture prolongée. Nos inspecteurs ont hâte de redécouvrir cette adresse pour partager leur expérience. Nous vous invitons à consulter le site MICHELIN.COM où les informations sont régulièrement mises à jour.

P

Route de l'Abbaye-de-Sénanque - 04 90 72 00 51 - www.hotellesbories.com - Fermé le midi

LA CITADELLE

CUISINE MODERNE • **ÉLÉGANT** Le soir, on s'installe dans la belle salle à manger bourgeoise, très 18e s., ou sur la terrasse panoramique, devant le soleil qui se couche sur le Luberon. On se régale d'assiettes à la gloire de la Provence, ses produits nobles et ses saveurs (rouget de roche en croûte d'olives noires, jus d'une bouillabaisse) et d'autres plus contemporaines (ravioles de langoustines royales, consommé "Dashi" aux herbes fraîches). De quoi contenter tout le monde ! A midi, l'Orangerie propose une carte similaire.

- Carte 91/148 €

Route de la Combe - 04 90 72 12 12 - www.gordes.airelles.com

CLOVER GORDES

CUISINE MÉDITERRANÉENNE • **ÉLÉGANT** Dans le magnifique hôtel Airelles Gordes, La Bastide, Jean-François Piège propose une carte alléchante, valorisant les produits locaux, légumes, fruits et herbes de Provence. Le végétal fait jeu égal avec de belles viandes maturées, cuites à la braise, de superbes poissons de méditerranée. L'agneau de Sisteron mariné au poivre d'âne est un régal ! À déguster dans une belle salle à la décoration provençale, modernisée et allégée, ou évidemment sur la splendide terrasse face à la vallée du Luberon. Un lieu chic et reposant.

- Carte 79/146 €

Route de la Combe - 04 90 72 12 12 - www.clovergordes.com

LE MAS - ALEXIS OSMONT

CUISINE DU MARCHÉ • **MAISON DE CAMPAGNE** Une adresse reprise par Alexis Osmont, un jeune chef ayant travaillé ici avant de monter ses propres restaurants. Autant le vieux mas semble hors du temps, autant sa cuisine inspirée par le retour du marché joue la spontanéité ; ainsi ce percutant thon snacké. Laissez-vous emporter "à l'aveugle" dans son univers. Créatif et savoureux.

- Menu 50 € - Carte 52/58 €

Chemin de Saint-Blaise (Les Imberts) - 04 90 04 03 57 - www.lemasrestaurantgordes.com - Fermé : lundi midi, mardi midi, mercredi, jeudi midi, vendredi midi

GOULT

84220 – Vaucluse – Carte régionale n° **25**–E1

LA BARTAVELLE

CUISINE PROVENÇALE • **RUSTIQUE** Une petite mais charmante affaire familiale, située dans un pittoresque village du Luberon tenue par un couple expérimenté. Le chef propose un menu au choix volontairement limité pour assurer une meilleure qualité de cuisine. Et le résultat est probant : recettes soignées et parfumées, inspirées par la Provence et les beaux ingrédients du moment. Une valeur sûre de la région fréquentée par des habitués, ce qui est toujours bon signe. Il est prudent de réserver.

- Menu 48 €

29 rue du Cheval-Blanc - 04 90 72 33 72 - www.labartavellegoult.com - Fermé : lundi midi, mardi, mercredi, jeudi midi, vendredi midi, samedi midi

LE CARILLON

CUISINE MODERNE • **ÉLÉGANT** Face au carillon de la grande place de Goult, ce restaurant propose une bonne cuisine d'inspiration provençale mâtinée de notes contemporaines. On s'installe dans la petite salle au cadre actuel ou sur la terrasse, aux airs de petit village. L'accueil est charmant, la carte des vins joliment pensée, avec une attention particulière dédiée aux productions bio. Une jolie adresse.

- Menu 26 € (déjeuner), 38/50 € - Carte 49/68 €

10 avenue du Luberon (place de la Libération) - 04 90 72 15 09 - www.lecarillon-restaurant.com - Fermé : mardi, mercredi

GRASSE

06520 – Alpes-Maritimes – Carte régionale n° **25**–E2

AU FIL DU TEMPS

CUISINE MODERNE • **INTIME** Comme le saint patron de Naples, sa ville natale, le chef se prénomme Gennaro ("janvier" en italien). Et de fait, il signor Cummaro signe une cuisine inventive, à dominante marine, et fortement marquée par le Sud de l'Italie et ses produits à l'image de ce poulpe à la Luciana ou de ce baba napolitain. Courte carte et deux menus dégustation surprise.

- Menu 52/79 € - Carte 68/76 €

83 avenue Auguste-Renoir, Magagnosc - 04 93 36 20 64 - www.aufildutempsrestaurant.com - Fermé : dimanche et le midi

LA BASTIDE SAINT-ANTOINE

CUISINE PROVENÇALE • ÉLÉGANT Cette bastide du dix-septième siècle, dont la terrasse donne sur l'arrière-pays, et une majestueuse oliveraie est la propriété de Jacques Chibois - l'un des chefs de file de la "cuisine du soleil". On y déguste des assiettes qui célèbrent pêle-mêle agrumes, herbes, huile d'olive, et autres spécialités régionales.

- Menu 72 € (déjeuner), 150/190 € - Carte 158/193 €

48 avenue Henri-Dunant - 04 93 70 94 94 - www.jacques-chibois.com

LOUGOLIN

CUISINE MODERNE • TENDANCE Le chef Xavier Malandran a rapidement trouvé ses marques et prône ici une philosophie imparable : la fraîcheur au meilleur rapport qualité-prix. Ses recettes saisonnières sont plutôt dans l'air du temps, mâtinées de touches provençales, avec la pointe de créativité qui fait toute la différence. Un exemple ? Ce pavé de merlu frais parfaitement rôti, servi sur une compotée de fenouil cuit avec de l'orange de façon originale et plaisante, jus au vin et oignons grelots confits... L'idéal : s'installer en terrasse sous les tilleuls et profiter de la vue sur la plaine et la ville de Grasse.

- Menu 29 € (déjeuner), 37 €

381 route de Plascassier - 04 93 60 14 44 - www.lougolin.com - Fermé : lundi, dimanche soir

GRIMAUD

83310 - Var - Carte régionale n° **24**-C3

APOPINO

CUISINE MÉDITERRANÉENNE • CONVIVIAL Une bien belle découverte que ce restaurant de Grimaud, avec aux fourneaux un chef originaire du Piémont. Sa cuisine moderne, aux accents méditerranéens, fait mouche : les préparations sont soignées. Service charmant.

- Menu 36 € - Carte 62/70 €

Place des Pénitents - 04 94 43 25 26 - www.apopinorestaurant.com - Fermé : lundi, dimanche

FLEUR DE SEL

CUISINE MODERNE • CONVIVIAL Sur les hauteurs de ce pittoresque village, au détour d'une ruelle, l'ancienne boulangerie du village s'est muée en une séduisante Fleur de Sel... Un jeune couple dynamique y propose une cuisine gourmande et dans l'air du temps. Agréable terrasse à l'ombre d'un bel olivier.

- Menu 23 € (déjeuner) - Carte 45/48 €

4 place du Cros - 04 94 43 21 54 - www.fleur-de-sel-restaurant-grimaud.com - Fermé : mardi, mercredi

LES SANTONS

CUISINE CLASSIQUE • COSY Une belle auberge provençale pleine de caractère, avec ses poutres apparentes, ses compositions florales et sa collection de santons... L'assiette, jamais ennuyeuse, alterne entre cuisine classique et plats actuels joliment travaillés : en témoigne cette crème glacée de petits pois, écrevisses laquées au vinaigre d'hibiscus.

- Menu 57 € - Carte 85/95 €

743 route Nationale - ✆ 04 94 43 21 02 - www.restaurant-les-santons.fr - Fermé : lundi, mardi midi, mercredi midi, jeudi midi

HYÈRES

✉ 83400 - Var - Carte régionale n° **24**-C3

LA COLOMBE

CUISINE TRADITIONNELLE • **ÉLÉGANT** Salade d'encornet au citron confit, sucrine grillée et boulgour ; piquaña de bœuf marinée aux épices et légumes du moment... C'est avec des assiettes généreuses, résolument provençales, que Pascal et Nadège Bonamy ont hissé leur restaurant, au pied du massif des Maurettes, parmi les bonnes tables de la région.

- Menu 35/69 € - Carte 55/70 €

663 route de Toulon - ✆ 04 94 35 35 16 - www.restaurantlacolombe.com - Fermé : lundi, mardi, samedi midi, dimanche soir

L'ENOTÉCA N

CUISINE MODERNE • **CONTEMPORAIN** Cette Énotéca est la première affaire d'un jeune couple de restaurateurs pleins d'envie et de talent. En cuisine, le chef compose une cuisine gourmande et savoureuse à mi-chemin entre Sud-Ouest et Provence, avec des produits de première qualité, tandis qu'en salle, sa compagne assure un service efficace et convivial.

- Carte 46/58 €

3 rue des Porches - ✆ 04 94 23 51 56 - www.l-enoteca.fr - Fermé : lundi, mardi midi, dimanche soir

L'ISLE-SUR-LA-SORGUE

✉ 84800 - Vaucluse - Carte régionale n° **25**-E1

LE VIVIER

CUISINE MODERNE • **ÉLÉGANT** Voilà une belle table, à tous les sens du terme : dans cette capitale des antiquaires et des antiquités, sa terrasse face à la Sorgue et ses rives verdoyantes sont un plaisir pour les yeux. Ce vivier de talents est cornaqué de main de maître par son propriétaire, Patrick Fischnaller, longtemps manager de belles adresses londoniennes. À ses côtés, le jeune chef Romain Gandolphe, passé chez Thierry Marx et Philippe Labbé, propose des assiettes soignées, qui mêlent saveurs et textures non sans délicatesse et subtilité. Décor chaleureux de la salle contemporaine et service aux petits oignons.

- Menu 36 € (déjeuner), 70/120 € - Carte 88/98 €

800 cours Fernande-Peyre - ✆ 04 90 38 52 80 - www.levivier-restaurant.com - Fermé : lundi, mardi, samedi midi, dimanche soir

LA BALADE DES SAVEURS

CUISINE TRADITIONNELLE • **CONTEMPORAIN** Un couple sympathique - Benjamin et Sophie Fabre - règne sur ce restaurant plein de fraîcheur, dont la terrasse borde le cours pittoresque de la Sorgue. Les recettes cultivent aussi bien le caractère que la douceur de la Provence. Cette Balade des Saveurs est aussi... une ballade des gens heureux. Agréable terrasse le long du canal de la Sorgue.

- Menu 21 € (déjeuner), 28/38 € - Carte 38/56 €

3 quai Jean-Jaurès - ✆ 04 90 95 27 85 - www.balade-des-saveurs.com - Fermé : lundi, mardi

LE PETIT HENRI

CUISINE PROVENÇALE • **ÉLÉGANT** La table du Grand Hôtel Henri est dans le prolongement direct de l'établissement qui l'accueille : décor soigné, avec cheminée centenaire et lustres chatoyants, terrasse ombragée de mûriers-platanes autour d'une fontaine... et jolie cuisine de saison à dominante régionale.

- Menu 30 € (déjeuner), 46/69 € - Carte 70/80 €

1 cours René-Char - 04 90 38 10 52 - www.grandhotelhenri.com - Fermé : lundi, mardi

JAUSIERS

04850 - Alpes-de-Haute-Provence - Carte régionale n° **24**-C2

VILLA MORELIA

CUISINE TRADITIONNELLE • BOURGEOIS Cette Villa Morelia distille un certain charme bourgeois... Un écrin flatteur pour une cuisine du marché, séduisante et fidèle à la tradition. De la fraîcheur, de belles saveurs : un moment gourmet et gourmand.

- Menu 59/110 €

Avenue des Mexicains - 04 92 84 67 78 - www.villa-morelia.com - Fermé le midi

JOUCAS

84220 - Vaucluse - Carte régionale n° **25**-E1

LA TABLE DE XAVIER MATHIEU

Chef : Xavier Mathieu

CUISINE CRÉATIVE • ÉLÉGANT Grandi à Marseille, Xavier Mathieu a la Provence chevillée au corps. Le célèbre Roger Vergé, un ami de la famille, lui a ouvert les portes de la haute gastronomie. Il a complété son apprentissage chez Joël Robuchon, à Paris, avant de revenir dans le beau mas familial niché au cœur de la garrigue du Luberon. Ce chef à l'emblématique crinière blanche donne un second souffle à la tradition provençale : chaque plat est une variation sur les origines. Soupe au pistou, haricots, ail et basilic ; gigot d'agneau cuit dans son sable chaud de Garrigue... Des recettes étonnantes, toujours personnelles, influencées par son terroir comme par ses voyages au long court (jambalaya de queue d'écrevisse, maïs et pomme de terre délicatesse). À découvrir dans le cadre privilégié d'une luxueuse bastide, édifiée sur des vestiges datant des Chevaliers de l'Ordre de Malte.

- Menu 130/190 € - Carte 100/230 €

Route de Murs - 04 90 05 78 83 - www.lephebus.com - Fermé : lundi midi, mardi midi, mercredi midi, jeudi midi

LE CAFÉ DE LA FONTAINE

CUISINE MÉDITERRANÉENNE • RÉGIONAL La carte de ce Café propose une cuisine de saison aux influences méditerranéennes (fougasse aux truffes, pieds et paquets marseillais, spaghetti arrabiata) combinées à des recettes dans l'esprit vacances (salade niçoise, tartare de saumon aux agrumes, etc.). Simple et efficace pour manger au bord de la fontaine avec vue sur la piscine.

- Menu 49 €

Route de Murs - 04 90 05 78 83 - www.lephebus.com

LA TABLE DU MAS

CUISINE MODERNE • ÉLÉGANT L'âme méditerranéenne plane sur les assiettes, comme sur la grande terrasse ouverte sur la campagne. La table propose régulièrement des thèmes autour d'un produit, selon les saisons - tomate, artichaut... Ensoleillé, même par temps gris.

- Menu 79 € - Carte 83/94 €

Lieu-dit-Toron (route de Murs) - 04 90 05 79 79 - www.herbesblanches.com - Fermé le midi

JUAN-LES-PINS

⊠ 06160 - Alpes-Maritimes - Carte régionale n° **25**-E2

LA PASSAGÈRE - HÔTEL BELLES RIVES

CUISINE CRÉATIVE • **LUXE** Dans cet hôtel qui accueillit dans les années 1920 les amours tumultueuses de Scott et Zelda Fitzgerald, on est d'abord frappé par le cadre majestueux. Pas facile pour une assiette d'exister dans de telles conditions... et c'est pourtant le cas. Le chef signe une cuisine élégante, qui met en valeur les mille et une pépites du terroir méditerranéen, ainsi le rouget brûlé à la flamme préparé comme une "boui-abaisso" ou les ravioles d'araignée de mer, sans oublier de réjouissants desserts. On se délecte de ces créations sur la terrasse, en profitant de l'exceptionnelle vue sur la mer et l'Esterel.

- Menu 135/185 €

Plan : A2-4 - *33 boulevard Édouard-Baudoin - 04 93 61 02 79 - www.bellesrives.com - Fermé : lundi, mardi et le midi*

LARAGNE-MONTÉGLIN

⊠ 05300 - Hautes-Alpes - Carte régionale n° **24**-B2

L'ARAIGNÉE GOURMANDE

CUISINE TRADITIONNELLE • **FAMILIAL** Installez-vous dans cet intérieur moderne et lumineux pour découvrir le talent de Thierry Chouin : si le chef breton affectionne particulièrement les plats à base de poisson, il ne dédaigne pas l'agneau et la pomme (tous deux de la région), qu'il célèbre dans des assiettes bien tournées. De beaux hommages à la tradition.

- Menu 22 € (déjeuner), 35/46 € - Carte 43/70 €

8 rue de la Paix - 04 92 65 13 39 - www.laraignee-gourmande.fr - Fermé : mardi soir, mercredi, dimanche soir

LAURIS

⊠ 84360 - Vaucluse - Carte régionale n° **25**-E1

LE CHAMP DES LUNES

CUISINE MODERNE • **ÉLÉGANT** Cette belle bastide aixoise du 18e s. déborde de charme, offrant parc aux essences centenaires, spa, vignoble, potager mené en permaculture et même un espace d'exposition d'art contemporain installé dans d'anciennes caves de vinification - les propriétaires sont galeristes ! Et si le lieu vaut le coup d'œil, la cuisine mérite aussi bien des éloges : elle magnifie des produits de belle qualité, et constitue un véritable hommage aux richesses du Luberon et de la Provence. Élégante salle à manger aux tonalités chaleureuses et agréable terrasse estivale dominant le parc.

- Menu 88/128 € - Carte 85/145 €

Route de Roquefraîche - 04 13 98 00 00 - www.domainedefontenille.com - Fermé : lundi, mardi, mercredi, dimanche soir

LA CUISINE D'AMÉLIE

CUISINE MÉDITERRANÉENNE • **BISTRO** Confortablement loti dans cette bastide du dix-huitième siècle, cet établissement propose une agréable cuisine méditerranéenne, au gré d'une carte renouvelée au fil des saisons. La formule bistrot décontracté bénéficie d'une superbe terrasse tournée vers le parc. Goûtez les vins du domaine.

- Carte 35/46 €

Route de Roquefraiche - 04 13 98 00 00 - www.domainedefontenille.com

LE LAVANDOU

 83980 - Var - Carte régionale n° **24**-C3

L'ARBRE AU SOLEIL

Chef : Yorann Vandriessche

CUISINE MODERNE • CONTEMPORAIN On l'a connu au carrefour de l'Arbre, devant les pavés de Paris-Roubaix, où il connut le succès pendant cinq ans ; voici désormais Yorann Vandriessche installé au soleil, face aux bateaux de plaisance du port du Lavandou. Il a même reçu en chemin le soutien de son ami (et Meilleur ouvrier de France 2000) Didier Anies : à quatre mains, ils mettent en valeur des produits de belle qualité, dans une cuisine d'abord dédiée aux poissons et aux crustacés : on se souvient par exemple d'un pavé de loup de belle fraîcheur, avec crème de fenouil, suprêmes d'orange et un condiment orange-kumquat... Fraîcheur, relief, maîtrise : allez-y les yeux fermés.

A/C - Menu 59 € (déjeuner), 69/109 €

Nouveau Port - ✆ 04 94 24 06 04 - www.larbreausoleil.com - Fermé : lundi, mardi midi, dimanche

LE MAZET

CUISINE MÉDITERRANÉENNE • CLASSIQUE Mazette que ce mazet m'agrée ! Pardi : c'est Patrice Hardy, l'ancien étoilé de Neuilly, qui a repris du service avec sa mie, la jolie Corinne. En retrait de la belle plage Saint-Clair, il s'adonne à son hobby favori : le beau produit (et notamment cette truffe qu'il chérit). Et dans l'assiette, une jolie mélodie : marbré de daurade, jus d'herbes et yuzu ; vitello tonnato ; figues de Solliès rôties...

Menu 38/90 € - Carte 50/95 €

8 chemin de la Cascade - ✆ 04 94 92 88 61 - www.lemazet.net - Fermé : mercredi

PLANCHES & GAMELLES

CUISINE MODERNE • BISTRO L'adresse se présente elle-même comme le "premier bouchon provençal" : voilà qui annonce la couleur, tout comme la splendide vinothèque. Face au port de plaisance, cette sympathique maison propose une chouette cuisine du pays, simple et fraîche (comme cette salade de poulpes et encornets aux poivrons confits), accompagnée d'un bon choix de vins locaux. Bon rapport qualité-prix.

A/C - Menu 44 € - Carte 38/62 €

46 quai Baptistin-Pins - ✆ 09 86 28 65 28 - www.planchesetgamelles.fr - Fermé : mardi, mercredi

LE SUD N

CUISINE CLASSIQUE • COLORÉ Retour aux sources pour le chef Christophe Pétra, qui a réinvesti la maison où il avait décroché une étoile en... 2001 ! Pour ces retrouvailles, l'ancien élève de Paul Bocuse décline une cuisine gourmande, généreuse et sans artifice, à l'image de ce risotto au vin blanc et gambas sautés, ou de cet élégant pigeon en croûte, enrichi de foie gras, truffe d'été et chou au lard.

A/C - Menu 44 €

Avenue des Trois-Dauphins - ✆ 04 94 05 76 98 - www.petra-lesud.com - Fermé : lundi midi, mardi midi, mercredi midi, jeudi midi, vendredi midi, samedi midi

LES TAMARIS - CHEZ RAYMOND

POISSONS ET FRUITS DE MER • RUSTIQUE Beignets de courgette, seiche de Méditerranée... et surtout la fameuse bouillabaisse cuite au feu de bois, une rareté : sous la houlette de Raymond, son truculent patron, cette véritable institution locale, située sur la plage Saint-Clair, met à l'honneur les poissons de la pêche du jour. Et l'on ne résiste pas à la terrasse face à la mer qu'il faut demander impérativement lors de la réservation (obligatoire).

A/C - Carte 40/90 €

Boulevard de la Baleine - ✆ 04 94 71 07 22

LORGUES

✉ 83510 - Var - Carte régionale n° **24**-C3

BRUNO

Chef : Benjamin Bruno

CUISINE CLASSIQUE • AUBERGE Une maison doit tant à ses propriétaires... Dans ce mas provençal, l'ancienne maison de l'arrière-grand-mère des années 1920, c'est toute la générosité de la famille Bruno qui s'exhale ! Sous l'égide de Clément Bruno, géant bienveillant et truculente figure paternelle, connue pour son culte de la truffe, les deux frères, Samuel en salle et Benjamin en cuisine, poursuivent la tradition avec juste ce qu'il faut de modernité. Si le menu unique à base de truffe est toujours là (les diamants noirs changeant en fonction des saisons), les légumes sont désormais bien présents. On passe un délicieux moment, notamment grâce à un service aussi joyeux qu'attentionné.

- Menu 83/195 €

2350 route des Arcs - ✆ 04 94 85 93 93 - www.restaurantbruno.com - Fermé : lundi, dimanche soir

LE JARDIN DE BERNE

Chef : Louis Rameau

CUISINE MODERNE • ROMANTIQUE Un vignoble (500 ha, excusez du peu...), un hôtel cinq étoiles et son spa, un restaurant étoilé et son potager : cette belle demeure à l'atmosphère mi-provençale, mi-toscane héberge désormais le chef Louis Rameau, ancien second ici même. Il célèbre le terroir haut-varois grâce aux légumes, herbes et fleurs du potager, à l'huile d'olive et aux vins du domaine. Les fromages et les autres produits sont bio et locaux : œuf soufflé aux champignons, oreilles de cochon grillées ; pain d'agneau, déclinaison de carottes, sauce au cépage Nebiollo et gavotte noisette, crémeux au citron du chef pâtissier Éric Raynal, bourré de talent. Table ouverte uniquement le soir, menus-surprises (3,5 et 7 services).

***L'engagement du chef :** Le potager bio du domaine permet de fournir le restaurant en produits frais et de saison. Nous travaillons uniquement avec des producteurs locaux pour les viandes, les poissons et les légumes supplémentaires. Notre devise : du potager à l'assiette.*

- Menu 120/260 € - Carte 105/130 €

Chemin des Imberts - ✆ 04 94 60 49 79 - www.chateauberne.com - Fermé le midi

LE BISTROT DE BERNE

CUISINE TRADITIONNELLE • CONVIVIAL La cheffe assure une partition canaille et ensoleillée, à base de bons produits - en particulier les légumes du potager bio maison. raviole ouverte aux gambas, truite rôtie et crème à l'oseille, pavlova exotique : c'est frais et décomplexé, et ça s'arrose des bons vins du domaine. Le tout à prix doux !

- Menu 35 € - Carte 42/49 €

Chemin des Imberts - ✆ 04 94 60 43 51 - www.chateauberne.com

L'ESTELLAN

CUISINE DU MARCHÉ • FAMILIAL Cette maisonnette, installée face aux vignes, est désormais le lieu d'expression d'un jeune couple bien dans son métier ! Ces deux-là ont déjà une solide expérience et savent où ils vont : avec de beaux produits régionaux, ils composent une cuisine moderne et savoureuse, déclinée à l'ardoise. Une étape sympathique.

- Menu 30 €

1000 route de St-Antonin - ✆ 06 38 10 04 09 - www.estellanlorgues.com - Fermé : mardi, mercredi, jeudi midi

VIGNA

CUISINE MÉDITERRANÉENNE • CONTEMPORAIN Au bout de belles routes sinueuses, on accède au chai ultra-moderne du château La Martinette dont la Vigna est le restaurant, conseillé par le chef Juan Arbelaez. Sur cette terrasse qui domine les vignes et un panorama d'exception, on pioche dans une carte courte de jolis plats dans l'air du temps.

- Menu 35 € (déjeuner) - Carte 38/60 €

4005 chemin de la Martinette - 04 94 73 84 93 - chateaulamartinette.com - Fermé : lundi, mardi midi, dimanche soir

MAILLANE

13910 - Bouches-du-Rhône - Carte régionale n° **25**-E1

L'OUSTALET MAÏANEN

CUISINE TRADITIONNELLE • TRADITIONNEL Le chef de cette maison, Christian Garino, est un vrai passionné qui prend lui-même les commandes et fait parfois le service... Ici, on ne triche pas ! Sous la tonnelle de vigne vierge ou dans le patio, les Mireille d'aujourd'hui savourent ses créations gorgées de soleil, qui font la part belle aux produits régionaux.

- Menu 35/60 € - Carte 45/58 €

16 avenue Lamartine - 04 90 95 74 60 - www.restaurant-saint-remy-de-provence.fr - Fermé : lundi, mardi, dimanche soir

MANDELIEU-LA-NAPOULE

06210 - Alpes-Maritimes - Carte régionale n° **25**-E2

BESSEM

CUISINE MODERNE • CONTEMPORAIN Savez-vous ce qu'est un Tuniçois ? C'est un chef d'origine tunisienne, qui a le cœur à Nice. C'est le cas de Bessem Ben Abdallah, un chef au beau parcours (notamment Gagnaire à Courchevel), qui propose un menu mystère en plusieurs déclinaisons et des produits de qualité - asperges de Pertuis, fraises mara des bois, selle d'agneau, saint-pierre...

- Menu 72/125 €

183 avenue de la République - 04 93 49 71 23 - www.bessem-restaurant.com - Fermé : lundi, mardi

MANOSQUE

04100 - Alpes-de-Haute-Provence - Carte régionale n° **24**-B2

RESTAURANT PIERRE GREIN

Chef : Pierre Grein

CUISINE MODERNE • CONTEMPORAIN Aventurez-vous dans cette zone d'affaires pour découvrir cette belle adresse contemporaine : vous ne le regretterez pas ! Sous une véranda/salle à manger lumineuse et confortable, le chef Pierre Grein sert une cuisine provençale de tradition, fine et modernisée, soignée et technique (à l'image des desserts en trompe-l'œil) : velouté de chou-fleur de plein champ, moules de bouchot sauce poulette ; bar rôti sur peau à l'unilatéral, parmentier de girolles et pousses d'épinard ; illusion d'une noisette dorée à l'or fin, caramel au beurre salé, mousse pralinée noisette, crumble chocolat. Tout est fait maison à partir d'excellents produits. Cerise sur le gâteau : le service, aimable et efficace, rythmé notamment par l'accent chantant du sommelier.

- Menu 100/150 € - Carte 100/120 €

180 avenue Régis-Ryckebush - 04 92 72 41 86 - www.restaurantpierregrein.fr - Fermé : lundi soir, mardi soir, mercredi soir, jeudi soir, dimanche

LA LOGE BERTIN

CUISINE MODERNE • CONVIVIAL Derrière cette pimpante façade verte, une équipe de passionnés nous emmène pour une jolie balade gourmande. Le chef ne travaille que les produits frais à travers une cuisine du marché, particulièrement gourmande et soignée. On s'attable dans une salle de bistrot contemporain (tables carrées en bois couleur chêne, chaises en bois ou molletonnées) où une fenêtre type atelier ouvre sur la cuisine.

A/C - Menu 34 €

62 avenue Jean Giono - ✆ 04 86 74 18 46 - www.lalogebertin.fr - Fermé : lundi, mercredi soir, dimanche

SENS & SAVEURS

CUISINE MODERNE • MÉDITERRANÉEN D'abord monastère, puis filature, ensuite entrepôt à grains au 17es. et enfin théâtre : la grande salle voûtée de ce restaurant traverse gentiment les époques. Le rideau se lève désormais sur un lieu à l'ambiance familiale, où le chef réalise des recettes à l'accent méridional.

Menu 35 € (déjeuner), 45/65 € - Carte 60/75 €

43 boulevard des Tilleuls - ✆ 04 28 31 69 32 - www.sensetsaveurs.com - Fermé : lundi, jeudi soir, dimanche soir

✉ 13000 -
Bouches-du-Rhône
Carte régionale n° **24**-B3

MARSEILLE

Tour à tour grecque puis romaine, millefeuille de peuples et d'influences, Marseille est l'une des capitales du bassin méditerranéen. Elle fait preuve d'un vrai dynamisme culturel autour de son MUCEM et de ses nouveaux espaces aménagés sur la façade maritime. C'est aussi un chaudron culinaire en ébullition permanente. Sur le Vieux-Port, on furète tous les matins devant le marché aux poissons du quai de la Fraternité, que tout le monde appelle encore de son ancien nom, le "quai des Belges". C'est le moment de préparer sa bouillabaisse ou sa bourride, la soupe de poissons de roche. Dans le quartier du Panier, les ruelles fleurent bon la Corse et l'Italie : Marseille est d'ailleurs l'un des épicentres de la pizza. Les marchés de Noailles et Belsunce ont des airs de souks à ciel ouvert : tous les ingrédients des cuisines du Maghreb sont là, des dattes aux tomates séchées, en passant par les piments et les épices.

✿✿✿ AM PAR ALEXANDRE MAZZIA

Chef : Alexandre Mazzia

CUISINE CRÉATIVE • BRANCHÉ On manque de superlatifs pour qualifier le travail d'Alexandre Mazzia à AM, sa table installée dans une zone chic et résidentielle non loin du stade Vélodrome. Véritable chef-artiste en mouvement perpétuel, portant la petite portion au rang d'art, il joue avec virtuosité des épices, du torréfié et du fumé, irriguant sa cuisine de ses souvenirs d'enfance au Congo. Entre ses mains, tout déborde du cadre gastronomique tel qu'on le connaît, mais, plus important encore, tout a du sens ! Comme ces œufs de truites et saumon sauvage, lait fumé aux noisettes torréfiées, un plat d'une intensité rare, ou ces langoustines panées aux graines de sésame et bonite, condiment citron-géranium et popcorn d'algues, une pure merveille. Les quelques veinards du jour sont embarqués dans une aventure gustative d'un genre unique, rehaussée par un service parfait.

A/C - Menu 175 € (déjeuner), 275/385 €

Hors plan - *9 rue François-Rocca - ✆ 04 91 24 83 63 - www.alexandremazzia.com - Fermé : lundi, dimanche*

✿✿✿ LE PETIT NICE

Chef : Gérald Passedat

POISSONS ET FRUITS DE MER • ÉLÉGANT Impossible de dissocier Le Petit Nice de sa ville, Marseille, et de la personnalité de Gérald Passedat. "Dans la Méditerranée, je plonge dans tous les sens du terme, résume le chef. Elle me porte et m'inspire, ainsi que toutes les terres qui l'entourent". C'est peu dire qu'il s'est inspiré du terroir méditerranéen (fruits, légumes, céréales, poissons, épices...) pour créer son identité culinaire. Ce sont par exemple plus de soixante-cinq types de poissons qui défilent aux fourneaux, de la dorade au denti, en passant par le pagre, le merlan, le sarran, et même, parfois, de la murène ! Héritier d'une famille d'artistes, ancien élève d'Alain Chapel, des frères Troisgros et de Michel Guérard, Gérald Passedat a conservé intact son plaisir de cuisiner, de surprendre et d'émouvoir. Comme un goût de calanques...

- Menu 180 € (déjeuner), 290/430 € - Carte 320/350 €

Plan : A3-1 - *Anse de Maldormé - ✆ 04 91 59 25 92 - www.passedat.fr - Fermé : lundi, mercredi midi, dimanche*

ALCYONE

CUISINE MÉDITERRANÉENNE • ÉLÉGANT Le chef Lionel Levy, enfant de Marseille formé par Alain Ducasse et Eric Frechon, tient la barre de cet Alcyone (du nom de la fille du dieu Éole) né en 2013 au sein du fameux Hôtel-Dieu. Il y propose une cuisine créative, balayée par les épices et faisant la part belle aux produits méditerranéens, comme les poissons locaux (rouget, rascasse, loup) mais aussi le meilleur de la Provence, de l'agneau aux artichauts, en passant par la châtaigne. Un plat résume bien sa manière : ravioles à l'agneau, sanguins, artichaut, jus d'agneau.Tout cela dans une ambiance chic et sobre, véritable prolongement de l'hôtel : le cap est tenu.

- Menu 99/139 €

Plan : C1-11 - *1 place Daviel - ✆ 04 13 42 43 43 - www.marseille.intercontinental.com/alcyone - Fermé : lundi, dimanche et le midi*

L'ÉPUISETTE

POISSONS ET FRUITS DE MER • MÉDITERRANÉEN Une Épuisette parmi les rochers, quoi de plus évident ? Comme posée sur les récifs du vallon des Auffes - un cadre enchanteur -, cette table vit en intimité avec la mer... Le menu Fanny, signature de la maison, éblouit comme un soleil de juillet. Le chef maîtrise son sujet, les produits sont de première fraîcheur, les recettes précises, les saveurs marquées et la générosité naturelle. Au hasard de notre bonheur : la bouillabaisse - chapon, lotte, galinette, vive et saint-pierre, un plat gourmand et canaille en diable. Une délicieuse escale.

- Menu 75 € (déjeuner), 110/155 €

Plan : A3-3 - *158 rue du Vallon-des-Auffes - ✆ 04 91 52 17 82 - www.l-epuisette.fr - Fermé : lundi, jeudi midi, dimanche*

SAISONS

Chef : Julien Diaz

CUISINE MODERNE • CONVIVIAL Au cœur de Marseille et à deux pas de la Place Castellane, cet établissement contemporain bénéficie de l'enthousiasme conjugué d'un duo de pros, natifs de la cité phocéenne : le chef Julien Diaz, passé par Londres et la Corse, et son complice le sommelier Guillaume Bonneaud. Trente couverts environ, déco épurée (bois, fer, matériaux bruts), accords mets et vins pointus, et cuisine créative obéissant à un parti pris certain : ne travailler que les beaux produits (foie gras, gibier), parfois méditerranéens. Menu surprise et menu dégustation.

- Menu 29 € (déjeuner), 65/200 €

Plan : D3-12 - *8 rue Sainte-Victoire - ✆ 09 51 89 18 38 - www.restaurant-saisons.com - Fermé : lundi soir, samedi, dimanche*

SIGNATURE

Cheffe : Coline Faulquier

CUISINE MODERNE • CONTEMPORAIN La pétillante Coline Faulquier, auparavant à La Pergola, est seule aux commandes de cette adresse attachante, imaginée autour d'une notion de partage : la carte propose des demi-portions afin de pouvoir tester plusieurs plats, mais aussi de savoureuses cocottes cuites au feu de bois. Les produits sont sélectionnés avec soin - maraîchers bios, cueilleurs d'herbes sauvages, poissons de la Méditerranée, etc. Côté salle, une agréable décoration contemporaine, prolongée d'un patio couvert avec cour intérieure et terrasse. À tous points de vue, une table très recommandable.

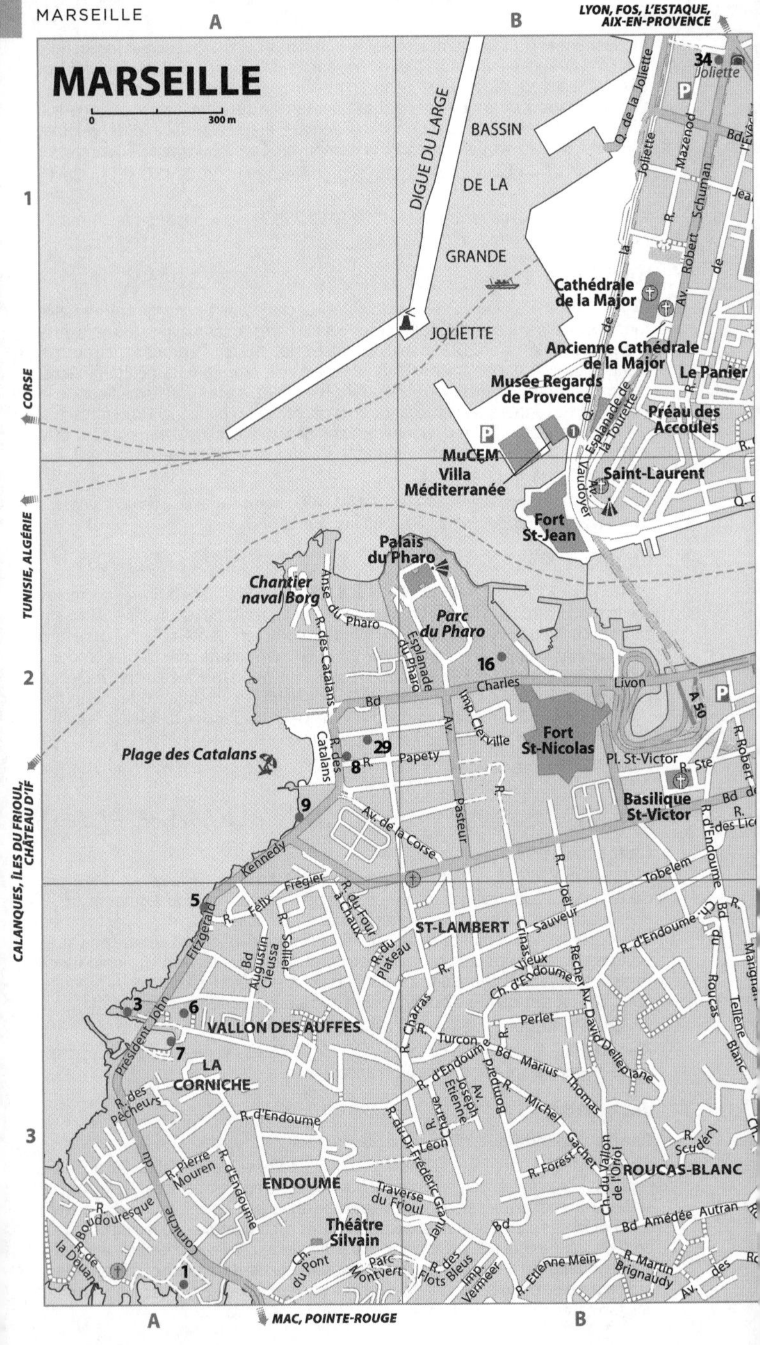
MARSEILLE
0
300 m
A
B
1
2
3
LYON, FOS, L'ESTAQUE, AIX-EN-PROVENCE
CORSE
TUNISIE, ALGÉRIE
CALANQUES, ÎLES DU FRIOUL, CHÂTEAU D'IF
MAC, POINTE-ROUGE
DIGUE DU LARGE
BASSIN
DE LA
GRANDE
JOLIETTE
Joliette
Cathédrale de la Major
Ancienne Cathédrale de la Major
Musée Regards de Provence
Le Panier
Préau des Accoules
MuCEM
Villa Méditerranée
Saint-Laurent
Fort St-Jean
Palais du Pharo
Chantier naval Borg
Parc du Pharo
Plage des Catalans
Fort St-Nicolas
Basilique St-Victor
ST-LAMBERT
VALLON DES AUFFES
LA CORNICHE
ENDOUME
Théâtre Silvain
ROUCAS-BLANC
Bd Charles Livon
A 50
Pl. St-Victor
Av. Pasteur
R. Papety
Imp. Clerville
Esplanade de la Tourette
Av. Vaudoyer
Av. Robert Schuman
R. Mazenod
R. de la Joliette
Q. de la Joliette
Anse du Pharo
R. des Catalans
Esplanade du Pharo
Av. de la Corse
Kennedy
Président John Fitzgerald
R. Fégier
R. Félix
R. Sollier
Bd Augustin Cieussa
R. du Four à Chaux
R. du Plateau
R. Charras
R. Crinas
R. Sauveur Tobelem
R. Joël Recher
Vieux Ch. d'Endoume
Av. David Dellepiane
R. Perlet
R. Turcon
Bd Marius Thomas
R. d'Endoume
Av. Joseph Etienne
Bompard
R. Michel Gachet
Ch. du Vallon de l'Oriol
R. Scudéry
R. Forest
Bd Amédée Autran
R. Martin Brignaudy
R. Etienne Mein
Imp. Vermeer
R. des Flots Bleus
Parc Montvert
Ch. du Pont
Traverse du Frioul
R. du Dr Frédéric Granier
R. Léon Charve
R. Pierre Mouren
R. des Pêcheurs
R. Boudouresque
R. de la Douane
Corniche
Bd du Roucas Blanc
R. Tellène
R. d'Endoume
R. Ste
R. Robert
34
16
29
8
9
5
3
6
7
1

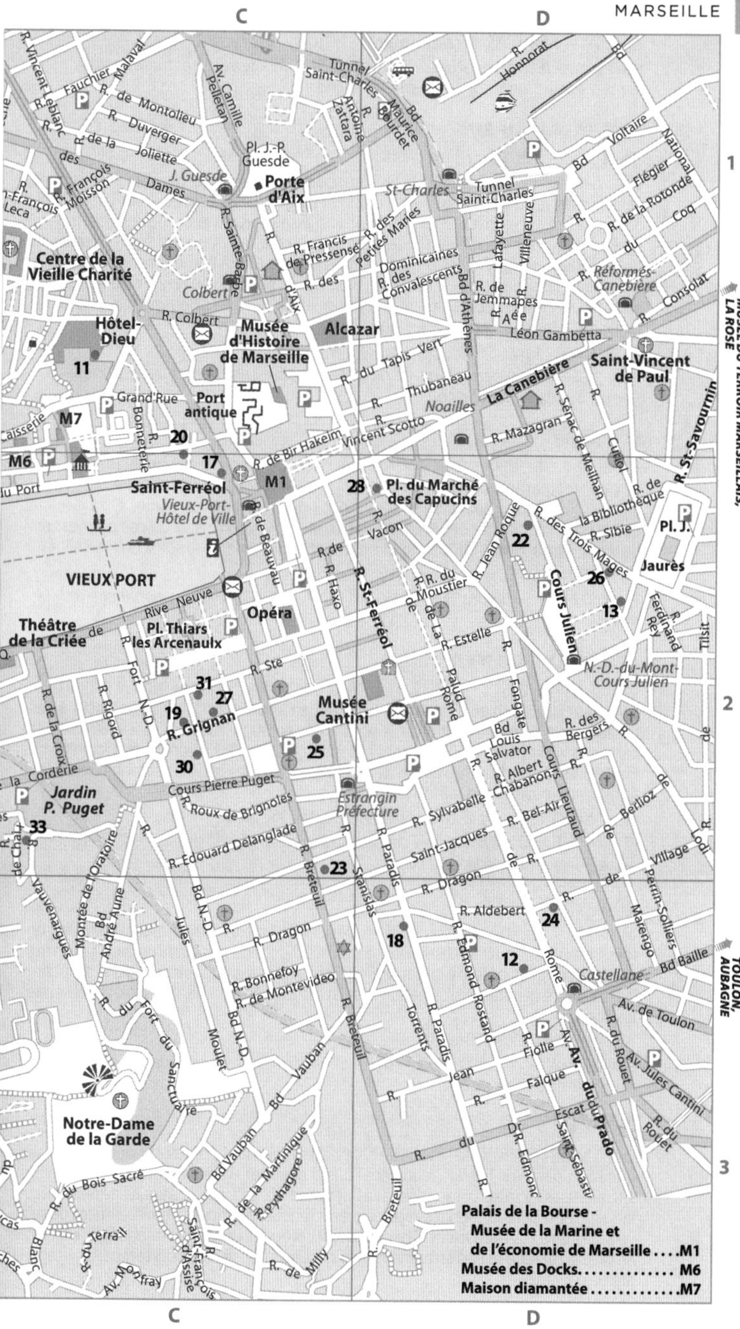
C
D
1
2
3
Porte d'Aix
Centre de la Vieille Charité
Hôtel-Dieu
Musée d'Histoire de Marseille
Alcazar
Port antique
Saint-Vincent de Paul
La Canebière
Saint-Ferréol
Pl. du Marché des Capucins
VIEUX PORT
Théâtre de la Criée
Pl. Thiars les Arcenaulx
Opéra
Cours Julien
Pl. J. Jaurès
Musée Cantini
R. St-Ferréol
R. Grignan
Jardin P. Puget
Notre-Dame de la Garde
Av. du Prado
MUSÉE DU TERROIR MARSEILLAIS, LA ROSE
TOULON, AUBAGNE
Palais de la Bourse - Musée de la Marine et de l'économie de Marseille....M1
Musée des Docks............. M6
Maison diamantée............M7

♿ AC ☂ - Menu 32 € (déjeuner), 61/110 € - Carte 75/95 €

Hors plan - *180 rue du Rouet - ✆ 04 65 85 53 48 - www.signaturemarseille.com - Fermé : lundi soir, samedi, dimanche*

UNE TABLE AU SUD

Chef : Ludovic Turac

CUISINE MODERNE • ÉLÉGANT Aux commandes de cette table résolument ancrée dans le Sud : Ludovic Turac, cuisinier passé notamment par Le Bristol et Guy Savoy. Ses recettes inventives, à la créativité assagie, cultivent avec art l'esprit de la région – légumes provençaux, pêche locale, viandes des Alpes du Sud – à l'unisson du panorama sur le Vieux Port et la "Bonne Mère". On ne manquera pas de goûter à ses plats signature : "Ma version de l'aïoli", et la "pêche locale comme une bouille-abaisse", même s'il a conçu également un menu passeport, en hommage à la vocation maritime internationale de Marseille.

AC - Menu 39 € (déjeuner), 78/168 €

Plan : C2-17 - *2 quai du Port - ✆ 04 91 90 63 53 - www.unetableausud.com - Fermé : lundi, dimanche soir*

L'ARÔME

CUISINE MODERNE • CONVIVIAL Dans une rue colorée typiquement marseillaise, ce petit restaurant ressemble à une vraie salle d'école avec ses vieilles cartes de France, ses chaises de classe et ses menus présentés dans un cahier. On y décline une cuisine méditerranéenne, savoureuse et soignée, à l'instar de ces cromesquis de veau. Atmosphère informelle et accueil souriant comme le soleil de Marseille.

AC - Menu 32 €

Plan : D2-13 - *9 rue des Trois-Rois - ✆ 06 17 79 19 97 - Fermé : dimanche et le midi*

LES BORDS DE MER

CUISINE MODERNE • CONTEMPORAIN Une cuisine délicate avec vue imprenable sur la mer : qui dit mieux ? Une nouvelle cheffe apporte des notes de fraîcheur à des recettes originales et méditerranéennes qui se conjuguent au gré des saisons. Jolie carte des vins avec une place de choix consacrée à la production bio du domaine de Fontenille AOP Luberon, à Lauris, qui possède cet hôtel-restaurant marseillais. Une adresse sérieuse et convaincante.

♿ AC - Menu 38 € (déjeuner) - Carte 45/55 €

Plan : A2-9 - *52 corniche du Président-John-Fitzgerald-Kennedy - ✆ 04 13 94 34 00 - www.lesbordsdemer.com*

LA CANTINETTA

CUISINE ITALIENNE • TRATTORIA Depuis l'enfance, Pierre-Antoine Denis est un fougueux passionné de la cuisine transalpine. Secondé par Luigi, un vieil Italien qui confectionne les pâtes, il se rend régulièrement dans la péninsule pour dénicher les meilleurs producteurs. Chaleureuse et gourmande, sa Cantinetta est une vraie trattoria !

AC ☂ - Carte 29/46 €

Plan : D2-22 - *24 cours Julien - ✆ 04 91 48 10 48 - www.restaurantlacantinetta.fr - Fermé : dimanche*

CÉDRAT

CUISINE MÉDITERRANÉENNE • CONTEMPORAIN Cette table contemporaine, que l'on doit à Eric Maillet, jeune chef passé par chez Gérald Passedat, propose de savoureuses recettes composées avec des produits locaux et mâtinées de plaisantes influences méditerranéennes et de discrètes touches asiatiques, réminiscences de ses voyages en Extrême-Orient. Chaque jour, il compose un menu annoncé sur ardoise au gré du marché et des arrivages ; le soir, menu imposé en 3 ou 5 temps. Une table pleine d'avenir.

- Carte 35/50 €

Plan : C2-23 - *81 rue Breteuil - 04 91 42 94 41 - www.cedrat-restaurant-marseille.com - Fermé : lundi, mercredi soir, samedi midi, dimanche*

CHEZ FONFON

POISSONS ET FRUITS DE MER • TRADITIONNEL Fraîcheur : le maître mot de cette institution familiale fondée en 1952 par Alphonse, dit "Fonfon". Bourride et bouillabaisse sont les immuables de la carte, réalisées avec le poisson sorti tout droit des "pointus" en bois que l'on aperçoit en face dans le petit port. L'adresse niche en effet dans le beau vallon des Auffes...

- Carte 53/63 €

Plan : A3-7 - *140 vallon-des-Auffes - 04 91 52 14 38 - www.chez-fonfon.com*

L'ESCAPADE MARSEILLAISE

CUISINE MODERNE • CONVIVIAL Teintes douces entre gris et bois clair, jolis luminaires et mobilier tendance : une déco qui invite à faire une pause dans ce restaurant de quartier fréquenté par une clientèle d'habitués ! Dans l'assiette, le chef Yannick Stein déroule des recettes bien dans l'air du temps. Par beau temps, on monte à l'étage et direction la vaste terrasse située à l'arrière de la maison.

- Menu 24 € (déjeuner), 60/90 € - Carte 48/60 €

Plan : D3-18 - *134 rue Paradis - 04 91 31 61 69 - www.lescapademarseillaise.com - Fermé : lundi soir, mardi soir, mercredi soir, dimanche*

LA FEMME DU BOUCHER

SPÉCIALITÉS DE VIANDES • BISTRO Installée dans une ancienne boucherie, Laëtitia Visse, patronne dynamique formée à l'école Ferrandi de Paris, avant de rejoindre de belles maisons étoilées et des tables bistrotières (Guy Savoy, Alain Dutournier, Cyril Lignac, Olivier Nasti à Kayserberg) mitonne une cuisine viandarde : terrine maison, boudin grillé, saucisse, pieds et paquets, etc. Pour rester dans la tendance, on présente une petite carte de vins nature ou élevés en biodynamie. Service décontracté et atmosphère des plus informelles. Délicieusement canaille.

- Menu 23 € (déjeuner) - Carte 37/51 €

Plan : D3-24 - *10 rue de Village - 04 91 48 79 65 - Fermé : mardi soir, mercredi soir, samedi, dimanche*

LE JARDIN DE L'ORPHÉON MAISON MONTGRAND N

CUISINE MODERNE • VINTAGE Les deux frangins Mbenda ont déménagé leur Orphéon dans la Maison Montgrand, tout près du palais de justice de Marseille. Hugues régale toujours avec les créations de saison dont il a le secret, mâtinées d'exotisme (baobab, banane plantain), tandis qu'Éric assure un service chaleureux. Délicieuse terrasse au calme, formule simple et rapide au déjeuner.

- Menu 26 € (déjeuner), 35/45 €

Plan : C2-25 - *35 rue Montgrand - 04 91 00 35 21 - orpheon-restaurant.com - Fermé : lundi soir, dimanche*

LES JARDINS DU CLOÎTRE

CUISINE DU MARCHÉ • HISTORIQUE Ouvert dans un ancien monastère, ce centre de formation géré par les Apprentis d'Auteuil abrite un restaurant ouvert au public. Encadrée par Lionel Werner, un chef professionnel, la brigade de jeunes cuisiniers en formation assure une prestation culinaire de bel aloi dans un esprit bistronomie et cuisine de saison, avec un approvisionnement régional, de préférence bio. Une belle démarche éthique pour construire l'avenir de la génération qui arrive.

- Menu 45 €

Hors plan - *20 boulevard Madeleine-Rémusat - 04 91 12 29 42 - lesjardinsducloitredemars.fr - Fermé : samedi, dimanche et le soir*

LACAILLE

CUISINE DU MARCHÉ • **BISTRO** Un duo très pro propose une cuisine du sud, à prix sage. Esprit de bistrot de quartier, cuisine simple et pleine de gourmandise renouvelée au gré des saisons et du marché - les beaux produits sont là et on s'en réjouit. Mention spéciale pour le service, qui est à l'image de l'assiette : affriolant.

AC - Menu 40 €

Plan : D2-26 - *42 rue des Trois-Mages - ✆ 09 86 33 20 33 - Fermé : lundi, mardi, mercredi midi, jeudi midi, vendredi midi*

LAURACÉE

CUISINE TRADITIONNELLE • **CONTEMPORAIN** C'est bien clair, le patron de cette maison en retrait du Vieux-Port ne sert que des produits frais : "je ne sais pas faire autre chose !" Sa cuisine a l'accent du Sud... Quant au cadre, entièrement modernisé – murs taupe, nouveau mobilier –, il se révèle aussi bien agréable.

Menu 27 € (déjeuner) - Carte 44/82 €

Plan : C2-19 - *96 rue de Grignan - ✆ 04 91 33 63 36 - www.lelauracee.com - Fermé : lundi, dimanche*

MADAME JEANNE

CUISINE MÉDITERRANÉENNE • **TENDANCE** Dans un décor moderne, Madame Jeanne propose une cuisine méditerranéenne et plutôt créative, composée au gré du marché. Dans un esprit artisanal qui lui est cher, le chef Numa Muller privilégie les circuits courts et cisèle une cuisine goûteuse et bien ficelée. Jolie carte des vins, orientée "nature".

♿ AC 🏞 - Menu 25 € (déjeuner), 45/85 €

Plan : C2-27 - *84 rue de Grignan - ✆ 04 86 26 54 16 - www.maisonbuon.com - Fermé : lundi, samedi midi, dimanche*

LA MERCERIE

CUISINE MODERNE • **BRANCHÉ** Une avalanche de produits locaux de qualité, un savoir-faire incontestable, de la gourmandise... Comptez sur la jeune équipe pour soigner votre faim de la meilleure des façons. Côté vins, on découvre une carte composée avec amour et résolument « nature », avec un turn-over de bon augure : tous les ingrédients pour passer un super moment.

♿ AC 🏞 - Menu 35/55 €

Plan : D2-28 - *9 cours Saint-Louis - ✆ 04 91 06 18 44 - www.lamerceriemarseille.com - Fermé : lundi midi, mardi, mercredi, jeudi midi*

MICHEL - BRASSERIE DES CATALANS

POISSONS ET FRUITS DE MER • **VINTAGE** Ambiance 100 % rétro dans cette institution (1946) de la plage des Catalans. Ici, la bouillabaisse – marseillaise, évidemment – est une religion... autant qu'un délice ! Au menu, donc, la pêche du jour, d'une remarquable fraîcheur : admirez le poisson exposé dans le "pointu" à l'entrée.

AC - Carte 80/110 €

Plan : A2-8 - *6 rue des Catalans - ✆ 04 91 52 30 63 - www.restaurant-michel-13.fr*

NESTOU

CUISINE MODERNE • **BISTRO** Située à deux encablures de la plage des Catalans, l'enseigne rend hommage à Ernest (Nestou), le jeune fils de Jean-Philippe et Jeanne Garbin, respectivement chef et cheffe de cuisine de ce sympathique restaurant. Lui aux plats chauds, elle aux entrées et aux desserts composent une cuisine originale qui surfe entre influences méditerranéennes et inspirations plus voyageuses. Une table très recommandable.

♿ AC 🏞 - Menu 22 € (déjeuner), 39 € - Carte 30/45 €

Plan : A2-29 - *43 rue de Suez - ✆ 09 87 08 17 00 - www.nestou.fr - Fermé : lundi, dimanche*

OUREA

CUISINE MODERNE • **COSY** Descendu de Paris où il travaillait chez Semilla, Matthieu Roche a ouvert avec sa compagne Camille ce bistrot de poche aux couleurs et saveurs de la Provence, situé entre le port et le tribunal. Le chef, attentif aux saisons, se fournit en local (poissons méditerranéens en direct du port, légumes de maraîcher de Mallemort, agrumes du Domaine du Jasson...).

Menu 28 € (déjeuner), 45 €

Plan : C2-30 – *72 rue de la Paix-Marcel-Paul – ✆ 04 91 73 21 53 – www.ourea-restaurant.com – Fermé : lundi, mardi soir, dimanche*

PÉRON

POISSONS ET FRUITS DE MER • **MÉDITERRANÉEN** Sur la Corniche, cette bâtisse accrochée à la roche offre une vue à couper le souffle sur la baie de Marseille, ses îles, le château d'If... Un vent chargé d'embruns méditerranéens et un... nouveau chef soufflent sur la carte : pêche du jour locale et sauvage, bouillabaisse, farcis, mais aussi magret de canard et filet de bœuf se dégustent sur la belle terrasse.

- Menu 68 € (déjeuner) - Carte 80/113 €

Plan : A3-5 – *56 corniche John-Fitzgerald-Kennedy – ✆ 04 91 52 15 22 – www.restaurant-peron.com – Fermé : lundi, dimanche*

LA POULE NOIRE

CUISINE DU MARCHÉ • **BISTRO** Désormais aux commandes de cette Poule noire, le chef Damien Delgado et sa compagne Fanny Sauvage épatent avec des recettes dans l'esprit "retour du marché", privilégiant toujours les produits frais, cuisinés avec justesse. Excellent rapport qualité/prix au déjeuner. Une adresse fort recommandable, fréquentée par une clientèle d'habitués.

A/C - Menu 23 € (déjeuner), 43/62 € - Carte 45/55 €

Plan : C2-31 – *61 rue Sainte – ✆ 04 91 55 68 86 – www.restaurant-lapoulenoire.com – Fermé : lundi, mardi soir, samedi midi, dimanche*

LE RELAIS 50

CUISINE PROVENÇALE • **DESIGN** Carrelage, appliques, chaises, etc. : ce Relais joue la carte "revival" avec malice et élégance. Au menu, une cuisine créative qui puise dans les traditions de la Méditerranée, et que l'on peut savourer sans se ruiner. Autre attrait : la terrasse sur le Vieux-Port, avec la "Bonne Mère" en ligne de mire !

♿ A/C - Menu 49/75 € - Carte 58/66 €

Plan : C2-20 – *18 quai du Port – ✆ 04 91 52 52 50 – www.relais50.com – Fermé : lundi, dimanche*

SÉPIA

CUISINE MODERNE • **TENDANCE** Sur les flancs de la colline de Puget, en contrebas de la Bonne Mère, c'est le sourire du jeune patron qui vous accueille ! La carte alléchante célèbre le marché et promet de belles agapes : carpaccio de poulpe, murcilla et olives Taggiasche, ou encore pagre rôti autour du brocoli et vinaigrette à l'orange... le tout dans une ambiance chaleureuse.

♿ - Menu 36 € (déjeuner), 47 € - Carte 36/55 €

Plan : C2-33 – *2 rue Vauvenargues – ✆ 09 83 82 67 27 – www.restaurant-sepia.fr – Fermé : lundi, dimanche*

TABI - IPPEI UEMURA

CUISINE JAPONAISE • **CONTEMPORAIN** Tabi, c'est le voyage en japonais : tout est dit ! Originaire de Kyoto, le chef a choisi Marseille comme ville d'adoption. Il met la pêche locale en valeur dans une cuisine japonaise traditionnelle, préparée directement devant le client. Accords mets-sakés pour les amateurs. Dépaysement garanti.

- Menu 50 € (déjeuner), 79/125 €

Plan : A3-6 - *165 corniche du Président-John-Fitzgerald-Kennedy - ✆ 04 91 22 09 33 - www.restauranttabi.com - Fermé : lundi, dimanche*

LES TROIS FORTS

CUISINE MODERNE • ÉLÉGANT Tout Marseille est là : le Vieux Port et sa myriade de mâts, les quais qui fourmillent au loin, le ciel azuré... Au 7e étage du Sofitel, le panorama est sublime. L'assiette rend également un bel hommage à la cité phocéenne, entre inspirations provençales et saveurs d'ailleurs. Beau moment !

- Menu 50 € (déjeuner) - Carte 55/88 €

Plan : B2-16 - *36 boulevard Charles-Livon - ✆ 04 91 15 59 56 - www.sofitel-marseille-vieuxport.com*

UN PETIT CABANON

CUISINE DU MARCHÉ • BISTRO Dans ce néo-bistrot au cadre minimaliste, le chef Anthony Germani, originaire de Marseille, met tout en œuvre pour régaler ses convives. Produits locaux de rigueur (pêche locale, légumes...), saveurs marquées, avec toujours la pointe de créativité qui fait mouche : on est conquis. Ce Petit Cabanon rend de grands services à la gourmandise...

- Menu 25 € (déjeuner) - Carte 40/55 €

Plan : B1-34 - *63 avenue Robert-Schuman - ✆ 04 91 90 01 53 - www.petit-cabanon-restaurant-marseille.com - Fermé : samedi, dimanche*

LE VENTRE DE L'ARCHITECTE - LE CORBUSIER

CUISINE MODERNE • DESIGN Tables et lampes signées Charlotte Perriand, Le Corbusier et Gae Aulenti... Ici, au sein de la Cité radieuse, dans le restaurant conçu et dessiné par l'architecte Le Corbusier lui-même, on ne triche pas avec l'authenticité du design ! Dans l'assiette, le chef signe une cuisine du marché, souvent à base d'accords sucré/salé. Menu unique au dîner.

- Menu 32 € (déjeuner), 52 €

Hors plan - *280 boulevard Michelet - ✆ 04 91 16 78 00 - www.hotellecorbusier.com - Fermé : lundi, dimanche*

MARTIGUES

✉ 13500 - Bouches-du-Rhône - Carte régionale n° **24**-B3

GUSTO CAFFE

CUISINE ITALIENNE • TRATTORIA Devant le port de plaisance du canal Baussengue, une sympathique trattoria où serveurs et clients s'interpellent dans une ambiance joyeuse et très... italienne ! Pâtes maison (spaghettis, gnocchis, etc.), prosciutto di parma découpé à la trancheuse, grands classiques transalpins... La terrasse est prise d'assaut dès les beaux jours, tout comme l'ardoise du midi, véritable bon plan.

- Carte 36/48 €

4 quai Paul-Doumer - ✆ 04 42 43 97 85 - www.restaurantmartigues.com - Fermé : lundi, dimanche

MAUSSANE-LES-ALPILLES

✉ 13520 - Bouches-du-Rhône - Carte régionale n° **25**-E1

LE CLOS ST-ROCH

CUISINE DU MARCHÉ • ÉPURÉ Voilà une bien jolie adresse comme on les apprécie ! En artisan passionné, le patron mitonne de savoureuses recettes gorgées de soleil et de parfums de Provence. Tout est soigné et fort bien maîtrisé. L'été, essayez la charmante terrasse aux lauriers roses... et toute l'année, profitez de l'accueil aux petits soins et de l'excellent rapport qualité/prix.

- Menu 32 € - Carte 42/56 €

87 avenue de la Vallée-des-Baux - ✆ 04 90 98 77 15 - www.leclosaintroch.com - Fermé : mercredi, jeudi

AUX ATELIERS

CUISINE TRADITIONNELLE • **BISTRO** Ce bistrot détendu et chaleureux à l'atmosphère rétro ne désemplit pas. Le chef, un Normand amoureux des Alpilles, taquine votre gourmandise au gré d'une cuisine généreuse et sans afféterie : œuf mayo ; terrine de campagne ; cuisse de lapin confite à l'huile d'olive ; filet de canette et sa polenta crémeuse... Clientèle d'habitués et terrain de pétanque à l'extérieur.

P - Menu 30/44 €

115 avenue de la Vallée-des-Baux - ✆ 04 90 49 96 58 - Fermé : lundi, mardi

MAISON DROUOT

CUISINE MODERNE • **COSY** Le chef et son épouse souhaitaient sortir des codes de la restauration classique et accueillir les gens chez eux, façon table d'hôte. Pari remporté haut la main, avec cette adresse coup de cœur. Dans l'assiette, une belle cuisine contemporaine mêle produits du cru et saveurs plus lointaines. Service aux petits soins, discret et convivial. Deux chambres à l'étage joliment décorées, pour ceux qui ne veulent pas reprendre la route immédiatement. On les comprend.

- Menu 68 €

18 impasse Michel-Durand - ✆ 06 61 07 38 54 - www.maisondrouot.com - Fermé : lundi, dimanche et le midi

MAZAN

✉ 84380 - Vaucluse - Carte régionale n° **25**-E1

LA COUR DU CHÂTEAU

CUISINE PROVENÇALE • **ROMANTIQUE** Le Château de Mazan, demeure provençale du 18e qui appartint au marquis de Sade, est un écrin où l'on célèbre le terroir du Mont Ventoux avec un attachement jamais démenti aux producteurs, choisis avec soin dans un rayon de 100 km. Dans cette jolie cour, on sert une cuisine bistronomique d'inspiration provençale.

P - Menu 42 €

8 place Napoléon - ✆ 04 90 69 62 61 - www.chateaudemazan.com - Fermé : lundi, mardi

LES MÉES

✉ 04190 - Alpes-de-Haute-Provence - Carte régionale n° **24**-B2

LA MARMITE DU PÊCHEUR

CUISINE MODERNE • **CONTEMPORAIN** Au pied des Pénitents, ces célèbres rochers pointus, les gourmands n'ont pas à faire profil bas ! Dans cet ancien moulin, on se régale de spécialités de poisson et de produits de la mer (bouillabaisse sur commande). La nouvelle équipe a donné un coup de jeune bienvenu aux plats. Et la roue à aubes trône toujours dans la salle à manger aux tons sable !

A/C - Menu 27 € (déjeuner), 40/60 €

Boulevard des Tilleuls - ✆ 04 92 34 35 56 - www.lamarmitedupecheur.com - Fermé : mardi, mercredi, dimanche soir

MÉNERBES

✉ 84560 - Vaucluse - Carte régionale n° **25**-E1

LES SAVEURS GOURMANDES

CUISINE MÉDITERRANÉENNE • **INTIME** Le chef, ancien professeur de cuisine en école hôtelière, s'est installé dans une maison en partie troglodytique, au cœur du village. Il travaille d'excellents produits de la région à grand renfort d'épices et d'herbes, avec un sens aigu du dosage. Nos papilles sont à la fête...

A/C - Carte 49/55 €

51 rue Kléber-Guendon - ✆ 04 32 50 20 53 - lesaveursgourmandes.com - Fermé : lundi, mardi, mercredi, jeudi, vendredi midi, samedi midi, dimanche soir

MENTON

✉ 06500 - Alpes-Maritimes - Carte régionale n° **25**-E2

✿✿✿ MIRAZUR

Chef : Mauro Colagreco

CUISINE CRÉATIVE • CONTEMPORAIN Destin exceptionnel que celui de l'Argentin Mauro Colagreco, né à La Plata en 1976, et passé par toutes les écoles de l'excellence avant de voler de ses propres ailes... et de trouver, à Menton, sa véritable place. "Dernière maison avant l'Italie", le Mirazur regarde le ciel et le large les yeux dans les yeux : on ne compte plus les visiteurs hypnotisés par la vue exceptionnelle sur la Méditerranée. Porté par une équipe de talent, convaincu des bienfaits des circuits ultra-courts (son potager en permaculture en est la preuve), Mauro Colagreco est au sommet de son art. Réglée sur les cycles lunaires, transcendant les saisons et la région, sa cuisine est un hymne émouvant aux plantes aromatiques, aux fleurs, aux légumes et aux agrumes. Une expérience inoubliable.

✿ ***L'engagement du chef :*** *Promouvoir une gastronomie pleine de sens au cœur d'un terroir, c'est le défi que nous essayons de relever quotidiennement. Vous pourrez donc savourer l'essence des produits que nous cultivons dans nos deux hectares de jardins potagers en permaculture, mais aussi les fruits de la cueillette sauvage, de la pêche et des élevages locaux. Nous tendons également à une ambition zéro déchet, qui nous permet de retourner à la terre ce que nous lui avons emprunté.*

A/C P - Menu 380 €

30 avenue Aristide-Briand - ✆ 04 92 41 86 86 - www.mirazur.fr - Fermé : lundi, mardi midi, mercredi midi

LE BISTROT DES JARDINS

CUISINE TRADITIONNELLE • TRADITIONNEL "Ma ville est un jardin, mon restaurant est un jardin", revendique le chef, plus de quarante ans aux fourneaux tout de même... Nul doute, cet homme de métier sait cuisiner les produits – et l'esprit – du terroir méditerranéen ! Le repas est d'autant plus convivial en terrasse, aux airs de... jardin en ville.

- Menu 40 €

14 avenue Boyer - ✆ 04 93 28 28 09 - www.lebistrotdesjardins.com - Fermé : lundi, dimanche soir

MEYREUIL

✉ 13590 - Bouches-du-Rhône - Carte régionale n° **24**-B3

L'AUBERGE PROVENÇALE

CUISINE TRADITIONNELLE • RUSTIQUE Dans cette jolie auberge provençale, proche de la N 7, on apprécie une cuisine traditionnelle soignée, ancrée dans la région – foie gras de canard, homard, pigeon rôti aux lentilles et un fameux dessert au calisson –, accompagnée d'un beau choix de vins issus de la France entière. Le succès est au rendez-vous, et c'est mérité !

A/C P - Menu 31/66 € - Carte 52/66 €

Impasse de Provence, Le Canet - ✆ 04 42 58 68 54 - www.auberge-provencale.fr - Fermé : mardi, mercredi

MOLLÉGÈS

✉ 13940 – Bouches-du-Rhône – Carte régionale n° **25**-E1

MAS DU CAPOUN

CUISINE MODERNE • ÉLÉGANT Mas raffiné où l'on mange dans une salle lumineuse et épurée ou, en été, sous la charpente d'une superbe grange restaurée. Belle cuisine actuelle, réalisée à partir de produits frais. Chambres confortables avec terrasse privative. Le menu déjeuner est une aubaine : réservez !

♿ 🏠 🅿 – Menu 23 € (déjeuner), 41 €

166 avenue des Paluds – ✆ 04 90 26 07 12 – www.masducapoun.com – Fermé : mardi soir, mercredi, samedi midi

✉ 98000 -
Alpes-Maritimes
Carte régionale n° 25-E2

MONACO

À mi-chemin entre Nice et la frontière italienne, la principauté de Monaco est l'un des joyaux de la Côte d'Azur. Habité dès la préhistoire, successivement phénicien, phocéen puis romain, ce petit rocher, deuxième plus petit état du monde après le Vatican, se dresse fièrement face à la Méditerranée. D'ailleurs, sa cuisine lui doit tout, délicieux mélange des traditions nissarde, italienne et provençale. Fruits, légumes, poissons et fruits de mer, généreusement arrosés d'huile d'olive, se disputent les cartes : loup de mer, gamberoni, dorade des côtes, agrumes du Mentonnais... Exemple éclatant, le Louis XV d'Alain Ducasse, qui assure depuis des décennies le triomphe de cette cuisine du soleil. Entre les palaces chers à Sacha Guitry et les yachts des milliardaires, Monaco s'adonne à une dolce vita cosmopolite où les beaux et les bons restaurants tiennent une place essentielle.

✿✿✿ LE LOUIS XV - ALAIN DUCASSE À L'HÔTEL DE PARIS

CUISINE MÉDITERRANÉENNE • LUXE Difficile de présenter le Louis XV, sans évoquer Alain Ducasse. Son existence se conjugue au superlatif. L'enfant d'Orthez, aux amours méditerranéennes, chef et homme d'affaires brillant, devenu citoyen monégasque, se trouve à la tête d'un empire de plus de 30 établissements sur tous les continents du monde. Il n'a que 33 ans lorsqu'il décroche trois étoiles au Louis XV pour un niveau qui ne se démentira jamais. Le fameux menu "Jardin de Provence" autour des légumes, lancé ici même à Monaco le 27 mai 1987, a constitué l'une des pierres de touche de la gastronomie française de ces trente dernières années. La signature Alain Ducasse est ici mise en scène par son fidèle lieutenant, Dominique Lory. On y célèbre la vérité du produit et la déesse Méditerranée, avec maestria, toujours.

- Menu 190 € (déjeuner), 250/380 € - Carte 250/360 €

Hors plan - *Place du Casino - ✆ 98 06 88 64 - www.ducasse-paris.com - Fermé : lundi midi, mardi, mercredi, jeudi midi, vendredi midi*

✿✿ LE BLUE BAY

CUISINE CRÉATIVE • CONTEMPORAIN Après avoir bourlingué d'un rocher à l'autre, de la Martinique à Monaco et de l'Alsace à la Belgique, riche d'une personnalité culinaire affirmée, Marcel Ravin signe une cuisine créative qui nous transporte vers les Antilles. Avec une maîtrise technique sans faille (superbes sauces), il nous raconte son histoire et sa jeunesse heureuse passée à la Martinique, avec des clins d'œil aux plats mitonnés par sa grand-mère (le calalou, le blaff, le pain du lendemain...), qu'il réinterprète avec brio en s'appuyant sur les beaux produits du Sud : volaille et veau du Piémont, pêche de Méditerranée, légumes et herbes aromatiques du potager. Une cuisine attachante qui déborde de parfums antillais, parachevée par les créations

à la fois fruitées et épicées de la cheffe pâtissière Floriane Grand. Le tout dans le cadre fastueux du Monte Carlo Bay Hotel and Resort, posé au bord de la presqu'île du Larvotto, avec pour superbe horizon une terrasse ouvrant grand sur la mer...
- Menu 140/180 €

Hors plan – *40 avenue Princesse-Grace – 98 06 03 60 – www.montecarlobay.com – Fermé : lundi, mardi, mercredi, dimanche et le midi*

LE GRILL

CUISINE CLASSIQUE • CHIC Au huitième étage de l'Hôtel de Paris, sous un toit ouvrant, le Grill demeure plus que jamais un restaurant mythique avec une vue à couper le souffle ! Ici, on connaît la signification du travail précis sur les beaux produits enfantés par une Côte d'Azur, toujours aussi munificente. Dans l'assiette, la cuisson au charbon de bois est de mise, et millimétrée : agnolotti piemontesi al plin, turbot côtier en tronçon, carré d'agneau à la sarriette, poussin fermier au doux parfum de Provence... Ici, la tradition du soufflé est défendue avec panache à l'image de ce soufflé chaud framboise et pistache qui est une pure merveille. Une cuisine qui a du goût, et sur laquelle plane l'ombre talentueuse de Franck Cerutti, fidèle d'Alain Ducasse.
- Menu 70 € (déjeuner), 140 € - Carte 110/210 €

Hors plan – *Place du Casino – 98 06 88 88 – www.montecarlosbm.com/fr/restaurant-monaco/le-grill*

LA TABLE D'ANTONIO SALVATORE AU RAMPOLDI

Chef : Antonio Salvatore

CUISINE ITALIENNE • INTIME Venu au monde dans le Basilicate, au sud de Matera, l'italien Antonio Salvatore n'a cessé de voyager grâce à son métier de chef, de l'Espagne à l'Angleterre, en passant par la Russie où il rencontre le nouveau propriétaire du Rampoldi. Dans l'ancien salon à cigares, il s'est taillé un écrin sur mesure (5 tables seulement) où il déroule avec une rigueur sans faille une cuisine italienne contemporaine de haute volée, savoureuse et précise. Comme il se doit, le sourcing est irréprochable, associant les petits producteurs autour de Menton et ceux de San Remo, mais aussi certains produits importés du sud de la botte. Quelques exemples : bottoni di vitello tonnato ; cabri dodici ore ; texture di chocolato...
- Menu 130/155 € - Carte 120/220 €

Hors plan – *3 avenue des Spélugues – 93 30 70 65 – rampoldi.mc/la-table-dantonio-salvatore – Fermé : lundi, dimanche et le midi*

YANNICK ALLÉNO À L'HÔTEL HERMITAGE MONTE-CARLO

CUISINE MODERNE • ÉLÉGANT La table de l'hôtel Hermitage de Monte-Carlo est un restaurant mythique qui commence une nouvelle histoire sous la houlette de Yannick Alléno. La terrasse a été entièrement relookée en jardin méditerranéen avec ses agrumes, ses oliviers et ses jasmins. Cette terrasse, qui regarde le port et le littoral monégasque, se veut à l'image d'une nouvelle approche gastronomique, plus décontractée, plus proche de ses clients. Ici, dans ce palace de la Belle Époque, le chef parisien compose une cuisine du sud et de l'instant, raffinée et colorée, entre Riviera française et italienne. Les beaux produits du terroir local – légumes du potager de l'hôtel, poissons de la pêche durable – vont servir de source d'inspiration principale à cette table.
- Menu 68 € (déjeuner), 145/235 € - Carte 85/210 €

Hors plan – *Square Beaumarchais – 98 06 98 98 – www.montecarloresort.com*

YOSHI

CUISINE JAPONAISE • ÉLÉGANT Monte-Carlo, son casino, son prince, sa terre battue... et sa gastronomie. La table du Métropole rend hommage à la cuisine nippone, avec des produits de premier choix et une technique solide. Bouillons parfumés, sushis et makis y sont traités par le chef Takeo Yamazaki avec Yoshi ("bonté"). Cette cuisine, plus fusion qu'authentiquement japonaise, a su s'adapter à une clientèle internationale. Elle n'en demeure pas moins précise, raffinée et affirmée, à l'image du ghindara no saiko yaki, un très beau filet de black cod, mariné au saké cuit au pot et enrobé dans une feuille de magnolia japonais, qui donne envie de faire un tour au pays du Soleil-Levant.

- Menu 54 € (déjeuner), 149/225 € - Carte 100/240 €

Hors plan – *4 avenue de la Madone – 93 15 13 13 – www.metropole.com – Fermé : lundi, dimanche*

BEEFBAR

SPÉCIALITÉS DE VIANDES • TENDANCE Sur les quais du port de plaisance de Fontvieille, ce "bar à viandes" branché propose de belles viandes de bœuf (wagyu, black angus, certaines issues du terroir français) mais aussi de la street food, des salades gourmandes et quelques poissons. Cadre tendance, très prisé de la clientèle locale, tout comme les belles vitrines de maturation des viandes !

- Carte 65/130 €

Hors plan – *42 quai Jean-Charles-Rey, port de Fontvieille – 97 77 09 29 – monaco.beefbar.com*

ELSA

CUISINE MÉDITERRANÉENNE • LUXE Au sein du Monte-Carlo Beach, magnifique palace des années 1930, la jeune Manon Fleury relève un défi taillé à sa mesure, et à sa philosophie : celui d'une cuisine 100% biologique et pêche sauvage, ancrée dans le terroir local, et zéro déchet. Assiettes saines et parfumées, joli cadre signé India Mahdavi, élégante terrasse devant la mer : un plaisir.

- Menu 78 € (déjeuner), 138 € - Carte 85/158 €

Hors plan – *Monte-Carlo Beach, avenue Princesse-Grace, Roquebrune-Cap-Martin – 04 93 28 66 57 – www.monte-carlo-beach.com – Fermé : lundi, mardi*

MAYA BAY

CUISINE THAÏLANDAISE • DESIGN Dans un même lieu, un restaurant japonais et un restaurant thaïlandais et une même ambiance asiatique dans un décor contemporain glamour, nimbé de musique douce. Des produits de qualité, des épices maîtrisées et une même gamme de prix et de qualité ; il ne reste qu'à choisir entre le parfumé et l'épure.

- Menu 18 € (déjeuner) - Carte 60/180 €

Hors plan – *24 avenue Princesse-Grace – 97 70 74 67 – www.mayabay.mc – Fermé : dimanche*

LA MONTGOLFIÈRE-HENRI GERACI

CUISINE MODERNE • CONVIVIAL Dans une ruelle piétonne du rocher, à deux pas du palais princier, ce petit restaurant familial est un parfait contrepied à toutes les adresses branchées et "bling-bling" de Monaco ! En toute simplicité, le chef signe une cuisine soignée et goûteuse, parfois mâtinée d'influences asiatiques. Accueil charmant.

- Menu 49/56 € - Carte 31/50 €

Hors plan – *16 rue Basse – 97 98 61 59 – www.lamontgolfiere.mc – Fermé : mercredi, dimanche*

RAMPOLDI

CUISINE ITALIENNE • TENDANCE L'Italie est ici chez elle dans ce restaurant franco-italien avec juste ce qu'il faut de bling-bling monégasque – marbre de carrare et lustres Murano. Un jeune chef enthousiaste y signe une cuisine méditerranéenne authentique où tout est fait maison, des raviolis aux glaces. Le soir, on peut s'installer dans un salon au sous-sol devant une carte plus raffinée.

- Carte 60/140 €

Hors plan – *3 avenue des Spélugues – 93 30 70 65 – www.rampoldi.mc*

SONG QI

CUISINE ASIATIQUE • LUXE Face au Grimaldi Forum, ce restaurant chinois, chic et gastronomique, joue la carte des matériaux nobles et de la sérénité. On s'installe pour y déguster une carte alléchante qui offre un vaste panorama de la cuisine chinoise : soupe pékinoise au poulet fumé, crevettes croustillantes du dragon à la moutarde chinoise, classiques dim sum. Réservez !

- Menu 29 € (déjeuner) - Carte 80/120 €

Hors plan – *7 avenue Princesse-Grace – 99 99 33 33 – www.song-qi.mc*

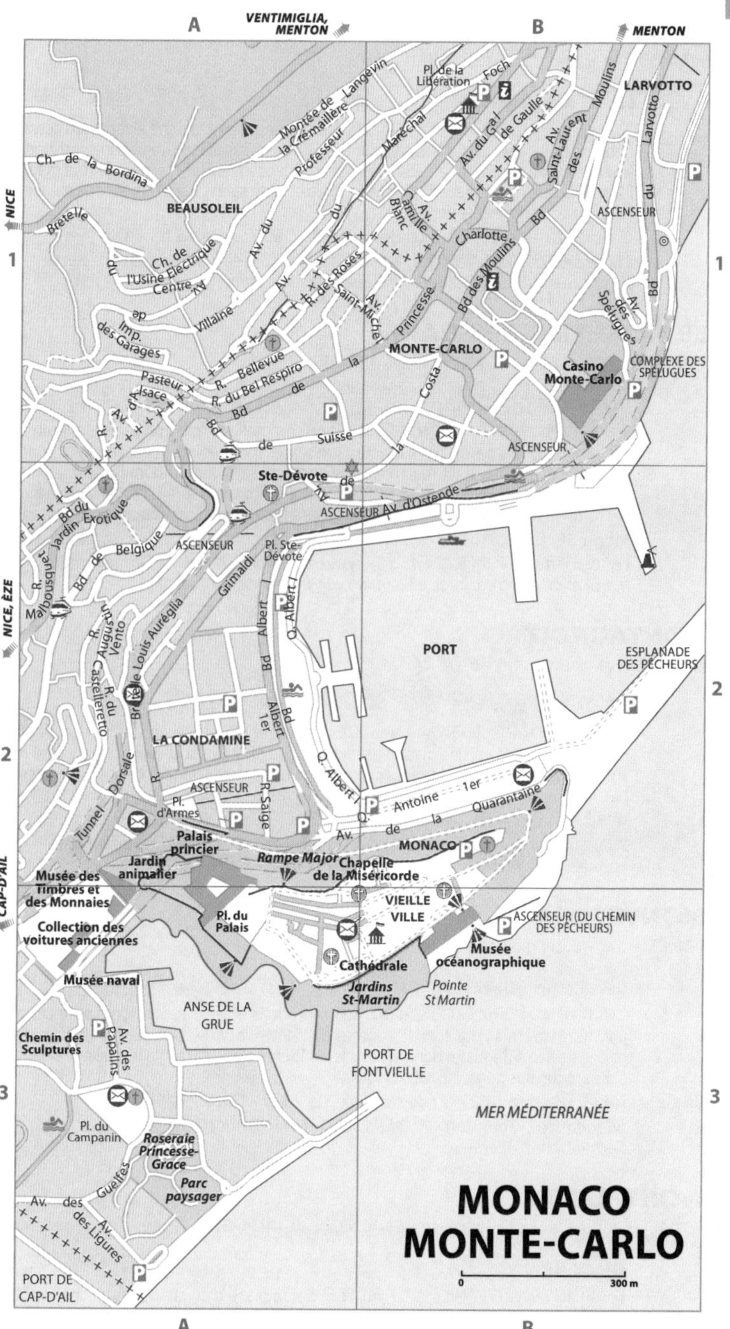

MONACO MONTE-CARLO
VENTIMIGLIA, MENTON
MENTON
NICE
NICE, ÈZE
CAP-D'AIL
BEAUSOLEIL
LARVOTTO
MONTE-CARLO
Casino Monte-Carlo
COMPLEXE DES SPÉLUGUES
Ste-Dévote
PORT
ESPLANADE DES PÊCHEURS
LA CONDAMINE
Palais princier
Jardin animalier
Rampe Major
Chapelle de la Miséricorde
MONACO
Musée des Timbres et des Monnaies
Collection des voitures anciennes
Pl. du Palais
VIEILLE VILLE
Cathédrale
Jardins St-Martin
Musée océanographique
Pointe St Martin
ASCENSEUR (DU CHEMIN DES PÊCHEURS)
Musée naval
ANSE DE LA GRUE
PORT DE FONTVIEILLE
Chemin des Sculptures
Pl. du Campanin
Roseraie Princesse-Grace
Parc paysager
PORT DE CAP-D'AIL
MER MÉDITERRANÉE
0
300 m

MONDRAGON

✉ 84430 - Vaucluse - Carte régionale n° **24**-A2

LA BEAUGRAVIÈRE

CUISINE TRADITIONNELLE • **AUBERGE** Le temps semble s'être arrêté dans cette auberge familiale – et c'est un compliment ! Le chef Guy Jullien assure une partition franche et goûteuse, qui réjouira les nostalgiques invétérés : terrine de foie gras, joue de bœuf, ris de veau, poularde de Bresse, tarte tatin... sans oublier des menus truffes à vous donner le vertige.

- Menu 20 € (déjeuner), 36/150 € - Carte 50/80 €

214 avenue du Pont-Neuf (N7) - ✆ 04 90 40 82 54 - www.beaugraviere.com - Fermé : lundi, mardi soir, mercredi soir, jeudi soir, dimanche soir

LE MONÊTIER-LES-BAINS

✉ 05220 - Hautes-Alpes - Carte régionale n° **24**-C1

LA TABLE DU CHAZAL

CUISINE MODERNE • **MONTAGNARD** Au sommet d'un charmant hameau, cette ancienne écurie a gardé son aspect rustique (les mangeoires et les crochets pour les fumaisons subsistent), mais accueille dans une salle contemporaine. Un chef au parcours solide travaille les produits régionaux qu'il aime comme l'omble chevalier... Le fromage de brebis et le foie gras de canard proviennent du village.

Menu 38/64 €

Les Guibertes - ✆ 04 92 24 45 54 - www.restaurant-chazal.fr - Fermé : lundi, mardi midi, mercredi midi, jeudi midi, vendredi midi, samedi midi

MONTAUROUX

✉ 83440 - Var - Carte régionale n° **24**-C3

LE CARRÉ D'ANGE

CUISINE MODERNE • **ROMANTIQUE** Une jolie auberge provençale, lumineuse et modernisée, où la cuisine du sud est savoureuse et mâtinée de soleil... Il n'y a qu'à voir ce homard bleu servi froid, accompagné de sa crème légère de lingots blancs bio. À déguster aux beaux jours sur la jolie terrasse.

- Menu 43 € (déjeuner), 69/107 € - Carte 52/96 €

2169 quartier Narbonne - ✆ 04 94 47 71 65 - www.restaurant-carredange.fr - Fermé : lundi, mardi midi, dimanche soir

MONTFERRAT

✉ 83131 - Var - Carte régionale n° **24**-C3

LE CLOS PIERREPONT

CUISINE MODERNE • **RUSTIQUE** Beaux produits et dressages soignés pour cette jolie adresse située non loin des gorges de Châteaudouble. Une cuisine généreuse et ensoleillée à déguster dans la bâtisse du 18ème siècle ou sur la terrasse donnant sur parc de plus d'1ha, aux beaux jours.

- Menu 22 € (déjeuner), 32/76 € - Carte 16/40 €

56 route de Draguignan - ✆ 04 94 50 21 30 - www.clospierrepont.fr - Fermé : mardi, mercredi

MONTFURON

✉ 04110 - Alpes-de-Haute-Provence - Carte régionale n° **24**-B2

CHEZ ÉRIC

CUISINE TRADITIONNELLE • **BISTRO** Sur la place d'un charmant village, cette maison en pierre sèche a tout ce qu'il faut là où il faut, de la terrasse ombragée à la déco de bistrot. Pour couronner le tout, les petits plats provençaux se révèlent goûteux. Soupe au pistou, joues de cochon braisées, baba au rhum crème fouettée : miam, n'est-ce pas ?

- Menu 35/45 €

Place Daniel-Viguier – ✆ 04 92 77 75 32 – Fermé : lundi, dimanche soir

MOUGINS

✉ 06250 – Alpes-Maritimes – Carte régionale n° **25**–E2

L'AMANDIER DE MOUGINS

CUISINE PROVENÇALE • **MÉDITERRANÉEN** Il y a plusieurs décennies, Roger Verger, chef mythique, a cuisiné dans cette maison. Aujourd'hui, on vient pour la superbe terrasse qui embrasse le pays de Grasse et une cuisine provençale traditionnelle. A noter, le semainier - aïoli le mardi, bouillabaisse le vendredi, cuisse de lapin confite le dimanche, etc.

- Menu 38/60 € - Carte 54/75 €

48 avenue Jean-Charles-Mallet – ✆ 04 93 90 00 91 – www.amandier.fr

LE BISTROT DU MAS

CUISINE MODERNE • **ÉLÉGANT** Alternative décontractée au restaurant gastronomique le Candille, ce bistrot ne sacrifie rien à la qualité, celle des produits (jolis poissons et belles viandes, légumes frais) et celle du service, efficace et souriant. Quant à la terrasse sous les pins face aux collines de Mougins et à la nature, elle est... idyllique.

- Menu 42 € (déjeuner), 80 € - Carte 57/74 €

Boulevard Clément-Rebuffel – ✆ 04 92 28 43 43

LE CLOS ST-BASILE

CUISINE MODERNE • **MÉDITERRANÉEN** Un bien agréable cadre provençal que celui de cette maison tenue par un jeune couple, tous deux passés par de belles maisons. Le chef excelle dans la confection d'une cuisine du marché savoureuse et inventive ; la patronne, sommelière, a d'excellents vins à vous conseiller. Enfin, la belle terrasse est idéale pour les beaux jours !

- Menu 28 € (déjeuner), 45/66 € - Carte 69/73 €

351 avenue Saint-Basile – ✆ 04 92 92 93 03 – www.clossaintbasile.fr – Fermé : mardi, mercredi, dimanche soir

LA PLACE DE MOUGINS

CUISINE CRÉATIVE • **ÉLÉGANT** Sur la place du village, évidemment ! Dans ce charmant restaurant règne une atmosphère chic et cosy, tandis qu'en cuisine, c'est l'ébullition autour d'un chef créatif et passionné ; chaque mois, il met en valeur un produit de saison, magnifiant la truffe, l'asperge, etc.

- Menu 45 € (déjeuner), 75/130 € - Carte 97/115 €

41 place du Commandant-Lamy – ✆ 04 93 90 15 78 – www.laplacedemougins.fr – Fermé : mardi, mercredi

MOUSTIERS-STE-MARIE

✉ 04360 – Alpes-de-Haute-Provence – Carte régionale n° **24**–C2

✿ LA BASTIDE DE MOUSTIERS

CUISINE PROVENÇALE • **ROMANTIQUE** Dans cette bastide, on déguste une cuisine méditerranéenne qui associe les saveurs du marché à celles du potager, dont deux jardiniers s'occupent à plein temps (ne manquez pas le jardin des simples attenant). Le chef réalise en effet une cuisine du soleil bien exécutée, aux recettes et aux assiettes soignées à l'image de ce lapin, polenta et chips de moutarde ancienne. On profite aussi d'un cadre agréable où les oliviers sont rois et d'une terrasse ombragée de platanes. Un joli résumé de la Provence.

- Menu 70/95 € - Carte 78/98 €

Chemin de Quinson – ✆ 04 92 70 47 47 – www.bastide-moustiers.com – Fermé : mardi, mercredi

LA FERME STE-CÉCILE

CUISINE MODERNE • ROMANTIQUE Poussez la grille et empruntez la belle allée pavée... au bout de laquelle cette ancienne ferme du 18e s. fait le bonheur des gourmands ! Derrière les fourneaux, le chef concocte avec délicatesse et subtilité une savoureuse cuisine du Sud, accompagnée d'une belle carte des vins. L'une des meilleures tables de Moustiers.

- Menu 40 €

Route des Gorges-du-Verdon - 04 92 74 64 18 - www.ferme-ste-cecile.com - Fermé : lundi, dimanche soir

LA TREILLE MUSCATE

CUISINE PROVENÇALE • TENDANCE Au pied des falaises, voilà un sympathique bistrot provençal, où l'on se régale d'une cuisine à l'accent du Sud, à l'instar de la spécialité maison, les "pieds et paquets comme les faisait Mémé Antoinette". Aux beaux jours, on profite de la terrasse, à l'ombre d'un platane qui fêtera bientôt ses 200 ans.

- Menu 30/40 € - Carte 52 €

Place de l'Église - 04 92 74 64 31 - www.restaurant-latreillemuscate.fr - Fermé : mercredi soir, jeudi

Kommercialize/Getty Images Plus

✉ 06000 -
Alpes-Maritimes
Carte régionale n° **25**-E2

NICE

Bénie par son climat et sa double identité française et italienne, Nice est un festin. La cuisine "nissarde" s'inspire à la fois des traditions culinaires de la Provence et de la Ligurie. Les ruelles du vieux Nice accueillent tout l'éventail des produits méditerranéens. Croquez dans une socca, une galette de farine de pois chiche. Picorez l'olive noire de Nice ou la caillette, laissée six mois en saumure. Goûtez une pissaladière, tarte aux oignons garnie d'anchois et d'olives noires. Dévorez un pan bagnat, ce pain mouillé d'huile d'olive, de forme ronde, garni d'anchois et de tomates. Ne quittez pas la ville sans parcourir le marché du cours Saleya et, plus pittoresque encore, le marché aux poissons de la place Saint-François : vous y trouverez les plus belles espèces méditerranéennes, du loup à la dorade, en passant par le thon...

✿✿ FLAVEUR

Chefs : Gaël et Mickaël Tourteaux

CUISINE CRÉATIVE • ÉLÉGANT Les frères Tourteaux, Gaël et Mickaël, sont inséparables. Même lycée hôtelier à Nice (avec passage d'examen dans la même salle !), formation commune au Negresco à l'époque d'Alain Llorca... et même envie de travailler le bon, le vrai, le savoureux, en étant son propre patron. Résultat de cette alliance fraternelle : Flaveur, leur bébé, auquel ils ont consacré toute leur énergie au point de décrocher une étoile Michelin en 2011, et une seconde en 2018.Comment résumer la "patte" Tourteaux ? Elle tient à une certaine forme de confiance, d'audace, de prise de risque bien dosée. Par exemple, entre le produit local et les épices lointaines, ils ne choisissent pas : ce sera les deux, mon capitaine ! Au détour d'une assiette, une rascasse de la pêche niçoise rencontre un bouillon de poisson rehaussé au vadouvan, un mélange d'épices indiennes au parfum puissant... c'était risqué, c'est une réussite. Une cuisine de caractère, fine et maîtrisée de bout en bout : bravo !

♿ A/C - Menu 100 € (déjeuner), 130/200 €

Plan : C1-1 - *25 rue Gubernatis - ✆ 04 93 62 53 95 - www.restaurant-flaveur.com - Fermé : lundi, samedi midi, dimanche*

✿ LES AGITATEURS

Chefs : Samuel Victori et Juliette Busetto

CUISINE CRÉATIVE • CONVIVIAL Ces agitateurs, situés derrière le port de Nice, ne brassent pas de l'air, bien au contraire : ce trio d'associés est bourré de talent ! Côté "gastro", le chef Samuel Victori (auparavant second au Passage 53) et sa compagne proposent des plats travaillés où textures, cuissons et saveurs sont maîtrisées. On travaille ici avec des fournisseurs locaux : fruits et légumes d'Albert Luciano à

Villefranche-sur-Mer, poissonnerie Thiers Coquillage. Leur mentor : Michel Troisgros. Leur credo : des recettes originales, toniques, ludiques, qui bousculent la tradition, à déguster dans une ambiance animée et conviviale, avec un service aux petits soins. Et côté "garde-manger des Agitateurs", on trouve une épicerie-traiteur et une formule déjeuner à prix d'ami. Une affaire qui roule !

- Menu 49 € (déjeuner), 79/119 €

Plan : D1-5 – *24 rue Bonaparte – 09 87 33 02 03 – www.lesagitateurs.com – Fermé : mardi, mercredi, samedi midi*

L'AROMATE

Chef : Mickaël Gracieux

CUISINE MODERNE • ROMANTIQUE C'est au cœur de Nice, à proximité de la place Masséna, que se niche cette belle (et jeune) adresse. Salle contemporaine aux tons noir, blanc et doré, cuisines vitrées donnant sur la salle, matériaux bruts, bois et granit ; tout est en place pour accueillir la prestation gastronomique d'un chef au beau parcours (Oustau de Baumanière, Plaza Athénée, Le Bristol, Louis XV etc.). Il propose une cuisine moderne et créative, à base d'excellents produits, et aux dressages particulièrement soignés. Le chef a du métier et de la suite dans les idées.

- Menu 90/110 € - Carte 95/105 €

Plan : C2-3 – *2 rue Gustave-Deloye – 04 93 62 98 24 – www.laromate.fr – Fermé : lundi, dimanche et le midi*

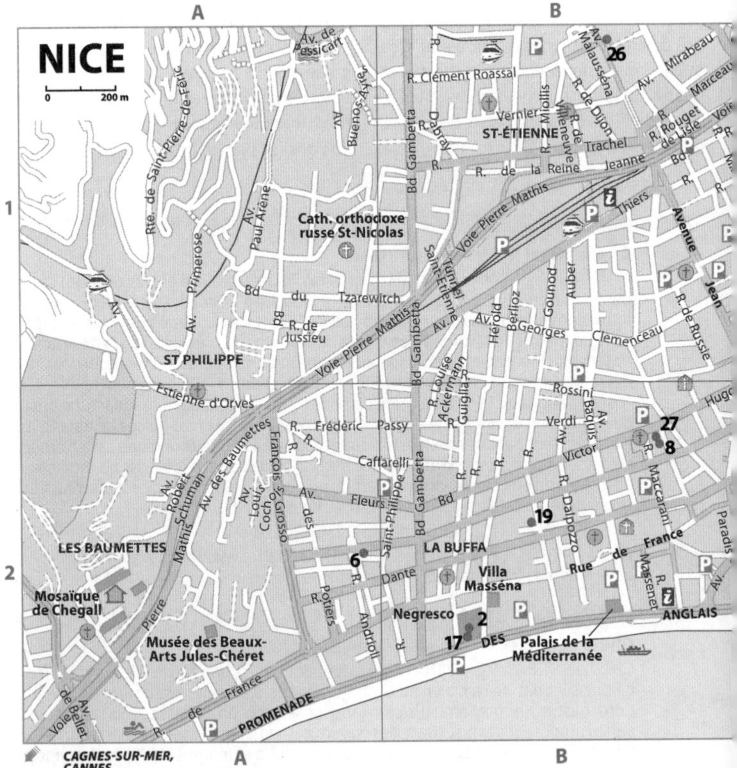

✿ LE CHANTECLER

CUISINE MODERNE • ÉLÉGANT Sur la mythique Promenade des Anglais, le Negresco trône superbe face à la mer ; Virginie Basselot, Meilleur Ouvrier de France 2015, pilote les cuisines du Chantecler, sa table gastronomique. Dans ce cadre d'exception, la Normande d'origine s'exprime sans arrière-pensée, avec une idée claire : celle d'offrir une cuisine actuelle et créative autour de 3 menus sans choix, réalisée à partir de très beaux produits. Ici, comme ailleurs, la simplicité emporte l'adhésion, à l'image du tartare de loup et d'huître au caviar ou du cabillaud nacré sur son lit de perles du Japon, artichauts poivrade en barigoule, jus citron-mélisse et fleurs de capucine.

- Menu 110/190 €

Plan : B2-2 – *37 promenade des Anglais – ✆ 04 93 16 64 10 – www.lenegresco.com – Fermé : lundi, mardi et le midi*

✿ JAN

Chef : Jan Hendrick van der Westhuizen

CUISINE CRÉATIVE • ÉLÉGANT Tour à tour chef sur des yachts privés à Monaco et reporter-photographe pour un grand magazine, le jeune Sud-Africain Jan Hendrik van der Westhuizen a déjà eu plusieurs vies... Dans son petit repaire intime et romantique, près du port, il signe une cuisine créative, personnelle, proposée sous forme de menu unique sans choix (à 5 ou 7 plats), dans lequel il joue des associations sucrée-salée, du fumé, du piquant, et de l'acide, proposant ainsi un aperçu de la cuisine sud-africaine. Un établissement qui fait le bonheur des clients de passage sur la Riviera.

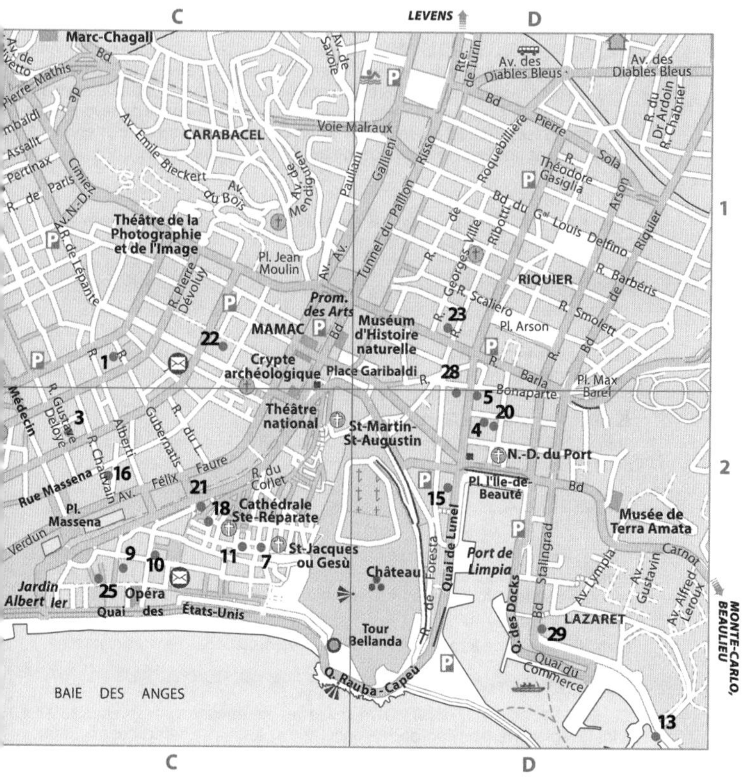

- Menu 91/145 €

Plan : D2-4 - *12 rue Lascaris - 04 97 19 32 23 - janonline.com/restaurantjan - Fermé : lundi, dimanche et le midi*

PURE & V

CUISINE MODERNE • SIMPLE Pure & V, ça fait rêver ! La propriétaire, c'est Vanessa Massé, sommelière au parcours en béton armé, dénicheuse infatigable de bons petits vins nature. Elle travaille main dans la main avec un chef scandinave Christian Kanstrup Pedersen. Il est resté proches de ses racines nordiques et de son goût pour les fermentations. Une cuisine saine et équilibrée, basée sur des produits sourcés avec soin... À découvrir de toute urgence.

- Menu 80/120 €

Plan : A2-6 - *15 rue Bottero - 06 19 88 68 90 - Fermé : lundi, mardi, mercredi midi, jeudi midi, vendredi midi, samedi midi*

BISTROT D'ANTOINE

CUISINE TRADITIONNELLE • BISTRO C'est l'accent du Sud qui chante dans ce bistrot de copains, où règne une ambiance très conviviale. En cuisine, c'est l'ébullition ! Côté papilles, que du bon, à l'instar de cette joue de bœuf confite en pot au feu, ou du chou farci au canard confit. Bondé, vous avez dit bondé ? Antoine connaît un franc (et mérité) succès.

- Carte 32/44 €

Plan : C2-7 - *27 rue de la Préfecture - 04 93 85 29 57 - Fermé : lundi, dimanche*

CHEZ DAVIA

CUISINE RÉGIONALE • BISTRO Voilà une adresse attachante tenue par la même famille depuis 1953, imaginée par Davia, la grand-mère puis reprise en 1985 par Alda la mère, toujours en salle. Depuis 2016, c'est Pierre Altobelli qui, après un impressionnant parcours dans des maisons étoilées en France et en Asie, mitonne de savoureuses recettes niçoises. Tout ici est soigné et les produits sont choisis avec attention. A déguster dans un sympathique décor de bistrot rétro, dans son jus. Coup de cœur absolu.

- Carte 35/60 €

Plan : B2-8 - *11 bis rue Grimaldi - 04 93 87 91 39 - www.chezdavia.com - Fermé : lundi, samedi midi*

FINE GUEULE

CUISINE TRADITIONNELLE • TENDANCE Dans le vieux Nice, face à la mairie, une salle d'esprit loft, avec sa pierre apparente et ses carreaux de ciment, organisée autour d'une cuisine vitrée aux faux airs d'atelier... Quel style ! Mais le plaisir est aussi – et surtout – gustatif, avec des assiettes de tradition déclinées chaque jour à l'ardoise : pissaladière maison, thon "brûlé" et caviar d'aubergines...

- Menu 35 € - Carte 30/55 €

Plan : C2-9 - *2 rue de l'Hôtel-de-Ville - 04 93 80 21 64 - www.finegueule.fr - Fermé : lundi, dimanche*

LA MERENDA

CUISINE PROVENÇALE • BISTRO Un petit restaurant "à l'ancienne", d'une charmante simplicité... Dominique Le Stanc confectionne ici de bons petits plats de la région (sardines farcies, tripes à la niçoise, tourte de blettes, etc.) à déguster au coude-à-coude. Attention, pas de téléphone : il faut passer pour réserver.

- Carte 33/44 €

Plan : C2-10 - *4 rue Raoul-Bosio - - www.lamerenda.net - Fermé : dimanche*

OLIVE ET ARTICHAUT

CUISINE RÉGIONALE • BISTRO Originaire de Nice, le jeune chef est venu s'installer dans la région avec son épouse, bretonne, après plusieurs expériences à l'étranger. Il met les produits locaux à l'honneur dans une cuisine très gourmande, "entre mer et montagne" : tarte fine façon pissaladière au boudin noir rôti, pavé d'ombrine et beurre monté aux citrons du pays...

A/C - Menu 34/64 € - Carte 39/52 €

Plan : C2-11 - *6 rue Sainte-Réparate - ✆ 04 89 14 97 51 - www.oliveartichaut.com - Fermé : lundi, dimanche*

BAR DES OISEAUX

CUISINE TRADITIONNELLE • BISTRO Dans cette petite maison d'angle, le programme d'Armand Crespo ne manquera pas de réjouir les gourmands. La belle tradition (brandade, bourride) côtoie à la carte de bonnes pâtes artisanales : ravioles et volaille farcie, linguine de la mer, etc. Tout cela est proposé à prix doux, dans un décor inspiré par le pop art : on gazouille de plaisir.

A/C - Menu 20 € (déjeuner) - Carte 34/51 €

Plan : C2-18 - *5 rue Saint-Vincent - ✆ 04 93 80 27 33 - Fermé : lundi, dimanche*

BY PM

CUISINE MODERNE • CONTEMPORAIN Deux jeunes chefs talentueux aux beaux parcours (Robuchon à Monaco, la Chèvre d'Or à Eze) proposent ici sous forme de deux menus une cuisine inspirée de la culture méditerranéenne, avec une attention particulière portée au végétal, comme dans ce "Reflet d'un jardin de légumes", plat signature, décliné au gré des saisons.

♿ A/C - Menu 60/75 €

Plan : G2-64 - *4 bis quai Papacino - ✆ 04 93 26 05 80 - www.bypm.fr - Fermé : dimanche et le midi*

LE CANON

CUISINE MODERNE • BISTRO Séduisante adresse que ce Canon, proposant une cuisine à la fois simple et exigeante : sashimi de pélamide au citron Meyer, gigot d'agneau de lait rôti... Des fournisseurs locaux triés sur le volet, quelques clins d'œil à la Méditerranée, de jolis vins 100 % nature conseillés par le patron, un séduisant cadre de bistrot vintage : on se régale.

♿ A/C - Carte 45/50 €

Plan : B2-19 - *23 rue Meyerbeer - ✆ 04 93 79 09 24 - www.lecanon.fr - Fermé : samedi, dimanche*

CHABROL

CUISINE MODERNE • BISTRO Faire chabrol (ou chabrot) est une antique coutume du sud de la France qui consiste à ajouter un peu de vin dans un fond de soupe pour allonger le bouillon, avant de l'avaler à grandes goulées. Ici, à deux pas du port et de la vieille ville, deux amis d'enfance mettent en valeur des produits de qualité dans des recettes modernes, piquées d'une pointe d'originalité... et ça fonctionne !

♿ - Menu 25 € (déjeuner), 32 € - Carte 41/46 €

Plan : D2-20 - *12 rue Bavastro - ✆ 09 83 04 36 73 - www.le-chabrol-restaurant-nice.com - Fermé : lundi, mardi midi, dimanche*

COMPTOIR DU MARCHÉ

CUISINE TRADITIONNELLE • BISTRO Au cœur de l'animation, dans une ruelle du vieux Nice, décontraction et convivialité sont au programme ! Le nom de ce joli bistrot rétro dit tout du travail du chef, dont les créations sont pleines des couleurs et des parfums du marché. Carte courte, fraîcheur garantie, prix raisonnables : on passe un bon moment.

- Carte 35/49 €

Plan : C2-21 - *8 rue du Marché - ✆ 04 93 13 45 01 - www.comptoirdumarche.fr - Fermé : lundi, dimanche*

LES DEUX CANAILLES

CUISINE MODERNE • CONTEMPORAIN Ces Deux Canailles niçoises vont tambour battant, sous la houlette d'un chef japonais qui ne manque ni d'expérience ni de passion. La cuisine ? Méridionale et épurée, fraîche et d'une belle finesse, elle se pare de jolies touches nippones. Bilan : un bon moment !

AC - Menu 29 € (déjeuner), 45/62 €

Plan : C2-16 - *6 rue Chauvain - ✆ 09 53 83 91 99 - www.lesdeuxcanailles.com - Fermé : lundi, mardi soir, mercredi soir, jeudi soir, dimanche*

EAU DE VIE

CUISINE MODERNE • SIMPLE Tous deux originaires de La Rochelle, Antoine (en cuisine) et Quentin (salle-sommellerie) ont fait parcours commun depuis l'école hôtelière, jusqu'à ouvrir ensemble ce bistrot dans le centre-ville. Recettes voyageuses et gourmandes : poulpe au satay, quinoa rouge, pastèques poêlées et coulis de coriandre, jusqu'à un redoutable baba au mezcal... Une table enthousiasmante.

AC - Menu 26 € (déjeuner) - Carte 42/57 €

Plan : C1-22 - *11 rue Delille - ✆ 04 93 87 92 32 - www.restaurant-eaudevie.fr - Fermé : samedi, dimanche*

EPIRO N

CUISINE ITALIENNE • BISTRO Après une expérience réussie à Rome, où ils tiennent un bistrot très couru, Alessandra et Marco remettent le couvert à Nice, non loin du port. Dans l'assiette, savoureuses spécialités romaines, réjouissantes pâtes maison, de la générosité et de la gourmandise, sans oublier une jolie carte de vins italiens : carton plein.

AC - Carte 32/58 €

Plan : D2-29 - *53 boulevard Stalingrad - ✆ 04 83 39 51 89 - www.epironice.com - Fermé : lundi, mardi midi, dimanche soir*

LE GOUPIL

CUISINE TRADITIONNELLE • BISTRO Quel accueil cordial des patrons ! On se sent tout de suite à l'aise dans ce décor de bistrot avec son carrelage rétro et ses étagères à vin. Dans l'assiette, nos pros nous balancent une cuisine bien ficelée à base de produits sélectionnés avec soin, entre préparations traditionnelles et d'autres plus actuelles. Que du bon !

AC - Menu 26 € (déjeuner) - Carte 37/55 €

Plan : D1-23 - *21 rue Barla - ✆ 06 09 14 06 37 - Fermé : lundi, samedi midi, dimanche*

LE MESCLUN

CUISINE MODERNE • BISTRO Toujours aussi agréable, ce bistrot ! Ludovic Goux, chef autodidacte passé par Paris, Chamonix et Saint-Tropez, compose une cuisine de saison bien soignée avec de beaux produits, qu'on accompagne de vins issus d'une carte bien fournie. Pour ne rien gâcher, l'ambiance est chaleureuse et l'addition ne s'envole pas.

AC - Menu 35 € (déjeuner), 65/75 € - Carte 68/87 €

Hors plan - *215 avenue de la Californie - ✆ 04 93 83 81 21 - www.le-mesclun-nice.com - Fermé : dimanche*

PEIXES

POISSONS ET FRUITS DE MER • CONVIVIAL Près de la mairie et de l'opéra Peixes - à prononcer "pêche" qui veut dire poisson en portugais. Dans cette petite salle de bistrot au carrelage blanc et bleu, très "Méditerranée", on braconne de jolies préparations iodées d'esprit tapas (ceviche, carpaccio, fritures de poisson, accras de morue). Adresse prisée, terrasse prise d'assaut (pas de réservation !).

♿ AC - Carte 33/47 €

Plan : C2-25 - *2 rue de l'Opéra - ✆ 04 93 85 96 15 - Fermé : dimanche*

RACINES

CUISINE ACTUELLE • CONVIVIAL « On ne veut pas faire fortune ici ! Mais se faire plaisir et régaler nos clients »: telle est la philosophie, toujours généreuse, de Bruno Cirino et de son épouse, qui proposent "une cuisine potagère" (ni viande, ni poisson), travaillée en circuits très courts avec de petits producteurs exigeants, par ce « fou de cuisine» formé chez Jo Rostang, Roger Vergé, Jacques Maximin et Alain Ducasse. Son épouse, sommelière passionnée, propose des accords mets et vins des plus pointus. Des plats authentiques et un lieu à l'image des hôtes qui vous accueillent : chaleureux et convivial.

- Menu 32/45 €

Plan : B1-26 – *3 rue Clément-Roassal – 04 93 76 86 17 – www.hostellerie-jerome.com/racines-nice – Fermé : dimanche*

LA RÉSERVE DE NICE

CUISINE MODERNE • CHIC À l'écart de la ville, cette belle demeure jouit d'une situation exceptionnelle, en surplomb de la mer, face à la baie des Anges et au ballet des ferries reliant la Corse. Avec ses accents Art déco, la salle a l'allure d'un paquebot... et l'on embarque pour une croisière gastronomique raffinée, ancrée en Méditerranée.

- Menu 38 € (déjeuner), 78/95 € - Carte 92/100 €

Plan : D2-13 – *60 boulevard Franck-Pilatte – 04 97 08 14 80 – www.lareservedenice.com – Fermé : lundi, dimanche*

LA ROTONDE

CUISINE MÉDITERRANÉENNE • DESIGN La brasserie – en forme de rotonde – du palace mythique est résolument entrée dans la modernité. Dans cet espace lumineux (qui bénéficie d'une terrasse), on pioche dans une carte (conçue par la cheffe étoilée Virginie Basselot) qui célèbre une cuisine franche et colorée aux accents méditerranéens, avec des clins d'œil à la tradition niçoise...

- Menu 49 € - Carte 60/85 €

Plan : B2-17 – *Le Negresco, 37 promenade des Anglais – 04 93 16 64 11 – www.hotel-negresco-nice.com*

LE SÉJOUR CAFÉ

CUISINE MODERNE • COSY Des étagères garnies de livres, de bibelots et de plantes vertes, des tableaux et des photos aux murs... On se croirait dans la salle de séjour d'une jolie maison particulière, cosy et feutrée. Et c'est sans mentionner le charme exercé par la cuisine du marché et pleine de gourmandise rythmée par les saisons. Accueil et service des plus attentionnés.

- Carte 35/60 €

Plan : B2-27 – *11 rue Grimaldi – 04 97 20 55 35 – www.sejourcafe.com – Fermé : lundi, dimanche*

YOSE Ⓝ

CUISINE PÉRUVIENNE • TENDANCE Aux fourneaux, Eva Gonzalez, franco-péruvienne née à Lima, propose une vision séduisante de la cuisine du Pérou et de l'Amérique du Sud, mariée aux saveurs et produits de la Méditerranée. Le tout s'accompagne d'une jolie carte de cocktails et de vins, majoritairement sud-américains. Une adresse dépaysante à prix doux.

- Carte 43/50 €

Plan : D1-28 – *20 rue Bonaparte – 09 83 46 43 21 – www.yoserestaurant.fr – Fermé : lundi, dimanche*

NOVES

✉ 13550 – Bouches-du-Rhône – Carte régionale n° **25**–E1

AUBERGE DE NOVES

CUISINE CLASSIQUE • VINTAGE Cette auberge se révèle tout à fait charmante, et sa terrasse sous les arbres idyllique ! À l'image du lieu, la cuisine donne dans le beau classicisme : le chef vous régalera, par exemple, d'un foie gras, d'un tartare de bœuf au couteau, etc. Belle carte des vins de plus de 350 références.

- Menu 80/125 € - Carte 55/98 €
Route de Châteaurenard - 04 90 24 28 28 - www.aubergedenoves.com - Fermé : lundi, mardi

OPIO

06650 - Alpes-Maritimes - Carte régionale n° **25**-E2

CAFFÉ CÉSAR L'INITIAL

CUISINE MODERNE • **BRASSERIE** Une grande terrasse, un intérieur moderne et spacieux : un écrin idéal pour découvrir une cuisine bistronomique aux bons parfums de Provence, soignée et gourmande : haricots cocos à la tomate, émulsion à la verveine citron ; lieu noir, pressé d'endives à la pancetta, réduction de bière... Une jolie découverte.

- Menu 36 € (déjeuner), 50/90 €
2 route de Nice - 04 93 36 09 03 - Fermé : mardi, mercredi

ORANGE

84100 - Vaucluse - Carte régionale n° **25**-E1

LE MAS DES AIGRAS - TABLE DU VERGER

CUISINE PROVENÇALE • **CONTEMPORAIN** Un charmant mas en pierre, installé tranquillement au milieu des vignes et des champs. Le chef y prépare une goûteuse cuisine de saison, simple et bonne, avec des produits bien choisis. S'il fait beau, direction l'agréable terrasse. Pour l'étape, quelques chambres décorées dans un esprit contemporain.

- Menu 36 € - Carte 54/72 €
Chemin des Aigras - 04 90 34 81 01 - www.masdesaigras.com - Fermé : mardi, mercredi

LES PALUDS-DES-NOVES

13550 - Bouches-du-Rhône - Carte régionale n° **25**-E1

LA MAISON DE BOURNISSAC

CUISINE MÉDITERRANÉENNE • **ÉLÉGANT** Pour déguster une cuisine du Sud dans le calme de la campagne provençale, loin de tout... Les sens en éveil - sous les figuiers l'été -, on profite de saveurs méridionales : bouillabaisse le vendredi, homard le dimanche...

- Menu 43 € (déjeuner), 65/120 €
Montée d'Eyragues, Domaine de Bournissac - 04 90 90 25 25 - www.lamaison-a-bournissac.com - Fermé : lundi, mardi

PARADOU

13520 - Bouches-du-Rhône - Carte régionale n° **25**-E1

BEC

CUISINE MODERNE • **COSY** Installé dans un vieux mas provençal, à l'ombre de la petite église Saint-Martin-de-Castillon et doté d'une jolie courette, ce restaurant, tenu par un couple d'associés (le nom est composé de leurs initiales), propose une cuisine pleine de fraîcheur, à l'instar de cette thonine, artichaut et céleri. On s'en délecte dans une jolie salle rustique ou sur la ravissante terrasse égayée de lauriers et de vigne vierge.

- Menu 55/80 €
55 avenue de la Vallée-des-Baux - 04 86 63 57 52 - www.bec-restaurant.com - Fermé : mercredi, jeudi

LE BISTROT DU PARADOU

CUISINE PROVENÇALE • BISTRO Cette maison aux volets bleus est une véritable institution locale. Aïoli, volaille de Bresse à la broche, tête de veau sauce ravigote et tartes maison : on y célèbre le répertoire provençal avec des plats généreux et goûteux, à dévorer dans une ambiance joyeuse et bon enfant. Attention, menu unique !

- Menu 58/63 €

57 avenue de la Vallée-des-Baux - 04 90 54 32 70 - Fermé : lundi, dimanche

NANCY BOURGUIGNON

CUISINE TRADITIONNELLE • CONTEMPORAIN Qu'il est doux le moment que l'on passe à cette table, où vous serez accueillis avec naturel et sympathie par la famille Bourguignon. Dans ce charmant restaurant, la chef passionnée concocte de subtiles recettes parfumées, mâtinées de jolies touches provençales. La terrasse, voisine de la piscine et entourée de végétation méditerranéenne, invite aux rêveries. Une oasis de quiétude et de charme.

- Carte 64/104 €

Lieu-dit de Bourgeac, 1 chemin de l'Ancienne-Voie-Ferrée - 04 90 54 56 78 - www.ducotedesolivades.com - Fermé : lundi

PEILLON

06440 - Alpes-Maritimes - Carte régionale n° **25**-E2

LES PLAISIRS

CUISINE RÉGIONALE • RUSTIQUE Voilà tout ce qu'on aime : une bien sympathique petite auberge familiale perdue dans un village perché de l'arrière-pays niçois. Le jeune chef-patron, issu d'une famille de restaurateurs, cuisine des recettes provençales avec passion grâce à des produits régionaux qu'il sélectionne avec amour. Saveurs franches, sans chichi, assiettes goûteuses, à prix sages. Qui dit mieux ?

Menu 34 € (déjeuner)

2 rue Puada-dau-Gourguet - 04 93 87 06 01 - www.lesplaisirs-peillon.com - Fermé : mercredi et le soir

PERNES-LES-FONTAINES

84210 - Vaucluse - Carte régionale n° **25**-E1

AUBERGE LA CAMARETTE

CUISINE DU MARCHÉ • MAISON DE CAMPAGNE Dans un domaine viticole (appellation Ventoux) et oléicole en agriculture biologique, cette ferme comtadine du 17e s. propose un menu du marché, savoureux et ludique, qui ne manque pas d'adeptes ; il faut dire que les vins bio du domaine sont inclus dans le prix (blanc, rosé, rouge). À déguster sur la charmante terrasse. L'adresse est très prisée, réservation conseillée.

- Menu 38 €

439 chemin des Brunettes - 04 90 61 60 78 - www.domaine-camarette.com - Fermé : lundi, mardi midi, mercredi midi, jeudi midi, vendredi midi, dimanche

AU FIL DU TEMPS

CUISINE DU MARCHÉ • BISTRO Dans un quartier piétonnier, juste en face de la vieille église – transformée en centre culturel –, cette ancienne épicerie est devenue un charmant petit restaurant. On y privilégie l'agriculture raisonnée, au gré de plats bien troussés, inspirés du marché. Charmante terrasse, située au bord d'une vieille fontaine.

- Menu 55 €

51 place Louis-Giraud - 04 90 30 09 48 - Fermé : lundi, mardi midi, mercredi midi, jeudi midi, dimanche

LE PONTET

⊠ 84130 - Vaucluse - Carte régionale n° **25**-E1

AUBERGE DE CASSAGNE & SPA

CUISINE CLASSIQUE • **RUSTIQUE** Poutres, tomettes, cheminée... Dans la tradition de ces auberges bourgeoises dédiées aux plaisirs de la table, le classicisme est ici de mise, de même les produits nobles et certaines recettes plus rustiques. Dans la cave, 700 références privilégient la vallée du Rhône méridionale.

- Menu 42 € (déjeuner), 69/109 € - Carte 97/108 €

450 allée de Cassagne - 04 90 31 04 18 - www.aubergedecassagne.com

PORQUEROLLES

⊠ 83400 - Var - Carte régionale n° **24**-C3

L'OLIVIER

CUISINE MÉDITERRANÉENNE • **ÉLÉGANT** Dans le cadre enchanteur et préservé de l'île de Porquerolles, classée réserve naturelle, la table gastronomique du Mas du Langoustiers ne saurait mieux faire corps avec la beauté de la nature environnante. Dans l'assiette, on déguste une cuisine méridionale classique qui met en valeur les poissons - loup, rouget, saint-pierre et autres beaux produits méditerranéens.

- Menu 130 €

chemin du Langoustier - 04 94 58 34 83 - www.langoustier.com - Fermé : lundi, mardi, mercredi, dimanche et le midi

LA PINÈDE

CUISINE MODERNE • **CLASSIQUE** Dans cet hôtel coupé du monde, voici le restaurant décontracté du Mas du Langoustier, ouvert uniquement au déjeuner. La carte met en valeur la Méditerranée dans un registre bistronomique : poisson du jour, langouste grillée, etc. À savourer avec pour compagnonnage la flore méditerranéenne et la mer : il n'y a plus qu'à profiter du moment...

- Carte 45/80 €

chemin du Langoustier - 04 94 58 34 83 - www.langoustier.com - Fermé le soir

LE PRADET

⊠ 83220 - Var - Carte régionale n° **24**-C3

LA CHANTERELLE

CUISINE PROVENÇALE • **ÉLÉGANT** Une cuisine provençale délicate et pleine d'arômes, que l'on déguste avec plaisir dans une jolie maison en pierre (plafond en bois sculpté, jardin fleuri). Quelques spécialités de la maison : queues de crevettes rouges sautées au caramel de framboise et tuile au parmesan ; dos de maigre en croûte d'herbes ; nougat glacé maison.

- Menu 48 € - Carte 49/60 €

50 rue de la Tartane, port des Oursinières - 04 94 08 52 60 - www.restaurantlachanterelle.fr - Fermé : lundi, mardi

LE PUY-STE-RÉPARADE

⊠ 13610 - Bouches-du-Rhône - Carte régionale n° **24**-B3

HÉLÈNE DARROZE À VILLA LA COSTE (N)

CUISINE MODERNE • **LUXE** Aux portes du Lubéron, le Château La Coste, véritable œuvre d'art totale qui associe l'art contemporain et le vin, a séduit Hélène Darroze qui est venue y apposer son nom. Au cœur de la Provence, la cheffe a choisi de donner la parole au végétal. Les carottes ou les aubergines de Bruno Cayron, la cerise de Florent Lazare : chaque intitulé de plat rend hommage à son producteur. Le résultat ? Des assiettes empreintes de finesse, des produits d'exception joliment mis en scène sans sophistication inutile, et quelques clins d'œil aux recettes qui ont fait le succès de la célèbre cuisinière du Sud-Ouest (comme les gamberoni aux épices tandoori ou le baba à l'Armagnac Darroze).

- Menu 65 € (déjeuner), 105/250 €

2750 route de la Cride - 04 42 50 50 00 - www.villalacoste.com

FRANCIS MALLMANN AU CHÂTEAU LA COSTE

SPÉCIALITÉS DE VIANDES • RUSTIQUE La philosophie du célèbre chef argentin est ici respectée à la lettre : entrecôte fumée lentement au bout de son fil, pomme de terre écrasée et chimichurri ; agneau à la flamme dans notre dôme, aubergine, poivrons au feu... à déguster dans un cadre étonnant, évoquant les haciendas argentines.

- Carte 70/91 €

2750 route de la Cride - 04 42 91 37 37 - www.chateau-la-coste.com - Fermé : lundi, mardi, mercredi midi, jeudi midi, vendredi midi, dimanche soir

LA TABLE DE L'ORANGERIE - CHÂTEAU DE FONSCOLOMBE N

CUISINE MODERNE • ÉLÉGANT Le nouveau restaurant du Château de Fonscolombe a élu domicile au cœur des salons bourgeois et cossus du premier étage. L'été, la table est dressée sur le perron monumental, qui domine les jardins et les arbres du parc. Tomates, huîtres de Camargue, rouget, courgettes de Provence : un jeune chef plein de bonne volonté sert une cuisine moderne au plus près de la saison et de la région. L'Orangerie, brasserie de luxe, est ouverte au déjeuner. Belles chambres.

- Menu 72/95 €

Route de Saint-Canadet - 04 42 21 13 13 - www.fonscolombe.fr - Fermé : lundi, dimanche et le midi

RAMATUELLE

83350 - Var - Carte régionale n° **24**-C3

LA VOILE - LA RÉSERVE RAMATUELLE

CUISINE MODERNE • ÉLÉGANT Au sein de cet hôtel exclusif s'il en est, œuvre de l'architecte Jean-Michel Wilmotte qui l'a parfaitement intégré à son environnement naturel, ce restaurant jouit d'une vue sublime sur la mer. Natif de Manosque, le chef Éric Canino a été marqué par sa longue et fructueuse collaboration avec l'inventeur de la cuisine bien-être, Michel Guérard. Il s'inspire du maître pour composer sa propre partition provençale, avec fruits et légumes, poissons et fruits de mer (plus quelques volailles), relevés d'herbes aromatiques et d'huile d'olive – le beurre et la crème n'ont guère droit de cité ici. Du thon frotté aux épices de voyage à la volaille de Bresse associée subtilement au homard, chaque recette aspire à la santé et à la légèreté...

- Menu 160/210 € - Carte 135/200 €

Chemin de la Quessine - 04 94 44 94 44 - www.lareserve-ramatuelle.com - Fermé le midi

BYBLOS BEACH

CUISINE MÉDITERRANÉENNE • TENDANCE Sur la plage de Pampelonne, aujourd'hui entièrement réhabilitée dans une perspective durable, ce bibelot brillant tout de bois sablé et de coton n'est pas réservé aux seules bimbos ! Au programme : de délicieux poissons, des viandes grillées au feu de bois et des pâtes très prisées – à déguster les pieds dans le sable, face à la mer... sous le soleil exactement.

- Carte 60/120 €

Boulevard Patch - 04 94 43 15 00 - www.byblos-beach.com - Fermé le soir

JARDIN TROPEZINA

CUISINE MÉDITERRANÉENNE • ÉLÉGANT Intégré en douceur sur la mythique plage de Pampelonne, ce jardin-terrasse méditerranéen, où domine le bois et les plantes, tient ses promesses. Un cadre irrésistible face à la mer où l'on se régale grâce à une carte gourmande et généreuse qui fait la part belle aux viandes et aux poissons d'exception, ainsi qu'aux produits du soleil...

- Carte 63/140 €

Route de Tahiti - 04 94 97 36 78 - www.jardin-tropezina.fr

LA RÉSERVE À LA PLAGE

CUISINE MÉDITERRANÉENNE • DÉCONTRACTÉ Voici la Réserve Ramatuelle, version plage de Pampelonne, sous les atours charmeurs de ce restaurant de plage, chic et décontracté, et signé... Philippe Starck. Aux fourneaux, le chef normand Nicolas Cantrel séduit une clientèle aux anges avec une cuisine d'esprit riviera, de belles viandes, la pêche du jour et toujours des produits de qualité.

- Carte 62/200 €

Chemin de l'Épi - 07 85 14 72 90 - www.lareserve-plage.com - Fermé le soir

RAYOL-CANADEL-SUR-MER

83820 - Var - Carte régionale n° **24**-C3

LE CAFÉ L'ENVOL (N)

CUISINE MODERNE • CONTEMPORAIN Véritable promontoire sur les hauteurs de Rayol-Canadel-sur-Mer, l'hôtel La Villa Douce offre un panorama à couper le souffle sur la Méditerranée et les îles d'Or. En cuisine, l'équipe compose des assiettes légères et soignées, au fort accent marin, comme ce dos de cabillaud sauce vierge aussi gourmand que maîtrisé. Ambiance décontractée, service aux petits soins.

- Carte 41/61 €

8 corniche de Paris - 04 94 15 30 30 - www.lavilladouce.com

LE RELAIS DES MAURES

CUISINE TRADITIONNELLE • RUSTIQUE Cette grande auberge cultive le goût du Sud. Le chef y réalise une cuisine pétrie de tradition, calée sur le marché et bien ficelée, pour un excellent rapport plaisir/prix. Quelques chambres pour prolonger le séjour, avec vue sur la mer au 2e étage. Une adresse sympathique.

- Menu 42 € - Carte 39/53 €

1 avenue Charles-Koecklin, Le Canadel - 04 94 05 61 27 - www.lerelaisdesmaures.fr - Fermé : lundi

RICHERENCHES

84600 - Vaucluse - Carte régionale n° **24**-A2

O'RABASSE

CUISINE MODERNE • FAMILIAL Repris par un jeune couple de la région, O'Rabasse continue de célébrer la gourmandise au cœur de la "capitale de la truffe". Tout est fait maison par le chef, avec l'appui de fournisseurs locaux, et dans le respect scrupuleux des saisons. On passe un agréable moment, d'autant que l'accueil est souriant et le service efficace.

- Menu 35/130 €

5 place de la Pompe - 09 52 97 34 93 - www.orabasse.com - Fermé : mardi, mercredi, jeudi midi

ROQUEBRUNE-CAP-MARTIN

06190 - Alpes-Maritimes - Carte régionale n° **25**-E2

CETO (N)

POISSONS ET FRUITS DE MER • LUXE Il s'agit de l'un des projets hôteliers les plus attendus sur la Côte d'Azur ces dernières années : la réinvention complète de l'ancien Vista Palace, sur les hauteurs de Roquebrune, devenu Maybourne Riviera après un chantier titanesque de plus de quatre ans. Confiée au virtuose Mauro Colagreco (chef du Mirazur, à Menton), sa table gastronomique propose un voyage enivrant parmi les trésors de la Méditerranée. Assiettes précises, saveurs nettes, franches et sans artifices : on passe un moment délicieux dans un cadre épuré d'inspiration marine, en harmonie avec l'assiette, ou sur la terrasse qui offre une vue à couper le souffle sur la mer, Monaco et le cap Martin. Une expérience à part.

- Menu 70 € (déjeuner), 168 € - Carte 105/252 €

1551 route de la Turbie - 04 93 37 22 44 - www.maybourneriviera.com - Fermé : lundi, mardi

ROUBION

06420 - Alpes-Maritimes - Carte régionale n° **23**-D2

AUBERGE QUINTESSENCE

CUISINE MODERNE • MONTAGNARD Au col de la Couillole, en plein Mercantour, on trouve cet ancien refuge, aujourd'hui tenu par un jeune couple. Ces deux-là vous réservent une cuisine actuelle aux inspirations montagnardes (herbes, en particulier)... et proposent de jolies chambres pour l'étape.

- Menu 67 €

Route du Col-de-la-Couillole - 04 93 02 02 60 - www.auberge-quintessence.com - Fermé : mardi, mercredi et le midi

ROUGON

04120 - Alpes-de-Haute-Provence - Carte régionale n° **24**-C2

AUBERGE DU POINT SUBLIME

CUISINE PROVENÇALE • RUSTIQUE Un point de vue... sublime, au cœur des gorges du Verdon ! Cette sympathique auberge familiale propose une cuisine qui fleure bon le terroir (soupe au pistou, pieds et paquets à la provençale, nombreuses salades), dans un cadre à l'ancienne. Pratique : les petites chambres pour l'étape.

- Menu 23/40 € - Carte 30/49 €

Point Sublime, D 952 - 04 92 83 60 35 - www.auberge-pointsublime.com - Fermé : jeudi, dimanche soir

LE ROURET

06650 - Alpes-Maritimes - Carte régionale n° **25**-E2

LE CLOS SAINT-PIERRE

CUISINE PROVENÇALE • MÉDITERRANÉEN Face à l'église de ce village dédié aux parfums, une charmante auberge où l'on propose des menus imposés (sans choix), développés avec les beaux produits du marché. Agréable terrasse, service rapide et efficace.

- Menu 42 € (déjeuner), 60/75 €

Place de la Mairie - 04 93 77 39 18 - www.le-clos-saint-pierre.com - Fermé : mardi, mercredi

ROUSSILLON

84220 - Vaucluse - Carte régionale n° **25**-E1

DAVID - LE CLOS DE LA GLYCINE

CUISINE MODERNE • CONTEMPORAIN Qu'il fait bon, le soir venu, s'installer dans cette belle maison de village ! Quand un chef réunionnais rencontre la Provence, cela donne des recettes qui jouent avec élégance le métissage culturel. Depuis la terrasse panoramique, on se régale aussi de la vue exceptionnelle sur les célèbres falaises ocres de Roussillon.

- Menu 32 € (déjeuner), 44/62 € - Carte 57/76 €

38 place de la Poste - 04 90 05 60 13 - www.leclosdelaglycine.fr - Fermé : mercredi

LE PIQUEBAURE

CUISINE PROVENÇALE • CONTEMPORAIN Située au pied du village de Roussillon, cette jolie maison en pierres sèches propose une bonne cuisine d'inspiration provençale autour d'un menu séduisant, à base de produits frais. L'atout majeur du restaurant est sa seconde terrasse tournée vers la campagne du Luberon.

- Menu 35/49 € - Carte 48/56 €

167 avenue Dame-Sirmonde - 04 32 52 94 48 - Fermé : mercredi et le midi

ST-CANNAT

13760 - Bouches-du-Rhône - Carte régionale n° **24**-B3

LE MAS BOTTERO

Chef : Nicolas Bottero

CUISINE MODERNE • ÉLÉGANT Installé près d'Aix en Provence, le chef patron Nicolas Bottero (autrefois à Grenoble) propose une cuisine enthousiasmante, savoureuse et parfumée. Enfant, il venait dans la région chez sa grand-mère : il en a conservé la nostalgie des couleurs du sud, et un attachement au terroir. En témoignent le joli maigre de Méditerranée, minestrone aux coquillages, jus de rouille ou le dos d'agneau de Provence farci, asperges et morilles. Les producteurs des environs sont mis à contribution, un petit potager fournit les herbes aromatiques. La terrasse située sur l'arrière de la maison donne sur un petit jardin. Nicolas Bottero ? Discrétion, humilité, passion. Un coup de cœur.

P - Menu 30 € (déjeuner), 70/90 €

2340 route d'Aix-en-Provence - 04 42 67 19 18 - www.lemasbottero.com - Fermé : lundi, mardi, dimanche soir

ST-CHAFFREY

05330 - Hautes-Alpes - Carte régionale n° **24**-C1

LES PLANCHES

CUISINE MODERNE • MONTAGNARD Situé face à la piste Luc Alphand, ce restaurant en met plein les yeux et les papilles : le chef propose un menu-carte à base de produits régionaux, signé parfois d'une griffe plus exotique. On se régale d'un œuf poché sauce meurette, air de pommes de terre et croûtons ou d'un croustillant de pied de porc, bouillon de jambon, pickles et tombée de chou vert.

- Menu 35/45 €

Place du Téléphérique - 04 92 24 15 16 - www.grandhotel.fr - Fermé le midi

ST-CHAMAS

13250 - Bouches-du-Rhône - Carte régionale n° **24**-A3

LE RABELAIS

CUISINE DU MARCHÉ • AUBERGE Installé dans la jolie salle voûtée du 17e s. d'un vieux moulin à blé, un restaurant que n'aurait pas renié le héros de Rabelais, l'insatiable Gargantua ! On y sert une goûteuse cuisine, ancrée dans les saisons et préparée avec grand soin (le menu change plusieurs fois par semaine). Pour faire étape, deux jolies chambres à l'étage. Une adresse située à proximité immédiate de la poudrerie de Saint-Chamas fondée en 1690. Histoire, littérature, gourmandise: qui dit mieux ?

A/C - Menu 32/50 €

8 rue Auguste-Fabre - 04 90 50 84 40 - www.restaurant-le-rabelais.com - Fermé : lundi, mardi, mercredi soir, dimanche soir

ST-CRÉPIN

✉ 05600 - Hautes-Alpes - Carte régionale n° **24**-C1

LES TABLES DE GASPARD

Chef : Sébastien Corniau

CUISINE MODERNE • **ROMANTIQUE** On passe un excellent moment dans ce restaurant plein de cachet, installé dans une ancienne étable voûtée datant du 16e s., où le fer et la pierre se marient harmonieusement. Après de nombreuses années passées à Bora Bora, Virginie Blampoix et Sébastien Corniau sont rentrés en métropole pour continuer leur aventure culinaire. Lui, en cuisine, célèbre de beaux produits (Saint-Jacques de plongée, par exemple) avec la manière : cuissons parfaites, saveurs bien équilibrées... C'est généreux, et les tarifs se révèlent plutôt raisonnables. Sans surprise, la formule séduit et le restaurant est souvent complet : pensez à réserver ! Trois chambres bien tenues pour l'étape.

♿ - Menu 37/75 €

Rue Principale - ✆ 04 92 24 85 28 - www.lestablesdegaspard.com - Fermé : mardi, mercredi, jeudi midi

ST-ÉTIENNE-DU-GRÈS

✉ 13103 - Bouches-du-Rhône - Carte régionale n° **25**-E1

EÏDRA

CUISINE MODERNE • **TENDANCE** Une toute nouvelle table située dans un village entre Saint-Rémy-de-Provence et Arles. Un jeune couple franco-australien y propose une cuisine dans l'air du temps avec une orientation nature et locavore.

♿ A/C - Menu 34 € (déjeuner), 58 € - Carte 48/58 €

3 avenue de Saint-Rémy - ✆ 09 75 60 50 92 - www.eidra-restaurant.com - Fermé : mardi

ST-JEAN-CAP-FERRAT

✉ 06230 - Alpes-Maritimes - Carte régionale n° **25**-E2

LE CAP

CUISINE CRÉATIVE • **LUXE** Mettez le cap sur ce palace mythique du début du 20e s. ! Situé tout au bout d'une péninsule magique face à la grande bleue, le Grand-Hôtel du Cap-Ferrat est caché au milieu de jardins luxuriants où les people du monde entier aiment à flâner. Pour vous attabler, vous aurez le choix entre la superbe salle à manger ou la terrasse rafraîchie par les immenses pins d'Alep... Aux fourneaux, on trouve le chef Yoric Tièche, natif d'Aix-en-Provence. Il puise son inspiration dans l'histoire de la Provence gourmande et met superbement en valeur les produits méditerranéens : sardines, crème de haddock fumé, pommes de terre et caviar ; homard bleu piqué à la menthe, aubergine, yaourt au ras-el-hanout ; lisettes marinées, crémeux de fenouil et soupe de poissons de roche...

♿ A/C - Menu 158/178 € - Carte 160/200 €

Grand Hôtel du Cap Ferrat, 71 boulevard du Général-de-Gaulle - ✆ 04 93 76 50 50 - www.fourseasons.com/fr/capferrat - Fermé : lundi, dimanche et le midi

LA TABLE DU ROYAL

CUISINE MÉDITERRANÉENNE • **ÉLÉGANT** Français d'origine italienne, le chef interprète ici une partition aux accents provençaux, matinée parfois d'épices - souvenirs de ses années passées à Bora-Bora. La carte de saison, le service au guéridon, tout est de bon goût. Imaginez-vous assis sur la terrasse, la mer à perte de vue...

♿ A/C P - Menu 73/105 € - Carte 85/130 €

Royal Riviera, 3 avenue Jean-Monnet - ✆ 04 93 76 31 00 - www.royal-riviera.com - Fermé le midi

ST-PANTALÉON

84220 - Vaucluse - Carte régionale n° **25**-E1

BISTROT DES ROQUES

CUISINE DU MARCHÉ • **SIMPLE** A Saint-Pantaléon, petit village du Luberon, se trouve une modeste auberge. Approchez, poussez la porte, Charlotte et Benoit, jeune couple de professionnels, vous attendent. Vous voilà installé ? Laissez-vous maintenant cueillir par une cuisine du marché parfumée et pleine de fraîcheur. Le menu servi au déjeuner est une telle aubaine qu'on a presque hésité à le mentionner ici. Le soir, le chef propose un menu surprise intitulé « je sais pas » entre quatre temps. Un coup de cœur.

- Menu 18 € (déjeuner), 32/39 €

225 rue des Roques - 06 40 89 34 32 - Fermé : lundi, dimanche

ST-PAUL-DE-VENCE

06570 - Alpes-Maritimes - Carte régionale n° **25**-E2

AU JARDIN DE LA VAGUE

CUISINE MODERNE • **DESIGN** Côté jardin, la grande salle lumineuse et contemporaine, encadrée de baies vitrées, accueille la table de l'hôtel. Aux fourneaux (visibles depuis la salle), le chef compose une partition fraîche et savoureuse, à l'image du saint-pierre grillé au charbon, son plat signature ; elle s'accompagne d'une jolie carte des vins.

- Menu 35 € (déjeuner), 55/85 € - Carte 73/81 €

Chemin des Salettes - 04 92 11 20 00 - www.vaguesaintpaul.com - Fermé : lundi

LA TABLE DE PIERRE N

CUISINE MÉDITERRANÉENNE • **ÉLÉGANT** Le Mas de Pierre s'est muée en un resort sublime, intime et luxueux... et sa Table n'est pas en reste ! Le duo de chefs propose une cuisine méditerranéenne locavore et actuelle, traversée de subtiles influences internationales. Cuissons et assaisonnements au cordeau, harmonie de l'ensemble : du très beau travail.

- Menu 55/120 € - Carte 79/105 €

2320 route des Serres - 04 93 59 00 10 - www.lemasdepierre.com - Fermé : lundi, dimanche et le midi

ST-RAPHAËL

83700 - Var - Carte régionale n° **24**-C3

RÉCIF - LES ROCHES ROUGES

CUISINE PROVENÇALE • **MÉDITERRANÉEN** Un lieu unique et magique au sein d'un hôtel "les pieds dans l'eau" : un roof-top au-dessus de la grande bleue avec en ligne de mire l'île d'Or. Le chef, José Bailly, s'inspire de la "cuisine provençale de tradition populaire" du poète et félibrige René Jouveau, grand défenseur de la langue et de la culture occitane. Pêche et huile d'olive locales, fromage de brebis et légumes des potagers des environs : voilà l'ordinaire de ce cuisinier qui élabore des recettes modernes, parfois inventives, goûteuses et aux dressages précis. Le végétal et l'iode s'y taillent souvent la part du lion : denti, céleri et moules de tamaris au romarin brûlé ; pigeon, cucurbitacée et oignons infusés à la verveine... De la poésie, du caractère.

- Menu 128/152 €

90 boulevard de la 36ème-Division-du-Texas - 04 89 81 40 60 - www.beaumier.com/fr/proprietes/hotel-les-roches-rouges/restaurants - Fermé : lundi, mardi et le midi

LE JARDIN DE SÉBASTIEN

CUISINE PROVENÇALE • ÉLÉGANT Près des golfs de Valescure, une villa méditerranéenne cernée par les pins et les mimosas. Le couple charmant qui préside à ses destinées concocte une cuisine aux parfums de Provence : croustillant d'agneau braisé aux aubergines confites, crêpes chaudes au caramel d'orange... À déguster sur la charmante terrasse.

A/C - Menu 33/55 € - Carte 47/55 €

595 avenue des Golfs, à Valescure – ✆ 04 94 44 66 56 – www.jardinsebastien.canalblog.com – Fermé : lundi, mercredi midi, dimanche soir

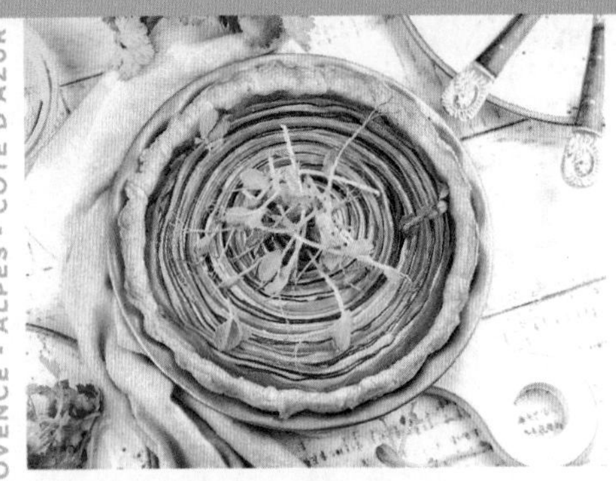

✉ 13210 -
Bouches-du-Rhône
Carte régionale n° **25**-E1

ST-RÉMY-DE-PROVENCE

Au cœur des Alpilles, boulevards ombragés et ruelles de charme, terrasses caressées par le soleil, places ornées de fontaines, senteurs de thym et de romarin... Tout, dans ce village, invite à profiter du moment présent. Très touristique, le lieu a quand même conservé d'authentiques artisans de bouche. À la confiserie le Petit Duc, on célèbre les recettes anciennes (nougats, calissons, croquants aux amandes). Confiseur familial depuis 1886, Lilamand a conservé ses procédés artisanaux de fabrication de fruits confits. Quant au chocolatier Joël Durand, il demeure l'un des meilleurs de la région, célébré pour son alphabet tout chocolat et ses ganaches mémorables. Le marché reflète à merveille le terroir local : vous y trouverez les fromages de chèvre des Alpilles, fabriqués aux portes de la ville, mais aussi les légumes et les fruits de producteurs locaux, de l'huile d'olive et des miels. La Provence comme on l'aime.

✿ L'AUBERGE DE ST-RÉMY-DE-PROVENCE - FANNY REY & JONATHAN WAHID

Chefs : Fanny Rey et Jonathan Wahid

CUISINE MODERNE • ÉLÉGANT La cheffe Fanny Rey est aux fourneaux de cette vénérable Auberge et décline une savoureuse cuisine du marché, mettant joliment en valeur les produits des Alpilles. À ses côtés, Jonathan Wahid, son compagnon (et frère de Sylvestre), pâtissier émérite et ancien champion de France du dessert, sait mettre en valeur les bons produits du Sud gorgés de soleil comme la figue. On s'en délecte dans un décor très design (plafond blanc en forme ondulée, murs en pierre nue). Une seconde table, uniquement en terrasse, vient de naître au sein de l'établissement. Chambres confortables et entièrement rénovées.

♿ AC ⛱ ⛭ - Menu 200 €

Plan : B1-1 - *12 boulevard Mirabeau - ✆ 04 90 92 15 33 - www.aubergesaintremy.com - Fermé : lundi, dimanche et le midi*

✿ RESTAURANT DE TOURREL

CUISINE MODERNE • ÉLÉGANT C'est entre les murs de ce magnifique hôtel particulier que Charles Gounod fit entendre les premières mesures de son opéra Mireille à l'écrivain provençal Frédéric Mistral, auteur du livret... Aujourd'hui, dans une ambiance joliment rétro, avec quelques touches Art déco, on vient goûter une partition inspirée par les très beaux produits de la région : tomates de Provence de pleine terre, encornet et langoustine de Méditerranée, agneau de la Crau...

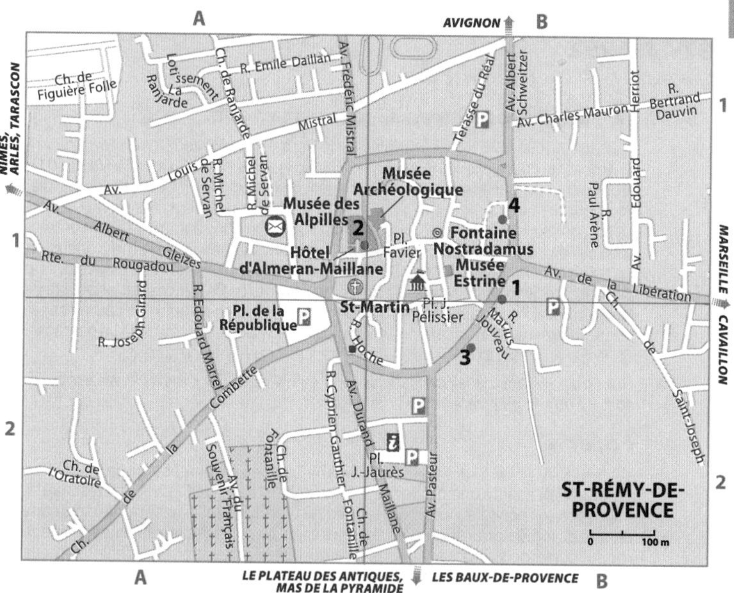

- Menu 98/150 €

Plan : A1-2 – *5 rue Carnot* – *04 84 35 07 20* – *www.detourrel.com* – *Fermé : lundi, dimanche et le midi*

CHAPEAU DE PAILLE - BISTROT PROVENÇAL

CUISINE PROVENÇALE • BISTRO Du Bourvil et du Piaf en fond sonore, des chapeaux de paille sur les murs, une ambiance brocante, c'est gai ! Dans ce bistrot rustique et provençal situé sur le boulevard circulaire, les produits du marché et de saison donnent le ton de l'assiette : terrine de cochon, escabèche, aïoli, côte de taureau de Camargues, caille flambée au pastis...

- Menu 32 € - Carte 44/64 €

Plan : B1-4 – *29 boulevard Mirabeau* – *04 90 92 85 78* – *www.bistrot-chapeaudepaille.com* – *Fermé : mercredi, dimanche*

LES TERRASSES DE L'IMAGE

CUISINE DU MARCHÉ • CONTEMPORAIN Antoine Gras, le chef étoilé de la Table de l'Ours à Val d'Isère, se plaît aussi l'été dans les Alpilles. Il propose une jolie cuisine estivale influencée par la saison et la Provence. Ses assiettes précises et parfumées démontrent une indéniable maîtrise technique.

- Menu 34 € (déjeuner), 59/89 €

Plan : B2-3 – *36 boulevard Victor-Hugo* – *04 90 92 51 50* – *www.hotel-image.fr* – *Fermé : lundi, dimanche soir*

LE VALLON DE VALRUGUES

CUISINE MODERNE • ÉLÉGANT Une table d'une certaine élégance (cheminée monumentale, tables rondes) dont le chef, entouré d'une équipe motivée, propose une cuisine d'inspiration provençale, mâtinée de modernité. Esprit bistrot autour d'une carte saisonnière au déjeuner ; le soir, menu du jour un peu plus élaboré. On savoure surtout la très belle terrasse sous les mûriers-platanes dès les premiers beaux jours.

- Menu 39 € (déjeuner), 80/105 € - Carte 90/110 €

Hors plan – *9 chemin Canto-Cigalo* – *04 90 92 04 40* – *www.vallondevalrugues.com*

ST-TROPEZ

⊠ 83990 – Var – Carte régionale n° **24**–C3

✿✿✿ LA VAGUE D'OR - CHEVAL BLANC ST-TROPEZ

CUISINE CRÉATIVE • LUXE Originaire de Normandie, Arnaud Donckele a trouvé à St-Tropez un cadre enchanteur – un hôtel sous les pins, face à la mer. Sa Vague d'Or promet chaque jour à ses clients une expérience exceptionnelle ! L'assiette, en premier lieu, vaut bien des superlatifs. Avec les meilleurs produits (légumes de maraîchers locaux, poissons et crustacés), Donckele rend un magnifique hommage à ces contrées ensoleillées. Accords de saveurs enivrants, jus et sauces parfaits, travail méticuleux sur les textures... Comment rester insensible devant tant d'inspiration et d'exigence ? On peut citer ce désormais classique tourton de légumes de Provence et sa langouste de Méditerranée, l'un des plats favoris du chef, où toute sa philosophie de cuisinier s'exprime librement. Si, avec cela, cette Vague d'Or n'emporte pas tout sur son passage...

– Menu 310/375 € - Carte 240/340 €

Hors plan – *Plage de la Bouillabaisse – ✆ 04 94 55 91 00 – www.chevalblanc.com – Fermé : mercredi, jeudi et le midi*

✿ COLETTE

CUISINE MODERNE • CONTEMPORAIN Tombée amoureuse de Saint-Tropez, Colette avait acheté une petite maison qui jouxte l'hôtel de Sezz et son restaurant, baptisé en son honneur. Auteur à la technique sûre, Philippe Colinet y signe une cuisine épurée et végétale qui honore les légumes et les saveurs méditerranéennes : pigeon rôti, jus corsé, pois chiche et huile de sésame ; huître grillée, crème d'échalotes, pulpe de cresson et charbon de pain. Attention, menu gastronomique uniquement le soir. Salle lumineuse au décor minimaliste à l'unisson d'un hôtel qui a fêté ses 10 ans en 2020.

– Menu 106/146 € - Carte 70/115 €

Hors plan – *Hôtel Sezz, 151 route des Salins – ✆ 04 94 44 53 11 – www.colettesainttropez.com – Fermé : lundi soir, mardi soir*

LE BANH HOÏ

CUISINE ASIATIQUE • ROMANTIQUE Quel joli décor ! Lumière tamisée, atmosphère romantique, murs et plafonds laqués de noir, bouddhas stylisés servent d'écrin à une sympathique cuisine parfumée, vietnamienne et thaïlandaise. L'adresse a beau multiplier les terrasses tout au long de cette ruelle sinueuse et jusque sur la ravissante place pavée, il est impératif de réserver : les terrasses qui essaiment le long de la ruelle sinueuse et sur la place pavée sont prises d'assaut...

– Carte 65/74 €

Plan : B1-4 – *12 rue Petit-Saint-Jean – ✆ 04 94 97 36 29 – www.banh-hoi.com – Fermé : mardi soir*

BEEFBAR

SPÉCIALITÉS DE VIANDES • TENDANCE Voici la version tropézienne, pleine de charme, du concept "beef bar" qui fait florès partout dans le monde. Sur cette terrasse enchanteresse qui domine la piscine de l'hôtel, le carnivore et l'amateur de cuisines exotiques s'attablent face à des viandes d'exception (bœuf wagyu ou black angus) et des plats sous influence sud-américaine et asiatique.

– Carte 50/140 €

Hors plan – *Chemin du Pinet – ✆ 04 94 97 99 50 – www.loupinet.com*

CUCINA BYBLOS

CUISINE ITALIENNE • TENDANCE En lieu et place de Rivea, le restaurant du Byblos se réinvente toujours sous la houlette d'Alain Ducasse. Fort de son succès parisien, il adapte Cucina à la mode Saint-Tropez. Un endroit chic et convivial avec grande cuisine vitrée, murs végétaux et terrasse sous les platanes. Dans l'assiette, une cuisine italienne de partage généreuse, à base de produits transalpins de belle qualité.

– Carte 61/129 €

Plan : B2-1 – *27 avenue du Maréchal-Foch – ✆ 04 94 56 68 20 – www.byblos.com – Fermé le midi*

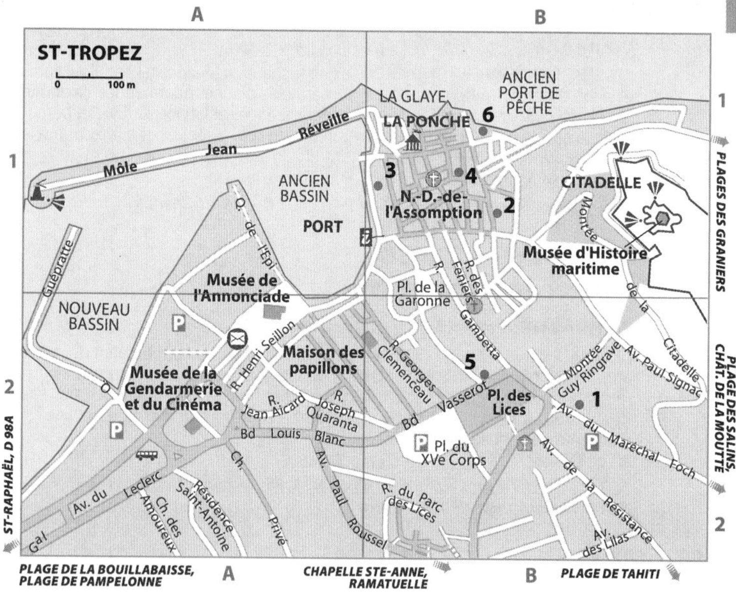

ST-TROPEZ

LE PATIO

CUISINE ITALIENNE • ÉLÉGANT Au sein de l'hôtel Yaca, refuge de charme des artistes et des célébrités (de Colette à BB) qui aiment ses tomettes et ses meubles anciens, le restaurant le Patio propose une cuisine italienne goûteuse et raffinée, qui doit beaucoup à d'excellents produits importés directement de la Botte. Un moment encore plus agréable lorsqu'on s'installe sur la terrasse ombragée, autour de la piscine...

– Carte 50/105 €

Plan : B1-2 – *1-3 boulevard d'Aumale – ✆ 04 94 55 81 00 – www.hotel-le-yaca.fr – Fermé : lundi midi*

LA PETITE PLAGE

CUISINE MÉDITERRANÉENNE • TENDANCE Dans ce restaurant du port du village, Eric Frechon signe la carte et la mer fait le reste. On se délecte d'une goûteuse cuisine méditerranéenne revisitée, les pieds dans le sable face aux yachts, objets de tous les commentaires. Le soir, en été, un DJ anime les lieux, Saint-Tropez oblige ! Et au milieu de tant d'agitation, le service attentionné tient le cap.

Carte 60/120 €

Plan : B1-3 – *9 quai Jean-Jaurès – ✆ 04 94 17 01 23 – www.lapetiteplage-saint-tropez.com*

LA PONCHE (N)

CUISINE MODERNE • MÉDITERRANÉEN Le chef Thomas Danigo (ancien du Laurent et du Sergent Recruteur) signe la carte du restaurant de cette maison emblématique de Saint-Tropez qu'est La Ponche, située dans le quartier éponyme face à la mer. Il signe ici une cuisine méditerranéenne en mettant à l'honneur la pêche du jour et les légumes de la région sans oublier quelques viandes de qualité. Ce jour-là, ceviche de daurade, agrumes et sorbet coriandre basilic et en dessert figues rôties au balsamique de pomme et myrte, crumble amande et crème glacée à la pistache.

– Carte 60/100 €

Plan : B1-6 – *5 rue des Remparts – ✆ 04 94 97 02 53 – www.laponche.com*

TO SHARE

CUISINE MODERNE • TENDANCE Quand le chanteur américain Pharell Williams et le top chef Jean Imbert se mettent derrière leurs platines gourmandes, ça donne "To Share", soit une street food aux accents asiatiques et latinos, ludique et percutante, à partager en terrasse dans une ambiance cool au déjeuner et électrique le soir. Happy, non ?

- Carte 35/70 €

Plan : B2-5 - *Place des Lices - 04 94 45 50 50 - www.toshare.fr*

STE-CÉCILE-LES-VIGNES

84290 - Vaucluse - Carte régionale n° **24**-A2

CAMPAGNE, VIGNES ET GOURMANDISES

CUISINE PROVENÇALE • COSY Avec son ambiance entre charme rustique (pierres apparentes, mobilier en bois peint) et modernité (tableaux contemporains), ce restaurant ne manque pas de cachet. Côté cuisine, le chef, Sylvain Fernandes, travaille des produits frais et célèbre avec délicatesse les parfums du Sud. Et le service est d'une grande gentillesse !

A/C P - Menu 26/39 € - Carte 37/46 €

629 chemin des Terres - 04 90 63 40 11 - www.restaurant-cvg.com - Fermé : lundi, mardi, dimanche soir

STE-MAXIME

83120 - Var - Carte régionale n° **24**-C3

LA BADIANE

CUISINE MODERNE • ÉLÉGANT Voilà un chef végétarien cuisinant les légumes avec talent pour réaliser une cuisine bien-être, tournée vers le végétal (beurre et crème sont bannis). Mais que les amateurs de viande se rassurent : ils sont aussi les bienvenus ! Formule plus simple au déjeuner.

A/C - Menu 53/108 € - Carte 69/126 €

6 rue Fernand-Bessy - 04 94 96 53 93 - www.restaurant-la-badiane.fr - Fermé : lundi midi, mercredi midi, dimanche

SALON-DE-PROVENCE

13300 - Bouches-du-Rhône - Carte régionale n° **24**-B3

VILLA SALONE

Chef : Alexandre Lechêne

CUISINE MODERNE • ÉLÉGANT Redescendu des hauteurs alpestres (il a passé sept ans aux commandes du Roc Alto, à Saint-Véran), Alexandre Lechêne a investi cette jolie maison de maître en plein cœur de Salon-de-Provence. Il y régale avec une cuisine créative, pleine de bonnes surprises, déclinée dans des menus surprise, sans choix : un seul mot d'ordre, se laisser porter ! Les associations d'ingrédients sont parfois osées mais l'ensemble fonctionne très bien : on peut citer comme exemple cette crevette carabinero, jus des têtes, riz venere et cresson, un plat tout en équilibre. Côté décor, l'élégance est de mise : moulures, fresques au plafond, joli sol carrelé rétro...

A/C - Menu 58/98 €

6 rue du Maréchal Joffre - 04 90 56 28 01 - www.villa-salone.com - Fermé : lundi, mardi, mercredi midi, jeudi midi, vendredi midi, samedi midi, dimanche soir

ATELIER SALONE

CUISINE TRADITIONNELLE • COSY Versant bistronomique de la Villa Salone, l'Atelier Salone bénéficie de toutes les attentions du chef Alexandre Lechêne, au parcours solide (Aux Lyonnais, Louis XV à Monaco) et ancien étoilé à Saint Véran, dans les Hautes Alpes. A la carte, ce jour-là, on trouve une terrine, un velouté de châtaigne, un boudin noir basque aux pommes. Le style original de la maison du début du vingtième siècle s'agrémente d'une touche contemporaine.

♿ A/C 🏖 - Menu 32 € (déjeuner) - Carte 32/57 €

6 rue du Maréchal-Joffre - ✆ 04 90 56 28 01 - www.villa-salone.com - Fermé : lundi, dimanche et le soir

LE SAMBUC

✉ 13200 - Bouches-du-Rhône - Carte régionale n° **24**-A3

LA CHASSAGNETTE

Chef : Armand Arnal

CUISINE CRÉATIVE • ÉLÉGANT Des taureaux paisibles, des flamants roses ensommeillés, des canaux, des rizières et le delta du Rhône : bienvenue en Camargue, et plus précisément à la Chassagnette, une ancienne bergerie réhabilitée en mas contemporain. Le chef jardinier Armand Arnal y a planté sa fourche(tte) au milieu d'un potager bio et du verger qui l'entoure. Outre les végétaux, le chef ne s'interdit rien, ni la viande de taureau des manades, ni les agneaux du voisin berger, ni les poissons de la criée du Grau-du-Roi... Le chef mitonne des recettes créatives souvent étonnantes, parfois déroutantes, jouant de notes acides en utilisant des vinaigres maison. Trois hectares de jardins, de potagers, de serres, de ruches, de vergers... et une somptueuse terrasse verdoyante. Quelle charme !

***L'engagement du chef :** Notre cuisine essentiellement végétale met les fruits et légumes de notre jardin-potager bio au cœur de nos assiettes. Pour les produits que nous ne cultivons pas, ils proviennent de petites exploitations camarguaises situées aux alentours du restaurant et expriment avec caractère l'identité de notre terroir métissé.*

♿ A/C 🏖 P - Menu 70 € (déjeuner), 115 €

Route du Sambuc - ✆ 04 90 97 26 96 - www.chassagnette.fr - Fermé : lundi soir, mardi, mercredi, jeudi soir, dimanche soir

LE MAS DE PEINT

CUISINE DU TERROIR • RÉGIONAL Avec de bons produits - légumes du potager, riz de la propriété et taureau de l'élevage -, le chef concocte une belle cuisine du marché. La terrasse sous la glycine est ravissante et ce Mas charmant... Cuisine à la plancha autour de la piscine en été. Une bonne adresse.

A/C 🏖 P - Carte 49/75 €

Le Mas de Peint - ✆ 04 90 97 20 62 - www.masdepeint.com

SEILLANS

✉ 83440 - Var - Carte régionale n° **24**-C3

CHEZ HUGO

CUISINE TRADITIONNELLE • AUBERGE Cette petite auberge est tenue par deux enfants du pays, aubergistes de mère en fils. Hugo en cuisine, augmenté de Stéphane en salle, revisite le terroir de la Provence avec punch, signant une cuisine ensoleillée qui va à l'essentiel. Le duo, épatant, remporte tous les suffrages ; en témoignent les nombreux habitués, et la terrasse, qui l'été, affiche complet.

🏖 - Carte 38/60 €

4 rue de l'Hospice - ✆ 04 94 85 54 70 - www.chezhugo.fr - Fermé : lundi, mardi midi, vendredi midi

HÔTEL DES DEUX ROCS

CUISINE DU MARCHÉ • ROMANTIQUE La salle a le charme de la région, la terrasse prend ses aises sur les pavés et... sous les platanes, et la cuisine du marché, imaginée par un chef qui honore la gastronomie provençale par de savoureuses recettes. Ces Deux Rocs cultivent une vraie douceur de vivre, avec une pointe de raffinement.

- Menu 35/39 € - Carte 42/60 €

1 place Font-d'Amont - 04 94 76 87 32 - www.maisonsmalzac.fr - Fermé : lundi, mardi

SÉNAS

13560 - Bouches-du-Rhône - Carte régionale n° **25**-E1

LE BON TEMPS

CUISINE DU MARCHÉ • **SIMPLE** Au bord de l'ancienne nationale 7, cette petite adresse ne paie pas de mine, et pourtant ! On y mitonne en couple une cuisine du marché, gourmande et généreuse, à l'écoute des producteurs locaux. Fraîcheur des produits (légumes, en particulier), amour du travail bien fait, prix imbattables : il n'y a pas de mal à prendre un peu de Bon Temps...

- Menu 29/59 €

2600 RD7 Est - 04 90 73 24 47 - Fermé : lundi, dimanche

SÉRIGNAN-DU-COMTAT

84830 - Vaucluse - Carte régionale n° **24**-A2

LE PRÉ DU MOULIN

CUISINE TRADITIONNELLE • **ÉLÉGANT** D'abord moulin, puis école communale, cette maison de village en pierre séduit par son atmosphère bucolique... et par sa cuisine déclinée en deux parties : une carte gastronomique d'une part, des plats de bistrot d'autre part. La terrasse ombragée par de vieux platanes fleure bon, elle aussi, la Provence.

- Menu 39/59 € - Carte 64/82 €

29 cours Joël-Estève - 04 90 70 05 58 - www.predumoulin.com - Fermé : lundi, dimanche soir

LA SEYNE-SUR-MER

83500 - Var - Carte régionale n° **24**-B3

CHEZ DANIEL ET JULIA - RESTAURANT DU RIVAGE

POISSONS ET FRUITS DE MER • **VINTAGE** Julia est l'âme de cette institution centenaire, nichée dans une charmante crique. En terrasse, à l'ombre des tamaris, on déguste bouillabaisse, pignate (ragoût aux fruits de mer), bourride - sur commande - ou poissons grillés. Cette maison historique a récemment donné naissance à un bouchon provençal, le Fabrègue, qui propose des plats plus simples, sardines grillées, soupe de roche etc.

- Menu 38/60 € - Carte 43/91 €

Route de Fabrégas, plage de Fabrégas - 04 94 94 85 13 - www.chezdanieletjulia.com - Fermé : lundi, dimanche soir

SORGUES

84700 - Vaucluse - Carte régionale n° **25**-E1

LA TABLE DE SORGUES

CUISINE MODERNE • **ÉLÉGANT** Au cœur de la localité, cette belle maison de maître (1891) s'est trouvée de nouveaux propriétaires en la personne de Stéphane et Stéphanie Riss, qui officiaient en Alsace avant de déposer toque et bagages en Provence. Le chef concocte des recettes pleines de modernité (ceviche de poisson ; pigeon associé à du thon cru), naviguant entre inspirations provençales (fleurs de courgettes) et classiques (suprême de volaille aux girolles et petits pois). A déguster sur l'agréable terrasse, dans une cour ombragée par deux grands pins.

- Menu 30 € (déjeuner), 37/56 €

12 rue du 19-Mars-1962 - 04 90 39 11 02 - www.latabledesorgues.fr - Fermé : lundi, dimanche

TAILLADES

84300 - Vaucluse - Carte régionale n° **25**-E1

L'ATELIER L'ART DES METS

CUISINE TRADITIONNELLE • **CONTEMPORAIN** Le jeune chef propose une cuisine actuelle et personnelle, dont l'acteur principal est l'herbe sauvage, qu'il a appris à connaître auprès d'une cueilleuse de la région. Chénopode, mélisse sauvage, pourpier, armoise... il y a de la poésie dans ses préparations- et du goût, à l'instar de ce suprême de poulet jaune fermier à l'Armoise, cuit à basse température, et artichauts en barigoule. On en redemande !

- Menu 20 € (déjeuner), 35/55 €

500 route de Robion - 04 90 72 37 55 - www.latelierlartdesmets.fr - Fermé : mercredi midi, dimanche

L'AUBERGE DES CARRIÈRES

CUISINE MODERNE • **AUBERGE** Au pied du Luberon, une auberge tenue par un charmant couple belge, installé en Provence depuis dix ans. Le temps de prendre place sur la jolie terrasse, et voilà déjà notre assiette ; la cuisine sent bon la Méditerranée, avec notamment la grande spécialité du chef : le ris de veau poêlé...

- Menu 25 € (déjeuner), 45/52 €

Place de la Mairie - 04 32 50 19 97 - www.aubergedescarrieres.com - Fermé : lundi, dimanche

THÉOULE-SUR-MER

06590 - Alpes-Maritimes - Carte régionale n° **25**-E2

L'OR BLEU

CUISINE MODERNE • **ROMANTIQUE** Le chef Alain Montigny (MOF 2004), passé par de solides maisons étoilées en Suisse et à Chantilly, cuisine désormais dans le superbe hôtel Tiara Yaktsa, posé au-dessus de la mer face au massif de l'Estérel. Ses savoureuses recettes, influencées par la Méditerranée, changent (presque) tous les jours au gré des arrivages. Les plats sont équilibrés et parfumés avec subtilité grâce à des ingrédients irréprochables et une grande maîtrise technique - ainsi, le homard, caviar et crème de céleri ou ce remarquable maigre rôti, gnocchi de potimarron et cèpe. La terrasse dévoile une vue somptueuse sur les roches rouges de l'Estérel et la mer. Nos sens sont comblés.

- Menu 95/149 €

6 boulevard de l'Esquillon - 04 92 28 60 30 - www.tiara-hotels.com - Fermé : lundi, dimanche et le midi

LA MARÉA

POISSONS ET FRUITS DE MER • **ÉLÉGANT** Situé face à la mer et aux rochers ocres de l'Esterel, au-dessus de la plage et du port de la Figueirette, ce restaurant fondé dans les années 1950 par un pêcheur du coin a été repris avec bonheur par Jérôme Cervera, ancien poissonnier, associé à Jérôme Coustillas, un chef de cuisine au beau parcours étoilé, revenu en France après vingt ans passés à Moscou. A la carte, des produits de la mer de grande fraîcheur et des assiettes soignées, à l'instar de ce crudo de loup, huile de basilic. Au déjeuner et au dîner, l'attractif menu reprend les plats de la carte, à déguster en terrasse ou dans la salle coquette, avec vue sur la grande bleue.

- Menu 49/69 € - Carte 52/90 €

16 avenue du Trayas - 04 93 75 19 03 - www.lamarea.fr - Fermé : lundi, mardi

LE THOLONET

✉ 13100 - Bouches-du-Rhône - Carte régionale n° **24**-B3

LE SAINT-ESTÈVE

CUISINE MODERNE • ÉLÉGANT Entre vignes et oliviers, ce domaine luxueux tutoie la montagne Sainte-Victoire. Il accueille désormais le chef Julien Le Goff, arrivé de Porquerolles en 2019, qui déploie une partition dans l'air du temps, aux influences méditerranéennes. Une place particulière est accordée aux produits de la mer: langoustine, bar de ligne, homard. La terre n'est pas en reste qui offre pigeon, filet bœuf et chevreuil. On apprécie fort la terrasse avec une jolie vue sur la campagne.

- Menu 135/185 € - Carte 147/184 €

2250 route Cézanne - ✆ 04 42 27 10 14 - www.leslodgessaintevictoire.com

TOULON

✉ 83000 - Var - Carte régionale n° **24**-C3

AU SOURD

POISSONS ET FRUITS DE MER • TENDANCE Une véritable institution toulonnaise, créée par un artilleur de Napoléon III, rendu sourd au combat ! Mais pas question de rester sourd aux arguments du chef : sa cuisine attire des bancs entiers d'amateurs de poisson (bouillabaisse et bourride sur commande, fritures de rougets, de girelles ou de cigalons suivant la pêche) dans une atmosphère chic et contemporaine...

- Menu 40 € - Carte 62/127 €

Plan : A1-6 - *10 Rue Molière - ✆ 04 94 92 28 52 - restaurantausourd.fr - Fermé : lundi, mardi, dimanche*

BEAM !

CUISINE MODERNE • TENDANCE Beam bam boum ! Ça déménage dans les cuisines du Télégraphe, haut-lieu de la vie culturelle toulonnaise... L'énergique Arnaud Tabarec, bourguignon passé par de prestigieuses maisons et ex-étoilé éphémère au Roof du Five hôtel à Cannes, enthousiasme ses hôtes grâce à sa cuisine légère, à dominante végétale et bien sûr locale, et aux associations bien senties.

- Menu 39 €

Plan : A1-4 - *2 rue Hippolyte Duprat - ✆ 06 27 54 27 06 - www.letelegraphe.org - Fermé : lundi soir, mardi soir, mercredi soir, samedi, dimanche*

LE LOCAL

CUISINE MODERNE • BISTRO Ce petit restaurant coloré, située face à la petite plage du Lido, au Mourillon, a des airs de vacances. Aux commandes, un jeune couple : monsieur en cuisine (3m² !) et madame en salle élaborent une partition authentique, autour d'un menu aussi court que savoureux. Pensez à réserver quelques jours à l'avance car le chef limite sa capacité pour mieux vous servir. Un coup de cœur.

- Menu 37 €

Plan : B2-1 - *455 littoral Frédéric-Mistral - ✆ 04 94 20 61 32 - www.restaurant-lelocal.fr - Fermé : lundi, mardi midi, dimanche*

LE PETIT INSTANT

CUISINE MODERNE • CONTEMPORAIN Au cœur d'un quartier animé, on est heureux de passer un instant gourmand dans ce restaurant de poche ! Le chef s'attache à travailler avec les petits producteurs du coin, et s'approvisionne aussi au marché du Mourillon, à deux pas. Goût, fraîcheur, simplicité, prix mesurés : une jolie découverte.

- Menu 34 €

Plan : B2-2 - *12 rue du Castillon - ✆ 07 71 56 50 94 - Fermé : lundi, mardi, dimanche*

RACINES

CUISINE TRADITIONNELLE • SIMPLE Dans une rue pavée du vieux Toulon, on prend volontiers racine dans cette goûteuse cuisine de producteurs comme la désigne

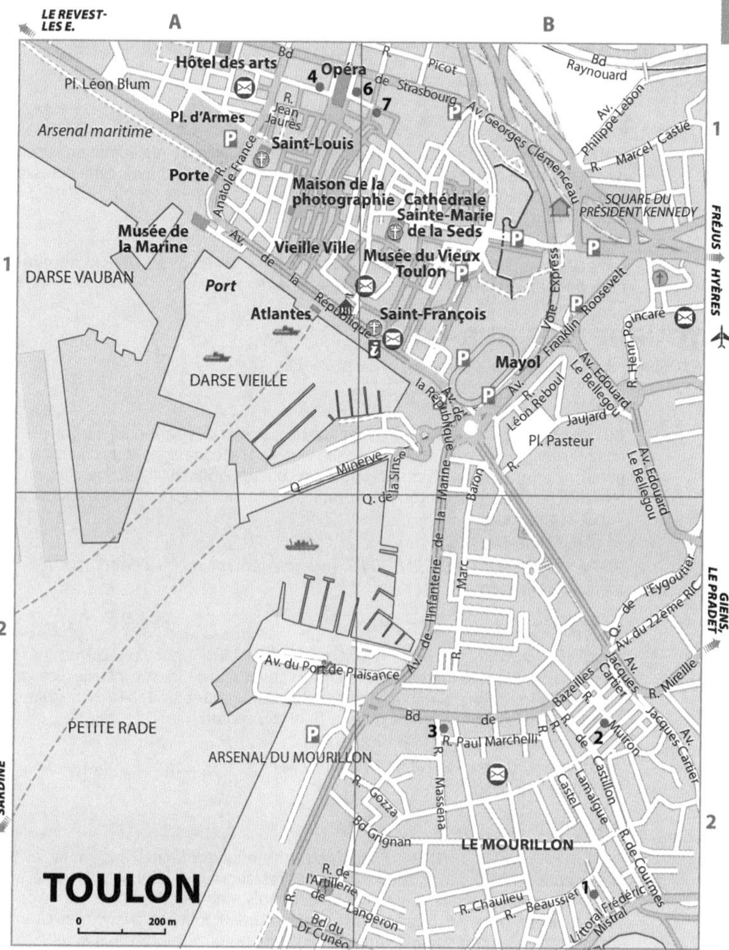

son chef. Défenseur du local et du terroir, il mitonne une bonne cuisine de saison, volontiers légumière, arrosée de crus nature et bio : déclinaison de tomates anciennes et poivrons ; demi-colvert, coffre rôti et cuisse confite...

- Menu 34/44 €

Plan : B1-7 – *9 rue Corneille – 04 22 80 27 39 – www.racines-restaurant-toulon.com – Fermé : samedi, dimanche*

TABLES ET COMPTOIR

CUISINE TRADITIONNELLE • COSY Tenu par le même couple de pros depuis une décennie, ce restaurant attire les amoureux au dîner grâce à sa bande son jazzy et sa lumière tamisée. La carte change tous les mois, basée sur une sélection soigneuse de produits saisonniers. Le chef se révèle bon pâtissier – goûtez sa tartelette au citron, parmi d'autres douceurs. Formule douce au déjeuner.

- Menu 30 € (déjeuner), 44/46 € - Carte 30/46 €

Plan : B2-3 – *3 Boulevard Eugène Pelletan – 04 94 10 83 29 – Fermé : lundi, dimanche et le midi*

TOURRETTES

✉ 83440 - Var - Carte régionale n° **24**-C3

FAVENTIA

CUISINE MODERNE • LUXE Nous n'avons pas pu évaluer ce restaurant en raison de sa fermeture prolongée. Nos inspecteurs ont hâte de redécouvrir cette adresse pour partager leur expérience. Nous vous invitons à consulter le site MICHELIN.COM où les informations sont régulièrement mises à jour.

Terre Blanche, 3100 route de Bagnols-en-Forêt - 04 94 39 90 00 - www.terre-blanche.com - Fermé : lundi, dimanche et le midi

TOURRETTES-SUR-LOUP

✉ 06140 - Alpes-Maritimes - Carte régionale n° **25**-E2

CLOVIS

CUISINE MODERNE • BISTRO Dans ce bistrot au cœur du village médiéval, on peut commencer par boire un apéritif au bar à vins – en l'accompagnant de charcuterie et autres grignotages. Le chef propose un concept original : il décline plusieurs formules (entrée + plat) autour d'un produit dominant, végétal, viande ou poisson. Accueil chaleureux.

- Menu 54/120 €

21 Grande-Rue - 04 93 58 87 04 - www.clovisgourmand.fr - Fermé : mardi, mercredi, samedi midi

LE SANSOT (N)

CUISINE TRADITIONNELLE • MAISON DE CAMPAGNE Une cuisine du marché et de saison, simple et savoureuse : voici ce qui vous attend au Sansot, installé face à la jolie cité de Tourrettes-sur-Loup. Pomponette de homard et tourteau à la coriandre ; filet d'agneau au thym, pomme purée... Tradi et réconfortant.

- Menu 25 € (déjeuner), 35/70 €

700 route de Grasse - 04 93 59 03 94 - www.lesansot.com - Fermé : lundi, mardi, dimanche soir

SPELT (N)

CUISINE MODERNE • BISTRO Dans le cœur historique de la cité, l'ancien Médiéval a été repris en 2019 par un couple de jeunes restaurateurs : Raphael, côté salé, et Marion, côté sucré, régalent avec des créations bistronomiques franches et savoureuses : risotto d'épeautre au homard et joues de bœuf pour l'un, crémeux au citron ou mousse au chocolat pour l'autre. Très bon rapport qualité-prix des menus.

- Menu 29 € (déjeuner), 39/59 €

6 Grand'Rue - 09 86 26 63 79 - www.spelt-restaurant.com - Fermé : lundi, mardi, dimanche

TOURTOUR

✉ 83690 - Var - Carte régionale n° **24**-C3

LA TABLE

CUISINE MODERNE • INTIME Charmant petit restaurant contemporain situé à l'étage d'une maison en pierre. La cuisine, savoureuse, valorise les produits du marché, notamment les légumes (excellent menu végétarien, à prix doux). À déguster sur la terrasse ombragée. L'accueil est aussi chaleureux que le service, dynamique.

- Menu 29/49 € - Carte 67/100 €

1 traverse de Jas, Les Ribas - 04 94 70 55 95 - www.latable.fr - Fermé : mardi

LA TURBIE

✉ 06320 – Alpes-Maritimes – Carte régionale n° **25**-E2

HOSTELLERIE JÉRÔME

Chef : Bruno Cirino

CUISINE MÉDITERRANÉENNE • **ÉLÉGANT** Tout d'abord, il faut dire à quel point la table de Bruno Cirino, installée dans un ancien réfectoire d'une annexe de l'abbaye de Lérins, a de l'allure : vaste hauteur sous plafond, voûte peinte, fresques fruits et légumes façon Pompéi, beau carrelage et cheminée du 17e s... avec une petite terrasse fleurie profitant d'une échappée vers la mer. Quant aux assiettes, elles sont à l'image du chef : diablement méridionales, généreuses, pleines de caractère. On y retrouve des produits du terroir méditerranéen (pêche d'à côté, légumes des paysans voisins), avec un pied en France et l'autre en Italie. Le Sud comme terrain de jeu !

L'engagement du chef : *Une cuisine suspendue entre terre et mer, célébrant l'arrière-pays niçois et la Ligurie. Autant de trésors qui éclairent tout un territoire, et posent leur poésie au fil d'une partition marquée par l'instant et l'instinct. Un vibrant hommage aux saisons et aux cultures, une représentation de la nature au sens le plus pur.*

– Menu 139/185 €

20 rue Comte-de-Cessole – 04 92 41 51 51 – www.hostellerie-jerome.com – Fermé : lundi, dimanche et le midi

CAFÉ DE LA FONTAINE

CUISINE TRADITIONNELLE • **BISTRO** Repas au coude-à-coude entre des habitués gouailleurs et des gourmands ravis, atmosphère très conviviale : pas de doute, on est dans un authentique café de village. Ode aux terroirs ensoleillés, la cuisine – bistrotière et généreuse à souhait – est réalisée avec les meilleurs produits du marché et cela se sent ! Réservation conseillée.

– Carte 28/45 €

4 avenue du Général-de-Gaulle – 04 93 28 52 79 – www.hostellerie-jerome.com – Fermé : jeudi

UCHAUX

✉ 84100 – Vaucluse – Carte régionale n° **24**-A2

CÔTÉ SUD

CUISINE MODERNE • **COSY** Un jeune couple au beau parcours concocte une cuisine simple, et des recettes bien ficelées, aux inspirations régionales. Vous passerez un moment plaisant dans cette maison en pierre, son jardin et son agréable terrasse. Service charmant.

– Menu 28/40 € - Carte 50/65 €

3395 route d'Orange – 04 90 40 66 08 – www.restaurantcotesud.com – Fermé : mardi, mercredi

CHÂTEAU DE MASSILLAN

CUISINE MODERNE • **ÉLÉGANT** Ce beau château du 16e s. est niché dans un vaste parc entouré de vignes. La cuisine met en valeur les produits du potager et du verger bio du domaine, déclinés en deux menus. À déguster avec un cru en biodynamie du Domaine de la Guicharde, qui produit aussi l'huile d'olive servie au restaurant. Service souriant et appliqué. En été, on s'installe dans la magnifique cour face au jardin, autour de la fontaine.

– Menu 75/115 €

730 chemin de Massillan – 04 90 40 64 51 – www.chateaudemassillan.fr – Fermé : lundi, mardi, dimanche et le midi

LE TEMPS DE VIVRE

CUISINE PROVENÇALE • **TRADITIONNEL** Cette maison en pierre du 18e s. – mais au décor contemporain – invite à prendre le temps de vivre, en particulier sur sa terrasse ombragée. Le chef et son épouse connaissent par cœur les lois de l'hospitalité. Au menu : la générosité de la Provence, avec les légumes du beau-père en saison, mais aussi un menu dédié à la truffe en hiver.

- Menu 25 € (déjeuner), 34/50 € - Carte 48/61 €

322 route de Bollène - 04 90 40 66 00 - www.letempsdevivre-uchaux.com - Fermé : mercredi, jeudi

VAISON-LA-ROMAINE

84110 - Vaucluse - Carte régionale n° -

LES MAISONS DU'O - LE BISTRO PANORAMIQUE

CUISINE DU MARCHÉ • CONTEMPORAIN Tomate et fruits du pays, épeautre et cochon du Ventoux : le chef emporte la mise avec une cuisine dans le vent, d'esprit provençal, à l'image de ce merlu de ligne, cocos de pays au pistou et chorizo des Barronnies. Menu à l'excellent rapport qualité/prix et vue superbe sur l'Ouvèze depuis la grande salle contemporaine.

- Menu 35/54 € - Carte 50/61 €

Rue Gaston-Gevaudan - 04 90 28 84 08 - www.maisonsduo.com - Fermé : lundi, dimanche

LE BATELEUR

CUISINE MODERNE • CONVIVIAL À un jet de lances du pont romain, aux pieds de la ville médiévale, le jeune chef propose une cuisine du marché, attentive aux saisons et concentrée sur les produits provençaux... à déguster en terrasse, sous des cieux cléments. Une belle étape pour découvrir la cuisine régionale !

- Menu 27 € (déjeuner), 42/59 € - Carte 53/59 €

1 place Théodore Aubanel - 04 90 36 28 04 - www.restaurant-lebateleur.com - Fermé : lundi, dimanche

LES MAISONS DU'O - LA TABLE

CUISINE MODERNE • CONVIVIAL La Table, c'est le restaurant gastronomique de ce petit univers d'hospitalité gourmande qui est situé dans la ville haute (et même dans les anciennes écuries du château de Vaison) et qui est tenue par... un duo complice. Elle en salle, lui aux fourneaux, cuisinant au plus près des saisons et des producteurs, à travers un menu surprise unique à 9 plats.

- Menu 75/95 €

Rue Gaston-Gevaudan - 04 90 41 72 90 - www.maisonsduo.com - Fermé : lundi, mardi midi, mercredi midi, jeudi midi, dimanche

VALBONNE

06560 - Alpes-Maritimes - Carte régionale n° **25**-E2

LA TABLE BY RICHARD MEBKHOUT

CUISINE MODERNE • BISTRO Toujours aussi attachant, ce petit établissement du cœur historique et piéton de Valbonne ! Jolie cuisine du marché d'un chef à la technique solide, service familial et convivial assuré par son épouse, cadre sobre et authentique, prix raisonnables...

- Menu 30 € (déjeuner) - Carte 45/60 €

6 rue de la Fontaine - 04 92 98 07 10 - Fermé : lundi, dimanche

VALLAURIS

06220 - Alpes-Maritimes - Carte régionale n° **25**-E2

LES DILETTANTS

CUISINE MODERNE • CONVIVIAL Ancien commercial pour une grande marque de boules de pétanque, Thomas Filiaggi a changé de trajectoire à 30 ans pour assouvir sa passion de la cuisine. Il propose une cuisine personnelle pleine de fraîcheur, largement basée sur les légumes et produits aromatiques de son potager personnel. Une vraie pépite.

- Menu 35 €

1193 chemin de Saint-Bernard - 04 93 33 99 59 - Fermé : lundi, mardi, dimanche

VAUVENARGUES

13126 - Bouches-du-Rhône - Carte régionale n° **24**-B3

LA TABLE DE L'HÔTEL SAINTE-VICTOIRE

CUISINE CRÉATIVE • CONTEMPORAIN Le chef brésilien Mateus Marangoni propose une étonnante cuisine aux notes exotiques, fruit de sa culture sud-américaine et de ses expériences en Espagne. Les assiettes se révèlent équilibrées, pleines de fraîcheur ; aux beaux jours, elles se dégustent sur la terrasse, face à la Sainte-Victoire et au château de Vauvenargues.

- Menu 60/80 €

33 avenue des Maquisards - 04 42 54 01 01 - www.hotelsaintevictoire.com

VENCE

06140 - Alpes-Maritimes - Carte régionale n° **25**-E2

LE SAINT-MARTIN

CUISINE MODERNE • LUXE Tout, ici, est un ravissement. Le cadre chic et raffiné de l'hôtel Saint-Martin, dont les chambres offrent une vue à couper le souffle sur les collines de Vence et la Méditerranée... et dont la table est une vraie fête pour les papilles ! Grand sportif, compétiteur-né, le chef peut se vanter d'un parcours varié, allant des grands palaces à des maisons plus confidentielles. Fort de son expérience, il compose des assiettes fines et délicates, avec de jolies trouvailles dans les associations de produits. Quant aux desserts, ils se révèlent un point fort du repas.

- Menu 68/130 € - Carte 83/120 €

2490 avenue des Templiers - 04 93 58 02 02 - www.chateau-st-martin.com

LES AGAPES

CUISINE MODERNE • CONVIVIAL Le chef propose une cuisine moderne, lisible, attentive aux saisons et sujette aux inspirations du chef, à découvrir à l'ardoise. Tartare de saumon aux légumes croquants et gingembre frais ; sablé breton, mousseline de citron jaune et framboises : on se fait plaisir en toute simplicité dans ce petit restaurant sympathique et contemporain.

- Menu 24 € (déjeuner), 35 € - Carte 30/50 €

4 place Clemenceau - 04 93 58 50 64 - www.les-agapes.net - Fermé : lundi, dimanche

LA CASSOLETTE

CUISINE PROVENÇALE • TRADITIONNEL Au cœur de la ravissante cité historique, en face de l'hôtel de ville, cette institution ne montre aucun signe de faiblesse. On s'installe dans une jolie salle intérieure ou sur la terrasse, pour se régaler d'une cuisine du marché goûteuse, aux accents provençaux, réalisée par un chef à la solide expérience.

- Menu 36/52 €

9 place Georges-Clemenceau - 04 93 58 84 15 - www.restaurant-lacassolette-vence.com - Fermé : mardi, mercredi

VENTABREN

✉ 13122 - Bouches-du-Rhône - Carte régionale n° **24**-B3

DAN B. - LA TABLE DE VENTABREN

Chef : Dan Bessoudo

CUISINE MODERNE • DESIGN Assurément l'un des restaurants les plus élégants de la région, au cœur de la charmante bourgade de Ventabren, pittoresque village perché. Le cadre, rénové à grands frais, frappe par sa modernité : mobilier scandinave, jeux de miroirs au plafond, sans oublier la superbe vue panoramique sur l'étang de Berre et la vallée de l'Arc. Dans l'assiette, le plaisir est aussi au rendez-vous, sous la houlette du chef toulonnais Dan Bessoudo : cuisine fraîche et colorée, franchement créative (les menus se nomment "bois" ou "béton"), tout en contrastes, réalisée à base de produits locaux bien choisis. Côté ambiance, la convivialité domine : décidément, un bonheur.

- Menu 71 € (déjeuner), 109/135 €

1 rue Frédéric-Mistral - ✆ 04 42 28 79 33 - www.danb.fr - Fermé : lundi, mardi midi

VEYNES

✉ 05400 - Hautes-Alpes - Carte régionale n° **24**-B1

LA SÉRAFINE

CUISINE MODERNE • CONVIVIAL La chef, d'origine vietnamienne, réalise une cuisine moderne et instinctive, avec quelques plats de tradition. L'intérieur est élégant et raffiné, la carte des vins joliment construite (la cave est d'ailleurs visible en entrant), et la véranda se prolonge d'une agréable terrasse.

- Menu 42/57 €

Les Paroirs - ✆ 04 92 58 06 00 - www.restaurantserafine.com - Fermé : lundi midi, mardi, mercredi, jeudi midi, vendredi midi

VILLARS

✉ 84400 - Vaucluse - Carte régionale n° **25**-E1

LA TABLE DE PABLO

CUISINE DU MARCHÉ • CONTEMPORAIN Pour goûter une cuisine délicate et volontiers créative, à base de beaux produits régionaux, ce restaurant entre vignes et cerisiers est tout trouvé : en témoigne ce menu surprise composé au gré du marché et de ses petits producteurs locaux.... Le chef patron, qui travaille seul, assume toutes les fonctions, en salle et cuisine. Mention spéciale pour la paisible terrasse bercée par le chant des cigales.

P - Menu 33/50 €

Hameau Les Petits-Cléments - ✆ 04 90 75 45 18 - www.latabledepablo.com - Fermé : mercredi, jeudi midi, samedi midi

VILLEDIEU

✉ 84110 - Vaucluse - Carte régionale n° **24**-A2

LE BISTROT DE VILLEDIEU

CUISINE PROVENÇALE • BISTRO Nouvelle aventure culinaire pour Laurent Azoulay installé dans ce village du Nord du Vaucluse depuis juin 2020. Ce chef patron au joli parcours, actuellement étoilé à L'EKrin à Méribel, mitonne une cuisine provençale dans un esprit de bistrot locavore. Les recettes, parfumées et soignées, ne manquent pas de caractère et certains plats sont cuits au feu de bois dans le four de la cuisine ouverte. Le tout est servi dans une salle façon bistrot contemporain ou aux beaux jours, sur la terrasse ombragée de la place du village.

- Menu 35/65 €

Place de la Libération - ✆ 04 90 28 97 02 - www.azoulay-gastronomie.com/le-bistrot-de-villedieu

VILLEFRANCHE-SUR-MER

✉ 06230 – Alpes-Maritimes – Carte régionale n° **25**–E2

LA MÈRE GERMAINE

POISSONS ET FRUITS DE MER • **RUSTIQUE** Poisson frais et fruits de mer depuis 1938 : la Mère Germaine est une institution locale, où Cocteau avait ses habitudes. En été, la jet-set presse ses yachts à l'abordage du restaurant ; attablé en terrasse face au port, on passe effectivement un agréable moment... si l'on n'est pas trop regardant sur le prix.

– Menu 36 € (déjeuner), 51 € - Carte 68/89 €

9 quai Amiral-Courbet – ✆ 04 93 01 71 39 – www.meregermaine.com

VILLENEUVE-LOUBET

✉ 06270 – Alpes-Maritimes – Carte régionale n° **25**–E2

LA FLIBUSTE

CUISINE MODERNE • **ÉLÉGANT** Telle une vigie gourmande, ce restaurant entièrement vitré trône en plein cœur de la Marina Baie des Anges, au pied d'une imposante résidence blanche qui ondule comme une voile. Dans ce cadre élégant et moderne, aux tons blanc et rouge, avec sa terrasse sur le côté et sa grande baie qui permet de profiter de la vue sur le port, on joue une partition gastronomique contemporaine et respectueuse des saisons.

– Menu 75/165 €

Avenue Jean-Marchand, Marina Baie des Anges – ✆ 04 93 20 59 02 – www.restaurantlaflibuste.fr – Fermé : lundi, mardi, dimanche soir

VIOLÈS

✉ 84150 – Vaucluse – Carte régionale n° **25**–E1

LA VILLA SAINT-ANTOINE

CUISINE PROVENÇALE • **ÉLÉGANT** Ce lieu agréable et contemporain, qui a ouvert ses portes en juin 2018, propose des recettes bien troussées dans un esprit "bistronomie provençale" annoncées sur l'ardoise du jour. Outre le restaurant, vous trouverez un bar et trois chambres d'hôtes.

– Menu 26 € (déjeuner), 38/52 €

553 route de Cairanne – ✆ 04 90 64 17 56 – www.villa-saintantoine.com – Fermé : lundi, mardi, dimanche soir

Index thématiques

Thematical index

INDEX DES RESTAURANTS

INDEX OF RESTAURANTS

B — Page

C — Page

D Page

F **Page**

G — Page

H — Page

M	Page

N — Page

O — Page

P Page

S — Page

U — Page

V — Page

INDEX DES LOCALITÉS

INDEX OF TOWNS

A

C

D

E

M

Q

T

U

V

LES ÉTOILES VERTES 2022

GREEN STARS

Les restaurants engagés pour une gastronomie durable.
Restaurants actively committed to sustainable gastronomy.

En vert : voir aussi le focus ! *In green: see also focus!*

Alchémille	Kaysersberg (68)	**411**
L'Allée des Vignes	Cajarc (46)	**867**
Anona	Paris 17e	**619**
Äponem - Auberge du Presbytère	Vailhan (34)	**854** *focus p. 810*
Ar Men Du	Névez (29)	**298**
Arpège	Paris 7e	**572**
Art'zain	Irissarry (64)	**741** *focus p. 702*
Assa	Blois (41)	**342** *focus p. 334*
Atmosphères	Le Bourget-du-Lac (73)	**141**
L'Auberge de Montmin	Talloires-Montmin (74)	**194**
Au Vieux Couvent	Rhinau (67)	**421** *focus p. 392*
Auberge du Moulin - Le Saltimbanque	Eaucourt-sur-Somme (80)	**513**
Auberge du Vert Mont	Boeschepe (59)	**489**
Auberge La Fenière	Cadenet (84)	**979**
Auberge Frankenbourg	La Vancelle (67)	**435**
Auberge Sauvage	Servon (50)	**695**
Aux Terrasses	Tournus (71)	**249**
Le Bec au Cauchois	Valmont (76)	**696** *focus p. 658*
Les Belles Perdrix de Troplong Mondot	Saint-Emilion (33)	**756**

Merci d'avoir acheté le Guide MICHELIN 2022 !

Nous avons à cœur de faire évoluer ce guide avec vous !

Pour cela, nous vous remercions de remplir ce questionnaire en ligne sur votre expérience et vos attentes. Cela ne vous prendra que quelques minutes !

Merci d'avance pour votre témoignage

L'équipe Michelin Editions

MICHELIN Éditions
Société par actions simplifiée au capital de 487 500 €
57 rue Gaston Tessier - 75019 Paris (France)
R.C.S. Paris 882 639 354

Dépôt légal : janvier 2022
Imprimé en Italie : janvier 2022 - Sur du papier issu de forêts bien gérées

Compograveur : MICHELIN Éditions, Voluntari (Roumanie)
Imprimeur-relieur : LEGO Print, Lavis (Italie)